普通高等学校土木工程专业新编系列教材

桥梁工程

(第二版)

盛兴旺　乔建东　杨孟刚　等编著

中国铁道出版社有限公司

2020年·北京

内 容 简 介

本书共设十五章,包括总论、桥面布置及构造、设计作用(荷载)、混凝土简支梁桥、混凝土连续体系梁桥、斜弯梁桥、地道桥、拱桥、斜拉桥、悬索桥、桥梁支座、桥梁墩台、涵洞及其他过水建筑物、桥梁结构建模与分析、桥梁结构专题简介等内容。选材以常用的铁路、公路桥梁设计、计算和施工所需基本知识和基本理论为主,注重介绍国内外桥梁现代技术,铁路桥梁与公路桥梁内容并重。

本书既可作为高等院校桥梁专业(方向)教材,也可供桥梁专业研究生和桥梁工程技术人员参考使用。

图书在版编目(CIP)数据

桥梁工程/盛兴旺等编著. —2版. —北京:中国铁道出版社有限公司,2020.9

普通高等学校土木工程专业新编系列教材

ISBN 978-7-113-26947-0

Ⅰ.①桥… Ⅱ.①盛… Ⅲ.①桥梁工程-高等学校-教材 Ⅳ.①U44

中国版本图书馆CIP数据核字(2020)第090310号

书　　名:桥梁工程

作　　者:盛兴旺　乔建东　杨孟刚　等

责任编辑:李露露　**编辑部电话:**(010) 51873240　**电子信箱:**790970739@qq.com

封面设计:王镜夷　高博越

责任校对:王　杰

责任印制:樊启鹏

出版发行:中国铁道出版社有限公司(100054,北京市西城区右安门西街8号)

网　　址:http://www.tdpress.com

印　　刷:北京柏力行彩印有限公司

版　　次:2001年2月第1版　2020年9月第2版　2020年9月第1次印刷

开　　本:787 mm×1 092 mm 1/16　印张:36.75　字数:968千

书　　号:ISBN 978-7-113-26947-0

定　　价:69.00元

编写委员会

（中南大学桥梁工程专业系列教材）

第二版前言

裘伯永教授等编著的《桥梁工程》(第一版)于2001年由中国铁道出版社出版,后多次加印,至今已近20年。此间,中国的基础设施建设达到一个新的水平,过去的蓝图变为今天的现实,如京沪高速铁路等一大批高速铁路、港珠澳大桥等一批跨海工程、长江口越江工程、千米级公路斜拉桥、高速公路网等;千米级公铁两用大桥也已完工。这些工程的实施使得中国成为名副其实的桥梁大国。同时,我国的高等教育也处于不断的改革和进步当中。为了体现当代桥梁建设成果及水平,满足高校桥梁工程专业方向教学和培养未来桥梁建设人才的需要,中南大学桥梁工程系启动了桥梁工程专业系列教材建设,《桥梁工程》(第二版)属于该系列教材的重要组成部分。

在各高校土木工程专业中,桥梁工程课程一般分为桥梁工程专业(方向)和非桥梁专业(方向)两大类开设,本教材为前者编制,非桥梁专业可酌情选用。考虑到桥梁工程专业(方向)一般开设混凝土桥、钢桥、桥涵水文和桥梁施工等多门专业课程,本次改版中,将第一版《桥梁工程》的内容进行了大幅度编排调整和修改:

1. 将简支和连续钢梁桥内容改编至《钢桥》中。

2. 将桥涵水文部分内容改编至《桥涵水文》中。

3. 桥梁施工方法仍按原编制方法保留在各桥型章节中。

4. 新增斜弯梁桥、桥梁结构建模与分析、桥梁结构专题简介。

5. 斜拉桥和悬索桥分列为两章;将桥墩与桥台合并为一章。

6. 考虑信息技术的进步和网络获取资料的便利性,教材适当减少了桥例的细部资料和图片,添加了桥梁专业名词汉英对照表作为附录。

全书共15章,包括总论、桥面布置及构造、设计作用(荷载)、混凝土简支梁桥、混凝土连续体系梁桥、斜弯梁桥、地道桥、拱桥、斜拉桥、悬索桥、桥梁支座、桥梁墩台、涵洞及其他过水建筑物、桥梁结构建模与分析、桥梁结构专题简介。

撰写中仍沿用第一版的原则:铁路桥梁和公路桥梁并重;结合最新桥梁规范;尽可能反映近20年桥梁科技创新成果;将作者的教学、科研、生产成果融入教材中。

本书由中南大学盛兴旺、乔建东、杨孟刚等编著,参加撰写的有:盛兴旺教授(第1、第5章),宋旭明副教授(第2、6章),方淑君副教授(第3章),唐冕副教授(第4章),乔建东副教授(第7、9、12章),李德建教授(第8章),杨孟刚教授(第10章、第15章第2、3、4节),黄天立教授(第11章),于向东副教授(第13章),杨剑副教授(第14章),周智辉副教授(第15章第1节)。一些研究生参与了文字整理工作。

由于编著者水平有限,教材中不可避免有谬误之处,敬请读者批评指正。

编著者

2019年12月

第一版前言

原长沙铁道学院主编的《铁路桥梁》教材出版于1990年,10年来国家经济发生了巨大变化,教育面向社会,原铁路系统高等院校的桥梁、铁道工程等专业早已拓宽为交通土建类专业。这10年也是我国科学、技术、经济发展最快的10年,桥梁的大跨度、新结构、新技术不断涌现,铁路、公路桥梁规范正向可靠度设计理论过渡,应用可靠度理论的《铁路桥梁设计规范》已报部审批。这一切都要求编著新的桥梁教材以适应专业需要及科学技术的发展。新教材有以下特点:

1. 原则上按即将颁布的应用可靠度理论的《铁路桥梁设计规范》及1989年的《公路桥涵设计规范》(合订本)编写。

2. 铁路桥梁与公路桥梁内容并重。

3. 尽可能反映10年来桥梁科学技术的新成果及新的桥梁结构形式。这在第三章预应力混凝土简支梁,第四章混凝土连续体系梁桥,第六章其他类型的钢桥,第七章地道桥,第八章拱桥,第九章斜拉桥与悬索桥,第十章桥梁支座及第十一、十二章梁桥墩台中均有体现。

4. 将作者的教学、科研、生产成果融入教材中,能抓住重点,内容比较切合实际。这在许多章节中均有体现,在第四章与第十三、十四章中体现尤为突出。

5. 适应大跨度桥的发展,将"斜拉桥与悬索桥"单独列为一章,并作了较深入的阐述。

6. 没有单独设桥梁施工章节,但对常用结构的施工方法,在相应章节中作了程度不同的介绍。

本书由中南大学裘伯永、盛兴旺、乔建东、文雨松编著,北方交通大学许克宾教授主审。参加编著的有:中南大学裘伯永教授(总论、第一、二、八、九章及第六章第二节);卢树圣教授(第三章);盛兴旺副教授(第四、十章);张麒讲师(第五章、第六章第一、三、四、五节);乔建东副教授(第七、十一、十二章);文雨松教授(第十三、十四、十五章)。

由于编著者水平有限,教材中不可避免有谬误之处,敬请读者批评指正。

编著者

2000年12月

目　录

第1章 总 论

1.1 桥梁基本组成和类型

1.1.1 桥梁的定义与组成

桥梁是供铁路、公路、渠道、管线等跨越河流、山谷或其他障碍并具有承载能力的架空建筑物。

桥梁工程是土木工程的一个分支。“桥梁工程”一词具有两个方面含义：一是指桥梁建筑的实体工程；二是指桥梁工程科学，即建造桥梁所需的科技知识，包括桥梁的基础理论、桥梁的规划、设计、施工、运营、管理和维修养护等专业技术知识。

图1.1为跨河桥图式。图中注明了桥梁的主要组成部分：桥跨结构、桥面系、桥墩、桥台、支座、基础及桥头锥体护坡等。

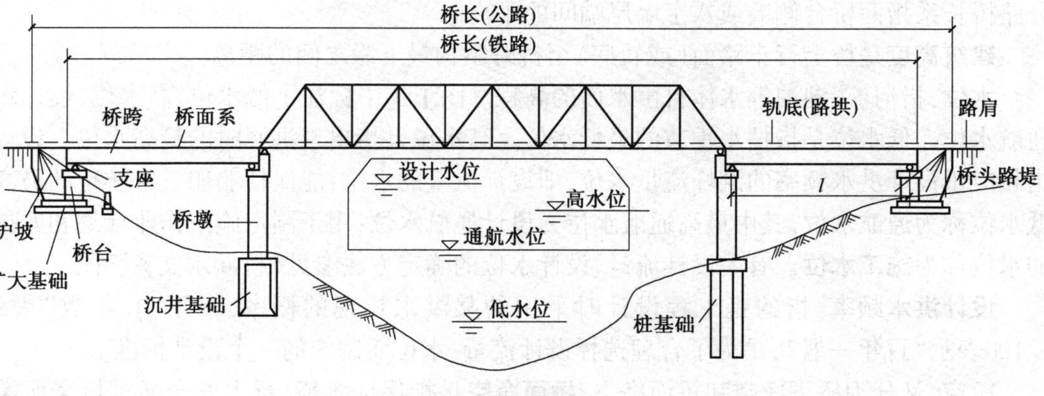

图1.1 跨河桥图式

一般将桥梁结构划分为上部结构、下部结构、支座和附属工程四个部分。

上部结构是指桥梁位于支座以上的部分，包括桥跨结构和桥面系两个部分，桥跨结构是桥梁中的承重和跨越结构，如梁桥中主梁、拱桥中的主拱等；桥面系是保证跨越结构能正常使用而需要建造的桥上各种设施，如公路桥梁的行车道铺装，铁路桥梁的道砟、轨枕、钢轨，以及人行道、栏杆、伸缩缝、照明等。

下部结构指桥梁位于支座以下的部分，它包括桥墩、桥台和基础。桥墩位于桥梁中部的相邻两跨梁支撑处，支撑上部结构并将荷载传递给基础；桥台位于桥梁的两端，在支撑上部结构、传递荷载的同时，还起到衔接桥梁与路堤、防止路堤坍塌的作用；墩台将全部荷载传至地基的构筑物，称为墩台的基础。

支座设置在桥墩和桥台顶部的桥跨结构与墩台之间，传递桥跨结构的荷载至墩台，并适应桥跨结构的变形。

附属工程是桥梁主体工程的辅助性的配套工程,需依据工程的具体情况进行设置,主要包括锥体护坡、桥台搭板、引道工程以及导流堤、丁坝、护岸等防护工程;锥体护坡是在桥台两侧做成填土或填石锥体并在表面加以铺砌,用来保证桥台与路堤很好衔接及保证桥头路堤的稳定。桥台后路基填土容易产生沉降变形,形成路面积水坑洼,造成道路或线路不平顺,进而引起跳车等病害,因此,在桥台后方设置钢筋混凝土板,一端搭置在桥台上,另一端铺设在路基中,形成满足变形的过渡结构,称为桥头搭板。有些桥梁为免遭水害,还修建导流堤,引导水流从桥下顺畅宣泄;修建丁坝、护岸等防护工程,保护桥头路堤或附近河岸。

桥梁与桥头引线和导流防护工程等建筑物,因它们与船渡相对应,故总称之为桥渡。

下面介绍一些与桥梁布置有关的主要术语。

跨度,也称跨径,表示桥梁的跨越能力,公路桥梁定义为两桥墩中线距离或桥墩与台背前缘之间的水平投影距离,铁路桥梁的跨度定义为顺桥方向两支座中心之间的水平投影距离。常规结构宜采用**标准跨度**,公路、铁路部门均颁布了标准跨度结构的标准图,详见第 4 章。

计算跨度(径),对于具有支座的桥梁,是指桥跨结构相邻两个支座中心之间的距离,参见图 1.1 中 l,对不设支座的桥梁,为上下部结构的相交面中心间的水平距离。铁路桥梁以计算跨径为跨度,而公路桥梁的计算跨度小于桥梁跨度。桥梁结构的力学计算是以计算跨度为基础的。

净跨径是设计洪水位上相邻两个桥墩(或桥台)之间的净距。

桥梁孔径是多孔桥梁中各孔净跨径的总和,它反映了桥下泄洪能力的大小。

桥长的规定,公路、铁路规范不统一。对于梁桥,铁路桥长系指桥台挡砟前墙之间的长度;公路桥长系指两桥台侧墙或八字墙尾端间的距离。

建筑高度是桥上行车路面(或轨底)至桥跨结构最下缘之间的距离。

水位,指河流、湖泊等水体自由水面的高程。图 1.1 中标注了低水位、高水位、设计水位及通航水位。低水位是指枯水季节的最低水位。高水位是指出现洪峰时的最高水位。**设计水位**指相应于设计洪水频率的洪峰流量水位,即设计流量的水位;能保持船舶正常航行的最高和最低水位称为**通航水位**,其中最高通航水位为**设计通航水位**;用于制定施工作业计划和安排工期的水位称为**施工水位**。有关设计流量、设计水位的确定方法参见《桥涵水文》一书。

设计洪水频率,指的是工程设计时采用的某洪水重现的概率,常用“1/年数”表示,如 1/100表示“百年一遇”,是为了合理选择设计流量、水位而制定的一个设计标准。

净空,又分为桥下净空和桥面净空,**桥面净空**是指保证车辆、行人安全通过桥梁所需的桥面上的净空界限,在此限界内,不得有任何结构侵入;**桥下净空**系指桥梁下方满足通车、通航、泄洪等功能要求的净空限界。

对于规模较大的桥梁工程一般包含主桥和引桥两部分,跨越主要障碍物的结构部分称为**主桥**,而连接主桥与道路部分的结构称为**引桥**,在独立的桥梁工程中,桥梁两端外的道路部分称为引道。对于多跨桥梁,最大跨度称为**主跨**。

1.1.2　桥梁的分类

桥梁的分类方式较多,每一种分类都描述了桥梁结构的某种属性,下面简要介绍其主要的分类方式。

(1)按建筑材料

按主要承重结构所用的材料来划分,有木桥、石桥、混凝土桥、钢筋混凝土桥、预应力钢筋混凝土桥、铸铁桥、钢桥和玻璃钢桥等。

铸铁桥是古代建筑结构,随冶金工业的发展而被钢桥所替代,由于钢材具有均质性好、强度高、自重轻等优点,文艺复兴后直至预应力混凝土广泛应用前,是大跨度桥梁的主要建筑材料,我国铁路部门20世纪80年代以前大跨度桥梁多采用钢桥。钢筋混凝土和预应力混凝土桥的经济性好、养护维修量小,是目前应用最广泛的桥梁,特别是随着预应力混凝土技术的进步,在很大的跨度范围内,它取代了钢桥,而钢桥应用在斜拉桥、悬索桥等更大跨度的桥梁中,或应用于城市桥梁中某些受施工条件限制的场合。

钢—混凝土结合梁桥和钢—混凝土混合梁桥是为充分发挥两种材料各自的优势而形成的桥梁结构,前者指主要的承重结构为钢、而桥面板为混凝土结构的桥梁,后者系指桥梁承重结构中某段结构为钢、而其余部分为混凝土的桥梁。

以砖、石、素混凝土为主要建筑材料的桥,又称圬工桥,多用于小跨度桥(<20 m)。

玻璃钢即纤维强化塑料,由于其轻质、高强性能和特殊的美观效果,在桥梁工程已经开始应用,特别是在风景区或人行桥上。

木材易腐而且资源有限,除了少数临时性桥梁外,一般不采用。

本书主要介绍混凝土桥,钢桥主要在《钢桥》一书中介绍,在本书的斜拉桥、悬索桥章节中简要介绍了钢桥的应用。

(2)按使用功能

按使用功能或用途分为公路桥、铁路桥、公铁两用桥、人行桥(天桥)、轻轨铁路桥、运水桥(渡槽)及其他专用桥梁(如通过管路、电缆等)。

(3)按跨越对象

跨越河流、山谷、海洋的桥梁分别称跨河桥、跨谷桥和跨海桥。城市桥梁中,为了提高通行能力,沿道路方向建成的以桥代路的桥梁称为高架桥。跨越铁路或公路的桥梁称为跨线桥或立交桥。旱桥为跨越无水区域的桥,线路通过城市区、工业区或农作物区,为保留线路通过地段的空间或少占耕地,不修路堤而以桥梁通过,这种桥也称为旱桥。从线路的下方穿越而采用框架式结构的桥梁称为地道桥。

(4)按建设规模

按建设规模分为特大桥、大桥、中桥、小桥和涵洞,见表1.1。桥梁位置处的路基是不连续的,而涵洞的路基是可以连续的。公路和铁路桥梁的跨径、桥长定义方式和规格区划有所不同。

表1.1 按建设规模分类

桥梁分类	公路桥涵		铁路桥涵
	多孔跨径总长 L(m)	单孔跨径 L_k(m)	桥长 L(m)
特大桥	$L \geqslant 1\,000$	$L_k \geqslant 150$	$L>500$
大桥	$100 \leqslant L<1\,000$	$40 \leqslant L_k<150$	$100<L \leqslant 500$
中桥	$30<L<100$	$20 \leqslant L_k<40$	$20<L \leqslant 100$
小桥	$8 \leqslant L \leqslant 30$	$5 \leqslant L_k<20$	$L \leqslant 20$
涵洞	管涵、箱涵	$L_k<5$	$L<6$ 且顶上有填土

(5)按桥型结构

桥型结构,又称桥式结构,它代表了桥梁的结构形式,其类型很多,且仍在不断的创新当中,简支梁、悬臂梁、连续梁、拱桥、悬索桥、地道桥梁属于传统的桥型结构,在此基础上发展了连续刚构、斜腿刚构、系杆拱桥、斜拉桥、斜拉拱、叠合拱等新型结构。

(6)按结构体系

跨越结构最基本的构件为梁、拱和索,梁以受弯为主、拱以受压为主,索以受拉为主,由此构成了最基本的三类桥梁结构体系,分别为梁桥(简支梁、连续梁、悬臂梁、连续刚构)、拱桥和悬索桥;将墩台与主梁固结,其结构的受力特点介于拱与梁之间,此类结构称为刚架桥,将其归结为另一类基本结构类型;由以上两种及以上基本结构组成的桥梁归入组合体系桥。这部分内容详见 1.2 节。

结构体系与常用的桥型结构之间的对应关系如图 1.2 所示。

(7)按桥梁平面关系

按桥梁的轴线与跨越对象的轴线或水流方向的相互关系分为正交桥、斜交桥,正交系指两轴线垂直,斜交则不垂直,斜交角系指两轴线夹角的余角,一般控制在 45°以内。斜交结构的受力和构造复杂,有时采用加大跨度的方式正交跨越,称为斜交正做,反之成为斜交斜做,在跨河桥中,采取斜交正做的方式时需注意水文及冲刷的影响。

依据桥梁结构所处的平面线形分为直线桥和曲线桥。

(8)按桥面位置

按桥面所处桥梁结构的位置,分为上承式、中承式和下承式桥梁。桥面布置在桥梁的顶部称为上承式,如梁桥和图 1.3(a)所示拱桥,拱桥中往往采用拱上立柱或腹拱支撑桥面;桥面布置在桥梁结构的中部称为中承式,如图 1.3(b)所示,一般采用立柱和吊杆支撑桥面;桥面布置在桥梁的底部称为下承式,如图 1.3(c)所示,一般采用吊杆吊挂桥面。桥面位置的确定与桥梁结构形式和桥梁建筑高度相关。

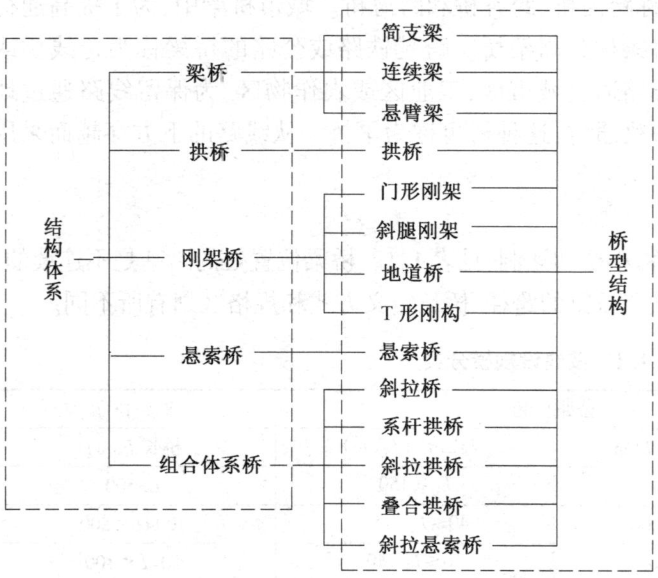

图 1.2　桥型结构与结构体系的对应关系

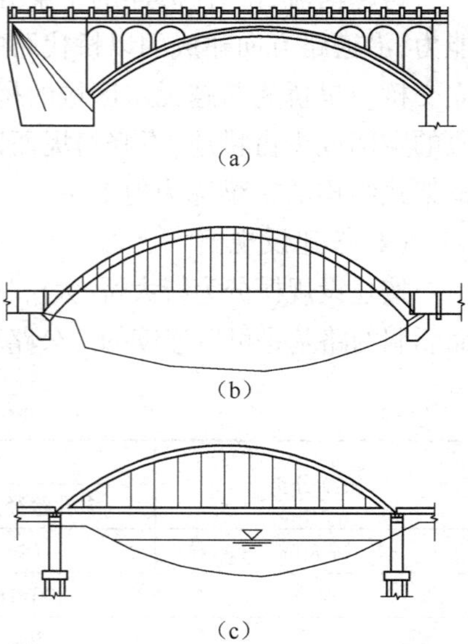

图 1.3　桥面位置

(9)按活动方式

按桥梁结构的活动方式分为固定式桥梁、开启式桥梁和浮桥。大量的桥梁为固定式桥梁,在一些需要通航的特殊河段或入海口位置,考虑经济性等原因,需要修建开启式桥梁。桥梁的开启方式包括升降、折叠、竖转、平转、翻转,如图 1.4 所示。浮桥是指用船或浮箱代替桥墩,浮在水面的桥梁，是我国祖先的一个伟大的创造，鉴于浮桥的架设具有简便快速的特点，常被用于军事和抢险救灾。本教材主要介绍固定式桥梁。

(10)其他分类方式

按桥跨结构的高度分为等高梁桥与变高梁桥。按桥跨结构梁体的结构形式分为实腹结构与空腹结构；按跨越结构的形式分为箱梁、桁架等。按桥梁结构使用期限分为永久桥梁、临时桥梁，后者包括施工中栈桥、顶进施工作业的架空结构等。

(a)升降

(b)折叠

(c)竖转

(d)平转

(e)翻转

图1.4　开启式桥梁

1.2　桥梁结构体系及其特点

各种桥型根据其受力特点归结为梁桥、拱桥、刚架桥、悬索桥、组合体系桥五类桥梁结构体系，其受力特点如下。

(1)梁桥

梁桥在竖向荷载作用下,只产生竖向反力。梁桥按主梁结构形式分为实腹梁(简称梁)或桁架梁(简称桁梁)。实腹梁承受弯矩和剪力,而桁梁的杆件则主要承受轴向力。图 1.1 为简支梁桥,主跨为简支下承式桁梁,边跨为简支梁(实腹梁)。梁桥按结构体系又分简支梁桥(图 1.5)、连续梁桥(图 1.6)和悬臂梁桥。若在该连续梁中设剪力铰或挂孔,便成为悬臂梁桥(图 1.7)。

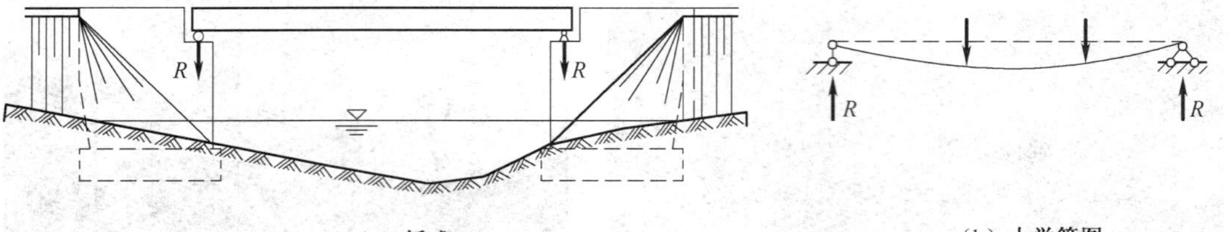

(a) 桥式　　(b) 力学简图

图 1.5　简支梁桥图式

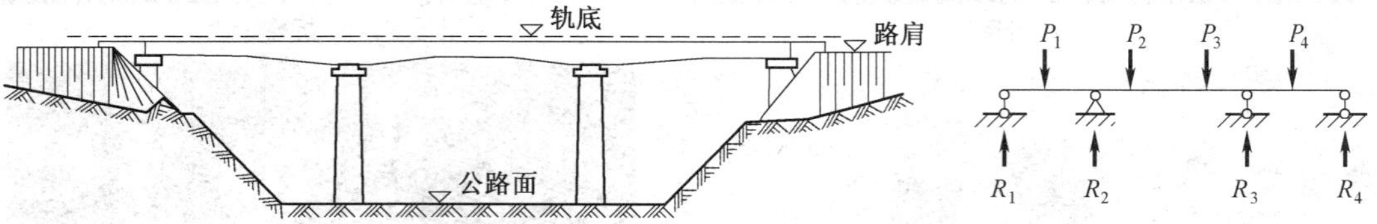

(a) 桥式　　(b) 力学简图

图 1.6　连续梁桥图式

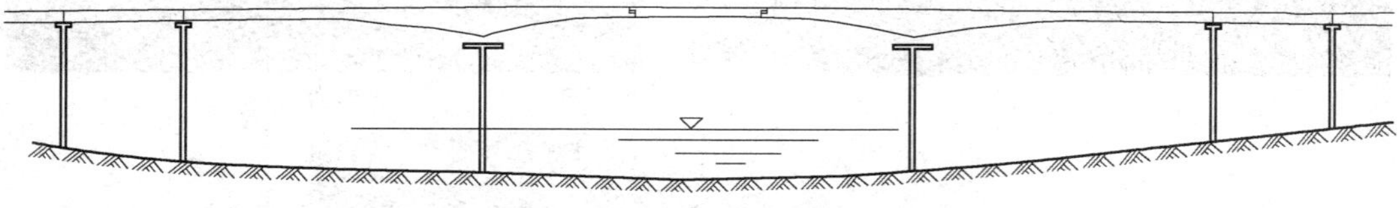

图 1.7　悬臂梁桥图式

若连续梁与墩刚性连接,则称连续刚构桥。连续刚构桥墩很柔,在竖直荷载下墩主要承受竖向力,一般把它归于连续梁桥范畴,图 1.8 是连续刚构桥图式。

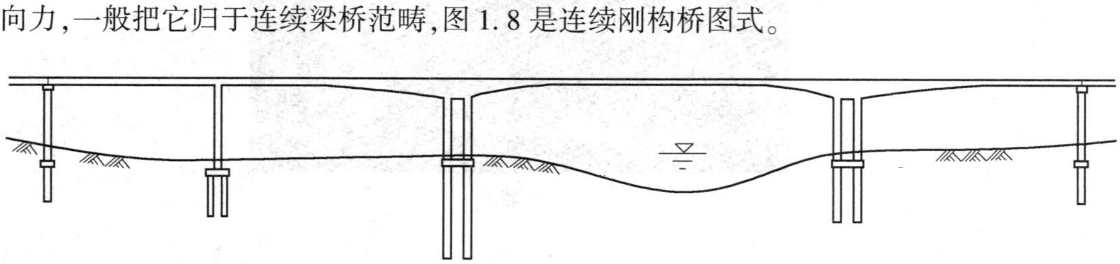

图 1.8　连续刚构桥图式

(2)拱桥

拱桥在竖向荷载作用下有竖向反力和拱脚推力(水平反力),无铰拱还有支承弯矩。拱桥桥跨简称主拱,以受压为主,同时也受弯矩和剪力,图 1.9 为上承式双铰实腹拱(拱上填实)图式和力学简图,图 1.10 为中承式空腹无铰拱图式和力学简图。主拱也可用桁架构成,称桁拱。

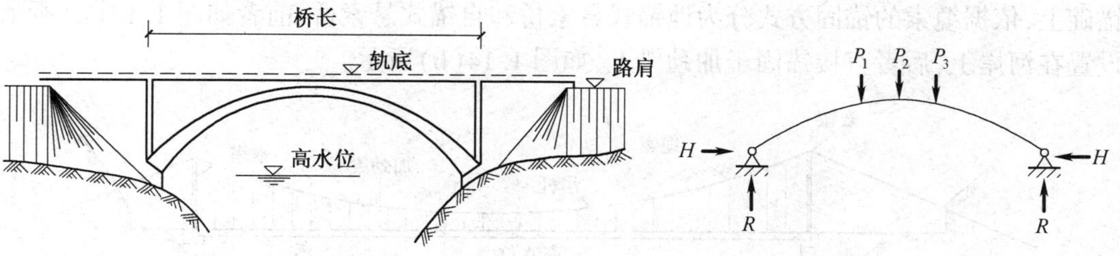

（a）桥式　（b）力学简图

图 1.9　上承式双铰实腹拱桥图式

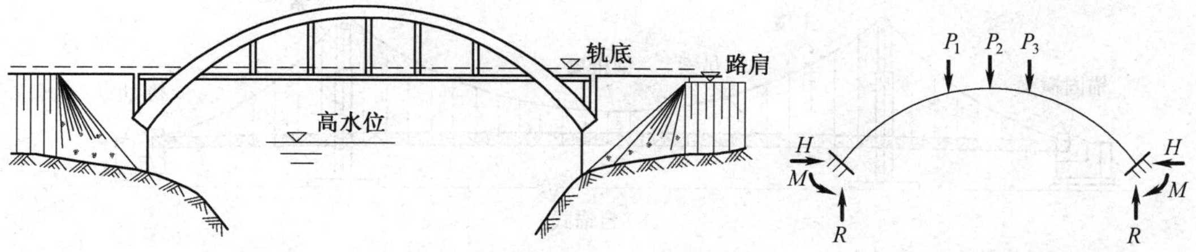

（a）桥式　（b）力学简图

图 1.10　中承式无铰拱桥图式

(3)刚架桥

刚架桥的特点是桥跨和墩台刚性连接成整体,它与连续刚构桥的区别是:墩的刚度较大,在柱脚处产生较大水平反力和支承弯矩。图 1.11 为门形刚架桥,图 1.12 为斜腿刚架桥。

图 1.13 为闭合式框架桥,它与门式刚架桥的主要区别是:框架桥为整体基础,根据其受力特性,属于刚架桥类型,常用于铁路、公路线上的下穿式立交,又称为地道桥。

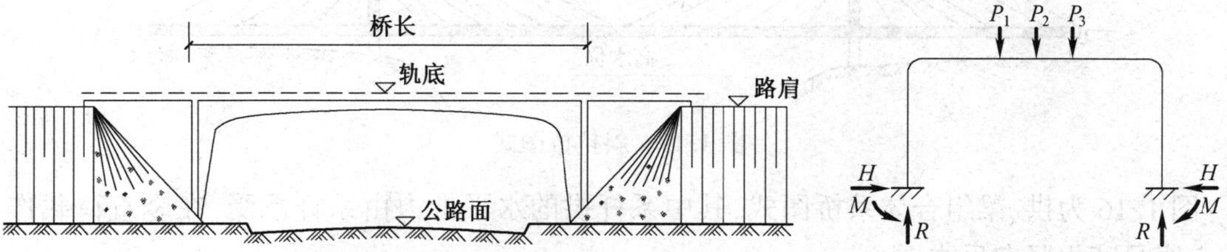

（a）桥式　（b）力学简图

图 1.11　门形刚架桥图式

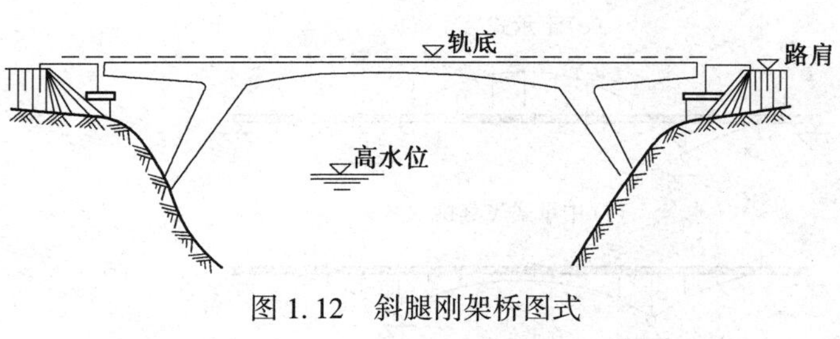

图 1.12　斜腿刚架桥图式

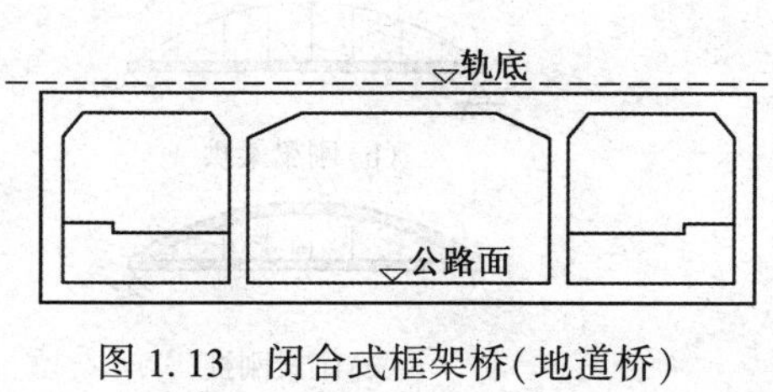

图 1.13　闭合式框架桥(地道桥)

(4)悬索桥

悬索桥图式如图 1.14 所示,由主缆(缆索)、索塔、主梁(加劲梁)、吊杆、锚碇和索鞍等组成,在缆索上悬挂吊杆,吊挂加劲梁,缆索受拉,是桥的承重结构。缆索通过索鞍跨过塔顶锚固于锚碇上,依据缆索的锚固方式分为地锚式悬索桥和自锚式悬索桥,前者如图 1. 14(a)所示锚碇设置在河岸上,后者直接锚固于加劲梁上,如图 1. 14(b)所示。

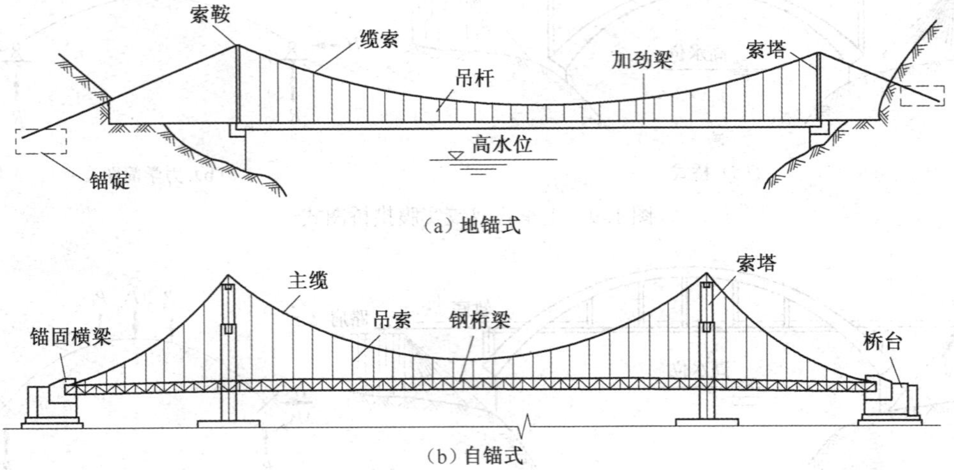

图 1. 14　悬索桥图式

(5)组合体系桥

组合体系桥是由不同体系组合而成的桥梁。

图 1. 15 为斜拉桥,是梁、索组合体系,斜拉索一端锚在塔上,另一端锚在梁上,梁和索共同承受荷载,是应用最为广泛的组合体系桥。

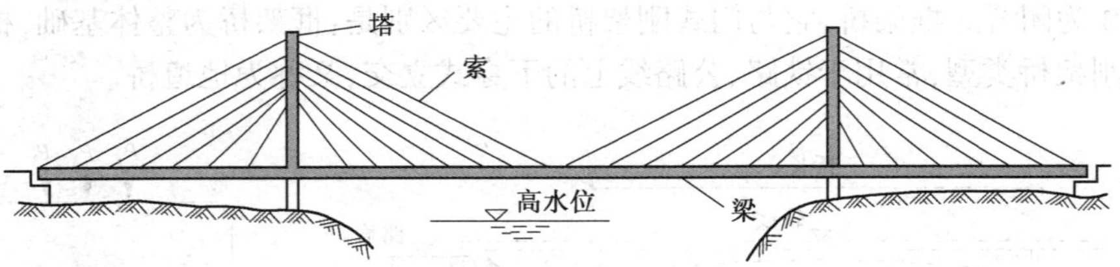

图 1. 15　斜拉桥图式

图 1. 16 为拱、梁组合体系桥图式,其中系杆拱的水平推力由系杆承受,在竖直荷载作用下,支座只产生竖向反力。

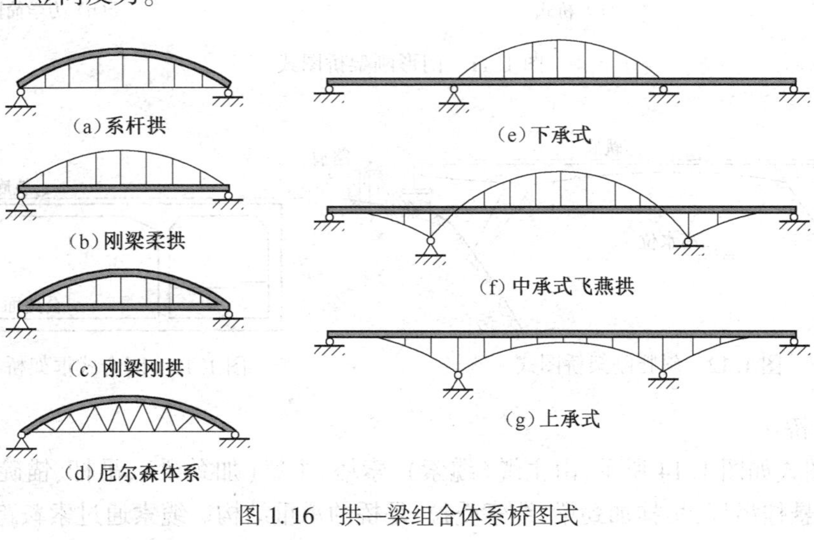

图 1. 16　拱—梁组合体系桥图式

进入21世纪后,随着公路和高速铁路的快速发展,涌现出梁—拱—索、拱—刚构、拱—拱组合和斜拉—刚构等新型组合结构,如图1.17(a)、(b)、(c)和(d)所示。

(a)湘潭四桥
(120 m+400 m+120 m斜拉拱桥)

(b)宜万铁路宜昌长江大桥
(130 m+2×275 m+130 m连续刚构柔性拱组合桥)

(c)甬台温铁路雁荡山大桥
(2×90 m下承式钢箱无推力叠合拱桥)

(d)广珠城际西江特大桥
(100 m+2×210 m+100 m独塔斜拉—连续刚构组合)

图1.17　新型组合体系桥图式

1.3　桥梁发展概述

桥梁起源于大自然,人们从倒下的树干,学会建造梁桥;从天然的石桥,学会建造拱桥;从攀爬的藤蔓,学会建造索桥。得益于自然界的启发,人类通过不断地实践、创新,超越自然、改造自然,建造了系列卓越的桥梁工程。

1.3.1　桥梁建设成就

伴随建筑材料、工程勘探技术、设计理念和理论、设计手段、试验平台、施工方法、施工装备、减灾防灾理论和技术、维修和养护技术的发展和进步,桥梁的长度、跨度、墩高等得以进一步提升。截至2019年,已建成和在建的梁桥、拱桥、斜拉桥、悬索桥等的跨度前10名,见表1.2。有关桥梁学术成就,将在后续各章介绍。

需要指出的是,由于受铁路线数、桥宽、宽跨比和经济性的制约,铁路桥梁的最大跨度一般小于同类公路桥梁。

1.3.2　我国桥梁发展概况

我国是文明古国,在桥梁建设史上写下了不少光辉灿烂的篇章。古代桥梁不但数量惊人,而且类型也丰富多彩,几乎包含了所有近代桥梁建筑中的最主要形式。

根据史料记载,在三千年前我国就有了木梁桥和浮桥,稍后有了石梁桥。世界公认悬索桥最早出现在中国,公元前3世纪四川已有竹索桥;公元前2世纪陕西已有铁链桥,而欧洲迟至

1 世纪才开始有悬索桥的记载。

表 1.2　桥梁建设成就表(前 10 名)

桥型	序号	桥　名	国名	主跨跨径(m)	完成年份	备　注
连续梁体系	1	重庆石板坡长江大桥复线桥	中国	330	2006	钢—混混合,主跨 330 m 中部为 108 m 钢梁
	2	新施托姆桥	挪威	301	1998	预应力连续刚构
	3	拉大森德大桥	挪威	298	1998	预应力连续刚构
	4	森达大桥	挪威	290	2013	预应力连续刚构
	5	贵州省水盘高速公路北盘江大桥	中国	290	2013	世界首创的空腹式连续刚构
	6	巴拉圭河桥	巴拉圭	270	1979	预应力连续刚构
	7	广东虎门大桥辅航道桥	中国	270	1997	预应力连续刚构
	8	苏通长江大桥专用航道桥	中国	268	2008	预应力连续刚构
	9	云南红河大桥	中国	265	2003	预应力连续刚构
	10	澳大利亚门道桥	澳大利亚	260	1985	预应力连续刚构
拱桥	1	平南三桥	中国	575	在建	中承式钢管混凝土拱桥
	2	重庆朝天门长江大桥	中国	552	2009	钢桁拱
	3	上海卢浦大桥	中国	550	2003	钢管拱
	4	泸州合江波司登长江大桥	中国	530	2012	钢管混凝土拱桥
	5	宜昌香溪长江大桥	中国	519	2019	中承式钢箱—桁架拱
	6	新河峡谷大桥	美国	518	1997	上承式钢桁架拱桥
	7	泸州合江长江大桥	中国	507	2019	飞燕式钢管混凝土系杆拱桥
	8	贝永大桥	美国	503.6	1931	钢桁架拱桥
	9	悉尼港大桥	澳大利亚	503	1932	钢桁架拱桥
	10	重庆巫山长江大桥	中国	492	2005	中承式钢管混凝土拱桥
斜拉桥	1	常泰过江通道	中国	1 176	在建	钢桁梁,公铁两用
	2	俄罗斯岛大桥	俄罗斯	1 104	2012	钢箱梁
	3	沪通长江大桥	中国	1 092	在建	钢桁梁,公铁两用
	4	苏通长江公路大桥	中国	1 088	2008	钢箱梁
	5	香港昂船洲大桥	中国	1 018	2009	钢—混混合箱梁
	6	武汉青山长江大桥	中国	938	在建	钢箱梁与钢箱结合梁混合
	7	鄂东长江大桥	中国	926	2010	钢—混混合箱梁
	8	嘉鱼长江公路大桥	中国	920	2019	钢—混混合箱梁
	9	多多罗桥	日本	890	1999	钢—混混合箱梁
	10	诺曼底大桥	法国	856	1995	钢—混混合箱梁
悬索桥	1	恰纳卡莱 1915 大桥	土耳其	2 023	在建	770 m+2 023 m+770 m,分体钢箱梁
	2	明石海峡大桥	日本	1 991	1998	钢桁梁
	3	南京仙新路过江通道	中国	1 760	在建	580 m+1 760 m+580 m,扁平流线型封闭整体钢箱梁
	4	六横大桥	中国	1 756	在建	钢箱梁

续上表

桥型	序号	桥 名	国名	主跨跨径(m)	完成年份	备 注
悬索桥	5	武汉杨泗港长江大桥	中国	1 700	2019	钢桁梁
	6	南沙大桥(虎门二桥)坭洲航道桥	中国	1 688	在建	钢箱梁
	7	深中通道伶仃洋大桥	中国	1 666	在建	500 m+1 666 m+500 m,钢箱梁
	8	舟山西堠门大桥	中国	1 650	2009	钢箱梁
	9	大伯尔特桥	丹麦	1 624	1996	钢箱梁
	10	奥斯曼加奇大桥	土耳其	1 550	2016	钢箱梁
公铁两用桥	1	南备赞濑户桥	日本	1 100	1988	(274+1 100+274) m 钢桁悬索桥
	2	沪通长江大桥	中国	1 092	在建	(168+462+1 092+462+168) m 钢桁斜拉桥
	3	五峰山长江大桥	中国	1 092	在建	(84+84+1 092+84+84) m 钢桁悬索桥
	4	铜陵公铁两用长江大桥	中国	630	2014	(90+240+630+240+90) m 钢桁斜拉桥
	5	商合杭铁路芜湖长江公铁大桥	中国	588	在建	(99.3+238+588+224+85.3) m 钢箱桁组合斜拉桥梁
	6	黄冈公铁两用长江大桥	中国	567	2014	(81+243+567+243+81) m 钢桁斜拉桥
	7	福平铁路平潭海峡元洪航道桥	中国	532	在建	(132+196+532+196+132) m 钢桁斜拉桥
	8	蒙华铁路公安长江公铁两用大桥	中国	518	2018	(98+182+518+182+98) m 钢桁斜拉桥,重载铁路
	9	武汉天兴洲公铁两用长江大桥	中国	504	2009	(98+196+504+196+98) m 钢桁斜拉桥
	10	丹麦厄勒海峡大桥	丹麦	490	2000	(141+160+490+160+141) m 钢桁斜拉桥
桥型	序号	桥 名	国家	全长(km)	建成年份	海面长(km)
跨海桥	1	港珠澳大桥	中国	49.986	2018	42
	2	日本濑户大桥	日本	37.3	1988	13.1
	3	切萨皮克湾跨海大桥	美国	37	1964	19.7
	4	青岛胶州湾跨海大桥	中国	36.48	2011	26.75
	5	杭州湾跨海大桥	中国	35.673	2008	32
	6	东海大桥	中国	32.5	2005	25.5
	7	舟山大陆连岛工程	中国	26.54	2009	18.27
	8	沙特阿拉伯跨海大桥	巴林	25	1986	12
	9	大贝尔特桥	丹麦	17.5	1998	13.39
	10	平潭海峡大桥	中国	16.34	在建	11.59

我国古代四大名桥是古代桥梁的杰出代表,闻名于世。它们是河北赵县赵州桥、福建泉州万安桥、广东潮州湘子桥和北京卢沟桥。

(1)赵州桥,又称安济桥,建于隋大业(公元595~605年)年间,是著名工匠李春所建,净跨37.02 m,拱矢高7.218 m,拱桥全宽9.6 m,桥面净宽9 m。它是世界上第一座敞肩式石拱桥(图1.18),被誉为"国际土木工程里程碑"工程,像这样的敞肩拱桥,欧洲到19世纪中叶才出现。

(2)万安桥,又称洛阳桥,位于泉州东郊的洛阳江上,于公元 1053~1059 年由宋代泉州太守蔡襄所建(图 1.19),原桥全长 834 m,1996 年修缮后长 731.29 m,共 47 孔,每孔用 7 根跨度 11.8 m 的石梁组成,宽约 4.9 m。该桥在基础工程上首创筏形基础,采用蛎(蚝)种在潮水涨前的抛石基底和石砌墩身上,使胶结成整体,是我国现存最早的跨海梁式大石桥。

图 1.18　赵州桥

图 1.19　万安桥

(3)湘子桥,又称广济桥(跨赣江),于公元 1170~1192 年建成,全长 517.95 m,东、西浅滩部分各建一段石桥,东段 12 孔,长 283 m,西段 7 孔,长 137 m,中间深水部分以浮桥衔接,18 条浮船组成 97.3 m 的开合式浮桥,是世界上活动桥的先导,如图 1.20 所示。

(4)北京卢沟桥,始建于 1189 年,1444 年曾重修。由于该桥毁于洪水而于康熙三十七年(1698 年)重建。卢沟桥全长 266.5 m,宽 7.5 m,下分 11 个涵孔。桥身左右两侧石雕护栏各有望柱 140 根,柱头上均雕卧伏的大小石狮约 500 个,神态各异,栩栩如生,如图 1.21 所示。

图 1.20　湘子桥

图 1.21　卢沟桥

然而,封建制度的长期统治,大大束缚了生产力的发展。1840 年鸦片战争后帝国主义列强的侵入和清政府腐败,各方面都得不到应有发展。中华人民共和国成立前仅有的几座特大桥,大部分由外国投资,洋人设计,外商承包。1934~1937 年由茅以升先生主持修建的浙赣线钱塘江大桥是中华人民共和国成立前由我国技术人员完成的唯一一座双层公铁两用钢桁梁桥(图 1.22),正桥 16 孔,全长 1 400 m。该桥始建于 1934 年 8 月 8 日,分别于 1937 年 9 月 26 日和 11 月 17 日铁路

图 1.22　钱塘江一桥

桥、公路桥建成通车，1937年12月23日为阻断侵华日军南下而炸毁；1948年5月成功修复，兑现了茅先生"抗战必胜，此桥必复"的誓言。

中华人民共和国成立后，随着国民经济的增长，桥梁事业迅猛发展，其主要特点是：几乎所有桥梁都由中国人自己设计、制造和施工；理论、技术正在赶上或接近世界先进水平。中华人民共和国成立后的桥梁建设大致可分为四个时期：建设初期（1949～1960年）、经济困难时期（1960～1976年）、改革开放初期（1978～2000年）和新纪元期（2000年～）。在第一个时期以中华人民共和国成立后的修复、加固旧桥为开始，第一个五年计划中引进和消化苏联技术，主要建设成果有：武汉长江大桥、一批拱桥和索桥的建设、钢筋混凝土简支梁标准设计。第二个时期，由于国家经济困难，钢铁供应不足，中、小跨以拱桥和钢筋混凝土简支梁、预应力混凝土简支梁桥为主，少用水泥和钢材的圬工拱桥也是主要的桥型，个别铁路大跨桥梁及公路大型桥梁采用钢梁，注重现代桥梁技术的学习和引进。进入第三个时期后，一方面我国桥梁工程界惊叹被拉大的差距，努力学习先进技术、不断追赶世界先进水平；另一方面，国内交通特别是高速公路建设等需要，给桥梁提出了巨大的挑战和市场，大跨度预应力连续梁、连续刚构、拱桥、斜拉桥、悬索桥等新结构迅速涌现，经过20世纪80年代"学习与追赶"、20世纪90年代的"跟踪与提高"，桥梁的计算理论与手段、材料质量、机具设备、施工技术、桥梁跨度的记录均接近或达到世界先进水平。进入新世纪后，由于我国基础建设的不断强化、路网建设的不断完善，特别是高速铁路的建设以及桥梁建设者大胆创新实践，可以认为我国桥梁在很多方面进入了世界先进的行列，实现了"发展与超越"的初步目标，表1.2的建设成就表明，很多桥型的世界记录由我国创造，可以说当代的中国是桥梁大国。

（1）钢桥

长江中下游的六座公铁两用钢桁梁桥代表了中华人民共和国成立后钢桥发展的六个里程碑，分别是武汉长江大桥（1957年）、南京长江大桥（1969年）、九江长江大桥（1993年）、芜湖长江大桥（2000年）、武汉天心洲长江大桥（2009年）和沪通长江大桥（2020年）。

1957年，武汉长江公铁两用大桥（图1.23）建成，首次在长江上实现了"一桥飞架南北，天堑变通途"，这是我国钢桥史上第一个里程碑。武汉长江大桥正桥全长1 156 m，桥跨结构为三联3×128 m连续钢桁梁。这一时期建钢桥用的材料都是进口碳钢，结构是铆接的，工艺大都采用手工操作，只是引进苏联机器样板钻孔，使钢梁制造做到工厂化、标准化。

1969年建成的南京长江公铁两用桥（图1.24）正桥钢梁全长1 576 m，桥跨结构为128 m简支钢桁梁加三联3×160 m铆接连续钢桁梁。这座桥是完全依靠自己的技术力量和国产材料建成的长江大桥，标志着我国建桥技术进入到一个独立自主的新水平。在20世纪60年代

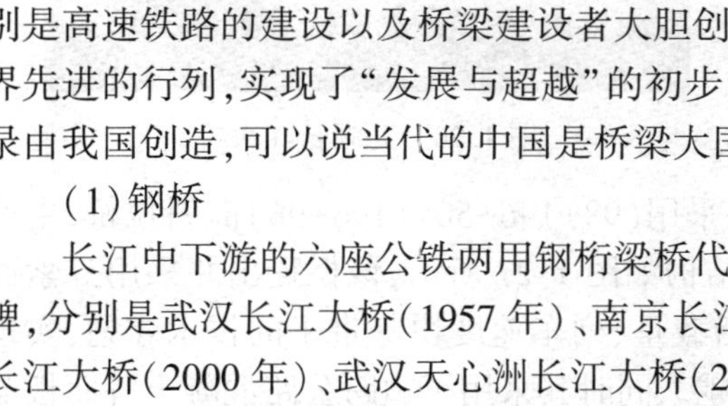

图1.23　武汉长江大桥

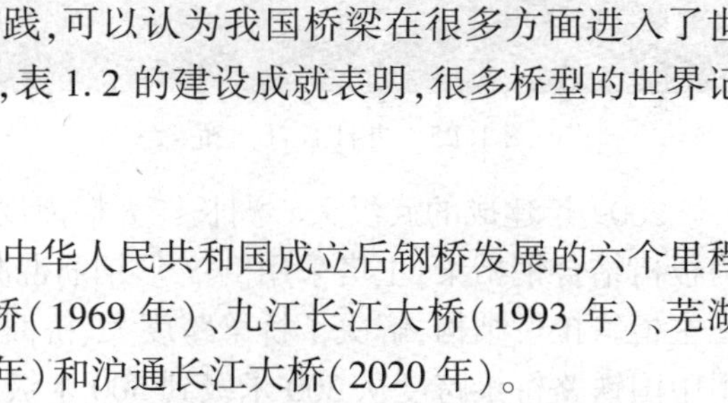

图1.24　南京长江大桥

后期我国研究发展了栓焊钢桥新技术,在成昆铁路等线上建成了 13 种不同结构形式的栓焊钢桥 44 座,从此结束了全部铆接钢桥的历史。

1993 年建成的九江长江公铁两用大桥正桥为全长 1 806 m 的钢梁,桥跨结构为栓焊、连续刚性桁梁柔性拱,如图 1.25 所示。钢梁采用了我国自己研制的屈服点高(σ_s = 420 MPa)、焊接性能好、韧性好、板厚(可以用到 56 mm)效应小的 15MnVNq60 级桥梁钢,基础采用双壁钢围堰钻孔基础。

2000 年建成的芜湖长江公铁两用大桥为主跨 312 m 的斜拉桥(图 1.26),主梁为钢桁梁,采用由我国研制成的 14MnNbq 钢,其主要特点是具有较好的综合性能和焊接性能,尤其是低温冲击韧性有大幅度提高。从此,我国采用国产优质高强度、高韧性钢建造特大跨栓焊桥梁,在材料、工艺、理论方面都达到国际先进水平。

图 1.25　九江长江大桥

图 1.26　芜湖长江大桥

2009 年建成的武汉天心洲长江大桥南汉主桥采用(98+196+504+196+98)m 斜拉桥,主梁为板桁结合钢桁梁,主塔采用倒 Y 形钢筋混凝土结构如图 1.27 所示,该桥提出并采用三索面三主桁斜拉桥结构,解决了桥梁跨度大、桥面宽、活载重、列车速度快等带来的技术难题,实现了中国铁路桥梁跨度从 300 米级到 500 米级的跨越。同时其采用了边跨公路混凝土桥面板与主桁结合、中跨公路正交异性钢桥面板与主桁结合共同受力的混合结构,解决了超大跨度公铁两用桥梁中跨加载时的边墩负反力问题,同时提高了桥梁结构的竖向刚度以适应高速列车运行。

沪通长江大桥主航道桥跨径布置为(140+462+1 092+462+140) m,主跨 1 092 m 的钢桁梁斜拉桥结构如图 1.28 所示,是我国首座超过千米跨度的公铁两用桥梁。大桥主塔高325 m,斜拉索最大索长 576.5 m,主梁全部采用三主桁箱桁组合结构,桁高 16 m,桁宽 35 m。该桥在

图 1.27　天兴洲长江大桥

图 1.28　沪通长江大桥

国内首次提出并采用 Q500qE 高性能钢、2 000 MPa 级平行钢丝斜拉索、首次在铁路全断面采用全箱桁组合结构；首次采用伸缩量 2 000 毫米级的桥梁轨道温度调节器和伸缩装置。

随着我国冶金工业的发展和国力的增加，研发了系列符合桥梁建设需要的高性能钢材。南京长江大桥自主研发了当时被称为“争气钢”的 16Mn，从此中国桥梁只用“中国钢”，此后相继研发了 15MnVN、Q420、Q500、2 000 MPa 级高强钢丝等高强度桥梁用钢；另一方面，不断创造了很多新型结构，包括斜腿刚构桥、薄壁箱梁结构、全焊结构、新型结合梁结构，并在公路、铁路、城市桥梁中应用，已建成的大跨度斜拉桥、悬索桥、拱桥中超大跨度的结构基本上均是钢结构，见表 1.2。

我国现代钢桥技术和国外相比，起步晚了 150 余年，但中华人民共和国成立后发展、进步很快，达到了国际先进水平。在 20 世纪特别是建国初期，我国由于钢产量不大和混凝土技术的进步，迫使钢结构只能在更大跨度桥梁中应用，导致钢桥所占比重很小，公路桥梁的统计数据是，按桥长计算，钢（组合）桥仅占 1% 左右，而目前我国钢产量达 11 亿多吨，推广应用钢结构是一个非常重要的方向；高强度钢材的应用与发达国家相比还有较大的差距。

（2）混凝土梁桥

20 世纪 50 年代，我国开始对预应力混凝土梁进行研究与试验，并推广应用。

开发了跨度 32 m 及以下系列铁路标准简支梁与跨度 40 m 及以下系列公路标准简支梁。我国公路简支梁最大跨度为 62 m（浙江瑞安飞云江桥），铁路最大跨度为 64 m，如温福铁路白马河和包西铁路义南洛河特大桥。

我国最先在铁路部门修建预应力混凝土连续体系梁桥，1966 年在成昆线用悬臂拼装法建成第一座预应力混凝土铰接悬臂梁桥——旧庄河 1 号桥，跨度为（24+48+24）m。第一座预应力混凝土连续梁桥是 1975 年建成的北京枢纽东北环线通惠河桥，跨度为（26.7+40.7 +25.7）m。第一座用顶推法施工的是 1977 年建成的西延线狄家河桥，跨度为 4×40 m。

改革开放以前，个别铁路、公路桥上开始采用较大跨度预应力混凝土梁，如 20 世纪 50 年代在兰新线建成单跨 56 m 的预应力混凝土系杆拱桥，20 世纪 60 年代在成昆线上建成中跨 64 m的预应力混凝土悬臂梁桥，20 世纪 70 年代在邯长线上建成跨度 80 m 的预应力混凝土斜腿刚架桥及在湘桂线红水河上建成的预应力混凝土斜拉桥等，这些桥都带有铁路试点桥性质。公路上，1977 年建成河南洛阳黄河公路桥，该桥为 62 孔 50 m 预应力混凝土简支梁。1978 年建成中跨为 70 m 预应力混凝土连续梁桥。1967 年建成柳州桥（中跨 124 m）与 1971 年建成福建乌龙江桥（中跨 144 m）等预应力混凝土 T 形刚构。当时的预应力锚固体系为环销式锚具或锥形锚具，采用高强度钢丝，强度为 1 500 MPa。

进入 20 世纪 80 年代后，预应力技术得到迅速发展与广泛采用，主要体现在：

一是预应力材料、张拉设备、压浆技术等预应力技术的进步：1 860~2 000 MPa 级高强度、低松弛钢绞线；大吨位（张拉力达 12 000 kN）锚具及张拉设备、智能张拉与压浆技术、多向预应力技术等。

二是钢筋混凝土梁的跨度使用范围逐渐减小。

三是常用跨度梁的设计和制造标准化进一步完善，特别是高速铁路双线整孔箱梁的制运架技术。铁路方面除简支梁外，还颁布了中小跨度连续刚构和中大跨度连续梁的标准图（通用图）。

四是结构创新和适用跨度的突破。40~60 m 中等跨度梁，除采用预应力混凝土简支梁形式外，顶推、顶拉施工的预应力混凝土连续梁得到发展；悬臂法、转体法施工的大跨径预应力混凝土连续梁、连续刚构、斜拉桥和拱桥成绩斐然。预应力混凝土连续梁桥铁路最大跨度为厦深铁路九龙江大桥(2013 年),为(70.5+154+80) m 不对称大跨混凝土连续梁结构。钱塘江双线 80 m 跨铁路预应力混凝土连续梁,连续长度达 1 340 m,为世界之最。最大跨度铁路连续刚构为 2017 年建成的南龙铁路闽江特大桥,主跨为(118+216+138+83) m,为预应力混凝土连续刚构体系;京沪高速铁路丹昆特大桥(2011 年)全长达 164.851 km,其中的主要结构为预应力简支梁和连续梁体系结构。中老铁路元江特大桥 154 m 墩高为铁路桥梁世界"第一高墩"。公路上,预应力混凝土梁的发展更引人瞩目。目前,乐自高速公路岷江特大桥是公路预应力混凝土连续梁,跨径布置为(100.4+3×180+100.4) m,2013 年建成;公路预应力混凝土连续刚构最大跨度为 290 m(贵州省水盘高速公路北盘江大桥,2013 年),系世界首创的空腹式连续刚构,其次是主跨 270 m 的虎门辅航道桥,1997 年建成。2006 年建成的重庆石板坡长江大桥复线桥主跨达到 330 m,是目前世界上最大跨度的连续刚构桥,主梁为钢—混混合结构,跨中设置108 m长的钢箱,其结构形式和施工工艺具有原创性。1980 年建成的重庆长江公路大桥为国内最大跨度的 T 形刚构(达 174 m)。波形钢腹板的预应力混凝土连续体系桥在我国也得到了很大的发展,最大跨度为(90+160+90) m 的珠海前山河大桥(2014 年)。

我国从 20 世纪 60 年代开始发展橡胶支座,20 世纪 80 年代后,相继研发了盆式支座、球形钢支座,在铁路、公路混凝土梁式桥跨结构上普遍应用,代替原先的钢支座,我国大吨位支座已达到 15 000~16 000 t,同时抗震支座等新型支座的成果研制,满足了大跨度梁桥的发展需要。

(3)拱桥

中国拱桥历史悠久,中华人民共和国成立前,修建的拱桥大多为石拱桥。中华人民共和国成立初期由于缺乏钢材,铁路、公路上修建了不少石拱桥,铁路上以成渝、宝成、石太线为代表。早期,公路上,尤其由地方修建的桥,大多为石拱桥。目前铁路上石拱桥最大跨度为 54 m(成昆线上);公路上,湖南凤凰县乌巢河大桥(1990 年)为主跨 120 m 的石拱桥,1997 年建成的山西晋城丹河主跨 146 m 石拱桥,为世界上石拱桥最大跨度。当下大跨度石拱桥建造已很不经济且施工难度大,不宜为追求跨度记录而继续发展。

20 世纪 60~70 年代开始发展钢筋混凝土拱桥及无支架施工方法。铁路上于 1959 年在詹东线上修建了丹河桥,为上承式钢筋混凝土拱桥,跨度 88 m;1963 年修建了丰沙线 7 号桥,为中承式钢筋混凝土拱桥,跨度 150 m;1968 年修建的中国最大跨度双曲拱桥——河南嵩县前河桥,主跨 150 m,都在拱架上建造。公路上大跨度拱桥以发展无支架施工为主,采用分环分段吊装拱圈(肋)。建于 1979 年的四川马鸣溪金沙江大桥是我国用缆索吊机吊装施工的跨度最大的箱形截面钢筋混凝土拱桥,跨度 150 m。采用分环分段虽然在一定程度上解决了拱桥无支架施工问题,但因受起吊能力限制,构件必须轻巧,分得较细,致使工序增多,结构整体性差。我国桥梁工作者提出的双曲拱桥(截面由拱肋、拱波、拱板三部组装而成)在 20 世纪 60~70 年代修建数量较多,双曲拱桥材料省、造价低、施工简便,对公路建设曾起了很大作用,但因其构造组装、连接简单,整体性较差,在 20 世纪 70 年代后已被现代结构形式取代。

20 世纪 80 年代后公路上主要发展转体施工法与劲性骨架施工法。四川省在 20 世纪 70 年代首创拱桥转体施工法,1989 年在重庆涪陵乌江上建成世界上少见的用转体法施工的特大跨度(200 m)钢筋混凝土拱桥。转体施工法不需大型起重设备,可避免高空作业。然而,当拱桥的跨度进一步增大时,转体法又呈现出局限性。于是劲性骨架施工法便应运而生,它是先将钢拱架分段吊装合龙,做成劲性骨架,然后把钢拱架作为支承结构,上挂模板,浇筑混凝土。

20世纪90年代发展的钢管拱进一步完善劲性骨架结构,它不仅用作拱支架,也是浇筑混凝土的模板。钢管拱比较轻巧,也可用转体法施工。现在钢管混凝土拱桥不仅用于山区,也在沿海、平原地区推广。采用钢管作为劲性骨架的钢筋混凝土拱跨度从200 m(广东南海三山西大桥,1995年)至530 m(波司登长江大桥,2013年,是当时世界上跨径最大的钢管混凝土拱桥)。目前在建的荔玉高速平南北互通连接线跨越浔江的平南三桥,为中承式钢管混凝土拱桥,主跨达575 m,建成后将成为世界最大跨度拱桥。

铁路上钢管拱的典型代表为水泊铁路北盘江大桥,该桥于2001年11月建成通车,主跨236 m,是我国首座和当时世界上最大跨度的铁路钢管混凝土拱桥。沪昆高铁北盘江特大桥(2016年),跨度445 m上承式混凝土拱桥,是世界最大跨度的钢筋混凝土拱桥。现已经合龙的大瑞铁路怒江特大桥主桥采用单跨490 m上承式,主拱圈为4片桁设计,满足四线铁路需要,是目前世界上同类型铁路桥梁和我国铁路拱桥的最大跨度钢桁拱桥。

(4)斜拉桥

公路方面,我国早期修建的斜拉桥以预应力混凝土斜拉桥为主。1975年开始修建跨度76 m的我国第一座斜拉桥(四川云阳桥)。20世纪80年代后期斜拉桥在我国迅速发展,数量急剧增加,跨度不断增大,类型多种多样,结构也日趋完善。后期修建的大跨度斜拉桥的主梁通常以钢梁为主,部分斜拉桥也会采用混合梁。据不完全统计,至2019年底,我国已有27座600 m及以上斜拉桥,占世界600 m以上斜拉桥总数的81%以上,同时仍有11座跨度600 m以上斜拉桥在建。目前我国已建成的斜拉桥最大跨度达1 088 m(苏通大桥),主梁为钢箱梁;在建的斜拉桥最大跨度达1 176 m(常泰过江通道主航道桥),主梁为钢桁梁。嘉绍大桥主航道桥为2 680 m的(70 m+200 m+5×428 m+200 m+70 m)六塔独柱四索面钢箱梁斜拉桥,钢箱宽度为55.6 m(双向分离结构+横梁连接),是目前世界上桥长和桥宽最大的多塔斜拉桥。预应力混凝土斜拉桥最大跨度达500 m(荆沙长江大桥),预应力混凝土斜拉桥的总数和最大跨度已居世界之首。

20世纪80年代初我国首次建成铁路斜拉桥(湘桂线红水河桥,主跨96 m)。早期由于技术、经济等因素限制,混凝土斜拉桥在铁路桥梁上应用较少,很长一段时间没有发展,高速铁路兴起之后,斜拉桥在铁路中的应用增多,在普铁、高铁、重载等铁路中修建普通塔高和矮塔、单塔至三塔、混凝土、钢箱、钢桁及钢—混混合等各种结构,近年共建40多座,福平铁路乌龙江特大桥为跨度(144+288+144) m混凝土刚构斜拉桥,是目前国内铁路最大跨度的混凝土梁斜拉桥。首座300 m跨度的高速铁路无砟轨道钢箱混合梁斜拉桥——昌赣客专赣州赣江特大桥于2019年建成。蒙华重载铁路洞庭湖特大桥为(99+140+406+406+140+99) m三塔斜拉桥;宁安铁路安庆长江大桥采用双塔钢桁斜拉桥方案,主跨达580 m,主梁为3片主桁的钢桁架结构,系四线铁路桥;安九铁路鳊鱼洲长江大桥主航道桥主跨为(2×50+224+673+174+3×50) m钢混混合箱梁斜拉桥,四线铁路,为铁路斜拉桥(不含公铁两用桥)跨度之最。

公铁两用斜拉桥方面,在建的常泰长江大桥和沪通长江大桥名列世界斜拉桥跨度的第1名和第3名,我国斜拉桥起步虽比欧美晚了20年,但现居世界领先水平。

(5)悬索桥

现代悬索桥,我国起步较晚,1995年建成的汕头海湾大桥,主跨452 m,采用预应力混凝土箱形加劲梁,同类型中跨径最大,也是我国桥梁在现代悬索桥的首次尝试,随后建成了西陵长江大桥、虎门珠江大桥、厦门海沧大桥和江阴长江公路大桥,其中1999年建成的江阴长江大桥主跨达1 385 m,主梁均为钢结构。

进入21世纪后,大跨度悬索桥迎来了新的发展,2009年建成的舟山西堠门大桥,主跨为

1 650 m,名列当时世界第二。2012 年建成的湖南矮寨大桥主跨 1 176 m,是跨峡谷钢桁梁悬索桥,形成了当地旅游景点,并首创了加劲梁“轨索滑移法”架设技术。主跨 1 756 m 的六横大桥、主跨 1 688 m 的广东南沙大桥(虎门二桥)等正在建设中。

在跨度提升的同时,结构形式也有所突破,近年来修建了多座三塔四跨悬索桥,泰州长江大桥(2012 年),孔径布置为(390+1 080+1 080+390) m;马鞍山长江大桥(2013 年),跨径为(360+1 080+1 080+360) m;鹦鹉洲长江大桥(2014 年),为桥梁孔径布置(200+850+850+200) m 的双铰式四跨全悬吊悬索桥。

以上悬索桥均为公路桥,除汕头海湾大桥外,加劲梁均为钢梁,塔均为钢筋混凝土结构。

此外,还涌现了许多独特的人行悬索桥,张家界云天渡玻璃钢悬索桥采用透明玻璃钢材料,整座桥梁与周边风景环境相互融合,该桥全长 536 m,悬索主跨 430 m,桥面距离谷底约 280 m,具有跨度大、桥面窄、质量轻和梁高低等特点,为全球首座空间索面大张开量悬索桥和以玻璃钢为主要受力结构的大型桥梁。

我国已建成主跨 1 000 m 以上的悬索桥共有 15 座,公铁两用千米级悬索桥也在建设之中,悬索桥建造技术居世界前茅。

(6)跨海桥

随着国力的增加,我国跨海(包括海湾)工程的建设从 20 世纪 90 年代的汕头海湾大桥开始,进入 21 世纪后,修建了跨海(包括海湾)工程 11 座、在建 2 座,项目信息和其中的代表性桥梁见表 1. 3。

表 1. 3　中国在建和已建跨海工程一览表

序号	工程名称	长度(km)	通车年份	代表性桥梁结构
1	汕头海湾大桥	2. 5	1995	主跨 454 m 悬索桥
2	澳门西湾大桥	1. 825	2004	主跨 180 m 斜拉桥
3	东海大桥	32. 5	2005	主跨 420 m 斜拉桥
4	湛江海湾大桥	3. 981	2006	主跨 480 m 斜拉桥
5	深圳湾大桥	5. 5	2007	主跨 210 m 斜拉桥
6	杭州湾跨海大桥	35. 673	2008	主跨 448 m 斜拉桥
7	舟山大陆连岛工程	26. 54	2009	金塘大桥(主跨 620 m 斜拉桥) 西堠门大桥(主跨 1 650 m 悬索桥)
8	平潭海峡公路大桥	3. 51	2010	主跨 180 m 预应力连续刚构
9	青岛胶州湾跨海大桥	36. 48	2011	200 m 级悬索桥与斜拉桥
10	嘉绍大桥	10. 137	2013	主跨 428 m 的多塔斜拉桥
11	厦漳跨海大桥	9. 33	2013	主跨 780 m 斜拉桥
12	港珠澳大桥	49. 986	2018	主跨 458 m 斜拉桥
13	平潭海峡公铁大桥	16. 34	在建	主跨 532 m 斜拉桥
14	深中通道	24. 0	在建	伶仃洋大桥 1 666 m 悬索桥

港珠澳大桥、舟山大陆连岛工程、平潭海峡公铁大桥等“超级工程”在创造了世界工程奇迹的同时,使我国桥梁建造技术,特别是深水、抗台风、耐久性等方面,达到了世界领先水平。拟修建的跨海工程还有琼州海峡工程、渤海湾海峡工程、台湾海峡工程等,为实现这些跨海工程,深水基础施工等方面还需要技术上的进步,是今后努力的一个方向。

(7)跨谷桥

发展我国西部地区的现代交通,在修建铁路和高等级公路时,山高壑深是难以避免的地理环境,跨谷桥成为必然的选择,跨越大峡谷的主要桥梁形式有悬索桥、斜拉桥和上承式拱桥等,近些年,建成了一批跨越深、大峡谷桥,形成了"天路上的天桥"和景点。据资料统计,世界上大桥高度(高度系指桥面至水面或谷底的垂直距离)排行榜前 100 名的桥梁,有 80 多座来自中国,世界之最为杭瑞高速北盘江第一桥(2016 年),如图 1.29 所示,该桥上跨尼珠河大峡谷,河谷深切最大高差约 570 m,桥位处峡谷宽约 400 m,斜拉桥结构,跨径布置(80+2×88+720+2×88+80) m,桥面至江面垂直距离为 565.4 m,桥塔顶部至江面垂直距离为 740 m。图 1.30 为湖北四渡河特大桥(2009 年),悬索桥结构,主跨 900 m,高度 496 m。贵州赵庄马岭河公铁两用大桥,上承式钢桁拱桥,主跨 410 m,高度 329 m,系最高的公铁两用桥,贵州纳界河单线铁路桥(2016 年),上承式钢桁拱桥,主跨 352 m,高度 310 m,为铁路桥梁之最。中国工程师在不断刷新该类桥梁跨度的同时,也在结构形式、施工工艺等方面取得了系列创新成果。

图 1.29 杭瑞高速北盘江第一桥

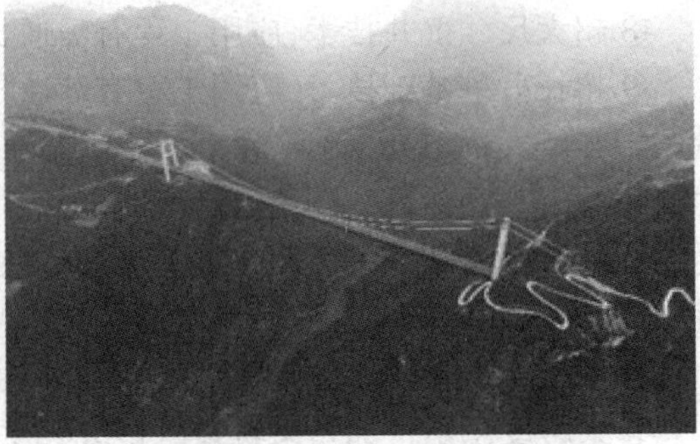

图 1.30 湖北四渡河特大桥

(8)桥梁基础工程

我国深水基础从武汉长江大桥首创管柱基础开始,也有比较大的发展。特别是在修建南京长江大桥时,对最大水深达 30.5 m、覆盖层最厚达 48.5 m 的复杂水文地质情况,成功采用了重型沉井、深水浮运钢筋混凝土沉井和钢沉井、沉井加管柱等基础。20 世纪 60 年代初,公路首先用钻孔和挖孔灌注桩,铁路上从成昆线开始较大规模发展钻孔桩基础。20 世纪 70 年代后期钻、挖孔桩技术迅速发展,九江长江大桥首创双壁钢围堰钻孔桩基础,广泛应用于现在的深水基础施工。

钢管桩基础也引起工程界注意,在部分桥梁基础中得到采用。在建的平潭海峡公铁两用桥实现了 ϕ4.9 m 大直径嵌岩钻孔灌注桩一次钻孔成型。超长群桩基础深度达到了 148 m(杭绍台铁路椒江特大桥)。

港珠澳大桥成功采用了装配式承台等先进技术。平潭海峡公铁两用桥针对海洋环境下强风、深水、覆盖层小、浪高等条件下采用的深水基础和作业平台施工技术等,也取得了丰富的成果。

新型大型沉井基础的应用在近年来也逐渐增多,沪通长江大桥主墩沉井平面尺寸为 86.9 m×58.7 m,总高度为 110.5 m,是世界上体积最大的沉井基础。五峰山长江大桥是世界首座高速铁路公路两用悬索桥,跨度布置为(84+84+1 092+84 +84) m,其扬州侧北锚碇采用重力式沉井基础,为世界最大规模的陆地沉井,平面尺寸为 100.70 m×72.10 m,总高度为 56.00 m。

(9)21 世纪中国桥梁的技术创新

①千米级公路、公铁两用斜拉桥成套技术,苏通长江大桥为世界上首座千米级公路斜拉桥;沪通长江大桥为世界上首座千米级公铁两用斜拉桥。

②三片主桁结构体系。武汉天兴洲长江大桥三索面三主桁、南京大胜关长江大桥钢桁拱—桁梁组合梁等。

③多塔缆索承重桥梁关键技术,应用工程有鹦鹉洲长江大桥、泰州长江公路大桥、马鞍山长江大桥、嘉绍大桥等。

④高速铁路整体钢桥面以及钢箱—桁组合结构,许多高铁大跨度钢桥均采用此技术。

⑤无砟轨道大跨度桥梁技术,应用工程有昌吉赣客专赣州赣江特大桥、商合杭铁路裕溪和特大桥等。

⑥空腹式连续刚构,贵州省水盘高速公路北盘江大桥。

⑦千吨级预制梁制运架技术:应用有高速铁路 32 m 整孔预制箱梁 900 t 级;中国在修建科威特湾跨海大桥中,60 m 预制公路箱梁,YL1800 型轮胎式运梁车、JQ1800 型架桥机,将制运架水平提高到 1 800 t。

⑧超大尺寸沉井技术,应用工程有沪通长江大桥、五峰山长江大桥。

⑨超长群桩基础技术,应用工程有苏通长江大桥(117 m)、通明海特大桥(138 m)、杭绍台铁路椒江特大桥(148 m)。

⑩超大直径钻机。自主研制 KTY5000 型全液压动力头旋转钻机作为钻孔机,钻孔直径可达 5. 0 m,最大钻孔深度为 110 m。平潭海峡公铁两用桥实现了 ϕ4. 9 m 大直径嵌岩钻孔灌注桩一次钻孔成型。

⑪大型浮吊,起吊能力从 2 500 t(天鹅号)提升至 3 600 t(海鸥号)。

⑫大跨度悬索桥加劲梁轨索滑移法架设新技术(矮寨大桥)。

1. 3. 3　国外桥梁发展概况

中国现代桥梁建设的成就是有目共睹的,在世界大跨度悬索桥、斜拉桥、拱桥的排行榜上均名列前茅,中国已成为名副其实的桥梁大国。下面简单罗列 19 世纪以来欧美等国家的部分重要创新成果。

(1)重要的建桥技术

①建筑材料:波特兰水泥,英国 J. 阿斯普丁,1824 年;钢筋混凝土,法国约瑟夫・莫尼尔,1867 年;预应力混凝土,德国 Freyssinet,1928 年;钢材,英国 Bessemer,1856 年;高强螺栓,1938 年。

②预应力技术:无粘结预应力,德国 F. Dischiger,1934 年;先张法,德国 E. Hoyer,1938 年;锥形锚与双作用千斤顶,德国 Freyssinet,1939 年;Magnel 锚固体系,比利时 Magnel,1940 年。

③现代桥型:钢箱梁桥,英国 Britinnia 桥,$L=141$ m,1850 年;悬索桥,美国纽约 Brooklyn 桥,主跨 486 m,1883 年,该桥至今运营良好;1931 年建成的美国纽约华盛顿桥,主跨突破千米的悬索桥,达到 1 067 m;钢桁架拱,美国的 Bayonne 桥,主跨 503. 6 m,1931 年;悬臂桁架桥,苏格兰福思桥,主跨 520 m,1890 年;钢筋混凝土桥,$L=2.4$ m 钢筋混凝土板,1894 年;钢筋混凝土拱桥,意大利 Tiber 桥,跨度 100 m,1904 年;后张预应力桥,德国 Saale Brucke 桥,主跨 68 m,1928 年;各向异性钢桥面板,德国,设计者 Leonhardt,1950 年代初;现代斜拉桥,德国 Dishinger 在瑞典建造的 Strömsund 桥,主跨 182. 6 m,1956 年;连续刚构桥,瑞士 Fegire 桥,主跨 107 m、设

计者 Menn,1979 年;矮塔斜拉桥,瑞士 Ganter 桥(板拉桥),主跨 174 m,设计者 Menn,1980 年。

④建造技术:转体施工法,法国 Iartuby 桥,主跨 110 m 钢筋混凝土拱桥,1947 年;悬臂挂篮施工技术,德国 Finsterwalder,1955 年;下承式移动托架法,德国 Wittfoht,1959 年,后又从现浇发展成预制节段拼装法;顶推法施工技术,德国 Leonhardt 等,1959~1963 年;上承式移动支架法,法国 Muller,1964 年;千吨级斜拉索和万吨级盆式支座,法国,主跨 320 m 的 Brottone 桥——独塔单索面预应力箱梁斜拉桥,设计者 Müller,1974 年。

⑤分析计算理论:19 世纪 30 年代,各种桥梁结构分析和设计理论相继建立,著名的有钢筋混凝土设计理论、悬索桥挠度理论、稳定和振动理论、薄壁杆件理论、空间和非线性分析理论、箱梁分析理论等。19 世纪 60 年代后,将计算机应用于桥梁分析设计,形成应用广泛的有限元数值分析方法。相继提出了容许应力法、极限状态法、可靠度理论等设计方法。

(2)建设成就

在钢梁方面,著名的大跨度钢梁较多,如英国 Firth of Forth 铁路桥,悬臂钢桁梁,主跨 518.3 m,1890 年;加拿大 Quebec 公铁两用桥,悬臂钢桁梁,主跨 549 m,1917 年;美国贝永大桥,钢桁架拱,主跨 503.6 m,1931 年;悉尼港大桥,钢桁架拱,主跨 503 m,1932 年;印度豪拉胡格利桥,悬臂钢桁梁,主跨 457 m,1943 年;美国 Commodore Barry 公路桥,悬臂钢桁梁,主跨 501 m,1974 年;日本生月公路桥,连续钢桁梁,主跨 400 m,1991 年;巴西瓜拉巴拉海湾尼特洛伊大桥(Rio-Niterói Bridge),连续钢箱梁,主跨 300 m,1974 年;德国汉姆铁路桥,带柔性拱的连续桁梁,主跨 250 m,1987 年;等等。所用的钢材最高等级已达 600~800 级。连接方法为栓焊或全焊。架设方法多为悬拼和节段吊装。1989 年,日本在中跨为 235 m 正莲寺川桥的钢箱梁的架设中,吊装节段长 225 m,重达 56 000 kN。

目前世界上跨度最大的预应力混凝土连续梁桥为挪威的 Sellbjorn 桥(1980 年),主跨 212 m;跨度最大的预应力混凝土连续刚构属挪威新施托姆桥(1998 年),主跨 301 m;跨度最大的斜腿刚架桥是法国的博诺姆桥(1974 年),主跨 196.3 m;法国米约高架桥(2004 年)为七塔单索面钢斜拉桥,分孔布置为(204+6×342+204) m,梁下最大墩高 245 m,为世界之最;2 460 m斜拉桥桥长为国外同类桥梁之首,其“云中散步”美学效果享誉全球,如图 1.31 所示。

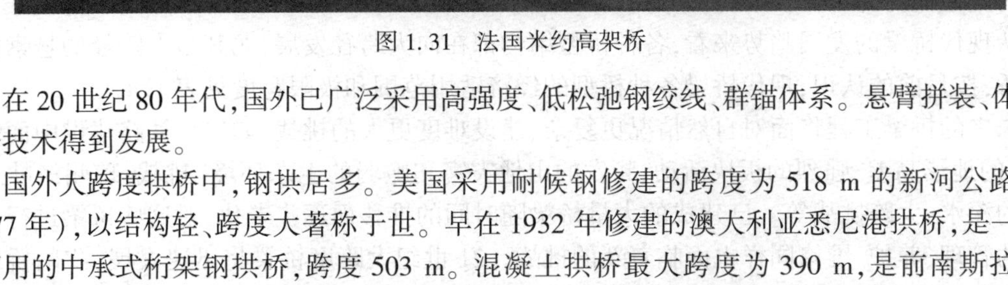

图 1.31 法国米约高架桥

在 20 世纪 80 年代,国外已广泛采用高强度、低松弛钢绞线、群锚体系。悬臂拼装、体外束等新技术得到发展。

国外大跨度拱桥中,钢拱居多。美国采用耐候钢修建的跨度为 518 m 的新河公路拱桥(1977 年),以结构轻、跨度大著称于世。早在 1932 年修建的澳大利亚悉尼港拱桥,是一座公铁两用的中承式桁架钢拱桥,跨度 503 m。混凝土拱桥最大跨度为 390 m,是前南斯拉夫于 1980 年建成的克拉克桥(公路桥)。2010 年修建的印度切纳布大桥,跨度 480 m,高 359 m,是当时世界上最高的铁路钢管混凝土拱桥。从 20 世纪 80 年代至今,大于 300 m 跨径的钢拱桥只有一座(日本的木津川桥,305 m);大于 190 m 的混凝土拱桥只有两座,都是公路桥。由于大跨度拱桥施工复杂性及其经济性,在国外不属于发展中的桥型。

斜拉桥起步最早的是德国,以钢斜拉桥为主。德国为现代斜拉桥的发展做出了开创性的贡献,一直处于斜拉桥技术发展的前沿。1959 年首创了独塔式;1961 年首创了单索面;1967 年首创了密索体系;1971 年首创了混合体系,并在 1979 年修建了当时世界最大跨度的独塔混合体系斜拉桥,主跨 367 m。1955 年,世界第一座现代化斜拉桥是瑞典建成的斯特罗姆海峡桥。1978 年,美国建成的 P-K 桥,跨径 299 m,是世界上第一座密索式体系的预应力混凝土斜拉桥。日本的斜拉桥起步晚发展快,以钢斜拉桥为主,在跨度和数量方面已名列世界前茅,本四联络线上多多罗大桥于 1999 年竣工,跨度达 890 m,是当时世界最大跨度斜拉桥。日本在抗震、抗风方面进行了大量研究,并取得了丰硕成果,对世界斜拉桥发展有深远影响。法国斜拉桥数量不多,但各具特色,有不少创新,达到较高水平。法国 1975 年修建的圣纳泽尔钢斜拉桥,跨度为 404 m,保持了 9 年钢斜拉桥主跨长度的世界记录。2012 年完工的俄罗斯符拉迪沃斯托克俄罗斯岛跨海大桥,全长 3 150 m,主跨达 1 104 m,是目前世界上已建最大跨度的斜拉桥。

悬索桥方面,美国是修建最早、数量最多的国家,1844~1870 年,就修建了十座悬索桥。1883 年美国建成的纽约布鲁克林悬索桥,跨径达 486 m,开创了现代悬索桥的先河。1937 年美国建成的跨度为 1 280 m 的金门桥,保持了 27 年的世界记录,是举世闻名的桥梁经典之作。1964 年美国又建成跨度为 1 298 m 的维拉扎诺桥。加劲梁为钢桁梁,吊索为直吊索是美国悬索桥的基本风格。1966 年英国采用钢箱梁和斜吊索修建了跨度为 988 m 的塞文悬索桥。1981 年又以钢箱梁和斜吊索修建了跨度为 1 410 m 的恒比尔桥,该桥使用正交异性桥面板,桥宽 28.5 m,混凝土桥塔高 155.5 m。加劲梁为带翼扁箱梁,斜吊索形成了英国悬索桥的基本风格。日本在本四联络线上修建了 10 多座悬索桥,加劲梁大多为钢桁梁,其中三座为公铁两用桥,最大跨度达 1 100 m。已竣工的 1 991 m 跨度的明石海峡桥,是世界上最大跨度的悬索桥。土耳其在建的恰纳卡莱 1915 大桥(主跨 2 023 m),建成后将超过日本明石海峡大桥而刷新桥梁跨度世界纪录,成为世界上最大跨度的桥梁。

1.3.4 桥梁工程展望

桥梁的建造技术体现了一个国家的经济、工业和科学技术水平。本教材第一版中提到的一些大型工程,经过近 20 年的发展,蓝图已变为现实,如港珠澳大桥、杭州湾跨海工程、长江口越江工程、千米级公路斜拉桥和千米级公铁两用大桥等,一批跨海工程已经建成,这些工程的实施大幅度提高了我国桥梁的建造水平,同时我国的土木建设大军正在全球很多地方为改善当地的交通而努力工作。

从现代桥梁的发展趋势来看,各种桥型结构都在向大跨径发展,尤其是大跨径的悬索桥与斜拉桥,按目前的认识,现代桥梁各种桥型的经济适用范围和极限跨度见表 1.4。

未来的桥梁工程将面对自然情况更复杂、建设难度更大的挑战,如川藏铁路建设中面临的"显著的地形高差、强烈的板块活动、频发的山地灾害和脆弱的生态环境"挑战,琼州海峡工程面临的深水、大跨挑战等。已建成的大量桥梁随时间的推移而逐步老化,对这些桥梁进行科学有效的管理、养护、维修同样也面临着新的挑战。21 世纪大跨度桥梁将迅速发展,我国桥梁也将更上一层楼,实现创新能力和国际竞争力的同步提升,从桥梁大国变为桥梁强国。

表 1.4　桥型的经济适用范围和极限跨度

序号	桥型		经济适用范围(m)	极限跨度(m)
1	简支梁	RC 板桥	10~20	50
2		PC	20~50	100
3	连续梁	PC	50~150	250
4		钢	200~300	500
5		钢混	200~300	400
6	连续刚构	PC	150~300	400
7	拱	石	20~50	150
8		RC	50~150	200
9		钢管混凝土	150~300	400
10		钢箱	200~500	700
11		钢桁	500~600	800
12	斜拉桥	PC	200~500	700
13		钢混	500~700	1 000
14		钢	700~1 400	1 800
15	悬索桥	钢	600~2 500	3 000
16	斜拉悬索	钢	≥3 000	—

(1)新材料、新工艺、新结构和新设备及其应用

高性能钢材(500 MPa 以上高强度、高焊接性能、高耐火性、高耐候性、低屈强比和超厚板)、高和超高性能混凝土(HPC 和 UHPC)、纤维增强复合材料(FRP)、高性能涂装材料、纤维素纳米纤维、智能材料和自修复混凝土等新材料;装配式桥梁建造、智能建造、60~100 m 深水基础施工等新工艺;超大跨度桥梁、高墩、深水基础、超长桥梁、新型组合结构等新结构;吊装设备、大直径钻机、大型浮吊、深水基础施工机具、标准构件的制运架装备、智能检测设备、精密测量仪器、结合 IT 行业的新功能装备等新设备。

(2)设计理念和方法

可靠度设计理论深化与应用研究,基于性能优化和全生命周期的设计理论;桥梁抗震抗风、车桥振动、非线性仿真分析,基于我国高原、高寒、铁路重载等特色问题等的深化研究;基于100 年的"设计使用年限"耐久性措施的深化研究以及基于提高使用年限的耐久性措施研究。

(3)桥梁绿色建造与可持续发展

遵从全过程闭环、资源最佳利用、能源最小消耗、零污染、生态保护、环境协调、少占用耕地资源、技术先进等基本原则的绿色建造技术;建筑材料的重复利用和再生技术;桥梁建造和运营中降噪与减振;面向标准化、机械化、自动化的装配式建造技术等。

(4)桥梁减灾防灾与维养技术

面对地震、强风、洪水、火灾、滑坡、泥石流、爆炸、撞击、列车脱轨等自然和人为灾害,开展桥梁减灾防灾分析理论和设计、灾害预警预报等研究,提高预警预报的适用性和准确性以及抗灾能力,确保人身安全、结构不垮塌和可修复性。

保证既有桥梁的正常工作状态,深化既有桥梁维养、检测、评估与强化技术研究:第一,建立既有桥梁科学合理的管理方法、管养手段,提升管养水平和效率,如开发桥梁管理与智能分析系统等;第二,提升既有桥梁检测水平,如开发不中断交通的检测手段、长效桥梁健康监测系统;第三,提高既有桥梁状态评估的理论水平,提升评估精度;第四,研发更先进的桥梁加固、强化技术,提高旧桥的承载能力和服务年限,如快速修复与强化技术、混凝土再生技术等。此外,也应注意加强对历史老桥和桥梁文化的保护。

(5)桥梁工程与信息技术等多学科融合发展

学科交融是当代科学发展的一个重要主题,桥梁专业也需注重多学科的融合发展,如:卫星定位系统、地理信息技术 GIS 和遥感技术的研发与应用,桥梁 BIM 技术,ICAD 技术,桥梁全寿命中的非线性数值仿真与虚拟图形,桥梁信息管理和智能分析,灾害预警预报及大数据分析,无人机检测和自动识别技术,智能检测与自动控制技术,混凝土 3D 打印技术,人工智能和建筑机器人应用等。

1.4　桥梁总体规划设计

1.4.1　桥梁设计基本原则

桥梁是铁路、公路或城市道路的重要组成部分,特别是大中桥梁,对国家的政治、经济、国防、救灾等都具有非常重要的意义,被视为生命线工程。桥梁建设应根据所在线路的作用、性质和发展的需要,遵循安全、适用、经济、美观、耐久和环保的原则。

(1)安全性

一方面,整个桥跨结构及各部分构件,在制造、运输、安装和使用过程中应具有足够的强度、刚度、稳定性,在各种自然力和人为荷载作用下,具有足够的承载力,正常使用荷载下,具有必要的安全度和抗风险能力,包括泄洪、防冲刷、防撞、抗风、抗震等诸多方面。另一方面,保证桥上、桥下的行人和车辆在施工和运营过程中的安全。应在桥上设置防撞栏、分隔带、铁路桥梁护轨、高速铁路桥梁挡砟墙或防护墙等设施,对于交通繁忙的桥梁,应设计好照明设施和明确的交通标志,两端引桥坡度不宜太陡,以避免发生车辆碰撞等车祸。

(2)适用性

保证桥梁的功能性要求,包括车辆和人群的畅通、舒适,并应满足将来交通量增长的需要。桥下应满足泄洪、安全通航或通车等要求。桥梁结构便于检查和维修;靠近城市、村镇、铁路及水利设施的桥梁还应结合各有关方面的要求;城市桥梁,应方便各种管线(水、电、气、通信等)的搭载。此外,桥梁还应考虑在战时适应国防的要求。

(3)经济性

桥梁是重要的交通基础设施工程,在高速铁路、高速公路、城市道路和城市轨道交通工程中占有很大的比重,桥梁设计必须注重经济性。重大的桥梁工程,在方案设计阶段,经济上的合理性往往具有决定性影响。根据因地制宜、就地取材和方便施工的原则,对桥梁的建造消耗(材料、机械设备和劳力)、施工(工期、技术和费用)、技术发展(新结构、新材料和新工艺)和运营使用(养护、维修、加固的技术和费用)等因素进行统筹考虑,得出合理的经济结论。经济性评价包括经济分析和财务分析。

另外,桥梁建设应体现现代桥梁建设的新技术,以技术的先进性提高工程建设的经济性;

应便于制造和架设,尽量采用先进工艺技术和施工机械、设备,以利于减少劳动强度,加快施工进度,保证工程质量和施工安全。

(4)美观性

尽可能使桥梁具有优美的造型,与周围的环境相协调。合理的结构造型、布局、风格、色彩与周围环境的协调是美观的主要因素。根据桥梁建筑艺术的基本原则和美学观点,桥梁与景观的协调包括以下几个方面的内容。

①造型简单,线条流畅

合理的结构体系,既能表达力的自然传递,也会体现出美的造型。当代桥梁的风格特点主要表现在:结构简洁,较少装饰;造型纤细,表现跨越。用外形合理的结构正确表现作用力的传递关系,用连续和明暗搭配等手法增强和渲染结构的连续感,可使桥梁具有稳定、明快、有力、流畅的美感。

一个结构外形特色与众不同,但其力学行为很不合理的桥型方案,往往会显著增加经济造价和提高施工难度,是结构创新中应尽量避免的。

合理的桥梁设计应使结构和功能协调一致,使结构造型与力学行为和谐统一,使结构本身与周围环境情景交融。

②与周围环境协调统一

针对不同的环境条件和桥梁规模,美学处理的方式也有所不同,而桥梁长、窄、平的特点又增大了其处理难度。

大桥应注意造型和线条轮廓,小桥则着重于质感和色彩。桥梁材料的选择、表面的质感以及色彩的运用也较为重要。

对城市地标性建筑或景区桥梁,首要的是与环境相协调的造型和布局,其次可适度考虑桥梁建筑的艺术处理,采用鲜明的手法,在大范围内表达出桥梁的特色,突出桥梁主体。但不宜追求浮华且传力不合理的造型及奢华的装饰。

对于大型桥梁,因其本身规模宏大,可能会成为环境的主要景观和地标性建筑,此时应把桥梁本身视为环境主体进行美学处理。

对于一般常规跨度的桥梁,如果当地环境景观业已形成,是否再要突出桥梁,需依据与环境协调的原则而定。较为普遍的情况是,采用适当的处理手段,在自然和协调中包含着对比,使桥梁与环境融为一体。如在经济发达的大城市,道路用地范围窄,两侧高楼林立,宜使桥梁造型柔和,色彩暗淡,弱化视觉效果。在中小城市和景区,道路两侧视野比较开阔,宜采用有力度感和色彩鲜艳的造型,以引人注目。高架桥在造型上应以简洁为基本原则,采用融合法和消去法,使之从属于环境。

③比例适当,匀称和谐,韵律流畅

按照符合自然条件、力学原理设计的桥梁,其结构造型会是匀称和谐的。对于多跨的大型连续梁桥,可利用主从与对称法则,在桥梁造型的安排上突出主跨部分为“主”,边跨部分起衬托作用而为“从”,并以中轴向左右对称布置,达到桥梁造型主次分明、均衡稳重的美感。

桥梁整体比例关系对人们的视觉有较大的影响。总体上讲,桥梁应注意梁体与墩身的形体搭配、桥高与跨径的比例协调。按照人们的审美习惯,梁高与桥梁高度的适宜比例为1∶4~1∶5;桥梁高度与跨径之间的适宜比例为1∶2.5,因此对于跨径为25~40 m的高架桥梁,桥高宜控制在10~14 m;桥墩纵向宽度与梁高的适宜比例为1∶1.6(黄金分割)。

在桥梁造型设计上,必须注意结构的秩序感和韵律感,避免造型上的单调。为了使多跨梁桥的结构对称,最好布置成奇数跨。从桥梁美学的角度来看,当连续梁桥跨数不多时,庞大的桥墩矗立于河中央的偶数孔连续梁桥会给人以呆板平淡的感觉,而跨径从中孔向两侧逐孔减小的奇数孔布置,既突出了中央大孔,又有两旁桥孔和谐的过渡,具有耐人寻味的节奏和韵律感。在满足上述比例关系的前提下,桥梁应尽量选用大跨径,这有助于提高视线的通透性,减轻人们视觉心理的压抑感。

(5)耐久性

结构的耐久性问题,是指结构在正常维修养护条件下未到使用年限,桥涵结构出现混凝土开裂、混凝土风化与碳化、钢筋与钢结构锈蚀、冻融病害、盐侵蚀、疲劳损伤等问题,使桥涵结构的适用性甚至安全性受损,使用寿命严重缩短。桥梁设计中明确提出了桥梁使用年限,建成的桥梁应在常规维修养护下就可保证使用年限。随着桥龄的增加,耐久性问题将逐步暴露出来,需要从设计层面,考虑不同构件的耐久性,加强构件的可控性(可检、可养、可强、可换);在施工层面,严格按设计和规范要求,确保建造质量;在管养层面,严格按设计荷载水平组织交通运输,尽量避免因超载而造成对桥梁的伤害,同时加强常规的维修养护。提高桥梁结构的耐久性,对降低桥梁工程的后期养护、维修费用是重要的,这就要求从全寿命周期的角度来综合考虑工程建设。

(6)环保性

桥梁建设中应考虑生态、水、空气、噪声、环境污染等方面的环境保护问题,同时满足节能、节材、减少土地占用等可持续发展的需要。从桥位选择、桥跨布置、墩身外形、基础方案、施工方法、施工组织设计等多方面考虑环境要求,采取必要的工程控制措施,必要时建立环境监测保护体系,将不利影响减至最小。桥梁建设材料选用方面,尽可能使用可循环利用的材料,减少使用不可再生资源。如当前在混凝土中大量使用粉煤灰替代水泥,就是“变废为宝”、节约材料的典型。

1.4.2 桥梁设计内容

桥梁设计内容包括:①选择桥位;②技术标准的确定,包括安全等级、车道布置、行车速度、荷载等级、通航标准、抗震等级等;③确定桥梁长度和桥面标高;④拟定桥式,即选择经济合理的桥梁结构形式,确定墩位,拟定结构主要尺寸,拟定桥跨及墩台基础的施工方案,对结构进行初步的计算分析;⑤对桥跨、墩台、基础等进行结构设计,即确定桥梁各部分的细节尺寸,确定施工方案,保证满足桥梁在强度、刚度、稳定性和耐久性等方面的要求;⑥附属工程设计。

合理解决上述各问题,一般通过不同深度的勘测和设计阶段完成,具体参见下节。

1.4.3 桥梁设计程序

铁路、公路的桥梁设计,一般随着道路的设计程序进行,作为独立大桥或特大桥的设计,通常需经过前期研究和设计两个阶段,参见表1.5。

(1)前期研究阶段

前期研究即工程可行性研究(简称为工可),研究的重点在于论证建设的必要性、经济上的合理性、工程上的可行性和投资上的可行性,确定建桥地点、规模、标准、环境评估、地质灾害评估、桥位与桥式方案、投资控制等宏观和重大问题,其中应对桥位和方案进行多方案的评估,形成项目建议书和设计任务书。

表 1.5 大型桥梁设计程序

阶段	名称	内容	成果
前期研究	预可行性研究和可行性研究	1. 论证:建设的必要性、经济上的合理性、工程和投资的可行性; 2. 确定建桥地点、规模、标准、环境评估、桥位与桥式方案、投资控制等宏观和重大问题; 3. 应对多方案进行评估; 4. 预可行性研究和可行性研究深度不同	可研报告,投资估算; 报审、报批:项目建议书,设计任务书
三阶段设计	初步设计(初勘)	在初勘的基础上 1. 桥式方案比选,得出推荐方案; 2. 提出科研项目和技术难点; 3. 编制施工组织设计(料源、工期等); 4. 编制概算,不超出估算的10%	初步设计图 设计概算(投资依据); 报审、报批:招标文件
	技术设计(技勘)	在技勘的基础上,针对选定的方案 1. 研究处理各结构总体的、细部的技术问题; 2. 实施科研成果; 3. 提交详尽的设计图纸; 4. 调整概算(修正概算)	技术设计图 修正概算 报审、报批
	施工图设计(详勘)	1. 桥梁结构和构件的详细设计与计算; 2. 绘制施工详图; 3. 提出大临工程施工方案; 4. 编制施工预算,不超出概算的10%	施工设计图 施工图预算(发包依据)

规模特别大的桥梁,其前期研究可分为预可行性研究(简称预可)和工程可行性研究(简称工可),两者的研究内容和目的基本一致,成果均为研究报告和投资估算。预可着重研究建设的必要性、经济上的合理性。在预可研究的基础上,撰写项目建议书,根据工程规模和管辖权限上报相应政府部门,批准后工程立项;工可在工程立项后,在预可的基础上,着重研究工程上的可行性和投资上的可行性,工可上报相应政府部门批准后,形成设计任务书。

工可报告中的主要内容包括:概述、现状及发展、交通量分析及预测、建设规模及主要技术指标、建设条件、桥位方案选择、工程方案选择、工程环境影响分析、投资估算、财务分析、经济分析、节能评价、有关专题研究结论、推荐工程建设方案、问题与建议、附件等。

(2)设计阶段

根据设计任务书进行桥梁的设计工作,依据桥梁的规模和复杂程度,桥梁设计可采用三阶段设计、两阶段设计和一阶段设计。三阶段设计包括初步设计、技术设计和施工图设计三个阶段,见表1.5,一般用于大型、复杂的工程,如复杂的特大桥、互通式立交或新型桥梁结构。两阶段设计包括初步设计和施工图设计两个阶段,国内一般(常规)桥梁设计工作通常采用这种设计步骤。一阶段设计仅包括施工图设计一个阶段,一般适用于技术简单、方案明确的中小桥建设项目。

①初步设计

初步设计的目的是确定桥梁设计方案。在该阶段,应根据桥梁规划设计中所确定的桥位、设计荷载等级以及其他各项设计要求,如桥面宽度、桥梁建筑高度、通航标准、设计行车速度、桥面最大纵坡、桥面平纵曲线半径以及抗震安全等级等要求,按照安全、适用、经济、美观、耐久和环保等原则设计桥梁方案,拟定结构形式与主要构造尺寸,确定需要的附属构造物,估算工程数量和主要材料数量,提出施工方案和工期,并据此编制工程概算与文字说明、图表资料等技术文件,进行不同方案综合评比,确定推荐方案,报送上级主管部门审批。初步设计的概算应作为控制建设项目和以后编制施工预算的依据。

②技术设计

技术设计是对初步设计的进一步深化,是在已批准的初步设计及审批意见的基础上,对重大、复杂的技术问题通过科学试验、专题研究、加深勘探调查(补充勘测)及分析比较,进一步解决和完善批复的初步设计中未能解决的技术问题。批准后则成为编制施工图设计的依据,技术设计后应对概算重新进行调整,这项工作又简称修正概算。

③施工图设计

施工图设计是根据初步设计或技术设计的批复意见,进行桥梁各部分结构、构件的详细设计计算,绘制施工详图,为施工提供所必需的图纸、材料数量表及有关说明。施工图设计一般应全面贯彻初步设计与技术设计的各项技术要求,与前一设计阶段比较,设计图应有更加详细、具体的细部构造和尺寸、大临工程方案、材料用量等,并应编制施工组织设计和施工预算。永久结构符合按图施工的深度要求,可直接交付施工部门作为施工依据。施工图文件也是安排材料和设备、加工制造非标准设备、编制施工图预算和决算的依据。

1.4.4　桥梁设计基本资料

桥梁规划设计涉及的因素很多,必须经过充分的调查研究,根据具体情况,提出正确合理的设计建议和计划任务书。为此必须进行一系列的野外勘测和资料的收集工作,内容包括交通流量调查、地形图的测绘、实地水文勘测调查、工程地质和水文地质调查及地质钻探,建造材料调查等。对于跨越河流的桥梁一般包括以下几个方面的内容。

(1)桥梁功能需求调查

对于铁路桥梁,一般在线路设计中已确定。对于公路或城市桥梁,则要调查桥上的交通种类(机动、非机动、人行、轨道交通)及其要求,分析实际交通量和增长率,确定需要的车道数目或行车道宽度以及人行道宽度的要求,调查桥上的管线(如电力、通信线和输水管、输气管等)搭载情况等。

(2)桥位的选择

特大桥及大中桥的桥位选择,一般选择 2~3 个桥位,开展桥式方案设计,连同引线工程一起进行各方面的综合比较,然后选择最合理的桥位和桥式。在路线和路网层面,应力求避免或减少车辆绕道以节省运营时间和运输成本。在桥梁本身的经济性和稳定性层面,应尽量选择在河道顺直、水流稳定、河面较窄、地质良好、冲刷较少的河段上,以降低造价和养护费用,并防止因冲刷过大而发生桥梁倒塌的危险。此外,桥中线与洪水流向应尽量正交,也应避免在河汊、沙洲、古河道、急弯、汇合口、港口作业区等地段修建桥梁,以免增加桥梁建设费用和降低使用功能。

小桥涵的桥位应完全服从路线走向,当遇到不利地形、地质和水文条件时,应采取适当工程措施,不应因此而改变线路。桥梁建在城市范围内时,要重视桥梁建设满足城市规划的要求。

(3)桥位的地形、地质勘测和调查

不同的研究和设计阶段,收集基本信息的外业勘察和测量工作深度也不同,可研阶段,一般为踏勘,初步设计阶段为初步勘察和测量(简称初勘、初测),技术设计阶段为技术勘察(简称技勘),施工图设计阶段为详细勘察和测量(简称详勘、定测)。

调查收集航拍地图,供可研阶段使用,测量桥位附近的地形、地貌,绘制大比例地形图,供设计阶段中桥位中线位置、桥墩位置、桥头接线以及施工时布置场地使用。探测桥位的地质情况,包括土壤的分层标高、物理力学性能、地下水位以及有无不良地质现象(如滑坡、断层、溶洞、裂隙等),编制工程地质勘探报告并将钻探资料绘成地质剖面图,作为墩台、基础设计的重要依据。

(4)河流的水文情况调查

调查和测量河流的水文情况,包括调查河道性质,了解河道的水流特点、季节性,有无潮水,河床及两岸的冲刷和淤积,以及河道的自然变迁和人工规划情况,以便选择合适的方案,减少桥梁建成后受河道变迁影响的程度;测量桥位处河床纵横断面,调查河槽各部分的形态、标高和粗糙率等,计算流速、流量等有关资料,调查了解洪水位的历年资料通过分析推算设计洪水位;结合河道性质确定桥梁所需要的最小总跨径和冲刷深度;根据有关规定要求,向航运部门了解和协商确定航道等级、设计通航水位和通航净空,根据通航要求和设计洪水位,选择通航孔的位置,确定桥梁的分孔与桥跨底缘设计标高。

此外,还要对一些特殊水文条件进行研究,如涌潮河段的涌潮、沿海地区的潮汐、跨海桥梁的水流特点、流冰河流的流冰信息等。

(5)其他与建桥有关的资料调查

①调查当地建筑材料(砂、石料等)的来源,水泥、钢材的供应情况,以及水陆交通的运输情况,以便因地制宜、就地取材,降低工程造价。

②调查和收集有关气象资料,包括气温变化、降雨量、冰冻以及风速或台风影响等情况,为施工组织设计提供依据。

③调查了解施工场地的征用情况,是否需要占用农田、有无需拆迁的建筑物,有无文物等。

④调查新建桥位上、下游有无老桥,其桥型布置和使用情况等。

⑤调查桥梁施工可能带来的环境影响,如施工引起的噪声、振动、废水污染、施工取土、弃土造成的植被破坏、野生动物迁徙道路受阻等。

1.4.5　桥梁净空

桥梁净空按其位置分为桥面净空和桥下净空。按功能分为泄洪、通车、通航等净空。

1. 桥面净空

桥面净空是保证车辆、行人安全通过桥梁所需要的桥梁净空界限。在净空界限范围内不得有桥跨结构的构件或其他建筑物侵入,否则将危及行车安全。

(1)铁路净空

铁路桥梁净空根据《标准轨距铁路限界》(GB 146.2—83)和《高速铁路设计规范》(TB 10621—2014)规定选用,如图 1.32 所示。

双线铁路线间距(线路中心间距离)与设计速度有关,设计速度分别为 350 km/h、300 km/h、250 km/h、160 km/h 时,线间距分别不得小于 5.0 m、4.8 m、4.6 m 和 4.2 m,设计速度≤140 km/h时,线间距不得小于 4.0 m。

曲线上的桥梁,由于线路受曲线外轨超高等的影响,桥上净空界限应加宽。曲线内外侧加宽量分别为 W_1 和 W_2。

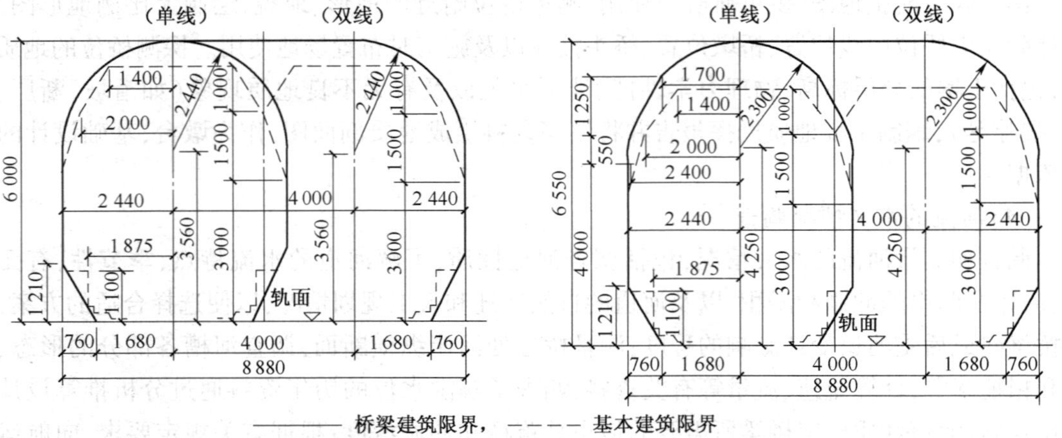

（a）蒸汽及内燃机车牵引的单线及双线铁路　　（b）电力机车牵引的单线及双线铁路

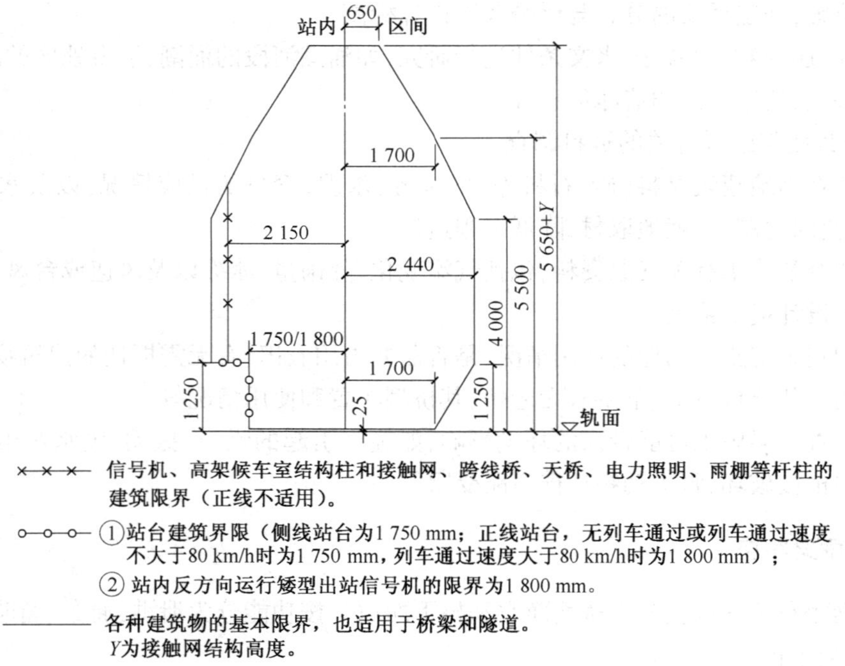

（c）高速铁路

图 1.32　铁路建筑限界(单位:cm)

$$W_1 = \frac{40\,500}{R} + \frac{H}{1\,500} \cdot h \quad (\text{mm}) \tag{1.1}$$

$$W_2 = \frac{44\,000}{R} \quad (\text{mm}) \tag{1.2}$$

式中:R 为曲线半径(m);H 为计算点自轨顶起算的高度(mm);h 为外轨超高(mm)。

铁路人行道一般仅供养护和巡道人员用。根据《铁路桥涵设计规范》(TB 10002—2017),直线桥梁线路中心至人行道栏杆内侧的最小距离为 2.45~3.75 m,视铁路和道床类型不同取值不同,曲线桥梁尚需考虑曲线加宽的影响。

(2)公路净空

公路桥面净空或立交桥下公路净空按《公路工程技术标准》(JTG B01—2014)规定,如图1.33所示。

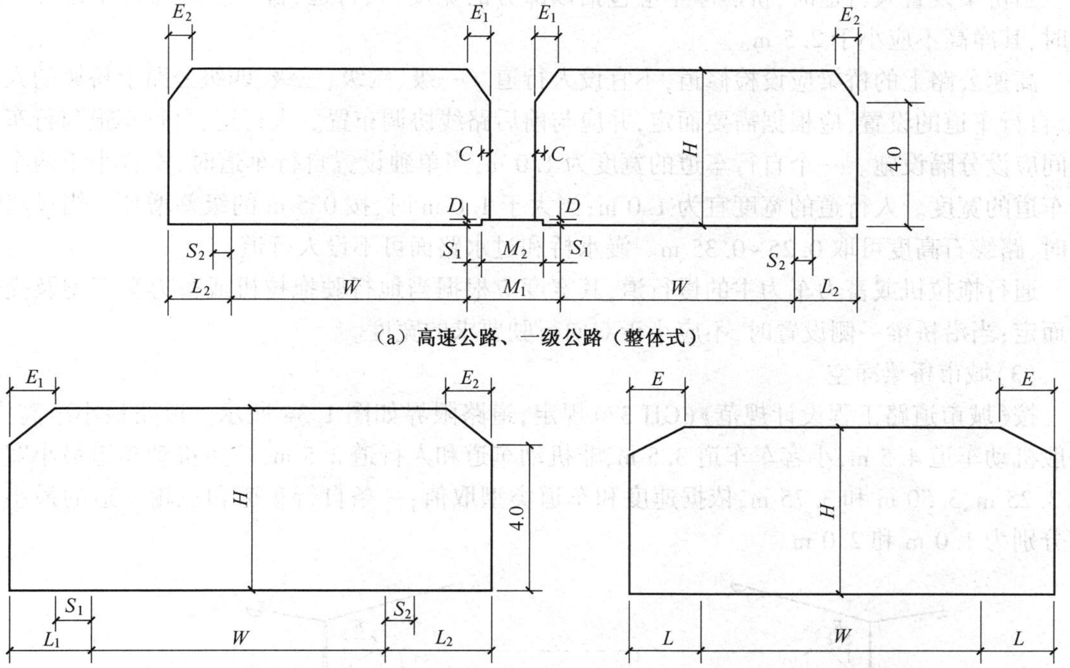

(a) 高速公路、一级公路(整体式)

(b) 高速公路、一级公路(分离式)

(c) 二级、三级、四级公路

图1.33 公路建筑界限

图中 W——行车道宽度,等于车道数×车道宽度,单个车道宽度取值:设计速度 $v \geqslant 80$ km/h 时,宽度值为3.75 m;$v=40$ km/h 或 60 km/h 时,宽度值为3.50 m;$v=30$ km/h;宽度值为3.25 m;$v=20$ km/h;宽度值为3.0 m;

H——净高,高速和一、二级公路为5.0 m,三、四级公路为4.50 m,一条公路应采用一个净高;

L_1,L_2——左、右侧硬路肩宽度;

S_1,S_2——行车左、右侧路缘带宽度;

L——侧向宽度,高速、一级公路的侧向宽度为硬路肩宽度(L_1、L_2),其他各级公路的侧向宽度为路肩宽度减去0.25 m;

C——路缘石宽度,当计算行车速度≥100 km/h 时为0.5 m,行车速度<100 km/h 时为0.25 m;

D——路缘石高度,桥上可取0.25~0.35 m;

M_1,M_2——中间带及中央分隔带宽度;

E——建筑限界顶角宽度,当 $L \leqslant 1$ m 时,$E=L$;当 $L>1$ m 时,$E=1.0$ m;

E_1——建筑限界顶角宽度,当 $L_1 \leqslant 1$ m 时,$E_1=L_1$,或 $S_1+C<1$ m,$E_1=S_1+C$;当 $L_1>1$ m或 $S_1+C \geqslant 1$ m 时,$E=1.0$ m;

E_2——建筑限界顶角宽度,$E_2=1.0$ m。

《公路桥涵设计通用规范》(JTG D60—2015)规定:确定桥面净空时,应首先考虑与桥梁相连的公路路段的路基宽度,保持桥面净宽与不含土路肩的路基宽度相同。多车道公路上的特大桥为整体式上部结构时,其中央分隔带宽度应根据所采用的护栏形式确定,路肩宽度经论证后可采用现行《公路工程技术标准》有关规定的最小值。

当桥梁设置人行道时,桥涵净空应包括该部分的宽度;人行道、自行车道与行车道分开设置时,其净高不应小于 2.5 m。

高速公路上的桥梁应设检修道,不宜设人行道。一级、二级、三级、四级公路上桥梁的人行道、自行车道的设置,应根据需要而定,并应与前后路线协调布置。人行道、自行车道与行车道之间应设分隔设施。一个自行车道的宽度为 1.0 m;当单独设置自行车道时,不宜小于两个自行车道的宽度。人行道的宽度宜为 1.0 m;当大于 1.0 m 时,按 0.5 m 的级差增加。当设路缘石时,路缘石高度可取 0.25~0.35 m。漫水桥和过水路面可不设人行道。

通行拖拉机或畜力车为主的慢行道,其宽度应根据当地行驶拖拉机或畜力车车型及交通量而定;当沿桥梁一侧设置时,不应小于双向行驶要求的宽度。

(3)城市桥梁净空

按《城市道路工程设计规范》(CJJ 37)规定,道路限界如图 1.34 所示。道路最小净高为:一般机动车道 4.5 m,小客车车道 3.5 m,非机动车道和人行道 2.5 m,一条机动车道最小宽度为 3.25 m、3.50 m 和 3.75 m,依据速度和车道类型取值;一条自行车道和三轮车道的最小宽度分别为 1.0 m 和 2.0 m。

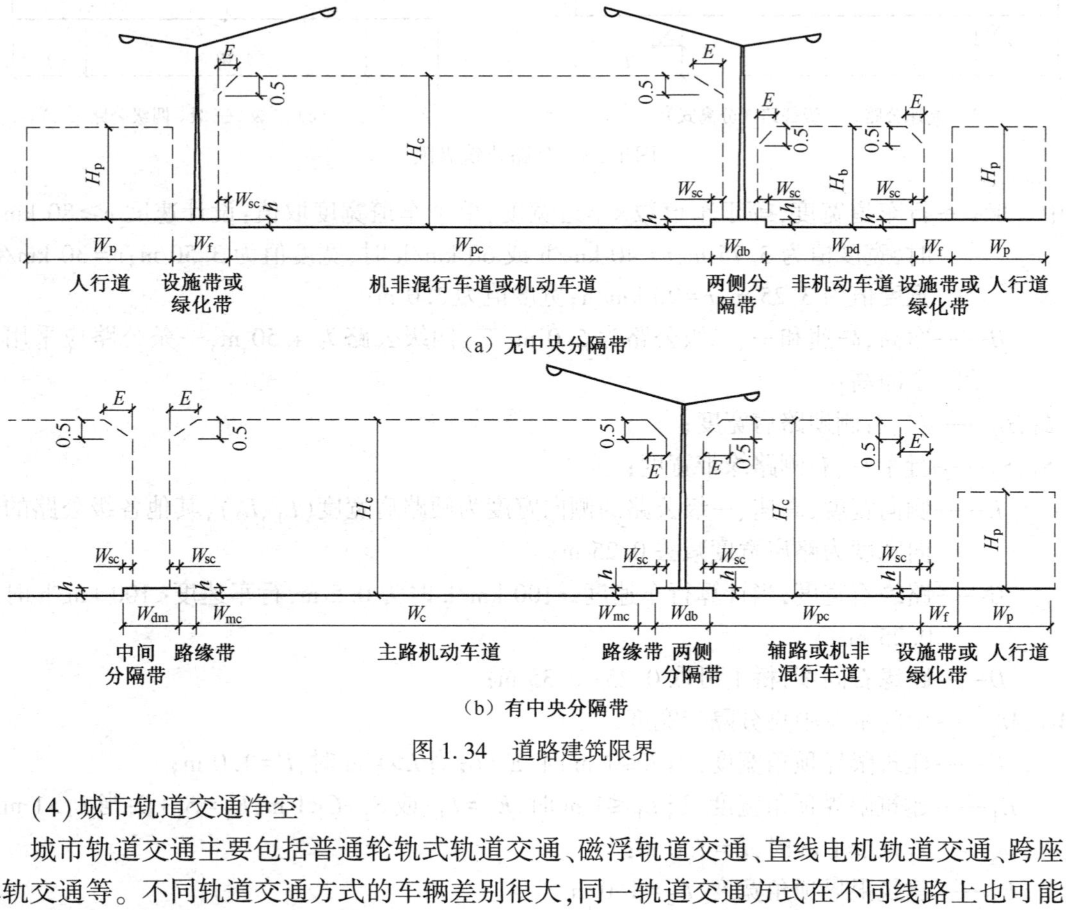

图 1.34　道路建筑限界

(4)城市轨道交通净空

城市轨道交通主要包括普通轮轨式轨道交通、磁浮轨道交通、直线电机轨道交通、跨座式单轨交通等。不同轨道交通方式的车辆差别很大,同一轨道交通方式在不同线路上也可能采用不同型号的车辆。桥梁建筑界限应根据轨道交通方式的种类和特点、所采用车辆及车型的基本尺寸参数、供电方式、曲线超高和加宽,以及高架结构的类型(区间高架桥梁还是车站高架桥梁)等确定。

2. 桥下净空

桥下净空包括无水桥下通车净空和有水桥下通航、泄洪净空两类。

满足立交或跨线功能的桥下净空需满足桥跨下方交通功能所需净空,确定原则同“桥面净空”,当被交叉的公路、铁路设排水沟时,还应包括这部分的宽度。

有水桥跨桥下净空指通航、排筏、流水、漂流物、泄洪等所需的净宽和净高,其取值除与功能有关,还与设计洪水频率和设计水位有关。

(1)设计洪水频率

铁路桥涵设计洪水频率为1/100;特大桥等重要桥梁还需按检算洪水频率1/300进行检算;公路桥涵的设计洪水频率应符合表1.6的规定。

表1.6 公路桥涵设计洪水频率

公路等级	特大桥	大桥	中桥	小桥	涵洞及小型排水构造物
高速公路	1/300	1/100	1/100	1/100	1/100
一级公路	1/300	1/100	1/100	1/100	1/100
二级公路	1/100	1/100	1/100	1/50	1/50
三级公路	1/100	1/50	1/50	1/25	1/25
四级公路	1/100	1/50	1/50	1/25	不作规定

(2)通航净宽

我国将内河航道划分为7级,见表1.7。

表1.7 航道等级划分

航道等级	Ⅰ	Ⅱ	Ⅲ	Ⅳ	Ⅴ	Ⅵ	Ⅶ
船舶吨级(t)	3 000	2 000	1 000	500	300	100	50

注:1. 船舶吨级按船舶设计载重确定;2. 通航3000吨级以上船舶的航道列入Ⅰ级航道。

依据《内河通航标准》(GB 50139—2014),当水上过河建筑物轴线的法线方向与水流流向的交角不大于5°时,天然和渠化河流水上过河建筑物通航净空尺寸(图1.35)不得小于表1.8中的值。

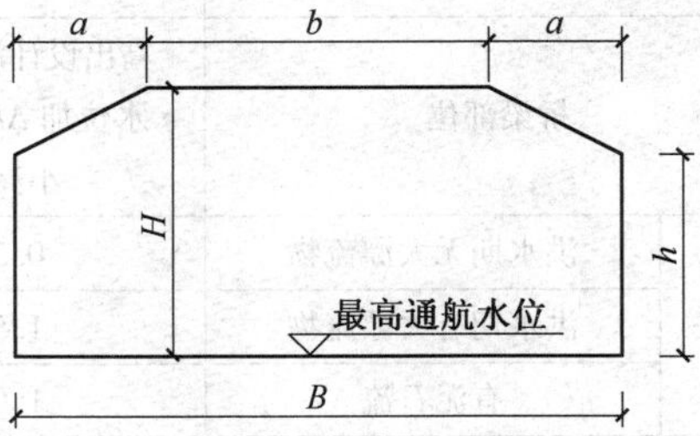

图1.35 通航净空示意图

(3)非通航河流

《铁路桥涵设计基本规范》(TB 10002—2017)规定,桥涵孔径必须保证设计频率洪水、流冰、流木、泥石流、漂流物等安全通过,并应考虑壅水、冲刷对上下游的影响,确保桥涵附近路堤的稳定,便于养护与维修。不通航也无流筏的桥孔,桥下净空高度应符合表1.9的规定,有流冰和流木的桥下净空宜按实际调查资料确定。

《公路桥涵设计通用规范》(JTG 60—2015)对非通航河流的规定与铁路规范大体相同,且增加有关对流冰的规定,见表1.9。

表 1.8　天然和渠化河流水上过河建筑物通航净空尺寸　　(单位:m)

航道等级	代表船舶、船队	净高 H	单向通航孔			双线通航孔		
			净宽 B	上底宽 b	侧高 h	净宽 B	上底宽 b	侧高 h
Ⅰ	(1)4 排 4 列	24.0	200	150	7.0	400	350	7.0
	(2)3 排 3 列	18.0	160	120	7.0	320	280	7.0
	(3)2 排 2 列		110	82	8.0	220	192	8.0
Ⅱ	(1)3 排 3 列	18.0	145	108	6.0	290	253	6.0
	(2)2 排 2 列		105	78	8.0	210	183	8.0
	(3)2 排 1 列	10.0	75	56	6.0	150	131	6.0
Ⅲ	(1)3 排 2 列	18.0 *	100	75	6.0	200	75	6.0
		10.0						
	(2)2 排 2 列	10.0	75	56	6.0	150	131	6.0
	(3)2 排 1 列		55	41	6.0	110	96	6.0
Ⅳ	(1)3 排 2 列	8.0	75	61	4.0	150	136	4.0
	(2)2 排 2 列		60	49	4.0	120	109	4.0
	(3)2 排 1 列		45	36	5.0	90	81	5.0
	(4) 货船							
Ⅴ	(1)2 排 2 列	8.0	55	44	4.5	110	99	4.5
	(2)2 排 1 列	8.0 或 5.0▲	40	32	5.5 或 3.5▲	80	72	5.5 或 3.5▲
	(3)货船							
Ⅵ	(1)1 拖 5	4.5	25	18	3.4	40	33	3.4
	(2) 货船	6.0			4.0			4.0
Ⅶ	(1)1 拖 5	3.5	20	15	2.8	32	27	2.8
	(2) 货船	4.5						

注:1. 带 * 的尺度仅适用于长江;2. 带▲的尺度仅适用于通航拖带船队的河流。

表 1.9　不通航亦无流筏的桥孔桥下净空高度　　(单位:m)

桥梁规范		铁路规范		公路规范	
桥梁部位		高出设计洪水频率水位加 Δh 后的最小高度	高出检算洪水频率水位加 Δh 后的最小高度	高出计算水位	高出最高流冰面
梁底	洪水期无大漂流物	0.50	0.25	0.50	0.745
	洪水期有大漂流物	1.50	1.00	1.50	
	有泥石流	1.00	—	1.00	
支承垫石顶		0.25	—	0.25	0.50
拱肋和拱圈的拱脚		0.25	—	0.25	0.25

注:Δh 表示根据河流具体情况,分别考虑壅水、浪高、河湾超高、河床淤积、局部股流涌高等影响高度。

无铰拱的拱脚容许被设计洪水淹没,但不宜超过拱圈高度的 2/3,且拱顶底面至水面的净高不小于 1.0 m。

1.4.6 桥梁纵、横断面设计和平面布置

1. 桥梁纵断面设计

桥梁纵断面设计包括:桥梁孔径确定、桥梁分孔、桥下净空与桥面标高确定、桥上及桥头引道的纵坡布置、基础形式等。

(1)桥梁总跨径的确定

对于一般跨河桥,桥梁总跨径往往参考桥涵水文的计算结果,并结合桥位地形、断面形态、河床地质、桥头引道填土高度等综合分析确定。桥墩、桥台、桥台锥体以及桥头路堤的建造,使得桥下过水断面减少、流速加大,引起河床冲刷,桥上游壅水加高。确定的桥梁总跨径必须保证桥下有足够的泄洪面积,使河床不会受到过大的冲刷。冲刷将导致河床下切,有利于过水面积的恢复,这是有利的一面;其不利的一面是,局部冲刷和一般冲刷将使基础的覆盖层减小,严重时将导致基础的持力层被掏空,危及桥梁安全。根据建桥经验,桥梁孔径宜长不宜短,规范对孔径压缩及冲刷有限制,目前一些地方水利部门颁布的地方规范,对桥梁的"阻水率"(阻水面积/过水面积)提出了明确的要求和限制值,使得河道内设墩数量减小、桥梁的跨径加大、山区河流中路堤入河长度减小。水深、地质复杂、流速大的跨河桥,主桥孔径一般取值较大,反之亦然。

路桥分界位置和桥长主要依据经济性和美观性确定,经济性中应包括土地这一不可再生资源的因素。如单纯从建设的直接投资考虑,高路堤方案是比较经济的,但是考虑高路堤占地多,特别占用耕地时,从长远和综合分析是不经济的,低路堤相对更合适;如果两岸取土困难,则宜延长桥孔;在软土地区路堤高度还受到路堤稳定性要求的限制。城市桥梁,过高的引道将加大两端引道的长度而影响景观和通透性,城市桥梁的路桥分界位置路堤高度往往选择较小值,一般2~3 m为宜。

对于旱桥,桥梁跨径应该由立交条件、地质条件和经济性等确定,桥下有交通功能需求时,须保证桥下的交通净空需求。墩台位置选择上,尽量回避不良地质区,合理匹配桥跨与墩高的关系。

(2)桥梁的分孔和桥型确定

桥梁总孔径或桥长确定后,下一步是确定跨径、分孔布置,此时往往是桥式方案拟定和桥梁分孔设计同步、交融地开展。

对于通航河流,首先要确定通航孔跨径,使其满足通航的使用功能要求;同时要考虑基础施工因素,如果基础施工困难,基础施工时航运繁忙,则宜加大孔跨;从经济上考虑,一般说来,采用大跨度相对小跨造价要高,工期要长。在满足通航前提下通过经济技术比较,最后确定孔跨。综合经济指标相差不大的情况下,宜采用大跨,不选小跨。根据已建桥梁经验,通航船只常撞击桥墩,危及桥墩安全,采用大跨有利。

对变迁性河流,应视河道可能变迁情况,加设通航孔,桥梁布置必须在掌握充分资料的基础上进行。对通航河流要研究在高、中、低水位时的航道轨迹,通航桥跨位置要与航道适应,能覆盖各种水位时航道可能出现的变化。

通航孔或主跨确定后,对应连续体系结构,参照桥梁的设计理论配置合理的边跨,对非连续体系桥,可按美学要素进行配孔。

对于非通航孔,则选用经济跨径(标准跨径),一般拟定2~3种桥跨方案做经济比较,尽量采用预制梁、标准化设计和施工工艺。同一座桥梁中标准跨径的类型不宜过多,以免造成模板

等施工费用不必要的增加。

此外,墩、台位置还要考虑地形、地质条件、基础施工等因素。

(3)桥面标高的确定

对跨河桥,梁底的标高应保证桥下排洪和通航的要求;对于跨线桥,应满足桥下行车净空,当这些条件均不受控制时,则由路线纵断面设计确定。

对通航河流,往往由通航净空等要求确定梁底最小高程,对非通航河流或立交桥,由桥下净空确定梁底的最小高程,梁底的最小高程再叠加结构高度后,可确定桥面高程 H_{min}。

$$H_{min} = \max\{H_{sh} + h_{c0} + h, H_n + h_{nc} + h\} \tag{1.3}$$

式中 H_{sh}——设计水位高程;

H_n——最高通航水位高程;

h_{c0}——非通航河流或通航河流非通航时的桥下最小净空;

h_{nc}——通航净空;

h——桥梁上部结构建筑高度(含桥面铺装高度)。

当线路高程已知或一定时,线路高程与上述的梁底最小高程之差即构成桥梁的建筑高度。当此桥面高程高于线路高程,即建筑高度受限时,则需调整桥梁结构,如改为下承式结构,或修改线路高程;反之,此桥面高程低于设计的线路高程时,建筑高度不受限,此时需要研究其富余量。一般概念上,桥梁越高,引道越长,造价越高。

(4)桥上及桥头引道的纵坡

桥梁标高确定后,就可根据两端桥头的地形和线路要求来设计桥梁的纵断面线型。

对于公路、城市桥梁,由于其坡度相对可以较大,桥头引道及引桥的坡度是调节桥长、实现经济合理的有效措施。合理加大坡度,能高效地减小桥长、降低路堤高度、实现经济的目的。对于特大、大桥,为了利于桥面排水、降低引道高度、增加美观性,往往设置从中间向两端倾斜的双向纵坡。对于中小桥,桥头坡度服从线路坡度。

出于安全考虑,桥头坡度不能过大。对于铁路桥梁,如桥跨结构为钢桁梁等明桥面梁,纵坡不得大于4‰,其他桥跨结构纵坡宜在6‰以内。对于公路桥纵坡不大于4%;桥头引道纵坡不宜大于5%。位于市镇交通繁忙的桥梁,桥上纵坡和桥头引道坡度均不得大于3%。桥上或引道处纵坡发生变更的地方,均应按规定设置竖曲线。铁路规范规定,竖曲线不得设在平面缓和曲线上。

(5)基础选型与埋深

基础的选型应综合地质、水文、工期、经济性等因素而定,基础的埋深对基础的安全性至关重要,一些桥梁被洪水冲毁,最主要原因是基础选型不合适、基底埋深不够、因冲刷导致基底被掏空所致。最常用的桥梁基础形式包括扩大基础、桩基础和沉井基础。

扩大基础属于浅基础,常用于无水、浅水且持力层埋深较小的情况,其中所谓的“浅水”系指经过改河或筑堤、筑岛能排除地表水,方便开挖施工。扩大基础的层数不宜过多,且埋深不宜过大;基坑开挖时不影响邻近建筑物的安全;深基坑开挖需采取工程措施确保基坑安全;用于有水河道中时,其基础底需埋置于局部冲刷线以下并预留一定的安全储备。

桩基础是目前最常用的基础类型,适用范围广泛,特别适用于深水和地质条件差、冲刷严重的场合。桩基础包括挖孔桩和钻孔桩两大类,前者用于无水且地下水不丰富、桩径≥1.0 m时,开挖过程中依据地质情况,做好井壁支护,当孔深超高 10 m 时,必须采取强制通风措施。钻孔桩依据钻孔方法和原理有正循环回旋钻孔、反循环回旋钻孔、冲击钻、旋挖钻等,并向大直径发展。桩基应充分考虑冲刷对基桩入土深度以及对整个下部结构受力的影响。水中桥梁的基桩可采用水中施工,而承台和墩身需采取无水施工,往往配以围堰进行。

沉井基础的特点是埋置深度可以很大,整体性强、稳定性好,具有较大的承载面积,能承受较大的垂直和水平荷载,它既是基础,又是施工时的挡土和挡水的围堰结构物,过去为常用的基础类型,近年来由于大量采用桩基础而使用减少。当河床中有较大卵石不便于桩基础施工时,或基础负荷特别大,需要承受较大的水平力和上拔力时,沉井仍是最合适的选择。沉井的缺点是工期较长,施工中易发生流沙、倾斜等现象,当基底埋深较大且基底的持力层平整度不够时慎用。

城市地区的桥梁,考虑桥梁的美观性要求,一般情况下,无水区的基础顶面埋置于地面下0.5 m左右,有水区基础顶面在常水位以下。

当基底下为非岩石地基时,需考虑基础沉降对结构受力的影响。

除上述三类基础类型外,还有管柱基础、地下连续墙等。

(6)桥梁结构尺寸拟定

后面的章节介绍该部分内容。

2. 桥梁横断面设计

桥梁横断面设计,主要是确定桥面净空和与此相适应的桥跨结构横断面的布置。

桥梁横断面的布置由桥梁的功能性要求按照前述的桥面净空要求确定,包括铁路的轨道数、公路的机动车道、非机动车道数以及人行道、分隔带、栏杆等附属结构,并考虑是否上行与下行分离设置,最终形成横断面布置。

对于铁路桥梁,线间距等依据铁路的类型由线路总体设计确定。对于大跨度桥梁,横截面要满足横向刚度要求,一般要求梁宽满足$L/20$(L为跨度),否则应进行横向刚度计算、分析。

对于公路桥梁,由于桥面较宽,一般不存在横向刚度问题,桥面布置从线路中心开始,依次为机动车道、非机动车道、人行道和栏杆,高速公路桥梁一般不设人行道,最外为防撞栏。对于高速公路、车道数较多的城市桥,上下行往往设置为分离式。

对于交通繁忙的城市桥梁及公铁两用桥梁,还可采用分层布置方式。

3. 平面布置

桥梁的平面布置与线路和河道(或其他线路)的相交情况有关,并受桥位处地形、地物的制约。桥梁的线形及桥头引道要保持平顺,使车辆能平稳通过。

中、小桥梁的线型,按线路要求布置。大桥、特大桥一般布置于直线上。当线路受到两岸地形限制时,引桥部分或跨度不大的桥梁,可以建在曲线上。立交的匝道桥往往是曲线桥。曲线的各项指标应符合设计规范的要求。

曲线半径很大的桥梁,曲线部分一般采用直线梁折线布置构成,而小半径曲线桥梁可以设计成曲线梁。

桥梁纵轴线与洪水主流流向或与桥下路线应尽可能避免斜交。但对于一般小桥,为了改善路线线形或城市桥梁受原有建筑的制约时,也可修建斜交桥,斜交角度通常不宜大于45°。

1.4.7 桥梁设计方案比选

一座桥梁的方案设计所涉及的因素很多,包括自然条件、功能需求等客观因素,也包括设计人员设计水平、偏好等主观因素,且“设计”本身不具有唯一性,同一工程可以采用不同的桥址;同一桥址可以采用不同的桥式方案;同一桥式结构还可以采用不同分孔跨径;设计成果只有"更好",没有"最好",桥梁工程师的义务就是试图在每项设计中尽可能地进行改进,即根据自然和技术条件,因地制宜,综合应用专业知识,合理运用新技术、新材料、新工艺,不断寻找方案中存在的问题或不足、并加以不断修改完善,才能得出相对完美的设计方案。

(1)步骤与过程

在不断完善设计方案的基础上,对不同的方案开展技术、经济等比选,提出推荐方案,是桥梁方案比选的内容,也是方案设计阶段最重要的环节之一。桥式方案设计和比选的步骤与过程如下:

①基本信息采集。在外业勘测的基础上完成桥位河床地质纵断面图,并在该图上明确和绘制设计水位、通航水位、堤顶标高、桥面标高、通航净空、堤顶行车净空位置图。

②桥梁分孔和桥式方案草拟。结合水文分析,根据泄洪总跨径的要求,作桥梁分孔和桥型方案草图,此过程中,思路要宽广,尽可能地多设计几个桥式方案,不要遗漏可能的桥型和布置,当然,方案的拟定也同样必须符合桥梁设计的基本原则。

③综合分析、判断和方案初筛。对草图方案作技术和经济上的初步分析和判断,筛去弱势方案,从中选出2~4个构思好、特色鲜明的方案,做进一步详细研究和比较。

④桥式方案深化设计。对初筛后保留下来的方案,拟订主要尺寸和施工方案,对新结构和非标设计开展力学分析,核实设计的可行性和合理性,绘制各个桥型方案的结构详图,编制施工横道图,估算工期。桥式方案基本确定后,需报相关的水利、航道、环境等部门,对通航、泄洪、河道、环境和地质灾害影响进行评估和审批。

⑤工程量统计。依据编制方案的详图计算出上、下部结构的主要工程数量。

⑥编制估算或概算。据各省、市或行业的"估算定额"或"概算定额",编制出各方案的主要材料(钢、木、混凝土等)用量、劳动力数量、全桥总造价,其中特大桥、深水基础等尚应合理计算大型临时设施费用,工程实践中一些桥梁工程出现承包商巨额亏损的主要原因就是设计阶段中遗漏或低估了大型临时设施费用,如此也会导致工期的滞后。

⑦方案比选。全面考虑功能适用性、技术先进性与成熟度、施工复杂程度、可维性、环境影响、美观性、建设工期、主要材料指标、建设造价和养护费用等因素,综合分析,阐述每个方案的优缺点,并形成类似于表1.10的"桥式方案比选表",最后选定一个最佳的推荐方案,作为方案评审和业主决策的依据。

⑧设计说明编制。上述工作全部完成之后,着手编写方案设计说明。设计说明书中应阐明方案编制的依据和标准,跨越河流的流域特征,桥址处地质、水文、通航情况,各方案的主要情况、特色、施工方法和工期,设计概算以及方案比较的综合性评述。对于推荐方案应作较详细的说明。方案说明中尚应包括存在的问题和处置建议等内容,如后期需要开展的科学研究问题等。

(2)桥式方案比选案例

本节简要介绍黑瞎子岛乌苏大桥桥式方案比选的结果,该资料由中铁大桥勘测设计院提供。

黑瞎子岛乌苏大桥地处"中国东极"——黑龙江省抚远县,跨越黑龙江与乌苏里江汇合处的抚远水道,被誉为神州东方第一桥,采用一级公路、双向4车道标准建设,设计速度80 km/h。通航要求为单孔单向不小于95 m×13.5 m,单孔双向不小于190 m×13.5 m,图1.36为黑瞎子岛乌苏大桥的桥式方案比较图,各桥式方案的主要优缺点见表1.10,经过综合比选,最终选择了单塔斜拉桥方案。建成后的桥梁如图1.37所示。

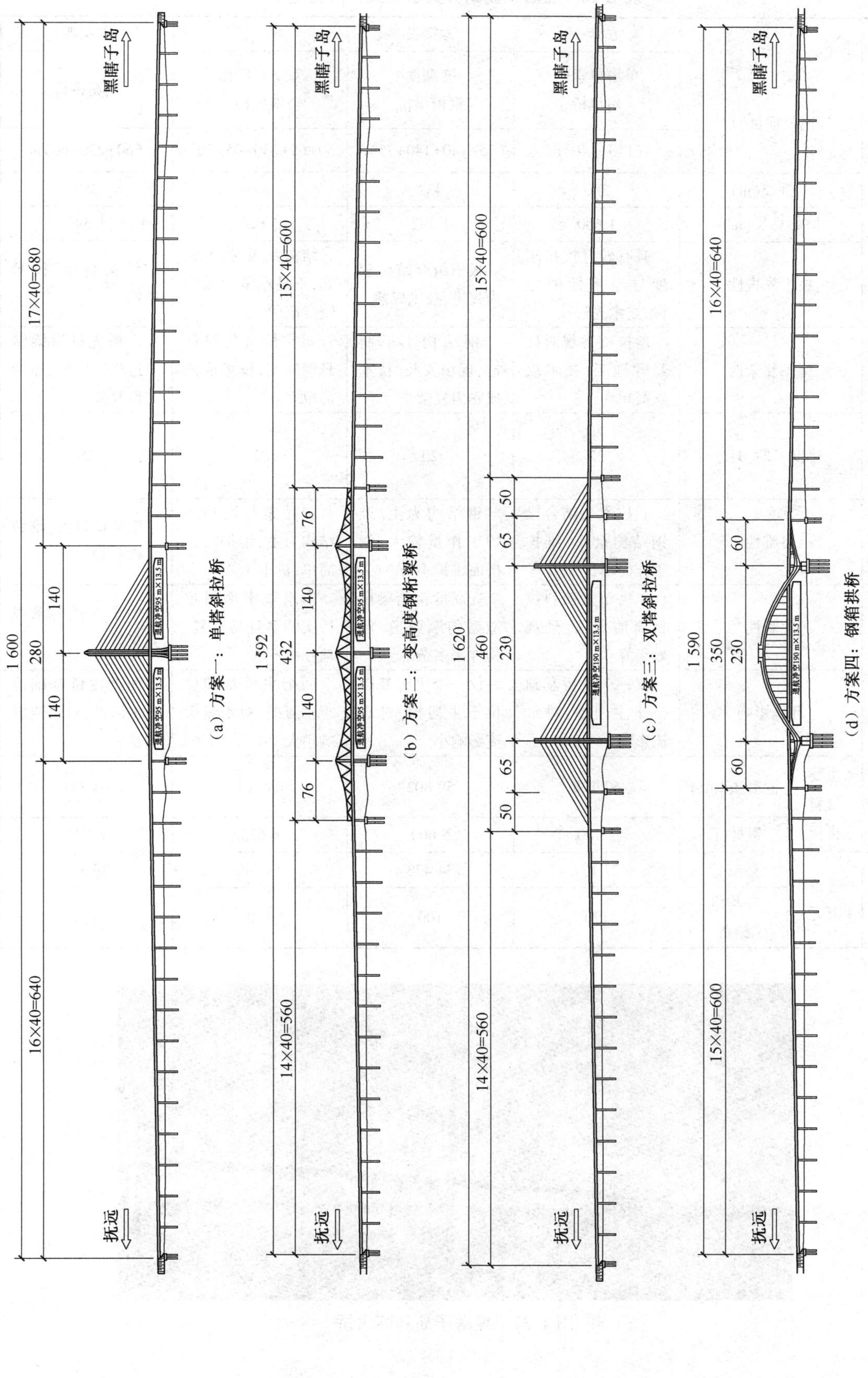

图 1.36　黑瞎子岛乌苏大桥桥式方案比选图(单位:m)

表 1.10　黑瞎子岛乌苏大桥桥式方案比选表

序号	方案 / 比较项目		方案一	方案二	方案三	方案四
			单塔单索面斜拉桥	变高度钢桁梁桥	双塔双索面斜拉桥	钢箱拱桥
			(140+140)m	(75+140+140+75)m	(50+65+230+65+50)m	(60+230+60)m
1	主桥长(m)		280	432	460	350
2	桥梁总长(m)		1 600	1 592	1 620	1 590
3	技术先进性		具有较好抗扭刚度与经济性的主梁,技术先进	板桁组合结构较为先进,技术成熟	结构普通,技术成熟,不是竞争力强的跨度范围	结构普通,技术成熟
4	施工复杂性		斜拉桥常规对称悬臂施工,技术成熟简单	钢结构工厂制造、现场安装,技术成熟但复杂	斜拉桥常规对称悬臂施工,技术成熟简单	拱桥先拱后梁施工过程工序多、体系转换复杂
5	建设工期(月)		22	20	22	28
6	可维性		斜拉索与结合梁钢结构量小,维护工作简单	钢结构为主,维护工作量较大,钢桥面维护不易	斜拉索与混凝土结构为主,维护工作简单、量小	钢结构量大,维护工作量较大
7	美观性		单塔单索面斜拉桥简洁挺拔,景观效果好	变高度钢桁梁桥造型匀顺飘逸,但构件繁多杂乱	双塔双索面斜拉桥实例多且易重复,地标性不够	中承式拱桥景观效果好
8	环境影响		仅一个主桥基础位于主河槽,对水流影响小	仅一个主桥基础位于主河槽,对水流影响小	两个主桥基础位于主河槽,对水流影响稍大	两个主桥基础位于主河槽,对水流影响稍大
9	主要材料指标	混凝土(m^3)	62 128	59 802	68 161	64 387
		钢材(t)	2 780	5 600	4 635	6 200
10	造价(万元)	建安费	27 177	34 423	32 849	39 380
		年均维护费	120	100	150	150

图 1.37　黑瞎子岛乌苏大桥

思　考　题

1. 桥梁由哪几部分构成？各有何作用？

2. 按结构体系划分，桥梁可分为哪几类？各有何受力特点？

3. 简述桥梁的起源，并介绍结构的基本构件单元和受力特点。

4. 简述大型桥梁建设的基本程序和过程。

5. 桥梁工程应该遵循的设计基本原则有哪些？

6. 简述桥梁的建筑高度的定义和作用。

7. 跨河桥梁的跨径与分孔应该如何考虑？道桥标高如何确定？

8. 钢混结合结构和钢混混合结构有何相同和不同点？

9. 何为正交与斜交桥？为何斜交桥的斜交角不能太大？

10. 何为桥梁净空？它分为哪几类？为何说不能“侵限”？

11. 简述各类桥型的跨越能力。

12. 桥梁绿色建造的含义是什么？

13. 请阐述桥梁设计方案比选的过程，成果应包含的主要内容有哪些？

14. 选取你认为比较漂亮的三座桥梁，和大家一起分析其美学要素。

15. 简述桥梁的发展方向；你认为中国要从桥梁大国走向桥梁强国，需要注重哪些方面的突破？

第 2 章　桥面布置及构造

铁路、公路桥的桥面构造(桥面系)是指桥梁与车辆或行人接触的部分,直接承受车轮和行人荷载,对桥梁的承重结构起到防护作用,并满足桥梁的使用、维护及美观要求。桥面系统主要包括铁路桥梁的道床、公路桥梁的桥面铺装、防排水系统、伸缩缝、防撞护栏、人行道及栏杆等。

2.1　铁路桥面布置及构造

2.1.1　桥面构造

铁路桥面类型可概括为有砟轨道桥面、无砟轨道桥面和钢梁明桥面三种类型,前两类主要用于混凝土或钢混结构桥面。

(1)有砟轨道桥面

有砟轨道桥面指桥枕下铺设有一定厚度道砟的桥面结构形式,如图 2.1 所示,主要用于设计速度 250 km/h 以下的铁路线路或高速铁路中的大跨度桥梁。

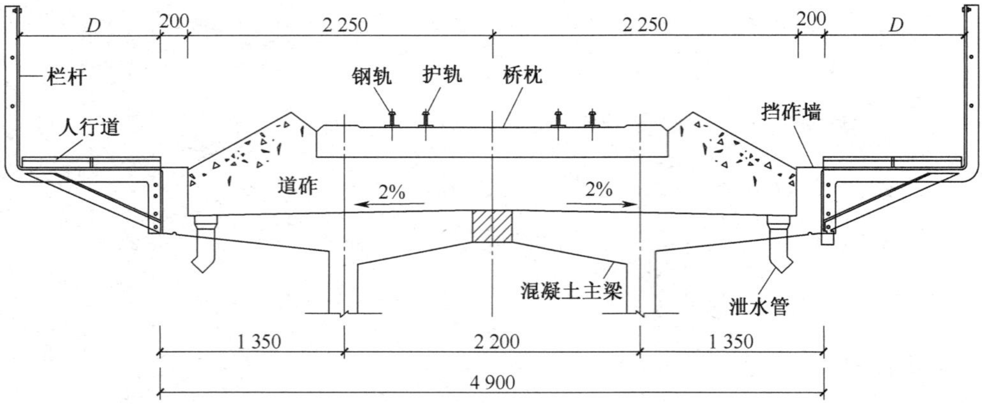

图 2.1　道砟桥面(单位:mm)

干线铁路有砟轨道桥面通常包括钢轨、护轨、桥枕、道砟、挡砟墙、泄水管、人行道、栏杆和钢轨伸缩调节器等构造。钢轨是列车的运行轨道,护轨可约束车轮行驶,防止列车掉道时冲出桥面。桥枕及道砟将列车车轮集中荷载分布到主梁梁面,减弱列车对桥梁的冲击作用,道砟还可以防止枕木位移,并有利于轨底标高的调整。梁顶两侧设置挡砟墙,为了使挡砟墙不参与主梁的共同受力,沿纵向每隔 3~4 m 设置横向断缝,缝内填塞防水材料。为了便于抽换枕木,枕木底宜高于挡砟墙顶面。

枕底道砟最小厚度:对于新建Ⅰ级铁路,≥30 cm;对于新建Ⅱ级铁路,≥25 cm;对于高速和重载铁路,≥35 cm。有关钢轨、轨枕、道砟等具体内容参见《铁道工程》教材。

两片主梁之间有纵向构造缝或采用后浇混凝土连接，沿纵向主梁与主梁、主梁与桥台之间也有横向构造缝，通常在梁缝上设置钢盖板或钢筋混凝土盖板以防止道砟掉落。钢盖板下每隔一定间距焊有一排或两排短钢筋伸入梁缝，避免盖板移位。

我国部分高速铁路和客运专线也采用有砟轨道桥面，其构造与干线铁路类似，轨枕为Ⅲ型轨枕，不设置护轨，如图 2.2 所示。

高速铁路有砟轨道铺设简便、建设费用低、维修方便，有利于桥上线路高程的调整，改善行车舒适度和降低噪声，但也存在二期恒载大、维修工作量大等不足，并且随着列车速度的提高，出现了道床变形、道砟粉化、石砟飞溅、轨道不平顺等现象，影响高速列车的舒适性和安全性，也给轨道的维修造成困难。

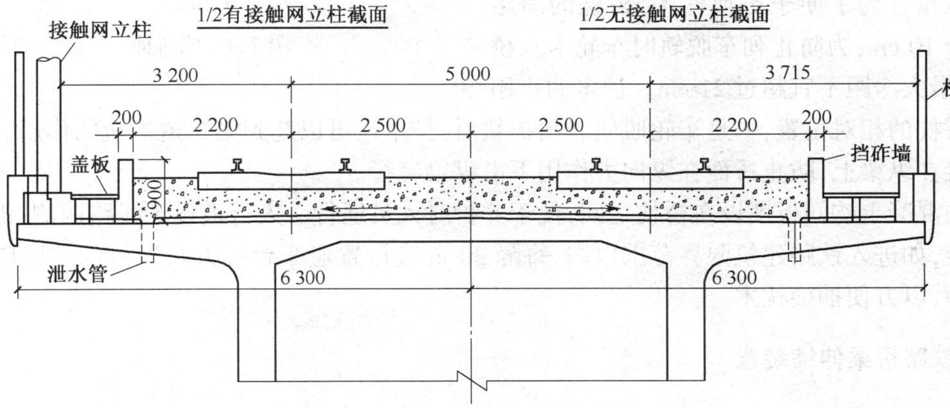

图 2.2　高速铁路有砟道床（单位：mm）

（2）无砟轨道桥面

无砟轨道桥面是指用混凝土、沥青混合料等整体道床取代散粒碎石道床的轨道结构，是设计速度≥250 km/h 的高速铁路和客运专线普遍采用的桥面构造方式，主要由钢轨、道床、防排水系统、防护墙、电缆槽、接触网立柱、人行道和栏杆等组成，如图 2.3 所示。

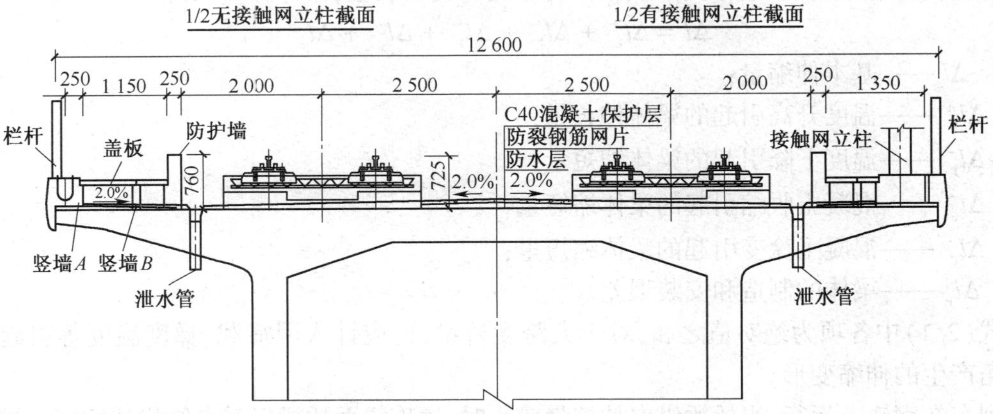

图 2.3　高速铁路无砟轨道桥面（单位：mm）

无砟轨道结构可分为预制板式无砟轨道和现浇整体式无砟轨道两大类，有板式、轨枕埋入式、弹性支承块式等结构形式。目前我国高速铁路无砟轨道有 CRTSⅠ型、CRTSⅡ型和 CRTS Ⅲ型系列。无砟轨道结构具有平顺性、稳定性好，维修工作量少，避免了道砟飞溅等特点，但是也存在初期投资大、轨道弹性小、修复困难等问题。

(3)明桥面

设计速度 160 km/h 及以下的客货共线和重载铁路钢板梁和钢桁梁的桥面可不铺设道床,直接将枕木布置于主梁或桥面纵梁上,如图 2.4 所示,称为明桥面,其优点是自重轻,但噪声大,不适合在城市人口稠密的地区使用。

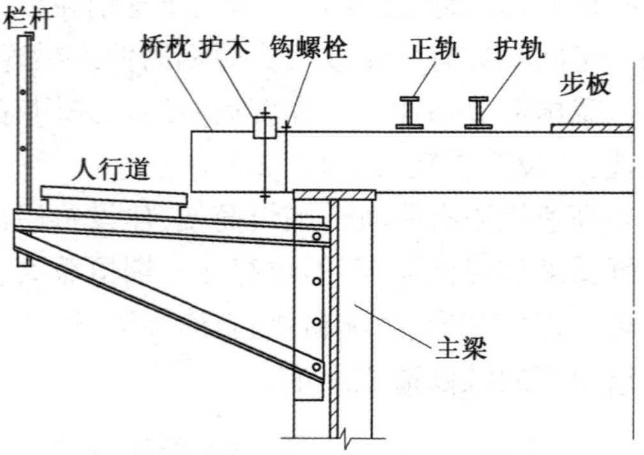

图 2.4　明桥面

明桥面包括钢轨、护轨、桥枕、护木、防爬角钢、枕间板、人行道等构造。明桥面的桥枕一般采用木枕以减轻自重,增加弹性,可吸收部分列车振动能量。为了便于更换枕木,桥枕的净距不能小于 10 cm;为防止列车脱轨时车轮卡入桥枕,桥枕最大净距不宜超过 21 cm。护木的作用是固定桥枕的相对位置,一旦车轮脱轨越出护轨后,护木还可以起到第二道护轨的作用。防爬角钢连接在纵梁上,防止桥面在纵向力作用下沿纵梁爬行。

钢筋混凝土枕间板铺设在桥枕之间,便于养护时人员通行。人行道设于线路两侧,供养护人员行走,如进入铁路建筑限界范围以内,每隔 30 m 应设置避车台。人行道板的顶面应低于桥枕底面,以方便抽换枕木。

2.1.2　铁路桥梁伸缩装置

桥跨结构在气温变化、混凝土收缩徐变、活载作用下将会发生伸缩变形,需要在梁端设置伸缩缝满足纵向变形需求,同时又要保证车辆平顺地通过伸缩缝,因此,要在相邻梁端之间,或梁端与桥台之间设置桥梁伸缩装置。值得注意的是,设置伸缩装置处的栏杆、人行道结构也应断开,以满足梁体的自由变形。

伸缩量的大小是伸缩装置选择的主要参数,计算时以安装伸缩装置时的温度为基准,考虑环境温度变化、混凝土收缩徐变以及梁体的制造和安装误差,其计算公式为

$$\Delta l = \Delta l_t^+ + \Delta l_t^- + \Delta l_s^- + \Delta l_c^- + \Delta l_e \tag{2.1}$$

式中　Δl ——基本伸缩量;

Δl_t^+ ——温度升高引起的梁体伸长量;

Δl_t^- ——温度下降引起的梁体缩短量;

Δl_s^- ——混凝土收缩引起的梁体缩短量;

Δl_c^- ——混凝土徐变引起的梁体缩短量;

Δl_e ——梁体的制造和安装误差。

式(2.1)中各项为绝对值之和,对于大跨度桥梁,还应计入因荷载、梯度温度等引起的梁端转角产生的伸缩变形。

列车在钢轨上运行,当桥梁纵向伸缩量较小时,道砟桥面桥梁仅需在结构伸缩缝处进行挡砟处理,即在主梁与主梁之间、主梁与桥台之间的伸缩缝铺设钢或钢筋混凝土挡砟盖板。

高速铁路桥梁需设置结构和轨道伸缩装置,以适应结构的纵向位移。伸缩装置的选择既要考虑环境温度变化、混凝土收缩和徐变,还需要考虑牵引力、制动力等荷载。图 2.5 为高速铁路有砟轨道和无砟轨道 TSSF 耐候型伸缩装置示意图。

在荷载和温度作用下,铁路桥梁的钢轨随同桥梁一起伸长或缩短,由于钢轨与梁体沿线路

纵向的约束条件不同,两者的温度变化和膨胀系数也不一样,将导致两者之间伸缩长度存在差异,有产生相对位移的趋势。该相对位移趋势受钢轨与梁体间连接的约束,产生钢轨与桥梁结构之间的伸缩力、挠曲力等相互作用,对墩台和轨道受力产生不利影响,需通过桥梁和轨道的共同受力分析选择合适位置断开钢轨,设置可以在纵向产生一定相对位移的钢轨伸缩调节器。大跨度桥梁一般设置在桥端的桥梁伸缩缝附近,减小桥梁与轨道的相互作用力,改善长钢轨和桥梁墩台的受力,减小轨道的变形并保持其稳定。

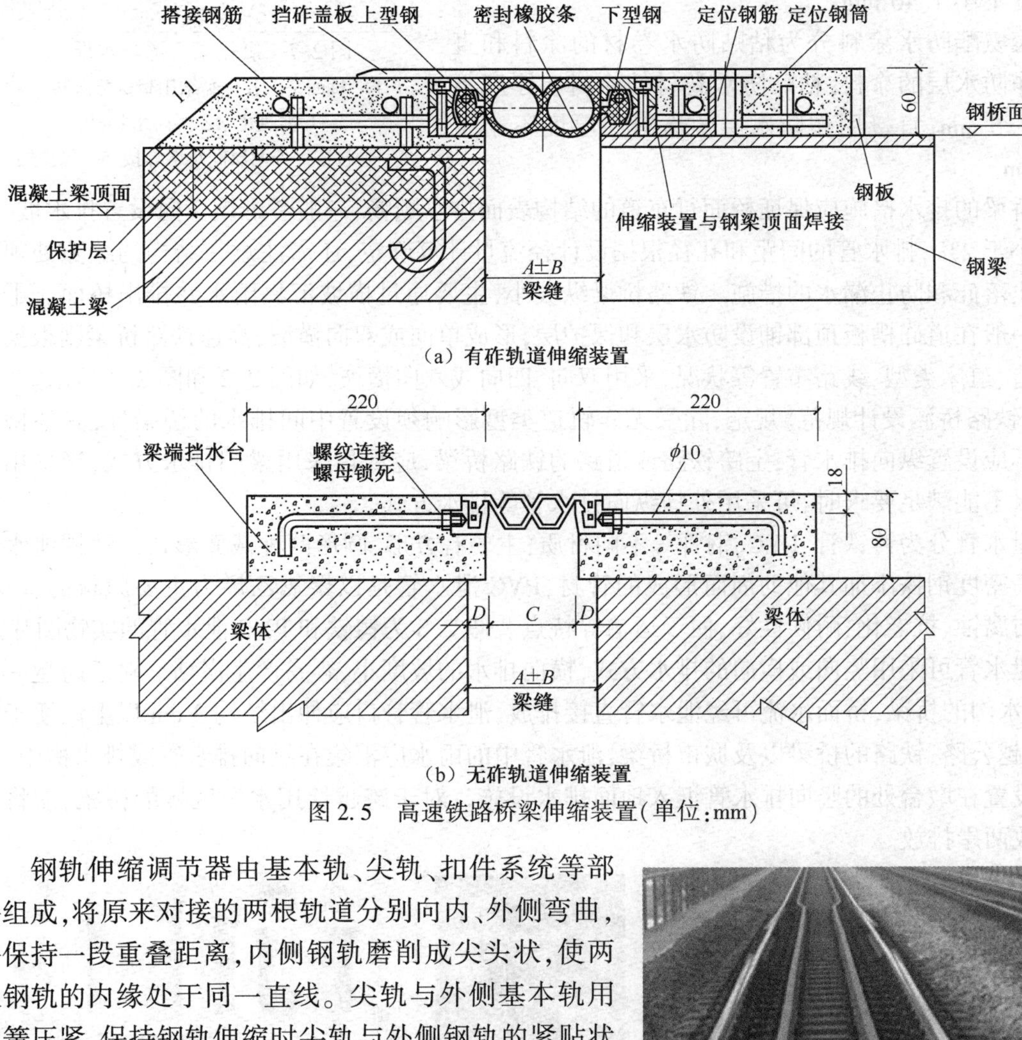

图 2.5　高速铁路桥梁伸缩装置(单位:mm)

钢轨伸缩调节器由基本轨、尖轨、扣件系统等部件组成,将原来对接的两根轨道分别向内、外侧弯曲,并保持一段重叠距离,内侧钢轨磨削成尖头状,使两根钢轨的内缘处于同一直线。尖轨与外侧基本轨用弹簧压紧,保持钢轨伸缩时尖轨与外侧钢轨的紧贴状态,便于车轮通过。钢轨伸缩调节器分为单向伸缩和双向伸缩两种,双向伸缩的构造如图 2.6 所示。

图 2.6　铁路钢轨伸缩调节器

2.1.3　防排水系统

桥梁上部结构应经常处于干燥状态,雨水的侵蚀将导致钢筋、钢板锈蚀,混凝土冻胀等现象,降低结构使用寿命,因此应有适当的防排水和通风条件。通常在桥面上铺设防水层,并通过设置排水纵横坡和泄水管将雨水及时排出,提高结构的耐久性。

铁路桥梁的防水层分为卷材类和涂料类,目前常用的防水卷材有氯化聚乙烯、高聚物改性沥青等,涂料主要为聚氨酯防水涂料。卷材类防水层适用于防护墙(挡砟墙)以内的桥面,涂料防水层仅适用于防护墙(挡砟墙)以外的部位。

铁路桥梁氯化聚乙烯防水层构造如图 2.7 所示。

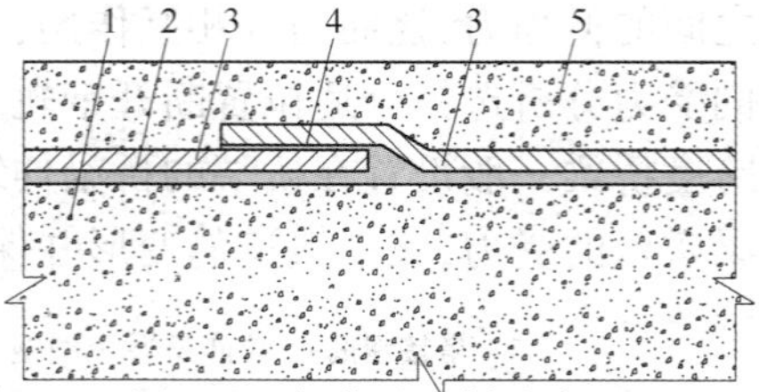

图 2.7　氯化聚乙烯防水层

1—桥面基层;2—黏结用聚氨酯涂料;3—L 类氯化聚乙烯防水卷材;4—卷材搭接处两层间热熔焊接;5—保护层

保护层采用掺加聚丙烯腈纤维或聚丙烯纤维网的 C40 细石混凝土,有砟混凝土桥面道砟槽内保护层厚度不小于 60 mm,道砟槽外及无砟混凝土桥面保护层厚度不小于 40 mm。

聚氨酯防水涂料分为粘贴防水卷材的涂料和直接用作防水层的涂料,粘贴防水卷材的涂料层厚度不小于 1.5 mm,直接用作防水层的涂料层厚度不小于 2.0 mm。

桥梁的排水措施应保证桥面行车道的结构表面排水顺畅,一般考虑纵横向设置排水坡,坡度不小于 2%,排水管的间距和孔径根据设计径流量计算确定,还需注意在结构的缝隙处须设置防止落砟和防止漏水的措施。铁路桥梁纵坡小,主要通过横坡汇集雨水并排出桥面。干线铁路一般在道砟槽板顶部铺设防水层和保护层,形成单向或双向横坡;高速铁路桥梁则根据主梁构造、道床类型、线路布置等状况,采用双向、四向或六向横坡,如图 2.2 和图 2.3 所示。

《铁路桥涵设计规范》规定,除受无砟轨道类型影响须设置中间排水的桥梁外,其他桥梁箱内不应设置纵向排水管;上跨铁路或道路的铁路桥梁,应尽量采用梁端排水方式;当采用梁端排水不能满足要求时,可采用外挂纵向排水管等排水方式。

泄水管分为铸铁管、PVC、钢管等不同材质,主要有方形、圆形两种截面形式。铸铁泄水管是由高密度钢铁添加其他助剂而形成的管材,PVC 泄水管是以聚氯乙烯为主要原料的管材,具有防腐蚀、抗老化、耐候性好、便于运输等特点。图 2.8 为铸铁和 PVC 泄水管的实物图片。

泄水管可采用竖向或横向的排水方式,横向排水的坡度小,容易产生淤堵。对于跨越一般河流、水沟的桥梁,桥面水流可经泄水管直接排放,泄水管管口应伸出结构 3 cm 以上以便于滴水;跨越公路、铁路的桥梁以及城市桥梁,泄水管中的雨水应汇集在纵向排水管或排水槽中,再通过设置在墩台处的竖向排水管汇入地面排水设施。对于跨越饮用水源区域的桥梁,需将雨水引致两岸排放。

(a) 铸铁管

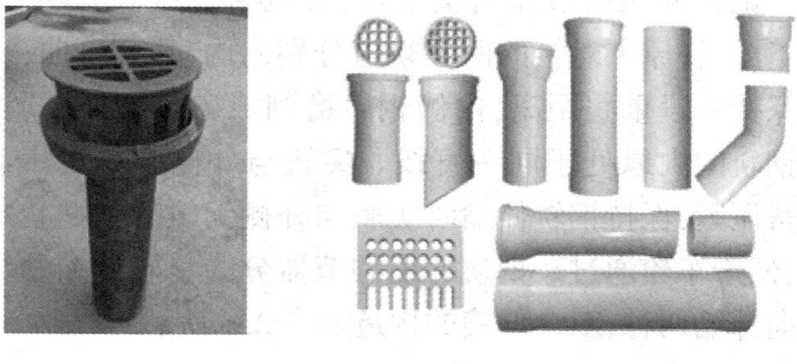

(b) PVC管

图 2.8　泄水管

2.1.4　人行道

铁路桥梁设置人行道是为了方便维修养护人员的通行以及临时堆放道砟、枕木、钢轨等材料。客货共线铁路、重载铁路桥面应设置双侧带栏杆的人行道,明桥面尚应在轨道中心铺设步行板。考虑到建筑限界、桥上大机作业、桥上避车安全距离以及桥面设施的影响，根据铁路类型及桥面形式的不同，线路中心至人行道栏杆内侧的最小净距为 2.45~3.75 m。

常规装配式混凝土梁桥人行道的标准构造如图 2.9 所示，在挡砟墙内预埋了供连接人行道支架的 U 形螺栓。

采用整体桥面的箱梁桥，一般直接在桥面板上设置人行道，宽度不小于 0.8 m。图 2.10 为高速铁路桥梁人行道的布置情况。

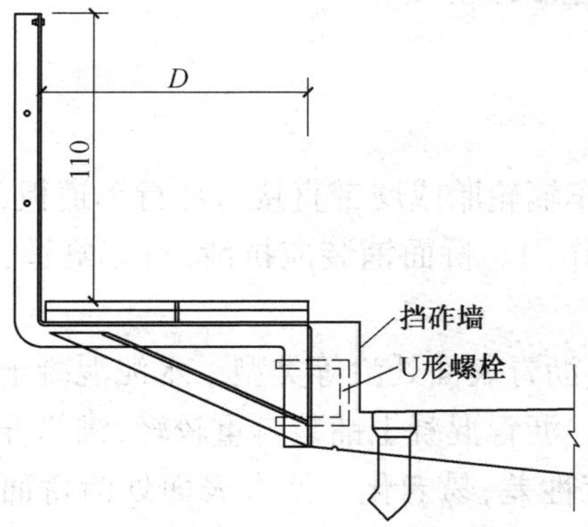

图 2.9　铁路桥梁钢支架人行道(单位：cm)

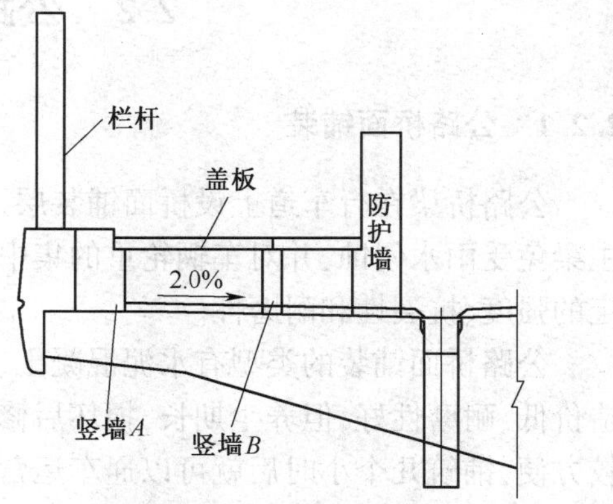

图 2.10　高速铁路桥梁人行道布置

2.1.5　其他桥面设施

声屏障是降低铁路列车运行噪声对沿线周围环境污染的主要设施，在某些强风地段，声屏障还可以兼具风屏障的作用，在国内客运专线、高速铁路线路上广泛采用。

铁路声屏障主要包括整体式和承插式两大类。整体式声屏障为钢筋混凝土构件，面向铁路轨道侧预留框式凹槽，便于安装吸声材料，如图 2.11(a)所示。承插式声屏障包含直立式、

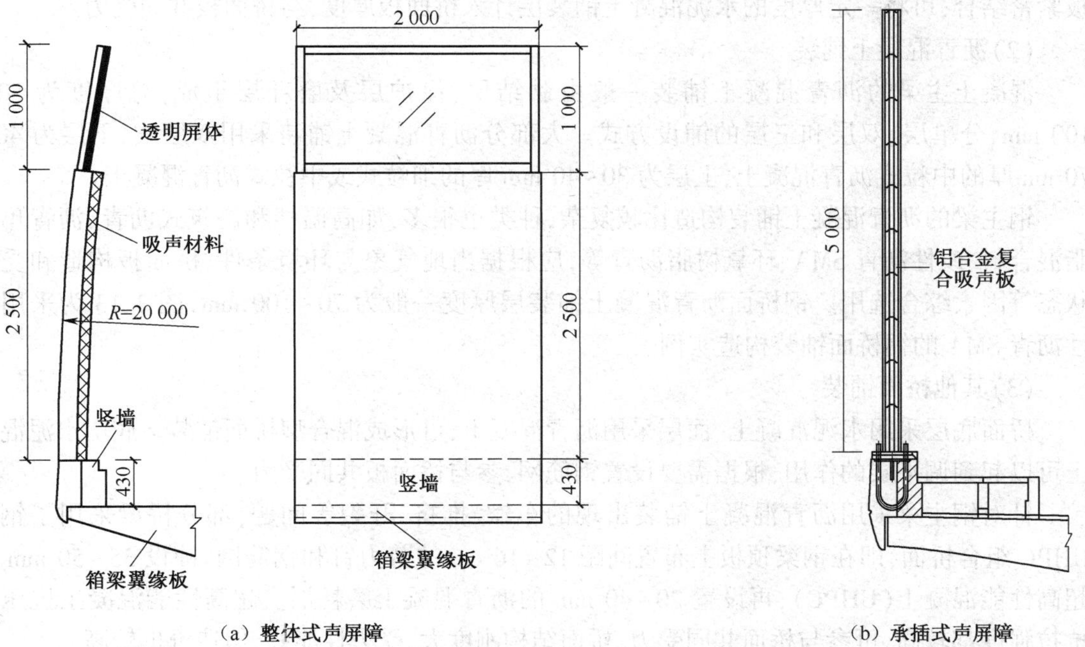

(a) 整体式声屏障　(b) 承插式声屏障

图 2.11　声屏障构造示意图(单位：mm)

折角式、微弧式等不同构造形式,主要构件为声屏障单元板,材料有金属类(如铝合板、钢板)和非金属类(如透明材料板、混凝土板、木屑混凝土板等)。为加强降噪效果,声屏障单元板多制成既有隔声性能,又具备吸声性能的构件。图 2. 11(b)为承插式声屏障构造图,由于其质量轻、安装方便,目前在铁路桥梁中广泛应用。

一些铁路桥面上还布置有电缆槽,电气化铁路还有接触网立柱等。

2.2　公路桥面布置及构造

2. 2. 1　公路桥面铺装

公路桥梁在行车道上设桥面铺装层,作用是防止车辆轮胎或履带直接磨耗行车道板,保护主梁免受雨水侵蚀,并对车辆轮重的集中荷载起分布作用。桥面铺装应抗滑、行车舒适,有一定的强度、抗裂性和耐磨性。

公路桥面铺装的类型有水泥混凝土、沥青混凝土、沥青表面处治等类型。水泥混凝土铺装造价低、耐磨性好,但养生期长,损坏后修补比较麻烦。沥青混凝土铺装自重较轻,维修养护比较方便,铺筑几个小时后就可以通车运营,但高温稳定性差,易老化。沥青表面处治桥面铺装耐久性差,仅在中级或低级公路桥梁上使用。

(1)水泥混凝土铺装

水泥混凝土铺装直接铺设在桥面防水层上,厚度不宜小于 80 mm,强度等级不应低于 C40,铺设时应避免二次成形。铺装层内应配置钢筋网,钢筋直径不小于 8 mm,间距不宜大于 100 mm。为了提高铺装层的抗拉强度和耐磨性,可在混凝土内掺入少量的钢纤维或聚丙烯纤维,形成纤维混凝土铺装。图 2. 12 为水泥混凝土桥面铺装构造示意图。

图 2. 12 中桥面现浇层将各片 T 梁连接起来共同承受活载,T 梁顶部预留的竖向钢筋伸入现浇层,加强与现浇层的联系。桥面铺装层通常不考虑其参与主体结构受力,如铺装层与桥面板紧密结合,可将一定厚度的水泥混凝土铺装层计入桥面板厚度,与桥面板共同受力。

(2)沥青混凝土铺装

混凝土主梁的沥青混凝土铺装一般由黏结层、保护层及磨耗层组成,总厚度为 50~100 mm,分单层、双层和三层的铺设方式。大部分沥青混凝土铺装采用双层式,下层为 40~70 mm厚的中粒式沥青混凝土,上层为 30~40 mm 厚的细粒式或中粒式沥青混凝土。

钢主梁的沥青混凝土铺装构造比较复杂,种类也很多,如高温拌和浇筑式沥青、沥青玛蹄脂混合料、改性沥青 SMA、环氧树脂沥青等,应根据当地气象与环境条件、桥面板构造和受力状态等因素综合选用。钢桥面沥青混凝土铺装层厚度一般为 70~100 mm,图 2. 13 为采用改性沥青 SMA 的钢桥面铺装构造实例。

(3)其他桥面铺装

桥面底层采用水泥混凝土、面层采用沥青混凝土,可形成混合型桥面铺装。底层水泥混凝土可以起到调平层的作用,根据需要设置钢筋网,参与桥面板共同受力。

针对钢主梁采用沥青混凝土铺装出现的车辙、推挤、开裂等问题,部分桥梁采用了钢—UHPC 组合桥面,即在钢梁顶板上布置间距 12~16 cm 的剪力钉和钢筋网,铺设 35~50 mm 的超高性能混凝土(UHPC),再设置 20~40 mm 的沥青混凝土磨耗层。超高性能混凝土抗压和抗拉强度都较高,可参与桥面共同受力,桥面结构刚度大,受力性能好,但造价也较高。

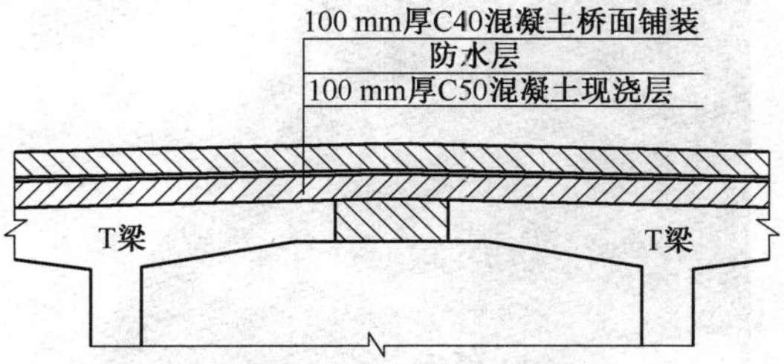

图 2.12　混凝土桥面铺装构造图

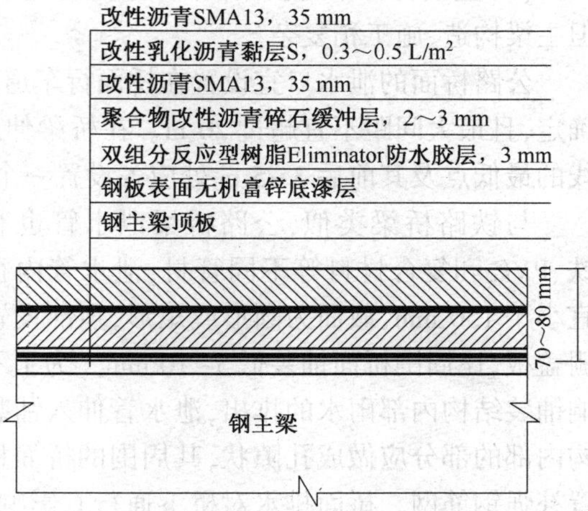

图 2.13　钢桥面改性沥青铺装构造

2.2.2　桥面防水和排水

公路桥梁的防水层直接铺设在桥面结构层之上,将透过铺装层的雨水汇集到排水设施排出。防水层要求有一定的强度、弹性和韧性,耐候性好,与沥青混凝土和水泥混凝土有良好的亲和性。目前,公路桥梁的防水层种类繁多,如沥青或改性沥青防水卷材、聚氯乙烯防水卷材、水性沥青基防水涂料、高分子聚合物涂料等,也有的桥梁直接用防水混凝土做桥面铺装。

桥面排水通过纵坡、横坡及泄水管实现。当桥面纵坡小于 0.5% 时,宜在桥面铺装较低侧边缘设置纵向渗沟排水系统。公路桥面的横坡一般为 1.5% ~3.0% ,直线段通常为双向横坡,曲线段桥面上需要设置横向超高,则为单向横坡。人行道也应设置倾向行车道 0.5% ~1.5% 的横坡。常用的横坡布置方式如图 2.14 所示。

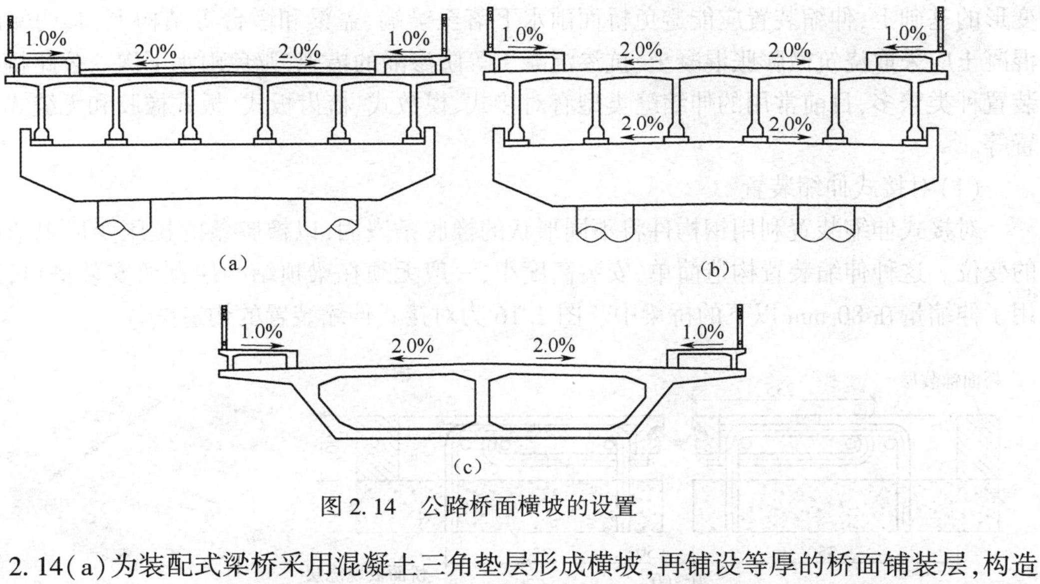

图 2.14　公路桥面横坡的设置

图 2.14(a)为装配式梁桥采用混凝土三角垫层形成横坡,再铺设等厚的桥面铺装层,构造简单、架设和拼装方便,适合于桥宽不大的桥面;图 2.14(b)墩台顶部设置了横坡,也可将墩台顶做成水平,通过调整支承垫石高度形成横坡,这种方式的桥面铺装在整个桥宽上等厚;图

2. 14(c)直接将行车道板做成倾斜面形成横坡,为整体式箱梁的常用方式,可减轻二期恒载,但主梁构造、施工稍复杂。

公路桥面的泄水口宜设置在桥面行车道边缘处,纵向间距可依据桥位处设计径流量计算确定,且最大间距不宜超过 20 m。在桥梁伸缩缝的上坡方向应增设泄水口,在桥面凹形竖曲线的最低点及其前后 3~5 m 处应各设置一个泄水口。

与铁路桥梁类似,公路桥梁泄水管也有铸铁、PVC 和复合材料等不同管材,泄水管内径不宜小于 150 mm,截面为圆形或矩形,顶部设置格栅盖板,比周围桥面铺装低 5~10 mm。为了不影响铺装结构内部雨水的排出,泄水管伸入铺装结构内部的部分应做成孔隙状,其周围的桥面板配置补强钢筋网。桥面排水对桥下通行有影响时、城市桥梁以及环保要求高的桥梁,应将泄水管的雨水汇集到纵向排水管或排水槽中,再通过设在墩台处的竖向排水管排入地面排水设施或河流中(图 2. 15),形成封闭式排水系统。

图 2. 15　桥梁排水管

排水管宜采用铸铁管、PVC 管、PE 管或钢管,其内径应大于或等于泄水管的内径,多设置于悬臂板外侧。排水槽宜采用铝、钢或玻璃钢材料,其横截面应为矩形或 U 形,宽度和深度均不宜小于 200 mm。纵向排水管或排水槽的坡度不得小于 0. 5%,桥梁伸缩缝处的纵向排水管或排水槽应设置可伸缩的柔性套筒。寒冷地区的竖向排水管,其末端宜距地面 500 mm 以上。

2. 2. 3　公路桥梁伸缩装置

公路桥梁伸缩装置处桥面的平整度和刚度均有突变,汽车通过时将出现较大的冲击作用,容易遭到损坏,是桥梁的薄弱环节,对其设计、施工和养护应引起足够重视。此外,在满足结构变形的基础上,伸缩装置应能避免桥面雨水下落至梁端、盖梁和墩台等结构上,其两侧的现浇混凝土应采取浇筑微膨胀混凝土、抗渗混凝土等防渗漏的措施,避免雨水下渗。公路桥梁伸缩装置种类繁多,目前常用的伸缩缝类型有对接式、模数式、梳齿板式、板式橡胶和无缝式伸缩装置等。

(1)对接式伸缩装置

对接式伸缩装置利用钢构件将不同形状的橡胶条嵌固,以橡胶条的拉压变形来适应梁体的变位。这种伸缩装置构造简单,安装高度小,一般无须在梁顶结构层预留安装槽口,广泛应用于伸缩量在 80 mm 以下的桥梁中。图 2. 16 为对接式伸缩装置的构造图。

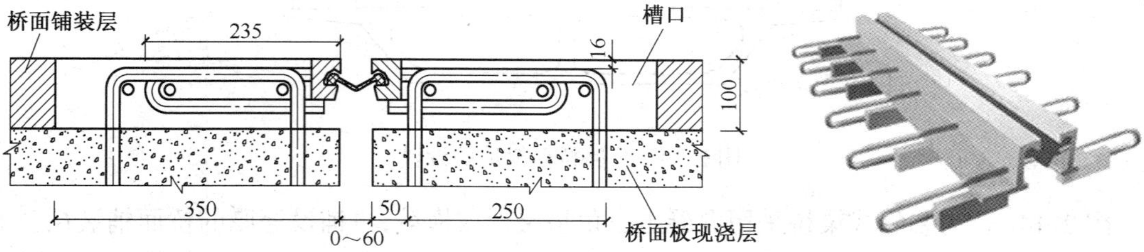

图 2. 16　对接式伸缩装置（单位:mm)

(2)模数式伸缩装置

模数式伸缩装置由异型钢与橡胶条组成类似手风琴式的伸缩构造,配以支承横梁、位移控制系统和弹簧支承系统。纵梁和橡胶条组成的单个伸缩体的伸缩量为 60~100 mm,通过增加中纵梁数量可形成多个伸缩体,并支承于顺桥向的横梁上,其总伸缩量可达 2 000 mm,是大跨度桥梁中常采用的一种伸缩装置。模数式伸缩装置的特点是橡胶伸缩体和钢构件可定型生产,并根据伸缩量需求进行模数组合设计,但是构造比较复杂,预留槽口尺寸大。图 2.17 为德国毛勒模数式伸缩装置构造图。

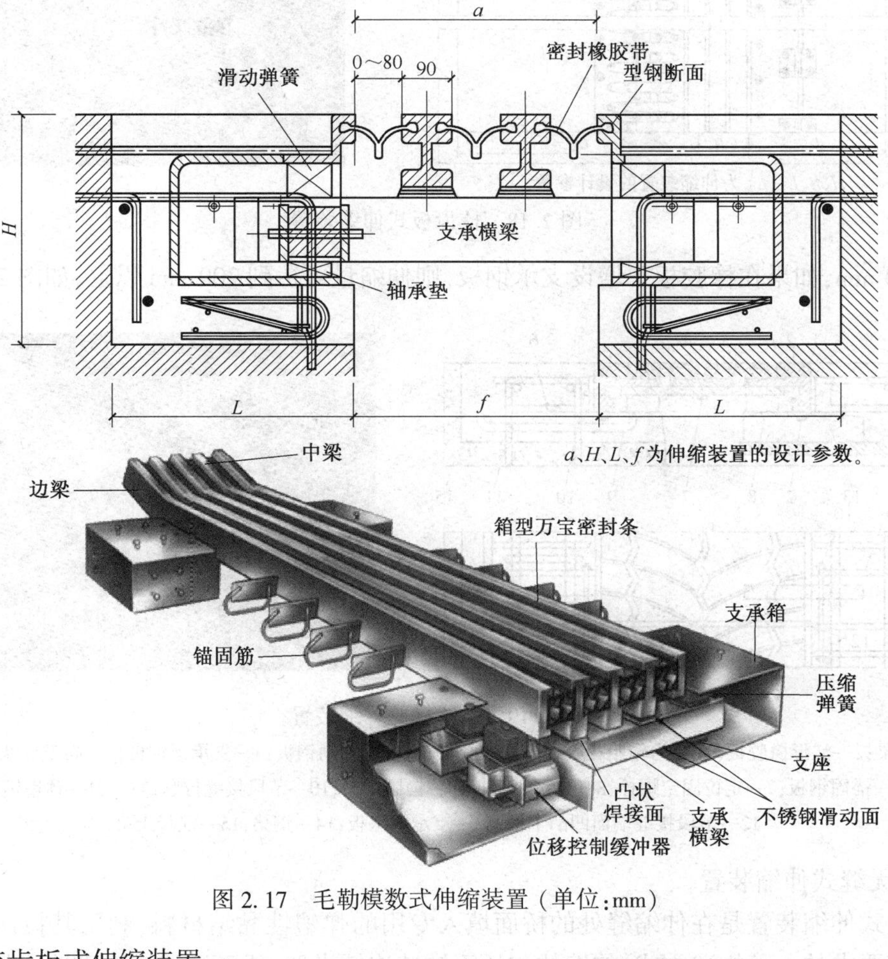

图 2.17　毛勒模数式伸缩装置(单位:mm)

(3)梳齿板式伸缩装置

梳齿板式伸缩装置由分别连接于相邻两个梁端的梳形钢板交错咬合而成,利用梳齿的张合来满足桥梁的伸缩要求。面层的梳齿钢板下设不锈钢板,以便于滑动,并在梁顶伸缩缝位置设置橡胶止水结构,避免雨水泄露。梳齿板式伸缩装置构造简单、结构预留槽浅、伸缩量较大,但是梁端转角易在齿端形成折角,影响行车的平顺性,一般适用于伸缩量在 300 mm 以下的桥梁。梳齿板式伸缩装置构造如图 2.18 所示。

(4)板式橡胶伸缩装置

板式橡胶伸缩装置利用橡胶板的弹性和伸缩槽实现伸缩变形,并在橡胶板中预埋加劲钢板以提高橡胶的承载能力,具有结构简单、造价相对较低、行车舒适性好的特点,但是载荷能力差、伸缩阻力较大,长期承受车辆冲击容易造成橡胶与钢板剥离。这种伸缩装置的伸缩量一般

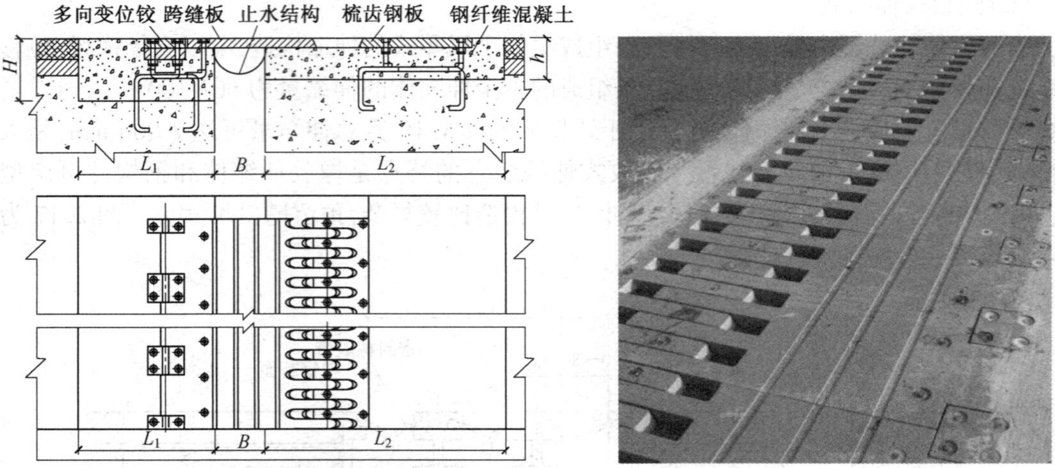

H、B、L_1、L_2 为伸缩装置的设计参数。

图 2.18　梳齿板式伸缩装置

为 30~60 mm,如果在橡胶板下增设支承钢板,则伸缩量可达到 200 mm 以上,如图 2.19 所示。

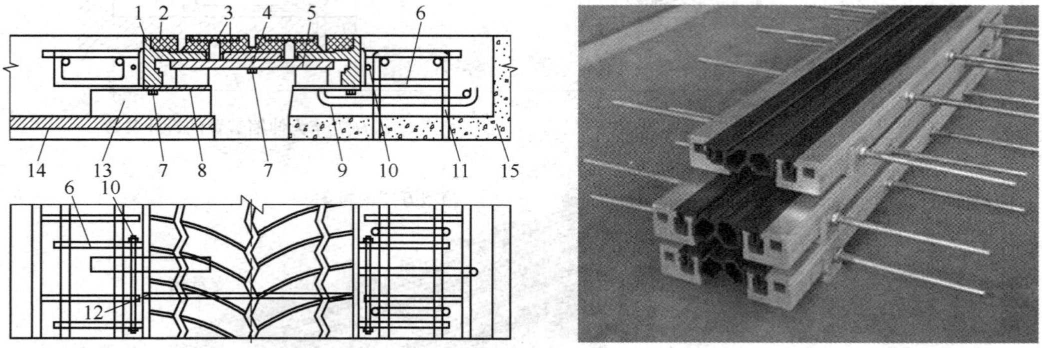

图 2.19　板式橡胶伸缩装置

1—边纵钢梁;2—波形橡胶板(面层为轮胎花纹高耐磨橡胶材料);3—加劲钢板;4—支承顶钢板;5—高阻尼减震橡胶支承;6—锚固钢板;7—定位固定螺栓;8—支承底钢板;9—锚固钢筋;10—节段接缝拉紧螺杆;11—预埋钢筋;12—节段接缝端面凹凸卡槽;13—支承钢垫板;14—钢梁;15—混凝土梁

(5)无缝式伸缩装置

无缝式伸缩装置是在伸缩缝处的桥面填入专用的弹塑性黏结材料,利用其拉压变形适应桥梁伸缩要求的一种构造方式,伸缩体与桥面铺装连续设置,桥面无缝槽。无缝式伸缩装置构造简单、行车平顺、施工及维护简便,但是其伸缩量一般在 50 mm 以下。图 2.20 为 TST 碎石填充无缝式伸缩装置构造图。

TST 弹塑体主要由高分子聚合物和精化沥青组成,在高温熔融后加入碎石材料既能承受车辆载荷又能适应梁体的纵向变形。施工时完成开槽、清洗等工作后,对开槽面进行涂胶处理,以便 TST 与槽面更好地结合。在竖缝内放置苯板或泡沫条等填缝材料,将盖板放置其上并固定,然后加热碎石材料,放入 TST 一同加热、搅拌并摊铺,最后进行碾压和整形。

简支梁桥的断缝多,不利于行车平顺性。为此,公路标准设计采取了假连续构造措施,将桥面铺装在简支梁端的结构断缝处连续通过,如图 2.21 所示。

荷载作用下简支梁梁端将出现折角,桥面连续处的桥面铺装易出现开裂现象,因此在接缝

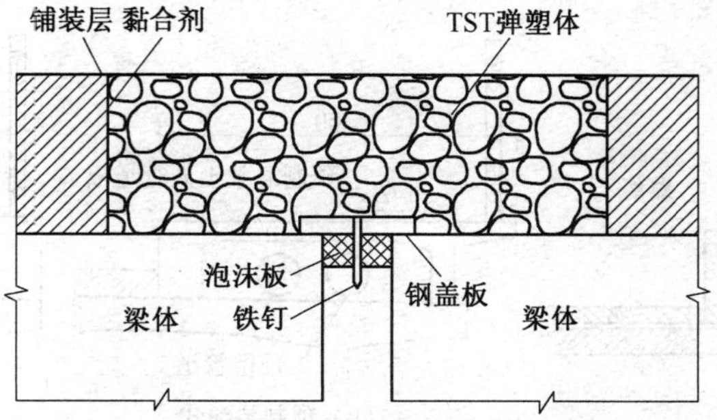

图 2.20　无缝式伸缩装置

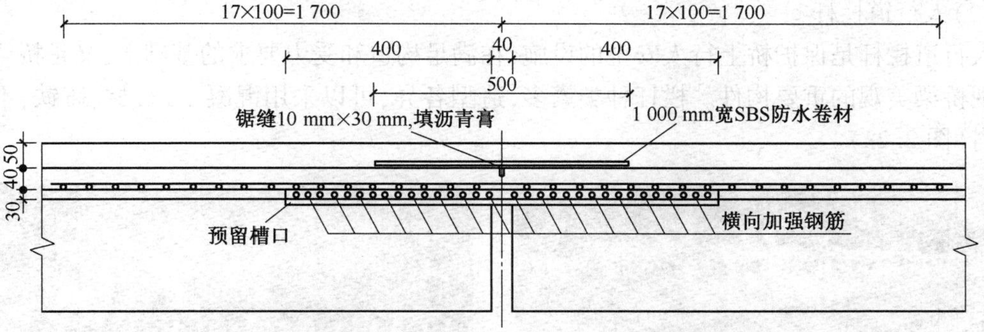

图 2.21　桥面连续构造（单位:mm）

位置的桥面现浇层预留 10 mm(宽)×30 mm(深)的锯缝,使裂缝沿该锯缝开展,并在桥墩中心线两侧各 500 mm 长度区域内的水泥混凝土和沥青混凝土铺装层之间的结合面上铺贴 SBS 防水卷材,防止接缝位置沥青铺装表面出现反射裂缝。

采用桥面连续构造的多孔简支梁在竖向荷载作用下的受力按简支体系计算,而在纵向水平力作用下则按连续体系考虑。

2.2.4　人行道、栏杆与护栏

(1)人行道

位于城镇和近郊的桥梁一般应设置人行道,一般设置在桥面两侧,其宽度根据行人的交通流量来决定。单侧人行道的最小宽度为 0.75 m 或 1.0 m,大于 1.0 m 时按 0.5 m 的倍数递增。为确保行人安全,人行道通常高于行车道 0.25~0.35 m,在人行道与行车道之间设置路缘石或防撞护栏。

人行道的构造方式多种多样,根据施工方法,可分为就地浇筑式、预制装配式和部分现浇部分装配的混合式。就地浇筑的人行道与桥梁承重结构直接联为一体,施工比较烦琐,目前较少采用[图 2.22(a)];预制装配式将人行道做成预制构件铺设在主体结构之上,具有构件标准化的特点,应用比较广泛[图 2.22(b)];混合式一般将路缘石、栏杆基座等构件直接现浇,再安装预制人行道板,也是目前普遍采用的一种构造方式[图 2.22(c)]。

采用预制装配式和混合式构造的人行道板下可放置过桥的管线,但图 2.22(b)所示整体装配式人行道下的管线检修和更换比较困难。具体设计时,需结合桥梁用途、结构形式和人行需求选择合理的人行道构造形式。

人行道板厚度一般为 6~10 cm,顶面可铺设水泥砂浆或沥青砂浆作为面层,也可镶嵌彩色面砖,并做成 0.5%~1.5% 的内倾排水横坡。

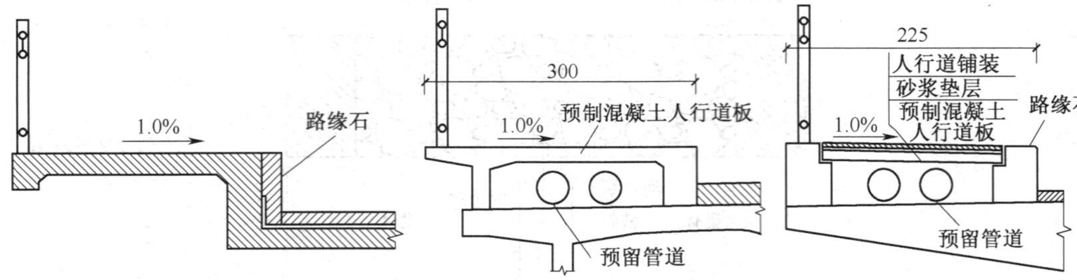

(a) 整体浇筑式　　(b) 预制装配式　　(c) 混合式

图 2.22　人行道构造方式 (单位:cm)

(2)人行道栏杆

人行道栏杆是保护桥上行人安全的设施,在满足构造和受力要求的基础上,又是桥梁设计师表现桥梁美观的重要构件。栏杆种类繁多,造型各异,可以采用混凝土、石材、铸铁、不锈钢等材料(图 2.23)。

图 2.23　栏杆构造

栏杆柱或底座要与桥面结构牢固连接,计算人行道栏杆时,作用在栏杆立柱顶的水平推力标准值取 0.75 kN/m,作用在栏杆扶手上的竖向力标准值取 1.0 kN/m。从人行道顶面起,桥面栏杆高度不应小于 1.1 m,栏杆构件的最大净距不得大于 14 cm,且不宜采用横线条栏杆。采用金属网状栏杆时,网状开口不宜大于 5 cm。在桥面伸缩缝处,人行道和栏杆也必须随主体结构设置伸缩装置,使其能与主体结构一起自由变形。

(3)护栏

为了避免车辆碰撞行人或冲出桥梁,各级公路必须设置路侧护栏,也称防撞护栏。设计速度小于或等于 60 km/h 的公路桥梁设置人行道时,可通过路缘石将人行道和车行道分离;设计速度大于 60 km/h 的公路桥梁设置人行道时,应通过桥梁护栏将人行道与车行道进行隔离;高速公路、一级公路上的桥梁,应设置中央分隔带护栏。

防撞性能是护栏设计和选用的关键指标，根据防撞性能的差异，目前我国《公路交通安全设施设计规范》将路侧护栏由低到高分为 C、B、A、SB、SA、SS、HB、HA 八个级别，中央分隔带分为 Bm、Am、SBm、SAm、SSm、HBm、HAm 七个级别。桥梁设计时，应根据公路等级、设计速度及车辆越出桥梁造成二次事故的严重程度，选用合适的防撞等级，见表 2.1。

表 2.1　桥梁护栏防护等级的选取

公路等级	设计速度(km/h)	车辆驶出桥外或进入对向车行道的事故严重程度等级	
		高：跨越公路、铁路或饮用水水源一级保护区等路段的桥梁	中：其他桥梁
高速公路	120	六(SS、SSm)级	五(SA、SAm)级
高速公路、一级公路	100、80	五(SA、SAm)级	四(SB、SBm)级
一级公路	60	四(SB、SBm)级	三(A、Am)级
二级公路	80、60	四(SB)级	三(A)级
三级公路	40、30	三(A)级	二(B)级
四级公路	20	三(A)级	二(B)级

因桥梁线形、高度、交通量、车辆构成、运行速度等因素易造成更严重碰撞后果的路段，经综合论证，可在表 2.1 的基础上提高一个或以上等级。其中，跨越大型饮用水水源一级保护区和高速铁路的桥梁以及特大悬索桥、斜拉桥等缆索承重桥梁，防护等级宜采用八(HA)级。

护栏的形式种类很多，按构造特征，可分为金属梁柱式护栏、钢筋混凝土墙式护栏和组合式护栏；按护栏碰撞变形性能，可分为刚性护栏、半刚性护栏和柔性护栏，如图 2.24 所示。

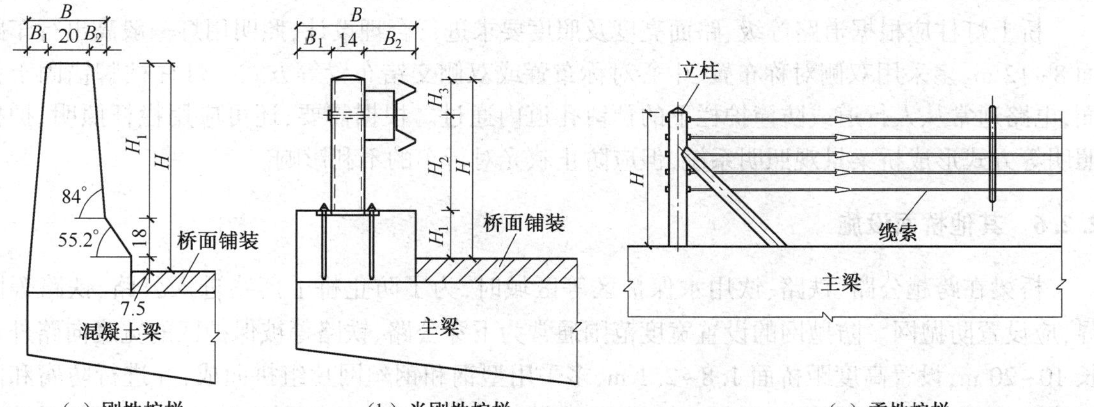

(a) 刚性护栏　　(b) 半刚性护栏　　(c) 柔性护栏

图 2.24　护栏构造(单位：cm)

钢筋混凝土墙式护栏为刚性护栏，通过车辆碰撞后的爬高及转向来吸收碰撞能量；波形护栏由钢立柱和波形钢板梁组成，通过立柱和波形钢板的变形来吸收碰撞能，是一种半刚性护栏；缆索护栏由数根施加初拉力的缆索固定于立柱，是具有较大缓冲能力的柔性护栏，主要在路基上应用。组合式护栏在钢筋混凝土墙式护栏的上部设置金属梁柱式护栏，兼顾了混凝土护栏的刚性和半刚性护栏的通透性，在大、中桥梁中使用较多。

(4)中央分隔带

桥梁中央分隔带是桥面分隔不同行车方向的隔离设施,构造及分类形式与防撞护栏类似,常用的为钢筋混凝土墙式和波形护栏分隔带,如图 2.25 所示,城市桥梁也常常采用轻型分割栏杆。

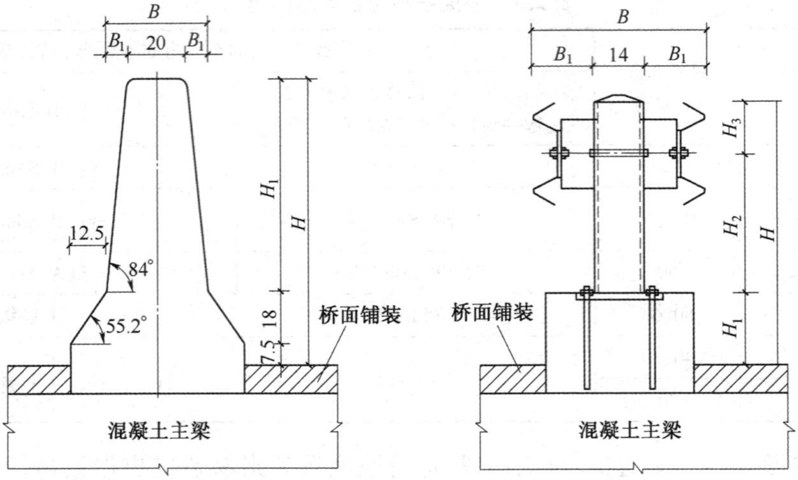

图 2.25　中央分隔带(单位:cm)

2.2.5　桥面照明

城市桥梁及城郊行人和车辆较多的公路桥梁上需要设置照明设备,一般采用在路缘石或人行道上布置灯柱实现,对于有中央分隔带的桥梁,灯柱也可以布置在中央分隔带内。为了营造桥梁夜景环境,照明设计在满足功能要求的同时应顾及艺术效果,并与桥梁的风格相融合。

桥上灯柱应根据道路等级、路面亮度及照度要求进行合理设计,照明用灯一般高出行车路面 8~12 m,多采用双侧对称布置、中心对称布置或双侧交错布置等方式。灯柱柱脚锚固于桥面,电路通常从人行道或防撞护栏下的预留孔道内通过。根据需要,还可应用栏杆照明、护栏照明等方式形成桥梁景观照明系统,但应防止眩光对行车的不利影响。

2.2.6　其他桥面设施

桥梁在跨越公路、铁路、饮用水保护区等区域时,为了防止桥上落物进入公路、铁路等限界,应设置防抛网。防抛网的设置宽度范围通常为下穿公路、铁路等被保护区的宽度向路外延长 10~20 m,设置高度距桥面 1.8~2.1 m,多采用型钢和钢丝网片组拼而成,并进行防腐和防雷接地处理。桥梁两侧设置混凝土护栏时,防抛网的网面可从护栏顶部布置;设置梁柱式护栏时,网面应从桥面开始设置。

为了降低桥上行车噪声对周边环境的影响,某些公路桥梁也设置声屏障,其构造方式与铁路声屏障类似。

思　考　题

1. 铁路桥面构造有哪几类？各有何特点？

2. 高速铁路中为何大量采用无砟轨道？相对于有砟轨道，它有何优缺点？
3. 简述桥梁伸缩装置的作用和选用依据。
4. 公路桥梁的桥面构造包括哪些组成部分？
5. 公路桥梁铺装的功能是什么？有哪几种基本类型？
6. 桥面防水层的设计原则是什么？
7. 桥面泄水管和排水管设置的原则各是什么？
8. 桥面横坡有何作用？其设置方式有哪些？取值范围一般为多少？
9. 栏杆设计中需要注意哪些安全措施？
10. 提高桥面铺装抗裂性的措施有哪些？
11. 铁路挡砟墙沿纵向设置断缝的目的是什么？

第3章　设计作用(荷载)

“作用”是指施加在结构上的集中力或分布力(直接作用,也称荷载),或引起结构外加变形或约束变形的原因(间接作用)。典型的间接作用有地震、基础变位、混凝土收缩和徐变、温度变化、约束变化等,车辆、人群等活载作用属于直接作用。以容许应力法为基础的桥梁设计规范将各类作用均称为“荷载”。

对工程结构进行分析计算时,需要明确实际和可能引起结构响应的各种“作用”。作用的种类、形式、大小的确定是否得当,关系到工程建设的投资和安全,合理确定作用及其组合,是工程建设中的重要一环。《工程结构可靠性设计统一标准》(GB 50513),对包括房屋建筑、铁路、公路、港口、水利水电在内的各类工程结构设计做出了统一规定。桥梁设计规范规定了桥梁作用的标准,但其并不是一成不变的,随着经济和桥梁工程的发展,作用的标准也需要适时修订,这类用于结构设计的作用,称为“设计作用”,它并不能等同于实际作用。本章主要介绍现行桥梁设计规范中各类作用的基本概念和计算方法。

在确定作用大小或作用标准值时,涉及**设计基准期**,它是在确定某些作用的标准值时需要人为事先规定的一个基准时间参数,这些作用的最大值概率分布与时间有关,如风荷载、车辆活载等。对桥梁结构,设计基准期通常取100年。可以理解为设计基准期是规范给出的桥梁预期或参考使用年限,但不能简单地将其等同于结构的真实使用寿命。

3.1　作用分类和代表值

桥梁的作用按其随时间变化的性质,分为永久作用、可变作用、偶然作用和地震作用。永久作用习惯上称为恒载,是指在设计基准期内,其量值不随时间变化,或其变化与平均值相比可忽略不计的作用,如结构重力。可变作用是指在设计基准期内,其量值随时间变化,且其变化与平均值相比有不可忽略的作用,如汽车、人群荷载,习惯上称之为活载。偶然作用是指在设计基准期内不一定出现,但一旦出现,其值很大,且持续时间很短的作用,如船舶的撞击作用、列车脱轨作用等。地震作用就是地震对结构所产生的作用。

依据作用类型不同,设计计算中采用不同的作用代表值,系指极限状态设计所采用的作用值,包括标准值、频遇值和准永久值等。为后文叙述方便,先给出相关专业名称及定义。

作用标准值为作用的基本或主要代表值,可根据对观测数据的统计、作用的自然界限或工程经验确定。为反映作用在设计基准期内随时间的变化,其值应取设计规定期限内可能出现的最不利值,一般按作用在设计基准期内最大值概率分布的某一分位值(0.95)确定。

可变作用的频遇值是可变作用的一种代表值,在设计基准期内被超越的总时间占设计基准期的比率较小的作用值;或被超越的概率限值在规定的频率内的作用值,取值可根据在足够长的观测期内作用任意时点概率分布的0.95分位值确定。通过频遇值系数 ψ_f 对作用标准值的折减来表示。

可变作用的准永久值是可变作用的另一种代表值,在设计基准期内被超越的总时间占设计基准期的比率较大的作用值;取值可根据在足够长的观测期内作用任意时点概率分布的0.5(或略高于0.5)分位值确定。通过准永久值系数 ψ_q 对作用标准值的折减来表示。

图3.1为作用的统计曲线及代表值示意图。基于足够长观测期数据进行统计分析,推算设计基准期概率密度曲线,再按分位点确定作用标准值、频遇值和准永久值。

可变作用的组合值是在设计基准期内,使组合后的作用效应的超越概率与该作用单独出现时其标准值作用效应的超越概率趋于一致的作用值;或组合后使结构具有规定可靠指标的作用值。通过组合值系数 ψ_c 对作用标准值的折减来表示。

分项系数是指采用概率极限状态法设计时,为保证所设计的结构具有规定的可靠度,在设计表达式中采用的系数,包括**作用分项系数**和**抗力分项系数**两类。

作用的设计值是作用代表值与作用分项系数的乘积。

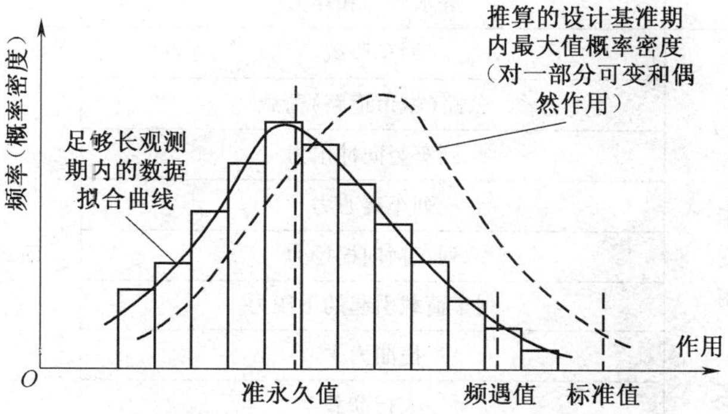

图3.1　作用的统计曲线及代表值示意图

表3.1和表3.2为我国现行公路、铁路桥梁的设计作用及其类型。需要指出的是,我国铁路桥梁目前处于容许应力设计法和极限状态设计法两类方法和两套规范并存的并行时期,依据设计理论和规范的不同,设计作用(荷载)分类也有两种不同的方式:在极限状态法设计理论对应的《铁路桥涵设计规范(极限状态法)》(Q/CR 9300—2018)中,作用按其随时间变化的性质,分为永久作用、可变作用、偶然作用和地震作用;而在容许应力法设计理论对应的《铁路桥涵设计规范》(TB 10002—2017)中,作用按性质和发生的概率分为主力、附加力和特殊荷载;两者的对应关系见表3.2。

表3.1　公路桥梁作用分类(《公路桥涵设计通用规范》(JTG D60—2015))

序号	分类	名　称	序号	分类	名　称
1	永久作用	结构重力(包括结构附加重力)	13	可变作用	人群荷载
2		预加力	14		疲劳荷载
3		土的重力	15		风荷载
4		土侧压力	16		流水压力
5		混凝土收缩、徐变作用	17		冰压力
6		水浮力	18		波浪力
7		基础变位作用	19		温度(均匀和梯度)作用
8	可变作用	汽车荷载	20		支座摩阻力
9		汽车冲击力	21	偶然作用	船舶的撞击作用
10		汽车离心力	22		漂浮物的撞击作用
11		汽车引起的土侧压力	23		汽车撞击作用
12		汽车制动力	24	地震作用	地震作用

表 3.2　铁路桥涵作用(荷载)分类

《铁路桥涵设计规范》(极限状态法)(Q/CR 9300—2018)			作用(荷载)名称	《铁路桥涵设计规范》(TB 10002—2017)		
序号	作用分类			荷载分类		序号
1	永久作用		结构自重	恒载	主力	1
2			结构附加重力(线路设备自重和人行道自重等)			
3			预加力			2
4			混凝土收缩和徐变			3
5			不均匀沉降			6
6			土压力			4
7			静水压力和浮力			5
8	可变作用	基本可变作用	列车荷载	活载		7
9			公路(城市道路)荷载			8
10			列车竖向冲击力			9
11			列车离心力			10
12			列车横向摇摆力			11
13			列车荷载引起的土压力			12
14			挠曲力 *			28
15			人行荷载			13
16			气动力			14
17		其他可变作用	列车制动力或牵引力	附加力		15
18			风荷载			17
19			温度作用			20
20			伸缩力 *			28
21			支座摩阻力			16
22			流水压力			18
23			波浪力			22
24			冰压力			19
25			冻胀力			21
26			施工荷载	特殊荷载		26
27	偶然作用		列车脱轨荷载			23
28			断轨力 *			28
29			船舶或排筏撞击力			24
30			汽车撞击力			25
31	地震作用		地震作用			27

注:《铁路桥涵设计规范》(TB 10002—2017 中),将表中带 * 号的 3 项即伸缩力、挠曲力和断轨力统称为长钢轨纵向作用力,归入到特殊荷载类中,表中统一编号为 28。

在按极限状态法进行桥梁结构或构件设计时,所采用是**作用的代表值**,对不同的作用应按下列规定采用不同的代表值,具体应用见本章 3.6 节。

(1)永久作用的代表值为其标准值。

(2)可变作用的代表值包括标准值、组合值、频遇值和准永久值。组合值、频遇值和准永久值可通过可变作用的标准值分别乘以组合值系数 ψ_c、频遇值系数 ψ_f 和准永久值系数 ψ_q 来确定。

(3)偶然作用取其设计值为代表值。

(4)地震作用的代表值为其标准值。

铁路桥梁基于容许应力法设计时,其各类荷载的大小等同于上述的标准值。

在明确了各种作用(种类、形式和大小)及其代表值后,就可按力学方法进行结构响应分析,得到结构的位移、构件承受的内力以及截面应力等,它们统称为作用效应。

3.2 永久作用

作用于桥梁上部结构的自重恒载,包括结构重力(俗称一期恒载)、桥面铺装和附属设备等重力(俗称二期恒载);作用于桥梁下部结构的恒载,包括由支座传递下来的上部结构的重力、墩台自身的重力、墩台可能承受的土压力和水压(浮)力等。

结构重力的标准值,按结构构件的设计尺寸和材料容重计算确定。部分常用材料容重见表3.3。

表3.3　一般常用材料容重表

材料名称	材料容重(kN/m^3)	材料名称	材料容重(kN/m^3)
钢、铸钢	78.5	级配碎石	22.0
铸铁	72.5	填土	17.0~18.0
铅	114.0	填石(利用弃碴)	19.0~20.0
钢筋混凝土或预应力混凝土(配筋率在3%以内)	25.0~26.0	碎石道碴	21.0
混凝土和片石混凝土	24.0	浇筑的沥青	15.0
浆砌块石或料石	24.0~25.0	压实的沥青	20.0
浆砌片石	23.0	不注油的木材	7.5
干砌块石或片石	21.0	注油的木材	9.0
碎(砾)石	21.0		

注:钢筋混凝土中配筋率大于3%时,其容重为单位体积中混凝土(扣除所含钢筋体积)自重加钢筋自重。

土压力是土体因自重或外荷载作用对桥梁结构产生的侧向或竖向压力。土压力按其产生的条件,分为静土压力、主动土压力和被动土压力。桥梁下部结构设计时主要用到前两者。土的侧压力计算涉及结构形式、填料性质、墩台位移和地基变形,也与水文和外加荷载等因素有关。作用于墩台上的土的侧压力按库伦(楔体极限平衡)理论推导的主动土压力计算。

水浮力指浸没在水体(含地下水)中的物体受到水体竖直向上托起的作用力,其值等于建筑物所排开的同等体积的水重。位于岩石地基上的基础一般被认为不渗水,可不计水浮力;对位于碎石类土、砂类土、黏砂土等透水性地基上的墩台,需在设计中考虑水浮力。当桩嵌入不透水地基并灌注混凝土封闭时,不考虑桩的浮力,在计算承台底面浮力时扣除桩的截面面积。

当不能确定地基是否透水时,以透水或不透水两种情况与其他作用组合,取其最不利者。

对于预应力混凝土桥梁结构,预应力在正常使用极限状态设计和使用阶段应力计算时,应作为永久作用计算其主效应和次效应,计算时考虑相应阶段的预应力损失,但不计由于偏心距增大所引起的附加效应;在结构承载能力极限状态设计(如抗弯承载能力)时预加力不作为作用(局部承压计算除外),而将预应力钢筋视为结构抗力的一部分,但在连续梁等超静定结构中,仍需考虑预加力的次效应。

在外部超静定的混凝土桥梁结构当中,混凝土收缩及徐变作用是长期存在的,需依据施工过程的具体情况,考虑其次内力效应。混凝土的收缩可按结构降温考虑收缩应变终极值;当混凝土应力不大时,混凝土徐变影响的计算可依据混凝土应力与徐变变形呈线性关系的假定进行分析。混凝土收缩应变终极值和徐变系数按规定执行。

墩台基础或支座可能发生不均匀沉降,对超静定桥梁结构,基础变位一旦产生,将产生二次内力,对结构的影响是长期的,其作用效应可依据基础实际情况,按最终沉降量分析计算。

3.3 可变作用

3.3.1 列车荷载

列车荷载是铁路机车、车辆等移动装备对线路的作用,与铁路移动装备技术发展紧密相关,是各类铁路工程结构设计的重要依据。列车荷载的种类繁多,需要对列车荷载进行调查分析和综合概括,并按照安全、适用和经济的原则,制订出设计采用的标准值。列车荷载图式代表了铁路移动装备对线路作用的特征和作用量值,是一组由不同轴重和轴距、按一定规律排列、具有可变速度的移动作用力学模型。荷载标准制定时充分考虑了各种铁路移动装备配备情况,并适应未来一定时期内机车、车辆等移动装备技术的发展需求。

(1)铁路列车荷载标准值

不同国家对铁路建设、运输和移动装备技术发展需求有所不同,在列车荷载图式制定方面各具差异。铁路列车荷载标准一定意义上反映了一个国家国民经济的发展水平。我国1922年首次公布列车活载标准;1938年公布的中华铁路桥梁机车活载,简称中华20级活载;1975年公布的中华人民共和国铁路标准活载——中—活载考虑了列车载重发展情况,机车轴重采用220 kN,车辆活载则提高到80 kN/m,一直使用到2017年。

20世纪90年代,根据高速铁路和城际铁路的发展需求,参照欧洲标准,研究制定了我国高速铁路ZK活载标准和城际铁路列车荷载图式。2000年以来,根据客货共线铁路和货运铁路的发展,列车牵引类型完成了由蒸汽机车至内燃和电力机车的过渡、客货共线铁路客车提速、货车载重升级,货运铁路开行万吨级及以上的重载组合列车。基于以上轨道交通的发展现状和未来铁路发展需求,铁路部门于2016年颁布了《铁路列车荷载图式》(TB/T 3466),规定了高速铁路、城际铁路、客货共线铁路和重载铁路的荷载标准,其中又分为普通荷载和特种荷载,见表3.4。

(2)列车荷载的加载

加载就是按最不利原则布置标准活载,计算其作用效应(内力、应力和位移、变形等)的最不利值。一般做法是:先计算结构内力及位移影响线,然后进行最不利布载加载。对均布荷载,加载值为荷载集度与对应影响线区段面积的乘积;对集中荷载,加载值为荷载大小与对应影响线纵坐标值的乘积。

加载计算时,列车荷载图式中的均布荷载长度可以任意截取。当需要加载的结构(影响线)长度超过运营列车最大编组长度时,可采用列车最大编组长度。对于多符号影响线,可在同符号影响线各区段进行加载,异符号影响线区段长度不大于 15 m 时可不加列车荷载;异符号影响线区段长度大于 15 m 时,可按空车荷载 10 kN/m 加载。用空车检算桥梁各部构件时,竖向荷载应按 10 kN/m 计算。疲劳验算时异符号影响线区段长度内均应按列车荷载图式中的均布荷载加载。

(3)多线折减

同时承受多线列车荷载的桥梁,各线同时运行的概率很小,考虑经济性,其列车竖向静荷载应进行折减。

采用 ZKH 或 ZH 活载时,双线桥梁结构活载按两条线路在最不利位置承受 90% 计算;三线、四线桥梁结构活载按所有线路在最不利位置承受 80% 计算;四线以上桥梁结构活载按所有线路在最不利位置承受 75% 计算。

表 3.4　铁路列车荷载图式

线路类型	图式名称	荷载图式	
		普通荷载	特种荷载
高速铁路	ZK	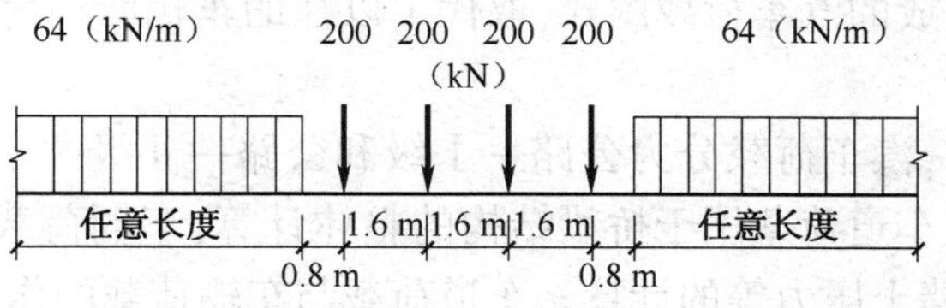	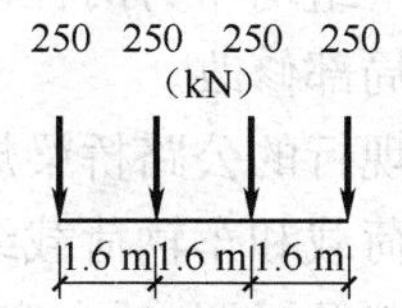
城际铁路	ZC	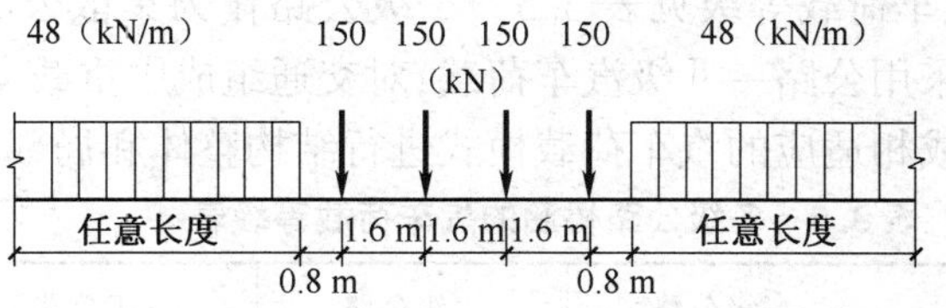	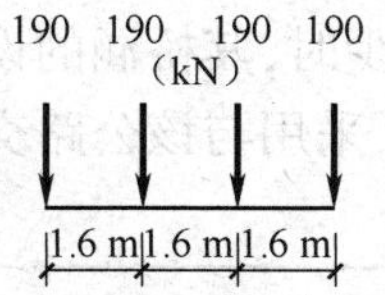
客货共线铁路	ZKH	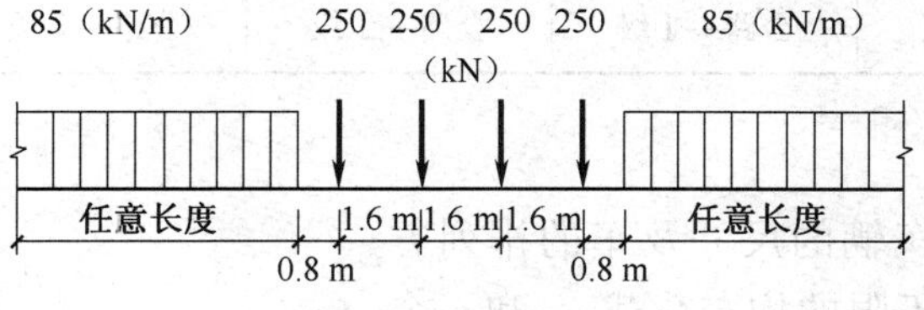	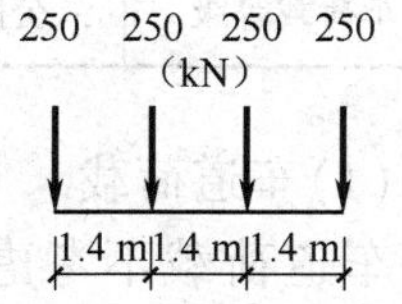
重载铁路	ZH	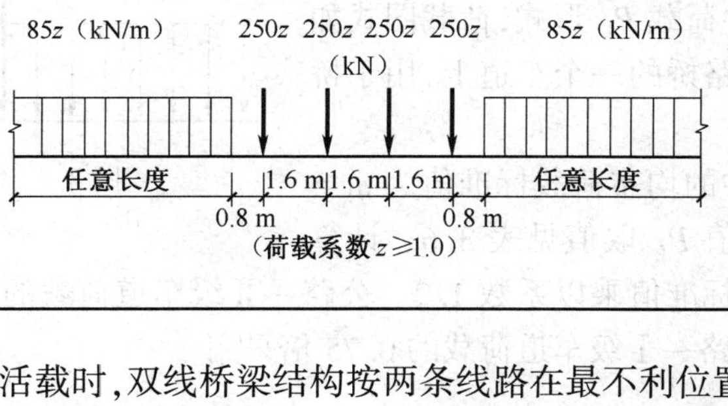	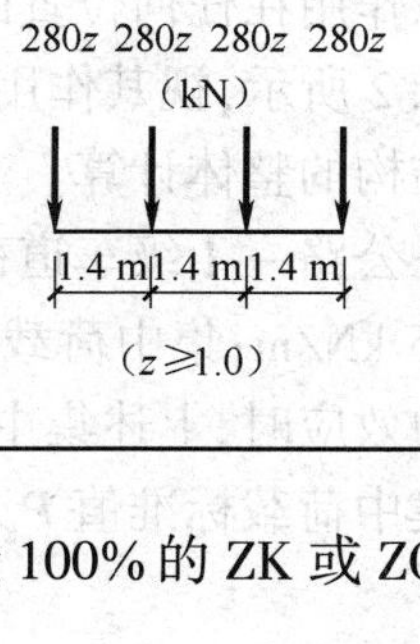

采用 ZK 或 ZC 活载时,双线桥梁结构按两条线路在最不利位置承受 100% 的 ZK 或 ZC 活

载计算。多于两线的桥梁结构应按以下两种情况最不利者考虑:按两条线路在最不利位置承受 100% 的 ZK 或 ZC 活载,其余线路不承受列车活载;所有线路在最不利位置承受 75% 的 ZK 或 ZC 活载。

桥上所有线路不能同时运转时,按可能同时运转的线路计算列车竖向力、离心力。

对承受局部活载的杆件均按该列车竖向活载的 100% 计算。对于货物运输方向固定的多线重载铁路桥梁结构,列车竖向活载计算时可根据实际情况考虑相应折减。

3.3.2 汽车荷载

汽车荷载标准高低与国家的经济发展水平直接相关。我国幅员辽阔,交通组成复杂,东西南北各地经济发展不平衡,各条道路的功能和作用差异较大。1943 年《桥涵工程设计准则》、1947 年《公路桥涵设计细则》、1961 年和 1974 年《公路桥涵设计规范》均列有公路车辆荷载;1985 年颁布的《公路桥涵设计通用规范》把经常、大量出现的汽车,概化为“重车”与“主车”,排列成车队构成称为“车辆荷载标准模式”,并作为设计计算的“计算荷载”,把偶然、个别出现的平板挂车或履带车作为“验算荷载”,计算荷载共分 4 个等级,称为汽车—10 级、汽车—15 级、汽车—20 级和汽车—超 20 级;验算荷载也分为 4 个等级,称为履带—50、挂车—80、挂车—100 和挂车—120;两类荷载的等级一一对应,配套采用。

2004 年,结合公路桥梁发展的实际状况,参照国际通行的荷载模式,制订了基于一个集中力和一组均布力两种荷载组成的汽车荷载图式,取代了以往的车辆队列荷载模式。2015 年进行了局部修改。

现行的公路桥梁规范中,汽车荷载分为公路—Ⅰ级和公路—Ⅱ级两个等级。汽车荷载由车道荷载和车辆荷载组成。车道荷载用于桥梁结构的整体计算;车辆荷载用于桥梁结构的局部加载及涵洞、桥台和挡土墙土压力等的计算。车道荷载与车辆荷载的作用不得叠加。

各级公路桥涵设计的汽车荷载等级见表 3.5。二级公路作为集散公路且交通量小、重型车辆少时,其桥涵的设计可采用公路—Ⅱ级汽车荷载;对交通组成中重载交通比重较大的公路桥涵,采用与该公路交通组成相适应的汽车荷载模式进行结构整体和局部验算。

表 3.5　各级公路桥涵的汽车荷载等级表

公路等级	高速公路	一级公路	二级公路	三级公路	四级公路
汽车荷载等级	公路—Ⅰ级	公路—Ⅰ级	公路—Ⅰ级	公路—Ⅱ级	公路—Ⅱ级

(1)车道荷载

车道荷载不考虑具体车辆的尺寸及车的排列方式,将车辆荷载等效为长度不限的均布荷载 q_k 和一个可以作用在任何位置的集中荷载 P_k 形式,荷载图式如图 3.2 所示,视其作用在公路桥的一个车道上,用于桥梁结构的整体计算。

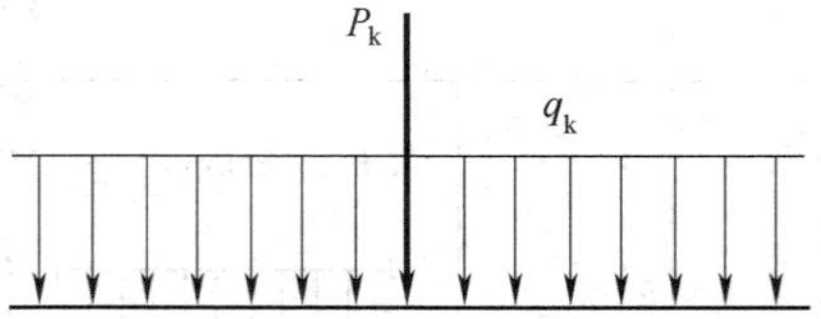

图 3.2　车道荷载

公路—Ⅰ级车道荷载中的均布荷载标准值为 q_k = 10.5 kN/m;集中荷载标准值 P_k 取值见表 3.6。计算剪力效应时,上述集中荷载标准值乘以系数 1.2。公路—Ⅱ级车道荷载的均布荷载标准值 q_k 和集中荷载标准值 P_k 按公路—Ⅰ级车道荷载的 0.75 倍采用。

表 3.6 集中荷载 P_k 取值

计算跨径 L_0(m)	$L_0 \leqslant 5$	$5<L_0<50$	$L_0 \geqslant 50$
P_k(kN)	270	$2(L_0+130)$	360

注:计算跨径 L_0 即为设支座的为相邻两支座中心间的水平距离;不设支座的为上、下部结构相交面中心间的水平距离。

车道荷载在影响线加载时,其均布荷载标准值满布于使结构产生最不利效应的同号影响线上;集中荷载标准值只作用于相应影响线中一个影响线峰值处。

(2)车辆荷载

车道荷载是一个基于现场测定及作用效应分析的虚拟荷载,它可以涵盖大部分公路桥涵的车辆活载情况,但不能用来解决结构局部加载、涵洞、桥台和挡土墙土压力等的计算问题。通过对实际车辆的轮轴数目、前后轴的间距、轮轴压力等情况的分析、综合和概括,标准中规定了桥梁设计采用标准化车辆荷载。公路车辆荷载的立面、平面尺寸和轴重如图 3.3 所示,横向布置如图 3.4 所示,主要技术指标规定见表 3.7。公路—Ⅰ级和公路—Ⅱ级汽车荷载采用相同的车辆荷载标准值。

表 3.7 车辆荷载的主要技术指标

项目	单位	技术指标	项目	单位	技术指标
车辆重力标准值	kN	550	轮距	m	1.8
前轴重力荷载值	kN	30	前轮着地宽度及长度	m	0.3×0.2
中轴重力荷载值	kN	2×120	中、后轮着地宽度及长度	m	0.6×0.2
后轴重力荷载值	kN	2×140	车辆外形尺寸(长×宽)	m	15×2.5
轴距	m	3+1.4+7+1.4	—	—	—

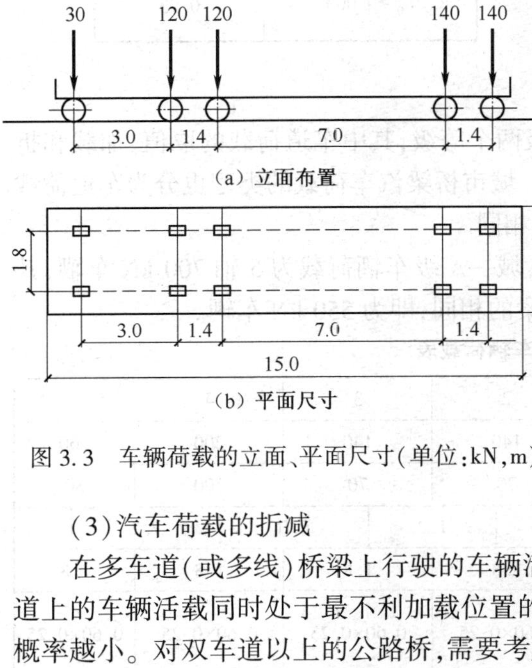

图 3.3 车辆荷载的立面、平面尺寸(单位:kN,m)

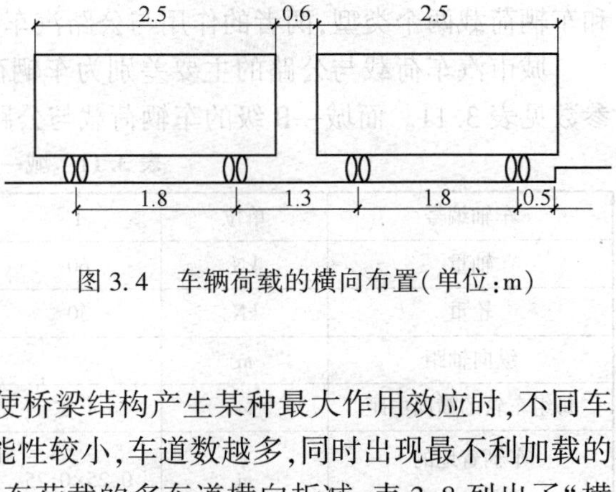

图 3.4 车辆荷载的横向布置(单位:m)

(3)汽车荷载的折减

在多车道(或多线)桥梁上行驶的车辆活载使桥梁结构产生某种最大作用效应时,不同车道上的车辆活载同时处于最不利加载位置的可能性较小,车道数越多,同时出现最不利加载的概率越小。对双车道以上的公路桥,需要考虑汽车荷载的多车道横向折减,表 3.8 列出了“横向车道布载系数”,用于多车道折减。需要注意的是,对于 1 个车道的桥梁结构,依据最新的研究成果,应考虑汽车荷载的提高。

表 3.8　横向车道布载系数

横向布载车道数(条)	1	2	3	4	5	6	7	8
横向车道布载系数	1.20	1.00	0.78	0.67	0.60	0.55	0.52	0.50

设计车道数则根据桥梁的行车道宽度和车辆的行驶方向情况(单向或双向)取用,见表 3.9。

除横向车道数折减外,对大跨径公路桥梁上的车道荷载,还应考虑纵向折减。在制订车道荷载标准时,采用了自然堵塞的车间间距;在确定荷载大小时,采用了重车居多的调查资料。但对大跨径桥梁,随着跨径的增加,实际通行车辆出现上述情况就会逐步缓解。因此,需对汽车荷载(或其效应)按跨度进行折减。规范规定:当桥梁计算跨径大于 150 m 时,按表 3.10 进行纵向折减。当为多跨连续结构时,整个结构应按最大的计算跨径考虑汽车荷载效应的纵向折减。

表 3.9　桥涵设计车道数

桥面宽度 W(m)		桥涵设计车道数
车辆单向行驶时	车辆双向行驶时	
$W<7.0$		1
$7.0\leqslant W<10.5$	$6.0\leqslant W<14.0$	2
$10.5<W<14.0$		3
$14.0\leqslant W<17.5$	$14.0\leqslant W<21.0$	4
$17.5\leqslant W<21.0$		5
$21.0\leqslant W<24.5$	$21.0\leqslant W<28.0$	6
$24.5\leqslant W<28.0$		7
$28.0\leqslant W<31.5$	$28.0\leqslant W<35.0$	8

表 3.10　纵向折减系数

计算跨径 L_0(m)	纵向折减系数
$150<L_0<400$	0.97
$400\leqslant L_0<600$	0.96
$600\leqslant L_0<800$	0.95
$800\leqslant L_0<1\ 000$	0.94
$L_0\geqslant 1\ 000$	0.93

(4)城市汽车荷载

城市汽车荷载的等级分为城—A 级和城—B 级两个等级,其中车道荷载的取值、加载和折减方法等分别与公路—Ⅰ级和公路—Ⅱ级的相同。城市桥梁汽车荷载的类型也分为车道荷载和车辆荷载两个类型,两者的作用与公路汽车荷载相同。

城市汽车荷载与公路的主要差别为车辆荷载,城—A 级车辆荷载为 5 轴 700 kN 车辆,其参数见表 3.11。而城—B 级的车辆荷载与公路桥梁的相同,即为 550 kN 车辆。

表 3.11　城—A 级车辆荷载表

车轴编号	单位	1	2	3	4	5
轴重	kN	60	140	140	200	160
轮重	kN	30	70	70	100	80
纵向轴距	m	3.6	1.2	6.0	7.2	
每组车轮的横向中距	m	1.8	1.8	1.8	1.8	1.8
车辆着地的宽度×长度	m	0.25×0.25	0.60×0.25	0.60×0.25	0.60×0.25	0.60×0.25

《城市桥梁设计规范》(CJJ 11—2011)中还给出了特—160、特—220 和特—300 和特—420

四类特种平板挂车荷载,作为特种平板挂车上桥时的验算荷载。

3.3.3　冲击力

列车、汽车以一定的速度在桥上行驶时,会使得桥梁产生振动导致桥梁的内力、应力和变形较车辆静活载作用的大,称这一现象为动力作用或冲击作用。

设 f_{jmax} 为静活载产生的最大静力效应值,比如挠度、应力等;f_{dmax} 为相应静活载以一定速度过桥时 f_{jmax} 对应位置处的效应—时间历程曲线上的最大值,则有

$$1+\mu=\frac{f_{\mathrm{dmax}}}{f_{\mathrm{jmax}}},\qquad \mu=\frac{f_{\mathrm{dmax}}-f_{\mathrm{jmax}}}{f_{\mathrm{jmax}}} \tag{3.1}$$

式中　$1+\mu$——动力系数,通常大于 1.0,其中的 μ 为冲击系数。

其中,μf_{jmax} 为冲击效应;$(1+\mu)f_{\mathrm{jmax}}$ 为动力效应。

冲击或动力效应是由于桥面或轨道的不平顺、车辆和机车的偏心轮作用、行车速度以及桥梁结构造成的,影响因素多且复杂,目前难以精确计算。设计计算中一般采用半经验半理论计算公式。这些公式中最为重要的参数为桥梁的刚度,铁路桥梁以桥梁的跨度描述刚度,公路以结构的基频描述刚度。

1. 铁路桥梁

一般而言,桥梁跨径越大,结构刚度越小、柔度越大,结构对动荷载的缓冲作用越强,即冲击作用越弱,因此铁路桥梁以桥梁跨度作为动力作用的参数。动力系数的计算通式为:

$$1+\mu=1+\frac{a}{b+L} \tag{3.2}$$

式中　L——桥梁的计算跨度或(局部)构件的影响线加载长度;

a,b——常数,随结构体系或构件的不同而取值不同。

现行规范按结构类型给出其计算式,支座的动力系数计算公式与相应的桥跨结构计算公式相同。

(1)简支或连续的钢桥跨结构和钢墩台动力系数应按式(3.3)计算:

$$1+\mu=1+\frac{28}{40+L} \tag{3.3}$$

(2)钢与钢筋混凝土板的结合梁动力系数应按式(3.4)计算:

$$1+\mu=1+\frac{22}{40+L} \tag{3.4}$$

(3)钢筋混凝土、素混凝土、石砌的桥跨结构及涵洞、刚架桥,其顶上填土厚度 $h\geqslant 3$ m(从轨底算起)时不计列车竖向动力作用。当 $h<3$ m 时,动力系数应按式(3.5)计算:

$$1+\mu=1+\alpha\left(\frac{6}{30+L}\right) \tag{3.5}$$

式中　α——$\alpha=0.32\,(3-h)^2$,$h<0.5$ m 时,h 取 0.5m。

式(3.3)~式(3.5)中的 L 以 m 计,除承受局部活载杆件为影响线加载长度外,其余均为桥梁跨度。

(4)空腹式钢筋混凝土拱桥的拱圈和拱肋动力系数按式(3.6)计算:

$$1+\mu=1+\frac{15}{100+\lambda}\left(1+\frac{0.4L}{f}\right) \tag{3.6}$$

式中　L——拱桥的跨度(m);

λ——计算桥跨结构的主要杆件时为计算跨度(m),对于只承受局部活载的杆件,则按其计算图式为一个或数个节间的长度(m);

f——拱的矢高(m)。

(5)高速铁路、城际铁路桥梁结构动力系数$(1+\mu)$按式(3.7)计算,且不小于1.0。

$$1+\mu=1+\left(\frac{1.44}{\sqrt{L_{\varphi}}-0.2}-0.18\right) \tag{3.7}$$

式中　L_{φ}——加载长度(m):加载长度小于3.61 m时,应取3.61 m;简支梁应取梁的跨度;连续梁可按平均跨度乘以跨度调整系数(表3.12)确定,且不应小于最大跨度。

表3.12　连续梁跨度调整系数

跨数	2	3	4	≥5
跨度调整系数	1.2	1.3	1.4	1.5

(6)高速铁路、城际铁路涵洞及结构顶面有填土的承重结构,顶面填土厚度大于3 m时,可不计列车动力作用;顶面填土厚度小于等于3 m时,动力系数应按式(3.8)计算,且不小于1.0。

$$1+\mu=1+\left(\frac{1.44}{\sqrt{L_{\varphi}}-0.2}-0.18\right)-\mu_{折减} \tag{3.8}$$

式中　L_{φ}——加载长度(m),加载长度小于3.61 m时,应取3.61 m;

$\mu_{折减}$——涵洞动力系数折减系数,按式(3.9)计算:

$$\mu_{折减}=0.63-\frac{0.5}{h_c+0.8} \tag{3.9}$$

其中　h_c——涵洞及结构顶面至轨底的填土厚度(m)。

2. 公路桥梁

现行公路桥梁设计规范中,按桥梁结构的动力特性来确定冲击力,桥梁结构的自振频率(基频)可综合反映出结构尺寸、类型、材料等动力特性因素影响,直接表达了冲击系数与桥梁结构刚度之间的关系。无论建桥材料和结构类型、尺寸、跨度是否差别,只要结构的基频相同和荷载条件相同,冲击系数就基本相同。

规范中基于结构基频f计算冲击系数μ,按公式(3.10)计算。

$$\begin{cases} f<1.5\ \text{Hz时}, & \mu=0.05 \\ 1.5\ \text{Hz}\leqslant f\leqslant 14\ \text{Hz时}, & \mu=0.1767\ln f-0.0157 \\ f>14\ \text{Hz时}, & \mu=0.45 \end{cases} \tag{3.10}$$

式中　f——结构基频(Hz),通常采用有限元等数值分析方法计算,规范也给出了基频的估算公式,例如简支梁的竖向弯曲基频f按式(3.11)计算,其他结构参见《桥规》。

$$f=\frac{\pi}{2l^2}\sqrt{\frac{EI_c}{m_c}} \tag{3.11}$$

式中　l——结构计算跨度(m);

EI_c——跨中截面刚度(N/m^2);

m_c——跨中截面处的单位长度质量(kg/m)。

填料厚度(包括路面厚度)大于或等于0.5 m的拱桥、涵洞以及重力式墩台不计冲击力。支座的冲击力,按相应的桥梁取用。汽车荷载的局部加载及在T梁、箱梁悬臂板上的冲击系数采用0.3。

3.3.4　人群荷载

(1)铁路桥梁

一般情况下,铁路桥梁的人行道是铁路桥梁检修作业通道,以通行巡道和维修人员为主,并非供当地行人通行而设立。

当桥面上布置有作业通道时,人行荷载标准值为 4.0 kN/m²。主梁设计时作业通道的竖向静活载可不与列车荷载同时计算。作业通道走行检查小车时应考虑检查小车的竖向活载,主梁设计时应与列车荷载同时计算,作业通道板应按竖向集中荷载 1.5 kN 检算。检算栏杆立柱及扶手时,水平推力应按 0.75 kN/m 计算,水平推力作用于立柱顶面处。立柱和扶手应按 1.0 kN 的集中荷载检算。

(2)公路桥梁

公路桥梁设有人行道,当用汽车荷载计算时要同时计入人行道上的人群荷载。各国规范关于人群荷载的表达,有的以结构跨径作为指标,也有的以加载长度作为指标,两种表达方式各有利弊。现行规范以结构跨径作为指标,人群荷载的标准值随结构跨径增大予以折减。人群荷载标准值应根据表 3.13 采用,对跨径不等的连续结构,以最大计算跨径为准。

表 3.13　人群荷载标准值

计算跨径 L_0(m)	$L_0 \leqslant 50$	$50 < L_0 < 150$	$L_0 \geqslant 150$
人群荷载(kN/m²)	3.0	$3.25 - 0.005L_0$	2.5

非机动车、行人密集的公路桥梁,人群荷载标准值取上述标准值的 1.15 倍。专用人行桥梁,人群荷载标准值为 3.5 kN/m²。人群荷载在横向应布置在人行道的净宽度内,在纵向施加于使结构产生最不利荷载效应的区段内。人行道板(局部构件)可以一块板为单元,按标准值 4.0 kN/m²的均布荷载计算。计算人行道栏杆时,作用在栏杆立柱顶上的水平推力标准值取 0.75 kN/m,作用在栏杆扶手上的竖向力标准值取 1.0 kN/m。

(3)城市桥梁

城市桥梁中桥梁人行道板的人群荷载按 5 kPa 或 1.5 kN 的竖向集中力作用在一块构件上,分别计算,取其不利者。

梁、桁架、拱及其他大跨结构的单位面积的人群荷载(W)可采用公式(3.12)或式(3.13)计算,且 W 值在任何情况下不得小于 2.4 kPa。

当加载长度 $L<20$ m 时

$$W = 4.5 \times \frac{20 - \omega_p}{20} \tag{3.12}$$

当加载长度 $L \geqslant 20$ m 时

$$W = \left(4.5 - 2 \times \frac{L - 20}{80}\right)\left(\frac{20 - \omega_p}{20}\right) \tag{3.13}$$

式中　W——单位面积的人群荷载(kPa);

ω_p ——单边人行道宽度(m),在专用非机动车桥上为 1/2 桥宽,大于 4 m 时仍按4 m计。

检修道上设计人群荷载 2 kPa 或 1.2 kN 的竖向集中荷载,作用在短跨小构件上,可分别计算,取其不利者。计算与检修道相连构件,当计入车辆荷载或人群荷载时,可不计检修道上的人群荷载。

3.3.5　制动力和列车牵引力

车辆制动力和牵引力分别是指车辆在刹车和启动时为克服车辆的惯性力而在路面（或轨道）与车轮之间发生的滑动摩擦力。制动力和牵引力是墩台设计的重要荷载，是作用在桥上的纵向水平力，但两者的作用方向恰好相反。

车辆制动力或牵引力的传递与分布规律，是尚待深入研究的问题。目前仍采用简化办法进行计算。

对于铁路桥，制动力或牵引力应按计算长度内列车竖向静活载的 10% 计算，但当与离心力或列车竖向动力作用同时计算时，制动力或牵引力应按计算长度内列车竖向静活载的 7% 计算；双线铁路桥梁按一线的制动力或牵引力计算；三线或三线以上的铁路桥梁按双线的制动力或牵引力计算。列车车站内的桥梁应根据其结构形式考虑制动和启动同时发生的可能进行设计；桥头填方破坏棱体范围内的列车竖向活载所产生的制动力或牵引力可不计算；采用铁路列车荷载图式中的特种活载时，不计算制动力或牵引力。重载铁路制动力或牵引力作用在轨顶以上 2.4 m 处，其他标准铁路的制动力或牵引力均作用在轨顶以上 2 m 处。当计算桥梁墩台时移至支座中心处，计算台顶以及刚构桥、拱桥时制动力或牵引力移至轨底，均不计移动作用点所产生的竖向力或力矩。

对于公路桥，只考虑制动力。汽车荷载制动力按同向行驶的汽车荷载（不计冲击力）计算，并按表 3.10 考虑纵向折减，以使桥梁墩台产生最不利纵向力的加载长度进行纵向折减。一个设计车道上由汽车荷载产生的制动力标准值按加载长度范围内车道荷载总重力的 10% 计算，但公路—Ⅰ级汽车荷载的制动力标准值不得小于 165 kN，公路—Ⅱ级汽车荷载的制动力标准值不得小于 90 kN；同向行驶双车道的汽车荷载制动力标准值应为一个设计车道制动力标准值的 2 倍，同向行驶三车道应为一个设计车道的 2.34 倍，同向行驶四车道应为一个设计车道的 2.68 倍。

制动力的着力点在桥面以上 1.2 m 处，计算墩台时，可移至支座铰中心或支座底座面上。计算刚构桥、拱桥时，制动力的着力点可移至桥面上，但不计因此而产生的竖向力和力矩。

设有板式橡胶支座的简支梁、连续桥面简支梁或连续梁排架式柔性墩台，应根据支座与墩台抗推刚度的刚度集成情况分配和传递制动力；设有板式橡胶支座的简支梁刚性墩台，应按单跨两端的板式橡胶支座的抗推刚度分配制动力；设有固定支座、活动支座（滚动或摆动支座、聚四氟乙烯板支座）的刚性墩台传递的制动力，按表 3.14 的规定采用。每个活动支座传递的制动力，其值不应大于其摩阻力；当大于摩阻力时，按摩阻力计算。

3.3.6　温度作用

桥梁结构长期处于自然环境中，在太阳辐射和气温变化等温度环境的作用下，因材料的热胀冷缩效应影响，结构将产生变形，若该变形受到约束，还将引起结构的内力和应力，这就是温度作用。

各种材料的线膨胀系数，按设计规范采用。对钢材，取 0.000 012（1/℃）；对混凝土（包括钢筋混凝土和预应力混凝土），取 0.000 010（1/℃）。

结构物内的温度随空间位置和时间 t 的变化而不同，$T = T(x,y,z,t)$，是一个四维度场问题，构造准确温度模式 $T(x,y,z,t)$ 难度很大，为简化计算，一般将其简化为均匀温差（温度）作用和梯度温差（温度）两种模式。设计中应考虑两种模式作用的效应组合。

表 3.14　刚性墩台各种支座传递的制动力

桥梁墩台及支座类型		应计的制动力	符号说明
简支梁桥台	固定支座	T_1	T_1——加载长度为计算跨径时的制动力； T_2——加载长度为相邻两跨计算跨径之和时的制动力； T_3——加载长度为一联长度的制动力
	聚四氟乙烯板支座	$0.30T_1$	
	滚动(或摆动)支座	$0.25T_1$	
简支梁桥墩	两个固定支座	T_2	
	一个固定支座,一个活动支座	见:注	
	两个四氟乙烯板支座	$0.30T_2$	
	两个滚动(或摆动)支座	$0.25T_2$	
连续梁桥墩	固定支座	T_3	
	聚四氟乙烯板支座	$0.30T_3$	
	滚动(或摆动)支座	$0.25T_3$	

注:固定支座按 T_4 计算,活动支座按 $0.30T_5$(聚四氟乙烯板支座)或 $0.25T_5$(滚动或摆动支座)计算,T_4 和 T_5 分别为与固定支座或活动支座相应的单跨跨径的制动力,桥墩承受的制动力为上述固定支座与活动支座传递的制动力之和。

(1)均匀温差作用

均匀温差作用表示结构因四季变化或昼夜变化的大气温度作用影响,它将 $T(x,y,z,t)$ 四维度问题简化为均匀温度变化的最不利 ΔT 问题。对静定结构,均匀温度作用通常只会导致结构的伸长或缩短,不产生温度附加力;在超静定结构中,由于气温变化引起的变形受到约束,会导致结构中产生相应的附加力。

均匀温度的取值,可按桥梁所在地区的气温条件确定,对混凝土结构,一般取当地最高和最低月平均气温计算;对于钢结构,由于钢结构导热性好,取当地历年最高温度和最低温度计算,自结构合龙时的温度算起。例如,若混凝土桥位处最高和最低月平均气温分别为+40 ℃和0℃,而架梁或结构合龙时的温度为+20 ℃,则均匀温度的变化幅度为 40 ℃,而用于计算温度作用效应的均匀温差值为 ±20 ℃。

(2)梯度温差作用

梯度温度(温差)是指结构因日照或降温作用,导致结构内产生不均匀的温度场或温度变化。梯度温度(温差)作用对静定或超静定的桥梁结构,均将产生附加力。进一步分为日照温差作用和降温温差作用,两种温差作用应分别计算,不能累加。

日照温差是由于太阳照射形成迎光面和避光面,使结构在各尺寸维度上温度变化产生差异性。桥梁为三维结构,考虑到桥梁顺桥向因日照而产生的变化非常小,一般不予考虑其变化量,因此退化为 $T(x,y)$ 二维问题。为简化分析,进一步将其转化竖向梯度温差 $T(y)$ 和横向温差 $T(x)$ 两个一维问题分别计算。很多国家对梯度温差模式开展了研究,形成了不同的日照温差计算模式。

我国现行公路桥梁规范中梯度温差 $T(y)$ 的模式采用图 3.5 所示的双折线温度梯度曲线,图中 T_1 表示桥面板表面的最高温度,T_2 表示桥面板表面下 100 mm 处的温度,它们的取值依据桥面铺装类型而定;H 为梁高,A 为对应温度梯度曲线上零点与 T_2 间的结构高度,按结构类型及梁高取值,例如,当混凝土结构的梁高 H 大于或等于 400 mm 时,取 A = 300 mm;t 为结合梁中混凝土桥面板的厚度。对混凝土铺装层,取 T_1 = 25 ℃,T_2 = 6.7 ℃;对 100 mm 厚的沥青混凝土铺装层,取 T_1 = 14 ℃,T_2 = 5.5 ℃。对 50 mm 厚的沥青混凝土铺装层,取 T_1 = 20 ℃,

$T_2=6.7$ ℃。

若桥梁结构两侧腹板外的悬臂板较长,腹板受太阳直接辐射较少,梁底始终不受日照,可忽略横向温度梯度作用,否则宜考虑横向温度梯度效应,现行公路桥梁规范横向梯度温差模式依据结构形式的不同可采用多折线或直线模式,具体参见规范。

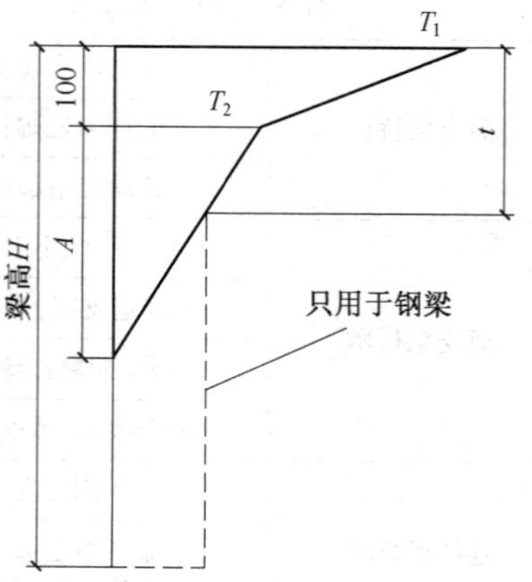

图 3.5　竖向梯度温度(单位:mm)

图 3.5 所示的为结构表面正温差(升温)的情况,将其乘以(-0.5),就得到负温差(降温)时的竖向温度梯度曲线。负温差表示骤冷、寒流降温等情况。

铁路桥涵处理温度作用的方法和公路桥梁基本相同,但日照和降温梯度温差模式不同,铁路桥采用指数函数的日照温差模式,如对混凝土箱梁结构,其竖向、横向的日照温差模式按式(3.14)计算:

$$T_y = T_{01}e^{-\alpha y}, \qquad T_x = T_{02}e^{-\alpha x} \tag{3.14}$$

式中　T_y,T_x——竖向 y 位置和横向 x 位置处的温度(℃);

T_{01},T_{02}——箱高方向和梁宽方向的最高温度(℃),取值见规范;

y,x——计算点到箱梁表面的距离(m);

α——计算参数,取值见规范。

规范还给出了降温温差的指数曲线模式。计算混凝土结构由于温度梯度引起的效应时,对于日照温差宜采用混凝土的受压弹性模量,对于降温温差宜采用 0.8 倍的受压弹性模量。

3.3.7　风荷载

当风受到桥梁阻碍时,桥梁就承受到风压,桥梁结构设计时,应考虑风荷载,特别是大跨度的斜拉桥、悬索桥以及高耸的桥塔和桥墩等。

风压分顺桥向和横桥向,风压可视为平均风压(静风压)或脉动风压。采用静力学方法简化计算平均风压对结构的影响,是桥梁设计的常规做法;对脉动风压,往往需按结构随机振动理论进行分析,参见本书第 15 章。

作用于横桥向的铁路桥梁风荷载标准值及风荷载强度标准值应按式(3.15)和式(3.16)计算:

$$F_w = WA \tag{3.15}$$

$$W = K_1K_2K_3W_0 \tag{3.16}$$

式中　F_w——风荷载标准值(kN);

W——风荷载强度标准值(kN/m²);

A——桥梁结构受风面积(m²);

K_1——风荷载阻力系数;

K_2——阵风分布系数;

K_3——地形、地理条件修正系数;

W_0——基本风压值(kN/m²),系按平坦空旷地区,离地面 10 m 高重现期为 100 年 10 min平均最大风速 V_0 计算确定。

$$W_0 = \frac{\gamma V_0^2}{2g} = \frac{1}{2}\rho V_0^2 \quad (3.17)$$

式中　γ——空气重力密度风荷载标准值(kN/m^3)：$\gamma = \rho g$，ρ 为空气密度(kg/m^3)；

g——重力加速度。

横向风力的受风面积应按桥跨结构杆件中心线轮廓面积乘以下列系数取值计算：

①钢桁梁及钢塔架按 0.4 取值。

②钢拱两弦间的面积按 0.5 取值。

③桁拱下弦中心线与系杆间的面积或上弦中心线与桥面系间的面积按 0.2 取值。

④整片的桥跨结构按 1.0 取值。

列车横桥向受风面积应按 3 m 高的长方带计算，其作用点在轨顶以上 2 m 高度处。

顺桥向风荷载标准值与横桥向风荷载标准值的计算方法相同。列车、桥面系和各类上承梁所受的顺桥向风荷载可不予计算，下承式桁架顺桥向风荷载标准值按其横桥向风荷载强度标准值的 40% 乘以桁架迎风面积计算。对于高墩等高耸建筑物，其自振周期较大时，应考虑风振响应。检算桥台时，桥台本身所受风力不予计算。桥台施工时孤立状态的风荷载，应根据具体情况计算。上部构造传至墩台的顺桥向风荷载，计算桥墩时移至支座中心处，不计移动作用点所产生的力矩。

公路桥梁风荷载标准值按现行《公路桥梁抗风设计规范》的规定计算，其等效静阵风荷载 F_g 计算方法为

$$F_g = \frac{1}{2}\rho V_g^2 C_D A_n \quad (3.18)$$

式中　F_g——等效静阵风荷载(kN/m)；

C_D——阻力系数；

A_n——单位长度上的面积；

V_g——设计基准风速(m/s)，按式(3.19)计算。

$$V_g = k_f k_t k_h G_V V_{10} \quad (3.19)$$

其中　V_{10}——基本风速(m/s)；

G_V——等效静风系数；

k_f——抗风风险系数；

k_t——地形条件系数；

k_h——地表类别转换及风速高度修正系数。

具体参数取值参见规范。

3.3.8　其他可变作用

(1)离心力

离心力系指车辆行驶在曲线线路上时，因方向变化而引起的径向水平力。离心力的大小等于活载(不计冲击力)标准值 W 乘以离心力系数 C，即离心力 F 为

$$F = C \cdot W \quad (3.20)$$

离心力系数 C 按式(3.21)计算：

$$C = \frac{V^2}{127R} \quad (3.21)$$

式中　V——设计行车速度(km/h);

R——曲线半径(m)。

对于公路桥,离心力的着力点在桥面以上 1.2 m 处,为计算简便也可移至桥面,不计由此引起的作用效应。计算多车道公路桥梁的离心力时,汽车荷载标准值应考虑横向车道布载系数予以横向折减。

对于铁路桥,离心力应按式(3.22)计算:

$$F = f \cdot C \cdot W \tag{3.22}$$

式中,f 为列车竖向活载折减系数,按式(3.23)计算。当 $L \leqslant 2.88$ m 或 $V \leqslant 120$ km/h 时,f 值取 1.0;当计算 f 值大于 1.0 时取 1.0;当 $L>150$ m 时,取 $L=150$ m 计算 f 值。城际铁路、重载铁路 f 值取 1.0。

$$f = 1.00 - \frac{V-120}{1\,000}\left(\frac{814}{V}+1.75\right)\left(1-\sqrt{\frac{2.88}{L}}\right) \tag{3.23}$$

铁路桥的离心力率 C 应不大于 0.15;设计速度 V,当速度大于 250 km/h 时,按 250 km/h 计算。

当设计速度大于 120 km/h 时,离心力和列车竖向活载组合时应考虑以下三种情况:

①不折减的列车竖向活载和按 120 km/h 速度计算的离心力($f=1.0$)。

②折减的列车竖向活载和按设计速度计算的离心力($f<1.0$)。

③曲线上的桥梁还应考虑没有离心力时列车竖向活载作用的情况。

客货共线铁路离心力作用高度应按水平向外作用于轨顶以上 2.0 m 处计算;高速铁路、城际铁路离心力作用高度应按水平向外作用于轨顶以上 1.8 m 处计算;重载铁路离心力作用高度应按水平向外作用于轨顶以上 2.4 m 处计算。

(2)列车横向摇摆力

由于轨道不平顺、机车各部分产生的动力不对称、轨道及车轮存在磨耗损伤等原因的影响,列车在行进中会发生左右摇摆(蛇行运动),导致轨面受到来自于车轮的横向摇摆力,这种水平力较难准确计算,规范简单规定取横向摇摆力为一个集中荷载,列车横向摇摆力作为一个集中荷载取最不利位置,以水平方向垂直线路中心线作用于钢轨顶面,横向摇摆力取值按表 3.15 取值。多线桥梁可仅计算任一线上的横向摇摆力,客货共线铁路、重载铁路空车时应考虑横向摇摆力。

表 3.15　横向摇摆力计算取值表

设计标准	重载铁路	客货共线铁路	高速铁路	城际铁路
摇摆力(kN)	100z	100	80	60

注:重载铁路列车横向摇摆力折减系数 z 的取值与重载铁路荷载系数一致。

(3)流水压力和冰压力

位于河流中的桥墩会受到流水压力的作用。通常,桥墩上游迎水一侧会形成高压区,下游一侧会形成低压区。这种前后压力差便构成水流对桥墩的压力。流水压力标准值与桥墩的截面形状、表面粗糙率、水流流速和形态等有关,按式(3.24)计算:

$$F_w = KA\frac{\gamma v^2}{2g} \tag{3.24}$$

式中　F_w——流水压力标准值(kN);

γ——水的重度(kN/m^3);

v—— 设计流速(m/s);

A ——桥墩阻水面积(m^2),计算至一般冲刷线处;

g ——重力加速度,$g=9.81\ m/s^2$;

K——由实验测得的桥墩形状系数:公路桥和铁路桥 K 取值有差别,具体根据桥墩形状的不同按相应的规范取值。

因流水压力的分布可近似假定为倒三角形,故其着力点在设计水位以下 1/3 水深处。

位于冰凌河流或水库的桥梁墩台,应根据当地冰凌的具体条件及墩台的结构形式,考虑冰荷载的作用。冰荷载可分为以下几种:①河流流冰(因顺流而下、撞击桥墩)产生的动压力;②由于风及水流作用于(常在水库内形成的)大面积冰层产生的静压力;③冰覆盖层受温度影响膨胀(且受到约束)时产生的静压力;④冰堆整体推移产生的静压力(与大面积冰层的情况类似);⑤冰层因水位升降产生的竖向作用力。

桥梁结构受冰部位宜采用实体结构。对位于强烈流冰河流中的桥墩,其迎冰面宜做成圆弧形、多边形或尖角。因影响冰压力的自然因素众多且试验资料欠缺,在援引国内外各种计算方法确定冰压力时,结合具体工点情况进行分析研究。冰对桩或墩产生的冰压力标准值按式(3.25)计算:

$$F_{\mathrm{i}} = mC_{\mathrm{t}}btR_{\mathrm{ik}} \tag{3.25}$$

式中 F_{i}——冰压力标准值(kN);

m——桩或墩迎冰面形状系数;

C_{t}——冰温系数;

b——桩或墩迎冰面投影宽度(m);

t——计算冰厚(m),可取实际调查的最大冰厚或开河期堆积冰厚;

R_{ik}——冰的抗压强度标准值(kN/m^2),可取当地冰温 0 ℃时的冰抗压强度;当缺乏实测资料时,对海冰可取 $R_{\mathrm{ik}}=750\ kN/m^2$;对河冰,流冰开始时 $R_{\mathrm{ik}}=750\ kN/m^2$,最高流冰水位时可取 $R_{\mathrm{ik}}=450\ kN/m^2$。

对流冰期的设计高水位以上 0.5 m 到设计低水位以下 1.0 m 的部位宜采取抗冻性混凝土或花岗岩镶面或包钢板等防护措施。同时,对建筑物附近的冰体采取适宜的使冰体减小对结构物作用力的措施。

位于外海、海湾、海峡的桥梁结构,下部结构设计必要时应考虑波浪力的作用影响。波浪力按《港口与航道水文规范》(JTS 145)的有关规定计算,并宜开展专题研究确定波浪力的大小。

(4)支座摩阻力

对于设置活动支座的桥梁,活动支座构成一个滑动面,上部结构由温度、制动力、顺桥向风力、混凝土收缩等引起的变位而形成支座摩阻力,其作用方向与上部结构的变位方向相反,作用点在支座处,按式(3.26)计算。

$$F = \mu W \tag{3.26}$$

式中 W——作用于活动支座上由上部结构重力产生的效应;

μ——支座的摩擦系数,宜采用实测数据,无实测数据时可按规范建议值取用。

(5)活载土压力

铁路列车竖向静荷载在桥台后引起的侧向土压力可按主动土压力计算,列车竖向静荷载可换算为当量均布土层厚度计算。

公路汽车荷载引起的土压力采用车辆荷载加载,汽车荷载在桥台或挡土墙后填土的破坏棱体上引起的土侧压力,可按式(3.27)换算成等代均布土层厚度 h(m):

$$h=\frac{\sum G}{Bl_0\gamma} \tag{3.27}$$

式中 γ——土的重度(kN/m^3);

$\sum G$——布置在 $B\times l_0$ 面积内的车轮的总重力(kN);

l_0——桥台或挡土墙后填土的破坏棱体长度(m);

B——桥台横向全宽或挡土墙的计算长度(m)。

挡土墙的计算长度 $B=13+H\tan 30°$,但不应超过挡土墙分段长度;H 为挡土墙高度(m),对墙顶以上有填土的挡土墙,为 2 倍墙顶填土厚度加墙高。当挡土墙分段长度小于 13 m 时,B 取分段长度,并应在该长度内按不利情况布置轮重。

涵洞顶上汽车荷载引起的竖向土压力时,车轮按其着地面积的边缘向下作 30°角分布。当几个车轮的压力扩散线相重叠时,扩散面积以最外边的扩散线为准。

(6)桥梁疲劳荷载

大小、方向随时间作周期性或不规则改变的载荷称为疲劳载荷。结构或构件在使用过程中往往承受着疲劳载荷,与之对应的应力是疲劳应力,通常将载荷和应力随时间变化的历程分别称为载荷谱或应力谱。工程结构事故中,疲劳损伤破坏而引发的事故占据着很大比例,且结构的疲劳破坏在宏观上属于脆性破坏,在破坏之前没有明显的征兆。桥梁在昼夜不停地重载车辆往复行驶作用下必然会遭受到疲劳损伤。

公路桥梁疲劳荷载的计算模型按规范分三种模型:

模型Ⅰ采用等效的车道荷载,集中荷载为 $0.7P_k$,均布荷载为 $0.3q_k$。P_k 和 q_k 分别为公路—Ⅰ级车道荷载的集中荷载标准值和均布荷载标准值;且考虑多车道的影响,计入车道横向折减系数。

模型Ⅱ采用双车模型,两辆模型车轴距与轴重相同,其单车的轴重与轴距布置如图 3.6 所示。计算加载时,两模型车的中心距不得小于 40 m。

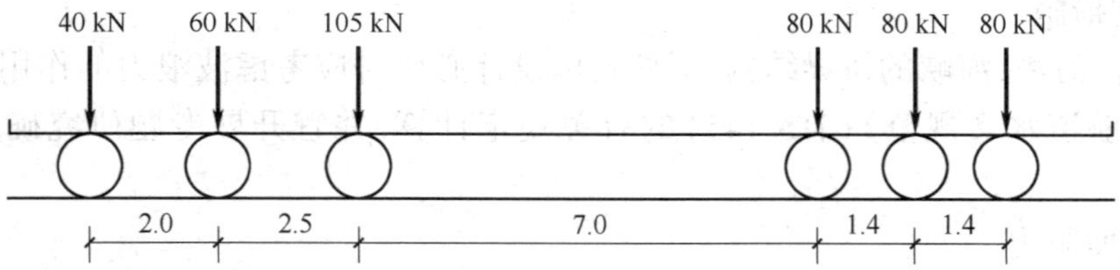

图 3.6 桥梁疲劳荷载计算模型Ⅱ(单位:m)

模型Ⅲ采用单车模型,模型车轴载及分布规定如图 3.7 所示。

当构件和连接不满足疲劳荷载计算模型Ⅰ验算要求时,应按模型Ⅱ验算。桥面系构件的疲劳验算应采用疲劳荷载计算模型Ⅲ。

铁路桥梁结构疲劳荷载并未作为一个独立的作用项,但是开展铁路疲劳计算中需要注意其作用特征,为此,规范中给出了具体的规定:结构疲劳荷载应考虑列车竖向静载、运营动力系

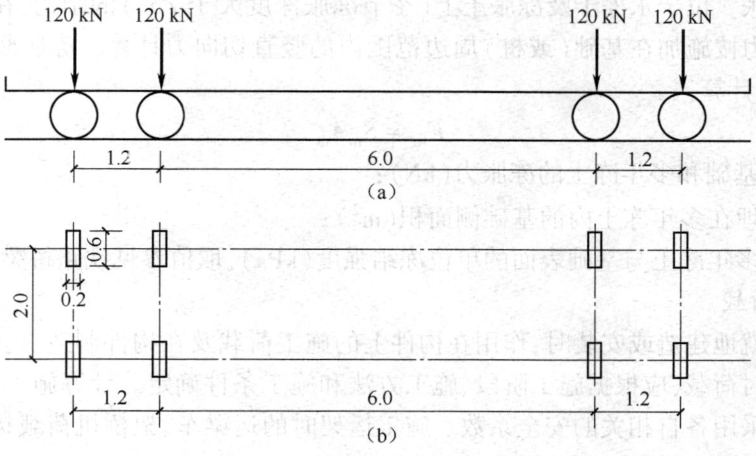

图 3.7　桥梁疲劳荷载计算模型Ⅲ(单位:m)

数和离心力的作用。桥跨结构构件疲劳计算的列车荷载效应比频谱应根据铁路运量及桥梁跨度按相应规范采用。运营动力系数 $(1+\mu)_s$ 按式(3.28)或式(3.29)计算。

钢结构：

$$(1+\mu)_s = 1 + \frac{18}{40+L} \tag{3.28}$$

混凝土结构：

$$(1+\mu)_s = 1.15 \tag{3.29}$$

式中　L——桥梁跨度(m),承受局部列车荷载的构件为影响线加载长度。

(7)气动力

铁路桥梁中,气动力又称列车风压力,是指高速列车运行时带动周围空气随之运动形成的“列车风”在临近列车的声屏障等建筑物上产生的波动压力,它与列车的形状、运行的速度以及声屏障距线路中心的距离、声屏障的高度等因素有关,气动力呈正、负压力波形式,即气动压力和气动吸力。

铁路规范中规定的气动力计算模式为:由一个 5 m 长的移动面荷载 $+q$ 及一个 5 m 长的移动面荷载 $-q$ 组成。气动力应分为水平气动力 q_h 和垂直气动力 q_v,水平气动力作用在轨顶之上的最大高度为 5 m。水平气动力标准值 q_h 随列车行驶速度和作用距离的不同而不同,取值可按规范提供的气动力取值图确定;垂直气动力标准值 q_v 应按式(3.30)计算:

$$q_v = 2q_h \frac{7D+30}{100} \tag{3.30}$$

式中　q_v——垂直气动力标准值(kN/m^2);

q_h——水平气动力标准值(kN/m^2);

D——作用线至线路中心距离(m)。

对顶盖下的建筑物或构件,q_h 与 q_v 应乘以 1.5 的阻挡系数。声屏障设计时面荷载 q_h 与 q_v 应与有车的风荷载叠加。

(8)冻胀力

在冻土的形成过程中,当温度降低到土体的冻结温度以下时,水分向正在冻结的土体中迁移并发生相态变化,体积增大 9%;当此温度持续或继续降低时,土体中的液态水大部分转变为固态水,形态变化逐渐缓慢直至消失。在这个过程中,土体中的液态水凝固并以冰的形式填充到土颗粒间隙中,当土体中水相态变化的体积膨胀足以引起土颗粒之间的相对位移时就引起了土体的冻胀。位于永冻土及冻胀土上(季节冻胀深度大于 2 m)的结构,在季节冰冻层范围内的土冻胀力按施加在基础(或桩)周边范围内的竖直切向力计算。冻胀竖直切向力标准值按式(3.31)计算:

$$F_{fn}=S_mA_m \tag{3.31}$$

式中 F_{fn}——基础和多年冻土的冻胀力(kN);

A_m——埋在多年冻土内的基础侧面积(m^2);

S_m——多年冻土与基础表面的单位冻结强度(kPa),取值参见铁路桥梁规范。

(9)施工荷载

结构构件就地建造或安装时,作用在构件上的施工荷载及在构件制造、运输、吊装时作用于构件上的临时荷载,应根据施工阶段、施工方法和施工条件确定。计算施工荷载时,可根据具体情况分别采用各自相关的安全系数。施工运架时的运梁车、架桥机荷载标准值可采用运梁车、架桥机设计标准轴重。

(10)其他交通活载

随着我国交通建设的高速发展,地铁、城市轻轨交通、磁浮铁路等均取得了巨大的建设成绩,相继颁布了《城市轨道交通桥梁设计规范》(GB/T 51234)、《跨座式单轨交通设计规范》(GB 50458)、《地铁设计规范》(GB 50157)和《中低速磁浮交通设计规范》(CJJT 262)等技术规范。但是,其中的列车并未形成统一的活载图式,一般列车竖向静活载图式应按该线列车的最大轴重、轴距及初期、近期和远期中最长的列车编组确定。

3.4 偶然作用

偶然作用包括船舶、漂流物、汽车的撞击作用以及铁路桥梁中的列车脱轨荷载、断轨力。

3.4.1 船舶撞击作用

在通行船舶或有漂流物的河流中,河中桥墩需要考虑船舶或漂流物的撞击力。船舶或漂流物与桥梁结构的碰撞过程十分复杂,其与碰撞时的风浪、气候、水流等环境因素,船舶类型、尺寸、速度、装载情况、船体强度和刚度等船舶特性,以及桥梁尺寸、形状、材料、质量和抗力等桥梁结构特性等有关。精确分析船舶或漂流物与桥梁的相互作用十分困难,国内外规范计算方法的差异也较大。

根据通航航道的特点及通行船舶的特性,可将需要考虑撞击作用的河流分为内河和通行海轮的近海(包括海湾海峡)两大类。前者的代表船型为内河船舶、船队,后者的代表船型为海轮,两者与桥梁结构发生撞击的机理有所不同。

对于内河船舶、船队,现采用“静力法”近似计算撞击力 F,该方法假定船舶作用于桥墩上的有效动能全部转化为撞击力所做的静力功。铁路桥梁规范中给出的近似计算见式(3.32)。

$$F=\gamma v\sin\alpha\sqrt{\frac{W}{C_1+C_2}} \tag{3.32}$$

式中 F——船舶或排筏撞击力(kN);

γ——动能折减系数($s/m^{1/2}$),斜向撞击时可采用 0.2,正向撞击时可采用 0.3;

v——船只或排筏撞击墩台时的速度(m/s);

α——船只或排筏驶近方向与墩台撞击点处切线所成的夹角;

W—— 船只重或排筏重(kN);

C_1, C_2 ——船只或排筏的弹性变形系数和墩台圬工的弹性变形系数,缺乏资料时可假定 $C_1+C_2=0.000\,5$ m/kN。

撞击力的作用高度应根据具体情况确定,缺乏资料时,可采用通航水位的高度。

公路桥梁规范按照“静力法”,依据《内河通航标准》(GB 50139),四至七级内河航道当缺乏实际调查资料时,船舶撞击作用的设计值可按表 3.16 取值,航道内的钢筋混凝土桩墩,顺桥向撞击作用可按表 3.16 所列数值的 50%取值。

表 3.16　内河船舶撞击作用设计值

内河航道等级	船舶吨级 DWT(t)	横桥向撞击作用(kN)	顺桥向撞击作用(kN)
四	500	550	450
五	300	400	350
六	100	250	200
七	50	150	125

对近海通行海轮区域的船舶(3 000~50 000 t)产生的横桥向和顺桥向撞击作用标准值,则是根据国内外研究成果,并经综合分析比较确定的。缺乏实际调查资料时,海轮撞击作用的设计值可按表 3.17 取值。

表 3.17　海轮撞击作用设计值

船舶吨级 DWT(t)	3 000	5 000	7 500	10 000	20 000	30 000	40 000	50 000
横桥向撞击作用(kN)	19 600	25 400	31 000	35 800	50 700	62 100	71 700	80 200
顺桥向撞击作用(kN)	9 800	12 700	15 500	17 900	25 350	31 050	35 850	40 100

规划航道内可能遭受大型船舶撞击作用的桥墩,应根据桥墩的自身抗撞击能力、桥墩的位置和外形、水流流速、水位变化、通航船舶类型和碰撞速度等因素作桥墩防撞设施的设计。当设有与墩台分开的防撞击的防护结构时,桥墩可不计船舶的撞击作用。

内河船舶的撞击作用点假定为计算通航水位线以上 2 m 的桥墩宽度或长度的中点。海轮船舶撞击作用点需视实际情况而定。

3.4.2　漂流物撞击作用

有漂流物的水域中的桥梁墩台,设计时应考虑漂流物的撞击作用,其横桥向撞击力设计值可按式(3.33)计算,漂流物的撞击作用点假定在计算通航水位线上桥墩宽度的中点。

$$F=\frac{Wv}{gT} \tag{3.33}$$

式中　W——漂流物重力(kN),应根据河流中漂流物情况,按实际调查确定;

v——水流速度(m/s);

T——撞击时间(s),应根据实际资料估计,在无实际资料时,可用 1 s;

g——重力加速度,$g=9.81\ \mathrm{m/s^2}$。

3.4.3　汽车撞击作用

桥梁的某些结构构件,如防撞护栏,跨线桥的桥墩等,必要时可考虑汽车的撞击作用。汽车撞击力标准值在车辆行驶方向取 1 000 kN,在车辆行驶(水平)垂直方向取 500 kN,两个方向的撞击力不得同时考虑,撞击力作用于行车道以上 1. 2 m 处。

对于设有防撞设施的结构构件,可视防撞设施的防撞能力对汽车撞击标准值予以折减,但折减后的撞击力不应低于上述规定值的 1/6。

3. 4. 4　列车脱轨荷载

列车脱轨是指列车行进中时脱离轨道。脱轨的主要原因有很多,包括:损坏或歪斜的铁轨、列车超速、列车或钢轮异状和轨道上的阻碍物。长度大于 15 m 的桥梁应考虑列车脱轨荷载。列车竖向脱轨荷载可不计动力系数。多线桥只考虑一线脱轨荷载。列车脱轨荷载用于局部构件的承载能力极限状态验算时,列车脱轨荷载分项系数取 1. 5。

列车脱轨荷载取值按以下两种情况考虑:

(1) 列车脱轨后一侧车轮仍停留在桥面轨道范围内。两条平行于线路中线、相距为1. 4 m 的线荷载,作用于线路中线一侧不超过挡砟墙或防护墙内侧的最不利位置上。该线荷载在长度为 6. 4 m 的一段上为 50 kN/m,前后各接以 25 kN/m,如图 3. 8 所示。

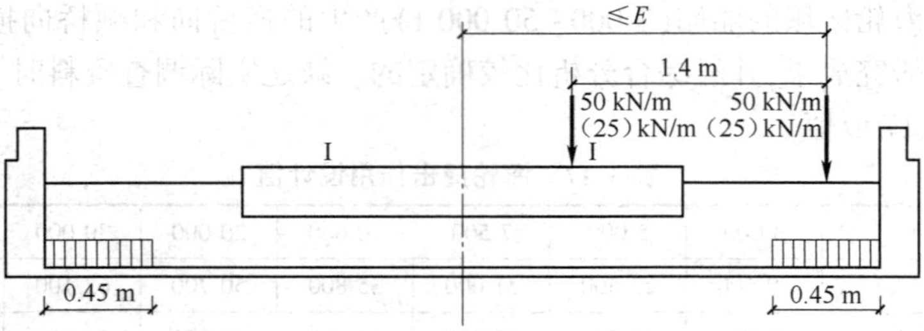

图 3. 8　列车竖向脱轨荷载 (情况一)

(2) 列车脱轨后已离开轨道范围但仍停留在桥面边缘时,列车脱轨荷载应考虑竖向脱轨荷载。竖向脱轨荷载为一条长度为 20 m 平行于线路中线的线荷载,作用于挡砟墙内侧,离线路中心的最大距离为线路中线一侧不超过挡砟墙或防护墙内侧的距离,如图 3. 9 所示。

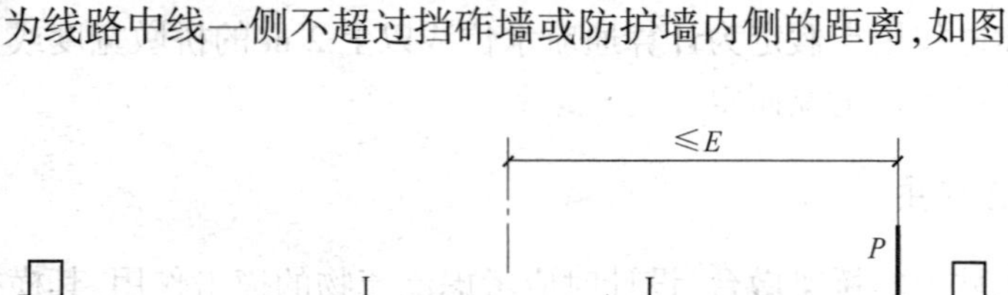

图 3. 9　列车竖向脱轨荷载 (情况二)

图中 E 为脱轨荷载距线路中心距离,客货共线铁路、重载铁路,脱轨荷载作用于线路中线一侧 $E<2.0$ m 范围以内的最不利位置上;高速铁路和城际铁路,脱轨荷载作用于线路中线一侧 $E \leqslant 2.2$ m 范围以内的最不利位置上。P 为列车竖向脱轨荷载。客货共线铁路 $P=80$ kN/m;高速铁路和城际铁路 $P=64$ kN/m;重载铁路 $P=85z$ kN/m,z 为 ZH 图式中重载铁路荷载系数。

3.4.5 长钢轨作用

铁路桥梁上铺设无缝线路时,需要考虑无缝线路的纵向力,即长钢轨作用,包括伸缩力、挠曲力、断轨力。

伸缩力是因温度变化,桥梁与长钢轨相对位移而产生的纵向力。挠曲力是列车竖向荷载作用下,桥梁挠曲引起桥梁与长钢轨相对位移而产生的纵向力。断轨力是因长钢轨折断,引起桥梁与长钢轨相对位移而引起的纵向力。

桥上无缝线路纵向力按《铁路无缝线路设计规范》(TB 10015)相关规定计算。检算墩台时,纵向力作用点应为墩台支座中心,检算支座时应为支座顶中心,桥台顶断轨力作用点为台顶。桥梁位于无缝线路伸缩区时,作用组合中不应计挠曲力断轨力,墩台所承受的伸缩力按基本可变作用考虑。

桥梁位于无缝线路固定区时,墩台设计时长钢轨作用组合应依据铁路线路数、有车无车等情况进行,具体参见规范。同一股钢轨的伸缩力、挠曲力、断轨力不得叠加。伸缩力、挠曲力、断轨力不得与同线列车荷载引起的作用力组合。结构进行承载能力极限状态检算时,伸缩力、挠曲力的分项系数取值均为1.2。

3.5 地震作用

地震是震区发生地面运动,带动建于地面上的桥梁基础产生反复的强迫运动,引起整个桥梁结构振动,进而激发了作用于结构的惯性力、阻尼力等地震作用。

地震力不仅与地面运动的剧烈程度有关,也与结构的动力特性(频率和振型)有关,还与桥址处的地质情况有关。地震作用具有偶然性,一旦发生,影响非常大、甚至会产生灾难性的影响;设计位于地震区内的桥梁时,必须考虑地震力,提出主动或被动的抗震措施,使结构满足地震力下的动平衡要求,确保结构具有合适的抗震能力,国家和行业部门均颁布相关抗震规范规程,明确了各类结构物的抗震设防要求和计算方法等。

地震烈度是对地震强弱程度的一种等级描述。依据桥梁的功能和重要性不同,设计中采用不同的抗震设防烈度,现行抗震规范中,震区可能遭受的地震影响程度,用抗震设防烈度对应的地震动峰加速度 A 和反应谱特征周期来表示,见表3.18。目前桥梁抗震设计规范只适用于抗震设防烈度为6度、7度、8度和9度的情况,对设计烈度高于9度或有特殊抗震要求的建筑物及新型结构,应进行专门的抗震研究和设计。

表3.18 抗震设防烈度和地震动峰值加速度 A 对应表

抗震设防烈度(度)	6	7		8		9
地震动峰值加速度 A	0.05g	0.10g	0.15g	0.20g	0.30g	0.40g

抗震分析涉及地震学、结构动力学、工程地质等多方面的知识,地震作用常用分析方法有静力法、反应谱法和时程分析法,较为详细的介绍见第15.2节。

3.6 作用效应组合

作用(荷载)效应组合,简称作用组合,是指结构或构件设计时,预计可能同时出现的几种不同作用效应的集合。作用组合要考虑组合的可能性、不利性、合理性和经济性。

当各种作用(荷载)确定后,采用力学方法计算得出结构的作用效应,如内力、应力和变形等,再依据设计方法的不同,依据一定的规则,将作用效应进行累加。进行作用效应组合的最终目的,是为了将作用效应组合值 S 与桥梁结构或构件的抗力设计值 R 比较,验算结构的安全性或适用性等。

3.6.1　设计状态和安全等级

以极限状态法为基础的桥梁设计计算中,需确定桥梁的设计状态和安全等级。

(1)设计状态

根据不同种类的作用及其对桥涵的影响、桥涵所处的环境条件,分以下四种设计状况:

持久设计状况:在结构使用过程中一定出现,且持续期很长的设计状况,其持续期一般与设计使用年限为同一数量级。在该状况下,应进行承载能力极限状态和正常使用极限状态设计。

短暂设计状况:在结构施工和使用过程中出现概率较大,而与设计使用年限相比,其持续时间很短的设计状况,一般指桥涵施工、维修状况。在该状况下,仅要求进行承载能力极限状态设计,必要时才进行正常使用极限状态设计。

偶然设计状况:指使用过程中出现概率很小,且持续期很短的设计状况,一般指可能偶然遭受的异常状况,如撞击、脱轨、断轨、落石冲击等;在该状况下,应进行承载能力极限状态设计。

地震(设计)状况:适用于结构遭受地震时的情况。在该状况下,应进行承载能力极限状态设计。

(2)安全等级

按照结构可能破坏的严重程度,将桥涵划分为三个设计安全等级,见表 3.19。同一座桥梁的不同构件宜取相同的安全等级。根据不同等级,在作用效应组合计算中将表 3.19 中规定的结构重要性系数与作用效应组合值相乘。

表 3.19 中公路桥梁所列特大、大、中桥按单孔跨径确定,对跨度不等的多跨桥,以其主跨跨径为准。

表 3.19　桥涵结构的设计安全等级及结构重要性系数

设计安全等级	破坏后果	适用对象	结构重要性系数 γ_0
一级	很严重	公路:(1)各等级公路上的特大桥、大桥、中桥;(2)高速公路、一级公路、二级公路、国防公路及城市附近交通繁忙公路上的小桥。 铁路:跨越大江、大河、山区深谷、且技术复杂、修复困难的特殊结构桥梁或重要桥梁	1.1
二级	严重	公路:(1)三、四级公路上的小桥;(2)高速公路、一级公路、二级公路、国防公路及城市附近交通繁忙公路上的涵洞。 铁路:一般特大桥、大桥、中桥、小桥、涵洞	1.0
三级	不严重	公路:三、四级公路上的涵洞。 铁路:其他附属结构或构件	0.9

3.6.2　公路桥梁作用效应组合

公路桥梁采用极限状态法设计,分别按承载能力极限状态和正常使用极限状态进行作用效应组合,作用效应组合通过结构重要性系数、作用分项系数、组合值系数、频遇值系数和准永久值系数来共同考虑变异性和可靠度,作用效应组合值为结构重要性系数乘以各作用效应的设计值之和。

设计计算时应考虑结构可能同时出现的作用,均应按下列原则取其最不利组合效应进行设计:①只有在结构上可能同时出现的作用,才进行组合;当结构或结构构件需做不同受力方向的验算时,则应以不同方向的最不利的作用组合效应进行计算。②当可变作用的出现对结构或结构构件产生有利影响时,该作用不应参与组合。实际不可能同时出现的作用或同时参与组合概率很小的作用,按表 3.20 规定不考虑其参与组合。③施工阶段的作用组合,按计算需要及结构所处条件而定,结构上的施工人员和施工机具设备均应作为可变作用加以考虑。组合式桥梁,当把底梁作为施工支撑时,作用组合效应宜分两个阶段计算,底梁受荷为第一个阶段,组合梁受荷为第二个阶段。④多个偶然作用不同时参与组合。⑤地震作用不与偶然作用同时参与组合。

表 3.20　可变作用不同时组合表

作用名称	不与该作用同时参与组合的作用
汽车制动力	流水压力、冰压力、波浪力、支座摩阻力
流水压力	汽车制动力、冰压力、波浪力
波浪力	汽车制动力、流水压力、冰压力
冰压力	汽车制动力、流水压力、波浪力
支座摩阻力	汽车制动力

1. 承载能力极限状态下的组合

公路桥涵结构按承载能力极限状态设计时,对持久设计状况和短暂设计状况应采用作用的基本组合,对偶然设计状况应采用作用的偶然组合,对地震设计状况应采用作用的地震组合,作用地震组合的效应设计值应按现行《公路工程抗震规范》(JTG B02)的有关规定计算。

(1)基本组合

基本组合指永久作用的设计值效应与可变作用的设计值效应相组合。这种组合用于结构的常规设计,是所有公路桥涵结构都应该考虑的。基本组合的表达式为

$$S_{ud} = \gamma_0 S\left(\sum_{i=1}^{m} \gamma_{Gi} G_{ik}, \gamma_{Q1} \gamma_{L1} Q_{1k}, \psi_c \sum_{j=2}^{n} \gamma_{Lj} \gamma_{Qj} Q_{jk} \right) \tag{3.34}$$

或

$$S_{ud} = \gamma_0 S\left(\sum_{i=1}^{m} G_{id}, Q_{1d}, \sum_{j=2}^{n} Q_{jd} \right) \tag{3.35}$$

式中　S_{ud}——承载能力极限状态下作用基本组合的效应设计值;

$S(\ )$——作用组合的效应函数;

γ_0——结构重要性系数,按表 3.19 取值;

γ_{Gi}——第 i 个永久作用的分项系数,按表 3.21 取值;

G_{ik}, G_{id}——第 i 个永久作用的标准值和设计值;

γ_{Q1} ——汽车荷载效应(含汽车冲击力、离心力)的分项系数:采用车道荷载计算时取 $\gamma_{Q1}=1.4$,采用车辆荷载计算时,其分项系数取 $\gamma_{Q1}=1.8$;当某个可变作用在组合中其效应值超过汽车荷载效应时,则该作用取代汽车荷载,其分项系数取 $\gamma_{Q1}=1.4$;对专为承受某种作用而设置的结构或装置,设计时该作用的分项系数取 $\gamma_{Q1}=1.4$;计算人行道板和人行道栏杆的局部荷载,其分项系数也取 $\gamma_{Q1}=1.4$;

Q_{1k},Q_{1d} ——汽车荷载(含汽车冲击力、离心力)的标准值和设计值;

γ_{Qj} ——在作用组合中除汽车荷载(含汽车冲击力、离心力)、风荷载外的其他第 j 个可变作用的分项系数取 1.4,风荷载的分项系数取 1.1;

Q_{jk},Q_{jd} ——在作用组合中除汽车荷载(含汽车冲击力、离心力)外的其他第 j 个可变作用的标准值和设计值;

ψ_c ——在作用效应组合中除汽车荷载(含汽车冲击力、离心力)外的其他可变作用的组合值系数,$\psi_c=0.75$;

$\psi_c Q_{jk}$ ——在作用组合中除汽车荷载(含汽车冲击力、离心力)外的第 j 个可变作用的组合值;

γ_{Lj} ——第 j 个可变作用的结构设计使用年限荷载调整系数,公路桥涵的设计使用年限按现行《公路工程技术标准》(JTB 01)取值时,可变作用的设计使用年限荷载调整系数取 $\gamma_{Lj}=1.0$;否则,γ_{Lj} 取值应按专题研究确定。

当作用与作用效应可按线性关系考虑时,作用基本组合的效应设计值 S_{ud} 可通过作用效应代数相加计算。设计弯桥时,当离心力与制动力同时参与组合时,制动力标准值或设计值按 70% 取用。

表 3.21　永久作用的分项系数

序号	作用类别		永久作用分项系数	
			对结构的承载能力不利时	对结构的承载能力有利时
1	混凝土和圬工结构重力(包括结构附加重力)		1.2	1.0
	钢结构重力(包括结构附加重力)		1.1(钢桥面板)或 1.2(混凝土桥面板)	1.0
2	预加力		1.2	1.0
3	土的重力		1.2	1.0
4	混凝土的收缩及徐变作用		1.0	1.0
5	土侧压力		1.4	1.0
6	水的浮力		1.0	1.0
7	基础变位作用	混凝土和圬工结构	0.5	0.5
		钢结构	1.0	1.0

(2)偶然组合

偶然组合指永久作用标准值、可变作用代表值和一种偶然作用设计值的效应组合。与偶然作用同时出现的可变作用,可根据观测资料和工程经验取用频遇值或准永久值。作用偶然组合的效应设计值按式(3.36)计算:

$$S_{ad}=S\left(\sum_{i=1}^{m}G_{ik},A_d,(\psi_{f1}\text{ 或 }\psi_{q1})Q_{1k},\sum_{j=2}^{n}\psi_{qj}Q_{jk}\right) \tag{3.36}$$

式中　S_{ad}——承载能力极限状态下作用偶然组合的效应设计值；

A_d——偶然作用的设计值；

ψ_{f1}——汽车荷载(含汽车冲击力、离心力)的频遇值系数，取 $\psi_{f1}=0.7$；当某个可变作用在组合中其效应值超过汽车载效应时，该作用取代汽车荷载，人群荷载 $\psi_f=1.0$，风荷载 $\psi_f=0.75$，温度梯度作用 $\psi_f=0.8$，其他作用 $\psi_f=1.0$；

$\psi_{f1}Q_{1k}$——汽车荷载的频遇值；

ψ_{q1},ψ_{qj}——第 1 个和第 j 个可变作用的准永久值系数，汽车荷载(含汽车冲击力、离心力) $\psi_q=0.4$，人群荷载 $\psi_q=0.4$，风荷载 $\psi_q=0.75$，温度梯度作用 $\psi_q=0.8$，其他作用 $\psi_q=1.0$；

$\psi_{q1}Q_{1k},\psi_{qj}Q_{jk}$——第 1 个和第 j 个可变作用的准永久值。

(3)地震组合

地震效应组合应包括永久作用效应+地震作用效应，其中永久作用包括重力、预应力、土压力和水压力。作用代表值为标准值。

2. 正常使用极限状态下的组合

公路桥涵结构按正常使用极限状态设计时，根据不同的设计要求，采用作用的频遇组合或准永久组合。

(1)频遇组合

频遇组合是指永久作用标准值与汽车荷载频遇值、其他可变作用准永久值相组合。作用频遇组合的效应设计值按式(3.37)计算：

$$S_{fd}=S\left(\sum_{i=1}^{m}G_{ik},\psi_{f1}Q_{1k},\sum_{j=2}^{n}\psi_{qj}Q_{jk}\right) \tag{3.37}$$

式中　S_{fd}——作用频遇组合的效应设计值；

ψ_{f1}——汽车荷载(不计汽车冲击力)频遇值系数，取 0.7；

ψ_{qj}——第 j 个可变荷载的准永久值系数，人群荷载取 0.4，风荷载取 0.75，温度梯度作用取 0.8，其他作用取 1.0。

(2)准永久组合

准永久组合是指永久作用标准值与可变作用准永久值相组合。作用准永久组合的效应设计值按式(3.38)计算：

$$S_{qd}=S\left(\sum_{i=1}^{m}G_{ik},\sum_{j=1}^{n}\psi_{qj}Q_{jk}\right) \tag{3.38}$$

式中　S_{qd}——作用准永久组合的效应设计值；

ψ_{qj}——第 j 个可变荷载的准永久值系数，汽车荷载(不计汽车冲击力)取 0.4，人群荷载取 0.4，风荷载取 0.75，温度梯度作用取 0.8，其他作用取 1.0。

3. 其他组合

结构构件当需进行弹性阶段截面应力计算时，除特别指明外，各作用应采用标准值，作用分项系数应取为 1.0，各项应力限值应按各设计规范规定采用。

钢结构构件抗疲劳设计时,除特别指明外,各作用应采用标准值,作用分项系数应取为1.0。

验算结构的抗倾覆、滑动稳定时,稳定系数、各作用的分项系数及摩擦系数,应根据不同结构按各有关桥涵设计规范的规定确定。

构件在吊装、运输时,构件重力应乘以动力系数1.2(对结构不利时)或0.85(对结构有利时),并可视构件具体情况作适当增减。

3.6.3 铁路桥梁极限状态法作用效应组合

采用极限状态法的铁路桥涵结构设计考虑结构上可能同时出现的作用,按承载能力极限状态、正常使用极限状态、疲劳极限状态分别进行作用组合,并按以下原则取最不利组合效应进行设计:①桥梁设计时,只考虑永久作用、基本可变作用与一个方向(顺桥或横桥方向)的其他可变作用进行组合。②构件的主要用途为承受某种其他可变作用时,该其他可变作用应按主导可变作用考虑。③流水压力不与冰压力组合,两者也不与制动力或牵制力组合。④船只或排筏的撞击力、汽车撞击力以及长钢轨断轨力,只计算其中的一种与永久作用和基本可变作用的组合,而不考虑其他可变作用组合。⑤列车脱轨荷载只与永久作用相组合,不与可变作用组合。

1. 承载能力极限状态下的组合

桥涵结构按承载能力极限状态设计时,对持久设计状况和短暂设计状况采用作用的基本组合,对偶然设计状况采用作用的偶然组合,对地震设计状况采用作用的地震组合。

(1)基本组合

基本组合的效应设计值计算表达式为

$$S_{\mathrm{d}} = \gamma_0 S\left(\sum_{i=1}^{n} \gamma_{\mathrm{G}i} G_{i\mathrm{k}} + \gamma_{\mathrm{Q1}} Q_{1\mathrm{k}} + \sum_{j=2}^{m} \gamma_{\mathrm{Q}j} \psi_{\mathrm{c}j} Q_{j\mathrm{k}}\right) \tag{3.39}$$

式中 S_{d}——作用组合的效应设计值;

γ_0——结构重要性系数,对应于安全等级一级、二级和三级分别取:1.1、1.0和0.9;进行施工阶段各项检算时,结构重要性系数均取1.0;

$S(\ )$——作用组合的效应函数,其中“$\sum$”和“+”表示线性组合;

$\gamma_{\mathrm{G}i}$——第i个永久作用的分项系数,按表3.22的规定取用;

$G_{i\mathrm{k}}$——第i个永久作用的标准值;

γ_{Q1}——主导可变作用的分项系数,按表3.22的规定取用;

$Q_{1\mathrm{k}}$——主导可变作用的标准值;

$\gamma_{\mathrm{Q}j}$——第j个可变作用的分项系数,应按表3.22的规定取用;

$\psi_{\mathrm{c}j}$——第j个可变作用的组合值系数,除特别规定外,一般取1.0;

$Q_{j\mathrm{k}}$——第j个可变作用的标准值;

n——参与组合的永久作用的个数;

m——参与组合的可变作用的个数。

表 3.22　铁路桥涵结构作用分项系数

<table>
<tr><th rowspan="3">序号</th><th rowspan="3" colspan="2">作用名称</th><th colspan="6">承载能力极限状态</th></tr>
<tr><th colspan="6">基本组合</th></tr>
<tr><th>Ⅰ</th><th>Ⅱ</th><th>Ⅲ</th><th>Ⅳ</th><th>Ⅴ</th><th>Ⅵ</th></tr>
<tr><td>1</td><td colspan="2">结构自重</td><td colspan="6">1.1(1.2)</td></tr>
<tr><td rowspan="2">2</td><td rowspan="2">结构附加重力</td><td>道砟桥面</td><td colspan="5">1.4</td><td>1.2</td></tr>
<tr><td>其他桥面</td><td colspan="6">1.1</td></tr>
<tr><td>3</td><td colspan="2">预加力</td><td colspan="6">1.0(1.35)</td></tr>
<tr><td>4</td><td colspan="2">混凝土收缩及徐变作用</td><td colspan="6">1.1</td></tr>
<tr><td>5</td><td colspan="2">不均匀沉降作用</td><td colspan="5">1.0</td><td>0.5</td></tr>
<tr><td>6</td><td colspan="2">土压力</td><td colspan="5">1.2</td><td>1.1</td></tr>
<tr><td>7</td><td colspan="2">静水压力及浮力</td><td colspan="6">1.1</td></tr>
<tr><td>8</td><td colspan="2">列车荷载及动力作用</td><td>1.5</td><td>—</td><td>1.2</td><td>1.2</td><td>1.2</td><td>—</td></tr>
<tr><td>9</td><td colspan="2">列车离心力</td><td>1.5</td><td>—</td><td>1.2</td><td>1.2</td><td>1.2</td><td>—</td></tr>
<tr><td>10</td><td colspan="2">列车横向摇摆力</td><td>1.5</td><td>—</td><td>1.2</td><td>1.2</td><td>1.2</td><td>—</td></tr>
<tr><td>11</td><td colspan="2">列车荷载引起的土压力</td><td>1.5</td><td>—</td><td>1.2</td><td>1.2</td><td>1.2</td><td>—</td></tr>
<tr><td>12</td><td colspan="2">风荷载</td><td>—</td><td>1.4</td><td>1.1</td><td>—</td><td>0.75</td><td>0.75</td></tr>
<tr><td rowspan="2">13</td><td rowspan="2">温度作用</td><td>均匀升降温</td><td>—</td><td>—</td><td>—</td><td>1.3</td><td>1.0</td><td>1.0</td></tr>
<tr><td>温度梯度</td><td>—</td><td>—</td><td>—</td><td>1.0</td><td>0.8</td><td>0.8</td></tr>
<tr><td>14</td><td colspan="2">流水作用</td><td>—</td><td>—</td><td>0.8</td><td>1.0</td><td>0.8</td><td>1.1</td></tr>
<tr><td>15</td><td colspan="2">冰压力</td><td>—</td><td>—</td><td>1.1</td><td>1.1</td><td>1.1</td><td>1.0</td></tr>
<tr><td>16</td><td colspan="2">施工荷载</td><td>—</td><td>—</td><td>—</td><td>—</td><td>—</td><td>1.15</td></tr>
</table>

铁路桥涵结构按承载能力极限状态设计时,基本组合工况有 6 种,见表 3.23;根据不同的设计状况,各种作用的分项系数见表 3.22。

表 3.23　基本组合工况

序号	基本组合	内　容
1	Ⅰ	永久作用设计值+基本可变作用设计值
2	Ⅱ	永久作用设计值+其他可变作用设计值
3	Ⅲ	永久作用设计值+基本可变作用设计值+其他可变作用(温度作用和施工荷载除外)设计值
4	Ⅳ	永久作用设计值+基本可变作用设计值+其他可变作用(风荷载和施工荷载除外)设计值
5	Ⅴ	永久作用设计值+基本可变作用设计值+其他可变作用(施工荷载除外)设计值
6	Ⅵ	永久作用设计值+施工荷载设计值+其他可变作用设计值

(2)偶然组合

铁路桥涵结构按承载能力极限状态设计时,偶然组合(组合工况Ⅶ)是指永久作用标准值与一种偶然作用设计值和可变作用某种代表值相组合。作用偶然组合的效应设计值按式(3.40)计算:

$$S_d = S\left(\sum_{i=1}^{n} G_{ik} + A_d + (\psi_{f1} \text{ 或 } \psi_{q1}) Q_{1k} + \sum_{j=2}^{m} \psi_{qj} Q_{jk} \right) \tag{3.40}$$

式中　A_d——偶然作用的设计值;

ψ_{f1}——主导可变作用的频遇值系数,除有特别规定外,一般取 1.0;

ψ_{q1},ψ_{qj}——主导可变作用和第 j 个可变作用的准永久值系数,一般取 1.0。

(3)地震组合

铁路桥涵结构按承载能力极限状态设计时,地震组合(组合工况Ⅷ)是指永久作用标准值与地震作用标准值和可变作用准永久值相组合。当采用减隔震设计时,应考虑减隔震装置对作用效应的影响。作用地震组合的效应设计值按式(3.41)计算:

$$S_d = S\left(\sum_{i=1}^{n} G_{ik} + \gamma_{\mathrm{I}} A_{Ek} + \sum_{j=1}^{m} \psi_{qj} Q_{jk}\right) \tag{3.41}$$

式中　γ_{I}——地震作用重要性系数;

A_{Ek}——地震作用的标准值,按现行《铁路工程抗震设计规范》(GB 50111)计算;

ψ_{qj}——第 j 个可变作用的准永久值系数,除有特别规定外,一般取 1.0。

2. 正常使用极限状态下的组合

桥涵结构按正常使用极限状态设计时,应根据不同的设计要求,采用作用的频遇组合或准永久组合。

(1)频遇组合

频遇组合是指永久作用标准值与基本可变作用频遇值组合(组合工况Ⅸ),或者永久作用标准值与基本可变作用频遇值及其他可变作用准永久值相组合(组合工况Ⅹ)。作用频遇组合的效应设计值按式(3.42)计算:

$$S_d = \sum_{i=1}^{n} G_{ik} + \psi_{f1} Q_{1k} + \sum_{j=2}^{m} \psi_{qj} Q_{jk} \tag{3.42}$$

式中　ψ_{f1}——主导可变作用的频遇值系数,除有特别规定外,一般取 1.0;

ψ_{qj}——第 j 个可变作用的准永久值系数,除特别规定外,一般取 1.0。

(2)准永久组合

准永久组合是指永久作用标准值与可变作用准永久值组合(组合工况Ⅺ)。作用准永久组合的效应设计值按式(3.43)计算:

$$S_d = \sum_{i=1}^{n} G_{ik} + \sum_{j=1}^{m} \psi_{qj} Q_{jk} \tag{3.43}$$

式中　ψ_{qj}——第 j 个可变作用的准永久值系数,除有特别规定外,一般取 1.0。

3. 其他组合

进行结构疲劳设计时,只考虑永久作用和列车荷载(包括运营动力系数和离心力),各作用应采用标准值,作用分项系数可取 1.0。

结构构件当需进行弹性阶段截面应力计算时,各作用应采用标准值,作用分项系数除特别指明外应取 1.0。

施工荷载组合的效应设计值应按计算需要及结构所处条件而定,结构上的施工人员和施工机具设备均应作为临时荷载加以考虑。

3.6.4　铁路桥梁容许应力法荷载组合

对采用容许应力法设计的铁路桥梁,仍采用单一安全系数综合考虑荷载效应和构件抗力的变异性及结构的安全性,直接采用参与组合的荷载效应(即前述的标准值)进行组合运算。

基本的组合方式有三种:

(1)主力:恒载与活载的组合。

(2)主力+附加力:恒载、活载及附加力的组合。

(3)主力+特殊荷载:恒载、活载及特殊荷载的组合。

组合的原则为:

(1)组合中的恒载等并不是表中所列的所有恒载项,而是其中需要参加组合的一项或几项;对活载、附加力、特殊荷载也是如此。

(2)应考虑主力与一个方向(横桥向或顺桥向)的附加力组合。

(3)如杆件的主要用途为承受某种附加力,则在计算此杆件时,该附加力应按主力考虑。

(4)流水压力不与冰压力组合,两者也不与制动力或牵引力组合。

(5)船只或排筏的撞击力、汽车撞击力,只计算其中的一种荷载与主力相组合,不与其他附加力组合。

(6)列车脱轨荷载只与主力中恒载组合,不与主力中活载和其他附加力组合。

(7)地震力与其他荷载的组合应符合现行《铁路工程抗震设计规范》(GB 50111)的相关规定。

(8)无缝线路纵向作用力不参与常规组合。

桥梁设计根据各种结构的不同荷载组合将材料基本容许应力和地基容许承载力乘以不同的提高系数。预应力混凝土结构中的强度及抗裂性计算应采用不同的安全系数。

3.6.5 公铁两用桥作用效应组合

铁路公路(城市道路)两用桥梁考虑同时承受铁路和公路(城市道路)活载时,考虑到铁路和公路(城市道路)同时出现最不利活载的可能性极小,故铁路活载应按现行规范规定活载的100%计算,公路(城市道路)活载应按现行规范规定的全部活载的75%计算。采用极限状态法设计计算时,分项系数按铁路荷载规定取值。

对于特别重要的公铁两用桥,公路和铁路活载的作用也可通过研究确定。

思 考 题

1. 名称解释:永久作用、可变作用、偶然作用、作用代表值、极限状态。
2. 铁路桥梁和公路桥梁的作用包括哪些?
3. 简述现行公、铁路桥梁规范中的作用效应组合。
4. 铁路桥梁作用与公路桥梁相比,有何特点?
5. 简述现行公路桥梁规范的汽车活载的类型、作用和组成。
6. 何谓冲击力,其影响因素有哪些?冲击系数与动力系数有何不同?
7. 材料和荷载的标准值与设计值的概念各是什么?
8. 桥梁设计中应考虑哪两类极限状态?其具体的含义是什么?
9. 城市与公路桥梁活载有哪些异同点?
10. 铁路活载分哪几类?分析其活载作用效应大小关系。
11. 作用组合中,不同时考虑的作用有哪些?为什么?
12. 温度作用分哪几类?公路、铁路桥梁的日照温度模式各是什么?

第4章 混凝土简支梁桥

4.1 概 述

简支梁桥是应用最早、使用最广的桥型，属于静定结构，具有以下显著的优点：传力简单、受力明确，梁中只有正弯矩；结构构造和设计简单；易于系列化、标准化和规模化制造，施工方便，质量可靠；经济性好；温度变化、基础变位、混凝土收缩和徐变以及张拉预应力均不会在结构中产生附加内力；在竖向荷载作用下，不会产生支点水平力，简化了下部结构的受力，特别适用于软土地基等地质较差的场合。

混凝土简支梁的不足之处有：跨越能力相对较小，最常用的跨度为公路 50 m 及以下、铁路 40 m 及以下；其次是梁缝较多，对此，公路桥一般采取桥面连续等措施以提高行车的平顺性。

简支梁的主要类型有：

(1)按材料类型分

按材料类型可分为钢筋混凝土、预应力混凝土和钢—混组合梁等类型。

钢筋混凝土结构构造及施工简单、常处于带裂缝工作状态，受到裂缝宽度的限制，无法采用高强钢筋、受拉区混凝土不参加抗弯工作导致截面自重较大，影响其承载能力，一般只适合于小跨径的桥梁。目前，常用的钢筋混凝土简支梁跨度在 20 m 以下。

预应力混凝土结构能够充分利用高强材料，减轻自重、降低梁高、增大跨度，承载能力大大提高；与普通钢筋混凝土结构相比，可以节省材料用量，经济性好；全预应力混凝土结构在使用阶段不出现裂缝，结构的刚度、整体性、抗裂性及耐久性均得到较大的提高；尤其是预应力技术的采用，为现代装配式结构提供了有效的结合和拼装手段。预应力混凝土简支梁的适用跨度可达 50~80 m，目前常用的经济跨度为 20~40 m。

钢—混组合梁兼有钢结构和混凝土结构的优点，主要通过在钢梁和混凝土翼缘板之间设置剪力连接件，使混凝土板和钢梁形成共同工作的整体结构。与混凝土结构相比，可以减小截面尺寸，减轻自重，节省支架和模板，缩短施工周期，增加梁的延性等。同钢梁相比，可以减小用钢量，增大刚度，增加稳定性和整体性，增强结构抗火性和耐久性。钢—混组合梁和钢梁均适用于较大跨度的简支梁。

(2)按结构形式分

按结构形式分为整孔式和装配式两种。整孔式指桥梁上部结构在桥位上整体现场浇筑或整体预制安装，其结构较为合理，横向刚度大，稳定性好。装配式指桥梁上部结构分成若干节段或块件，在桥位处分段、分块浇筑或预制安装。当受到运输条件、架梁设备及施工进度等条件限制时，采用装配式结构可以节约模板支架，降低劳动强度，缩短工期，加快施工进度，是铁路、公路简支梁广泛采用的桥型。

(3)按施加预应力的方式分

按预应力筋的张拉方式分为先张法和后张法；按构件施加预应力的程度分为全预应力和

部分预应力混凝土;按预应力与混凝土之间的黏结性能分为有黏结和无黏结两类。

(4)按主梁截面类型分

按主梁截面形式可分为板梁、肋式梁和箱形梁。

板梁包括实体或空心板,其构造简单、制作方便,但因其自重较大,梁高小,适用跨径较小。

肋式梁挖空了截面绝大部分不受力的受拉区混凝土,截面自重明显减轻,包括Π形、I形和T形三种基本类型,其中T形截面简支梁应用广泛,如图4.1所示。对于跨度稍大的简支梁,随着梁高的增加,自重增加不明显,但承载能力可以大大提高。目前,中等跨度的简支梁(20~40 m)及对于结构整体性要求不高的桥梁结构常采用装配式肋梁桥。

箱形截面是一种闭口薄壁截面,其竖向、横向抗弯及抗扭刚度均较大,顶板和底板面积均能有效地承担正负弯矩,并满足预应力钢筋布置的需要。依据构造不同分为:分片箱梁(又称为小箱梁)和整体式箱梁两类,如图4.2所示。与T梁相比,小箱梁具有构造复杂和吊装施工中稳定性好等特点。对于弯桥、斜桥、异形结构或对整体性及抗扭刚度要求较高的桥梁结构,往往采用整体式箱形截面,现场浇筑法施工。

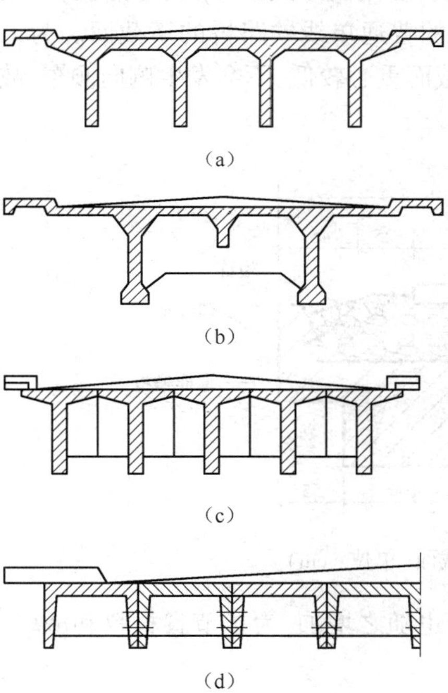

图4.1　肋式截面图

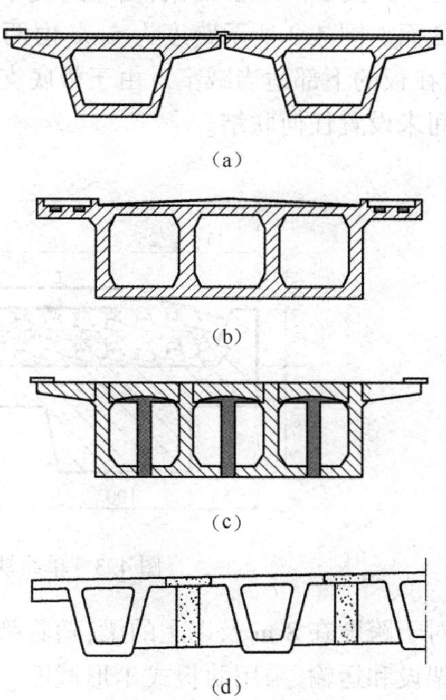

图4.2　箱形截面图

4.2　铁路混凝土简支梁构造

铁路桥梁以计算跨度标识桥梁的跨度,常用跨度有16 m、24 m和32 m等,其中数值均为计算跨度,对应的梁长分别为16.50 m、24.60 m和32.60 m,墩中心距离一般为16.60 m、24.70 m和32.70 m。高速铁路桥梁中,因构造原因,梁长和墩中心距离与前述数据相同,但计算跨度略小。

4.2.1　标准设计简介

我国铁路行业非常重视标准设计的研发与推广应用,不同时期有不同的标准设计,如20

世纪 50 年代的"大参"系列;20 世纪 60~70 年代的"叁标桥"系列以及 20 世纪 80~90 年代的"专桥"系列;21 世纪主要使用的"通桥"系列,包括有砟和无砟轨道、速度 160~350 km/h、单线与双线铁路、T 梁和箱梁、16~32 m 等不同跨度的标准设计,以图号唯一标识,如:图号"通桥[2016]2322A-Ⅱ-1"为"时速 350 km 高速铁路预制无砟轨道后张法预应力混凝土 32 m 简支箱梁",适用于 CRTS Ⅰ 型板式、双块式、CRTS Ⅲ 型板式无砟轨道双线桥梁,计算跨度 31.5 m,梁宽 12.6 m。设计中,通过图号直接采用相关标准或通用参考图。

4.2.2　钢筋混凝土梁构造特点

铁路钢筋混凝土简支梁标准设计适用于计算跨度 $L_0 \leqslant 20$ m 以下的小桥,主要的跨度包括 4 m、5 m、6 m、8 m、10 m、12 m、16 m、20 m,现在 $L_0 \geqslant 16$ m 以上的梁主要采用预应力混凝土结构。以分片式结构为主,单线铁路每跨为两片式结构,常用的截面形式有板式和肋板式(T 形)。

对于跨度 $L_0 \leqslant 6$ m 的梁,由于跨度小、梁高低,为了使截面形式简单,制造方便,采用实体板式截面。图 4.3 所示跨度为 5 m、由两片主梁组成的普通单线铁路桥的横截面。为了节省材料,在板的下部适当减窄。由于板底支承面较宽,截面重心较低,不会发生侧向倾覆,故两片梁之间未设置任何联结。

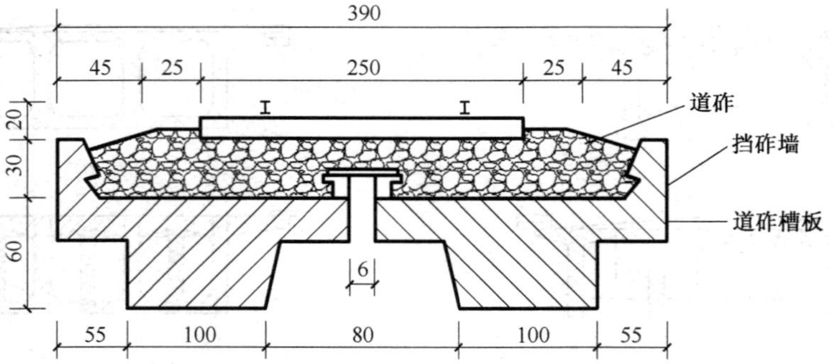

图 4.3　单线铁路板梁桥横截面(单位:cm)

对于跨度在 8 m 及以上的梁,随着跨度增大梁高也随之增加,为了节省材料和减轻梁重,便于架设和运输,采用肋板式 T 形截面。

考虑到梁体运输、架设问题,我国铁路大提速前跨度 40 m 以下梁大多采用的是 T 形截面构造,两片梁之间设置 6 cm 的纵缝,用于吊装捆梁,分片架设后将横隔板或桥面连成整体。目前的新建工程中,为提高分片式 T 梁桥的整体性,分片架设后采取现浇混凝土桥面湿接缝、横隔板连成整体并施加横向预应力等措施,横隔板设置在支点、跨中、$L/4$、$3L/4$ 等位置。

横隔板的作用不仅使梁连成整体保持横向稳定性,更重要的是使各片梁在列车荷载下能很好地共同工作和防止梁体受扭。由于单片 T 梁易于侧向倾覆,在运输及架设时应设置临时支撑。

标准设计中分普通高度梁与低高度梁,一般情况下采用普通高度梁,其高跨比 H/L_0 为 1/9.1~1/7.2;当建筑高度受到限制时,可采用降低梁高的低高度梁,其高跨比 H/L_0 为 1/14.8~1/11.4,低高度梁的经济性弱于普通高度梁,但线路总体上能获取较好的经济效益。

铁路的平曲线半径比较大,因此,曲线上的简支梁一般采用与直线梁相同的结构尺寸,配筋予以加强以满足偏心荷载要求。

挡砟墙高出梁顶面,为使其不参与主梁的工作,将内、外挡砟墙沿纵向用断缝断开,如 16 m跨度的 T 梁挡砟墙设 5 条断缝。

图 4.4 为"叁标桥"系列中 16 m 跨度普通单线铁路道砟桥面钢筋混凝土简支梁的一般构造图。梁全长 16.5 m,沿纵缝分为两片 T 形梁。在梁端以及距梁端 5.25 m 处,设有与主梁一起浇筑的横隔板,中间横隔板厚度为 16 cm。考虑到维修及更换支座时,需在端横隔板下放置千斤顶,一般端横隔板宜厚些。为了减轻自重及便于维修检查,所有横隔板中间留有方孔。

主梁高度为 1.9 m,单线铁路道砟槽顶面宽 3.9 m,每片梁的道砟槽顶面宽为 1.92 m,两片梁之间留有 6 cm 的缝,用于吊装时捆梁。梁肋中心距为 1.8 m。跨中部分腹板厚 30 cm,靠近梁端部分增厚到 49 cm,以适应腹板内主拉应力变化及钢筋布置的需要。考虑钢筋布置需要和施工方便,下翼缘采用马蹄形,宽 70 cm。道砟槽板因最小板厚的需要取为 12 cm,为使道砟槽板与主梁共同工作,在道砟槽板与梁肋相交处设置梗肋,其底坡为 1 : 3,板与肋相交处的板厚为 24 cm,大于梁高的 1/10,满足 T 形截面翼缘的受力需要与构造要求。

图 4.5 为跨度 16 m 的钢筋混凝土简支直线梁的钢筋布置图。每片梁肋的受力主筋共有 43Φ20(编号 N1~N15)。N1~N12(共 23 根)由跨中向两端逐次弯起并锚固在梁的受压区,和箍筋一起承受主拉应力,其中 N1~N10 弯至梁顶后伸入受压区,其长度大于 20 倍斜筋直径,满足锚固长度要求,不设与纵筋平行的直段,且不设弯钩;N11~N12 因不能满足上述锚固长度的要求,向上弯转锚固在受压区。N15 钢筋(共 14 根)伸入支座,与弯起的 N13、N14 钢筋端部均加直角钩以保证具有足够的锚固长度。为了缩小翼缘尺寸及增大截面有效高度,主钢筋在梁下翼缘内采用成束布置。N1~N7 布置在下翼缘中心部分且在最上两排,使它们能在腹板较薄的跨中部分相继弯起。N8~N14 布置在下翼缘中心偏外部分,或布置在下翼缘的底排,它们只能在腹板较厚的梁端部分相继弯起。

箍筋采用 4 肢 ϕ8 钢筋,间距 25 cm,编号 N21 和 N22。N21 布置在跨中区段薄腹板部分内,N22 在梁两端厚腹板部分内,同一处用 2 个 N21(或 N22)错开叠置成 4 肢。所有箍筋均钩在架立钢筋上。在梁的下翼缘内还设有捆扎主筋用的小箍筋 N62,并有架立钢筋 N53。在腹板两侧布置有间距为 10 cm 直径为 ϕ8 的纵向水平钢筋,以防止腹板的温度与收缩裂纹。为使浇筑混凝土时保持纵向水平钢筋和箍筋的设计位置,还分别设置了水平联系筋。

考虑方便维修,现行的标准设计中,铁路桥面宽度予以加宽,具体参见铁路桥梁标准设计图。

4.2.3　后张法预应力混凝土梁构造特点

由于混凝土抗拉强度低,极限拉应变很小,钢筋混凝土梁在较小的荷载作用下受拉区混凝土就会出现裂缝,其对应的钢筋应力在 20~30 MPa 以下。结构耐久性要求钢筋混凝土梁的裂缝宽度一般不应超过 0.15~0.2 mm,限制了高强材料的使用,同时梁自重所占比例随跨度的增加而增大,因此钢筋混凝土梁的使用跨度受到很大限制,目前铁路钢筋混凝土梁一般用于跨度小于 16 m 的小跨度桥梁。为增大梁的跨越能力,充分利用高强度钢材及高等级混凝土和提高梁的抗裂性能,常采用预应力混凝土梁。

与钢筋混凝土梁相比,预应力混凝土梁主要有以下突出优点:

(1)可以使用高强度钢材和高等级混凝土,能节约钢材用量的 20%~40%。

(2)在使用荷载作用下,可使梁不出现拉应力、延缓裂缝的出现或使裂缝宽度限制在一定范围内,从而提高梁的抗裂性,增强梁的刚度和耐久性。

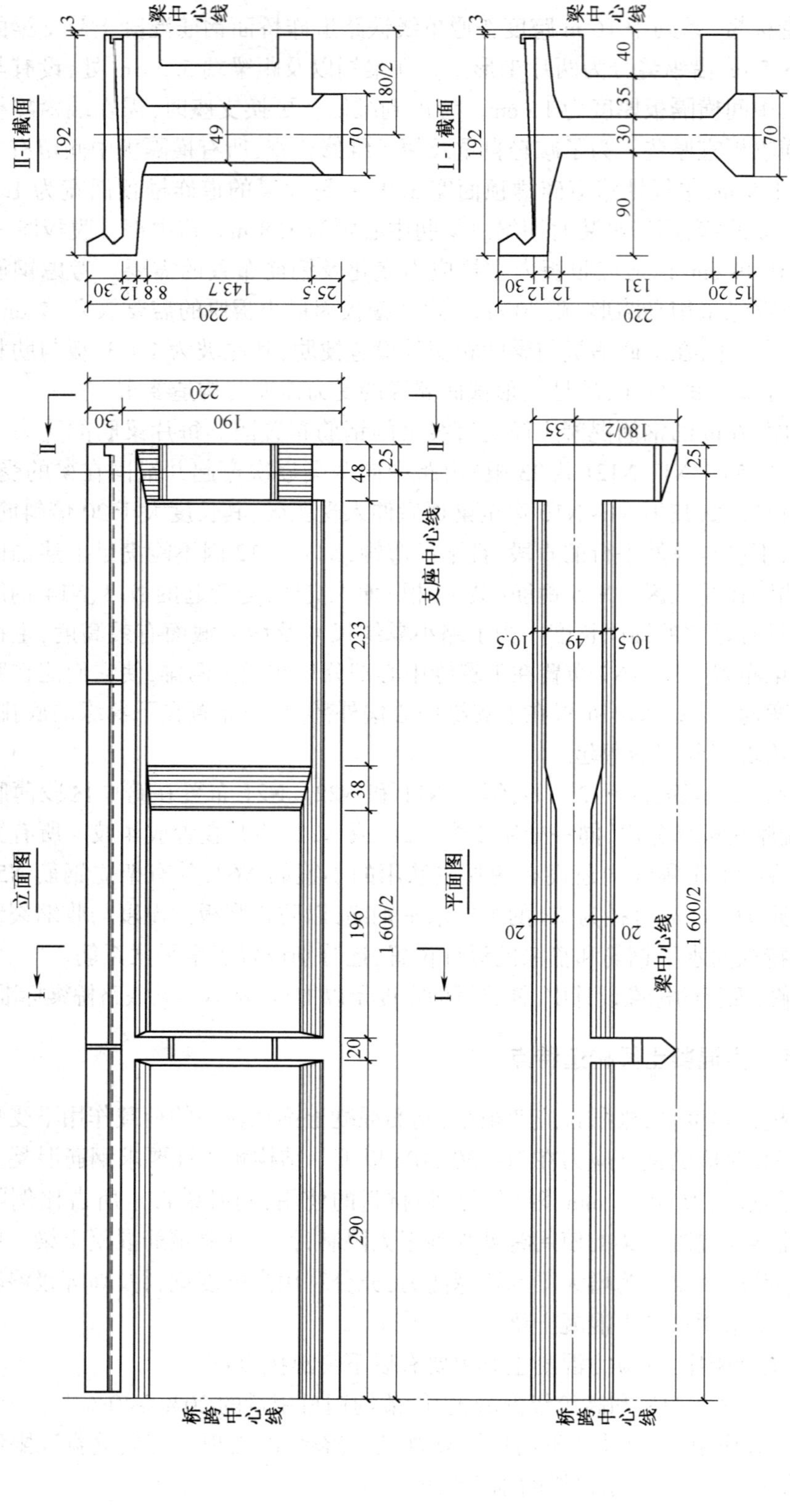

图4.4　普通铁路16 m跨度道砟桥面钢筋混凝土梁一般构造图(单位：cm)

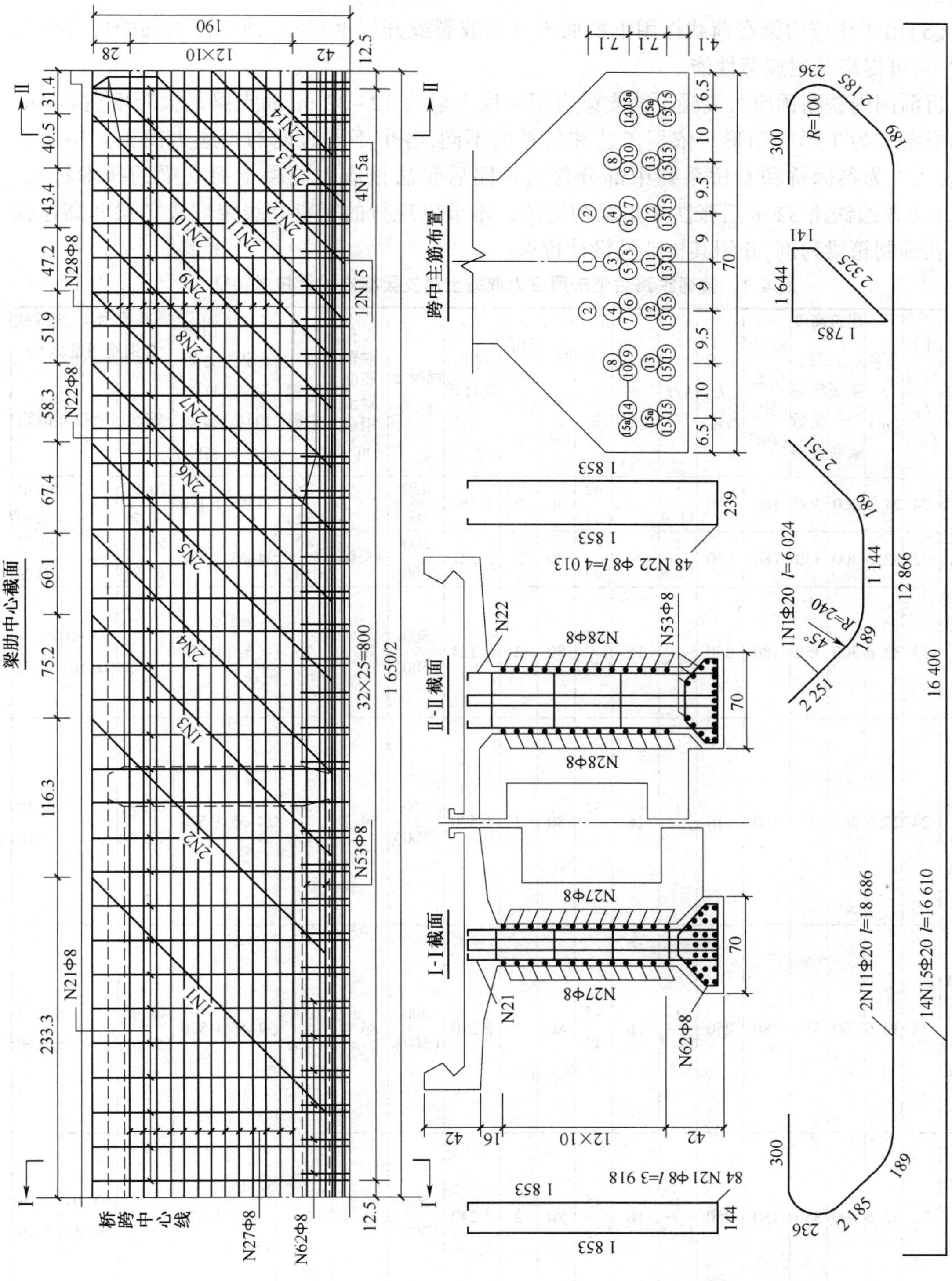

图4.5 普通铁路16 m跨度道砟桥面钢筋混凝土梁钢筋布置图（单位：钢筋大样为mm，其余为cm）

(3)可减小梁的截面尺寸、减轻自重,增大结构的跨越能力。

(4)弯起的预应力钢筋可提供预剪力,抵消部分荷载剪力,使梁的抗剪能力提高,可做成薄腹板梁。

(5)由于预应力梁在荷载作用下截面不开裂或裂缝开展度较小,预应力钢筋的应力变化幅度小,可提高其耐疲劳性能。

目前国内铁路预应力混凝土简支梁应用跨度一般为 12 ~ 32 m,简支梁最大跨度达 64 m,截面类型多为 T 形或箱形。依据工艺和材料的不同,各个不同时期的预应力简支梁构造不同,表 4.1 为叁标桥和专桥系列中部分普通铁路后张法预应力混凝土简支梁的技术特征,图 4.6为普通铁路 32 m 后张法 T 形梁构造图。本节以现行的客货共线装配式 T 梁和高速铁路整孔预制箱梁为例,介绍其构造及设计特点。

表 4.1　普通铁路后张法预应力混凝土简支梁标准设计技术特征

图号(制定年份)	计算跨度 L_0(m)	全长 L(m)	建筑高度(cm)		梁肋中心距(cm)	梁高 h(cm)	h/L	腹板宽(cm)	支座尺寸(cm)		每孔梁组成片数	每孔梁自重(kN)	混凝土标号	每孔梁钢筋混凝土用量(m^3)	每孔梁钢束数	每根钢束组成	预应力筋抗拉强度(MPa)	每孔梁钢丝、钢绞线及钢筋用量(kN)		
			轨底至梁底	轨底至墩台顶					顺桥向	横桥向								钢丝	钢绞线	钢筋
叁标桥2019(1976)	24	24.6	260	300	180	210	$\frac{1}{11.4}$	—	42(42)	80	2	1 568	450(500)	59.7	28(32)	24-ϕ5	1 470	26.90(30.76)	—	50.46(52.40)
	32	32.6	300	350	180	250	$\frac{1}{12.8}$	24	45(42)	80	2	2 227	500(500)	85.04	40(50)	24-ϕ5	1 470	50.20(62.80)	—	69.77(73.33)
专桥2037(1983年)	32	32.6	300	350	180	250	$\frac{1}{12.8}$	15	45(42)	80	2	2 124	500(500)	80.9	26	5-7ϕ5(6-7ϕ5)	1 470	—	50.60(60.80)	77.30(80.32)
专桥2059C(专桥2059D)(1989年)	24	24.6	260	300	180	210	$\frac{1}{11.4}$	16	42(42)	80	2	1 570	450(500)	59.7	26(29)	24-ϕ5	1 570	24.90(27.76)	—	59.08(61.66)
专桥2019A(专桥2059B)(1989年)	32	32.6	300	350	180	250	$\frac{1}{12.8}$	16	45(42)	80	2	2 210	500(500)	85.4	39(46)	24-ϕ5	1 570	48.90(57.62)	—	81.16(84.86)
专桥2059F(2059E)(1989年)	32	32.6	300	350	180	250	$\frac{1}{12.8}$	16	45(42)	80	2	2 240	500(500)	85.4	26	5-7ϕ5(6-7ϕ5)	1 470	—	49.10(57.40)	71.50(75.04)

注:(1)支座尺寸栏中括号外为固定支座,括号内为活动支座;(2)其余栏中,括号外为直线梁,括号内为曲线梁;(3)混凝土标号与当时规范对应。

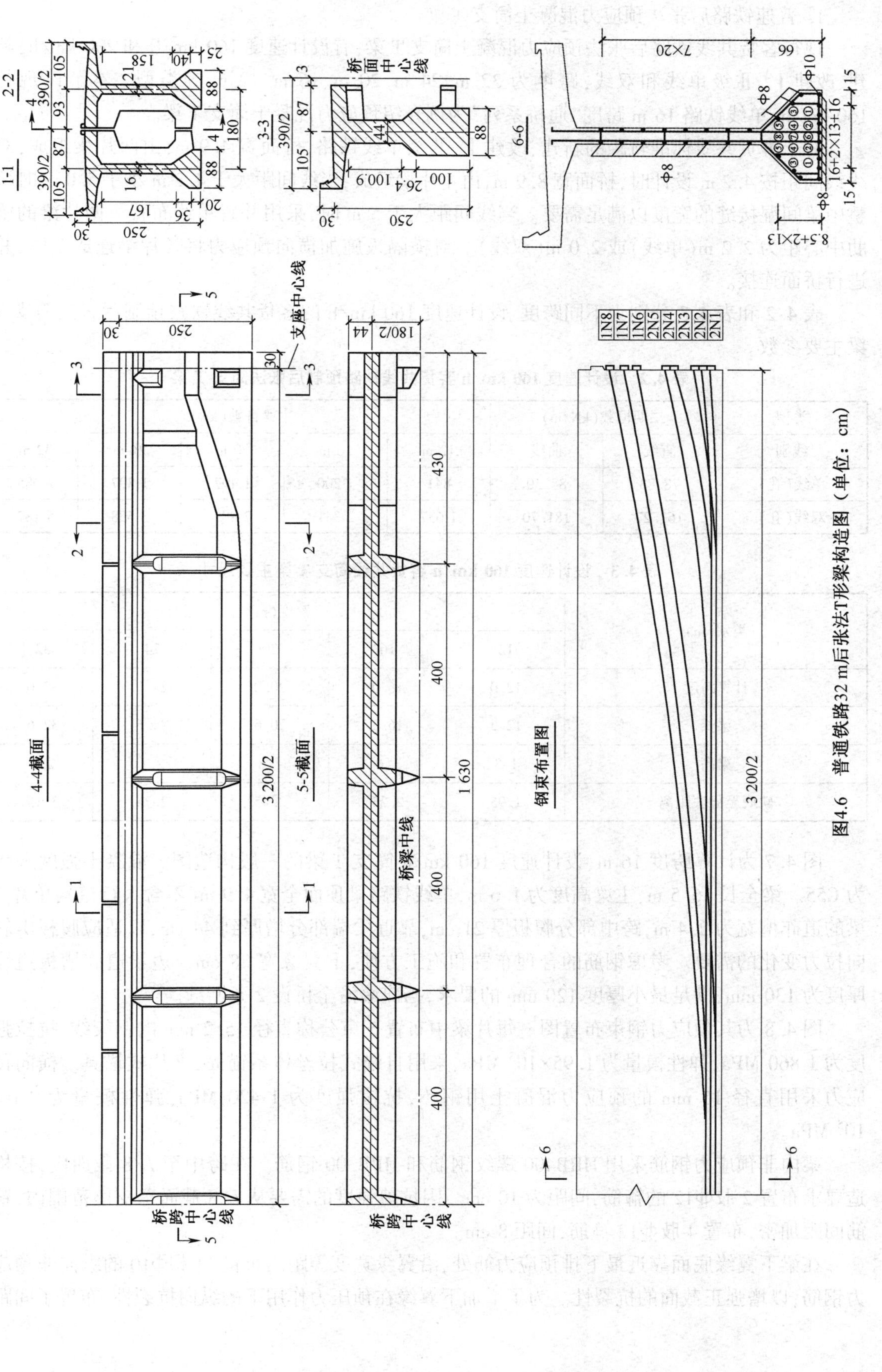

图4.6　普通铁路32 m后张法T形梁构造图（单位：cm）

1. 普速铁路后张法预应力混凝土简支 T 梁

现行客货共线铁路后张法预应力混凝土简支 T 梁,有设计速度 160 km/h 和 200 km/h,新建、改建Ⅰ、Ⅱ级单线和双线,跨度为 32 m、24 m、20 m、16 m、12 m 等类型。本节以现行 160 km/h、单线铁路 16 m 跨度"通桥系列"为例介绍预应力混凝土简支 T 梁。

对于客货共线标准轨距的新建、改建Ⅰ、Ⅱ级单线铁路,桥面宽 4.9 m,由两片梁组成;双线线间距按 4.2 m 设计时,桥面宽 8.9 m,由 4 片梁组成;当线间距大于 4.2 m 小于 5.0 m 时调整中梁间湿接缝的宽度以满足需要。当线间距大于 5 m 时,采用并置单线布置。两片梁的梁肋中心距为 2.2 m(单线)或 2.0 m(双线)。对横隔板施加横向预应力将各片梁连成整体,并进行桥面连接。

表 4.2 和表 4.3 分别为不同跨度、设计速度 160 km/h 的客货共线铁路预制后张法简支 T 梁主要参数。

表 4.2　设计速度 160 km/h 客货共线铁路预制后张法简支 T 梁

类型	二期恒载(kN/m)		主梁自重(kN)				
线别	直线	曲线	12 m	16 m	20 m	24 m	32 m
单线(孔)	78.83	88.50	841	1 200	1 497	1 897	2 685
双线(孔)	163.27	181.70	1 637	2 341	2 885	3 658	5 187

表 4.3　设计速度 160 km/h 客货共线简支 T 梁主要尺寸

类别(m)	跨度(m)				
	12	16	20	24	32
计算跨度	12.0	16.0	20.0	24.0	32.0
梁长	12.5	16.5	20.6	24.6	32.6
梁高	1.3	1.6	1.8	2.1	2.5
轨底至梁底距离	1.95	2.25	2.45	2.75	3.15

图 4.7 为计算跨度 16 m、设计速度 160 km/h 简支 T 梁的一般构造图。混凝土强度等级为 C55。梁全长 16.5 m,主梁高度为 1.6 m,单线铁路梁顶面全宽 4.9 m(不含人行道),单片 T 梁的道砟槽宽为 2.4 m,跨中部分腹板厚 21 cm,靠近梁端部分增厚到 44 cm,以适应腹板内斜向拉力变化的需要。考虑钢筋的合理布置和施工方便,下翼缘宽 88 cm。边梁道砟槽板边缘厚度为 130 mm,满足最小厚度 120 mm 的要求,挡砟墙沿全桥设 2 条断缝。

图 4.8 为其预应力钢束布置图。每片梁中布置 5 束公称直径 15.2 mm 的钢绞线,抗拉强度为 1 860 MPa,弹性模量为 1.95×10^5 MPa,采用自锚式拉丝体系锚固,夹片式锚具。横向预应力采用直径 16 mm 的预应力混凝土用钢棒,抗拉强度为 1 420 MPa,弹性模量为 2.0×10^5 MPa。

梁内非预应力钢筋采用 HRB400 螺纹钢筋和 HPB300 钢筋。在跨中至 $L/8$ 截面内,按构造要求布置 2 肢Φ12 的箍筋,间距为 10 cm。因抗剪强度的需要从 $L/8$ 截面至支座范围内,箍筋间距加密,布置 4 肢Φ12 箍筋,间距 8 cm。

在梁下翼缘底面靠近最下排预应力筋处,沿翼缘宽度等距离布置 11 根ϕ10 的纵向非预应力钢筋,以增强正截面的抗裂性。为了增加下翼缘在预压力作用下的纵向抗裂性,布置了间距为 10 cm 直径为 $\phi10$ 的闭合形小箍筋。在梁腹板两侧布置直径为 $\phi10$、间距 20 cm 的纵向水平筋，以防止腹板发生收缩裂纹。横隔板内的抗扭钢筋为Φ12、间距 10 cm，为了加强隔板与主梁的连接并增强混凝土的表面抗裂性能，在竖向和横向均布置 $\phi10$、间距 20 cm 的构造钢筋。图 4.9 为跨中截面非预应力筋的布置图。

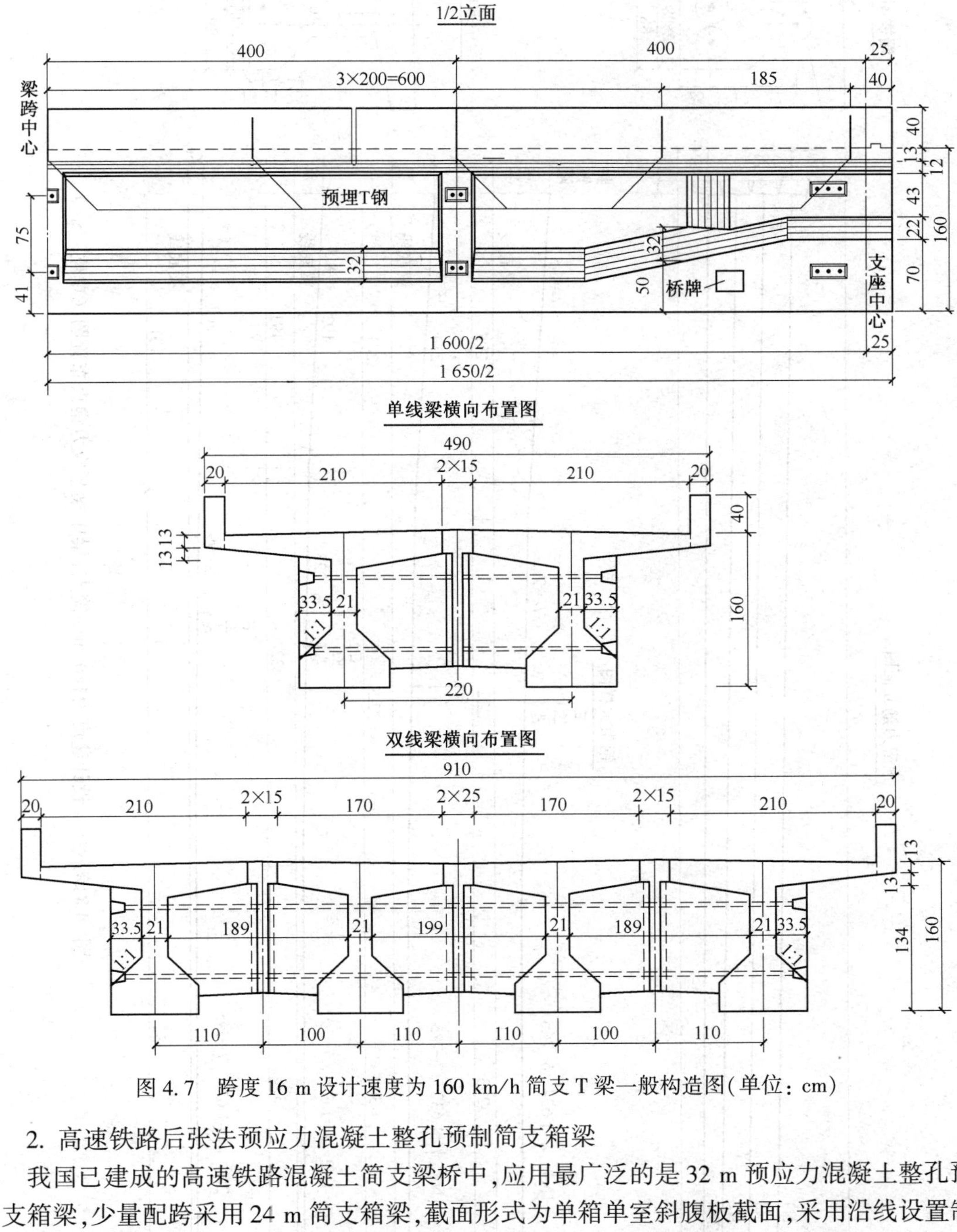

图 4.7　跨度 16 m 设计速度为 160 km/h 简支 T 梁一般构造图(单位：cm)

2. 高速铁路后张法预应力混凝土整孔预制简支箱梁

我国已建成的高速铁路混凝土简支梁桥中，应用最广泛的是 32 m 预应力混凝土整孔预制简支箱梁，少量配跨采用 24 m 简支箱梁，截面形式为单箱单室斜腹板截面，采用沿线设置制梁厂进行箱梁预制，用运梁车、架桥机运输架设，部分采用移动模架、膺架法桥位灌筑。

图 4.10 为京沪高铁采用原位现浇法施工的 32 m 箱梁的一般构造图和预应力钢束布置图。设计最高运行速度 350 km/h，主梁设计使用寿命 100 年。正线线间距 5 m，横桥向支座中心距为 4.5 m。适用于 T1、T2 级环境。

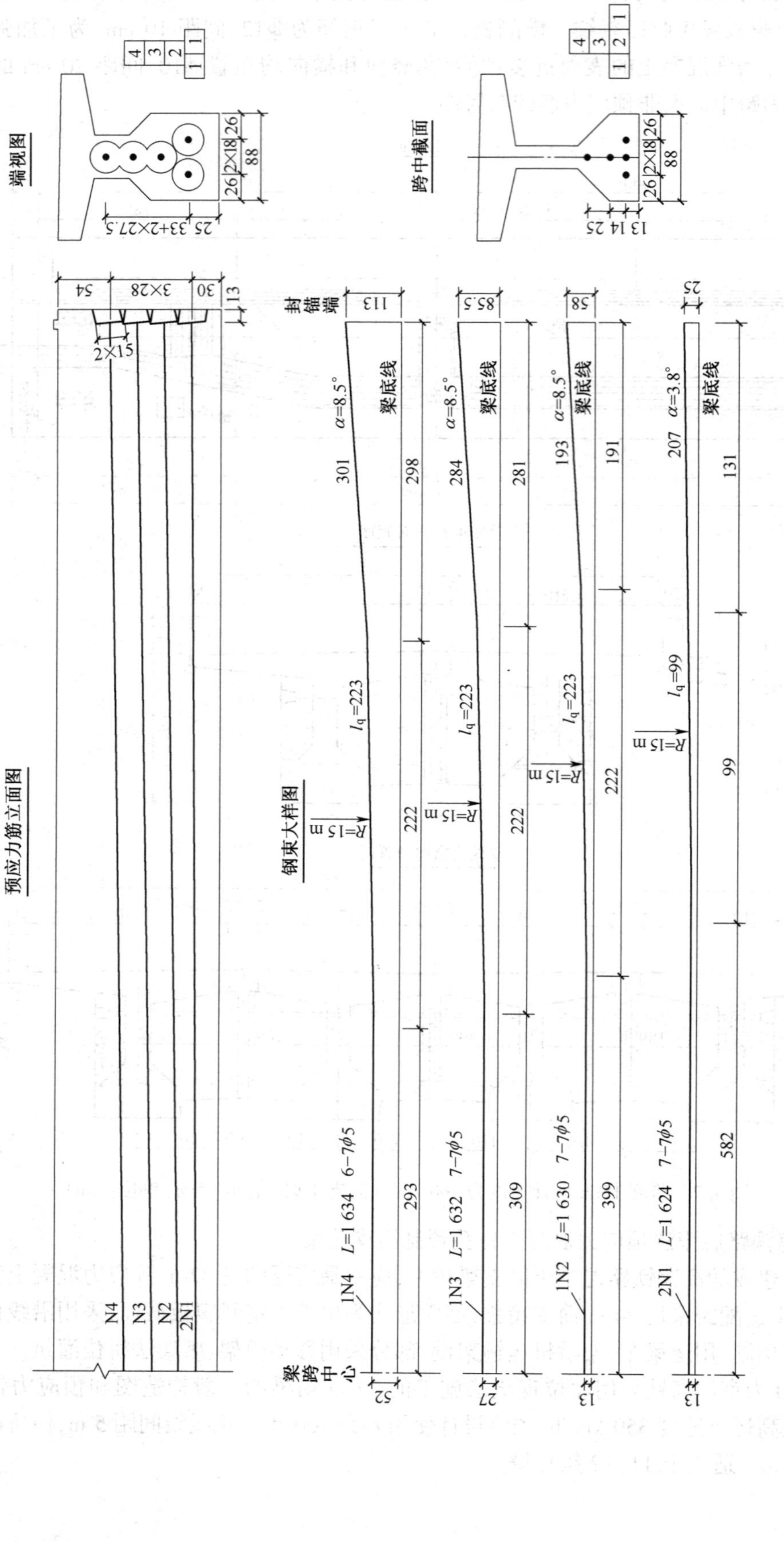

图 4.8 跨度16 m设计速度为160 km/h简支T梁中梁预应力钢束布置图（单位：cm）

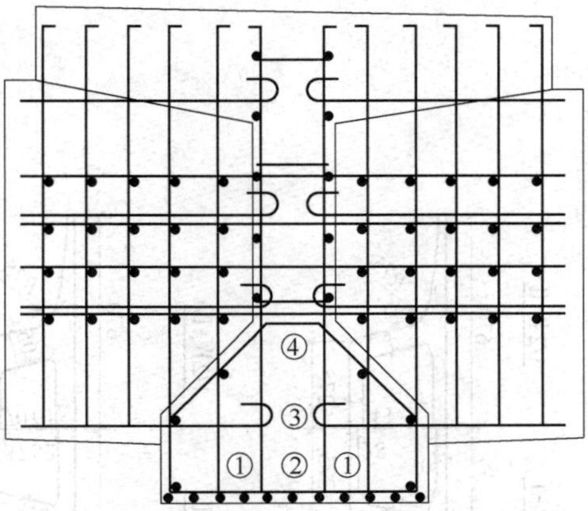

图 4.9　跨中截面非预应力钢筋布置图

二期恒载按 184 kN/m 设计，其中无砟轨道自重荷载按 90 kN/m。人行道外侧设置人行道栏杆、挡板或声屏障，人行道挡板每侧按 6.5 kN/m 设计，声屏障按每侧竖直力15 kN/m，弯矩按 16.5 kN · m 设计。

采用单箱单室等高度箱梁截面，梁端顶板、底板及腹板局部向内侧加厚。防护墙内侧的桥面净宽 9.4 m，桥上人行道内侧净宽 13.2 m，桥梁净宽 13.4 m，桥梁建筑总宽度 13.8 m。梁长 32.6 m，跨度为31.5 m，梁高为 3.05 m，箱梁顶板厚 30 cm，跨中截面的底板和腹板厚分别为28 cm和 45 cm。由于预应力钢束弯起锚固的需要，支座附近的底板加厚到 70 cm，腹板厚度增大到 105 cm。每孔梁重为 819.05 t。

梁体采用 C50 混凝土，封锚采用 C50 无收缩混凝土，防护墙、遮板、电缆槽及盖板混凝土采用 C40。预应力钢绞线采用 1×7-15.2-1 860，锚固体系采用自锚式拉丝体系，管道采用直径 80 mm 和 90 mm 的抽拔管或相同内径的波纹管成型。整个截面共 27 束钢绞线，其中除编号 N2 为 12-7ϕ5 钢绞线外，其余预应力钢束均为 9-7ϕ5 钢绞线。

在设计荷载下，理论计算跨中截面的抗裂安全系数 $K_f=1.39$；强度安全系数 $K=2.01$；跨中下缘混凝土压应力 $\sigma_c=0.92$ MPa；梁端竖向折角为 0.75‰；轨道铺设后，无砟桥面的徐变上拱度不大于 10 mm；梁体竖向自振频率大于 3.81 Hz；扣除自重影响后预应力产生的上拱度为 11.89 mm；静活载挠度 6.12 mm，为跨度的 1/5 147。跨中反拱的理论值为 17.84 mm，其他位置按二次抛物线设置，施工反拱的设置应充分考虑混凝土收缩徐变及预期二期恒载上桥时间确定。

支座采用客运专线盆式支座，型号为 KTPZ-Ⅰ-6000 型或 KTPZ-Ⅳ-6000 型，每孔双线梁采用固定支座、纵向活动支座、横向活动支座、多向活动支座各一个。

在结构两侧腹板上设置直径为 100 mm 的通风孔，通风孔距梁底距离为 1.9 m，间距 2 m。若通风孔与预应力筋相碰，应适当移动其位置，并保证与预应力钢筋的保护层大于 1 倍管道直径，在通风孔处增设直径 170 mm 的螺旋筋。

排水系统采用三列排水方式，分别在防护墙与承轨台及两线承轨台间设置泄水管，电缆槽内积水通过防护墙内侧泄水孔排出。保护层设置 2% 的流水坡，当梁设于平坡上时，应沿纵向由跨中向两端设置 3% 左右的流水坡，积水通过排水管导管引到桥下。为满足箱内排水的需要，在箱梁底板沿纵向设置间距不大于 4 m，内径为 80 mm 的泄水孔，避免箱内积水。

为保证结构在地震力作用下的安全性能，在设防烈度为 7 度及以上的地震区桥梁墩梁之间设置防落梁挡块，图 4.11 为防落梁挡块结构图，对梁部结构进行横向限位。由于梁部预埋防落梁挡块作用于支承垫石，应在垫石中预埋抗剪钢筋，墩顶垫石应做抗剪检算。制梁时将焊接有套筒及锚固钢筋的预埋钢板埋在梁体相应位置，梁体就位后，将焊接成型的防落梁挡块通过连接螺栓安装于梁体底部。图中锚固钢筋的直径、连接螺栓及套筒的直径应根据所处地区地震动峰值确定，设防烈度为 8 度以上地区，防落梁措施应另行设计。

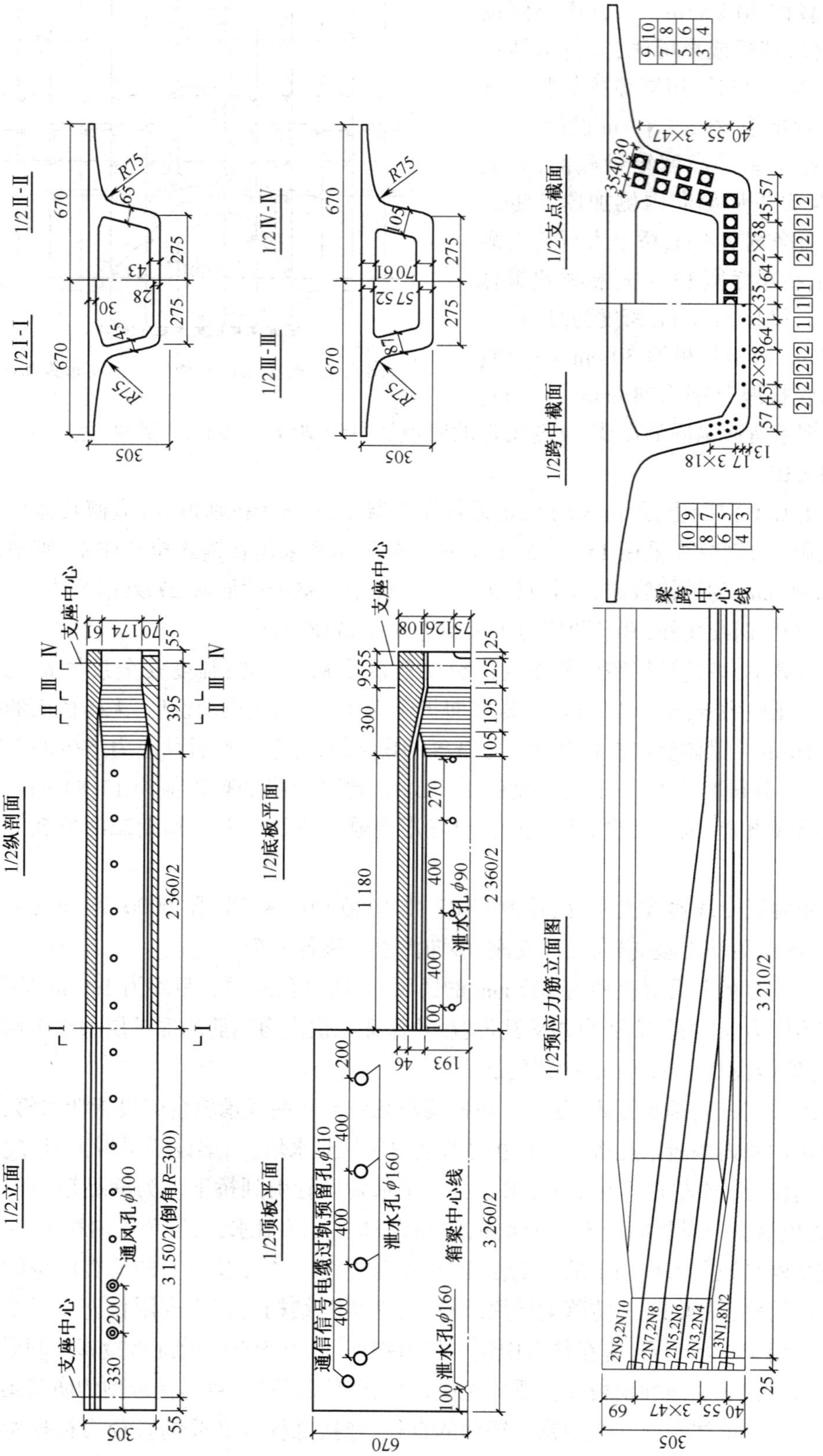

图4.10　京沪高速铁路32 m无砟轨道后张法简支箱梁构造图（单位：cm）

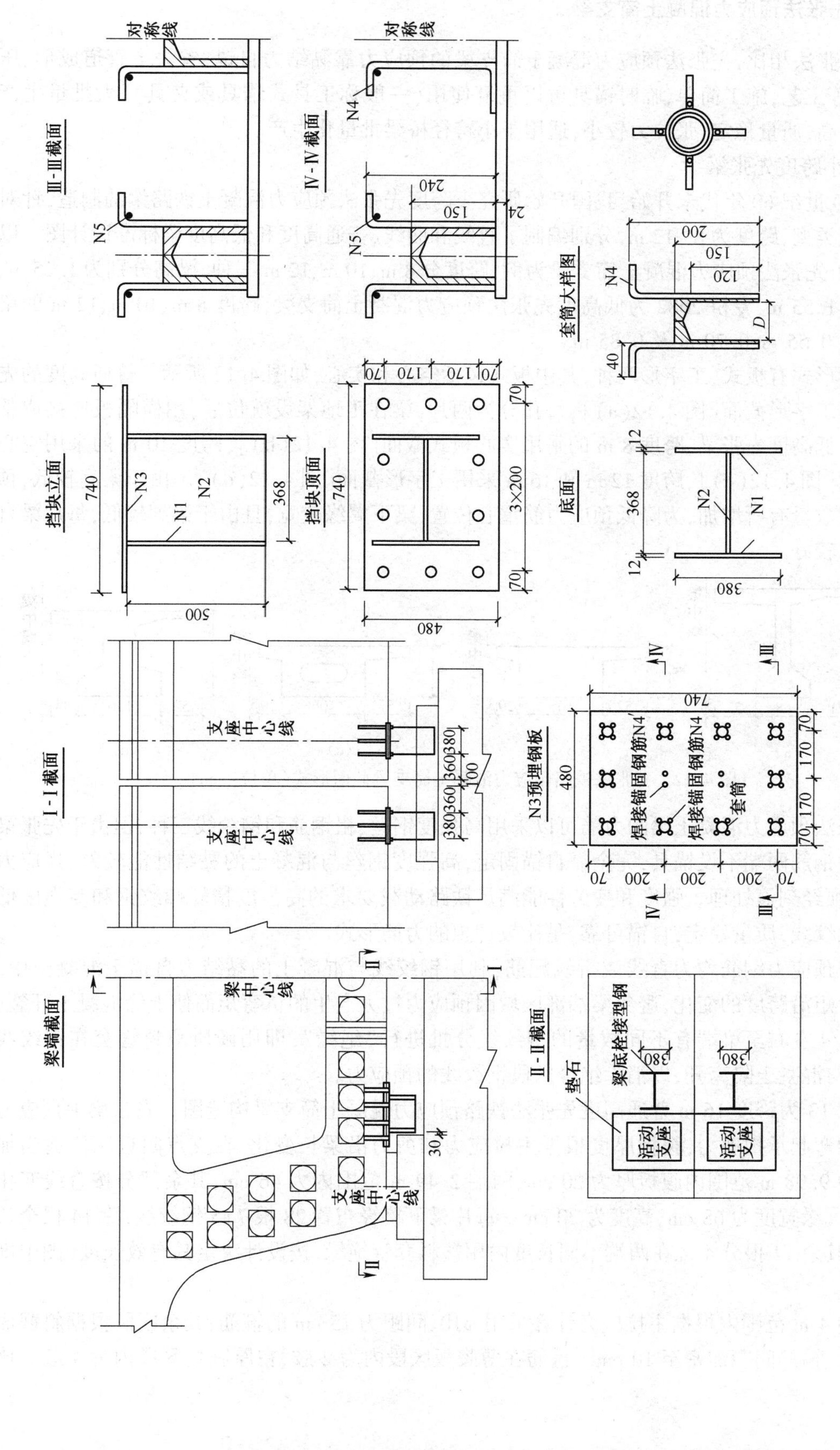

图4.11　防落梁挡块构造图（单位：mm）

4.2.4　先张法预应力混凝土简支梁

与后张法相比,先张法预应力混凝土简支梁的预应力靠黏结力自锚,省去了管道成形、压浆、封锚等工艺,施工简单,临时锚具可以重复使用(一般称工具式锚具或夹具),大批量生产时效率较高,质量稳定,张拉力较小,适用于小跨径桥梁批量化生产。

(1)小跨度先张梁

从 20 世纪 60 年代末开始,我国开始研究小跨度先张法预应力混凝土铁路梁的制造,针对不同荷载类型,跨度为 8~12 m,分别编制了直线和曲线、普通高度和低高度梁标准设计图。以专桥 2081 先张法预应力混凝土简支梁为例,跨度分 8 m、10 m、12 m 三种,梁高分别为 1.25 m、1.4 m 及 1.55 m,专桥 2082 为低高度先张法预应力混凝土简支梁,跨度 8 m、10 m、12 m 的梁高分别为 0.55 m、0.70 m 及 0.85 m。

截面形式有板式、工字形两种,其中板式包括空心和实心,如图 4.12 所示。普通高度的先张梁采用工字形截面[图 4.12(a)],每孔分为两片,梁在工地架设就位后,用横隔板连接成整孔。对于低高度先张梁,跨度 8 m 的采用实心板式截面[图 4.12(b)],跨度 10 m 的采用空心板式截面[图 4.12(c)],跨度 12 m 和 16 m 采用工字形截面[图 4.12(d)]。由于梁高较低,预应力钢束数量有所增加,为降低预应力筋重心位置,梁下翼缘较宽;且由于梁高较低,每片梁自身稳定性较好。

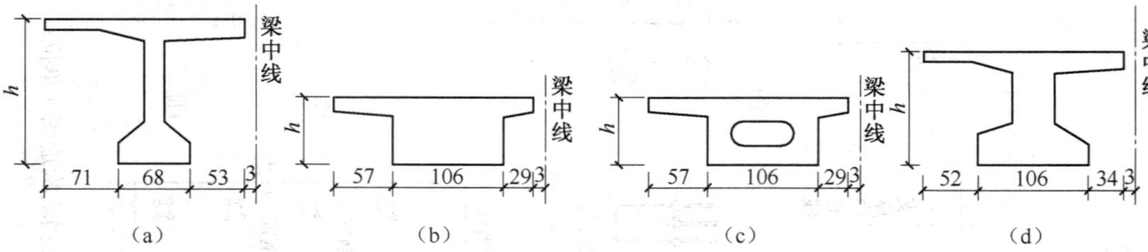

图 4.12　先张法铁路预应力混凝土简支梁截面形式(单位：cm)

先张法预应力混凝土梁的力筋可以采用高强度钢丝、粗钢筋和钢绞线三种,但由于先张梁的预应力钢筋两端不设锚具,完全靠自锚固定,高强度钢丝与混凝土的黏结性能较差,当应力较高时,须经刻痕处理。强度和疲劳性能满足铁路动载要求的高强度精轧螺纹钢和高强度低松弛的钢绞线,质量稳定,自锚可靠,是比较理想的力筋形式。

先张预应力钢筋均为直线或折线配筋,利用钢绞线与混凝土的黏结力自锚于混凝土中。为适应弯矩沿跨度的变化,避免梁端部区域因预应力过大产生的负弯矩而使上缘混凝土开裂,在跨度 1/4 左右至梁端有不同数量的钢绞线分批进行“绝缘”,即用硬质塑料管套在钢绞线上,使之与混凝土隔离开,以消除绝缘区段钢绞线的预应力。

图 4.13 为跨度 16 m 普通高度先张法铁路预应力混凝土简支梁构造图。先张梁中预应力钢筋不能弯起承担剪力,腹板厚度根据主拉应力和剪力沿梁长变化,在支点附近区段适当加厚。跨中 9.98 m 范围内腹板厚为 20 cm,两端 2.49 m 范围内为 46 cm,其余部分按直线变化过渡,下翼缘宽度为 68 cm,高度为 20 cm。每片梁下翼缘布置 28 根 7ϕ5 钢绞线,除 14 根全长有效外,其余 14 根分 4 批在两端不同长度内用塑料套管绝缘,按设计决定其有效长度(图中虚线所示)。

跨中 4 m 范围内根据主拉应力计算采用 ϕ10、间距为 15 cm 的箍筋;其余区段根据斜截面抗剪要求、箍筋间距加密至 10 cm。箍筋在薄腹板区段内为 2 肢、在厚腹板区段内为 4 肢。该

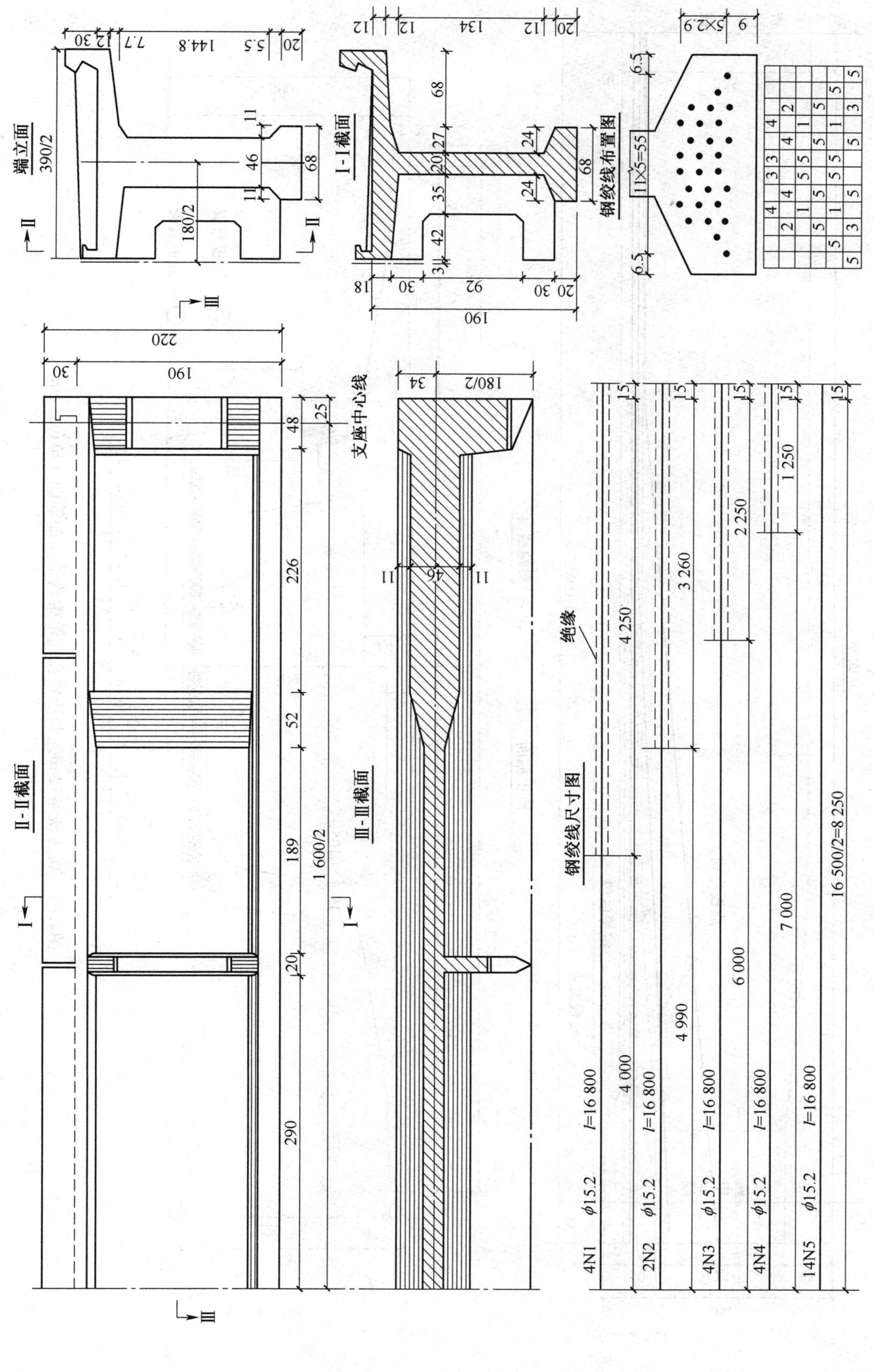

图4.13　普通铁路16 m预应力混凝土先张梁构造图(单位：cm)

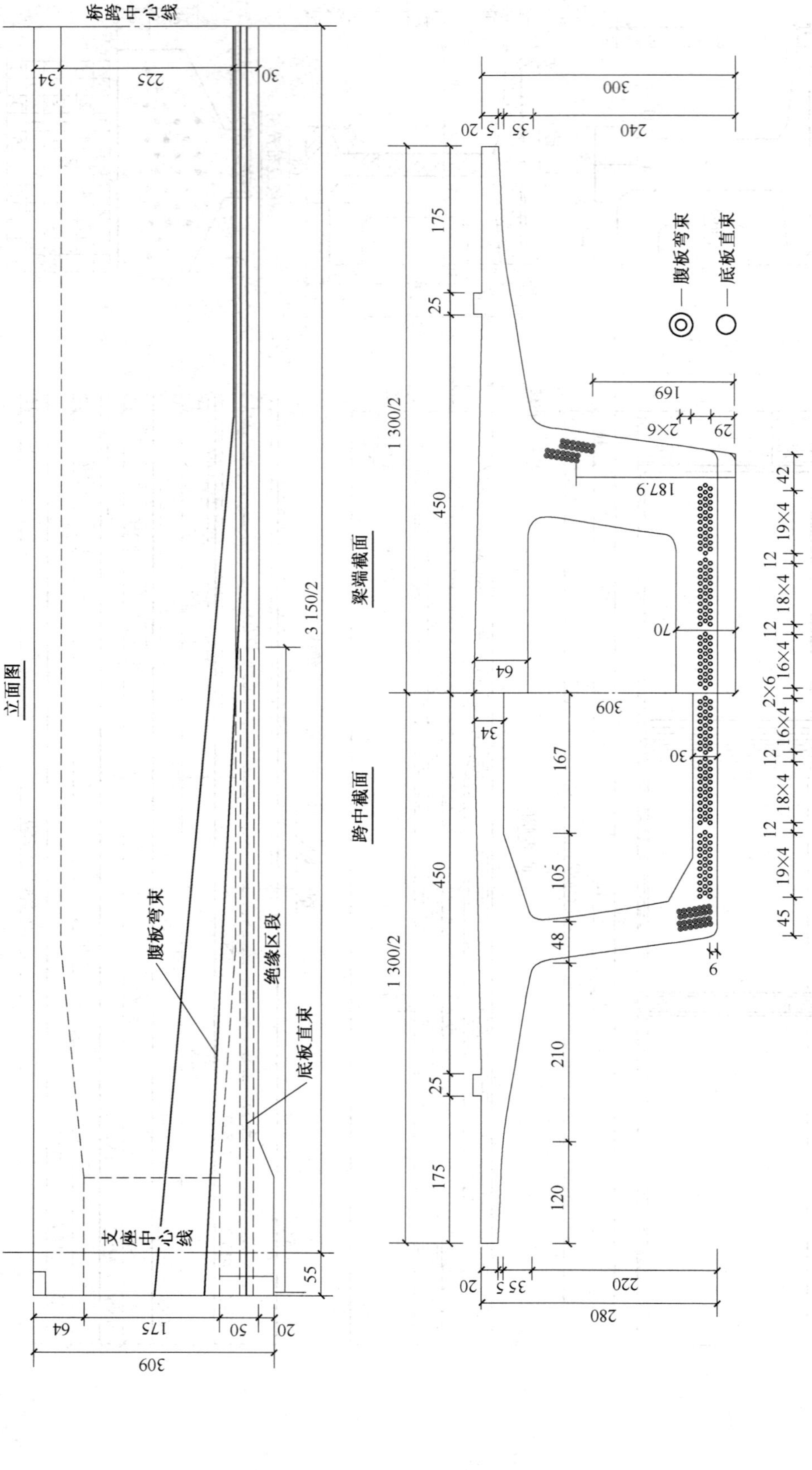

图4.14　高速铁路32 m先张法整孔式箱梁构造及配筋图（单位：cm）

设计主梁混凝土采用 C40,每片梁自重 488.4 kN,可用 65 t 架桥机架设。

(2)高速铁路 32 m 整孔预制先张箱梁

图 4.14 为高速铁路 32 m 先张法整孔式箱梁构造及配筋图,梁体跨中梁高 2.8 m,支点梁高 3 m,桥面宽度 13 m,在距梁端 4.5 m 范围内,箱梁顶板、底板及腹板均加厚,为适应弯矩和剪力的分布,采用了“直线+折线+绝缘”的预应力钢束布置方式,其中腹板预应力钢束采用折线布置,每种类型预应力钢束的形状及转折点的位置均不同,底部束采用“直线+绝缘”的方式。腹板弯束和底板直束分别采用 1×7-15.2-1 860 和 1×7-17.8-1 860 钢绞线。每片梁施工时当梁体混凝土强度达到设计强度的 90%、弹性模量达到相应数值时开始放张,放张控制应力为 1 200 MPa。底板直束在距梁端 2~5 m 范围内采用内径 16 mm 的塑料套管进行绝缘。整片箱梁的 C50 混凝土用量为 315.2 m^3,曲线和直线箱梁的预应力钢束用量分别为 10.6 t 和 10.4 t。该梁型因制作台座造价昂贵、施工周期和效益问题,现场应用不多。

先张梁中预应力筋有直线和折线两种布置形式,从结构合理性来说,折线配筋更符合力学要求,但折线配筋张拉及转折设备复杂,施工难度较大,因此较少采用。

4.3　铁路混凝土简支梁设计与计算

4.3.1　结构尺寸拟定

装配式结构确定主梁的截面形式及分块方式的原则主要有:

①每片梁的自重及尺寸应满足现有运输、架梁设备及装载限界的要求。

②制造、施工及维护费用低、经济性好。

③结构构造应简单、可靠、耐久,接头数量少,并具有足够的刚度以保证结构的整体性。

④为便于制造及更换,截面形状和尺寸应力求标准化。

(1)主梁高度

主梁高度是主梁尺寸中最主要的一项,它主要取决于荷载大小、使用及经济条件。在建筑高度受限制的桥梁中,可采用低高度梁,根据平衡设计或按容许挠度决定梁高。在普通高度梁的设计中,一般按经济条件确定梁高。梁的高度增加,用钢量减少,尽管混凝土用量较多,但总的经济性较好,故在满足运输限界和起吊能力前提下,采用较大的梁高是适宜的。

目前我国铁路钢筋混凝土简支梁标准设计中,普通高度梁的高跨比为 1/9~1/7,低高度梁则为 1/15~1/11。客货共线铁路预应力混凝土简支 T 梁的高跨比为 1/12~1/8,高速铁路预应力混凝土简支箱梁的高跨比为 1/12~1/10。梁的跨度越大,高跨比越趋下限。

(2)梁肋厚度

梁肋的厚度取决于梁内最大主拉应力和主筋布置的构造要求。由于简支梁剪力由支座向跨中逐渐减小,为节省混凝土及减轻梁重,梁肋可以是变厚度的,但为方便施工和避免应力集中,通常设计成分段等厚度,并设置厚度渐变段过渡。

梁肋厚度还应考虑肋内主筋布置和混凝土振捣需要,最小尺寸可根据钢筋数量、类型、排列、钢筋净距和保护层厚度等以及振捣要求确定。在 T 梁设计中,为减轻自重、增大内力偶臂、节省材料,一般在梁肋下翼缘增宽,形成马蹄形,既可以满足布筋的要求,又可保证安放、移梁时的稳定需要。梁肋厚度一般为 20~40 cm,并且要满足规范规定的梁肋最小厚度的构造要求。

后张预应力混凝土梁因其弯起的预应力钢筋竖向分力能平衡部分荷载剪力,其腹板厚度相对较薄。

(3)梁肋间距

分片式T梁梁肋间距的确定首先考虑梁肋两侧内外道砟槽板的悬臂弯矩大致相近,有利于板内钢筋的布置,同时考虑梁在运输架设时的稳定性,每片梁的重心应尽量位于梁肋中心附近。为使结构标准化,在铁路简支梁标准设计中,各种跨径的梁肋中心距一般为1.8 m、2.0 m或2.2 m。早期普通铁路单线有砟轨道:梁顶面宽3.9 m,梁肋间距1.8 m;考虑维修作业、桥面构造、横向刚度等影响,现在客货共线单线有砟轨道梁顶宽4.9 m,梁肋间距2.2 m,双线桥面宽8.9 m及以上,梁肋间距2 m。

(4)桥面板厚度

桥面板的厚度由构造要求及受力条件确定。从受力看,板在横桥向承受弯矩,在纵向作为主梁受压翼缘参与主梁的受力。铁路规范规定板的最小厚度为12 cm。

4.3.2　桥面板(道砟槽板)的计算

为简单起见,以单线有砟铁路T形梁的桥面板计算为例介绍。

(1)计算图式与荷载

道砟槽板支承在梁肋上面,每片梁的内外侧道砟槽板按固结在梁肋上的悬臂板计算。道砟槽板承受的荷载有恒载和活载。恒载有板自重以及线路等附属设备重,道砟容重按21 kN/m³计。道砟槽板承受的列车荷载按特种活载计,特种活载轴重经钢轨、枕木、道砟分布到道砟槽板顶面上,按均布荷载计算,特种荷载作用图式如图4.15所示。

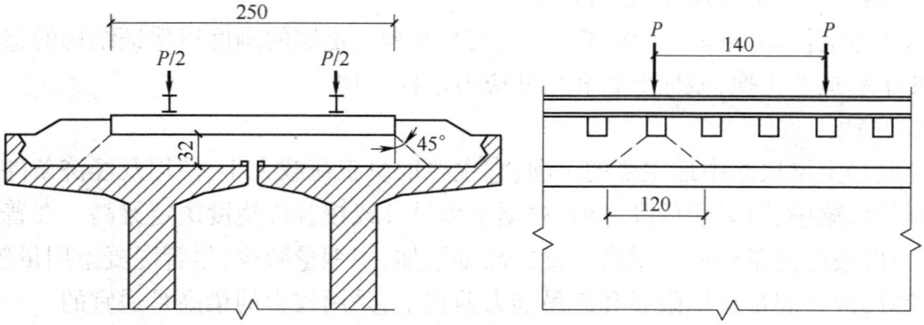

图4.15　道砟槽板上活载的分布(单位: cm)

特种活载的轴重P(表3.4)自枕木底面向下按45°角扩散,顺桥方向考虑钢轨作用分布长度取1.2 m,普通单线铁路轨枕长度l,轨道下道砟厚度为h(则分布长度为$l+2\times h$),则列车活载强度为

$$q=(1+\mu)\cdot\frac{P}{1.2\times(l+2h)} \tag{4.1}$$

式中,$1+\mu$——竖向动力系数,按第3章相关公式计算。图4.15中:$l=2.5$ m,$h=0.32$ m,$P=250$ kN(ZKH特种荷载)。

$$q=(1+\mu)\cdot\frac{250}{1.2\times3.14}=66.35(1+\mu)(\text{kN/m}^2)$$

外侧道砟槽板还应计算人行道的恒载和活载。人行道恒载包括人行道支架栏杆和步板自重,人行道活载,在距桥中心2.45 m以内范围考虑养护翻修道床时堆放道砟,按10 kN/m²计算，在距离桥中心 2.45 m 以外范围按 4 kN/m² 计算。

(2) 内力计算

道砟槽板的控制截面为板肋交接处以及板厚变化处，内力计算时取沿桥梁方向 1 m 宽板带进行，其荷载组合情况如下：

内侧板按恒载+列车活载计算；外侧板按下面两种情况计算：①恒载+人行活载；②恒载+列车活载+桥梁中心 2.45 m 以外的人行活载。

当作用在板上的荷载确定后，利用一般力学方法计算出截面的弯矩和剪力。

湿接缝连接的道砟槽板，二恒和活载内力按单向板和规范的简化方法计算。

4.3.3　主梁内力计算及组合

(1) 荷载计算

主梁所承受的荷载包括恒载和活载。恒载包括道砟和线路设备、人行道和梁体自重等。梁体自重可按总重沿梁长均布计算。活载包括列车活载和人行道的竖向活载。列车活载需计入冲击影响。人行道的竖向静活载应按实际情况确定。

(2) 主梁内力计算

主梁内力一般需要计算跨中、$L/4$ 等截面处的最大弯矩以及支点、跨中及尺寸变化截面的最大剪力。

恒载内力按全桥满布均匀荷载作用下的简支梁计算。活载在主梁内产生的最大内力，可利用有关影响线进行最不利加载，并计入动力系数。

例如，计算跨度为 L 的简支梁跨中截面在活载作用下的最大弯矩值时，首先作出跨中截面的弯矩影响线，然后根据加载长度及影响线最大纵坐标位置，按结构力学的方法，在影响线上进行最不利加载，一片梁的跨中最大弯矩 M_q 为

$$M_q = (1+\mu)\left(\sum_{i=1}^{n} P_i y_i + q\Omega\right)\cdot m \tag{4.2}$$

式中　$1+\mu$——动力系数；

P_i——铁路列车荷载图式中的集中力；

y_i——集中力作用位置的影响线竖标值；

n——施加到影响线上的集中力个数；

q——铁路列车荷载图式中的均布荷载；

Ω——与 q 对应的影响线面积，仅计算加载同号区面积；

m——主梁的横向分布系数，单线铁路梁，若一孔梁由二片梁组成，则 $m=0.5$。

同理可求得其他截面的有关内力。

(3) 内力组合

由各单项荷载引起的最不利内力，按规范要求的组合规定进行组合，形成梁的弯矩包络图和剪力包络图。具体的组合方法已在第 3 章中介绍。

4.3.4　预应力钢束布置及设计

简支梁中预应力钢筋在截面中的位置可根据下列原则确定：

(1) 为了增大截面的抗弯能力，预应力筋应具有最大的偏心；

(2) 为了使在预加应力阶段截面上缘混凝土不出现过大的拉应力而导致截面上缘开裂，

应限制预应力筋重心的偏心不能太大;

(3)在使用阶段的活载作用下,截面下缘混凝土不出现拉应力(或受限制的拉应力),为了充分利用预应力钢筋,要求预应力筋的偏心尽可能大。

若构件混凝土的截面和预应力钢筋面积已经确定,根据以上(2)、(3)两条的要求,确定沿梁各截面预应力钢筋容许偏心的上限和下限。沿跨长逐点定出预应力筋重心容许的偏心上、下限,得到的图形即为束界图。利用束界图对预应力钢筋的纵向布置是有效的途径。束界图的绘制可按下述方法。

根据预应力梁预加应力阶段及梁自重作用时上翼缘混凝土的容许拉应力 αf_{ct}(不同规范及不同的荷载效应对应的 α 不同),则

$$\frac{N_{pi}}{A_c}-\frac{N_{pi}\cdot e_{pi}}{W'_c}+\frac{M_{g1}}{W'_c}\geqslant-\alpha f_{ct} \tag{4.3}$$

则

$$e_{pi}\leqslant K_{c0}+\alpha f_{ct}\frac{W'_c}{N_{pi}}+\frac{M_{g1}}{N_{pi}} \tag{4.4}$$

在使用荷载作用下,若截面下缘混凝土不允许出现拉应力,则

$$\frac{N_{pe}}{A_c}+\frac{N_{pe}\cdot e_{pe}}{W_c}-\frac{M_{g1}+M_{g2}+M_q}{W_c}\geqslant 0 \tag{4.5}$$

则

$$e_{pe}\geqslant-K'_{c0}+\frac{M_{g1}+M_{g2}+M_q}{N_{pe}} \tag{4.6}$$

预应力钢筋重心的偏心距必须满足以式(4.4)和式(4.6)要求,即 $e_{pe}\leqslant e_p\leqslant e_{pi}$。

式中 N_{pi},N_{pe}——预加应力阶段及使用阶段的有效预压力;

M_{g1},M_{g2},M_q——分别为梁自重、二期恒载和活载产生的弯矩;

A_c——构件混凝土截面积;

W'_c,W_c——构件截面分别对其上、下缘的截面抵抗矩;

e_{pi},e_{pe}——预加应力阶段及使用阶段的容许偏心距;

K'_{c0},K_{c0}——构件截面的上、下核心距,其中 $K'_{c0}=W_c/A_c$,$K_{c0}=W'_c/A_c$。

可以根据式(4.4)和式(4.6)绘出预应力混凝土简支梁的束界图,如图 4.16 所示。

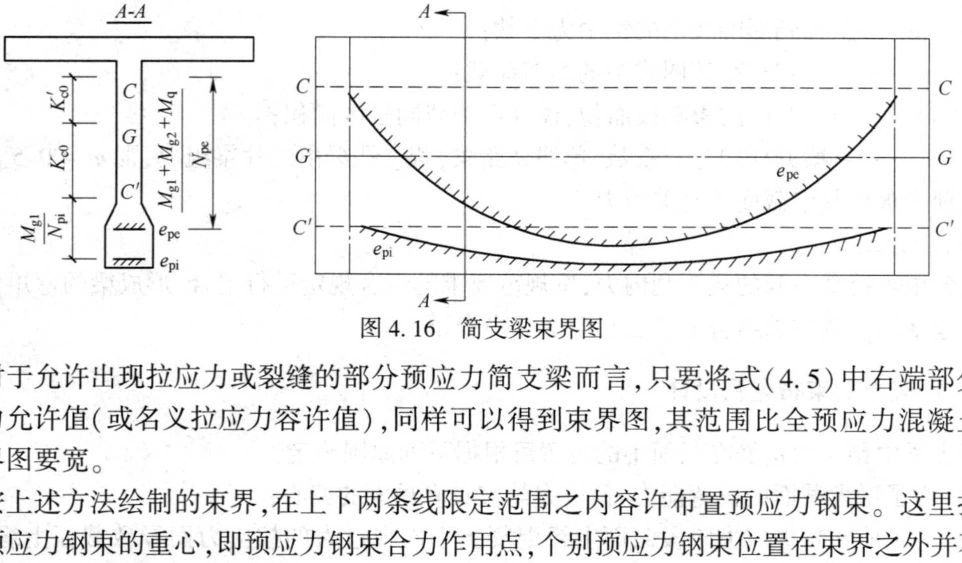

图 4.16 简支梁束界图

对于允许出现拉应力或裂缝的部分预应力简支梁而言,只要将式(4.5)中右端部分改为拉应力允许值(或名义拉应力容许值),同样可以得到束界图,其范围比全预应力混凝土简支梁束界图要宽。

按上述方法绘制的束界,在上下两条线限定范围之内容许布置预应力钢束。这里指的是全部预应力钢束的重心,即预应力钢束合力作用点,个别预应力钢束位置在束界之外并不受此

限制。当上下束界出现交叉时,说明无可行的预应力束布束区,此时需修改截面尺寸。

下面介绍铁路预应力混凝土简支梁标准设计中一般预应力钢束的具体布置方法。

首先是根据跨中荷载弯矩计算确定预应力钢束面积。随着跨中向支点弯矩逐渐减小,剪力逐渐增大,要求预应力钢束从跨中向支点逐渐向上弯起,以减小预加力产生的负弯矩,避免梁上缘混凝土因拉应力过大而开裂。另一方面,弯起预应力筋产生的竖向预剪力方向与荷载剪力相反,可以抵消一部分荷载剪力,使梁端剪力减小。

预应力钢束向上弯起,也便于梁端锚具均匀布置,减小梁端压力集中,且使千斤顶有足够的工作空间。因此,在后张法预应力混凝土梁中,随着从跨中至支点弯矩的减小,梁中大部分预应力钢束都逐步弯曲成曲线形。

为了减小弯起钢筋内侧混凝土的局部压应力,钢束曲率半径不宜过小,规范规定其曲率半径不得小于钢丝直径的 800 倍,且不小于 4 m。为了减小摩阻力,预应力钢束的起弯角度不宜过大,一般取 6° ~ 9° 为宜(公路桥梁一般在 20° 以内),起弯角过小,预剪力太小,过大则摩阻损失太大。钢束在梁端位置由锚具的布置决定。当确定了起弯角及曲率半径后,即可求出钢束各段长度及位置。钢束布置可按图 4.17 计算如下:

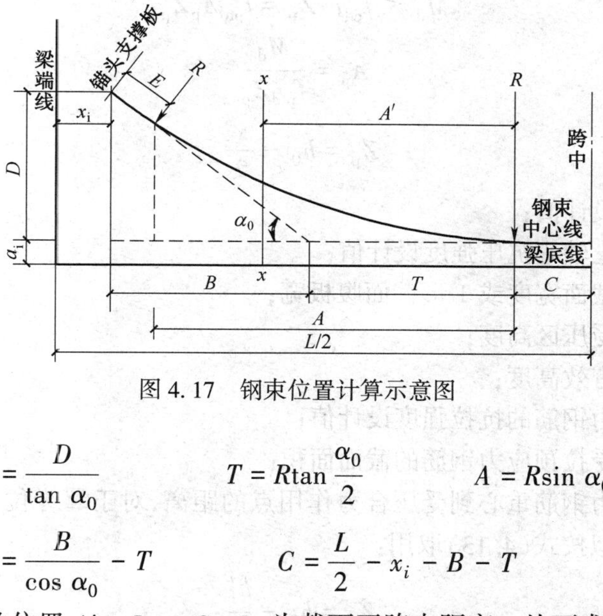

图 4.17　钢束位置计算示意图

$$B = \frac{D}{\tan \alpha_0} \qquad T = R\tan \frac{\alpha_0}{2} \qquad A = R\sin \alpha_0$$

$$E = \frac{B}{\cos \alpha_0} - T \qquad C = \frac{L}{2} - x_i - B - T \tag{4.7}$$

钢束在 x-x 截面的位置 $A' = L_x - C$, L_x 为截面至跨中距离。从而求得

$$\sin \alpha_x = \frac{A'}{R} \text{及} \cos \alpha_x$$

x-x 截面处钢束弯起高度

$$D_x = R(1 - \cos \alpha_x) \tag{4.8}$$

钢束计算长度 L_s:

$$L_s = 2(E + L_{kp} + C) \tag{4.9}$$

$$L_{kp} = \frac{\alpha_0}{180} \cdot \pi R$$

预应力混凝土简支梁的箍筋布置同钢筋混凝土梁一样,可先按构造要求布置,并进行抗剪承载能力或主拉应力检算,若不能满足要求,可再作适当调整,直到满足为止。预应力

梁中箍筋的构造要求:箍筋直径不小 8 mm;腹板箍筋间距不大于 20 cm,并宜用带肋钢筋;在布置有纵向预应力钢筋的翼缘中,应设置闭合形箍筋,其间距不大于10 cm,而在梁跨端部 50 cm 范围翼缘内,其间距应为 6~8 cm。当翼缘宽度大于 50 cm 时,箍筋不应少于 4 肢。

4.3.5 主梁截面检算

目前铁路桥梁设计处于容许应力法和极限状态法的并行期,下面简要地给出了检算主要内容。

1. 极限承载能力计算

该状态下预加力不作为外荷载,但在混凝土超静定结构中应计入预加力引起的次内力。

承载能力极限状态计算时,荷载设计值可取基本组合和偶然组合中最不利者,包括正截面承载力和斜截面承载力计算。

初步设计时可以根据正截面承载力条件来估算预应力钢筋的面积 A_p ,对于部分预应力梁还应考虑非预应力受力钢筋的面积 A_s 。矩形截面或翼缘位于受拉边的 T 形截面构件,可以按式(4.10)~式(4.12)计算:

$$M_d \leqslant f_{cd} b x Z_p = f_{ptd} A_p Z_p \tag{4.10}$$

$$A_p = \frac{M_d}{f_{ptd} Z_p} \tag{4.11}$$

$$Z_p = h_0 - \frac{x}{2} \tag{4.12}$$

式中　M_d——弯矩设计值;

f_{cd}——混凝土轴心抗压强度设计值;

b——矩形截面宽度或 T 形截面腹板宽;

x——截面受压区高度;

h_0——截面有效高度;

f_{ptd}——预应力钢筋的抗拉强度设计值;

A_p——纵向受拉预应力钢筋的截面面积;

Z_p——预应力钢筋重心到受压合力作用点的距离,对于翼缘位于受压边的 T 形截面可近似按式(4.13)取用:

$$Z_p = h_0 - \frac{h_f'}{2} \tag{4.13}$$

其中　h_f'——T 形梁受压翼缘的平均厚度。

当预应力钢筋面积及布置确定之后,再按强度条件对其进行校核。

由 $\sum H = 0$,确定其中性轴位置。

(1)若 $A_p f_{ptd} \leqslant b_f' h_f' f_{cd}$,则 $x \leqslant h_f'$,即按 $b_f' \times h$ 的矩形梁校核,中性轴位置按式(4.14)计算:

$$x = \frac{A_p f_{ptd}}{b_f' f_{cd}} \tag{4.14}$$

截面抗弯承载力按式(4-15)检算:

$$M_d \leqslant A_p f_{ptd}\left(h_0 - \frac{x}{2}\right) \tag{4.15}$$

(2)若按式(4.14)计算得到的 $x > h'_f$,则应按式(4.16)重新计算中性轴的位置,按T梁计算,即

$$A_p f_{ptd} = f_{cd}[(b'_f - b)h'_f + bx] \tag{4.16}$$

$$x = \frac{A_p f_{ptd} - f_{cd}(b'_f - b)h'_f}{f_{cd} b} \tag{4.17}$$

$$M_d \leqslant f_{cd}(b'_f - b)h'_f\left(h_0 - \frac{h'_f}{2}\right) + f_{cd}bx\left(h_0 - \frac{x}{2}\right) \tag{4.18}$$

式中,b'_f、h'_f分别为T梁上翼缘的宽度和高度,b 为梁肋宽度。

式(4.14)和式(4.17)中受压区高度应满足 $x \leqslant \xi h_0$ 及 $x > 2a'_s$ 的要求。梁的斜截面抗弯及抗剪强度的具体检算方法参见规范中的有关规定。

2. 弹性阶段应力计算

这里主要介绍预应力混凝土梁计算的主要内容和特点,其具体的方法参见规范。

(1)正应力计算

选取梁的几个控制截面($L/2$、$L/4$ 或变截面处),根据正常使用阶段作用荷载引起的内力,计算梁正截面上的混凝土及钢筋(预应力筋及非预应力筋)的应力。计算时把预加力作为一个偏心的压力荷载考虑,然后将外荷载及预加力两者引起的应力进行叠加。

在运营阶段,由于钢束中的预应力损失已全部完成,因此预加力为有效预压力,即

$$N_{pe} = \sigma_{pe} A_p = (\sigma_{con} - \sum \sigma_l) A_p \tag{4.19}$$

式中 σ_{pe}——有效预应力;

σ_{con}——预应力筋的锚下张拉控制应力;

$\sum \sigma_l$——全部预应力损失;

A_p——预应力钢筋的面积。

对不允许开裂的构件,混凝土、预应力钢筋及非预应力钢筋中产生的应力应按式(4.20)~式(4.22)计算。

$$\sigma_c = \frac{N}{A} \pm \frac{My}{I} \tag{4.20}$$

$$\sigma_p = n_p \sigma_{co} \tag{4.21}$$

$$\sigma_s = n_s \sigma_{cs} \tag{4.22}$$

式中 N,M——轴向力及弯矩计算值(标准值);

σ_c——计算点处的混凝土应力;

σ_p,σ_s——预应力钢筋重心处和非预应力钢筋重心处的钢筋应力;

σ_{co},σ_{cs}——预应力钢筋重心处和非预应力钢筋重心处的混凝土应力;

n_p,n_s——预应力钢筋和非预应力钢筋与混凝土的弹性模量比。

当计算由荷载引起的应力时,先张法构件可以采用换算截面;后张法构件压浆前采用净截面,压浆后由于预应力钢筋与混凝土的黏结作用应采用换算截面;当计算由预应力引起的应力时,除指明者外一般均采用净截面;当截面性质对计算应力或控制条件影响不大时,也可采用毛截面。

施工和运营阶段的混凝土和钢筋应力,均不得超过规范规定的限值。

(2)主拉应力计算

为保证预应力混凝土梁在施工和运营阶段的斜截面抗裂性,必须进行主拉应力计算,详见规范。

3. 抗裂性计算

抗裂计算包括正截面抗裂和斜截面抗裂计算。

正截面抗裂计算有计算拉应力和计算抗裂安全性两种方法,公路规范用前者,铁路规范用后者。采用应力计算时一般规定为:对于不允许出现拉应力的混凝土梁,由预加力引起的预压应力 σ_{pc} 应大于或等于由频遇荷载效应组合作用下受拉区边缘的拉应力 σ_{ct} ,即 $\gamma\sigma_{pc} \geqslant \sigma_{ct}$, $\gamma \leqslant 1.0$;对允许出现拉应力的预应力混凝土梁,其拉应力应小于 αf_{tk} ,$\alpha \leqslant 1.0$;采用抗裂安全性计算时,需考虑混凝土受拉的塑性效应,要求其抗裂安全系数 $K_f \geqslant 1.2$。其中,α,γ 具体取值见规范。

斜截面抗裂一般计算混凝土的主拉应力 σ_{tp} ,要求 $\sigma_{tp} \leqslant \beta f_{tk}$,$\beta \leqslant 1.0$。其中,β 具体取值见规范。

当对拉应力不受限制时或允许出现裂缝的构件,应按规定检算裂缝宽度,应使 $W_{tk} \leqslant [W]$,W_{tk}为计算特征裂缝宽度,$[W]$为规范规定的裂缝宽度限值。

4. 疲劳承载能力的计算

工程结构在变幅重复荷载作用下,由于累积疲劳损伤达到的极限状态,称为结构的疲劳承载能力极限状态。铁路桥梁由于活载占比大,疲劳问题突出,需对疲劳承载能力进行检算。公路桥梁中不要求计算该项内容。

铁路桥梁实际承受的是变幅重复荷载,为简化计算,规范采用"等效等幅重复应力法"进行疲劳检算,为此必须将按标准活载求得的应力换算为相应的等效等幅应力。材料的等效等幅应力换算应力系数 K 是根据标准荷载效应比频谱,按不同年运量、跨度以及材料的相应 S-N 曲线方程,在荷载循环次数 $N = 2 \times 10^6$ 次时求算的,具体数值可查规范相应表格。

铁路规范规定:对于承受疲劳荷载的混凝土构件,混凝土检算应力应不超过疲劳强度 $0.5f_{ck}$,钢筋和预应力钢筋应检算其应力幅,分别满足 $\Delta\sigma_s \leqslant \Delta f_{sfd}$ 和 $\Delta\sigma_p \leqslant \Delta f_{pfd}$ 。预应力钢筋的疲劳强度设计值 Δf_{pfd} 可按表 4.4 采用,普通钢筋可按规范方法计算确定。

表 4.4　预应力钢筋疲劳强度设计值 Δf_{pfd}(MPa)

钢筋种类	$[\Delta\sigma]$	钢筋种类	$[\Delta\sigma]$	钢筋种类	$[\Delta\sigma]$
预应力钢丝	150	钢绞线	140	预应力用螺纹钢筋	80

4.3.6　主梁变形检算

为了确保列车运行的安全性、平顺性和旅客列车的舒适性,特别是高速铁路,需对桥梁结构的变形进行限制,主要包括竖向、横向、梁端转角变形等静力指标以及基频、加速度和舒适度等动力指标。

恒载挠度可以通过施工预拱度予以调整,而活载引起桥梁的反复变形,对线路的平顺性和行车的舒适度均有较大的影响,必须对活载变形进行限制。

铁路运营线路上,有砟桥面轨道平顺性可以通过调整道砟厚度来保证线路的平顺,但预应力混凝土梁徐变上拱过大对线路的平顺性维护带来困难;铺设无砟轨道的桥梁,运营期间桥梁产生徐变上拱只能通过扣件调整,由于扣件的调整量非常有限,设计、施工必须严格控制轨道铺设后的徐变上拱量。

下面以高速铁路桥梁为例介绍。不同类型桥梁的控制指标具体参见规范。有关变形的计算方法在结构设计原理中已经介绍,不再复述。

1. 竖向变形限值

(1)挠跨比限值

桥梁活载作用下的挠度与跨度之比,称为挠跨比。一般采用挠跨比作为竖向变形指标和桥梁竖向刚度指标,各类型桥梁都有相应的限值规定,表 4. 5 列出了高速铁路梁体竖向挠度的限值。

表 4. 5　梁体的竖向挠度限值

速度(km/h)	跨度 $L\leqslant 40$ m	40 m$<L\leqslant$80 m	$L>80$ m
250	L/1 400	L/1 400	L/1 000
300	L/1 500	L/1 600	L/1 100
350	L/1 600	L/1 900	L/1 500

(2)工后徐变上拱度限值

对于预应力混凝土梁,截面长期处于偏压状态,随着时间的推移,梁体逐渐产生较大的徐变上拱。轨道铺设完成后,预应力混凝土梁的竖向残余变形应满足下列限值:

①对有砟轨道桥面,梁体的竖向变形不应大于 20 mm。

②对无砟轨道桥面,跨度在 50 m 及以下,梁体的竖向变形不应大于 10 mm;跨度大于 50 m,梁体的竖向变形不应大于跨度的 1/5 000,且不应大于 20 mm。

2. 横向变形限值

为了保证轨道的方向性,对梁体的横向挠度和梁端横向折角也要控制。在列车横向摇摆力、离心力、风力和温度的作用下,梁体的水平挠度不应大于 L/4 000;高速铁路、城际铁路无砟轨道桥梁相邻梁端两侧的钢轨支点处横向相对位移不应大于 1 mm。

桥面过大扭曲会产生较大的轮重减载,影响行车安全。斜交桥、双线桥等不对称受力的桥梁结构上以及对称结构上桥梁与线路偏心,均会产生桥面轨道扭曲不平顺。高速铁路在 3 m 长的线路范围内一线两根钢轨的竖向相对变形限值为 1.5 mm,桥面的扭曲变形如图 4. 18 所示。

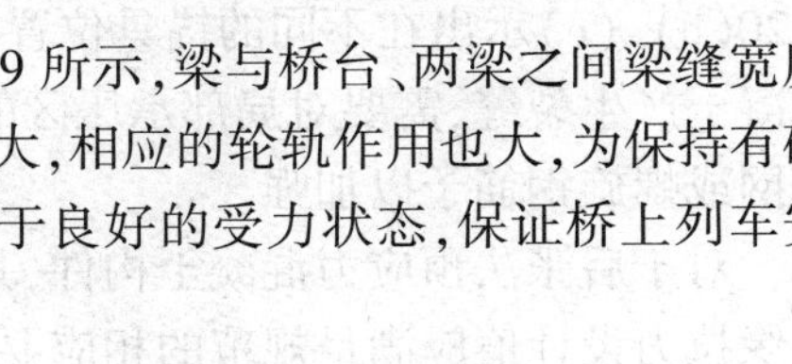

图 4. 18　桥面扭曲变形示意

3. 梁端转角限值

在列车荷载作用下,铁路桥梁梁端转角示意如图 4. 19 所示,梁与桥台、两梁之间梁缝宽度频繁变化,并伴随梁端桥面上抬,而且梁缝处轨道刚度较大,相应的轮轨作用也大,为保持有砟轨道梁缝处道床的稳定性和无砟轨道梁缝处附近扣件处于良好的受力状态,保证桥上列车安全平稳运行,其要求见表 4. 6。

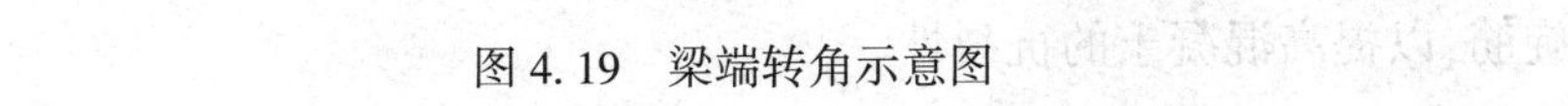

图 4. 19　梁端转角示意图

4. 梁体自振频率限值

桥梁结构的竖向固有频率是影响桥梁竖向动力作用的主要因素之一。列车以一定的速度过桥所产生的激振频率与桥梁固有频率相近时,易引发共振,造成道床松散,钢轨损伤,也会引起混凝土开裂,结构疲劳损伤加剧,承载力降低,甚至危及桥梁的安全。为了避免产生此类现象,需对桥梁的最小自振频率加以限制。

表 4.6　高速铁路梁端转角限值

桥上轨道类型	位置	限值(rad)	备注
有砟轨道	桥台与桥梁之间	$\theta \leqslant 2.0‰$	—
	相邻两孔梁之间	$\theta_1+\theta_2 \leqslant 4.0‰$	—
无砟轨道	桥台与桥梁之间	$\theta \leqslant 1.5‰$	梁端悬出长度≤0.55 m
		$\theta \leqslant 1.0‰$	0.55 m<梁端悬出长度≤0.75 m
	相邻两孔梁之间	$\theta_1+\theta_2 \leqslant 3.0‰$	梁端悬出长度≤0.55 m
		$\theta_1+\theta_2 \leqslant 2.0‰$	0.55 m<梁端悬出长度≤0.75 m

注:θ 为梁体的梁端竖向转角,θ_1、θ_2 分别为相邻跨梁体各自的梁端竖向转角。

设计速度 250 km/h 及以上时,简支梁竖向自振频率不应低于下列限值 n_0(单位:Hz):$L \leqslant 20$ m 时,$n_0 = 80/L$;20 m<$L \leqslant 96$ m 时,$n_0 = 23.58L^{-0.592}$。(L——简支梁跨度)

5. 加速度限值

列车走行舒适性评定的最基本指标是车体的竖、横向振动加速度。高速铁路、城际铁路、客货共线铁路车体竖向振动加速度 $a_z \leqslant 1.3$ m/s^2(半峰值);横向振动加速度 $a_y \leqslant 1.0$ m/s^2(半峰值)。

6. 旅客乘坐舒适度指标

桥梁振动会对人产生心理和生理效应,引发过往司机及行人的不舒适和不安全感,但目前还没有统一的舒适度指标。斯佩林指标多用于司乘人员舒适度评价,狄克曼指标多用于行人对桥振动的敏感性评价。高速铁路、城际铁路的斯佩林舒适度指标 $W \leqslant 2.50$ 为优;$2.50 < W \leqslant 2.75$ 为良;$2.75 < W \leqslant 3.00$ 为合格。

4.3.7　锚下应力分析及配筋

在后张法预应力混凝土梁中,钢束通过锚具底部传递给混凝土很大的压力 N,而直接承压的面积不大,应力非常集中。在锚具附近不仅产生有很大的压应力,还有很大的拉应力,如图 4.20 所示,通常将沿锚具中线截面上拉应力的合力称作促使混凝土拉裂的劈裂力。图 4.20(b)、(c)示出在不同的锚具位置方式下劈裂力大小和位置的近似值。为了防止锚具附近混凝土产生裂缝,需要对局部承压区的承压及抗裂性进行检算,还必须配以足够的局部锚下钢筋网或螺旋钢筋予以加强。

对于后张法预应力混凝土构件,其预应力锚固区的承载力及端部锚固区的锚下劈裂力及边缘拉力设计值应满足规范的相应要求。

图 4.21 为后张法预应力混凝土 T 形截面简支梁端部锚固区(约等于一个梁高的长度内)的配筋构造。加强钢筋网的网格约为 10 cm×10 cm。锚具下设置厚度不小于 16 mm 的钢垫板与 $\phi 8$ 的螺旋筋,以提高混凝土的抗裂性。

4.3.8　铁路曲线桥的布置

铁路曲线上的简支梁,由于铁路的曲线半径较大,一般均采用直线梁曲线布置,铁路上称

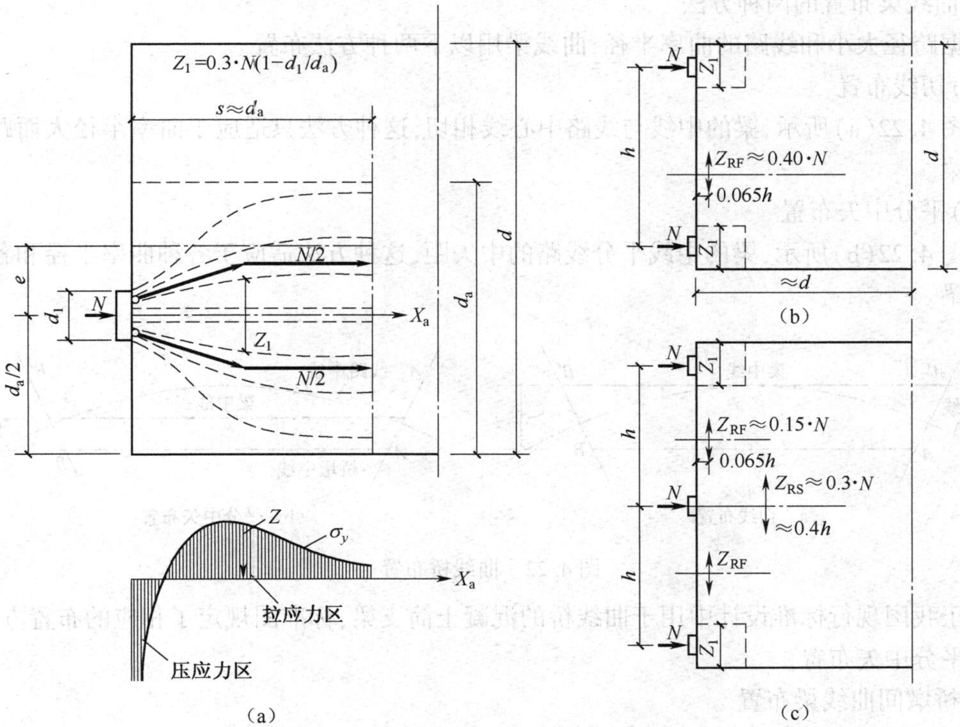

图 4.20　锚具下的混凝土劈裂应力示意图

图 4.21　梁端的垫板及加强钢筋图(单位：mm)

为曲线梁，其外形与同跨径的直线梁完全相同。由于梁为直线而线路为曲线，列车在曲线上行驶时，列车活载偏离桥梁中线，引起梁的内外侧受力不均衡，对此，在梁的设计中，混凝土曲线梁的主筋要比相应跨度直线梁的主筋多。同时，直梁呈折线布置于圆、缓和曲线上，梁和墩台在平面布置上均有各自特点，本节介绍曲线梁的布置方法。

1. 曲线梁布置的两种方法

根据跨径大小和线路的曲率半径,曲线梁用以下两种方法布置。

(1)切线布置

如图 4.22(a)所示,梁的中线与线路中心线相切,这种方法只适应于曲率半径大而跨度较小的桥梁。

(2)平分中矢布置

如图 4.22(b)所示,梁的中线平分线路的中矢距,这种方法适应于各种曲率半径和各种跨径的桥梁。

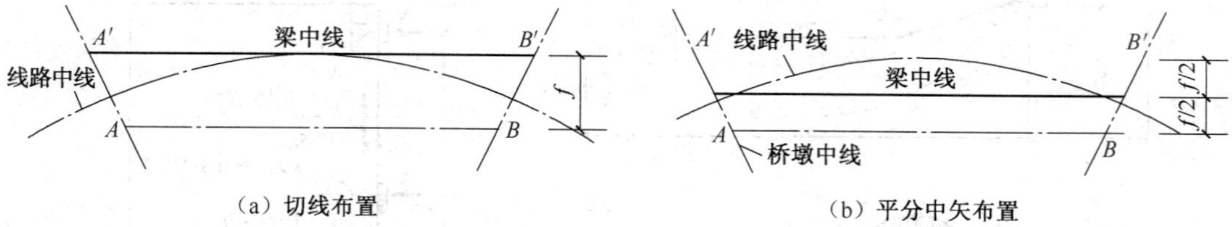

图 4.22　曲线桥布置

对于我国现行标准设计中用于曲线桥的混凝土简支梁,标准图规定了相应的布置方法,主要采用平分中矢布置。

2. 桥墩间曲线梁布置

布置于两个桥墩间的曲线梁,其交点距 L,偏距 E,偏角 α 等几何参数起决定作用,如图 4.23 所示。

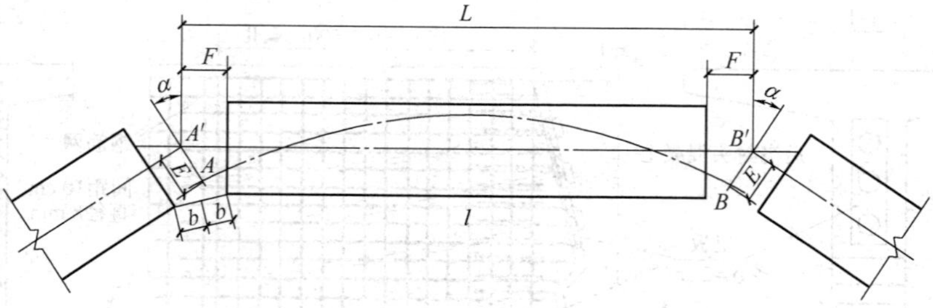

图 4.23　曲线梁布置中的几何参数

(1)交点距 L

图 4.23 中的 $A'B'$ 即为桥的交点距。

$$L = l + 2F \tag{4.23}$$

$$F = b + 2\Delta \tag{4.24}$$

式中　l——梁的全长;

F——交点 A'、B' 到梁端之距;

b——同跨度梁布置在直线上时的梁缝之半;

Δ——梁内侧到梁中线的梁缝之半的增量,其值为

$$\Delta = \frac{B}{2}\frac{\alpha}{2} \tag{4.25}$$

其中,B 为梁宽;α 为偏角。

(2)偏距 E

图 4.23 中的 AA'或 BB'为偏距,由于偏角很小,E 可按式(4.26)计算:

$$E=\begin{cases}f,\text{切线布置}\\ \dfrac{f}{2},\text{平分中矢布置}\end{cases} \tag{4.26}$$

式中　f——曲线的中矢。

$$f=\begin{cases}\dfrac{L^2}{8R},\text{圆曲线}\\ \dfrac{L^2t}{8Rl_s},\text{缓和曲线}\end{cases} \tag{4.27}$$

式中　L——交点距;

R——曲线半径;

t——计算点到缓和曲线起点 ZH(或终点 HZ)间的距离;

l_s——缓和曲线长度。

(3)偏角 α

偏角指相邻两跨梁中线的夹角。

$$\alpha=\beta_1+\beta_2+\alpha_E \tag{4.28}$$

式中　β_1,β_2——曲线两端的弦切角;

α_E——由于梁两端偏距 E_1 与 E_2 不相等引起的偏角。

(4)弦切角 β

下面介绍用虚拟梁法计算弦切角。圆曲线的半径为 R,其弦切角为

$$\beta=\frac{L}{2R} \tag{4.29}$$

若虚拟一跨度为 L 的简支梁受均布荷载 $1/R$,其支座反力为 $L/2R$,它在数值上等于式(4.29)中的 β。

缓和曲线的曲率半径 ρ 由无穷大逐渐变化到圆曲线的半径 R。可以证明,若将一线性荷载 $1/\rho$ 放在虚梁上,虚拟梁两端的反力在数值上等于曲线上实梁两端的弦切角。

根据这一理论,可以定出虚梁上的荷载如图 4.24 所示。

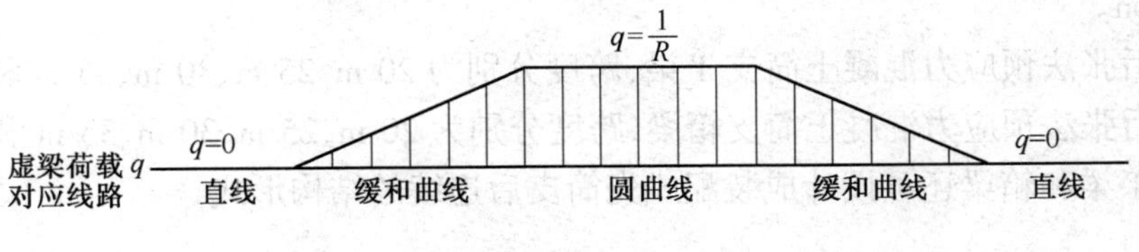

图 4.24　虚梁荷载示意图

用虚拟梁可以很直观地求出弦切角,如梁的一端在缓和曲线上另一端在圆曲线上,缓和曲线全长为 l_s,实梁左交点距缓圆点为 b,距直缓点为 t,取虚梁荷载如图 4.25 所示。可得实梁两端的弦切角为

$$\left.\begin{aligned}\beta_1&=\frac{L}{6Rl_s}(3t+L)-\frac{(L-b)^3}{6Rl_sL}\\ \beta_2&=\frac{L}{2R}-\frac{b^3}{6Rl_sL}\end{aligned}\right\} \tag{4.30}$$

同理不难求出实梁位于各种线路情况下的弦切角。

从式(4.23)至式(4.29)可以发现,计算中的各几何参数 L、E、β、α 相互依赖,必须用迭代法求解。

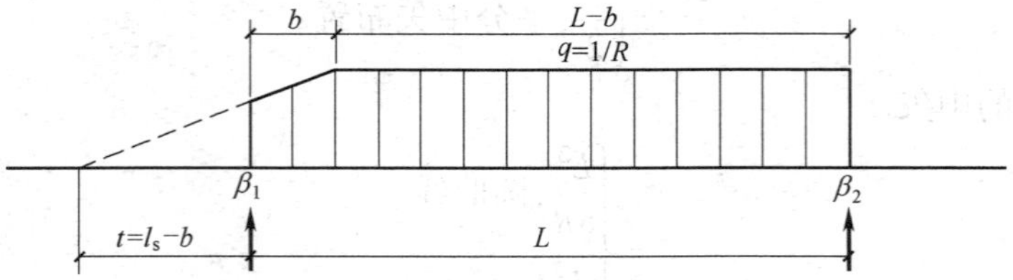

图 4.25　实梁跨越缓圆点的虚梁荷载

3. 曲线上桥台或与桥台相连的曲线桥布置

桥台的平面形状也为矩形,它也存在中线与线路不吻合的情况。只要注意到直线桥上梁端到桥台胸墙的距离 $F = b + 2\Delta$,就可以用同样步骤计算曲线上桥台或与桥台相连的曲线梁布置的几何参数。

4.4　公路混凝土简支梁构造

4.4.1　标准设计简介

公路桥梁以相邻墩中心之水平距离标识桥梁的跨度,本节中的跨度数值均为墩中心之距。标准设计适用于中、小跨度桥。公路混凝土简支梁桥常采用板梁、T 形梁和箱形梁。简支板梁桥构造简单,设计施工方便,但自重较大,常用于小跨度桥梁。T 形梁和箱形梁自重轻,连接方便,常用于中、小跨度的装配式结构。

公路桥梁结构上部构造系列通用图包括公路—Ⅰ和公路—Ⅱ不同荷载等级、不同跨度、不同宽度、不同斜交角度的板梁、T 梁和小箱梁系列标准图,其中斜交角度分别为 0°、15°、30°。主要类型有:

装配式钢筋混凝土简支空心板,跨度分别为 6 m、8 m 和 10 m,标准板宽 1.0 m。

装配式先张法预应力混凝土简支空心板,跨度分别为 10 m、13 m、16 m、20 m,标准板宽为 1 m 或 1.25 m。

装配式后张法预应力混凝土简支 T 梁,跨度分别为 20 m、25 m、30 m、35 m 和 40 m。

装配式后张法预应力混凝土简支箱梁,跨度分别为 20 m、25 m、30 m、35 m 和 40 m。

后张法 T 梁和箱梁还可设计成装配式先简支后连续的结构形式。

4.4.2　板梁

板梁的建筑高度小,外形简单,设计施工方便,在小跨径的钢筋混凝土桥中应用广泛,常用的板式截面形式如图 4.26 所示,其特点为:

(1)截面一般为实体或空心板,建筑高度低,尤其适用于桥下净空受限制的桥梁。

(2)构造简单、制作方便,易于做成装配式结构,实现标准化和批量生产。

(3)跨径不宜过大。跨径超过一定量值时,随着截面板厚的增加,导致结构自重过大。

当跨度增加到一定程度时,由于板式截面中受拉混凝土所占的比例过大,不仅浪费材料,而且导致截面自重增大,承担外荷载的能力增幅有限,因此,混凝土梁式板的经济跨度一般在

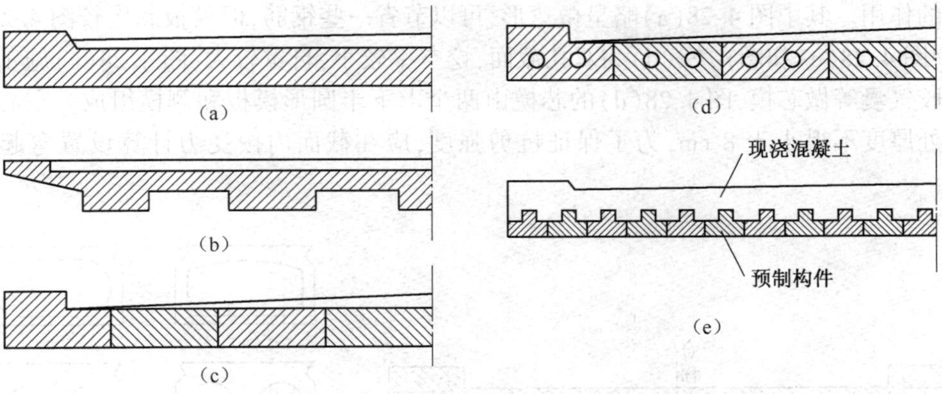

图 4.26　公路桥的板式截面

13 m 以下,预应力混凝土空心板桥的跨度一般不超过 30 m。

公路桥面较宽,板梁可以采用整体式和装配式两种结构形式。整体式结构,为非标设计,结构整体刚度大,受力性能好,适用于现场浇筑,施工简单方便,不需要大的起重设备,但是需要的支架模板数量较多;装配式结构则较好地克服了这一缺点,但对现场的起重设备要求较高。

板梁一般设计成等高度,整体式板梁的 H/L_0 一般为 1/16~1/12,采用预应力的装配式板梁的 H/L_0 为 1/22~1/16。装配式板梁的板厚见表 4.7。

表 4.7　装配式板梁跨径与板厚

结构类型	截面形式	L(m)	H(m)
钢筋混凝土	实心	<8	0.16~0.36
	空心	6~13	0.4~0.8
预应力混凝土	实心	—	—
	空心	8~20	0.4~0.85

1. 整体式板

整体式板梁的截面一般为等厚度的矩形,有时为了减轻自重将受拉区部分挖空成矮肋式板梁,如图 4.27 所示。对于宽桥,为了防止因温度变化和混凝土收缩而产生过大的横向负弯矩而导致板的上缘纵向裂缝,也可以设计成平行的两幅桥。

为了减小墩台的宽度,可将人行道板做成悬臂形式从板的两侧挑出。整体式板梁的跨度与宽度差别不大时,一般具有双向受弯特征,除了配置纵向的受力钢筋以外,还要配置横桥向的受力钢筋,尤其是斜交板桥的配筋在部分区域要特别加强。

整体式板梁的主拉应力较小,按计算可以不配弯起的斜筋,但设计时在支座附近剪力较大区段还需将部分主筋弯起或设置部分专用斜筋。

2. 装配式板

常用的装配式板梁截面有实心板和空心板。跨度在 6 m 以下的非标准构件,结构受力和板厚都比较小,为了构造简单,常采用实体的板式截面。跨度增大时,为了减轻自重和节省材料,将截面中部部分挖空,做成空心板,如图 4.28 所示。目前装配式空心板的常用跨径为 6~30 m,跨度较大时采用预应力混凝土结构。

图 4.28(a)和(b)为单孔截面,挖空率较大,自重轻,但顶板需配置横向受力钢筋承受桥

面荷载的作用。其中图 4. 28(a)略呈微弯形,可以节省一些钢筋,但模板制作较图 4. 28(b)复杂;其中图 4. 28(c)和图 4. 28(d)为双孔截面,挖空率较小,自重较大,图 4. 28(c)施工时可以利用橡胶气囊等做芯模,图 4. 28(d)的芯模由两个上下半圆形模板和侧模组成。空心板截面的最薄处厚度不得小于 8 cm,为了保证抗剪强度,应在截面内按受力计算设置弯起钢筋和斜筋。

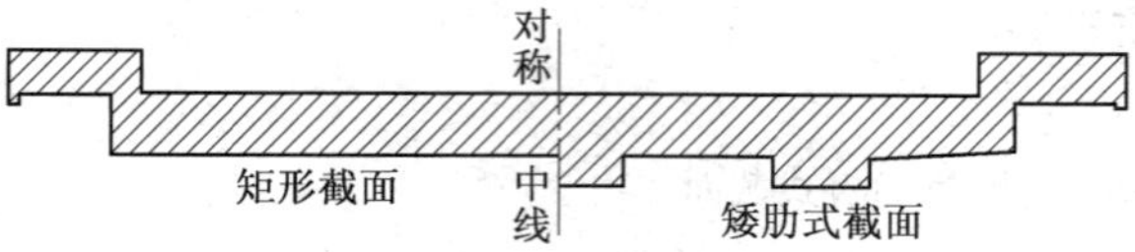

图 4. 27　整体式板梁截面

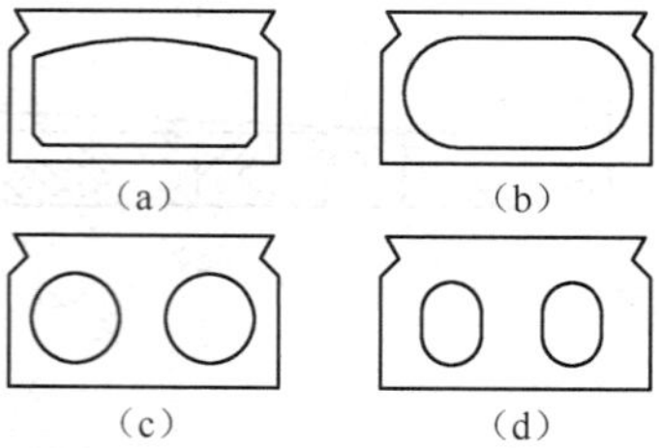

图 4. 28　装配式板梁截面

3. 装配式板的横向连接

为了使装配式板块组成整体,共同承受车辆荷载,在块件之间必须具有横向连接构造。常用的连接方法有企口式混凝土连接和钢板焊接连接。

(1)企口式混凝土连接

常见的混凝土企口铰缝形式有圆形、菱形、漏斗形等,如图 4. 29 所示。铰缝内用 C30 以上的混凝土填实。研究表明,这种铰缝构造可以很好地传递剪力,也是现场常用的连接构造。

(2)钢板连接

由于企口式混凝土连接需要现场浇筑混凝土,并需要混凝土达到一定强度才能通车,有时为了加快工程进度,采用钢板连接,如图 4. 30 所示,用一块钢盖板焊在相邻的预埋钢板上。连接构造的纵向中心距通常为 80~150 cm,根据其受力特点,在跨中部分布置较密,向梁端支点处逐渐减疏。

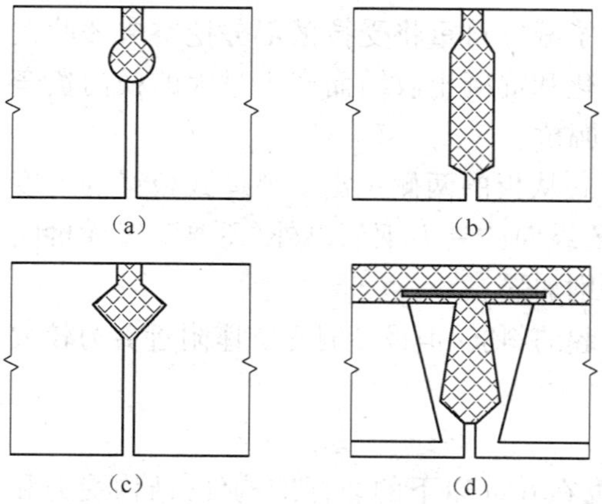

图 4. 29　企口式混凝土连接

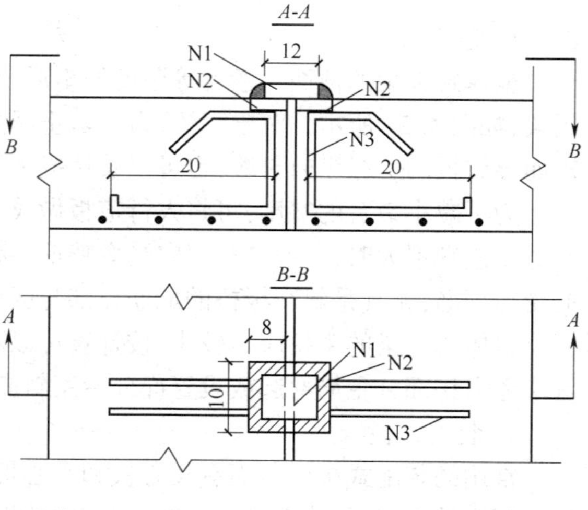

图 4. 30　钢板连接(单位: cm)

4. 构造示例

如图 4. 31 所示计算跨径 5. 69 m,桥面宽(7. 5+2×0. 5) m 的整体式钢筋混凝土简支板梁,按公路—Ⅱ级设计。该梁板厚 42 cm，主筋采用 HRB400 钢筋，直径 16 mm，分布钢筋直径 10 mm、间距 20 cm，虽然板内的主拉应力很小，在骨架内仍设置了一定数量的斜筋，由主筋在跨径两端 1/6~1/4 范围内呈 30°弯起而成。

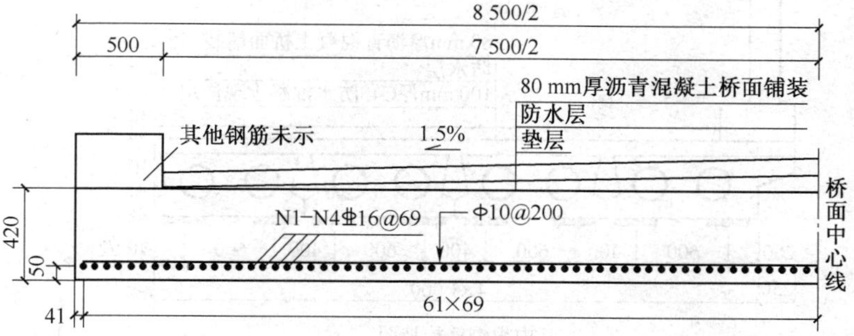

(a) 横断面

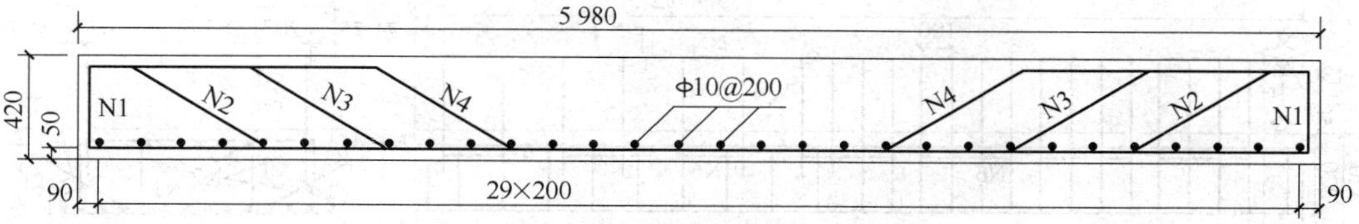

(b) 纵剖面

图 4.31 钢筋混凝土整体式板梁构造图(单位:mm)

图 4.32 为一标准跨径 6 m，荷载等级为公路—Ⅱ级的装配式空心板梁构造图。预制板厚 32 cm，桥面现浇混凝土层厚度 10 cm。该板梁预制混凝土强度等级为 C30，纵向主筋为⏀16 mm的钢筋，箍筋和架立钢筋分别为Φ10 mm 的钢筋，预制混凝土板时预埋铰缝钢筋，预制板安装就位后，浇筑铰缝混凝土前先用 M15 水泥砂浆填塞铰缝底部，待砂浆强度达 50% 后方可浇筑 C40 铰缝混凝土，且须振捣密实。

图 4.33 为 20 m 预应力混凝土装配式空心板中板的预应力钢筋布置图。设计荷载等级为公路—I 级，人群荷载为 3.5 kN/m^2，计算跨径 L=19.50 m，桥面净宽：净—(9.0+2×0.75)m，主梁全长：19.96 m。全桥共由 9 块宽 1.25 m 的空心板组成，板与板之间的间隙为 1 cm，两侧的边板带有 25 cm 的小悬臂，板厚为 90 cm。板用 C50 混凝土浇筑而成，后张法施工，钢绞线公称面积 140 mm^2，标准强度 1 860 MPa，张拉控制应力 1 395 MPa。在混凝土强度达到 90% 设计强度且龄期达到设计要求时进行预应力钢束的张拉。每块中板的混凝土用量为11.2 m^3，预应力钢束用量为 462.8 kg。

4.4.3 装配式后张法预应力简支肋(箱)梁

公路预应力混凝土简支梁桥与铁路桥梁相比，桥面较宽，采用多片肋梁结构是最为常用的处理方法，混凝土肋梁桥受力明确、构造简单、施工方便，在中小跨径桥型中应用广泛。按照施工方法的不同，肋梁桥可以分为整体现浇和装配式两种，其中最为常用的为装配肋梁，它具有施工速度快、节省支架模板等优点。现场大量采用的是装配式预应力梁。

简支肋梁桥的上部结构由主梁、横隔板、桥面板和桥面构造等组成。主梁是桥梁的主要受力结构；横隔板使各片主梁很好地形成整体，共同工作；主梁的上翼缘构成行车道，承受车辆和人群荷载等作用。

为了改善主梁受力、减少简支梁伸缩缝数量，有利于行车平顺，对于多孔装配式结构常做

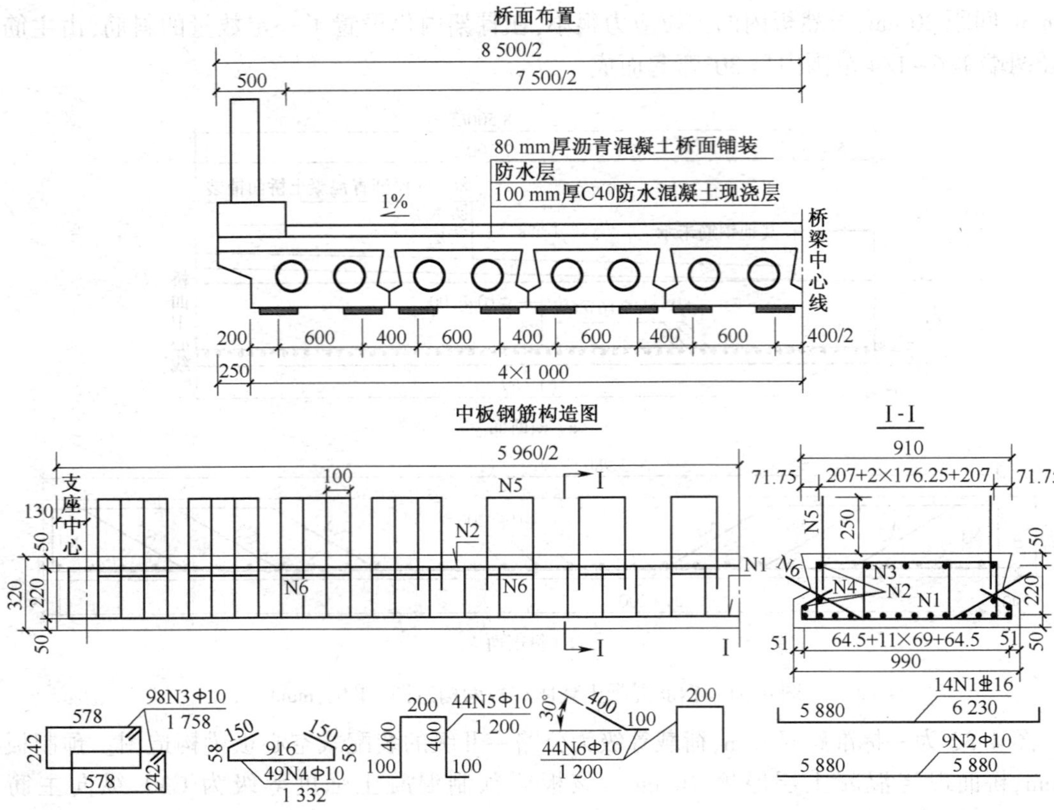

图 4.32　装配式空心板梁构造(单位:mm)

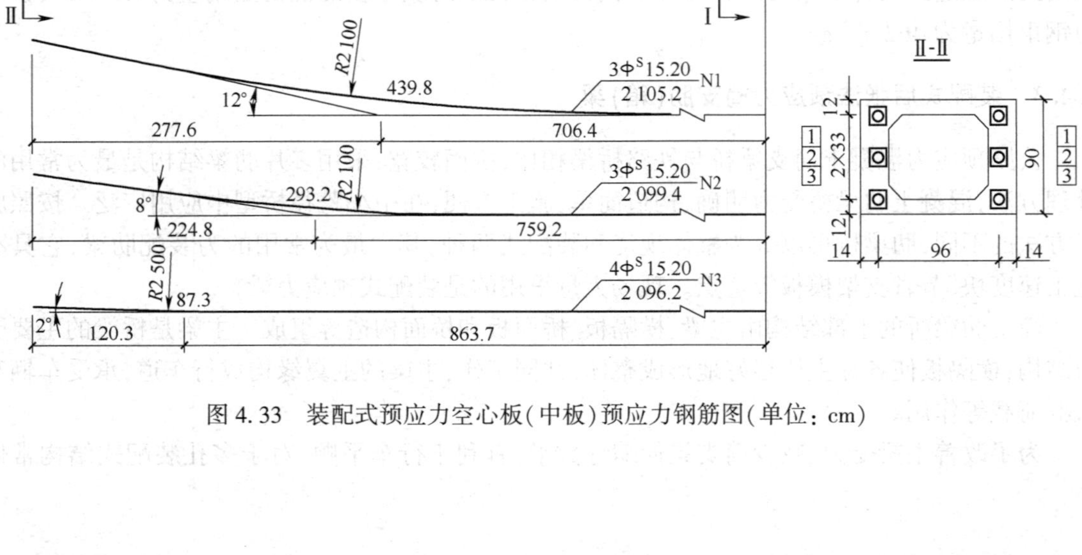

图 4.33　装配式预应力空心板(中板)预应力钢筋图(单位：cm)

成先简支后连续的体系。

1. 截面形式及尺寸

(1)截面形式

装配式后张预应力混凝土简支梁截面形式有 Π 形、T 形、箱形及组合形等。

Π 形截面,抗倾覆稳定性好,横向抗弯刚度大,各 Π 形梁之间用穿过腹板的螺栓相连,装卸方便,但这种构件的制造复杂,每片腹板较薄,通常用钢筋网配筋,混凝土用量和用钢量较大,构件较重,横向联系差,如图 4.1(d)所示,现在已很少采用。

T 形截面分为双主梁和多主梁两种形式,双主梁截面的桥宽不宜过大,一般不超过 10~15 m;多主梁截面的肋宽约为梁高的 1/7~1/6,但不宜小于 16 cm,以利于混凝土浇筑和钢筋的布置;当桥面板跨径较大时,可以在两片主梁之间设置次纵梁,如图 4.1(b)所示。为了便于主钢筋的布置,T 梁底部可以做成马蹄形。

主梁高度通常为跨径的 1/16~1/8;T 形截面的翼缘厚度,即桥面板厚度与主梁间距有关,一般在中央的厚度为 25~35 cm,根部在 40~50 cm;桥面板与梁肋连接处一般都设置承托结构,承托高长比一般不大于 1∶3。

T 形截面的翼板既是桥梁的行车道,又是主梁的受压翼缘。在预应力混凝土梁中,下翼缘部分做成加宽的马蹄形,以满足承受压应力和布置预应力钢束的需要。其特点是外形简单、施工方便,通过横隔板和桥面板联结,整体性较好。

T 形截面肋内钢筋可以做成钢筋骨架,主梁之间通过横隔梁连接,整体性较好,接头也较方便。不足之处在于:抗倾覆稳定性差,运输和安装较复杂;T 梁间接缝位于桥面板的跨中,对板的受力不利。

图 4.34 为一座五片式 T 梁桥的构造图,该桥跨度为 19.5 m,梁长 19.96 m,桥面宽度为净(9+2×1.0) m,全桥设 5 道横隔板。

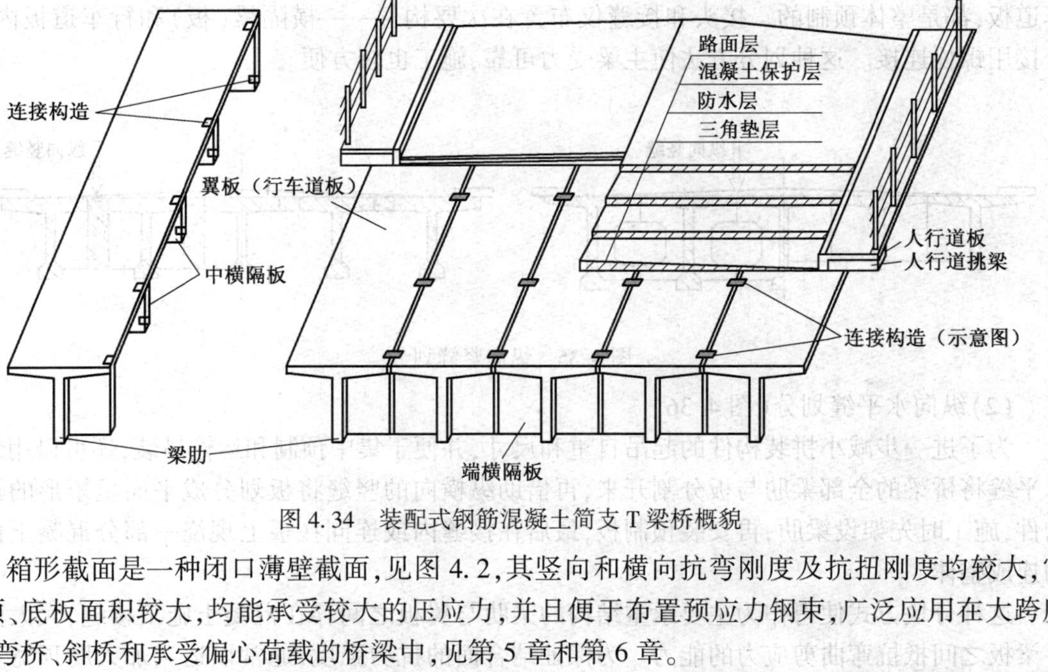

图 4.34　装配式钢筋混凝土简支 T 梁桥概貌

箱形截面是一种闭口薄壁截面,见图 4.2,其竖向和横向抗弯刚度及抗扭刚度均较大,它的顶、底板面积较大,均能承受较大的压应力,并且便于布置预应力钢束,广泛应用在大跨度桥、弯桥、斜桥和承受偏心荷载的桥梁中,见第 5 章和第 6 章。

对于装配式简支箱梁,一般采用图 4.2(d)所示多箱结构,通过桥面板湿接缝和横隔板连接成整体,标准设计中的梁跨度与T梁相同。与T梁相比,其具有单片梁宽、梁片数少、吊装自重大、施工过程中稳定性好等特点,在公路跨铁路的桥梁中,为避免T梁架设中倾覆,装配式箱梁成为了首选类型。一般每片箱梁下设四个支座,需要严格控制各支座之间的平整度,以避免出现“三条腿”支撑现象。

为了减轻吊装自重,公路预应力混凝土简支梁还采用装配组合式截面,采用预应力混凝土工字形和开口槽形构件,将其架设就位后,在其上面搁置预制微弯板或平板,再在其上浇筑混凝土形成桥面,使梁成为整体。

(2)结构尺寸

公路钢筋混凝土简支梁肋式截面的高跨比为1/13~1/11。预应力混凝土简支梁的高跨比可以达到1/15~1/10。装配式T梁的梁肋中心距主要取决于设备的起吊能力及预制安装的方便,标准设计中梁肋间距一般取1.6~2.2 m。加大梁肋间距,减小梁数,从设计角度一般是经济合理的。梁肋厚度和桥面板的尺寸等其他要求与第4.3节设计原则类似,不再赘述。

2. 块件的划分方式

装配式梁预制拼装单元的划分直接影响到结构受力、构件预制、运输和安装以及拼装接头的施工等问题,也与所选用的横截面形式紧密相关。块件划分主要遵循以下原则:

①根据建桥现场的预制、运输和起吊能力等条件确定拼装单元的最大尺寸和自重;

②块件的划分应满足受力要求,拼装接头应尽量在内力较小处;

③拼装接头的数量要少,接头形式要牢固可靠,施工方便;

④构件要便于预制、运输和安装;

⑤构件的形状和尺寸应力求标准化、增加互换性,构件的种类应尽量减少。

目前,钢筋混凝土和预应力混凝土梁桥常用的分块方式有以下几种。

(1)纵向竖缝划分(图4.35)

纵向竖缝划分应用最为普遍。在这种结构中,作为主要承重构件的各根主梁,包括相应行车道板,都是整体预制的。接头和接缝仅布置在次要构件——横隔梁(板)和行车道板内,或直接用螺栓连接。这种划分方法使主梁受力可靠,施工也较方便。

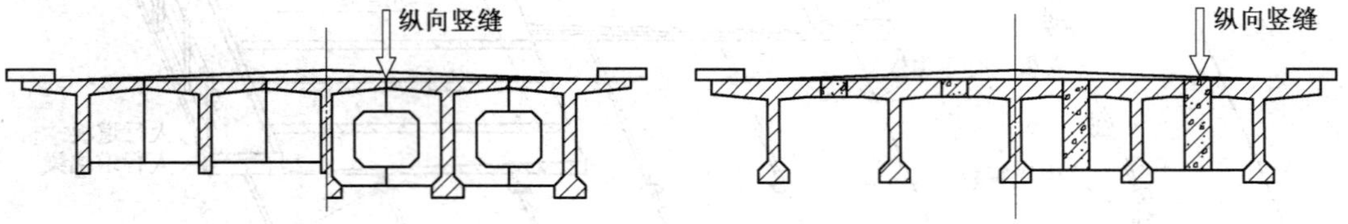

图4.35　纵向竖缝划分

(2)纵向水平缝划分(图4.36)

为了进一步减小拼装构件的起吊自重和尺寸,并便于集中预制和运输吊装,还可以用纵向水平缝将桥梁的全部梁肋与板分割开来,再借助纵横向的竖缝将板划分成平面呈矩形的预制构件,施工时先架设梁肋,再安装预制板,最后在接缝内或连同在板上现浇一部分混凝土使结构连成整体。

这种分块方式使得作为主要承重结构的梁肋与翼板之间存在混凝土施工接缝,大大削弱了梁板之间抵抗弯曲剪应力的能力。为保证结合面的抗剪强度,通常以适当加大肋顶宽度和借助自肋内伸出的钢筋来实现。施工时,结合面应按规定做接缝处理。

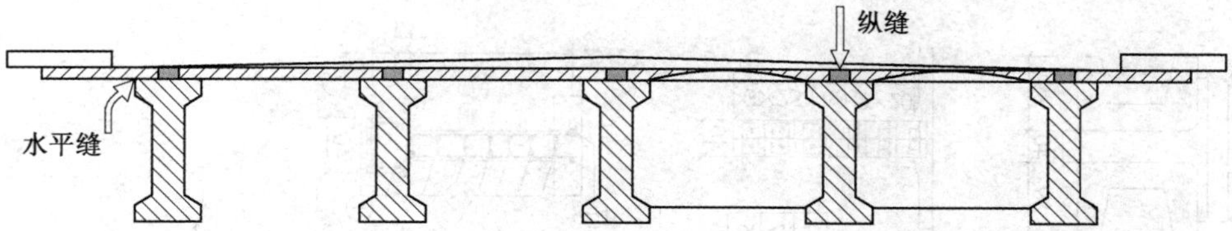

图 4. 36　纵向水平缝划分

(3)纵横向竖缝划分(图 4. 37)

为了进一步减小预制块件的尺寸和自重,可将用纵向竖缝划分的主梁再通过横向竖缝划分成较小的梁段,对箱梁也可仅进行横向竖缝划分。这样的预制梁段,由于没有普通钢筋穿过接缝,就必须对安装就位后的梁段串连预应力筋并施加预压力才能保证所有接缝具有足够的连结强度,增强梁的整体受力性能。横向分段预制的装配式梁也称串联梁,如图 4. 37 所示。

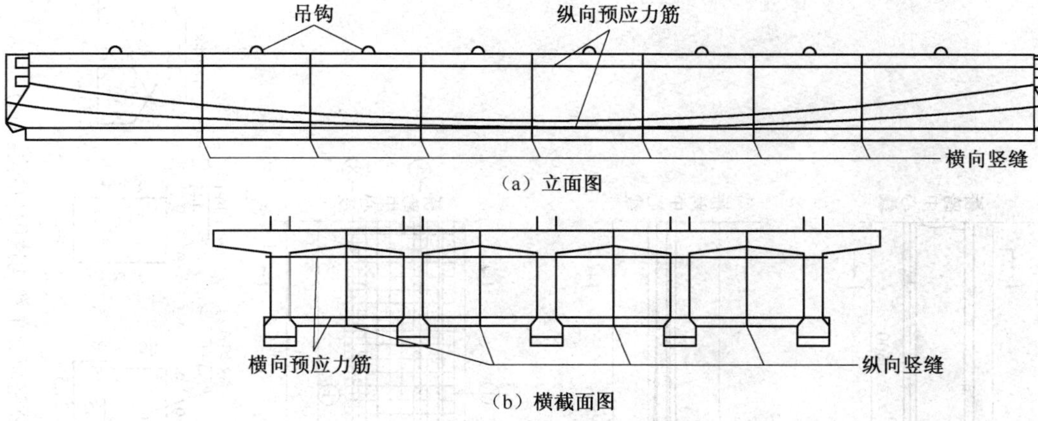

图 4. 37　横向分段装配式梁

串联梁的主要优点是块件尺寸小、自重轻,可以工厂化成批预制后方便地运送至工地。图 4. 38所示为各种横向分段的块件类型,在预制时按预应力筋位置留出孔道,施工时,将梁段在工地组拼台上或脚手架上拼装到位,并在梁段接触面上涂上薄层环氧树脂(通常厚 1 mm 以下),这样逐段拼装完成后便可穿入预应力钢筋进行张拉。

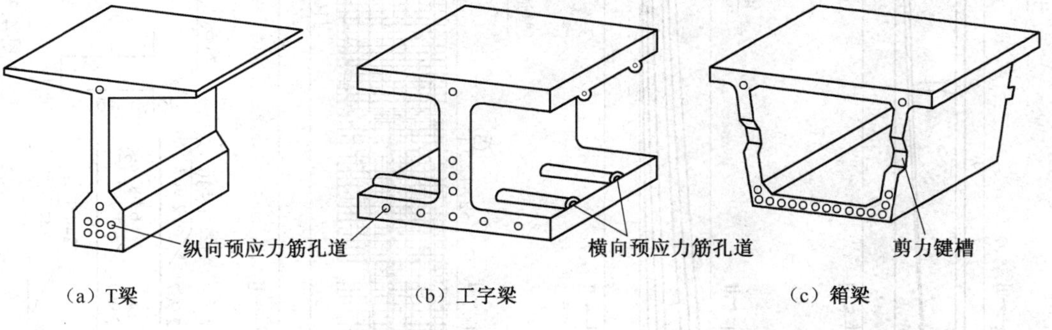

图 4. 38　横向分段块件形式

3. 构造示例

图 4. 39 为跨度 30 m 的装配式预应力混凝土简支 T 梁通用图设计构造。此梁全长 29. 96 m,简支状态下的计算跨径为 29. 2 m,设计荷载为公路—Ⅰ级。梁肋中心距为 2. 2 m,中梁的顶面

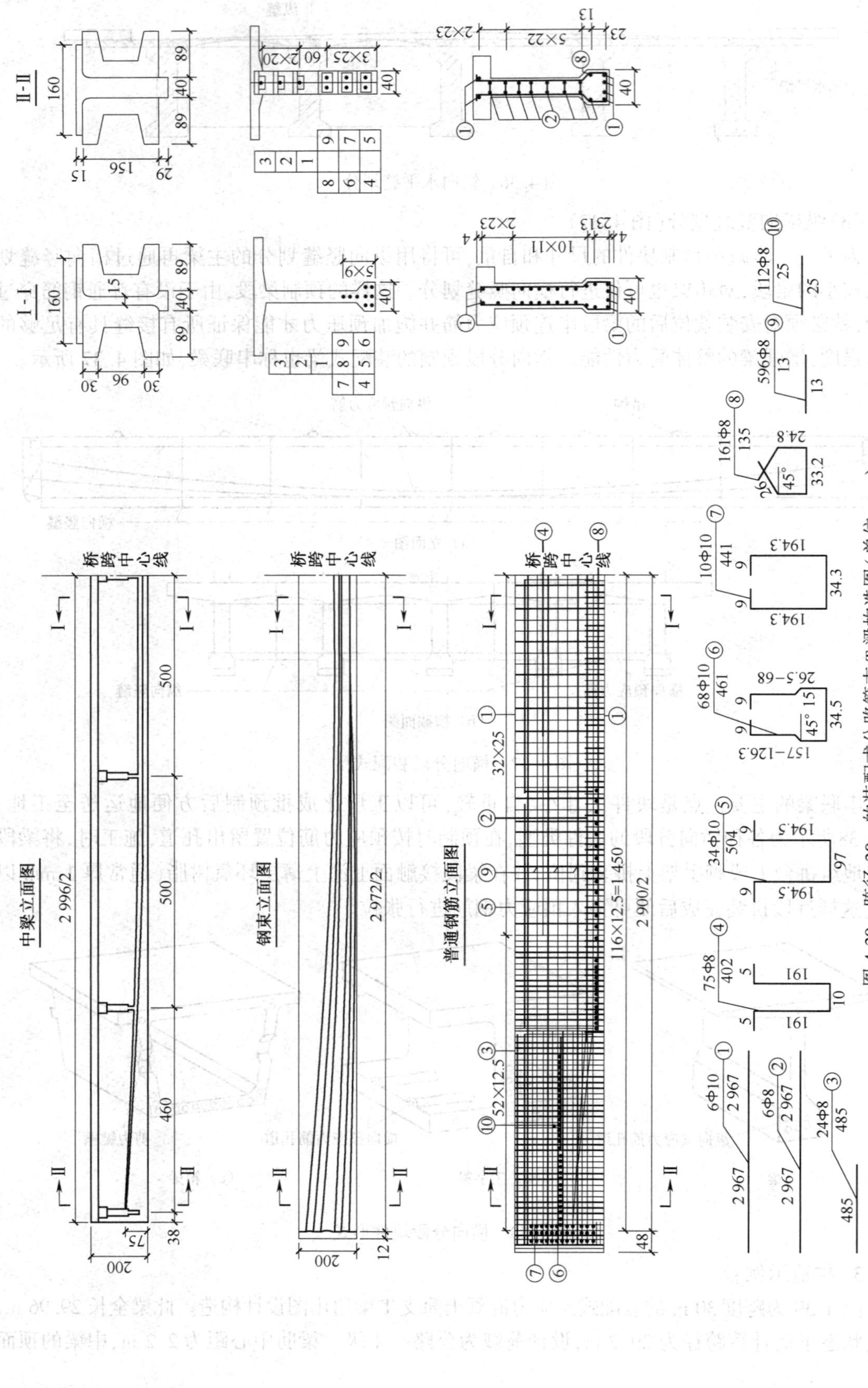

图 4.39 跨径 30 m 的装配式公路简支 T 梁构造图(单位：cm)

宽 1.6 m,边梁的顶面宽 1.9 m,在横截面上,由 9 片梁构成全桥,桥面宽 20.5 m。对不同的桥宽可以通过改变主梁的片数和湿接缝的宽度来调整。

主梁采用强度等级为 C40 混凝土,梁高 2.0 m,高跨比为 1/15,跨中部分的梁肋厚度为 15 cm,梁端部分随着剪力的加大,梁肋厚度也随之增加到 40 cm。梁肋底座的宽度为 40 cm,以便预应力钢束的布置。

单片梁采用 9 束 3 根公称直径 15.20 mm 的低松弛钢绞线,编号分别为 N1~N9。由跨中向梁端依次弯起,既减小了两端区域预应力筋的偏心力矩,又增大了预剪力,以抵消外荷载作用下的弯矩和剪力,对预应力筋的分散锚固也是有利的。钢绞线的标准强度为 1 860 MPa,张拉控制应力为 1 300 MPa。单片梁的预应力钢筋用量为 1 038.7 kg。为了减小因混凝土收缩、徐变引起的预应力损失,预制梁的混凝土龄期不低于设计要求,实际强度不低于设计强度的 85%后才可进行张拉。此外,为了使张拉预应力后因徐变引起的反拱不至于过大,架梁时混凝土的龄期也不宜过长,以便及时施加二恒减小反拱量。

梁内普通钢筋的布置基本与钢筋混凝土梁相似,不同的是梁内不需要设置斜筋。纵向水平分布筋和箍筋均采用ϕ10 间距 10~20 cm 的钢筋。在距梁端 $L/4$(约 7 m)左右范围内,箍筋间距为 12.5 cm,跨中部分由于剪力较小,箍筋间距增大为 25 cm。为了增加梁肋底座在预应力筋作用下的抗裂性,还设置了间距为 12.5 cm 的闭合形小箍筋。单片梁的普通钢筋用量为 560.9 kg。

4.4.4　先张法预应力混凝土简支梁简介

公路桥梁先张法预应力混凝土梁标准设计为预应力空心板,跨径分别为 10 m、13 m 及 16 m。板厚分别为 50 cm、65 cm 及 80 cm,板宽为 1.25 m 或 1.0 m。设计荷载为公路—Ⅰ和公路—Ⅱ级。预应力钢束采用不同束数、抗拉强度为 1 860 MPa 的 7ϕ5 钢绞线,其结构构造、非预应力钢筋构造及布置与后张预应力空心板大致相同,混凝土为 C50。

4.5　公路混凝土简支梁设计与计算

4.5.1　桥面板计算

1. 桥面板的类型

混凝土肋梁桥的桥面板是直接承受车辆轮压的钢筋混凝土板,它在构造上与主梁梁肋和横隔梁联结在一起,既保证了梁的整体受力,又将活载传递于主梁。

混凝土梁的桥面板是支承在主梁(有时为内纵梁)和横梁上的,它的受力情况与支承条件和板的平面尺寸有关。一块四边支承的矩形板,长边为 l_a,短边为 l_b,当 $l_a/l_b \geqslant 2$ 时,荷载的绝大部分沿短跨方向传递,此时可将其视为仅由短跨承受荷载的单向受力板(简称单向板),在短跨方向配受力筋,而在长跨方向只要适当配置一些分布钢筋即可。对于 $l_a/l_b<2$ 的板,将沿短跨和长跨两方向传递荷载,故称双向板,需按两个方向的内力分别配置受力钢筋,实际桥梁工程很少出现双向板。

对于最外侧的翼缘板,按悬臂板来分析。对于相邻翼缘板之间设计为铰接接缝的板,则应按一端嵌固一端铰接的铰接悬臂板进行计算。

因此,桥面板按受力模式分为单向板、悬臂板和铰接板三种。下面将主要介绍其计算方法。

2. 车轮荷载的分布

作用在桥面上的车轮压力,通过桥面铺装层扩散分布在混凝土板面上,由于板的计算跨径相对于轮压的分布宽度来说不是很大,故在计算中应将轮压作为分布荷载来处理,以免造成较大的计算误差。

富于弹性的充气车轮与桥面的接触实际上接近于椭圆,为了计算方便,通常可近似地把车轮与桥面的接触面看作是 $a_2 \times b_2$ 的矩形面积,此处 a_2 是车轮沿行车方向的着地长度,b_2 为车轮的宽度,如图 4.40 所示。典型车辆的 a_2 和 b_2 值见表 3.7 和表 3.11。对于混凝土或沥青面层,荷载在铺装层内按 45°角扩散。则作用在混凝土承重板顶面的矩形荷载压力面的边长为

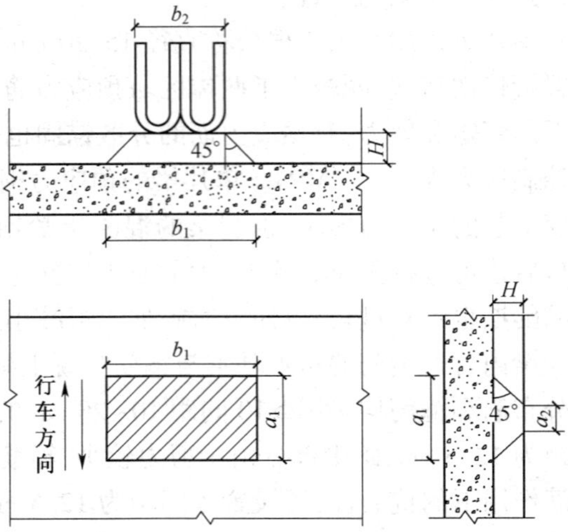

图 4.40　车辆荷载在板面上的分布

$$
\begin{aligned}
&\text{沿纵向} \quad a_1 = a_2 + 2H \\
&\text{沿横向} \quad b_1 = b_2 + 2H
\end{aligned}
\tag{4.31}
$$

式中　H——铺装层厚度。

当汽车的后轮作用于桥面板上时,作用于桥面上的局部分布荷载为

$$p = \frac{P}{2a_1 b_1} \tag{4.32}$$

式中　P——车辆荷载后轴的轴重。

3. 桥面板的有效工作宽度

板在局部分布荷载 p 的作用下,不仅直接承压部分(例如宽度为 a_1)的板带参加工作,与其相邻的部分板带也会分担一部分荷载共同参加工作。因此,计算桥面板时,必须首先确定板的有效工作宽度。图 4.41 为简支板在局部分布力作用下的变形和跨中弯矩 m_x 分配图。在荷载作用下,不仅宽度为 a_1 的板条参与受力,其临近的板条也参与工作,共同承受车轮荷载所产生的弯矩,在荷载中心处板条承受的弯矩最大为 $m_{x\max}$,离开荷载越远的板条,其承受的弯矩越小。荷载有效工作宽度 a 的力学概念见式(4.33)。

$$a = \frac{\int m_x \mathrm{d}x}{m_{x\max}} \tag{4.33}$$

式中　a——板的有效工作宽度;

m_x——板中的分布弯矩值;

$m_{x\max}$——板中分布弯矩的最大值。

桥面板的有效工作宽度与板的支承条件、荷载性质以及荷载位置有关。为简化计算,公路桥规对单向板、悬臂板的有效工作宽度作了如下规定。

(1)单向板

①荷载在跨径中间

对于单独一个荷载,如图 4.42(a)所示,有

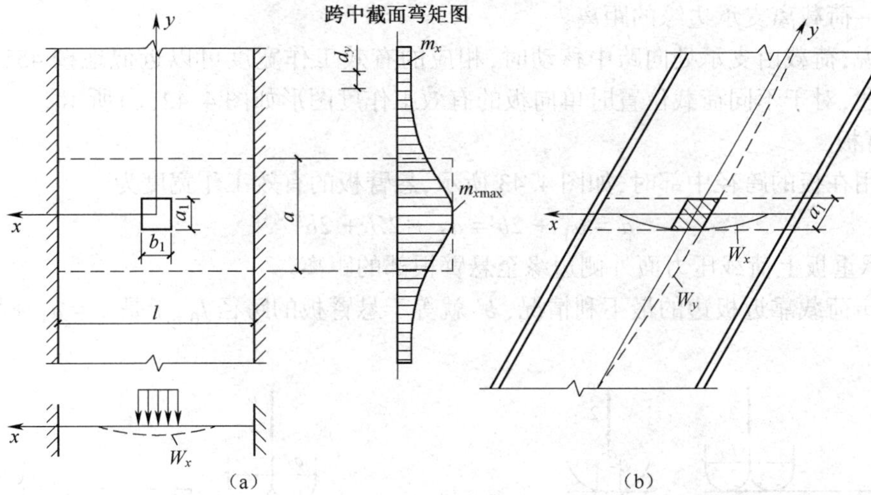

图 4.41　桥面板的受力状态

$$a = a_1 + \frac{l}{3} = a_2 + 2H + \frac{l}{3} \geqslant \frac{2}{3}l \tag{4.34}$$

式中　l——板的计算跨径。

对于几个靠近的相同荷载，如按上式计算所得各相邻荷载的有效工作宽度发生重叠时，应按相邻靠近的荷载一起计算其有效工作宽度，如图 4.42(b)所示，即

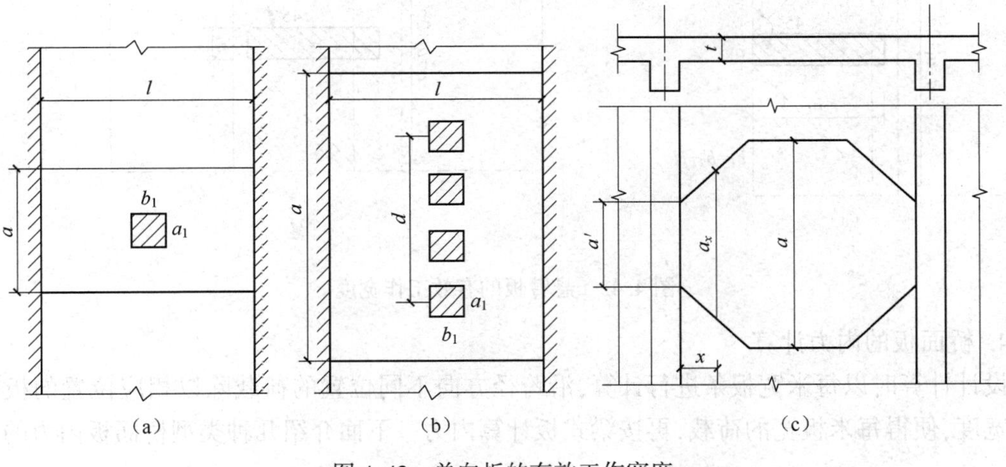

图 4.42　单向板的有效工作宽度

$$a = a_1 + d + \frac{l}{3} = a_2 + 2H + d + \frac{l}{3} \geqslant \frac{2}{3}l + d \tag{4.35}$$

式中，d 为最外两个荷载的中心距离，如果只有两个相邻荷载一起计算时，d 往往就是车辆荷载的轴距。

②荷载在板的支承处

$$a' = a_1 + t = a_2 + 2H + t \tag{4.36}$$

式中　t——板的厚度。

③荷载靠近板的支承处

$$a_x = a' + 2x \tag{4.37}$$

式中　x——荷载离支承边缘的距离。

这就是说,荷载由支承处向跨中移动时,相应的有效工作宽度可以近似地按 45°线过渡。根据以上所述,对于不同荷载位置时单向板的有效工作度图形如图 4.42(c)所示。

(2)悬臂板

车轮作用在板的跨径中部时,如图 4.43 所示,悬臂板的有效工作宽度为

$$a = a_1 + 2b' = a_2 + 2H + 2b' \tag{4.38}$$

式中,b' 为承重板上荷载压力面外侧边缘至悬臂根部的距离。

对于分布荷载靠近板边的最不利情况,b' 就等于悬臂板的跨径 l_0,于是 $a = a_1 + 2l_0$。

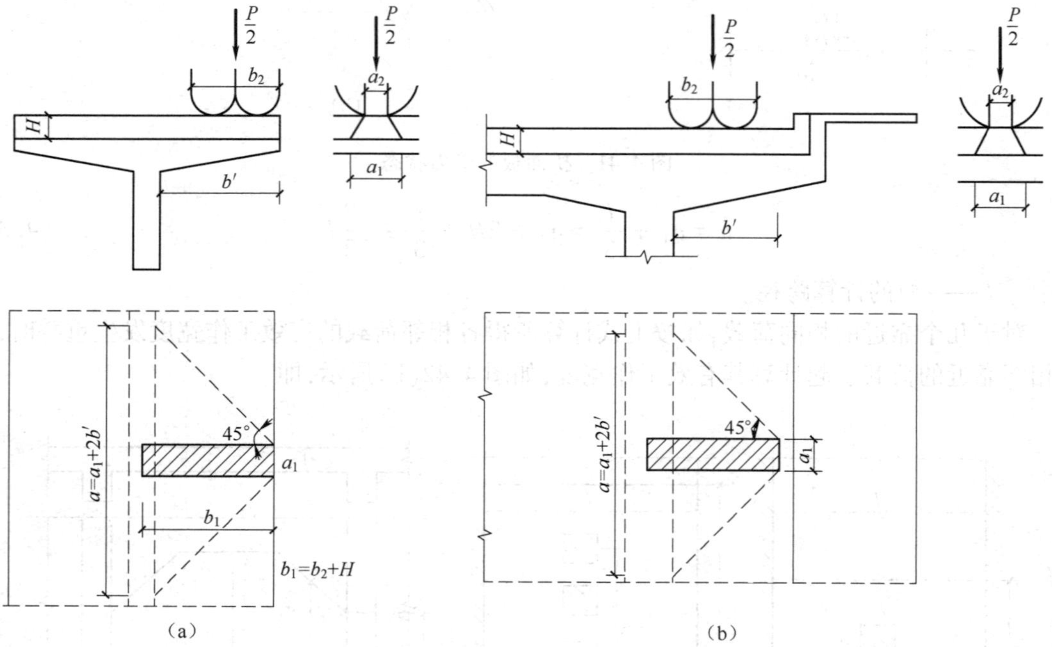

图 4.43　悬臂板的有效工作宽度

4. 桥面板的内力计算

设计计算时以每米宽板条进行计算,沿跨径方向不同位置的荷载除以相应位置的板有效工作宽度,便得每米板宽的荷载,再按梁式板计算内力。下面介绍几种类型桥面板内力的计算方法。

(1)多跨连续单向板的内力

从构造上看,桥面板与主梁梁肋是整体连接在一起的,当板上有荷载作用时会使主梁也发生相应的变形,而这种变形又影响到板的内力。主梁抗扭刚度的大小对多跨连续板的弯矩有显著的影响。

由于桥面板的受力情况比较复杂,影响因素比较多,通常采用近似方法计算,先算出一个跨度相同的简支板的跨中弯矩 M_0,然后再根据实验及理论分析的结果用修正系数法修正,修正系数根据板厚 t 与梁肋高度 h 的比值来选用。

$t/h \geqslant 1/4$ 时(即主梁抗扭能力小者),有

$$\text{跨中弯矩}\quad M_{中} = +0.7M_0,\qquad \text{支点弯矩}\quad M_{支} = -0.7M_0 \tag{4.39}$$

$t/h < 1/4$ 时(即主梁抗扭能力大者),有

$$跨中弯矩\quad M_{中}=+0.5M_0,\qquad 支点弯矩\quad M_{支}=-0.7M_0 \tag{4.40}$$

式中,$M_0=\gamma_{Q1}M_{0q}+\gamma_{Gi}M_{0g}$。

M_{0q} 为 1 m 宽简支板的跨中活载弯矩,如图 4.44(a)所示,对于汽车荷载,有

$$M_{0q}=(1+\mu)\cdot\frac{P}{8a}\left(l-\frac{b_1}{2}\right) \tag{4.41}$$

式中　P ——车辆荷载后轴的轴重;

a ——板的有效工作宽度;

l ——板的计算跨径,当梁肋不宽时(如窄肋 T 形梁)可取梁肋中距;当主梁的梁肋较宽时(如箱形梁等)可取两肋间的净距加板的厚度,即 $l=l_0+t$,但不大于 l_0+b,此处 l_0 为板的净跨径,t 为板厚,b 为梁肋宽;

μ ——冲击系数,对于局部加载,桥面板通常为 0.3。

如果板的跨径较大,可能还有第二个车轮进入跨径内时,可按工程力学方法将荷载布置得使跨中弯矩最大。

M_{0g} 为每米板宽的跨中自重弯矩,可由式(4.42)计算:

$$M_{0g}=\frac{1}{8}gl^2 \tag{4.42}$$

式中 g 为 1 m 宽板条每延米的自重荷载集度。

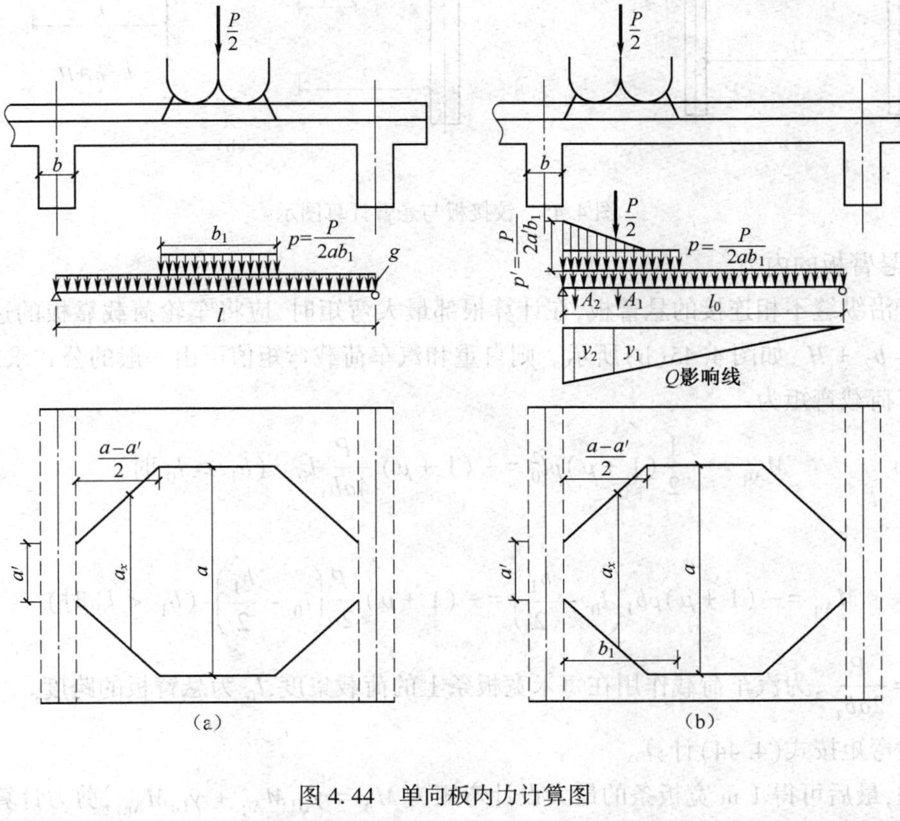

图 4.44　单向板内力计算图

计算单向板的支点剪力时,按同跨度的简支板计算,此时荷载必须尽量靠近梁肋边缘布置,板的计算跨径采用净跨径 l_0,如图 4.44(b)所示。

(2)铰接悬臂板的内力

T形梁翼缘板作为桥面板用铰接的方式联结[图4.45(a)]时,最大弯矩在悬臂根部。根据计算分析可知,计算活载弯矩 M_{Aq} 时,最不利的荷载位置是将车轮荷载对中布置在铰接处,这时铰内的剪力为零,两相邻悬臂板各承受半个车轮荷载,即 $P/4$,如图4.45(a)所示。因此每米宽悬臂板在根部的车辆弯矩为

$$M_{Aq}=-(1+\mu)\frac{P}{4a}\left(l_0-\frac{b_1}{4}\right) \tag{4.43}$$

每米板块的自重荷载弯矩为

$$M_{Ag}=-\frac{1}{2}gl_0^2 \tag{4.44}$$

注意,此处 l_0 为铰接双悬臂板的净跨径。

最后,悬臂根部1 m板宽的最大弯矩设计值为

$$M_A=\gamma_{Q1}M_{Aq}+\gamma_{Gi}M_{Ag} \tag{4.45}$$

悬臂根部的剪力可以偏安全地按一般悬臂板的图式来计算。

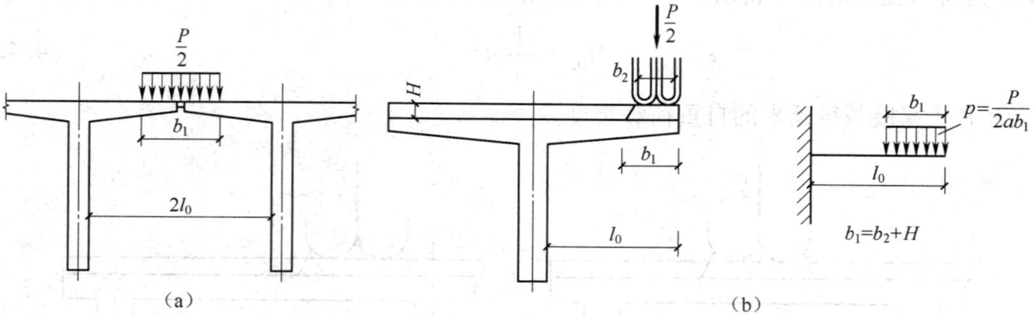

图4.45　铰接板与悬臂计算图示

(3)悬臂板的内力

对于沿纵缝不相连接的悬臂板,在计算根部最大弯矩时,应将车轮荷载靠板的边缘布置,此时 $b_1=b_2+H$,如图4.45(b)所示。则自重和汽车荷载弯矩值可由一般的公式求得。

汽车荷载弯矩为

$$M_{Aq}=-\frac{1}{2}(1+\mu)pl_0^2=-(1+\mu)\frac{P}{4ab_1}l_0^2\quad(b_1\geq l_0\text{时}) \tag{4.46}$$

或

$$M_{Aq}=-(1+\mu)pb_1\left(l_0-\frac{b_1}{2}\right)=-(1+\mu)\frac{P}{2a}\left(l_0-\frac{b_1}{2}\right)\quad(b_1<l_0\text{时}) \tag{4.47}$$

式中, $p=\dfrac{P}{2ab_1}$,为汽车荷载作用在每米宽板条上的荷载集度, l_0 为悬臂板的跨度。

自重弯矩按式(4.44)计算。

同理,最后可得1 m宽板条的最大设计弯矩为 $M_A=\gamma_{Q1}M_{Aq}+\gamma_{Gi}M_{Ag}$,剪力计算从略。

[例4.1]　如图4.46所示铰接悬臂板,桥面铺装为2 cm厚的沥青混凝土层面和9 cm的C25混凝土铺装层。荷载等级为公路—Ⅰ级。计算悬臂板根部的设计荷载内力。

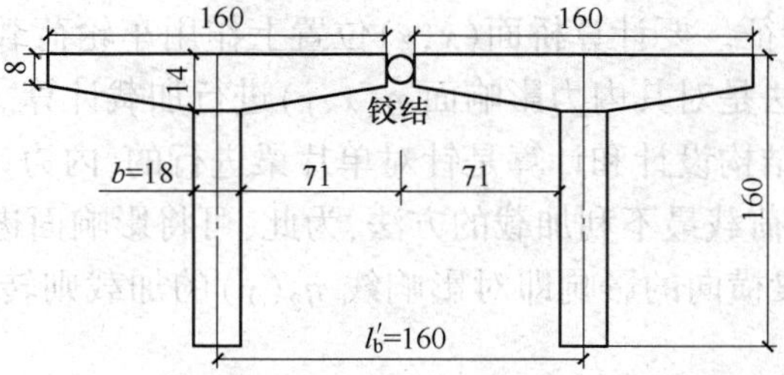

图 4.46　铰接悬臂板计算图示(单位：cm)

[解]

(1)自重荷载作用

沥青混凝土层面：　$g_1 = 0.02 \times 1.0 \times 23 = 0.46(\mathrm{kN/m})$

C25 混凝土垫层：　$g_2 = 0.09 \times 1.0 \times 24 = 2.16(\mathrm{kN/m})$

T 梁翼缘板：　$g_3 = 0.11 \times 1.0 \times 25 = 2.75(\mathrm{kN/m})$

每延米板上的自重作用：

$$M_{\mathrm{Ag}} = -\frac{1}{2} \times 5.37 \times 0.71^2 = -1.35(\mathrm{kN \cdot m})$$

$$V_{\mathrm{Ag}} = 5.37 \times 0.71 = 3.81(\mathrm{kN})$$

(2)汽车荷载作用

车辆荷载后轴重 $P = 140$ kN,最不利布置为重车后轮作用于铰缝轴线上,两边的悬臂板各承受一半的车轮荷载,如图 4.45(a)所示。局部加载冲击系数 $\mu = 0.3$。

车轮着地长度 a_2 及宽度 b_2,$a_2 = 0.2$ m,$b_2 = 0.6$ m,经铺装层扩散到板顶的轮压分布宽度:

$a_1 = a_2 + 2H = 0.2 + 2 \times 0.11 = 0.42(\mathrm{m})$;$b_1 = b_2 + 2H = 0.6 + 2 \times 0.11 = 0.82(\mathrm{m})$

车轮作用在板的跨径中部时:$a = a_1 + d + 2l_0 = 0.42 + 1.4 + 2 \times 0.71 = 3.24(\mathrm{m})$

作用于每米宽板条上的汽车荷载为

$$M_{\mathrm{Ap}} = -(1+\mu) \times \frac{P}{4a}\left(l_0 - \frac{b_1}{4}\right) \times 2 = -1.3 \times \frac{140}{4 \times 3.24} \times \left(0.71 - \frac{0.82}{4}\right) \times 2$$

$$= -14.18\ (\mathrm{kN \cdot m})$$

$$V_{\mathrm{Ap}} = (1+\mu) \times \frac{P}{4a} \times 2 = 1.3 \times \frac{35}{3.24} \times 2 = 28.08(\mathrm{kN})$$

(3)组合内力

基本组合下的桥面板的设计作用效应为

$$M_{\mathrm{Ad}} = 1.2M_{\mathrm{Ag}} + 1.8M_{\mathrm{Ap}} = -1.2 \times 1.35 - 1.8 \times 14.18 = -27.14\ (\mathrm{kN \cdot m})$$

$$V_{\mathrm{Ad}} = 1.2V_{\mathrm{Ag}} + 1.8V_{\mathrm{Ap}} = 1.2 \times 3.81 + 1.8 \times 28.08 = 55.12\ (\mathrm{kN})$$

4.5.2　横向分布系数计算

1. 概述

公路桥梁一般由多片主梁组成,并通过一定的横向联结形成一个整体。当桥上有车轮荷载作用时,除了该车轮作用的主梁承担一部分荷载外,还通过主梁间的横向联结把另一部分荷载传递到其他各片主梁,各梁的竖向挠度、受力和所分担的荷载并不相同,如图 4.47(a)所示,表现出明显的空间受力特征。要计算桥面(x,y)位置上作用车轮荷载 $P/2$ 时,i 号梁 k 截面上的内力,较精确的计算方法是对其内力影响面 $\eta(x,y)$ 进行加载计算。

对于多片式梁,梁的结构设计和计算是针对单片梁进行的,内力计算一般简化为直接利用梁的影响线 $\eta_1(x)$ 和车道荷载最不利加载的方法,为此,可将影响面进行变量分离为 $\eta(x,y)=\eta_1(x)\times\eta_2(y)$,荷载沿桥梁横向的影响即对影响线 $\eta_2(y)$ 的加载则转化为"荷载的横向分布"问题。

由于车辆荷载在横向也可以移动(改变位置),车辆荷载作用于不同的横向位置,对某梁来说分担到的荷载力显然是不同的,荷载横向分布问题即求解桥面 x 截面、横桥向 y 位置上作用有集中力荷载时,i 号梁上所分担的荷载,如图 4.47(b)所示;对于车道荷载,则进一步简化为计算车道(数)的分担问题,其中也需考虑荷载横向的最不利加载问题。

为了确定不同的荷载横向位置对某主梁的影响、并确定某主梁所能分配到的最大荷载力,则要绘制荷载横向分布影响线。所谓荷载横向分布影响线是指 $P=1$ 在梁上作横向移动时,某主梁在同一纵向坐标上所分配到的不同荷载作用力,如图 4.47(d)所示。对荷载横向分布影响线进行最不利加载,如图 4.47(c)所示,就可求得车辆作用在桥上时某主梁上可能分得最大荷载力 P_i,将 P_i 除以车辆的轴重,称为荷载横向分布系数。

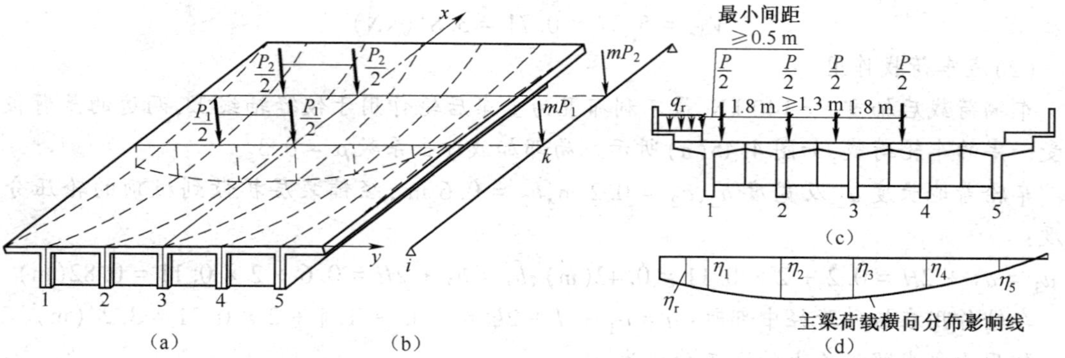

图 4.47　主梁荷载分布的实际情况

计算横向分布影响线后,再对影响线进行最不利加载获得横向分布系数,其加载方式[图 4.47(c)]和计算方法如下:

(1)汽车荷载

$$m_q=\frac{\frac{P}{2}\sum_{i=1}^{2n}\eta_i}{P}=\frac{1}{2}\sum_{i=1}^{2n}\eta_i \tag{4.48}$$

式中　m_q ——n 个车道汽车对应的荷载横向分布系数,后续内力计算中不能再乘车道数;

P——轴重,"$P/2$"代表单侧轮重;

η_i ——第 i 个轮位对应的横向影响线竖标值;

n——加载用的车道数。

横向布置需注意:边轮到路缘石距离不小于 50 cm,两车之间距离不小于 130 cm,如图 4.47 所示。

(2)人行道人群荷载

人群荷载为均布荷载,单侧加载时,人群荷载横向分布系数 m_r 为荷载横向分布影响线加载区对应的合力作用点竖标 η_r。

依据结构类型和横向连接结构不同,荷载横向分布系数的计算有不同的方法,下面介绍几种常用的方法。

2. 杠杆原理法

该方法中假定荷载 P 只由相邻的两根主梁承担,并且这两根主梁所分担的荷载按杠杆法则分配。主梁荷载横向分布影响线为三角形,如图 4.48 所示。

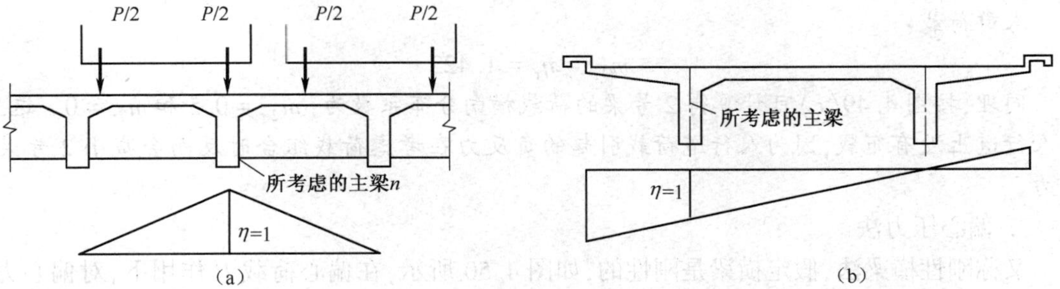

图 4.48　杠杆原理法

杠杆原理法适用于:①只有两根主梁的桥梁;②多根主梁结构中计算梁端支承处的荷载效应(如求主梁支点处剪力或支座反力时);③桥面板预制吊装的分片式组合桥梁;④无中间横隔板的分片式桥梁。

[**例 4.2**]　图 4.49(a)所示为一桥面布置为(7+2×0.75) m 的钢筋混凝土 T 梁桥,共设五根主梁。试求荷载位于支点处时,1 号梁和 2 号梁相应于车辆荷载和人群荷载的横向分布系数。

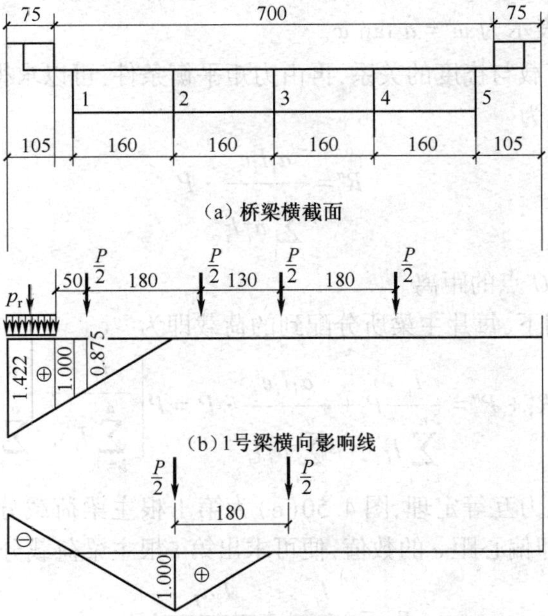

图 4.49　杠杆原理法计算横向分布系数(单位: cm)

[解]　当荷载位于支点处时,应按杠杆原理法计算荷载横向分布系数。首先绘制 1 号梁和 2 号梁的荷载横向内力影响线,如图 4.49(b)、(c)所示。

根据《公路桥涵设计通用规范》的规定,在横向影响线上确定荷载沿横向最不利的布置位置。例如,对于车辆荷载,规定的车轮横向轮距为 1.80 m,两列汽车车轮的横向最小间距为 1.30 m,车轮距离人行道缘石最少 0.5 m。求出相应于荷载位置的影响线竖标值后,就可得到 1 号梁的荷载横向分布系数为:

汽车荷载:由式(4.48)有

$$m_{1q} = \frac{1}{2}\sum_{i=1}^{4}\eta_q = \frac{0.875}{2} = 0.438$$

人群荷载:

$$m_{1r} = \eta_r = 1.422$$

同理,按图 4.49(c)可计算得 2 号梁的荷载横向分布系数为:$m_{2q} = 0.5$ 和 $m_{2r} = 0$。这里,在人行道上没有布载,因为人行道荷载引起的负反力在考虑荷载组合时反而会减小 2 号梁的受力。

3. 偏心压力法

又称刚性横梁法,假定横梁是刚性的,如图 4.50 所示,在偏心荷载 P 作用下,对偏心力 P 可以等效成图 4.50(b)的形式,即通过截面扭转中心线的 P 及偏心矩 $M = P \cdot e$ 。

在通过截面扭转中心线的 P 作用下,各片主梁刚度相等,竖向变形 $w'_1 = w'_2 = \cdots = w'_n$ 。根据材料力学中简支梁跨中荷载与挠度的关系,再由静力平衡条件,可以求得中心荷载 P 在各片主梁间的荷载分布为

$$R'_i = \frac{I_i}{\sum\limits_{i=1}^{n} I_i} \cdot P \tag{4.49}$$

在偏心力矩 $M = P \cdot e$ 作用下,横梁绕扭转中心 O 点有一个微小的转动角 φ ,因此各片主梁产生的竖向挠度 w''_i 可表示为 $w''_i = a_i \tan\varphi$。

根据简支梁跨中荷载与挠度的关系,再由力矩平衡条件,可以求得偏心距 $M = P \cdot e$ 作用下各片主梁所分配的荷载为

$$R''_i = \frac{a_i I_i e}{\sum\limits_{i=1}^{n} a_i^2 I_i} \cdot P \tag{4.50}$$

式中, a_i 为 i 号主梁到 O 点的距离。

在偏心荷载 P 作用下,每片主梁所分配到的荷载即为

$$R_i = R'_i + R''_i = \frac{I_i}{\sum\limits_{i=1}^{n} I_i}P + \frac{a_i I_i e}{\sum\limits_{i=1}^{n} a_i^2 I_i} \cdot P = P\left[\frac{I_i}{\sum\limits_{i=1}^{n} I_i} + \frac{a_i I_i e}{\sum\limits_{i=1}^{n} a_i^2 I_i}\right] \tag{4.51}$$

如果令 $P = 1$,由反力互等定理,图 4.50(e)为第 1 根主梁荷载分布影响线。依次变化荷载 $P=1$ 的作用位置 j,即偏心距 e 的数值,便可求出第 i 根主梁荷载分布影响线纵坐标 η_{ij} 。

$$\eta_{ij} = \frac{I_i}{\sum\limits_{i=1}^{n} I_i} \pm \frac{I_i a_i}{\sum\limits_{i=1}^{n} I_i a_i^2} \cdot e \tag{4.52}$$

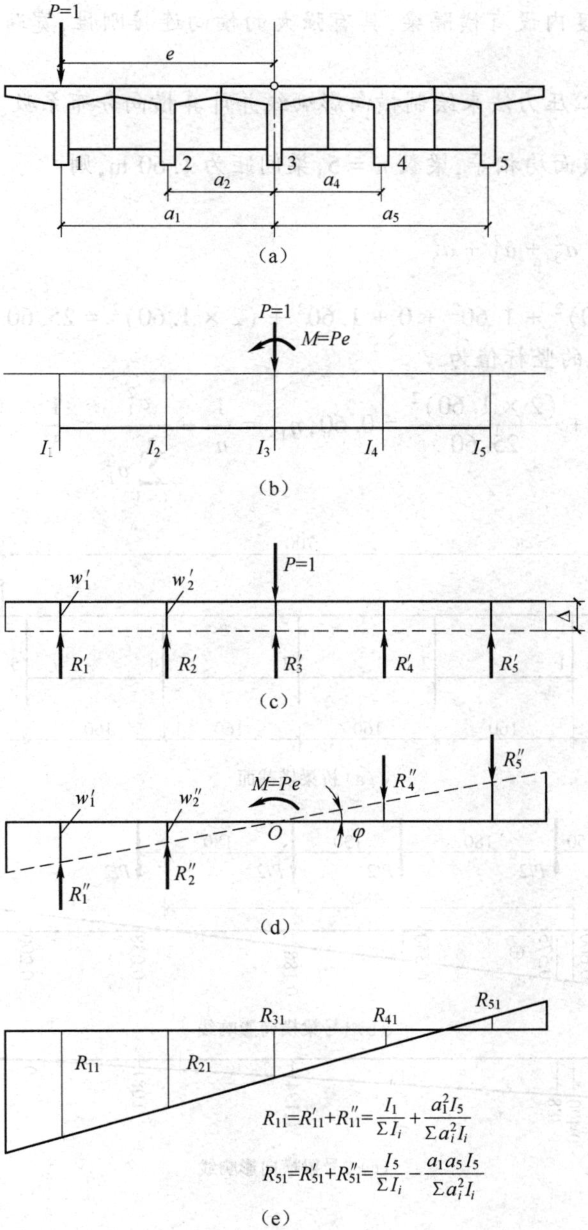

图 4.50　偏心压力法

式中，当 e 和 a_i 位于同一侧时，取“+”号；位于异侧时，取“-”。计算第 i 号梁的影响线时，只要变化式中的 e 即可。当各梁刚度相同时，可简化为

$$\eta_{ij}=\frac{1}{n}\pm\frac{a_i}{\sum_{i=1}^{n}a_i^2}\cdot e \tag{4.53}$$

该方法适用条件最关键取决于中横梁刚度，一般用于在中间横隔板刚度相当大的窄桥中，窄桥一般指宽跨比 $B/L\leqslant 1/2$ 的桥。

[**例 4.3**]　计算跨径 $L=19.50$ m 的桥梁横截面如图 4.51 所示，5 片主梁截面尺寸相同，试求荷载位于跨中时 1 号梁和 2 号梁的荷载横向分布系数 m_{cq}（汽车荷载）和 m_{cr}（人群荷载）。

[解]　此桥在跨度内设有横隔梁,具有强大的横向连接刚性,宽跨比为:$\frac{B}{L}=\frac{5\times 1.6}{19.50}=0.41<\frac{1}{2}$,故可按偏心压力法来绘制横向影响线并计算横向分布系数。

本桥各主梁的横截面均相等,梁数 $n=5$,梁间距为 1.60 m,则

$$\sum_{i=1}^{5}a_i^2=a_1^2+a_2^2+a_3^2+a_4^2+a_5^2$$

$$=(2\times 1.60)^2+1.60^2+0+1.60^2+(2\times 1.60)^2=25.60\ (\mathrm{m})$$

1 号梁横向影响线的竖标值为

$$\eta_{11}=\frac{1}{n}+\frac{a_1^2}{\sum_{i=1}^{n}a_i^2}=\frac{1}{5}+\frac{(2\times 1.60)^2}{25.60}=0.60,\eta_{15}=\frac{1}{n}-\frac{a_1^2}{\sum_{i=1}^{n}a_i^2}=\frac{1}{5}-\frac{(2\times 1.60)^2}{25.60}=-0.20$$

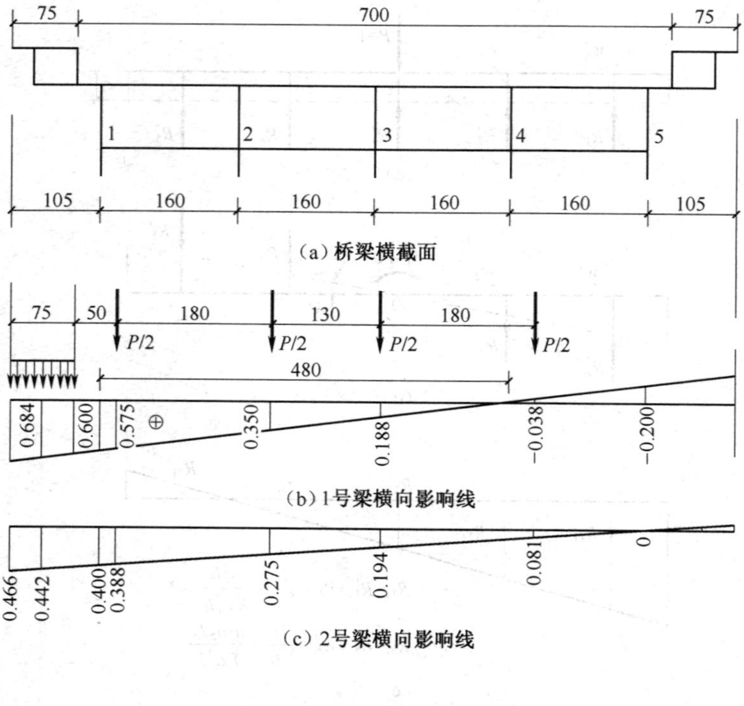

图 4.51　横向分布系数计算图式(单位: cm)

由 η_{11} 和 η_{15} 绘制 1 号梁横向影响线,如图 4.51(b)所示,图中按《公路桥涵设计通用规范》规定确定汽车荷载的最不利荷载位置。进而由 η_{11} 和 η_{15} 计算横向影响线的零点位置,在本例中,设零点至 1 号梁位的距离为 x,则

$$\frac{x}{0.60}=\frac{4\times 1.60-x}{0.20}\qquad 解得:x=4.80\ (\mathrm{m})$$

零点位置已知后,就可求出各类荷载相应于各个荷载位置的横向影响线竖标值 η_q 和 η_r。

设人行道缘石至 1 号梁轴线的距离为 Δ,则

$$\Delta=\frac{(7.0-4\times 1.60)}{2}=0.30\ (\mathrm{m})$$

于是,1 号梁的荷载横向分布系数可计算如下(以 x_{qi} 和 x_r 分别表示影响线零点至汽车车轮和人群荷载集度的横坐标距离)。

车辆荷载:

$$m_{cq} = \frac{1}{2}\sum \eta_q = \frac{1}{2}\cdot(\eta_{q1}+\eta_{q2}+\eta_{q3}+\eta_{q4}) = \frac{1}{2}\cdot\frac{\eta_{11}}{x}(x_{q1}+x_{q2}+x_{q3}+x_{q4})$$

$$= \frac{1}{2}\cdot\frac{0.60}{4.80}(4.60+2.80+1.50-0.30) = 0.538$$

人群荷载:

$$m_{cr} = \eta = \frac{\eta_{11}}{x}\cdot x_r = \frac{0.60}{4.80}\left(4.80+0.30+\frac{0.75}{2}\right) = 0.684$$

同理,可计算出 2 号梁横向影响线的竖标值 $\eta_{21}=0.4$ 和 $\eta_{25}=0$,从而作出 2 号梁的横向影响线,如图 4.51(c)所示,其横向最不利荷载位置与 1 号梁的相同。可计算得 2 号梁的最不利荷载横向分布系数为 $m_{oq}=0.469$ 和 $m_{or}=0.442$。

4. 考虑主梁抗扭刚度的修正偏心压力法

前面介绍的偏心压力法具有概念清楚、公式简明和计算方便等优点。然而其在推演中由于作了横隔梁近似绝对刚性和忽略主梁抗扭刚度两项假定,这就导致了边梁受力偏大的计算结果。为了弥补偏心压力法的不足,宜采用考虑主梁抗扭刚度的修正偏心压力法。这一方法既不失偏压法之优点,又避免了结果偏大的缺陷。

已知用偏心压力法计算荷载横向影响线坐标(以 1 号边梁为例)的公式:

$$\eta_{1i} = \frac{I_1}{\sum I_i} \pm \frac{ea_1I_1}{\sum a_i^2I_i} \tag{4.54}$$

上式中等号右边第一项是由中心荷载 $P=1$ 所引起,此时各主梁只发生竖向挠度而无转动,显然它与主梁的抗扭无关。等号右边的第二项源于偏心力矩 $M=1\cdot e$ 的作用,此时,由于截面的转动,各主梁不仅发生竖向挠度,而且还必然同时引起扭转,可是在算式中却没有计入主梁的抗扭作用。由此可见,要计入主梁抗扭影响,只需要对等式第二项予以修正。

现在来研究跨中垂直于桥轴平面内有外力矩 $M=1\cdot e$ 作用下桥梁的变形和受力情况。如图 4.52(a)所示,此时每根主梁除产生不同的挠度 w_i'' 外尚转动一个相同的 φ 角,如图 4.52(b)所示。如果荷载通过跨中的刚性横隔梁传递,截出横隔梁作为脱离体来分析,可得各根主梁对横隔梁的反作用为竖向力 R_i'' 和扭矩 M_{Ti},如图 4.52(c)所示。

根据平衡条件,有

$$\sum_{i=1}^{n} R_i''a_i + \sum_{i=1}^{n} M_{Ti} = 1\cdot e \tag{4.55}$$

由材料力学,简支梁考虑自由扭转时跨中截面扭矩与扭角以及竖向力与挠度的关系为

$$\varphi = \frac{lM_{Ti}}{4GI_{Ti}} \text{ 和 } w_i'' = \frac{R_i''l^3}{48EI_i} \tag{4.56}$$

式中,l 为简支梁的跨度,I_{Ti} 为梁的抗扭惯性矩,G 为材料的剪切模量,其余符号同前。

由几何关系[图 4.52(b)],有

$$\varphi \approx \tan\varphi = \frac{w_i''}{a_i} \tag{4.57}$$

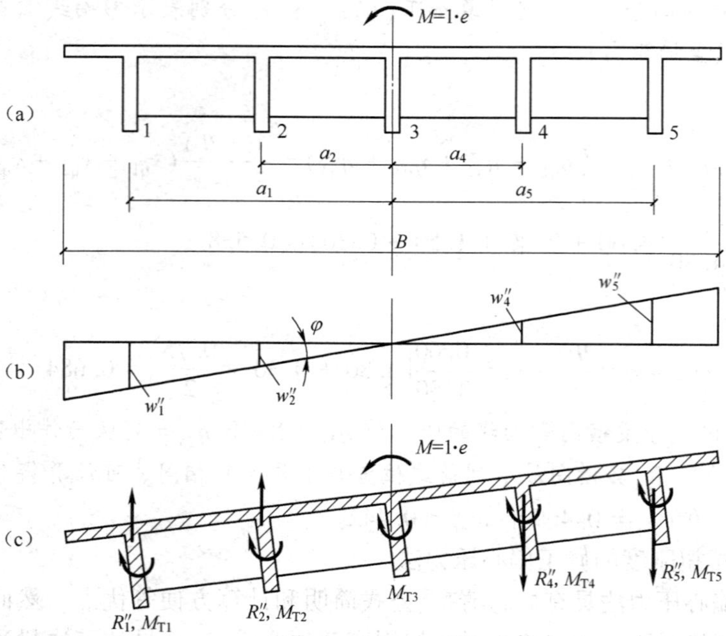

图 4.52　T 形梁考虑主梁抗扭的计算图示

将式(4.57)代入式(4.56),则

$$\varphi=\frac{R_i''l^3}{48a_iEI_i} \tag{4.58}$$

再将上式代入与 $M_{\mathrm{T}i}$ 有关的关系式,得

$$M_{\mathrm{T}i}=R_i''\cdot\frac{l^2GI_{\mathrm{T}i}}{12a_iEI_i} \tag{4.59}$$

为了计算任意 k 号梁的荷载,利用几何关系和式(4.56),则

$$\frac{w_i''}{w_k''}=\frac{a_i}{a_k}=\frac{R_i''/I_i}{R_k''/I_k},\quad 即得\quad R_i''=R_k''\frac{a_iI_i}{a_kI_k} \tag{4.60}$$

再将式(4.59)和式(4.60)代入平衡条件式(4.55),则得

$$\sum_{i=1}^{n}R_k''\frac{a_i^2I_i}{a_kI_k}+\sum_{i=1}^{n}R_k''\frac{a_iI_i}{a_kI_k}\cdot\frac{l^2GI_{\mathrm{T}i}}{12a_iEI_i}=e \tag{4.61}$$

于是

$$R_k''=\frac{ea_kI_k}{\sum\limits_{i=1}^{n}a_i^2I_i+\frac{Gl^2}{12E}\sum\limits_{i=1}^{n}I_{\mathrm{T}i}}=\frac{ea_kI_k}{\sum\limits_{i=1}^{n}a_i^2I_i}\left[\frac{1}{1+\frac{Gl^2}{12E}\frac{\sum I_{\mathrm{T}i}}{\sum a_i^2I_i}}\right]=\beta\frac{ea_kI_k}{\sum\limits_{i=1}^{n}a_i^2I_i} \tag{4.62}$$

最后可得考虑主梁抗扭刚度后任意 k 号梁的横向影响线竖标为

$$\eta_{ki}=\frac{I_k}{\sum\limits_{i=1}^{n}I_i}\pm\beta\frac{ea_kI_k}{\sum\limits_{i=1}^{n}a_i^2I_i} \tag{4.63}$$

$$\beta=\frac{1}{1+\frac{Gl^2}{12E}\frac{\sum I_{\mathrm{T}i}}{\sum a_i^2I_i}}<1 \tag{4.64}$$

β 称为抗扭修正系数，它与梁号无关，纯粹取决于结构的几何尺寸和材料特性。如当荷载 $P=1$ 作用于 i 号梁时，对于 1 号边梁的横向影响线竖标为

$$\eta_{1i}=\frac{I_1}{\sum_{i=1}^{n}I_i}\pm\beta\frac{ea_1I_1}{\sum_{i=1}^{n}a_i^2I_i} \tag{4.65}$$

式中，I_i 为 i 号梁的截面惯性矩。

由此可见，与偏心压力法公式不同点仅在于第二项上乘以小于 1 的抗扭修正系数 β，所以此法称为“修正偏心压力法”。

为了简明起见，以上是针对等截面简支梁的跨中截面进行分析的，对于其他体系梁桥以及荷载不在跨中的情况，只要根据相应的扭角与扭矩以及竖向力与挠度的关系式出发[参照式(4.56)]，同样也可求出相应情况的 β 值来。

对于简支梁桥，如果主梁的截面均相同，即 $I_i=I, I_{Ti}=I_T$，并且跨中荷载 $P=1$ 分别作用在 1 号、5 号梁上，即取 $e=a_1$ 和 $e=a_5$，则得 1 号梁横向影响线的两个坐标值为

$$\eta_{11}=\frac{1}{n}+\beta\frac{a_1^2}{\sum_{i=1}^{n}a_i^2},\qquad \eta_{15}=\frac{1}{n}-\beta\frac{a_1a_5}{\sum_{i=1}^{n}a_i^2} \tag{4.66}$$

此时

$$\beta=\frac{1}{1+\dfrac{nl^2GI_T}{12EI\sum a_i^2}} \tag{4.67}$$

当主梁的间距相同时，式中 $\dfrac{n}{12\sum a_i^2}=\dfrac{\xi}{B^2}$，其中 n 为主梁根数；B 为桥宽；ξ 为与主梁根数有关的系数，见表 4.8。

表 4.8　与主梁根数有关的系数 ξ

n	4	5	6	7
ξ	1.067	1.042	1.028	1.021

在此情况下：

$$\beta=\frac{1}{1+\xi\dfrac{GI_T}{EI}\left(\dfrac{l}{B}\right)^2} \tag{4.68}$$

从式中可以看出，B/l 越小的桥，抗扭刚度对横向分布系数的影响也越大。

在计算时，式中混凝土的剪切模量 G 可取 $0.425E$，对于由矩形组合而成的梁截面，如 T 形或工字型梁，其抗扭惯矩 I_T 近似等于多个矩形截面的抗扭惯矩之和，即

$$I_T=\sum_{i=1}^{m}C_ib_it_i^3 \tag{4.69}$$

式中　m——梁截面划分成单个矩形截面的块数；

b_i, t_i——相应为单个矩形截面的宽度和厚度；

c_i——矩形截面抗扭刚度系数，可按式(4.70)计算或表 4.9 取值：

$$c_i=\frac{1}{3}\left[1-0.63\frac{t_i}{b_i}+0.052\left(\frac{t_i}{b_i}\right)^5\right] \tag{4.70}$$

表 4.9 矩形截面抗扭刚度系数表

t/b	1	0.9	0.8	0.7	0.6	0.5	0.4	0.3	0.2	0.1	<0.1
c	0.141	0.155	0.171	0.189	0.209	0.229	0.250	0.270	0.291	0.312	1/3

对于装配式空心板和装配式小箱梁截面,由于采用闭口截面,抗扭刚度大,若仍按式(4.69)计算其抗扭惯性矩,则将弱化其抗扭刚度,此时应按式(4.71)计算。

$$I_T = \frac{4A^2}{\oint \frac{ds}{t}} + \sum_{i=1}^{m} c_i b_i t_i^3 \tag{4.71}$$

式中 第一项为各单梁闭口截面部分的抗扭刚度,第二部分为单梁悬臂板部分的抗扭刚度。

A——闭口截面中线所包围的面积;

t——周边的厚度;

ds——周边长微元。

对于整孔的箱梁结构,其横向分布系数的计算方法参见本教材第5章。

[例 4.4] 为进行比较,仍取例题 4.3 所采用的截面尺寸,计算考虑抗扭刚度修正后的荷载横向分布系数。T 形主梁的细部尺寸如图 4.53 所示。

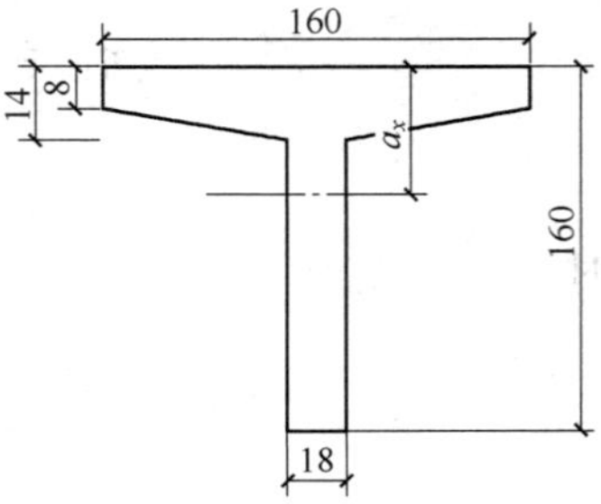

图 4.53 截面图示(单位:cm)

[解] (1)计算 I 和 I_T

翼板的换算平均高度:

$$h = \frac{8+14}{2} = 11\ (\text{cm})$$

主梁截面重心位置 a_x(图 4.53):

$$a_x = \frac{(160-18)\times 11 \times \frac{11}{2} + 160 \times 18 \times \frac{160}{2}}{(160-18)\times 11 + 160\times 18} = \frac{8\ 591 + 230\ 400}{4\ 442} = 53.8\ (\text{cm})$$

主梁抗弯惯矩

$$I = \frac{1}{12}\times(160-18)\times 11^3 + (160-18)\times 11 \times \left(53.8 - \frac{11}{2}\right)^2 + \frac{1}{12}\times 18 \times 160^3 + 18\times 160 \times \left(\frac{160}{2} - 53.8\right)^2$$

$$= 15\ 750 + 3\ 643\ 974 + 6\ 144\ 000 + 1\ 976\ 947 = 11\ 780\ 671\ (\text{cm}^4) \approx 0.117\ 807\ (\text{m}^4)$$

主梁抗扭惯矩,按式(4.70)查表 4.9 计算:

对于翼板,$t_1/b_1 = 0.11/1.60 = 0.068\ 7 < 0.1$,查表得 $c_1 = 1/3$。

对于梁肋,$t_2/b_2 = 0.18/1.49 = 0.12$,查表 $c_2 = 0.308$。由式(4.69)得:

$$I_T = \frac{1}{3}\times 160 \times 11^3 + 0.308 \times 149 \times 18^3 = 338\ 628.8\ (\text{cm}^4) \approx 0.003\ 386\ (\text{m}^4)$$

(2)计算抗扭修正系数 β

由表 4.8 得:$n=5$ 时,$\xi = 1.042$,并取 $l=19.5$ m,$B=8.0$ m,代入式(4.68)得:

$$\beta=\frac{1}{1+1.042\times\frac{0.425E\times 0.003\ 386}{E\times 0.117\ 807}\times\left(\frac{19.5}{8.0}\right)^2}=\frac{1}{1+1.042\times 0.012\ 215\times 5.94}=0.930$$

(3)计算横向影响线竖标值

对于 1 号边梁考虑抗扭修正后的横向影响线竖标值为

$$\eta'_{11}=\frac{1}{n}+\beta\frac{a_1^2}{\sum_{i=1}^{n}a_i^2}=0.20+0.930\times 0.40=0.572$$

$$\eta'_{15}=\frac{1}{n}-\beta\frac{a_5a_1}{\sum_{i=1}^{n}a_i^2}=0.20-0.930\times 0.40=-0.172$$

在本例中,计入主梁抗扭影响时,边梁的荷载横向影响线竖标值最多降低了 4.6%。设影响线零点离 1 号梁轴线的距离为 x',则

$$\frac{x'}{0.572}=\frac{4\times 1.6-x'}{0.172}\quad 解得\quad x'=4.92\ \text{m}$$

(4)计算荷载横向分布系数

1 号边梁的横向影响线和最不利荷载布置如图 4.54 所示。

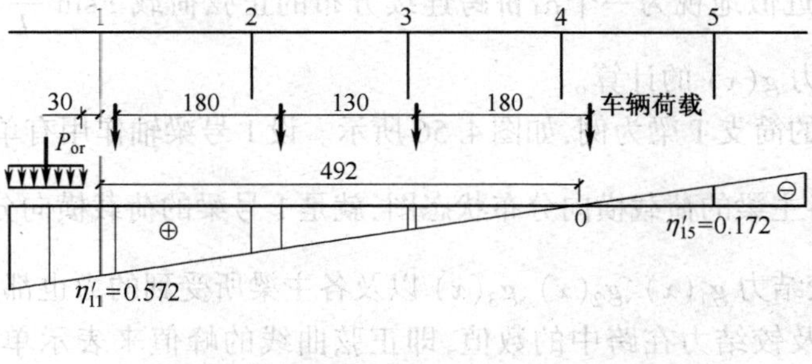

图 4.54　修正偏心压力法 m_c 计算图示(尺寸:cm)

车辆荷载:

$$m'_{cq}=\frac{1}{2}\sum\eta'_q=\frac{1}{2}\cdot\frac{\eta'_{11}}{x'}(x'_{q1}+x'_{q2}+x'_{q3}+x'_{q4})$$

$$=\frac{1}{2}\times\frac{0.572}{4.92}(4.72+2.92+1.62-0.18)=0.528(0.538)$$

人群荷载:

$$m'_{cr}=\beta'_r=\frac{0.572}{4.92}\left(4.92+0.30+\frac{0.75}{2}\right)=0.650(0.684)$$

式中括弧内数值表示不计抗扭作用的值。本例计算结果表明,计及抗扭影响的 m'_{cq} 和 m'_{cr} 比不计抗扭影响的 m_{cq} 和 m_{cr} 相应降低 1.9% 和 5.0%。

5. 横向铰接板(梁)法和刚结板(梁)法

前述的杠杆原理法和偏心压力法都有非常明确的计算假定和适用条件,对于其他类型的横向连接构造并不能很好地适用,以下简要介绍其他两种常用的计算方法。

(1)铰接板(梁)法

在中小跨度的公路桥梁中广泛应用装配式钢筋混凝土铰接板、梁桥。为了预制及安装方便,在这种T梁中,常常省略内横隔板,甚至在小跨度桥上连端横隔板也省去。铰接板、梁桥中块件之间横向联系,常采用混凝土铰式键,如图4.55所示。块件之间是通过铰式键传递剪力。

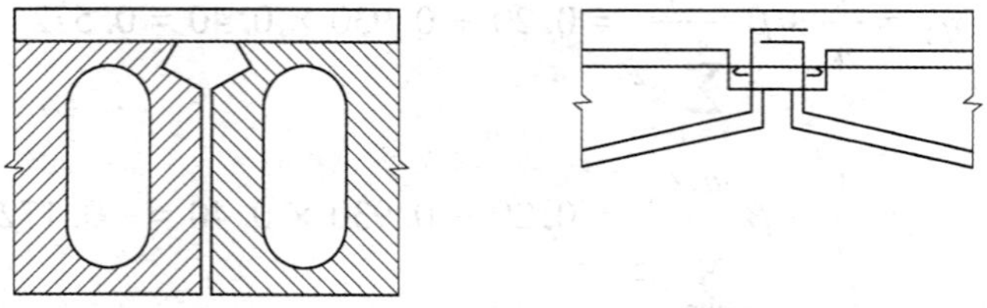

(a) 板式桥　　(b) 梁式桥翼板

图4.55　装配式板、梁桥横向连接

为了便于分析这种桥的荷载横向分布,以各梁块具有相同截面的板块和主梁简支梁为对象,同时做如下简化假设:

①铰式键不能传递弯矩,纵向剪力、法向力与竖向剪力相比,影响甚微,略去不计,故铰式键仅传递竖向剪力 $g(x)$ 。

②桥上的荷载近似地视为一个沿桥跨连续分布的正弦荷载 $P\sin\dfrac{\pi x}{l}$,且作用于梁轴上。这样可以简化铰结力 $g(x)$ 的计算。

以一个四梁式的简支T梁为例,如图4.56所示。设1号梁轴作用有单位正弦荷载 $P(x)=1\cdot\sin\dfrac{\pi x}{l}$,这时对各主梁的荷载横向分布状态图,就是1号梁的荷载横向分布影响线。由于外荷载是正弦荷载,铰结力 $g_1(x)$、$g_2(x)$、$g_3(x)$ 以及各主梁所受到的力也都是正弦荷载。因此,可以简单地以荷载及铰结力在跨中的数值,即正弦曲线的峰值来表示单位正弦荷载的横向分布。

$$
\begin{aligned}
&1\text{号梁}\ \eta_{11}=1-g_1, \qquad 2\text{号梁}\ \eta_{12}=g_1-g_2, \\
&3\text{号梁}\ \eta_{13}=g_2-g_3, \qquad 4\text{号梁}\ \eta_{14}=g_3
\end{aligned} \tag{4.72}
$$

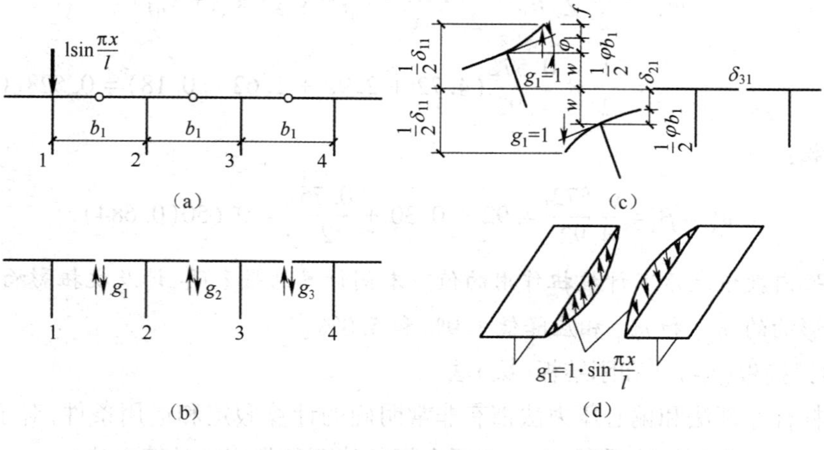

(a)　(b)　(c)　(d)

图4.56　铰接T梁的受力状态、基本体系及位移

上述 η_{11}，η_{12}，…同时亦是 1 号梁的荷载横向分布影响线在 1，2，…梁轴下的纵坐标。因此关键在于求出 g_1、g_2、g_3。

取图 4.56(b)所示的基本结构，并组成三个变形协调方程式：

$$
\begin{aligned}
\eta_{11}g_1 + \delta_{12}g_2 + \delta_{13}g_3 + \delta_{1P} = 0 \\
\eta_{21}g_1 + \delta_{22}g_2 + \delta_{23}g_3 + \delta_{2P} = 0 \\
\eta_{31}g_1 + \delta_{32}g_2 + \delta_{33}g_3 + \delta_{3P} = 0
\end{aligned} \tag{4.73}
$$

式中，g_i、δ_{ik}、δ_{iP} 是沿桥跨为正弦曲线 $\sin\dfrac{\pi x}{l}$ 的铰结力及变形在跨中的峰值。

图 4.56(c)表示 $g_1 = 1$［即 $g_1(x) = 1 \cdot \sin\dfrac{\pi x}{l}$，见图 4.56(d)］产生的沿 g_1、g_2、g_3 方向的位移，即

$$\delta_{11} = 2\left(w + \varphi\frac{b_1}{2} + f\right),\qquad \delta_{21} = -\left(w - \varphi\frac{b_1}{2}\right),\qquad \delta_{31} = 0 \tag{4.74}$$

式中，w、φ 为由单位正弦偏心荷载产生的梁跨中挠度和扭转角；f 为主梁板悬臂端受单位正弦荷载产生的正弦挠度曲线跨中峰值；$f(x) = f\sin\dfrac{\pi x}{l}$，其值为单位宽度的悬臂板受单位荷载的挠度。

由于主梁截面相同，所以

$$\delta_{22} = \delta_{33} = \delta_{11},\qquad \delta_{23} = \delta_{21} \tag{4.75}$$

按照弹性变形互等定理，还有

$$\delta_{12} = \delta_{21} = \delta_{23} = \delta_{32},\qquad \delta_{13} = \delta_{31} = 0 \tag{4.76}$$

作用 1 号梁轴的外荷载 $1 \cdot \sin\dfrac{\pi x}{l}$ 产生的位移为

$$\delta_{1P} = -w,\qquad \delta_{2P} = 0,\qquad \delta_{3P} = 0 \tag{4.77}$$

为了计算方便，引入下列比例系数：扭转位移与主梁挠度之比 $\gamma = (\varphi b_1/2)/w$，悬臂板挠度与主梁挠度之比 $\beta = f/w$。

将式(4.74)～式(4.77)代入式(4.73)，并全部除以 w，变形协调方程可以利用系数 γ 及 β 写成式(4.78)：

$$
\begin{aligned}
&2(1 + \gamma + \beta)g_1 - (1 - \gamma)g_2 = 1 \\
&-(1 - \gamma)g_1 + 2(1 + \gamma + \beta)g_2 - (1 - \gamma)g_3 = 0 \\
&-(1 - \gamma)g_2 + 2(1 + \gamma + \beta)g_3 = 0
\end{aligned} \tag{4.78}
$$

已知 γ 和 β，从式(4.78)计算出铰结力 g_1、g_2、g_3，从而按式(4.72)求得荷载横向分布影响线。

在实际的铰接桥梁上，系数 β 一般可以略去不计。计算出 γ 值后，再根据梁数和所计算的梁号，便可以从现成计算用表中查出各梁轴线处荷载横向分布影响线的纵坐标，也可自编程实现。

(2)刚结板(梁)法

对于翼缘板刚性连接的肋梁桥，只要在铰接板(梁)计算理论的基础上，在接缝处补充引入赘余弯矩 m_i，就可建立计入横向刚性连接特点的赘余力正则方程。用这一方法来求解各梁荷载横向分布的问题，称为刚接梁法。

图 4.57(a)表示翼缘板刚性连接的 T 形简支梁桥的跨中截面,与图 4.56(a)相同,设有一单位正弦荷载 $p(x) = 1 \cdot \sin\dfrac{\pi x}{l}$,作用在 1 号梁的轴线上,在各板跨中央沿纵缝将板切开,并代以按正弦分布的赘余力 $x_i \sin\dfrac{\pi x}{l}$,如图 4.57 所示。

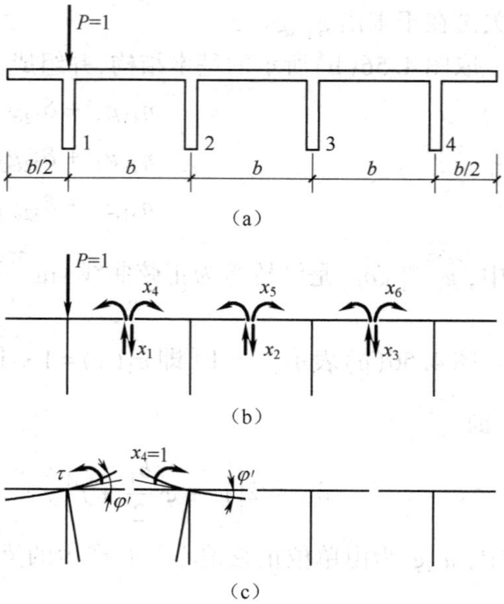

图 4.57　刚接梁桥计算图示

根据力法原理,可得到求解所有赘余力的一般正则方程式为

$$[\delta_{ij}]\{x_i\} + \{\delta_{ip}\} = 0 \quad (i \text{ 或 } j = 1,2,\cdots,6) \tag{4.79}$$

式中　δ_{ij}——表示赘余力峰值 $x_j = 1$ 时在 i 处引起的相对变位;

δ_{ip}——表示外荷载在 i 处引起的相对变位;

x_i——i 处赘余力的峰值。

在系数矩阵 $[\delta_{ij}]$ 中,仅涉及赘余剪力 x_1、x_2、x_3 的相应位移系数 $\delta_{ij}(i$ 或 $j = 1,2,3)$,与前面铰接 T 形梁桥的完全一样:

$$\delta_{11} = 2\left(w + \varphi\frac{b}{2} + f\right),\qquad \delta_{21} = -\left(w - \varphi\frac{b}{2}\right)\qquad \delta_{31} = 0 \tag{4.80}$$

对于仅涉及赘余弯矩 x_4、x_5、x_6 的相应位移系数 $\delta_{ij}(i$ 或 $j = 4,5,6)$由图 4.57(c)可得

$$\begin{aligned}&\delta_{44} = \delta_{55} = \delta_{66} = 2(\varphi' + \tau)\\&\delta_{45} = \delta_{56} = \delta_{54} = \delta_{65} = -\varphi' = -\frac{2}{b}\varphi\\&\delta_{46} = \delta_{64} = 0\end{aligned} \tag{4.81}$$

由于对称弯矩 $x_i = 1(i = 4,5,6)$作用下,接缝两侧不产生相对挠度,各切缝两侧的剪切位移不引起相对转角,故有

$$\begin{aligned}&\delta_{14} = \delta_{25} = \delta_{36} = \delta_{41} = \delta_{52} = \delta_{63} = 0\\&\delta_{13} = \delta_{16} = \delta_{34} = \delta_{46} = \delta_{31} = \delta_{61} = \delta_{43} = \delta_{64} = 0\end{aligned} \tag{4.82}$$

$$\begin{aligned}&\delta_{15} = \delta_{26} = \delta_{51} = \delta_{62} = -\delta_{24} = -\delta_{42} = -\delta_{35} = -\delta_{53} = \varphi\\&\delta_{1p} = -w,\delta_{2p} = \delta_{3p} = \delta_{4p} = \delta_{5p} = \delta_{6p} = 0\end{aligned} \tag{4.83}$$

式中:φ' 和 τ 分别为缝端单位弯矩作用所引起的主梁扭转角和翼板局部挠曲角,φ 为缝端单位竖向剪力引起的主梁扭转角,由图 4.58 可得

$$\tau = \frac{1 \cdot L}{EI_1} = \frac{12L}{Eh_1^3} \tag{4.84}$$

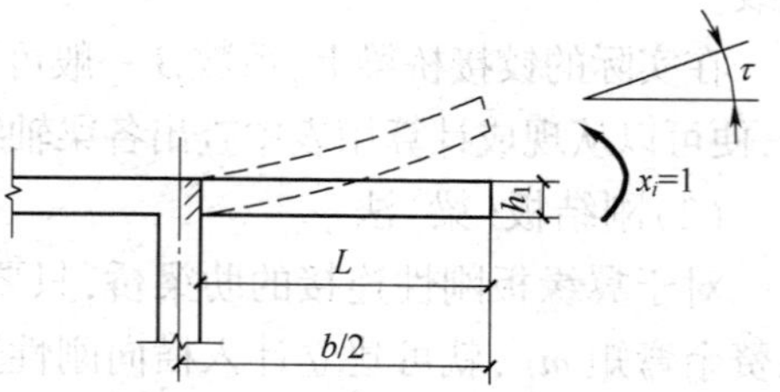

图 4.58　局部挠曲计算图示

在图 4.57 所示的单位正弦荷载作用于 1 号梁时,把 δ_{ij} 和 δ_{ip} 都除以 w,并令 $g_1 = x_1, g_2 = x_2, g_3 =$

$x_3, m_1 = \frac{2}{b}x_4, m_2 = \frac{2}{b}x_5, m_3 = \frac{2}{b}x_6$，可得关于赘余力 g_i 和 m_i 的正则方程式：

$$\begin{bmatrix} \delta_g & \gamma-1 & 0 & 0 & \gamma & 0 \\ \gamma-1 & \delta_g & \gamma-1 & -\gamma & 0 & \gamma \\ 0 & \gamma-1 & \delta_g & 0 & -\gamma & 0 \\ 0 & -\gamma & 0 & \delta_m & -\delta & 0 \\ \gamma & 0 & -\gamma & -\gamma & \delta_m & -\gamma \\ 0 & \gamma & 0 & 0 & -\gamma & \delta_m \end{bmatrix} \begin{Bmatrix} g_1 \\ g_2 \\ g_3 \\ m_1 \\ m_2 \\ m_3 \end{Bmatrix} + \begin{Bmatrix} -1 \\ 0 \\ 0 \\ 0 \\ 0 \\ 0 \end{Bmatrix} = 0 \qquad (4.85)$$

式中

$$\delta_g = 2(1+\gamma+\beta), \qquad \delta_m = 2(\gamma+3\beta') \qquad \beta' = \left(\frac{b}{2L}\right)^2 \cdot \beta \qquad (4.86)$$

式(4.86)中包含 γ、β、β' 三个参数，其中 γ、β 的计算与铰接梁桥相同，也可近似认为 $\beta' \approx \beta$，编制相关表格计算荷载横向分布影响线或编制相应的计算机程序计算横向分布系数。

6. 比拟板法（亦称“G-M 法”）

对于由主梁、连续桥面板及多根横隔板组成的钢筋混凝土桥中，当其宽度与跨度比大于 1/2 而不适宜采用偏心压力法时，可用比拟板法。图 4.59 为桥跨结构纵横向的结构图示，纵向主梁间距为 b，每根主梁的截面抗弯惯矩和抗扭惯矩分别为 I_x、I_{Tx}，横隔梁间距 a，其截面抗弯惯矩和抗扭惯矩为 I_y、I_{Ty}，比拟正交异性板法就是把 I_x 和 I_{Tx} 均匀分摊于 b 宽度上，I_y 和 I_{Ty} 均匀分摊于 a 上，亦即

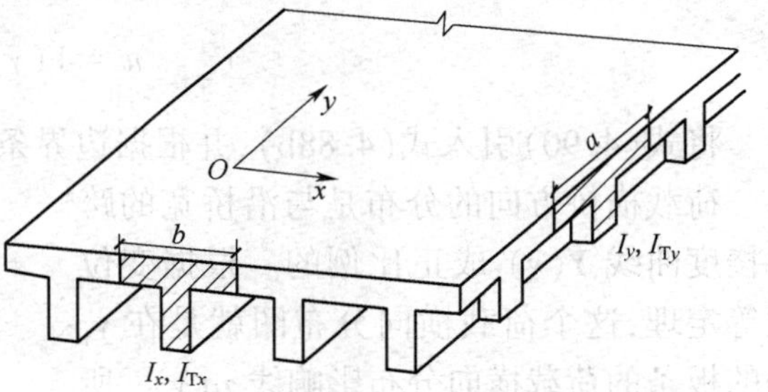

图 4.59　桥跨结构纵横向结构图示

$$J_x = I_x/b, \qquad J_{Tx} = I_{Tx}/b$$
$$J_y = I_y/a, \qquad J_{Ty} = I_{Ty}/a$$

为了简化理论分析，并近似忽略混凝土的泊松比系数 μ，这样便得到一块在 x 方向和 y 方向截面单宽抗弯刚度 EJ_x、EJ_y 和单宽抗扭刚度 GJ_{Tx}、GJ_{Ty} 的正交异性板，然后求解在单位荷载作用下板的挠度曲线。

内力与挠曲变形关系为

$$M_x = -EJ_x \frac{\partial^2 w}{\partial x^2}, \qquad M_y = -EJ_y \frac{\partial^2 w}{\partial y^2}$$
$$M_{xy} = -GJ_{Tx} \frac{\partial^2 w}{\partial x \partial y}, \qquad M_{yx} = -GJ_{Ty} \frac{\partial^2 w}{\partial y \partial x} \qquad (4.87)$$

把上列关系代入下列板微元的平衡方程式，有

$$\frac{\partial^2 M_x}{\partial x^2} + \frac{\partial^2 M_{xy}}{\partial x \partial y} + \frac{\partial^2 M_y}{\partial y^2} + \frac{\partial^2 M_{yx}}{\partial x \partial y} = -P(x,y)$$

便得到正交异性板挠曲微分方程为

$$EJ_x \frac{\partial^4 w}{\partial x^4} + G(J_{Tx} + J_{Ty}) \frac{\partial^4 w}{\partial x^2 \partial y^2} + EJ_y \frac{\partial^4 w}{\partial^4 y} = P(x,y) \tag{4.88a}$$

上式亦可写成

$$EJ_x \frac{\partial^4 w}{\partial x^4} + 2\alpha E\sqrt{J_x J_y} \frac{\partial^4 w}{\partial x^2 \partial y^2} + EJ_y \frac{\partial^4 w}{\partial^4 y} = P(x,y) \tag{4.88b}$$

式中

$$\alpha = \frac{G(J_{Tx} + J_{Ty})}{2E\sqrt{J_x J_y}} \tag{4.89}$$

α 表示板的双向截面抗扭刚度代数平均值与其双向截面抗弯刚度几何平均值的比值。对于T形梁或I字形梁，α 在0~1之间变化。

设代表横向刚性连接梁的正交异性板在 y 方向两边为简支，在 x 方向两边为自由，如图4.60所示。当 $y = Y_1$ 作用有一个单位正弦荷载 $P(x,y) = 1 \cdot \sin\frac{\pi x}{l}$ 时，沿桥跨方向的挠度曲线亦为正弦曲线 $\sin\frac{\pi x}{l}$。但在横桥方向的挠度曲线随板的结构特性及荷载在桥宽的位置而不同，以 $Y(y)$ 表示。因此板的挠度曲线为

$$w = Y(y)\sin\frac{\pi x}{l} \tag{4.90}$$

将式(4.90)引入式(4.88b)，并根据边界条件求解 $Y(y)$，挠度曲线示于图4.60中。

荷载横桥方向的分布是与沿桥宽的跨中挠度曲线 $Y(y)$ 成正比例的。根据变位互等定理，这个荷载横向分布图就是在 y_1 处的板条的荷载横向分布影响线 $\eta(y)$，所以有

$$\eta(y) = cY(y) \tag{4.91}$$

式中　c——待定比例常数。

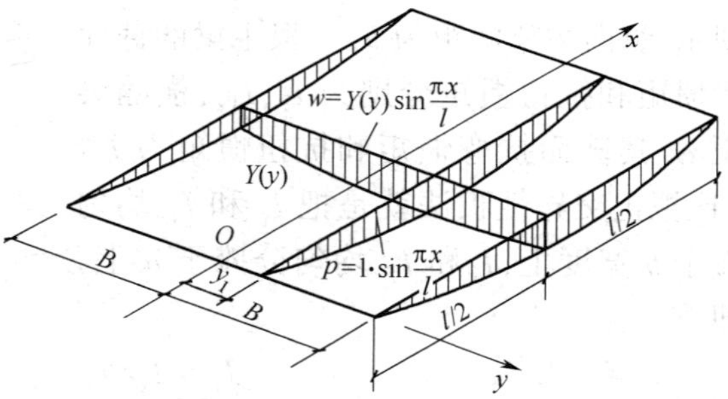

图4.60　单位正弦荷载作用下挠度曲线

设全桥宽 $2B$ 的跨中挠度 $Y(y)$ 的面积为 $A(y)$，荷载横向分布影响线 $\eta(y)$ 的面积为 $A(\eta)$。由于全桥宽只有一个单位正弦荷载作用，其峰值为1，根据平衡条件 $A(\eta)$ 应等于1，因此有

$$A(\eta) = cA(y) = 1, \quad c = 1/A(y)$$

代入式(4.91)，则

$$\eta(y) = Y(y)/A(y) \tag{4.92}$$

$A(y)$ 可以简单由桥宽 $2B$ 乘以挠度 Y_y 的平均值 y_0 来求得。因为 y_0 可按荷载平均分摊于全桥宽，即单位宽度板条承受荷载 $\frac{1}{2B}\sin\frac{\pi x}{l}$ 来计算，故式(4.92)可改写成：

$$\eta(y) = \frac{k}{2B} \tag{4.93}$$

式中，$k = Y(y)/y_0$。k 称为影响系数，它与结构系数 α、$\theta\left(=\frac{B}{L}\sqrt[4]{J_x/J_y}\right)$、$\eta$ 所属板条位置 y_1 和 η 所在点 y 有关。为了实际计算，制备有 $\alpha = 0$ 时的 $k_0(\theta)$ 和 $\alpha = 1$ 时的 $k_1(\theta)$ 的曲线图表。当 $0 < \alpha < 1$ 时，可按下列近似内插公式计算：

$$k_\alpha = k_0 + (k_1 - k_0)\sqrt{\alpha} \tag{4.94}$$

式(4.92)中 $\eta(y)$ 是 1 m 宽板条的荷载横向分布影响线。对于间距为 b 的主梁，其荷载横向分布影响线为

$$\eta(y) = \frac{k}{2B} \cdot b = \frac{k}{2B} \cdot \frac{2B}{n} = \frac{k}{n} \tag{4.95}$$

式中　n——主梁根数。

7. 荷载横向分布系数沿桥跨方向的变化

荷载横向分布系数与荷载沿桥跨方向的位置有关。当荷载位于梁端时，按杠杆原理法计算横向分布系数 m_0，当荷载位于跨中时，按偏心压力法等方法计算横向分布系数为 m_c，在两者之间必然有过渡的分布规律。要精确计算其分布规律是相当冗繁的，实际上也没有必要，下面介绍根据实验结果提出的简便而实用的处理方法。

在求主梁最大弯矩时，由于靠近支点荷载对弯矩影响甚微，近似取跨中横向分布系数 m_c 沿桥跨不变。在求主梁最大剪力时，例如求梁左端或左半跨 $L/8$、$L/4$ 剪力，由图 4.61 所示横向分布系数沿桥跨变化规律：对于无横隔板的桥梁，从梁左端的 m_0 到跨中的 m_c 取一根连线，在右半跨取 m_c，如图 4.61(a)所示；对于有横隔板的桥梁，从梁左端到其靠近的第一道横隔板取由 m_0 至 m_c 的一根连线，其余部分均取 m_c，如图 4.61(b)所示。

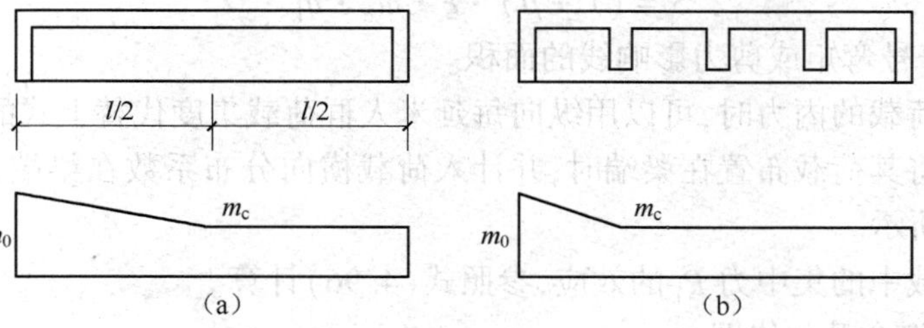

图 4.61　m 沿桥跨的变化

4.5.3　主梁内力计算与设计

为了简化设计、制造和施工，对于由多片梁(板)组成的结构，可以只选其中受力最大的中梁(板)和边梁(板)来进行设计，根据其上作用的恒载和通过横向分布系数计算活载，按结构力学的方法来计算各控制截面的内力。

对于中小跨径桥梁，控制截面一般取跨中、支点截面、$L/2$、$L/4$、$L/8$ 以及截面尺寸发生变化的截面。截面内力主要包括弯矩和剪力。计算出截面内力后，就可以依据混凝土结构设计原理进行主梁各截面的配筋设计，再进行结构强度、刚度、稳定性和抗裂性的检算。

1. 永久作用

结构重力作用除了梁体结构自重(一期恒载)外，还包括桥面及附属设备等二期恒载的自重。在设计计算时，为了简化计算，习惯上将沿桥跨分隔布置的横隔梁自重、沿桥横向变厚度分布的铺装层自重、以及作用于两侧的人行道和栏杆等自重，均匀分摊给各主梁承受。

对于预应力混凝土简支梁，在预加应力阶段，要分别考虑梁体自重和预应力产生的截面应力并叠加，并控制该阶段梁体上下缘的混凝土应力。在结构发生体系转换等特殊情况下，结构重力作用可能需要分成更多的阶段来考虑。

2. 基本可变荷载

对于分片式主梁,在计算出各片梁的横向分布系数后,就可以具体确定一片主梁所承担的活载,然后用结构力学的方法计算主梁各控制截面的活载内力。

(1)车辆荷载

车辆荷载由若干车轮轴重组成,主梁截面由汽车车辆荷载产生的内力计算公式为

$$S = (1+\mu)\cdot\xi\cdot\max\left\{\sum_i (m_i P_i y_i)\right\} \tag{4.96}$$

式中　S——所求截面的弯矩或剪力;

μ——汽车荷载的冲击系数,按相应规范的规定取值;

ξ——多车道横向折减系数,见第3章相关规定;

m_i——沿桥纵向与车辆荷载对应的荷载横向分布系数;

P_i——车辆荷载的各轴重;

y_i——沿桥纵向与车辆荷载各轴重对应的内力影响线纵坐标值。

(2)车道荷载

为了简化计算,当计算简支梁各截面的最大弯矩时,可以近似取跨中截面的横向分布系数 m_c 来计算车道荷载的内力。

对于车道荷载中的均布荷载 q_k,其内力计算公式为

$$S = (1+\mu)\cdot\xi\cdot m_c\cdot q_k\cdot\Omega \tag{4.97}$$

式中　Ω——同符号弯矩或剪力影响线的面积。

当计算人群荷载的内力时,可以用纵向每延米人群荷载集度代替上式的 q_k。

当计算剪力将其荷载布置在梁端时,并计入荷载横向分布系数在梁端及过渡段范围的变化值,如图4.61所示。

对于车道荷载中的集中力 P_k 的效应,参照式(4.96)计算。

3. 作用效应组合及包络图

针对不同的计算状况和计算目的,按照第3.6节的方法进行荷载效应组合。将荷载效应组合值沿梁纵向汇成曲线,得到内力包络图,如图4.62所示。

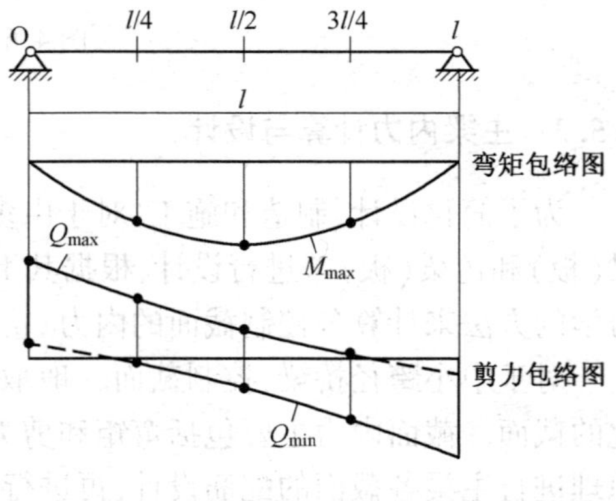

图4.62　简支梁的内力包络图

[例4.5]　以例题4.3所示的装配式简支梁为例,计算1号边梁在公路—Ⅰ级和人群荷载作用下($q_r=3.0\ \mathrm{kN/m^2}$)的跨中最大弯矩及支点截面的最大剪力(为简化计算,桥面铺装按平均厚度10 cm计;横隔板截面按高1 m、厚15 cm的矩形计;每侧的栏杆及人行道构件自重的作用力按5 kN/m计;混凝土容重取25 $\mathrm{kN/m^3}$)。

[解]　(1)横向分布系数的计算,见例4.2和4.3,结果见表4.10。

表4.10　横向分布系数表

梁号	荷载位置	公路—Ⅰ级	人群荷载	备注
边梁	跨中 m_c	0.538	0.684	偏心压力法
	支点 m_0	0.438	1.422	杠杆原理法

(2)作用效应计算

①永久作用

主梁面积：　$$A = 1.6 \times 1.6 - 2 \times 0.71 \times \left(1.6 - \frac{0.08 + 0.14}{2}\right) = 0.444\ (\mathrm{m}^2)$$

主梁自重：　$$q_1 = 0.444 \times 25 = 11.1\ (\mathrm{kN/m})$$

横隔板自重：$q_2 = 0.15 \times 1.0 \times (4 \times 1.6 - 4 \times 0.18) \times 5 \times 25/19.5/5 = 1.09\ (\mathrm{kN/m})$（横隔板按均布计算）

桥面铺装：2 cm 沥青混凝土层面 $g_1 = 0.02 \times 1.6 \times 23 = 0.74(\mathrm{kN/m})$

9 cm C25 混凝土垫层 $g_2 = 0.09 \times 1.6 \times 24 = 3.46\ (\mathrm{kN/m})$

桥面铺装自重：　$$q_3 = 0.74 + 3.46 = 4.2\ (\mathrm{kN/m})$$

人行道及栏杆：　$$q_4 = 5 \times 2/5 = 2\ (\mathrm{kN/m})$$

永久荷载合计：　$$q_G = \sum q_i = (11.1 + 1.09 + 4.2 + 2) = 18.39\ (\mathrm{kN/m})$$

跨中弯矩：　$$M_{1/2} = \frac{1}{8} q_G L^2 = \frac{1}{8} \times 18.39 \times 19.5^2 = 874.1\ (\mathrm{kN \cdot m})$$

支点剪力：　$$Q_0 = \frac{1}{2} q_G L = \frac{1}{2} \times 18.39 \times 19.5 = 179.3\ (\mathrm{kN})$$

②可变作用

(a)简支梁的自振频率计算：

混凝土的弹性模量 $E = 3.0 \times 10^4$ MPa；梁的抗弯惯性矩 $I_c = 0.117\,807\ \mathrm{m}^4$；包括结构自重及二期恒载 $G = 18.39$ kN/m，$m_c = G/g = 18.39/9.8$。

$$f = \frac{\pi}{2l^2}\sqrt{\frac{EI_c}{m_c}} = \frac{3.14}{2 \times 19.5^2}\sqrt{\frac{3 \times 10^{10} \times 0.117\,807 \times 9.8}{18.39 \times 10^3}} = 5.664\ (\mathrm{Hz})$$

频率 f 介于 1.5 Hz 和 14 Hz 之间，按公路桥规计算冲击系数：

$$\mu = 0.176\,7 \ln f - 0.015\,7 = 0.291$$

(b)公路—Ⅰ级荷载效应计算

按公路桥规规定：公路—Ⅰ级的车道荷载 $q_k = 10.5$ kN/m，集中荷载 $P_k = 299$ kN，计算剪力效应时：$P_k = 1.2 \times 299 = 358.8$ kN，双车道不折减 $\xi = 1$。

在均布荷载 q_k 作用下的跨中弯矩：

$$M_{1/2} = \frac{1}{8} q_k L^2 = \frac{1}{8} \times 10.5 \times 19.5^2 = 499.1\ (\mathrm{kN \cdot m})$$

在集中荷载 P_k 作用下的跨中弯矩：

$$M_{1/2} = \frac{1}{4} P_k L = \frac{1}{4} \times 299 \times 19.5 = 1\,457.6\ (\mathrm{kN \cdot m})$$

汽车荷载产生的跨中弯矩：

$$M_{1/2} = (1 + \mu)\xi m_c \sum M_{1/2} = 1.291 \times 1 \times 0.538 \times (499.1 + 1\,457.6) = 1\,359.0\ (\mathrm{kN \cdot m})$$

绘制荷载横向分布系数沿桥纵向的变化图和支点剪力影响线如图 4.63 所示。m_c 变化区荷载重心处的内力影响线坐标为

$$y = 1 \times \left(19.5 - \frac{1}{3} \times 4.9\right)/19.5 = 0.916\ (\mathrm{m})$$

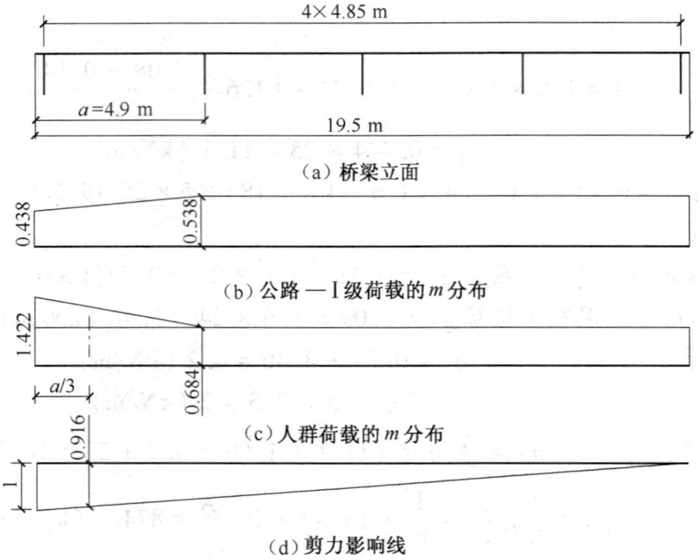

图 4.63　简支梁横向分布系数沿桥纵向的变化图和支点剪力影响线

在 q_k 作用下：

$$Q_0 = (1+\mu)\xi q_k\left[m_c\Omega + \frac{a}{2}(m_0 - m_c)y\right]$$

$$= 1.291 \times 1 \times 10.5 \times \left[0.538 \times 19.5/2 + \frac{4.9}{2} \times (0.438 - 0.538) \times 0.916\right]$$

$$= 68.1\ (\text{kN})$$

在 P_k 作用下：

$$Q_0 = (1+\mu)\xi m_0 \times 1.2P_k y_0 = 1.291 \times 1 \times 0.438 \times 1.2 \times 299 \times 1 = 202.9\ (\text{kN})$$

汽车荷载产生的支点剪力　　$Q_0 = (68.1 + 202.9) = 271\ (\text{kN})$

(3)人群荷载效应计算

人群荷载每延米：　　$q_人 = 3 \times 0.75 = 2.25\ (\text{kN/m})$

人群荷载产生的跨中弯矩：

$$M_{1/2} = m_c q_人 \Omega_人 = 0.684 \times 2.25 \times \frac{1}{8} \times 19.5^2 = 73.1\ (\text{kN} \cdot \text{m})$$

人群荷载产生的支点剪力：

$$Q_0 = m_c q_人 \Omega + \frac{a}{2}(m_0 - m_c)q_人 y$$

$$= 0.684 \times 2.25 \times 9.75 + \frac{4.9}{2} \times (1.422 - 0.684) \times 2.25 \times 0.916$$

$$= 18.7\ (\text{kN})$$

同理可以求出 $L/4$ 截面的弯矩和 $L/2$ 截面的剪力值。

(4)荷载组合

分别考虑承载能力极限状态的基本组合和正常使用极限状态的频遇、准永久组合，得到各种组合下的内力值，见表 4.11。

表 4.11　主要控制截面的内力组合

序号	荷载及组合类型	弯矩(kN·m)		剪力(kN)	
		$M_{1/4L}$	$M_{1/2L}$	Q_0	$Q_{1/2L}$
(1)	结构自重	655.5	874.1	179.3	0
(2)	汽车荷载	1 019.3	1 359.0	271.0	142.4
(3)	人群荷载	54.9	73.1	18.7	3.8
(4)	基本组合:1.2×(1)+1.4×(2)+0.8×(3)	2 257.5	3 010.0	609.5	202.4
(5)	频遇组合:(1)+0.7×$(2)_{不计冲击力}$+1.0×(3)	1 263.1	1 684.1	344.9	81.0
(6)	准永久组合:(1)+0.4×$(2)_{不计冲击力}$+0.4×(3)	993.3	1 324.4	270.7	45.6

4. 结构的配筋及检算

对于钢筋混凝土和预应力混凝土结构,已知主梁在各种荷载组合时各截面的设计内力,就可以应用结构设计原理的方法进行主梁纵向配筋、腹筋和箍筋的设计,并配置构造钢筋,然后依据规范进行承载能力极限状态和正常使用极限状态的刚度(变形)、应力、抗裂性(裂缝宽度)和稳定性的验算。

4.5.4　横隔梁内力计算

在钢筋混凝土和预应力混凝土桥中,设置横隔梁可以加强结构的横向联系和整体性能,使各片主梁能够很好地共同工作。对于具有多片内横隔梁的桥梁,一般只计算受力最大的跨中横隔梁,其他横隔梁的设计偏安全地仿此设计。下面介绍横隔梁内力的简化计算方法。

1. 作用在横隔梁上的荷载

对于跨中横隔梁来说,除了直接作用在其上的轮重荷载外,前后的轮重对其内力也有影响。在计算中可假设荷载在相邻横梁之间按杠杆原理法传力,如图 4.64 所示。纵向一列汽车车辆荷载轮重分配给跨中横隔梁的计算荷载为

$$P_{cq} = \frac{1}{2}(q_k\Omega + p_k y_1) = \frac{1}{2}q_k L_a + \frac{1}{2}p_k y_1 \tag{4.98}$$

同理,人群荷载为

$$P_{cr} = q_r\Omega = q_r L_a \tag{4.99}$$

式中　Ω——按杠杆原理计算的纵向荷载影响线面积;

L_a——横隔梁的间距;

y_1——集中荷载 P_k 作用在中横梁上时,所对应的按杠杆原理计算的纵向荷载坐标值。

2. 横隔梁的内力影响线

将桥梁的中横梁近似地视为支承在多片弹性主梁上的多跨弹性支承连续梁,其计算简图如图 4.65 所示。由上述方法求得各主梁分配到的荷载 P_{cq} 或 P_{cr},即求得主梁对横隔梁的支承反力后,便可用一般方法求出横隔梁的内力。

(1)当荷载 $P=1$ 作用在截面 r 的左侧时

$$M_r = R_1 \cdot b_1 + R_2 \cdot b_2 - 1 \cdot e = \sum^{左} R_i b_i - e,\quad Q_r = R_1 + R_2 - 1 = \sum^{左} R_i - 1 \tag{4.100}$$

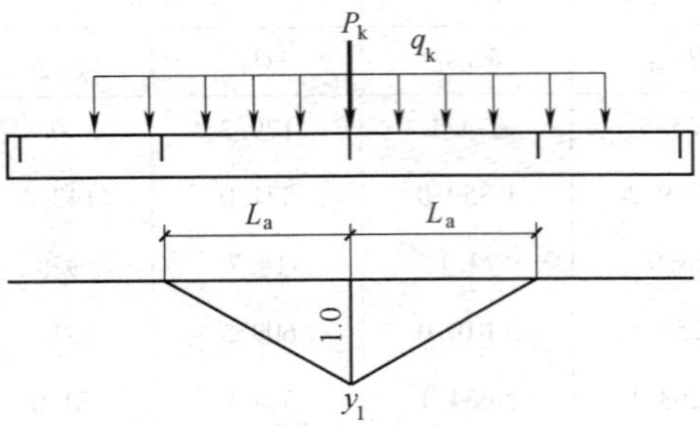

图 4.64　横隔梁上计算荷载图式

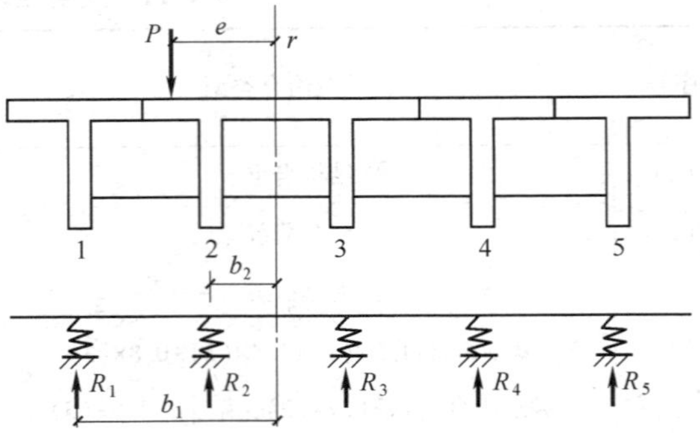

图 4.65　横隔梁计算图式

(2)当荷载 $P=1$ 作用在截面 r 的右侧时

$$M_r = R_1 \cdot b_1 + R_2 \cdot b_2 = \sum^{\text{左}} R_i b_i, \quad Q_r = R_1 + R_2 = \sum^{\text{左}} R_i \tag{4.101}$$

式中　M_r, Q_r——横隔梁任意截面 r 的弯矩和剪力;

e——荷载 $P=1$ 到所求截面的距离;

b_i——支承反力 R_i 到所求截面的距离;

$\sum^{\text{左}}$——涉及所求截面以左的全部支承反力的作用。

为了求得横隔梁的最大内力,可先绘横隔梁内力影响线(图 4.66)。然后按照这些影响线加载,求出内力最大值。

3. 横隔梁内力计算

用上述计算荷载在横隔梁某截面的内力影响线上按最不利位置加载,就可求得横隔梁在该截面上的最大(或最小)内力值。例如汽车荷载作用的横隔梁截面内力值为

$$S = (1+\mu) \cdot \xi \cdot P_{cq} \cdot \sum \eta \tag{4.102}$$

式中　η——横隔梁内力影响线竖坐标;

μ——主梁的冲击系数;

ξ——汽车荷载的横向折减系数。

4.5.5　挠度及预拱度计算

梁的挠度分为永久荷载挠度和可变荷载挠度两部分。前者指长期荷载作用(包括恒载、预应力、混凝土收缩和徐变等)引起的挠度;后者指列车、汽车及人群等引起的挠度。

永久荷载挠度可以通过施工时的预拱度加以消除,可使竣工后的桥梁达到设计时的理想线形,因此,大部分规范对恒载挠度未有明确的限值规定。可变荷载挠度会引起结构线形的不平顺,影响行车速度及乘车舒适性。

预应力混凝土梁由于偏心预加力作用使梁产生向上的挠曲,通常称为梁的上拱。

桥梁的预拱度通常按结构自重和 1/2 可变荷载频遇值计算的长期挠度之和采用。对于钢筋混凝土桥梁,当由结构自重和汽车荷载所产生的长期挠度不超过跨度的 1/1 600 时,可以不设预拱度。

公路桥规规定:对于钢筋混凝土及预应力混凝土梁式桥,用可变荷载频遇值计算的上部结

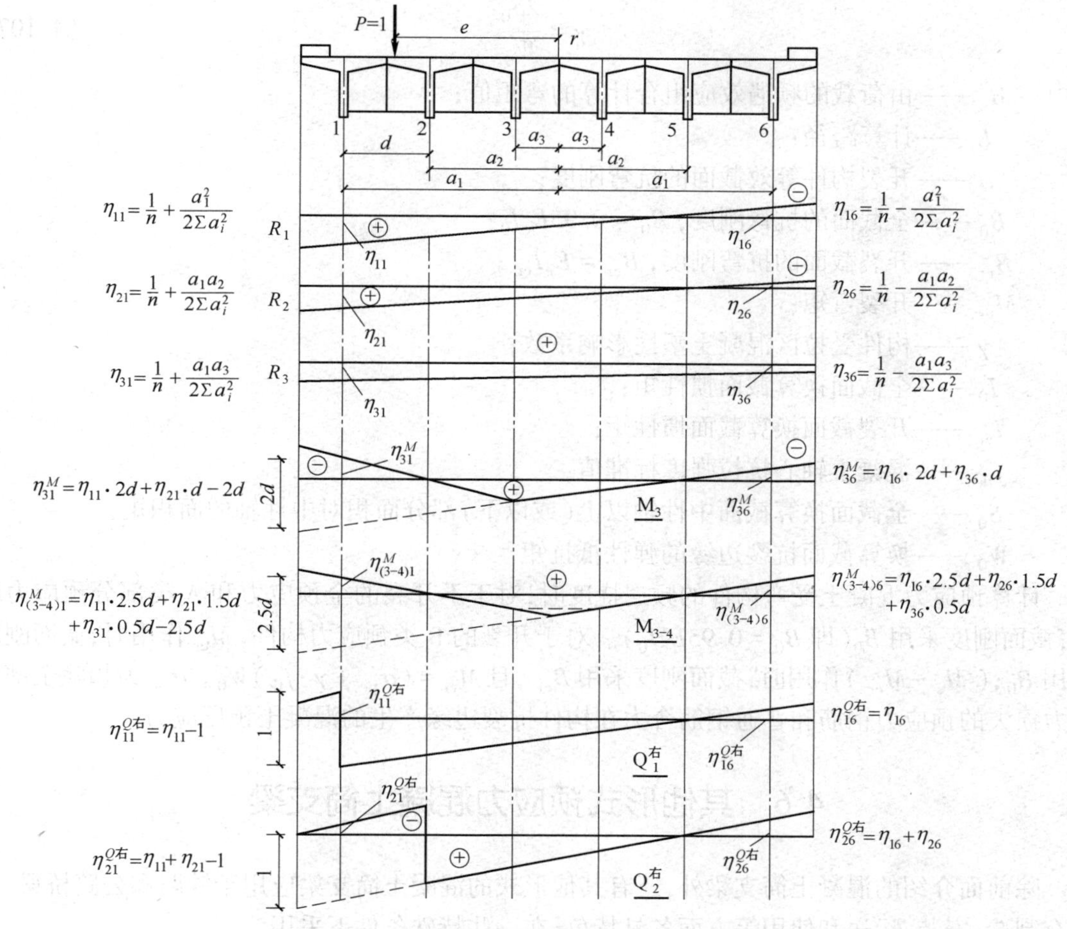

图 4. 66　按偏心压力法计算的横梁内力影响线

构长期跨中最大竖向挠度,不应超过计算跨径的 1/600;悬臂体系的端点最大挠度不应超过计算跨径的 1/300。

公路钢筋混凝土和预应力混凝土简支梁的长期挠度值 f_c 可按式(4. 103)计算:

$$f_c=\eta_\theta f \tag{4.103}$$

式中　f_c ——长期挠度值;

f ——按荷载频遇效应组合计算的频遇挠度值;

η_θ ——挠度长期增长系数,当采用 C40 以下混凝土时,取为 1. 6;当采用 C40~C80 混凝土时,取为 1. 45~1. 35,中间强度等级可按直线内插;计算预应力混凝土简支梁反拱时,取为 2. 0。

对于钢筋混凝土简支梁,按荷载频遇效应作用下的跨中截面挠度值按式(4. 104)计算:

$$f=\frac{5}{48}\cdot\frac{M_sL^2}{B} \tag{4.104}$$

$$B=\frac{B_0}{\left(\dfrac{M_{cr}}{M_s}\right)^2+\left[1-\left(\dfrac{M_{cr}}{M_s}\right)^2\right]\dfrac{B_0}{B_{cr}}} \tag{4.105}$$

$$M_{cr}=\gamma\cdot f_{tk}\cdot W_0 \tag{4.106}$$

$$\gamma = \frac{2S_0}{W_0} \tag{4.107}$$

式中 M_s——由荷载的频遇效应组合计算的弯矩值；

L——计算跨径；

B——开裂构件等效截面的抗弯刚度；

B_0——全截面的抗弯刚度，$B_0 = 0.95E_cI_0$；

B_{cr}——开裂截面的抗弯刚度，$B_{cr} = E_cI_{cr}$；

M_{cr}——开裂弯矩；

γ——构件受拉区混凝土塑性影响系数；

I_0——全截面换算截面惯性矩；

I_{cr}——开裂截面换算截面惯性矩；

f_{tk}——混凝土轴心抗拉强度标准值；

S_0——全截面换算截面中性轴以上(或以下)部分面积对中性轴的面积矩；

W_0——换算截面抗裂边缘的弹性抵抗矩。

计算预应力混凝土受弯构件的频遇挠度时，对于不开裂的全预应力和A类部分预应力构件，截面刚度采用B_0(即$B_0 = 0.95E_cI_0$)。对于开裂的B类预应力构件，M_{cr}作用时，截面刚度采用B_0；($M_s - M_{cr}$)作用时，截面刚度采用B_{cr}，且$M_{cr} = (\sigma_{pc} + \gamma \cdot f_{tk})W_0$。$\sigma_{pc}$为扣除全部预应力损失的预应力钢筋和普通钢筋合力在构件抗裂边缘产生的混凝土预压应力。

4.6 其他形式预应力混凝土简支梁

除前面介绍的混凝土简支梁外，还有其他形式的混凝土简支梁应用于铁路和公路桥梁，它们在制造、安装、运送和使用等方面各具特色，在一些特殊条件下采用。

4.6.1 部分预应力混凝土简支梁

预应力混凝土结构按其预应力度或预应力水平，分为“全预应力”与“部分预应力”。所谓“全预应力”是指在使用荷载作用下，梁的控制截面不允许出现拉应力，更不允许截面开裂的预应力混凝土梁，前面介绍的先张法和后张法预应力混凝土简支梁，都是对“全预应力”混凝土梁而言。相对来说，容许控制截面出现拉应力甚至开裂的称为“部分预应力”，其中容许出现拉应力但不容许开裂的称为“A类预应力”，容许开裂但需控制裂缝宽度的称为“B类预应力”。

全预应力梁有许多优点，如抗裂性好、刚度大等，但经过多年的使用经验表明，它存在一些问题。由于梁在使用条件下不允许出现拉应力，必然要施加较大预压应力，由于预压应力过大，这就给使用带来一系列需以重视的问题：在长期较大预压应力下，混凝土徐变使得梁的上拱度逐渐增大，致使桥上道砟不断减薄，行车时造成轨枕压断现象时有出现。在公路桥梁中由于徐变上拱度使线路不平顺，影响正常行车；由于过大的预压应力造成预应力混凝土梁体出现沿力筋束纵向的裂纹和锚下局部裂纹，若不及时修补会严重影响梁的使用寿命。为此，在预应力混凝土梁中，可考虑适当地降低预压力，并在梁中配置一定数量的普通钢筋以改善梁的使用性能。

部分预应力混凝土梁在国外早已应用于铁路和公路简支梁桥，并向大跨度桥梁发展。其中1980年在奥地利多瑙河上修建的维也纳帝国桥，全长864.5 m，主跨为169.6 m的10跨变高度连续梁桥，是一座部分预应力混凝土桥的典型实例。我国最早应用于1980年的上海青浦朝阳河桥，是跨度为20 m的公路简支梁。1978年在广深线上的深圳市铁路高架桥是我国铁路桥梁上首次使用部分预应力梁。该高架桥全长约900 m，共有8~10 m简支梁158孔，此外还有四联小跨部分预应力连续梁。在大秦线上又建成两座16 m跨的采用钢绞线及粗钢筋的先张部分预应力梁试点桥，即京密引水桥和一道河桥。前者按B类构件设计，后者按A类构件设计。

大秦线上先张法施工的部分预应力混凝土梁，采用两种不同的配筋设计：钢绞线和45SiMnV精轧螺纹粗钢筋。图4.67为大秦线上的16 m部分预应力混凝土梁的设计图中下翼缘截面尺寸及配筋布置。其截面形式同16 m跨低高度先张全预应力梁标准设计相同。每片梁采用38根7ϕ5钢绞线及11根ϕ6的T20MnSi非预应力螺纹粗钢筋（而全预应力梁采用48根7ϕ5钢绞线，无非预应力受力钢筋）。该梁按预应力度$\lambda=0.859$，混凝土强度等级C50，跨中截面下翼缘恒载压应力为10.8 MPa，活载作用下设计拉应力为2.2 MPa。在此应力情况下，通常梁不会开裂，即使偶然超载开裂，活载移去后在预压应力作用下裂缝也会立即闭合。

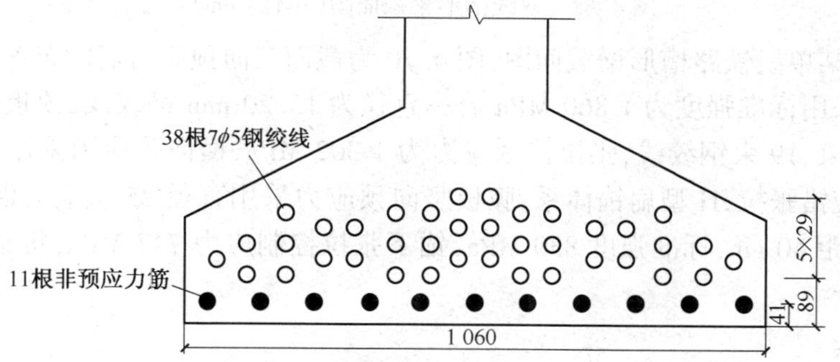

图4.67 16 m跨度铁路部分预应力混凝土先张梁截面配筋（单位：mm）

4.6.2 预应力混凝土铁路槽形梁

预应力混凝土铁路槽形梁，是一种下承式预应力混凝土铁路桥梁。与上承式预应力混凝土铁路桥梁相比，建筑高度明显降低、降噪效果好、断面空间利用率高、行车安全、外形美观、视觉效果好，该类型桥适用于平原河网地区、城市立交及轨道交通桥梁。

槽形梁是由行车道板、主梁及端横梁组成。当列车作用在桥面上时，荷载通过道床板传给主梁，再由主梁传给支座（接近端部的部分荷载，则由道床板经端横梁传给支座）。道床板直接承受荷载，其厚度取决于桥的宽度。一般有砟单线的道床板厚度可取0.4~0.45 m，有砟双线道床板厚度可取0.6~0.65 m。主梁承受由道床板传来的荷载，这种荷载除引起主梁弯曲外，还使主梁受扭和竖向受拉。主梁的形式有工形、T形及箱形等。利用铁路限界下部的缩小部分，主梁腹板做成斜的，并将主梁上翼缘的大部分移向外侧，构成斜墙式。若主梁腹板是竖直的，则为直墙式。

在槽形梁的道床板中，除布置横向预应力筋外，道床板作为主梁的下翼缘还要布置纵向预应力钢筋。在主梁的腹板中除布置纵向预应力筋外，为了承受道床板传来的竖向拉应力，还要布置竖向预应力钢筋，所以槽形梁一般是三向预应力结构。

国外最早的预应力槽形梁,是英国 1952 年建造的罗什尔汉桥;日本为适应立交桥的发展,增加净空,减少噪声等原因,建造了多座槽形梁桥,如跨度为 68 m 的第二丘里桥。图 4. 68 为包西铁路跨既有包兰线 1 号特大桥 32 m 双线铁路预应力混凝土简支槽形梁截面图,梁长 32. 6 m,计算跨度 30. 9 m,桥面全宽 14. 4 m,跨中梁高 3. 1 m,支点梁高 3. 5 m。

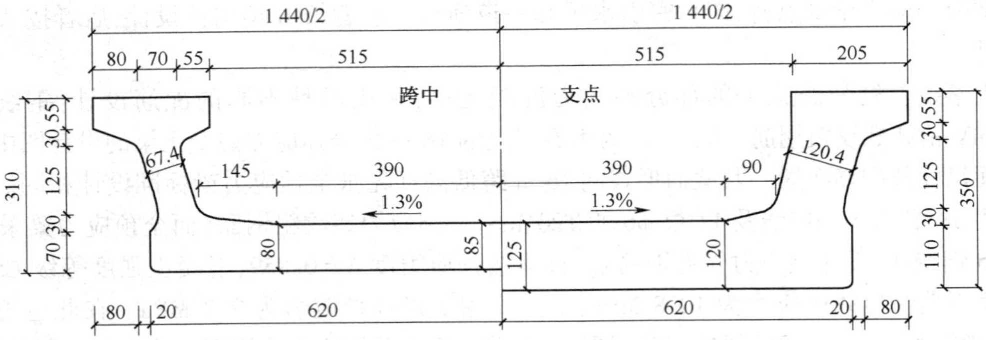

图 4. 68　双线槽形梁截面图(单位: cm)

图 4. 69 为某单线铁路槽形梁截面图,图 4. 70 为截面三向预应力筋的布置图,梁体纵向和横向预应力束采用标准强度为 1 860 MPa 公称直径为 15. 20 mm 钢绞线,顶板束、腹板和底板束分别采用 17 束、19 束钢绞线,张拉控制应力为 1 302 MPa,横向预应力采用 5 束钢绞线,间距40 cm,单端交错张拉,H 型扁锚体系,腹板竖向预应力采用直径 25 预应力混凝土用精轧螺纹钢筋,纵向间距 40 cm,标准强度 830 MPa,锚下张拉控制应力 747 MPa,每延米张拉伸长量约为 0. 37 cm。

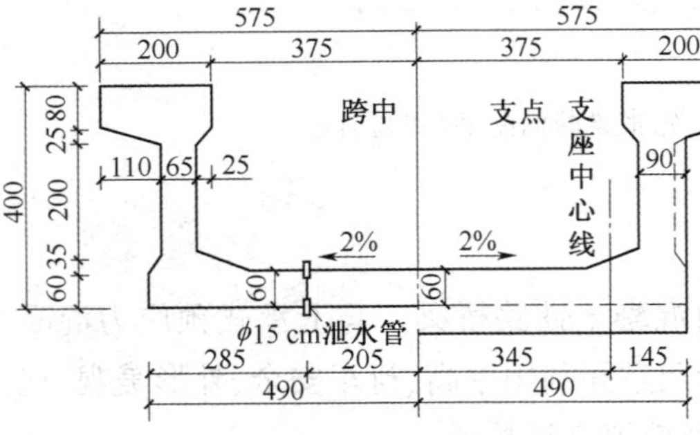

图 4. 69　单线槽形梁截面图(单位: cm)

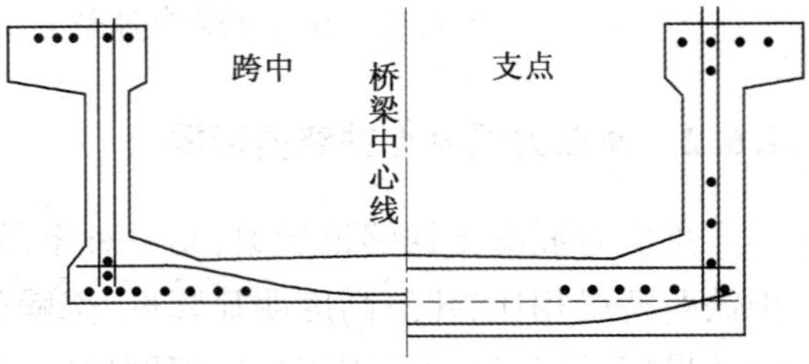

图 4. 70　梁体三向预应力筋布置(单位: cm)

槽形梁大大降低了建筑高度,这是它的主要优点,但其混凝土用量较多,结构复杂,工作量大,需要较多机械设备,同时梁内钢筋密集,工艺复杂、制作技术要求较高,只有在建筑高度受限等特殊条件下应用。

4. 6. 3　双预应力混凝土简支梁

双预应力混凝土简支梁,是指在简支梁的下翼缘施加预压应力同时在梁的上翼缘施加预拉应力的双重预应力的简支梁,使预压和预拉应力抵消或减小荷载作用下梁下缘的拉应力和梁上缘的压应力。

双预应力混凝土梁最早(1977 年)应用于奥地利阿尔姆(ALM)公路简支梁桥。该桥跨度达 76 m 而梁高仅 2.5 m，其高跨比为 1/30.4，其比值是一般箱梁结构所不能比的，故该桥在结构造型上表现得轻巧美观、和谐流畅，使普通预应力梁所不能达到的低高度得以实现。

该桥预拉力筋采用 80 束钢绞线，每束 12 根组成，预压力筋为 96 根直径 36 圆钢筋，图 4.71 为阿尔姆桥的截面及配筋情况。

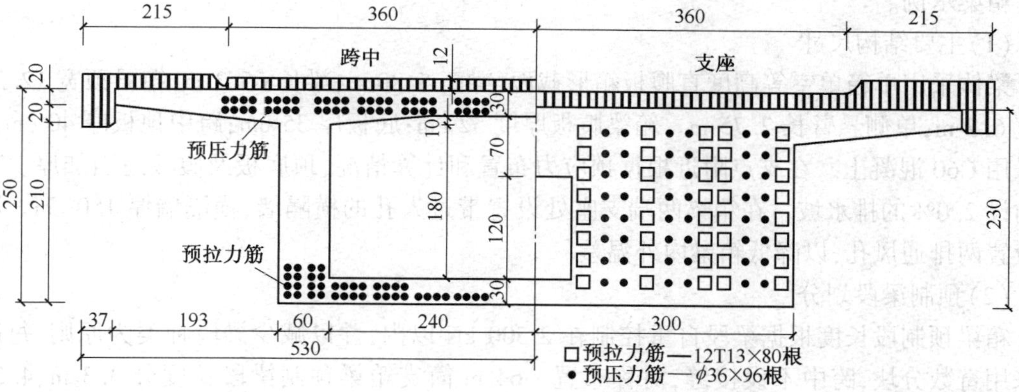

图 4.71　阿尔姆桥双预应力梁截面及配筋（单位：cm）

20 世纪 80 年代日本曾在东海道本线掘川町线上建造的公路桥为 1 孔双预应力简支梁桥，全桥截面由 16 根 I 字形梁组成，梁长为 30.9 m，跨度为 30.0 m，下缘采用每束由 12 根 T12.4 钢绞线为预拉力筋，上缘采用 3 根直径 32 mm 的粗钢筋为预压力筋，如图 4.72 所示。从 1984 年日本先后共建造了约 20 座双预应力混凝土简支梁桥。

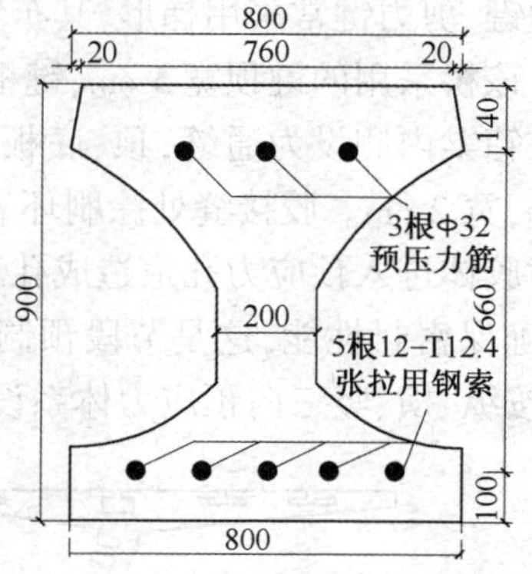

图 4.72　日本东海道本掘川町线双预应力梁截面及配筋图（单位：mm）

双预应力混凝土梁在设计方法及内容上和预应力混凝土梁没有本质的不同。只是在计算中要考虑到受压区预压力筋对截面引起预拉应力及其对梁其他性能的影响。由于梁受到预压和预拉应力的作用，为使梁满足使用性能及强度的要求，需要进行多次试算和调整，设计计算比较烦琐。

值得注意的是，双预应力混凝土梁与同跨度标准梁相比其用钢量较多，这是由于梁高降低很多的缘故。预压力筋的施压和锚固也增加施工工作量。若考虑到某些特殊条件的需要，必须采用较大跨度桥梁同时建筑高度受到严格限制时，如多层立交、跨线桥等，使用双预应力混凝土梁是非常优越的。

4.6.4　横向分块式预应力混凝土简支梁

铁路和公路预应力混凝土简支梁由纵向分片的 T 梁组成，每片梁的质量较大，运输不便。为了减轻自重，将每片梁再横向分成小块件，在工厂或工地制造后运往桥位，在现场或桥位支架上将每个块件用预应力钢束串联起来形成整片梁，这就是所谓的预应力混凝土串联梁，如图 4.37(a)所示。由于公路桥面较宽需由多片梁组成，可用横向预应力筋横向将多片梁连成整体，如图 4.37(b)所示。

试验表明：胶拼缝对梁的极限强度没有影响，而会使梁体的抗裂性能有所降低（接缝处）。

其原因不在于接缝本身,而在于接缝邻近处的灰浆薄层强度较弱,而降低了抗裂性。

目前,我国铁路大跨径整孔简支箱梁采用节段预制、胶接拼装工艺,并采用移动模架造桥机架设,跨度分别为 40 m、48 m、56 m 和 64 m,与悬臂浇筑法施工相比,可以提高梁体的工程质量、节省工期,提高桥梁的美观性能。下面为某高速铁路双线 64 m 箱梁节段预制胶接拼装简支箱梁示例。

(1)主要结构尺寸

梁体采用单箱单室等高度直腹板箱形截面,梁高 5.80 m,梁长 66.3 m,箱梁顶宽 12.2 m,底宽 6.7 m,单侧悬臂长 2.75 m。箱梁腹板厚度 52 cm;底板厚 35 cm;跨中顶板厚 40 cm。箱梁采用 C60 混凝土。在支点附近根据预应力布置和计算情况,顶底板及腹板适当加厚。梁顶横向设 2.0% 的排水坡。在箱梁两端支座处设置带过人孔的横隔墙,横隔墙厚 150 cm。腹板上设置两排通风孔,以降低箱梁内外温差。

(2)预制梁段划分

箱梁预制段长度根据梁段自重控制在 2 500 kN 以内,并以减少梁段种类为原则,每跨箱梁采用奇数分块,跨中不设接缝,对称布置。64 m 简支箱梁预制梁段长度分 3.3 m、4.5 m、4.9 m三种,共分为 15 个梁段,14 个接缝。

(3)接缝面剪力键布置及密封方式

接缝面剪力键按密键形式布置,除在腹板布置剪力键外,还在顶板和底板布置一定数量的剪力键,剪力键常采用梯形,其布置方式及尺寸应满足规范的要求,如图 4.73 和图 4.74 所示。

该桥采用的键顶宽 5 cm,键根部宽 15 cm,键高 5 cm,为方便胶体顺利挤出梁体,腹板剪力键在箱梁内侧设为通缝,顶、底板剪力键在顶板顶面和底板顶面设置胶体挤胶槽口,槽口深 1 cm,宽 2 cm。胶接缝处涂刷环氧密封胶,为避免预应力管道压浆液从接缝处漏出和梁体挤压时胶体进入预应力孔道造成孔道堵塞,需对接缝面预应力孔道接头采取可靠的构造处理措施,确保密封性能,这是节段预制胶接拼装箱梁的关键技术。箱梁纵向设计采用全预应力理论,按纵、横、竖三向预应力体系设计。

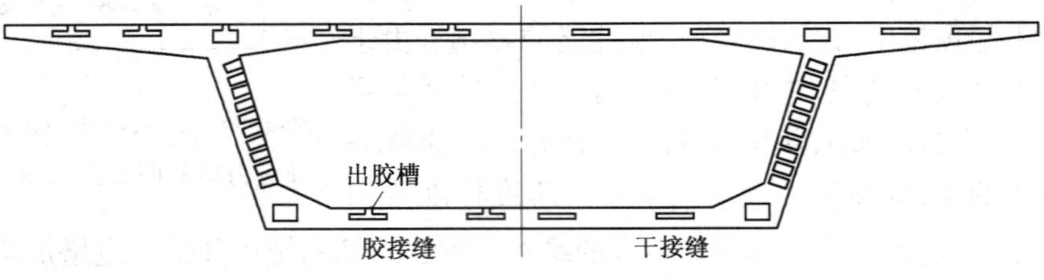

图 4.73　复合剪力键布置示意

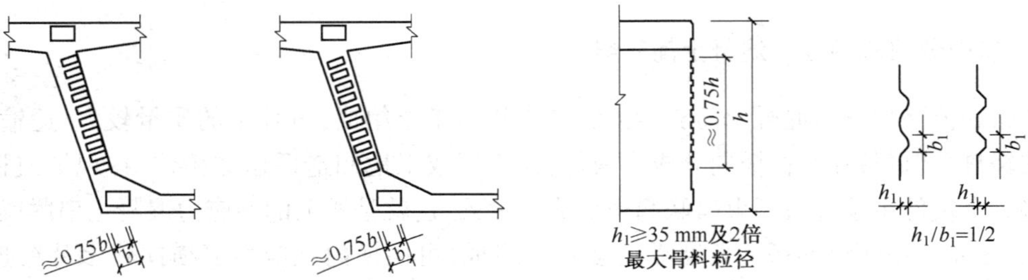

(a) 胶接缝正面　(b) 干接缝正面　(c) 侧面　(d) 剪力键大样

图 4.74　复合剪力键尺寸示意

4.6.5　预弯预应力混凝土简支梁

预弯预应力混凝土梁是一种新型的预应力混凝土结构，它是将一根屈服强度较高的工字型钢梁按一定要求的拱曲线做成预弯钢梁，然后把钢梁的两端搁置在支座上，在离两端约四分之一跨度的位置上作用一对大小相等的集中力（预弯力），使预弯钢梁产生一定的预弯弯矩。在预弯弯矩的作用下，钢梁下缘处于受拉状态，在这种受拉状态下，将钢梁下翼缘用高等级混凝土包裹住。待混凝土强度达到设计强度的90%以上时，卸去作用于钢梁上的预弯力，则钢梁将发生回弹，从而使包裹钢梁下缘的混凝土（称一期混凝土）受到预压应力。待梁体运输就位之后，再浇筑钢梁腹板两侧及上翼缘混凝土（称为二期混凝土）。于是就构成了预弯预应力混凝土梁，如图4.75所示。

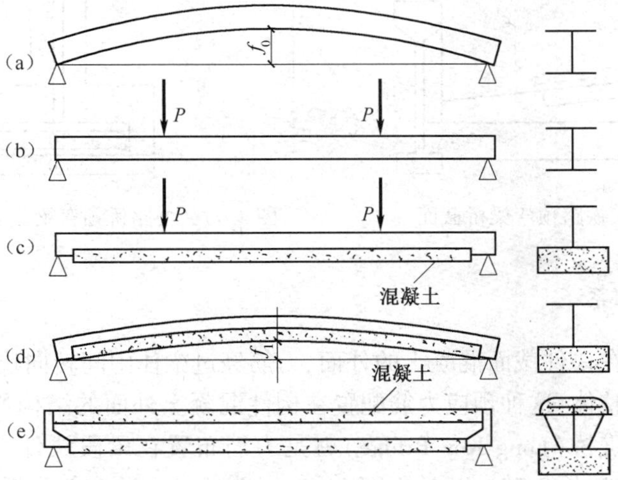

图4.75　预弯预应力混凝土梁工艺过程

预弯预应力混凝土梁与预应力混凝土梁有所不同，预弯预应力混凝土梁采用预弯的钢梁具有较大的抗弯刚度，除在回弹时对一期混凝土施加预压应力外，钢梁本身也承担相当部分的荷载弯矩，特别在一期混凝土开裂之后，钢梁的抗弯作用可以使应力产生重分布，从而延缓裂缝的发展。

预弯预应力混凝土梁具有下述特点：

①刚度大。一是钢梁制作时有一定的反拱度，混凝土中钢梁本身刚度大，故整个预弯梁在荷载下的挠度较小，其高跨比较小，一般在1/40～1/25，适用于跨度大、建筑高度要求低的地区。

②抗裂性能好。在荷载下当一期混凝土开裂后使较大荷载转移给劲性钢梁，从而延缓裂缝的集中和发展，当移去荷载后，由于劲性钢梁的回弹，则裂缝具有较好的闭合性能。

③制作简单，省工省料。对一期混凝土施加预应力时不需要锚具和张拉设备及张拉台座等，也省去压浆等工序，可以由预制厂制造运往工地架设，二期混凝土的灌注可在钢梁上立模，进行现场施工无需支架等辅助设备，便于交通繁忙地段使用。

④适用范围广。预弯预应力混凝土梁除用于大跨度、低梁高的特殊建筑外，所有能采用钢梁和钢筋混凝土梁的场合，都可以采用预弯预应力混凝土梁，如工业厂房、影剧院、地下建筑和高层建筑以及公、铁路桥梁等建筑物。

“预弯预应力混凝土梁”于20世纪50年代始建于比利时,并在欧洲应用于工程中,20世纪60年代中期日本进行了大量研究和开发,并大量应用于桥梁工程中。1968年日本在大阪建成了第一座跨度为18.5 m的预弯预应力混凝土公路桥梁——玉津桥,后来又修建了东北新干线女沼跨线桥、冈多线丰田跨线桥等。如图4.76所示,两主梁间由横梁连接,其上再搁置道床板(连续的混凝土板)。该类型桥梁具有建筑高度小、低噪声、低振动等优点,可适用于居民密集地区的桥梁建筑。图4.77为我国跨度26 m公路桥预弯预应力混凝土梁的截面形状及几何尺寸。

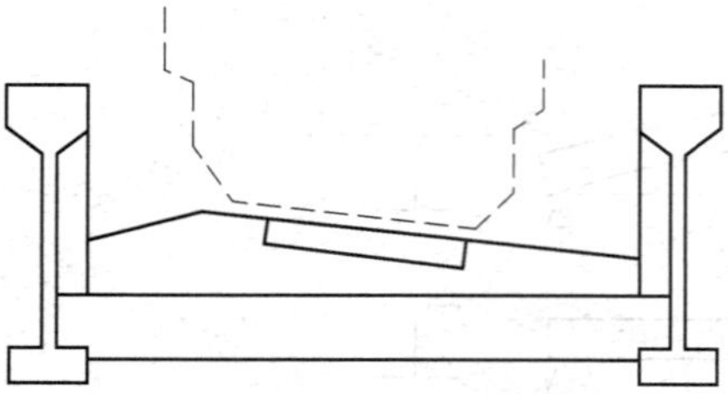

图4.76　下承式铁路预弯梁桥截面

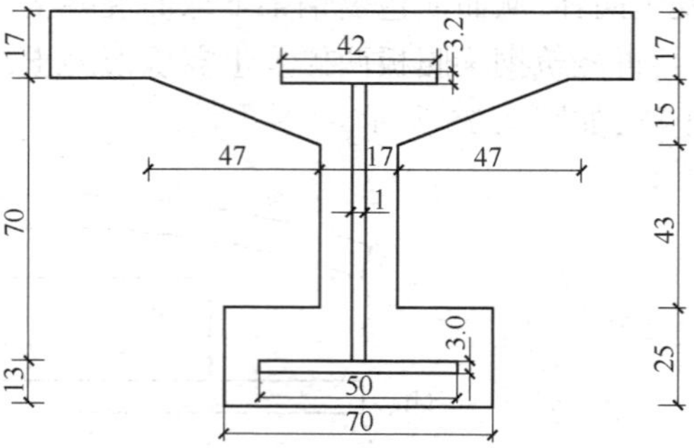

图4.77　公路桥预弯梁截面(单位:cm)

4.6.6　体外预应力体系

将预应力筋布置在块件截面混凝土的外面,力筋经过梁体中间转向块,锚固于梁端部的隔板或梁端将梁体连成整体,这种预应力筋配置在构件混凝土外面的结构称之为体外配筋预应力结构。如美国的长礁桥(Long Key Bridge)就是力筋布置在梁段块件的外部,如图4.78所示。该桥共103跨,全桥长3 701 m,桥面宽11.7 m,为等高度单室斜腹板箱梁,每个标准跨由7个节段组成,标准桥跨在每侧腹板附近用2束26对3 mm钢绞束,安装时纵向力筋锚固在墩顶节段的横隔板上,在辅助钢桁梁上拼装,每周可拼装2孔,全桥拼装约一年完成,该桥获得快速建造和较高的经济效益。此后其他国家还建造了一些其他类似的桥梁。横向分块体外预应力配筋的桥梁结构,是装配式预应力混凝土桥梁发展的方向之一。

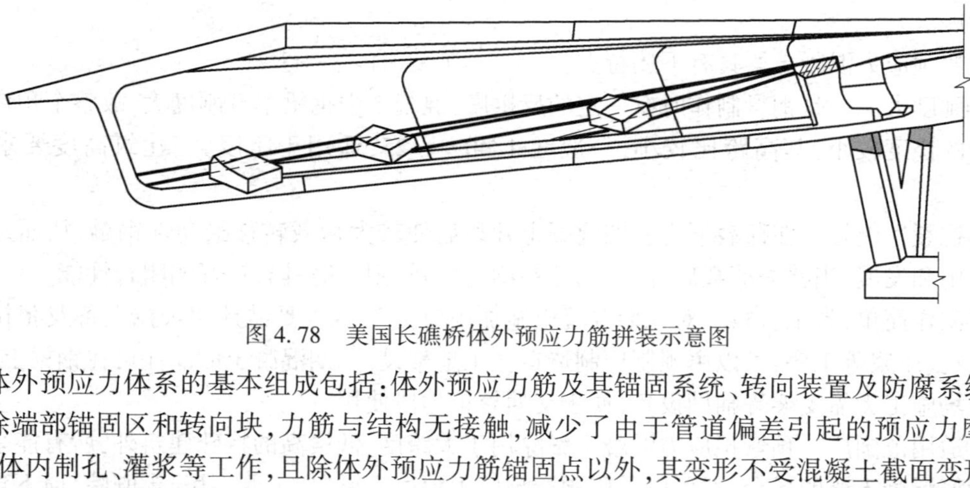

图4.78　美国长礁桥体外预应力筋拼装示意图

体外预应力体系的基本组成包括:体外预应力筋及其锚固系统、转向装置及防腐系统。

除端部锚固区和转向块,力筋与结构无接触,减少了由于管道偏差引起的预应力摩擦损失,无体内制孔、灌浆等工作,且除体外预应力筋锚固点以外,其变形不受混凝土截面变形的影响,力筋的应力沿长度方向分布均匀,变化幅度小,因此应力变化引起的疲劳影响小。图4.79

为体外预应力体系示意图。

体外预应力体系的转向构造应根据受力要求,选取块式、肋式(竖向或横向)或横梁式,如图 4.80 所示,转向块的构造配筋如图 4.81 所示,应设置内环箍筋和外环箍筋,前者围住单个转向器,后者沿构造周边围住所有转向器。

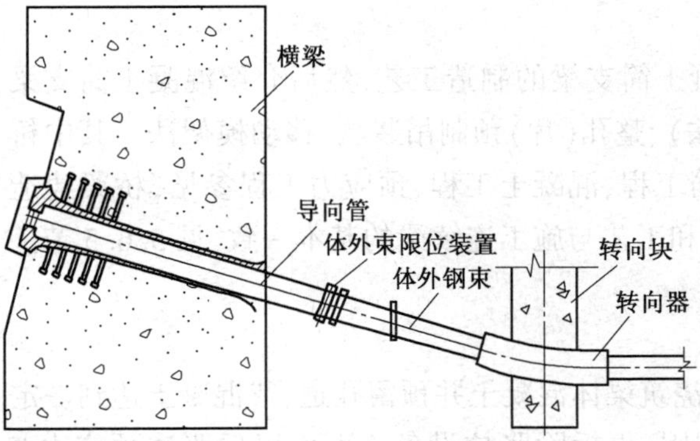

图 4.79　体外预应力体系示意图

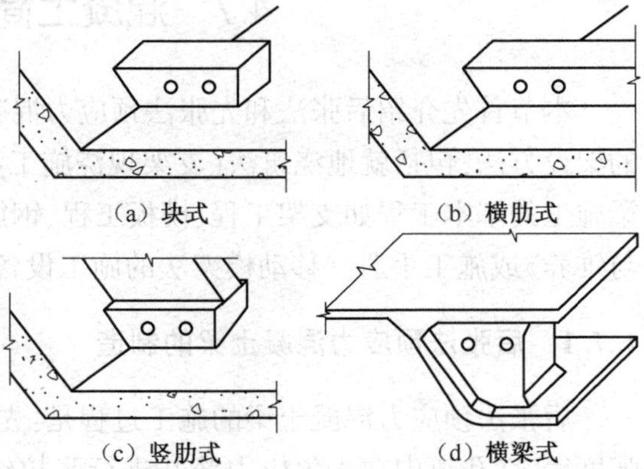

图 4.80　体外预应力的转向构造

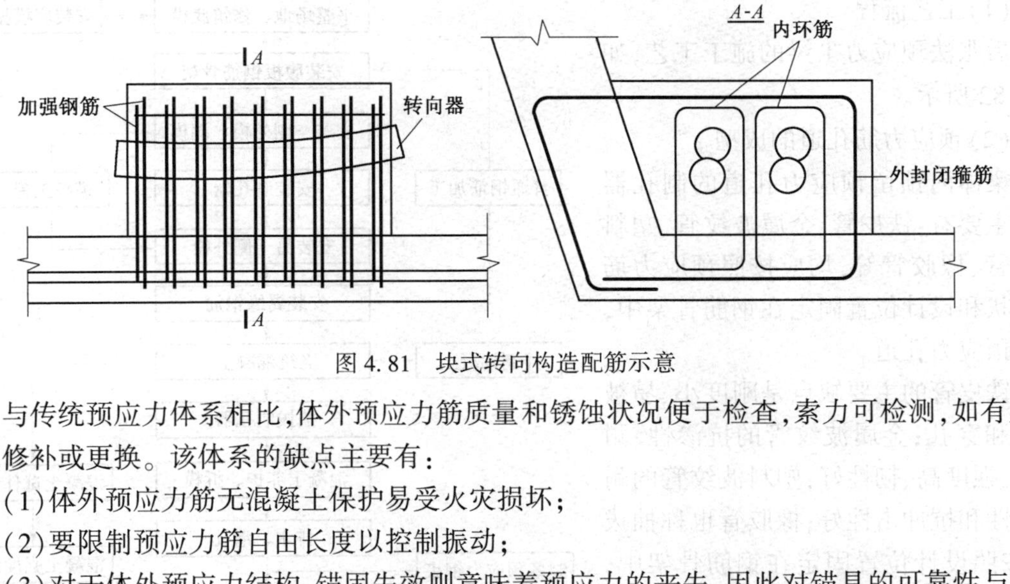

图 4.81　块式转向构造配筋示意

与传统预应力体系相比,体外预应力筋质量和锈蚀状况便于检查,索力可检测,如有必要可以修补或更换。该体系的缺点主要有:

(1)体外预应力筋无混凝土保护易受火灾损坏;

(2)要限制预应力筋自由长度以控制振动;

(3)对于体外预应力结构,锚固失效则意味着预应力的丧失,因此对锚具的可靠性与防腐要求很高;

(4)承载能力极限状态下的抗弯能力小于有黏结和无黏结预应力混凝土结构;

(5)极限状态下可能因延性不足而产生没有预兆的失效;

(6)需要足够的黏结钢筋以限制裂缝。

体外预应力混凝土桥梁应留有供体外预应力系统维护、更换和设备进出的通道,应根据环境和使用年限等要求,选用体外预应力钢索的防腐措施。体外预应力的二次效应也不容忽视,当梁发生挠曲变形时,转向构造之间的体外预应力筋将不随梁体而挠曲,结果导致体外预应力筋的偏心距减小。

二次效应的控制措施主要有:

(1)设置定位构造,以限制其发生相对梁体的位移;

(2)定位构造形式与块式或底横肋式转向构造相似;

(3)定位构造或定位与转向构造的间距不宜过大,一般不超过 8 m,并在梁体挠曲最大的位置设置定位构造。

4.7　混凝土简支梁制造及架设

本节首先介绍后张法和先张法预应力混凝土简支梁的制造工艺,然后介绍混凝土简支梁的架设方法,包括就地浇筑法(支架现浇施工法)、整孔(片)预制吊装法、移动模架法。其中桥梁施工的基本工程如支架工程、模板工程、钢筋工程、混凝土工程、预应力工程参见《桥梁建造与维养》或施工手册。移动模架法的施工设备和工艺与施工连续梁的基本一致,见 5.6.5 节。

4.7.1　后张法预应力混凝土梁的制造

后张法预应力混凝土梁的施工过程是:先浇筑梁体混凝土并预留孔道,待混凝土达到一定强度后,在孔道中穿入预应力筋并进行张拉锚固,再拆除张拉设备。下面以后张法预应力 T 梁为例介绍其主要工艺。

(1)工艺流程

后张法预应力 T 梁的施工工艺,如图 4.82 所示。

(2)预应力筋孔道的成型

梁体内预留预应力孔道的制孔器类型主要有:铁皮管、金属波纹管、塑料波纹管、橡胶管等,均应按照预应力筋的形状和设计位置固定在钢筋骨架中,形成预应力孔道。

铁皮管的主要缺点是刚度小、易被压瘪和穿孔;金属波纹管的抗渗性、耐压性、强度高、韧性好;塑料波纹管的耐腐蚀性和抗冲击性好;橡胶管也称抽拔管,按照设计位置固定在钢筋骨架中,待混凝土强度达到 4~8 MPa 时,及时拔出形成孔道。为了增加橡胶管的刚度并准确定位,需在橡胶管内设置圆钢筋(又称芯棒),以便在先抽出芯棒后,橡胶管易于从梁体拔出,它是梁场(厂)制梁最为常用的形式,其经济性好。

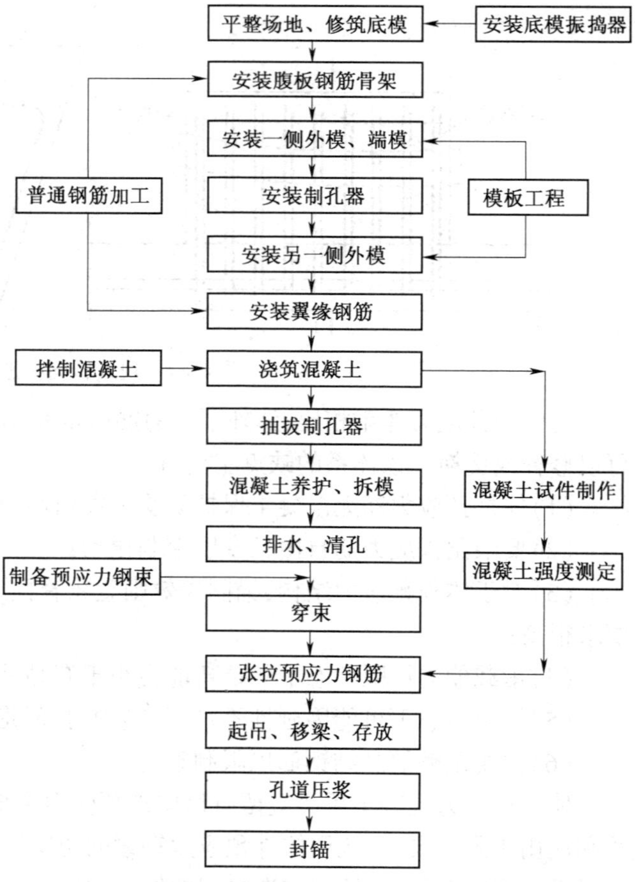

图 4.82　后张法预制 T 梁工艺示意图

(3)预应力筋的穿束

穿束前,可用空压机吹风等方法清理孔道内的污物和积水,以确保孔道畅通。穿束可以采用人工或卷扬机机械穿束。

(4)预应力筋的张拉与控制

当梁体混凝土的强度达到设计要求强度后,才可进行张拉。张拉应按顺序对称进行,以防过大的偏心压力导致梁体出现较大的侧弯现象。

张拉时采用“双控”措施,即以张拉力(油压表)控制为主,伸长量复核。对于拉丝体系后张法,施工中的张拉控制力需在设计文件中的锚下张拉控制力的基础上,加上锚具的喇叭口损失;理论伸长量的计算需计入张拉工作长度的影响,喇叭口损失、管道摩擦系数等可采用实测值。

(5)压浆

预应力筋张拉完成后,利用灌浆泵将水泥浆灌压到预应力筋孔道中去,其作用一是保护预应力筋,以防腐蚀;二是使预应力筋与构件混凝土有效的黏结,以确保钢筋和混凝土的变形一致,控制超载时裂缝的间距与宽度,并减轻梁端锚具的负荷情况。

孔道灌浆工艺主要有普通正压压浆、真空压浆和智能压浆三种方式。

正压压浆法就是利用压浆泵将拌制好的水泥浆液以 0.5~0.8 MPa 的压力从压浆端压入,当浆液从出口端流出且稠度与压浆端基本相同时,再经过两端排气(排水及微沫浆)及保压的手段以保证孔道内浆体密实度的压浆工艺。该方法一般适用于较短的管道。

为了保证孔道压浆的质量,常采用真空辅助压浆工艺。真空辅助压浆工艺采用塑料波纹管,将孔道系统密封,一端用抽真空机将孔道内 80% 以上的空气抽出,并保证孔道真空度在 80% 左右,然后从压浆端压入水灰比为 0.29~0.35 的浆液。当浆液从真空端流出且稠度与压浆端基本相同,再经过特定位置的排浆(排水及微沫浆)、保压手段保证孔道内水泥浆体饱满。

智能压浆为一种新型的桥梁预应力管道智能测控循环压浆施工工艺。通过采用循环压浆的工艺,并对压浆过程中的水胶比、压力、流量“三参数”的监测以判别孔道压浆质量,从而实现孔道压浆的密实性。

(6)封锚与封端

采用局部混凝土包裹锚具称为封锚;在梁端浇筑约 20 cm 厚的混凝土,将端面上的锚具封闭在该梁端内称为封端。

孔道压浆后应立即将梁端水泥浆冲洗干净,并将端面混凝土凿毛。在绑扎端部钢筋网和安装端部模板时,要妥善固定,以确保不因模板的变位而影响梁长。封端混凝土的强度应不低于梁体的强度。浇筑完封端混凝土后应按施工规范的规定进行洒水养护。

4.7.2　先张法预应力混凝土梁的制造

先张法施工过程是首先张拉预应力钢丝或钢绞线,将其临时固定在张拉台座上,然后浇筑梁体混凝土,当混凝土达到规定强度(一般不得低于设计强度的 75%)后,将预应力筋放松,利用力筋与混凝土的黏结作用锚固预应力筋(俗称自锚),对混凝土施加预应力。

(1)工艺流程

以先张法预应力空心板为例,其工艺流程如图 4.83 所示。

(2)预制台座

在张拉时,台座承受全部预应力筋的拉力,应具有足够的强度、刚度和稳定性,以免因台座变形、倾覆和滑移而引起预应力损失。

①墩式台座

墩式台座是靠自重和土压力来平衡张拉力所产生的倾覆力矩,并靠地基的反力和摩擦力来抵抗水平位移。台座由台面、承力架、横梁和定位钢板等组成,如图 4.84 所示。

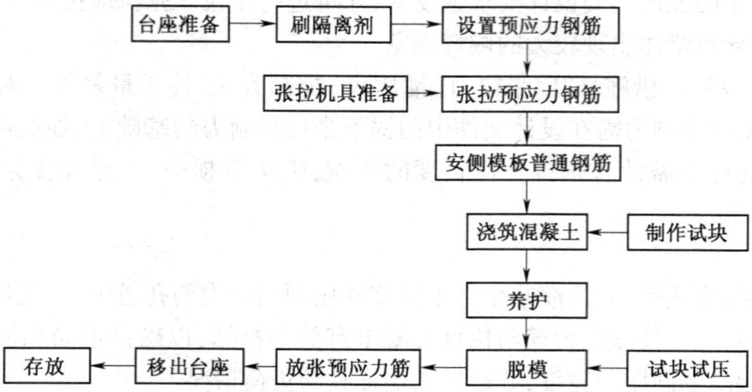

图 4.83　先张法预制空心板工艺示意图

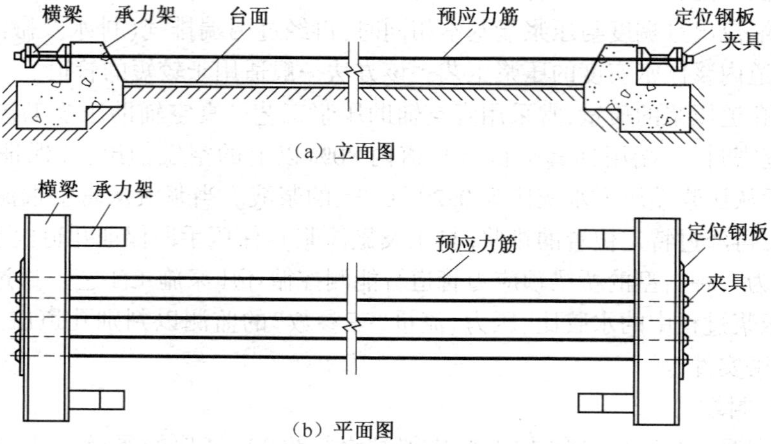

(a)立面图

(b)平面图

图 4.84　墩式台座构造示意图

②槽式台座

当现场条件较差且台座不长时,可以采用由横梁和承力支架组成的槽式台座,如图 4.85 所示。

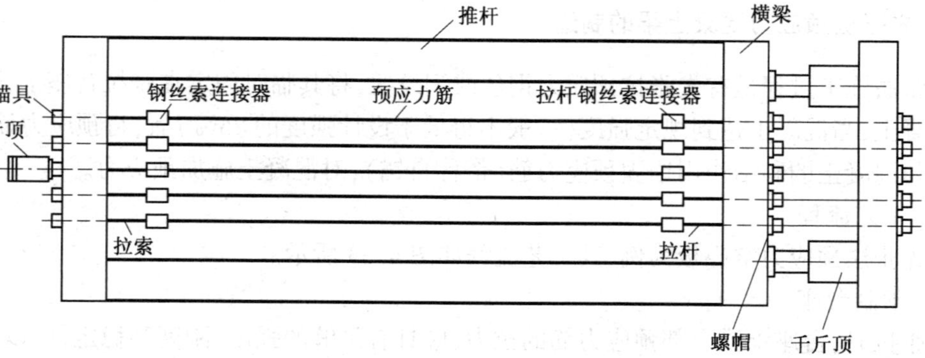

图 4.85　槽式台座平面构造示意图

墩式台座适用于长线法(一次能制造多片梁);槽式台座适用于短线法。

(3)预应力钢筋的初调、张拉与放松

采用张拉千斤顶张拉预应力筋并锚固于台座上,张拉方法有单根张拉法和整体张拉法,后者通过千斤顶顶推张拉横梁实现,需要注意是,整体张拉一般需要通过初调工艺,使各力筋受力均匀。

当混凝土达到规定的强度以后,就可以将台座上的预应力钢筋放松,逐渐将张拉力传递到混凝土构件上。放松的方法有很多,常用千斤顶放松和砂筒放松等。

(4)起吊、移梁、存放、封端

预应力钢筋放松完成后,可以用吊车将梁吊离台位,运至存梁区进行存放及封端工作。

4.7.3　就地浇筑法

就地浇筑法是在桥位处搭设支架作为工作平台,然后在其上安装模板,绑扎钢筋,浇筑梁体混凝土,待混凝土达到强度后张拉预应力,后拆除模板、支架,再施工桥面系。

支架现浇法主要适用于孔数不多、地基条件好、工期灵活、墩高较矮或桥下净空不受限制的小跨径桥梁,以及一些弯桥、变宽桥等异形桥梁。

支架按材料可分为木支架、钢支架、钢木混合支架和万能杆件拼装的支架等。支架按其构造形式分为立柱式支架、梁式支架和梁—柱式组合支架,如图 4.86 所示。

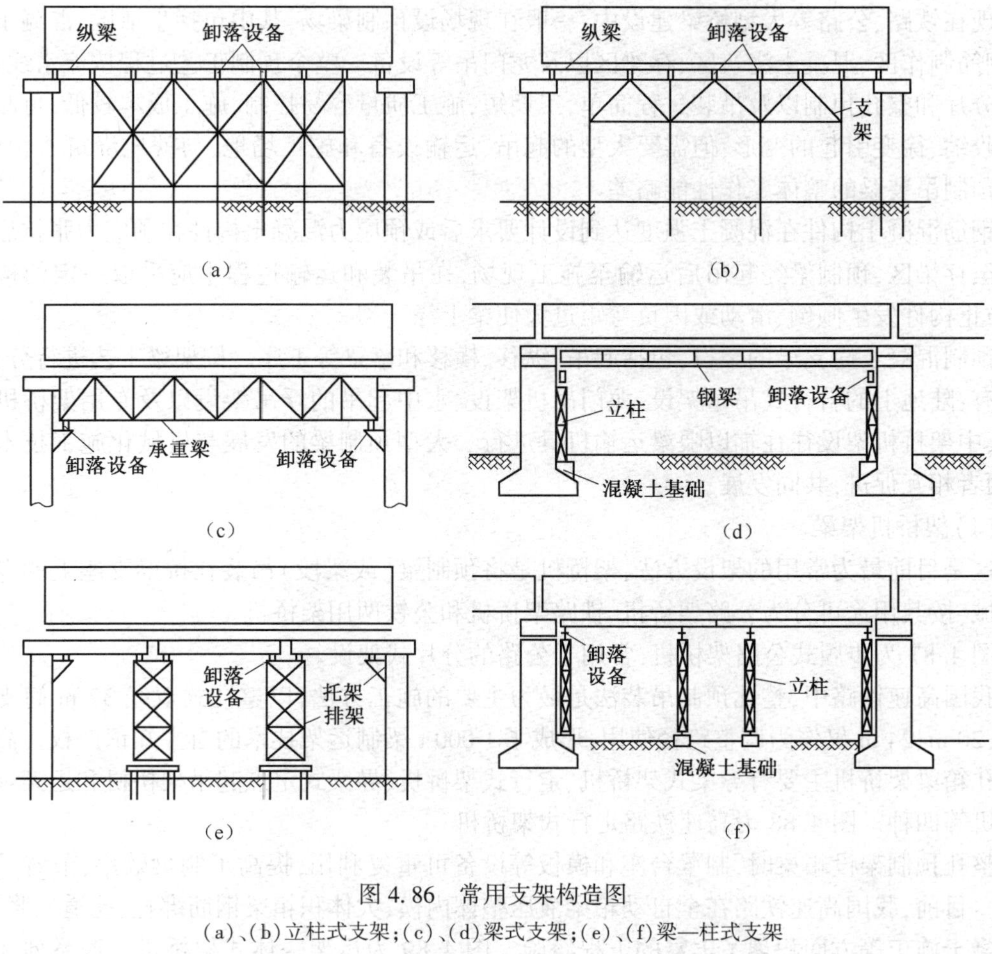

图 4.86　常用支架构造图

(a)、(b)立柱式支架;(c)、(d)梁式支架;(e)、(f)梁—柱式支架立柱式支架构造简单,可用于陆地或不通航河道以及桥墩不高的小跨径桥梁施工。支架通常由排架和纵梁等构件组成,排架由枕木或桩、立柱和盖梁组成。立柱式支架常采用钢管满堂搭设,钢管由扣件接长或搭接,上端用可调节的槽形顶托固定纵、横木龙骨,形成立柱式支架。搭设钢管支架要设置纵横向水平杆加劲,桥较高时还需加剪刀撑,水平加劲杆与剪刀撑均需用扣件与立柱钢管联成整体。一般需在纵梁下布置卸落设备。

梁式支架根据跨径不同,梁可采用工字钢、钢板梁、钢桁梁和贝雷梁等。梁可以支承在墩旁支柱、桥旁托架上。

当桥梁较高、跨径较大或必须在支架下设通航孔、通车或排洪时可用梁—柱式支架。梁支承在桥墩台以及临时支柱或临时墩上,形成多跨的梁—柱式支架。

支架预拱度的设置应考虑施工荷载引起的结构弹塑性变形及桥梁结构由于施工荷载、混凝土收缩及徐变、温度等引起的变形,一般通过调整顶托的标高来控制排架的预拱高度,支架拼装完成后应按施工规范的要求进行预压。

4.7.4　预制吊装法

预应力吊装法指在预制厂或工地的预制场进行梁的预制,将预制构件运输到桥位,采用吊装机具将分段、分片的构件吊装就位后拼接或整孔梁架设,其中的拼接包括分片式结构的横向连接以及纵向分段构件的纵向连接。

现在铁路、公路等大型桥梁建设中,一般在现场设预制梁场,其中包括生活区、混凝土制备区、钢筋制作区、混凝土浇筑区、存梁区以及龙门吊等设备。整个预制工艺过程按流水线作业。

分片和整孔预制以及吊装过程简单,工期短,施工质量容易控制,施工成本较低,可减少混凝土收缩、徐变引起的变形;但需要大型的起吊、运输设备和施工场地,与就地浇筑法相比,分片式预制吊装梁的整体工作性能略差。

钢筋混凝土构件在混凝土强度达到设计要求后或预应力混凝土构件在预应力张拉后就可以移至存梁区,预制梁经起吊后运输至施工现场,在吊装和运输过程中应采取一定的构造措施,防止构件发生倾倒、滑动或因负弯矩过大使梁上缘开裂。

预制混凝土简支梁的架设,包括起吊、纵移、横移和落梁等工序。按架梁工艺进行分类,常用的有:陆地上的自行式吊车架设、龙门吊机架设、水中起吊的浮吊架设以及专用架桥机架设等,其中架桥机架设往往辅以喂梁运输机具进行。大型预制梁的发展与机械化施工技术的进步,两者相互促进,共同发展。

(1)架桥机架梁

这是目前最为常用的架设方法,架桥机是将预制梁(或梁段)吊装在桥梁支座上的专业施工机械,按其用途可分为公路架桥机、铁路架桥机和公铁两用架桥机。

图 4.87 为步履式公路架桥机,常用于公路的分片式架设。

我国高速铁路中,整孔预制吊装法是最为主要的施工方法,以整孔式双线 32 m 简支箱梁为主,20 m、24 m 仅作为调整跨径使用,形成了 1 000 t 梁制运架技术的自主知识产权。高速铁路整孔箱梁架桥机主要有导梁式架桥机、走行式架桥机、导梁式定点起吊架桥机和运架一体式架桥机等四种。图 4.88 为高速铁路走行式架桥机。

整孔预制架设箱梁时,制梁台座和模板等设备可重复利用,提高了制梁效率,节省了大量费用。目前,我国高速铁路在全自动箱梁液压整体内模、大体积箱梁钢筋绑扎、孔道压浆、高性能混凝土施工等方面积累了丰富的工程经验。图 4.89 为运架一体式架桥机。该系列运梁车和架桥机是专为铁路客运专线建设开发的技术装备，运梁车由车架、悬挂、枕梁、动力舱及驾驶室组成，主要用来运输大吨位混凝土预制箱梁，可将 20 m、24 m、32 m 双线整孔箱梁从预制场地运输至桥梁工位，并与多种形式的架桥机配合完成协同作业。该运梁车可以驮运架桥机，实现桥间短途运输及穿越隧道等作业要求。预制箱梁在运输过程中应保证其几何中心与运梁车中心一致，通过液压伺服系统的控制防止箱梁受扭。

图 4.87　步履式公路架桥机

图 4.88　高速铁路走行式架桥机

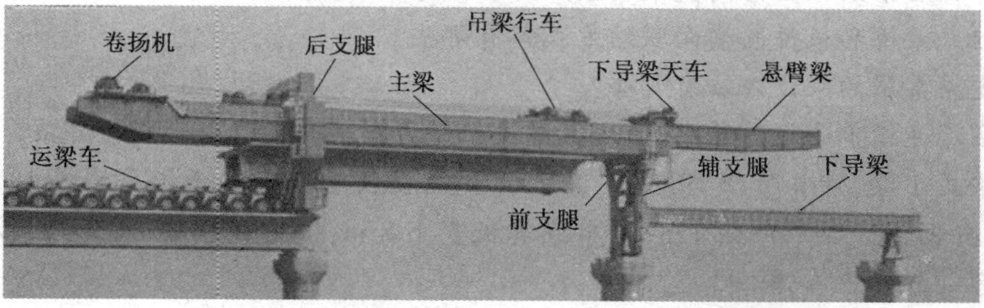

图 4.89　运架一体式架桥机构造示意图

架桥机的结构形式采用双导梁简支架设、一跨式下导梁移位过孔。主梁在架设前由前、后支腿简支支承，受力明确、操作简单；借助一跨式下导梁，架桥机自身可以实现移位过孔。整机自重轻，可以和运梁车有效配合，解决了同步运行、自行移位、短途运输及施工转场等作业要求。

(2) 自行式吊车架梁

对于陆地桥梁、城市高架桥预制安装时，当桥梁跨径不大或分片式结构自重较轻时可以采用自行式吊车架梁。一般先将梁运到桥位处，采用一台或两台自行式汽车吊机或履带吊机直接将梁片吊起就位，简单方便，但吊车的起吊能力有限。

(3) 浮吊船架梁

在通航河道或深水河道上架梁时，可采用浮吊船安装预制梁。浮吊船可以提供稳固的起吊平台，当装有成批预制构件的装梁船停靠到位后，浮吊船开始起吊工作。浮吊船宜逆流而上，由远及近逐次安装。吊装前需要牢固的锚固定位，工作时需临时封锁航道，注意施工安全。

(4) 龙门式吊车架梁

当陆地上的桥跨度不大，桥孔数较多，且沿桥墩两侧可以设置走行轨道时，可以采用跨墩龙门吊机架梁。需要在龙门吊机的内侧铺设运梁轨道或者通过便桥运梁。

思 考 题

1. 名词解释:单向板、桥面板的有效工作宽度、荷载横向分布影响线、荷载横向分布系数、预拱度。

2. 简支钢筋混凝土T梁腹板内主要钢筋的类型和作用。

3. 试说明预应力混凝土简支T梁腹板中,配置的普通钢筋类型和作用。

4. 绘制预制预应力简支T梁的施工流程图。

5. 混凝土T梁梁肋宽度确定的原则是什么?为什么后张法预应力混凝土T梁的梁肋比普通混凝土T梁的薄?

6. 简支梁荷载横向分布系数的计算方法有哪几种?各种方法的基本假定和适用条件是什么?

7. 简述公路简支梁主梁内力计算的过程。

8. 绘制汽车多车道(≥3)最不利偏载作用下的车轮横向布置图。

9. T形梁桥面板的结构形式有哪几种?各按什么力学模式计算?

10. 为什么后张法预应力简支梁的预应力筋从跨中向支座两端弯起?

11. 装配式梁桥和板桥的横向联结方式各有哪些?

12. 简支梁常用的架设方法有哪些?

13. 在多跨连续单向板计算中,简述主梁抗扭能力与单向板跨中弯矩的关系。

14. 五梁式T梁,计算跨径19.5 m,梁高1.3 m,腹板厚18 cm,顶板平均厚12 cm,铺装层平均厚10 cm(沥青),梁肋间距1.8 m,单梁翼板宽1.8 m,桥全宽9.0 m(含两侧人行道宽各1.0 m),公路—Ⅰ级,2车道,求:

(1)桥面板最大正、负弯矩。

(2)用杠杆原理法求1号主梁的横向分布影响线。

(3)用偏心压力法求2号主梁的横向分布影响线。

(4)分别计算1号、2号梁在支点和跨中处的汽车荷载、人群荷载的横向分布系数。

(5)计算2号梁跨中截面的设计弯矩。

第 5 章　混凝土连续体系梁桥

5.1 概　述

连续梁具有变形小、结构刚度大、行车平顺、伸缩缝少、养护简易、抗震能力强等优点，跨度覆盖范围很大，可应用在小、中、大各类跨度中，是除简支梁之外应用最广的一类桥型。

5.1.1　结构类型

(1)按跨度分类

依据工程习惯，为以后章节叙述方便，本书按连续梁中的最大跨度 L_{max} 分为：小跨度连续体系梁，一般指 $L_{max} \leqslant 20$ m 的桥；中等跨度连续体系梁，一般指 $L_{max} = 20 \sim 40$ m 之间的桥；当 $L_{max} = 40 \sim 150$ m 时，常称为大跨度连续体系梁；$L_{max} > 150$ m 的称为特大跨度连续体系梁。

(2)按立面布置的构造分类

图 5.1 为常见的立面构造形式。

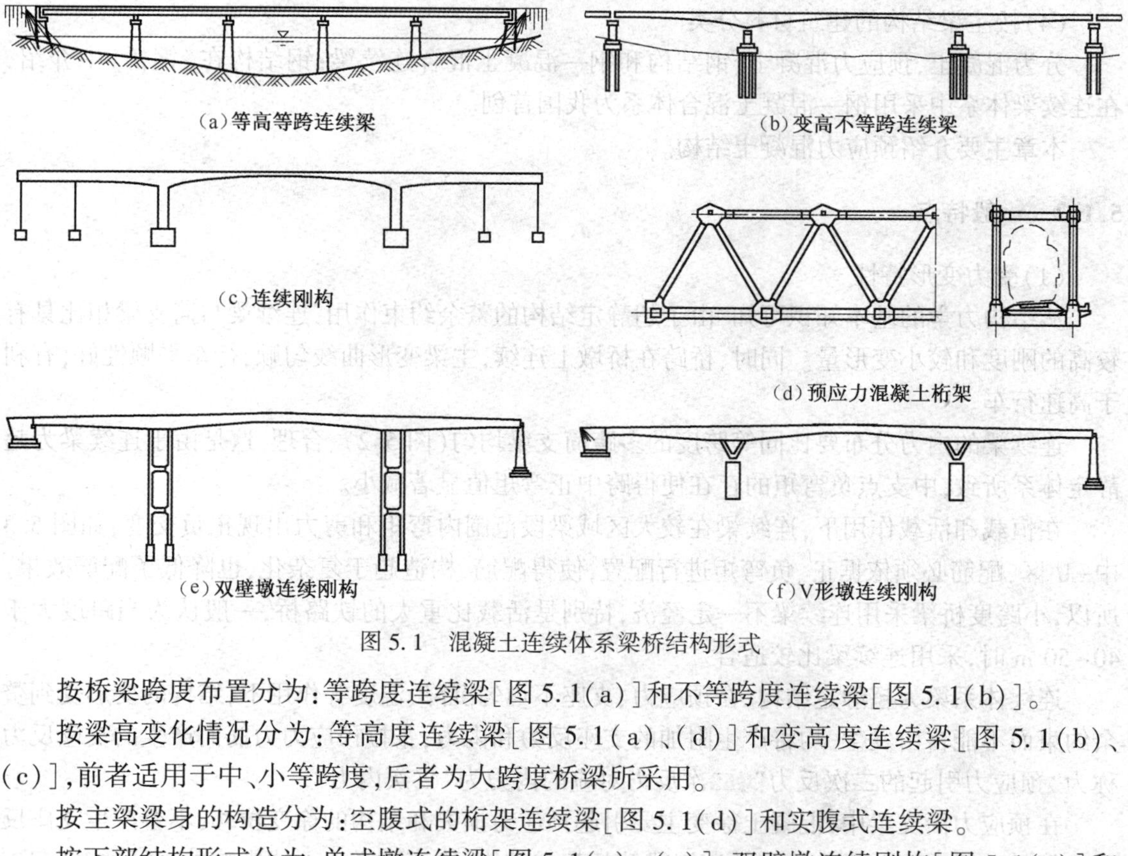

(a)等高等跨连续梁

(b)变高不等跨连续梁

(c)连续刚构

(d)预应力混凝土桁架

(e)双壁墩连续刚构

(f)V形墩连续刚构

图 5.1　混凝土连续体系梁桥结构形式

按桥梁跨度布置分为：等跨度连续梁[图 5.1(a)]和不等跨度连续梁[图 5.1(b)]。

按梁高变化情况分为：等高度连续梁[图 5.1(a)、(d)]和变高度连续梁[图 5.1(b)、(c)]，前者适用于中、小等跨度，后者为大跨度桥梁所采用。

按主梁梁身的构造分为：空腹式的桁架连续梁[图 5.1(d)]和实腹式连续梁。

按下部结构形式分为：单式墩连续梁[图 5.1(a)~(c)]、双壁墩连续刚构[图 5.1(e)]和

V 形墩连续刚构[图 5.1(f)],其中 V 形连续刚构又有设支座和固结等不同方式。

按墩梁连接方式或结构体系分为:墩梁分离的连续梁体系[图 5.1(a)、(b)、(d)]、连续刚构体系以及连续—刚构体系。

连续刚构系指除边墩上设支座外、中墩均墩梁刚接的连续梁体系;连续—刚构,又称为连续—刚构组合体系,除边墩上设支座外,部分中墩采用墩梁刚接,其余中墩采用单墩式、墩梁分离、墩上设支座的连续梁体系,是连续梁与连续刚构的组合体系。后文中,将这两者统称为连续刚构体系,不再区分。

连续刚构体系与刚架桥的相同点是结构中均有部分桥墩与主梁刚接;而最大的不同点是主梁的受力性质。连续刚构体系的主梁受力特性类似于连续梁,以受弯剪为主,轴力很小,主墩的纵向抗推刚度小,利用主墩的柔性来适应桥梁的纵向变形,包括纵向水平力、徐变、收缩、温度等引起的变形;而刚架桥桥墩较刚,主梁受弯剪的同时承受较大的轴力。刚架桥包括所有墩均与主梁固结的框架结构、部分墩梁固结的 T 构、斜腿刚架等。

(3)按施加预应力情况分类

包括普通钢筋混凝土和预应力混凝土两大类,后者又分为全预应力和部分预应力。

梁内的预应力布置分为纵向、竖向和横向三种,同时布置有三向力筋的称为三向预应力体系;只布置了纵向和横向或者是纵向和竖向预应力筋,则称为双向预应力体系;只有纵向预应力时,为单向预应力体系。

小跨度连续体系梁桥既可采用普通钢筋混凝土,也可采用预应力混凝土,是城市桥梁和高架桥的主要结构形式之一。中、大跨度的连续体系梁桥往往采用预应力混凝土结构。

(4)按主梁结构的建筑材料分类

分为混凝土、预应力混凝土、钢结构和钢—混凝土混合连续梁;钢结构在《钢桥》中介绍,在连续梁体系中采用钢—混凝土混合体系为我国首创。

本章主要介绍预应力混凝土结构。

5.1.2　一般特点

(1)受力变形特性

从结构力学的基本知识可知,由于超静定结构的赘余约束作用,连续梁与简支梁相比具有较高的刚度和较小变形量。同时,桥跨在桥墩上连续,主梁变形曲线匀顺,行车平顺性好,有利于高速行车。

连续梁的内力分布要比同等跨度的多跨简支梁均匀(图 5.2)、合理,这是由于连续梁为超静定体系所致,中支点负弯矩的存在使得跨中正弯矩值显著减小。

在恒载和活载作用下,连续梁在较大区域梁段范围内弯矩和剪力出现正负交变,如图 5.3 中 $\pm M$ 区,配筋必须依据正、负弯矩进行配置,使得配筋、构造趋于复杂化,也降低了配筋效果。所以,小跨度桥梁采用连续梁不一定经济,特别是活载比重大的铁路桥,一般认为当跨度大于 40~50 m 时,采用连续梁比较适合。

连续体系梁为超静定结构,在预应力、支座不均匀沉降、温度等作用下,结构的变形受到赘余约束而不能自由发生,均将产生附加的支座反力和内力;张拉预应力力筋而产生的支座反力称为“预应力引起的二次反力”,二次反力对应的内力为“二次内力”。

在预应力简支梁中,混凝土徐变主要引起预应力损失和结构的徐变位移,不会产生支座反力。但是对于采用节段法施工的连续梁等超静定结构,徐变除产生上述影响外,还可能引起支座反力和结构内力的变化,且采用节段法施工的节段混凝土的龄期不同,更是加大了计算的复杂性。由徐变产生的这部分支座反力和结构内力分别称为徐变“二次反力”和“二次内力”。

二次内力的具体计算在第 5.4 节中介绍。

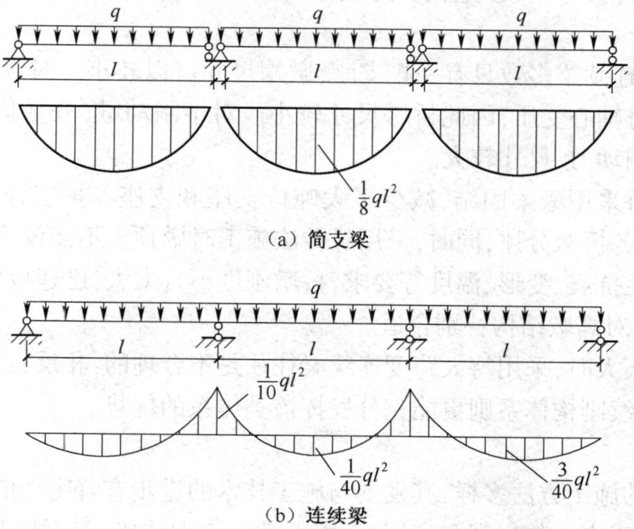

图 5.2　连续梁与简支梁的弯矩比较

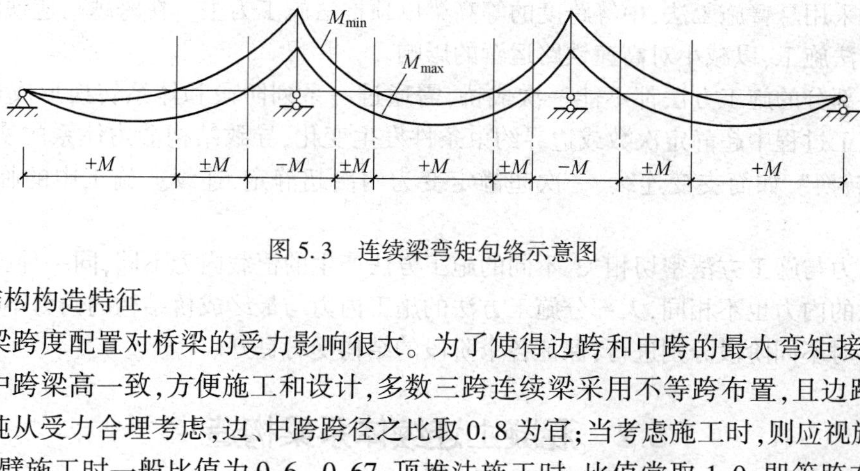

图 5.3　连续梁弯矩包络示意图

(2)结构构造特征

连续梁跨度配置对桥梁的受力影响很大。为了使得边跨和中跨的最大弯矩接近相等,以便边跨和中跨梁高一致,方便施工和设计,多数三跨连续梁采用不等跨布置,且边跨跨度比中跨小。单纯从受力合理考虑,边、中跨跨径之比取 0.8 为宜;当考虑施工时,则应视施工方法不同而异,悬臂施工时一般比值为 0.6~0.67,顶推法施工时,比值常取 1.0,即等跨布置。对于多跨连续梁,如无特殊要求,中间各跨跨度往往相同。

连续梁随着边跨的减小,端支座反力会减小,乃至出现负反力。当因特殊原因而设计成这类结构时,则必须采取结构措施以抵消或承受负反力,从而保证梁端不致翘起,在活载作用下边支点位置不至于产生拍击效应,常用的措施有:在边跨末端设置混凝土平衡重、在支点位置设置预应力锚杆或预埋钢杆、采用能承受负反力的拉力支座等。

大跨度连续体系梁一般采用加大中支点附近的梁高、减小跨中和边跨边段的梁高而构成变高度梁,见图 5.1。依据内力按刚度分配的原则,相对于简支梁而言,变高连续梁的梁高和自重效应相一致,因此,特别适用于大跨度和特大跨度桥梁。

连续体系梁的主梁截面大量采用箱形截面,箱形截面能很好地适用正、负及变号弯矩的作用和抗扭需求,梁高主要取决于边跨、中跨的最大正弯矩和中支点负弯矩。

连续刚构、V 形墩连续梁与同跨径的连续梁或墩梁固结的单肢连续刚构相比,减小了主梁的计算净跨径,梁的弯矩峰值明显降低,使梁的建筑高度得以减小,但是墩部结构的受力较复杂。V 形墩和双壁墩(又称双肢薄壁墩)连续梁的梁高可比照主跨中扣除相应墩壁间距后的净跨径连续梁设计。

下部结构方面,连续梁多数只有一排支座,墩帽尺寸可以较小。对设置活动支座的桥墩,主要荷载工况下墩身轴心受压,因此桥墩尺寸较小。对于制动墩(安放固定支座的桥墩),需要承担几跨梁上的制动力,尺寸较大。

连续刚构体系桥采用墩梁固结,减少了大吨位支座和支座养护工作量,可不设专用制动墩,制动力按刚度由各桥墩分摊,同时,采用悬臂法施工时墩顶上不需设置临时固结措施,简化了施工工艺。为满足抗震、变形、温度等要求,桥墩刚度不宜太大,已建成的桥梁桥墩刚度都不大(柔性墩),该体系对高墩结构特别合适。

当桥梁的墩高不大时,采用特大跨度连续梁往往是不合理的,相反,当墩高很大、需要采用特大跨度时,采用连续刚构体系则更能充分发挥该类体系的优势。

(3)施工特征

连续体系梁桥的施工方法多样,其发展与施工技术的进步有着密切的关系。悬臂法、顶推法、逐孔架设法等施工方法的出现和应用,克服了满堂支架法施工连续梁使用场合受到限制、施工费用昂贵等缺点,大大推动了连续体系梁桥的发展。目前,除小跨度和极少量的中等跨度的连续梁仍采用满堂支架法施工外,主要采用悬臂法、顶推法、逐孔架设法等节段施工法,其中变高梁主要采用悬臂施工法;中等跨度的等高梁以顶推法施工为主。在跨越高速铁路时,也可以采用转体法施工,以减小对高速铁路运营的影响。

上述大部分的施工方法都不能一次成桥,需通过一系列阶段和体系转换形成最终体系。由于结构施工过程中超静定次数或边界约束条件发生变化,导致结构静力体系的变化称为结构的“体系转换”,如简支变连续、一次超静定变为两次超静定、连续梁施工中的临时固结拆除、合龙等。

恒载内力与施工方法密切相关,不同的施工方法产生的恒载内力不同,同一种施工方法不同施工阶段的内力也不相同,大部分施工方法的施工内力与最终成桥结构的内力不一致;设计计算必须针对不同阶段分别进行,保证各个阶段的结构受力良好。

5.2　混凝土连续体系梁构造

5.2.1　梁部结构

1. 横截面形式

混凝土连续体系梁的主梁截面形式很多,应依据桥梁的跨径、宽度、施工方法、经济技术条件和美观要求综合比选确定。常用的截面形式有板式、肋式和箱形截面三大类。

(1)板式截面

板式截面有整体矩形、异形板和矩形空心板几类,如图 5.4 所示。板式截面的特点是构造简单、梁高小、造型美观、施工方便。

矩形板主要用于城市桥中,适用于跨度在 13 m 以下的梁桥,采用普通钢筋混凝土结构,梁高为 0.4~0.8 m，由于构造、施工非常简单，与 20 m 左右的混凝土箱梁相比，上部结构的经济指标略好，但抗裂性能差。

图 5.4(b)所示的异形板，常常与柱式桥墩相配合，造型美观；图 5.4(c)、(d)空心板结构复杂，常用于 20~30 m 跨度的预应力混凝土连续板桥，板厚可取 0.8~1.2 m。

(2)肋式截面

肋式截面梁预制架设方便，常采用先简支后连续的施工方法，用于公路桥，跨径为 24~50 m，梁高一般取 1.6~2.5 m。图 5.5 是一般的截面形式。由于肋的宽度不大，布置钢筋受到限制，在负弯矩区承压面积较小，因此应用跨度受限。

为了克服肋式截面用于连续梁结构在负弯矩区承压面积小的缺点、同时增大其抗剪能力，可采用加宽下部马蹄、采用工字形截面代替 T 形截面，或改用装配式小箱梁结构(图 5.6)。

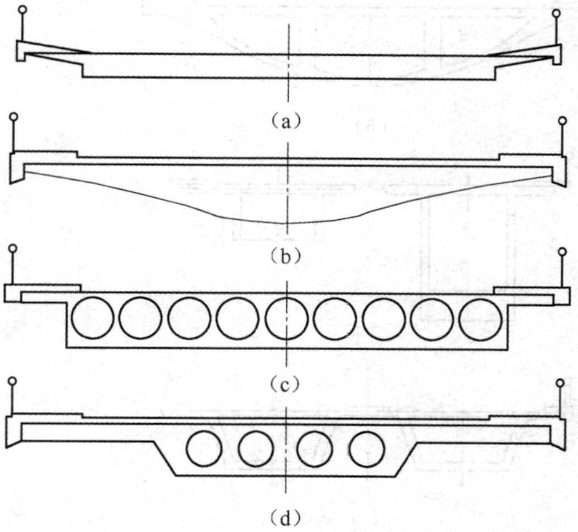

图 5.4　板式截面

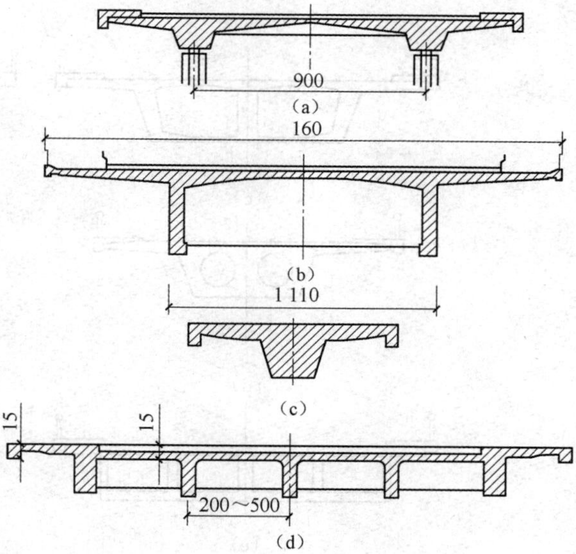

图 5.5　肋式截面(单位：cm)

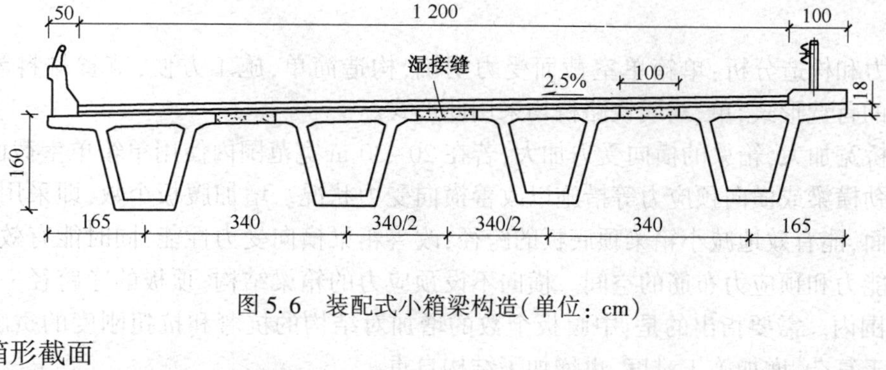

图 5.6　装配式小箱梁构造(单位：cm)

(3)箱形截面

箱形截面是连续梁体系中最常用的截面形式。箱形截面与板式、肋式截面相比具有如下显著特点：①顶底部都具有较大的承压面积，能有效抵抗正、负弯矩，抗弯刚度大；②采用闭口截面，抗扭刚度大；③布置纵向钢筋的空间位置多、范围大，方便钢筋布置；④外形简洁、美观。箱形截面在各类跨度特别是大跨度桥中得到了广泛的应用，主要不足是施工工艺相对要复杂些。

箱形截面按箱室数目可分为:单箱单室、单箱双室、单箱多室、双箱单室、双箱双室、双箱多室等。依据具体需要,还可以采用不同的腹板、底板和加劲隔板等不同结构形式,如图 5.7 所示。

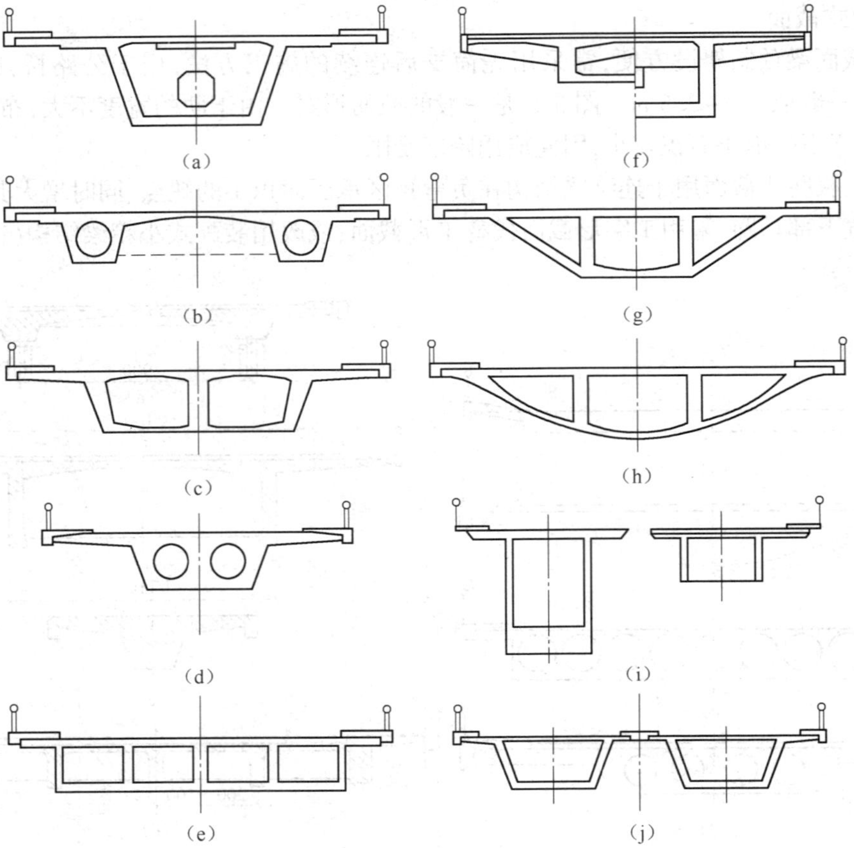

图 5.7　箱形截面构造

采用何种截面形式,取决于桥面宽度、跨度、墩台结构形式、受力、抗风、施工等诸多方面的要求。

从受力和构造分析:单箱单室截面受力明确,构造简单,施工方便,节省材料等,是桥宽 16 m以下的首选形式,单、双线铁路桥均采用此形式。

随着桥宽加大,箱梁的横向受力加大,若在 20~30 m 宽范围内使用单箱单室截面,一般采用设置加劲横梁或横向预应力等措施以改善横向受力状况。增加腹板个数,即采用单箱双室或多室截面,能有效地减小箱梁顶底板的跨径,改善箱梁横向受力性能,同时能有效地增加结构的抗剪能力和预应力布筋的空间。横向不设预应力的箱梁结构,顶板的净跨径一般控制在 3~6 m 范围内。需要指出的是:中腹板个数的增加对结构的抗弯和抗扭刚度的贡献很小,截面构造趋于复杂,增加施工难度,也增加了结构自重。

在宽桥上还可采用双箱或多箱结构。依据各箱之间的连接构造分为:整体式结构如图 5.7(b)所示,箱与箱之间采用横隔板连为整体。这类结构形式在连续梁中使用较少,在斜拉桥等大跨桥中较多;另一类是分离式箱梁[图 5.7(j)],特点是施工、结构都简单,车道受力明确,偏载系数小,两个箱梁分别支承在一排桥墩上,施工时可分箱进行,当上下车道的地质变化较大时,往往采用该形式。

直腹板箱梁[图5.7(e)、(f)、(i)]构造简单、施工方便,主要用于箱宽不大时,大跨度铁路桥一般均采用直腹板。将腹板改为斜腹板形式,主梁显得更纤细、美观,还能有效地减小迎阳面,改善风的攻角,改善温度应力和抗风性能,同时还可减小底板的横向跨度,避免底板又宽又厚,节省下部结构的圬工量,但模板制造较复杂。

2. 横隔板

横隔板的作用、构造和设置位置、数量等均与主梁结构形式有较大的关系。

(1)肋式截面梁

对于T梁等肋式结构,横隔板的主要作用是将主梁连接成整体,增加结构的整体性和横向刚度,保证各主梁共同受力,其构造、设置位置与简支梁相同。

(2)箱形截面梁

①支点横隔板

各种箱形梁在支点位置上均设横隔板,其作用是传递支反力、约束箱梁的畸变变形和扭转变形。

如图5.8(a)所示,当支座直接布置在箱梁腹板下时,上部结构向支座传力比较直接,横隔板以约束畸变变形与扭转变形为主,其厚度一般在0.3~1.6 m之间,具体取值,取决于主梁跨度,配筋按构造要求配置。

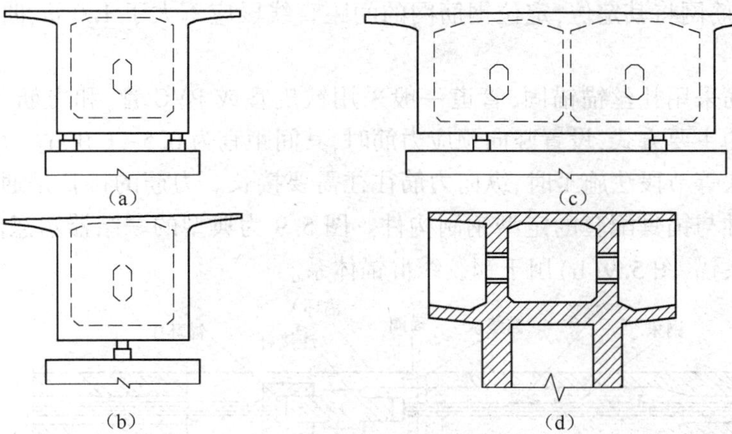

图5.8　横隔板构造

如图5.8(b)、(c)所示支座设置在横隔板中部时,横隔板为传递支反力的重要构件,其厚度和配筋由受力要求确定,厚度比前者大,一般为1.0~2.0 m,按深梁或一般梁进行抗弯、抗剪配筋。在与刚构墩壁对应的主梁位置上都应设置横隔板,如图5.8(d)所示,其构造应依据受力分析确定。

②中横隔板

对于整体式双箱结构,设置横隔板的目的是将两箱连为整体,应根据确保整体刚度的要求,由计算确定横隔板的位置和构造。

在箱梁内部设横隔板主要作用是约束截面的畸变和扭转变形。分析表明,对于直线箱梁,其作用很小,反而增加构造和施工的复杂性,目前倾向于不设。对于弯、斜梁,设置中横隔板的效应明显,为了减轻自重,厚度较小,为0.3~0.4 m,间距依据结构分析确定。

箱梁内的横隔板结构形式通常采用板式结构,为满足施工、维修和通风要求,在横隔板上设置过人洞,一般设计为矩形,并带有直线或圆弧形倒角,在受力可行的前提下,过人洞尺寸以方便通行为原则确定,宽度与高度的最小尺寸不宜小于 0.8 m 和 1.6 m。

5.2.2　预应力筋构造

1. 预应力钢筋与锚具

常用的预应力钢筋有钢绞线、高强碳素钢丝和高强粗钢筋三大类。钢绞线和高强碳素钢丝常用作纵向和横向预应力筋,高强粗钢筋主要用于竖向预应力筋。

预应力钢绞线已经取代高强碳素钢丝成为桥梁中最常用的一种预应力筋形式,桥梁上主要采用公称直径为 15.20 mm 钢绞线,由 7 根Φ5 钢丝扭绞而成,依据受力要求可采用单根钢绞线或由多根钢绞线组成一束,采用夹片式锚具锚固,它属于拉丝体系。成束布置时采用群锚锚固体系,分为圆形和扁形两类,代号分别为 YJM 和 BJM,如锚固 12 根公称直径为 15.20 mm 钢绞线的圆形夹片式群锚锚具标识为 YJM15-12,这类锚具的产品类型较多,常用的有 OVM、QM、XM、YM 等。

高强碳素钢丝目前主要采用镦头锚,它属于拉锚体系,由于锚具应力损失小、接长方便,镦头锚常用于顶推梁等结构中。

上述两类力筋在连续梁中的管道成型采用波纹管,包括铁皮和 PVC 两类;对一些预制构件可采用橡胶抽拔管。为确保管道位置正确,防止在浇筑和振捣混凝土时波纹管或橡胶管浮动,应采用定位钢筋网将其定位,定位钢筋网的间距直线段应不大于 1.0 m、曲线段加密至不大于 0.5 m。

预应力粗钢筋采用扎丝锚锚固,管道一般采用铁皮管或 PVC 管,和力筋一起安装就位。它是竖向预应力的主要方式,设置竖向预应力筋时,其间距宜为 0.5~1.0 m。

当采用顶推法等节段法施工时,纵向力筋往往需要接长。力筋的接长是通过联结器实现的。联结器是一种与锚具配套的定型钢制构件。图 5.9 为典型的联结器示意图。图 5.9(a)用于平行钢丝镦头锚,图 5.9(b)用于钢绞线群锚体系。

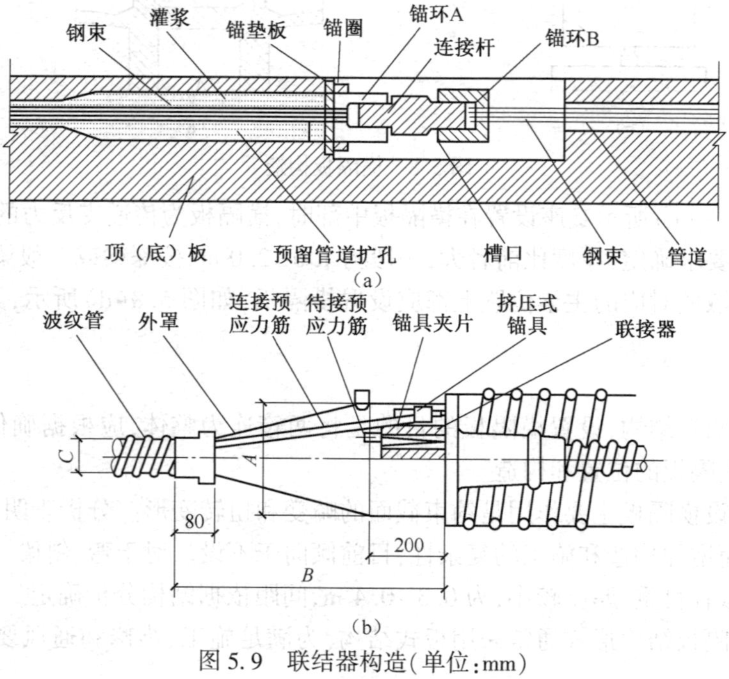

图 5.9　联结器构造(单位:mm)

由于力筋的张拉力很大,锚具尺寸较小时,锚下混凝土将承受很大的局部应力。为不致使锚下混凝土开裂甚至压碎,提高局部承压能力,常采取如下措施:锚下的钢制锚垫板,起扩散应力作用,厚度不宜太薄,应不小于 12 mm,厚度太薄则将引起局部承压破坏;锚垫板的后方埋设螺旋筋和由短钢筋编织成的钢筋网,提高混凝土局部承压能力。

2. 纵向预应力筋的作用类型

连续体系梁当采用节段法施工时,结构体系和结构内力随施工阶段不同而变化,纵向力筋的配置必须确保在所有施工和成桥运营阶段结构都具有良好的应力状态,因此,依据预应力筋的作用进一步界定其类型。

(1)按力筋是否被拆除分为临时束和永久束。在施工阶段张拉的力筋,如果在使用荷载作用下将产生不利的作用,在施工成桥时,应予以拆除,称这类力筋为临时束。相反,多数力筋是一旦张拉后,不再拆除,永久保留在梁体内,称其为永久束,它既用于抵抗施工阶段的荷载,又能抵抗运营阶段的荷载。

(2)按力筋的张拉阶段分为前期束和后期束。在节段施工的连续体系梁中,各阶段均需张拉一定的预应力,一般以合龙阶段为界,分为“前期束”和“后期束”。后期束是施工阶段不需要,但运营阶段需要,如悬臂法施工连续梁的底板力筋,它在合龙后进行穿束、张拉。相反,在合龙前的施工阶段张拉的力筋则称为前期束,它是为了满足施工阶段内力需要而设置的,若该内力与成桥内力基本协调,则这些束将永久保留,否则,若施工阶段的内力与成桥内力不协调,甚至是反向的,如顶推梁中部分束,在成桥或合龙后,它就需拆除,而形成临时束。

(3)按预应力束设置在梁体中的位置分体外预应力和体内预应力。顾名思义,若预应力束设置在混凝土梁体外,称为体外预应力,目前一般用于预应力混凝土梁的加固设计;若预应力束埋置在混凝土梁体内,称为体内预应力,设计新桥多采用体内预应力。

预应力筋的类型不同,锚固于梁体的方式也不同,后期束及前期束中的临时束,均在梁体混凝土成型后张拉或拆除,因此设置专用的“齿板”锚固,其中,后期束张拉完成后再用混凝土封锚,以保护好锚具,同时这类束不使用联结器接长,临时束在施工中也不压浆;而前期束中永久束一般直接锚固在梁体内,如顶板或腹板中。

齿板构造如图 5. 10 所示。为避免产生过大的预应力损失,齿板的倾角 α 不宜大于 15°,锚固面尺寸应根据锚具布置、千斤顶张拉空间等要求确定,为保证其局部承压、抗裂和防崩,应配置足够的普通钢筋,如图 5. 10(b)所示。

3. 纵向预应力筋的纵向布置方式

纵向预应力筋的布置不仅与结构形式有关,而且与施工方法、施工内力有很大的关系,最终取决于施工和运营阶段的内力分布,常用的布筋方式有连续配筋和分段配筋两大类。

(1)连续配筋

当采用满堂支架法施工时,因结构为一次落架成桥,不存在施工阶段的内力变化问题,此时,可直接根据成桥内力采用连续配筋方式,如图 5. 11 所示。力筋往往配合受力需要采用分段二次曲线加直线的布置方式。这种方式构造简单,曲线段力筋(弯筋)还具有抗剪作用。但是,由于弯道多,特别当连续跨数较多时,预应力损失大,穿束施工难度也大。连续配筋比较合适的桥长为 100 m 及以下范围。

(2)分段配筋

分段配筋是节段法和简支—连续施工结构中常采用的布筋方式,如图 5. 12 所示。

悬臂法施工中,永久束中的直束布置在截面的上、下翼缘,弯束布置在腹板宽度范围内。

将在抗弯束中有富余的部分起弯,或增设专用的弯束用于抗剪,力筋的起弯半径一般大于4 m。

4. 纵向预应力筋的横向布置方式

纵向预应力筋在箱梁截面上的布置应遵循以下原则:

(1)力筋在截面上应对称布置,以避免梁体产生人为的横向弯曲。

(2)弯束尽量布置在腹板及梗肋内,以减少或避免平弯、简化构造和减小预应力损失。

(3)顶、底板力筋应适当集中在腹板及梗肋等混凝土较厚的位置,而不宜采用均匀分散布置的方式。大量的调查结果表明:箱梁顶、底板的纵向裂缝均发生在混凝土较薄的纵向力筋位置处,均匀分散布置时易导致该类裂纹,是预应力管道大大削弱了有效混凝土面积、板的有效混凝土厚度所致。而将力筋布置在腹板及梗肋位置时,混凝土的面积大,横向弯曲应力小,可以避免产生这类裂缝。

(4)若因力筋数量较多而不得不在板的中部布筋时,应尽量避开横向正弯矩较大区域或

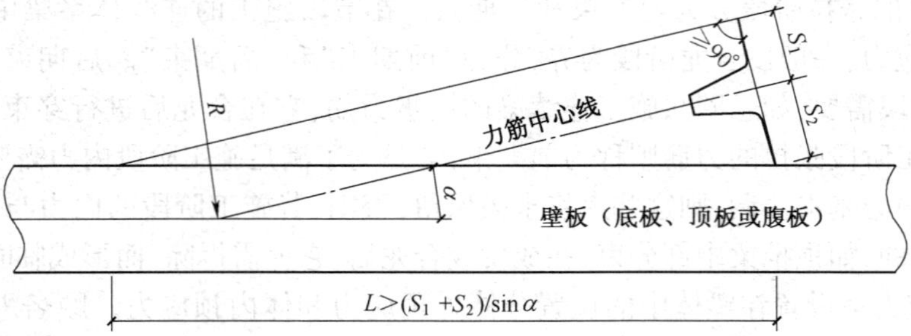

(a)齿板构造示意

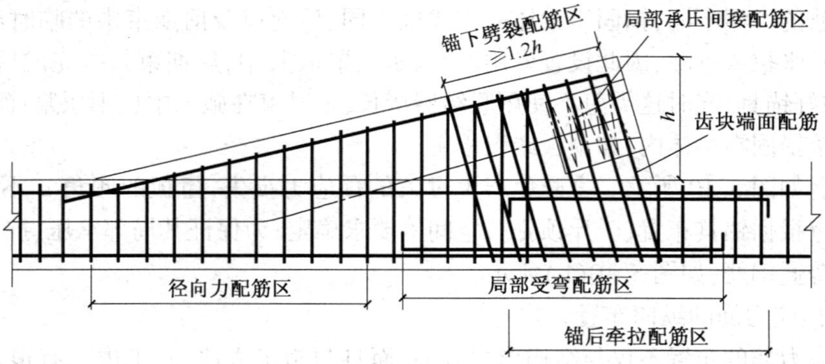

(b)齿板的普通钢筋布置示意

图 5.10 齿板构造示意图

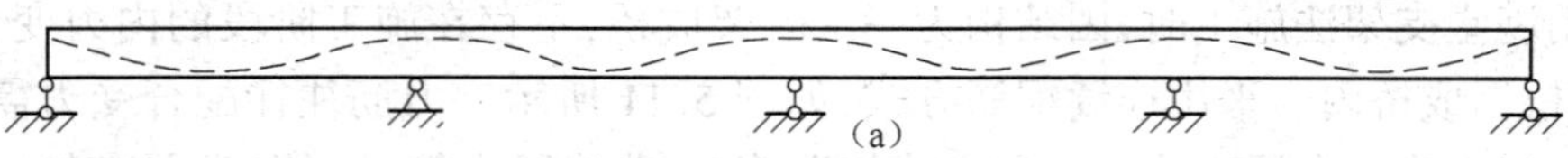

(a)

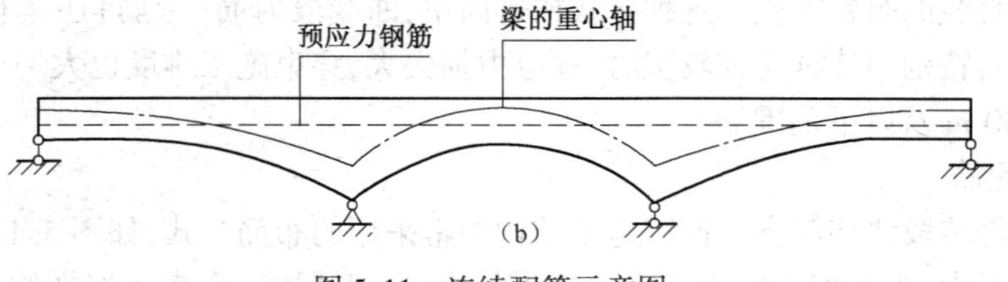

(b)

图 5.11 连续配筋示意图

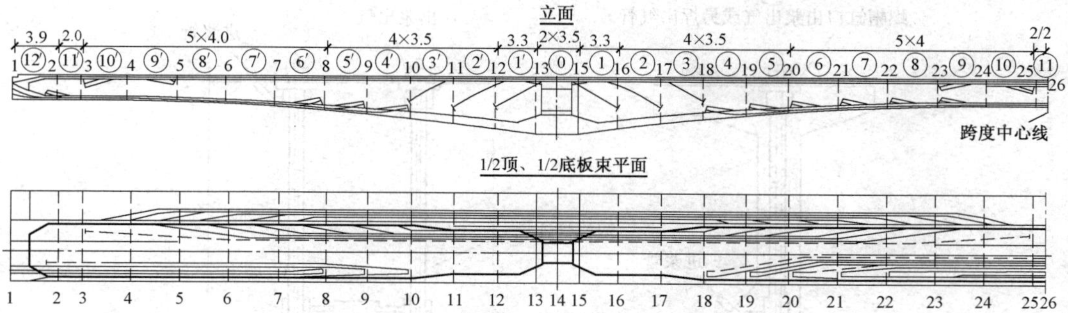

(a)节段法施工

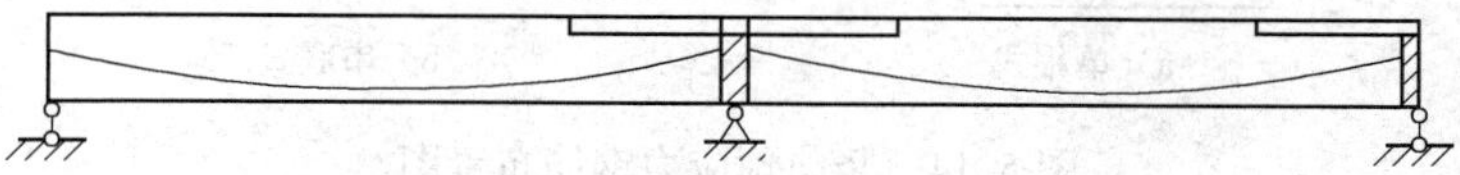

(b)先简支后连续施工

图 5.12　分段配筋示意图(单位:m)

改用较小型号的预应力筋。

(5)力筋较多时,可分层布置,按从下至上的次序锚固或弯起力筋。

5. 横向和竖向力筋的布置

当横截面的悬臂宽度较大或箱梁腹板间距较大时,荷载作用下,截面横向受力较大,为了控制顶板沿纵向不开裂或裂缝宽度在容许范围,此时可以对行车道板施加横向预应力,其布置方式和数量应依据具体受力要求由计算确定,常采用扁形夹片式锚具锚固于悬臂板端部,图 5.13为依据箱梁顶板的内力分布规律采取的曲线布置方式。当为双向或三向预应力结构时,应特别注意处理好各力筋之间的空间位置关系。

除在行车道板布置横向预应力筋外,依据结构受力需要,还有可能要对横隔板施加横向预应力,特别是支点横向间距较大或横向为单支点的桥梁。横向预应力筋的数量和线形,应视具体结构由受力要求确定。

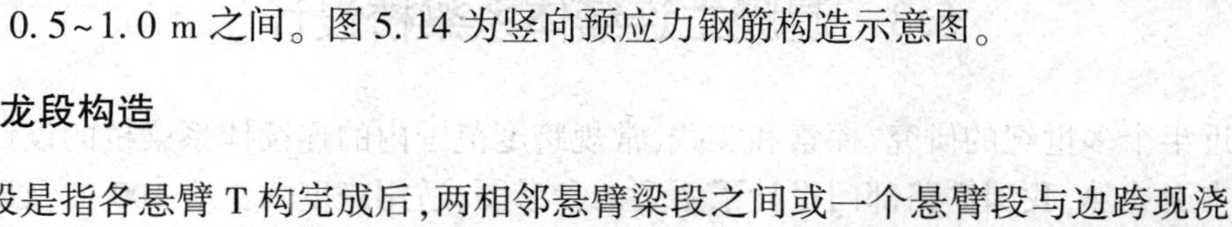

图 5.13　箱梁横向预应力钢筋布置图

竖向预应力筋的作用是抗剪,通常采用粗钢筋或钢绞线,布置在腹板中,其间距由计算确定,一般在 0.5~1.0 m 之间。图 5.14 为竖向预应力钢筋构造示意图。

5.2.3　合龙段构造

合龙段是指各悬臂 T 构完成后,两相邻悬臂梁段之间或一个悬臂段与边跨现浇直线段之间的连接段。合龙段实现结构体系转换,是悬臂法施工技术一道非常关键的工序。因为合龙段混凝土从浇筑到达到设计强度,直至张拉预应力钢筋,需要一定的时间,在此期间内,由于昼夜温差的变化、混凝土收缩和徐变、施工荷载及风力等影响,结构将产生变形和内力,合龙口至少存在一个能自由变形的悬臂端面,该自由变形对尚未达到强度的合龙段混凝土质量有直接影响,必须采取措施使合龙段在其全过程施工中能承受上述作用,称之为合龙措施。如合龙段

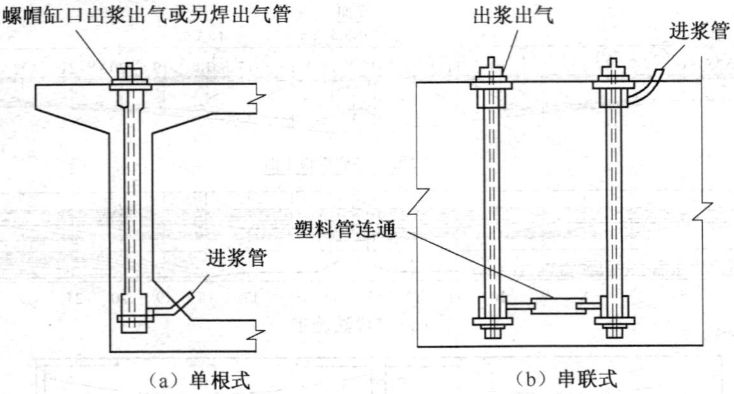

图 5.14　竖向预应力钢筋布置图

设计不合理、施工措施不力，势必引起合龙段混凝土的开裂，其后果是非常严重的。工程中常用的具体措施有：

(1)在满足施工需要的前提下，尽量缩短合龙段长度，以减小现浇混凝土数量。合龙段长度一般取 1.4~2.0 m，最常用的是 2.0 m。

(2)锁定支撑：在合龙段设置临时劲性支撑和临时预应力束，以"锁定"左、右 T 构，使合龙段两端形成能承受一定弯矩、剪力和轴力的"刚"节段，实现从 T 构悬臂到连续的临时性转换，保证合龙前、后结构变形协调，防止由于温度等各种因素影响使合龙段混凝土在尚未达到设计强度时产生原生性病害。"锁定"的结构措施很多，图 5.15 是常用的劲性型钢临时锁定的构造示意图。

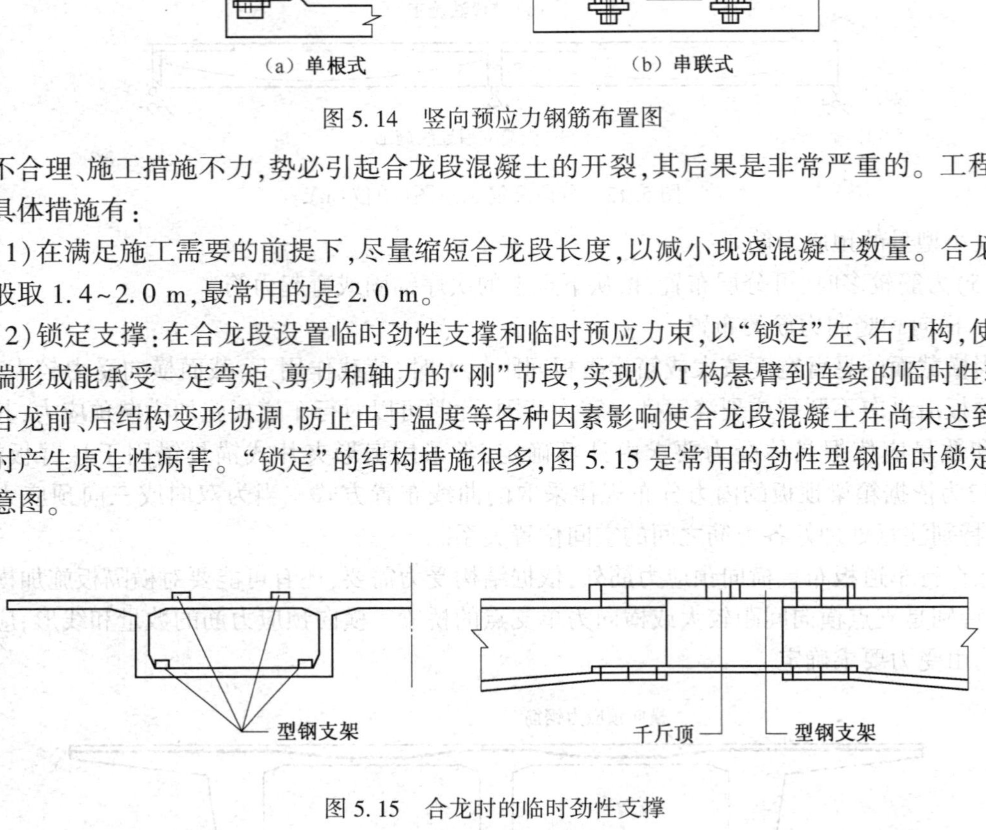

图 5.15　合龙时的临时劲性支撑

(3)在合龙段顶板增设适当的合龙预应力钢束，其与底板的短索一道，承担合龙至体系转换期间的温度、风力等作用。

5.3　混凝土连续体系梁桥设计

经过近半个多世纪的研究、探索和实践，常规跨度范围内的连续体系梁桥的设计理论和建造方法基本上成熟，我国铁路部门设计了系列的参考图，适用跨度为主跨 100 m 及以下的 3 跨混凝土连续梁，如"时速 350 公里高速铁路无砟轨道预应力混凝土连续梁（悬臂浇筑施工）通桥〔2017〕2368A"，进入了标准化设计阶段。

5.3.1　总体布置

桥梁总体设计已在第 1 章介绍，本节仅对混凝土连续体系梁的结构选型、分孔布置和分联作简单介绍。

所谓分联是确定连续梁由多少跨构成。桥梁可由一联或多联构成,桥长一定,联数越多,联长越短,设计和施工相对容易些,但伸缩缝个数加多;反之,联数越少,联长越长,将使得桥梁的计算、设计和施工难度加大,伸缩缝的个数减少、宽度加大。常见的连续梁每联由 3~5 跨组成,应视具体情况而定。钱塘江二桥主桥为 18 跨一联的预应力混凝土连续梁桥,中跨跨径为 80 m,总长为 1 340 m,两端伸缩总量达 506 mm,选用变位量为 560 mm 的伸缩缝。

混凝土连续体系梁结构形式多,选型还与施工方法是密切相关的,下面结合具体的结构形式介绍。

1. 等高度连续梁

它是连续体系梁桥中最简单的结构,主要特点是:构造简单、施工方便,适用于小、中等跨度桥,在公路、城市桥梁以及国外高速铁路的应用较多。我国高速铁路普通跨度连续梁通用参考图中,设计以 24 m 和 32 m 为主 2~3 跨一联的预应力混凝土连续梁,如通桥(2005)2241,以及跨度 24 m 及以下 3~5 跨一联的钢筋混凝土连续刚构梁,如通桥〔2018〕1301。研究表明,由于纵向水平力和墩身纵向水平线刚度的制约,长联不具有经济性;在普通铁路上应用不多,主要原因是:铁路活载大,在小、中跨度中应用不一定经济;铁路上装备有架设简支梁的架桥机,施工简便。

等高梁可选用等跨和不等跨布置。从受力分析,最好采用边跨跨度小于中跨跨度的不等跨布置,边跨跨径与中跨之比取 0.5~0.8,如高速铁路中(24+32+24)m 连续梁。采用顶推法施工,宜采用等跨梁。

为了更好地使得结构与受力协调,可以根据受力条件改变梁部的其他结构尺寸构成等高变截面梁,如在支点附近加厚腹板厚度、底板厚度等,这一方法在中等跨度的等高度连续梁常常采用。

2. 变高度连续梁

如跨度较大,采用加大梁高的等高连续梁,是受力不合理和不经济的,因为梁高加大势必引起自重的增加及自重内力加大,由此构成恶性循环。改用变高度结构形式时,加高中支点梁高,减小跨中梁高,如图 5.16 所示,支点梁高 H_s 与跨中梁高 H_c 之比一般为 1.4~2.0,如此使得最大弯矩截面位于对整个结构自重弯矩影响最不敏感的部位,内力分布合理,加大支点梁高能获得很好的经济效益,提升跨越能力。

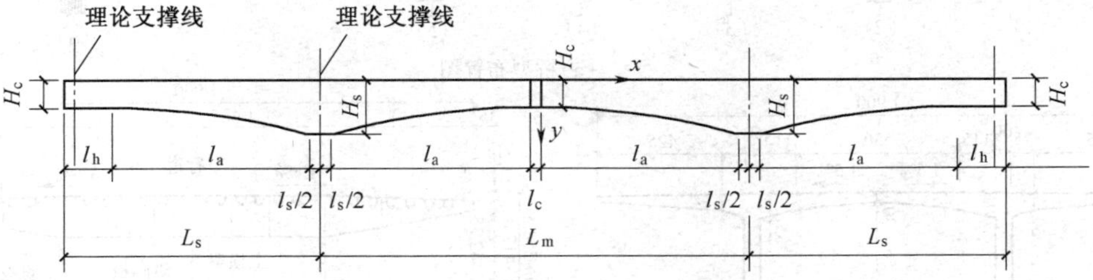

图 5.16　变高度连续梁

大跨度连续梁以采用变高度梁为主,一方面是,变高度梁能较好地符合梁的内力分布规律,从绝对值来看,一般情况下,支点的负弯矩大于跨中的正弯矩,结构的抗弯刚度与弯矩分布规律基本协调;另一方面,大跨度桥一般采用悬臂法施工,变高度梁又与施工状态的内力吻合、且施工内力与成桥结构内力也基本吻合,预应力钢筋的效率高;第三,变截面梁线形美观、外型和谐,增大了桥下净空,有利于桥下通航和降低桥头引线标高以节省投资。

无论从使用阶段受力还是从施工阶段受力分析,大跨度变高度连续梁应采用不等跨布置,边跨与中跨的比值 L_s/L_m 一般为 0.4~0.8,常用 0.6~0.67。

变高度梁的梁底线形一般采用抛物线和圆曲线,梁高变化规律与弯矩变化规律基本相近;个别桥梁采用折线变化。底板、腹板一般采用变厚度以满足抗压和抗剪的需要,顶板往往采用等厚度。

大跨度连续梁基本上都是变高度梁,世界上最大跨度的预应力混凝土连续梁桥为 1980 年建成的挪威的 Sellbjorn 桥,分孔布置为(68+212+68) m;2013 年建成的乐自高速公路岷江特大桥(100.4+3×180+100.4) m 为中国预应力混凝土连续梁之最,箱梁为三向预应力结构,单箱单室截面,箱顶板宽 13.5 m,底板宽 7.5 m,跨中梁高 3.5 m,支点梁高 11.5 m。梁高以 1.6 次抛物线变化,腹板厚 100~50 cm,底板厚 130~35 cm。

3. 连续刚构体系梁

连续刚构体系是指部分墩梁固结的连续体系梁桥,在边墩以及部分中间墩上设置支座,它在构造上分为主跨跨中连续和设铰两种类型,后者由于铰本身造价昂贵、维修难度大、造成行车不平顺,在铁路桥没有使用过,在公路桥中早期应用较多,现已很少使用。

连续梁体系中的最大跨度桥梁基本上都是连续刚构,其最大跨度远高于连续梁。桥墩不高时,如无特殊要求,采用特大跨度连续梁是不经济的,反之,若桥墩高,下部结构造价比重加大,应采用更大跨度的桥梁结构,此时,桥墩高为减小墩身的水平抗推刚度提供了有利条件,所以在大跨或特大跨度高墩中比较适合连续刚构体系,同时该桥型还能省去中墩上的大型支座以及悬臂施工中的临时固结措施等,具有很好的经济性。若桥墩不高,采用连续刚构体系时,应注意减小桥墩的水平抗推刚度,其中钢筋混凝土矩形板式桥墩是常用结构。

重庆石板坡长江大桥复线桥跨径布置为(87.75+4×138+330+133.75) m,如图 5.17 所示。该桥是主跨 330 m 的世界第一大跨径梁桥,主跨跨中 108 m 梁段采用了钢箱梁结构,330 m 主跨主梁采用钢—混凝土混合结构,属世界首次。钢箱梁在武汉制造,临时封闭钢箱梁两端

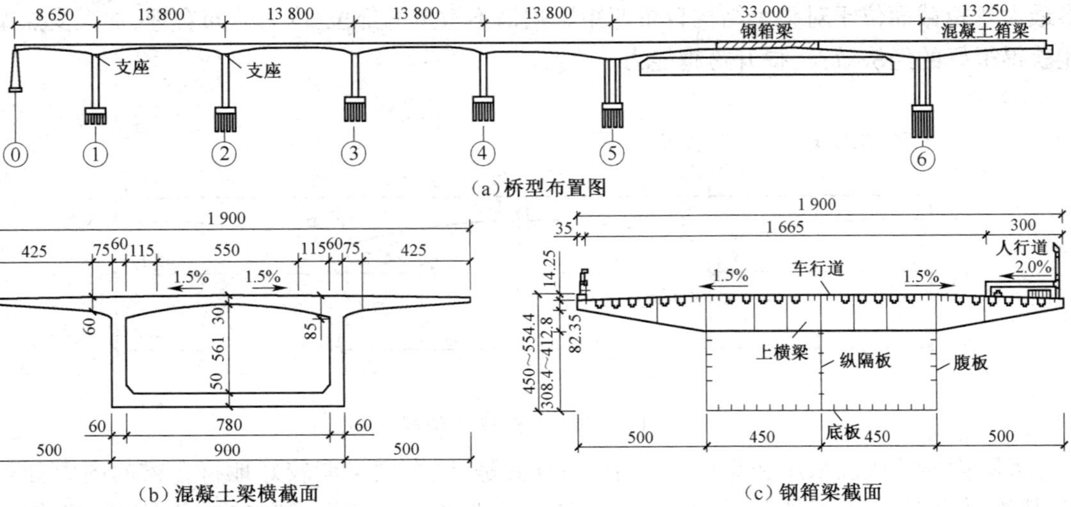

图 5.17　重庆石板坡长江大桥复线桥(单位:cm)

后，钢箱梁像驳船一样，由拖船经长江三峡拖运至重庆，经过桥下水面准确定位，整体提升就位；混凝土梁段采用悬臂浇筑法施工。330 m 跨支点梁高 16 m，跨中梁高 4.5 m。除 330 m 跨的两侧桥墩采用双壁墩，其余桥墩采用空心单墩。

南龙铁路闽江特大桥为Ⅰ级双线铁路有砟轨道桥，客货共线，列车设计行车速度为 200 km/h，大桥主桥孔跨采用（118+216+138+83）m 预应力混凝土连续刚构，主梁采用单箱单室箱形截面，主墩采用圆端形空心桥墩和双柱式矩形薄壁墩，基础采用钻孔桩基础。分孔布置和截面尺寸如图 5.18 所示，该桥为目前亚洲最大跨度铁路连续刚构桥。

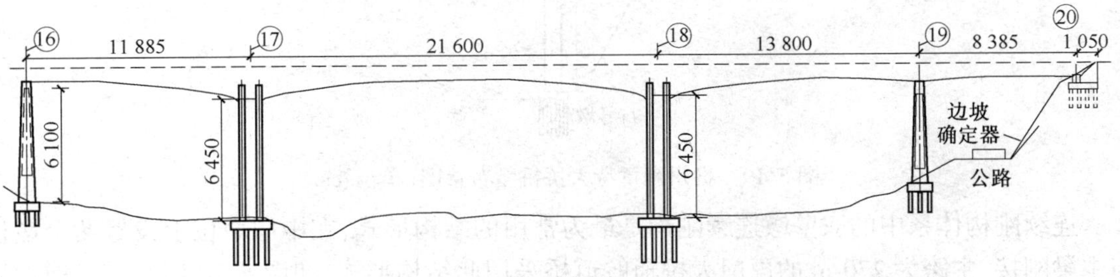

（a）立面图

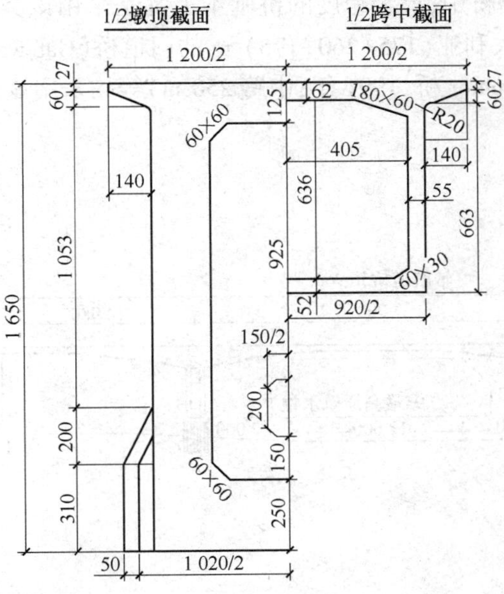

（b）典型截面图

图 5.18　南龙铁路闽江特大桥（单位：cm）

贵州省铜仁至威宁高速公路赫章特大桥桥型布置如图 5.19 所示，2013 年建成，主桥上部构造为（96+2×180+96）m 四跨预应力混凝土连续刚构，边中跨比为 0.533。其跨中梁高为 4.0 m，为主跨的 1/45；箱梁根部梁高为 11.5 m，为主跨的 1/15.65。箱梁高度按 1.6 次抛物线变化，在悬臂端部、墩顶、跨中设横隔板，采用纵、横、竖三向预应力体系，并设置后期体外备用钢束。主墩 11 号墩高达 195 m，为目前同类桥型世界第一高桥墩，195 m 高墩经力学分析考虑稳定性因素采用独柱墩箱型截面，墩顶纵向宽 9 m，纵向宽度变化坡率为 60∶1，墩身横向宽度上下一致，均为 17.5 m。箱墩壁厚 1.2 m，中间纵肋厚 0.8 m，沿竖向每 30 m 设一道横隔板，横隔板厚 0.8 m。墩顶、墩底分别设 2.0 m、3.0 m 实心段。箱梁和桥墩分别采用 C55 和 C50 混凝土。

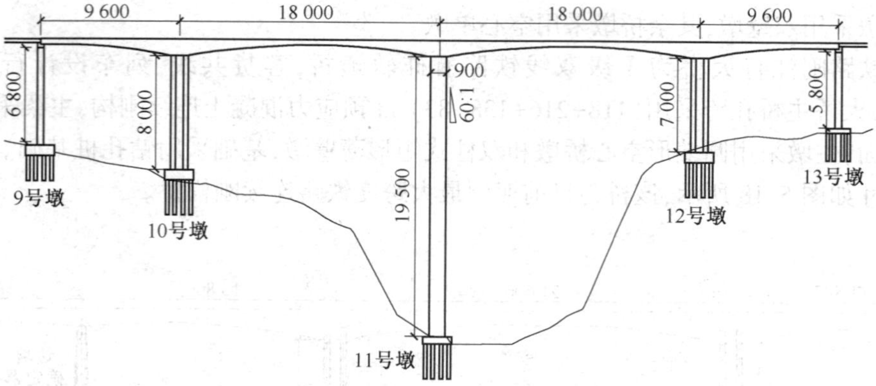

图 5.19　贵州赫章特大桥桥型布置图(单位:cm)

连续刚构体系中的双壁墩连续刚构是最为常用的结构形式,在中墩墩位上设置两个墩柱与主梁刚接,主跨为 270 m 的虎门大桥辅航道桥采用此结构形式,如图 5.20 所示。目前世界上连续体系梁的公路、铁路桥中,最大跨度的桥基本上都是采用该类桥型。公路桥中,除上述桥例外,1986 年建成的澳大利亚(175+260+175) m 的门道桥(Gateway)、铁路桥中排跨度世界第一的葡萄牙坡托尔桥(Doutor 桥,1991 年,中跨 250 m)等均采用该体系。

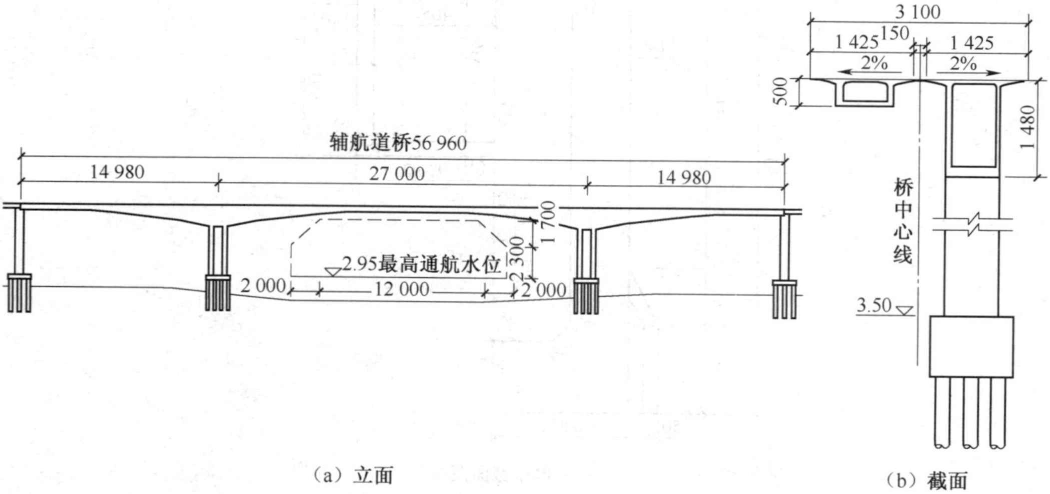

图 5.20　虎门大桥辅航道桥(单位:cm)

双壁墩连续刚构同独柱墩连续刚构体系一样,梁部的纵向变形依靠墩身的柔性来完成,但是相比之下,双壁式桥墩的每一肢截面积较小,纵向抗推刚度小,而双肢截面总的抗弯刚度较大,是柔性墩的一种很好形式,适用于墩高较高的场合。双壁式桥墩与 V 形墩相比,结构构造简洁,施工方便,但在超高墩中,双壁墩因其稳定性问题而优势不明显。

双壁式桥墩墩身截面可采用实体矩形、箱形截面、工字形截面等,为满足强度、柔性和稳定性要求,双壁式墩的顺桥方向宽度一般采用$(0.2\sim0.3)H_s$,当墩高增加时,可在墩中适当增加横撑,以改善墩身的稳定性等受力特征。主跨为(56+88+56) m 的南昆线喜旧溪大桥,墩高为 59 m,墩身截面为实体矩形,壁厚 1.5 m,双壁间距 8 m,墩身中部设置了两道横撑。

双壁墩两柱之间的间距在 8~12 m 之间,太大时,将显著增加基础工程量。

当桥位地形高差较大,则主跨边上的矮墩由于高度减小而刚度增大,对纵向变形的约束增强,对此,可采用在其上设支座或设铰的方式(图 5.21)来改善矮墩的约束。

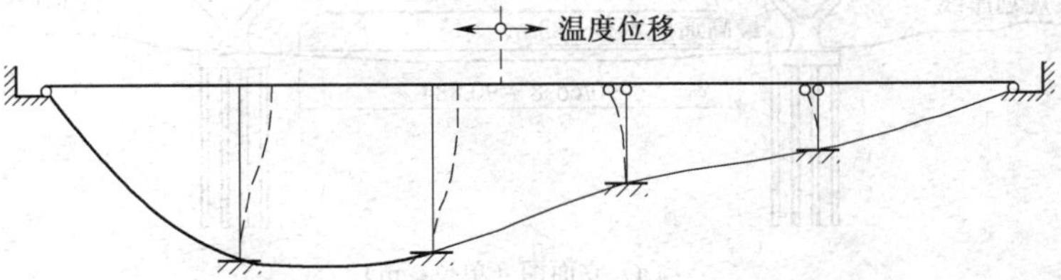

图 5.21　边墩设铰

4. V 形墩连续梁体系

V 形墩连续梁体系,又称 V 形支撑连续梁体系,按 V 撑与梁、墩的相互关系,可细分为图 5.22 所示的 4 种结构形式。

(1)V 形墩连续刚构。V 形墩上与主梁、下与基础或桥墩固结,如图 5.22(a)所示。图 5.23 为宁波南翔桥主桥(80+130+80) m 的 V 形墩连续刚构,主梁斜撑处和跨中处高跨比,按主跨跨度计分别为 1/21.6 和 1/43.3,按相邻 V 形墩内侧斜撑间距分别为 1/15.8 和 1/31.8。

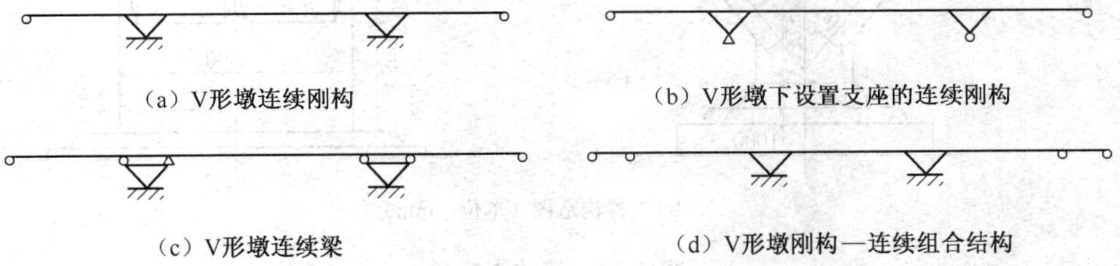

图 5.22　V 形支撑连续梁结构形式

上海市轨道交通 16 号线泐马河主桥为(87.5+145+87.5) m 三跨 V 形墩连续刚构桥(图 5.24),主梁单箱单室,宽 4.5 m。V 形墩高度 19.44 m,开口宽度为 36.234 m,开口夹角为 85.964°,斜腿截面为 4.5 m×1.6 m 的矩形,斜腿交点处截面尺寸为 4.5 m×4.5 m。斜腿支撑中心线处箱梁高 7.215 m,墩顶箱梁高 5.5 m,主梁在与 V 形墩固结处设置 1.8 m 厚横隔板。主梁 0 号段长 39 m,0 号段和边跨边节段为支架法施工,其他节段采用悬浇法施工,为避免在运营后发生持续下挠,首次采用墩底顶推合龙,施工时先合龙中跨,在 V 形墩底施加顶推力对顶,并将墩底先铰支后固结完成体系转换,结构内的应力状态比传统的刚构桥有了较大改善。

(2)V 形墩下设置支座的连续刚构,结构形式如图 5.22(b)所示。图 5.25 为南昆线八渡南盘江特大桥(1996 年),主跨为(54+2×90+54) m 部分预应力混凝土 V 形支撑连续梁,在 V 形支撑下方设支座,$H_s/L=1/17.3$,这对于铁路桥是很小的,南盘江桥墩高接近 75 m,V 撑高接近 23 m。

图 5.26 为无锡新扬大桥,V 形墩与基础顶之间设置支座。

(3)V 形墩的连续梁[图 5.22(c)]。该类结构在 V 形墩顶设置支座,主梁形成了完整的连续梁,而 V 形墩顶需设置拉杆,此类结构不如 V 形墩刚构合理,仅用于中、小跨度结构。

(4)V 形墩刚构—连续组合结构[图 5.22(d)]。对于一联跨数较多的结构, 部分墩或主

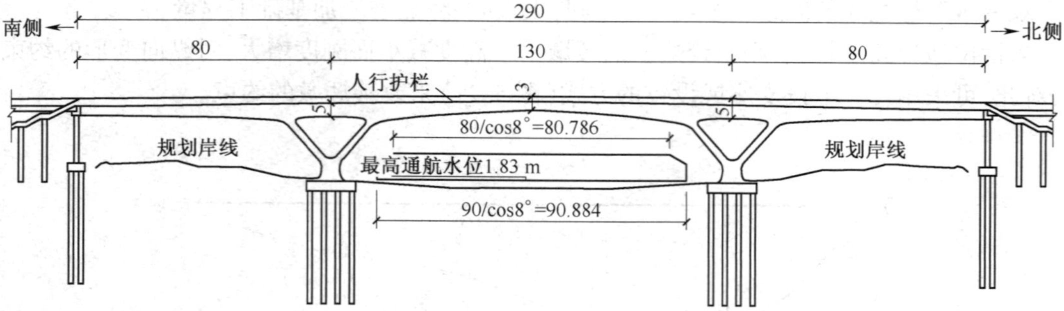

(a) 立面图(单位:m)

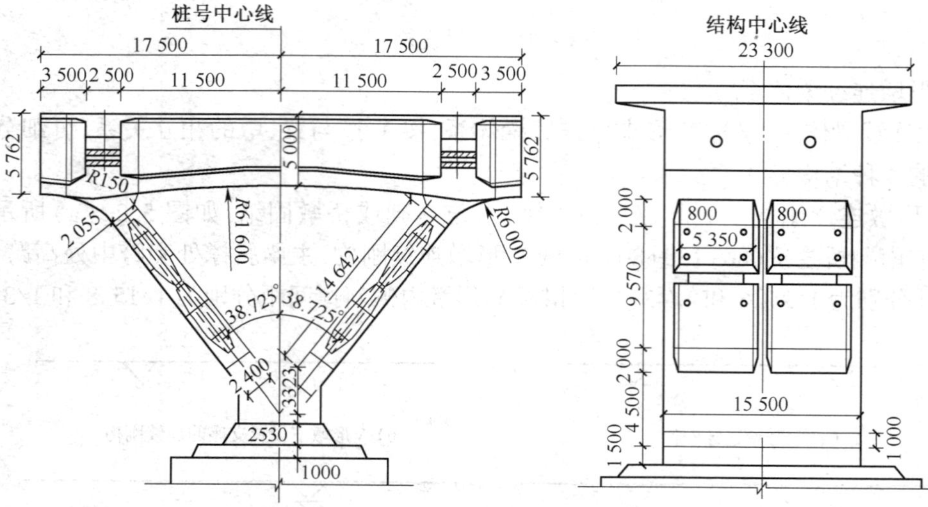

(b) V撑构造图(单位:mm)

图 5.23　宁波南翔桥

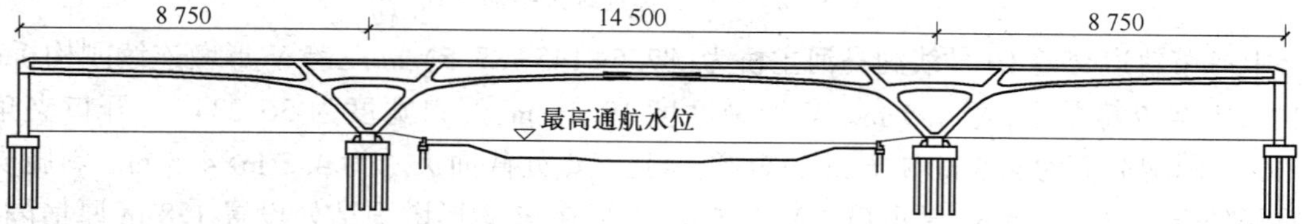

图 5.24　渤马河主桥(单位:cm)

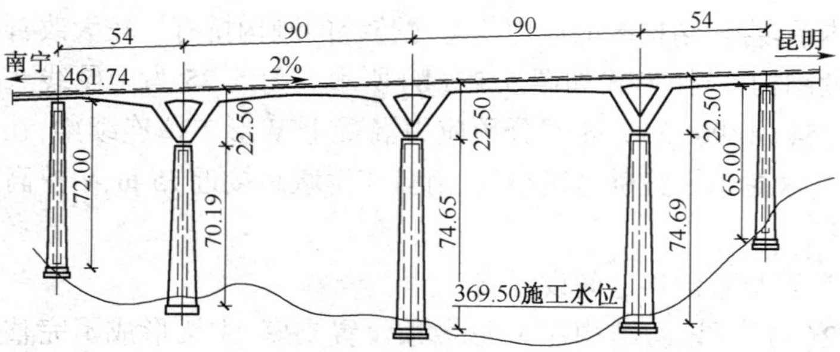

(a) 立面图(单位:m)

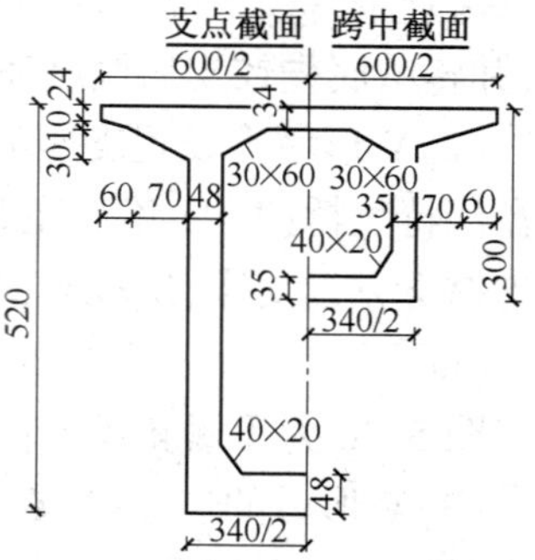

(b) 横截面图(单位:cm)

图 5.25　南盘江桥

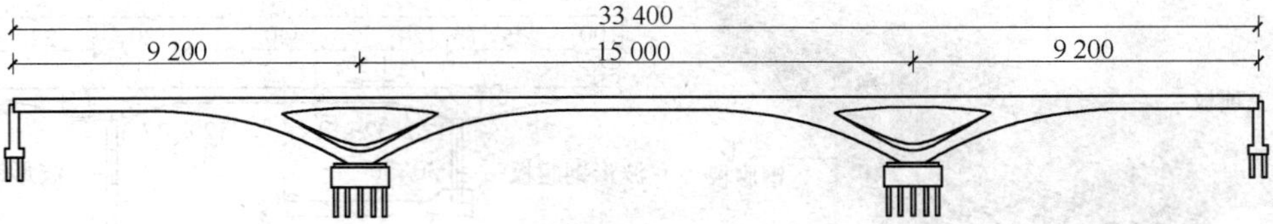

图 5.26　无锡新扬大桥(单位：cm)

图 5.27　广东黄州大桥主桥

跨墩采用 V 形墩,墩梁固结;部分墩按墩梁分离的连续梁体系墩设计,如此构成了组合结构。广东黄州大桥主桥为(70+135+160+135+70) m 预应力混凝土 V 形墩刚构—连续组合梁桥(图 5.27),160 m跨的两个墩采用 V 形支撑墩,其余为独柱墩且墩顶设支座。

V 形墩连续梁的分孔布置与单墩连续梁的类似。V 形支撑与水平面的夹角,依据桥下净空要求和总体布置确定,通常大于 40°,一般在 45°~65°之间;V 形支撑两肢之间的梁长与主跨跨径比为 0.20~0.35;斜撑的截面形式可采用矩形、工字形和箱形;主梁梁高可参照相邻两 V 形墩内支撑间距为主跨跨度的连续梁取值。

采用 V 形刚构体系,无论是梁部结构还是下部结构,工程量都较省,结构形式亦轻巧美观,但斜撑的结构设计和施工较复杂,一般采用满堂支架法施工斜撑和 0 号节段,需要较多的临时材料。

5. 其他连续梁体系

(1)波形钢腹板 PC 连续梁

波形钢腹板预应力混凝土箱梁桥(以下简称波形钢腹板 PC 箱梁桥),就是用波形钢腹板取代预应力混凝土箱梁的混凝土腹板的箱形梁桥(图 5.28),它源于法国,1986 年首先用于法国的 cognac 桥,却因其造价较低,抗震性能好而盛行于日本,自 1993 建成第一座波形钢腹板 PC 箱梁桥——新开桥,日本进行了大量系统的研究,成为其高速公路推荐桥型,至今已建 200 余座。随后世界很多国家相继应用,2006 年河南南阳建成了中国第一座波形钢腹板 PC 组合桥——泼河桥。目前该结构已广泛应用在中等、大跨度和特大跨度连续梁体系中,该体系我国最大应用跨度为 2014 年建成的珠海前山河大桥,跨度为(90+160+90) m,与世界最大跨度为 164 m 的日本丰田巴川桥相接近,可以说,国内波形钢腹板 PC 箱梁桥的技术水准已步入世界前列,该桥型还推广到预应力斜拉桥上。我国住房和城乡建设部 2017 年颁布了《波形钢腹板组合梁桥技术标准》(CJJ/T 272—2017)。

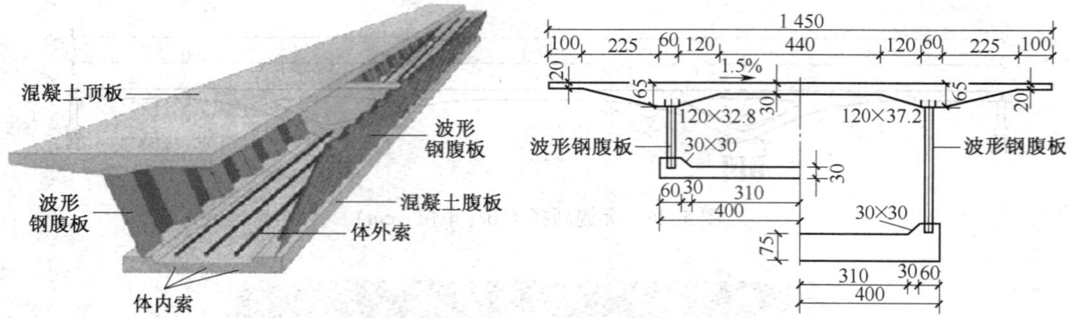

(a) 构造示意图　　(b) 某桥的典型截面图(单位:cm)

图 5.28　波形钢腹板 PC 箱梁图

我国比日本的应用晚了 10 年,但在波形钢腹板 PC 桥的跨度方面却有较快的超越,其主要原因是中国大规模桥梁建设以及对 100~300 m 这个跨度领域里 PC 连续体系桥性能改善的渴求,100~300 m 跨度的 PC 连续体系桥存在两个比较突出的病害:腹板开裂和跨中挠度持续增大。而波形钢腹板 PC 桥因自重较轻,恒载弯矩较小,钢腹板不存在开裂问题,从根本上避免了这两种病害,因此,波形钢腹板 PC 桥发展前景将会很大。

波形钢腹板宜采用 1600 型、1200 型、1000 型三种型号(图 5.29),小跨径宜用小型号波形钢腹板,大跨径宜用大型号的,主跨跨径 40~150 m 的连续体系桥,宜用 1600 型。波形腹板的厚度宜为 9~40 mm,波形腹板之间的连接可采用高强螺栓、对接焊缝或角焊缝连接(图 5.30),波形腹板与混凝土顶、底板的连接可采用剪力钉和剪力键等方式(图 5.31)。

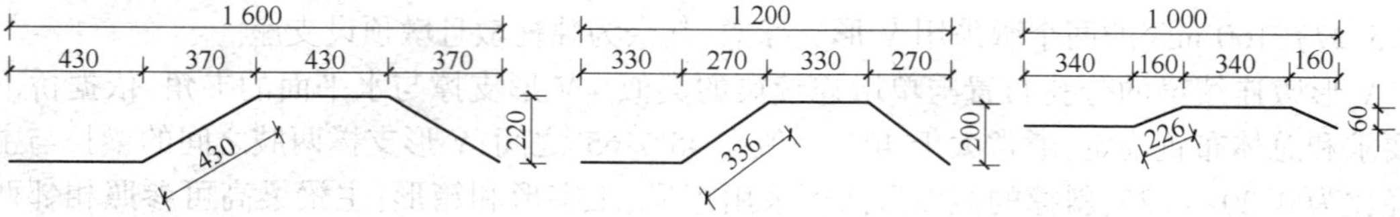

(a) 1600型　　(b) 1200型　　(c) 1000型

图 5.29　波形钢腹板型号(单位:mm)

(a) 高强度螺栓连接　　(b) 对接焊缝连接　　(c) 角焊缝搭接连接

图 5.30　波形腹板连接构造

波形钢腹板 PC 桥的施工方法与预应力混凝土连续体系桥施工方法类同,有支架施工法、预制吊装法、顶推法、悬臂浇筑法等,如图 5.32 所示。

(2)空腹式连续刚构

六盘水至盘县高速公路北盘江特大桥,为(82.5+220+290+220+82.5) m 空腹式连续刚构桥,其中的“空腹式”连续刚构桥梁的结构形式系世界首创,如图 5.33 所示。空腹式连续刚构桥刚度大、自重轻,结构具有梁—拱组合的力学特征,跨越能力、抗变形能力强。其三角区分上、下弦设置,均为单箱单室截面,仅上弦箱梁设置预应力。上下弦交汇处受力复杂,设耦合钢板连接增强箱梁的整体稳定性、抗裂性。上弦箱梁采用交叉锚固新型布束方式以减小预应力

(a) 剪力钉

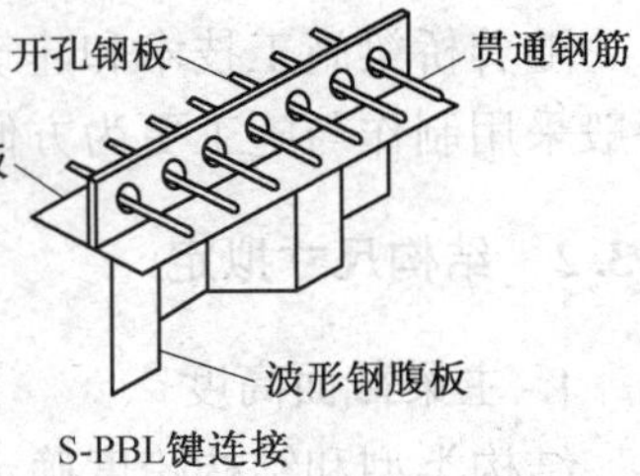

(b) 剪力键

图 5.31　波形钢腹板与箱梁顶板连接构造

(a) 支架法施工

(b) 顶推施工

(c) 悬臂法施工

图 5.32　波形钢腹板 PC 连续梁施工

注:(b)为郑州市陇海路快速通道工程常庄干渠桥,是国内第一座采用顶推法施工的波形钢腹板箱梁桥。

图 5.33　贵州省水盘高速公路北盘江大桥

束的长度,有效降低预应力损失,降低因混凝土收缩徐变产生的预应力损失导致结构下挠开裂的风险。

(3)桁架连续梁桥

混凝土桁架桥在国内外早期有不少实例,连续桁架梁是其中的一种桥型,又分等高和变高等结构形式。桁架连续梁常用的施工方法有满堂支架法和悬臂预制拼装法。桁架各杆件的受力性质不同,包括受拉、受压、压弯、拉弯等,而混凝土构件最大不足就是抗拉能力弱,为此,需对桁架中受拉杆件施加预应力。

桁架连续梁与实腹式连续梁相比显著特点是:质量轻、节省材料、刚度大、跨越能力强等,但其不足之处是构造和施工工艺复杂,如对混凝土拉杆施加预应力、混凝土的桁架节点构造、构件制作与拼装等。

随着桥梁施工技术和建筑材料的发展,特别是钢材产量加大和人工费用增加后,桁架结构一般采用制作与施工更为方便的钢结构,致使混凝土桁架结构逐渐成为被淘汰的结构体系。

5.3.2　结构尺寸拟定

1. 主梁截面高度

结构类型和结构跨度确定后,主梁截面高度取值成为一个非常关键的技术环节,直接影响结构设计的合理性和经济性。

依据统计分析,表 5.1 列出了常用的等高和变高预应力混凝土连续梁的高跨比经验数据。由于铁路活载所占比重比公路桥大,加之疲劳问题比较突出,因此,铁路桥的梁高一般比公路桥的要大些。对于高速铁路的桥梁,虽然其活载较普通铁路的活载小,但是由于行车速度很高,要求的平顺性高,一般是刚度控制设计,其梁高比普通铁路梁高还要大。

表 5.1　连续梁高跨比经验数据表

桥梁类型	等高度连续梁	变高度连续梁	
	梁高 H	支点梁高 H_s	跨中梁高 H_c
公路、城市桥	$(1/18.0\sim1/15.0)L$	$(1/18.0\sim1/15.0)L$	$(1/2.5\sim1/2.0)H_s$
普通铁路桥	$(1/18.0\sim1/16.0)L$	$(1/16.0\sim1/12.0)L$	$(1/2.0\sim1/1.5)H_s$
高速铁路桥	$(1/13.5\sim1/11.0)L$	$(1/16.0\sim1/12.0)L$	$(1/2.0\sim1/1.3)H_s$

注:L 为中跨跨度。

不同的施工方法对梁高的取值也有影响,如悬臂法、顶推法与满堂支架法相比,悬臂法在施工中要承受更大的恒载内力,所以其他条件相同时,梁高取值大些。箱梁内需要进行预应力张拉等作业时,尚应考虑施工上的方便性,净空不宜过小。

连续刚构桥、V 形墩连续梁等的梁高可参照表 5.1 选用。

变高度梁梁高变化或者底板下缘的线形,一般采用圆曲线或者抛物线,若以变高度梁段跨中桥面处为原点,水平向右为 x 轴,竖直向下为 y 轴建立坐标系(图 5.16),则

圆弧段梁高:$H = H_c + R - \sqrt{R^2 - x^2}$,圆曲线半径:$R = \dfrac{l_a^2 - (H_s - H_c)^2}{2(H_s - H_c)}$;

抛物线段梁高 $H = H_c + ax^k$,抛物线系数 $a = \dfrac{H_s - H_c}{l_a^k}$,$a$ 的取值为:公路一般取 1.60~2.0,而铁路取 1.8~2.0。

2. 横截面形式

公路中、小跨径连续箱梁桥宽 14 m 以下宜采用单箱单室截面形式;桥宽 18 m 左右宜采用单箱双室截面形式;桥宽在 22 m 以上时,一般采用单箱多室截面,也可采用双箱形式。

公路大跨连续箱梁桥宽 16 m 以下一般采用单箱单室截面形式;桥宽 18 m 以上可采用单箱双室截面或分幅建造。对于桥宽特别大的而又不分幅建造时,当腹板间距大于 10 m 时应考虑增设箱室形成单箱多室结构。

铁路的单、双线连续箱梁一般均采用单箱单室截面形式,三线以上的连续箱梁应依据线数考虑腹板个数,使线路中心线基本上位于腹板中心线位置。

3. 箱梁截面细部尺寸

(1)顶板

箱梁的顶板除参与主梁抗弯,承受主梁弯曲的拉或压应力外,它还是结构的行车道板,承受较大的横向内力,处于一个复杂的空间受力状态。

单纯从纵向受力分析,在预应力混凝土梁中,由于其承压面积较大,顶板纵向压应力一般不控制设计;顶板的厚度主要由横向受力和布筋构造要求确定,其预应力混凝土梁的最小尺寸应考虑预应力管道外径,上下两层钢筋网的厚度,上、下混凝土净保护层厚度等。

公路桥中,箱梁腹板间距变化较大,对于横向不设置预应力筋的普通混凝土桥面板,在腹板间距为3.5~7.0 m时,顶板厚度可采用0.20~0.30 m,也可按式(5.1)计算,式中的l为腹板之间的净跨度,单位为m。

$$t_1 = (30l + 110)\ \text{mm} \tag{5.1}$$

对于设置横向预应力的顶板厚度,可在上述取值的基础上叠加横向预应力管道厚度,扁形管道约20 mm厚。

对于铁路桥,桥面宽度和箱梁腹板间距变化量很小,顶板一般厚度在0.3~0.35 m范围内取值。

(2)底板

底板厚度不仅与结构跨度有关,还与施工方法有关,设计应同时考虑施工、使用阶段要求和破坏阶段的塑性破坏条件,并留有适当富余。

底板在负弯矩区特别是在靠近桥墩的截面,承受较大的压应力,由于底板的宽度比顶板小得多,底板的厚度要比顶板大。

对于悬臂法施工的变截面梁,底板厚度随负弯矩的增加而加大,在跨中最小;在墩部最大,墩顶处的厚度一般约为支点梁高的1/12~1/10,沿纵向厚度变化规律与底板线形基本一致。跨中底板厚度受力上不控制设计,但由于正弯矩区需在底板内配置一定数量的预应力钢筋和普通钢筋,由配筋的构造要求控制,一般为0.20~0.30 m或$l/30$。

对于顶推法施工的等高连续梁,由于施工过程中截面承受交变的正负弯矩,底板往往设计成等厚,厚度宜采用0.20~0.25 m。

底板除承受自身荷载外,还承受一定的施工荷载,如当采用悬臂法施工时,箱梁底板还承受挂篮底模后吊点的反力,设计时应考虑这类施工荷载的作用。

(3)腹板

腹板的厚度同样是由受力和构造两个方面综合控制。

受力方面,腹板厚度必须满足抗剪(扭)、抗主拉应力和稳定性的最小厚度要求。当腹板内锚固有预应力钢筋时,还必须满足局部应力要求。腹板厚度一般采用0.40~0.80 m,特殊情况可达1.0 m。

依据剪力沿纵向的分布规律,大跨度桥的腹板沿纵向亦采用变厚度形式。为方便施工,简化内模构造、腹板在变厚时应尽量简洁,采用分段变厚方式。通常,中大跨径连续梁支点处腹板较厚,跨中处腹板较薄,起变点一般设置在$L/4$附近,变化段长度一般为3~6 m或一个节段长。

构造方面,考虑钢筋、锚具布置和混凝土浇筑要求;腹板最小厚度由构造控制如下:无预应力钢筋管道时,除构造要求外,需保证混凝土的振捣要求;有预应力钢筋管道时,为2层混凝土净保护层+预应力管道的累计值+管道之间的最小净距累计值+2层钢筋网厚度;有预应力钢筋锚固时,类似计算,需保证锚垫板有足够的混凝土保护层。

箱梁一般采用直腹板。等高度箱梁外侧腹板也可采用斜腹板,配合合理的圆弧倒角可以有效改善箱梁外观。变高度箱梁采用斜腹板时将增加难度,支点附近底板宽度变小可能造成设计困难。箱梁腹板抗剪等计算时,应采用腹板垂直厚度,而不应取腹板水平截线宽度。

(4)悬臂板

桥面板的悬臂长度是调节板内弯矩的重要参数,悬臂板沿横向常为变厚,其端部一般按最小构造要求取值,根部按受力要求确定,为 30~50 cm,并不小于梁高的 1/10。

无横向预应力钢筋时,悬臂长度不宜过大,一般在 1.4~2.5 m 之间,布置有横向预应力筋或采用加劲肋时,宜尽量外伸,美学效果较好,国内建造的"展翅梁",悬臂长度达 5.0 m。

(5)梗肋尺寸

梗肋又称为承托,无论从受力角度还是从构造角度分析,它都是箱梁结构的重要组成部分。

在构造方面,梗肋提供了预应力钢筋的布置空间,同时有利于混凝土的浇筑及脱模;在受力方面,有利于剪力的传递,改善剪力滞后效应影响;从变刚度的力学概念可知:设置梗肋能吸收弯矩,有利于底板和顶板厚度的减薄,同时提高截面的抗扭和抗弯刚度;减小弯扭剪应力和畸变应力;克服应力集中现象。如顶推梁顶推过程中,当支座不平整时,畸变效应易使箱梁在对角点部位产生裂纹,适当加厚梗肋尺寸可有效地克服或改善此裂缝。

箱梁顶板梗肋高宽比一般在 1∶2~1∶4 之间,且尺寸较大;高度 c 一般大于 30 cm;底板梗肋的高宽比一般在 1∶1~1∶2 之间,且尺寸较小,高度 c 一般不大于 30 cm。

需要注意的是,现行公路桥梁规范对箱梁的尺寸还提出了如图 5.34 所示的限值要求。

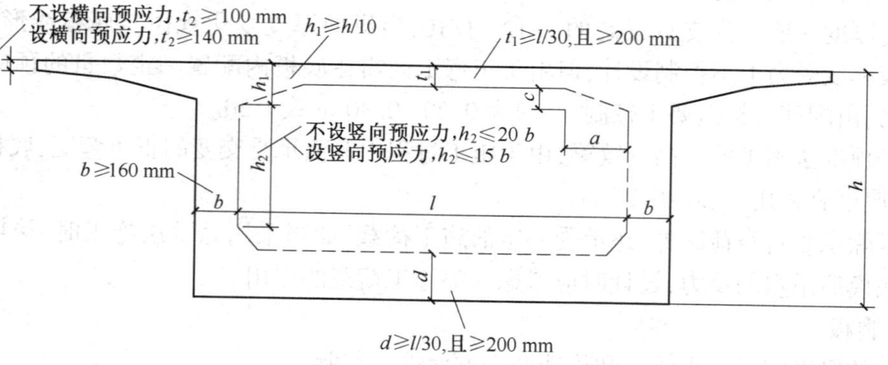

图 5.34　公路桥梁规范的箱梁尺寸限值

5.4　结构内力与配筋计算

5.4.1　概述

第 3 章已经介绍作用于桥上的荷载类型及其计算方法,已知结构及其作用(荷载),求解结构内力和变形是结构力学、有限元等基础力学的主要内容。力学课程中所讨论的结构一般未考虑施工的影响,如结构力学中的连续梁和框架结构等,基本上是一次性成型结构。结构工程师的重要任务之一是基于施工过程合理地将实际工程结构概化为力学模型,本章所讨论的连续梁和连续刚构桥的力学模式简明清晰，难点在于：连续体系桥梁一般需要通过系列施工阶段才能成桥，其中还包含着系列的“结构体系转换”，恒载内力与施工方法（见 5.6 节）有很大的关系、力学计算过程中需要考虑施工过程的影响。另外，作为桥梁结构，仍有一些特殊问题在基础力学中并未涉及，通常将其归结为桥梁力学，包括：

（1）考虑施工过程中的恒载内力计算方法。

（2）对超静定结构施加预应力，赘余约束将制约主梁的变形，由此将引起支座次反力和结构次内力。

（3）超静定结构在施工过程中发生结构体系转换时，先期结构恒载内力由于混凝土收缩徐变作用，将不断引起次内力。

（4）超静定结构中温度变化和支座沉降引起结构的内力，设计中应依据桥梁所处环境的温度变化、地基基础的可能沉降量来确定是否计入该两项内力的不利影响，其中支座沉降和均匀温度引起的内力方法已在结构力学中介绍，而梯度温度效应的分析在本节中介绍。

活载作用在成桥结构上，连续梁活载内力往往是通过先求影响线然后进行最不利加载计算。目前在设计工作中，主要采用电算程序计算影响线、自动加载来计算活载内力。

对于变截面的连续体系梁，计算内力时，截面特性可以按不计钢筋的全截面进行计算，对内力分配影响很小。但是在计算挠度时，构件的刚度应考虑配筋、开裂、疲劳等影响，具体参见规范。

连续体系梁桥正常使用状态一般在线弹性范围，且结构体系的几何非线性影响非常小、可以忽略不计，因此，各项荷载所产生的总效应符合叠加原理的前提和条件，工程中采用分项计算，再组合累加。

对于预应力锚固区、宽跨比小于 2.0 的支座处横隔板，可按公路桥规中的应力扰动区进行计算，详见规范。

5.4.2　主梁自重内力计算

主梁自重包括一恒和二恒两类，二恒即桥面系及附属设施自重，一般为均布荷载或分段均布荷载，作用于最终成桥的结构上，按一般力学方法计算；一恒，即主梁自重，因其作用效应与施工方法和施工阶段关系密切，结合主要的施工方法介绍如下。

主梁一恒荷载大小为主梁混凝土方量×钢筋混凝土的容重。

1. 满堂支架法

整个主梁结构在满堂支架上浇筑，结构在支架落架后一次性形成，落架前结构自重作用于支架上，是支架设计中荷载项；落架时结构自重对主梁随即产生自重效应，主梁自重荷载一次性施加于主梁上，其计算力学图式为成桥结构的力学图式。例如，满堂支架施工 3 跨等跨连续梁，其力学图式为受自重荷载 q 的 3 跨连续梁，内力和变形可采用结构力学的力法、位移法或有限元数值法等计算。

2. 逐孔支架法

图 5.35 为 4 孔等跨等截面连续梁，分 4 个阶段进行支架逐孔现浇，前一个施工阶段完成落架后，支架转至下一孔，图中未示支架。

阶段 1，如图 5.35(b) 所示，支架上浇筑第一孔和第二孔中的 $l/5$ 节段，落架后形成简支梁带悬臂结构，自重 q 作用于该结构上，计算求解方法同一般力学。

阶段 2，在阶段 1 的基础上，施工后续的一个 l 跨长梁段，落架后形成 2 跨连续梁带悬臂结

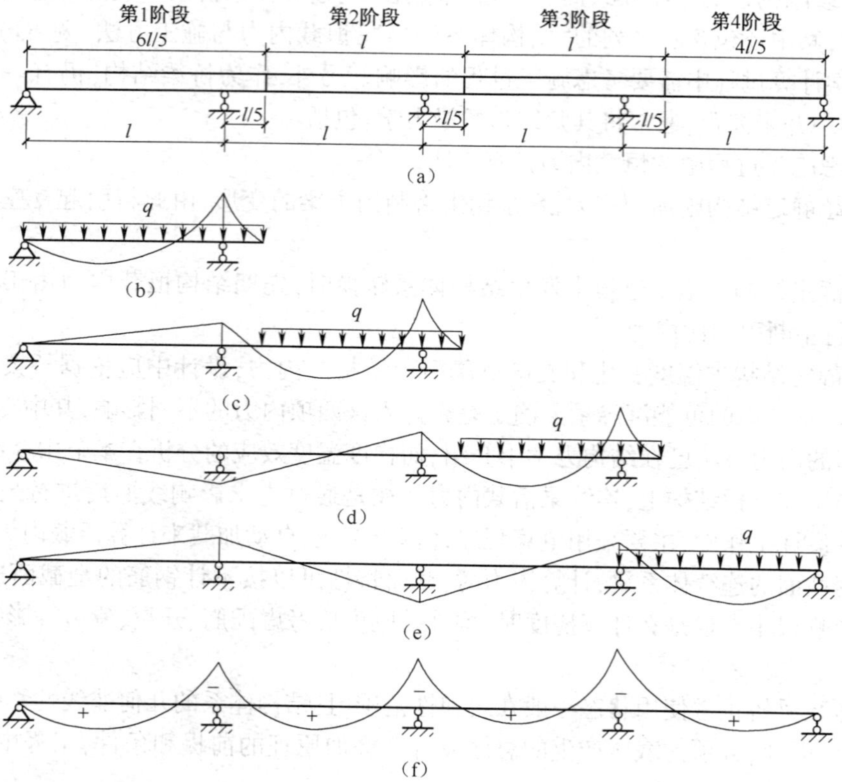

图 5.35　逐孔支架法恒载内力计算

构,本阶段新施加的荷载为该阶段浇筑部分梁的自重 q,计算力学图式和对应产生的弯矩增量如图 5.35(c)所示,本阶段结构中的总内力=(b)+(c)。

阶段 3,在阶段 2 的基础上,再在支架上施工一个 l 跨长,落架后形成 3 跨连续梁带悬臂结构,计算力学图式和对应产生的弯矩增量如图 5.35(d),本阶段结构中的总内力=(b)+(c)+(d)。

阶段 4,在支架上施工第 4 跨的剩余部分,落架后形成 4 跨连续梁结构,计算力学图式和对应产生的弯矩增量如图 5.35(e)所示,成桥后一恒产生的总内力(f)=(b)+(c)+(d)+(e)。

从本案例过程可以看出,分析施工阶段受力的重要概念是明确什么荷载、发生在什么时间,作用于什么样的结构上,然后就是选择力学方法和叠加计算问题。

3. 先简支后连续施工法

先简支后连续施工方法是将预制梁吊装成简支状态,如图 5.36(a)所示,之后,浇筑接头处的混凝土,如图 5.36(b)所示,张拉支点负弯矩区的预应力束,将临时支座更换为永久支座,完成体系转换形成连续梁。

显然,主梁自重 q 发生在简支梁状态,而湿接头处的自重作用、后期预应力张拉、二恒和活载作用在连续状态,总内力等于简支状态的内力与连续状态的内力累加之和。

4. 悬臂法

某 3 跨连续刚构梁,采用悬臂法施工[图 5.37 (a)],中墩施工完成,浇筑 0 号块,之后,对称悬臂施工 10 个节段,在悬臂浇筑第 10 个节段的同时进行边跨支架现浇段施工,再依次合龙

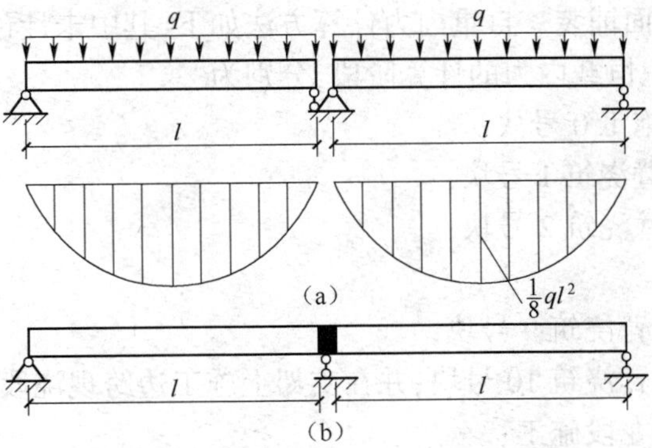

图 5.36　先简支后连续梁恒载内力计算

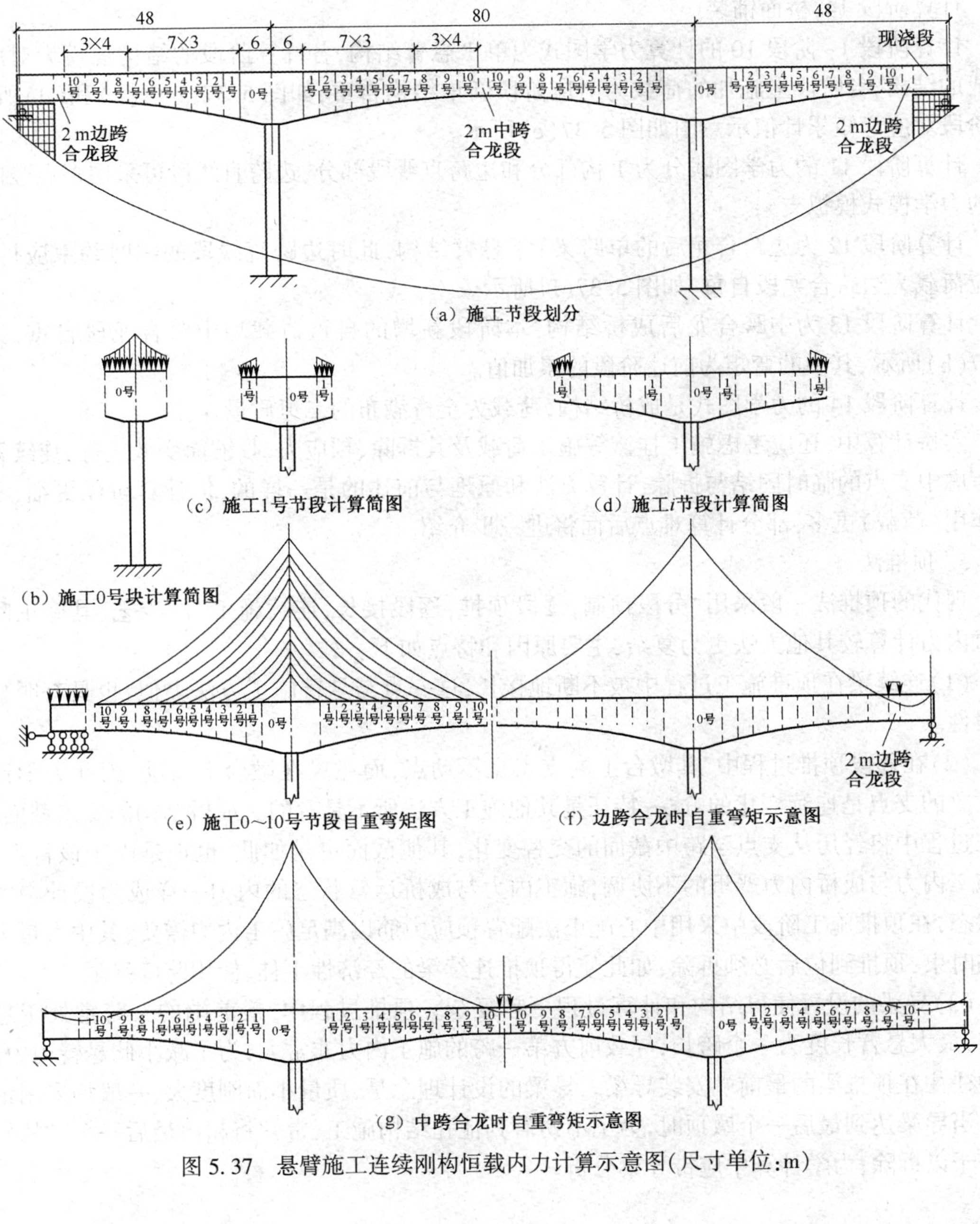

图 5.37　悬臂施工连续刚构恒载内力计算示意图(尺寸单位:m)

边跨和中跨,最后进行桥面铺装。自重内力计算方法如下,其中未计预应力和施工荷载。

按施工阶段次序组织恒载内力的计算阶段,分别为

计算阶段 1,支架上施工 0 号块;

计算阶段 2,对称悬臂浇筑 1 号块;

计算阶段 3,对称悬臂浇筑 2 号块;

……

计算阶段 10,对称悬臂浇筑 9 号块;

计算阶段 11,对称悬臂浇筑 10 号块;并在支架上施工边跨现浇段。

计算阶段 12,边跨合龙段施工;

计算阶段 13,中跨合龙段施工;

计算阶段 14,桥面铺装。

计算阶段 1~阶段 10 的计算力学图式为单 T 悬臂结构,各计算阶段的结构规模为对应已完成的结构,各阶段上施加的荷载为对应阶段新增结构自重,如图 5. 37(b)、(c)和(d)所示,各阶段对应弯矩累计值示意图如图 5. 37(e)所示。

计算阶段 11 的力学图式分为 T 构部分和边跨直线段部分,边跨直线段可采用多点竖向约束的力学模式模拟支架。

计算阶段 12 为边跨合龙后的单跨梁+带悬臂结构,此时边跨直线段的临时约束应拆除,对应荷载为边跨合龙段自重,如图 5. 37(f)所示。

计算阶段 13 为中跨合龙后成桥结构,本阶段新增的自重荷载为中跨合龙段自重,如图 5. 37(h)所示,其中的弯矩为前述阶段的累加值。

计算阶段 14 的力学图式是成桥结构,荷载为全桥满布的二恒质量。

实桥计算中,还应考虑施工挂篮等施工荷载及其拆除、预应力、收缩徐变效应等,连续梁还要考虑中支点的临时固结与拆除,计算方法和原理与前述的是一样的,但计算阶段更细、考虑的作用(荷载)更多,部分计算难点后面将进一步介绍。

5. 顶推法

现代的顶推法一般采用"分段预制,逐段顶推,逐段接长,连续施工"的工艺,其施工阶段自重内力计算较其他方法更为复杂,主要原因和特点如下。

(1)连续梁在顶推施工过程中被不断地接长,这一点与悬臂施工方法类似,也具有明显的阶段性。

(2)在逐段顶推过程中,其墩台上的支点是不动点,而主梁在墩台上滑动,因此力学计算中主梁的支点是连续变化的,这一特征是其他施工方法所不具有的。成桥结构的支点截面,在施工过程中将经历从支点至跨中截面的交替变化,其他截面也是如此,也正是由于该特点,使得施工内力与成桥内力严重的不协调,施工内力与成桥运营状态的内力一样成为设计中的控制状态,在顶推施工阶段中采用中心配束法配置预应力筋以满足施工内力需要,其中大量力筋为临时束,顶推到位后必须拆除,如此使得顶推连续梁的经济性不佳、使用跨度受限。

(3)导梁的设置使得结构和计算过程更趋复杂。顶推过程中,最前端的一跨常处于悬臂状态,最大悬臂长度为一个跨长,导致前方第一跨的施工内力非常大,为了减小此悬臂内力,施工中往往在顶推梁的最前端安装导梁。导梁的设计理念是,质量小而刚度大,一般均采用钢结构。当导梁达到最后一个墩顶时,为了不妨碍其他孔结构施工,常常将超出最后一个墩的导梁部分予以拆除,力学计算中应带导梁分析。

(4)恒载内力包络图。因为顶推过程中梁截面内力是连续变化的,为确保施工阶段结构设计的合理性和可靠性,需要计算各截面在整个施工过程中的最不利值,由各截面的最大和最小内力,构成了恒载(自重荷载)作用下的内力包络图,如图 5.38 所示,显示出带导梁的第一孔梁的截面常是受力最大的部位,而其余梁段上的受力变化很小,但与恒载作用下的弯矩图差异很大,以此内力包络图为依据开展施工阶段的结构配筋设计。

顶推法施工连续梁的恒载内力计算目前均采用桥梁专用软件计算,基于支点不动、按步长移动主梁,形成不同顶推时刻的力学计算图,分析顶推全程中不同顶推时刻的结构内力,获取全梁(含导梁)各截面的最不利内力,形成内力包络图,之后开展配筋设计和复核。

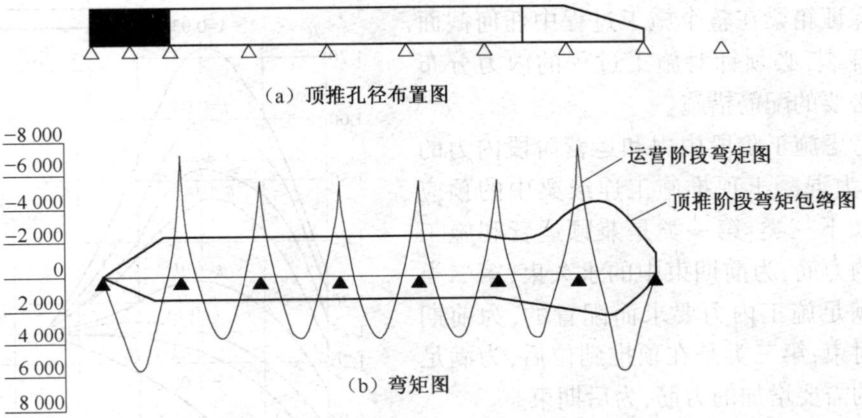

(a) 顶推孔径布置图

(b) 弯矩图

图 5.38　顶推法施工中梁的弯矩包络图

也可采用图 5.39 和图 5.40 所示来初估顶推时主梁的最大正负弯矩。

①整个导梁推移过墩顶(图 5.39)

$$M_{\max}^{+}=-\frac{gL^2}{12}(0.933-2.96\gamma\beta^2) \tag{5.2}$$

式中　γ——导梁与混凝土主梁的自重比;

β——导梁长度与跨度之比。

②导梁刚到达墩顶前面,最大悬臂状态(图 5.40)

$$M_{\min}^{-}=-\frac{gL^2}{2}[\alpha^2+\gamma(1-\alpha^2)] \tag{5.3}$$

其中

$$\alpha=1-\beta$$

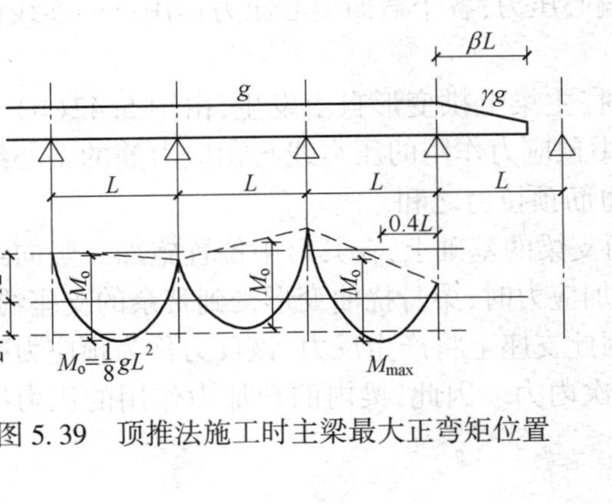

图 5.39　顶推法施工时主梁最大正弯矩位置

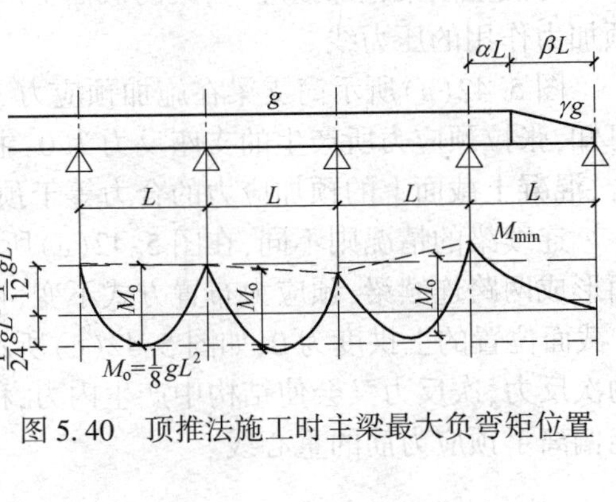

图 5.40　顶推法施工时主梁最大负弯矩位置

③导梁前端刚搁置上墩顶,此时梁内也可能再出现最大负弯矩值。

定义导梁与主梁的刚度比值 K

$$K=\frac{E_s I_s}{E_c I_c} \tag{5.4}$$

此时 $M_{\min}^{-}$ 值与刚度比 K 有关。

$$M_{\min}^{-}=-\mu\frac{gL^2}{12} \tag{5.5}$$

式中　μ——计算系数,由 K 与 β 查图 5.41 所示曲线可得。

(5)配筋措施

为了保证箱梁在整个施工过程中任何截面不致受拉开裂,必须针对施工过程的内力分布特点采取必要的配筋措施。

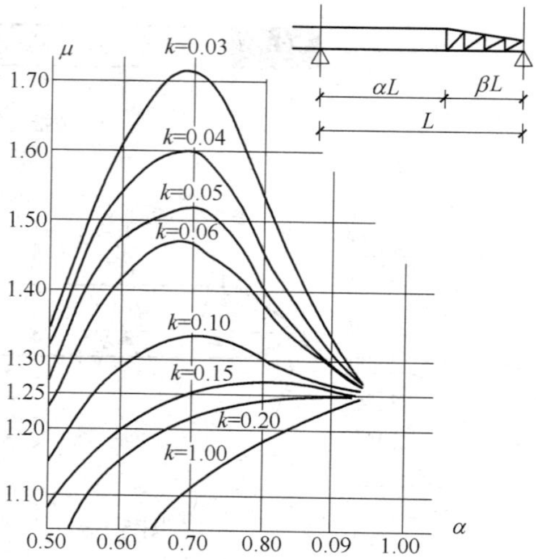

图 5.41　μ 与 K 和 β 的关系曲线

综合考虑施工阶段内力和运营阶段内力的特点,预应力混凝土顶推施工连续梁中的预应力束分为如下三类:第一类是兼顾运营和施工要求所需的力筋,为前期束中的永久束;第二类是专门为满足施工内力要求而配置的,为前期束中的临时束;第三类是在顶推到位后,为满足运营状态的需要增加的力筋,为后期束。

依据施工恒载内力包络图,前期束常采用直束和中心配束法,根据施工内力的特点将其布置在截面的上下缘,对梁施加一个近似于中心受压的预应力。

不同类型的预应力筋采用的锚具和锚固位置也不相同。对于兼顾运营和施工要求的力筋,前期束中的永久束可采用镦头锚,采用接长器接长。为了避免接头集中在同一截面上,钢束的长度取用两个节段的长度,使接头交错布置。对于临时束,一般选用短束,布置在梁的跨中部位的上缘和支点部位的下缘,锚固于箱梁顶底板的齿板上,以便拆除。而后期束由于张拉的需要,采用短束锚固于齿板上,布置在梁跨中部位的下缘和支点部位的上缘。

5.4.3　预加力作用下内力计算

1. 预加力对结构的作用

对混凝土梁施加预应力,梁的截面上产生偏心压力,各个截面偏心压力作用点的连线称为预加力作用的压力线。

图 5.42(a)所示简支梁在施加预应力 N_p 时,主梁上拱变形自由发生,由图 5.42(b)分析可知,张拉预应力所产生的支座反力为 0,主梁中预应力作用的压力线与预应力筋的重心线重合,混凝土截面上的预加应力的合力等于预应力筋预拉力之和。

连续梁的情况则不同,在图 5.42(a)所示简支梁的基础上,在其跨中位置施加一竖向约束而形成两跨连续梁,预应力布置方式不变,在预加应力时,梁身挠曲变形受到赘余的支座约束,B 截面位置的上拱度为 0,如图 5.42(c)所示,因此支座上将产生反力,该反力称为预应力引起的次反力,次反力又会使结构中产生内力,称为次内力。因此,梁内的预加力作用的压力线可能偏离了预应力筋的重心线。

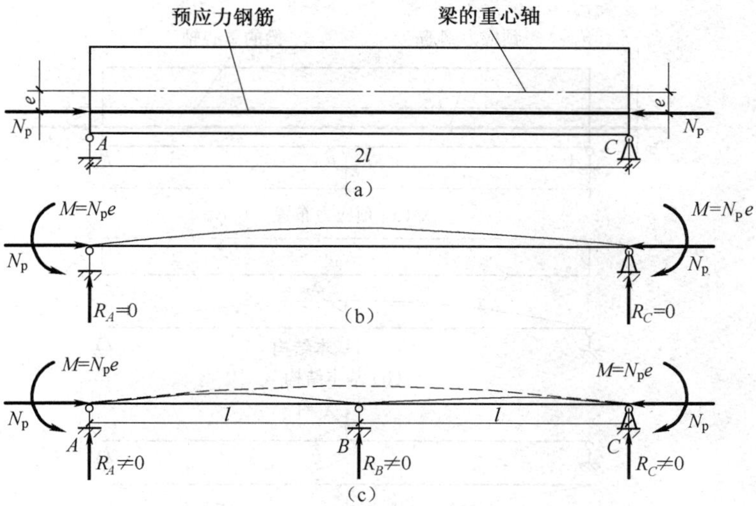

图 5.42　约束对张拉预应力变形的影响分析

下面进一步对两跨连续梁的预应力效应进行详细的分析，如图 5.43 所示，预应力钢筋按直线布置，偏心距为 e，预加力值为 N_p，主梁截面刚度为 EI。

定义预应力作用的初弯矩（又称原弯矩）M_0 为

$$M_0 = -N_p e \tag{5.6}$$

它等于静定结构（简支梁）中预应力作用弯矩。

基于力法分析图 5.43 所示两等跨连续梁中的预应力效应，取基本结构为简支梁，如图 5.43(b)所示，预应力作用于基本结构上 B 截面处将上拱 Δ_b，而实际结构的连续梁因 B 截面有支座的约束不能起拱，因此产生次反力 R_b，据变形协调条件，由力法方程得

$$\delta_{bb}R_b + \Delta_b = 0$$

式中，δ_{bb} 为单位赘余力 $R_b = 1$ 作用于基本结构时赘余力方向的位移，可用积分法计算，$\delta_{bb} = \int \frac{\overline{M}^2}{EI}dx$，$\overline{M}$ 为单位赘余力 $R_b = 1$ 作用于基本结构上弯矩；δ_{bb} 也可用图乘法求得

$$\delta_{bb} = \frac{1}{EI} \times \left(\frac{1}{2} \times l \times \frac{l}{2}\right) \times \left(\frac{2}{3} \times \frac{l}{2} \times 2\right) \times 2 = \frac{l^3}{6EI}$$

Δ_b 为外荷载作用于基本结构时赘余力方向的位移，此处的外荷载为预应力，$\Delta_b = \int \frac{\overline{M}M_p}{EI}dx$，$M_p$ 为预应力作用在基本结构上的弯矩图，$M_p = M_0$，如图 5.43(b)所示，用图乘法计算有

$$\Delta_b = \frac{1}{EI} \times \left(\frac{1}{2} \times l \times \frac{l}{2}\right) \times (-N_p e) \times 2 = -\frac{N_p e l^2}{2EI}\text{（向上）}$$

回代力法方程解得

$$R_b = \frac{3N_p e}{l}\text{（向下）}$$

显然，R_b 产生的同时，其他支座上也将产生次反力，由次反力产生的梁内次弯矩图 $M' = X_1\overline{M}$，如图 5.43(d)所示，其中，B 点处的次力矩 M_b 为

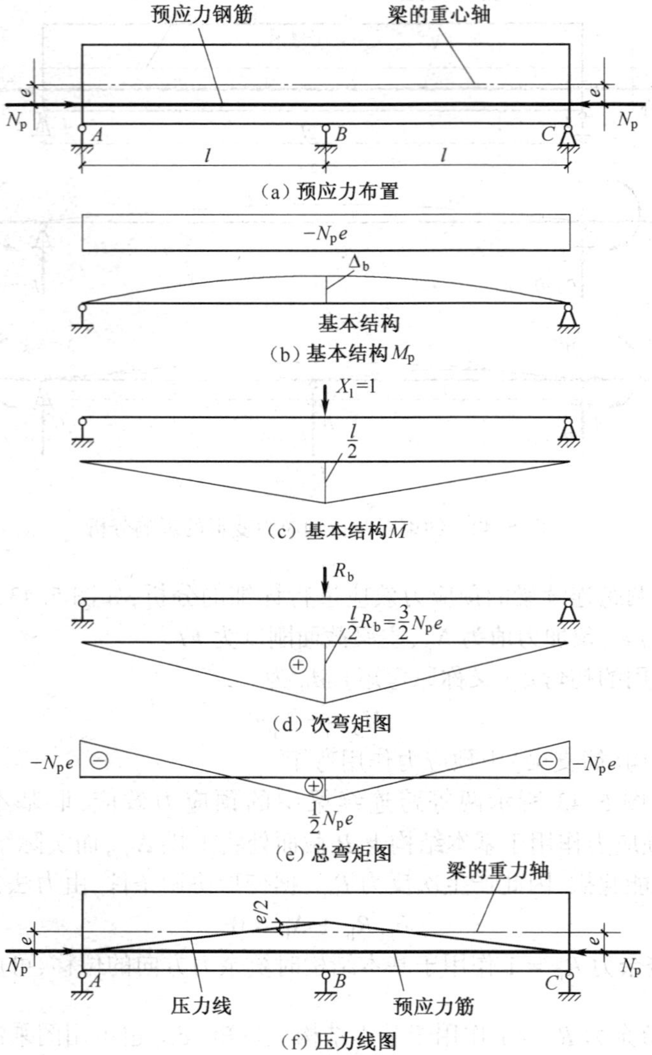

图 5.43　预应力的作用

$$M_b = \frac{l}{2} \cdot \frac{3}{l}N_pe = \frac{3}{2}N_pe$$

在 A 点和 C 点处次弯矩为零,两点之间的次弯矩按线性变化。实质上,预应力产生的次弯矩和次反力之间的关系为

$$M' = \sum_{i=1}^{n} R_i x_i \tag{5.7}$$

式中　x_i——计算截面以左(或以右)的 i 号支点到计算截面的距离;

R_i——计算截面以左(或以右)的 i 号支点的次反力。

可见,次反力在两个支点之间一定是线性变化的,这对超静定结构的任意配筋方式都是成立的。

在预应力作用下,结构中的实际弯矩 M_N (称为总弯矩)等于初弯矩与次弯矩的代数和,即

$M_N = M_0 + M'$，如图5.43(e)所示。将总弯矩除以预应力合力 N_p 即得压力线相对于截面重心的偏心距，如图5.43(f)所示。此时，压力线与钢筋重心线不再重合，偏离了一个距离。在梁的两端支承处，压力线与钢筋重心线重合，在中间支座截面压力线偏离最大（计 $3e/2$），相对于预应力筋重心线的偏移值等于次弯矩除以预应力合力 N_p。

2. 吻合索与线性变换原理

若将上例连续梁中的预应力筋位置按所求得压力线布置[图5.44(a)]，则预应力偏心作用产生的弯矩如图5.44(b)所示。取简支梁为基本结构，仍用图乘法求得此时预应力引起的 B 点挠度 Δ_b。

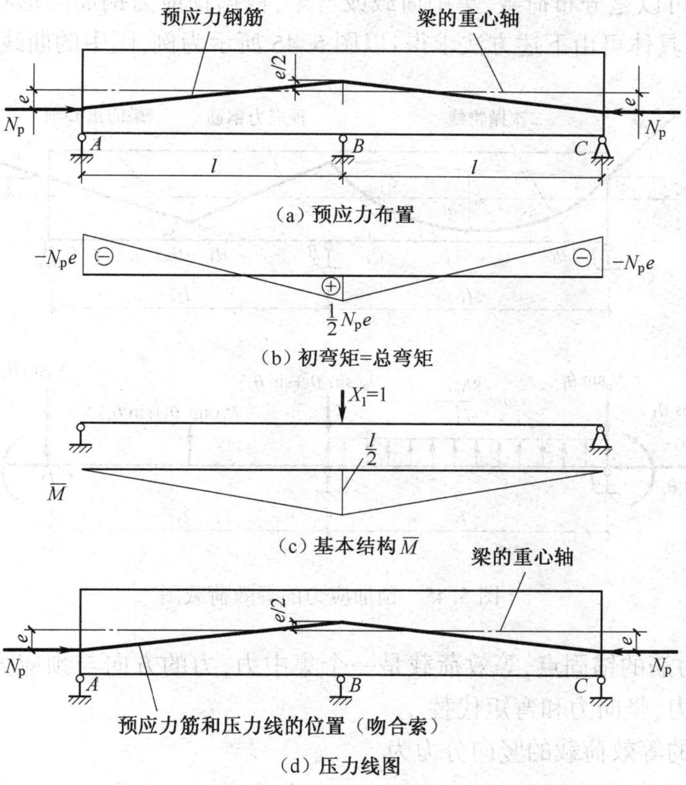

图5.44　预应力钢筋沿压力线布置

$$\Delta_b = \frac{1}{EI} \times \left(\frac{1}{2} \times l \times \frac{l}{2}\right) \times 0 \times 2 = 0$$

上式说明，预加应力并不引起 B 点的位移，所以次反力 R_b 为零，梁内也没有次弯矩，总弯矩等于初弯矩。压力线的位置便和预应力钢筋重心线重合，如图5.44(d)所示。这样布置的预应力筋称为“吻合索”。

上面两例中，虽然预应力筋位置有所区别，但最后的总弯矩相同。若保持两端的力筋位置和跨内力筋线形不变，仅改变中支点的力筋的位置，再求总弯矩，其结果与上两例的完全相同。

由此，可得出如下结论：预应力混凝土梁中，在不改变预应力钢筋两端支承处的锚固位置和预应力钢筋的基本形状（直线形、曲线形或折线形）的条件下，改变它在中间支承处的偏心距，并不影响其总弯矩和压力线的位置，这就是预应力钢筋的线性变换原理。因为，次弯矩在梁内是线性分布的,当预应力筋的位置发生线性位移,次弯矩发生了变化的同时初弯矩亦相应有了变化,并且,两者变化的数值是相互抵消的,压力线的位置不变。

3. 等效荷载法计算结构次内力

上述由“总弯矩=次弯矩+初弯矩”求解预加力作用下连续梁内力的力法,对于曲线布筋和多次超静定情况下计算是很烦琐的。在实用计算中大多采用等效荷载法。

所谓等效荷载法,是将预应力混凝土梁中的预应力筋和混凝土视为相互独立的隔离体,把预应力对混凝土的作用用等效荷载代替,把预应力梁看作等效荷载作用下的普通梁,直接求连续梁在预应力等效荷载作用下的内力和变形。

“等效荷载”可以是分布荷载、集中荷载或弯矩,根据预应力钢筋的形状、位置以及预应力值大小等来确定,具体可由下述方法求得:以图 5.45 所示为例,图中的曲线为抛物线。

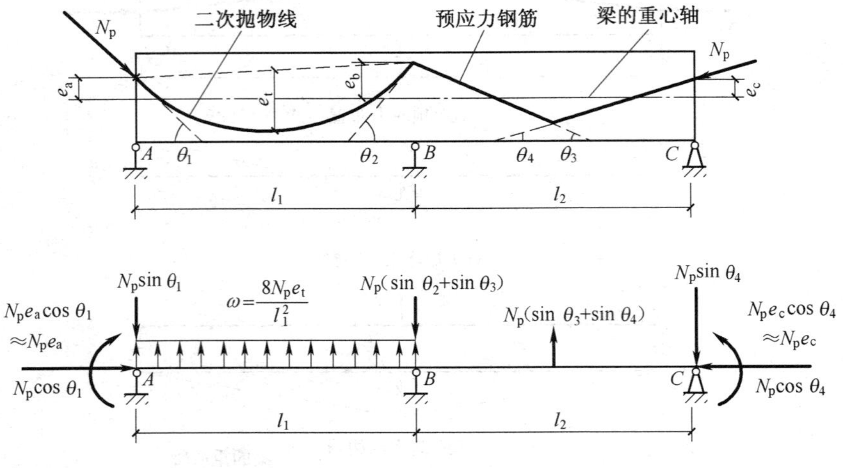

图 5.45　预加应力的等效荷载图

(1)在预应力筋的锚固点,等效荷载是一个集中力,力的方向与预应力钢筋的轴线相切。在计算中可用轴力、竖向力和弯矩代替。

作用在梁端的等效荷载的竖向分力为

$$V = N_p \sin\theta_1 \approx N_p\left(\frac{4e_t}{l} - \frac{e_b - e_a}{l}\right) \tag{5.8}$$

当 θ 角不大时,近似取 $\cos\theta_1 \approx 1.0$,水平分力可以近似地等于 N_p 。

当预应力筋的锚固点有偏心距 e_a 时,此处还作用有偏心弯矩 N_pe_a 。

(2)当预应力筋曲线布置时,等效荷载是分布荷载。

对于弹性范围内小挠度梁,预应力筋曲线布置时,荷载与弯矩的关系可用下式表达

$$w = \frac{d^2M}{dx^2}$$

由预应力产生的弯矩为　　$M = N_p \cdot e + \sum R_i \cdot x_i$

上式中 R_i 为次反力,为常量;x_i 为支座到截面的距离;e 为预加力 N_p 对截面重心的偏心距。所以等效荷载为

$$w = N_p \frac{d^2e}{dx^2} \tag{5.9}$$

当偏心距 e 沿梁长按直线变化时，w 等于 0。

当偏心距 e 沿梁长按二次抛物线变化时，对于参数如图 5.46 所示抛物线，其方程可表示为

$$y = e_a + \frac{-4e_t + (e_b - e_a)}{l}x + \frac{4e_t}{l^2}x^2 \tag{5.10}$$

如图 5.45 所示，设该段曲线的水平投影长度为 l_1，中点矢高为 e_t，均布荷载 w 可由式(5.9)和式(5.10)求得

$$w = \frac{8N_p e_t}{l_1^2}\text{（方向指向预应力筋曲线凹侧）} \tag{5.11}$$

当偏心距 e 沿梁长按三次曲线线变化时，w 为按直线变化的分布荷载。

(3)在预应力钢筋走向的斜率发生突变的地方，等效荷载是集中荷载，如图 5.45 所示。

[例 5.1]　二等跨等截面连续梁，预应力筋直线布置，偏心距为 e，预应力值为 N_p，如图 5.47(a)所示。

等效荷载如图 5.47(b)所示，求得总力矩如图 5.47(c)所示，该图与图 5.43 (e)是相同的。压力线位置如图 5.47(d)所示。

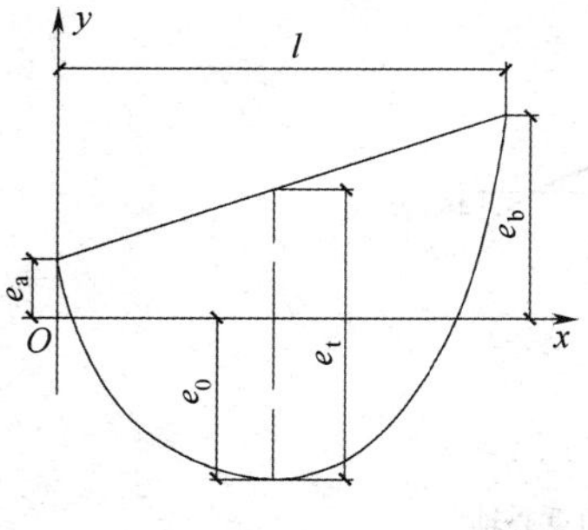

图 5.46　抛物线方程

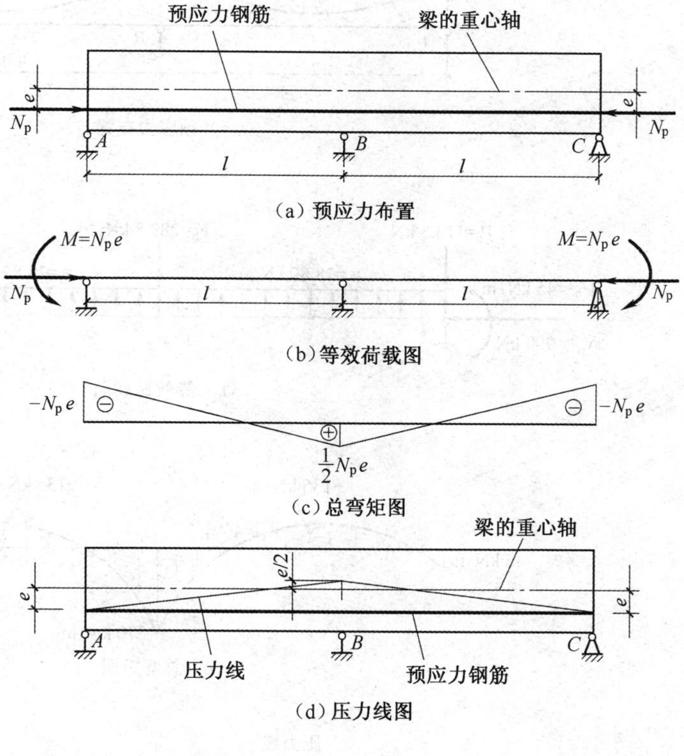

图 5.47　例 5.1 图

[例 5.2]　二等跨等截面连续梁，预应力筋曲线布置，预应力值为 N_p = 900 kN，如图 5.48(a)所示。

等效荷载如图 5.48(b)所示，由于支点上的竖向集中力不引起梁的弯矩，可先不必求出。

端部集中力矩　　$M_a = M_c = 900 \times 0.05 = 45(\text{kN}\cdot\text{m})$

抛物线的矢高　　$e_t = 0.2 + \frac{1}{2}(0.05 + 0.2) = 0.325(\text{m})$

均布等效荷载 $\omega=\dfrac{8N_{\mathrm{p}}e_{\mathrm{t}}}{l_1^2}=\dfrac{8\times900\times0.325}{9^2}=28.89(\mathrm{kN/m})$（向上）

在上述等效荷载作用下的弯矩图，由结构力学方法求得，即为总弯矩图，如图5.48(c)所示。需要计算次内力时，可以通过次反力进行计算，或者按“次弯矩=总弯矩图-原弯矩”求得，读者可自行计算。

注意：当要求出竖向等效荷载 $V_{\mathrm{a}},V_{\mathrm{b}},V_{\mathrm{c}}$ 时，可先由给出的几何条件求得力筋的曲线方程 $y=ax^2+bx+c$，再由转角 $\theta=y'=2ax+b$，求出 $\theta_{\mathrm{a}},\theta_{\mathrm{b}l},\theta_{\mathrm{br}},\theta_{\mathrm{c}}$。则 $V_{\mathrm{a}}=N_y\theta_{\mathrm{a}}$，$V_{\mathrm{b}}=N_{\mathrm{p}}(\theta_{\mathrm{b}l}+\theta_{\mathrm{br}})$，$V_{\mathrm{c}}=N_{\mathrm{p}}\theta_{\mathrm{c}}$。对本题的条件 $V_{\mathrm{a}}=V_{\mathrm{c}}=114.3\ \mathrm{kN}$，$V_{\mathrm{b}}=289.8\ \mathrm{kN}$，方向均向下。

若要计算压力线的位置，将总弯矩除以预压力 N_{p} 即可得到，如中间支座上 $e_{\mathrm{b}}=\dfrac{M_{\mathrm{b}}}{N_{\mathrm{p}}}=\dfrac{270}{900}=0.3(\mathrm{m})$，如图5.48(d)所示。

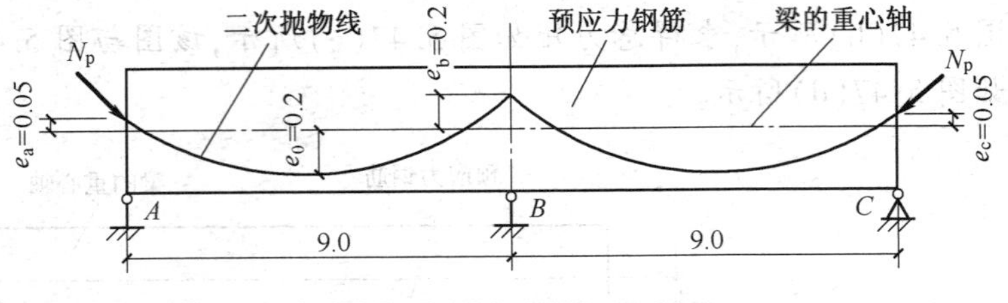

（a）预应力布置

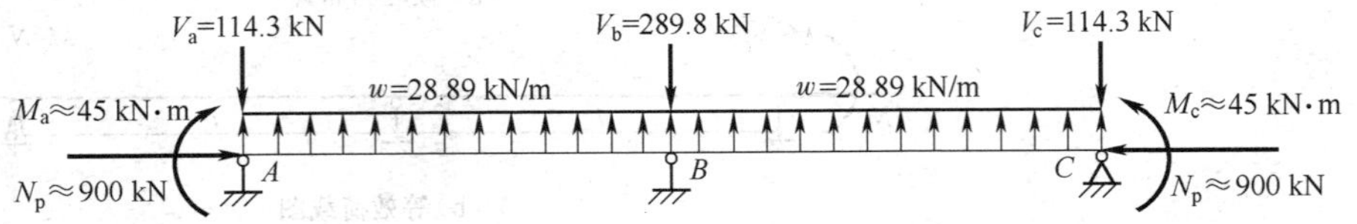

（b）等效荷载图

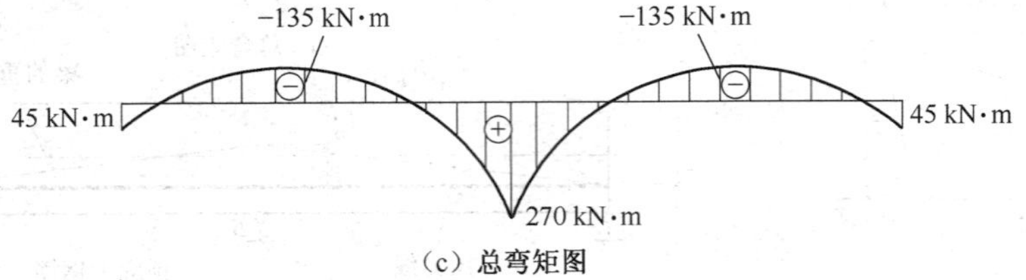

（c）总弯矩图

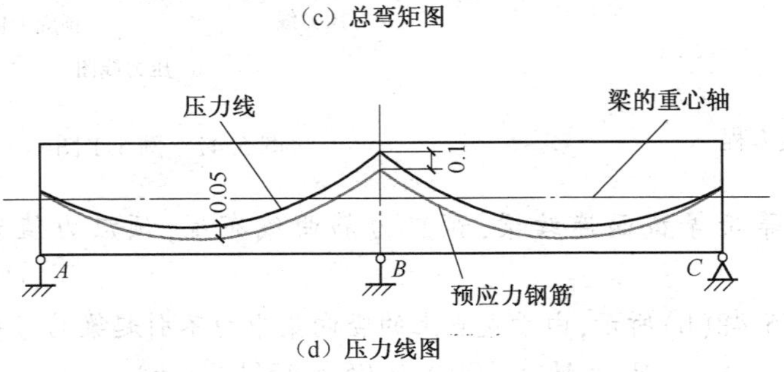

（d）压力线图

图5.48　例5.2图(单位:kN,m)

以上是考虑 N_p 不变的情况下，当考虑摩擦损失时，N_p 沿梁长发生变化，也可由同样的原理求解。

对于变高度梁或具有复杂线型的预应力筋结构，设计计算宜采用等效节点荷载计算，将在后面介绍。

设计时预应力钢筋位置的选择取决于：产生一理想的压力线，满足外荷载下承载力、应力的需要；构造上配筋的要求。设计中不需要追求将预应力钢筋布置为吻合束。当按吻合索设计时，不存在次反力，使内力计算趋于简单，这是它的优点，但吻合索并不一定是一条合理的预应力筋轴线。将钢筋重心轴在连续梁中间支点截面上负弯矩高峰区布置得尽量高，在靠近跨中处布置得尽量低，通常可以获得在给定情况下最经济的设计，而这样的布置方式一般不易形成吻合索。另一方面，在工程实践中，由于采用悬臂法施工，大量采用分段配筋，预应力筋不再是一条简单光滑的曲线，很难也很少考虑到钢束的吻合性要求。

上述理论推导和算例结果均表明：预应力次弯矩与初弯矩至少在同一个数量级上，且有可能导致总弯矩方向与原弯矩方向相反，这与简支梁的预应力效应是有很大差异的，因此，工程应用中必须计入预加应力引起的次内力，把它作为一项重要的内力组成部分来考虑。

4. 直接刚度法中预加力荷载列阵

利用前述的等效荷载用力法求解预应力效应，对于复杂结构或分段曲线配筋结构，其工作量是巨大的，工程应用中一般基于位移有限元法求解。本节仍利用等效荷载的概念，介绍直接刚度法荷载列阵的形成方法。以分阶段施工的后张预应力混凝土结构为分析对象。

(1) 预应力损失计算

前述的预应力效应计算中，梁内的预应力 N_p 沿程是不变的，这与实际状态不符，预应力 N_p 沿程变化的关键影响因素是预应力损失，本节按实际情况考虑该损失。

预应力损失按其完成的时间可分为瞬时损失和后期损失两部分。瞬时损失包括钢束与孔道之间的摩擦损失、弹性压缩损失和锚具变形、回缩损失及钢束松弛损失。后期损失主要指混凝土收缩和徐变损失。预应力损失的计算在结构设计原理课程介绍，或按桥梁规范规定执行，最终各预应力筋中沿程的有效预应力是不均匀的，力学分析中需要记录沿程的有效预应力。下面介绍数值分析中常用的两类预应力损失的计算方法。

①锚具变形及钢束回缩损失

如同钢束张拉一样，锚具变形及钢束回缩将导致钢束与孔道之间发生反向摩阻力。以往手工计算此项损失时，为简化计算，一般不考虑此项摩阻力的影响，而假定沿钢束全程的应力降低。在电算条件下，计算已无困难，因此，应考虑此项摩阻力的影响。

假设钢束回缩时孔道摩阻力的沿程分布规律与钢束张拉时相同，但方向相反，摩阻系数亦采用相同的数值。

钢束张拉时的摩阻力沿程分布规律为

$$V(x) = V_0 e^{-(\mu\theta + kx)} = V_0 e^{-r(x)} \tag{5.12}$$

式中　V_0——张拉端锚下张拉力。

设钢束的回缩长度为 L_k，如图 5.49 所示，钢束回缩后减小的预拉力为

$$V'(x) = V_{(k)} e^{-r(L_k - x)} = V_0 e^{-r(L_k)} e^{-r(L_k - x)} \tag{5.13}$$

则钢束回缩引起的预拉力损失为

$$\Delta V(x) = V(x) - V'(x) = V_0 [e^{-r(x)} - e^{-r(L_k)} e^{-r(L_k - x)}] \tag{5.14}$$

若锚具变形及钢束回缩量为 ΔL，则有

$$\Delta L = \int_0^{L_k} \frac{\Delta V(x)}{E_y A_y} dx = \frac{\Delta F}{E_y A_y} \tag{5.15}$$

式中　A_y, E_y——钢束的面积和弹性模量;

ΔF——图 5.49 中阴影部分的面积。

由于钢束回缩长度 L_k 既影响面积 ΔF，又影响 $r(x_k)$，直接求解钢束回缩引起的预拉力损失是比较困难的,常用的求解方法是:先估算、再迭代求解 L_k，然后求解钢束回缩引起的预拉力损失及其沿程分布图。

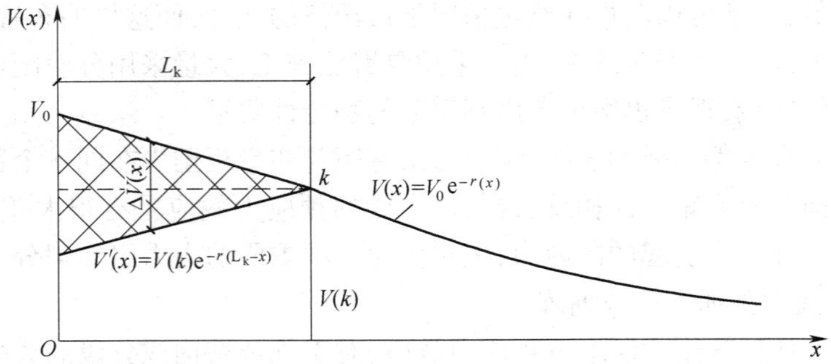

图 5.49　钢束回缩损失分布图

②弹性压缩损失

当钢束张拉批数较多时,精确计算此项损失是相当烦琐的,目前多采用近似公式计算。此外对于大跨度预应力混凝土桥梁,一个截面上的钢束总是随着施工的进展而分阶段计算的,此时,后张拉的钢束在已张拉的钢束上产生的弹性压缩损失,不仅与后张拉的钢束有关,还与后张拉那批钢束同时作用的恒载有关,目前习用的近似公式都没有考虑这一点。

如果直接取预应力混凝土为分析体,而不是将钢束和混凝土分离分析,理论上可以证明:若将已张拉的钢束立即换算成混凝土截面,后施加的预应力及其同时作用的恒载均作用于此换算截面上时,则自然计及了弹性压缩损失。

此法操作简单,只需要随时修正截面特性即可。其理论证明可参阅其他著作。

(2)单元的荷载列阵

在确定了钢束应力的沿程分布图之后,即可方便地计算梁单元的等效荷载,并形成单元的荷载列阵。

①单元的钢束线形为直线

取单元进行分析,此时,已知单元轴线的总体坐标,分析如图 5.50(a)所示的直线配筋单元,由钢束应力的沿程分布图可插值求得单元左、右截面的钢束预加力 P_i、P_j 和钢束位置 AB。将预应力视为外荷载,取单元为隔离体进行分析,由平衡条件将 P_i、P_j 转换到单元左右截面形心处,并表达成总体坐标中的预应力等效节点力向量为

$$\{P^e\} = [N_i \quad Q_i \quad M_i \quad N_j \quad Q_j \quad M_j]^T \tag{5.16}$$

式中

$$N_i = P_i \cos\alpha \tag{5.17}$$

$$M_i = P_i e_i \cos\alpha \tag{5.18}$$

$$N_j = - P_j \cos\alpha \tag{5.19}$$

$$M_j = - P_j e_j \cos\alpha \tag{5.20}$$

$$Q_i = \frac{M_i + M_j}{\Delta x} = \frac{P_i e_i - P_j e_j}{x_j - x_i} \cos\alpha \tag{5.21}$$

$$Q_j = -\frac{M_i + M_j}{\Delta x} = \frac{P_j e_j - P_i e_i}{x_j - x_i} \cos\alpha \tag{5.22}$$

$$\begin{aligned} e_i &= y_A - y_{Oi} \\ e_j &= y_B - y_{Oj} \end{aligned} \tag{5.23}$$

以上公式是针对具有竖向端截面梁单元推导的,对于斜截面的梁单元,读者可自行推导。

②单元的钢束线形为曲线

在这种情况下,如图 5.50(b)所示,根据等效荷载的概念可知,对于曲线配筋,在曲线长度内,钢束对混凝土产生分布的径向力;对于钢束的折角处,还有集中力。对此,除类比①种方法计算杆端节点荷载外,还应计入这些集中力的作用,可在单元内将钢束进一步划分为小段,一般分为 4~6 段即可,用折线替代,用折角处的集中力(图中的 Q_k)替代径向力。

③锚固点的等效荷载处理

如图 5.50(c)中,锚固点位置位于单元中间时,可用作用于单元对应位置的一组弯矩、轴向压力和剪力来代替。

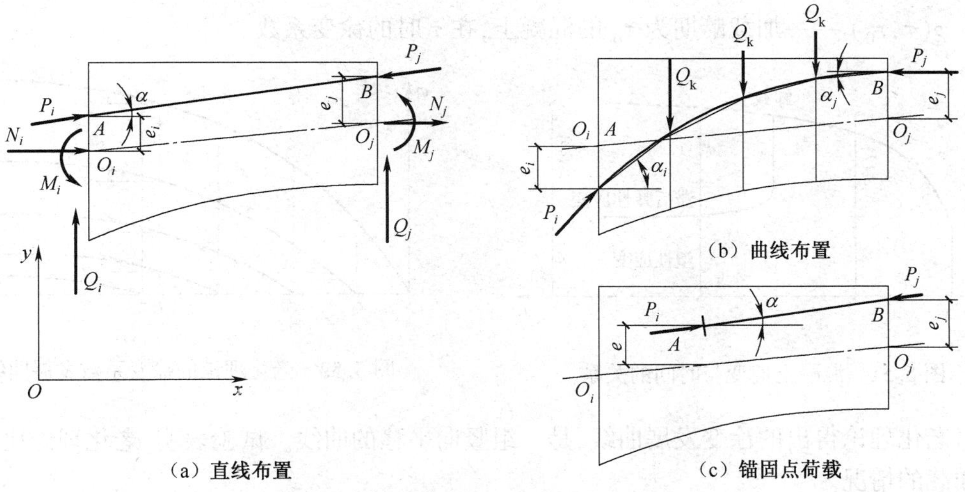

图 5.50　单元内钢束的等效荷载图

对于②③两种情况下的非杆端等效荷载,必须进一步按结构力学的方法进行等效节点力的转换,同时,纪录此等效节点力,以便在求解单元内力时进行反向叠加。

对于每一根钢束通过的每一个单元都按上述方法处理,即得到预应力荷载列阵。

5.4.4　混凝土徐变次内力计算

1. 混凝土徐变及规律

混凝土的徐变是在长期荷载作用下,混凝土塑性变形随时间增长的现象。

影响混凝土徐变的主要影响因素有水泥用量、水灰比、周围环境的温度与湿度、构件的截面形状、加载时混凝土的龄期和应力的大小等。

在应力作用下,混凝土的应变随时间变化的曲线如图 5.51 所示。加载时,混凝土发生瞬时弹性应变 ε_e;随时间的发展,变形逐渐增加,此逐渐增加的应变称为徐变 $\varepsilon_c(t)$,它在加载后的初期增长较快,经 3~5 年后趋于稳定。总的变形为

$$\varepsilon_b(t)=\varepsilon_e+\varepsilon_c(t) \tag{5.24}$$

通常徐变特征是用徐变系数 $\varphi(t)$ 来描述,其定义为

$$\varphi(t)=\varepsilon_c(t)/\varepsilon_e \tag{5.25}$$

如果荷载一直作用到 $t=\infty$,则总的变形 $\varepsilon_b(\infty)=\varepsilon_e+\varepsilon_c(\infty)$;当中途卸荷时,则瞬时弹性变形 ε_e 立即恢复,之后随时间的发展,徐变也可以恢复一部分,这部分称为滞后弹性变形,不可恢复的部分称为塑性变形,如图 5.51 所示。

徐变系数的大小与加载时混凝土的龄期有较大关系,加载龄期越大则徐变系数越小。定义 $\varphi(t,\tau)$ 为加载龄期为 τ 的混凝土在 t 时的徐变系数。

关于徐变系数发展曲线和加载龄期之间的关系有很多假定和计算理论,如老化理论、先天理论和混合理论等,使用最广泛的是老化理论。该理论假定:不同加载龄期 τ 的混凝土徐变发展曲线,在任意时刻 $t(t>\tau)$ 时,徐变系数 $\varphi(t,\tau)$ 的增长速率相同,如图 5.52 所示。老化理论的徐变系数关系表达式为

$$\varphi(t,\tau)=\varphi(t,\tau_0)-\varphi(\tau,\tau_0) \tag{5.26}$$

式中　$\varphi(t,\tau_0)$ ——加载龄期为 τ_0 的混凝土,在 $t(t>\tau)$ 时的徐变系数;

$\varphi(\tau,\tau_0)$ ——加载龄期为 τ_0 的混凝土,在 τ 时的徐变系数。

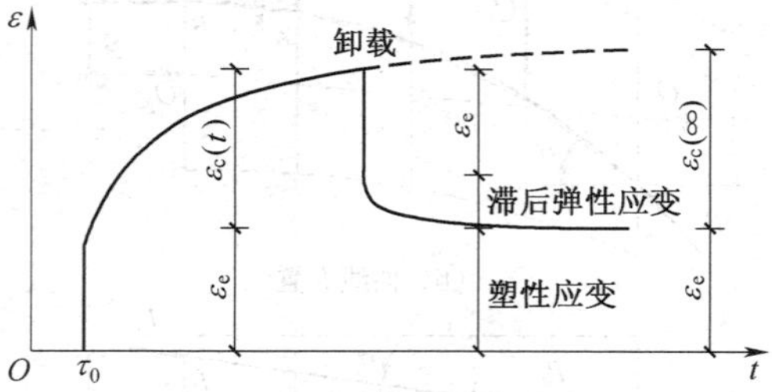

图 5.51　混凝土应变与时间的关系

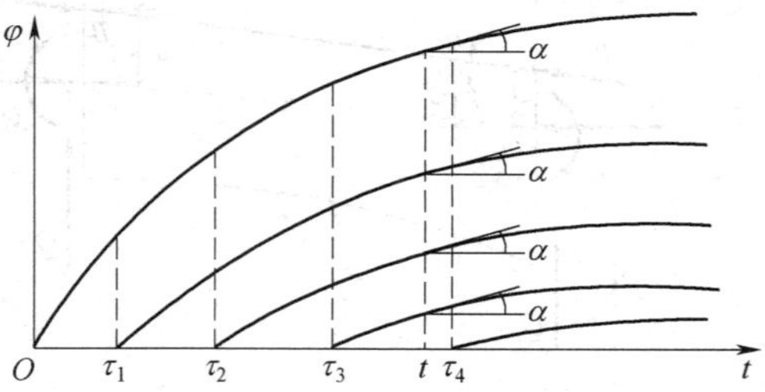

图 5.52　老化理论的徐变系数发展曲线

由老化理论得出的徐变发展曲线,是一组竖向平移的曲线。试验表明,老化理论比较适合早期加载的情况。

徐变系数随时间的发展规律,德国狄辛格尔(Dishinger)提出了指数函数的曲线方程式:

$$\varphi(t,0)=\varphi(k,0)(1-e^{-\beta t}) \tag{5.27}$$

或简写为

$$\varphi_t=\varphi_k(1-e^{-\beta t}) \tag{5.28}$$

式中　$\varphi(t,0)$ ——加载龄期 $\tau=0$(混凝土开始硬化时)的混凝土在 t 时的徐变系数;

$\varphi(k,0)$ ——徐变终极值,即加载龄期 $\tau=0$ 的混凝土在 $t=\infty$ 时的徐变系数,一般取 1.0~4.0,常用 2.0~3.0;

β ——表示徐变系数增长速度的系数,一般取 1.0~3.0(时间 t,τ 的单位为年)。

将式(5.27)代入式(5.26)得老化理论徐变系数的表达式为

$$\varphi(t,\tau)=\varphi(t,0)-\varphi(\tau,0)=\varphi_k(e^{-\beta\tau}-e^{-\beta t}) \tag{5.29}$$

只要知道了基本的徐变系数曲线 $\varphi(t,0)$，则后期徐变系数 $\varphi(t,\tau)$ 便可由式(5.29)求得。

老化理论和狄辛格尔公式,具有概念明确、计算方便的优点,对于桥梁结构的计算也是比较适用的,现在仍广泛应用。

徐变系数 $\varphi(t,\tau)$ 的数学模式也有很多种,可参考有关规范。我国铁路桥规,采用下面公式计算徐变系数:

$$\varphi(t,\tau)=\beta_a(\tau)+0.4\beta_d(t-\tau)+\varphi_f[\beta_f(t)-\beta_f(\tau)] \tag{5.30}$$

式中　$\beta_a(\tau)$——$\beta_a(\tau)=0.8\left[1-\dfrac{R_{(\tau)}}{R_\infty}\right]$,表示加载初期产生的不可恢复的变形系数;

$\beta_f(t)-\beta_f(\tau)$——随混凝土龄期而增长的滞后塑性应变;

$\beta_d(t-\tau)$——随时间而增长的滞后弹性应变(图 5.51);

φ_f——流塑系数,由周围环境湿度和截面理论厚度而定;

$R_{(\tau)}$,R_∞——混凝土龄期为 τ 时的强度和最终强度。

式(5.30)比较全面地考虑了混凝土的物理力学特性,但公式中的系数没有数学表达式,其数值通过图表查得。

现行公路桥梁规范 $\varphi(t,\tau)$ 的计算公式参照 1990 年《CEB—FIP 规范》的规定给出。

试验表明,当混凝土中的应力为其极限强度的 0.3~0.6 倍时,徐变变形与应力呈线性关系,称线性徐变,可以采用叠加原理。当应力超过此界限后,随着应力的增加,徐变变形增加得更快,呈非线性关系,称为非线性徐变。正常使用情况下,混凝土的最大应力 $\leqslant 0.5f_c$,属于线性徐变范畴。

在配筋结构中,混凝土的徐变、收缩将受到钢筋的抑制,在截面上产生应力重分布现象。若在徐变、收缩中计入钢筋的影响,其计算要比素混凝土的复杂得多。目前实用上多是忽略钢筋的影响,按素混凝土结构计算,其精度往往能满足工程要求。

综上所述,考虑徐变的结构计算是十分繁复的,下文考虑徐变对恒载内力影响的计算中,采用了如下基本假定:

(1)徐变系数随时间的发展规律采用狄辛格尔公式(5.27)式。

(2)徐变系数发展和加载龄期的关系采用老化理论(5.29)式。

(3)徐变变形和应力呈线性关系,可采用叠加原理。

(4)材料各向同性,混凝土受拉和受压的徐变系数相同。

(5)不考虑结构内配筋的影响,这对预应力混凝土结构中含筋率较小的情况是适用的。

(6)混凝土弹性模量假定为定值。

2. 徐变对恒载内力的影响

徐变对连续梁恒载内力的影响,视结构在施工过程中是否发生体系转换而不同。下面的例子将证明如下结论:若连续梁在施工过程中不发生体系转换,则在不变的荷载及预应力作用下,混凝土徐变变形不会引起次内力。若连续梁在施工过程中发生体系转换,则混凝土的徐变变形将产生次内力。需要注意区分徐变对恒载内力的影响与预加力因徐变的损失而引起的内力变化之间的不同。

本节中的有关结论和计算方法同样适用于其他混凝土超静定结构。

定义:体系转换前的结构称为先期结构,体系转换后的结构称为后期结构;作用在先期结构上的荷载称为先期荷载,而作用在后期结构上的荷载为后期荷载。

(1)连续梁在施工中发生体系转换

以二跨连续梁为例,如图 5.53 所示,设先用吊装施工方法架设成两跨简支梁,在混凝土龄期为 τ_1 时连成连续梁,即先期结构为二孔简支梁,后期结构为二跨连续梁,体系转换时间为 τ_1。

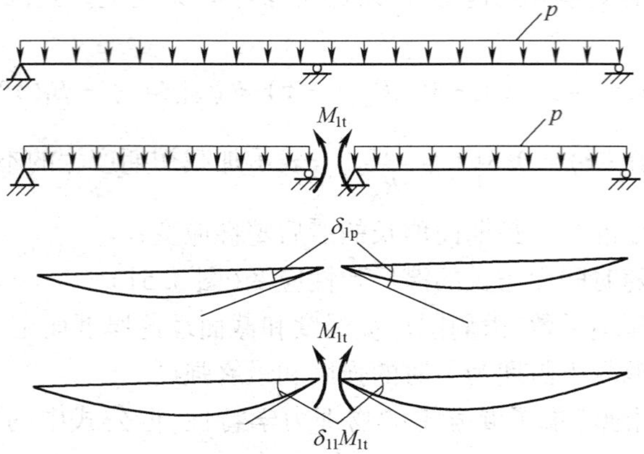

图 5.53　徐变对连续梁恒载内力的影响

现分析发生体系转换情况下,作用在先期结构上的恒载(包括预应力和自重),在 $t\ (>\tau_1)$ 时连续梁的内力分布。

考虑在任何时刻 $t\ (>\tau_1)$,结构必须满足变形协调条件。

取连续梁的基本体系为二孔简支梁,在中间支点加上赘余力 M_{1t},由 M_{1t} 引起沿赘余力方向的转角的弹性部分为 $\delta_{11}M_{1t}$。

δ_{11} 为 $M_{1t}=1$ 作用于基本结构上,沿赘余力方向产生的转角。

在基本结构中间支点上,由先期结构的恒载引起的沿赘余力方向的转角的弹性部分为 δ_{1p}。

在 t 时刻,由先期结构的恒载和后期结构徐变弯矩 M_{1t} 共同作用下,转角的全部弹性部分为 $\delta_{1p}+\delta_{11}M_{1t}$。

现考虑 $t\rightarrow t+\mathrm{d}t$ 时刻的变形增量情况:在此时段增量中,假定不考虑预应力损失的变化量,除徐变外,没有外荷载的变化,由此引起的变形增量包括如下三个部分。

①结构在 $\mathrm{d}t$ 时段内赘余力 M_{1t} 变化量 $\mathrm{d}M_{1t}$,使转角增加 $\delta_{11}\mathrm{d}M_{1t}$。

②徐变变形增量:由式(5.25)知,$\varepsilon_c(t,\tau)=\varepsilon_e\varphi(t,\tau)$,现由假定(6),混凝土弹性模量 E 为常数,则在常应力下 ε_e 为常数。于是 $\mathrm{d}\varepsilon_c(t,\tau)=\varepsilon_e\mathrm{d}\varphi(t,\tau)$,即在 $\mathrm{d}t$ 时间内增加的徐变应为 t 时的弹性应变乘徐变系数增量 $\mathrm{d}\varphi$。对转角也同样,在 $t\rightarrow t+\mathrm{d}t$ 时间内,在 M_{1t} 作用方向增加的徐变转角为 $(\delta_{1p}+\delta_{11}M_{1t})\mathrm{d}\varphi(t,\tau)$,其中 τ 为先期荷载的加载龄期,$\tau<\tau_1$。

③弹性内力变化增量引起的位移变化量 $\mathrm{d}M_{1t}\delta_{11}\mathrm{d}\varphi(t,\tau)$,它属于高阶变化量,予以忽略。

变形增量在 $t\rightarrow t+\mathrm{d}t$ 时段内应满足变形增量协调条件。故有

$$(\delta_{1p}+\delta_{11}M_{1t})\mathrm{d}\varphi(t,\tau)+\delta_{11}\mathrm{d}M_{1t}=0 \tag{5.31}$$

式(5.31)可改写为

$$M_{1t}\mathrm{d}\varphi(t,\tau)+\mathrm{d}M_{1t}=-\frac{\delta_{1p}}{\delta_{11}}\mathrm{d}\varphi(t,\tau) \tag{5.32}$$

令

$$X_1 = -\frac{\delta_{1p}}{\delta_{11}} \tag{5.33}$$

式(5.32)变为

$$M_{1t}\mathrm{d}\varphi(t,\tau) + \mathrm{d}M_{1t} = X_1\mathrm{d}\varphi(t,\tau) \tag{5.34}$$

从结构力学可知：$X_1 = -\delta_{1p}/\delta_{11}$ 即为作用在先期结构(二孔简支梁)上的恒载，按后期结构(二孔连续梁)计算得到的赘余力方向的弯矩，对本例即为中间支点弯矩。

由于 t 取值由 τ_1 开始，所以方程式(5.34)需满足自 τ_1 开始的全部时间内的变形协调条件。式(5.34)称为徐变基本方程式。

对徐变基本方程式(5.34)求解，解得 t 时刻中间支点弯矩 M_{1t} 为

$$M_{1t} = X_1 + c\mathrm{e}^{-\varphi(t,\tau)} \tag{5.35}$$

式中：c 为待定系数，可由初始条件确定。

结构发生体系转换的时间为 τ_1，取 τ_1 为起始时间，式(5.35)的初始条件为

$t = \tau_1$ 时，

$$\left.\begin{array}{l}\varphi(t,\tau) = \varphi(\tau_1,\tau)\\ M_{1t} = 0\end{array}\right\} \tag{5.36}$$

代入式(5.35)得

$$c = -X_1\mathrm{e}^{\varphi(\tau_1,\tau)}$$

于是

$$M_{1t} = X_1[1 - \mathrm{e}^{-(\varphi(t,\tau)-\varphi(\tau_1,\tau))}]$$

简写为

$$M_{1t} = X_1[1 - \mathrm{e}^{-(\varphi_t-\varphi_{\tau1})}] \tag{5.37}$$

上式表明，连续梁在施工过程中由静定结构体系转换为超静定结构体系，恒载内力的徐变作用将引起结构内力重分配，使连续梁产生次弯矩，这一结论对其他超静定混凝土结构也是一样的。

本例中 M_{1t} 为中间支座接缝截面产生的次弯矩，$M_{1t}\overline{M}$ 为连续梁的次弯矩，$\overline{M}$ 为单位赘余力 $X=1$ 作用于基本结构上引起的弯矩。

下面给出徐变次弯矩和总弯矩的一般计算方法。

设先期荷载作用于体系转换前的先期结构其对应的弯矩为 M_{1g}，对于上述算例即为自重作用下的简支梁弯矩。t 时刻徐变次弯矩为 $\overline{M}M_{1t}$，则对应的梁内任意截面的总弯矩 M_{gt} 为

$$M_{gt} = M_{1g} + \overline{M}M_{1t} = M_{1g} + \overline{M}X_1[1 - \mathrm{e}^{-(\varphi_t-\varphi_\tau)}] \tag{5.38}$$

考虑到 $M_{1g} + \overline{M}X_1$ 为在先期结构上的恒载(包括预加力)，按后期结构体系计算的弯矩，令

$$M_{2g} = M_{1g} + \overline{M}X_1$$

式(5.38)也可写成

$$M_{gt} = M_{1g} + (M_{2g} - M_{1g})[1 - \mathrm{e}^{-(\varphi_t-\varphi_\tau)}] \tag{5.39}$$

式中　M_{1g}——在先期结构上的恒载(包括预加力)，按先期结构体系计算的弯矩；

M_{2g}——在先期结构上的恒载(包括预加力)，按后期结构体系计算的弯矩；

$\overline{M}$——在基本结构中，单位赘余力作用的弯矩；

M_{gt} ——为总弯矩,式中等号后的第二项为次弯矩。

基于时段划分和叠加法,结合 M_{1g} 和 M_{2g} 的概念,按式(5.39)可计算多次体系转换的徐变次内力分析。

下面仍以两孔简支变连续梁为例进一步讨论徐变次弯矩的变化趋势。假设两孔简支梁在混凝土龄期为一个月时连接成连续梁,先期荷载仅为自重 q,并设混凝土徐变有关系数 $\varphi_k = 2.0$, $\beta = 1.0$,则

由式(5.29),计算 $\varphi_t - \varphi_\tau = \varphi_k(e^{-\beta\tau} - e^{-\beta t}) = 2.0(e^{-\frac{1}{12}} - e^{-\frac{t}{12}})$

由式(5.37)可求得 t 时刻中支点上的次弯矩 $M_{1t} = X_1[1 - e^{-(\varphi_t - \varphi_{\tau_1})}]$

计算 t=1、6、12、24 个月和终极值时的次弯矩 M_{1t},分别为 0.0、$0.47X_1$、$0.67X_1$、$0.79X_1$ 和 $0.84X_1$。可见,体系转换后,随着时间的增大,徐变次弯矩 M_{1t} 增大,混凝土徐变引起的次弯矩的终极值为 $M_{1t} = 0.84X_1$, M_{1t} 向 X_1 逼近但总是小于 X_1。

表 5.2 给出了 $1 - e^{-(\varphi_t - \varphi_\tau)}$ 数值。

表 5.2　$1-e^{-(\varphi_t-\varphi_\tau)}$ 的数值

$\varphi_t - \varphi_\tau$	$1 - e^{-(\varphi_t-\varphi_\tau)}$	$\varphi_t - \varphi_\tau$	$1 - e^{-(\varphi_t-\varphi_\tau)}$
0	0	1.5	0.78
0.25	0.22	2.0	0.86
0.50	0.39	3.0	0.95
0.75	0.53	4.0	0.98
1.00	0.63	5.0	0.99

此例可得出以下结论:简支梁体系转换为连续梁后,由于徐变作用,中间支座接缝截面由于恒载的徐变次弯矩,其值最后将接近没有体系转换情况下的连续梁中同一截面的恒载弯矩,特别是在混凝土灌注后 1~2 个月龄期较早时候进行结构体系转换的情况,徐变作用更是显著。

图 5.54 给出了示例中 M_{1g}、M_{2g} 和不同时刻的总弯矩 M_{gt} 分布图,其中 M_{1g} 为均布荷载 q 作用下于先期结构即简支梁的弯矩;M_{2g} 为均布荷载 q 作用下于后期结构即两跨连续梁的弯矩,其中支点弯矩 $X_1 = ql^2/8$。

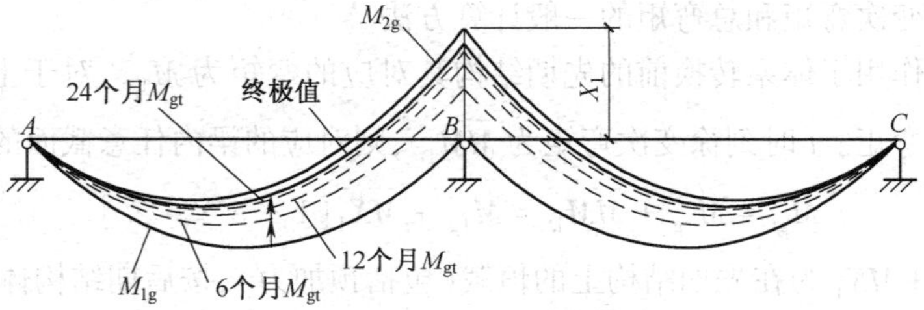

图 5.54　徐变总弯矩变化趋势图

由此可见,徐变将使得作用于先期结构的恒载产生的内力,向先期恒载作用于后期结构的内力逼近。以上结论同样适用于任何混凝土超静定结构。

(2)连续梁在施工中不发生体系转换

自重和预应力等在 τ_1 时作用在连续梁上,引起支点弯矩 X_1,并且此后一直作用在上面。

在方程式(5.35)中,初始条件为

$t=\tau_1$ 时,

$$\left.\begin{aligned}\varphi(t,\tau)&=\varphi(\tau_1,\tau)\\ M_{1t}&=X_1\end{aligned}\right\}\tag{5.40}$$

代入式(5.35),解得待定系数 $c=0$,所以

$$M_{1t}=X_1\tag{5.41}$$

这说明,连续梁在施工过程中不发生体系转换时,徐变变形并不引起超静定结构内力的变化,即不会引起次内力。

(3)通用表达式

进一步分析方程式(5.35)及其初始条件,可得出更一般的情况:设在 $t=\tau_1$ 体系转换时,在中间支点接缝截面上施加一弯矩 M_0(可理解为:施加 M_0 以实现体系转换),此后一直作用在上面,则初始条件为

$t=\tau_1$ 时

$$\left.\begin{aligned}\varphi(t,\tau)&=\varphi(\tau_1,\tau)\\ M_{1t}&=M_0\end{aligned}\right\}\tag{5.42}$$

代入式(5.35),解得

$$M_{1t}=X_1-(X_1-M_0)\mathrm{e}^{-(\varphi_t-\varphi_{\tau_1})}\tag{5.43}$$

可见式(5.37)和式(5.41)仅是式(5.43)分别为 $M_0=0$ 和 $M_0=X_1$ 的特例。更广泛的概念是:只要 $M_0\neq X_1$,结构就会产生徐变次内力。

3. 徐变对支座位移引起内力的影响

连续梁在弹性状态下某一支座发生位移而引起的内力,可用结构力学的一般方法求得。这一内力由于混凝土徐变受到约束而引起重分配。下面简要说明徐变对这种内力的影响。

仍然采用图 5.55 所示的两跨连续梁为例说明,假定在混凝土龄期为 τ 时,连续梁的中间支座发生了一个瞬时位移 δ_1。该位移可以是人为的,如用千斤顶起顶,用以减小支座截面的最大负弯矩;也可以是由于地基不均匀沉降引起的。此位移在连续梁的中间支座处产生的反力以 R_1 表示,在混凝土徐变的影响下,假设到龄期为 t 时支点反力 R_1 减少的数值为 R_{1t}。按前述方法写出 dt 时间内支座 B 的变形增量协调方程。它的变形增量由以下两项组成:

(1)反力 (R_1-R_{1t}) 使梁发生的 B 点挠度值的徐变增量 $(R_1-R_{1t})\delta_{11}\mathrm{d}\varphi(t,\tau)$;

(2)在 dt 时间内 R_{1t} 的增量 $\mathrm{d}R_{1t}$ 引起的梁 B 点的弹性变位挠度 $\delta_{11}\mathrm{d}R_{1t}$。

根据 B 点在 dt 时间内实际位移为零的条件,可建立如下协调方程:

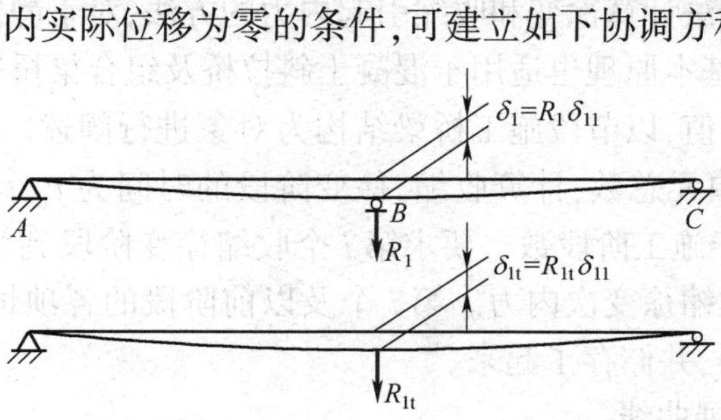

图 5.55　徐变对连续梁支座位移引起内力的影响

$$(R_1 - R_{1t})\delta_{11}\mathrm{d}\varphi(t,\tau) - \delta_{11}\mathrm{d}R_{1t} = 0 \tag{5.44}$$

利用初始条件,解此微分方程得

$$R_{1t} = R_1[1 - \mathrm{e}^{-(\varphi_t - \varphi_\tau)}] \tag{5.45}$$

以上徐变对支座位移影响分析,可以援引上一节结构体系转换的概念进行分析。

在图 5.55 中把 AC 视为没有支座 B 的简支梁,在跨中 B 点作用一集中恒载 R_1,产生挠度 δ。然后在挠度下的 B 点加设支座变为两跨连续梁,此时 B 点支座没有受力,反力为零。由原来一孔简支梁变成连续梁,结构体系发生了转变,恒载 R_1 作用下简支梁跨中 B 点的徐变变形受到约束,因此将逐渐在 B 点的支座上产生反力,由零增加到 R_{1t}, 和上一节徐变对恒载内力的影响所作分析同样的概念,得到与式(5.32)类似的微分方程:

$$R_{1t}\mathrm{d}\varphi(t,\tau) + \mathrm{d}R_{1t} = -\frac{\delta_{1p}}{\delta_{11}}\mathrm{d}\varphi(t,\tau) = R_1\mathrm{d}\varphi(t,\tau) \tag{5.46}$$

式(5.46)和式(5.44)是一致的,因此得到相同的分析结果。梁内引起的最后弯矩也可应用式(5.39)计算得到,此时式中的 M_{1g} 为简支梁弯矩而 M_{2g} 为零。

式(5.45)说明由于混凝土徐变的影响,支座位移引起的支点反力 R_1 将随时间而减小,到龄期 t 时剩余的支点反力为

$$R_1 - R_{1t} = R_1\mathrm{e}^{-(\varphi_t - \varphi_\tau)} \tag{5.47}$$

仍以上节假设的徐变系数为例,当 $\varphi_t - \varphi_\tau = 1.84$ 时, $\mathrm{e}^{-(\varphi_t - \varphi_\tau)} = 0.16$,即剩余的支点反力仅为原来的 16%。因此混凝土徐变作用使支座弹性位移产生的内力几乎消失绝大部分。混凝土徐变作用对支座不均匀沉降起到有利作用。

通过以上分析也说明,利用人为降低或顶高支座的措施,谋求调整连续梁内弯矩的方法,其效果是随时间而减小的,很难达到预期的目的,对于早期调整的情况更加明显。这个结论对多跨连续梁,以及其他超静定混凝土结构都是适用的。

4. 混凝土龄期差对徐变次内力的影响

若假设图 5.53 所示两跨简支梁在进行体系转换时的龄期不同且差别较大,由于存在龄期差,混凝土的徐变系数也有差别,结构次内力计算将复杂化。原则上仍可按前述基于力法的变形协调条件建立出变形增量协调微分方程组,解方程组且引入边界条件后,可得出徐变次内力。利用叠加原理,求总内力。

对于采用悬臂施工法建造的大跨度混凝土桥等复杂结构而言,这种方法的计算是相当复杂的,实用中常采用基于位移法的有限元法进行分析,将在下面进一步介绍。

5. 徐变、收缩荷载列阵

下面介绍用直接刚度法计算徐变和收缩引起内力的方法,对于静定或超静定、体系转换或不转换结构同样适用,其基本原理也适用于混凝土斜拉桥及组合梁桥等其他桥梁结构。

为具有广泛的适用价值,以节段施工桥梁结构为对象进行阐述。设施工阶段单元的加载龄期为 $\tau_1, \tau_2 \cdots \tau_m$,m 为单元总数;计算收缩、徐变阶段的时间为 $t_1, t_2 \cdots t_n$,n 为计算收缩、徐变阶段数,n 可小于或等于施工阶段数。要求第 i 个收缩徐变阶段到第 i+1 个收缩徐变阶段、即从 t_i 到 t_{i+1} 时段内的收缩徐变次内力。第 i 个及以前阶段的各项恒载内力(包括预应力和收缩、徐变内力)均已求得,并储存了起来。

(1)混凝土收缩的发展曲线

混凝土收缩变形和徐变变形一样由许多因素确定,在结构中也将引起应力和内力的重分布,不同之处是,它与荷载应力无关,在混凝土灌注后即开始发生,全部收缩完成将在一年

以上。

收缩变形随时间增长的性质和徐变变形的发展很相似。对于由龄期 τ 算起到时间 t 的收缩变形可按式(5.48)计算：

$$\varepsilon_{\mathrm{s}}(t,\tau)=\varepsilon_{\mathrm{sk}}(e^{-p\tau}-\mathrm{e}^{-pt}) \tag{5.48}$$

式中，$\varepsilon_{\mathrm{sk}}$ 为收缩变形终极值；p 为表示收缩变形增长速度的参数。

另一类计算收缩的简单方法是：不考虑收缩与时间的关系，当作降温处理。

(2)单元的收缩徐变节点荷载向量

设一个梁单元在杆端作用有不变荷载向量

$$\{\overline{F}^{\mathrm{e}}\}=\begin{bmatrix}\overline{N}_i & \overline{Q}_i & \overline{M}_i & \overline{N}_j & \overline{Q}_j & \overline{M}_j\end{bmatrix}^{\mathrm{T}} \tag{5.49}$$

在杆端力作用下左、右杆端的弹性位移差可通过力学分析求出

$$\{\Delta\overline{\delta}^{\mathrm{e}}\}=\begin{Bmatrix}\Delta u\\ \Delta v\\ \Delta\theta\end{Bmatrix}=\begin{Bmatrix}-\dfrac{(\overline{N}_j-\overline{N}_i)}{2EA}\\ -\dfrac{(\overline{M}_j-2\overline{M}_i)L^2}{6EI}\\ \dfrac{(\overline{M}_j-\overline{M}_i)L}{2EI}\end{Bmatrix} \tag{5.50}$$

解除单元的所有约束，任其自由变形，则在 $\Delta t=t_{i+1}-t_i$ 时段内，徐变引起的位移增量可直接由徐变的概念得出：

$$\{\Delta\overline{\delta}_{\mathrm{c}}^{\mathrm{e}}\}=[\varphi(t_{i+1},\tau)-\varphi(t_i,\tau)]\{\Delta\overline{\delta}^{\mathrm{e}}\} \tag{5.51}$$

收缩引起的单元长度缩短量为

$$\Delta L=[\varepsilon_{\mathrm{s}}(t_{i+1},\tau)-\varepsilon_{\mathrm{s}}(t_i,\tau)]\cdot L \tag{5.52}$$

式中，τ 为单元的加载龄期；L 为单元的长度。

全部变位增量 $\{\Delta\overline{\delta}^{\mathrm{e}}\}$ 为上述两式矢量和。锁定单元，约束杆端的变位，从而使得杆端产生约束反力，由单元刚度方程可求出此变位增量对应的杆端力为 $\{\overline{P}^{\mathrm{e}}\}=[K]^{\mathrm{e}}\{\Delta\overline{\delta}^{\mathrm{e}}\}$，即为局部坐标系下的收缩徐变节点荷载向量，通过坐标转换化为整体坐标系中收缩徐变节点荷载向量 $\{P^{\mathrm{e}}\}$。

实质上，在进行有限元分析中，式(5.51)中 i 和 $i+1$ 两个相邻计算阶段的位移(包括前期徐变位移)差是已知的。可直接由式(5.51)计算相邻计算阶段的位移差，总的徐变位移可由分阶段求和得出。

上述收缩徐变节点荷载向量是在人为锁定单元变位后获得，最终的徐变内力必须将收缩徐变节点荷载产生的内力与上述收缩徐变节点荷载向量进行反向叠加，以解除约束。

(3)桥梁的收缩徐变内力计算

当考虑因施工阶段不同而引起的龄期差时，收缩徐变内力的计算必须分阶段计算。

从第一阶段到第 i 个阶段进行循环，首先计算各相邻阶段 k 和 $k+1$ 的单元内力差 $\{\overline{F}_{k,k+1}^{\mathrm{e}}\}$ 和位移差 $\{\Delta\overline{\delta}_{k,k+1}^{\mathrm{e}}\}$，作用荷载包括恒载、预应力和收缩、徐变等；然后按(2)中的方法计算在第 i 个收缩徐变阶段到第 $i+1$ 个收缩徐变阶段的时段内，此位移差或内力差对应的徐变节点力向量 $\{P_{\mathrm{c}k,k+1}^{\mathrm{e}}\}$；并考虑时段时间步长 $t_i\rightarrow t_{i+1}$ 内对应的收缩节点力向量

$\{P^{e}_{sk,k+1}\}$,最后向总体列阵中累加安装荷载列阵。

$$\{P^{e}_{c}\}=\sum_{k=1}^{i-1}\{P^{e}_{ck,k+1}\}+\{P^{e}_{sk,k+1}\} \tag{5.53}$$

(4)收缩徐变引起预应力损失及其产生的次内力

收缩徐变引起单元变位,也就使得单元中预应力钢束产生预应力损失,损失的预加力可以直接根据收缩徐变的变位增量计算得到。

预加力的损失同时产生结构内力的变化,计算方法为:将损失的预加力转化为等效荷载,参见5.4.3节。

(5)步长分析

由徐变增量微分方程求解徐变次内力的过程和分析结论可知,徐变次内力的产生和发展过程与徐变的发展过程一样,是一个关于时间的非线性过程。

利用本节介绍的方法用直接刚度法求解时,实质上,是在时间步长 $t_i\rightarrow t_{i+1}$ 内进行线性化以替代非线性,徐变节点力与徐变系数呈线性关系。

[例5.3]　一个3跨变截面连续梁,跨度为(48+80+48)m,先分左、右半桥施工,20天时在中跨跨中合龙为连续梁,计算1 500天时的中跨中截面徐变次弯矩。通过计算中跨中截面的弯矩为:M_{2g} =52 400 kN·m, M_{1g} = 0, $\varphi_t-\varphi_\tau$ =2.54。

由式(5.39)求得中跨中截面徐变次弯矩 M_{1t} =48 270 kN·m;

若按直接刚度法计算,且只用一个时间段计算,则 M_{1t} =97 160 kN·m;远大于理论计算值。若将时间段划分为10个小段,且前面的步长小,后面的步长加大,得出 M_{1t}=51 540 kN·m。

进一步细分为20个小段时,得出 M_{1t} =50 865 kN·m。比较接近理论计算值,但仍比理论值大。

造成这一现象的原因是:在时间步内线性化过程中,只计入弹性内力(含本步长前求得的徐变内力)引起的徐变位移增量,忽略了本时间步内的徐变内力和位移增量的影响。因此,为提高计算精度,数值分析计算的时间步长不宜取得过大。

(6)等效弹性模量法简介

根据Trost-Bazant理论,时间步长 $t_i\rightarrow t_{i+1}$ 内,由收缩徐变导致的应变增量与应力增量之间的关系可写成:

$$\Delta\varepsilon_{(i,i+1)}=\frac{\Delta\sigma_{cs(i,i+1)}}{E_{h(i)}}[1+\rho_{(i,i+1)}\varphi_{(i,i+1)}]+\left\{\sum_{j=1}^{i}\frac{\Delta\sigma_{h(j,j+1)}}{E_{h(j)}}[\varphi_{(i+1,j)}-\varphi_{(i,j)}]+\Delta\varepsilon_{s(i,i+1)}\right\} \tag{5.54}$$

式中　$\Delta\sigma_{cs(i,i+1)}$——为本时间段内因收缩徐变导致的应力增量;

$\Delta\sigma_{h(j,j+1)}$——为 j 到 $j+1$ 时间段起点的弹性应力(含收缩徐变引起的);

$E_{h(j)}$——为 j 到 $j+1$ 时间段起点的混凝土弹性模量;

$\rho_{(i,i+1)}$——为 i 到 $i+1$ 时间段内的时效系数;

$\varphi_{(i+1,j)}$——为 j 到 $i+1$ 时间段内的徐变系数;

$\varphi_{(i,j)}$——为 j 到 i 时间段内的徐变系数;

$\Delta\varepsilon_{s(i,i+1)}$——为 i 到 $i+1$ 时间段内的收缩应变增量。

令

$$\overline{E}_{h(i,i+1)}=\frac{E_{h(i)}}{1+\rho_{(i,i+1)}\varphi_{(i,i+1)}} \tag{5.55}$$

$$\eta_{(i,j)} = \bar{E}_{h(i,i+1)} \cdot \frac{\varphi_{(i+1,j)} - \varphi_{(i,j)}}{E_{h(j)}} \tag{5.56}$$

$\bar{E}_{h(i,i+1)}$ 称为有效弹性模量，则式(5.54)可改写为

$$\begin{aligned}\Delta\sigma_{cs}(i,i+1) &= \bar{E}_{h(i,i+1)}\left[\Delta\varepsilon_{(i,i+1)} - \frac{1}{\bar{E}_{h(i,i+1)}}\sum_{j=1}^{i}\eta_{(i,j)}\Delta\sigma_{h(j,j+1)} - \Delta\varepsilon_{s(i,i+1)}\right] \\ &= \bar{E}_{h(i,i+1)}\left[\Delta\varepsilon_{(i,i+1)} - \bar{\varepsilon}_{(i,i+1)}\right]\end{aligned} \tag{5.57}$$

式中
$$\bar{\varepsilon}_{(i,i+1)} = \frac{1}{\bar{E}_{h(i,i+1)}}\sum_{j=1}^{i}\eta_{(i,j)}\Delta\sigma_{h(j,j+1)} - \Delta\varepsilon_{s(i,i+1)} \tag{5.58}$$

从上式可以看出，用有效弹性模量 $\bar{E}_{h(i,i+1)}$ 代替弹性模量 $E_{h(i)}$，则在第 $i \to i+1$ 阶段的时间间隔内，应变增量与应力增量的关系具有线性形式，从而可以利用弹性体的分析方法来分析收缩徐变的影响。

如果在时段的起点时刻，将节点锁定，使其应变增量为零，即 $\Delta\varepsilon_{(i,i+1)} = 0$，则可由式(5.57)方便地得出该时段内所施加的节点约束力增量。

$$\Delta N_{(i,i+1)} = -\sum_{j=1}^{i}\eta_{(i,j)}\Delta N_{(j,j+1)} - \bar{E}_{h(i,i+1)}A\Delta\varepsilon_{s(i,i+1)} \tag{5.59}$$

$$\Delta M_{(i,i+1)} = -\sum_{j=1}^{i}\eta_{(i,j)}\Delta M_{(j,j+1)} \tag{5.60}$$

$$\Delta Q_{(i,i+1)} = -\sum_{j=1}^{i}\eta_{(i,j)}\Delta Q_{(j,j+1)} \tag{5.61}$$

系数 $\eta_{(i,j)}$ 的物理意义可理解为在时刻 t_i 所施加的节点力当应变保持为常数时，在时段 $i \to i+1$ 内产生的松弛比值。

关于时效系数 $\rho_{(i,i+1)}$ 的计算公式，视采用的徐变系数计算公式而定，可参考有关文献，现将以老化理论为基础的应力松弛规律建立的时效系数公式列出：

$$\rho(t,\tau) = \frac{1}{1 - e^{-\varphi(t,\tau)}} - \frac{1}{\varphi(t,\tau)} \tag{5.62}$$

用直接刚度法进行结构分析计算的步骤同前，不再赘述，但应注意，在形成计算收缩徐变内力的刚度方程时，弹性模量必须采用有效弹性模量。

5.4.5　温度内力、应力计算

全预应力的混凝土桥梁常发现有裂缝，有的还很严重。研究表明：温度的影响是产生裂纹的主要原因之一。对于大跨度预应力混凝土箱形梁桥，特别是超静定结构，温度应力可达到甚至超过活载应力。在各国的桥梁设计规范中已将温度列为设计荷载，并提出了相应计算方法。

桥梁结构因自然条件变化而引起的温度作用，可归纳为均匀温度作用和梯度温度（温差）作用两大类。

均匀温度作用描述环境和结构温度的均匀变化情况，以桥跨结构开始受到有效约束时的温度（架梁温度或结构合龙温度）为基准，计算至当地的最高温度和最低温度的温差。因此，当结构无赘余水平约束时，如简支梁、连续梁等，均匀温度变化只引起结构的均匀伸缩变位和支座摩阻力，而不引起结构温度次内力（或温度次应力）；相反，当结构的均匀伸缩受到约束时，温度变化将引起结构的温度次内力和次应力，如拱式结构、刚架结构等，可按结构力学一般

方法计算。

梯度温度是指日照辐射和寒冷骤然降温致使结构各部位温度变化不一致,形成了结构沿竖向或横向的非线性温度梯度,因而导致了结构的温度次内力和次应力。解决这类问题,首先要确定结构的温度场,然后用力学方法计算结构的温度次内力和次应力。

1. 结构温度场的确定

一般来说,结构内任意点的温度 T_i 是坐标 (x,y,z) 和时间 t 的函数,即 $T_i=f(x,y,z,t)$,为三维热传导问题。考虑到桥梁是一个狭长结构物,同时忽略某些局部热传导性质(如梁端、角隅区域等)的影响,可以认为桥梁沿跨度方向温度变化是一致的,三维热传导问题简化为桥梁横向和竖向的两个一维热传导状态的叠加。这样,温度场的确定简化为沿桥梁横向和竖向的温度梯度形式的确定。

各国桥梁规范对梁式结构沿梁高方向的温度梯度有各种不同的形式,如图 5.56 所示。图中列举的各种形式,可归纳为线性和非线性变化两种模式。

(1)线性变化模式,如图 5.56(a)所示。在这种温差变化情况下,梁式结构将产生挠曲变形,而且梁在变形后服从平截面假定。因此,在静定梁式结构中,线性变化的温度梯度只引起结构的变位而不引起温度次内力,而在超静定梁式结构中,它不但引起结构位移,而且因赘余约束的存在,从而产生结构内的温度次内力,如图 5.57 所示。

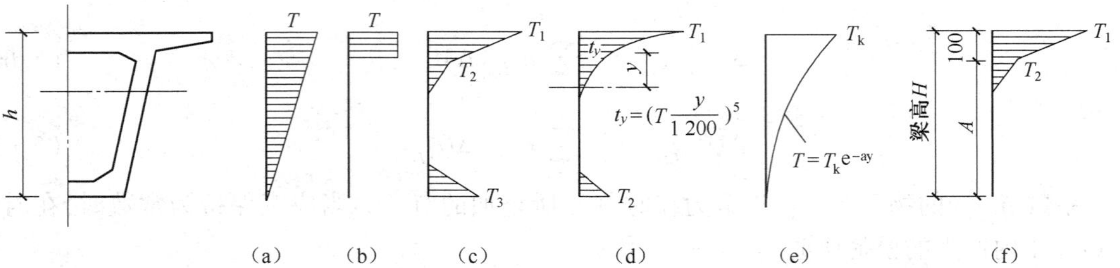

图 5.56　不同的温度梯度模式图

(2)非线性变化模式,在图 5.56 中,除图(a)以外都属于非线性温度梯度形式。在这类非线性温度分布梯度的情况下,即使是静定梁式结构,因其服从梁的平截面变形假定,导致各纤维因温差的变形受到约束,从而产生纵向约束应力,如图 5.58 所示。这部分在截面上自相平衡的约束应力称为温度自应力 σ_s^0,同时,在超静定梁式结构中,除温度自应力 σ_s^0 外,因为纵向纤维变形的不一致性,还将导致结构挠曲,由于赘余约束阻止结构挠曲,将产生结构的温度次内力和相应的温度次应力 σ'_s。总的温度应力:

$$\sigma_t=\sigma_s^0+\sigma'_s \tag{5.63}$$

对于线性温度变化引起的温度次内力和温度次应力 σ'_s,在结构力学中介绍了力法求解。

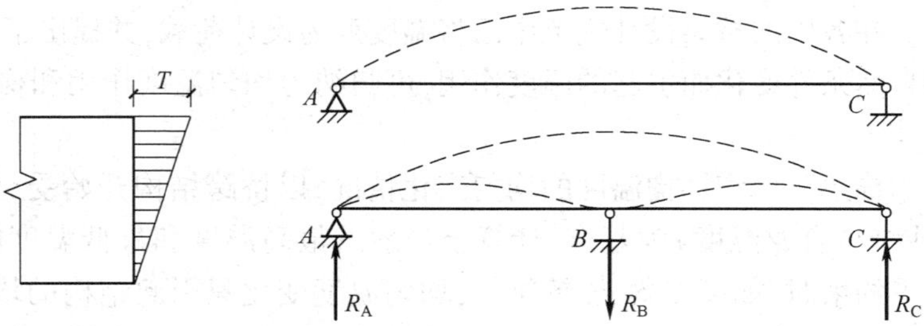

图 5.57　线性温度梯度对结构的影响

以下将以混凝土连续梁为例，介绍非线性温度梯度引起的温度自应力 σ_s^0、温度次内力和温度次应力 σ'_s 的计算方法。

公路上的混凝土桥梁，由于设置人行道，一般是桥面板直接受日照，而腹板因悬臂的遮荫，两侧温差变化不大，因此对梁式结构只考虑沿截面高度方向的日照温差的影响。1985 年颁布的公路桥规采用桥面板厚度以均匀 5 ℃的温度变化，如图 5.56(b)所示的模式，属于非线性分布，实践和研究表明桥面板升温 5 ℃计算温度应力是偏于不安全的，为此，现行的公路桥梁规范提出了双折线温度梯度模式，如图 5.56(f)所示，它同样属于非线性温度梯度模式，具体见本书第 3 章。

在铁路上，因梁窄，梁的腹板直接受日照，导致两侧腹板的日照温差，除了考虑竖向的日照温差影响外，还要考虑横向的影响。铁路桥规中规定了竖向、横向及其组合的温差模式和应用范围，温度梯度分布曲线均采用指数函数形式：$T = T_k e^{-ay}$，如图 5.56(e)所示，其中 T_k 为竖向或横向的温差，a 为形常数标准值，y 为位置坐标。

除日照温差外，还存在骤冷、寒流的骤然降温等影响，公路和铁路桥规均采用与日照升温相同的温度模式处理，但取值与日照温差不同，具体参见相关规范。

需要指出，各国桥梁规范所采用的温度梯度的形式各有不同，但确定了温度场后，均可按下述方法计算其内力和应力。

2. 温度自应力的计算

设温度梯度沿梁高按任意曲线 $T(y)$ 分布，如图 5.58 所示。取一单元梁段分析，若纵向纤维之间不受约束，能自由伸缩，沿梁高各点的应变 $\varepsilon_T(y)$ 为

$$\varepsilon_T(y) = \alpha \cdot T(y) \tag{5.64}$$

式中　α ——材料的线膨胀系数。

因梁的变形服从平截面假定，所以截面实际变形后，应是图 5.58 所示的直线位置，即

$$\varepsilon_a(y) = \varepsilon_0 + \chi y \tag{5.65}$$

式中　ε_0——沿梁高 $y = 0$ 处的应变值；

　　χ ——单元梁段挠曲变形后的曲率。

图 5.58 中阴影部分的应变，即由纵向纤维之间的约束产生：

$$\varepsilon_\sigma(y) = \varepsilon_T(y) - \varepsilon_a(y) = \alpha T(y) - (\varepsilon_0 + \chi y) \tag{5.66}$$

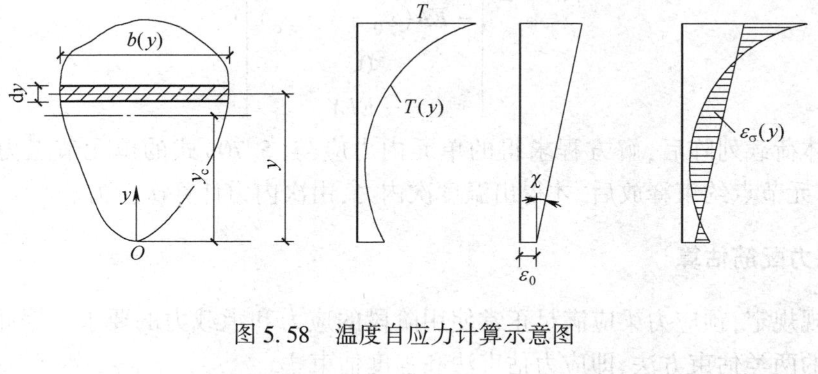

图 5.58　温度自应力计算示意图

由 $\varepsilon_\sigma(y)$ 产生的应力称为温度自应力，其值为

$$\sigma_s^0(y) = E \cdot \varepsilon_\sigma(y) = E[\alpha T(y) - (\varepsilon_0 + \chi y)] \tag{5.67}$$

由于在单元梁段上无外荷载作用，因此自应力在截面上是自平衡应力，可利用截面上应力

总和为零和对截面重心轴的力矩为零的条件,求出 ε_0 和 χ 。

$$\left.\begin{aligned}N &= E\int_h \varepsilon_\sigma(y)\cdot b(y)\mathrm{d}y = E\int_h[\alpha T(y) - (\varepsilon_0 + \chi y)]\cdot b(y)\mathrm{d}y\\ &= E\left[\alpha\int_h T(y)\cdot b(y)\mathrm{d}y - \varepsilon_0\cdot A - Ay_c\chi\right] = 0\\ M &= E\int_h \varepsilon_\sigma(y)\cdot b(y)(y-y_c)\mathrm{d}y = E\int_h[\alpha T(y) - (\varepsilon_0 + \chi y)]\cdot b(y)\cdot\\ &(y-y_c)\mathrm{d}y = E\left[\alpha\int_h T(y)\cdot b(y)(y-y_c)\mathrm{d}y - \chi I\right] = 0\end{aligned}\right\}\tag{5.68}$$

式中

$$A = \int_h b(y)\mathrm{d}y$$

$$S = \int_h yb(y)\mathrm{d}y = Ay_c$$

$$I = \int_h b(y)\cdot y\cdot(y-y_c)\mathrm{d}y$$

从式(5.68)可解得

$$\left.\begin{aligned}\varepsilon_0 &= \frac{\alpha}{A}\int_h T(y)\cdot b(y)\mathrm{d}y - y_c\chi\\ \chi &= \frac{\alpha}{I}\int_h T(y)\cdot b(y)(y-y_c)\mathrm{d}y\end{aligned}\right\}\tag{5.69}$$

将 ε_0 和 χ 代入式(5.67),即可求出温度自应力 $\sigma_s^0(y)$ 。

3. 温度次内力与次应力计算

在超静定结构中,上述温度变形 ε_0 和曲率 χ ,将受到赘余约束的制约,引起结构的次内力,这可按一般结构力学方法求得,也可按直接刚度法计算。取两端固定的梁单元,此时温度变化引起单元的节点荷载列阵 $\{\overline{P}^e\}$ 可由截面变形曲率 χ 及 $y=0$ 处的变形 ε_0 直接写出,即

$$\{\overline{P}^e\} = \begin{Bmatrix} EA(\varepsilon_0 + \chi\cdot y_c)\\ 0\\ EI\chi\\ -EA(\varepsilon_0 + \chi\cdot y_c)\\ 0\\ -EI\chi\end{Bmatrix}\tag{5.70}$$

形成总体荷载列阵后,解方程求得的单元内力应与(5.70)式的单元节点力进行反向叠加,即进行单元节点约束释放后,才得出温度次内力,由次内力计算次应力。

5.4.6　预应力配筋估算

根据桥规规定,预应力梁应满足正常使用阶段的应力和承载力的要求。据此形成了预应力配筋设计的两类估束方法,即应力估束法和强度估束法。

强度估束法:一般用于采用通长配筋的结构,如简支梁等,其计算方法在结构设计原理课程中已介绍。

应力估束法:对于预应力连续体系,特别是采用节段法施工的结构,一般均采用分段配筋

法,此时,多采用应力估束法。具体方法如下。

使用荷载下,应力应满足式(5.71):

$$\left.\begin{aligned}\sigma'_p+\frac{M_{min}}{W'_c}&\geqslant[\sigma_l]\\ \sigma'_p+\frac{M_{max}}{W'_c}&\leqslant[\sigma_a]\\ \sigma_p-\frac{M_{max}}{W_c}&\geqslant[\sigma_l]\\ \sigma_p-\frac{M_{min}}{W_c}&\leqslant[\sigma_a]\end{aligned}\right\}\tag{5.71}$$

式中　σ'_p,σ_p ——分别为预应力在截面上缘和下缘所产生的应力;

W'_c,W_c ——分别为截面上缘、下缘的抵抗矩;

M_{min},M_{max} ——分别为外荷载作用的最小和最大弯矩包络值,以梁下缘受拉为正;

$[\sigma_l],[\sigma_a]$ ——混凝土的容许拉、压应力,以压为正。

一般情况下,由于梁截面较高,受压区面积较大,压应力不是控制因素,配筋时可只用拉应力控制条件,对于全预应力混凝土桥梁,$[\sigma_l]=0$。

根据梁的弯矩包络图的正负性质,可以按如下三种情况分别考虑:

(1)正、负弯矩的区段

为抵抗正、负交变弯矩,在截面上、下缘布置力筋,上、下缘的拉应力条件同时控制:

$$\frac{N_p}{A_c}-\frac{N_pe}{W'_c}+\frac{N'_p}{A_c}+\frac{N'_pe'}{W'_c}+\frac{M_{min}}{W'_c}=[\sigma_l]\tag{5.72}$$

$$\frac{N_p}{A_c}+\frac{N_pe}{W_c}+\frac{N'_p}{A_c}-\frac{N'_pe'}{W_c}-\frac{M_{max}}{W_c}=[\sigma_l]\tag{5.73}$$

式中　A_c——为混凝土的面积,按毛截面面积计算;

e',e ——为上、下缘钢束的重心到混凝土截面的重心的距离;

N'_p,N_p ——为上、下缘钢束的有效预压力。

解上述方程组,得 N'_p,N_p ,按下式计算预应力筋的根数

$$n'_p=\frac{N'_p}{a_p\sigma_p}\tag{5.74}$$

$$n_p=\frac{N_p}{a_p\sigma_p}\tag{5.75}$$

式中　a_p,σ_p ——分别为单根预应力束的截面积和钢束的永存预应力。

(2)正弯矩的区段

在截面下缘布置力筋,以抵抗正弯矩,由下缘的拉应力条件控制:

$$\frac{N_p}{A_c}+\frac{N_pe}{W_c}-\frac{M_{max}}{W_c}=[\sigma_l]\tag{5.76}$$

由上式求得 N_p 后,按式(5.75)计算预应力筋的根数。

(3)负弯矩的区段

在截面上缘布置力筋,以抵抗负弯矩,由上缘的拉应力条件控制:

$$\frac{N_p'}{A_c}+\frac{N_p'e'}{W_c'}+\frac{M_{min}}{W_c'}=[\sigma_l] \tag{5.77}$$

由上式求得 N_p' 后,按式(5.74)计算预应力筋的根数。

对于施工阶段,各截面的弯矩方向是确定的,可以仿照上述方法估算钢束数量。

以上完成的是预应力桥梁设计中的截面估束计算工作,它是设计中的重要环节之一。对于预应力超静定结构,估束计算时,结构与内力等还存在一些未知量,为减少以后调束计算工作量,应对此予以重视:

①估束用的内力中尚未包括一些次内力,如与预应力有关的次内力等,一般可通过将结构最大控制设计弯矩值增大20%~30%进行初估计算,或适当增大按结构最大控制设计弯矩估束的结果。

②预应力筋的永存应力也是未知的,准确的永存应力需在预应力束束形确定后才能得到,估束时凭经验取值,一般可取(0.45~0.55)f_{ptd},f_{ptd} 为预应力筋的抗拉设计强度。

③上、下缘预应力筋重心位置估算,综合考虑规范规定的保护层厚度、选用的管道直径和层数确定,必要时进行调整和迭代计算。

④对于悬臂施工的连续体系梁和采用顶推法施工的连续梁,施工阶段内力和成桥内力差别较大,应分别计算,必要时可加临时束。

5.4.7 箱形横向框架分析计算

前述的结构内力分析着重于结构的纵向受力,而作为桥梁结构的薄壁箱梁,特别是箱梁的顶板直接承受车辆等活载作用,箱梁受力具有明显的空间效应,其横向受力及配筋设计是不可缺少的内容之一。

目前分析横向内力的方法主要是横向框架分析法和有限元法两类。前者假定箱梁截面是由若干个杆件组成的一个框架,将空间三维问题转化为平面框架问题求解,取纵向单位长度的箱梁构成框架进行力学分析,而对应框架上的车辆荷载,需考虑荷载的有效宽度问题,该方法是目前的主要设计方法,其特点是概念清晰、计算简单、便于工程技术人员掌握;用有限元等数值法进行三维分析也是计算横向内力的一种有效、且较精确的方法,但是计算量大。本节主要介绍框架分析法。

(1)无侧移横向框架分析法

取单位长度的框架进行分析,框架上的活载须考虑桥面的有效工作宽度的影响(见第4.5节),忽略桥梁竖向、水平和扭转位移,用刚性支承代替桥梁的弹性支承,采取如图5.59所示加支承的无侧移框架进行分析,以考虑腹板和底板对顶板的横向挠曲的影响,可以使桥面板的计算精度得到改善。其分析方法可用一般的结构力学方法或有限元法。

对于铁路桥梁,活载作用位置由钢轨唯一确定,需要考虑有效工作宽度的问题;而对于公路桥梁,活载在横向作用位置是可以变化的,因此需要考虑影响线的最不利加载问题,而单位长度的活载值大小,可通过先计算活载作用位置的桥面板有效工作宽度、再推求单位长度的荷载值得出。

(2)框架分析法

上述无侧移框架分析,计算简单,但是存在明显的缺陷:①不能准确地计入图5.59中的 P_2 的影响;②没有反映

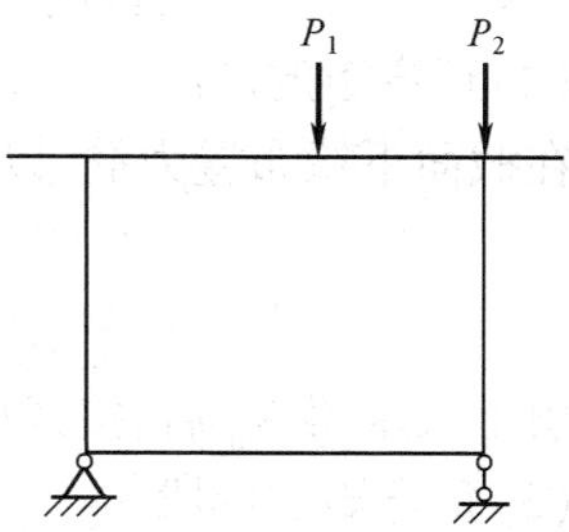

图5.59　无侧移框架分析的计算图示

桥梁竖向挠曲和扭转变位的影响。实际上无侧移框架分析中的支承是不存在的，为了使得平面框架的变形与整个梁体协调一致，必须拆除这些人为加上的支承约束，并分析其影响量。下面以图5.60所示的对称截面箱型梁为例，介绍这种方法的基本思路。

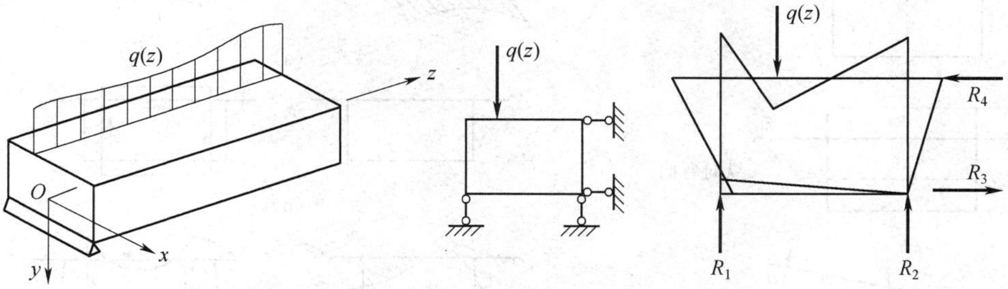

(a) 箱梁荷载　　(b) 支承形式　　(c) 弯矩分布与反力

图5.60　双对称截面箱型框架分析

设沿桥跨方向作用有沿桥长分布的连续荷载 $q(z)$，为分析各板的横向内力，可先在箱梁的角点上加四个沿桥跨方向的连续支承，并假设这些支承反力与荷载 $q(z)$ 具有相同的分布形式[图5.60(b)]。在计算断面处取一片微元框架，用结构力学方法可求出横向内力分布图，并求出相应的支承反力 R_1、R_2、R_3、R_4；然后，释放支承，即在箱梁加支承处，加上支承反力的反向荷载，按前面介绍的方法或其他方法求解在此荷载作用下的箱梁内力。依据叠加原理，叠加上述两组内力即为原结构的最终内力。

5.5　箱梁分析

箱形梁整体性好、刚度大和抗扭性能好，在偏心荷载作用下，箱梁的整体受力情况较T梁或I梁大为有利，从而节省了材料；箱梁顶板和底板都具有较大的面积，能有效抵抗正负弯矩，提供了充足的配筋空间，适应具有正负弯矩的结构；适应现代化施工方法的要求，如悬臂施工法、顶推法等，这些施工方法要求截面必须具备较厚的底板；箱梁外形简洁、美观；它适应各种桥梁结构体系，是中等、大跨度预应力混凝土公路、铁路以及城市桥梁常用的截面形式。

5.5.1　受力特征

箱形梁在偏心荷载作用下，将产生纵向弯曲、扭转、畸变及横向挠曲四种基本变形状态，如图5.61所示。

纵向弯曲产生竖向变位ω，在箱梁横截面上产生纵向弯曲正应力 σ_M 及弯曲剪应力 τ_M[图5.62(a)]。弯曲正应力按初等梁理论计算，在翼板内为均匀分布，如图中的虚线所示。实际上，特别是对于肋距较大的箱梁，一般近肋处，翼板中产生应力高峰，而远肋处则产生应力低谷，如图中的实线所示，应力分布是不均匀的，这种现象称为“剪力滞效应”，设计中，翼板中剪力滞效应是通过翼板的有效工作宽度体现的。

箱形梁的扭转(指刚性扭转，即受扭时箱形周边不变形)变形主要产生扭转角 θ。刚性扭转又分为自由扭转和约束扭转。自由扭转是指箱形梁受扭变形时，截面各纤维的纵向变形是自由的，截面自由翘曲，截面上只产生自由扭转剪应力 τ_K[图5.62(b)]，而不产生纵向正应力。约束扭转指受扭时，纵向纤维不能自由变形，受到拉伸或压缩，截面不能自由翘曲，因此截面上产生了翘曲正应力 σ_ω 和约束扭转剪应力 τ_ω [图 5.62(c)]。

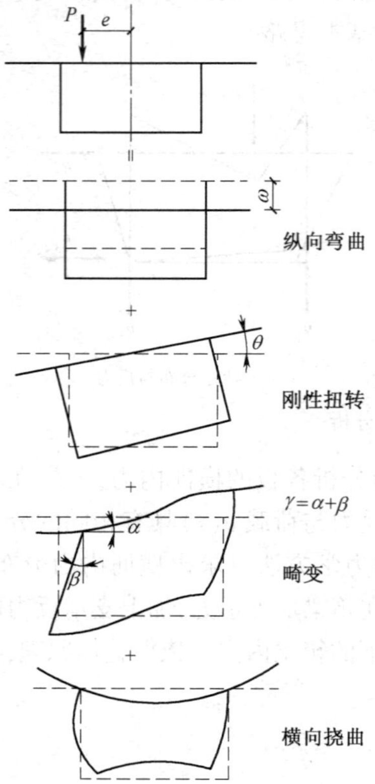

图 5.61 偏心荷载作用下箱梁变形状态

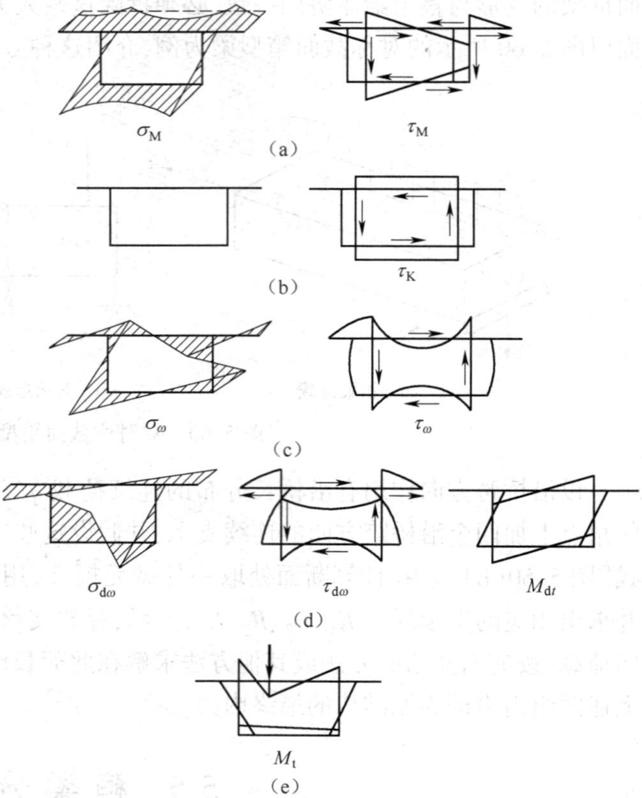

图 5.62 偏心荷载作用下箱形截面应力图

畸变,即受扭时截面发生了形状的改变,其主要变形特征是畸变角 γ。畸变产生截面的翘曲正应力 σ_{dw} 和畸变剪应力 τ_{dw},同时,由于畸变引起截面变形,在板内产生横向弯矩 M_{dt} 及相应的正应力 σ_{dt} [图 5.62(d)]。

箱梁在横截面内为超静定框架结构,在自重和车辆荷载作用下,将产生横向弯曲,在各板的纵向截面上产生横向弯曲应力[图 5.62(e)] σ_{0t} 和剪应力。

综合箱梁在偏心荷载作用下,四种基本变形引起的应力为

在箱梁横截面上: 纵向正应力 $\sigma_z = \sigma_M + \sigma_\omega + \sigma_{d\omega}$

剪应力 $\tau = \tau_K + \tau_M + \tau_\omega + \tau_{d\omega}$

在板内纵截面上: 横向弯曲正应力 $\sigma_s = \sigma_{dt} + \sigma_{0t}$

在预应力混凝土梁中,跨径越大,恒载占总荷载比例就越大。因而一般在箱梁内对称挠曲的纵向弯曲应力是主要的,而偏心荷载引起的扭转应力是次要的。如果箱壁较厚并沿梁的纵向布置一定数量的横隔板而限制箱梁的扭转变形,则畸变应力也是不大的。但对于斜交箱梁、少设或不设横隔板的宽箱薄壁梁,畸变应力不可忽视。对于板的横向应力而言,一些结构中,畸变效应所占比重很大,不可忽视。横向应力对于顶板、底板及腹板的配筋具有重要意义,必须引起重视。

箱梁的分析方法有数值分析法和解析法两大类。数值法的精度高,但数据处理工作量大;解析法力学概念清晰,而计算非常烦琐。工程设计中很少有人采用解析法,一般均采用数值法。

5.5.2　箱梁分析方法

1. 解析法

箱梁分析中解析法基本策略是依据箱梁上的受力变形特征，分弯、剪、扭、畸变等逐项计算。

(1)弯剪作用

弯矩 M 和剪力 Q 作用是箱梁的最主要的作用，仍采用材料力学中有关实腹梁的基本公式计算。

(2)扭转作用

箱梁的扭转包括自由扭转和约束扭转，自由扭转计算方法基本同材料力学，但截面特性需考虑箱梁闭口特征，闭口截面的抗扭刚度比同形的开口截面大得多。

传统的约束扭转计算是基于“刚性周边假定”的基础上，建立有关扭转、翘曲变形的微分方程：

$$EI_{\tilde{\omega}}\beta''''(z) - GI_{\mathrm{T}}\theta''(z) = -m \tag{5.78}$$

$$\frac{M_K}{GI_\rho} = \theta'(z) - \beta'(z)\mu \tag{5.79}$$

式中，β 和 θ 分别为截面的翘曲位移和扭转位移；M_{K} 和 m 分别为自由扭转扭矩和分布扭矩，$m = \frac{\mathrm{d}M_{\mathrm{K}}}{\mathrm{d}z}$；$I_{\tilde{\omega}}$ 、I_{T} 和 I_ρ 分别为主扇性惯性矩、扭转惯性矩和截面极惯性矩；$EI_{\tilde{\omega}}$ 、GI_{T} 和 GI_ρ 分别表示截面翘曲刚度和扭转矩刚度；μ 称为截面约束系数，又称翘曲系数 $\mu = 1 - \frac{I_{\mathrm{T}}}{I_\rho}$。

利用结构的边界条件等，解微分方程式(5.78)和式(5.79)，得出位移 β 和 θ 后，可计算双力矩 B_ω 和弯扭力矩 M_ω：

$$M_\omega = \frac{\mathrm{d}B_\omega}{\mathrm{d}z} = -EI_{\tilde{\omega}}\beta'''(z) \tag{5.80}$$

$$B_\omega = -EI_{\tilde{\omega}}\beta''(z) \tag{5.81}$$

进而计算翘曲正应力 σ_ω 和约束扭转剪应力 τ_ω。

$$\sigma_\omega = \frac{B_\omega(z)}{I_{\tilde{\omega}}} \tag{5.82}$$

$$\tau_\omega = \frac{M_\omega \bar{S}_{\tilde{\omega}}}{I_{\tilde{\omega}} t} \tag{5.83}$$

过程中需要用到“扇形坐标”与截面扇形截面特性，截面特性计算、微分方程求解的过程非常复杂。

(3)畸变作用

箱梁扭转分析中，始终保持了刚性周边假定。实质上，当箱壁较薄、横隔板布置较稀时，截面就不满足周边不变形假定。如图 5.63 所示，在反对称荷载作用下，除引起截面刚性扭转外，还要产生截面畸变，即周边变形。箱梁承受的荷载是通过箱梁顶、底板和腹板传递的，进一步分析可将图 5.63(a)所示的荷载分解成图 5.63(b)和图 5.63(c)两项。图 5.63(b)荷载产生纯扭转变形，图 5.63(c)荷载产生结构的畸变变形，称为畸变荷载，因畸变荷载是自相平衡的，因而畸变变形产生的内力也是自相平衡的,对应的变形和应力包括:①横向,组成箱梁的各板元产生了垂直于自身平面的位移——畸变横向挠曲,从而引起横向弯曲正应力 σ_{dt}[图 5.64(e)];②纵向,各板元横向挠曲而产生了相应的与梁轴线方向平行的畸变翘曲,由此产生了桥梁翘曲正应力 $\sigma_{d\omega}$[图 5.64(c)]和畸变剪应力 $\tau_{d\omega}$[图 5.64(d)]。

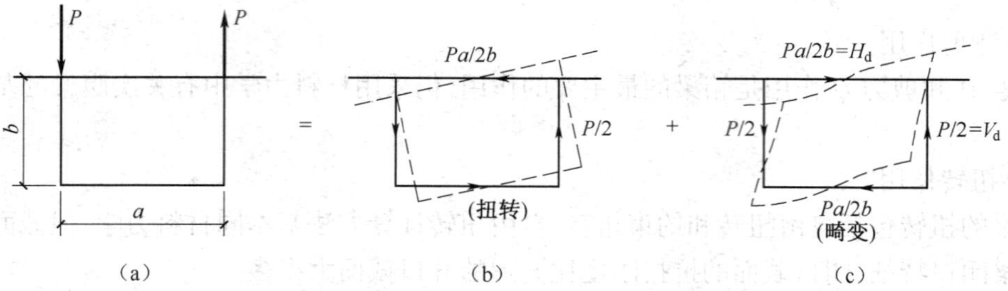

图 5.63 箱梁畸变与畸变荷载

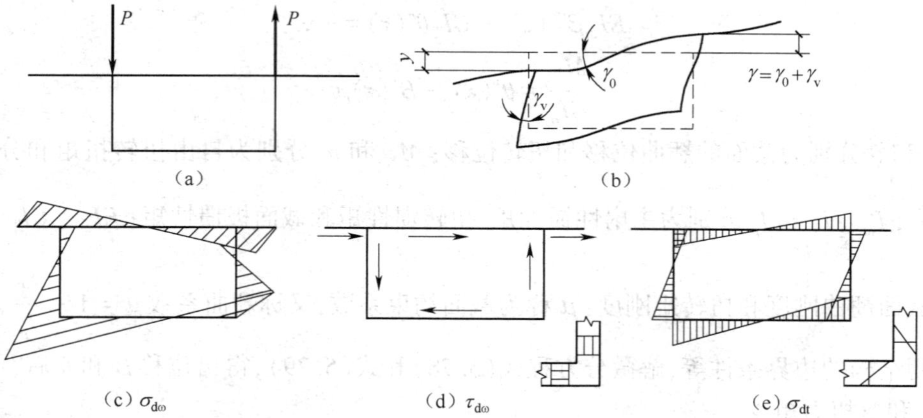

图 5.64 箱梁畸变翘曲正应力、剪应力、横向弯曲应力

畸变应力分析有多种方法,解析法有广义坐标法、弹性地基梁比拟法、等代梁分析法等,下面介绍弹性地基梁比拟法求畸变应力。

弹性地基梁比拟法根据变分法最小势能原理或直接分析箱梁各板元的力平衡关系并结合初等梁理论,经演化可得畸变微分方程:

$$\gamma'''' + 4\lambda^4\gamma = \frac{V_d \cdot a}{EJ_{d\omega}} \tag{5.84}$$

式中,γ 为畸变角(弧度),$\lambda = \sqrt[4]{\dfrac{EI_R}{4EJ_{d\omega}}}$;$EI_R$ 为箱梁框架刚度;$EJ_{d\omega}$ 为截面畸变的翘曲刚度;V_d 为畸变荷载;要注意:作用在箱梁上的反对称荷载并不就是畸变荷载。

求解微分方程后,可求畸变应力,其过程比约束扭转分析更复杂,不再赘述。有兴趣的读者参阅箱梁分析等专著。

2. 数值法

数值分析法中,6 自由度平面梁单元和 12 自由度空间梁单元是桥梁设计计算中经常采用的单元,前者不能计入扭转效应,后者也只能考虑自由扭转效应,此时箱梁约束扭转和畸变效应均未在分析中得以精确的分析,一般通过荷载增大系数的方法考虑其影响,实践证明这种方法大多都是可行的。荷载增大系数取值方法见后。

对扭转效应比较明显的曲梁、宽扁箱梁,需要精确考虑翘曲和畸变效应时,通常做法有:

(1)14 自由度的梁单元法。在 12 自由度空间梁单元的基础上,增加翘曲变形自由度,形成14 自由度的梁单元,该方法能分析双力矩 B_{ω} 和弯扭力矩 M_{ω} 及其对应的翘曲正应力 $\sigma_{d\omega}$ 和约束扭转剪应力 $\tau_{d\omega}$,但仍不能考虑畸变变形影响。

(2)实体单元等精细化有限元模型。所谓的截面弯曲、扭转、翘曲等都是基于平截面变形假定和梁构件得出的,放弃梁单元,改用实体单元模拟桥梁结构,能得出精度很高的结果,其结果中自然包含箱梁的各种效应。问题是,计算量大且结果不如梁单元的直观,计算结果中也很难明确各类贡献是多少。该方法一般用于桥梁设计的复核计算或科学研究中。

5.5.3 箱梁分析的荷载增大系数法

对于T梁等分片式桥梁结构,汽车在桥上偏载行驶时,由于横梁、主梁横向连接等产生的整体刚度的影响,导致中横梁偏转及挠曲变位,各分片式主梁竖向变形不一,同时并发主梁扭转,按力与变形的关系,变形大的受力也大,也就是说它所分担的荷载大,为此,分片式结构中建立了荷载横向分布计算理论来解决该问题。

对于单梁式箱梁,同样也存在着偏载问题,正因为它是单梁,无论如何偏载,荷载始终由该箱梁全部承担,抗弯分析中并不会出现荷载分配问题,这是与分片式结构不同的,但是荷载(主要指活载)偏载,箱梁结构将产生扭转和畸变,从而产生扭转剪应力和翘曲正应力等,使得腹板中的剪应力和截面上的正应力比纯弯曲时要大,通常情况下,该影响不能被忽略,设计中一般采用荷载增大系数来考虑此影响,荷载增大系数的计算方法有:

(1)横向分配计算法

将箱梁的腹板类比为分配式T梁的梁肋,显然偏载情况下,各腹板受力是不同的,据此类比分片式结构计算横向分配。

鉴于箱梁截面横向刚度和抗扭刚度大,则荷载作用下梁发生变形时可以认为横截面保持原来形状不变,即刚性周边假定,箱梁各个腹板的挠度也呈直线规律。因此,可以将箱梁腹板近似看作分片式截面的梁肋,先按修正偏压法求出活载偏心作用下边腹板的荷载分配系数,再乘以腹板总数,这样就得到箱梁截面活载内力的增大系数。

例如对于图5.65所示的单箱三室截面,边腹板的活载分配系数按式(5.85)计算。

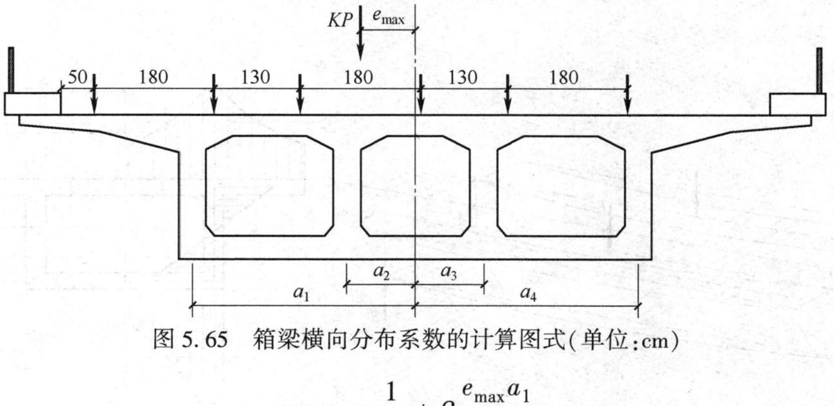

图5.65 箱梁横向分布系数的计算图式(单位:cm)

$$\eta_{max} = \frac{1}{n} + \beta \frac{e_{max} a_1}{\sum_{i=1}^{n} a_i^2} \tag{5.85}$$

式中,n 为箱梁的腹板总数;β 为抗扭修正系数,对箱梁按式(5.86)计算。其他符号见图 5.65。

$$\beta = \frac{1}{1 + n\gamma \frac{G}{E} \frac{I_T}{I} \frac{1}{\sum a_i^2}} \tag{5.86}$$

式中　E,G——分别为混凝土的弹性模量和剪切模量;

I_T——整个箱梁截面的抗扭惯性矩,计算抗扭惯矩时可近似地忽略中间腹板的影响;

I——整个箱梁截面的抗弯惯性矩;

γ——系数,对于简支跨的跨中截面 $\gamma = l^2/12$(l 为梁跨);对于各种跨径比的连续梁的跨中截面,可按第 4 章所述的修正偏压法原理求得 γ 之值。式(5.86)中系数 γ 的值是按等截面杆自由扭转推得的,对于变截面杆约束扭转来说,修正系数 β 将更小,因此按式(5.86)来计算是偏于安全的。

(2)经验系数法

桥梁工程师基于对不同箱梁结构开展精细化分析,研究翘曲、畸变应力的影响,结果表明:通常情况下,翘曲、畸变应力的影响不会超过弯曲应力的 20%,为简化计算,箱梁偏载的荷载增大系数取值为 1.05~1.20,工程中大量采用的就是该方法。

荷载增大系数的取值大小应与力学分析模型有关。如用平面梁单元计算时,它完全忽略扭转的效应,取值就应该大些;相反,力学模型中计入扭转效应的精度越高,取值就应偏小,对于实体单元等精细化模型、且按实际荷载布置方式加载,此时,完全不需要考虑此增大系数。

5.5.4　箱梁剪力滞效应

初等梁弯曲理论的基本假定是变形的平截面假定,弯曲正应力沿梁宽方向是均匀分布的。但是在箱梁中,产生弯曲的横向力引起截面内的剪力流,腹板传递的剪力流在腹板与翼板的交界处要大,而向翼板传递的过程中,由于翼板存在剪切变形,向板内传递的剪力流逐渐变小,使得远离腹板的翼板纵向位移滞后于靠近腹板的翼板之纵向位移,因此纵向位移沿翼板的分布是不均匀的(图 5.66),对应的弯曲正应力的横向分布呈曲线形状(图 5.67)。这种由于翼板纵向剪切变形造成的弯曲正应力沿梁宽方向不均匀分布的现象称为“剪力滞后”,亦称剪力滞效应。

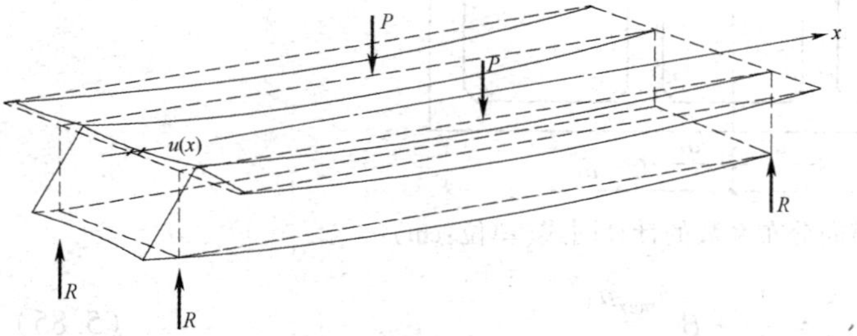

图 5.66　箱梁挠曲时的剪力滞现象

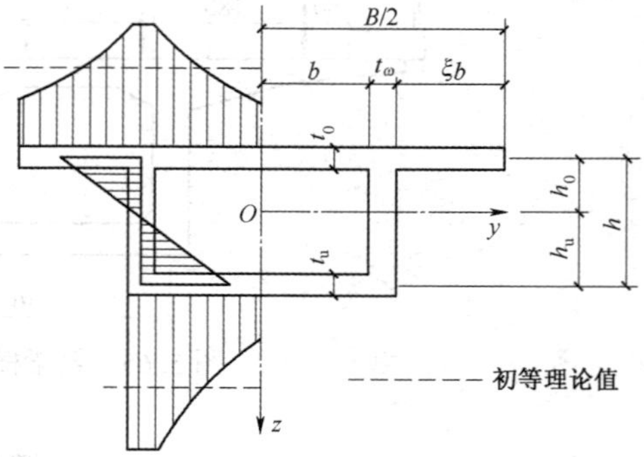

图 5.67　弯曲正应力的横向分布图

显然结构的宽跨比对剪力滞有较大影响，跨度一定时，宽跨比越大或腹板间距越大，“剪力滞后”现象越显著。实质上，影响剪力滞的因素是很复杂的，研究结果表明，结构类型、截面类型、截面尺寸、荷载类型及作用位置、计算截面位置与约束条件等对剪力滞效应都有很大的影响。

分析剪力滞效应的方法有解析法和数值法两大类，解析法主要有卡曼理论、弹性理论解法、比拟杆法和能量变分法等。由于影响剪力滞效应的因素较多，对一些简单结构，解析法比较合适，对复杂结构，往往借助数值法，数值法主要有有限元法、有限条法及有限段法等，对于薄壁箱梁结构，有限元法是一种行之有效的数值分析方法，常用的单元有板壳单元和块体单元。

工程上，一般用“剪力滞系数 λ”来衡量剪力滞影响程度，剪力滞系数按下式定义：

$$\lambda = \frac{\text{考察剪力滞效应所求得的翼板正应力}}{\text{按初等梁理论求得的翼板正应力}}$$

箱梁翼板与腹板相交处的剪力滞系数，$\lambda \geqslant 1$ 时为正剪力滞；$\lambda < 1$ 时，为负剪力滞（图5.68）。翼板内，剪力滞系数变化幅度越大，剪力滞效应越大。剪力滞系数 λ 沿纵向也是变化的，一般支点附近的剪力滞效应大于跨中区段。

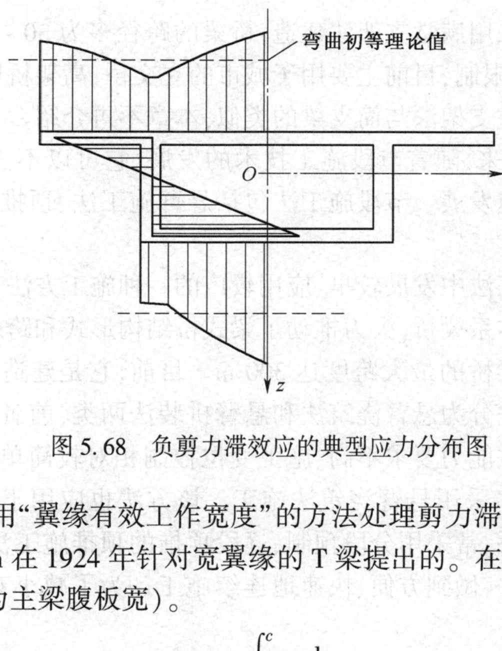

图5.68　负剪力滞效应的典型应力分布图

目前各国规范均采用“翼缘有效工作宽度”的方法处理剪力滞后问题，翼缘有效工作宽度的概念是由 T. V. Karman 在1924年针对宽翼缘的T梁提出的。在T梁等开口截面中，有效工作宽度 = $b_0 + 2b_i$（b_0 为主梁腹板宽）。

$$b_i = \frac{\int_0^c \sigma_x \mathrm{d}y}{\sigma_{\max}} \tag{5.87}$$

式中，c 为腹板间的净间距；$\sigma_{\max}$ 为腹板与翼板交界处的最大纵向应力；σ_x 为翼板的纵向应力。

对于闭口截面，习惯上仍采用开口截面类似的方法计入剪力滞效应的影响，但是各国规范计算公式和取值大小各有不同。我国的公、铁路桥梁设计规范计算箱梁“翼缘有效工作宽度”的方法为：将箱梁顶底板分区为 b_i（$i = 1,2,3\cdots$），通过箱梁各板的宽跨比 $\lambda_i = b_i/L$ 按式（5.88）进行计算。

$$b_{\text{eff}} = \sum \rho_i(\lambda_i) \cdot b_i \tag{5.88}$$

式中,b_{eff}为箱梁有效宽度;b_i 为板的宽度;$\rho_i(\lambda_i)$ 与板的宽跨比相关的有效工作宽度计算系数,采用相关公式或查表计算,具体见规范。

5.5.5 横向倾覆稳定性

近年来,公路、城市桥梁由于车辆超载荷载作用,引起了多起桥梁侧向倾覆失稳事故,为确保桥梁横向侧倾稳定性,设计中需开展相关力学分析。

(1)基本组合作用下,单向受压支座始终保持受压状态。

(2)整体式连续和简支箱梁,其横向侧倾稳定性系数 $k_{\text{qf}} \geqslant 2.5$,按式(5.89)进行计算。

$$k_{\text{qf}} = \frac{\sum S_{\text{bk},i}}{\sum S_{\text{sk},i}} \tag{5.89}$$

式中 $S_{\text{bk},i}$ ——使上部结构稳定的效应标准值;

$S_{\text{sk},i}$ ——使上部结构失稳的效应标准值。

5.6 混凝土连续体系梁桥施工

初期的混凝土连续梁采用满堂支架法建造,桥梁的跨径多为 30~40 m,由于施工工期长、耗用的支架量大,使用受到限制,目前主要用于城市的立交桥、高架桥以及无水的中、小跨度连续梁桥。连续梁施工的满堂支架法与简支梁的类似,本章不再介绍。

20 世纪 50 年代初期以来,随着节段施工技术的发展,它可以不需要在河中搭设支架,使得连续梁桥体系得到了迅速发展。节段施工法包括悬臂施工法、顶推施工法和移动模架逐孔施工法等。

悬臂施工法是节段施工法中发展较早、应用较广的一种施工方法,采用对称悬臂施工建造大跨径预应力混凝土连续体系梁桥,大力推动了梁式桥结构形式和跨越能力的发展,用它建造的预应力混凝土连续体系梁桥的最大跨度达 300 m。目前,它是建造大跨度桥梁的一种最主要的施工方法。悬臂施工法分为悬臂浇筑法和悬臂拼装法两类,前者具有施工不受地形条件限制、且结构整体好、对起重能力要求不高、施工变位控制相对较简单,优势较明显,已建成的大跨径预应力混凝土桥大多采用悬臂浇筑法施工。该方法也应用于斜拉桥、拱桥的建造中。对于中等跨度多跨连续梁桥,常采用分段预制、逐段顶推的顶推施工法;也可采用一套机具设备如移动模架的逐孔施工法,做到方便、快速地连续施工。为了减小对桥下交通等影响,近年不少桥梁采用平转法施工。

5.6.1 悬臂浇筑法

悬臂浇筑法是以桥墩为中心,从墩顶开始,利用已浇梁段将梁体自重和施工荷载传递到桥墩、基础上,以移动式挂篮作为主要的施工设备,对称向两岸逐段浇筑混凝土,待混凝土到达要求的强度后,张拉预应力筋,再向前移动挂篮,进行下一个节段的施工,直至合龙成桥的施工方法。

墩顶上方需要一定长度的梁段供拼装挂篮用,这个长度称为起步长度或 0 号块,其长度一般为 8~12 m,一般采用支架或墩旁托架法现浇;挂篮悬臂施工的节段长度划分,主要取决于施工工期和挂篮的承重能力,一般长度为 2~5 m。

对称悬臂施工的总长度实际上略小于半个中跨长,依据桥梁的跨数、边中跨径比和施工方法的不同,有不同的结构合龙方案可供选择,这一工作需结合具体结构和施工条件确定,一般在设计中考虑。

在用悬臂浇筑法建造连续梁桥时,需要采用临时固结措施将墩梁临时固结,以承担施工中出现的不平衡荷载,待合龙后恢复到原结构状态。

1. 挂篮结构

挂篮支承在已浇梁段上,既是新浇梁段的承重结构,又是一个能够沿轨道行走的活动脚手架和施工操作平台。在挂篮上完成一个梁段的模板、钢筋、管道的安设,混凝土浇筑和预应力筋的张拉、灌浆等作业。当一个节段施工完成后,解除挂篮的锚定,前移到下一个梁段施工。

挂篮的种类很多,其构造也随之而各不相同。主要的类型有菱形挂篮(图5.69)、梁式挂篮(图5.70)、三角形挂篮和斜拉挂篮等。尽管挂篮结构形式差异很大,但是就各部分构成的功能而言,各类挂篮基本相同,以图5.70的梁式挂篮为例,挂篮由下列几个部分构成,包括①底模架系统1;②悬吊系统2、3、4;③承重结构5;④行走系统6;⑤平衡重7和锚固系统8;⑥工作平台9。

(1)承重结构:承受全部荷载,并将之传递到已浇梁段上,为了施工新浇筑节段,承重结构前端呈悬臂状态,下方悬吊底模架、侧模等,为保证其平衡稳定性,其后端一般锚固于主梁上。菱形桁架一般由型钢组成,因其刚度大、质量小而最为常用。梁式挂篮,可以采用型钢、万能杆件或贝雷架,其中贝雷架需特别注意其变形与刚度问题;利用斜拉索改造的组合斜拉式挂篮(又称前支点挂篮)广泛用于斜拉桥的施工中,见第9章。

(2)底模架系统:是混凝土节段施工的底部支撑系统,包括下纵梁、前下横梁、后下横梁和底模等构件,一般为钢结构,其前端通过吊杆或吊带悬吊于承重结构上,后端在浇筑混凝土时锚固于主梁上,行走时通过导梁和吊杆转换悬吊于承重结构上。

(3)锚固系统:包括承重结构的锚固结构和底模架的锚固结构,由锚杆和锚梁等部件组成,承重结构可通过腹板竖向预应力或专用的锚固装置锚固于主梁,必要时可进行压重;底模架锚固于主梁底部上,锚杆系统一般采用高强精轧螺纹钢筋。

(4)悬吊系统:可采用吊杆或吊带,悬挂底模架和侧模等,并具有高程调节功能,通过千斤顶顶升实现。

(5)走行系统:包括走行轨道、千斤顶或卷扬机等施力装置。承重结构安装在走行轨道上,两者之间设置滑块或滚轮,分别构成滑动或滚动两种不同的走行方式。在节段施工完成后,解除承重结构、底模架的后锚装置,将底模架、内模、外模通过导梁的承重吊杆转换到导梁(滑梁)的滚动吊架上,使整个挂篮结构形成悬挂于承重结构的状态,启动水平液压千斤顶或卷扬机,将挂篮承重结构及导梁带动底模架、模板系统一起前移。为确保走行中挂篮的稳定性,承重结构的后方需设置反扣轮、压重等平衡装置,如图5.69所示。

(6)操作平台:在挂篮的前方通过悬吊设置人员操作平台,为确保人员安全,操作平台的临空面需设置围栏。

2. 挂篮设计

挂篮的结构设计应遵循如下原则:结构简单、受力明确、稳定性好、自重轻、变形小、行走和装拆安全方便,充分利用常备构件。挂篮与悬浇梁段混凝土的质量比不宜大于0.5,挂篮的最大变形不应大于20 mm。

挂篮的横断面布置,取决于桥梁宽度和箱梁横断面形式。对于单箱断面,最常用的是全断

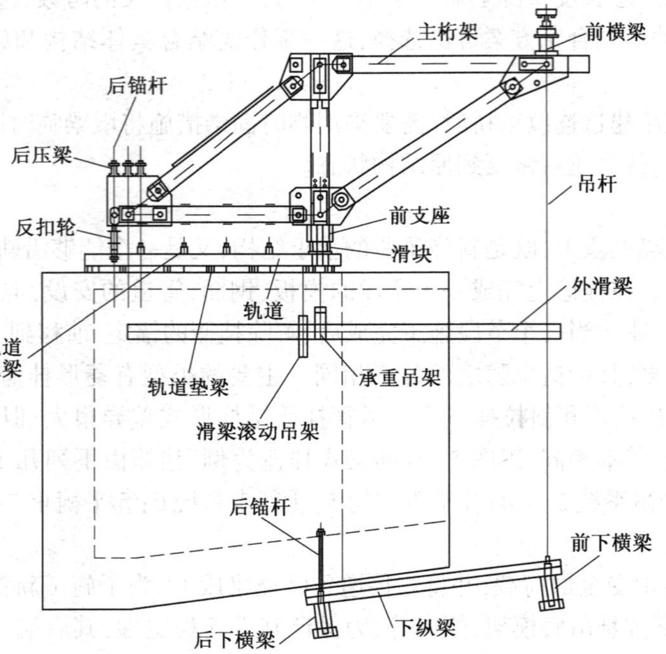

图 5.69　菱形挂篮结构简图

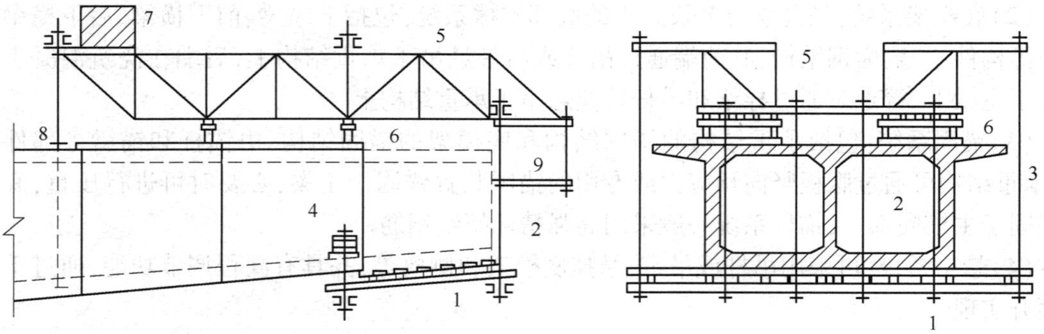

图 5.70　梁式挂篮结构简图

面一个挂篮;双单箱断面常采用全断面两个挂篮;对于大悬臂宽断面箱梁,也可采用多挂篮方式,如先用一个主挂篮施工主箱梁,后用两个小挂篮施工悬臂板。

挂篮的悬臂长度需考虑施工和预应力张拉等操作空间要求,一般比最长悬臂节段至少长 1 m。

挂篮设计荷载包括挂篮自重、模板自重、箱梁梁段自重、平衡重力、混凝土浇筑振动力和其他施工荷载。

结构设计完成后,依据实际情况开展不同工况的挂篮力学分析,确保承重结构、底模架、吊杆、锚具件等各结构的强度、刚度(变位)和稳定性满足使用要求,挂篮行走及浇筑混凝土时的抗倾覆安全系数以及锚固系统安全系数均不应小于 2.0。计算工况中需考虑箱梁最大节段重、最长节段以及满载与走行等不同的控制工况。

悬臂施工中,左右两侧出现不对称施工时,应检算结构的稳定性,稳定系数不小于 2.0。

主梁施工过程中,还应严格控制挂篮的实际质量,使其不超过设计文件提出的挂篮控制质量要求。挂篮拼装完成后应进行荷载试压试验。

当墩顶位置受限、0 号块长度不足以安装两个独立的挂篮时,可将两个挂篮的承重结构连在一起,如图 5.71(a)所示。待浇筑到一定长度后再将两侧承重结构分解[图 5.71(b)]。

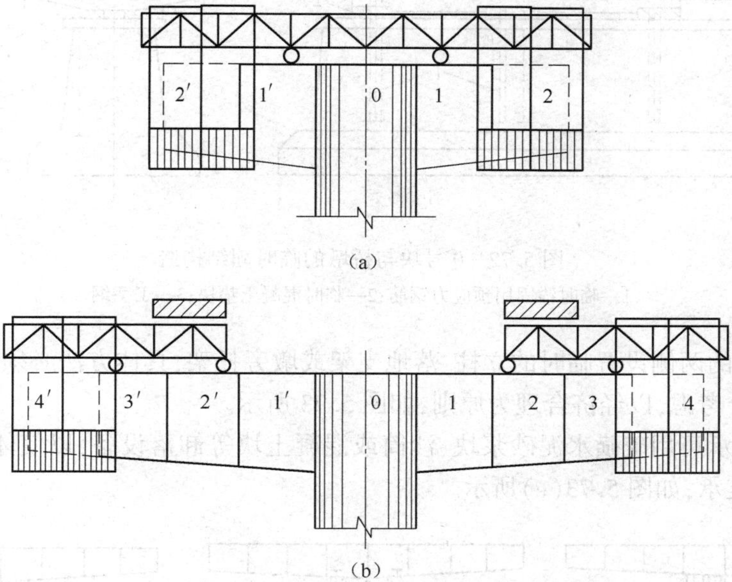

图 5.71　使用挂篮的两种施工状态

3. 悬浇工艺

当挂篮安装就位后,即可在其上进行梁段悬臂浇筑的各项作业,应注意如下几点:

(1)挂篮就位后,安装并校正模板吊架和模板,核准模板中线位置和标高,标高控制中应特别注意预留抛高,抛高量包括理论计算的主梁抬高量和挂篮变位等;模板与前一段混凝土面应平整密贴;如前一节段施工后出现中线或高程误差需要调整时,应在模板安装时予以调整。

(2)当箱梁梁段采用分次浇筑时,由于先浇筑的混凝土已经凝结,后浇混凝土将引起挂篮二次变形,从而导致先浇筑的混凝土开裂,为了避免这种开裂,对挂篮可采取水箱压重等措施。

(3)梁段拆模后,应对梁端的混凝土表面进行凿毛处理,在安装新旧梁段接缝处的钢筋、锚具等时,严格控制质量,加强接缝处的连接,避免在此开裂。

(4)安装预应力管道位置应正确,线形顺和,接头严密对准,并用胶布保贴,防止灰浆渗入管道;振捣时,也要注意对预应力管道的保护。

(5)为提高混凝土早期强度,以加快施工进度,在设计混凝土配合比时,一般加入早强剂或减水剂。严格控制拆模和预应力张拉时间和混凝土强度。

4. 临时固结措施

连续梁中支点下设置的是单排支座,不能承受弯矩,悬臂施工法中为了承受施工过程中可能出现的不平衡力矩,保证结构的稳定性和安全性,必须采取措施使 0 号块梁段与桥墩临时固结或支承起来。临时固结措施或支承措施有下列几种方式:

(1)在墩帽顶永久支座旁设置混凝土垫块,用精轧螺纹钢筋或普通钢筋将 0 号块与桥墩临时固结,如图 5. 72 所示,待全部块件浇筑完毕时,凿除临时混凝土垫块,切断钢筋。

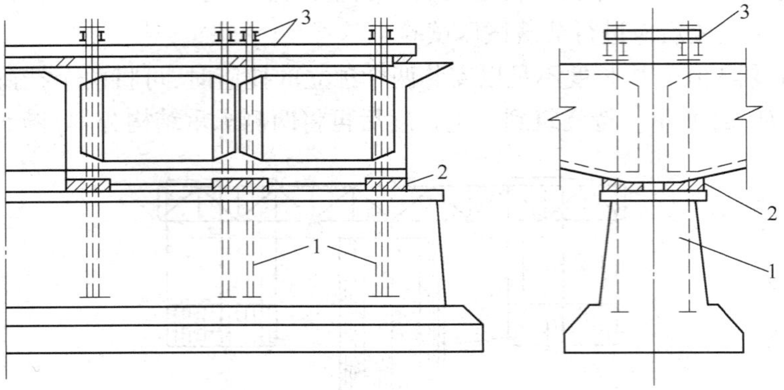

图 5. 72　0 号块与桥墩的临时固结构造

1—临时锚固用预应力钢筋;2—临时混凝土垫块;3—工字纲

(2)在桥墩的两侧设置临时的立柱、落地支架或墩旁托架,具体方法必须结合墩高、水深、地质等情况综合考虑,以经济合理为原则,如图 5. 73 所示。

(3)临时支承可用硫磺水泥砂浆块、沙筒或混凝土块等卸落设备,以使体系转换时,较方便地拆除临时支承,如图 5. 73(c)所示。

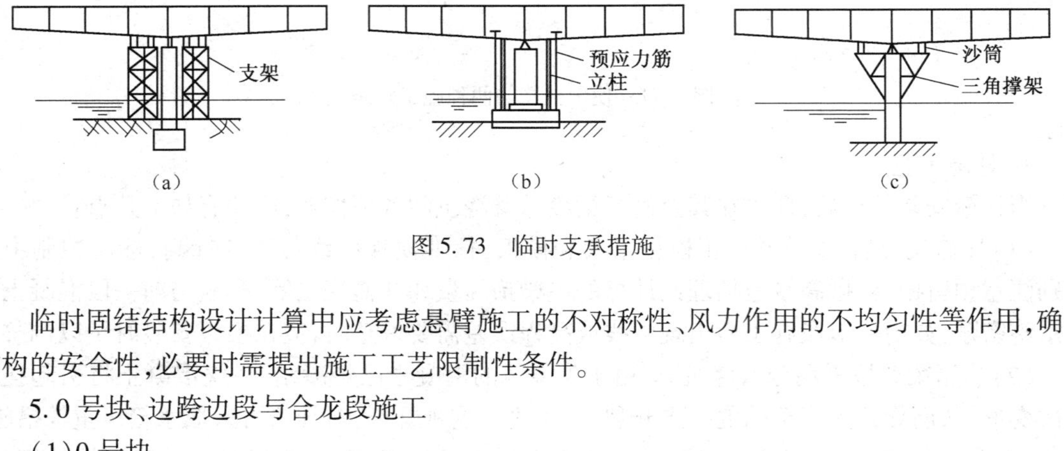

图 5. 73　临时支承措施

临时固结结构设计计算中应考虑悬臂施工的不对称性、风力作用的不均匀性等作用,确保结构的安全性,必要时需提出施工工艺限制性条件。

5. 0 号块、边跨边段与合龙段施工

(1)0 号块

墩顶 0 号块梁段采用在施工托架上立模现浇。施工托架可根据墩身高度、承台形式和地形情况,利用墩身、承台或地面作为支承,设立支承托架。

施工托架有扇形、门形等形式,如图 5. 74 所示,常采用万能杆件、贝雷架、型钢等构件拼装。托架的长度视拼装挂篮的需要而定,横桥向宽度要考虑箱梁外侧立模要求,一般比箱梁底板宽出 1. 4~2. 0 m。托架顶面应与箱梁底面线形一致。

考虑到托架变形对梁体的质量影响很大,可采取水箱预压、抛高等措施,以减小或消除托架变形的影响。

(2)边跨边段

对于多跨连续梁,当 $L_s/L_m>0.5$ 时,按对称悬浇工艺,边跨边墩段不能按常规的单 T 悬臂施工,常采用如下方案施工该梁段:

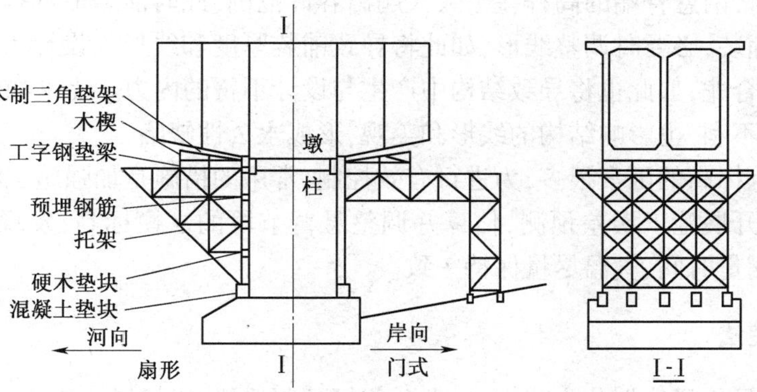

图5.74　扇形、门形托架示意图

①最常用的方法是,利用边墩(或台)的墩旁托架或落地支架,现浇边跨边梁段,再通过边跨合龙段与悬臂T构合龙。

②当边跨过长,或不便于搭设支架时,可先合龙中跨,形成单跨带悬臂或多跨带悬臂结构后,再利用挂篮悬浇余下梁段。但该方法若在边跨边段过长的情况下,将布置较多的临时预应力束。

(3)合龙段

合龙段是悬臂法施工中的一个产生结构体系转换的关键性工艺,它对成桥内力影响很大,按合龙段所处的位置分为中跨合龙和边跨合龙。中跨合龙时通常先拆除一个挂篮,移动另一个挂篮至另一端悬臂梁段上,形成合龙段施工吊架。也可以直接采用吊架作为合龙段的施工支架。

由于在合龙过程中温差、混凝土的收缩和徐变、混凝土的早期收缩和水化热、预应力、施工荷载等因素的影响,必须采取措施,以保证合龙段乃至全桥的质量。

①临时锁定措施,采用劲性型钢(见5.2.3节)安装在合龙段上下部,将两侧悬臂结构临时固定连接然后张拉部分预应力筋,浇筑合龙段混凝土并养生至设计强度,张拉其余预应力筋,最后解除临时锁定装置。

②合龙顺序,应与设计一致,使得体系转换产生的二次内力与设计相符。

③混凝土浇筑的温度和时间选择。为避免新浇混凝土早期受到较大的拉应力,合龙段的混凝土浇筑时间往往选择在当天气温最低时刻,即"低温浇筑、升温养护",使得混凝土早期硬化过程中处于升温受压状态。同时还应加强合龙段混凝土的养护。

④混凝土中宜加入减水剂、早强剂和微膨胀剂,以便及早达到设计强度,及时张拉预应力筋,防止合龙段混凝土出现裂纹。

⑤为保证合龙段施工时始终处于稳定状态,在浇筑混凝土前可在各悬臂端配置与混凝土质量相当的压重,浇筑混凝土时分级卸载。

⑥为了顺利合龙,还应就混凝土配比、预应力筋张拉、结构变位控制等采取必要的措施,如设置合龙预应力束、合龙口预顶等。

6. 施工控制

悬臂浇筑法施工控制的目的是使得成桥结构的线形和受力状态与设计吻合,它是一个关键性的环节,也是施工中的一个难点。由于连续梁体系施工过程不可逆、线形也很难调,如控制不好,到合龙时,两悬臂端的高程差会大大超出容许范围,此时能采取的措施有:(1)硬性合龙后,调整桥面铺装,必要时调整线形,如此将导致铺装厚度和线形与设计不符;(2)采取压重等措施先调平再合龙,如此也将导致结构中产生与设计不符的内力。无论如何调整,最终结果是既对结构受力不利,也影响结构的线形和美观,形成永久性缺陷。

施工中,影响标高的因素很多,为进行有效控制,常用的措施是加强施工测量,基于施工控制的理论和方法开展施工误差预测,估算并调整悬臂节段的立模标高,发现问题及时予以调整,其中各阶段测量时间、气温尽量保持一致。

5.6.2　悬臂拼装法

悬臂拼装法是将梁体划分为若干段,在预制场预制梁段,以桥墩为中心,从桥墩两侧开始,对称吊装,就位后施加预应力,逐段悬拼直至合龙成桥。主要工艺包括块件的预制、运输、拼装、施加预应力和合龙。它与悬臂浇筑法的重要差别是节段成型或安装上。

下面以预应力混凝土箱形 T 构为例介绍悬臂拼装法的主要工艺。

1. 块件预制

(1)预制方法

箱梁块件采用立式预制方法,分为长线预制法(图 5.75)和短线预制法(图 5.76)。桁架片采用卧式预制方法。

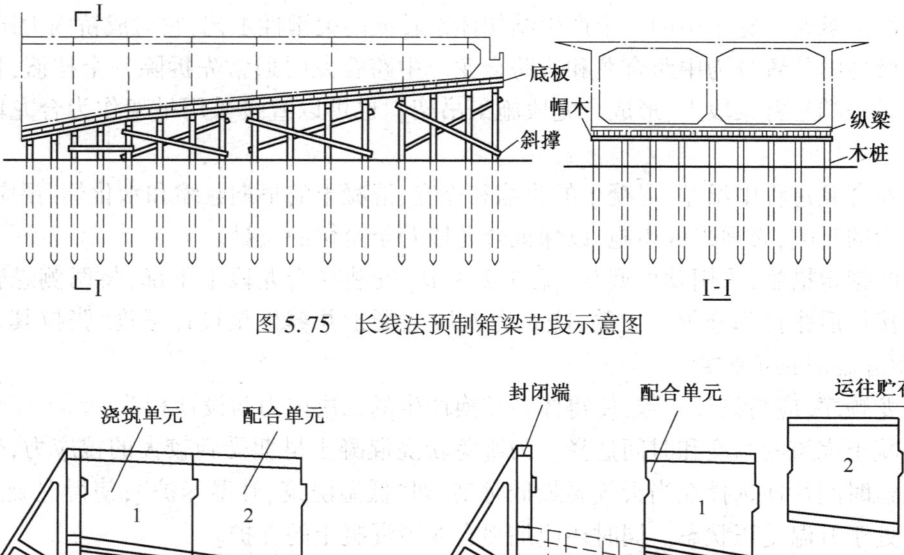

图 5.75　长线法预制箱梁节段示意图

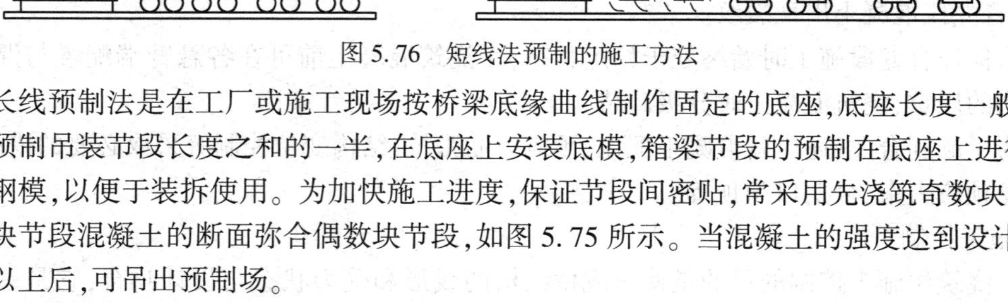

图 5.76　短线法预制的施工方法

长线预制法是在工厂或施工现场按桥梁底缘曲线制作固定的底座,底座长度一般宜为一跨内预制吊装节段长度之和的一半,在底座上安装底模,箱梁节段的预制在底座上进行,模板常用钢模,以便于装拆使用。为加快施工进度,保证节段间密贴,常采用先浇筑奇数块,后利用奇数块节段混凝土的断面弥合偶数块节段,如图 5.75 所示。当混凝土的强度达到设计强度的 70% 以上后,可吊出预制场。

短线预制法施工箱梁节段是由可调整外部及内部模板的台车与端模架来完成,如图 5.76

所示。第一节段混凝土浇筑完成后，在其相对位置上安装下一节段模板，并利用第一节段的端面作为第二节段的端模完成混凝土的浇筑工作。

短线预制适合工厂节段预制，设备可周转使用，每条生产线平均五天可生产一块，但是节段的尺寸和相对位置调整要复杂一些。

(2)定位器和孔道形成

设置定位器的目的是使预制梁段在拼装时能准确而迅速地安装就位。有的定位器不仅能起到固定位置的作用，而且能承受剪力，这种定位装置称为抗剪楔或防滑楔。

块件预制时，除注意正确预埋定位器外，还要注意准确预埋预应力管道和吊点装置(吊环或竖向预应力粗钢筋)等。

2. 拼装方式与接缝处理

悬臂拼装法施工中的 0 号块，由于其梁高大、质量大且吊装不方便，同时，为便于控制整个梁体的安装精度，大多采用现场就地浇筑法施工，也有在墩上采用预制装配施工的。

梁段的接缝可采用湿接缝、胶接缝和干接缝几种形式。湿接缝宽 0.1~0.2 m，拼装时下面设置临时托架和模板，当拼装梁段的位置调整准确后，用强度等级高的砂浆或小石子混凝土填实，待接缝混凝土达到设计强度后施加预应力。湿接缝常在 0 号块与 1 号节段间使用，因为 1 号节段的施工精度对后续节段的相对位置和对控制桥梁拼装的标高影响甚大。胶接缝用环氧树脂加水泥在节段接缝面上涂一薄层，厚约 1 mm，它在施工中起润滑作用，使节缝密贴，完工后可提高结构的抗剪能力、整体刚度和不透水性，常在中间节段的接缝中使用。干接缝，即接缝间无任何填充料，施工方便，主要担心接缝不密封会导致钢筋锈蚀，使用较少。

3. 起吊机具和方法

预制块件的悬臂拼装可根据现场布置和设备条件采用不同的方法来实现。当靠岸边的桥跨不高且可在陆地或便桥上施工时，可采用自行式吊车、门式吊车来拼装。对于河中桥孔，也可采用水上浮吊进行安装。如果桥墩很高，或水流湍急而不便在陆上、水上施工时，就可利用各种吊机进行高空悬拼施工。

(1)悬臂吊机拼装法

悬臂吊机由承重梁、横梁、锚固装置、平衡系、起重系、行走系和工作吊篮等部分组成，如图 5.77所示。承重梁和横梁可由万能杆件、型钢等构成。与用挂篮悬浇施工类似，在开始拼装靠近墩顶的 1 号、2 号节段时，可以用一根承重梁对称同时起吊，在容许布置两台移动式悬臂吊机时，拆分承重梁形成两台吊机，开始独立对称吊装。悬臂吊机的起重能力目前国内在 18 000 kN以内。

节段的运输可从桥下或水上浮运至桥位，再由悬臂吊机吊装就位。

(2)桁架拼装法

桁梁悬拼施工是一种移动支架法，它以桁梁作为承重结构和运梁设备进行悬拼施工，已被大量地应用在中等以上的高架桥上。分为移动式和固定式，常用的是移动式。依据桁梁支承状态分为两类，一类是简支悬臂桁梁，长度大于桥梁的最大跨度，桁梁支承在已拼装完的梁段上和待拼墩顶上，如图 5.78 所示，必要时可用加劲索加强桁梁。另一类是连续桁梁，长度大于两倍桥梁跨度，形成三个支点的连续梁，国内称这类移动式连续桁梁为造桥机，图 5.79 为我国自行设计制造的造桥机，跨度为 96 m，吊重 1 600 kN，石长线湘江铁路大桥是用该造桥机架设的。该桥的主要施工顺序为：0 号块现浇，然后用造桥机从桥的一端开始拼装，逐墩对称拼装，基本节段长 4 m，采用长线法预制，由平板车运至造桥机端，再由起重小车起吊运至待拼位置，被吊的块件可进行上下、顺桥、横桥方向的移动和平面转体。图 5.80 为造桥机拼装示意图。造桥机施工的显著特点是:节段运输方便、拼装速度快。

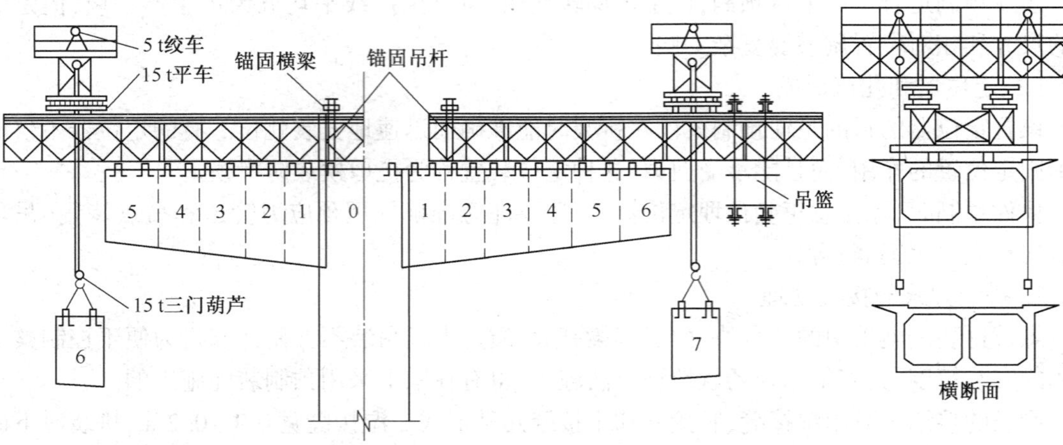

图 5.77　悬臂吊机构造

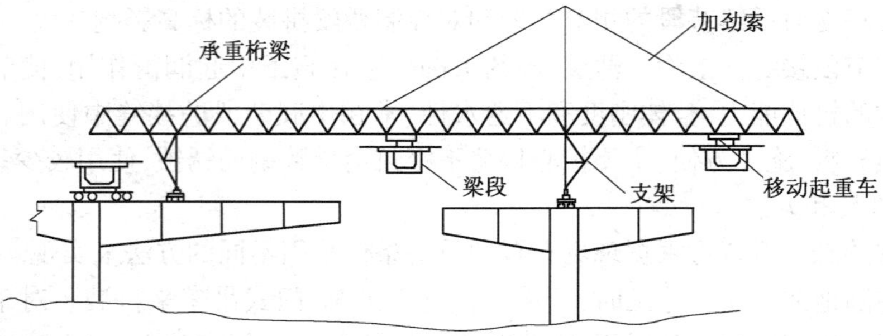

图 5.78　简支—悬臂桁梁拼装

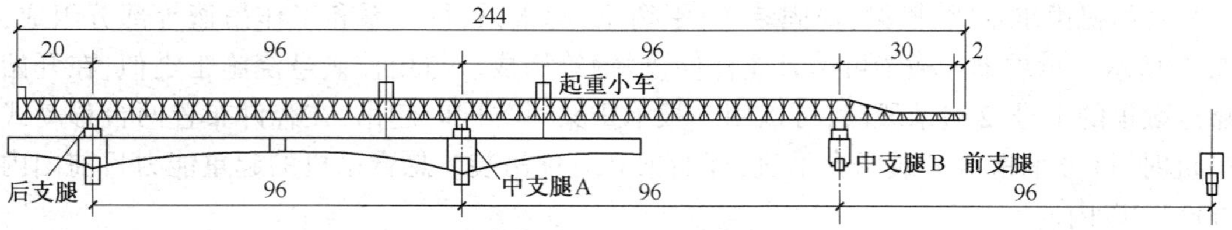

图 5.79　大跨度造桥机(单位:m)

(3)起重机拼装法

可采用伸臂吊机、缆索吊机、龙门吊机、人字扒杆、汽车吊、履带吊、浮吊等起重机械进行悬臂拼装。根据吊机的类型和桥孔具体条件的不同,吊机可以支承在墩柱上、已拼好的梁段上或处在栈桥上、桥孔下。

悬臂拼装法将大跨度桥化整为小,预制和拼装方便,上下部结构平行作业,拼装速度快、周期短,施工速度快。同时预制节段施工质量易控制,结构的附加内力小。但是,需要较大的预制场地和较高的起重能力,拼装精度要求高,施工的高程控制难度大,一般宜用于跨径小于 100 m 的多跨桥梁。

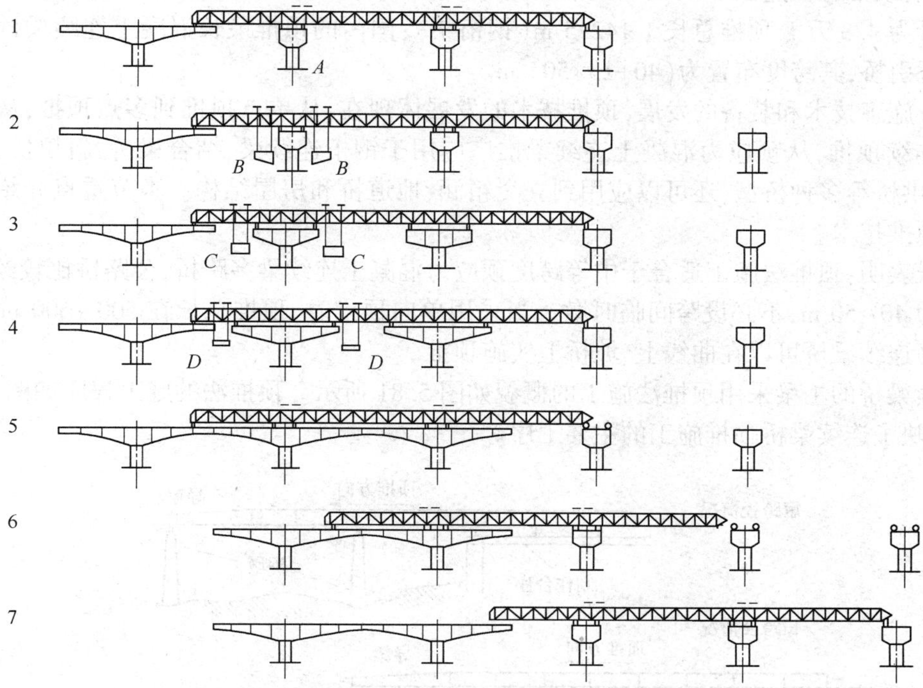

图 5.80　大跨度造桥机拼装示意

5.6.3　顶推法

顶推施工法是在桥位的台或墩后设置预制场,分节段预制梁体并用纵向预应力筋将各节段连接成整体,用水平液压千斤顶施力,借助不锈钢板与聚四氟乙烯板(或 MGE 板)组成的滑道装置减小摩擦力,将梁段向对岸推进,待全部节段顶推到位后,利用竖向千斤顶顶梁,更换或恢复正式支座,落梁,完成桥梁施工。此法可以不中断桥下现有交通,省去大量施工脚手架,减少高空作业,便于集中管理和指挥,施工安全可靠,是中等跨度等高连续梁长桥的常用施工方法。

顶推施工法的构思类同于钢桥的纵向拖拉施工法。顶推法用水平千斤顶取代了拖拉法的卷扬机和滑车,用板式滑动取代了滚动,从而改善了因卷扬机和滑车在启动时的冲击和滚动的线支承作用而引起的应力集中现象。

1959 年德国的莱昂哈特和鲍尔教授在建造奥地利的阿格尔桥时,首先将顶推法用于预应力混凝土连续梁的施工,该桥全长 280 m,为四跨一联的连续结构,最大跨度 85 m,该桥施工时在台后分节段预制,用湿接头和预应力筋将所有节段组拼成桥,一次性顶推施工。1963 年用同样的方法施工了委内瑞拉的卡罗尼河桥,全长 500 m,六孔一联,最大跨度为 96 m,在施工中首次采用了钢导梁和跨间临时墩。1964 年,顶推法施工得到了进一步改进,形成现代意义的顶推法,其主要思路是:分段预制,逐段顶推,逐段接长,连续施工。

我国于 1974 年首次在狄家河铁路桥上采用顶推法施工,该桥为 4×40 m 预应力混凝土连续梁,采用单点顶推法施工。1980 年施工的湖南望城伪水河桥使用柔性墩多点顶推连续梁的施工,为我国采用顶推法施工创造了成功的经验,有力推动了我国预应力混凝土连续梁桥的发展,之后,我国在用顶推法建造预应力混凝土连续梁桥时基本上采用多点顶推法修建。

目前,世界各国采用顶推法修建的大桥有 1 000 余座,顶推长度和顶推跨径之最为法国米约大桥(图 1.31),其上部结构采用顶推法施工,南侧顶推长度为 1 743 m,其中的主跨设置 1

个临时墩,顶推跨径达 171 m,最大顶推质量为 5 280 t。国内,顶推最大悬臂跨度达 92 m;最大顶推质量为 4. 3 万 t、顶推总长 1 142. 5 m(钢桁梁);国内的顶推最长混凝土连续梁桥为广东九江大桥引桥,其跨度布置为(40+13×50) m。

随着施工技术和装备的发展,顶推技术的发展体现在:从单点顶推到多点顶推,从间歇式顶推到连续顶推,从预应力混凝土连续梁推广应用于钢桁连续梁、结合梁桥、斜拉桥、拱上结构、组合拱桥等多种桥型,还可以应用到立交箱涵、地道桥和房屋结构。本节重点介绍预应力连续梁顶推技术。

实践表明:顶推法施工适合于中等跨度预应力混凝土连续梁多跨桥,公路桥比较经济合理的跨径为 40~50 m,不必设跨间临时墩。当采用单向顶推时,顶推总长在 500~600 m 比较恰当。等高连续梁桥可以在曲线上、坡桥上实施顶推。

连续梁桥的主梁采用顶推法施工的概貌如图 5. 81 所示。顶推法的施工程序如图 5. 82 所示,它反映了连续梁桥顶推施工的主要工序。

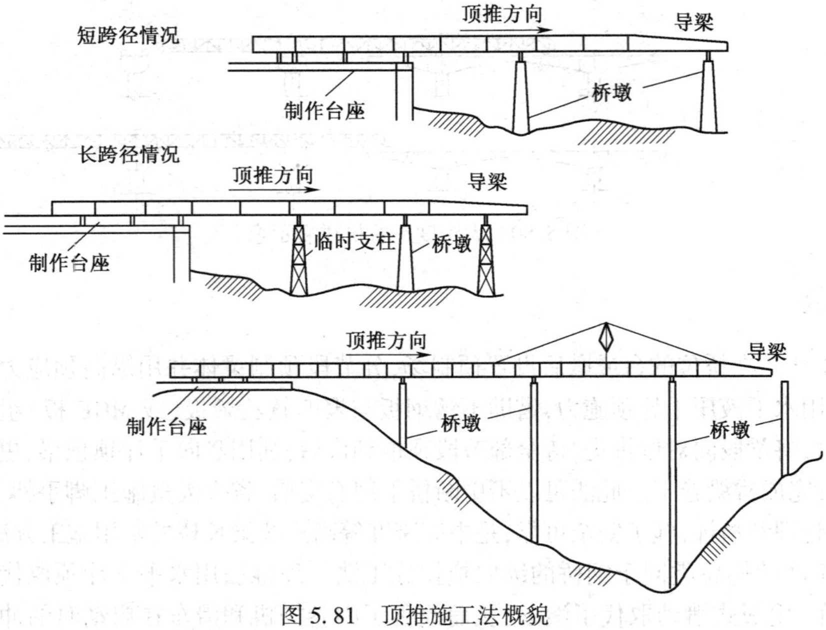

图 5. 81　顶推施工法概貌

顶推施工时,连续梁的内力和成桥内力严重不协调,对此,采用临时配置预应力进行处理,见 5. 4 节。

1. 顶推方法、工艺与设备

顶推方法依据顶推方向有单向顶推和双向顶推。依据施力方式有单点顶推与多点顶推,按梁体行进方式分有连续拖拉式、步距式。

单向顶推是将预制场设置在一端墩(台)后的桥梁接线上,主梁在预制场内逐段预制,逐段顶推到对岸的方法。它是顶推法中常用的方法。多联连续梁桥也可用单向顶推法顶推,方法是先将各联连成整体,逐段顶推,就位后进行解联工作。双向顶推,又称相对顶推,它在桥梁的两端设置预制场,主梁在两个预制场内逐段预制,逐段顶推到中间合龙的方法。常用于连续梁中跨较大而不宜设置临时墩时,或总长超过 600 m,为缩短工期而采用双向顶推。

(1)单点顶推

国外单点顶推法称 TL 顶推施工法,是德国 Taktshieble 与 Leonhardt 的两个字母组成。用

TL 法施工桥梁取得了不少成果，如著名的卡罗尼河桥，全长在 500 m 左右，顶推质量约为9 810 t，采用两台 2 943 kN 水平千斤顶施力，最大顶力为 3 924 kN。

顶推装置集中设置在主梁预制场附近的桥台或桥墩上，前方墩各支点上设置滑动支承。顶推装置又可分为两种：

①由水平千斤顶与竖直千斤顶联合使用，顶推预制梁前进，如图 5. 83 所示。它的施工程序为顶梁、推移、落下竖直千斤顶和回收千斤顶的活塞杆。

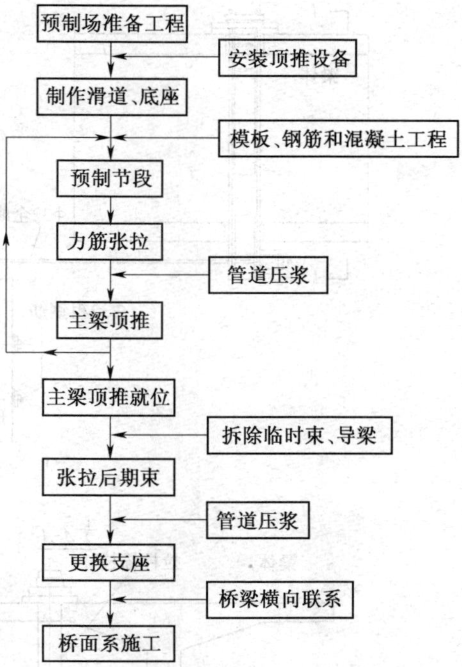

图 5. 82　顶推施工程序

我国狄家河桥、万江桥均采用单点顶推法施工，将水平千斤顶与竖直千斤顶联用。顶推时升起竖直顶活塞，使临时支承卸载，开动水平千斤顶去顶推竖直顶，由于竖直顶下面设有滑道，顶的上端装有一块橡胶板，即竖直千斤顶在前进过程中带动梁体向前移动。当水平千斤顶达到最大行程时，降下竖向千斤顶活塞，使梁体落在临时支承上，收回水平顶活塞，带动竖直顶后移，回到原来位置，如此反复不断地将梁顶推到设计位置。

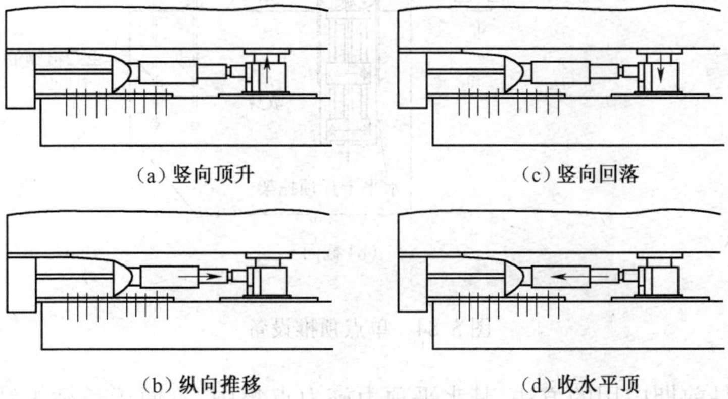

图 5. 83　水平千斤顶和竖向千斤顶联用的装置

②由水平千斤顶通过沿箱梁两侧的牵动钢杆给预制梁一个顶推力。1991 年建成的杭州钱塘江二桥，是一座公铁两用并列桥。主桥两侧的铁路引桥均为三联预应力混凝土连续梁桥，每联分别为 7×32 m、8×32 m 及 9×32 m，最长联长 288 m，采用单点顶推法施工。顶推设备采用四台大行程水平穿心式千斤顶，设置在牵引墩的前侧托架上，顶推是通过梁体顶、底板预留孔内插入强劲的钢锚柱，由钢横梁锚住四根拉杆，牵引梁体前进，如图 5. 84 所示。当千斤顶回油时，需拧紧拉杆上的止退螺母，为保证施工安全，在牵引墩的后侧安装二个专供防止梁体滑移的制动架。

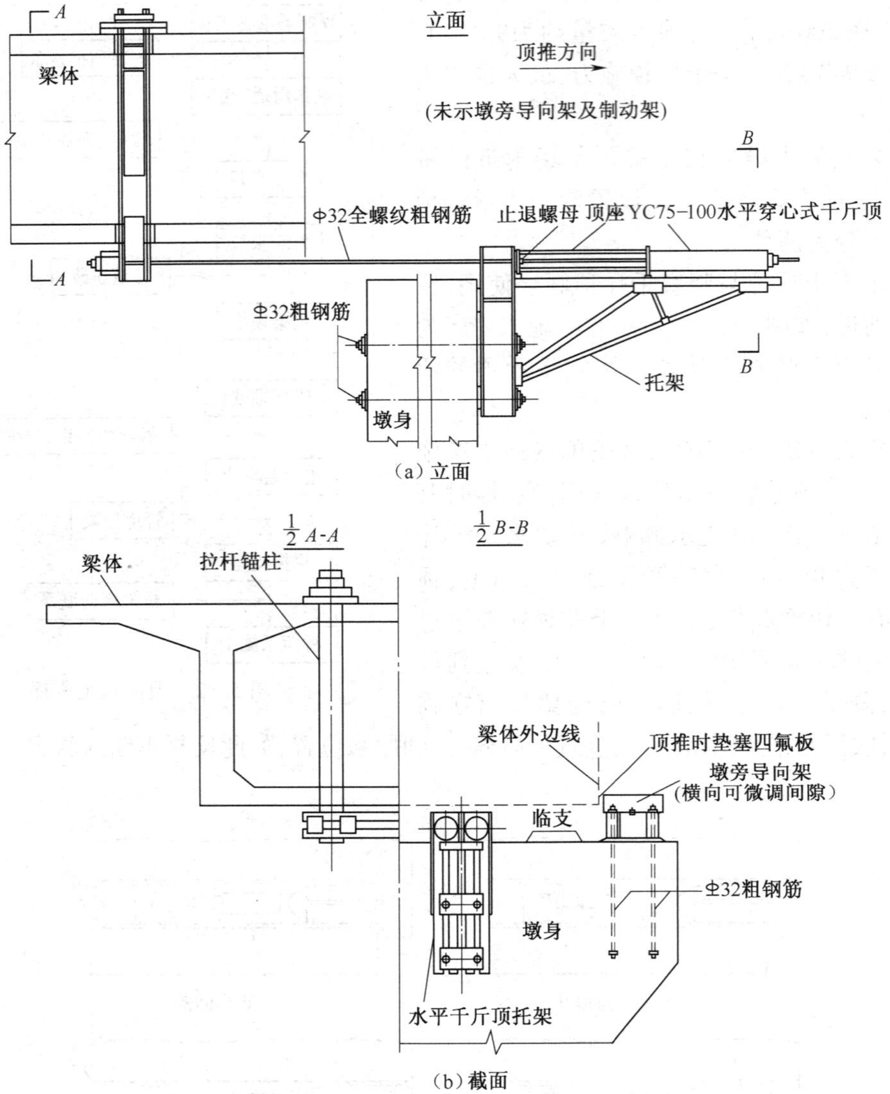

(a) 立面

(b) 截面

图 5.84　单点顶推设备

单点顶推法是前期应用的方法,其水平顶力施力点集中,不便于长桥等结构施工,现在应用很少。

(2)多点顶推

多点顶推是将顶推力分散到各墩上,在每个墩台上布置一个或一对水平千斤顶施加顶推力的方法。国外称为 SSY 顶推施工法。水平千斤顶的吨位依据梁体的纵梁和墩身抗推能力不同选用,从早期的不足 100 t 的小吨位、逐步发展到几百吨级和千吨级。

由于各墩利用水平千斤顶的顶力平衡梁体滑移时桥墩上产生的摩阻力,从而使桥墩在顶推过程中承受较小的水平力,因此可以在柔性墩上采用多点顶推施工。同时,多点顶推所需的顶推设备吨位小,容易获得,我国自沩水桥成功实现柔性墩多点顶推施工后,该方法成为了主要的顶推施工方法。依据顶推设备的不同,目前主要有如下几类:

①拉杆式多点连续顶推，装置如图 5.85 所示，属于连续拖拉式。在每个墩上箱梁外侧布置一对水平穿心式千斤顶，在箱梁腹板外侧安装锚固器，将拉杆或拉束的两端分别锚固于千斤顶和锚固器上，当千斤顶施顶时，带动箱梁在滑道上向前滑动。

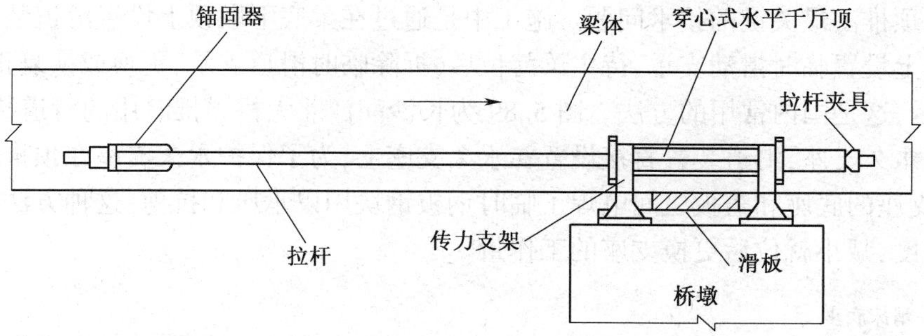

图 5.85　拉杆式顶推装置

国内改进了顶推装置，在每个桥墩上仅布置一台水平穿心式千斤顶，而将拉杆布置在箱梁底板下面，用该方法已成功地修建了多座桥梁。

②步履式多点连续顶推。2010 年杭州九堡大桥多跨连续组合拱桥施工中专门研发了步履式平移顶推装置，它将前述单点顶推中"联合使用水平千斤顶与竖直千斤顶"的装置改造为一个整体的"步履式顶推装置"，如图 5.86 所示，其在梁体的布置如图 5.87 所示，梁体下布设多个步履式顶推装置。

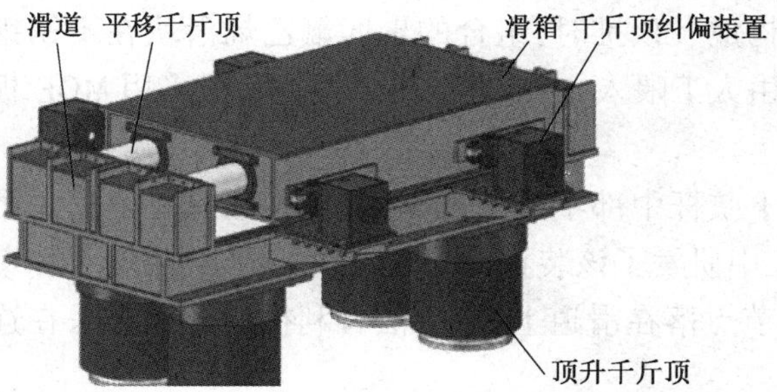

图 5.86　步履式顶推装置

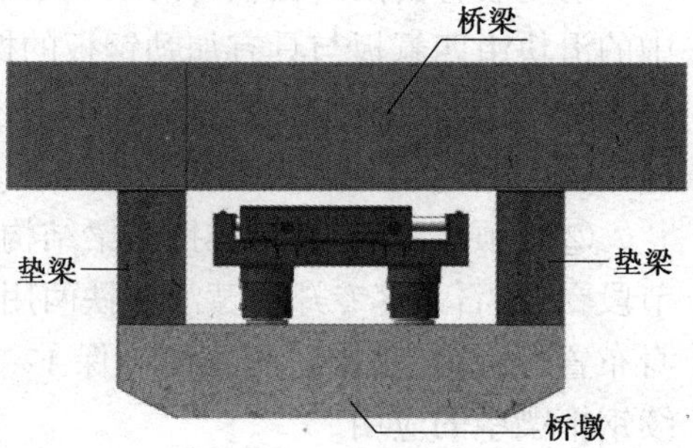

图 5.87　步履式顶推装置布置

主要顶推工艺具体如下：步骤 1，顶升，开启支撑顶升油缸，使主梁被顶推装置整体托起，脱离垫梁。步骤 2，水平顶推，开启水平千斤顶顶推，使主梁与顶推装置上部结构一起向前移动。步骤 3，降落，支撑顶升油缸回油下降，主梁整体下降搁置于临时垫梁上。步骤 4，缩回，水平千斤顶油缸回油，顶推装置回到初始顶推状态，完成一个顶推过程。准备下一循环过程。

多点顶推的一个关键工艺措施是如何能使各墩上的所有千斤顶同时、同步施力。一般均采用一套液压与电路相结合的控制系统，采用集中控制、分级调压的措施，保证各顶同时启动、同时前进、同时停止。且可配制高精密的液压传感器、行程传感器、角度偏转器及光电轴线偏移扫描，确保顶推过程的安全和质量。

多点顶推与单点顶推相比，具有如下优点：采用分散布置的小吨位顶推设备，可免去大规模的顶推设备，同时能有效地控制顶推梁的偏离；墩身受到的水平力小，便于在柔性墩结构上实现;采用拉杆式顶推系统,省去了顶推循环过程中实施顶、落梁工艺,简化了工艺流程,加快了施工进度。步履式顶推装置全套设备工厂化,工作和安全性能高。

2. 滑道装置

顶推法施工的核心问题是在顶推作业时,用较小的顶推力将梁体就位,因此减小顶推时的摩阻力成为顶推法最关键的技术问题。施工中是通过在梁底下墩顶上设置滑道装置来解决。

①在墩上设置临时滑动支承,待主梁就位后,拆除临时滑道支承,更换或恢复正式支座,如图 5. 88 所示,这是国内常用的方法。图 5. 89 为长沙湘江北大桥顶推时用的滑道装置,其特点是先安装好永久支座,滑道装置直接设置在永久支座上,为了保护永久支座在顶推过程中不受损,在盆式支座的底座和盖板之间电焊了临时钢板钢块用以承压和抗剪,这种方法可以保证支座安装的精度,减小就位后更换支座的工作量。

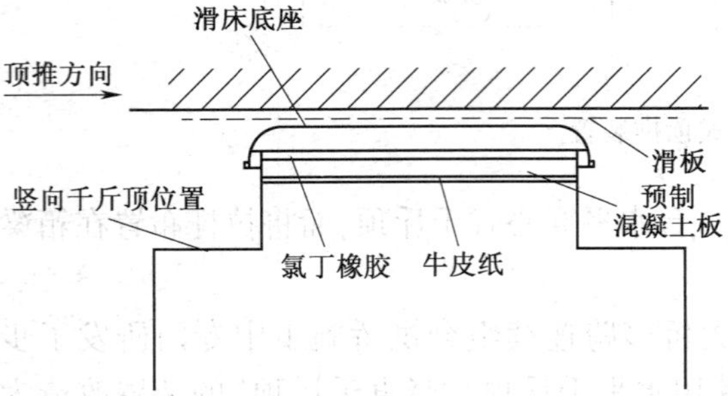

图 5. 88　顶推使用的滑道装置

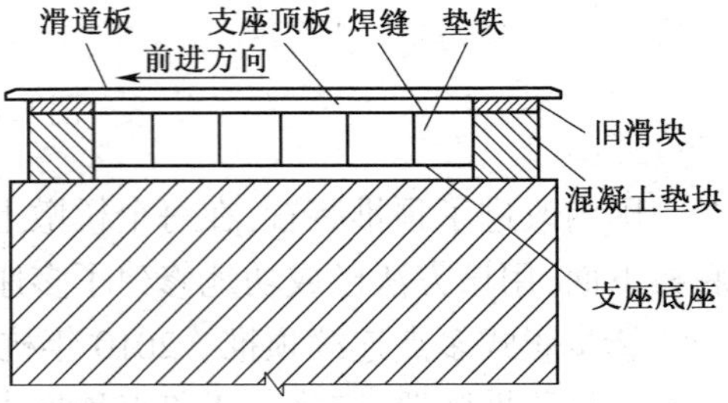

图 5. 89　在永久支座上布置滑道装置

滑动装置由固定在临时滑动支承顶部的光滑不锈钢板与组合的聚四氟乙烯滑块组成,其中的滑块由四氟板与具有加劲钢板的橡胶块构成。顶推时,组合的聚四氟乙烯滑块在不锈钢板上滑动,与梁身一起前进,它在顶推过程中由人工喂入,在前方滑出。现在一般采用 MGE 板(工程塑料合金)取代聚四氟乙烯滑块。

②墩顶长滑道,在顶推钢桁梁结构中,因下弦杆中部不能承受支点反力,而只能依靠主桁节段受力,石武客专郑州黄河公铁两用桥施工中研发了该装置,如图 5. 90 所示,利用墩旁和墩身布置长滑道,顶推过程中能确保 1~2 个主节点落在滑道上,该方法有利推进了顶推法在连续钢桁梁中的应用。

3. 节段划分与预制场布置

顶推法的节段预制主要是在桥位上的预制场上进行,也可以采用厂制,运送到位后接长顶推。节段长度的划分应综合受力、施工、工期等方面要求而定,预应力混凝土连续梁一般为 10~30 m。节段短,预制时间多,工期长,为缩短工期,应尽量减少分段。为制作方便,除端部节段外,尽量统一分段长度,以利于标准化制作;节段的接缝位置应尽量避开连续梁受力最大的支点截面和跨中截面,最好能设置在连续梁的反弯矩点附近,根据国外有关设计规范,连续梁的顶推节段长度应使每跨不多于 2 个接缝。

预制场是预制箱梁和顶推的过渡场地,包括主梁节段的浇筑平台和模板、钢筋和钢束的加工场地、混凝土拌和站及料场等。预制场一般设置在台后的路堤上或桥墩后的脚手架上,长度需要有预制节段长的 3 倍以上,以满足过渡段要求。顶推过渡场地需要布置千斤顶和滑移装置。主梁顶出后空出浇筑平台继续浇筑下一节段。

对于顶出的预制场附近梁段要求其被顶出后无高程变化,梁的尾端不能产生转角。为此

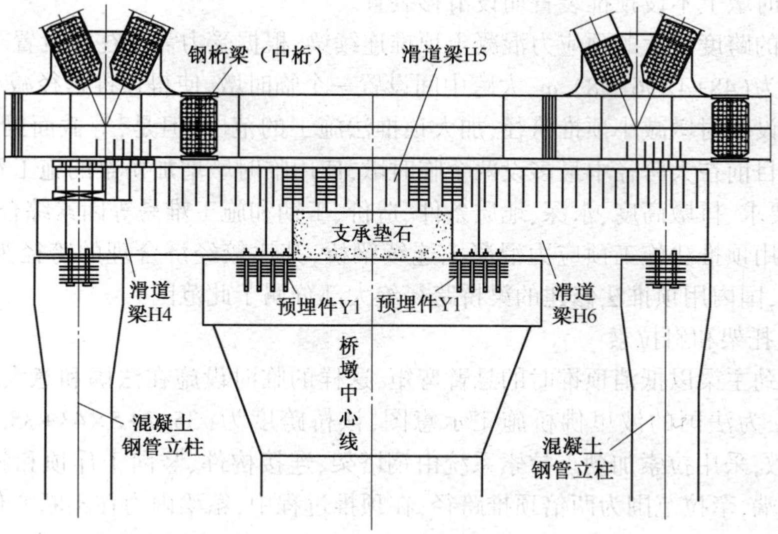

图 5.90　长滑道构造

要求在到达主跨前要有较长的过渡段，必要时应设置临时墩形成过渡孔，过渡孔的长度由计算确定。若很难做到过渡段内各支承高程呈线性关系、梁段尾端不产生转角时，则在施工计算中应考虑由此带来的影响。

4. 顶推施工中的临时设施

计算表明，连续梁顶推施工中梁的内力与运营状态的内力相差很大，为了减小施工中的内力，扩大顶推法的使用范围，并从安全施工（特别是在施工初期不致发生倾覆失稳）和方便施工出发，在施工过程中使用一些临时设施，如导梁、临时墩、拉索、托架、斜拉索和横向导向装置等。

(1) 导梁

导梁设置在主梁的前端，为等截面或变截面的钢桁梁或钢板梁，导梁和主梁前端的预埋件栓接。导梁的底缘与箱梁底在同一平面上，宽度主要取决于滑道宽，前端底缘呈向上圆弧形，以便顶推时顺利到达桥墩。

导梁的结构需要进行受力状态分析和内力计算，导梁的控制内力是导梁与主梁连接处的最大正、负弯矩和下弦杆承受的最大支反力。合理的导梁长度应使主梁承受的最大悬臂负弯矩与运营状态的支点负弯矩基本相近，国内外的实践经验表明：导梁长度一般为顶推跨度的 0.6~0.7 倍。过长的导梁可以减少主梁的悬臂负弯矩，但同时导致了导梁与箱梁接头处的弯矩和支反力的增加。过短（$<0.4l$）的导梁，则要增大主梁的负弯矩。

研究表明，导梁刚度的最佳取值范围是 1/15~1/9 倍主梁刚度，在满足稳定和强度要求的条件下，选择较小的刚度和变刚度导梁可以减小顶推中最大悬臂状态的负弯矩，刚度过大时主梁的负弯矩将剧增。此外设计中应考虑动力效应，使结构具有足够的安全储备。

(2) 临时墩

设置临时墩的目的是减小顶推跨径，改善主梁受力；或在预制场范围内增设过渡孔，改善尾端变形。是否需要设置临时墩需在总体设计中考虑。临时墩由于仅在施工中使用，在符合要求的前提下，造价要低，便于装拆。为了减少临时墩承受的水平推力和增加临时墩的稳定性，在顶推前用钢丝绳将临时墩与永久墩拉紧，效果很好，施工方便，柳州二桥采用了该方法施工。通常在临时墩上不设顶推装置而设滑移装置。

早期修建的跨度较大的预应力混凝土顶推连续梁,根据受力需要往往设置了临时墩,如卡罗尼河桥跨径为(48+4×96+48) m,大跨中间设置一个临时墩,使得顶推跨径减小为 48 m。虽然可以通过增设临时墩减小顶推跨径,加大顶推法施工的范围,但是,等截面梁过分加大跨径是不经济的。目前在大跨径中最多设两个临时墩,使用临时墩增加桥梁的施工费用,需要从桥梁分孔、通航要求、桥墩高度、水深、地质条件、造价、工期和施工难易等因素综合考虑。

一般认为用顶推法施工预应力混凝土连续梁桥,其比较经济合理的跨径为 40~50 m,不需要设临时墩,国内用顶推法修建的梁桥跨径绝大部分属于此范围。

(3)拉索、托架和斜拉索

用拉索加劲主梁以抵消顶推时的悬臂弯矩,这样的临时设施在法国和意大利建桥中获得成功。图 5.91 为法国的波里佛桥施工示意图,该桥跨度为(35.7+5×43+35.7) m,导梁长 25 m,无临时墩,采用拉索加劲。拉索系统由钢塔架、连接构件、竖向千斤顶和斜拉索组成,设置在主梁的前端,牵拉范围为两倍顶推跨径,在顶推过程中,箱梁内力在不断变化,因此要根据不同阶段的受力状态调节索力,这项工作由设在塔架下端的两个千斤顶完成。法国的米约高架桥也是采用该技术。

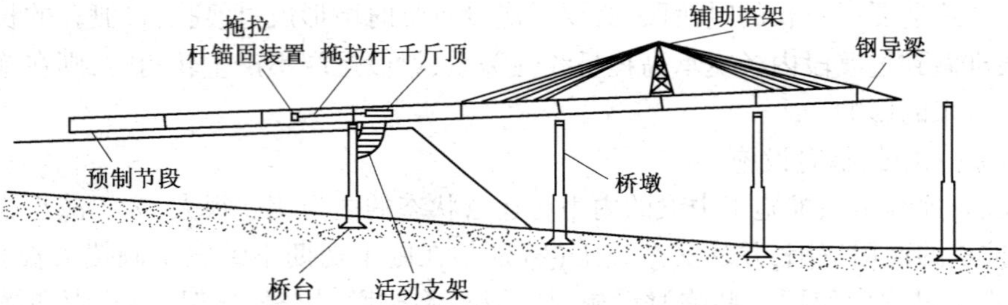

图 5.91 用拉索加劲的顶推施工

此外,可以利用墩旁托架减少顶推跨径和主梁内力,苏联的西德维纳河桥,跨度为(33+51+63+51+33) m,导梁长 30 m,不设临时墩,在主墩旁每侧设 10.4 m 的托架,使得顶推跨径减小为 42.2 m,施工完毕后,将托架与主梁连成整体,形成连续撑架桥。

为了减小墩身水平推力,增加墩身的稳定性,可利用斜拉索加固桥墩,这种方法对于在高墩或陡坡上顶推是合适的。

(4)横向导向装置

为了使得主梁能正确就位,施工中的横向导向装置是不可少的。图 5.92 为利用横向水平千斤顶进行导向的一个装置。需要纠偏导向时,在箱梁腹板外侧利用聚四氟乙烯板和水平千斤顶形成滑动面,以达到导向、纠偏的目的。也可以在反力架上设置贝雷平滚,根据需要在平滚和箱梁侧面之间塞入厚度不同的薄钢板来调整梁的平面位置,后一种方法设备简单,但是精度较差。

5.6.4 转体施工法

转体法施工是指将桥梁结构在非设计轴线位置制作(浇筑或拼接)成形后,在桥梁的某位置处设置转盘等转体装置,施加转动力矩使梁体转体就位,拆除转体装置,封固转盘,再合龙成桥的一种施工方法。转体法分为竖转法、平转法、竖转与平转结合法,其优点是能较好地克服

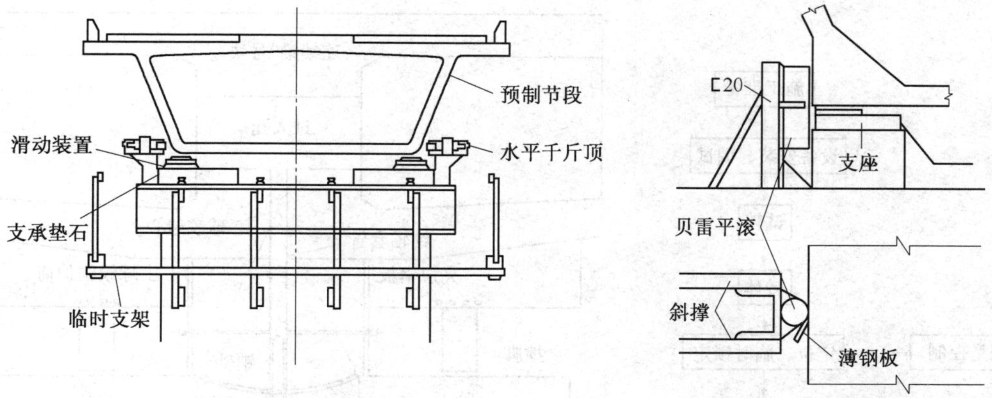

（a）千斤顶横向导向设施　（b）贝雷平滚导向设施

图 5.92　横向导向设施

桥下障碍,减少对桥下交通的影响,施工速度快、造价低。竖转法多应用于拱桥,平转法主要应用于斜拉桥、T 构桥、连续梁桥和拱桥,已实现的转体质量达 20 000 多吨。平转法于 1976 年首创于维也纳多瑙河运河桥斜拉桥的施工中,因其要求的施工设备少、操作简便且安全性较高,在我国公路桥梁建设中应用较多。国内首座采用转体法施工的铁路桥梁为大秦至京秦下行联络线大里营斜拉桥,主桥跨径(50+40.75) m。

近年来,在高速铁路建设中,转体法在连续体系梁桥中的应用逐渐增多。下面主要介绍连续体系桥转体的构造及其应用。

1. 概述

预应力混凝土连续梁、连续刚构采用平转法进行转体施工时,施工流程如图 5.93 所示。

平转法施工中,转动位置的设置需要考虑尽量减小转动质量,同时也要方便转动装置的布置,即应有足够的空间。在连续梁施工中,转动位置依据具体的结构不同而不同,设置在墩顶、墩中、墩底的均有,以在墩底的居多,而近年发展的永临结合的墩顶转体,使其成为了连续梁转体施工中的主流方法;V 形墩结构一般设置在墩底或承台中。

转体施工应进行转体结构稳定、偏心及牵引力计算,转体牵引力可按式(5.90)计算,牵引设备应按计算牵引力的 2 倍配置。偏心值宜为 0.05~0.15 m。

$$T=\frac{2fGR}{3D} \tag{5.90}$$

式中,T 为牵引力(kN);G 为转体总重力(kN);R 为铰柱半径(m);D 为牵引力偶臂(m);f 为摩擦系数,无试验数据时,可取静摩擦系数为 0.1~0.12,动摩擦系数为 0.06~0.09。

2. 转动体系及工艺

转动体系主要由上转盘、下转盘、转轴、转体滑道、辅助支腿、转体牵引索和动力系统组成。分为“中心支承的转盘体系”和“钢球铰+滑道转动体系”,前者用于中、小跨径结构,后者用于大跨径结构。

(1)钢球铰+滑道转动体系

该转体系统主要包括下转盘、球铰、上转盘、转体牵引系统,转体系统立面布置如图 5.94 所示,转动体系设置在墩帽和 0 号块梁底之间,利用永久支座和临时支座结合的方式实施转体工艺,在京张高铁土木特大桥中取得成功应用。

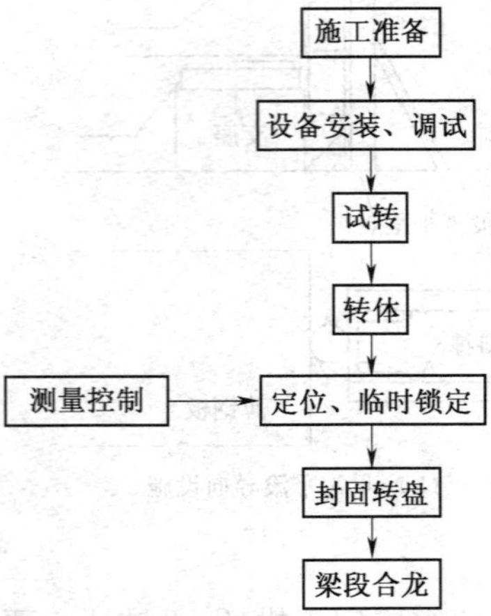

图 5.93　转体施工流程图

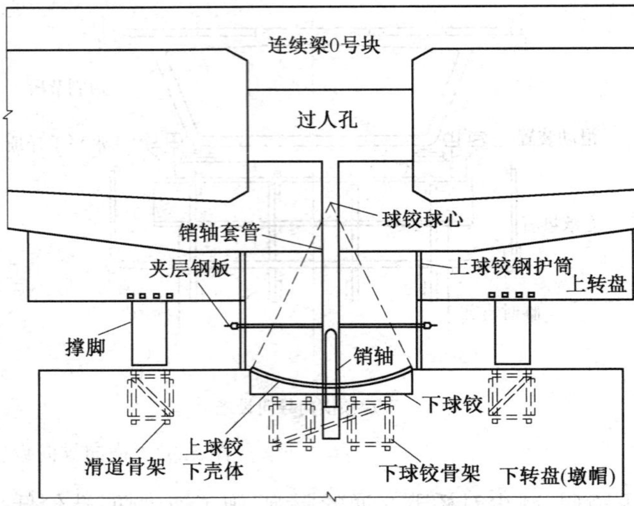

图 5.94　永临结合的墩顶转体系统示意图

转体球铰主要由支撑骨架、圆形滑道、下球铰、上球铰、销轴、滑片等组成。其中,支撑骨架由型钢焊接而成,用于环形滑道和下球铰的支撑、定位;下球铰上面板为凹面,表面排布 MGB 滑片;上球铰由带凸面的下壳体、平面夹层钢板、钢护筒组成,采用高强度螺栓连接;环形滑道宽和直径视操作空间和转体质量合理确定;分别在下球铰、上球铰下壳体、上球铰钢护筒中设置销轴套管,销轴套管内定位实心钢销轴。球铰在工厂制造,上、下球铰间应尽量减小其摩擦系数,上转盘下设 4 组撑脚,撑脚沿滑道中心对称布置。上转盘与墩顶间设置多个砂箱。

转体牵引系统由同步控制系统、连续千斤顶、牵引反力座、钢绞线等组成(图 5.95)。

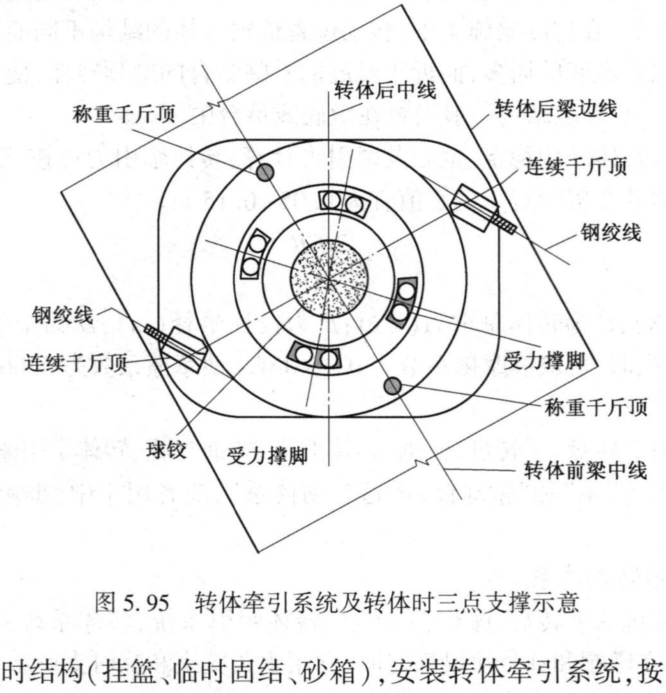

图 5.95　转体牵引系统及转体时三点支撑示意

转体前拆除临时结构(挂篮、临时固结、砂箱),安装转体牵引系统,按启动牵引力的 2 倍配置多台连续千斤顶和牵引钢绞线,通过称重、配重使梁体形成稳定支撑体系,在转盘底配置千斤顶进行称重,配重后梁体偏心距应小于设计值,转体梁达到球铰和 2 对撑脚共同受力的“三点支撑”稳定体系(图 5.95);为了防止超转,必须设置限位装置限制撑脚,同时在边跨侧设置临时辅助墩对梁端进行辅助限位。

转体就位进行球铰转换,利用顶梁等措施,拆除转动体系,安装永久支座。

(2)中心支承的转盘体系

平面转盘承压面采用钢板加四氟滑块组成,转动中心设置定位钢轴。平面转盘由上面板、下面板、四氟滑块、上套筒、销轴、下套筒、肋板、上环筋、下环筋等几部分组成,如图 5.96 所示,平面转盘上面板与镶嵌在下面板上的四氟滑块形成转动副,实现刚构悬臂梁的水平转动要求;悬臂梁上部载荷通过上面板、四氟滑块、下面板均匀地传递给下部结构。

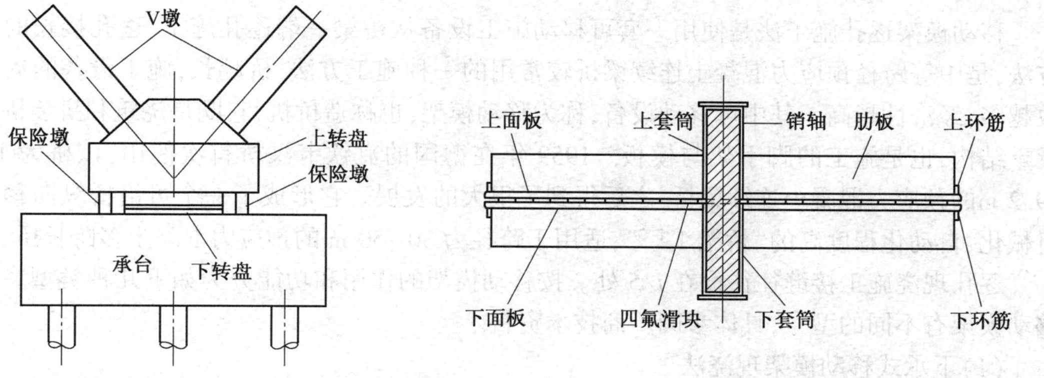

(a) 转动体系立面　　(b) 平面转盘构造

图 5.96　中心支承的转盘体系示意图

连续转体系统由连续千斤顶、泵站、主控台及高压油管、控制导线等组成。依据转动平面转盘的平转力矩配置连续千斤顶。每组连续千斤顶固定在混凝土挡块后面,混凝土挡块则浇筑在承台面上的。钢绞线束围绕在保险支墩周围,一端固定在基座底面,另一端由连续千斤顶牵引。主控台电脑里安装了平转监控程序,安装在每台连续千斤顶上的位移计按设定间隔时间将伸长量数据传至电脑里,电脑处理数据后控制泵站调节千斤顶油量,确保每组千斤顶同步、匀速顶推。在平转就位处设置卡梁限位,阻止撑脚到位后继续前走。

封盘:平转到位后,拆除各种转体辅助设施,清理底盘上表面,焊接预留钢筋,立模浇筑封盘混凝土,对转盘进行完全固结。

(3)混凝土球铰+环形滑道

与钢球铰不同,采用现场浇筑的磨心和磨盖,配合以环形滑道,形成转动体系,如图 5.97 所示。

3. 转体施工注意事项

转体系统的制作、安装精度及表面摩擦系数应满足设计要求,辅助支腿应对称均匀布置,与下环道不大于 20 mm 的间距;应设置防超转限位装置。

预埋于上转盘的转体牵引索固定端与上转盘外圆相切;千斤顶必须水平、对称地布置于转盘两侧的同一平面内,千斤顶的中心线必须与转盘外圆相切,中心线高度与上转盘预埋钢绞线的中心线水平,同时要求千

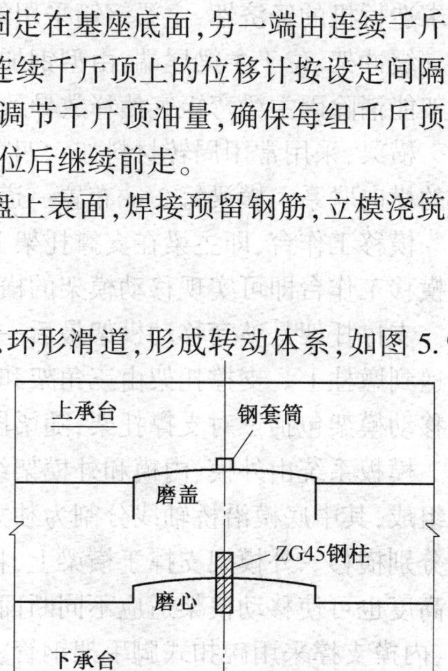

图 5.97　混凝土球铰构造示意

斤顶到上转盘的距离相等。

转体前,应进行桥体称重,根据实测不平衡力矩推算出所需配载质量,使实际重心偏移量满足设计偏移量要求;主梁试转后,根据测量监控所提供的数据,进行二次配重。

转动时应控制转速均匀,角速度不宜大于 0.02 rad/min,且梁体悬臂端线速度不大于 1.5 m/min。平转接近设计位置 1 m 时减低平转速度,距设计位置 0.5 m 时采用点动牵引法就位。

转体到位后,应精确测量调整中线位置,并利用千斤顶调整梁体端部高程,调整就位后应及时浇筑转盘封盘混凝土。

5.6.5　移动模架逐孔施工法

移动模架逐孔施工法是使用一套可移动施工设备从桥梁一端逐孔施工、逐孔接长的施工方法,是中等跨径预应力混凝土连续梁桥较常用的一种施工方法,桥越长,施工设备的周转次数越多,经济性越高。其中可移动设备,称为移动模架,也称造桥机,它既是浇筑和拼装桥梁的承重结构,也是施工的脚手架与模板。1959 年在德国的克钦卡汉桥首次使用,该桥为 13 跨 39.2 m的预应力混凝土连续梁桥,之后得到了很大的发展。它形成了一个可沿桥纵向移动的机械化、自动化程度高的“桥梁工厂”,适用于跨径为 30~50 m 的预应力混凝土多跨长桥。

逐孔现浇施工接缝往往设在 $l/5$ 处。按移动模架的作用和功能分为如下几种类型。各类移动模架有不同的型号,具体参阅厂商技术资料。

(1)下承式移动模架现浇法

下承式移动模架造桥机由主梁、缓冲架、横梁、横移工作台、支撑托架和内外模板等主要构件组成,如图 5.98 所示。

主梁,一套移动模架造桥机包括两根箱形主梁,位于墩身外侧、混凝土箱梁翼缘板下方,混凝土箱梁、模板和横梁的质量均由它承受。主梁由钢箱梁依靠高强螺栓及钢销相连接。为了追求造桥机的经济性,主梁钢箱采用的钢板厚度是根据所处位置承受的最大弯矩来确定的。

缓冲架,位于主梁尾端,由型钢加工而成。在主梁纵移过程中,尾端脱离后支撑托架时,缓冲架能消除因主梁弯矩突然释放导致的结构剧烈振荡。

横梁,采用常用周转材料如六四军用梁,是底模的支撑平台,浇筑混凝土时也作为两根主梁的横向联系。横梁每 2 m 布置一道。

横移工作台,即主梁在支撑托架上的滑动支座。工作台下设横向不锈钢走道,以千斤顶牵引横移工作台即可实现移动模架的横向开合,保证移动模架前移时避开墩身。

支撑托架是整套移动模架最后一道传力结构,负责将钢筋、混凝土和移动模架自重等荷载传递到墩柱上。支撑托架由三角架和竖向支腿组成,依靠预应力粗钢筋对拉与墩身固定。每套移动模架包括三对支撑托架,随梁段的浇筑周转使用。

模板系统由外模、内模和外模架组成,均为钢结构。外模板由底模、腹板模和翼板模三大块组成,其中底模沿桥轴线分割为独立的两块,移动模架行走时底模板由中线分离,随两根主梁分别横移。外模架支撑于横梁上,将梁体混凝土侧压力及翼板荷载传递至横梁,调整侧模架的高度也可使移动模架适应不同断面的箱梁施工。内模采用小块钢模,以便施工过程中的调整,内模支撑采用碗扣式脚手架钢管。

箱梁混凝土荷载通过横梁传递到主梁,主梁安放于墩旁支撑托架上,并通过支撑托架将荷载传递到墩柱。一跨混凝土浇筑完成张拉纵向预应力束后,将前跨支撑托架转移至下一跨安装,移动模架分离横移[图 5.98(c)],避开墩身前行至下一跨施工位置合龙,完成一个循环周期。移动模架的高度调整、横移及纵移均依靠液压系统控制,操作迅速方便。

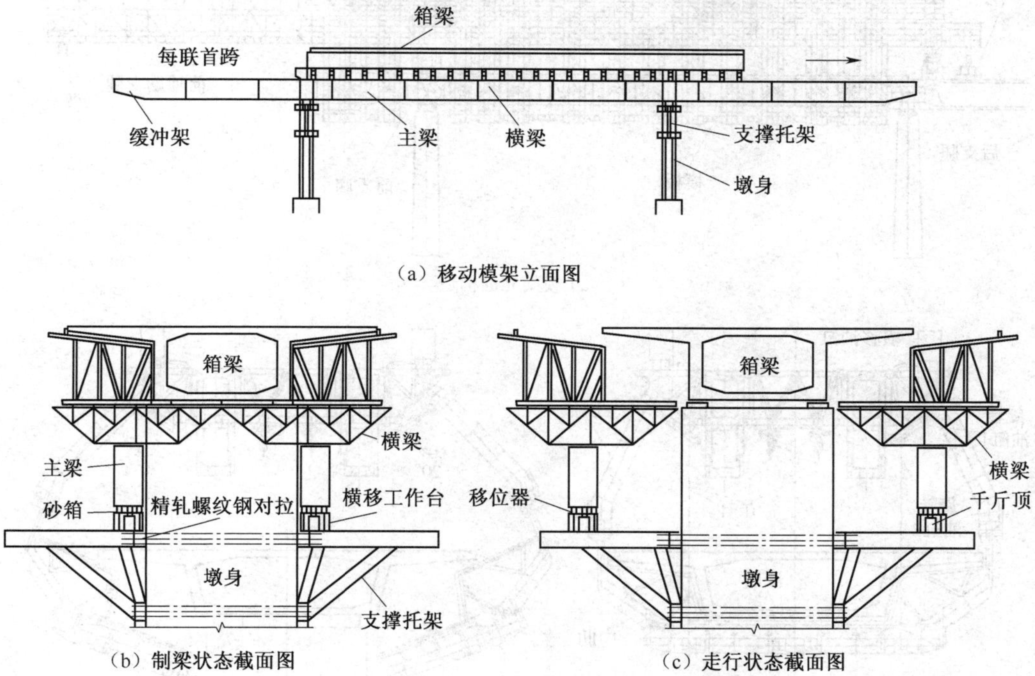

图 5.98　下承式移动模架

(2)上承式移动模架现浇法

以某型号上承式移动模架使用 49.2 m 公路箱形连续梁为例,简要介绍上承式造桥机工作原理。

图 5.99 为双主梁双导梁上承式移动模架,模架具备纵向及横向走行能力,由主梁、导梁、前支腿、后支腿、前辅助支腿、后辅助支腿、门吊、模架外肋、模板体系等构成。双片式主梁由横联联结成整体,横联下方设走行轨道。后辅助支腿在桥面上的钢轨上行走,辅助模架纵向走行。模架外肋结构主要由上肋、中肋、底肋及开模油缸组成;油缸包括横移油缸、旋转油缸 1 和 2。

制梁时,主梁支撑于前后两支腿上,呈简支状态;前支腿支撑于前方墩顶偏前位置,后支腿支撑于已成箱梁的前端顶面;左右两片底模及外模通过两片横向桁架悬挂于主梁,如图 5.99(b)所示。模架开模时,可根据需要从底肋中间和两侧进行开模,由油缸推拉开合,实现合模与脱模。

移动模架过孔是最为关键的工艺,其施工步骤为:

步骤一:①混凝土张拉完成后,整机准备过孔;②前后主支腿支撑模架整机下落 26 cm,主梁落入移位台车内,拆除精轧螺纹钢吊杆;③拆除底模螺栓,打开外肋,如图 5.99(c)所示,门吊走行至运行轨道最后端。

步骤二:①拆除后支腿与桥面锚固;②前主支腿和后辅助支腿支撑将模架整机顶起 5 cm,将后支腿脱空;③后支腿走行至前方墩顶设计位置处。

步骤三:①整机前移 13.65 m;②前辅助支腿支撑前方墩顶上并锚固牢固;③提前将前支

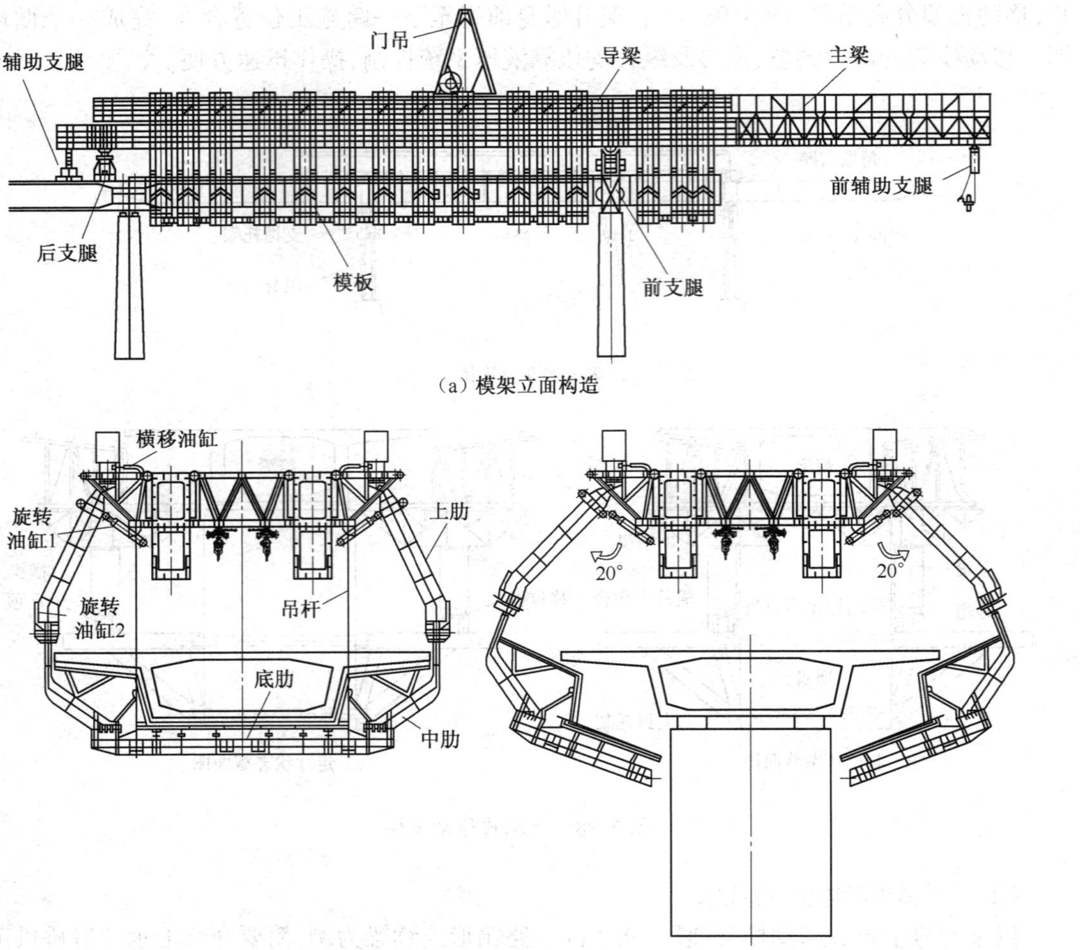

(a) 模架立面构造

(b) 模架制梁时的横截面　　　　(c) 模架过孔时的横截面

图 5.99　上承式移动模架构造

腿立柱安装在前方墩顶上并灌满混凝土;注意整机纵移时,前支腿纵横向均须拉上 10 t 导链。

步骤四:①前支腿通过后支腿和后辅助支腿顶升脱空,并通过门吊将已浇筑混凝土的前支腿顶部横梁及油缸倒运至前方墩顶的前支腿上;②割除已浇筑混凝土横梁处的前支腿立柱;③脱空前辅助支腿,整机降落 5 cm,让主梁及后辅助支腿走行轮落在轨道上。

步骤五:①整机向前纵移 35.55 m,过孔到位;②通过开模油缸将外模合龙并安装螺栓;③前后支腿顶升,调节模板、安装精轧螺纹钢,准备梁部施工。

某公铁两用大桥的引桥为跨度 40 m 的混凝土连续梁,下层为铁路,采用下承式移动模架施工,下层铁路梁施工完成后,再施工公路桥墩,采用上承式移动模架施工上层公路梁,如图 5.100 所示,上承式移动模架的导梁较短、并未延伸至前方支墩上,实质上导梁的长度取决于移动模架的平衡性。

(3)移动模架逐孔拼装法

它与第 4.7.5 节的概念相同,将梁沿纵向划分为若干预制节段预制,使用一套可移动式的承重支架结构作为拼装作业平台,待一孔梁拼装就位后,移动承重支架,继续下一孔的拼装,称为移动模架逐孔拼装法,这套平台又称造桥机。

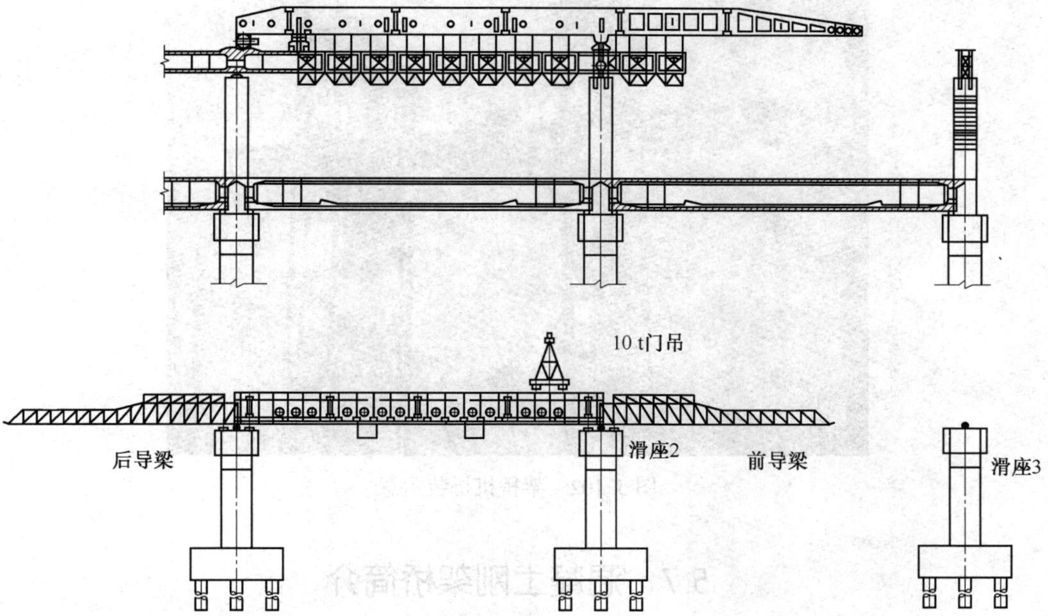

图 5.100　移动模架施工公铁两用桥

移动模架拼装法与悬臂拼装法的主要区别是它利用承重移动模架支承或悬吊一桥跨内的所有节段,待全部节段安装就位张拉预应力束后,使安装桥跨和已建成的桥跨连接成整体。该方法主要用于简支梁,也可用于连续梁,形成逐孔拼装。

图 5.101 为美国长岛桥的下承式移动支架拼装示意图,承重支架为钢桁梁,长度为跨长,重 85 t,支承在设置于桥墩的横梁上。横梁上设置了千斤顶用以调节钢桁梁的高程,节段由驳船运输到位后用浮吊起吊,钢桁梁进行整体装拆。

为了适应我国长桥的建设需要,类似于现浇的移动模架,研发了用于节段拼装的移动模架,按照承重支架所处的位置分为上承式(图 5.102)和下承式两类,不再赘述;悬臂拼装法中介绍的“架桥机”实际上也是一种移动模架造桥机,但它不是用于逐孔拼装,而是用于悬臂拼装。

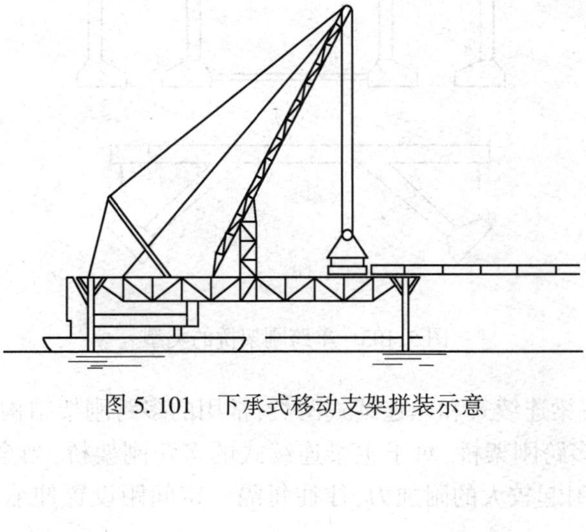

图 5.101　下承式移动支架拼装示意

图 5.102　架桥机拼装示意

5.7　混凝土刚架桥简介

5.7.1　概述

按本书的分类方式,混凝土刚架桥不属于连续梁体系,但是很多刚构桥梁部的构造和设计原理与连续梁体系相关,故本书将其归入到本章中介绍,而刚构中最为特殊的闭口框架桥即地道桥梁在第 7 章中介绍。

与混凝土连续梁体系相比,刚架桥的显著特点是:梁部结构与墩(或台)固结起来,且墩具有较大的刚性,在非预应力外荷载作用下,主梁结构可能产生轴力,主梁和墩均呈压、弯、剪受力状态。

刚架桥可以是单跨或多跨的。常用的单跨刚架桥有门形刚架[图 5.103(a)、(b)、(c)]和斜腿刚架[图 5.103(d)]。

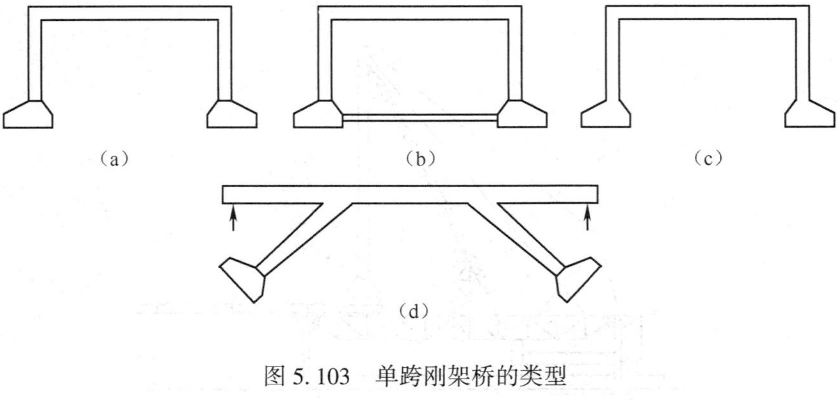

图 5.103　单跨刚架桥的类型

多跨刚架桥包括主梁连续式和非连续式两类,常用的多跨刚架结构形式如图 5.104 所示。图 5.104(a)为分离式多跨刚架桥,对于主梁连续式的多跨刚架桥,当全长较大时,温度变化、混凝土收缩、徐变等将引起较大的附加力,往往每隔一定间距设置伸缩缝。图 5.104(b)为设铰T形刚构,图5.104(c)为带挂孔的T形刚构。

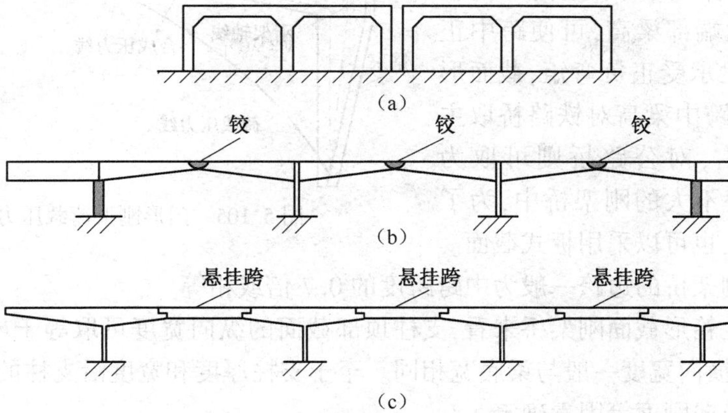

图5.104　多跨刚架桥的类型

斜腿刚架桥和T形刚构是大跨度刚架桥的主要结构形式,T形刚构适合于悬臂法施工。

不同结构形式的刚架桥,具有不同的结构和受力特点。但在内力分析方面,计算原则、计算内容、计算方法与连续刚构体系结构相同。目前设计中,往往利用直接刚度法等有限元法,采用电算进行分析。对于门形刚架,计算荷载还包括作用在边墩(支柱)上土压力。

5.7.2　门形刚架

由于主梁与墩台(支柱)之间刚性连接,门形刚架为超静定结构,具有如下特点:

(1)在竖向荷载作用下,主梁端部将产生负弯矩,因而减少跨中的正弯矩,跨中截面尺寸相应得以减小。主梁高度一般可以较梁桥为小。因此,它通常适用于需要较大的桥下净空和建筑高度受到限制的跨线桥、高架桥等中小跨度桥。

(2)在竖向荷载作用下,结构一般要产生较大的水平推力。为此,需要具有良好的地基条件。当地质条件较差时,可用拉杆连接支柱的底端[图5.103(b)]或做成封闭框架来承受水平反力。

(3)桥墩(支柱)除承受压力、水平推力外,还承受弯矩,构造复杂,必须配置普通钢筋或预应力钢筋。设置钢筋后的桥墩结构尺寸可以减小,因而能减少混凝土用量,但钢筋用量增加。

(4)墩梁固结结构有利于提高主梁的抗弯刚度,适合于高速铁路等对刚度要求较高的桥梁。

(5)具有混凝土超静定结构的共性特征。混凝土的收缩、温度变化、支座不均匀沉降和施加预应力等因素的影响和作用下,会产生附加内力(次内力)。在施工过程中,当结构发生体系转换时,徐变也会引起次内力。有时,这些次内力可占整个内力的相当大的比例。

门形刚架桥在外荷载作用下的压力线偏离刚架的轴线,在构件内产生较大的弯矩,往往需要在主梁、支柱上施加预应力,构成预应力刚架桥,如图5.105所示,一般对刚架桥的主梁和支柱分别配束。主梁的钢束布置与连续梁相仿,即在跨中钢束布置在梁的下缘,然后随弯矩的变化往两端弯起。支柱为压弯构件,预应力钢束原则上布置在受拉一侧,对于承受正负弯矩的支柱,往往在支柱两侧均设置。

刚架桥主梁通常采用变高度结构形式,支柱边缘的梁高和跨中截面的梁高之比在1.2~2.5之间,加大端部梁高,可使跨中正弯矩减小。由于主梁承受正负弯矩,截面形式常采用箱形截面,跨中梁高对铁路桥取主梁跨度的1/20左右,对公路桥则可取为1/35~1/30。在跨度不大的刚架桥中,为了简化构造、降低梁高,也可以采用板式截面。

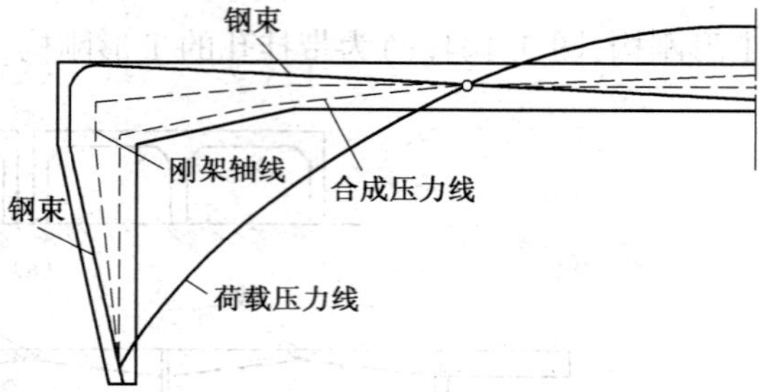

图5.105　门形刚架荷载压力线

多跨连续门形刚架桥的边跨一般为中跨跨度的0.7倍或相等。

从已建成的单孔箱形截面刚架桥来看,支柱顶部截面的纵向宽度可取等于或略小于支柱处的梁高,支柱顶部横向宽度一般与梁底宽相同。至于支柱厚度和宽度沿支柱的变化,可根据其内力变化和刚架横向刚度等因素确定。

门形刚架主梁与支柱的刚度比对整个结构受力影响很大。当主梁与支柱的刚度比很大,也就是说支柱相对很柔时,支柱承担的弯矩很小,主梁端部负弯矩很小,跨中正弯矩很大,趋于简支梁(多跨刚构趋于连续梁)的情况;反之,如果此刚度比减小,即主梁相对变柔,则主梁端部负弯矩增大,跨中正弯矩减小,趋于固端梁的情况;显然,刚度比还影响到基础的水平推力、结构次内力的大小和位移。

刚架桥的节点(指主梁与支柱相连的地方),又称角隅节点,它的受力是较为复杂的。该节点必须具有强大的刚度,以保证主梁和支柱的刚性连接。角隅节点与主梁和支柱相连的截面上有很大的弯矩,因此在节点的内侧,混凝土承受很高的压应力。外侧的拉应力由钢筋承受。如图5.106所示,压力和拉力形成一对强大的对角压力,对节点产生劈裂作用。对角隅节点的构造应格外注意。设计中一般通过增设横隔板(支柱和主梁均为箱梁结构)或梗肋措施以改善角隅节点的受力状况。

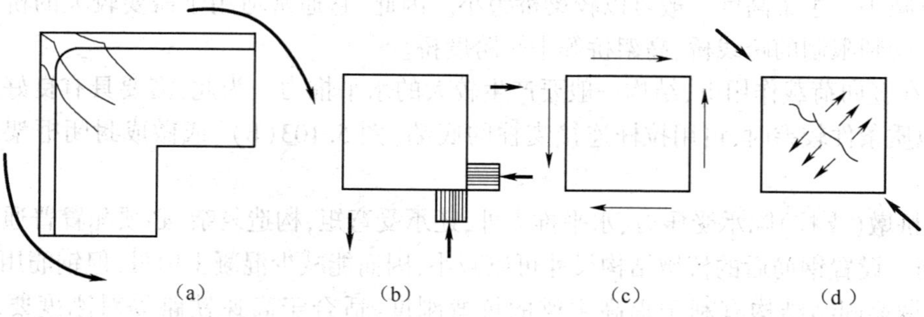

图5.106　角隅节点受力示意图

图5.107为一座具有立交功能的预应力混凝土铁路门形刚架桥,由于净空受限而采用此桥型,净跨径为30 m,跨中截面梁高1.2 m,高跨比约为1/25,比同等跨度简支梁的建筑高度小。

5.7.3　斜腿刚架

斜腿刚架桥结构受力特点与门形刚架桥类似。其特点是,由于刚架的两腿斜置,其轴线比较接近荷载压力线(图5.108),较接近于拱桥的受力,施加预应力后,将其压力线调整到核心

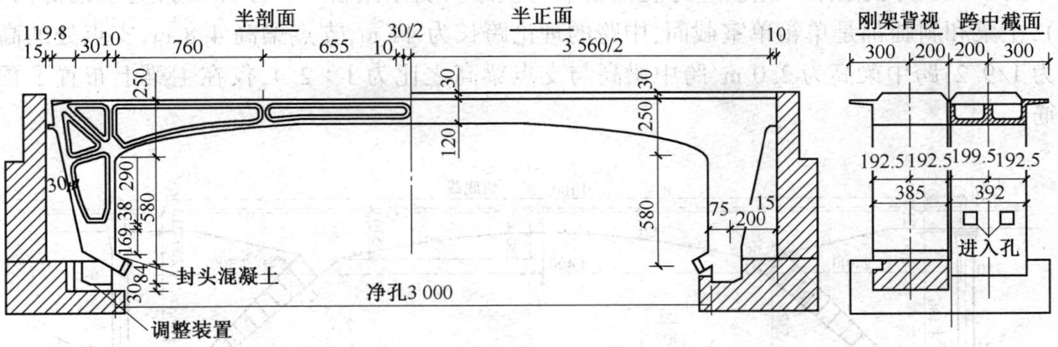

图 5.107　预应力混凝土铁路门形刚架桥(单位:cm)

范围内是比较容易的;另外,在斜腿刚架桥中,两侧支承于桥台的伸出部分可以使主梁的跨中弯矩进一步减小,因此预应力混凝土斜腿刚架桥的跨度可以做得比较大而依然经济。

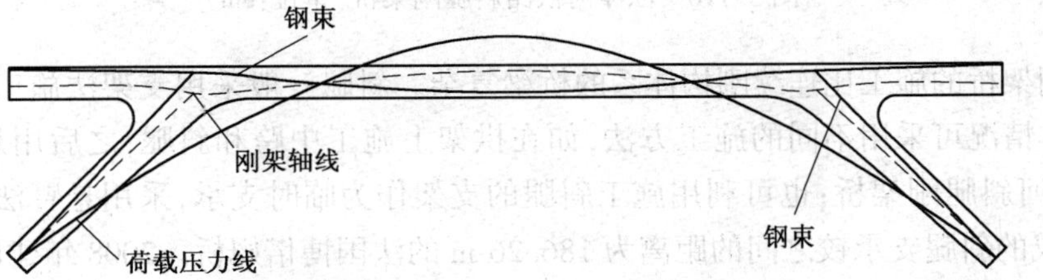

图 5.108　斜腿刚架桥荷载压力线

通常三跨预应力混凝土斜腿刚架桥的总体布置设计参数如图 5.109 所示。分跨布置、主梁结构尺寸等与连续刚构体系桥基本类似。考虑到斜腿对主梁变形的约束要比竖直的刚构墩差,主梁支点高度一般比相同跨度的连续刚构体系主梁略大,支点梁高与跨中梁高之比以 2~2.5 为宜。斜腿的倾斜角在 40°~50°之间。斜腿与基础的连接往往采用铰接。支柱在横桥向的尺寸要和主梁配合,并依据受力和刚架横向刚度等因素综合考虑确定。

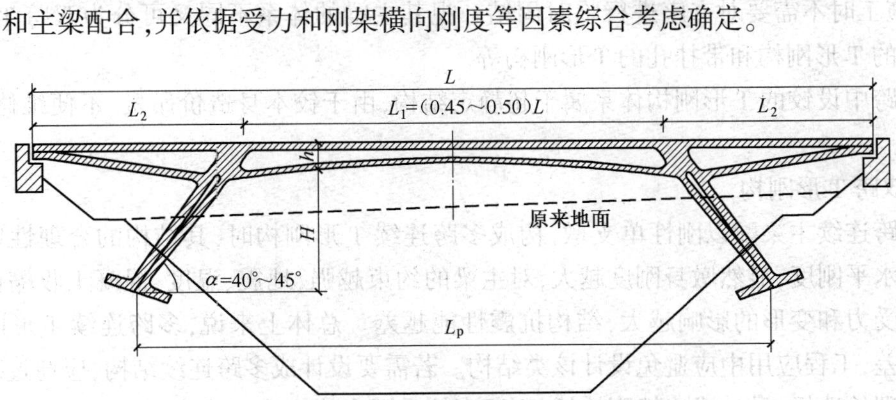

图 5.109　预应力混凝土斜腿刚架桥

斜腿刚架桥除在主梁上布置预应力筋外,根据斜腿的受力需要也可在斜腿上施加预应力。力筋的布置方式如图 5.108 所示。

图 5.110 为我国第一座预应力混凝土单线铁路斜腿刚架桥——浊漳河斜腿刚架桥(1981 年),主梁和斜腿都是单箱单室截面,中跨的理论跨长为 44 m,支点梁高 4.8 m,支点处的高跨比为 1/9.2;跨中梁高为 2.0 m,跨中梁高与支点梁高之比为 1∶2.4,仅在主梁上布置了预应力筋。

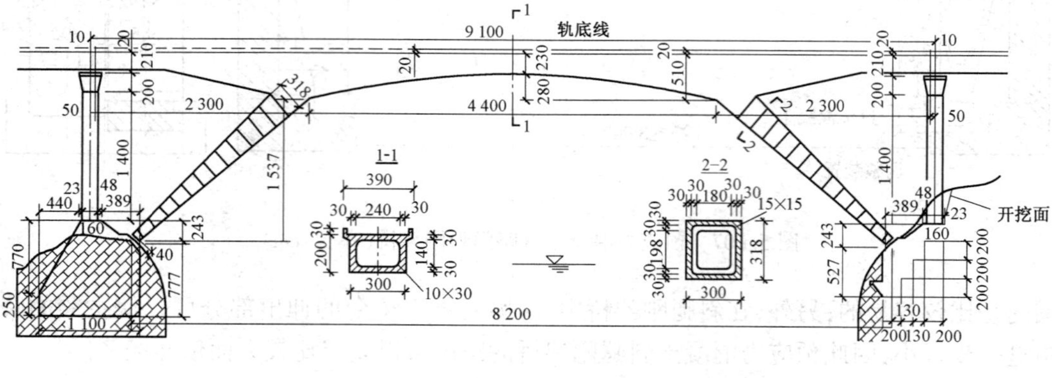

图 5.110　浊漳河铁路斜腿刚架桥(单位:cm)

斜腿刚架桥的施工比连续刚构体系的桥梁复杂。斜腿一般采用支架法施工,主梁的施工则依据具体情况可采用不同的施工方法,如在拱架上施工中跨和斜腿,之后用悬臂法施工边跨,如浊漳河斜腿刚架桥;也可利用施工斜腿的支架作为临时支承,采用悬臂法施工主梁,如 1974 年建成的斜腿支承铰之间的距离为 186.26 m 的法国博偌姆桥。2008 年建成的石太客专孤山大桥,斜腿支点为永临结合的铰支座,间距 90 m,梁部跨度(42.5+60+42.5) m,斜腿部分采用竖向制作,转体就位;边跨支架施工后,悬臂浇筑中跨。

正因为斜腿刚架桥施工不便,应用并不很多。

5.7.4　T 形刚构

T 形刚构是指单肢刚性墩与主梁固结的桥梁,T 构墩上不需要支座,主梁适合采用悬臂法施工,且施工时不需要对支座进行临时固结。视其主梁的体系不同又可分为双跨 T 形刚构、跨中设铰的 T 形刚构和带挂孔的 T 形刚构等。

中跨跨中设铰的 T 形刚构体系属于超静定结构,由于铰本身造价昂贵、不便维修,已很少采用。

(1)双跨 T 形刚构

当多跨连续主梁配以刚性单支墩,构成多跨连续 T 形刚构时,其结构的合理性取决于墩高和墩的水平刚度,显然墩身刚度越大,对主梁的约束越强,地震、温度、混凝土收缩徐变对主梁结构的受力和变形的影响越大,结构抗震性能越差。总体上来说,多跨连续 T 形刚构结构受力性能差,工程应用中应避免设计该类结构。若需要设计成多跨连续结构,应通过对墩身刚度进行合理的选择,设计成连续刚构桥,而不直接采用多跨连续 T 构。

但是,配合地形、总体布置或施工条件,选用双跨 T 形结构仍不失为一种很好的桥型,该结构形式具有温度、混凝土收缩徐变对结构受力和变形影响小,受力明确、造型刚劲简洁、施工方便等特点,也适用于平转法施工。

双跨 T 形刚构主梁一般为箱形截面,h/L 较连续梁体系偏大,中支点处 $h/L=1/10\sim1/9$,

边跨直线段梁高为中支点梁高的 1/2.5 左右，中墩视墩高和跨度不同可采用实体或空心结构。

2009 年建成的宜万铁路马水河大桥是我国首座铁路大跨、高墩 T 形刚构桥，其主桥为（116.8+116.8）m 的 T 形刚构，梁部混凝土采用 C60，主梁横截面为单箱单室截面，主墩为空心墩，如图 5.111 所示。

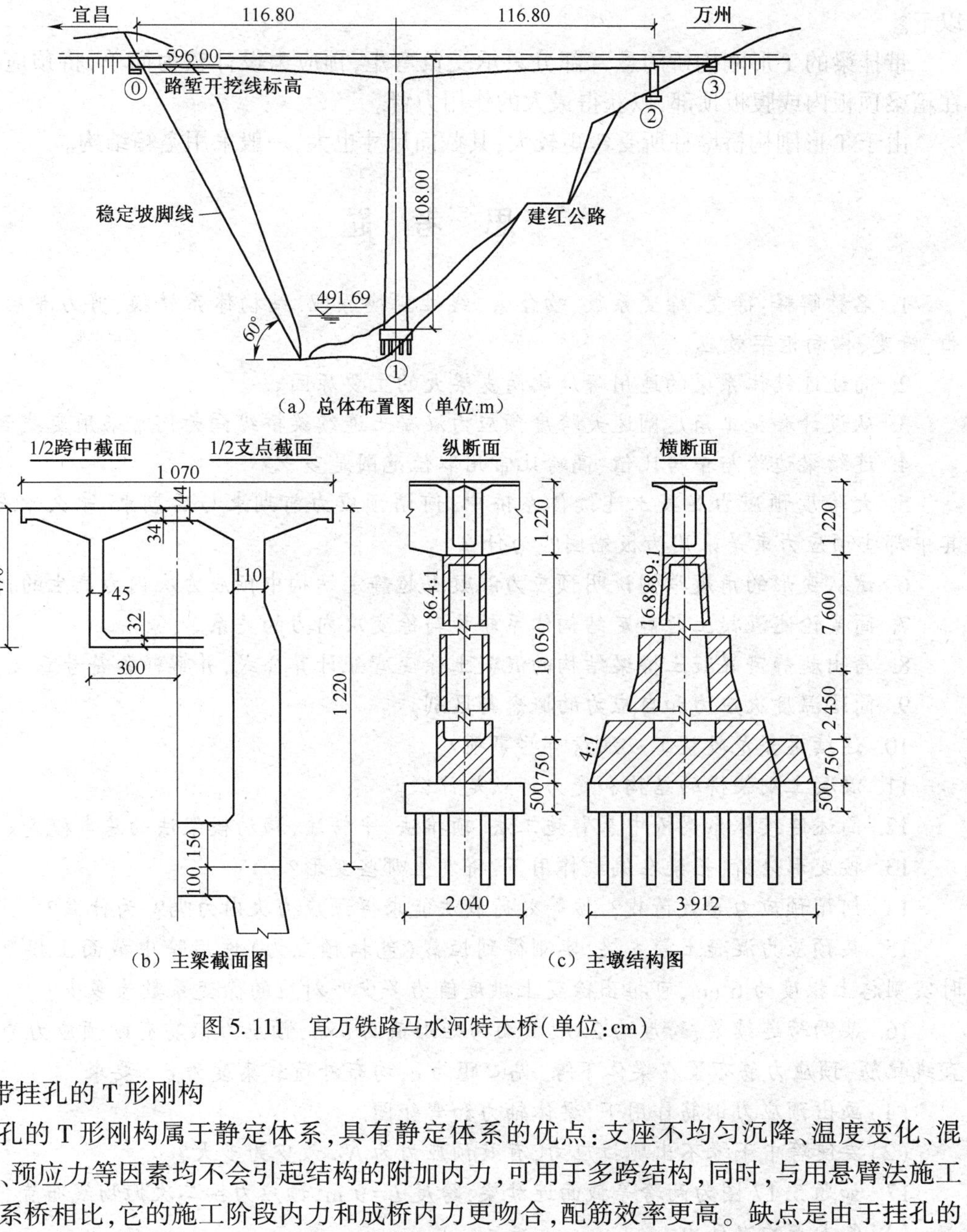

图 5.111　宜万铁路马水河特大桥（单位：cm）

(2) 带挂孔的 T 形刚构

带挂孔的 T 形刚构属于静定体系，具有静定体系的优点：支座不均匀沉降、温度变化、混凝土徐变、预应力等因素均不会引起结构的附加内力，可用于多跨结构，同时，与用悬臂法施工的连续体系桥相比，它的施工阶段内力和成桥内力更吻合，配筋效率更高。缺点是由于挂孔的设置使挠度曲线产生折角，不利于行车，同时，挂孔一般通过牛腿实现，结构受力和构造均比较复杂，该结构体系近年没有得到发展，铁路上也不采用。

对于带挂梁的 T 形刚构桥，以偶数的 T 构单元与奇数的挂梁配合布置最为简单合理，在此情况下 T 构两侧的恒载是对称的，墩柱中无不平衡的恒载弯矩。一般的多跨桥梁均采用相同尺寸的T构和挂梁,以便简化设计和施工。跨度布置与连续梁体系基本类似。挂梁孔径一般在主跨跨径的0.22~0.50范围内取值,主跨跨径较大时取较小值,并应使挂梁孔径不致超过35~40 m,以利于安装。

T形刚构桥主梁一般采用箱形截面,主梁支点梁高与跨径之比为1/18~1/16,跨中梁高视挂梁孔径而定,一般为支点梁高的1/5~1/2,当挂梁孔径在30 m及以下时,梁高通常取在2 m以下。

带挂梁的T形刚构桥的悬臂部分只承受负弯矩,预应力设计较为简单,将预应力筋布置在箱梁顶板内或腹板顶部,以获得最大的作用力臂。

由于T形刚构桥墩柱所受弯矩较大,其截面尺寸也大,一般采用空箱结构。

思　考　题

1. 名称解释:徐变、徐变系数、吻合索、线性变换原理、结构体系转换、剪力滞后、扭转、翘曲、畸变、横向框架效应。

2. 简述连续体系梁的适用跨度比简支梁大的主要原因。

3. 从设计和施工角度阐述大跨度预应力混凝土连续梁桥纵向为何常采用变截面?

4. 连续梁边跨与中跨比值、高跨比常用取值范围是多少?

5. 大跨度预应力混凝土连续体系桥中,何谓预应力前期束与后期束、永久束与临时束?其中哪些预应力束是采用齿板锚固? 为什么?

6. 试从变形的角度举例说明预应力混凝土超静定结构中预应力次内力产生的机理。

7. 简要论述混凝土超静定结构体系转换与徐变次内力的关系。

8. 写出超静定混凝土桥梁结构的混凝土徐变弯矩计算公式,并解释各符号意义。

9. 简述温度次应力和自应力的概念与区别。

10. 连续梁合龙段施工应注意哪些事项?

11. 混凝土刚架桥的结构和受力特点是什么?

12. 简述连续体系梁桥中悬臂施工法、顶推法、平转法、移动模架法的基本概念。

13. 按变形分析,箱梁在偏载作用下,将发生哪些变形?

14. 何谓预应力等效荷载? 按等效荷载法能求得预应力次内力吗? 为什么?

15. 某预应力混凝土简支梁,实测得到恒载(包括预应力)作用跨中截面上拱2 cm,三年时实测总上拱度为6 cm,可推出徐变上拱度值为多少? 对应的徐变系数为多少?

16. 某两跨连续梁,跨度为$2\times L$,截面为矩形截面$b\times h$,预应力钢筋有效预应力为N_P,采用直线配筋,预应力筋布置在梁体下缘,偏心距为e,均布外荷载集度为q。要求:

(1)画出预应力钢筋作用下,梁体轴力和弯矩图。

(2)要使跨中下缘不出现拉应力,有效预应力为N_P最少为多大?

17. 如题5.17图为两跨等截面连续梁,跨度$L=9$ m,预应力按二次抛物线布置,求:

(1)各支点的次反力。

(2)中间支承截面的次弯矩和总弯矩。

(3)分别绘制全梁次弯矩和总弯矩图。

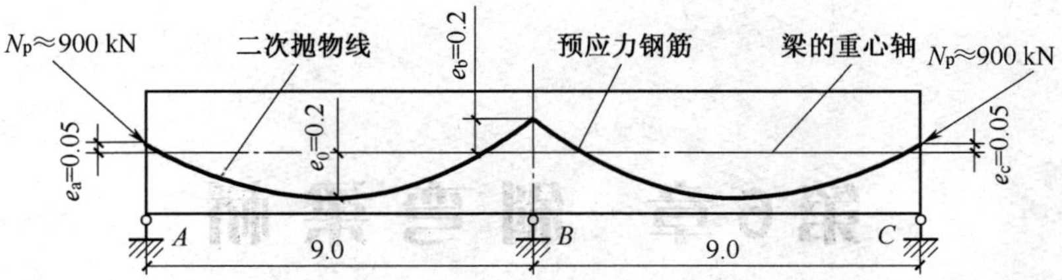

题 5.17 图　两跨等截面预应力连续梁(单位:m)

18. 两孔跨度均为 L 的连续梁,采用满堂支架分阶段施工,梁体自重为 g_1,t_1 时刻完成(落架)了 1 孔+$L/5$ 孔,形成简支带悬臂结构,t_2 时刻完成(落架)了剩下的 $4L/5$ 孔,形成最终结构,t_3 时刻施加二恒 g_2,各时刻的徐变系数均为已知,求 t_4 时刻的全梁徐变次内力、总内力图($t_1<t_2<t_3<t_4$)。

19. 画出题 5.19 图所示刚构桥在均布荷载作用下弯矩示意图,并对分跨布置情况与墩高进行适当的参数分析。

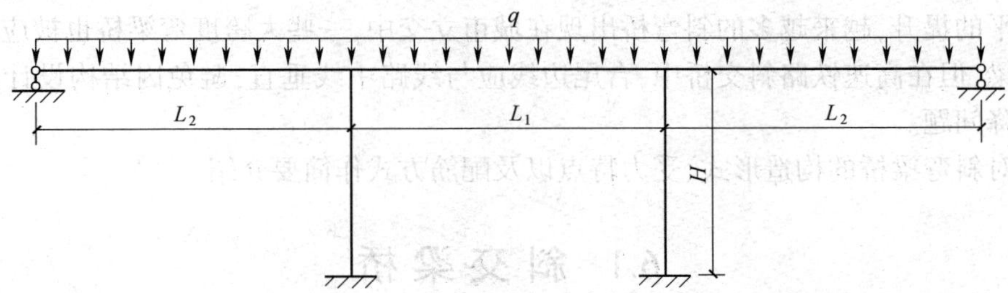

题 5.19 图　连续刚构示意图(两端为活动铰支)

第6章 斜弯梁桥

城市中各种建筑密集、公共设施和管线密布，在设计立交桥、高架桥时，墩位的选择范围非常狭窄，线形的曲折很难避免。此外，城市道路平曲线半径一般比较小，有一定的纵坡要求，对桥梁的标高控制也很严格。为适应各种车辆的通行要求，设计常采用互通立交方案，桥梁的平面线形多为曲线或异形。工程上将这种由于受地形条件限制，平面线形设置为曲线的梁桥称为弯梁桥；桥梁轴线与支承边斜交时则称为斜交梁桥。由于平面线形和支承形式的影响，弯梁桥和斜交梁桥的受力与普通的直线梁桥有较大差异，如支座反力、内力分布、温度效应等。

斜交梁桥、弯梁桥构造相对复杂，工程设计中常采用"以直代曲"或"斜桥正做"的方式来处理斜弯桥，这些方式需加大桥跨面积，增加工程造价，对美观也有一定影响。随着设计施工能力和水平的提升，越来越多的斜弯桥出现在城市立交中，一些大跨度弯梁桥也被应用于铁路及公路桥梁，但在高速铁路斜交桥中，台尾边线应与线路中线垂直，避免因结构设计造成线路不均匀沉降问题。

本章对斜弯梁桥的构造形式、受力特点以及配筋方式作简要介绍。

6.1 斜交梁桥

6.1.1 斜交梁桥类型与构造

斜交梁桥是指支承边与桥梁轴线非正交的梁桥，包括斜交板、斜交肋梁和斜交箱梁等结构形式。一般用斜交角 φ 表征斜交梁桥的倾斜程度，如图 6.1 所示，φ 为桥梁中轴线的法线与支承边的夹角。

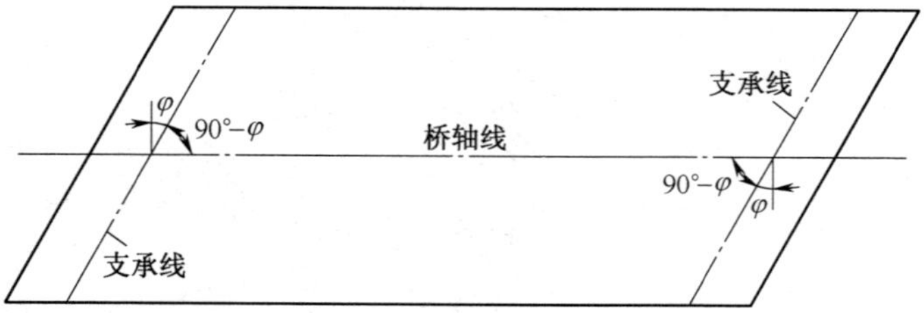

图 6.1 斜交梁桥示意图

(1)斜交板

斜交梁桥跨度在 20m 及以下时，一般采用斜交板结构。与常规板桥类似，斜交板的截面形式主要有实心板和空心板。按施工工艺，实心斜交板有整体现浇和预制装配两种，空心斜交板一般为预制装配式。现行公路预制装配式空心板标准图的斜交角有 0°、15°和 30°三种形式，其中斜交角为 0°即为正交板。斜交空心板平面及截面构造如图 6.2 所示。

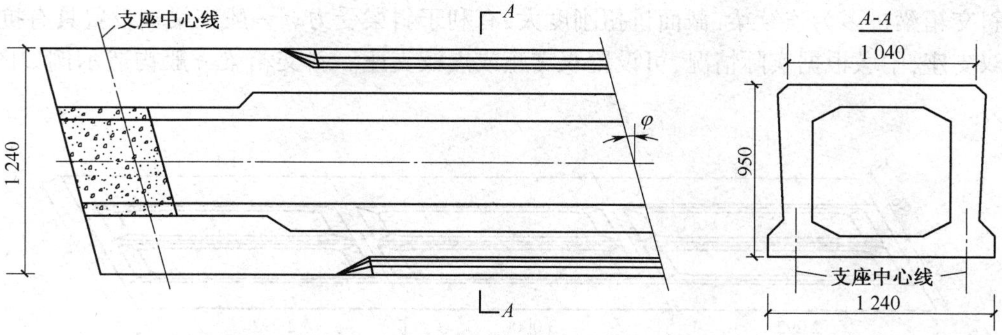

图 6.2　斜交空心板构造(单位:mm)

(2)斜交肋梁

斜交梁跨度在 20~40 m 时,多采用斜交肋梁桥。斜交肋梁的主要截面形式为 T 梁和小箱梁,结构形式为简支梁或先简支后连续。现行公路预制装配式肋梁桥标准图的斜交角有 0°、15°和 30°三种形式,均先预制主梁,吊装就位后浇筑接缝及桥面现浇层。为保证各主梁工作的整体性,斜肋梁桥一般均设置横隔板,其布置方式为垂直于桥梁轴线或平行于支承边,如图 6.3 所示。横隔板垂直于桥梁轴线时,其长度最短,刚度大,受力相对有利[图 6.3(a)];平行于支承边时,构造简单,施工方便[图 6.3(b)]。现行公路桥梁标准图均采用横隔板平行于支承边的布置方式,斜交角为 30°的 30 m T 梁构造如图 6.4 所示。

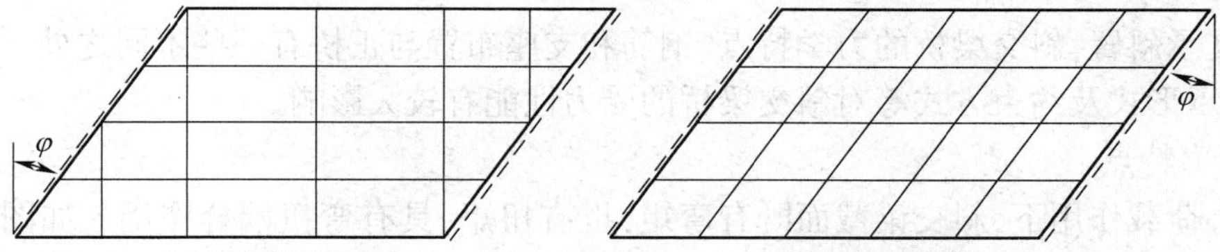

图 6.3　斜交肋梁桥横隔板布置

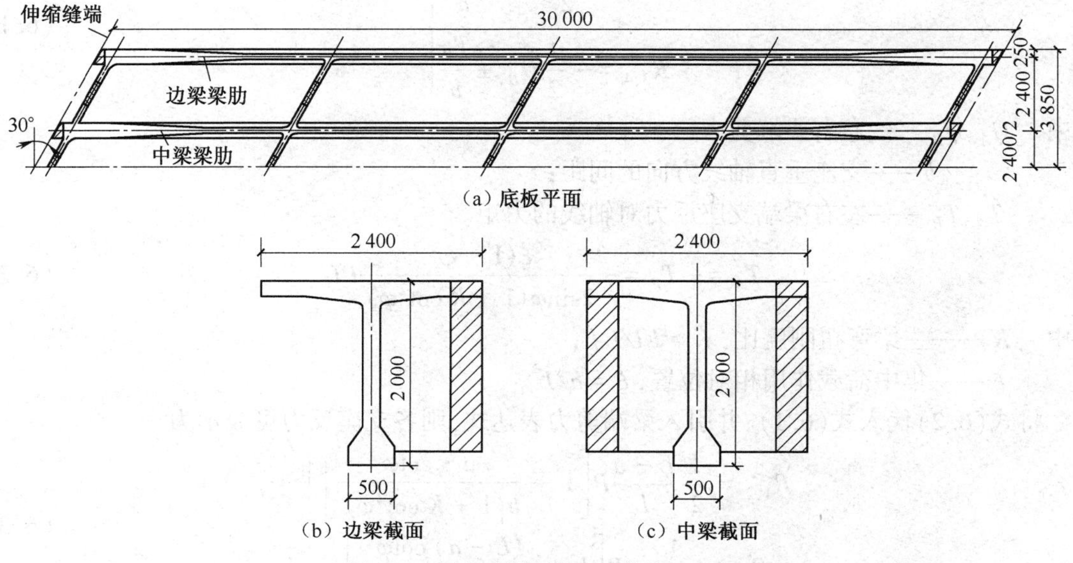

图 6.4　斜交 T 梁桥构造(单位:mm)

(3)斜交箱梁

斜交箱梁桥多为连续梁,截面抗扭刚度大,有利于斜梁受力。一般在梁端设置具有抗扭能力的双支座,中墩根据实际情况,可设置双支座或点铰支座。斜交箱梁一般构造示例如图 6.5 所示。

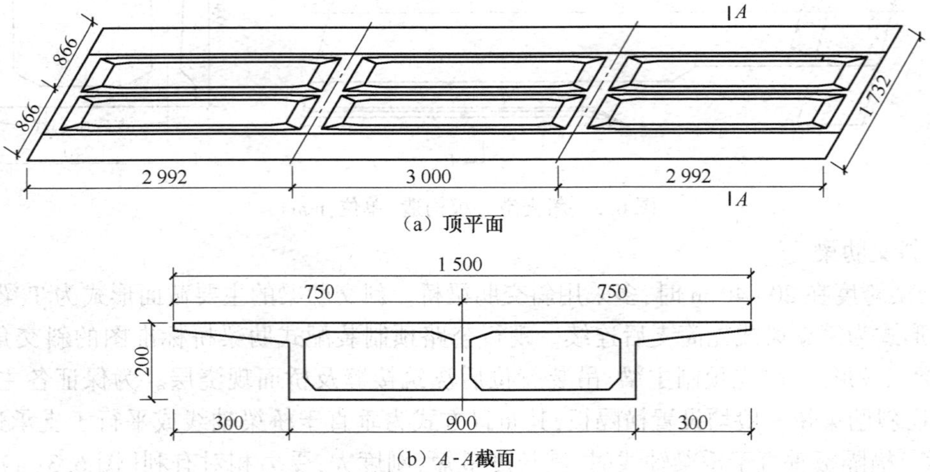

图 6.5　斜交箱梁桥构造(单位:cm)

6.1.2　斜交梁桥设计与计算

由于支承斜置,斜交梁桥的力学特点、钢筋和支座布置与正桥有一些不同之处,斜交角度、宽跨比、支承形式及约束方式等对斜交梁桥的受力性能有较大影响。

(1)受力特点

非偏心荷载作用下,斜交梁截面既有弯矩,也有扭矩,具有弯扭耦合作用。如图 6.6 所示单跨斜交梁桥,跨度为 L,距左端 a 位置作用有竖向集中力 P。支座反力可表示为

$$\left.\begin{aligned} R_{1,2} &= \frac{1}{2}Q_A \mp \frac{T_A}{b} \\ R_{3,4} &= -\frac{1}{2}Q_B \pm \frac{T_B}{b} \end{aligned}\right\} \tag{6.1}$$

式中　Q_A,Q_B——左右梁端剪力;

b——支座垂直轴线方向的间距;

T_A,T_B——左右梁端支座反力对轴线的力矩。

$$T_A = -T_B = -\frac{\xi(1-\xi)}{2\sin\varphi(1+K\cot^2\varphi)}PL \tag{6.2}$$

式中　K——主梁弯扭刚度比,$K = EI/GJ$;

ξ——集中荷载作用相对位置,$\xi = a/L$。

将式(6.2)代入式(6.1),并引入梁端剪力表达式,则各支座反力可表示为

$$\left.\begin{aligned} R_{1,2} &= \frac{1}{2}\frac{L-a}{L}P\left[1 \mp \frac{a\cdot\cot\varphi}{b(1+K\cot^2\varphi)}\right] \\ R_{3,4} &= \frac{1}{2}\frac{a}{L}P\left[1 \pm \frac{(L-a)\cot\varphi}{b(1+K\cot^2\varphi)}\right] \end{aligned}\right\} \tag{6.3}$$

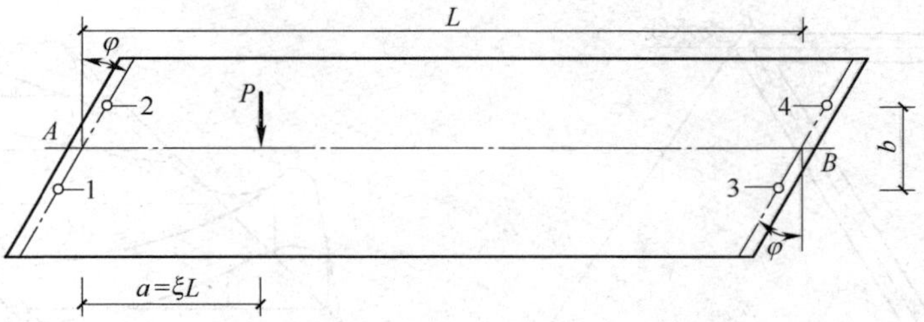

图 6.6　斜交梁受力图

任意截面 x 的弯矩 M 和扭矩 T 可表示为

$$\left.\begin{aligned} M &= -T_B\sin\varphi + (1-\xi)\xi_x PL \\ T &= -T_B\cos\varphi \end{aligned}\right\} \tag{6.4}$$

式中，$\xi_x = x/L$。从式(6.4)可知，当集中荷载作用于斜交梁轴线时，截面上既有弯矩也有扭矩出现。

斜交梁横向多个支座反力不均匀，钝角处支座的反力大于锐角处支座的反力，两者的反力差与斜交角 φ、弯扭刚度比 K 有关，荷载有沿支承边最短距离传递的趋势，如图 6.7 所示。

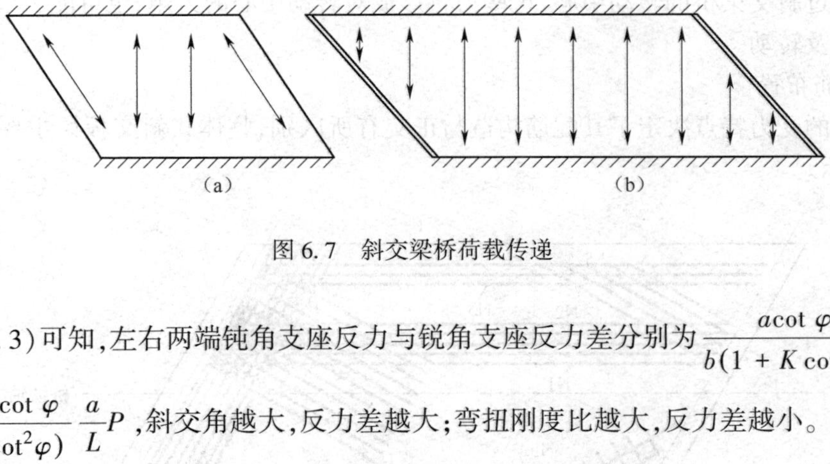

图 6.7　斜交梁桥荷载传递

由式(6.3)可知，左右两端钝角支座反力与锐角支座反力差分别为 $\dfrac{a\cot\varphi}{b(1+K\cot^2\varphi)}\dfrac{L-a}{L}P$ 和 $\dfrac{(L-a)\cot\varphi}{b(1+K\cot^2\varphi)}\dfrac{a}{L}P$，斜交角越大，反力差越大；弯扭刚度比越大，反力差越小。支座反力的这一特性在斜交板梁和斜交肋梁中均存在，锐角处支座可能出现负反力。

斜交梁跨中正弯矩与相同跨度的简支正桥相比弯矩值小。由式(6.4)可知，斜交梁跨中弯矩比相同跨度简支正桥小 $T_B\sin\varphi$。显然，斜交角越大，弯矩折减也越大。对于图 6.6 所示斜交梁，如果支座 1、2 和支座 3、4 的连线与桥梁轴线正交，即 $\varphi=0$，则为简支正桥，支座对梁端转角没有约束，相同荷载作用下跨中弯矩值最大；如果上述支座连线与轴线平行，则为固端梁，支座对梁端转角的约束最大，相同荷载作用下跨中弯矩值最小。斜交梁的受力介于简支正桥与固端梁之间，其受力行为可用图 6.8 所示 Z 字形连续梁来比拟。

简支斜交板梁在均布荷载作用下沿桥跨方向的最大弯矩随斜交角的增大从跨中向钝角方向移动，沿钝角平分线的正交方向将出现负弯矩，其绝对值也随斜交角的增大而增大。整体式斜交板的横向弯矩比相同跨径的正桥大得多，而且沿自由边方向横向弯矩的变化还出现反号，锐角处为正，钝角处为负；扭矩分布也很复杂，自由边与支承边均存在较大的扭矩，如图 6.9 所示。

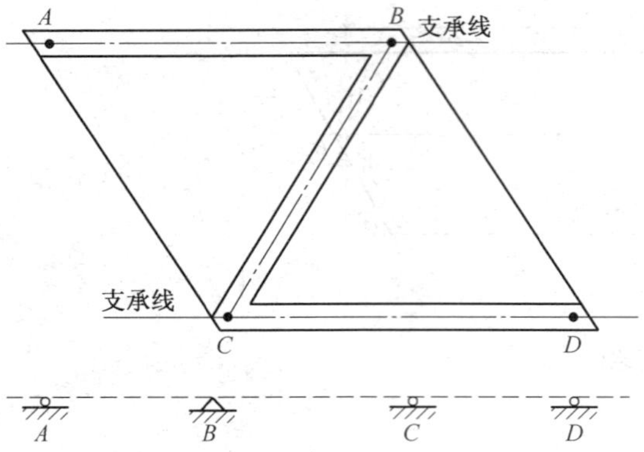

图 6.8　斜交板梁受力模式

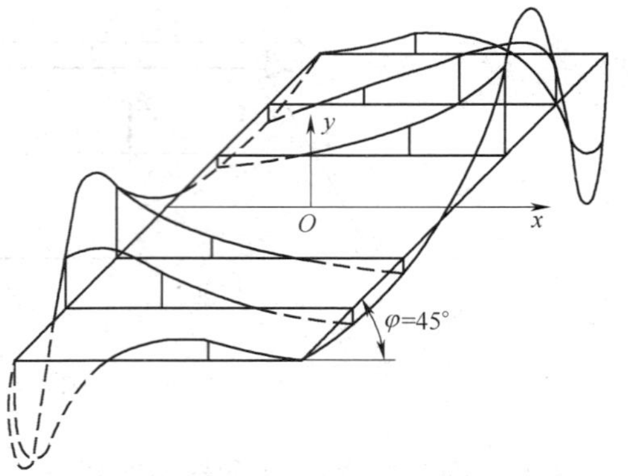

图 6.9　斜交板梁扭矩

斜交肋梁和斜交箱梁桥的横梁和桥面刚度越大,斜交对受力的影响也越大。对称荷载作用下,同一根主梁上的弯矩不对称,弯矩峰值向钝角方向移动,边梁尤为明显。

运营过程中斜交梁桥在平面内有向锐角方向转动的趋势。当温度变化或混凝土收缩徐变时,斜交梁桥各支座处将产生变位及平面内的约束反力。这些约束反力可能产生不平衡的旋转力矩,使得斜交梁桥出现"爬行"的现象。此外,如果制动力、地震作用力和风力等水平荷载的合力不通过斜交梁桥的转动中心,这些力将形成对转动中心的力矩,也可能引起斜交梁桥发生水平位移及转动。

(2)钢筋布置

斜交梁的受力特点决定了其配筋构造与正交有所区别,整体式斜交板梁主要钢筋布置如图 6.10 所示。

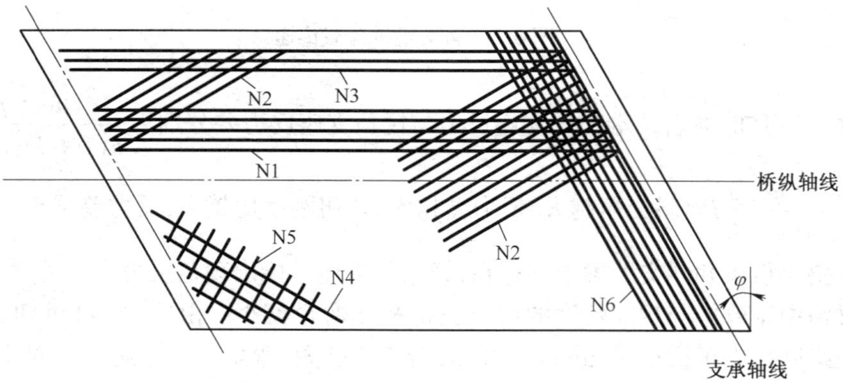

图 6.10　斜交板梁钢筋布置

当斜交角 φ 小于 15°时,斜交板桥受力与正桥接近,底层受力主筋可沿桥梁轴线方向布置(N1 钢筋);斜交角 φ 大于 15°时,钝角间底层受力主筋垂直于支承边布置(N2 钢筋),靠近自由边的主筋平行于自由边布置(N3 钢筋),直到两部分主筋完全叠合。由于斜交板钝角处有较大的支反力和负弯矩,因此,在钝角处约 1/5 跨径范围内布置局部加强钢筋。顶层加强钢筋方向与钝角平分线垂直(N4 钢筋),底层钢筋方向与钝角平分线平行(N5 钢筋)。斜交板梁中存在较大的横向弯矩,应设置平行于支承边的 N6 钢筋。

公路装配式预应力混凝土斜交空心板加强钢筋布置如图 6.11 所示。

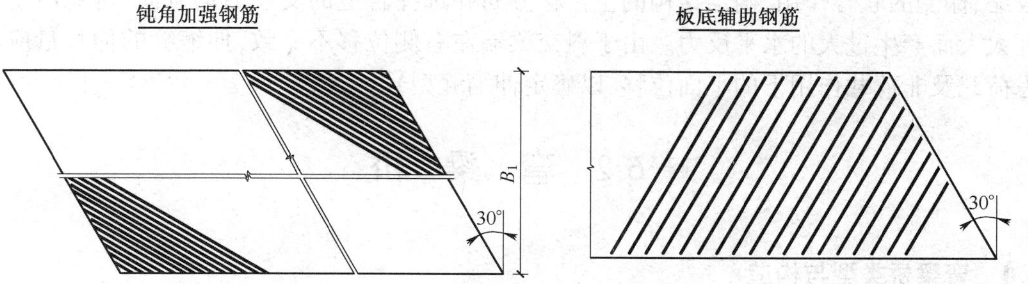

图 6.11　公路斜交空心板加强钢筋

斜交肋梁和斜交箱梁桥除增设与支承边平行的横向钢筋外,其余钢筋与相应正桥的布筋方式基本一致。

(3)支座布置

斜交梁桥支座布置形式和刚度直接影响斜交梁桥的受力状态,设置的原则是有利于上下部结构抵抗弯扭剪的联合作用。

对于单跨斜交梁桥,两端多布置成抗扭约束的形式[图 6.12(a)];也可布置为一端抗扭约束,另一端自由转动的简支静定形式[图 6.12(b)]。在多跨连续斜交梁桥中,两端支座多为抗扭约束,中间支座可采用抗扭双支座或点铰单支座的形式[图 6.12(c)、(d)]。

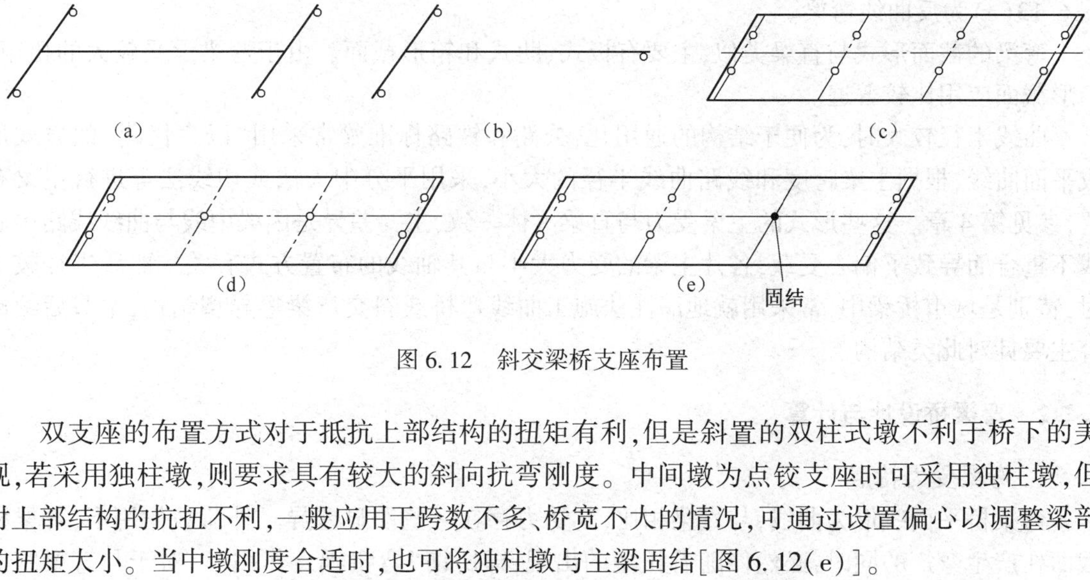

图 6.12　斜交梁桥支座布置

双支座的布置方式对于抵抗上部结构的扭矩有利,但是斜置的双柱式墩不利于桥下的美观,若采用独柱墩,则要求具有较大的斜向抗弯刚度。中间墩为点铰支座时可采用独柱墩,但对上部结构的抗扭不利,一般应用于跨数不多、桥宽不大的情况,可通过设置偏心以调整梁部的扭矩大小。当中墩刚度合适时,也可将独柱墩与主梁固结[图 6.12(e)]。

斜交箱梁桥横向刚度大,当支承处横向有两个以上的支座时,应特别注意锐角处支承容易脱空,进而改变结构受力状态。斜交肋梁和整体式斜交板、斜交箱梁存在一些差异,由于其横向刚度较小,一般多梁式斜交肋梁桥钝角反力的增大和锐角反力的减小不如整体式斜交板和斜交箱梁显著,如采用装配式施工,一期恒载作用下的受力与正交桥类似。

支座刚度和活动方向的选择对斜交梁桥受力及平面内位移的影响很大,采用板式橡胶支座时宜增大支座厚度以减小其刚度,使支座有足够的变形能力,并设置侧向挡块以阻止梁板的“爬移”。实际工程中斜交连续箱梁桥多采用盆式支座,横桥向的水平约束一般垂直于桥梁纵向或沿斜交方向,计算时应综合考虑桥梁上、下部刚度,制动力、地震力等水平荷载,温度、混凝土收缩、徐变的联合作用,确定结构的主位移方向并选择合适的支座活动方向,避免由于约束刚度太大而产生过大的水平反力。由于斜交梁端左右侧位移不一致,伸缩缝的伸长量应全面考虑荷载及非荷载作用下的平面位移,以确定伸缩缝型号。

6.2 弯梁桥

6.2.1 弯梁桥类型与构造

弯梁桥是平面线形为圆弧、缓和曲线或不同曲线组合的桥梁。常见的弯梁桥平面形式如图 6.13 所示。

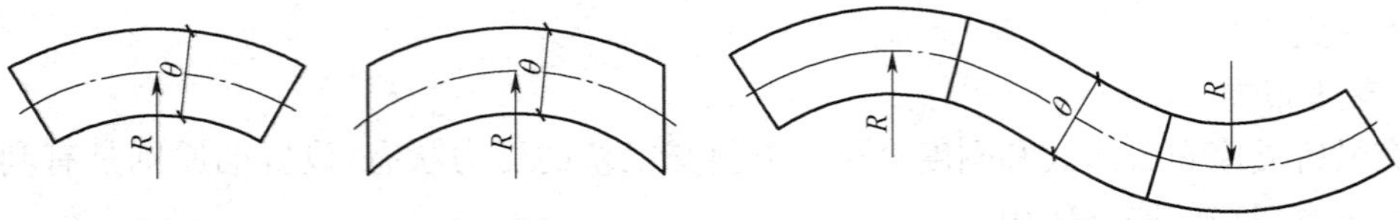

图 6.13　弯梁平面布置

图 6.13(a)支承边与轴线正交,为扇形弯梁;图 6.13(b)支承边与轴线斜交,为斜交弯梁;图 6.13(c)为反曲线弯梁。

弯梁的截面形式与直梁类似,主要有板式、肋式和箱形截面。由于弯梁承受较大的扭矩,箱形截面应用比较普遍。

曲线半径较大时,为便于结构的通用化,公路和铁路标准梁常采用"以直代曲"的方式形成平面曲线,根据主梁跨度和线路曲线半径的大小,采用平分中矢法或切线法等进行主梁布置,参见第 4 章。这些形式的主梁受力与直梁大体一致,主要差异是因梁中线与曲线线路中心线不重合而导致了偏心受载,各片主梁的受力大小与其轴线的布置方式有关。曲线半径较小时,特别是城市桥梁中,常采用就地灌注法施工曲线弯桥或斜交弯梁等异型结构,本节后续内容主要针对此类结构。

6.2.2 弯梁桥设计与计算

1. 弯梁受力特点

弯梁桥平面线形为曲线,与直梁相比,其受力存在一些明显差异。外荷载作用下,弯梁桥截面在产生弯矩的同时,必然伴随着扭矩的出现,即所谓"弯扭耦合作用"。对于与直梁跨度相同、荷载相同的弯梁,同一位置的弯矩值一般比直梁稍小,但会有较大的扭矩出现。

图 6.14 所示单跨简支弯梁两端点 A、B 均设有扭转约束,跨中 C 点作用一竖向荷载 P。由于 C 点与 AB 连线距离为 e,即荷载 P 对 AB 连线有力矩作用,如果两端支座只有沿截面形心轴的竖向反力 R_A、R_B,显然结构将不能维持平衡状态。因此,支点 A、B 位置有反力扭矩 T_A、T_B 以满足平衡要求,同时,主梁截面也将出现扭矩,且曲率半径越小,扭矩值越大。由于支点 A、B 到 C 点的直线距离小于相应的弧线距离,因此,弯梁的弯矩值一般稍小于同等条件下的直梁。弯梁形心轴所对应的圆心角 φ 对弯梁受力影响较大,当圆心角小于 22.5°~30°时,一般可忽略扭转对挠度的影响,将弯梁近似当作直梁处理。

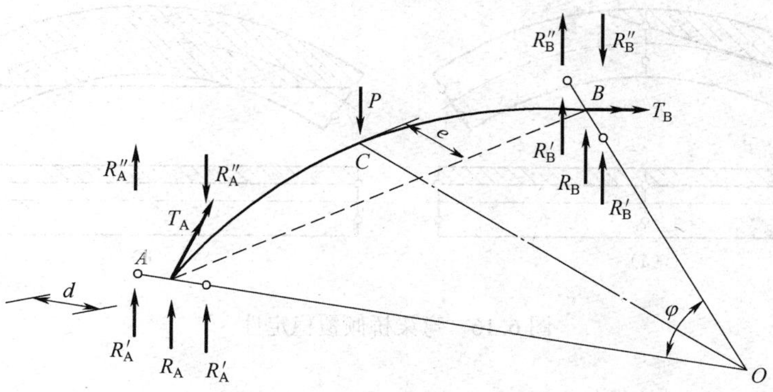

图 6.14　弯梁桥受力图式

弯梁桥中存在较大的扭矩,通常使得外弧侧主梁受力大于内弧侧主梁,外缘挠度一般大于内缘挠度,曲率半径越小,桥宽越大时,趋势越显著。对于两端均有抗扭约束的弯梁,其外弧支座反力一般大于内弧支座,当曲率半径较小时,内弧支座还可能出现负反力。

由图 6.14 可知,反力扭矩 T_A、T_B 可分解为两个间距为 d,大小相等、方向相反的集中力 R''_A 、R''_B ,竖向反力 R_A、R_B 也可分解为 R'_A 、R'_B 。叠加两部分反力,可知外弧支座反力将大于内弧支座反力。

弯梁平面为曲线,如以截面形心连线划分为内弧与外弧侧,易知外弧面积大于内弧面积,如图 6.15(a)所示。在自重及均布荷载作用下,弯梁形心轴除作用有竖向荷载,还有偏心扭矩。

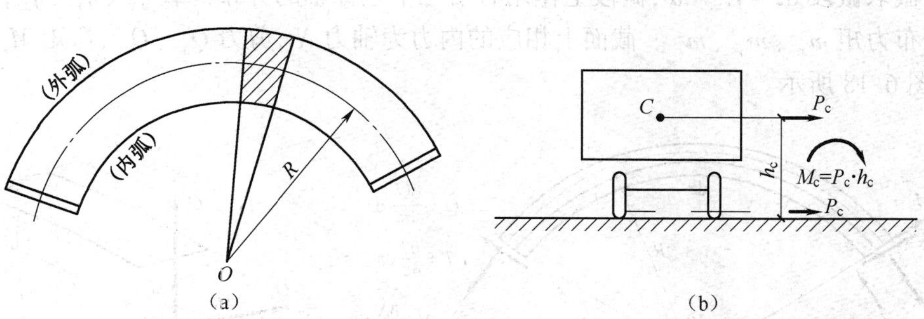

图 6.15　弯梁桥自重及离心力

此外,车辆在弯梁上行驶将产生离心力 P_c ,离心力 P_c 指向外弧且离地面高度为 h_c 。如将 P_c 移至桥面,则离心力也将产生如图 6.15(b)所示偏向外弧的力矩 $M_c = P_c \cdot h_c$ 。

主梁倾覆时以最外侧两支座连线为转动轴,横向设多支点的多跨弯梁,其倾覆力矩布载面积往往小于跨径及桥宽均相同的直梁的倾覆力矩布载面积,如图 6.16(a)阴影部分所示。因此,多跨弯梁通常比相应直梁具有更大的抗倾覆稳定系数,一般跨数越多,两者的差距越明显。单跨弯梁则相反,如图 6.16(b)所示,中间设单支点的多跨梁则需具体分析。

2. 弯梁的基本微分方程

如图 6.17 所示弯梁,采用图示三维流动直角坐标系(x,y,z),坐标系原点在截面剪切中心 C,x 轴沿曲率半径方向,z 轴沿单元曲轴的切向方向,x、y、z 轴符合右手坐标系规则。

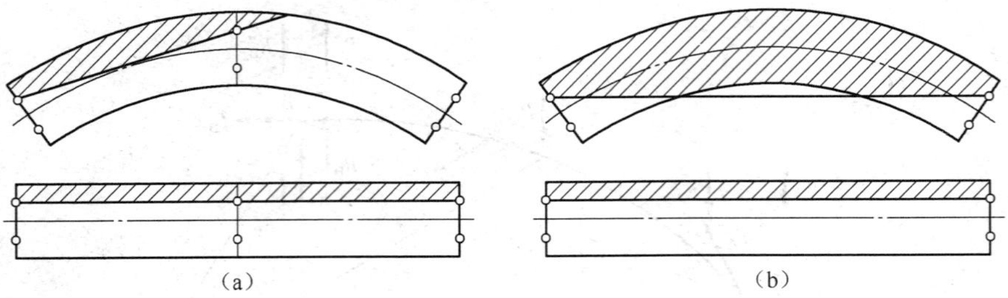

图 6.16　弯梁桥倾覆稳定性

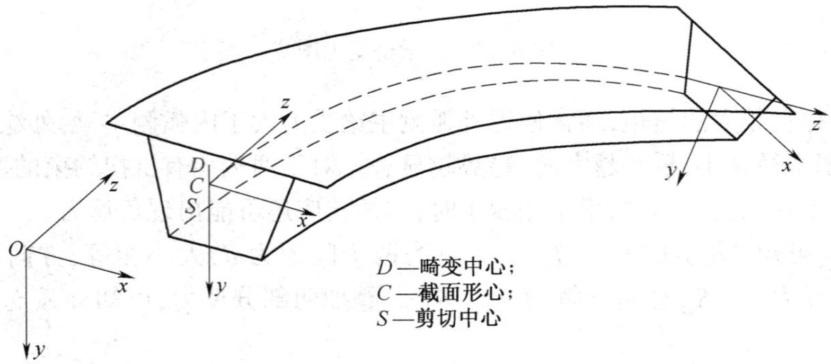

图 6.17　弯梁坐标系统

从弯梁上截取微段 $dz = R \cdot d\theta$，微段上作用有沿三个坐标轴的分布荷载 q_x、q_y、q_z，绕坐标轴的三个分布力矩 m_x、m_y、m_z。截面上相应的内力为轴力 N，剪力 Q_x、Q_y，弯矩 M_x、M_y，扭矩 T，如图 6.18 所示。

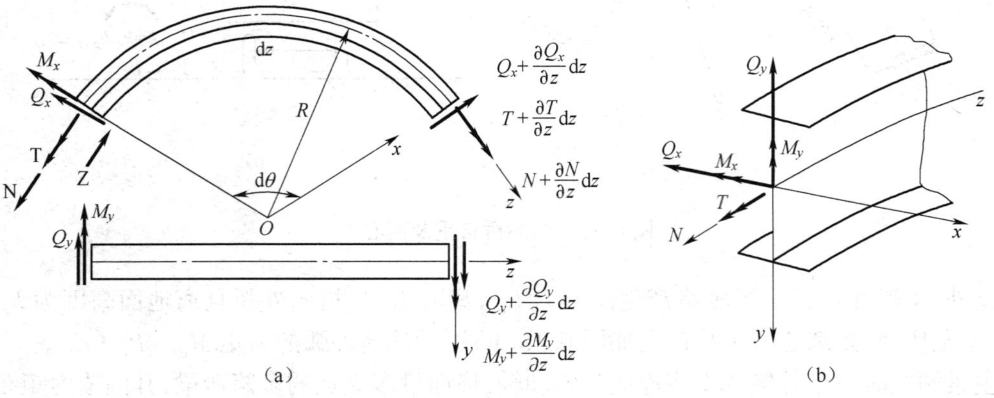

图 6.18　弯梁微段力学分析

利用弯梁微段的平衡方程($\sum F_x = 0$, $\sum F_y = 0$, $\sum F_z = 0$, $\sum M_x = 0$, $\sum M_y = 0$, $\sum M_z = 0$)，并消去轴力 N 和剪力 Q_x、Q_y，可得到如下三个方程：

$$\frac{\partial^3 M_y}{\partial z^3} + \frac{1}{R^2}\frac{\partial M_y}{\partial z} = \frac{\partial q_x}{\partial z} - \frac{\partial^2 m_y}{\partial z^2} - \frac{q_z}{R} - \frac{m_y}{R^2} \tag{6.5}$$

$$\frac{\partial^2 M_x}{\partial z^2}+\frac{1}{R}\frac{\partial T}{\partial z}=q_y-\frac{\partial M_x}{\partial z} \tag{6.6}$$

$$\frac{\partial T}{\partial z}-\frac{M_x}{R}=-m_z \tag{6.7}$$

弯梁相对于剪切中心的位移有四个,令 u、v、w 分别为 x、y、z 方向的位移,φ 为截面扭转角,则弯梁几何方程为

$$\varepsilon_z=\frac{\mathrm{d}w}{\mathrm{d}z}-\frac{u}{R} \tag{6.8}$$

$$k_y=\frac{\mathrm{d}^2u}{\mathrm{d}z^2}+\frac{u}{R^2} \tag{6.9}$$

$$k_x=\frac{\mathrm{d}^2v}{\mathrm{d}z^2}-\frac{\varphi}{R} \tag{6.10}$$

$$k_z=\frac{\mathrm{d}\varphi}{\mathrm{d}z}+\frac{1}{R}\frac{\mathrm{d}v}{\mathrm{d}z} \tag{6.11}$$

式中 ε_z——轴向应变;

k_x,k_y——分别为梁段绕 x、y 轴的曲率;

k_z——梁段绕 z 轴的扭曲率。

应用弹性体材料的基本方程,可建立变形与内力之间的关系式,即

$$N=EA\varepsilon_z=EA\left(\frac{\mathrm{d}\omega}{\mathrm{d}z}-\frac{u}{R}\right) \tag{6.12}$$

$$M_y=EI_yk_y=EI_y\left(\frac{\mathrm{d}^2u}{\mathrm{d}z^2}+\frac{u}{R^2}\right) \tag{6.13}$$

$$M_x=-EI_xk_x=-EI_x\left(\frac{\mathrm{d}^2v}{\mathrm{d}z^2}-\frac{\varphi}{R}\right) \tag{6.14}$$

$$T=-EI_\omega\frac{\mathrm{d}^2k_z}{\mathrm{d}z^2}+GI_\mathrm{d}k_z=-EI_\omega\left(\frac{\mathrm{d}^3\varphi}{\mathrm{d}z^3}+\frac{1}{R}\frac{\mathrm{d}^3v}{\mathrm{d}z^3}\right)+GI_\mathrm{d}\left(\frac{\mathrm{d}\varphi}{\mathrm{d}z}+\frac{1}{R}\frac{\mathrm{d}v}{\mathrm{d}z}\right) \tag{6.15}$$

式中 A——截面积;

E,G——弹性模量和剪切模量;

I_x,I_y——分别为绕 x、y 轴的抗弯惯性矩;

I_d——绕 z 轴的抗扭惯性矩;

I_ω——截面的扇性惯矩。

将式(6.12)~式(6.15)及其导数代入平衡方程式(6.5)~式(6.7),可得到弯梁的基本微分方程,即符拉索夫方程为

$$EI_y\left(u^{\mathrm{V}}+\frac{2}{R^2}u'''+\frac{1}{R^4}u'\right)=\frac{\partial q_x}{\partial z}-\frac{\partial^2 m_y}{\partial z^2}-\frac{q_z}{R}-\frac{m_y}{R^2} \tag{6.16}$$

$$\frac{EI_\omega}{R}\cdot v^{\mathrm{IV}}-\frac{EI_x+GI_\mathrm{d}}{R}v''+EI_\omega\varphi^{\mathrm{IV}}-GI_\mathrm{d}\varphi''+\frac{EI_x}{R^2}\varphi=m_z \tag{6.17}$$

$$\left(EI_x+\frac{EI_\omega}{R^2}\right)\cdot v^{\mathrm{IV}}-\frac{GI_\mathrm{d}}{R^2}v''+\frac{EI_\omega}{R}\varphi^{\mathrm{IV}}-\frac{EI_x+GI_\mathrm{d}}{R}\varphi''=q_y+\frac{\partial M_x}{\partial z} \tag{6.18}$$

从以上 3 个方程及平衡方程、几何方程可知,弯梁平面内与平面外的荷载、内力和变形相互独立,因此,一般可将荷载分解为弯梁平面内与平面外分别进行计算。

式(6.17)和式(6.18)均为位移 v、φ 与外荷载的关系,都不是独立方程,必须联立求解,这也反映了弯梁弯扭耦合的受力特点。

3. 数值计算方法

弯梁桥的受力特性与其曲率半径、圆心角、桥宽、跨径、抗弯及抗扭刚度、支承形式等有关。前面所述的符拉索夫弯梁基本微分方程的求解过程需要求解高阶微分方程,非常复杂,工程应用很不方便。针对弯梁桥的各种结构形式,国内外学者提出了不同的计算理论,主要有:纯扭转理论、翘曲扭转理论、梁格理论、正交异性板理论、有限条法和有限单元法等。各种计算理论都有其特点和适用条件,根据特定条件选择合适的计算理论是获得理想结果的先决条件。现在工程应用中主要采用基于软件计算的数值分析方法,下面简要介绍,其中最为常用的是梁格法和有限单元法的数值解法。

(1)梁格理论

梁格理论将弯梁桥离散为纵向和横向的梁格,可直接得到各纵梁和横梁的荷载效应,也可将各纵梁效应合成为整个横截面的效应。梁格理论易于理解,使用方便,采用合适的网格密度,能够获得良好的计算精度。除弯梁桥外,梁格理论还在各种异形结构中得到广泛应用。

(2)正交异性板理论

正交异性板理论将弯梁桥转换为极坐标下的正交异性板,并用平板理论求解挠曲微分方程。

正交异性板理论考虑了板的双向作用及泊松比的影响,能够满足弯板梁和弯格子梁的设计精度要求,但微分方程的求解比较困难。

(3)有限条法

有限条法将弯梁离散为有限条带,条带间由节缝连接。每条节线有 3 个线位移和 1 个转动角位移,共 4 个自由度。

有限条法单元数量少、使用方便、精度高,适用于等截面、径向支承且荷载比较简单的弯梁桥计算。

(4)有限单元法

有限单元法是应用最广泛的弯梁桥计算方法,可以采用梁段单元、板壳元或实体元离散弯梁。

梁段单元是一种考虑薄壁曲梁特性的梁单元,根据计算需要,单元除具有线位移和转动位移自由度,还可引入翘曲、畸变和剪力滞等附加自由度。梁段有限单元法概念清晰,计算简便,能够直接获得截面翘曲、畸变、剪力滞等效应,特别适合于参数分析及结构设计。

采用板壳元或实体单元进行弯梁桥的分析可以获得高精度的计算结果,但数据处理复杂,计算工作量大,在工程设计的应用中受到一定限制。

4. 弯梁平面内变形

温度和混凝土收缩会引起弯梁平面内变形,这种变形为非受力原因引起,可视为整个弧段的按比例缩放,在变形时曲率发生变化,但圆心角不变。图 6.19(a)所示弯梁左端为固定支座,其余为多向活动支座。当温度变化或混凝土收缩时,支点 1、2、3 位置将出现 δ_1、δ_2、δ_3 所示沿弦长方向的位移,该位移有沿弯梁径向的分量。如果没有可靠的措施限制此位移,可能出现梁端错位及伸缩缝破坏的现象。

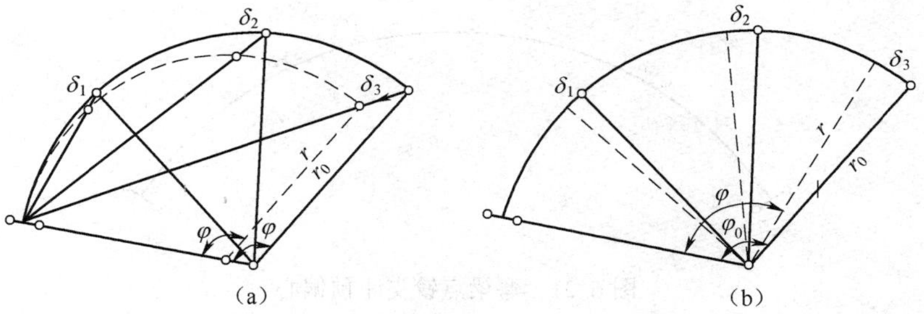

图 6.19　弯梁平面内变形

预应力和混凝土徐变也将引起弯梁平面内变形,该变形是由于力的作用而发生的沿桥梁轴线方向的变形,如图 6.19(b)所示。变形后曲率半径不变,轴线缩短,圆心角减小。

弯梁各支承处平面内变形的大小和方向可通过弯梁平面内的不动点和转动中心计算,以合理设置径向和切向约束方式。弯梁不动点为桥跨结构的质点由于温度等外界因素产生位移时的零位移点,又称为中性点或静点,其位置与弯梁支座约束方式和桥墩抗推刚度有关。转动中心则为水平力作用线通过该点时,桥跨结构仅发生平移而不产生转动。通过求解不动点和转动中心的位置,根据弯梁各质点与不动点和转动中心的相对位置关系即可得到该点的位移大小和方向。

5. 弯梁支座布置

弯梁桥支座布置和约束方式影响结构受力状态,甚至车辆的正常运营。近年来弯梁桥由于设计不当或施工时支座活动方向设置错误而使得交接墩处梁体错位、伸缩缝损坏等现象时有发生。

图 6.20 示出了简支和连续弯梁桥的竖向支承方式。图 6.20(a)、(b)分别为单跨静定支承和单跨超静定支承;图 6.20(c)、(d)、(e)分别为连续弯梁中间全抗扭支承、点铰支承以及抗扭和点铰混合支承。

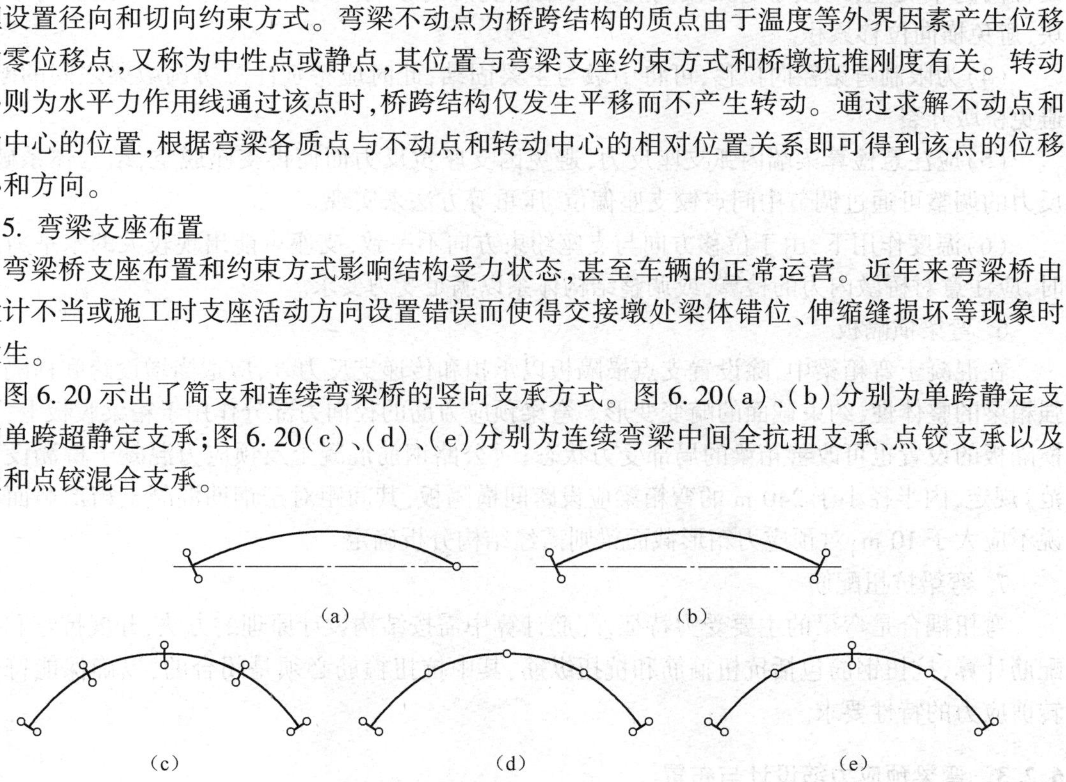

图 6.20　弯梁支座布置

抗扭支承一般沿曲率半径方向布置,采用具有较大横向刚度的桥墩形式;点铰支承则多采用独柱墩。由于轴线处的点铰支承独柱墩不能抵抗上部结构的扭矩,只是起减小主梁跨度的作用,因此,将点铰支承设置一定的横向预偏心(图 6.21),可以达到调整梁内扭矩分布、控制扭矩峰值和抗扭支承处支座反力的目的。

弯梁桥支座布置还应注意以下几点:

(1)梁端均设抗扭支座,且约束径向位移释放轴向位移。通过约束梁端扭转及径向位移,

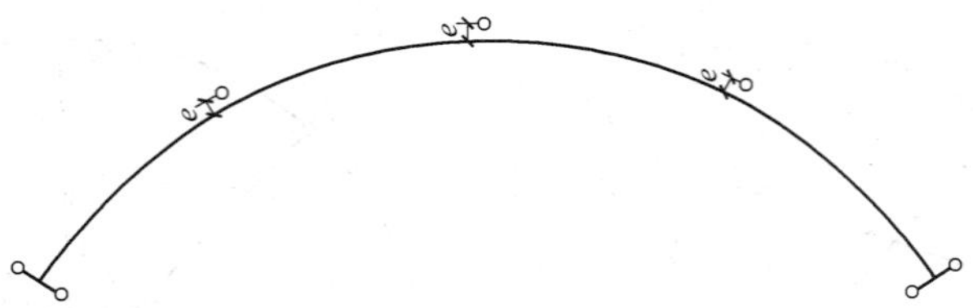

图 6.21　弯梁点铰支座预偏心

避免出现梁端错位及伸缩缝破坏的现象。

(2)可每间隔 2~3 跨布置抗扭支座,以调整弯梁扭矩的分布;当弯梁曲率半径较大时,可在各墩均设置抗扭支座,减小主梁的扭转变形。

(3)除梁端设置径向约束支座,应根据结构平面内刚度和温度作用大小,在各中间支点增设径向约束支座,以减小弯梁横向爬移对结构受力的影响。此外,可在墩顶布置横向限位挡块,避免横向位移累积。

(4)为限制弯梁径向位移,可将中墩与主梁固结,此时应特别注意协调墩梁之间的刚度,避免桥墩开裂。

(5)应注意检算梁端内弧支座反力,避免因支座负反力而使得支座脱空,结构体系破坏。反力的调整可通过调节中间点铰支座偏位、压重等方法来实现。

(6)温度作用下,由于位移方向与支座约束方向不一致,支座可能出现较大的水平力。此时,应注意对桥墩内力的检算,或调整结构体系以满足受力要求。

6. 弯梁横隔板

在混凝土弯箱梁中,除设置支点横隔板以承担和传递支反力外,应适当增设跨间横隔板加强箱梁的整体性,约束截面的畸变变形。弯梁预应力筋的径向力部分作用于箱梁腹板上,中间横隔板的设置也可改善箱梁的局部受力状态。《公路钢筋混凝土及预应力混凝土桥涵设计规范》规定,内半径小于 240 m 的弯箱梁应设跨间横隔板,其间距对于钢筋混凝土箱形截面梁来说不应大于 10 m;对预应力箱形截面梁则需经结构分析确定。

7. 弯梁抗扭配筋

弯扭耦合是弯梁的主要受力特征,配筋计算中需按结构设计原理的方法,开展抗弯和抗扭配筋计算,抗扭钢筋包括抗扭箍筋和抗扭纵筋,其中抗扭箍筋必须是闭合的,以确保能符合扭转剪应力的特性要求。

6.2.3　弯梁预应力筋设计与布置

对于弯肋梁和弯箱梁结构,桥梁跨度较大时,配置预应力筋形成预应力混凝土弯梁是常用设计方法。由于弯梁的结构特征,预应力钢束具有双向曲率,预应力的空间效应更为明显,设计中需采取一些特殊的构造措施。

(1)预应力筋对弯梁的作用

与直线梁桥类似,预应力钢筋对弯梁的作用也可以等效为荷载。图 6.22 为弯梁微段的受力图示。图中,M、N、V、T 分别代表作用于混凝土截面的弯矩、轴力、剪力和扭矩;W、Q 代表作用于弯梁上单位长度预应力钢束的分布荷载和力矩;下标 L、M、N 分别代表弯梁的切线方向、径向和竖向。

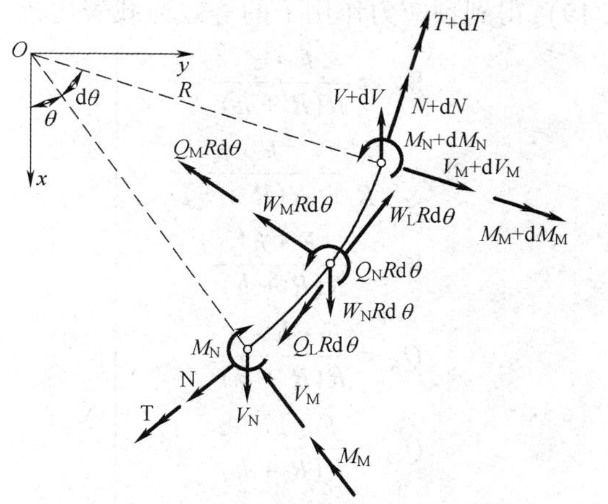

图 6.22　弯梁微段受力图式

根据力的平衡条件,略去二阶微量,可得弯梁在预应力荷载下的平衡微分方程,即

$$\left.\begin{aligned}V'_{\mathrm{N}} + W_{\mathrm{N}}R = 0\\ -M'_{\mathrm{M}} + T - V'_{\mathrm{N}}R + Q_{\mathrm{M}}R = 0\\ -T' - M_{\mathrm{M}} + Q_{\mathrm{L}}R = 0\\ V'_{\mathrm{M}} - N - W_{\mathrm{M}}R = 0\\ N' + V_{\mathrm{M}} + W_{\mathrm{L}}R = 0\\ M'_{\mathrm{N}} - V_{\mathrm{M}}R + Q_{\mathrm{N}}R = 0\end{aligned}\right\} \tag{6.19}$$

式中,“′”为对 θ 的一阶导数。

通过几何关系分析可得预应力在三个方向的分力: $F_{\mathrm{L}} = F(R+h)\theta'_{\mathrm{s}}$, $F_{\mathrm{M}} = -Fh'_{\mathrm{s}}$, $F_{\mathrm{N}} = Fz'_{\mathrm{s}}$ 。截面形心处的平衡内力为: N 、V_{N} 、V_{M} 、T 、M_{N} 、M_{M} ,如图 6.23 所示。

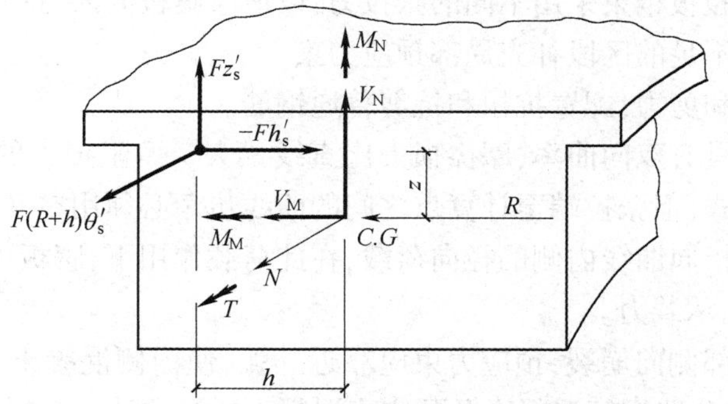

图 6.23　截面内力及预应力分力

若 $R \gg h$,则 $F_{\mathrm{L}} = F(R+h)\,\theta'_{\mathrm{s}} \approx FR\dfrac{\mathrm{d}\theta}{\mathrm{d}s} = FR\dfrac{\mathrm{d}\theta}{R\mathrm{d}\theta} = F$ 。通过内外力平衡,可得预应力初内力:

$$\left.\begin{aligned}V_{\mathrm{N}} = -Fz'/(R+h)\\ M_{\mathrm{M}} = Fz\\ T = F(z'h - h'z)/(R+h)\\ N = -F\\ V_{\mathrm{M}} = -Fh'/(R+h)\\ M_{\mathrm{N}} = -Fh\end{aligned}\right\} \tag{6.20}$$

将式(6.20)代入(6.19),得到预应力作用下的等效荷载表达式:

$$\left.\begin{aligned}W_N &= \frac{F \cdot z''}{R(R+h)}\\ W_M &= \frac{F}{R} - \frac{F \cdot h''}{R(R+h)}\\ W_L &= \frac{F \cdot h''}{R(R+h)}\\ Q_N &= \frac{F \cdot h \cdot h'}{R(R+h)}\\ Q_M &= \frac{F \cdot h' \cdot z}{R(R+h)}\\ Q_L &= \frac{F \cdot z}{R} - \frac{F(z'' \cdot h - h''z)}{R(R+h)}\end{aligned}\right\} \tag{6.21}$$

式(6.20)和式(6.21)为分析预应力钢筋配置的基本公式,公式表明,弯梁预应力钢束与直梁的最大区别是预加力将产生径向力和扭矩,弯梁除了利用预应力抵抗弯矩,也可利用预应力抵消外荷载产生的扭矩。截面上对称布置的预应力索不产生扭矩,由于弯扭耦合作用,预应力钢束的线性变换原理不再适用。

(2)预应力钢筋布置原则

预应力钢筋布置的基本原则是尽量使得预加力能平衡由恒载和活载产生的内力。预应力钢筋布置的基本步骤为:

①根据恒载和活载下的内力图,按照直梁桥的预应力钢束布置方法进行配索并计算。

②适当横向移动抗弯钢束,尽量减小扭矩。

③对内侧和外侧腹板钢束采用不同的张拉力,以适应腹板的内力差并调整扭矩。

④在各跨预应力不足的区段补充局部预应力束。

⑤计算残余扭矩和剪力,配置抗扭和抗剪普通钢筋。

弯梁预应力钢束具有双向曲率,摩擦损失比直线梁大。摩阻损失的计算仍可采用平面曲线预应力束的计算公式,但张拉端至计算点之间的曲线包角必须用空间包角来计算。

预应力钢束产生指向曲线内侧的径向荷载,在此荷载作用下,腹板可视为嵌固于顶底板的单向板,以检算其侧向承载力。

为了防止腹板局部侧向崩裂,预应力束应靠近外弧,使内侧混凝土具有足够的抵抗厚度,如图6.24(a)所示。《公路钢筋混凝土及预应力混凝土桥涵设计规范》给出的预应力管道曲线平面内最小保护层 C_{in} 的计算公式为

$$C_{in} \geq \frac{P_d}{0.266r\sqrt{f'_{cu}}} - \frac{d_s}{2} \tag{6.22}$$

式中　P_d ——预应力钢筋的张拉力设计值,可取扣除预应力损失后的张拉力乘以1.2;

r ——管道曲线半径(mm);

f'_{cu} ——预应力钢筋张拉时,边长为150 mm的立方体混凝土抗压强度(MPa);

d_s ——管道外缘直径。

当按公式(6.22)计算得到的保护层较大时,可按直线管道的要求设置最小保护层厚度,但应在弯曲平面设置防崩钢筋。防崩钢筋应与钢筋骨架绑扎牢固,以约束钢束侧向变形,如

图6.24(b)所示。防崩钢筋单肢的截面面积 A_{sv1} 可按式(6.23)计算。

$$A_{sv1} \geqslant \frac{P_d \cdot s_v}{2rf_{sv}} \tag{6.23}$$

式中 s_v ——防崩钢筋间距;

f_{sv} ——防崩钢筋抗拉强度设计值(MPa)。

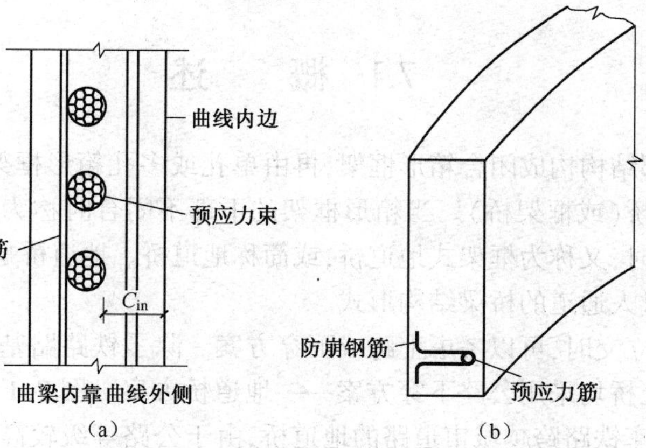

图6.24 弯梁预应力钢筋防崩构造

思 考 题

1. 斜交梁桥与相应的正交桥相比,受力和构造上各有何特点?
2. 弯桥的受力、构造和配筋特点有哪些?
3. 斜交桥、弯桥的支座布置需要注意哪些问题?
4. 如何提高弯桥的抗倾覆性能?
5. 箱形弯梁的横隔板设置是否与直梁相同?为什么?

第7章　地道桥

7.1　概　　述

由桥梁上、下部结构构成闭合箱形框架,再由单孔或多孔箱形框架形成桥梁,这种结构形式的桥梁称为箱形桥(或框架桥)。当箱形框架的下部不闭合时称为门式刚架桥。箱形桥用在公路与铁路立交时,又称为框架式地道桥,或简称地道桥。地道桥是一种被广泛应用于铁路与公路交叉、车站过人通道的桥梁结构形式。

当铁路与公路立交时,可以考虑上跨或下穿方案。除了铁路路基标高比较低或处于路堑地段外,大多数立交桥均采用公路下穿方案——地道桥方案。图 7.1 为一座三跨箱形框架式地道桥。该桥是一座铁路跨越城市道路的地道桥,由于公路等级较高并且有较多的非机动车辆,因此用三孔框架结构。中孔为机动车道,净宽 9.0 m,净高 5.0 m。两边孔为非机动车道及人行道,净宽 5.3 m,净高 3.5 m。两侧引道各长 140 m,其中机动车道纵坡 4%,非机动车道纵坡 2%。

地道桥方案的主要优点有:

(1)在立交道口附近的道路一般都比铁路低,因此用地道桥方案可节省土方,少占用农田。

(2)公路净高(5 m)比铁路(6.5 m)低。采用公路下穿方案时的桥梁规模小,引道短。

(3)当快慢车道分开时,地道桥慢车道部分的坡度可以取得比较小。

(4)对铁路行车视线无干扰。

(5)地道桥上、下部结构联接成整体,受力合理,整体性及抗震性能好。

(6)在既有铁路线下修建地道桥时,可采用顶进法施工,不必中断铁路行车。

(7)由于地道桥下部结构为一个连续的整体板,支承面积大,特别适合于地基承载力小的地区。

然而,地道桥也存在以下缺点:

(1)下穿公路行车视线受一定干扰。

(2)与简支梁相比,地道桥在设计与施工技术上比较复杂。

(3)在地下水位比较高的地区或降水量较大时,地道桥内易形成积水,从而影响交通,需采取有效排水措施。

(4)由于地道桥的顶板、侧墙、底板联结为整体,一旦出现问题,不易维修及加固。且因底板为一整体板,用料有所增加,在地质条件较好的地区,造价一般比简支梁高。

由于箱形框架桥采用整体底板,对于地基比较好、地下水位比较低的地方,可考虑采用图 7.2 所示的分离式结构或图 7.3 所示的门式框架结构。

地道桥的两侧引道一般采用浆砌片石挡土墙或钢筋混凝土板桩式挡土墙,路基地下水由盲沟倒滤层引入集水井。

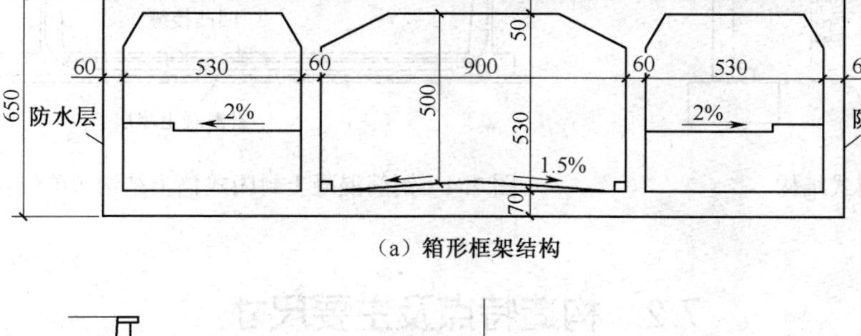

（a）箱形框架结构

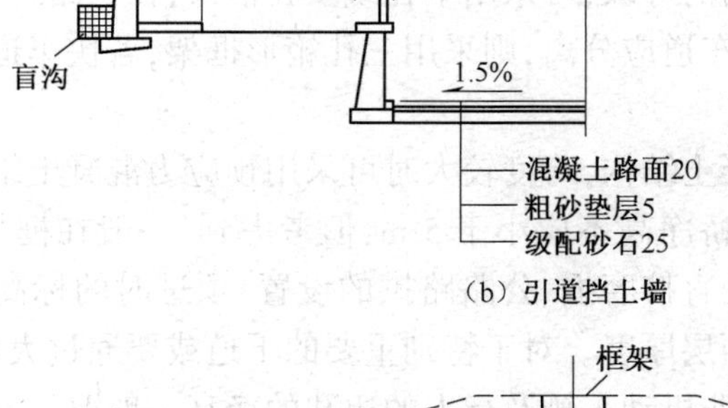

（b）引道挡土墙

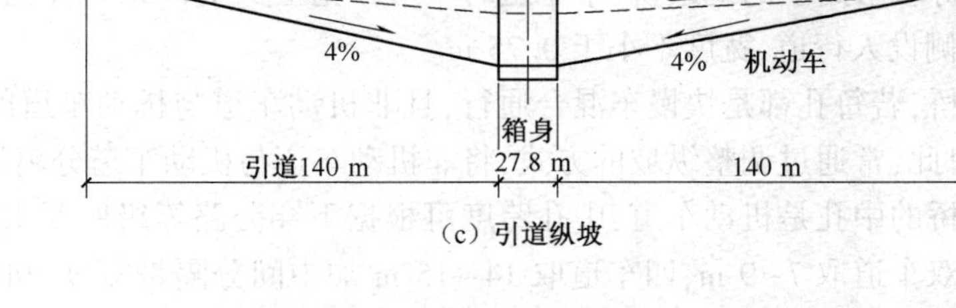

（c）引道纵坡

图7.1　三孔箱形框架式地道桥(单位:cm)

对于地下水位较高的地区并且跨度不大的地道桥,引道挡土墙可采用如图7.4所示的钢筋混凝土封闭式挡土结构,这种结构一次性投资较高;当地下或地表水不能自然排出地道桥时,需设置泵站进行强排。

图7.2　某分离式结构(单位:cm)

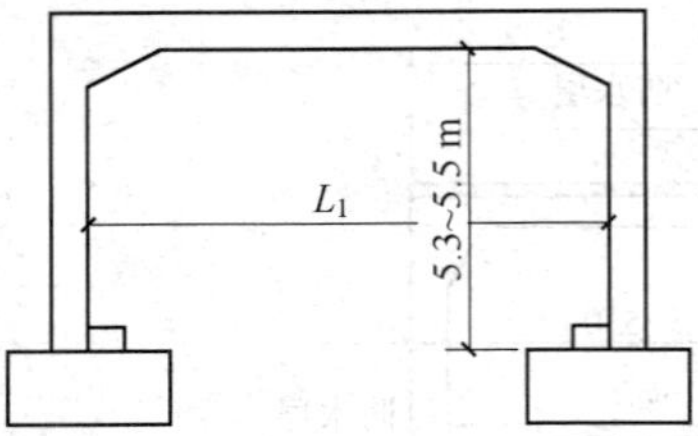

图 7.3　门式结构

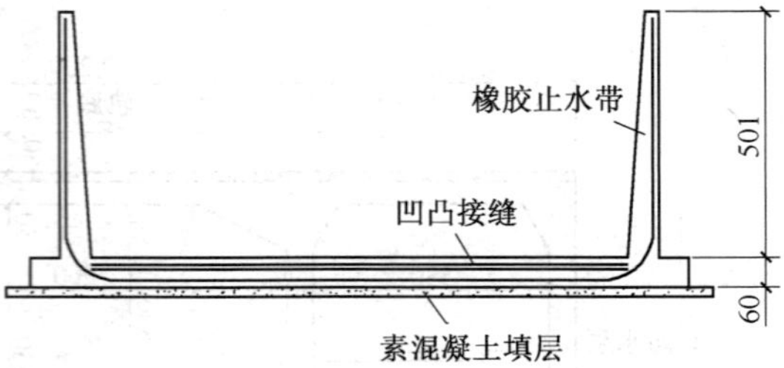

图 7.4　钢筋混凝土封闭式挡土结构（单位:cm）

7.2　构造特点及主要尺寸

箱形框架式地道桥根据下穿公路的等级,可采用单孔或多孔框架,在铁路跨越城市繁忙道路时,考虑到人行及非机动车辆与快车道应分离,则采用三孔箱形框架,若快车道数较多时,还可采用四孔。

箱形框架地道桥一般为钢筋混凝土结构,跨度较大时可采用预应力混凝土结构。

由于城市和公路限界要求,地道桥净高不应小于 5 m,但考虑到:一般在框架底板上要做一定厚度的路面以防止行车对底板的直接磨损、公路路拱的设置、顶进时的标高偏差等,机动车道的框架净高通常取 5. 3 m 加路面层厚度。对于特别重要的干道或要通过大型机具设备的道路,则应根据要求设置净高。通过非机动车辆及行人的边孔的净高一般取 3~3. 5 m。

位于郊区较低等级公路上的地道桥,单车道时车道净宽至少 4. 5 m,双车道时车道宽至少 7 m,并在框架内两侧设人行道,宽度不小于 0. 75 m。

两孔框架地道桥,若每孔都是快慢车混合通行,且非机动车道与机动车道的坡度一致,容易发生交通事故,对此,常通过调整纵坡的方式,将非机动车道与机动车道分离设置。

多孔框架地道桥的中孔是机动车道,中孔跨度可根据下穿公路等级所要求的净空宽度及车道数确定。一般双车道取 7~9 m,四车道取 14~15 m 加中间分隔带宽度,机动车道离边墙壁至少应有 0. 25 m 安全距离。多孔框架地道桥可以是多孔连续,也可由多个单孔组成,以便于顶进法施工。

当框架上的铁路股道较多,或用于车站的地下通道时,因框架较长,为利于通风、照明及视线通达,净高和跨度还应适当加大。

箱形框架地道桥是超静定结构,在使用荷载作用下,由于顶、底板在与立墙交叉处负弯矩的作用,跨中弯矩较简支板要小得多,因此,顶、底板的高度也比简支板薄,这样既能减小整个框架的建筑高度以缩短两侧引道长度,又可减轻自重而便于顶进施工。箱形框架桥的顶板主要承受来自板顶的自重、道砟及线路设备重和活载,根据大量成桥设计实例,顶板一般做成直线、等厚,厚度在 0. 5~0. 8 m 范围内取值。为改善支点处的受力性能,在支点附近,加设梗肋,梗肋坡度一般取 1 ∶ 3。通常,当跨度在 10 m 以下时,顶板高度与跨度比为 1/15~1/12,否则,顶板高度与跨度比为 1/20~1/15。底板主要承受底板顶的铺装、活载及板下的地基反力,一般单孔框架的底板所承受的内力比顶板小,而多孔时,中墙处的底板所承受的弯矩及剪力均较大,有时会超过顶板,因此底板常取成与顶板等厚或稍厚。在底板与立墙交叉处,通常设置高 10~30 cm、坡度为 1 ∶ 1 的梗肋以减缓应力集中。

箱形框架地道桥的立墙(包括中墙及侧墙)以承受轴力和弯矩为主,受力较均匀,厚度一般取 30~60 cm,跨度较大时进一步加大。当墙高较高时,侧墙由于主动及被动土压力也承受较大的剪力。有时,在框架两侧砌筑浆砌片石砌体并与侧墙间预留 2~3 cm 的缝隙以改善侧墙的受力。

箱形框架地道桥用于顶进法施工时,还在前进方向一侧的侧墙设置临时刃角。

当两线路斜交时,箱形框架地道桥可根据斜交角度的大小及箱体的轮廓尺寸,采用斜交正做和斜交斜做正交布置模式,如图 7.5 所示。

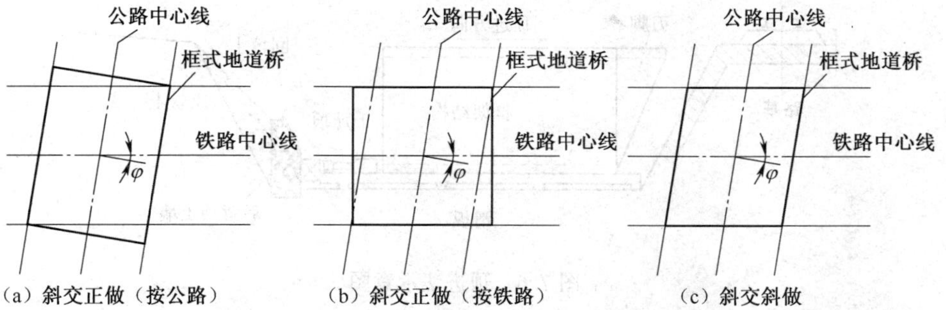

图 7.5　斜交时框架布置

当斜交角度不大、箱体宽度较小,特别是采用顶进法施工时,为避免地道桥受力复杂及减小施工难度,可采用按下穿线路为矩形框架的斜交正做布置[图 7.5(a)]或上跨线路为矩形框架的斜交正做布置[图 7.5(b)]两种方式。无论在构造或施工上均与一般框架地道桥无差别,但正交框架正向布置要扩大框架的净孔尺寸,而正交框架斜向布置的两端不利于与路基很好的衔接,也不美观。图 7.5(a)为常用的方式,图 7.5(b)由于框架内的车道变宽,影响行车视线,仅在高速铁路上跨的地道桥中,为避免引起铁路路基的不均匀沉降时采用。

当斜交角度比较大或箱体宽度较大时,一般采用斜交框架斜向布置,即斜交斜做,见图 7.5(c)。由于斜交框架地道桥的顶、底板均为平行四边形板,即使在均布压力作用下,各板在承受弯矩、剪力、轴力的同时,还承受较大的扭矩,受力较为复杂。当跨度(墙中线垂直距离)不大且斜交角较小时(接近正交),只要取墙中线沿上部线路方向的距离(斜跨长)作为框架的跨度,正交框架的尺寸拟定原则一般均能采用,但对于斜交角特别大或跨度较长时,各部分尺寸则应通过空间计算比较确定。

由于箱形框架地道桥及门式刚架桥为钢筋混凝土整体结构,一旦建成后,改造及扩建非常困难,因此在规划布置、尺寸拟定时,必须考虑到城市、道路的远景规划,并做好排水设施。

7.3　地道桥顶进法施工

地道桥施工一般采用原位浇筑法或顶进法施工,前者适用于新建线路工程或在既有线路上具有中断运行或绕行方案的情况。顶进法应用于框架直接下穿既有线的场合。在既有铁路或公路下顶入框架,可根据场地、设备及框架的长度等具体情况采用不同的顶进方法。

7.3.1　顶进方法

(1)单向顶入法

在顶力设备完善的情况下,不论框架与公路、铁路的交角和框架的跨径大小如何,一般都可以用此方法。

该方法是先在待顶线路侧边挖工作坑,在坑内作一滑板,在滑板上预制钢筋混凝土箱形框架,把框架上端及侧墙作成向前突出的刃脚,其上安装钢刃,再在离箱形框架尾部不远的地方修筑一个后背,然后在后背与框架底板之间安设千斤顶和顶铁,同时对待顶入的公路、铁路或其他城市道路进行必要的加固或架空,以保证顶进时框架上面线路的安全。最后,借后背的反力用千斤顶将框架顶入路基。顶进时,框架前端部刃角处切土,随顶随挖,直至框架按设计要求的位置全部顶入路基为止(图 7.6)。顶进法工艺流程如图 7.7 所示。

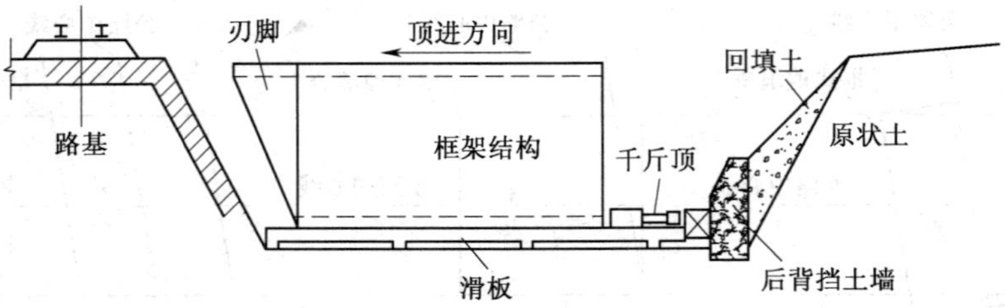

图 7.6　顶进法示意图

(2)中继间法

当框架顶进距离过长,顶力较大、框架埋置深、顶力设备满足不了后背反力的要求时,采用中继间法。

该方法是将框架分成数节,在节间设置中继间千斤顶。前节框架顶进时,以后节框架作后背,用安装在节与节之间的中继间千斤顶进行顶进,中继间的千斤顶达到最大行程后,前节暂停顶进,而进行后节顶进,此时,中继间的千斤顶随着后节的顶进而压缩(回油),再进行前节的顶进,这样使之交替顶进。顶进的过程中,后背的最大反力仅为最后一节框架的顶力,可使后背设备大为减少,如图 7.8 所示。

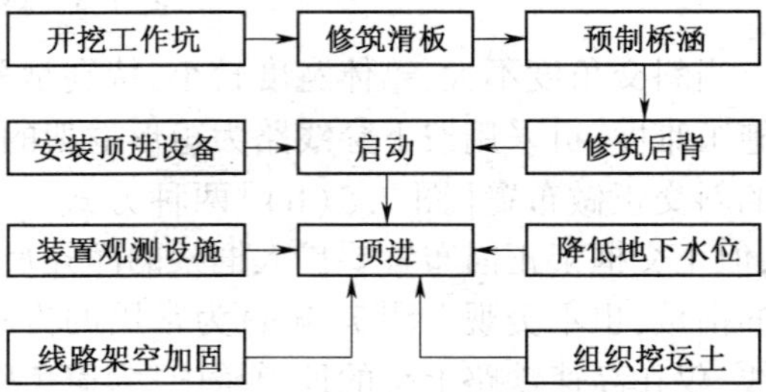

图 7.7　顶进法工艺流程

(3)对顶法

当框架桥采用中继间顶进法有困难时,通常采用对顶法施工。

对顶法是在铁路或公路路基两侧各挖一个工作坑,每边预制半节框架,并分别修筑其后背,借后背反力将两个独立的框架顶入路基。操作时,可两侧同时对顶或分别顶进。最后将两个框架"对扣"联接为一整体。

(4)对拉法

如果框架穿越的路基高出地面很多,修筑后背工程量太大时,可采用对拉法施工。

对拉法同样是在路基两侧各挖一个工作坑,每边预制半节框架,然后从路基一侧顶入多个小空管,将钢绞线或高强钢丝或其他拉杆穿越路基,使两侧的框架连接,互为后背,对拉前进,直至框架对拉就位,如图 7.9 所示。

(5)气垫顶进法

当框架较长,其他方法又不太适用时,常采用气垫顶进法(图 7.10)。

气垫顶进法与单向顶入法基本相同,其特点是在框架底板与地面接触面之间吹入压缩空气形成气垫层,而当气体压力超过箱身自重压力时,则框架将被气体微微抬起,大大减小了摩擦力,达到减小顶进力的目的。

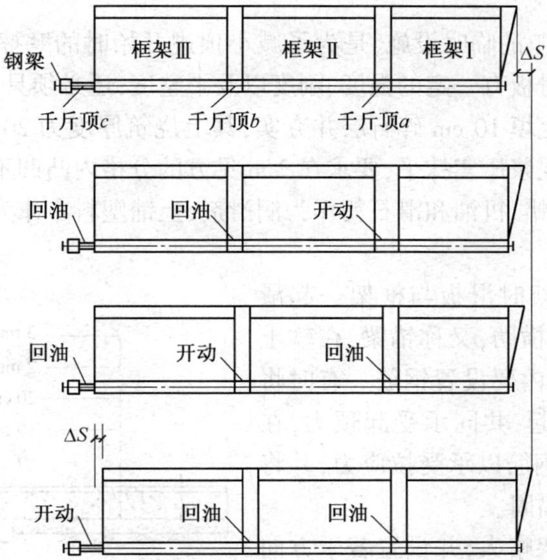

图 7.8　中继间顶进示意图

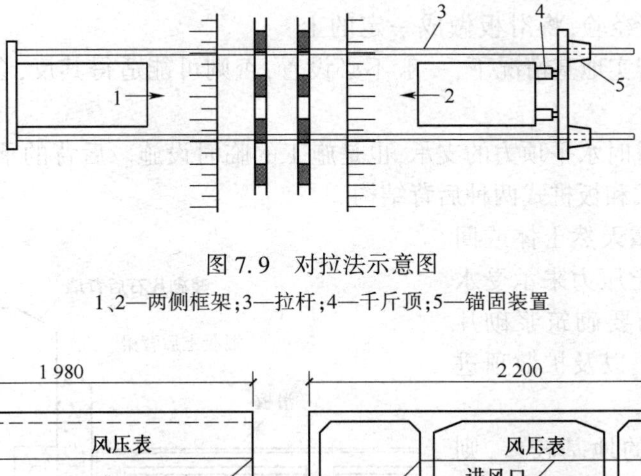

图 7.9　对拉法示意图

1、2—两侧框架;3—拉杆;4—千斤顶;5—锚固装置

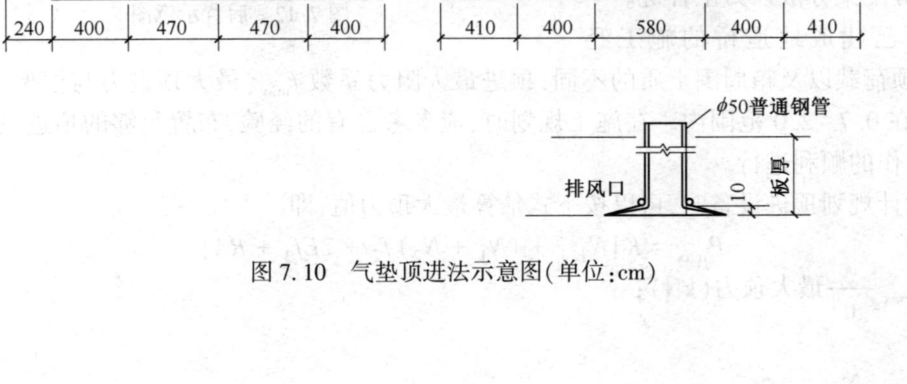

图 7.10　气垫顶进法示意图(单位:cm)

7.3.2 顶进设备

用顶进法施工时,所需的施工临时设施有:滑板、后背结构及顶进设备,并应对既有线路进行架空加固。

滑板(图 7.11)是施工的临时设施,是为了减小顶进开始时的摩擦力而设,同时为框架的预制提供了底模。要求滑板有一定的强度、刚度以及平整度,还必须具有摩擦力小的特点。一般在平整夯实的地基土上填 10 cm 碎石层并夯实,其上浇筑厚度为 20 cm 的混凝土板来形成滑板。滑板表面要用水泥浆压实抹平,要求在 2 m 见方的分格内凸凹不超过 3 mm。为了减小滑动阻力,滑板表面涂石蜡、机油和滑石粉作为润滑剂,上铺塑料布作为隔离层,在隔离层上浇筑钢筋混凝土框架。

为了避免在起顶框架时滑板与框架一起滑动,可以在滑板下设几道横肋,又称锚梁,在软土地基上浇筑框架时,滑板内要设置钢筋。有时将滑板与后背结构连在一起,共同承受起顶力,在滑板内设置一定数量的钢筋以承受拉应力,并将这些钢筋伸入后背焊接锚固。

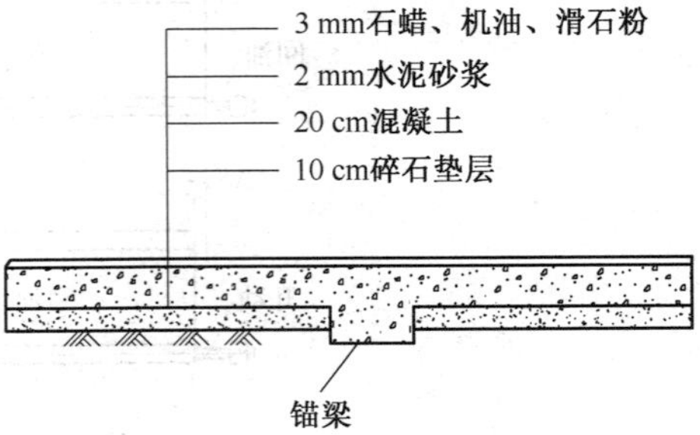

图 7.11 滑板示意图

滑板的宽度应比框架略大,并设置若干方向墩以控制框架顶进的方向。

在软土地基上,当框架开始滑出底板,常会产生向下倾斜,称为"扎头",为了避免出现这一现象,可以根据施工经验,将滑板做成一定的上坡(如 5‰)。如在密实地基情况下,一般不必设置,否则可能适得其反,会造成"抬头",出现向上倾斜现象。

后背是承受顶进时水平顶力的支承,也是施工的临时设施。后背的承载能力必须经设计核算确定。有重力式和板桩式两种后背结构。

重力式后背是靠天然土体或回填土和片石的被动土压力来承受水平顶力的,在土体前要砌筑浆砌片石挡土墙(图 7.12),以及扩散顶进力的混凝土后背梁。

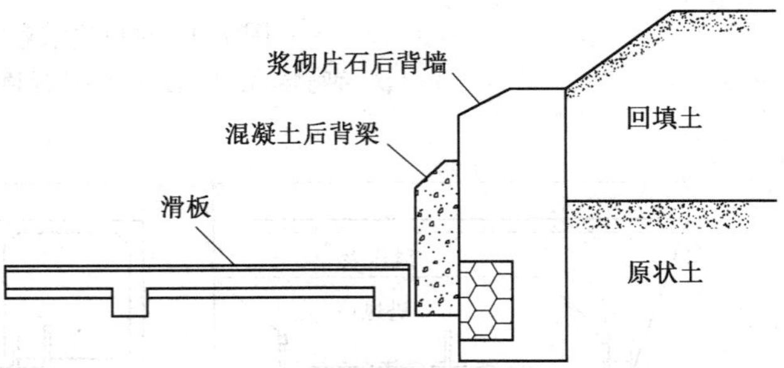

图 7.12 后背示意图

当后背位置处的地基较差,则可采用板桩式,依靠桩基承担水平力,前设分配梁分散顶力至各桩。

根据已建成地道桥的施工经验,按箱顶荷载以及箱周围土质的不同,顶进最大阻力系数 f_{max}(最大顶进力与框架自重的比值)大致在 0.7~2.0 范围内。在施工规划时,应参考已有的经验,布置足够的顶进设备,以保证顶进工作的顺利进行。

在设计规划顶进设备时,可以按下式估算最大顶力值,即

$$P_{max} = K[N_1 f_1 + (N_1 + N_2) f_2 + 2Ef_3 + RA] \tag{7.1}$$

式中 P_{max}——最大顶力(kN);

N_1——作用在被顶进地道桥框架顶上的荷载(包括线路加固料自重)(kN);

f_1——框架顶的摩擦系数,视顶板上润滑程度,经试验确定,无试验资料时,可采用以下数值:涂石蜡为0.17~0.34,涂滑石粉可以取为0.30,涂机油调制的滑石粉可以取为0.20;

N_2——地道桥自重(kN);

f_2——底板与地基土之间摩擦系数,按土的性质而定,无试验资料时可采用0.70~0.80;

E——作用在两侧墙上的土压力,由于两侧土受超挖松动,可以按主动土压力计算;

f_3——侧面摩擦系数,视土性质而定,无试验资料时可用0.70~0.80;

R——钢刃脚正面阻力,视刃脚构造、挖土方法、土的性质经试验确定,无试验资料时:砂黏土可取500~550 kPa,卵石土可取1 500~1 700 kPa;

A——钢刃脚正面积(m^2);

K——预留系数,可以用1.2。

按已建成地道桥的造价分析,顶进设备、后背及工作坑等临时设施的费用,可能占总造价的40%以上,因此减小顶进力以及简化施工临时设施,是降低施工造价、提高地道桥经济指标的重要措施。

斜框架常采用斜向顶进法(图7.13)施工,为了便于千斤顶的布置,在框架底板顶进一侧做成与顶进方向正交的附加板段,该部分不参与整个框架的受力,仅需按构造配置钢筋。由于框架左右侧土压力作用点不在一条直线上,而造成一个逆时针的力偶,使整个箱体有扭转的趋势,因此千斤顶要偏心布置,以保证正确方向顶进。

图7.14为一公路与铁路斜交角度为30°的四孔框架地道桥。框架横向总宽为44.4 m,总重为7.8×10^7 N,采用斜框架斜向顶进方案施工。为了减小后背工程,利用后节质量顶进前节,再以前节的自重为平衡重半拉、以及后背半推,顶进后半节。

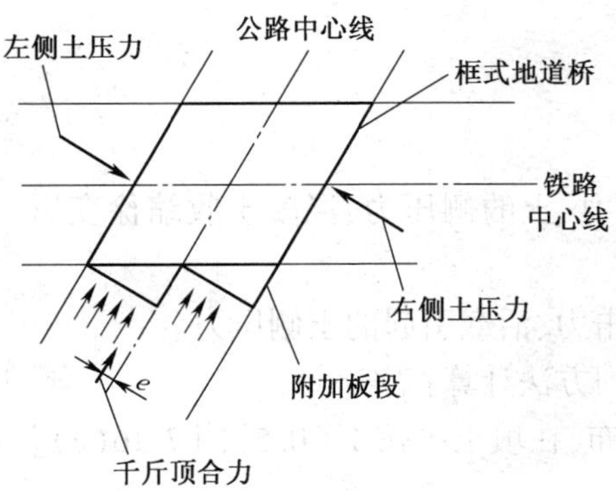

图7.13 斜框架斜向顶进

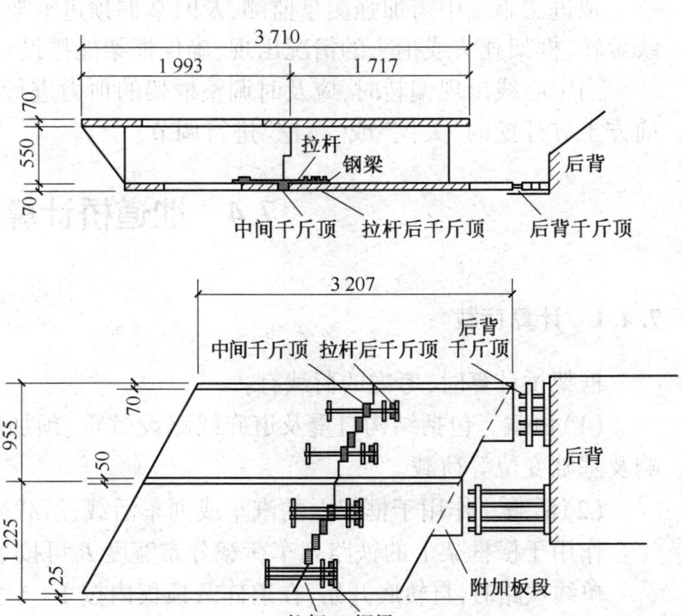

图7.14 斜交框架顶进布置(单位:cm)

7.3.3　线路加固

框架桥进行顶进法施工时,需要进行铁路线路架空加固,以保证施工期间桥上铁路可慢速通过,保证一定的运行条件。“线路架空”即为修建一个临时性桥梁,支撑铁路线路。

目前,常用的线路架空加固方法为采用 D 型便梁(图 7.15)进行架空加固。D 型施工便梁适用于既有线或站场的桥涵施工,最大优点是在不中断行车的情况下,利用它进行桥涵的开挖和施工,并且具有运输和拆装方便的特点,是一种制式加固器材。适用于单线、双线、直线、曲线($R \geqslant 400$ m),行车限速为 60 km/h,线路钢轨不轻于 43 kg/m 新轨。

D 型便梁一般的安装程序:

(1)纵梁就位:按计划位置,先将一片纵梁就位,另一片纵梁垫高出枕木面 0.2 m 左右,以便抽换枕木,待纵梁撑稳后,安装联强板及牛腿。

(2)抽换枕木:安装横梁的位置应与轨枕一致,所以事先应将轨枕间距适当调整,抽换轨枕应按工务规则要求“六抽一”,由纵梁两端向中心排列抽换,抽一根枕木,塞一根横梁,其中有一根钢轨下需要垫大块绝缘橡胶板,防止轨道电路短路,影响信号和行车,塞入横梁时要对准主梁联结板并定位,同时垫好橡胶垫,上好扣件。

图 7.15　D 型施工便梁

(3)长钢轨地段施工时,为增加长钢轨的横向稳定,要在横梁上安装挡砟板,并捣固道床。

(4)将垫高的一片纵梁降落就位,并联结纵横梁。

(5)逐段扒除道砟,安装斜杆和所有联结系统。

7.3.4　施工测量与控制

顶进法施工中需加强测量监测,及时掌握顶进框架的平面位置和高程情况,以防出现中心线偏转、框架扎头或抬头的情况出现,确保框架能按设计的位置就位。

当中心线出现偏转时,应及时调整框架的顶力进行纠偏;当出现扎头或抬头现象,可通过前方土方开挖的“欠挖”或“超挖”进行调节。

7.4　地道桥计算特点

7.4.1　计算荷载

框架桥计算时,考虑的荷载有:

(1)恒载。包括结构自重及道砟线路设备重、预加应力、土的侧压力、混凝土收缩徐变影响及基础变位等荷载。

(2)活载。作用于框架上的汽车或列车活载、活载冲击力、活载引起的土侧压力。

作用于横框架上的铁路列车荷载分布宽度 B 可按下列方法计算:

单线铁路时,自轨底开始,在道砟及顶板内按 1∶1 分布,在填土中按 1∶0.5[图 7.16(a)]分布。

多线铁路时,如中间分布线无重叠,按单线处理,有重叠时,可参照图 7.16(b)计算。

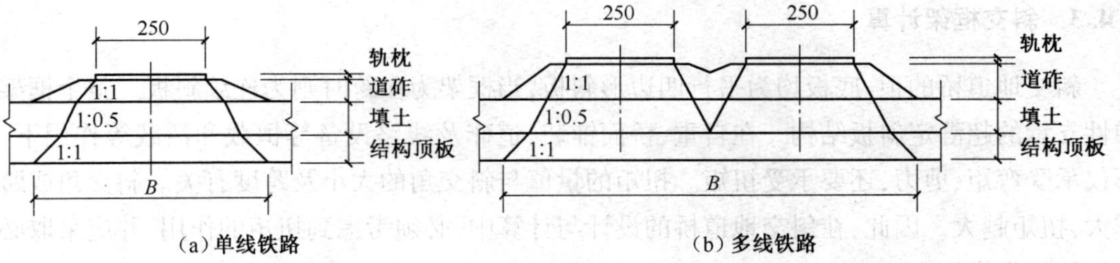

图 7.16　列车荷载横向分布宽度

(3) 附加力。制动力或列车牵引力、温度变化的作用。

7.4.2　正交框架计算

地道桥是超静定结构，当地道桥与所穿越的铁路或公路成正交且桥箱身较短时，在结构计算中通常在沿下穿道路方向取 1 m 宽框架，采用平面梁单元有限元方法计算，此时的荷载也需换算为每延米框架上的荷载。

框架底板为支承于地基上的板，由于地基的变形，框架桥的受力及变形比较复杂，采用平面梁元有限元法计算框架桥时，地基对底板梁元的弹性支承作用一般采用在底板单元相应节点上施加弹簧来模拟，弹簧的刚度由地基弹性系数按下述方法换算得出。

1867 年前后，温克尔 (E. Winkler) 对地基计算提出如下假设：地基表面任一点的沉降与该点单位面积上所受的压力成正比（图 7.17），即

$$y = \frac{p}{k} \tag{7.2}$$

式中，y 为地基的沉降位移；k 为地基系数，其物理意义为：使地基产生单位沉陷所需的压强；p 为单位面积上的压力强度。

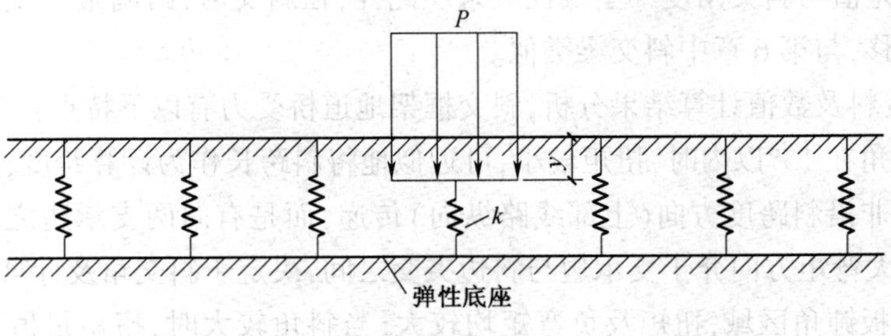

图 7.17　局部弹性地基模型

这个假设实际上是把地基模拟为刚性支座上一系列独立的弹簧。当地基表面上某一点受压力 p 时，由于弹簧是彼此独立的，故只在该点局部产生沉陷 y，而在其他地方不产生任何沉陷。因此，这种地基模型称作局部弹性地基模型。

显然，当式 (7.2) 中 $y=1$ 时，$p=k$，p 即为单位面积地基的刚度，地基系数 k 是地基系数的比例系数 m_0 与底板埋置深度的乘积。地基系数的比例系数 m_0 由试验实测确定或参考规范推荐取值。

7.4.3 斜交框架计算

斜交地道桥的顶、底板均为平行四边形斜板,当框架为多跨时则为连续斜板。整个框架为弹性支承的超静定斜板结构。在自重、桥面铺装、道砟及线路设备等恒载和活载等作用下,板不仅承受弯矩、剪力,还要承受扭矩。扭矩的量值与斜交角的大小及跨度有关。斜交角或跨度越大,扭矩越大。因此,在斜交地道桥的设计与计算中,必须考虑到扭矩的作用,并应采取必要的钢筋加强措施。

由于斜交引起扭矩,用有限元分析结构框架内力时,斜交地道桥就不能像正交框架那样简化为平面杆系求解,设计时常采用由板单元与薄膜单元组合而成的板壳单元进行结构计算。该类板壳单元由 3 或 4 个节点组成,可计算出各单元位置的面内轴力及弯矩,具有节点个数少、建模及求解快、数据量较少的特点,非常适合于斜交框架地道桥的结构分析。此外,考虑到弹性地基对结构的影响时,可用弹性地基板(壳)单元计算,但也可用边界元(弹簧)来模拟,在绝大多数情况下,上述计算模型可满足计算精度,并可利用通用的分析程序计算。由板壳单元法获取板端各向弯矩和扭矩后,可进一步计算主弯矩及其方向,按此进行抗弯配筋设计。此外,也可采用梁格法进行计算。

图 7.18 所示为三跨斜交框架地道桥,箱体净跨度为 10.15 m+22.6 m+10.15 m,桥宽 6.1 m,斜交角为 30°,采用梁格法计算恒载作用下弯矩,计算结果如图 7.18(c)所示。图 7.18(c)中弯矩为箱体沿 1-1,2-2 及 3-3 方向各单位板宽内的正截面弯矩图,为了进行内力对比,图 7.18(d)为相同条件的正交框架弯矩计算示意图。

从图 7.18(c)中可以看出:框架钝角处最大负弯矩为 2 210 kN · m,与按正交计算的最大负弯矩 1 882 kN · m[图 7.18(d)]相比,大 17.4%;锐角处弯矩为 1 312 kN · m,与按正交计算的最大负弯矩相比,小 30.2%;钝角处弯矩是锐角处弯矩的 1.68 倍。相关计算也表明:当斜交角为 15°时,按正、斜模式计算的最大负弯矩差值在 10% 以内,当斜交角为 45°时,偏差在 20% 以上,两者差值与斜交角度不呈线性关系。此外,在斜交时,跨间最大正弯矩不在跨中位置,而向钝角偏移,与第 6 章中斜交梁类似。

根据试验资料及数值计算结果分析,斜交框架地道桥受力有以下特点:

(1)当斜交角在 15°以内时,扭矩较小,可近似地将斜跨长作为计算跨度,按正交桥计算。

(2)荷载并非沿斜跨度方向(上部线路纵向)传递,而是有向两支承边之间最短距离方向传递的趋势,最大弯矩方向介于支承边与斜边夹交之间,决定于斜交角及计算点位置。

(3)在斜交板钝角区域,扭矩及负弯矩均较大,当斜角较大时,扭矩量值可与负弯矩值处于同一数量级,且主弯矩方向大致沿垂直于角平分线方向(钝角效应)。

(4)立墙与顶板、底板联结处的内力变化急剧。

(5)最大正弯矩截面由跨中向钝角一侧偏移,最大偏移量大致为 $L/8$(L 为斜跨长)。

(6)框架整体有向斜交角反方向扭转的趋势,应加强侧墙后土体稳定性。

通过计算得到斜交框架各部位的弯矩、剪力、轴力和扭矩后,可对结构进行配筋设计。

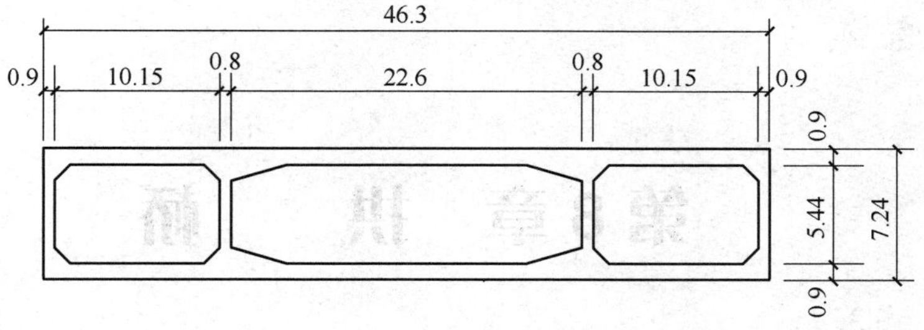

（a）立面图(单位：m)

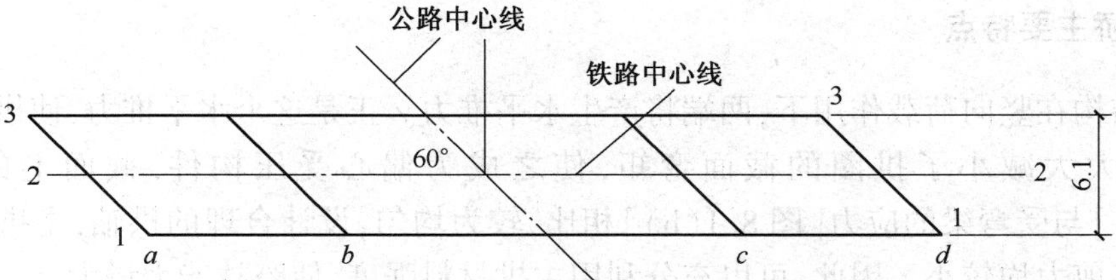

（b）平面图(单位：m)

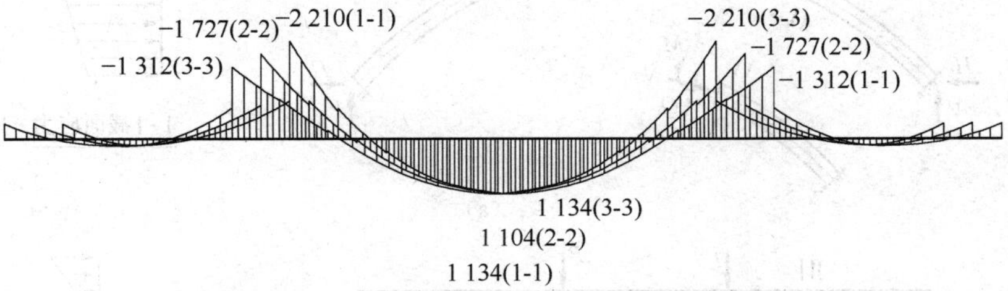

（c）斜交框架单位板宽内的正截面弯矩图(单位：kN·m)

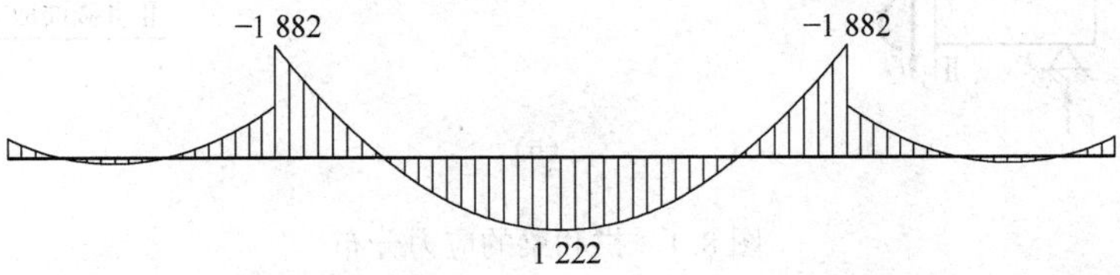

（d）对应正交框架单位板宽内的正截面弯矩图(单位：kN·m)

图 7. 18　三跨斜交地道桥

思 考 题

1. 简述框架式地道桥的概念和适用场合。
2. 简述地道桥的荷载与受力特点。
3. 简述地道桥的主要施工方法及其使用场合。
4. 简述地道桥顶进法顶推力计算和千斤顶配置计算方法。
5. 简述地道桥梗肋的作用和设计原则。

第 8 章　拱　　桥

8.1　概　　述

8.1.1　拱桥主要特点

拱式结构在竖向荷载作用下,两端将产生水平推力。正是这个水平推力,使拱内产生轴向压力,从而大大减小了拱圈的截面弯矩,使之成为偏心受压构件,截面上的应力分布[图 8.1(a)]与受弯梁的应力[图 8.1(b)]相比,较为均匀,设计合理的拱轴,主拱主要承受压力,而弯矩、剪力均较小。因此,可以充分利用主拱材料强度,使跨越能力增大。

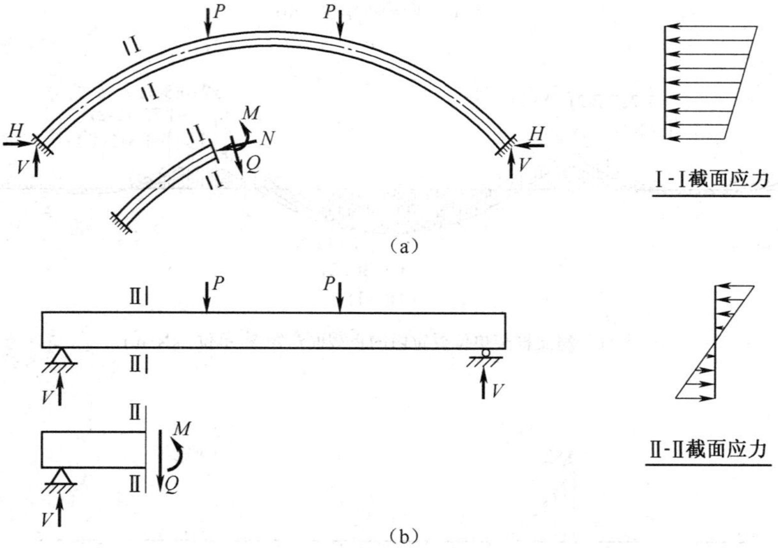

图 8.1　拱和梁的应力分布

拱桥的主要优点是:跨越能力较大;能充分就地取材,与混凝土梁式桥相比,可以节省大量的钢材和混凝土;耐久性能好,维修、养护费用少;外形美观;构造较简单。

拱桥的缺点主要体现在:自重较大,相应的水平推力也较大,增加了下部结构的工程量,当采用无铰拱时,对地基条件要求高;由于拱桥水平推力较大,在连续多孔的大、中桥梁中,为防止一孔破坏而影响全桥的安全,需要采用较复杂的措施,例如设置单向推力墩,也会增加造价;与梁式桥相比,上承式拱桥的建筑高度较高,当用于城市立交及平原地区时,因桥面高程提高,使两侧接线长度增长,或者使桥面纵坡增大,既增加了造价又对行车不利。拱桥的缺点正在逐步得到改善和克服,在 200~600 m 的范围内,拱桥仍然是悬索桥和斜拉桥的竞争桥型。

8.1.2　拱桥组成及主要类型

1. 拱桥的主要组成

拱桥的上部结构和下部结构各主要组成部分的名称如图 8.2 所示。

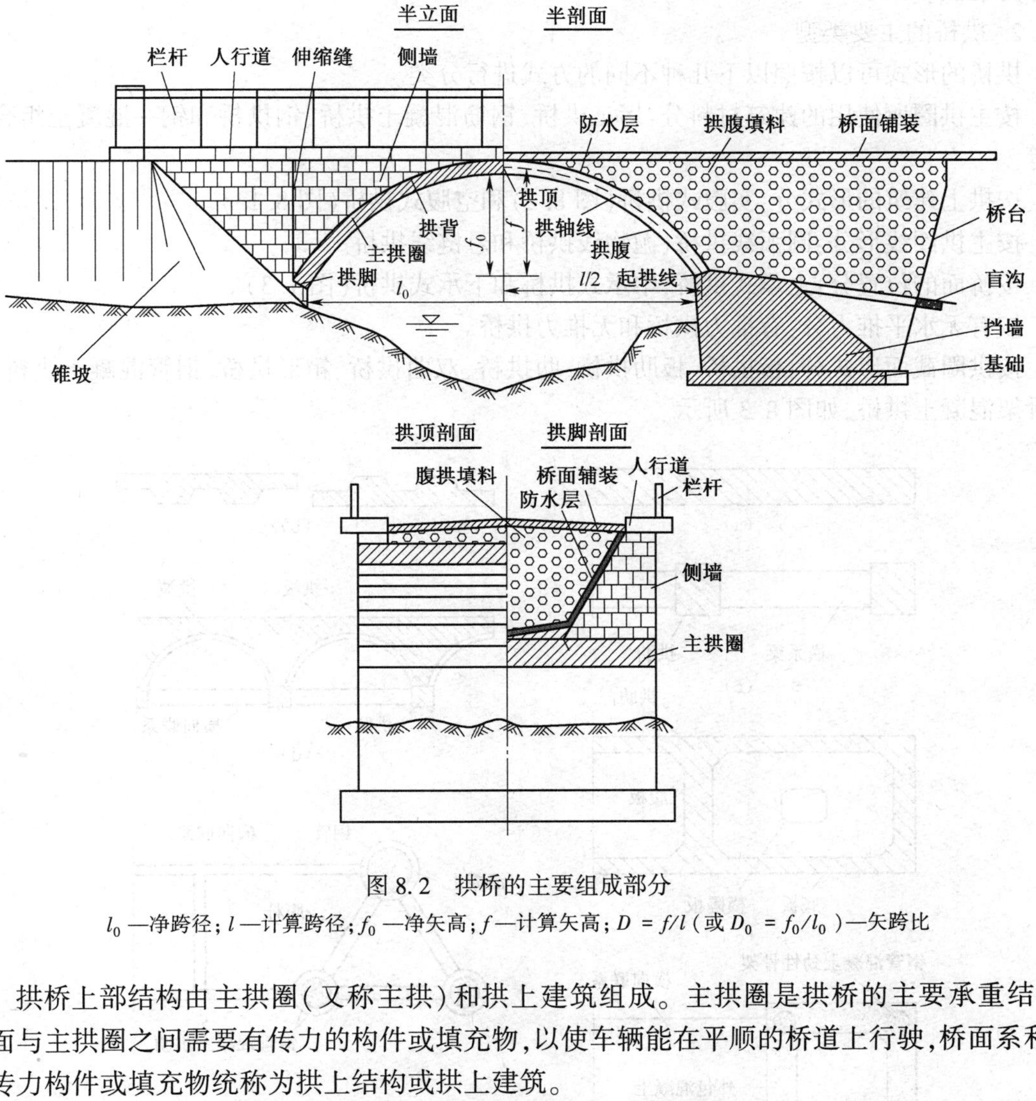

图 8.2　拱桥的主要组成部分

l_0 —净跨径；l —计算跨径；f_0 —净矢高；f —计算矢高；$D = f/l$（或 $D_0 = f_0/l_0$）—矢跨比

拱桥上部结构由主拱圈（又称主拱）和拱上建筑组成。主拱圈是拱桥的主要承重结构。桥面与主拱圈之间需要有传力的构件或填充物，以使车辆能在平顺的桥道上行驶，桥面系和这些传力构件或填充物统称为拱上结构或拱上建筑。

拱桥的下部结构由桥墩、桥台及基础等组成，用以支承桥跨结构，将桥跨结构的荷载传至地基。桥台还起到与两岸路堤相连接的作用，使路桥形成一个协调的整体。

拱圈最高处称为拱顶，拱圈和墩台连接处称为拱脚（或起拱面）。拱圈各横向截面（或换算截面）的形心连线称为拱轴线。拱圈的上曲面称为拱背，下曲面称为拱腹。起拱面与拱腹相交的直线称为起拱线。

下面介绍拱桥的几个主要技术名称：

净跨径（l_0）——每孔拱跨两个起拱线之间的净水平距离。

计算跨径（l）——相邻两拱脚截面形心点之间的水平距离。因为拱圈（或拱肋）各截面形心点的连线称为拱轴线，故也就是拱轴线两端点之间的水平距离。

净矢高(f_0)——拱顶截面下缘至起拱线连线的垂直距离。

计算矢高(f)——拱顶截面形心至相邻两拱脚截面形心之连线的垂直距离。

矢跨比(D 或 D_0)——拱圈(或拱肋)的净矢高与净跨径之比,或计算矢高与计算跨径之比,即 $D_0 = f_0/l_0$ 或 $D = f/l$。一般将矢跨比大于或等于 1/5 的拱称为陡拱;矢跨比小于 1/5 的拱称为坦拱。

2. 拱桥的主要类型

拱桥的形式可以按照以下几种不同的方式进行分类。

按主拱圈所使用的建筑材料分:圬工拱桥、钢筋混凝土拱桥、钢拱桥和钢—混凝土组合拱桥等。

按拱上建筑的形式分:实腹式拱桥(图 8.2)和空腹式拱桥(图 8.13)。

按主拱圈线形分:圆弧线拱桥、抛物线拱桥和悬链线拱桥。

按桥面的位置分:上承式拱桥,中承式拱桥和下承式拱桥(图 1.3)。

按有无水平推力分:有推力拱桥和无推力拱桥。

按拱圈截面形式分:板拱桥、板肋拱桥、肋拱桥、双曲拱桥、箱形拱桥、钢管混凝土拱桥、劲性骨架混凝土拱桥,如图 8.3 所示。

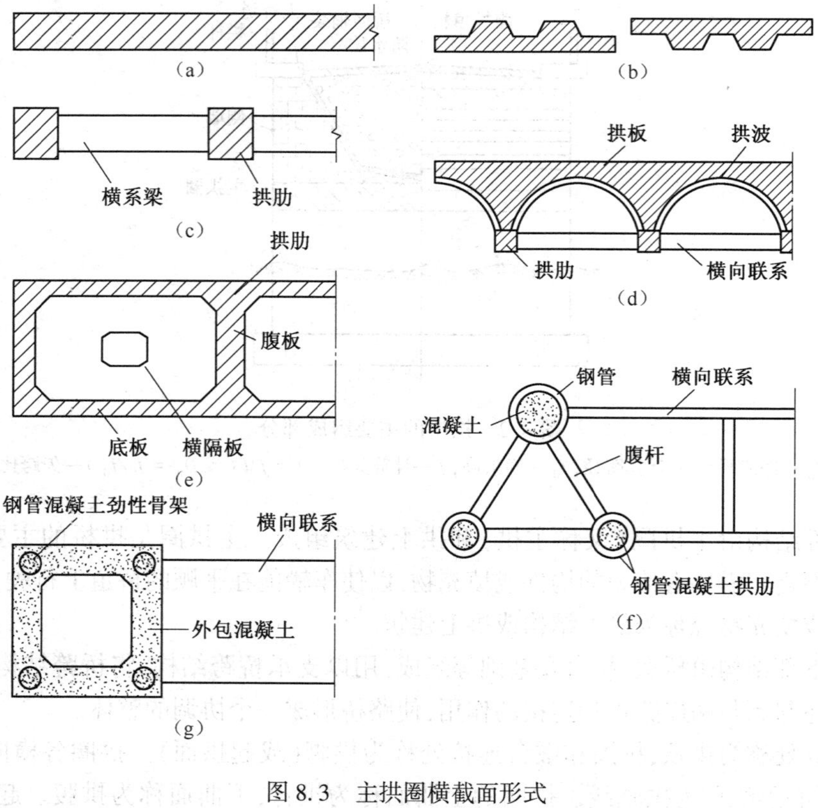

图 8.3　主拱圈横截面形式

按结构受力图式分:简单体系拱桥,组合体系拱桥和拱片桥。

(1)简单体系拱桥

所谓"简单体系拱桥",系指有推力的单跨拱桥,可以做成上承式、中承式和下承式。按照主拱的静力体系,简单体系拱桥有如图 8.4 所示的三铰拱、两铰拱和无铰拱。

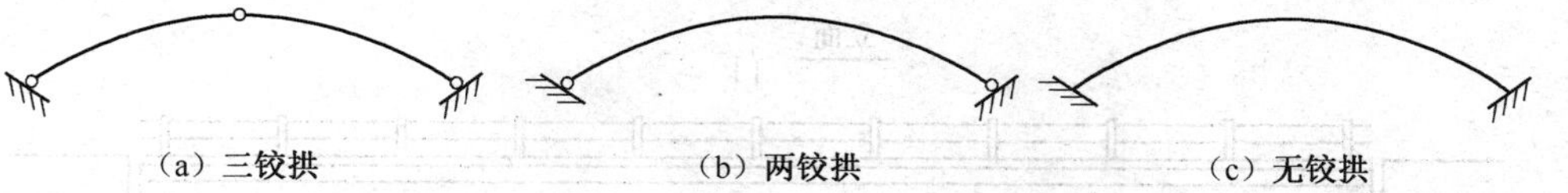

图 8.4　简单体系拱

(2)组合体系拱桥

拱式组合体系桥一般由拱肋、系杆、吊杆(或立柱)、行车道梁(板)及桥面系等组成。

拱式组合体系桥将梁、拱、索基本结构组合起来,共同承受桥面荷载和水平推力,充分发挥梁受弯、拱受压、索受拉的结构特性及其组合作用,达到节省材料的目的。拱式组合体系桥一般可划分为有推力和无推力两种类型。

设置系杆(梁)的组合体系拱称为系杆拱,系杆是一个承担拱的部分或全部推力的水平构件,以减小墩台受力。无推力的组合体系拱,是外部静定结构,兼有拱桥的较大跨越能力和简支梁桥对地基适应能力强的两大特点。根据拱肋和系杆(梁)相对刚度的大小及吊杆的布置形式可以分为:一般将 $E_{肋}I_{肋}/(E_{系}I_{系})$ 大于 80、具有竖直吊杆的柔性系杆刚性拱称系杆拱[图 8.5(a)];将 $E_{肋}I_{肋}/(E_{系}I_{系})$ 小于 1/80、具有竖直吊杆的刚性系杆柔性拱称蓝格尔拱[图 8.5(b)];将 $E_{肋}I_{肋}/(E_{系}I_{系})$ 在 1/80~80 之间、具有竖直吊杆的刚性梁刚性拱称洛泽拱[图 8.5(c)]。以上三种拱,当用斜吊杆来代替竖直吊杆时,称为尼尔森拱[图 8.5(d)~(f)]。

有推力的组合体系拱,此种组合体系拱没有系杆,由单独的梁和拱共同受力,拱的推力仍由墩台承受。图 8.5(g)是刚性梁柔性拱(倒蓝格尔拱);图 8.5(h)是刚性梁刚性拱(倒洛泽拱)。

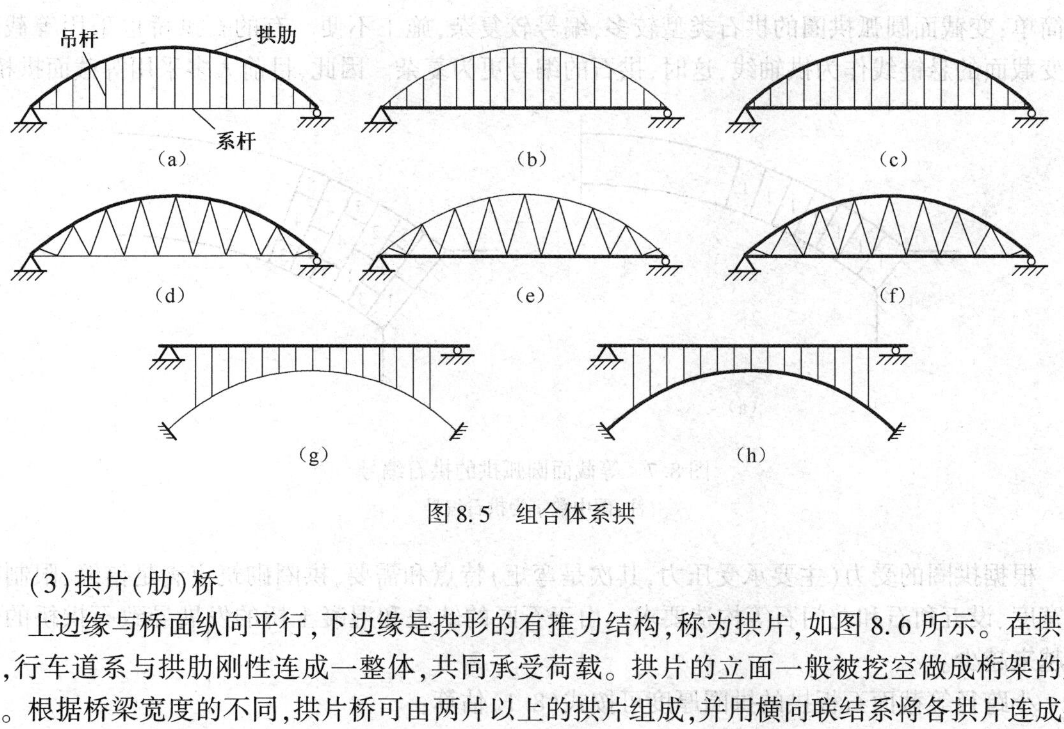

图 8.5　组合体系拱

(3)拱片(肋)桥

上边缘与桥面纵向平行,下边缘是拱形的有推力结构,称为拱片,如图 8.6 所示。在拱片中,行车道系与拱肋刚性连成一整体,共同承受荷载。拱片的立面一般被挖空做成桁架的形式。根据桥梁宽度的不同,拱片桥可由两片以上的拱片组成,并用横向联结系将各拱片连成整体,行车道板支承在拱片上。

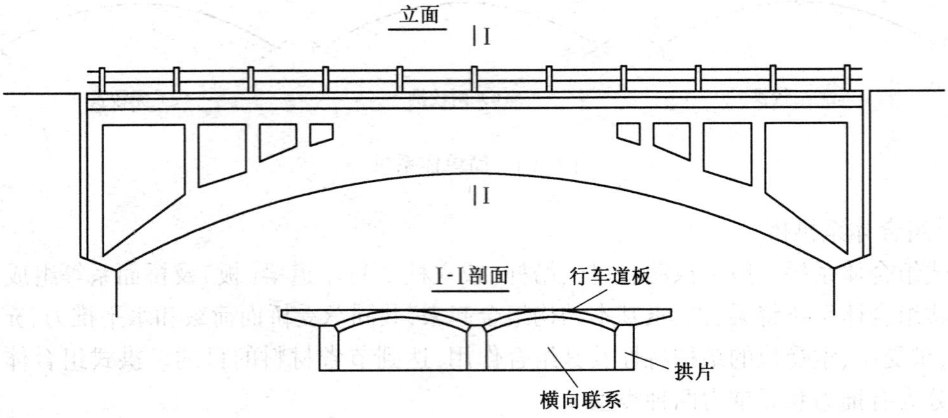

图 8.6　拱片桥

8.2　拱桥构造

8.2.1　主拱构造

(1)石板拱

砌筑石板拱主拱圈的石料主要有料石、块石和砖石等。用粗料石砌筑拱圈时，拱石需要随拱轴线和截面形式不同而分别进行编号，以便加工，等截面圆弧拱(图 8.7)的拱石规格少，编号简单；变截面圆弧拱圈的拱石类型较多，编号较复杂，施工不便。有的石拱桥也采用等截面或变截面的悬链线作为拱轴线，这时，拱石的编号更为复杂。因此，目前大多采用等截面拱桥。

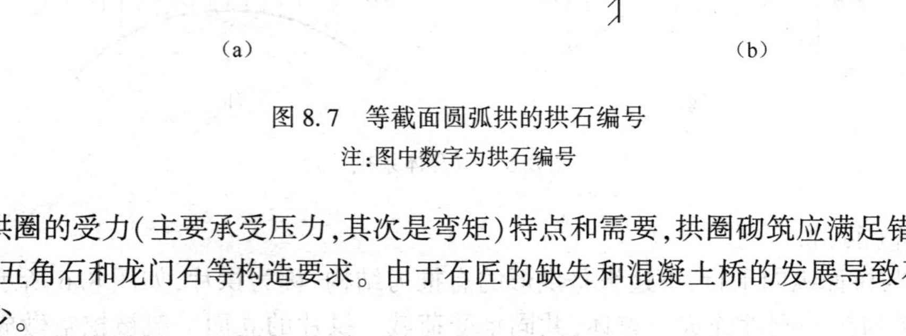

图 8.7　等截面圆弧拱的拱石编号

注：图中数字为拱石编号

根据拱圈的受力(主要承受压力，其次是弯矩)特点和需要，拱圈砌筑应满足错缝、限制砌缝宽度、设五角石和龙门石等构造要求。由于石匠的缺失和混凝土桥的发展导致石拱桥的修建越来越少。

小跨径等截面石板拱的拱圈厚度可按式(8.1)估算：

$$h = \beta k \sqrt[3]{l_0} \tag{8.1}$$

式中　h ——拱圈厚度(cm)；

l_0 ——拱圈净跨径(cm);

β ——系数,一般为4.5~6.0,取值随矢跨比的减小而增大;

k ——荷载系数,一般取1.2。

(2)混凝土板(肋)拱

① 素混凝土板拱:这类拱桥主要用于缺乏合格天然石料的地区,可以采用整体现浇,也可以预制砌筑。整体现浇混凝土拱圈,拱内收缩应力大,受力不利,同时,拱架、模板木材用量大,工期长,质量不易控制,故较少采用。预制砌筑就是将混凝土板拱划分成若干块,然后预制混凝土块件,最后进行块件砌筑成拱。预制砌块在砌筑前应有足够的养生期,以消除或减少混凝土收缩的影响。

② 钢筋混凝土板拱:相比混凝土板拱,这类拱桥可以设计成较小的板厚,其构造简单、外表整齐、轻巧美观,如图8.8所示。根据桥宽需要可做成单条整体拱圈或多条平行板(肋)拱圈,施工时可反复利用一套较窄的拱架与模板来完成,大大节省材料。

钢筋混凝土等截面板拱的拱圈高度可按跨径的1/70~1/60初拟,跨径大时取小者。

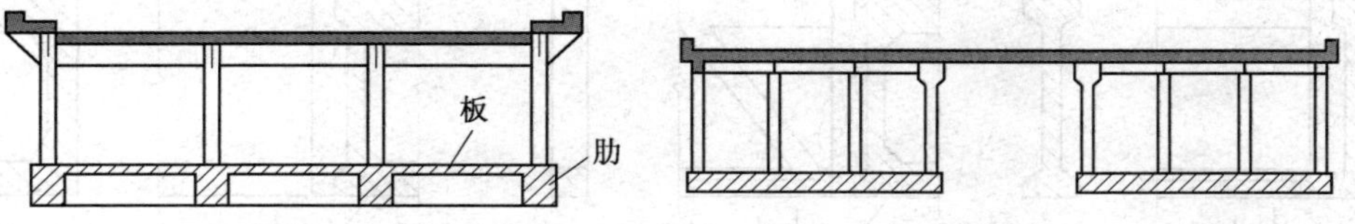

图8.8 钢筋混凝土板肋拱的横断面

③ 肋拱桥是由两条或多条分离的拱肋、横系梁、立柱和由横梁支承的行车道部分组成,如图8.9所示。

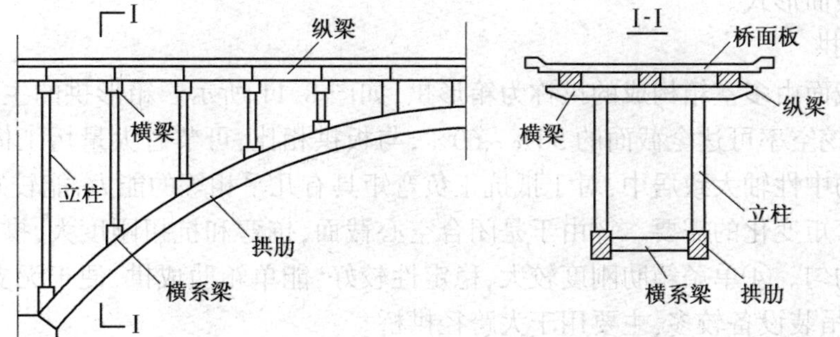

图8.9 拱肋桥立面布置图

拱肋是主要承重结构,可由混凝土、钢筋混凝土、钢管混凝土、劲性骨架混凝土做成。拱肋的数目和间距以及截面形式主要根据桥梁宽度、肋形、材料性能、荷载等级、施工条件、拱上结构等各方面综合考虑决定。为了简化构造,一般在吊装能力满足要求的情况下,宜采用少肋形式。通常,桥宽在20 m以内时均可考虑采用双肋式,当桥宽在20 m以上时,宜采用分离的双幅双肋拱,以避免由于肋中距增大而使肋间横系梁、拱上结构横向跨度与尺寸增大太多。上下游拱肋最外缘的间距一般不宜小于跨径的1/20,以保证拱的横向整体稳定性。

拱肋的截面形式分为实体矩形、工字形、箱形、管形和劲性骨架混凝土箱形等。矩形截面构造简单、施工方便,一般仅用于中小跨径的肋拱,肋高可取跨径的1/60~1/40,肋宽可为肋高的0.5~2.0倍。工字形截面,常用于大、中跨径的肋拱桥,肋高一般为跨径的1/35~1/25,肋宽为肋高的0.4~0.5倍,腹板厚度常为30~50 cm。管形肋拱是指采用钢管混凝土结构作为拱肋的拱桥,其肋高与跨径之比常在1/65~1/45之间。当肋拱桥的跨径大,桥面宽时,拱肋还可采用箱形截面,这样可减少更多的圬工体积。

箱形肋拱由双肋或多肋组成,肋间设置系梁使之形成整体。

箱形肋拱拱肋尺寸根据受力需要确定,初拟时一般肋高取为跨径的1/70~1/50,或按式(8.2)估算。肋宽取为肋高的1.0~2.0倍。箱形肋之间的横梁除具有增强肋拱横向整体稳定性外,还可起到横向分布荷载的作用,要求具有足够的强度和刚度,并与拱肋固结。肋间横梁常用钢筋混凝土材料,目前有三种断面类型,如图8.10所示。

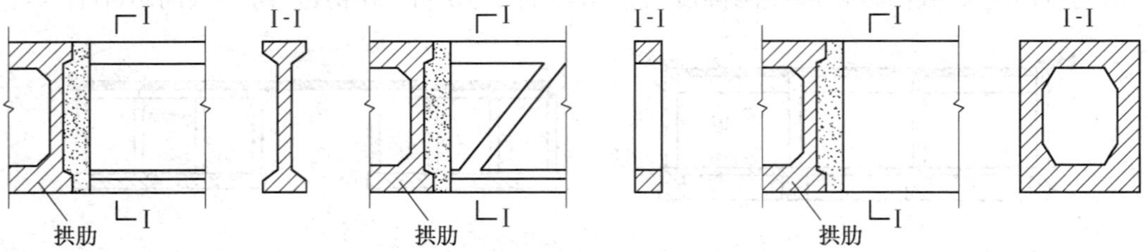

图8.10　箱肋拱横梁

箱形肋拱通常采用等截面形式,以方便施工。对于特大跨径的箱形肋拱也可采用受力更为合理的变截面形式。

(3)箱形拱

主拱圈截面由多室箱构成的拱称为箱形拱,如图8.11所示。箱形拱的主要特点是:①截面挖空率大,挖空率可达全截面的50%~60%,与板拱相比,可节省大量圬工体积,减轻质量。②箱形截面的中性轴大致居中,对于抵抗正负弯矩具有几乎相等的能力,能较好地适应主拱圈各截面正负弯矩变化的需要。③由于是闭合空心截面,抗弯和抗扭刚度大,拱圈的整体性好,应力分布较均匀。④单条箱肋刚度较大,稳定性较好,能单箱肋成拱,便于无支架吊装。⑤制作要求较高,吊装设备较多,主要用于大跨径拱桥。

箱形拱的拱圈,可以由一个闭合箱(单室箱)或由几个闭合箱(多室箱)组成,每一个闭合箱又由箱壁(侧板)、顶板(盖板)、底板及横隔板组成,其组成方式有:①由多条U形肋组成的多室箱形截面[图8.11(a)];②由多条工字形肋组成的多室箱形截面[图8.11(b)];③由多条闭合箱肋组成的多室箱形截面[图8.11(c)];④整体式单箱多室截面[图8.11(d)]。箱形拱的构造与施工方法有密切的联系,图8.11(a)~(c)主要用于吊装施工,若采用悬臂法或支架法施工,则可采用图8.11(d)的整体断面。

拱圈的高度主要取决于拱的跨度,还与拱圈所用混凝土强度有很大关系。初拟拱圈的高度时,拱圈高度可取跨径的1/75~1/55,或者按经验公式(8.2)估算:

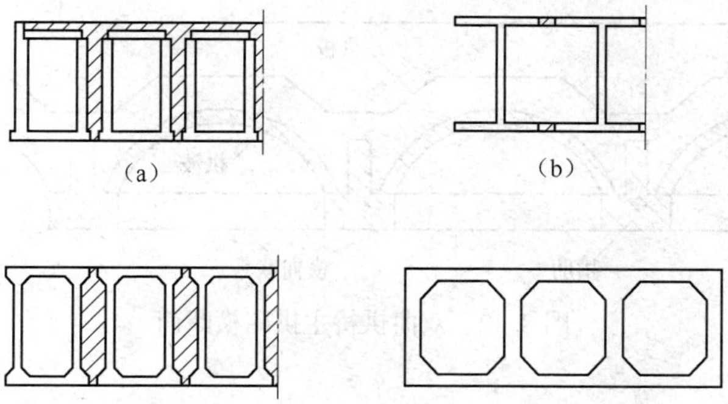

图 8.11　箱形截面组成方式

$$h = \frac{l_0}{100} + \Delta \tag{8.2}$$

式中　h——拱圈高度(m)；

l_0——净跨径(m)；

Δ——箱形拱为 0.6~0.7 m,箱肋拱为 0.8~1.0 m。

提高混凝土的强度,可以减小截面尺寸,从而减轻拱体本身的自重力或加大跨径。目前常用 C40~C50 混凝土,对特大跨径拱桥应尽量采用强度等级更高的混凝土。

拟定拱圈的宽度时,可考虑采用悬挑桥面,减小拱圈宽度,即采用窄拱圈形式。拱圈宽度一般可为桥宽的 0.6~1.0 倍,桥面悬挑可达到 4.0 m,但为保证其横向稳定性,一般希望拱宽不小于跨径的 1/20,但特大跨径桥的拱圈宽度常难以满足该条件,只要横向稳定性能得到保证即可。

箱肋是组成预制吊装施工的箱形拱桥的基本构件。拱圈宽度确定后,根据(缆索)吊装能力,在横向划分为几个箱肋,即可确定箱肋的宽度。

对常用的由多条闭口箱肋组成的箱形拱[图 8.11(c)],其顶、底板厚度一般为 15~22 cm,外箱外腹板厚一般为 12~15 cm,其他腹板厚常取 5~7 cm,以尽量减轻吊装质量,填缝宽度(图中阴影部分)一般采用 20~35 cm。为保证填缝混凝土浇筑质量,上开口宽不宜小于 15 cm,下开口宽为安装缝,通常为 4 cm。

(4)双曲拱桥

双曲拱桥主拱圈通常由拱肋、拱波、拱板和横向联系等几部分组成,如图 8.12 所示。双曲拱桥的主要特点是将主拱圈以“化整为零”的方法按先后顺序进行施工,再以“集零为整”的组合式整体结构承重。施工时,先将拱圈划分成拱肋、拱波、拱板及横向联系四部分,并预制拱肋、拱波和横向联系,即“化整为零”;然后吊装钢筋混凝土拱肋成拱并与横向联系构件组成拱形框架,在拱肋间安装拱波,随后浇筑拱板混凝土,形成主拱圈,即“集零为整”。双曲拱桥是我国于 20 世纪 70 年代提出的,当时的主要目的是减轻吊装质量,因其整体性和承载力关系,目前用得很少。

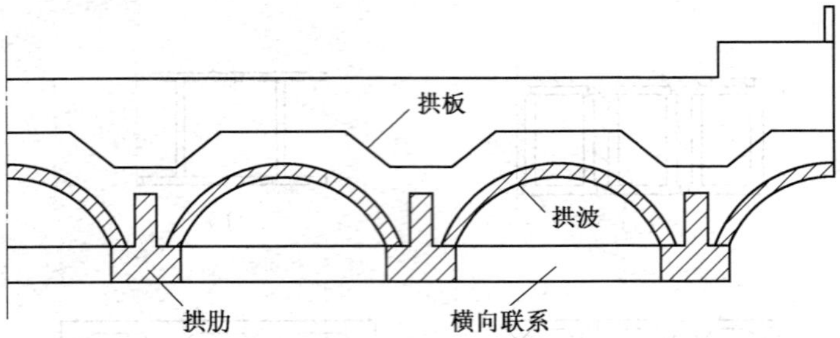

图 8.12　双曲拱桥主拱圈横断面

8.2.2　拱上建筑构造

拱上建筑,又称拱上结构,按照构造方式分为实腹式和空腹式两种。

(1)实腹式拱上建筑

实腹式拱上建筑构造简单,施工方便,填料数量较多,恒载较重,所以,一般用于小跨径的拱桥。实腹式拱上建筑由拱腹填料、侧墙、变形缝、防水层、泄水管以及桥面系组成(图 8.2)。

拱上填料分为填充式和砌筑式两种。填充式填料通常采用透水性好、土侧压力小的砾石、碎石、粗砂或卵石类黏土等材料,分层夯实,还可采用其他轻质材料,如炉渣与黏土的混合物、陶粒混凝土等以减轻拱上建筑质量,使其适用于地质条件较差地区。砌筑式拱上填料就是在散粒料不易取得时才采用的一种干砌圬工方式。侧墙是围护拱腹上的散粒填料,设置在拱圈两侧,通常采用浆砌块、片石,若有特殊的美观要求,可用料石镶面。对混凝土或钢筋混凝土板拱,也可用钢筋混凝土护壁式侧墙。这种侧墙可以与主拱浇筑为一体。侧墙一般要求承受填料土侧压力和车辆作用下的土侧压力,故按挡土墙进行设计。对浆砌圬工侧墙,顶面厚度一般为 50~70 cm,向下逐渐增厚,墙脚厚度取用该处墙高的 0.4 倍。护拱设于拱脚段,以便加强拱脚段的拱圈,同时,为便于在多孔拱桥上设置防水层和泄水管,通常采用浆砌块、片石结构。

(2)空腹式拱上建筑

大、中跨径的拱桥,特别是当矢高较大时,应以空腹式拱上建筑为宜。根据构造,可分为拱式拱上建筑和梁式拱上建筑两种。

①拱式拱上建筑

拱式拱上建筑构造简单,外形美观,但自重较大、一般用于圬工拱桥。主拱上的小拱称为腹拱;腹拱的形式和跨径的选择,要既能减轻拱上建筑的自重,又不致因荷载过分集中于腹孔墩处,给主拱圈受力状况造成不利影响,同时还要使拱桥外形协调美观。

腹孔一般采用带实腹段的空腹拱,腹拱对称布置在靠拱脚侧的一定区段内,其长度为跨径的 1/4~1/3,跨中存在一实腹段。对于中小跨径拱桥,腹孔跨数以 3~6 孔为宜。也有采用全空腹形式,即拱顶不设实腹段而采用腹拱形式,此时,腹拱一般以奇数孔为宜。腹孔跨径,对中小跨径拱桥一般选用 2.5~5.5 m,对大跨径拱桥则控制在主拱跨径的 1/15~1/8。腹孔构造宜统一,以便于施工和有利于腹孔墩的受力。

腹拱圈一般采用矢跨比为 1/5~1/2 的圆弧线板式结构,或矢跨比为 1/12~1/10 的微弯板或扁壳结构。腹拱圈的厚度与它的构造形式有关,当跨径小于 4 m 时,石板拱为 30 cm,混凝土板拱为 15 cm,微弯板为 14 cm(其中预制 6 cm,现浇 8 cm);当跨径大于 4 m 时,腹拱圈厚度则可按板拱厚度经验公式拟定或参考已成桥的资料确定。腹顶填料与实腹拱相同。

紧靠桥墩(台)的第一个腹拱,目前较多的有两种做法,一种是将腹拱的拱脚直接支承在墩(台)上[图 8.13(a)、(b)];一种是跨越桥墩,使桥墩两侧的腹拱圈相连[图 8.13(c)],由于拱圈受力后变形较大,而墩台变形较小,容易造成第一个腹拱因拱脚变位而开裂,因而靠近墩台的第一个腹拱应做成三铰拱。

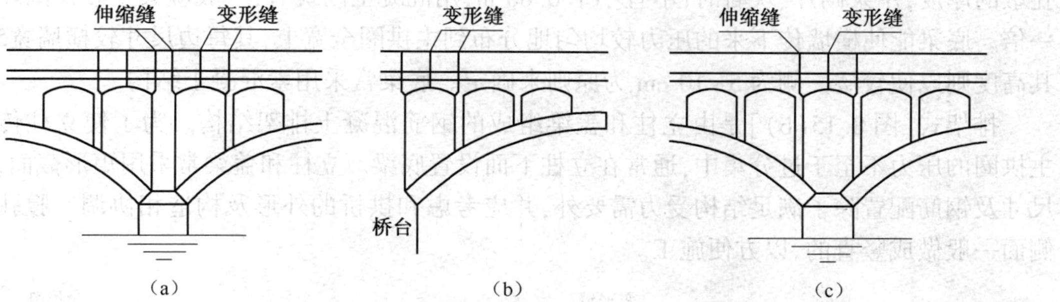

图 8.13　桥墩(台)上腹拱的布置方式

②梁式拱上建筑

梁式拱上建筑由底梁(座)、立柱、盖梁和纵梁等构件组成,可减轻拱上自重,减小拱轴系数,改善拱圈在施工过程中的受力状况,获得更好的经济效果。腹孔的布置与上述拱式拱上建筑的腹拱布置要求基本相同。梁式腹孔结构有简支梁[图 8.14(a)、(b)]、连续梁[图 8.14(c)]和框架式[图 8.14(d)]等多种形式,其结构设计可参照前几章中相应的简支、连续或框架进行设计。其桥面板也可依据需要采用纵铺和横铺两种方式。

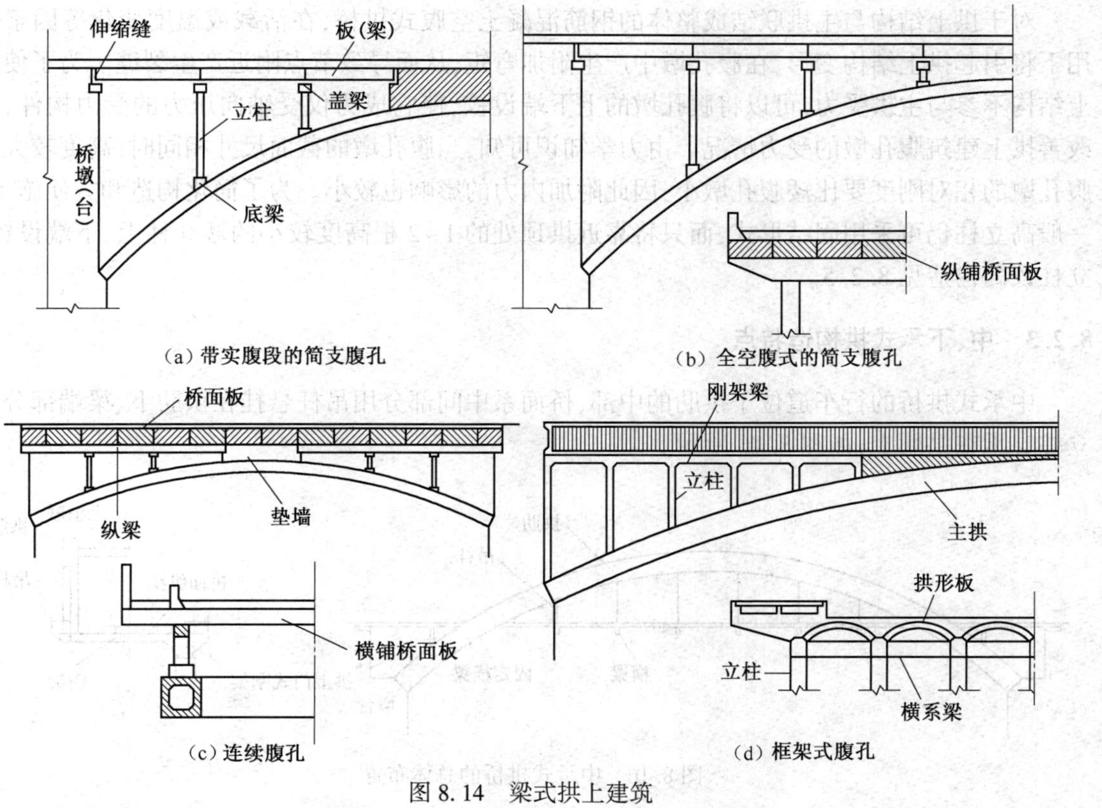

图 8.14　梁式拱上建筑

③腹孔墩

腹孔墩可分为横墙式或排架式两种。

横墙式[图 8.15(a)],一般用圬工材料砌筑或现浇混凝土形成,施工简便。为了便于维修、减轻自重,可在横向挖一个或几个孔。横墙式腹孔墩,自重较大,多用于砖、石拱桥中。腹孔墩的厚度,用浆砌片、块石时,不宜小于 0.60 m,用混凝土砌筑时,一般应大于腹拱圈厚度的一倍。底梁能使横墙传下来的压力较均匀地分布到主拱圈全宽上,其每边尺寸较横墙宽5 cm,其高度则以使较矮一侧为 5~10 cm 为原则来确定。底梁常采用素混凝土结构。

排架式[图 8.15(b)]是由立柱和盖梁组成的钢筋混凝土排架结构。为了使立柱传递给主拱圈的压力不至于过分集中,通常在立柱下面设置底梁。立柱和盖梁常采用矩形截面,截面尺寸及钢筋配置除了满足结构受力需要外,并应考虑和拱桥的外形及构造相协调。腹孔墩的侧面一般做成竖直的,以方便施工。

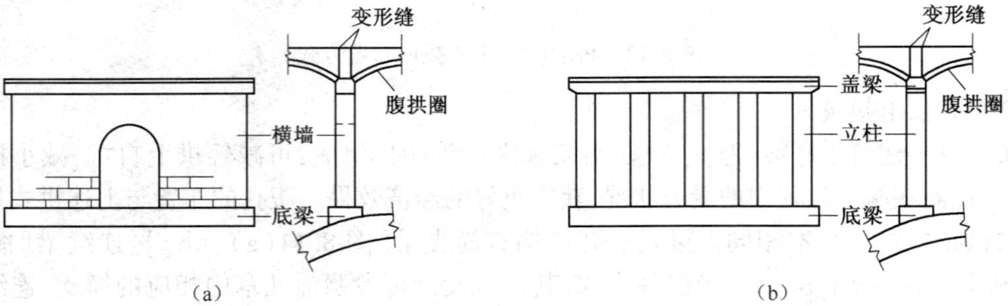

图 8.15　腹孔墩构造形式

对于拱上结构与主拱联结成整体的钢筋混凝土空腹式拱桥,在活载或温度变化等因素作用下将引起拱上结构变形,在腹孔墩中产生附加弯矩,从而导致节点附近产生裂缝。为了使拱上结构不参与主拱受力,可以将腹孔墩的上下端设铰,使它成为仅受轴向压力的受力构件,以改善拱上建筑腹孔墩的受力情况。由力学知识可知,当腹孔墩的截面尺寸相同时,高度较大的腹孔墩的相对刚度要比矮腹孔墩小,因此附加内力的影响也较小。为了简化构造和方便施工,一般高立柱仍可采用固结形式,而只将靠近拱顶处的 1~2 根高度较小的矮立柱上、下端设铰,立柱铰的构造见 8.2.5。

8.2.3　中、下承式拱构造特点

中承式拱桥的行车道位于拱肋的中部,桥面系中间部分用吊杆悬挂在拱肋下、梁端部分用立柱支承在拱肋上,如图 8.16 所示。

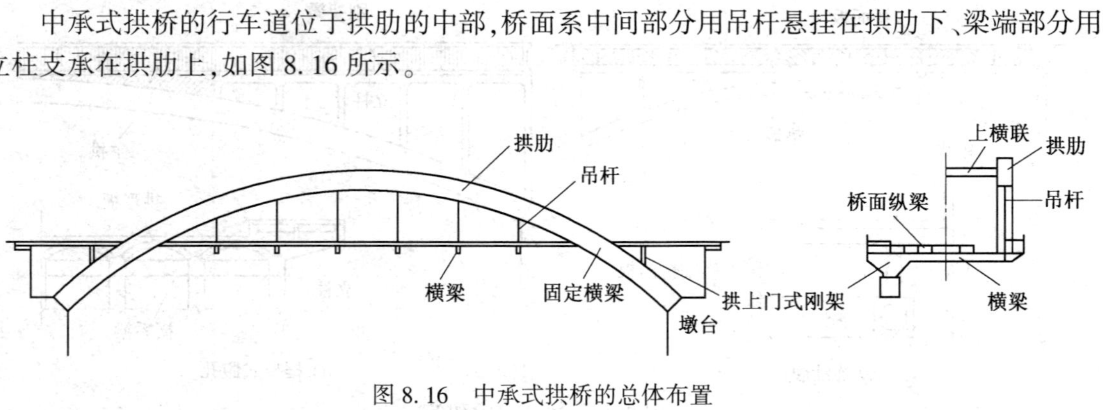

图 8.16　中承式拱桥的总体布置

下承式拱桥的桥跨结构由拱肋、悬吊结构和横向联结系三部分组成,如图 8.17 所示。

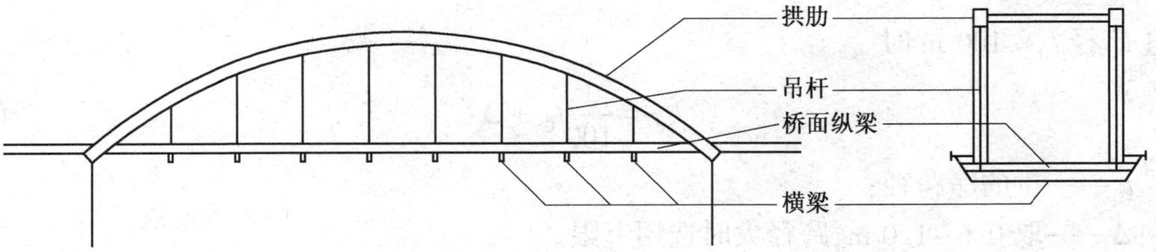

图 8.17　下承式拱桥的总体布置

中、下承式拱桥由于车辆在两片拱肋之间行驶,所以,需要用吊杆将纵、横梁系统悬挂在拱肋下,在纵、横梁系统上支承车道板,组成桥面系。

中、下承式拱桥仍保持了上承式拱桥的基本力学待性,可以充分发挥拱圈混凝土材料的抗压性能。更重要的一点是,当桥梁的建筑高度受到严格限制,若采用上承式拱桥往往有困难或矢跨比过小时,可采用中、下承式拱桥满足桥下净空要求;在不等跨的多孔连续拱桥中,为了平衡左右桥墩的水平推力,将较大跨径一孔的矢跨比加大,做成中承式拱桥,可以减小大跨的水平推力;在平坦地形的河流上,采用中、下承式拱桥可以降低桥面高度,有利于改善桥梁两端引道的纵向线形,减少引道的工程数量;有时为了满足当地景观和美学的需要,特别是多孔连续的中、下承式拱桥,以其波浪形起伏、构件轻巧给人以美感。

(1)拱肋

中、下承式拱桥的主要承重构件是两个分离式的拱肋,组成拱肋的材料可以是钢筋混凝土、钢管混凝土、劲性骨架混凝土或纯钢材,两片拱肋一般在两个相互平行的平面内。有时也可使两拱肋平面内倾,使之在水平面上的投影呈“)(”形,称提篮式拱(图 8.18),以提高拱肋的横向稳定性和承载力。

图 8.18　提篮拱实例

中、下承式拱桥由于行车道布置在两拱肋之间,因此,在相同桥面净宽的条件下,拱肋的间距比上承式拱桥大。中、下承式拱桥的拱肋一般采用无铰拱形式,以保证其刚度。其恒载分布比较均匀,因此拱轴线形可采用抛物线,也可采用悬链线。钢筋混凝土拱肋的截面形状根据跨径的大小、荷载等级和结构的总体尺寸,可以选用矩形、工字形、箱形或管形(即钢管混凝土拱肋),截面沿拱轴的变化规律可以为等截面或变截面。有时为了增强肋拱的横向刚度和稳定,可将拱脚段的肋宽增大。其截面尺寸的拟定及配筋与上承式肋拱一样。

矩形截面的拱肋施工简单,一般用于中、小跨径的拱桥,拱肋的高度为跨径的 1/70~1/40,

肋宽为肋高的 0.5~1.0 倍;工字形和箱形截面常用于大跨径拱肋。拱顶肋高 h_d 的拟定采用下列经验公式:

①跨径 $l_0 \leqslant 100$ m 时

$$h_d = \frac{1}{100}l_0 + \Delta \tag{8.3}$$

式中 l_0——拱的净跨径;

Δ——取 0.6~1.0 m,跨径大时选用上限。

②当跨径 100 m<$l_0 \leqslant$300 m 时

$$h_d = \frac{1}{100}l_0 + \alpha\Delta \tag{8.4}$$

式中 l_0——拱的净跨径;

α——高度修正系数,取值范围为 0.6~1.0;

Δ——常数,取值范围为 2.0~2.5 m。

肋拱矢跨比的取值在 1/7~1/4。拱肋可以在拱架上立模现浇、也可以采用预制拼装。

(2)主拱横向联系

为了保证两片拱肋的横向刚度和稳定以承受作用在拱肋、桥面及吊杆上的横向水平力,一般须在两片分离的拱肋间设置横向联系。横向联系可做成横撑、对角撑或空格式构造等形式(图 8.19),横撑的宽度不应小于其长度的 1/15。横向联系的设置往往受桥面净空高度的限制,横向联系构件只容许设置在桥面净空高度范围之外的拱段(对于中承式拱肋,还可以设置在桥面系以下的肋段)。有时为了满足规定的桥面净空高度要求,而不得不将拱肋矢高加大来设置横向联系构件。但有时为了满足桥面净空要求和改善桥上的视野而取消行车道以上的横向联系构件,做成敞口式拱桥。

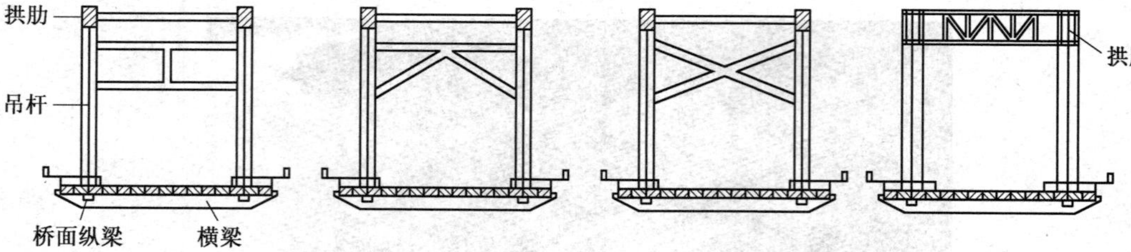

(a)一字形和H形横撑　(b)K形对角撑　(c)X形对角撑　(d)空格式构造

图 8.19　横向联系类型

无横向联系的中、下承式拱桥主要依赖以下几个主要因素来保证横向稳定:

①拱脚具有牢靠的刚性固结。

②对于中承式拱桥,要加强在桥面以下至拱脚区段的拱肋间固结横梁的刚度,并设置 K 撑或 X 撑。

③对于下承式拱桥,可采用半框架式的结构,即采用刚性吊杆,并与整体式桥面结构或刚度较大的横梁固结,如图 8.20(a)所示,以给拱肋提供足够刚劲的侧向弹性支承,以承受拱肋上的横向水平力。

④加大拱肋的宽度,使其本身具有足够的横向刚度和稳定性。

⑤柔性吊杆的“非保向力”作用,如图 8.20(b)所示。

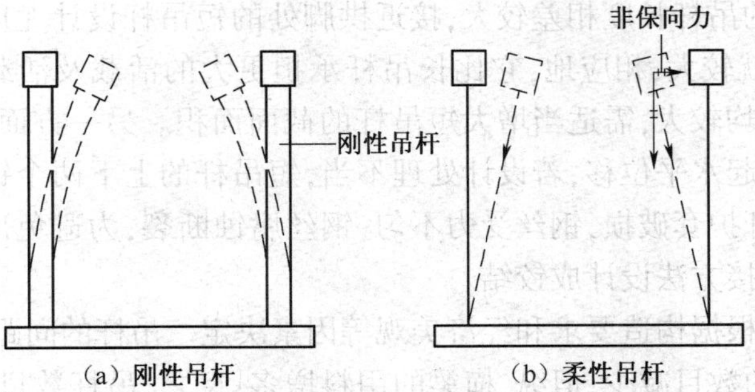

图 8.20　无横向联系的拱桥断面

(3)吊杆

桥面荷载通过吊杆和桥面系将作用力传递到拱肋上,受拉吊杆根据其构造分为刚性吊杆和柔性吊杆两类。

刚性吊杆(图 8.21)是用钢筋混凝土或预应力混凝土制作,刚性吊杆可以增强拱肋的横向刚度,但用钢量较大,施工程序多,工艺复杂。采用刚性吊杆时,吊杆两端的钢筋应扣牢在拱肋与横梁中。刚性吊杆一般设计为矩形,它除了承担轴向拉力之外,还须抵抗上下节点处的局部弯曲。为了减小刚性吊杆承受的弯矩,其截面尺寸在顺桥向应设计得小一些,但为了增强拱肋面外的稳定性,横桥向尺寸应该设计得大一些。

柔性吊杆(图 8.22)一般用冷轧粗钢筋、高强钢丝或钢绞线等高强钢材制作。高强钢丝束做的吊杆通常采用镦头锚,而粗钢筋则采用轧丝锚与拱肋、横梁相连。

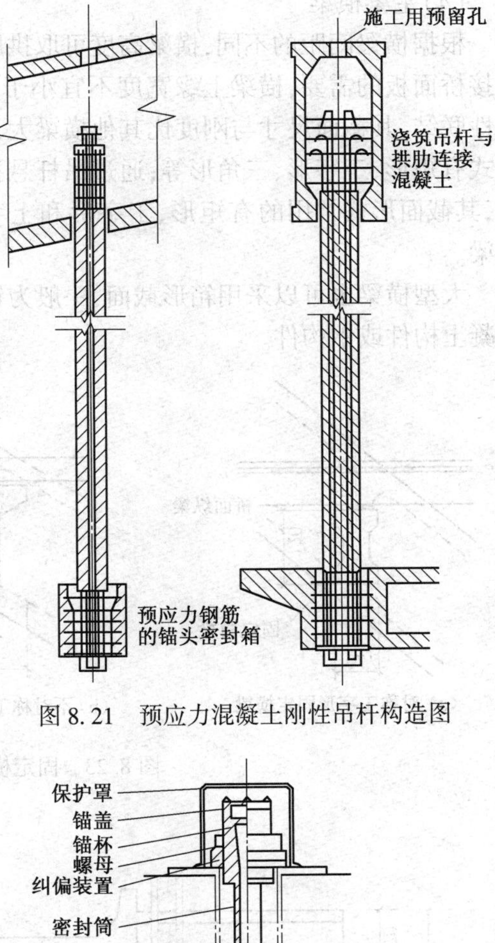

图 8.21　预应力混凝土刚性吊杆构造图

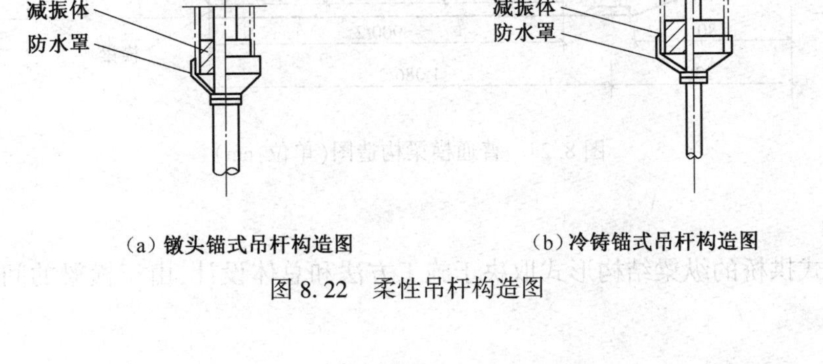

图 8.22　柔性吊杆构造图

中、下承式拱桥的吊杆长度相差较大,接近拱脚处的短吊杆设计尤应特别注意:吊杆较短时,其线刚度(EA/l)就较大,相应地,它比长吊杆承担更大的活载及活载冲击力,因而短吊杆内的应力及应力变幅均较大,需适当增大短吊杆的截面面积。另一方面,在温度变化作用下,短吊杆下端随桥面一起水平位移,若设计处理不当,短吊杆的上下两个锚点偏离垂直线,形成很大的折角,致使吊杆护套破损,钢丝受力不匀,钢丝腐蚀断裂,为避免出现这种情况,可将短吊杆两端采用销栓连接方法设计成铰结。

吊杆的间距一般根据构造要求和经济美观等因素决定。吊杆的间距即为行车道纵梁的跨长。间距大时,吊杆的数目减少,但纵、横梁的用料增多;反之,吊杆数目增多,纵、横梁的用料减少。一般吊杆的间距为 4~10 m,通常吊杆取等间距。

(4)主梁横梁

根据横梁间距的不同,横梁高度可取拱肋间距(横梁跨径)的 1/15~1/10。为满足搁置和连接桥面板的需要,横梁上缘宽度不宜小于 60 cm。桥面系与拱肋相交处的横梁一般与拱肋刚性联结,其截面尺寸与刚度比其他横梁大,通常称为固定横梁,如图 8.23 所示,常用的截面形式有矩形、工字形、三角形等;通过吊杆悬挂在拱肋下面的横梁称为普通横梁,如图 8.24 所示,其截面形式常用的有矩形、工字形和土字形;通过立柱支承在拱肋之上的横梁称为刚架横梁。

大型横梁也可以采用箱形截面,一般为钢筋混凝土构件,跨度较大时,也可以采用预应力混凝土构件或钢构件。

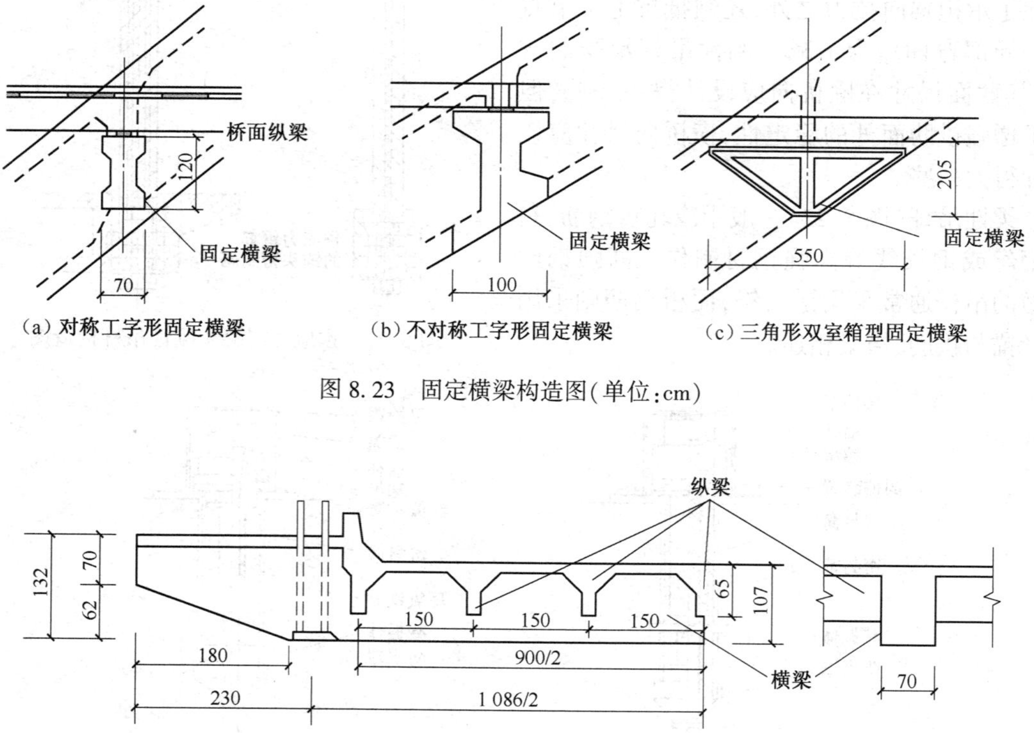

图 8.23　固定横梁构造图(单位:cm)

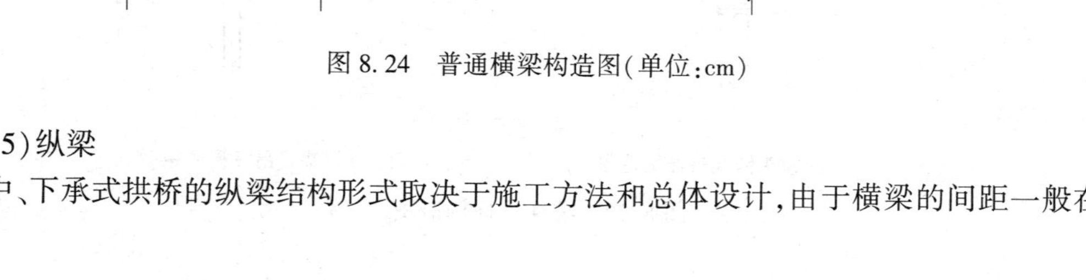

图 8.24　普通横梁构造图(单位:cm)

(5)纵梁

中、下承式拱桥的纵梁结构形式取决于施工方法和总体设计,由于横梁的间距一般在 4~

10 m,纵梁多采用 T 形、Π 形小梁,设计成简支梁结构或连续梁结构,或直接在横梁上满铺空心板(图 8.25)、实心板。采用先梁后拱的施工方法时,也可以采用在吊点位置连续的箱梁。

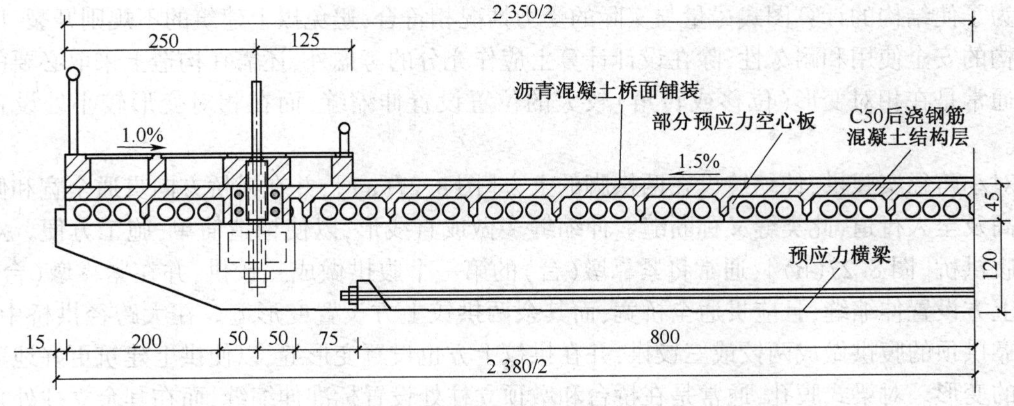

图 8.25　空心板纵梁构造图(单位:cm)

8.2.4　上承式桁架拱构造特点

图 8.26 所示上承式桁架拱桥进一步减轻了拱桥自重,其主要受力结构为几片桁架,充分发挥装配式结构工业化程度高、施工进度快等优点,但实践表明,采用混凝土结构时,对工艺要求很高。

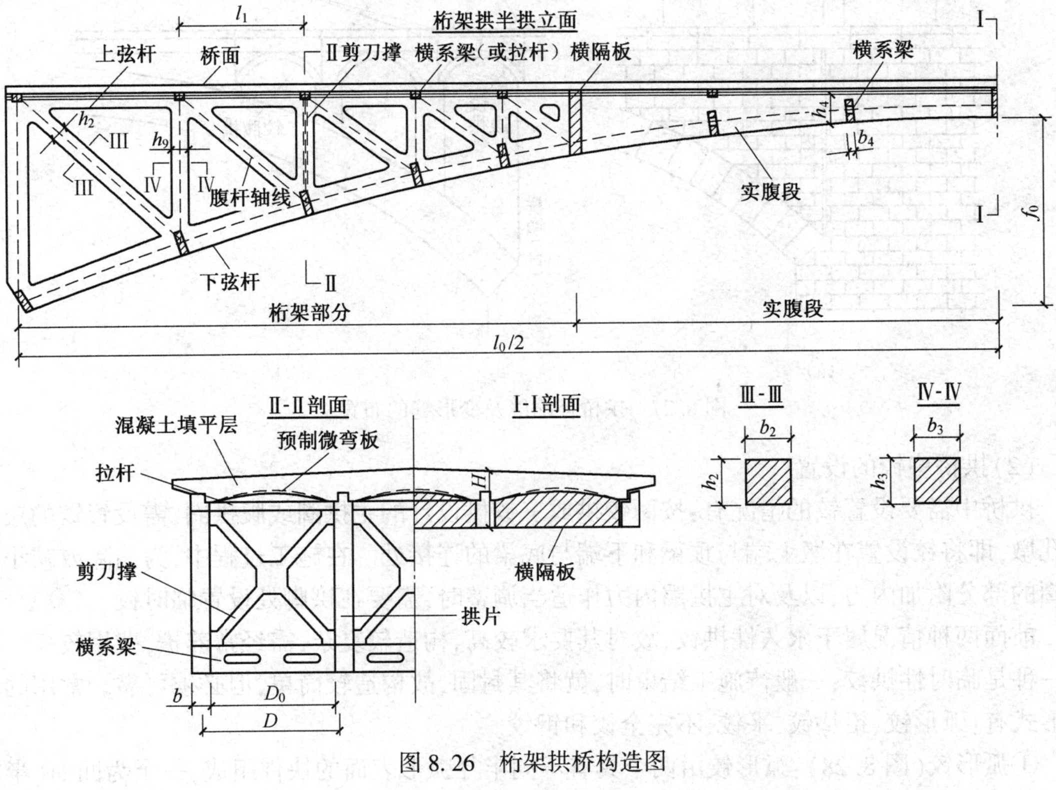

图 8.26　桁架拱桥构造图

8.2.5　其他细部构造

(1)伸缩缝与变形缝

由于拱上建筑与主拱圈的共同作用,一方面拱上建筑能够提高主拱圈的承载能力,但另一方面,它对主拱圈的变形又起约束作用,在主拱圈和拱上建筑内均产生附加内力,使结构受力复杂。

为了使结构的计算图式尽量与实际的受力情况相符合,避免拱上建筑的不规则开裂,以保证结构的安全使用和耐久性,除在设计计算上应作充分的考虑外,还需在构造上采取必要的措施。通常是在相对变形(位移或转角)较大的位置设置伸缩缝,而在相对变形较小处设置变形缝。

对小跨径实腹拱,伸缩缝设在两拱脚的上方[图 8.27(a)],并在横桥方向贯通全宽和侧墙的全高及至人行道,此类缝又称断缝。伸缩缝多做成直线形,以使构造简单,施工方便。对拱式空腹拱桥[图 8.27(b)],通常将紧靠墩(台)的第一个腹拱做成三铰拱,并在紧靠墩(台)的拱铰上方设置伸缩缝,且应贯通全桥宽,而其余两拱铰上方设置变形缝。在大跨径拱桥中,还应将靠拱顶的腹拱做成两铰或三铰拱,并在拱铰上方也设置变形缝,以使拱上建筑更好地适应主拱的变形。对梁式腹孔,通常是在桥台和墩顶立柱处设置标准伸缩缝,而在其余立柱处采用桥面连续。

伸缩缝宽 2~3 cm,其缝内填料可用锯末屑与沥青按 1∶1 的比例制成预制板,在施工时嵌入,并在上缘设置能活动而不透水的覆盖层,另外,也可采用沥青砂等其他材料填塞伸缩缝。变形缝不留缝宽,其缝可干砌、用油毛毡隔开或用低强度等级的砂浆砌筑。

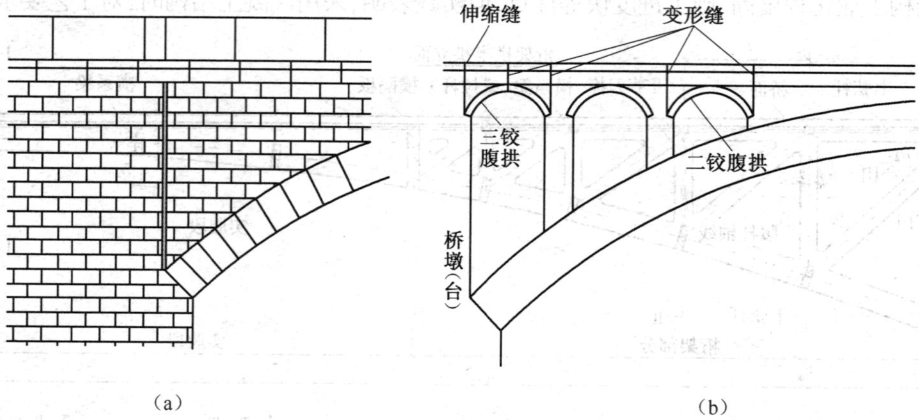

图 8.27　拱桥伸缩缝及变形缝的布置

(2)拱桥中铰的设置

拱桥中需要设置铰的情况有:按两铰拱或三铰拱设计的主拱圈或腹拱圈;需设置铰的矮小腹孔墩,即将铰设置在墩上端与顶梁和下端与底梁的连接处。在施工过程中,为消除或减小主拱圈的部分附加内力,以及对主拱圈内力作适当调整时,需要在拱脚处设置临时铰。

前面两种情况属于永久性拱铰,故对其要求较高,构造较复杂,需经常养护,费用较高。最后一种是临时性拱铰,一般待施工结束时,就将其封固,故构造较简单,但必须可靠。常用的拱铰形式有:弧形铰、铅垫铰、平铰、不完全铰和钢铰。

①弧形铰(图 8.28):弧形铰由两个具有不同半径弧形表面的块件组成,一个为凹面(半径为 R_2),一个为凸面(半径为 R_1)。R_2 与 R_1 的比值常在 1.2~1.5 范围内。铰的宽度应等于构件的宽度,沿拱轴线的长度取为拱厚的 1.15~1.20 倍。铰的接触面应精加工,以保证紧密结合。由于构造复杂,加工难度大,故主要用于主拱圈的拱脚。弧形铰一般用钢筋混凝土、混凝土或石料等做成。

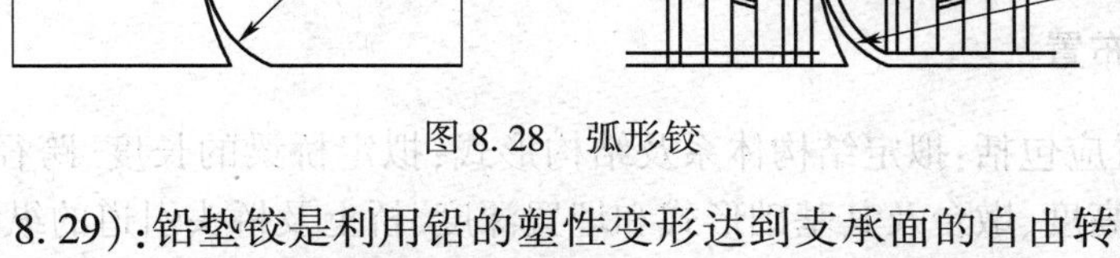

图 8.28　弧形铰

②铅垫铰(图 8.29):铅垫铰是利用铅的塑性变形达到支承面的自由转动,从而实现铰的功能。主要用于中小跨径的板拱或肋拱,此外,铅垫铰也可用作临时铰。铅垫铰一般由厚度 1.5~2.0 cm 的铅垫板外包以锌、铜薄片(1.0~2.0 cm)构成。垫板宽度为拱圈厚度的 1/4~3/4,在主拱圈的全部宽度上分段设置。

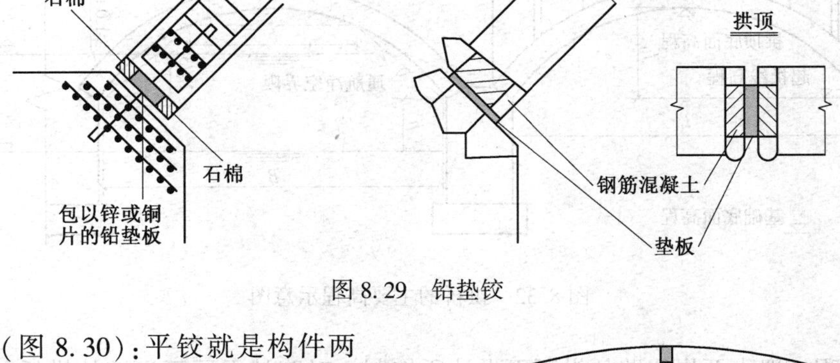

图 8.29　铅垫铰

③平铰(图 8.30):平铰就是构件两端面(平面)直接抵承,其接缝可铺一层低强度等级砂浆,也可垫衬油毛毡或直接干砌,一般用在空腹式的腹拱圈上。

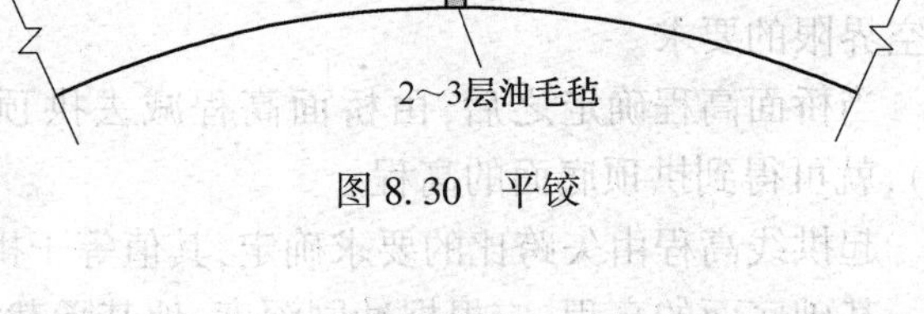

图 8.30　平铰

④钢筋混凝土不完全铰[图 8.31(a)]:多用在小跨径或轻型的拱圈以及空腹式拱桥的腹孔墩柱上,其构造是将拱截面突然减小(一般为全截面的 1/3~2/5),以保证该截面的转动功能。在施工时拱圈不断开,使用时又能起铰的作用。由于截面突然变小而使其应力很大,容易开裂,故必须配以斜钢筋。

⑤钢铰:钢铰[图 8.31(b)]通常做成理想铰。钢铰除用于少数有铰钢拱桥的永久性铰结构外,更多地用于施工需要的临时铰。

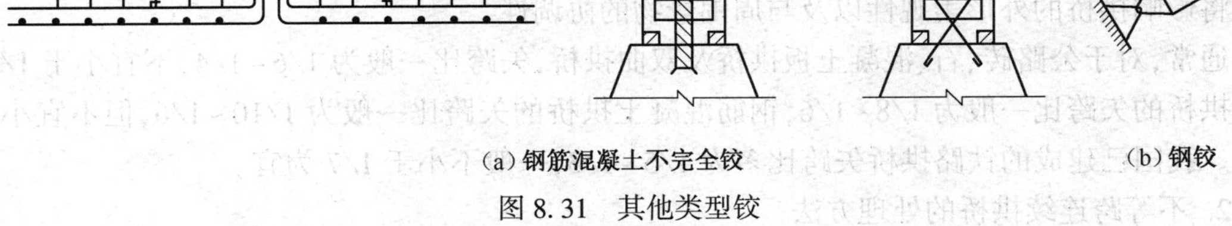

(a)钢筋混凝土不完全铰　(b)钢铰

图 8.31　其他类型铰

8.3　拱桥设计与计算

8.3.1　拱桥总体布置

拱桥总体布置应包括:拟定结构体系及结构形式;拟定桥梁的长度、跨径、孔数、拱的主要几何尺寸、桥梁的高度、墩台及其基础形式和埋置深度、桥上及桥头引道的纵坡等。桥长、分孔布置等总体设计方法同1.4节,下面介绍有关拱桥总体设计的几个特殊问题。

1. 桥梁的设计高程和矢跨比

拱桥的高程主要有四个,即桥面高程、拱顶底面高程、起拱线高程和基础底面高程(图8.32)。

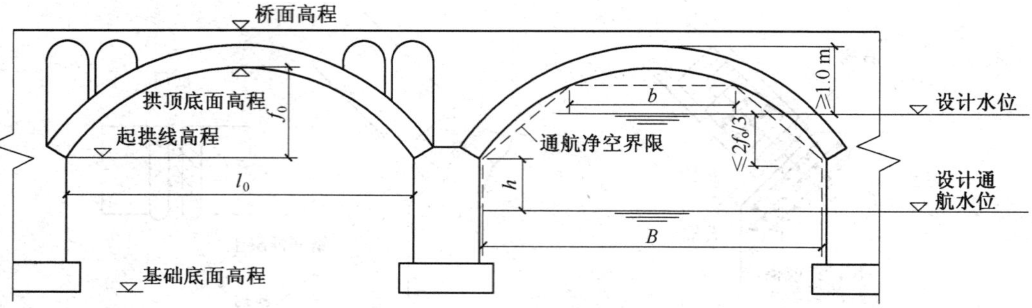

图8.32　拱桥的主要高程示意图

桥面高程一般由两岸线路的纵断面设计所控制。对跨越平原区河流的拱桥,其桥面最小高度一般由桥下净空所控制,并且还需满足宣泄设计洪水流量或不同航道等级所规定的桥下净空界限的要求。

当桥面高程确定之后,由桥面高程减去拱顶处的建筑高度(拱顶填料厚度和主拱圈厚度),就可得到拱顶底面的高程。

起拱线高程由矢跨比的要求确定,其值等于拱顶底面高程减去净矢高。

基础底面的高程,应根据冲刷深度、地基承载能力等因素确定。

主拱圈矢跨比f/L是拱桥的主要设计参数之一。它不但影响主拱圈内力,还影响拱桥的构造形式和施工方法的选择,应综合上、下部结构受力、通航、泄洪等因素来确定。

受力方面,当矢跨比减小时,拱的推力增大,相应地在拱圈产生的轴向力也大,对拱圈自身的受力状况是有利的,但对墩台基础不利。弹性压缩、温度变化、混凝土收缩、墩台位移都会在无铰拱的拱圈内产生附加的内力,拱越坦(即矢跨比越小),附加内力越大。施工方面,当拱的矢跨比过大时,拱脚区段过陡,给拱圈的砌筑或混凝土的浇筑带来困难。美观方面,矢跨比的选择将影响拱桥的外形美观性以及与周围景物的协调性。

通常,对于公路砖、石、混凝土板拱桥及双曲拱桥,矢跨比一般为1/6~1/4,不宜小于1/8;箱形拱桥的矢跨比一般为1/8~1/6,钢筋混凝土拱桥的矢跨比一般为1/10~1/6,但不宜小于1/12。我国已建成的铁路拱桥矢跨比多为1/5~1/3,一般不小于1/7为宜。

2. 不等跨连续拱桥的处理方法

多孔连续拱桥当受地形、地质、通航等条件的限制,或引桥很长,考虑与桥面纵坡协调一致时,或对桥梁的美观有特殊要求时,可以考虑采用不等跨的分孔(图 8.33)。

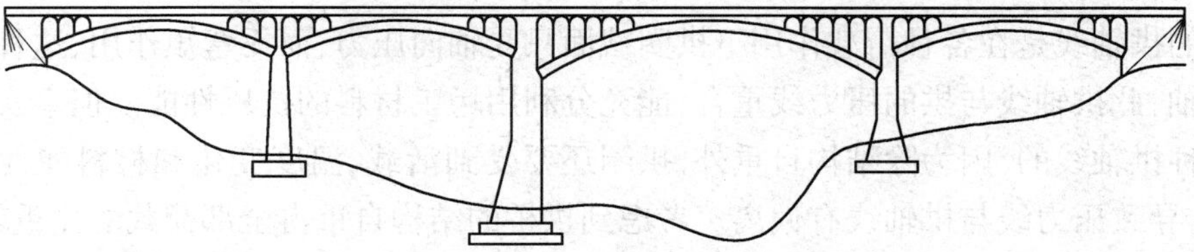

图 8.33 不等跨分孔的拱桥桥型图

不等跨拱桥,由于相邻孔的恒载推力不相等,使桥墩和基础增加了恒载的不平衡推力。在采用柔性墩的多孔连续拱桥中,还需考虑恒载不平衡推力产生的连拱作用,使计算和构造复杂。为了减小这个不平衡推力,改善桥墩、基础的受力状况,节省材料和造价,可采用以下措施。

(1)采用不同的矢跨比

拱桥水平推力公式为

$$H = \beta g_d L^2 / f \tag{8.5}$$

式中,β 为系数;g_d 为恒载集度;L 为跨径;f 为矢高。

据此,对于不等跨分孔,为使相邻两孔在恒载下的不平衡推力尽量减小,即要求:

$$L_1^2 / f_1 = L_2^2 / f_2 \tag{8.6}$$

则有

$$\frac{L_1}{f_1 / L_1} = \frac{L_2}{f_2 / L_2} \tag{8.7}$$

也就是利用矢跨比与推力大小成反比的关系,在相邻两孔中,大跨径用较陡的拱(矢跨比较大),小跨径用较坦的拱(矢跨比较小)。

(2)采用不同的拱脚高程

由于采用了不同的矢跨比,致使两相邻孔的拱脚高程不在同一水平线上(图 8.34)。因大跨径孔的矢跨比大,拱脚降低,减小了拱脚水平推力对基底的力臂,这样可使大跨与小跨的恒载水平推力对基底产生的弯矩得到平衡。

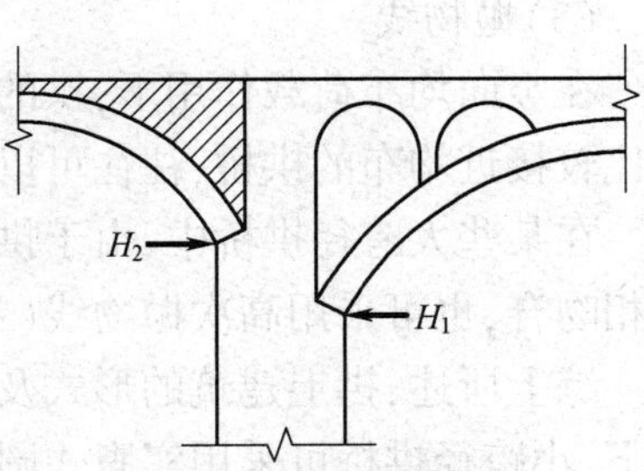

图 8.34 大跨与小跨的拱脚高程

(3)调整拱上建筑

当必须使相邻孔的拱脚放置在相同(或相接近)的高程上时,也可用调整拱上建筑的自重来减小相邻孔间的不平衡推力。大跨径可用轻质的拱上填料或采用空腹式拱上建筑,小跨径用重质的拱上填料或采用实腹式拱上建筑,用增加小跨径拱的恒载重力来增大恒载的水平推力。

(4)采用不同类型的拱跨结构

常常是小跨径用板拱或厚壁箱拱结构,大跨径用分离式肋拱或薄壁箱拱结构,以减轻大跨径的恒载重力来减小恒载的水平推力。有时,为了进一步减小大跨径拱的恒载水平推力,可以将大跨径部分做成中承式肋拱。

在具体设计时,也可以将以上几种措施同时采用。如果不能达到平衡推力的目的,可加大桥墩和基础的尺寸,或将其做成不对称的形式。

8.3.2　拱轴线型与方程

理想的拱轴线是在各种荷载作用下拱圈截面只受轴向压力,而无弯矩作用,这种拱轴线称为合理拱轴,此拱轴线与拱的压力线重合,能充分利用圬工材料的抗压性能。但事实上是不可能获得这种拱轴线的,因为除结构自重外,拱圈还要受到活载、温度变化和材料弹性变形等因素的作用,导致压力线与拱轴线有偏离。考虑到拱桥的结构自重占全部荷载的比重较大,以结构自重压力线作为设计拱轴线,基本上是适宜的。

一般来说,拱桥设计中所选择的拱轴线应满足以下几方面的要求,即要求尽量减小拱圈截面的弯矩,使主拱圈在计入弹性压缩、温升温降、混凝土收缩徐变等影响后,各主要截面的应力较为均匀,且最大限度减小截面拉应力,最好是不出现拉应力;对于无支架施工的拱桥,尚应满足各施工阶段的要求,并尽可能少用或不用临时性施工措施,以便施工。

1. 拱轴线类型

拱桥常用的拱轴线型有以下几种:

(1)圆弧线

在均布径向荷载作用下(如水压力),拱的合理拱轴线为一圆弧线[图 8.35(a)]。这类拱桥,线形简单,施工方便。但在一般情况下,圆弧形拱轴线与结构自重压力线偏离较大,使拱圈各截面受力不够均匀。因此圆弧线常用于 20 m 以下的小跨径拱桥。对于较大跨径的预制装配式钢筋混凝土拱桥,有时为了简化施工,也可采用圆弧形拱轴线。

(2)悬链线

实腹式拱桥的结构自重集度,从拱顶向拱脚是均匀增加的(均变荷载),这种荷载分布图式的拱圈的压力线是一条悬链线[图 8.35(b)]。因此,实腹式拱桥采用悬链线作拱轴线。在结构自重作用下,当不计拱圈由结构自重弹性压缩产生的影响时,拱圈截面将只承受轴力而无弯矩。

(3)抛物线

在竖向均布荷载作用下,拱的合理拱轴线是二次抛物线[图 8.35(c)]。对于结构自重集度比较接近均布的拱桥,往往可以采用二次抛物线作为拱轴线。

在某些大跨径拱桥中,由于拱上建筑布置的特殊性,为了使拱轴线尽可能与结构自重压力线相吻合,也可采用高次抛物线(如四次或六次抛物线)作为拱轴线。

综上所述,拱上建筑的形式及其布置,对于合理选择拱轴线型是有密切联系的。在一般情况下,小跨径拱桥可采用实腹式圆弧拱或实腹式悬链线拱;大、中跨径拱桥可采用空腹式悬链线拱;轻型拱桥或全透空的大跨径拱桥可以采用抛物线拱。

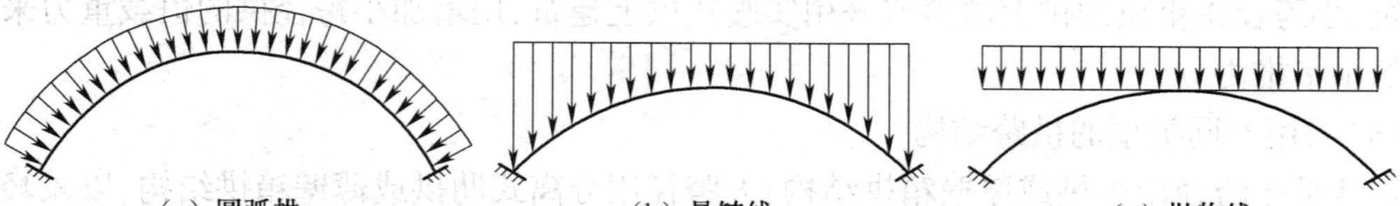

(a) 圆弧拱　　(b) 悬链线　　(c) 抛物线

图 8.35　荷载与合理拱轴线

2. 实腹式悬链线拱

实腹式悬链线拱是采用结构自重压力线(不计弹性压缩)作为拱轴线。实腹式拱的结构自重包括拱圈、拱上填料和桥面的自重[图 8.36(a)],它的分布规律如图 8.36(b)所示。实腹式悬链线拱的拱轴方程就是在如图 8.36(b)所示的结构自重作用下,根据拱轴线与压力线完全吻合的条件推导出来的。

取如图 8.36 所示的坐标系,设拱轴线即为结构自重压力线,故在结构自重作用下,拱顶截面的弯矩 $M_d=0$,由于对称性,剪力 $Q_d=0$,于是,拱顶截面仅有结构自重推力 H_g。对拱脚截面取矩,则有

$$H_g=\frac{\sum M_j}{f} \tag{8.8}$$

式中 $\sum M_j$——半拱结构自重对拱脚截面的弯矩;

H_g——拱的结构自重水平推力(不考虑弹性压缩);

f——拱的计算矢高。

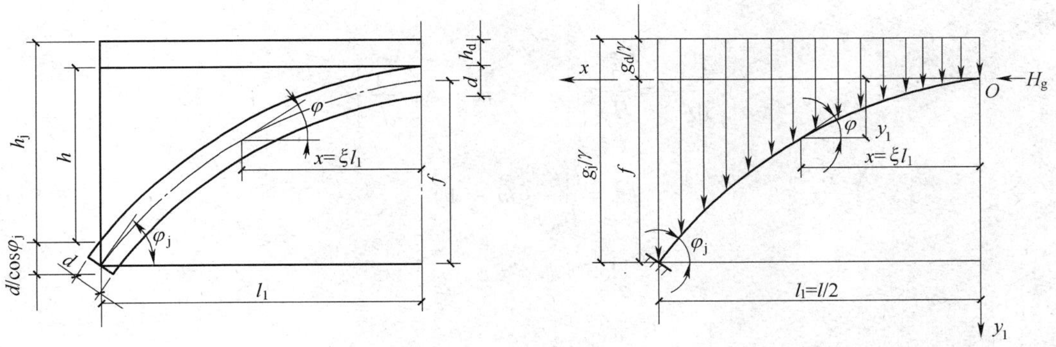

图 8.36 悬链线拱轴计算图示

对任意截面取矩,可得

$$y_1=\frac{M_x}{H_g} \tag{8.9}$$

式中 M_x——任意截面以右的结构自重对该截面的弯矩值;

y_1——以拱顶为坐标原点,拱轴上任意点的纵坐标。

式(8.9)即为求算结构自重压力线的基本方程。将上式两边对 x 求二阶导数得

$$\frac{d^2y_1}{dx^2}=\frac{1}{H_g}\frac{d^2M_x}{dx^2}=\frac{g_x}{H_g} \tag{8.10}$$

式(8.10)即为求算结构自重压力线的基本微分方程式。为了得到拱轴线(即结构自重压力线)的一般方程,必须知道结构自重的分布规律。由图 8.36(b)可知,任意点的结构自重集度 g_x 可以用式(8.11)表示

$$g_x=g_d+\gamma y_1 \tag{8.11}$$

式中 g_d——拱顶处结构自重集度;

γ——拱上材料单位体积重力。

令

$$m=\frac{g_j}{g_d} \tag{8.12}$$

由式(8.11)、式(8.12)得

$$g_j = g_d + \gamma f = m g_d \tag{8.13}$$

式中　m——拱轴系数(或称拱轴曲线系数);

g_j——拱脚处结构自重集度。

由式(8.13)得

$$\gamma = (m-1)\frac{g_d}{f} \tag{8.14}$$

将式(8.14)代入式(8.11)可得

$$g_x = g_d + (m-1)\frac{g_d}{f}y_1 = g_d\left[1 + (m-1)\frac{y_1}{f}\right] \tag{8.15}$$

再将式(8.15)代入基本微分方程式(8.10),引入参数

$$x = \xi l_1,\text{则},dx = l_1 d\xi$$

可得

$$\frac{d^2 y_1}{d\xi^2} = \frac{l_1^2}{H_g}g_d\left[1 + (m-1)\frac{y_1}{f}\right]$$

令

$$k^2 = \frac{l_1^2 g_d}{H_g f}(m-1) \tag{8.16}$$

则

$$\frac{d^2 y_1}{d\xi^2} = \frac{l_1^2 g_d}{H_g} + k^2 y_1 \text{ 或 } \frac{fk^2}{m-1} + k^2 y_1 \tag{8.17}$$

上式为二阶非齐次常系数线性微分方程。解此方程,并利用$\xi = 0$, $y_1 = 0$, $dy_1/dx = 0$,则得拱轴线方程为

$$y_1 = \frac{f}{m-1}(\text{ch } k\xi - 1) \tag{8.18}$$

式(8.18)即为悬链线方程,$m \neq 1.0$。

对于拱脚截面:$\xi = 1$,$y_1 = f$,代入式(8.18)得

$$\text{ch } k = m$$

通常,m为已知值,则k值可由下式求得

$$k = \text{ch}^{-1} m = \ln(m + \sqrt{m^2 - 1}) \tag{8.19}$$

当$m = 1$时,则$g_x = g_d$,表示结构自重是均布荷载。将$m = 1$代入式(8.16),解式(8.17)微分方程后可知,在均布荷载作用下的压力线为二次抛物线,其方程为

$$y_1 = f\xi^2$$

由悬链线方程(8.18)可以看出,当拱的矢跨比确定后,拱轴线各点的纵坐标将取决于拱轴系数m,而m则取决于拱脚与拱顶的结构自重集度比。

下面介绍实腹式悬链线拱拱轴系数的确定。

因为$m = \dfrac{g_j}{g_d}$,由图8.36知,拱顶处结构自重集度为

$$g_d = h_d \gamma_1 + \gamma d \tag{8.20}$$

在拱脚处 $h_j = h_d + h$，则其结构自重集度为

$$g_j = h_d\gamma_1 + h\gamma_2 + d/\cos\varphi_j\gamma \tag{8.21}$$

$$h = f + \frac{d}{2} - \frac{d}{2\cos\varphi_j} \tag{8.22}$$

式中　h_d——拱顶填料厚度，一般为 0.30~0.50 m；

d——拱圈厚度；

γ——拱圈材料重度；

γ_1——拱顶填料及路面的平均重度；

γ_2——拱腹填料平均重度；

φ_j——拱脚处拱轴线的水平倾角。

从式(8.20)和式(8.21)可以看出，这两式中除了 φ_j 为未知数外，其余均为已知数。由于 φ_j 为未知，故不能直接算出 m 值，需用逐次逼近法确定：即先根据跨径和矢高假定 m 值，求得拱脚处的 $\cos\varphi_j$ 值，代入式(8.21)求得 g_j 后，再连同 g_d 一起代入式(8.12)算得 m 值。然后与假定的 m 值相比较，如算得的 m 值与假定的 m 值相符，则假定的 m 值即为真实值；如两者不符，则应以算得的 m 值作为假定值，重新进行计算，直至两者接近为止。

当拱的跨径和矢高确定之后，悬链线的形状取决于拱轴系数 m，其线型特征可用 $l/4$ 点纵坐标 $y_{l/4}$ 的大小表示(图 8.37)。

拱跨 $l/4$ 点的纵坐标 $y_{l/4}$ 与 m 有下述关系：当 $\xi = 1/2$ 时，$y_1 = y_{l/4}$，代入式(8.18)得

$$\frac{y_{l/4}}{f} = \frac{1}{m-1}\left(\mathrm{ch}\,\frac{k}{2} - 1\right)$$

因

$$\mathrm{ch}\,\frac{k}{2} = \sqrt{\frac{\mathrm{ch}\,k + 1}{2}} = \sqrt{\frac{m+1}{2}}$$

则

$$\frac{y_{l/4}}{f} = \frac{\sqrt{\frac{m+1}{2}} - 1}{m-1} = \frac{1}{\sqrt{2(m+1)} + 2} \tag{8.23}$$

由上式可见，$y_{l/4}$ 随 m 的增大而减小，随 m 的减小而增大。当 m 增大时，拱轴线抬高；反之，当 m 减小时，拱轴线降低(图 8.37)。在一般的悬链线拱桥中，结构自重从拱顶向拱脚增加，$g_j > g_d$，因而 $m > 1$。只有在均布荷载作用下，$g_j = g_d$ 时，方能出现 $m = 1$ 的情况。由式(8.23)可得，在这种情况下 $y_{l/4} = 0.25f$。g_j、g_d、m 与拱轴线(压力线)坐标的关系如图 8.38 所示。

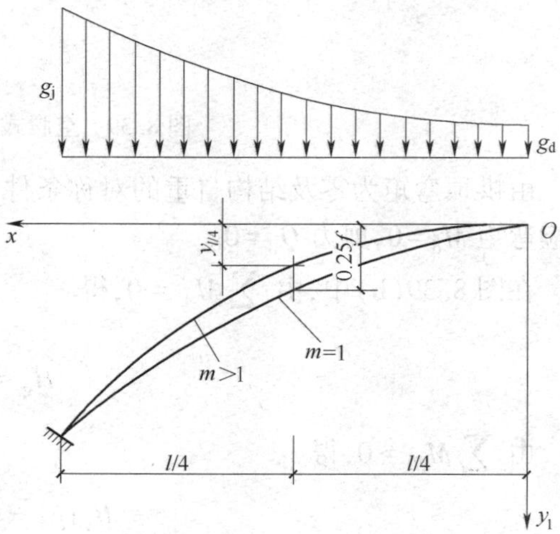

图 8.37　拱跨 $l/4$ 点纵坐标与 m 的关系

3. 空腹式悬链线拱

空腹式拱桥中，桥跨结构的结构自重可视为由两部分组成，即主拱圈与实腹段自重的分布力以及空腹部分通过腹孔墩传下的集中力

[图 8.39(a)]。由于集中力的存在,拱的结构自重压力线是一条在集中力下有转折的曲线,它不是悬链线,甚至不是一条光滑的曲线。在设计空腹式拱桥时,由于悬链线拱的受力情况较好,又有完整的计算表格可供利用,亦多用悬链线作为拱轴线。为使悬链线拱轴线与其结构自重压力线接近,一般采用"五点重合法"确定悬链线拱轴线的 m 值,即要求拱轴线在全拱有五点(拱顶、两 $l/4$ 点和两拱脚)与其相应三铰拱结构自重压力线重合[图 8.39(b)]。

由此,可以根据上述五点弯矩为零的条件确定 m 值。

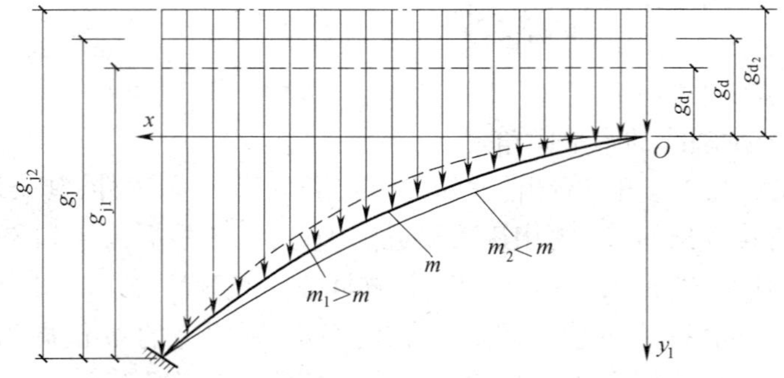

图 8.38 g_j、g_d、m 与拱轴线坐标的关系

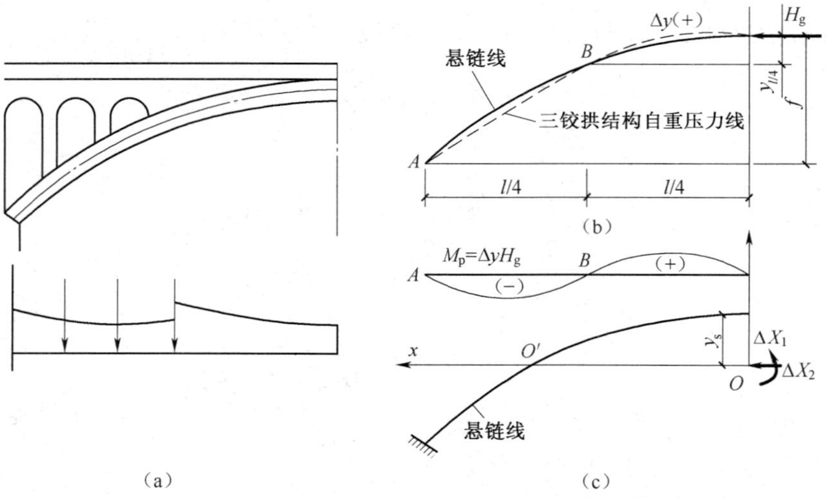

图 8.39 空腹式悬链线拱轴计算图示

由拱顶弯矩为零及结构自重的对称条件知,拱顶仅有通过截面重心的结构自重推力 H_g,相应弯矩 $M_d=0$,剪力 $Q_d=0$。

在图 8.39(b)中,由 $\sum M_A = 0$,得

$$H_g = \frac{\sum M_j}{f} \tag{8.24}$$

由 $\sum M_B = 0$,得

$$H_g y_{l/4} - \sum M_{l/4} = 0$$

$$H_g = \frac{\sum M_{l/4}}{y_{l/4}}$$

将式(8.24)代入上式,可得

$$\frac{y_{l/4}}{f}=\frac{\sum M_{l/4}}{\sum M_{\rm j}} \tag{8.25}$$

式中 $\sum M_{\rm j}$——半拱结构自重对拱脚截面的弯矩;

$\sum M_{l/4}$——拱顶至拱 $l/4$ 点区域的结构自重对 $l/4$ 截面的弯矩。

求得 $y_{l/4}/f$ 之后,可由式(8.23)反求 m, 即

$$m=\frac{1}{2}\left(\frac{f}{y_{l/4}}-2\right)^2-1 \tag{8.26}$$

空腹式拱桥的 m 值,仍按逐次逼近法确定。即先假定一个 m 值,定出拱轴线,作图布置拱上建筑,然后计算拱圈和拱上建筑的结构自重对 $l/4$ 和拱脚截面的力矩 $\sum M_{l/4}$ 和 $\sum M_j$,根据式(8.25)求出 $y_{l/4}/f$,然后利用式(8.26)算出 m 值,如与假定的 m 值不符,则应以求得的 m 值作为新假定值,重新计算,直至两者接近为止。

应当注意,用上述方法确定空腹拱的拱轴线,仅与其三铰拱结构自重压力线保持五点重合,其他截面,拱轴线与三铰拱结构自重压力线都有不同程度的偏离。计算证明,从拱顶到 $l/4$ 点,一般压力线在拱轴线之上;而从 $l/4$ 点到拱脚,压力线则大多在拱轴线之下。拱轴线与相应三铰拱结构自重压力线的偏离类似于一个正弦波[图 8.39(b)]。

由力学知识得,压力线与拱轴线的偏离会在拱中产生附加内力。对于静定三铰拱,各截面的偏离弯矩值 $M_{\rm p}$ 可以三铰拱压力线与拱轴线在该截面的偏离值 Δy 表示($M_{\rm p}=H_{\rm g}\Delta y$);对于无铰拱,偏离弯矩的大小,不能以三铰拱压力线与拱轴线的偏离值表示,而应以该偏离值 $M_{\rm p}$ 作为荷载,算出无铰拱的偏离弯矩值。

由结构力学知,荷载作用在基本结构上引起弹性中心的赘余弯矩和轴力分别为

$$\Delta X_1=-\frac{\Delta_{1\rm p}}{\delta_{11}}=-\frac{\int_s\frac{\overline{M}_1M_{\rm p}}{EI}{\rm d}s}{\int_s\frac{\overline{M}_1^2{\rm d}s}{EI}}=-\frac{\int_s\frac{M_{\rm p}}{I}{\rm d}s}{\int_s\frac{{\rm d}s}{I}}=-H_{\rm g}\frac{\int_s\frac{\Delta y}{I}{\rm d}s}{\int_s\frac{{\rm d}s}{I}} \tag{8.27}$$

$$\Delta X_2=-\frac{\Delta_{2\rm p}}{\delta_{22}}=-\frac{\int_s\frac{\overline{M}_2M_{\rm p}}{EI}{\rm d}s}{\int_s\frac{\overline{M}_2^2{\rm d}s}{EI}}=H_{\rm g}\frac{\int_s\frac{y\Delta y}{I}{\rm d}s}{\int_s\frac{y^2{\rm d}s}{I}} \tag{8.28}$$

式中 $\overline{M_1},\overline{M_2}$——$\overline{M}_1=1,\overline{M}_2=-y$;

$M_{\rm p}$——三铰拱结构自重压力线偏离拱轴线所产生的弯矩,$M_{\rm p}=H_{\rm g}\Delta y$;

Δy——三铰拱结构自重压力线与拱轴线的偏离值[图 8.39(b)]。

由[图 8.39(b)]可见,Δy 有正有负,沿全拱积分 $\int_s\frac{\Delta y{\rm d}s}{I}$ 的数值不大,由式(8.27)知,ΔX_1 数值较小。若 $\int_s\frac{\Delta y{\rm d}s}{I}=0$,则 $\Delta X_1=0$。

由计算得知,由式(8.28)决定的 ΔX_2 恒为正值(压力)。

任意截面之偏离弯矩[图 8.39(c)]为

$$\Delta M = \Delta X_1 - \Delta X_2 \cdot y + M_p \tag{8.29}$$

式中 y——以弹性中心为原点(向上为正)的拱轴纵坐标。

对于拱顶、拱脚截面,$M_p = 0$,偏离弯矩为

$$\begin{aligned} \Delta M_d &= \Delta X_1 - \Delta X_2 \cdot y_s < 0 \\ \Delta M_j &= \Delta X_1 + \Delta X_2 (f - y_s) > 0 \end{aligned} \tag{8.30}$$

式中 y_s——弹性中心至拱顶之距离。

空腹式无铰拱桥,采用“五点重合法”确定的拱轴线,与相应三铰拱的结构自重压力线在拱顶、两 $l/4$ 点和两拱脚五点重合,而与无铰拱的结构自重压力线(简称结构自重压力线)实际上并不存在五点重合的关系。由式(8.30)可见,由于拱轴线与结构自重压力线有偏离,在拱顶、拱脚都产生了偏离弯矩。研究证明,拱顶的偏离弯矩 ΔM_d 为负,而拱脚的偏离弯矩 ΔM_j 为正,恰好与这两截面控制弯矩的符号相反。这一事实说明,在空腹式拱桥中,用“五点重合法”确定的悬链线拱轴,偏离弯矩对拱顶、拱脚都是有利的。因而,空腹式无铰拱的拱轴线,用悬链线比用结构自重压力线更加合理。

需要指出,考虑到活载及材料弹性压缩、温度变化和混凝土收缩等因素,以结构自重压力线或结构自重加一半活载压力线作为拱轴线不是最合理的。目前对选择合理拱轴线大致有两种改进方案:一是以结构自重压力线为基本拱轴线,叠加一调整曲线;二是用优化方法选择一条比较合理的拱轴。其目的是尽量减小主拱各截面最大弯矩值(绝对值),使受力比较均匀,节约材料。

4. 拱轴线的水平倾角 φ

将式(8.18)对 ξ 取导数得

$$\frac{dy_1}{d\xi} = \frac{fk}{m-1}\text{sh } k\xi \tag{8.31}$$

$$\tan\varphi = \frac{dy_1}{dx} = \frac{dy_1}{l_1 d\xi} = \frac{2dy_1}{l d\xi}$$

将式(8.31)代入上式得

$$\tan\varphi = \frac{2fk \cdot \text{sh } k\xi}{l(m-1)} = \eta \text{sh } k\xi \tag{8.32}$$

式中,$\eta = \dfrac{2kf}{l(m-1)}$。

由上式可见,拱轴水平倾角与拱轴系数 m 有关。

8.3.3 主拱截面及其变化规律

拱截面尺寸设计的原则是:在拱截面形状简单、便于施工前提下,使每一截面上的材料强度均能充分被利用,从而节省材料用量。拱截面最大应力计算式为

$$\sigma = \sigma_1 \pm \sigma_2 = \frac{N}{A} \pm \frac{M}{I}y$$

公式的第一项由轴向力引起。轴向力在拱肋内变化规律是由拱顶向拱脚逐渐增大。如果使拱顶截面逐渐向拱脚增大,可以做到使 σ_1 保持为常数。公式的第二项由最大或最小弯矩引起。

内力在拱肋内变化比较复杂,而且取决于拱截面变化规律。拱脚截面惯性矩增大,由荷载

引起的截面弯矩也增大。图 8.40 为某桥当拱截面惯性矩从拱顶向拱脚增大,且拱脚截面惯性矩为三倍拱顶截惯性矩时,拱肋内最大弯矩变化规律。从图可以看到 2/3L 范围内弯矩变化不大,仅近拱脚处截面弯矩迅速增大。如为等截面拱肋,最大弯矩也具有类似的变化规律,但拱脚与拱顶弯矩差值要小一些。

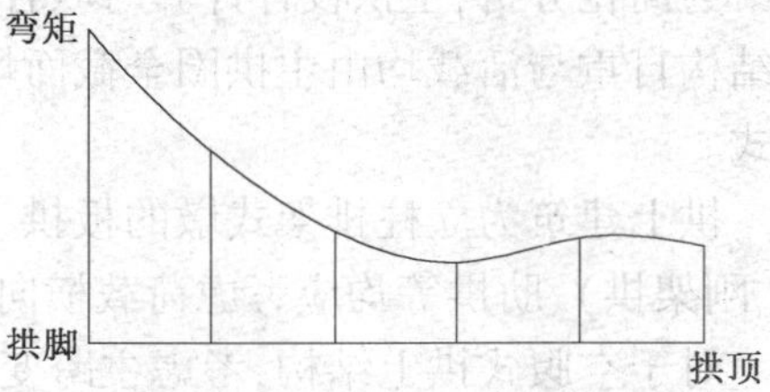

图 8.40　变截面拱内弯矩沿拱跨度变化规律

为了适应弯矩与轴向压力的变化规律,又便于计算,广泛采用的拱截面惯性矩变化规则为李特公式,即

$$\frac{I_d}{I_x \cos\varphi_x} = 1 - (1 - n)\zeta \tag{8.33}$$

式中　I_d——拱顶截面惯性矩;

I_x——横坐标 x 处的截面惯性矩;

φ_x——x 处的拱轴切线水平倾角;

n——拱截面参数;

ζ——截面位置,$\zeta = x\Big/\dfrac{L}{2}$。

拱脚处 $\zeta = 1$,则

$$\frac{I_d}{I_x \cos\varphi_x} = n \text{ 或 } I_x = \frac{I_d}{n\cos\varphi_x} \tag{8.34}$$

由公式(8.34)可以看出,首先要根据经验或参考有关设计资料拟定截面尺寸、拱轴系数 m 及拱截面参数 n。当 I_d、m 及 n 均为一定值时,便可求得任一拱截面的惯性矩。

对铁路桥,变高度拱拱顶截面 d_d 与拱脚截面厚度 d_x 及拱截面参数 n 的经验数值为

钢筋混凝土拱圈:

$$d_d = \left(\frac{1}{50} \sim \frac{1}{30}\right)L$$

$$d_x = (1.2 \sim 1.5)d_d$$

$$n = 0.25 \sim 0.50$$

钢筋混凝土拱肋:

$$d_d = \left(\frac{1}{40} \sim \frac{1}{20}\right)L$$

$$d_x = (1.25 \sim 1.5)d_d$$

$$n = 0.25 \sim 0.50$$

跨度越大,矢跨比越小,d_d/L 和 n 就越趋于下限。

由式(8.34)可以看出,当 I_d 为定值时,n 取值越小,I_x 就越大。同时拱脚截面弯矩也将增大,但总的说来,将减小拱截面应力。

为了便于拱的制造和施工,现在趋向于将拱肋做成等高度;在拱脚段适当加厚截面上、下翼缘,以适应拱脚段弯矩变大的特点。

8.3.4　拱桥内力分析计算模型

(1)拱桥为多次超静定的空间结构,活载作用于桥跨结构时,拱上建筑参与主拱圈共同承受活载的作用,称为“拱上建筑与主拱的联合作用”或简称“联合作用”。

为简化分析,主拱设计计算时联合作用与横向分布的影响均不考虑,认为拱跨范围内所有的结构自重与活载均由主拱圈全截面均匀地承受,取拱圈全宽或单位宽计算,这称为裸拱计算模式。

拱上建筑为立柱排架式墩的板拱、考虑了拱上建筑参与结构总体受力的轻型拱桥(桁架拱、刚架拱)、肋拱等均应考虑荷载横向分布。

对于空腹式拱上结构,考虑主跨变形对拱上结构的影响,将使得拱上结构受力更为不利,因此分析设计拱上结构时,一般采用全桥结构模型。

(2)在多跨连续拱桥中,当一孔加载时,该孔拱脚处的推力和弯矩会使墩顶发生线位移和角位移,从而使该孔及其他孔的桥墩和桥跨都发生变形,如图8.41所示。加载孔桥跨与桥墩的实际内力与拱墩结点无位移所计算的结果不同,同时在其他各孔的桥跨与桥墩中也引起内力。这种将各孔拱跨结构与桥墩一起共同作用,考虑上、下部结构共同变位的计算,称为“连拱计算”。

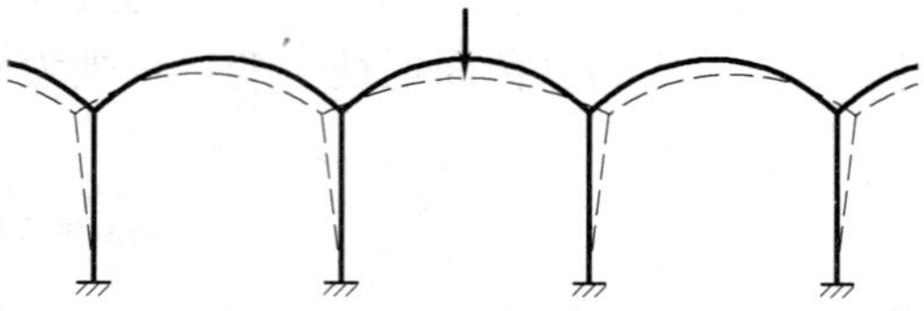

图8.41　连拱受力变形

一般来说,桥墩相对拱圈愈细柔,拱墩结点的位移就愈大,连拱的影响愈显著;反之,桥墩相对拱圈愈刚劲,各拱墩结点的位移愈小,连拱的影响亦愈小。仅当桥墩相对拱圈的刚度接近无限大时,在荷载作用下,各拱墩结点才不发生位移,即不存在连拱影响,此时,多孔拱桥可各自按拱脚固定的单跨拱计算,称为按固定拱计算的方法,由此算得的内力,称为固定拱内力。

在实际拱桥中,桥墩相对于拱圈的刚度,不可能为无限大,即使是采用刚度较大的重力式墩,仍有一定的连拱作用。目前,由于轻型桥墩的使用,下部结构日趋轻盈,考虑连拱作用就尤为必要。计算表明,如要求活载内力的计算误差不超过5%,则仅当桥墩的抗推刚度是拱圈抗推刚度的37倍以上时,多孔拱桥才可以不计连拱作用的影响,近似地按单个固定拱计算。

连拱作用影响最大的是荷载孔。离荷载孔愈远,拱墩结点的位移愈小,因而,连拱作用的影响也愈小,远到一定程度时,连拱的影响可以忽略不计。当连拱孔数很多时,可以利用连拱作用的这一特性,根据实际拱、墩刚度比及精度要求,合理确定连拱的计算孔数,不一定要按全桥的实际孔数计算。

以往,多孔拱桥按固定拱计算的方法,实质上是将桥墩的刚度视为无限大。这种计算方法,在不少情况下,不必要地加大了桥墩的结构尺寸,同时又降低了拱圈的安全储备。按连拱计算时,拱、墩内力是按实际的刚度比分配的,因而桥墩内力比按固定拱计算的小,而拱中内力则比按固定拱计算的大,故按连拱计算与按固定拱计算相比较,对下部结构有利(可显著减小桥墩的结构尺寸)而对上部结构不利(拱圈需适当加强)。上、下部结构一起考虑时,还是经济合理的。

8.3.5　拱桥计算方法

拱桥的计算方法有解析法和数值法。

1. 数值方法

拱桥的力学分析,虽然前人研究了解析计算方法,现在实际应用中,均采用有限元电算方法进行拱桥的设计计算。

计算模型包括如下三类:(1)计算主拱可采用裸拱模型或带拱上结构的全桥模型;(2)计

算拱上结构，一般均采用全桥模型；(3)施工阶段模型，为确保施工过程中安全可靠性，应依据施工过程组织施工阶段的计算，并作为施工工艺制定的依据。一般情况下，采用平面有限元模型，也可采用空间有限元模型，当需要考虑立柱上或吊杆下的桥面横梁时宜采用空间计算模型，初步设计采用平面模型也是可行的。

应用最多的有限元模型是梁—杆系模型，也可依据计算目的和对象不同采用板单元等模型。建模时，需充分理解结构构造和设计思路，准确处理主拱、立柱、吊杆、行车道系中桥面纵横梁、系杆之间的关系，选用合适的单元描述这些构件，并处理各构件的连接关系。

在最为常用的梁—杆系有限元模型中，拱结构采用以直代曲的梁单元模型，柔性吊杆、柔性系杆用杆单元模拟，其他构件均采用梁单元模型，刚性吊杆、刚性系杆则应采用梁单元模型。具体的方法参见第14章。

系杆拱模型一般比其他拱结构模型复杂一些，一方面，需合理地处理系杆与主拱、系杆与桥面梁或桥面纵横梁的关系，其关系又随主拱、桥面系和系杆的类型和连接构造不同而不同。与桥面纵横梁相对独立(分离)的柔性系杆，桥面系刚度不参与系杆刚度作用，系杆主要平衡拱的水平力；与桥面纵横梁相对独立(分离)的刚性系杆，桥面系刚度也不参与系杆刚度作用，但系杆本身为拉弯结构；以桥面梁作为刚性系杆的结构，主梁本身受拉、受弯和受剪；以混凝土箱梁为桥面、预应力钢筋作为系杆而埋置于箱梁中的结构，主梁可采用脊骨梁模型，同时需细致地处理拱座位置处各构件的相互关系，如图8.42所示，必要时还需开展拱座局部节段的受力分析，拱座的局部分析模型大多为块体单元模型。另一方面，模型中还必须考虑施工工艺，需组织施工至成桥的各典型阶段计算，包括吊杆索力调整计算。其施工工艺大体上分为“先梁后拱”和“先拱后梁”两大类，前者是指先施工主梁，再于主梁上搭设拱架施工主拱，后者则是先施工主拱后施工主梁；对于采用预应力系杆的结构，在支架拆除前应该张拉部分预应力系杆，避免主梁开裂，张拉数量由计算确定。

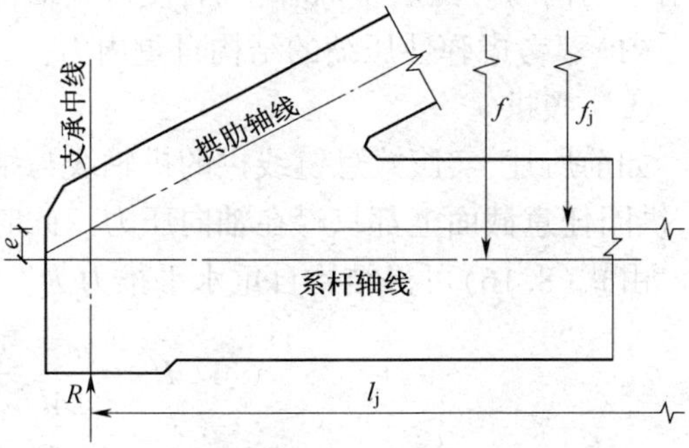

图8.42 系杆轴线、拱肋轴线与支承中线关系

计算活载内力时，应考虑荷载横向分布问题，常用方法为偏心压力法和杠杆法，对于实腹拱，也可采用内力增大系数法。

2. 解析法

计算机应用普及以前，拱桥的分析计算主要依靠解析法。考虑拱桥为多次超静定的空间结构，实际上存在有“拱上建筑与主拱的联合作用”，但为了简化分析，一般偏安全地不去考虑它。为了简化超静定结构分析的烦琐性，工程师们以无铰拱的弹性中心法为基础，将超静定方程解耦，然后基于合理拱轴建立了荷载内力分析的叠加算法，其叠加构成如图8.43所示，并建立了以拱轴系数 m、矢跨比 f/L 等为计算参数的计算图表，见《公路桥涵设计手册——拱桥(上册)》(以下简称《手册》)。手工计算中基于计算的基本公式与计算图表进行，因此又称查表法。

基于查表法的分析计算非常烦琐，特别是应用于连拱计算时，现在设计人员基本上不用了。为增强读者的力学概念，本教材介绍其结构自重和活载计算方法。

当采用结构自重压力线作拱轴线而不考虑拱圈变形的影响时，拱圈各截面的结构自重内

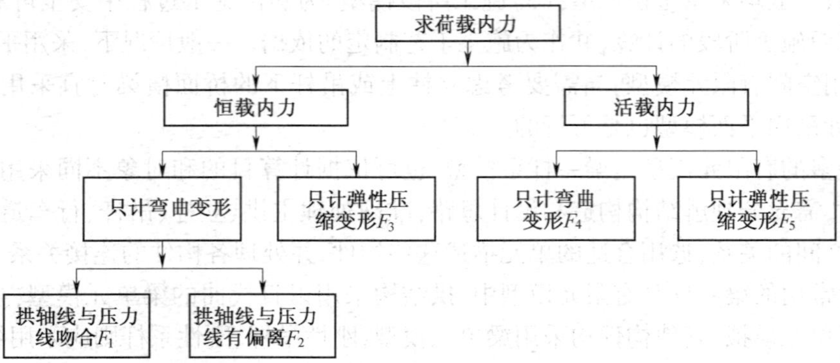

图 8.43 拱桥查表分析法的计算分解图

力均只有轴向压力,即拱圈处于纯压状态。实际上拱圈在结构自重作用下会产生弹性压缩,使拱轴长度缩短。由于无铰拱是超静定结构,它将会在拱中产生附加内力。但是,在设计中,为了计算的方便,往往将结构自重内力分为两部分,即不考虑弹性压缩影响的内力与仅因弹性压缩引起的内力。然后将两者相加,便得到结构自重作用下的总内力。

(1)不考虑弹性压缩的结构自重内力

①实腹拱

如前所述,实腹式悬链线拱的拱轴线与结构自重压力线完全吻合,所以,在结构自重作用下,拱圈任意截面上都只存在轴向压力。此时,拱中的内力,可按纯压拱的公式计算。

由式(8.16)可得结构自重水平推力为

$$H_g = \frac{m-1}{4k^2}\frac{g_d l^2}{f} = k_g \frac{g_d l^2}{f} \tag{8.35}$$

式中,$k_g = \dfrac{m-1}{4k^2}$。

在结构自重作用下,拱脚的竖向反力为半拱的结构自重,即

$$V_g = \int_0^{l_1} g_x \mathrm{d}x = \int_0^1 g_x l_1 \mathrm{d}\xi$$

将式(8.15)、式(8.18)代入上式积分得

$$V_g = \frac{\sqrt{m^2-1}}{2[\ln(m+\sqrt{m^2-1})]} g_d l = k_g' g_d l \tag{8.36}$$

式中,$k_g' = \dfrac{\sqrt{m^2-1}}{2[\ln(m+\sqrt{m^2-1})]}$。

因为结构自重弯矩和剪力均为零,拱圈各截面的轴向力 N 按式(8.37)计算

$$N = \frac{H_g}{\cos\varphi} \tag{8.37}$$

②空腹拱

空腹式悬链线无铰拱,由于拱轴线与结构自重压力线有偏离,拱顶、拱脚和 $l/4$ 点都有结构自重弯矩。在设计中,为了计算的方便,空腹式无铰拱的结构自重内力又可分为两部分,即先不考虑偏离的影响,将拱轴线视为与结构自重压力线完全吻合,然后再考虑偏离的影响,计

算由偏离引起的结构自重内力。两者叠加,即得空腹式无铰拱不考虑弹性压缩时的结构自重内力。

不考虑偏离的影响时,空腹拱的结构自重内力亦按纯压拱计算。此时,拱的结构自重推力 H_g 和拱脚竖向反力 V_g,可直接由静力平衡条件写出

$$H_g = \frac{\sum M_j}{f}$$

$$V_g = \sum P\text{(半拱结构自重)}$$

因为此时拱中的弯矩和剪力均为零,所以轴力可由下式计算

$$N = \frac{H_g}{\cos\varphi}$$

在设计中、小跨径的空腹式拱桥时,可偏安全地不考虑偏离弯矩的影响。大跨径空腹式拱桥,结构自重压力线与拱轴线的偏离一般比中、小跨径大,结构自重偏离弯矩是一种可供利用的有利因素。此时,应当计入偏离弯矩的影响。

(2)弹性压缩引起的内力

在结构自重轴力作用下,拱圈的弹性压缩表现为拱轴长度的缩短。拱圈的这种变形,会在拱中产生相应的内力。取悬臂曲梁为基本结构,弹性压缩会使拱轴在跨径方向缩短 Δl。由于实际结构中,拱顶并没有相对水平变位,则在弹性中心必有一个水平拉力 S[图 8.44(a)],使拱顶的相对水平变位为零。

弹性压缩产生的赘余力 S,可由拱顶的变形协调条件求得,即

$$S\delta'_{22} - \Delta l = 0$$

则

$$S = \frac{\Delta l}{\delta'_{22}} \tag{8.38}$$

从拱中取出一微段 ds[图 8.44(b)],则 $dx = ds\cos\varphi$,在轴向力 N 作用下缩短 Δds,其水平分量为 $\Delta dx = \Delta ds\cos\varphi$,则整个拱轴缩短的水平分量为

$$\Delta l = \int_0^l \Delta dx = \int_s \Delta ds\cos\varphi = \int_s \frac{Nds}{EA}\cos\varphi \tag{8.39}$$

将式(8.37)代入式(8.39)得

$$\Delta l = \int_0^l \frac{H_g dx}{EA\cos\varphi} = H_g\int_0^l \frac{dx}{EA\cos\varphi} \tag{8.40}$$

由单位水平力作用在弹性中心产生的水平位移(考虑轴向力影响)为

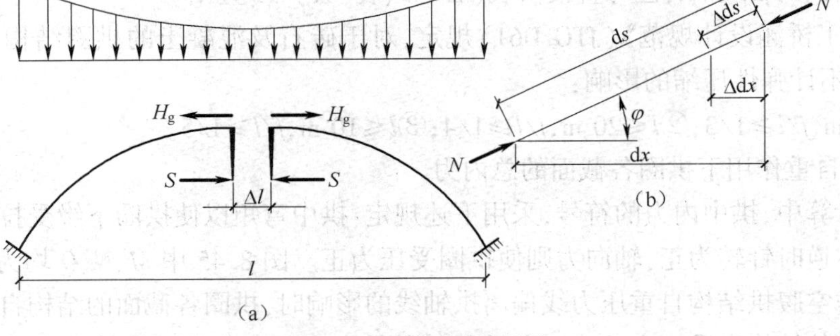

图 8.44　拱圈弹性压缩

$$\delta'_{22}=\int_s\frac{\overline{M}_2^2\mathrm{d}s}{EI}+\int_s\frac{\overline{N}_2^2\mathrm{d}s}{EA}=\int_s\frac{y^2\mathrm{d}s}{EI}+\int_s\frac{\cos^2\varphi\mathrm{d}s}{EA}=(1+\mu)\int_s\frac{y^2\mathrm{d}s}{EI} \tag{8.41}$$

式中

$$\mu=\frac{\int_s\frac{\cos^2\varphi\mathrm{d}s}{EA}}{\int_s\frac{y^2\mathrm{d}s}{EI}} \tag{8.42}$$

将式(8.40)、式(8.41)代入式(8.38)得

$$S=H_g\frac{1}{1+\mu}\frac{\int_0^l\frac{\mathrm{d}x}{EA\cos\varphi}}{\int_s\frac{y^2\mathrm{d}s}{EI}}=H_g\frac{\mu_1}{1+\mu} \tag{8.43}$$

式中:

$$\mu_1=\frac{\int_0^l\frac{\mathrm{d}x}{EA\cos\varphi}}{\int_s\frac{y^2\mathrm{d}s}{EI}} \tag{8.44}$$

为了便于制表计算,对于等截面拱,可将式(8.42)、式(8.44)的分子项改写为

$$\int_s\frac{\cos^2\varphi\mathrm{d}s}{EA}=\frac{l}{EA}\int_0^l\cos\varphi\frac{\mathrm{d}x}{l}=\frac{l}{EA}\int_0^1\frac{\mathrm{d}\xi}{\sqrt{1+\eta^2\mathrm{sh}^2k\xi}}=\frac{l}{EvA} \tag{8.45}$$

$$\int_0^l\frac{\mathrm{d}x}{EA\cos\varphi}=\frac{l}{EA}\int_0^l\frac{1}{\cos\varphi}\frac{\mathrm{d}x}{l}=\frac{l}{EA}\int_0^1\sqrt{1+\eta^2\mathrm{sh}^2k\xi}\,\mathrm{d}\xi=\frac{l}{Ev_1A} \tag{8.46}$$

于是

$$\mu=\frac{l}{EvA\int_s\frac{y^2\mathrm{d}s}{EI}} \tag{8.47}$$

$$\mu_1=\frac{l}{Ev_1A\int_s\frac{y^2\mathrm{d}s}{EI}} \tag{8.48}$$

以上诸式中,$\int_s\frac{y^2\mathrm{d}s}{EI}$可自《手册》附录(Ⅲ)表(Ⅲ)-5查得,$v_1$、$v$可自表(Ⅲ)-8、表(Ⅲ)-10查得。等截面拱的$\mu_1$和$\mu$,也可直接由表(Ⅲ)-9、表(Ⅲ)-11查出。

《公路圬工桥涵设计规范》(JTG D61)规定,对于砖石及混凝土的拱圈结构,在下列情况下,设计时可不计弹性压缩的影响:

①$l\leqslant30$ m,$f/l\geqslant1/3$;②$l\leqslant20$ m,$f/l\geqslant1/4$;③$l\leqslant10$ m,$f/l\geqslant1/5$。

(3)结构自重作用下拱圈各截面的总内力

在拱桥计算中,拱中内力的符号,采用下述规定:拱中弯矩以使拱圈下缘受拉为正,拱中剪力以绕脱离体逆时针转为正,轴向力则使拱圈受压为正。图8.45中M、N、Q均为正。

当不考虑空腹拱结构自重压力线偏离拱轴线的影响时,拱圈各截面的结构自重内力为:不考虑弹性压缩的结构自重内力按式(8.37)计算的轴向力N加上弹性压缩产生的内力。

轴向力

$$N=\frac{H_g}{\cos\varphi}-\frac{\mu_1}{1+\mu}H_g\cos\varphi \tag{8.49}$$

弯矩

$$M=\frac{\mu_1}{1+\mu}H_g(y_s-y_1) \tag{8.50}$$

剪力

$$Q=\mp\frac{\mu_1}{1+\mu}H_g\sin\varphi \tag{8.51}$$

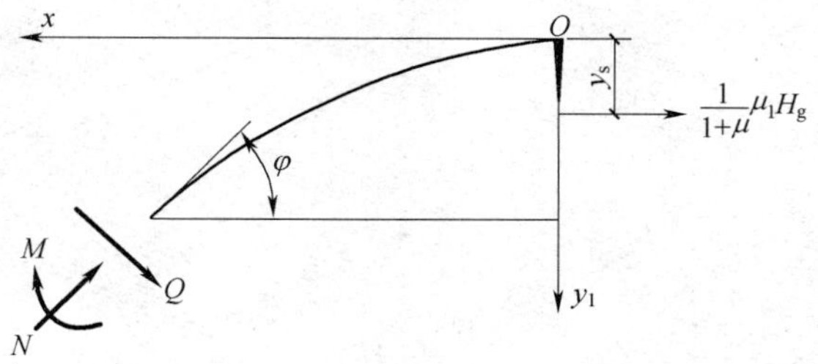

图 8.45 弹性压缩产生的内力

上式中,上边符号适用于左半拱,下边符号适用于右半拱。

从以上各式可见,考虑了结构自重弹性压缩之后,拱中便有结构自重弯矩和剪力,这就说明,无论是空腹式拱还是实腹式拱,考虑弹性压缩后的结构自重压力线,将无法与拱轴线重合。

按式(8.27)~式(8.29)计入偏离的影响之后,各截面的结构自重总内力为

$$\begin{aligned}N&=\frac{H_g}{\cos\varphi}+\Delta X_2\cos\varphi-\frac{\mu_1}{1+\mu}(H_g+\Delta X_2)\cos\varphi\\M&=\frac{\mu_1}{1+\mu}(H_g+\Delta X_2)(y_s-y_1)+\Delta M\\Q&=\mp\frac{\mu_1}{1+\mu}(H_g+\Delta X_2)\sin\varphi\pm\Delta X_2\sin\varphi\end{aligned} \tag{8.52}$$

式(8.52)中的 ΔX_2、ΔM 按式(8.28)、式(8.29)计算。

(4)汽车和人群荷载的内力计算

汽车和人群荷载内力计算仍分两步进行:先计算不考虑弹性压缩的汽车和人群荷载内力,然后再计入弹性压缩的影响。

①不考虑弹性压缩影响的汽车和人群荷载内力

计算的办法是:先计算赘余力影响线,然后用叠加的办法计算内力影响线,最后,根据内力影响线按最不利情况布载、求得最不利内力值。

(a)基本结构

为了便于编制影响线表,在求拱中内力影响线时,常采用简支曲梁为基本结构,如图 8.46(a)所示。根据结构力学知识和弹性中心的特性可求出单位荷载 $P=1$ 在图示位置时结构的赘余力 X_1、X_2、X_3。

(b)计算赘余力影响线

为了计算赘余力的影响线,一般将拱圈沿跨径方向分成 48(或 24)等分。相邻两分点的水平距离为 $\Delta_l=l/48$(或 $l/24$),当 $P=1$ 从图 8.46(a)中的左拱脚向右拱脚以 Δl 步长移动时,即可利用结构力学知识计算出 P 在各个分点上 X_1、X_2、X_3 的影响线竖标。三个赘余力影响线图形如图 8.46(b)、(c)、(d)所示。

有了赘余力的影响线之后,拱中任何截面的内力影响线,均可利用静力平衡条件建立计算公式并借助叠加的办法求得。

(c)任意截面的弯矩影响线

图 8.47 中任意截面 i 的弯矩为:

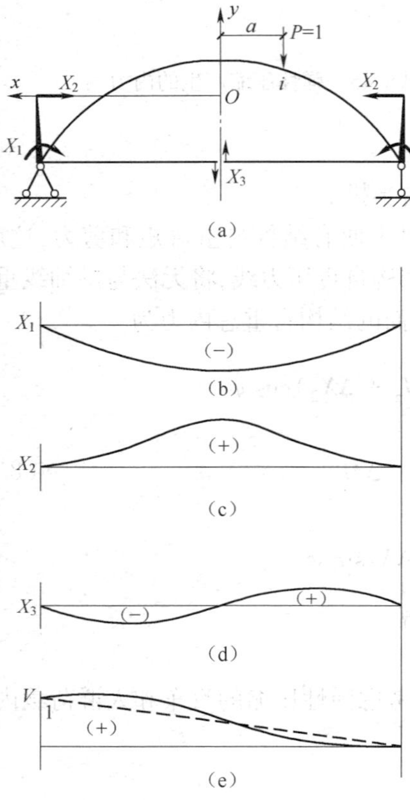

图 8.46　拱中赘余力的影响线

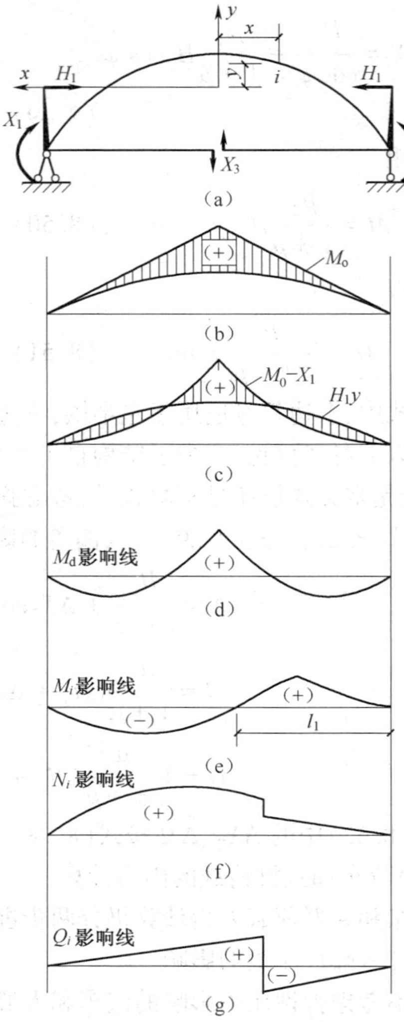

图 8.47　拱中内力影响

$$M = M_0 - H_1 y \pm X_3 x + X_1 \tag{8.53}$$

式中　M_0——相应简支梁弯矩。

因拱顶截面 $x=0$，故 $X_3 x=0$。拱顶截面之弯矩 M_d 为

$$M_d = M_0 - H_1 y + X_1$$

由 $\sum X=0$ 知，拱中任意截面的水平推力 $H_1=X_2$；因此，H_1 的影响线与赘余力 X_2 的影响线是完全一致的。H_1 影响线的图形如图 8.46(c)所示，各点的影响线竖标可由《手册》附录(Ⅲ)表(Ⅲ)-12 查得。

先绘出简支梁影响线 M_0，减去 X_1 影响线，得 M_0-X_1 影响线[图 8.47(b)]有竖线的部分。图 8.47(c)中，以水平线为基线绘出 M_0-X_1 影响线，在此图上再与 $H_1 y$ 影响线相叠加，图中有竖线部分即为拱顶弯矩影响线。再以水平线为基线，即得 M_d 影响线如图 8.47(d)所示。

同理可得，拱中任意截面 i 的弯矩影响线 M_i [图 8.47(e)]。

拱中各截面不考虑弹性压缩的弯矩影响线坐标由《手册》附录(Ⅲ)表(Ⅲ)-13 查得。

(d)任意截面的轴向力 N 和剪力 Q 影响线

截面 i 的轴向力 N_i 及剪力 Q_i 的影响线，在截面 i 处均有突变[图 8.47(f)、(g)]。故当集中荷载作用在 i 截面的左、右两边时，轴向力 N 及剪力 Q 均有较大的差异，不便编制等代荷载，一般也不利用 N、Q 的影响线计算其内力。通常，先算出该截面的水平力 H_1 和拱脚的竖向反力 V，再按下式计算轴向力 N 和剪力 Q。

$$\text{轴向力}\begin{cases}\text{拱顶}:N = H_1\\ \text{拱脚}:N = H_1\cos\varphi_j\\ \text{其他截面}:N \approx H_1/\cos\varphi\end{cases} \tag{8.54}$$

$$\text{剪力}\begin{cases}\text{拱顶}:\text{数值很小，一般不计算}\\ \text{拱脚}:Q = H_1\sin\varphi_j - V\cos\varphi_j\\ \text{其他截面}:\text{数值很小，一般不计算}\end{cases} \tag{8.55}$$

(e)拱脚竖向反力 V 的影响线

将 X_3 移至两支点后，由 $\sum Y=0$ 得

$$V = V_0 \mp X_3 \tag{8.56}$$

式中　V_0——简支梁的反力影响线。

式(8.56)中，上边符号适用于左拱脚，下边符号适用于右拱脚。

由 V_0 与 X_3 两条影响线叠加而成的竖向反力影响线 V，具有图 8.46(e)的形式(图中为左拱脚的竖向反力影响线)，显而易见，拱脚竖向反力 V 影响线之总面积 $\omega = l/2$。

在计算下部结构时，常以最大水平力控制设计，此时，应在 H_1 的影响线上按最不利情况加载，计算 H_{max} 及相应的弯矩 M 和竖向反力 V。

②汽车和人群荷载作用下弹性压缩引起的内力

汽车、人群荷载弹性压缩与结构自重弹性压缩相似，它是考虑由汽车和人群荷载产生的轴向力对变位的影响，亦在弹性中心产生赘余水平力 ΔH(拉力)。由典型方程得：

$$\Delta H = \frac{\Delta l}{\delta'_{22}} = \frac{\int_s \frac{N\mathrm{d}s}{EA}\cos\varphi}{\delta'_{22}} \tag{8.57}$$

取脱离体如图 8.48 所示，拱脚作用有三个已知力：弯矩 M、竖向反力 V 和通过弹性中心的水平力 H_1。

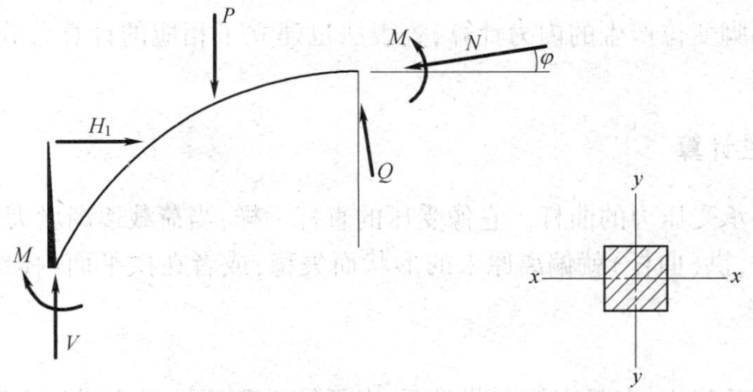

图 8.48　汽车荷载弹性压缩引起的内力

将各力投影到水平方向上得：

$$N = \frac{H_1 - Q\cos\varphi}{\cos\varphi} = \frac{H_1}{\cos\varphi}\left(1 - \frac{Q}{H_1}\sin\varphi\right) \tag{8.58}$$

在式(8.58)中,第二项的数值常比第一项小很多,近似地略去一项,则得

$$N = \frac{H_1}{\cos\varphi}$$

于是

$$\Delta l = \int_s \frac{N\mathrm{d}s}{EA}\cos\varphi = H_1\int_l \frac{\mathrm{d}x}{EA\cos\varphi}$$

将上式代入式(8.57)得

$$\Delta H = -\frac{H_1\int_l \frac{\mathrm{d}x}{EA\cos\varphi}}{\delta'_{22}} = -\frac{H_1\int_l \frac{\mathrm{d}x}{EA\cos\varphi}}{(1+\mu)\int_s \frac{y^2\mathrm{d}s}{EI}} = -H_1\frac{\mu_1}{1+\mu} \tag{8.59}$$

考虑弹性压缩后的汽车、人群荷载推力(总推力)为

$$H = H_1 + \Delta H = H_1 - H_1\frac{\mu_1}{1+\mu} = H_1\frac{1+\mu-\mu_1}{1+\mu} \tag{8.60}$$

考虑到 $\Delta\mu = \mu_1 - \mu$ 远比 μ_1 小,实际应用时尚可将上式进一步简化为

$$H = H_1\frac{1+\mu-\mu_1}{1+\mu} = H_1\frac{1-\Delta\mu}{1+\mu_1-\Delta\mu} \approx \frac{H_1}{1+\mu_1} \tag{8.61}$$

汽车、人群荷载弹性压缩引起的内力为

$$\left.\begin{aligned}
&\text{弯矩} && \Delta M = -\Delta H\cdot y = \frac{\mu_1}{1+\mu}H_1\cdot y\\
&\text{轴向力} && \Delta N = -\Delta H\cos\varphi = -\frac{\mu_1}{1+\mu}H_1\cos\varphi\\
&\text{剪力} && \Delta Q = \pm\Delta H\sin\varphi = \mp\frac{\mu_1}{1+\mu}H_1\sin\varphi
\end{aligned}\right\} \tag{8.62}$$

将不考虑弹性压缩的汽车(或人群)荷载与汽车(或人群)荷载弹性压缩产生的内力叠加起来,即得汽车(或人群)荷载所用下的总内力。

均匀温度和拱脚变位产生的内力计算,查表法也建立了相应的计算公式,不再赘述,有兴趣者可参阅《手册》。

8.3.6 主拱稳定性计算

拱是一个主要承受压力的曲杆。它像受压的直杆一样,当荷载逐渐增大,即压力逐渐增加到达某一临界值时,拱(曲杆)就偏离原来的形状而失稳,或者在拱平面内(纵向)或者向平面外(横向)侧倾失稳。

1. 面内稳定

计算分析和实验指出,在竖直均布荷载下,当无铰拱和两铰拱在拱轴平面内丧失稳定时,拱轴成反对称变形的临界荷载为最小,而三铰拱丧失稳定时,则临界荷载随矢跨比 f/L 而不同,或为对称失稳($f/L=0.1\sim0.2$)或为反对称失稳($f/L=0.3\sim1.0$)。

根据研究,二次抛物线等截面拱的均布荷载临界值为

$$q_{cr} = K\frac{EI}{L^3} \tag{8.63}$$

相当于临界均布荷载 q_{cr} 的拱内临界水平推力则为

$$H_{cr} = \frac{q_{cr}L^2}{8f} = K\frac{EI}{8L^2}\cdot\frac{L}{f} \tag{8.64}$$

式中　EI——拱截面抗弯刚度(I 取全截面惯性矩,不计钢筋);

L——拱的跨度;

f——拱的矢高;

K——系数,视拱静力图式,矢跨比而变,见表 8.1。

表 8.1　*K* 值

f/L	0.1	0.2	0.3	0.4	0.5	0.6	0.8	1.0
无铰拱	60.7	101.0	115.0	111.0	97.4	83.8	59.1	43.7
两铰拱	28.5	45.4	46.5	43.9	38.4	30.5	20.0	14.1
三铰拱	22.5	39.6	46.5	43.9	38.4	30.5	20.0	14.1

为了方便计算,在核算拱的稳定时,将实际的拱用一根等代的中心受压直杆替换。按欧拉公式,中心受压直杆的临界轴向压力为

$$N_{cr} = \frac{\pi^2 EI}{l_0^2} \tag{8.65}$$

式中　l_0——压杆自由长度。

令

$$H_{cr} = N_{cr} \tag{8.66}$$

于是

$$l_0 = \pi\sqrt{\frac{8f}{KL}}\cdot L \tag{8.67}$$

在实际计算时,可先按表 8.1 查 K 值(中间数按直线内插),并代入式(8.67)得 l_0,然后由式(8.65)计算拱的临界推力 N_{cr}(即 H_{cr})。

拱轴和截面变化比较复杂的拱的平面内稳定计算,可变换为等截面进行检算。该换算等量截面惯性矩的确定方法,系将半个拱肋取直为一简支梁,其截面刚度同拱肋的,另取一跨度相同等截面简支梁。在两者跨中作用一单位荷载,当两者跨中的挠度相同时,后者的惯性矩即为拱的换算等量惯性矩。

当拱上结构参与拱共同作用时,拱的稳定性显然比裸拱增大,临界水平推力可简单地按拱、梁两者截面抗弯刚度之和与拱的截面抗弯刚度之比增大 K 倍,即增大$(1+EI_b/EI_0)$倍,此处,EI_0、EI_b 分别为拱肋和桥面梁的截面抗弯刚度。

对悬链线拱可近似地利用上述抛物线拱的公式和方法计算。

公路桥规进一步对上述计算进行简化,拱的轴力设计值按式(8.68)计算:

$$N_d = \frac{H_d}{\cos\varphi_m} \tag{8.68}$$

式中　H_d——拱的水平推力设计值;

φ_m——拱顶与拱脚连线与水平线的夹角。

拱圈的计算长度 l_0,对于三铰拱,$l_0=0.58L_a$;两铰拱,$l_0=0.54L_a$;无铰拱,$l_0=0.36L_a$,L_a 为拱轴线长度。

2. 面外稳定

关于拱的侧向(面外)稳定,解析理论上研究得不够透彻。一般说来,主拱的侧向抗弯刚度比其在平面内的抗弯刚度要大得多。因此如能遵守规范中对主拱宽度 B 的规定(对肋拱,B 为两外肋中心线之间的最小距离),即 $B \geqslant L/20$,则拱肋(拱圈)侧向失稳不会比平面内失稳到来得早。

计算以横梁连系的拱肋侧向稳定的近似计算方法是把拱展开为与拱轴等长的平面桁架,根据其支承条件,按受压组合构件确定其计算长度和长细比。采用拱的 $L/4$ 处的轴向力或按式(8.68)计算的轴力,作为这个平面桁架的纵向压力。有关计算公式及其他类型拱的面外稳定计算见有关拱的稳定专著。

对应下承式拱桥无横向联接且为柔性吊杆的抛物线肋拱横向稳定性验算,可按如下方法进行初步计算。

(1)侧倾临界均布荷载

苏联学者 ДИННИк 对于承受均布铅垂荷载等截面固端抛物线拱,提出了侧倾临界均布荷载 q_{cr} 的近似计算公式,即

$$q_{cr}=K\frac{EI_y}{l^3} \tag{8.69}$$

式中　EI_y——拱肋平面外抗弯刚度;

l——主拱计算跨径;

K——侧倾临界荷载系数,或者侧倾稳定系数,它与矢跨比(f/l)和弯扭刚度比 $\lambda(=EI_y/GI_d)$ 有关,见表 8.2。

表 8.2　侧倾系数 K

f/l \ λ	0.7	1.0	1.3
0.1	28.5	28.5	28.0
0.2	41.5	41.0	40.0
0.3	40.0	38.5	36.5

实际上拱肋所承受的并不完全是均布的荷载,故在应用上式时,可根据实际拱顶处的最大水平推力 $H_{max}=H_{自重}+H_{活}$ 按下式进行换算,以求得等效的均布荷载 q_e,即

$$q_e=\frac{8f}{l^2}H_{max} \tag{8.70}$$

并要求

$$q_e<q_{cr} \tag{8.71}$$

(2)考虑吊杆"非保向力效应"后的侧倾修正系数

下承式拱桥的桥面结构相对于拱肋而言(在面外屈曲之前,拱肋可看作是纯压构件),可以认为是完全刚性的,当拱肋有侧向位移时,吊杆则变为倾斜的,而拱肋上的所有点都将以桥面为中心,以吊杆的长度为半径作圆弧式的移动[图 8.20(b)]。此时,假定吊杆是不可拉伸

但无抗弯刚度的受拉构件,这样,吊杆将以其张力的水平分力施加到拱肋上,从而增强了拱肋的侧向稳定性,这个效应被称之为吊杆的“非保向力效应”。据此,进行修正计算。

研究表明,在进行初步设计时,考虑修正后的侧倾临界荷载 q'_{cr} 可以偏安全地按式(8. 72)计算。

$$q'_{cr}=2.5K\frac{EI_y}{l^3} \tag{8.72}$$

以上计算可供初步设计参考,但在施工图设计阶段,建议采用空间有限元法进行详细计算。

目前采用解析计算的主要作用是与有限元数值解进行比较。

3. 数值分析法

精确计算拱的稳定,应该考虑材料与几何的非线性,按有限位移理论通过电算进行分析。由于材料弹塑性分析难以与实际一致,也有仅计算弹性稳定安全系数,然后进行塑性折减。

按弹性稳定计算时,其稳定安全系数不应小于 4. 0~5. 0。

8.4　钢管混凝土拱桥构造与计算特点

8. 4. 1　构造特点

(1)概述

钢管混凝土拱桥是一种新型的拱桥结构,20 世纪 90 年代我国开始开发采用,1990 年在四川旺苍建成了跨度 115 m 的国内第一座公路钢管混凝土拱桥。由于其具有省材、轻便、美观及无支架施工的特点,很快得到推广和应用。钢管吊装质量比钢筋混凝土拱肋轻很多,解决了大跨径拱桥施工问题,因而适用跨径可以增大。钢管混凝土拱桥不仅应用于山区,也在平原河网地区得到推广(多数为带系杆的中下承式拱桥)。大跨度钢管混凝土拱(包括钢管混凝土系杆拱),无论在经济性或施工技术等方面,已构成了与斜拉桥方案的竞争。

钢管混凝土拱桥的主要特点是:在受力方面,钢管拱合龙后,在其内填充混凝土,使两者共同工作,钢管壁对混凝土的套箍作用,提高了混凝土的抗压强度和延性,而内填的混凝土又提高了钢管壁受压稳定性及其抗腐蚀性;在施工方面,空心钢管作为劲性骨架和模板,施工吊装质量轻,进度快,便于无支架吊装或转体施工;在结构方面,还可形成内填外包混凝土结构,适用性强。

钢管混凝土拱的其他特点:对钢管制造、安装要求高;钢管内灌注混凝土要注意其密实性;钢管外表面要做防锈蚀处理。

我国建筑部门在 20 世纪 60 年代开始研究和应用钢管混凝土结构。1989 年国家建筑材料工业局批准颁发了《钢管混凝土结构设计与施工规程》(JCJ 01—89)。1990 年中国工程建设标准化协会正式批准颁布了国家推荐性标准《钢管混凝土结构设计与施工规程》(CECS 28:90)。

而在桥梁方面,设计规范是滞后于工程建设的,大量的公路、铁路钢管混凝土桥梁建成后,2015 年中华人民共和国交通运输部发布了《公路钢管混凝土拱桥设计规范》(JTG/TD 6506—2015),《铁路桥梁钢管混凝土结构技术规程》正准备颁布实施。这些规范中均吸纳了钢管拱桥的最新研究成果。

(2)主拱结构

钢管混凝土拱桥在设计与施工上有两大方向:一种为钢管内灌混凝土,即钢管表面外露,钢管与核心混凝土共同受力,成桥后钢管受设计荷载控制,同时也作为施工时的劲性骨架;另一种是内灌外包混凝土(以下简称外包),钢管表面不外露,钢管仍作为施工的劲性骨架,先内灌混凝土成钢管混凝土,后再挂模板外包混凝土形成拱,成桥后钢管参与受力,但不受设计荷载控制。严格来说,前者应称为钢管混凝土拱桥,后者应称为钢筋混凝土劲性骨架拱桥,因钢管仅起到劲性骨架作用。由于施工上的共同性,设计部门仍把它归入钢管混凝土拱桥。本章也在此一并叙述。

外包钢管混凝土拱与钢筋混凝土拱结构,除施工方法上的区别外,其他基本一样,主拱也分拱肋、拱圈两种。

拱圈可以是矩形(图 8.49)或箱形截面(图 8.50)。图 8.49 是福建连江安海公路桥的主拱截面,净跨 70 m。图 8.50 是四川万县长江公路桥主跨拱截面,跨度 420 m,矢跨比 1/5,采用的劲性骨架为空间桁架,主弦杆为 5 排 10 根 $\phi420$,厚 16 mm无缝钢管,腹杆为角钢。

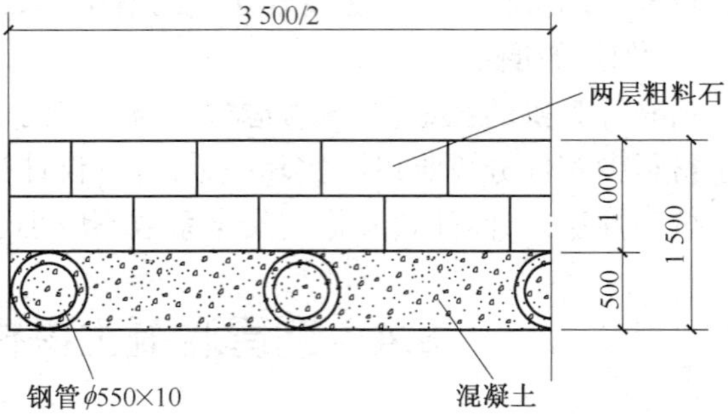

图 8.49　外包钢管混凝土拱矩形截面(单位:mm)

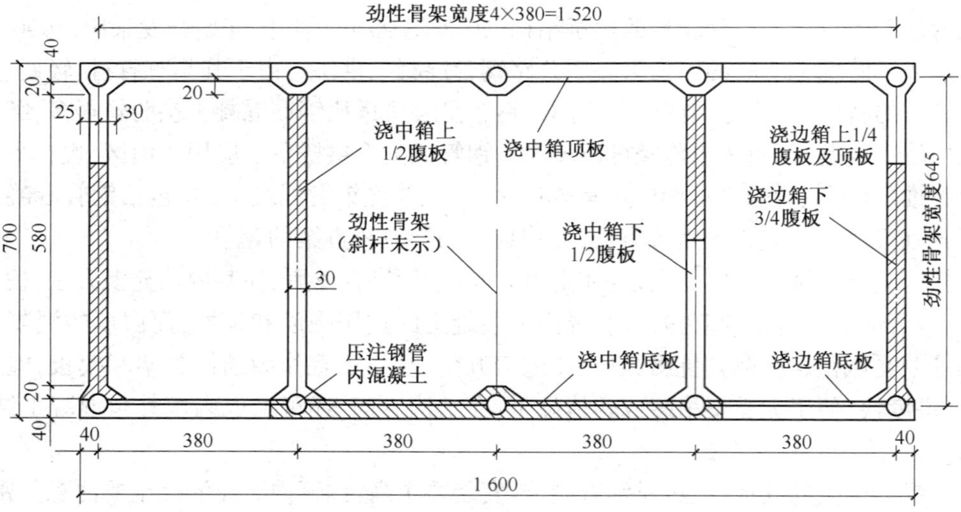

图 8.50　外包钢管混凝土拱箱形拱圈(单位:cm)

拱肋一般为箱形(图 8.51),也有采用工字形。图 8.51(a)、(b)分别是四川内江新龙坳立交桥(拱跨 117.8 m)和广西邕宁邕江公路桥(主跨 312 m)主拱断面。

无论是拱肋或拱圈截面,外包钢管混凝土拱多用于上承式拱桥。

内灌钢管混凝土拱分肋拱与桁架拱。肋拱截面形式有:单圆钢管、扁圆钢管(图 8.52)和哑铃形(图 8.53)等。单圆钢管混凝土拱一般适用于小跨径(100 m 以下)。国外曾建造过一些单圆钢管混凝土拱,最大跨度达 220 m。在跨径较大时,其是否经济,有待探讨。其特点是制造、施工比较简便,但受力特性不如哑铃形。扁圆钢管混凝土拱只在浙江义乌笙圆桥采用过,净跨径 80 m,其特点是增大横向抗弯惯性矩,取消风撑,也只能在中、小跨度中采用。哑铃

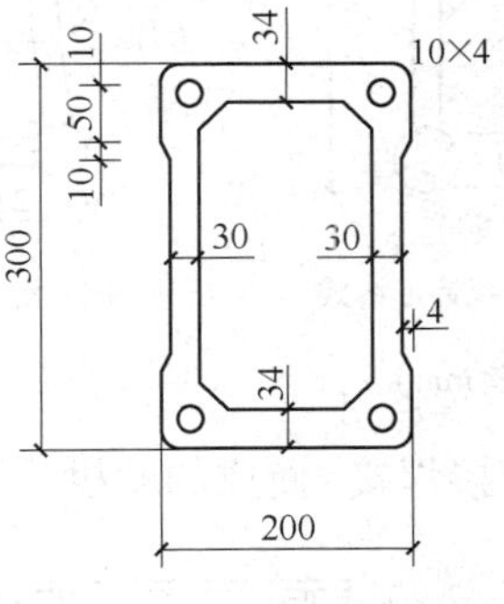

（a）内江新龙坳桥断面

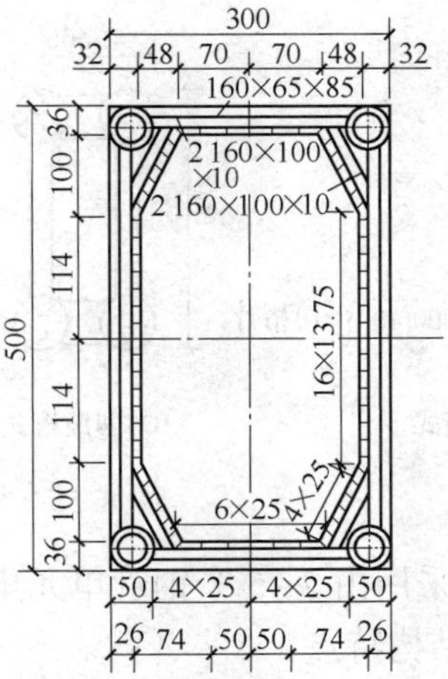

（b）广西邕宁邕江公路桥断面

图 8.51 外包钢管混凝土拱箱(单位:cm)

形拱是最常用的截面形式,它由钢腹板与两钢管焊接而成,腹板内也填充混凝土。拱桥跨度从几十米到 160 m 大多采用这种形式。钢管直径 D 为 45~110 cm,D/L 为 1/150~1/78(L 为净跨径),高度 H 为 120~270 cm。D/H=1/2.67~1/2.11,以 1/2.5 居多。管壁厚为 8~16 mm,10 mm最常用(16 mm 用于拱脚段)。D/L 一般随跨径增大而减少。

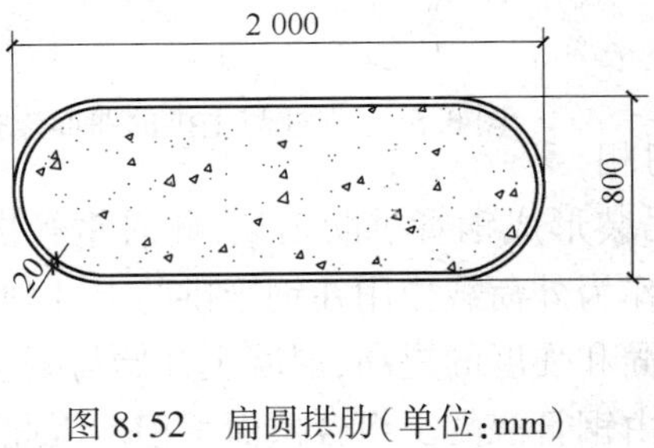

图 8.52 扁圆拱肋(单位:mm)

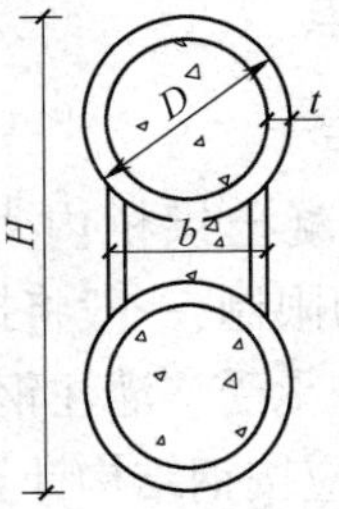

图 8.53 哑铃形拱肋

当跨径较大时,常采用桁架式肋拱(图 8.54)。桁架式肋拱自重轻,截面抗弯效率高。桁架式肋拱每肋是由多根钢管混凝土用缀条连接组成,有三肢和多肢桁式截面、横哑铃形(两钢管间为腹板,内填混凝土)(图 8.55)。图 8.55(a)为黑龙江依兰牡丹江公路桥,净跨 100 m 中承式拱桥截面。图 8.55(b)为福建闽清石潭溪公路桥主跨为 136 m 中承式肋拱截面。两种截面的钢管混凝土均由小直径钢管连接成竖向与横向桁片。图 8.55(c)为广东南海汕西公路桥,主跨 200 m 中承式肋拱截面,区别是上、下翼缘是横哑铃形。图 8.55(d)为河南安阳文峰路立交桥,净跨 135 m 下承式系杆肋拱截面,上翼缘是横哑铃形,故称混合型。

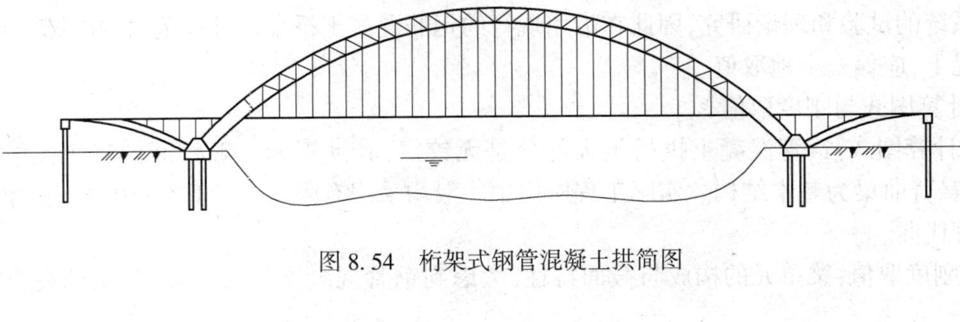

图 8.54 桁架式钢管混凝土拱简图

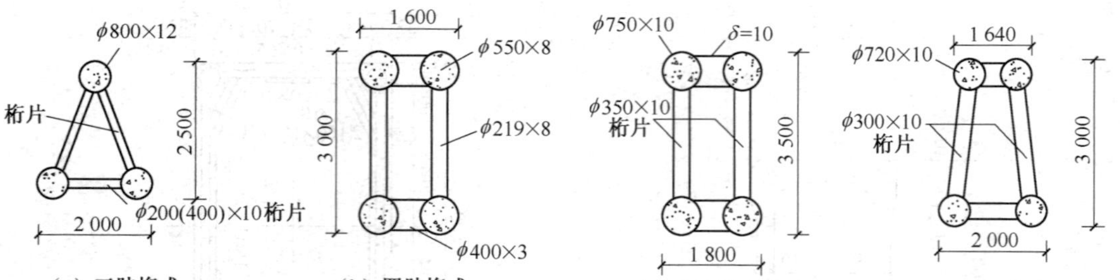

(a) 三肢桁式　(b) 四肢桁式　(c) 横哑铃形桁式　(d) 混合桁式

图 8.55　桁架式肋拱截面(单位:mm)

此外还有采用由 2~5 个钢管单元集合(钢管与钢管直接焊接)而成的肋拱。

(3) 拱上结构特点

已经建成或在建的拱上结构大都采用预制板式、肋梁式桥面系。立柱可以是钢筋混凝土、型钢或钢管。钢管直径比主拱钢管直径要小(管内不填充混凝土,以减轻自重)。由于主拱是圆形钢管,要注意立柱与主拱的连接构造,特别是管—板、与管—管焊接质量问题,图 8.56 是立柱钢管与主拱钢管连接实例。

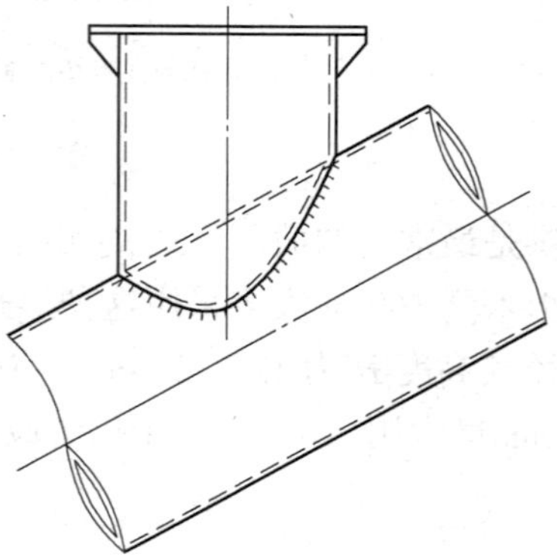

图 8.56　立柱与主拱的曲面连接

8.4.2　计算特点

1. 受力特点

(1) 钢管混凝土拱桥内力计算与施工过程密切相关。受吊装能力限制,一般将拱肋分数段加工,然后吊装形成钢管拱肋桁架,此时钢管拱肋桁架重力由其自身承受。灌注钢管内混凝土时,混凝土作为外荷载作用在钢管拱肋上,因此仍由钢管拱肋承受,应按钢结构计算。以后随着混凝土凝固和强度的提高,混凝土开始与钢管一起参与受力。后期拱上建筑、桥面系结构自重和活载均由钢管混凝土组合截面承担。因此,钢管混凝土拱桥应采用"应力叠加法"进行设计。

(2) 钢管混凝土作为一种钢—混凝土组合材料,一般采用合成法确定钢管混凝土的基本性能。所谓合成法,是指分别选定钢管和核心混凝土在轴心力作用下的本构关系,运用平衡条件和变形协调条件将两者的本构关系合成构件的组合关系,由此组合关系可得到钢管混凝土的各种物理力学组合性能指标。由于在钢管和混凝土的本构关系中包含有套箍力作用,因此在组合关系中也就包含了这种套箍效应。但是上述方法对大偏心受压构件不适用,此时仍采用钢筋混凝土截面的计算方法。

(3) 钢管混凝土拱桥大都是超静定结构,对于温度变化、混凝土收缩和徐变产生的次内力尚缺乏系统的试验和理论研究,因此在沿用现行的钢筋混凝土桥梁设计规范时,在缺乏可靠资料的情况下,应偏安全地取值。

2. 计算图式与刚度取值

(1) 计算图式:钢管混凝土拱桥绝大部分是无铰拱,其计算和一般钢筋混凝土无铰拱一样,可取悬臂曲梁为基本结构。实际工程应用中一般均采用有限元法计算,其中采用梁单元时往往以直代曲。

(2) 刚度取值:梁单元的构成与截面特性,考虑到钢管混凝土的材料特性,则依据具体情况而定，常用的方法有如下两种：

①采用组合构件的梁单元，对拉、压和弯曲刚度都采用混凝土部分和钢管部分刚度的叠加。CECS28:90 规范和现行公路桥梁规范，采用的就是该方法。

压缩和拉伸刚度

$$EA = E_s A_s + E_c A_c \tag{8.73}$$

弯曲刚度

$$EI = E_s I_s + E_c I_c \tag{8.74}$$

式中　EA,EI——钢管混凝土受轴力及受弯时的换算刚度或称综合刚度；

E_s,E_c——钢与混凝土的弹性模量；

A_s,A_c——钢管混凝土中钢管与混凝土的截面积；

I_s,I_c——钢管混凝土中钢管与混凝土的截面惯性矩。

②双单元的修正刚度的计算方法

钢管混凝土构件采用共节点的混凝土和钢管双单元力学模型，铁路规范基于该模型提出了采用“钢管混凝土截面的刚度计算参数”修正刚度的计算方法，钢管和混凝土单元的轴压刚度、抗弯刚度分别取：E_sA_s、$\eta_A E_c A_c$；$E_s I_s$、$\eta_I E_c I_c$，其中的 η_A，η_I 为钢管混凝土结构刚度计算参数，它考虑了含钢量、混凝土收缩徐变、疲劳等影响。由于篇幅关系，具体参见相关规范。

(3)套箍效应与承载力：一般认为在极限状态下，钢管内混凝土抗压强度大于一般混凝土抗压强度。

CECS28：90 提出的强度增大系数 K 计算式为

$$K = 1 + \sqrt{\theta} \tag{8.75}$$

$$\theta = \frac{A_s f_s}{A_c f_c} \tag{8.76}$$

式中　θ——钢管混凝土套箍指标；

A_s,f_s——钢管的截面积和抗拉强度设计值；

A_c,f_c——核心混凝土截面积和抗压强度设计值。

公路和铁路规范中极限承载力计算公式中均考虑了套箍效应，但表达形式差异较大。

正常使用状态下，由于混凝土灌注工艺及混凝土收缩影响，钢和混凝土之间可能存在一定的空隙，因此其强度并不能提高。

3. 其他计算要点

(1)桥规规定，当进行钢筋混凝土超静定结构变形计算时，允许开裂截面的刚度应采用 $0.8E_cI$，其中 E_c 为混凝土的弹性模量，I 为构件毛截面的惯性矩。这主要是考虑到钢筋混凝土构件中混凝土开裂对截面刚度削弱的影响。而对于钢管混凝土构件，混凝土的裂缝开展受到钢管的约束而较迟出现且不发育，弹性、塑性性能均强于钢筋混凝土结构，而且其含钢率较高，因此可以不考虑折减。

(2)钢管混凝土拱桥由于材料强度高，主拱圈的刚度相对较小，而且桥面系一般均为梁板式结构，活载横向分布作用明显，而拱上建筑联合作用较弱，因此在汽车、人群荷载计算时采用单根拱肋的计算模型。双肋拱拱肋的荷载横向分布系数计算一般采用杠杆法；对于多拱肋，宜按偏心压力法计算，也可按杠杆法计算。

(3)钢管混凝土温度内力计算中，合龙温度取值：鉴于影响合龙温度的因素较多，当没有更加精确详细的资料时，建议在考虑温降计算时取合龙当月平均温度加上 4~5 ℃；计算温升时则以当月平均温度作为计算合龙温度。

(4)钢管混凝土收缩徐变产生的内力,收缩影响一般计入在钢管混凝土脱空折减计算中,徐变效应和变形可采用不同于钢筋混凝土构件的徐变系数计算,或按主拱降温15 ℃计算其影响。

混凝土的徐变将导致截面上原先由混凝土承担的应力部分向钢管转移,使钢管应力增大。因此,在钢管应力控制中必须考虑这一不利影响,为此,铁路桥梁中采用方法是修改混凝土的计算刚度,即在钢管混凝土结构刚度计算参数 η_A,η_I基础上再乘以 0.5。

(5)钢管混凝土拱桥采用自架设施工方法,主拱圈是逐步形成的,因而各部分受力先后不一。强度验算有应力叠加法和内力叠加法两种。在施工过程中,以采用应力叠加法验算钢拱架的强度与稳定性较为合理,并用容许应力法进行验算。当管内混凝土达到设计强度后,则应采用内力叠加法计算内力。这时的验算方法则采用极限状态法。

(6)由于钢管对核心混凝土的套箍作用只有当构件处于轴心或小偏心受压状态,且混凝土进入塑性状态后才能显现,因而对于轴心或小偏心受压构件的承载能力极限状态验算,可考虑套箍作用的有利影响,其他情况一概不考虑。

(7)对于两根和两根以上钢管混凝土组成的拱肋除进行整体承载力验算外,还需进行组成构件的局部承载力、管—管和管板等构件连接验算,以防局部破坏。对于桁式断面,还应对腹杆、平联等进行局部受力验算。

(8)钢管混凝土肋拱的面内和面外稳定性与承载力计算,参见第 15 章。

8.5 组合式拱桥构造与计算特点

8.5.1 基本形式

(1)简支梁拱组合式桥梁

它只用于下承式,属于无推力的组合体系拱,如图 8.57 所示。拱肋结构一般为钢管混凝土和钢筋混凝土结构,桥面上常设置风撑,主要承重构件除拱肋外,还有加劲纵梁,它与横梁组成平面框架,由吊杆上下联系以达到共同受力的目的。

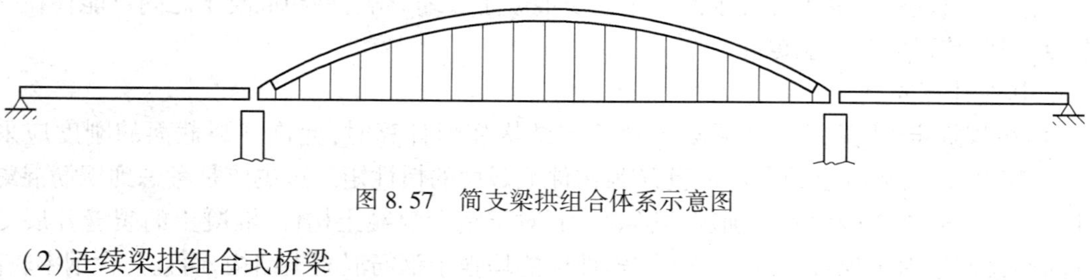

图 8.57 简支梁拱组合体系示意图

(2)连续梁拱组合式桥梁

这种体系可以是上承式、中承式及下承式,也可以是多肋拱、双肋拱或单肋拱与加劲梁组合,如图 8.58 所示。多肋拱及双肋拱的加劲梁的截面形式可类似于简支梁拱组合式桥梁布置;而单片拱肋必须配置有箱形加劲梁,以加劲梁强大的抗扭刚度承担偏载作用。这种桥型自身刚度大,跨越能力强,造型美观。

(3)单悬臂梁拱组合式桥梁

单悬臂梁拱组合式桥梁(图 8.59)只适用于上承式,采用转体施工特别方便。单悬臂梁拱组合式桥梁实际上是将实腹梁挖空,用立柱代替梁腹板,原腹板剪力主要由拱肋竖向分力及加劲梁剪力平衡。这样的结构加劲梁受拉弯作用，采用预应力混凝土，拱肋为钢筋混凝土。

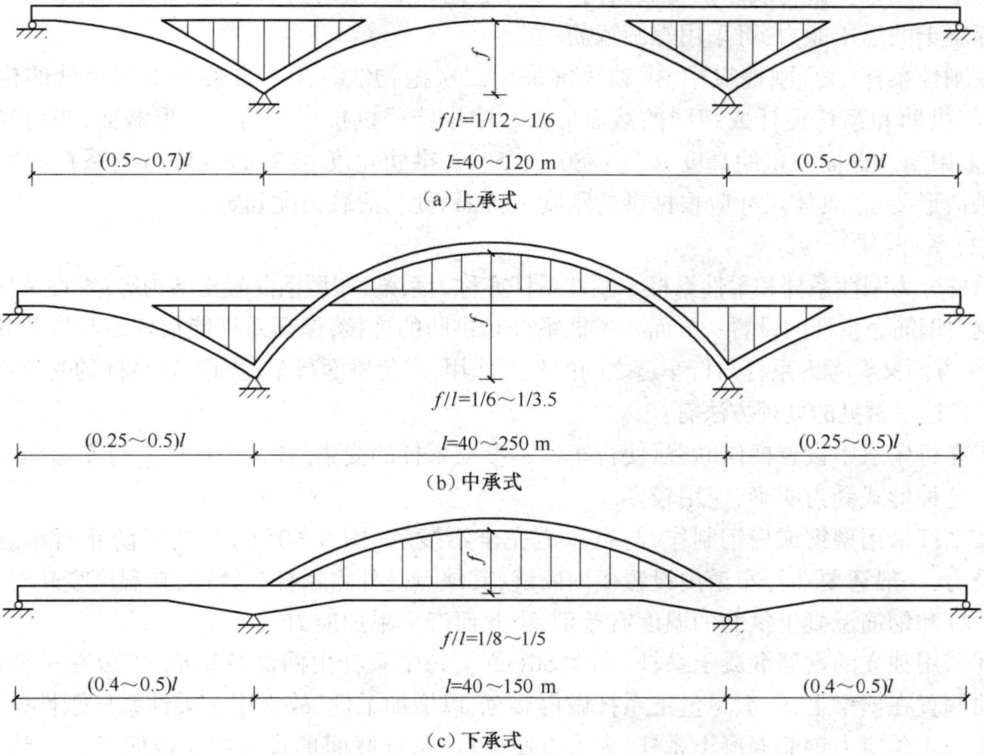

图 8.58　连续梁拱组合体系示意图

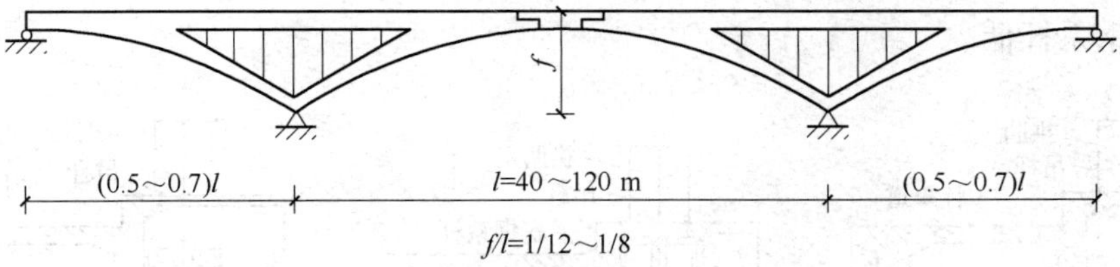

图 8.59　悬臂梁拱组合体系示意图

8.5.2　构造特点

下面简要介绍拱式组合体系中具有特色的结构构造。

(1) 拱肋

对于柔性系杆刚性拱，拱肋的构造和截面形式基本上可参考普通的下承式肋拱桥，矢跨比一般在 1/5~1/4 之间取值。拱肋截面可根据跨径的大小和荷载等级选用矩形、工字形或箱形。拱肋高度对于公路桥 $h=(1/50\sim1/30)l$，拱肋宽度 $b=(0.4\sim0.5)h$。一般矩形截面用于较小跨径，当肋高超过 1.5~3.5 m 时，采用工字形或箱形较为合理。

刚性系杆(梁)柔性拱以梁为受力主体，矢跨比通常为 1/7~1/5。拱肋在保证一定强度和稳定性的条件下，可将拱肋高度 h 从常用的 $(1/120\sim1/100)l$ 压缩到 $(1/160\sim1/140)l$，拱肋宽度一般采用 $b=(1.5\sim2.5)h$，对公路桥，刚性系杆(梁)高度为 $h=(1/35\sim1/25)l$，跨度较大时，还可做成变截面。拱肋截面常采用宽矮实心矩形断面。若采用刚性吊杆，则横向刚度较大的拱肋与吊杆、横梁组成半框架,一般情况下,拱肋间可不设横撑,设计成敞口,使视野开阔。拱轴线通常采用二次抛物线。拱肋截面内可采用普通钢筋、型钢及钢管,以缩小拱肋面积。为了增强混凝土的承压能力,可采用螺旋箍筋。

在刚性系杆(梁)刚性拱中,拱轴线常采用二次抛物线。为了方便支承节点处的构造连接,常将拱肋和系杆设计成相同的截面形式。中小跨径拱桥多采用工字形截面,当跨径较大时,常采用箱形截面。拱肋高度 $h=(1/80\sim1/50)l$,拱肋宽度 $b=(0.8\sim1.2)h$,系杆的梁高较柔性拱情形要小,具体尺寸应根据拱的刚度及桥面宽度、荷载情况确定。

(2)系杆(梁)

系杆分为刚性系杆和柔性系杆。刚性系杆亦称为系梁,如型钢混凝土结构等;柔性系杆一般为预应力钢筋。系杆的设置一方面要考虑系杆与拱肋的连接,保证系杆能很好地与拱肋共同受力;另一方面又要考虑系杆与行车道之间的相互作用,避免桥面行车道因阻碍系杆的受拉而遭到破坏。构造上常见的处理方法有:

①在行车道中设置横向断缝,使行车道不参与系杆的受力[图 8.60(a)],行车道简支在横梁上。这种形式受力明确,应用较多。

②系杆采用型钢或扁钢制作,与行车道完全不接触[图 8.60(b)],为了防止行车道参与系杆受力,一般还要在行车道内设置横向断缝,其缺点是外露系杆易锈蚀,在温度变化时,外露金属系杆和钢筋混凝土拱肋的温度有差别,由此而产生附加应力。

③采用独立的钢筋混凝土系杆[图 8.60(c)],每个系杆由两部分组成,安放在吊杆两旁,自由地搁置在横梁上,一般尽量把系杆做得矮宽,以增加柔性,故常用于柔性系杆刚性拱中。

④采用预应力钢筋混凝土系杆,为了方便连接,系杆截面形式与拱肋截面形式一致,行车道可设横向断缝,亦可不设,考虑行车条件,不设为宜。预应力钢筋锚固于系杆梁端部位置的拱座上。这种系杆较为合理,由于预加压力可克服混凝土承受的拉力,避免了混凝土的裂缝,维修费用比钢系杆低。

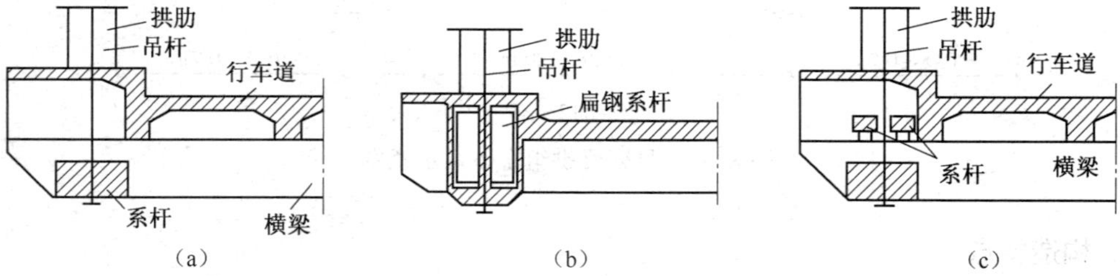

图 8.60　独立系杆构造

刚性系杆是偏心受拉构件,一般设计成箱形或工字形截面。由于截面正负弯矩的绝对值一般相差不大,故钢筋宜靠上下缘对称或接近对称布置。同时,沿截面高度应布置一定数量的分布钢筋,防止裂缝扩展。

值得注意的是,拱肋与系杆的连接构造是重要而又复杂的一部分,其构造形式随拱肋和系杆截面尺寸的不同而不同,具体连接构造方法可参考相关书目。

8.5.3　基本力学特征

(1)简支梁拱组合体系

简支梁拱组合体系相当于在简支梁上设置加强拱,梁拱端节点刚结,其间布置吊杆,通过调整吊杆张拉力,可使纵梁的受力处于最有利状态。可先按吊杆刚性无限大的假设进行计算,得到恒载状态下的弯矩、剪力和轴力图(图 8.61)。从图中可以看出,体系中拱肋主要承担轴压力,梁内主要承担轴拉力,而弯矩及剪力主要受节间荷载的影响。通过模拟施工和运营过程,调整吊杆索力,可使拱和梁处于均匀受力状态。

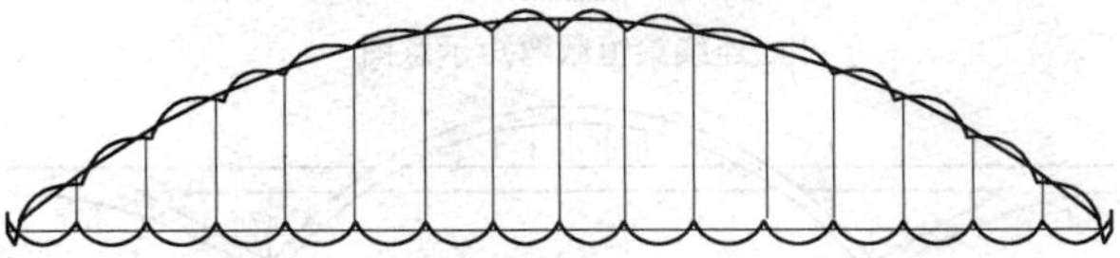

(a) 弯矩

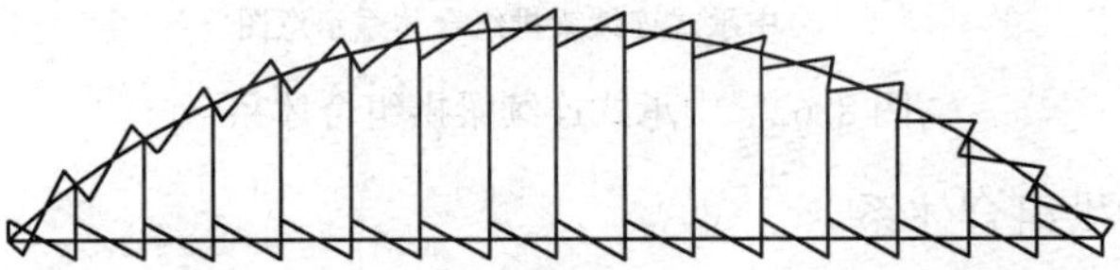

(b) 剪力

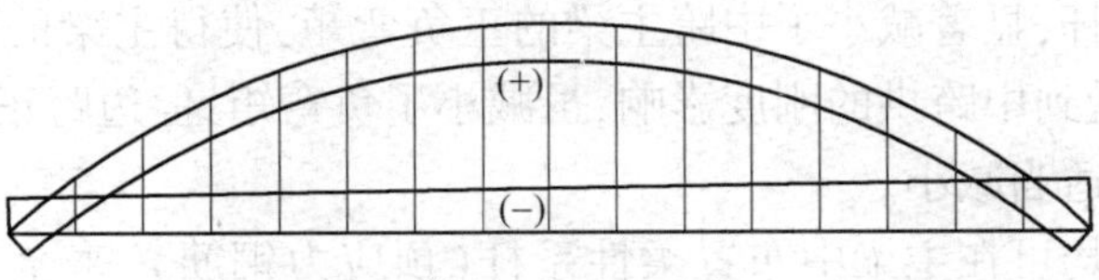

(c) 轴力(+为压, −为拉)

图 8.61　恒载状态下的弯矩、轴力及剪力图

(2) 上承式连续梁拱组合式桥梁

上承式梁拱组合结构,上弦加劲梁承受拉弯作用,下弦拱肋承受压弯作用。这类桥梁是一种用拱肋来加强的连续梁,由空腹范围内上弦产生的拉力,与拱内水平推力组成力矩来平衡截面内连续梁的弯矩;同时连续梁中墩附近的高度依靠拱来加大,使跨中弯矩减少。中墩位置处的较大负弯矩则靠梁内预应力来平衡。在跨径布置中,应尽可能减少边跨长度,使边跨上基本不出现正弯矩,以避免下弦出现拉应力。为了避免负反力出现,可在端部设置平衡重,或将边跨连续地向外延伸形成五跨连续的梁拱组合体系。预应力索可采用直索,通长布置,不仅可靠,而且可以减少锚头的用量及预应力沿管道损失。拱内剪力一般很小,不控制断面设计;同样加劲梁的剪力也是很小,不再是控制腹板厚度的因素。

(3) 中承式连续梁拱组合体系

中承式连续梁拱组合式桥梁是目前我国在梁拱组合式桥梁的设计与建造中采用得较多的一种桥型,俗称“飞燕拱”,它的特点是结构布置合理,造型美观,施工方便。这类桥梁一般由三跨组成,它包括两个边跨的半拱和中跨全拱以及通长的加劲纵梁,其间设置立柱及吊杆,亦即由两个半拱与中间简支梁拱相组合。一般根据连续梁的弯矩图来布置加劲梁的拱肋,在负弯矩区用桥面以下两组拱腿来加强,在中跨正弯矩区用一组拱肋来加强,连续梁不仅承担弯矩与剪力,而且还需以轴向拉力来平衡拱的轴向压力,如图 8.62 所示。由于连续梁的弯矩图是根据梁的刚度变化而变化的,随着拱的加强,总的结构由梁拱所组合的连续梁刚度已非原来的连续梁,其弯矩零点位置必然有所调整。但是梁与拱的弯矩,剪力与轴力的内部分配仍然服从同类上承式连续梁拱组合式桥梁的基本原则。这类桥型一般用较大的矢跨比,对施工不会带来多大的困难,但可减少水平推力,也可以减少梁内的水平拉力。桥上、桥下矢高的分配,从美观的角度,桥上约占 $2f/3$,桥下约占 $f/3$。

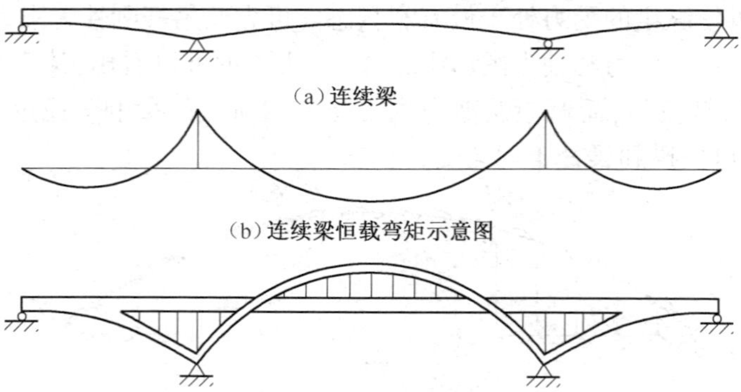

(a)连续梁

(b)连续梁恒载弯矩示意图

(c)中承式连续梁拱组合体系示意图

图 8.62　中承式连续梁拱组合体系

(4)下承式连续梁拱组合体系

三跨下承式连续梁拱组合桥梁实际上属三跨变截面连续梁,如图 8.63 所示。当中孔用全拱加强后,通过张拉吊杆,显著减小了中跨主梁的正负弯矩,使得主梁的建筑高度可以大幅度减小。两个边跨由于受到中跨拱的刚度影响,虽减小了负弯矩,但边跨正弯矩比原来的有所增大,因而宜将边跨跨径适当减小。

后两类组合体系,均可在主梁中布置柔性系杆(预应力钢筋),来全部或部分平衡拱的水平推力。

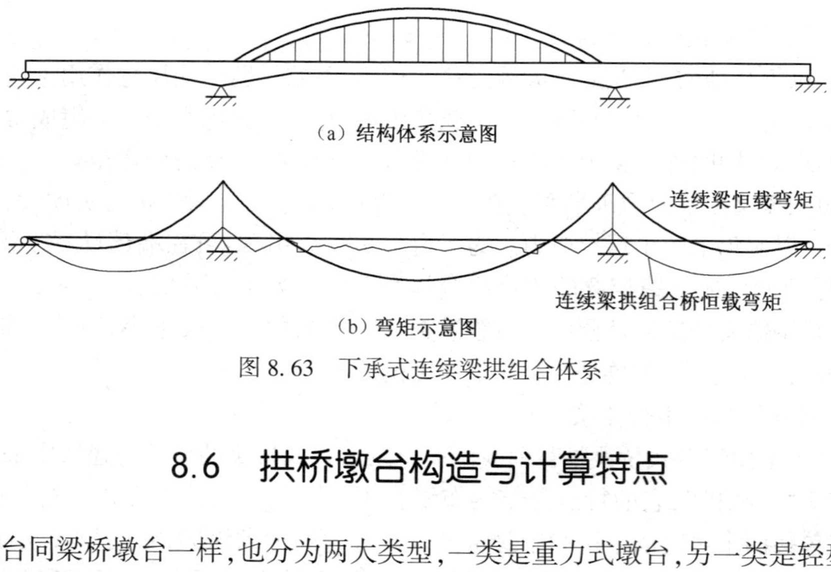

(a) 结构体系示意图

(b) 弯矩示意图

图 8.63　下承式连续梁拱组合体系

8.6　拱桥墩台构造与计算特点

拱桥墩台同梁桥墩台一样,也分为两大类型,一类是重力式墩台,另一类是轻型墩台,但有推力拱的墩台将承担较大的水平推力,构成了其特殊问题。

8.6.1　拱桥桥墩

(1)重力式桥墩

有推力拱桥,拱圈传给桥墩上的力,除了竖向力以外,还有较大的水平推力,这是与梁桥的最大不同之处。从抵御恒载水平力的能力来看,拱桥桥墩又可以分为普通墩和单向推力墩两种。普通墩除了承受相邻两跨结构传来的竖向反力外,一般不承受恒载水平推力,或者当相邻孔不相同时只承受经过相互抵消后剩余的不平衡推力。单向推力墩又称制动墩,它的主要作用是在它的一侧的桥孔因某种原因遭到毁坏时,能承受住单侧拱的恒载水平推力,以保证其另一侧拱不致遭到倾塌。施工中为了拱架的多次周转,或者当缆索吊装设计的工作路径受到限制时,为了能按桥台与某墩之间或者按某两个桥墩之间作为一个施工段进行分段施工,在此情况下也要设置能承受部分恒载单向推力的制动墩。由此可见,为了满足结构强度和稳定的要求,普通墩的墩身可以做得薄一些[图 8.64(a)、(b)],单向推力墩则要做得厚实一些[图 8.64(c)、(d)]。

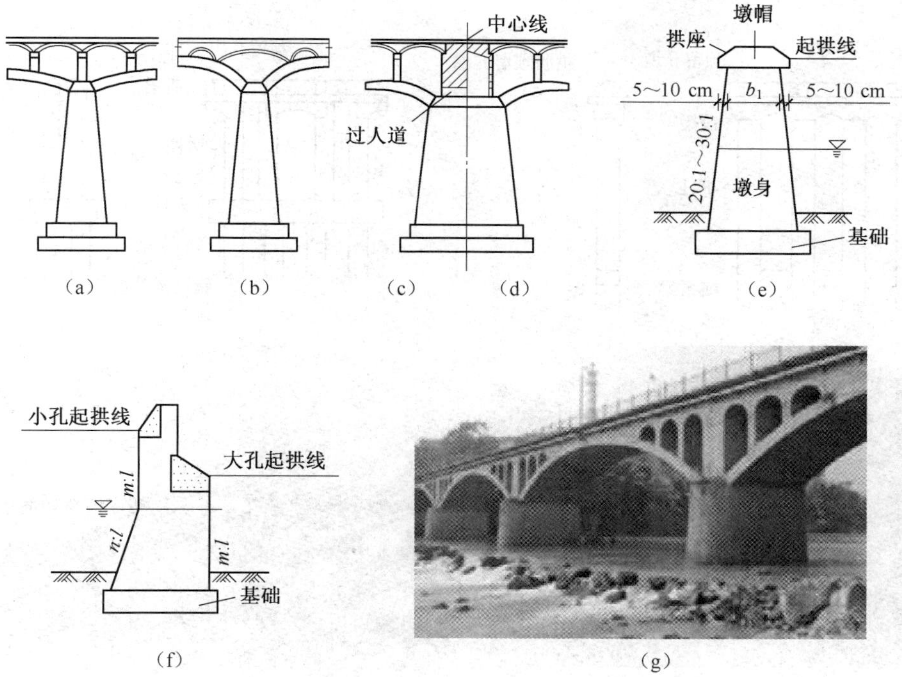

图 8.64 拱桥重力式桥墩

因为上承式拱桥的桥面与墩顶顶面相距有段高度,墩顶以上结构常采用的有以下几种不同形式。对于空腹式拱桥的普通墩,常采用立墙式、立柱加盖梁式或者采用跨越式[图 8.64(a)、(b)]。对于单向推力墩常采用立墙式和框架式[图 8.64(c)、(d)]。

拱桥实体重力式桥墩由墩帽、墩身及基础三部分组成,与梁桥桥墩不同的一点是,梁桥桥墩的顶面要设置传力的支座,且支座距顶面边缘保持一定的距离;而拱桥桥墩则在其顶面的边缘设置呈倾斜面的拱座[图 8.64(e)、(f)],直接承受由拱圈传来的压力。故无铰拱的拱座总是设计成与拱轴线呈正交的斜面。由于拱座承受着较大的拱圈压力,故一般采用 C25 以上的整体式混凝土、混凝土预制块或 MU40 以上的块石砌筑。

当桥墩两侧孔径相等时,则拱座均设置在桥墩顶部的起拱线高程上,有时考虑桥面的纵坡,两侧的起拱线高程可以略有不同。当桥墩两侧的孔径不等,恒载水平推力不平衡时,将拱座设置在不同的起拱线高程上[图 8.64(f)]。此时,桥墩墩身可在推力小的一侧变坡或增大边坡,以减小不平衡推力引起的基底反力偏心距。从外形美观上考虑,变坡点一般设在常水位以下,墩身两侧变坡和梁桥的一样,一般为 20∶1~30∶1。重力式桥墩如图[图 8.64(g)]。

(2)轻型桥墩

拱桥轻型桥墩按构造形式不同,有柱式桥墩、斜撑墩和悬臂墩,后两者不常用,仅介绍柱式桥墩。

拱桥桥墩上所用的轻型桥墩,一般为配合钻孔灌注桩基础的桩柱式桥墩(图8.65),适用于中小跨度拱桥。从外形上看,它与梁桥上的桩柱式桥墩非常相似。其主要区别是:在梁桥墩帽上设置支座,而在拱桥墩顶部分则设置拱座。桩墩较高时,应在桩间设置横系梁以增强桩柱刚性。桩柱式桥墩一般采用单排桩,跨径在40~50 m以上可采用双排桩。在桩顶设置承台,与墩柱连成整体。如果柱与桩直接连接,则应在结合处设置横系梁。若柱高大于6~8 m时,还应在柱的中部设置横系梁。

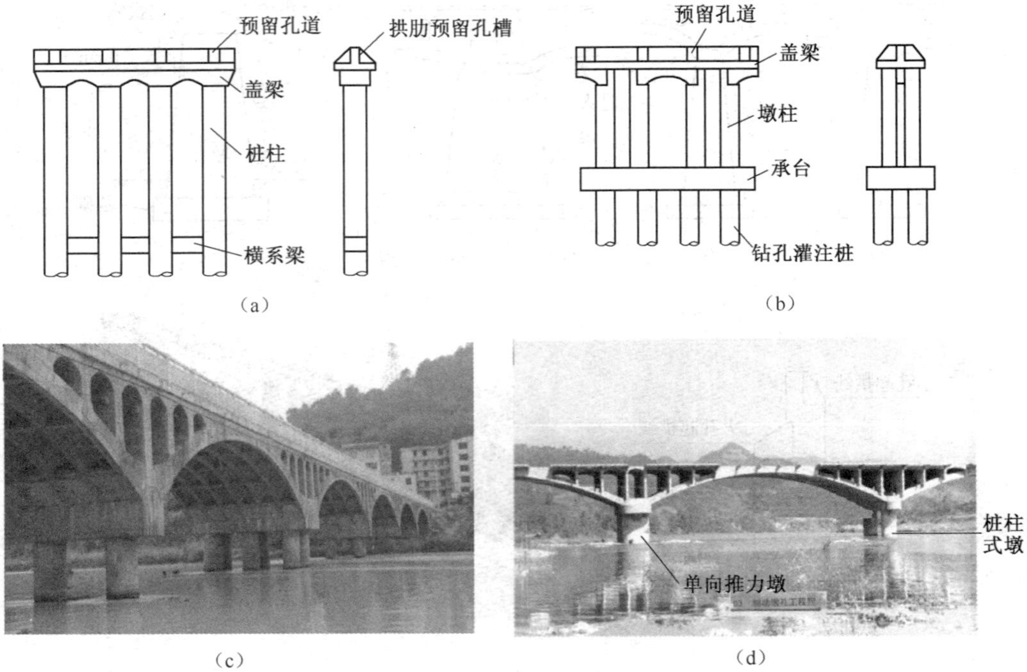

图8.65 拱桥桩柱式桥墩

8.6.2 拱桥桥台

拱桥桥台既要承受来自拱圈的推力、竖向力及弯矩,又要承受台后土的侧压力,拱桥桥台尺寸一般较梁桥要大。根据桥址具体条件可选用不同的构造形式,主要有重力式桥台、轻型桥台、组合式桥台、齿槛式桥台和空腹式桥台等。前两类桥台的结构设计与梁桥桥台大体相同,可参阅第12章,需要注意的是:①桥台本身同时支撑桥面纵梁和主拱;②台身所受的水平推力较大;③在基础比较好的岩石地基上采用扩大基础时,使基础底面与推力、重力和台后土压力的合力垂直是比较好的设计方法。下面简要介绍后几类。

(1)组合式桥台

拱桥组合式桥台自20世纪70年代以来已为各地所采用,实践证明效果良好。组合式桥台由台身和后座两部分组成(图8.66和图8.67)。台身基础承受竖向力,一般采用桩基或沉井基础。

拱的水平推力则主要由后座基底的摩阻力及台后的土侧压力来平衡。因此后座基底高程应低于拱脚下缘的高程。台身与后座间应密切贴合,并设置沉降缝,以适应两者的不均匀沉降，在地基土质较差时，后座基础也应适当处理，以免后座向后倾斜，导致台身和拱圈的位移和变形。

(2) 齿槛式桥台

齿槛式桥台是由前墙、侧墙、底板和撑墙几个部分组成(图 8.68)。其结构特点是：基底面积较大，可以支承一定的竖向压力；底板下的齿槛可以增加摩擦和抗滑稳定性；台背做成斜挡板，利用它背面的原状土和前墙背面的新填土，共同平衡拱的水平推力；前墙与后墙板之间的撑墙可以提高结构的刚度。齿槛的宽度和深度一般不小于 50 cm。这种桥台适用于软土地基和路堤较低的中小跨径拱桥。

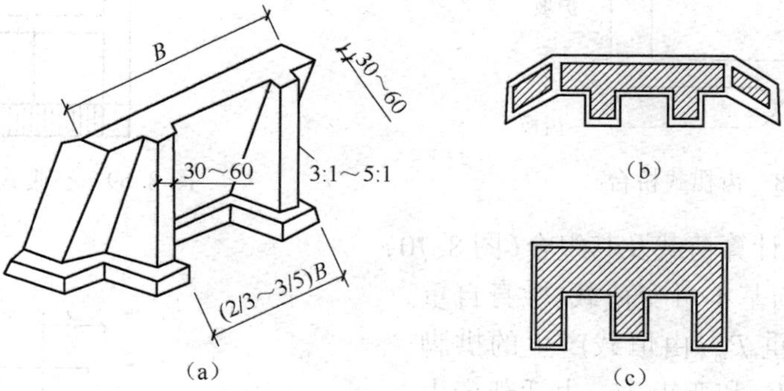

图 8.66　背撑式桥台(单位：cm)

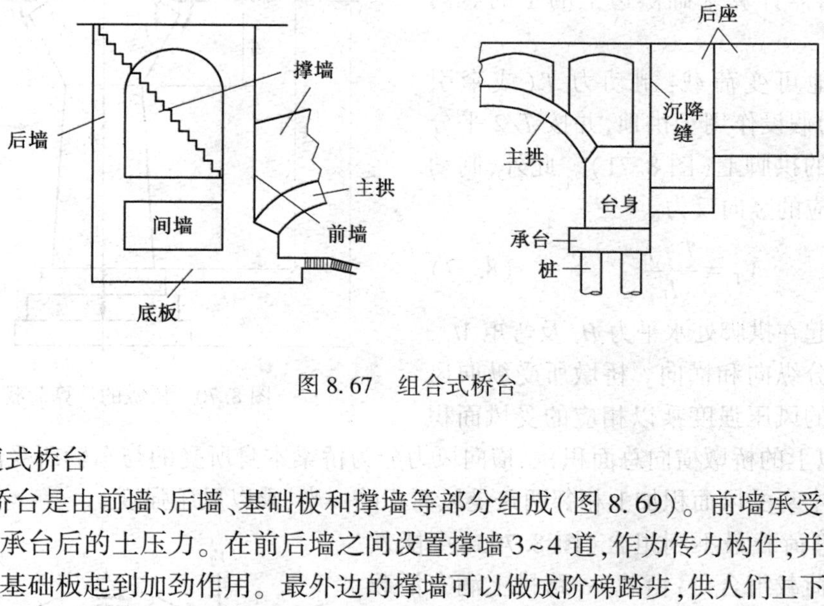

图 8.67　组合式桥台

(3) 空腹式桥台

空腹式桥台是由前墙、后墙、基础板和撑墙等部分组成(图 8.69)。前墙承受拱圈传来的荷载，后墙支承台后的土压力。在前后墙之间设置撑墙 3~4 道，作为传力构件，并对后墙起到扶壁作用，对基础板起到加劲作用。最外边的撑墙可以做成阶梯踏步，供人们上下河岸。空腹可以是敞口的，也可以是封闭的。如地基承载力许可时，也可在腹内填土。这种桥台一般是在软土地基、河床无冲刷或冲刷轻微、水位变化小的河道上采用。

8.6.3　上承式拱桥墩台受力特点

本节仅对拱桥墩台的计算荷载特点予以阐明。墩台尺寸可参照实际资料及桥梁墩台尺寸的拟定原则初步拟定。拟定的主要尺寸应当用简算方法进行核算，然后进行详细的检算。

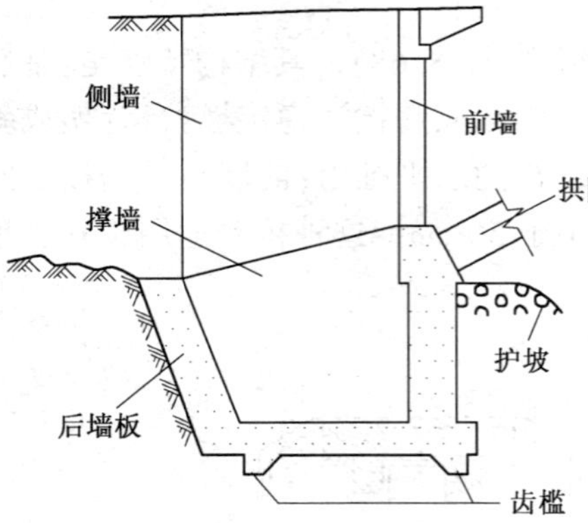

图 8.68　齿槛式桥台

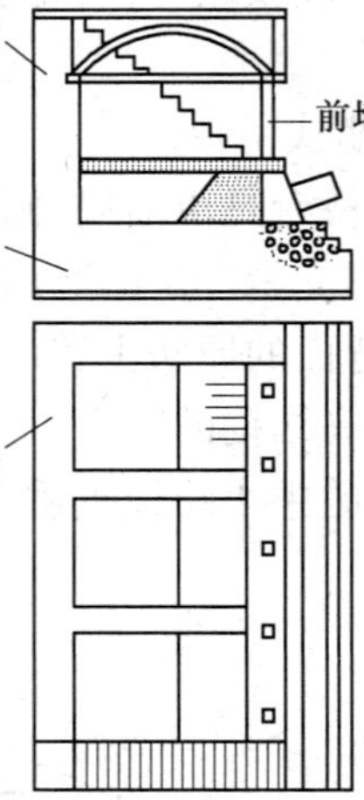

图 8.69　空腹式桥台

1. 拱桥桥墩的计算荷载及其组合(图 8.70)

(1)永久荷载与基本可变荷载：墩身自重 P_1、P_2、P_3，基础自重 P_φ；由恒载产生的拱脚推力 H_g，竖向压力 V_g 和弯矩 M_g；由活载产生的拱脚推力 H_q，竖向压力 V_q 和弯矩 M_q；基础入土深时，尚需计算基础襟边上的土的竖向压力等。

(2)其他可变荷载：制动力 T(或牵引力)。制动力假设作用于拱顶，并按 $T/2$ 平分在两边墩台的拱脚上(图 8.71)。此外，制动力还产生相应的竖向反力。

$$V_T = \frac{T \cdot f}{L} \tag{8.77}$$

温度引起在拱脚处水平力 H_t 及弯矩 M_t。

风压力分纵向和横向。桥墩所受纵向风力等于规定的风压强度乘以相应的受风面积(最低水位以上的桥墩横向总面积)。横向风力分为桥梁本身所受的与车辆所受的两部分，前者等于桥墩本身受风面积加上相邻两跨受风面积的一半，乘以风压强度。

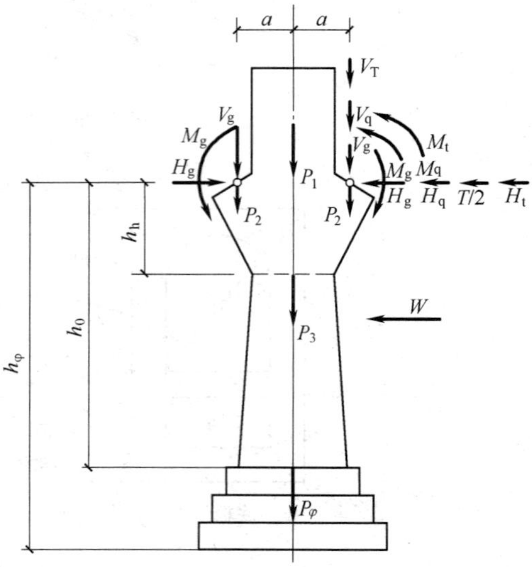

图 8.70　桥墩的计算荷载

(3)计算荷载最不利组合(图 8.70)：可能发生的最不利荷载组合是：恒载、一跨拱上满布活载(使产生最大水平推力)，指向桥墩的制动力，风力，水浮力，当两个邻接拱跨不相等时，还有温度升高引起的力。

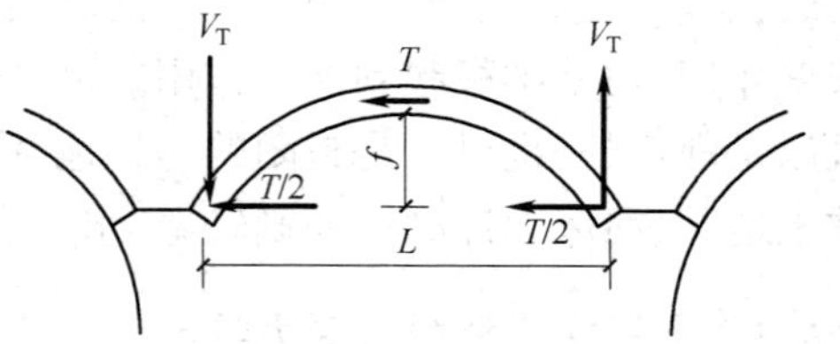

图 8.71　制动力及相应的拱脚反力

除了应当按桥梁的运营情况进行核算外，拱桥桥墩及其基础尺寸尚应按拱架拆除(或无支架吊装拱肋)及拱上结构修建的程序进行核算，而其中对尚未修建拱上结构时由拱肋(拱圈)的自重对桥墩产生的单边推力的情况尤应注意。考虑到这种荷载组合只是暂时性的，容许应力及容许偏心均可适当提高。

2. 拱桥桥台的计算荷载及其组合

除了在前面对桥墩计算所列举的各力之外,计算桥台时,在永久荷载项中尚须计及土压力。土压力有土壤自重及由于活载所产生的土压力两种。

桥台的计算荷载最不利组合有以下几种:

(1)仅有恒载,包括桥跨及桥台的自重、线路自重和土压力。主要是保证合力的作用点尽量接近基础底面重心的要求。

(2)恒载及路填土破坏棱体上的活载。主要保证桥台前端边缘应力不超过容许值。

(3)恒载、拱肋上的活载、朝向填土方向的制动力及温度升高力。主要保证在最不利组合下后端边缘强度及合力偏心不超过桥规规定值。

(4)恒载、破坏棱体上的活载、桥台范围内朝向桥跨方向的制动力及温度降低力。主要保证在最不利组合下前端边缘强度及合力偏心不超过桥规规定值。

8.7 拱桥施工

拱桥的施工分为有支架施工和无支架施工两大类,其中无支架施工法有:①缆索吊装施工;②悬臂施工法;③转体施工法;④劲性骨架施工几种。

混凝土拱桥传统的施工方法是搭设拱架,在拱架上现浇或组拼拱圈。为了改进拱桥的施工方法,提高它在大跨度桥梁中的竞争能力,发展了无支架施工技术,并大大促进了混凝土拱桥的发展。目前,在允许设置拱架或无足够吊装能力的情况下,仍可采用有支架施工方法修建拱桥。为了节省拱架用料,使上、下部结构同时施工,缩短工期,可采用无支架预制装配施工的方法。缆索吊装是常用的无支架方法,目前,缆索吊装的最大单跨跨度已达500 m以上。根据两岸地形及施工现场的具体情况,还可采用转体法施工,目前其施工跨度已达到200 m。劲性骨架施工法是特大跨度混凝土拱桥有效的施工方法之一。在我国用这种方法施工的桁架式劲性骨架拱,跨度达240 m。钢管混凝土劲性骨架拱桥跨度达600 m。悬臂施工法也是特大跨度混凝土拱桥有效的施工方法之一,我国用这种方法施工的桁架组合拱,跨度达330 m。

8.7.1 支架施工

支架施工主要用于石拱桥和现浇混凝土拱桥以及预制块砌筑的混凝土拱桥,有时也用于大跨度钢筋混凝土拱桥施工。其施工工序主要有材料准备、拱圈放样、拱架制作和安装、拱圈及拱上结构砌筑等。支架类型常用满布式拱架、墩梁式拱架、拱式拱架等,其优点是施工简单,但占用大量拱架材料。技术问题主要有:①拱架的设计计算(荷载、受力、稳定等);②拱架预压和预拱度设置;③加载程序设计;④落架程序和落架设备。

本节仅介绍拱架的结构形式和结构施工工艺,其他内容可查阅有关施工手册。

1. 拱架的形式

拱架是有支架施工必不可少的辅助结构,在拱桥建造期间,用以支承全部或部分主拱及拱上结构的重力,并保证主拱圈的形状符合设计要求。故要求拱架既要有足够的强度、刚度和稳定性,又要求构造简单,制作容易,节省材料,并能重复使用,以加快施工进度,减少施工费用。

(1)满布式拱架

满布式拱架一般由拱架(拱架上部,即拱盔)、支架(拱架下都,包括基础)和拱架卸落设备组成,如图 8.72 所示。拱架是直接支撑拱圈自重的部分。在其顶部用弓形垫木形成拱圈底部曲线。支架是支承拱架的部分,其构造同一般脚手架。在拱架与支架间,应设置卸落设备,以便施工完毕后拱架卸载拆除。

拱架种类繁多,按材料分有木拱架、钢管拱架和"土牛拱胎"等形式。

木拱架制作简单,架设方便,但耗用木材较多。

钢管拱架则多为常备式构件,一次投资较大,但能多次重复使用,对大中跨度拱桥,可采用碗扣式、扣件式钢管拱架。用这些钢管作拱架,一般不再分支架和拱盔部分,而是将两者形成一体。

小跨度拱桥若处于钢、木材缺乏地区,条件许可时可采用简单经济的"土牛拱胎"代替拱架,即在桥下用土或砂、卵石等填筑一个土胎(俗称"土牛"),然后在其上砌筑拱圈,砌成之后将填土清除即可,俗称"牛胎法"。

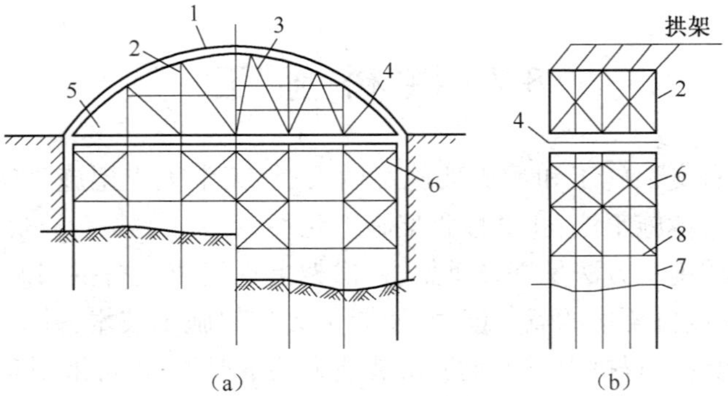

图 8.72　满布式拱架的构造

1—弓形木;2—立柱;3—斜撑;4—落拱设备;5—水平拉杆;6—斜夹木;7—桩木;8—水平夹木

(2)墩架式拱架

拱架的上部与满布式拱架相同,其下都是用少数框架式支架加斜撑来代替众多数目的立柱,既能减少支架材料,又能在桥下留出适当的空间,方便交通。图 8.73 是比较适合中等跨度拱桥施工的墩架式拱架形式之一。工字梁的跨度可达 12~15 m,采用军用梁或贝雷梁时跨度可更大。墩架可用制式器材做成,制式器材包括门式支架、碗口式支架和扣件式支架等钢管支架、万能杆件和军用墩等。

洛(阳)三(门峡)灵(宝)高速公路许沟特大桥主孔为等截面悬链线箱形无铰拱,横截面为三室箱,拱轴系数 $m=1.543$,净跨径为 220 m,净矢高为 40 m。图 8.74 为其主拱现浇施工支架,采用 65 式铁路军用墩,最高 36.6 m,梁部采用双层 64 式铁路军用梁,跨度为 21~22 m,横向共 8 片。在梁墩支架上部,采用碗扣式支架形成拱弧。纵系梁等由万能杆件组拼而成。

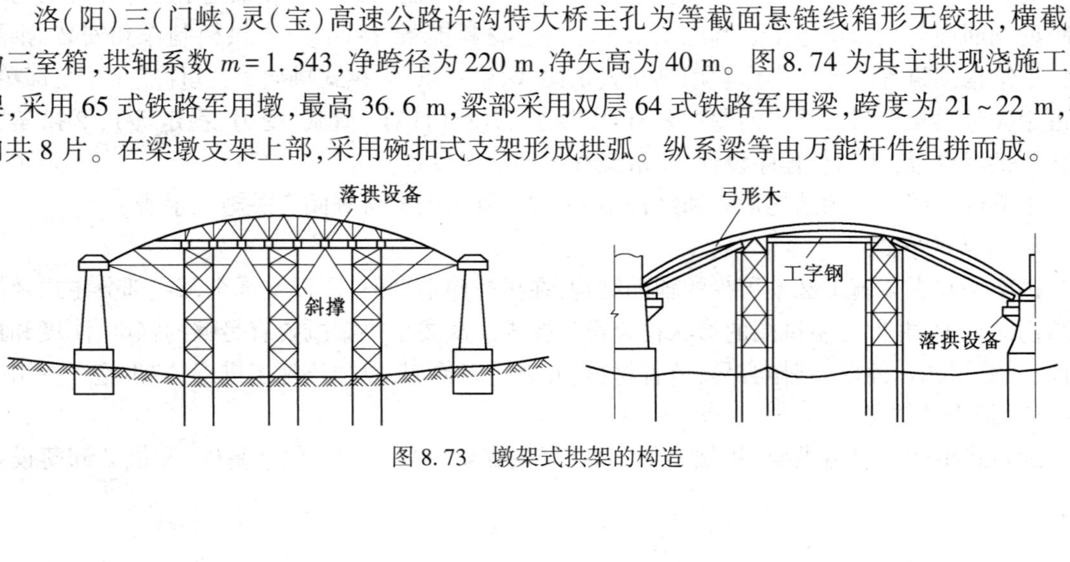

图 8.73　墩架式拱架的构造

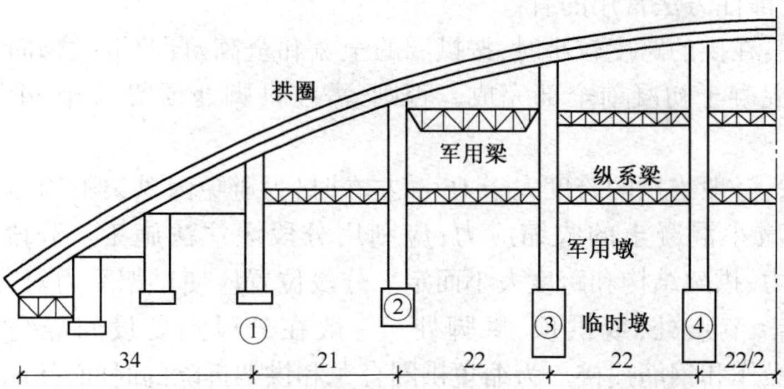

图 8.74 许沟特大桥现浇支架(单位:m)

(3)钢拱架

我国现有常备式钢拱架有两种:工字梁拱式拱架和桁架式拱架。

①工字梁拱式拱架

该拱架由基本节、楔形插节、拱顶铰和拱脚铰等基本构件组成。用选配不同的基本节段及相互间插入 1~2 个楔形插节的方法,可使拱架适用于多种拱度和跨度的拱桥施工,如图 8.75 所示。这种拱架可用于建造跨度 40 m 以下的石拱桥。

工字梁拱架可做成三铰拱或两铰拱。落架设备可置于拱顶或拱脚。若置于拱顶,则拱顶铰改用落架设备。

②桁架式拱架

常备拼装桁架式拱架,由多榀拱形桁架构成。桁架榀数视桥跨宽度和主拱自重决定。拱架一般采用三铰拱。拱架由标准节、拱顶节、拱脚节和联结杆等组成,如图 8.76 所示。可用变换联结杆长度的方法调整拱架的曲度和跨度。当拟建拱桥跨度很大(例如大于 180 m)时,可用两层拱架。

除常备拼装桁架式拱架外,尚有贝雷梁拼装式拱架、铁路军用梁拼装的拱式拱架和万能杆件拼装式拱架等不同结构类型,但其构造原理基本相同。

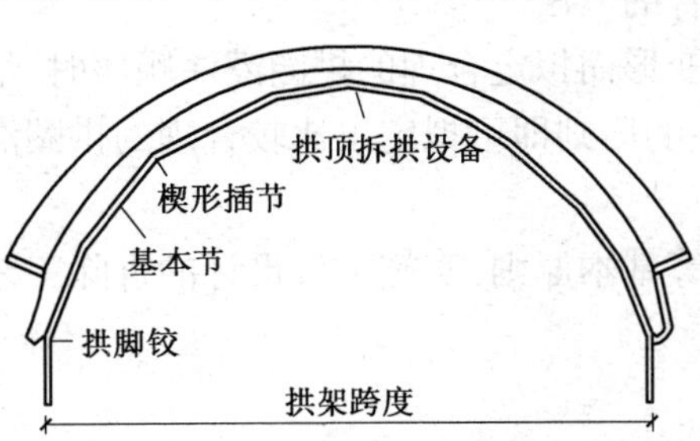

图 8.75 工字梁拱式拱架的构造

图 8.76 桁架拱式拱架的构造

目前,支架施工法主要用于无水或城市的中小跨度拱桥;因为工艺和经济性的因素,大跨度拱桥一般采用无支架施工法。

2. 拱圈及拱上结构的施工

(1)拱圈施工

拱圈施工一般可根据跨度的大小、构造形式等分别采用不同繁简程序的施工方法,以便在灌(砌)注过程中,拱架受力对称、均匀、变形量小,不使已筑圬工产生裂缝,并且施工过程尽可

能简单。混凝土的灌注方法常用的有:

①连续灌注法:在拱的跨度较小时,按拱圈的全宽和全高,自两端拱脚向拱顶对称连续灌注,并且在拱脚处混凝土初凝前全部完成。否则,需在拱脚处预留隔缝,并最后灌注隔缝混凝土。

②分段灌注法:一般当拱的跨度大于 16 m 左右时,为避免因拱架不均匀变形而导致拱圈产生裂缝,以及为减小混凝土的收缩应力,应利用分段灌注法施工。分段的长度为 6.0～15.0 m,视灌注能力、拱架结构和跨度大小而定。分段位置应使拱架受力对称均匀,一般分段点应设在拱架支点、节点处,或拱顶、拱脚处。一般在分段点处设间隔缝,其宽度为 50～100 cm,以利施工操作和钢筋连接。为缩短拱圈合龙和拱架拆除的时间,间隔缝内填充的混凝土强度,可采用比拱圈高一个等级的半干硬混凝土。填充间隔缝混凝土,应在拱圈分段混凝土强度达到 70% 设计强度后进行,且应由两拱脚向拱顶对称进行,最后填充拱顶和两拱脚间隔缝。封拱合龙温度一般宜接近当地的年平均温度。

③分环灌注法:为减轻拱架的负担,箱形截面拱圈一般采用分环、分段的灌注方法施工。待底板分段灌注合龙后,再灌注上面一环(腹板和顶板,或仅为腹板和隔板),此时可以考虑合龙后的底板与拱架共同受力。拱圈灌注施工顺序如图 8.77 所示(图中数字代表灌注顺序)。

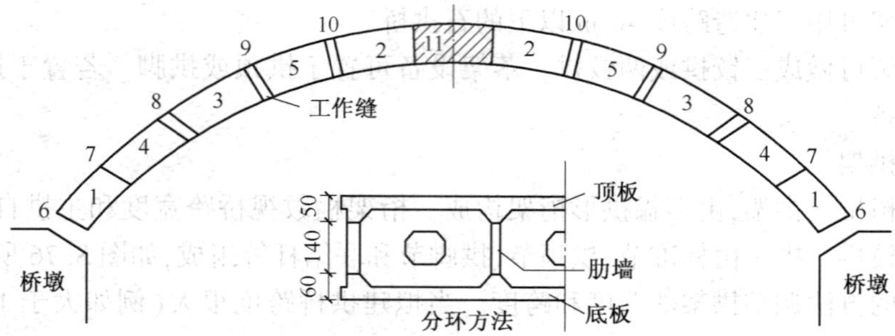

图 8.77　拱圈灌注顺序(单位:mm)

对有些大跨径的拱桥,有时也采用分段和分环综合的方法。

对于大跨度拱桥,为控制拱圈灌注过程中的拱架变形而拟定合理的拱圈灌注顺序时,最好先画出拱架的挠度影响线来。根据影响线和拱圈灌注的原则即可拟定出比较合理的拱圈灌注次序。

主拱支架拆除宜采用对称、变形大的位置先松落等基本原则,实施中按设计的拆除工艺进行,施工中需特别予以重视。

(2)拱上建筑施工

拱上建筑的施工,应在拱顶灌注完毕,全桥合龙,拱圈达到设计强度要求后进行。拱上建筑的施工,应对称均衡地进行,避免使主拱圈产生过大的不均匀变形。实腹式拱上结构,应由拱脚向拱顶对称进行。当侧墙灌注好后,再填筑拱腹填料。空腹式拱桥一般是在横墙(或刚架)灌注完后卸落拱架,然后再对称均衡地安砌腹拱圈,以免由于主拱圈不均匀下沉而使腹拱圈开裂。

在多跨连续拱桥中,当桥墩不是按单向推力墩设计时,仍应注意相邻跨间的对称均衡施工,避免桥墩承受过大的单向推力。

8.7.2 缆索吊装施工

缆索吊装施工是目前拱桥无支架施工的主要方法之一。其工序大致包括:拱肋(箱)的预制、拱肋(箱)的移运和吊装、主拱圈的安装、拱上建筑施工、桥面结构施工等。

缆索吊装系统包括主索、牵引索、起重索、支索器、扣索、缆风索、塔架、索鞍、地锚、滑车、卷扬机等。主索支承于塔架顶部的索鞍上,两端锚固于地锚。主索承受起重小车和吊装拱肋的重力作用;牵引索牵引起重小车,使其能沿主索移动;起重索用于起重小车的动滑轮组升降,牵引和起重均用卷扬机;支索器用于悬挂分索器,使主索、起重索和牵引索不至相互干扰和下垂。缆索吊装系统如图 8.78 所示。

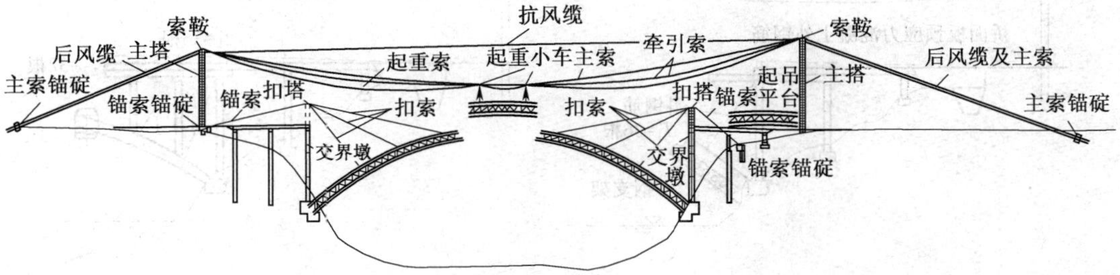

图 8.78 缆索吊装布置示意

拱桥的构件在河滩或桥头岸边预制或预拼后,送至缆索下面,由起重小车起吊送至桥位安装。为使每段拱肋在合龙前保持在一定位置,在其上用扣索临时系住,然后才能松开吊索。吊装应自一孔桥的两端向中间对称进行。在最后一节构件吊装就位,并将各接头位置调整到规定标高后,才能放松吊索将各接头接整合龙,最后才将所有扣索拆除。

吊装施工的成败,关键在于保证拱肋有足够的强度和稳定性,不仅要按单根构件在运输和吊装时情况复核其强度和稳定性,更重要的是还要按拱肋合龙时及合龙后所承担的荷载,检算其强度和稳定性。

拱肋吊装合龙要拟定正确的施工程序和施工细则。施工时一般在拱肋接头处都设一对横撑或横向风缆来加强拱肋的稳定性。

8.7.3 悬臂法施工

拱桥悬臂施工法施工要点是:将拱圈(肋)、立柱与纵、横梁对称地分成几段,加上临时斜拉(压)杆和上弦杆预先组成桁式框架,用拉杆或缆索锚固于台后,向跨中逐段悬臂施工,最后在拱顶合龙成拱。根据拱圈构件的制作方式,分为悬臂浇筑和悬臂拼装两大类。

(1)悬臂浇筑法

此方法将拱圈、拱上立柱和预应力混凝土桥面板等齐头并进、边浇筑边构成桁架的悬臂灌注方法。施工时,用预应力钢筋临时作为桁架的斜拉杆和桥面板的临时明索,将桁架锚固在后面的桥台上。悬臂浇筑法施工程序如图 8.79 所示,拱脚段拱圈(至第一立柱)在斜拉杆扣吊的钢支架上就地浇筑,以后各段均用挂篮从左右两岸悬臂灌注混凝土施工拱肋。立柱间的拱圈采用悬臂施工,在拱圈节段中设预应力粗钢筋,以承受自重悬臂弯矩。施工至立柱部位时,则用临时斜拉杆及上拉杆将立柱、拱圈组成桁架。立柱就地浇筑,上下设铰,空心桥面板利用钢支承梁整跨就地现浇,它比拱圈和立柱的浇筑错后一个节间。

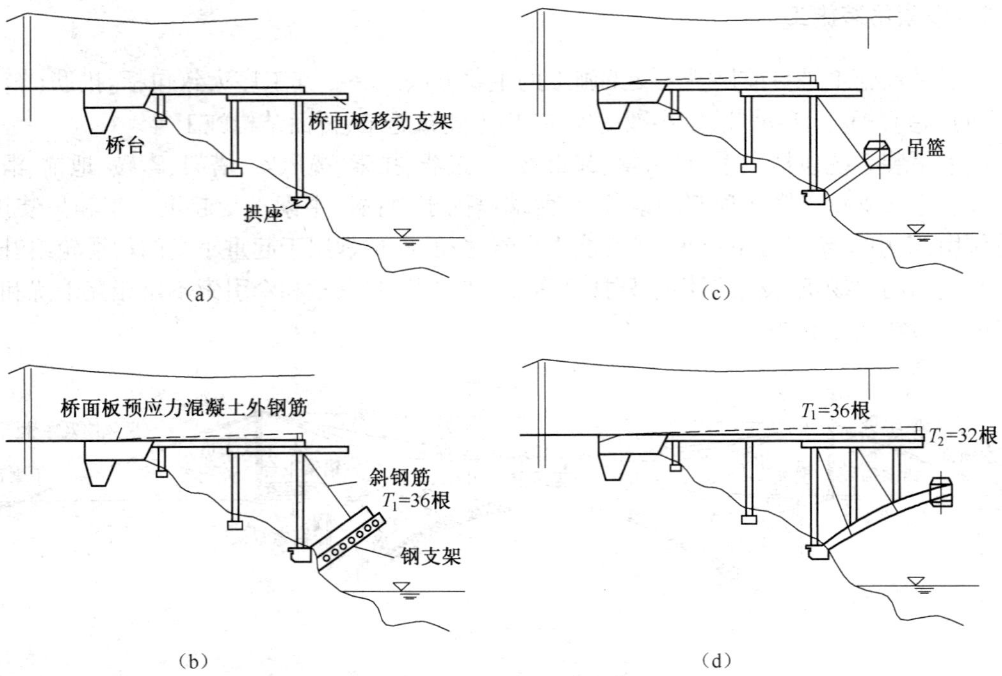

图 8.79　悬臂浇筑施工程序

当采用斜拉扣挂法时,如图 8.81 所示,常先施工主拱,主拱合龙后再施工拱上结构。

(2)悬臂拼装法

这种方法是将拱圈的各个组成部分(侧板、上下底板等)事先预制,然后将整孔桥跨的拱肋、立柱通过临时斜压(拉)杆和上弦拉杆组成桁架拱片,沿跨分作几段(一般 3~7 段),再用横系梁和临时风缆将两个桁架拱片组装成框构。每节框构整体运至桥位,由两端向跨中逐段悬臂拼装至合龙(图 8.80)。悬臂伸出去的拱体通过弦拉杆和锚固装置固定于墩、台上,维持稳定。也可以将拱圈的各个组成部分分别在拱圈上悬臂组拼成拱圈,然后利用立柱与临时斜杆和上拉杆组成桁架体系,逐节拼装,直至合龙。

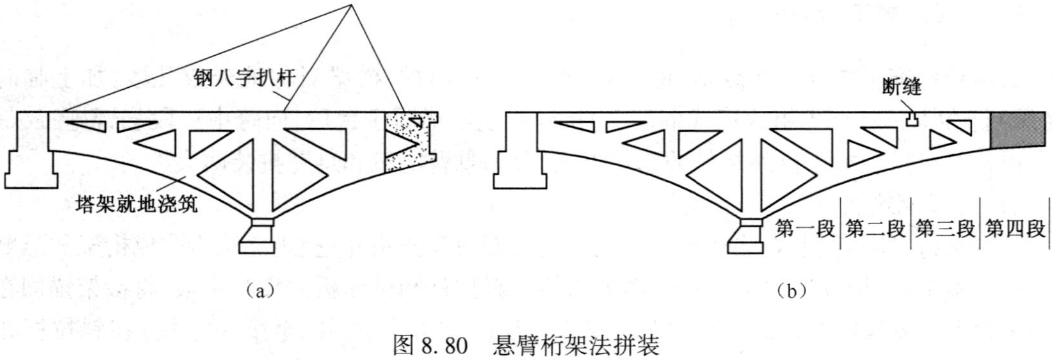

图 8.80　悬臂桁架法拼装

图 8.81 是利用伸臂式起重机在已拼接好的悬臂端逐次起吊和拼接下一节段的施工示意图。每拼接好一个节段,即用辅助钢索临时拉住;每拼完 3 节,便改用更粗的主钢缆拉住,然后拆除辅助钢索,供重复使用。这种方法适用于特大跨径拱桥的施工,因为有塔架和临时斜拉

索,所以又称为塔架斜拉索法。

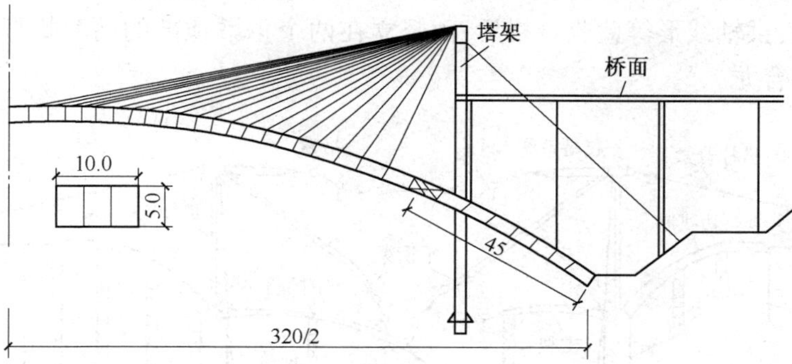

图 8.81 悬臂拼装示意图(单位:m)

8.7.4 转体施工

转体法施工可减少大量的高空作业,施工安全、质量可靠,节省较多的临时支架,并可大幅度地减少对桥下交通的干扰。转体法施工有平面转体、竖向转体和平竖结合转体三种。

(1)平面转体施工法

这种施工方法的特点是:将主拱圈分为两个半跨,分别在两岸利用地形作简单支架(或土牛拱胎),现浇或者拼装拱肋,再安装拱肋间横向联系(横隔板、横系梁等),把扣索的一端锚固在拱肋的端部(靠拱顶)附近,经引桥桥墩延伸至埋入岩体内的锚锭中,最后用液压千斤顶收紧扣索,使拱肋脱模,借助环形滑道和手摇卷扬机牵引,慢速地在水平面内转体 180°(或小于 180°),最后再进行主拱圈合龙段和拱上建筑的施工。图 8.82 示出了转动体系的一般构造。其中图 8.82(a)是在转盘上放置平衡重来抵抗悬臂拱肋的倾覆力矩,转动装置采用摩阻系数很小的聚四氟乙烯材料和不锈钢板制造,以利转动。图 8.82(b)是无平衡重的转动体系,它是把有平衡重转体施工中的扣索直接锚固在两岸岩体中,这种方法仅适合于在山区地质条件好或跨越深谷的地形条件下采用。

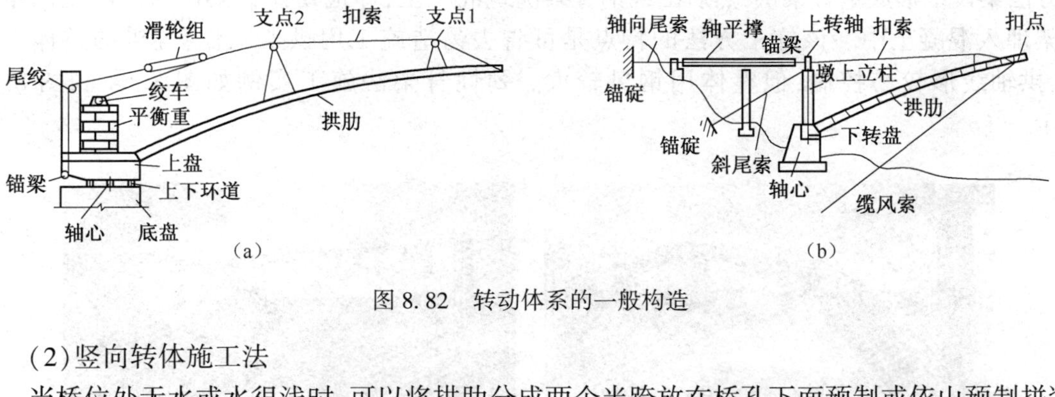

图 8.82 转动体系的一般构造

(2)竖向转体施工法

当桥位处无水或水很浅时,可以将拱肋分成两个半跨放在桥孔下面预制或依山预制拼装。如果桥位处水较深时,可以在桥位附近预制,然后浮运至桥轴线处拼装,再用起吊设备和旋转装置进行竖向转体施工。这种方法最适宜于钢管混凝土拱桥的施工。因为钢管混凝土拱桥的主拱圈必须先让空心钢管成拱以后再灌注混凝土,故在旋转起吊时,不但钢管自重相对较轻,而且钢管本身强度也高,易于操作。图 8.83 是用扒杆吊装系统对钢管拱肋进行竖向转体施工的示意图。它的主要施工过程是,将主拱圈从拱顶分成两个半拱在地面胎架上完成,经过对焊接质量、几何尺寸、拱轴线形等验收合格后,由竖立在两个主墩顶部的两套扒杆分别将其旋转拉起,在空中对接合龙。

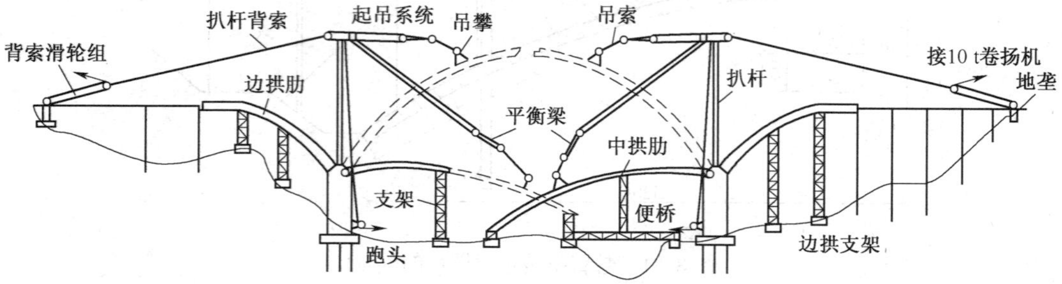

图 8.83　竖向转体施工

(3)平竖结合转体施工法

在地面条件受限的情况下,采用平面和竖向相结合的转体施工法架设拱桥,有时会取得很好的效果。例如,安阳文峰路立交桥为净跨 135 m 钢管混凝土系杆拱桥,跨越京广铁路。施工时先在大致与京广线平行方向铁路两侧拼装半拱,然后竖转 26°至设计标高后再平转至桥梁中轴线上,拱顶合龙。竖向铰依靠设于拱脚处带转动轴的固定钢支座。而平转则依靠设于墩底与承台间的混凝土球面铰完成。在下盘球面铰上,涂以四氟粉加黄油混合物,以减小摩擦系数。

广州丫髻沙大桥主桥为(76+360+76)m 三跨连续自锚式钢管混凝土拱桥,亦为先竖转后平转施工,转体重 136 000 kN。

8.7.5　劲性骨架法

劲性骨架施工法是由钢支架法演变和发展而来的一种施工方法,最早由捷克工程师 Joseph Melan 提出,所以又称为米兰法。它是用劲性材料(如型钢、钢管等)在桥位上先用无支架方法架设以形成钢骨架拱,然后围绕钢骨架浇筑混凝土,即把劲性骨架作为混凝土的钢筋骨架埋入混凝土中。该施工方法的特点是可省去另造施工用拱架工作,且拱的整体性能好,拱轴线形较易控制,但整体用钢量较大。劲性骨架法施工实例如图 8.84 和图 8.85 所示。

(a)　　(b)

图 8.84　西班牙 Esla 桥

(a) 劲性骨架构造图　　(b) 劲性骨架钢管

(c) 劲性骨架成拱　　(d) 成桥

图 8.85　四川万县长江大桥(单位:mm)

思 考 题

1. 名称解释:矢跨比、合理拱轴、五点重合法、拱轴系数。

2. 为什么空腹拱桥一般情况下,宜在靠近拱顶的短立柱上、下端设铰?

3. 为减少拱上结构与主拱、墩台的相互作用,上承式拱桥构造上应采取哪些措施?

4. 绘图说明中承式拱桥的主要构成。

5. 多跨拱桥中,对于不等跨分孔有哪几种平衡推力的措施?并简述其为何能平衡推力。

6. 简述钢管混凝土拱桥的主要特点。

7. 何为无推力拱?一般是如何实现的?

8. 简述组合式拱桥的类型和受力特点。

9. 简述拱桥的常用施工方法。

10. 拱桥内力分析的计算模型有哪些?实际工程如何选用?

11. 拱桥的主拱是否存在稳定性问题?其失稳方式一般有哪几种类型?

12. 如题 8.1 图所示无铰拱承受竖向均布荷载 q 作用,请推导其合理拱轴线方程(采用如图所示坐标系)。

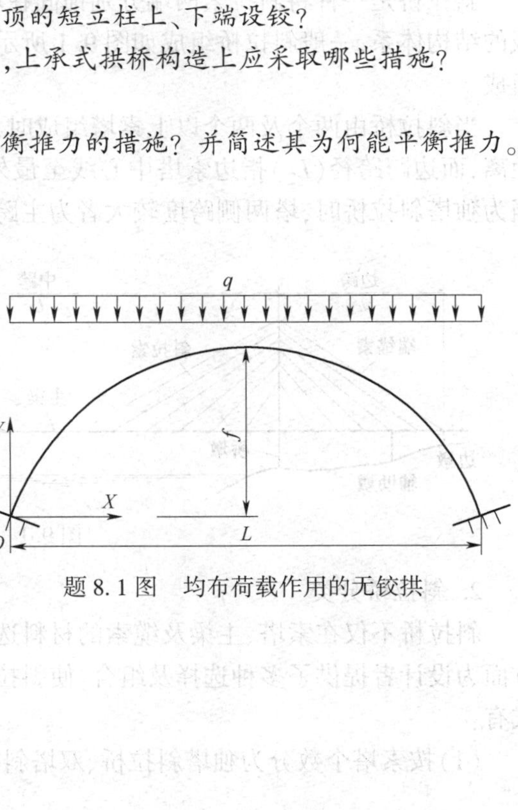

题 8.1 图　均布荷载作用的无铰拱

第 9 章　斜　拉　桥

9.1 概　　述

斜拉桥的建造历史与实践可追溯到几百年前或更早的年代，真正意义上的现代斜拉桥出现在二战后的欧洲。1956 年，瑞典的斯特伦松德桥（Stromsund Bridge，74.7 m + 182 m + 74.7 m）建成通车，被公认为是世界上第一座现代斜拉桥。1962 年建成的委内瑞拉马拉开波桥（Maracaibo Bridge，160 m+5×235 m+160 m）是第一座混凝土斜拉桥。1978 年美国建成的主跨为 299 m 的 P-K 桥（Pasco-Kennewick Bridge）是第一座密索体系混凝土斜拉桥。随着斜拉桥建造技术的不断丰富与完善，跨度也不断刷新，目前最大跨度的斜拉桥为俄罗斯的俄罗斯岛大桥，主跨径为 1 104 m，于 2012 年 7 月建成。我国的沪通长江大桥主桥跨度为（140+462+1 092+462+140）m，是世界上最大跨度的公铁两用斜拉桥；在建的常泰过江通道，主桥为（142+490+1 148+ 490+142）m 公铁两用钢桁梁斜拉桥，将成为新的世界之最。世界上已建或在建的斜拉桥跨度前 10 名见表 1.2。从斜拉桥跨越能力上可以看出，当跨度位于 600～1 200 m时，斜拉桥是除悬索桥外最具竞争力的桥型。

1. 斜拉桥组成

斜拉桥是一种将斜拉索两端分别锚固在塔或梁或其他载体上，形成塔、梁、索共同承受荷载的结构体系，一般斜拉桥组成如图 9.1 所示。斜拉桥上部结构由主梁、斜拉索、索塔三部分组成。

当斜拉桥由两个及两个以上索塔组成时，中跨跨径（L_1）指相邻两索塔中心线之间的水平距离，而边跨跨径（L_2）指边索塔中心线至最外一根斜拉索外侧最近的墩中心线间水平距离。当为独塔斜拉桥时，塔两侧跨度较大者为主跨，另外一侧为边跨。

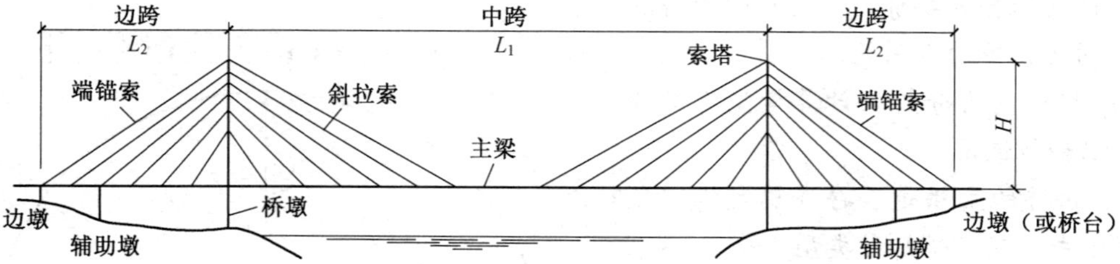

图 9.1　斜拉桥组成

2. 斜拉桥分类

斜拉桥不仅在索塔、主梁及缆索的材料选择上，而且在各组成部分的几何布置和结构形式方面为设计者提供了多种选择及组合，使斜拉桥的形式多样、类型复杂，斜拉桥常见的分类方式有：

（1）按索塔个数分为独塔斜拉桥、双塔斜拉桥或多塔斜拉桥。

(2)按主梁的建筑材料分为混凝土斜拉桥、钢斜拉桥、钢混结合梁斜拉桥和钢混混合梁斜拉桥,其中钢混混合梁斜拉桥系指边跨的一部分或全部采用混凝土梁,主跨的大部分或全部采用钢梁或结合梁的斜拉桥。主跨在 500 m 以下的双塔斜拉桥,宜采用混凝土主梁,主跨在 500~800 m 的斜拉桥宜采用钢主梁或混合梁,主跨在 400~900 m 之间的双塔斜拉桥宜在各种梁之间进行综合比较后选择,已经建成的 800 m 以上斜拉桥均采用混合梁。

(3)按主梁的结构类型分为板式、肋式、箱梁式、桁架式以及箱—桁式斜拉桥。

(4)按斜拉索面数分为单索面斜拉桥、双索面斜拉桥或三索面斜拉桥。

(5)按斜拉索布置密度或间距分为稀索体系斜拉桥和密索体系斜拉桥。

(6)按塔高度分为普通塔高斜拉桥和矮塔斜拉桥(又称部分斜拉桥)。

另外还可按支承体系、塔的构造、锚固方式等不同方式进行分类。后文将进一步介绍。

索塔大都采用混凝土结构,对特大跨度的斜拉桥也可采用钢—混组合或混合结构。斜拉索则采用高强钢丝或钢绞线制成。斜拉索锚固于梁及索塔的不同位置并连接主梁与索塔组成完整结构。

3. 斜拉桥受力特点

从受力性能分析,主梁由斜拉索及支座支承,直接承受自重荷载、桥面荷载、斜拉索水平及竖向分力和活载,斜拉索是单向受拉构件,将主梁的绝大部分荷载传递给索塔,索塔将拉索拉力传递给桥墩及基础,基础将全桥的荷载力传递给地基。此外斜拉桥作为结构整体还承受收缩、徐变、温度、地震、风力等作用。

如图 9.2(a)所示,初始结构为三跨等截面混凝土连续梁,在竖向均布荷载作用下,梁弯矩如图 9.2(b)所示。以相同跨度及主梁截面组成的三跨斜拉桥如图 9.2(c)所示,斜拉索不进行预张拉(视为拉杆结构),全桥一次落架施工,则主梁弯矩示意图如图 9.2(d)所示,从两弯矩图比较可以得出:

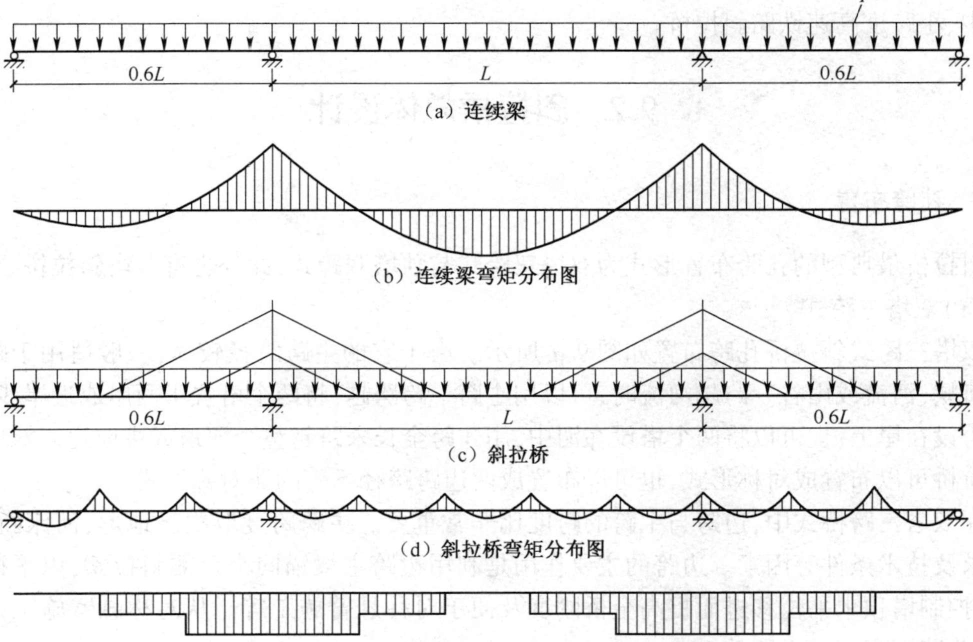

图 9.2 连续梁与斜拉桥均布荷载内力对比

(1)连续梁体系中,荷载引起的主梁最大正弯矩及最小负弯矩数值均较大,且沿着梁纵向分布很不均匀。梁截面尺寸由最大弯矩控制,弯矩绝对值越大,所需截面尺寸越大,截面增大时,自重也随之增加,当跨度越大时,上述情况越发显著。

(2)对于斜拉桥体系,由于斜拉索的存在,主梁相当于支承在斜拉索上的弹性支承连续梁,弯矩峰值较小且分布均匀,这不但可以使得主梁截面尺寸大大减小,而且自重显著减轻,既节省了主梁材料,又能大幅度地增加桥梁跨越能力,此外斜拉索索力的水平分力对主梁施加了预压力,提高了混凝土主梁的抗裂性能,可以节约主梁中预应力钢材的用量。因此,斜拉桥必然比连续梁体系桥具有更大的跨越能力。当然,付出的代价是增加了索和塔的工程量。

(3)在安装斜拉索时,如果对斜拉索张拉适当的拉力,主梁会承受不同的竖向分力,还可以进一步调整和改变主梁的受力,达到一个更理想的状态。

斜拉桥结构受力特点还可以从另一角度进行理解,如图 9.3 所示,斜拉桥是由一系列的塔、索、梁构成的三角形基本单元叠合而成。所有构件都以轴向受力为主,由于轴向受力构件通常比受弯构件效率高,从而使得斜拉桥的受力更合理、经济性能良好。

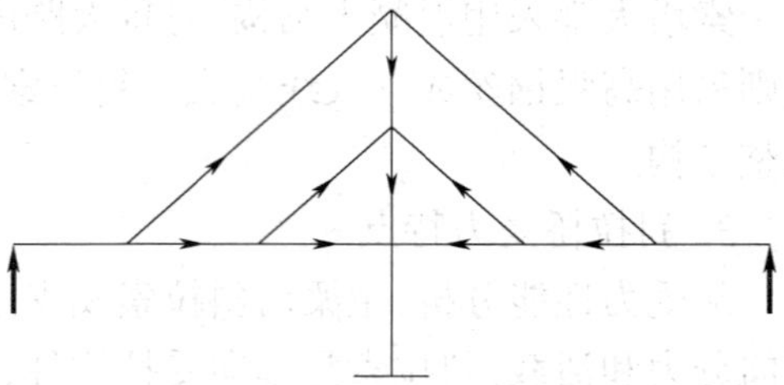

图 9.3　斜拉桥受力示意图

除了受力合理、跨度大的特点,由于塔、索各自具有多种外形及相互组合方式,斜拉桥外观简捷流畅、连续舒展、轻巧纤细、向上动势感强,能体现桥梁的现代美,是城市及景观桥梁设计时常采用的桥型。

斜拉桥主要应用于公路桥梁和公铁两用桥梁。由于需考虑横向刚度、竖向刚度及斜拉索疲劳等因素,早年建成的纯铁路斜拉桥数量较少且跨度不大。高速铁路由于是双线、道床厚重、活载较小、活载与恒载比例小等原因,疲劳因素对其影响不大,因此,最近几年我国修建了不少中、小跨度高速铁路斜拉桥。

9.2　斜拉桥总体设计

9.2.1　孔跨布置

斜拉桥最典型的孔跨布置形式为双塔三跨式与独塔双跨式,此外也有多塔斜拉桥。

(1)双塔三跨式

双塔三跨式斜拉桥孔跨布置如图 9.1 所示。由于它的主跨跨径较大,一般适用于跨越较大的海峡、河流或山谷。跨越河流时,可以用主跨一跨跨越,将两个塔置于两岸或近岸浅滩,两个边跨设在岸上;也可以将两个塔设在河中,用 3 跨全长来跨越整个河道或主航道。双塔三跨式斜拉桥可以布置成对称形式,也可以布置成两边跨跨径不等的非对称形式。

在双塔三跨桥式中,边跨与主跨的跨度比非常重要。主跨跨度取决于地形、河床断面、通航要求及技术条件等因素。边跨的主要作用是利用边跨主梁锚固小跨侧斜拉索,以平衡索塔受力、控制塔顶水平位移进而提高全桥刚度及便于对称悬臂施工等。从对称悬臂施工方面考虑,边跨跨度宜接近主跨的 0.5。

从受力方面考虑,边跨径与主跨跨径之比与斜拉桥的整体刚度、端锚索(即背索)的应力变幅有着很大的关系。当活载作用于主跨时,边跨梁端点的端锚索产生正轴力(拉力增加),而当活载作用于边跨时端锚索又产生负轴力(拉力减小),从而产生较大应力幅而引起斜拉索疲劳问题。边跨较小时,边跨主梁的刚度较大,边跨斜拉索较短且更陡直,刚度也就相对较大,此时边跨对索塔的锚固作用就大,主跨的刚度也就相应增大。对于活载比重较小的公路和城市桥梁,合理的边主跨之比为 0.33~0.5,其中,钢主梁宜为 0.3~0.4,组合梁宜为 0.4~0.5,混合梁宜为 0.3~0.45,混凝土主梁宜为 0.4~0.45。而对于活载比重大的铁路桥梁,边主跨之比宜取较小值。同理,钢斜拉桥的边跨应比相同跨径混凝土斜拉桥的边跨跨径小。此外,矮塔斜拉桥的边跨与主跨跨径比宜取 0.50~0.79。

活载往往在边跨梁端附近区域产生较大的正弯矩,导致梁体转动,伸缩缝易受损,可以通过加长边跨梁以形成引跨或设置辅助墩(图 9.1)的方法予以解决。同时,设辅助墩可以减小斜拉索应力变幅,提高主跨刚度,又能缓和端支点可能出现的负反力,是大跨径斜拉桥中常用的方法,当采用辅助墩时,边、中跨比值宜取较大值,以方便布索及施工。

(2)独塔双跨式

独塔双跨式斜拉桥(图 9.4)也是一种常见的孔跨布置方式,它的主孔跨径一般比双塔三跨式的主孔跨径小,适用于跨越中小河流和城市通道。

独塔双跨式可采用两跨跨度对称布置,也可采用跨度不等的非对称形式。对称形式的斜拉桥两跨相等,不存在边跨及端锚索对主跨变形的约束作用,受力较为明确,设计及施工简单方便,但是若没有端锚索,不能有效地约束塔顶位移,设计时往往采用加大塔刚度的方法来约束主梁竖向位移,计算及分析表明,增大塔刚度的方法不如端锚索有效,也不经济。不对称双跨式独塔斜拉桥的主跨跨径 L_1 与边跨跨径 L_2 之间的比例关系一般为 $L_2 = (0.5 \sim 0.9) L_1$,多数接近于 $L_2 = 0.9L_1$。两种形式的独塔斜拉桥均可在某一跨设置辅助墩以提高全桥刚度。

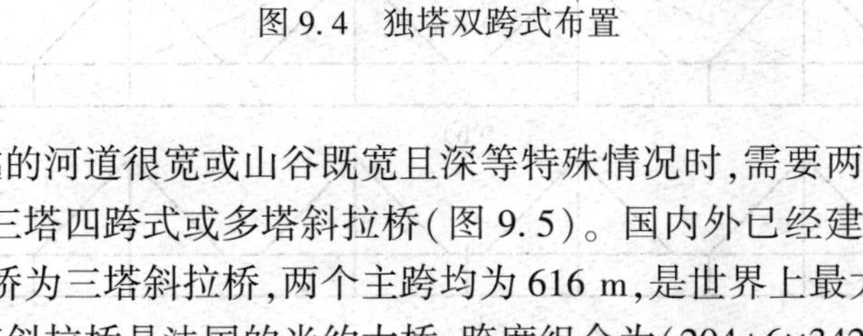

图 9.4　独塔双跨式布置

(3)多塔斜拉桥

当遇到桥梁跨越的河道很宽或山谷既宽且深等特殊情况时,需要两个或更多大跨进行连续跨越时,也可采用三塔四跨式或多塔斜拉桥(图 9.5)。国内外已经建成了许多座多塔斜拉桥,武汉二七长江大桥为三塔斜拉桥,两个主跨均为 616 m,是世界上最大跨度的三塔斜拉桥。世界上最著名的多塔斜拉桥是法国的米约大桥,跨度组合为(204+6×342+204) m,见图 1.31。

图 9.5　三塔四跨式斜拉桥

大多数斜拉桥是三跨或者两跨。背索和桥墩对塔柱的变形及稳定性起了很大的作用。随着索塔数量增加,多塔斜拉桥的中间塔两侧既无辅助墩和过渡墩,也没有端锚索,缺少了对主梁和索塔的有效约束,使已经是柔性结构的斜拉桥柔性更大,导致多塔斜拉桥在活载及温度作用下的主梁挠度、斜拉索疲劳应力幅和塔底内力比常规斜拉桥要大得多,不易满足使用要求。

解决这个问题的一种办法是,设计可以承受和传递较大弯矩的塔柱(图 9.6),但这并不是最经济的解决方案。

提高多跨斜拉桥塔柱的刚度,有很多其他方法:

①用水平斜拉索联系塔柱顶端[图 9.7(a)];

②增设联系塔柱顶端和邻近的塔梁交接处的斜拉索[图 9.7(b)];

③在跨中处增加临时支撑[图 9.7(c)];

④在中跨增加交叉斜拉索[图 9.7(d)];

⑤其他提高中塔刚度方法:提高主梁刚度、跨中增加压重等,但采用这些方案的桥例不多。

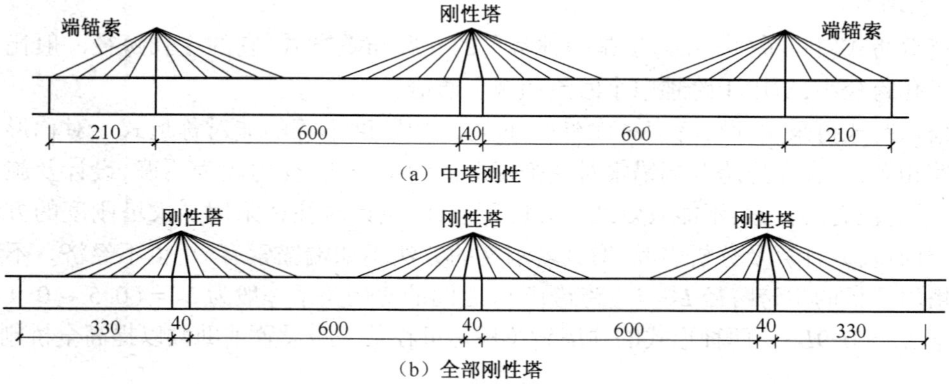

图 9.6　刚性塔多塔斜拉桥布置(单位:m)

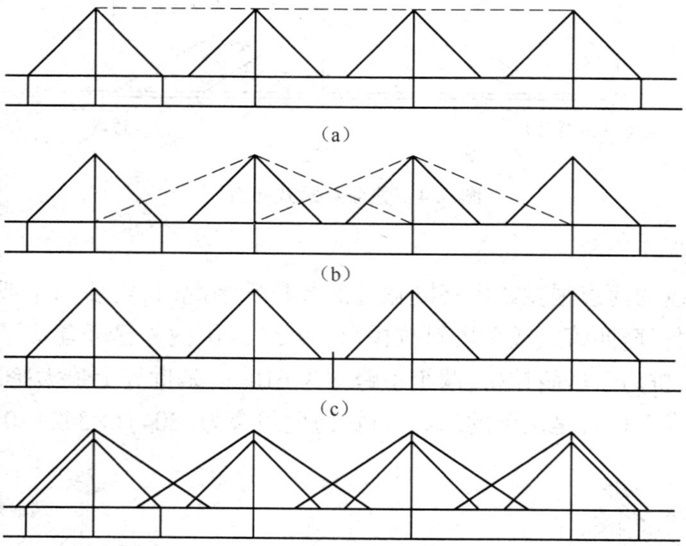

图 9.7　多塔斜拉桥提高中塔刚度的措施

洞庭湖大桥跨径布置为(130+310+310+130)m,双斜拉索面,采用了带水平弹性限位装置的飘浮体系。为了提高三塔斜拉桥的总体刚度,除了采用适当增加主梁截面高度和塔身纵向截面宽度的措施之外,还采用了另外两项专门的措施以提高边索的刚度:一是将中跨和边跨最外三根索的索距缩小至 9 m,并将每根斜拉索的截面面积增大至 313ϕ7 mm 钢丝;二是在端支点和各中跨中部增加附加 2 000 kN 的压重以提高各塔外索的张紧程度。

9.2.2 斜拉索布置

1. 斜拉索横向布置

斜拉索横桥向布置常用的有 4 种类型,即单索面、竖向双索面、斜向双索面及三索面,如图 9.8所示。在多线铁路的公铁两用斜拉桥中常采用三索面,索面布置如图 9.8(d)所示。

为了减小张拉单根索千斤顶吨位及便于索在塔上的布置,有时将一个索面分成两个横向间距很小的索面,这仍然算一个索平面。

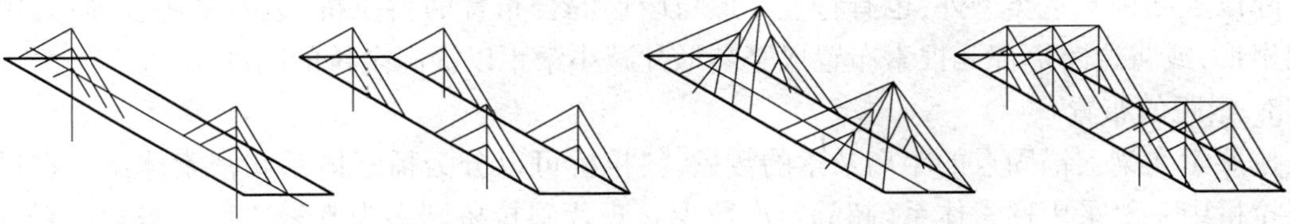

(a) 单索面　(b) 竖向双索面　(c) 斜向双索面　(d) 竖向三索面

图 9.8　索面布置

单索面只用于公路及市政桥梁,斜拉索平面设于桥面中央,利用了车道分隔带,具有外形简洁、最佳视线与最小桥墩尺寸的优点。从力学角度来看,采用单索面时,斜拉索对主梁的抗扭不起作用(或很小),因此主梁需采用抗扭刚度较大的箱型截面,特大跨度斜拉桥不适宜采用单索面设计。

采用双索面时,作用于主梁上的扭矩可由梁两侧斜拉索的竖向分力组成的力偶来抵抗,主梁可采用具有较小抗扭刚度的截面。斜向双索面,除了能为主梁提供抗扭刚度外,还能限制主梁横向位移,因此对主梁抵抗横向风力特别有利,适用于大跨度斜拉桥。倾斜的双索面应采用倒 Y 形、A 形及宝石形索塔。

2. 斜拉索纵向布置

索面纵向布置形状主要有如图 9.9 所示的 4 种基本类型,即辐射形、扇形、竖琴形和星形。各自的特点如下。

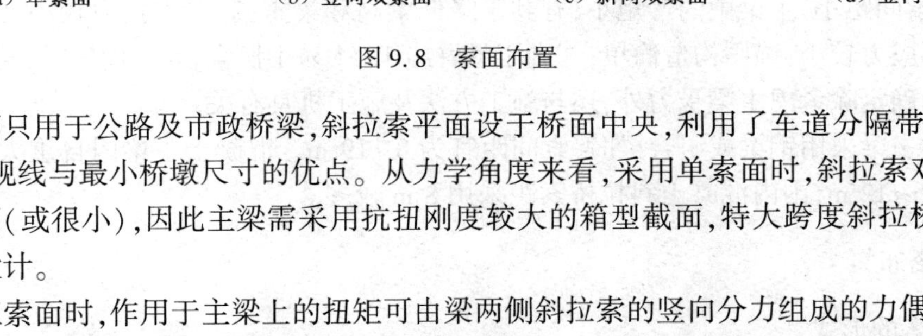

(a) 辐射形　(b) 扇形　(c) 竖琴形　(d) 星形

图 9.9　斜拉索立面布置方式

(1)辐射形的特点是所有斜拉索一端均匀间隔地锚固在主梁上,在索塔上集中锚固于塔顶,各根斜拉索具有可能的最大倾角,斜拉索对主梁的垂直支承效率最高,斜拉索用钢量较少,塔所受弯矩也较小(水平分力小)。主要缺点是斜拉索交汇到塔顶,锚固构造处理较困难,一般在塔顶采用鞍座设计,拉索骑跨于鞍座上,结构构造复杂,很少采用。

(2)竖琴形的斜拉索成平行排列,倾角相同,在索数少时比较简洁,外形美观,索在塔上的锚固点分散,对索塔的受力有利。缺点是斜拉索的总倾角较小,索的总拉力大,故钢索用量较多。

(3)扇形布置的斜拉索是索在梁和塔上都均匀布置,各索的倾角不同,相互不平行,它兼有上面两种布置方式的优点,在设计中获得广泛应用。

(4)星形布置的唯一优点是边跨斜拉索锚固于梁端,刚度大,可以增加全桥刚度,但是索在梁上锚固点较少,索梁锚固点间距大,需要梁具有很大的刚度,实际结构较少采用。

除以上四种基本类型外,也有将竖琴形与扇形混合布置的斜拉桥,边跨采用竖琴形,中跨采用扇形,或将边跨端部几根索布置成竖琴形并减小索距以提高全桥的刚度。

3. 索距的布置

按照索在梁上锚固点的距离及索的数量,斜拉桥可以分为稀索体系和密索体系。在早期的斜拉桥中一般采用稀索体系(超静定次数少),现代斜拉桥则多为密索体系。密索体系有以下优点:①索间距小,主梁中的弯矩小,有利于降低梁高和梁重;②单索拉力较小,锚固点附近结构的局部应力较小,锚固构造简单;③利于悬臂施工;④易于换索;⑤断面轻柔,美感度提高。

索距的确定除考虑主梁受力外,还与施工方法及施工机具有关。

斜拉桥主梁采用钢梁或组合梁时,索间距宜为 8~19 m。混凝土主梁因自重大,索距应密些,一般取 6~12 m,国内混凝土斜拉桥索距采用 8 m 较多。

9.2.3 索塔布置

(1)索塔的形式

索塔是斜拉桥中最主要的受力结构,主要起承担锚固斜拉索并传递索力至桥墩基础的作用,索塔设计必须满足全桥刚度的需要,并便于斜拉索的布置与锚固。索塔传力应简单明确,在恒载作用下,索塔应尽可能处于轴心受压状态。

索塔沿桥纵向的布置有单柱式、倒 V 形、倒 Y 形等,倒 V 形增设一道横梁成为 A 形,如图 9.10所示。

索塔横桥方向的布置方式,可分为单柱式、双柱式、门式或 H 形、A 式、宝石形或倒 Y 形及花瓶式等,如图 9.11 所示。索塔的空间形式是上述纵、横向形式的组合,可见,索塔的形式是多种多样的。

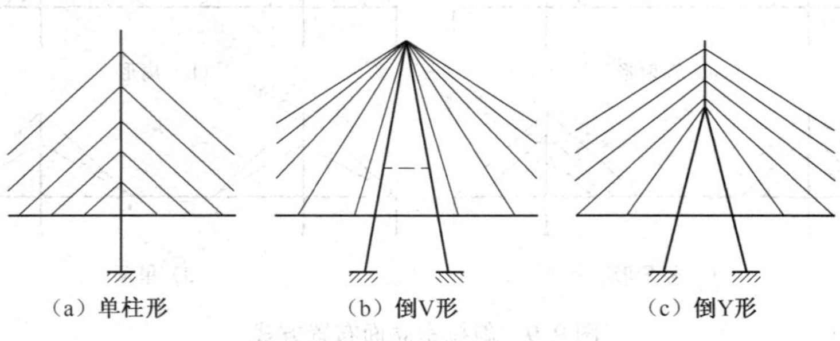

(a) 单柱形　　(b) 倒V形　　(c) 倒Y形

图 9.10　索塔的纵向布置形式

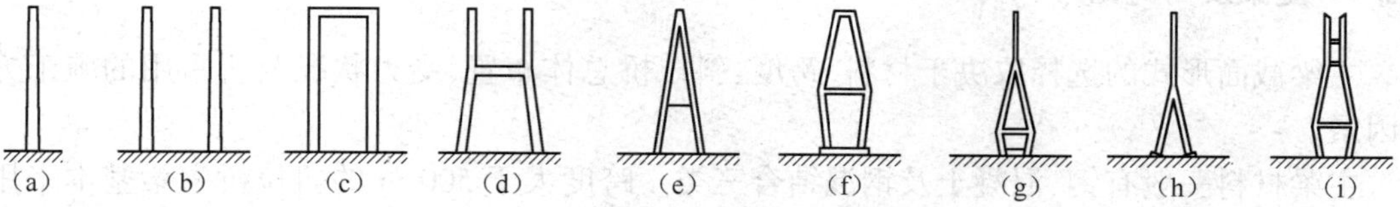

图 9.11 索塔的横向布置形式

索塔纵横向形式无论采用何种布置方式,索塔均需要考虑与主梁的横向塔交叉关系,除塔、梁固结体系外,一般在主梁下的塔身横向设置横梁,可在横梁上设置支座支撑主梁,或在施工时对主梁进行临时锚固,此外横梁还可提高主塔的横向刚度。单柱式主塔构造简单;A 字形和倒 Y 形在顺桥向刚度大,有利于承受索塔两侧斜拉索的不平衡拉力,还可减小主梁在索塔处的负弯矩,特别适用于多塔斜拉桥的刚性塔。

索塔纵、横向布置均呈独柱形的索塔[图 9.10(a)],仅适用于单索面斜拉桥。当需要加强横桥向抗风刚度时,则可以配合采用 A 式、宝石形或倒 Y 形及花瓶式等的形式。双柱式、门式一般适用于双平面索的场合。

(2)塔高与主跨之比

索塔的高度 H 与整个桥梁的刚度和经济性密切相关,如图 9.12 所示。塔的 H 值越大,斜拉索的倾角 α 越大,斜拉索垂直分力 V 就会越大,对主梁的支撑作用越有效,但索塔的高度 H 越大,索塔的水平向刚度越小(刚度与高度成反比)、斜拉索的长度 l 越长造价也越高。当塔的 H 值较小时,斜拉索倾角越小,索对梁的竖向分力变小,对主梁的竖向支撑作用减弱,但索塔比较矮时,索塔水平刚度较大,斜拉索较短,比较经济。当斜拉索倾角特别小时,索力主要分力体现为水平力,主梁作为压弯构件需要特别注意稳定性问题。

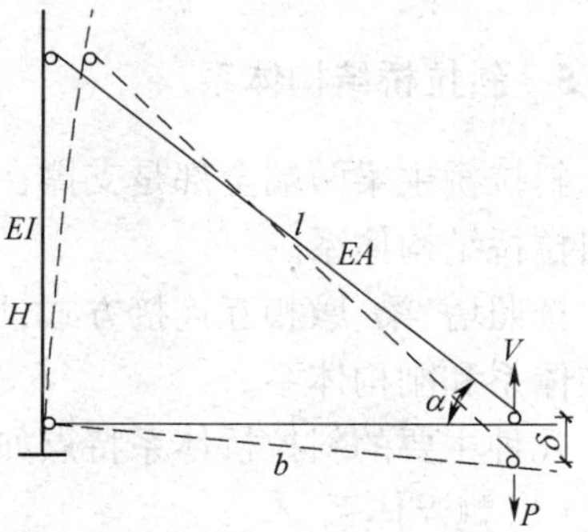

图 9.12 塔高和索长、倾角的相互关系

若忽略主梁弯曲刚度的影响,则主梁的支承刚度将来自于索和塔两方面。对于相同的主梁斜拉索锚固位置 b,索对梁的支撑刚度主要取决于索力的竖向分力 V 和斜拉索的线刚度 EA/l。从图 9.12 可知,V 与 $\sin\alpha$ 成正比,EA/l 与 $\cos\alpha$ 成正比。对塔来说,H 越大,则塔抵抗水平变位的刚度就越弱。在刚性主梁斜拉索锚点处荷载 P 的作用下,主梁下挠量 δ 为

$$\delta = \frac{Pb}{EA\sin^2\alpha\cos\alpha} + \frac{Pb^3}{3EI}\tan\alpha \tag{9.1}$$

式(9.1)右边第一项为斜拉索伸长所引起的挠度,当表达式 $(\sin^2\alpha\ \cos\alpha)$ 最大时,斜拉索对主梁的支撑刚度最大,此时斜拉索的倾角为 55°。公式右边第二项为塔位移所引起梁的挠度,其中 EI 为综合考虑背索影响的索塔等截面当量刚度,显然,$\tan\alpha$ 越小,即塔越矮,塔的水平方向的刚度越大,对主梁的支撑刚度越大。

综合索和塔对刚度和经济性的共同影响,对于每一座斜拉桥,都存在着一个最佳塔高 H,使得索和塔对主梁的支承刚度达到最大。

双塔斜拉桥塔高 $H/L_1 = 1/7 \sim 1/4$(图 9.1);独塔斜拉桥塔高 $H/L_1 = 1/4.7 \sim 1/2.7$(图 9.4);背索的水平倾角不宜小于 22°。

9.2.4 主梁及高跨比

主梁截面形式的选择取决于材料、跨度、斜拉桥总体布置、受力状况及所采用的施工方法等因素。

主梁材料一般有钢、混凝土及钢混结合三类。跨度大于 500 m 的斜拉桥主梁基本采用钢箱梁、钢桁梁或钢—混结合(组合)梁,混凝土斜拉桥主跨一般小于 500 m。

当斜拉索较密,索间距相等、各索初始张拉力较为合理时,主梁承受的恒载弯矩沿着梁纵向变化较小,据此,绝大多数斜拉桥的主梁为等高截面。

对于双塔三跨斜拉桥,斜拉桥主梁高 H 与其中跨跨径 L_0之比,混凝土主梁宜取 1/220~1/100,组合梁宜采用 1/200~1/125,钢主梁宜采用 1/330~1/180。独塔斜拉桥主梁高度可略低于同跨径的双塔式梁高。上述 H/L_0数据的变化范围较大,实质上,斜拉桥主梁作为弹性支承连续梁,其高度及刚度取值与斜拉索间距有关,斜拉索间距越小,主梁承受的弯矩越小,取值就越小。在合理的拉索力状态下,主梁呈近似连续梁状态工作,此时,主梁的高度最主要取决于索间距 L_d。

主梁设计应考虑更换斜拉索或斜拉索偶然拉断或退出工作的情况。

9.2.5 斜拉桥结构体系

斜拉桥主梁两端全部是支撑在墩台上,主梁、塔及墩之间相互连接形式的不同将形成不同的斜拉桥结构体系。

按照塔、梁、墩相互连接方式,可划分为飘浮体系、支座支承体系(包括半飘浮体系)、塔梁固结体系和刚构体系。

几种主要的斜拉桥体系特点如下。

(1)飘浮体系

飘浮体系(图 9.13)的特点是塔与墩固结、塔梁分离,在塔墩处,用竖直斜拉索吊住主梁,主梁除在两端边墩上设有纵向滑动支座外,其余全部用斜拉索悬吊,属于一种在纵向可稍做浮动的多跨弹性支承连续梁。

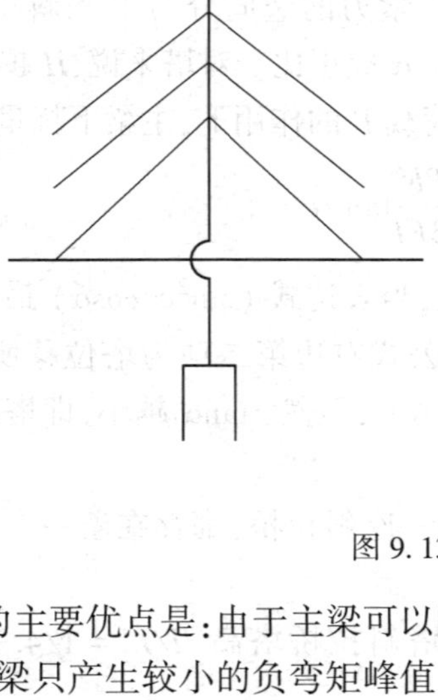

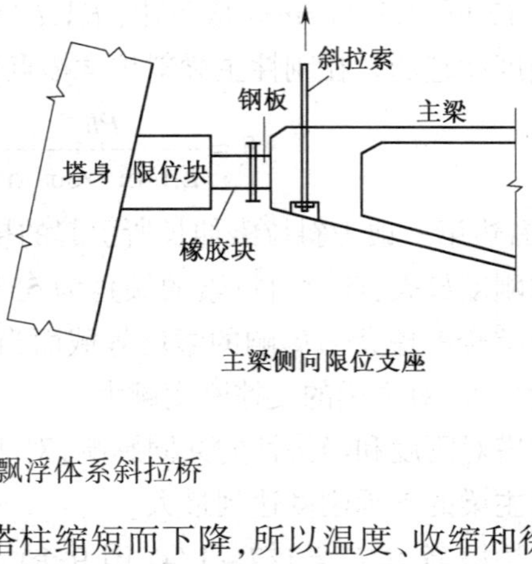

图 9.13　飘浮体系斜拉桥

该体系的主要优点是:由于主梁可以随塔柱缩短而下降,所以温度、收缩和徐变内力均较小;塔墩处主梁只产生较小的负弯矩峰值;地震时允许全梁纵向摆荡,成为长周期运动,从而吸震消能。目前,大跨斜拉桥多采用此种体系。

飘浮体系的缺点是当采用悬臂施工时,塔柱处主梁需临时固结,以抵抗施工过程中的不平衡弯矩和纵向力。由于施工不可能做到完全对称,成桥后解除临时固结时,主梁发生体系转换时会引起次内力。同时为了避免产生过大的漂移,一般需设置纵向阻尼器。

斜拉索不能对主梁提供足够的横向支承刚度,为了抵抗由于风力及地震力等引起的横向位移,一般在塔柱和主梁之间设置一种用来限制侧向变位的板式或聚四氟乙烯盆式支座,横向顶紧,简称侧向限位支座(图 9.13),侧向限位支座不是简单的竖向支座横向布置,需单独设计。

此外,该体系斜拉索在纵向不宜采用竖琴形布置。

(2)支承体系及半飘浮体系

支承体系(图 9.14)的特点是塔墩固结,主梁通过支座支承在塔墩横梁上。当主梁为连续梁时,纵向可以设一个固定支座,其余为活动支座;也可以是全部为活动支座。一般均设成活动支座,以避免由于不对称约束而导致不均衡温度变位,水平位移将由斜拉索制约。其中设有纵向固定支座的为支承体系,不设纵向固定支座的为半飘浮体系。

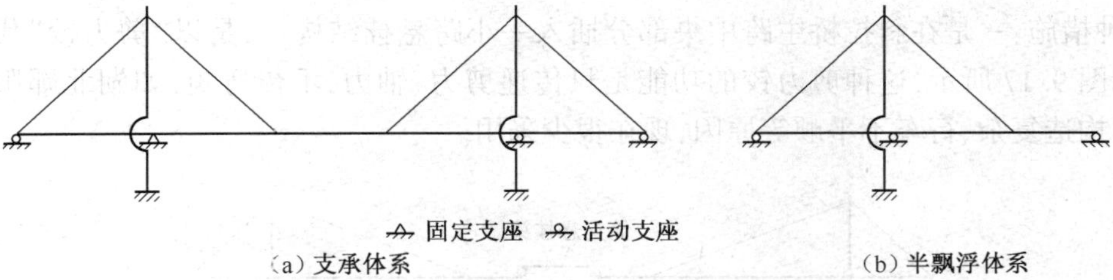

图 9.14 支撑体系及半飘浮体系斜拉桥

该体系的主要缺点是:由于塔墩两侧主梁均由斜拉索弹性支撑,塔墩处主梁为竖向刚性支撑,如不做特殊处理,因混凝土竖向徐变变形,使得塔上吊点下垂,在塔墩刚性支撑处的主梁内将产生很大的负弯矩。此外,当塔墩两侧跨满载时,塔柱处主梁负弯矩峰值也很大,设计时往往需要加大该处的主梁高度。

(3)塔梁固结体系

塔梁固结体系(图 9.15)的特点是将塔梁固结并支承在墩上,墩与塔间设支座,斜拉索为弹性支承,主梁的内力与挠度直接同主梁与索塔的弯曲刚度比值有关。这种体系的主梁一般只在一个塔柱处设置固定支座,而其余均为纵向活动支座。

这种体系的优点是显著减小了主梁中央段无索区承受的轴向拉力,索塔和主梁的温度内力较小。缺点是中跨满载时,主梁在墩顶处转角位移导致塔柱倾斜,使塔顶产生较大的水平位移,从而显著增大主梁跨中挠度和边跨负弯矩;另外上部结构重力和活载反力都由支座传给桥墩,需要设置很大吨位的支座,造价高,在大跨径斜拉桥中,支座甚至达到上万吨级,这样给支座的设计、制造及运营后养护、更换均带来较大的困难。实桥例中,这种体系桥梁采用的较少。

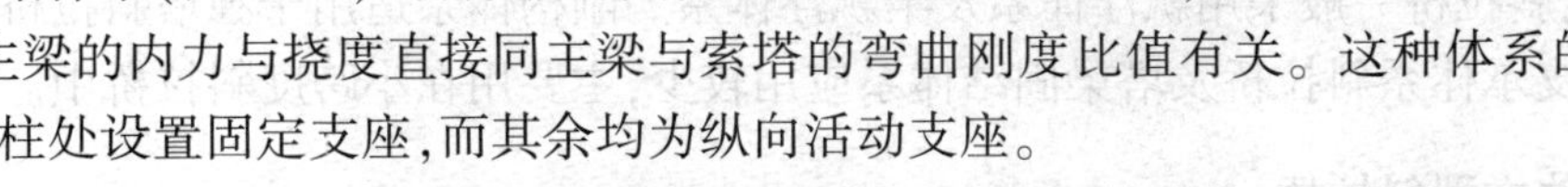

图 9.15 塔梁固结体系斜拉桥

(4)刚构体系

刚构体系的特点是塔、梁、墩相互固结,形成跨度内具有多点弹性支承的连续刚构桥,如图 9.16 所示。

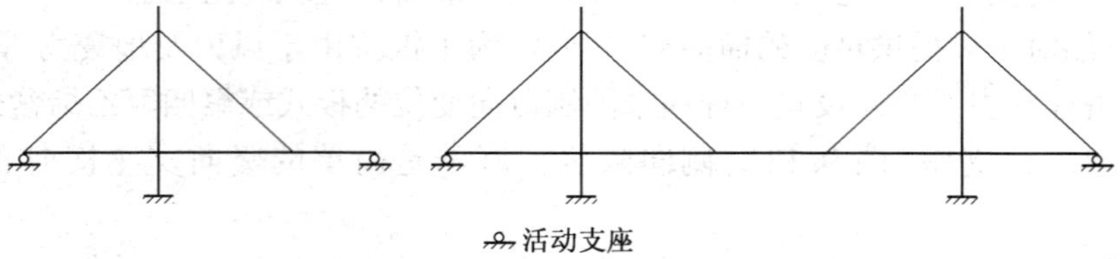

图 9.16　刚构体系斜拉桥

这种体系的优点是既不需要大型支座又能满足悬臂施工的稳定要求;结构的整体刚度比较好,主梁挠度减小;施工时不需要临时固结,减少体系转换次数。缺点是主梁固结处负弯矩更大,固结处附近主梁截面需要加大;在双塔斜拉桥中若不设挂梁,将产生很大的温度力、收缩徐变力和地震力。这种体系比较适合于独塔斜拉桥。

刚构体系斜拉桥为克服温度内力及收缩徐变内力过大、塔梁墩刚接处负弯矩大的缺点,可采取两种措施:一是在斜拉桥主跨中央部分插入一小跨悬挂结构;二是以“剪力铰”代替悬挂结构,如图 9.17 所示,这种剪力铰的功能是只传递剪力、轴力,不传弯矩,如湖北郧阳汉江大桥,但因构造复杂、行车不平顺等原因,现在很少采用。

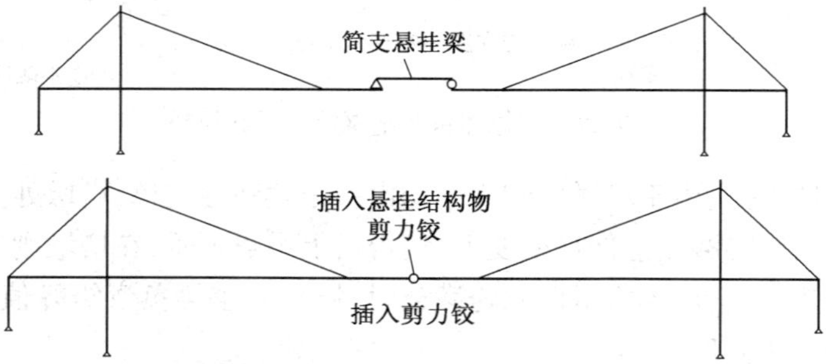

图 9.17　减小次内力措施

大跨度斜拉桥一般采用飘浮体系及半飘浮体系。刚构体系适用于独塔斜拉桥及高墩斜拉桥;完全的支承体系斜拉桥及塔梁固结体系应用较少,主要用在小跨度斜拉桥中。

9.2.6　其他类型斜拉桥

有别于上节介绍的结构分类,斜拉桥也有一些特殊类型。

(1)地锚式斜拉桥

绝大多数斜拉桥的斜拉索锚固在结构体系的塔与梁上,形成自锚体系。也有特殊设计的斜拉桥,将斜拉索一端锚固于梁或塔上,而另外一端锚固于山体上或部分锚固于地锚,形成地锚式斜拉桥。

这种桥型的最初构思来源于著名华人林同炎大师提出的 RuckA-Chucky Bridge 设计方案,该方案将全部斜拉索锚固于两岸山体的岩壁上,被称为最梦幻的桥(图 9.18)。已建成的地锚式斜拉桥一般锚固于两岸地下锚碇上,这种桥型只适合于少数特殊情况,如图 9.19 所示(湖北郧阳汉江桥)。

(2)部分斜拉桥

部分斜拉桥,又称矮塔斜拉桥,结构如图 9.20所示,是介于柔性斜拉桥和主梁刚度较大的梁式桥之间的一种桥型,主要有以下几个方面特点:

①索塔较矮、索数较少,斜拉索只锚固在主梁的一部分区段。

②从设计构思上,它是通过斜拉索对主梁进行加劲处理,斜拉索的竖向分力减小了主梁的弯矩和变形;斜拉索的水平分力为主梁提供了轴向压力,提高了混凝土梁的抗裂性能,斜拉索相当于体外预应力束。

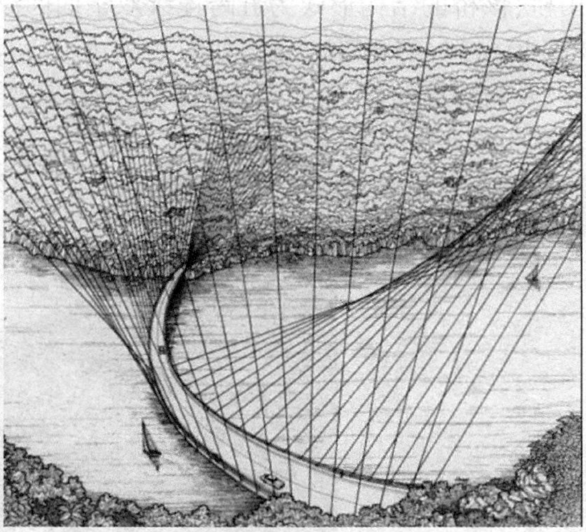

图 9.18　RuckA-Chucky Bridge

③仍以主梁抗弯、抗剪来承担结构的大部分荷载,但由于斜拉索的辅助作用,能够改善梁式桥的受力性能,减少了跨中截面的弯矩及剪力,从而可获得比梁式桥更大的跨度。

④部分斜拉桥主梁的刚度较普通斜拉桥主梁刚度大,抗风和抗震及斜拉索抗疲劳性能优于相同跨度下的普通斜拉桥,尤其适用于对主梁刚度要求较高的铁路桥。

因此,部分斜拉桥的受力性能介于梁式桥和斜拉桥之间。与斜拉桥相比,减少了索用量及塔的工程量,与连续梁相比,造价偏高;从目前已经建成的部分斜拉桥看,该桥型可提高连续梁体系的跨度。

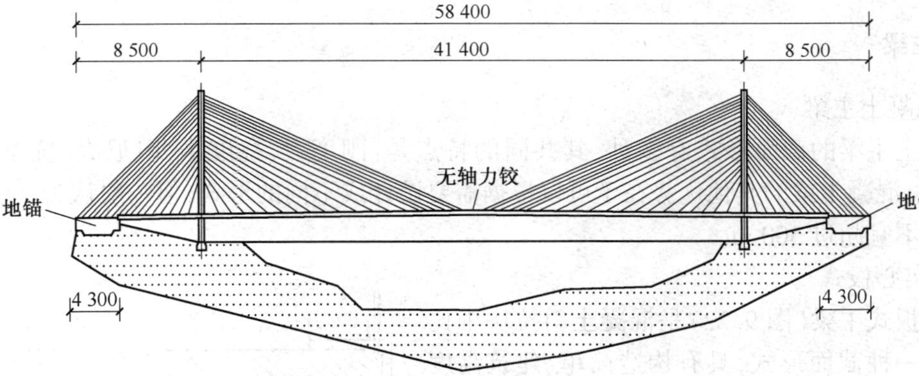

图 9.19　郧阳汉江桥(单位:cm)

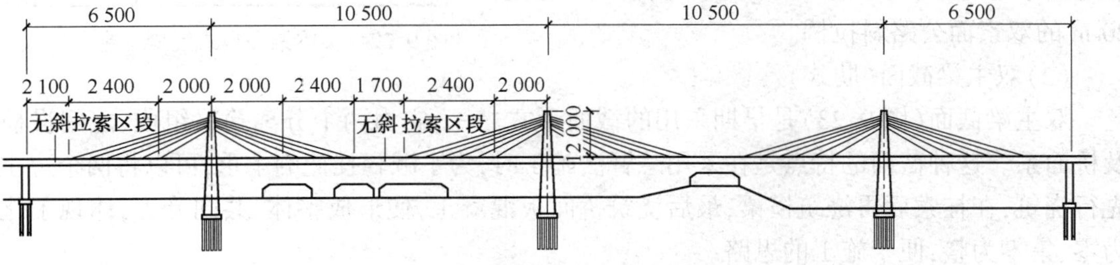

图 9.20　矮塔部分斜拉桥(单位:cm)

1998 年,瑞士建成了一座完美的矮塔斜拉桥——森尼伯格桥(Sunniberg Bridge),又称太阳山桥,该桥的结构形式为五跨连续双索面曲线梁矮塔斜拉桥,桥梁总长为 529 m,跨径为 59+128+140+134+95=529 (m),如图 9.21 所示。森尼伯格桥无论从桥梁力学、桥梁建造、桥梁美学,以及与环境的协调性、环境保护上都有其独到之处,也因此于 2001 年在马耳他 IABSE 年会上获得该年度卓著结构奖。

我国第一座部分斜拉桥为芜湖长江大桥,该桥跨径组合(180+312+180) m,为公、铁两用钢桁梁斜拉桥,于 2000 年建成。

图 9.21　森尼伯格(Sunniberg)桥

9.3　斜拉桥构造

9.3.1　主梁

1. 混凝土主梁

混凝土主梁的截面形式有多种,其共同的特点是:刚度大、挠度小,阻尼大,抗振性能好(自重大),混凝土梁的其他优势在于可以根据需要设计成不同的形式,但一般认为,混凝土斜拉桥跨度不宜超过 500 m。

(1)实心板式

实心板式主梁(图 9.22)是混凝土斜拉桥中比较简单的一种截面形式,具有构造简单、建筑高度小、比较轻巧,抗风性能好和施工方便的优点,一般仅适用于小跨径(跨度在 200 m 以下),桥宽不超过 20 m 的双索面公路斜拉桥。

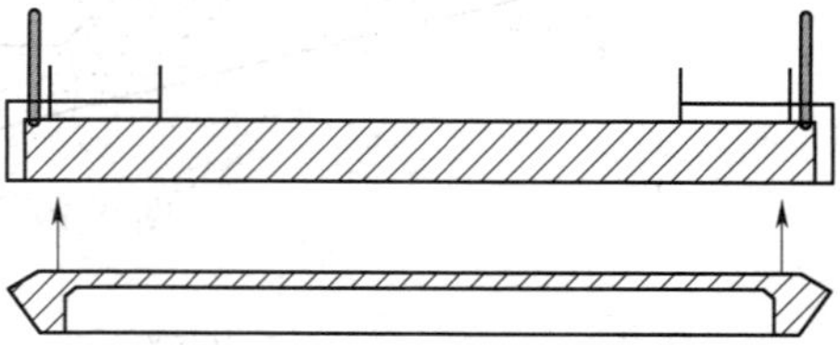

图 9.22　实体梁和板式混凝土主梁形式

(2)双主梁截面(肋式)

双主梁截面(图 9.23)是早期采用的截面形式之一,它由两个分离箱梁组成,之间设横梁及桥面系。这种截面的特点是在采用悬臂法施工时,为了减轻挂篮的承重,可以将两个边主梁先行浇筑,在挂索后再浇筑横梁,最后浇筑桥面板混凝土,使形成整体,共同受力,体现了化整为零、集零为整,便于施工的思路。

现代斜拉桥的主梁高度设计越来越小,采用空心箱作为主肋受力,混凝土数量节省有限,增加了工作量及钢筋用量,使得斜拉索锚固复杂,施工不便。而大量风洞试验结果表明,混凝土斜拉桥具有相当大的系统阻尼,非特大跨度桥的风动力稳定性一般不控制设计,所以,采用双索面实心肋板式截面越来越多(图 9.24)。试验及分析表明,在一般设计风速时,400 m 跨度以下的斜拉桥,配以双斜索面,采用这种截面时在施工及设计方面具有较大优势,我国大跨混凝土斜拉桥一般都采用这种截面形式。双主肋间加设横隔板,间距一般与梁上索间距相同,采用 6~10 m,隔板厚度不宜小于 25 cm,桥面板计算时可简化为纵向受力单向板。

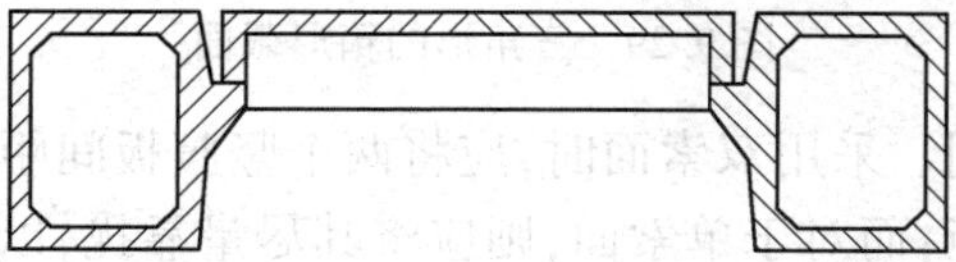

图 9.23　双主梁(箱形)

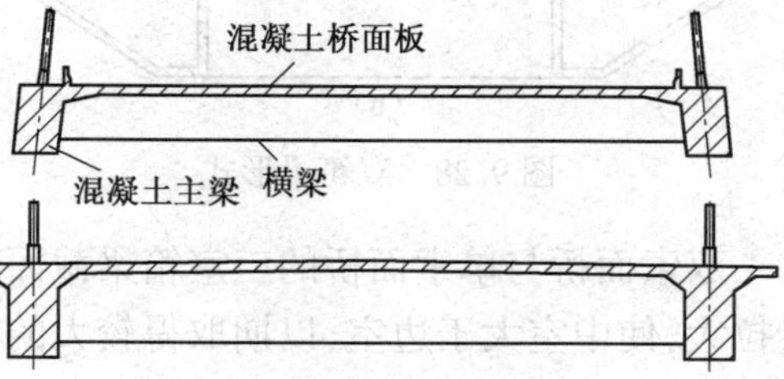

图 9.24　肋板式截面

(3)箱形截面

箱形截面梁具有抗弯和抗扭刚度大的特性。设计时,截面可以有单箱单室、单箱多室及分离多箱等多种组合以适应不同桥宽及施工方法的需要,它能适应稀索、密索、单索面或双索面等不同的斜拉索布置,施工时可以部分预制、其余部分现场浇筑,也可以整体浇筑,为桥梁施工方案提供更多选择。这种截面是大跨混凝土斜拉桥中经常采用的截面形式(图 9.25)。

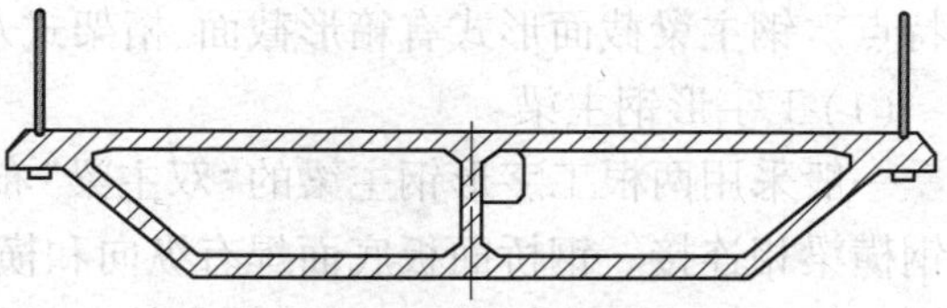

图 9.25　箱形梁截面

单索面布置的箱形截面(图 9.26),采用斜腹板,可以改善抗风性能,又可减小梁底的墩台宽度,符合单索面桥抗扭刚度的需要,是混凝土斜拉桥的标准截面形式之一。当跨度较小,桥面特别宽,也常采用图 9.27 所示的单箱三室截面形式,并在索梁锚固位置设横隔板。

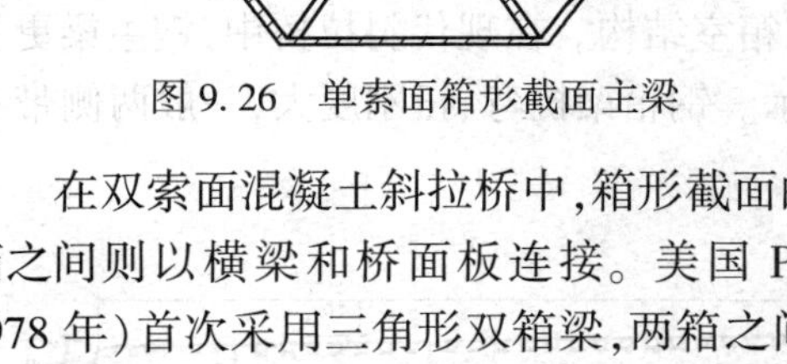

图 9.26　单索面箱形截面主梁

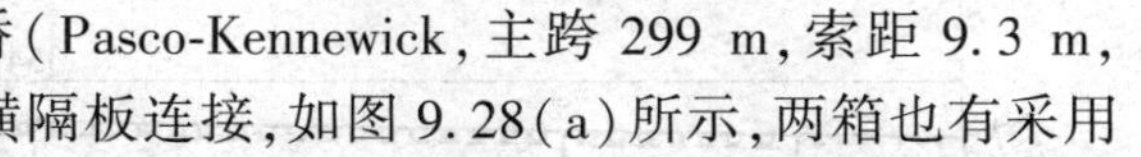

图 9.27　单箱三室截面

在双索面混凝土斜拉桥中,箱形截面的主梁常以分离式的两个箱体各自锚固于斜拉索,两箱之间则以横梁和桥面板连接。美国 P-K 桥(Pasco-Kennewick,主跨 299 m,索距 9.3 m,1978 年)首次采用三角形双箱梁,两箱之间用横隔板连接,如图 9.28(a)所示,两箱也有采用倒梯形截面,如图 9.28(b)所示。在双箱梁的两个分离式箱体之间用底板将其封闭,即成为三室的单箱梁截面。双索面混凝土斜拉桥采用三室箱梁的实例也有很多。

挪威 Skarnsunddet 桥主梁采用了三角形的箱形截面,如图 9.29 所示。该桥主跨为 530 m,建于 1992 年。

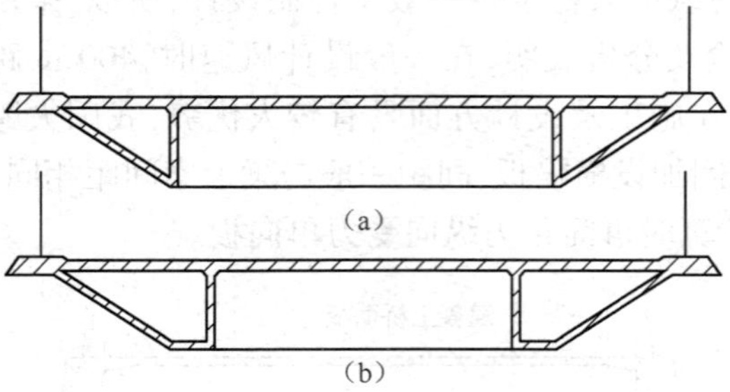

图 9.28 双箱梁形式

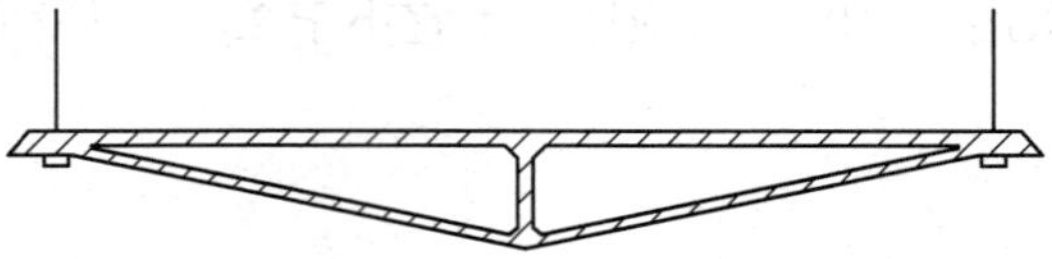

图 9.29 三角形的箱形截面

双索面桥与单索面桥的三室箱梁截面有所不同。采用双索面时,应将两个竖腹板间距尽量拉大,使中室大于边室,以期取得较大的横向惯矩;而对于单索面,则应将其尽量靠拢,以便将斜拉索锚固于较小的中室内。

2. 钢主梁

钢主梁的主要特点是质量轻、跨越能力大、构件可以在工厂制作、质量可靠、便于安装、施工速度快,养护工作量大。这类截面特别适用于大跨度斜拉桥,以减轻自重和发挥钢材强度高的特点。钢主梁截面形式有箱形截面、桁架式及工字形截面。

(1)工字形钢主梁

一般采用两根工字形钢主梁的“双主梁”布置。钢主梁之间有钢横梁,钢桥面板与钢主梁及钢横梁相连接。钢桥面板底面焊有纵向和横向的加劲肋,形成正交异性钢桥面系。斜拉索下端一般直接锚固在钢主梁上,避免在外伸的托架上锚固,使得锚固构造简单、受力明确。图 9.30 为德国 Kine 桥工字形钢主梁截面。

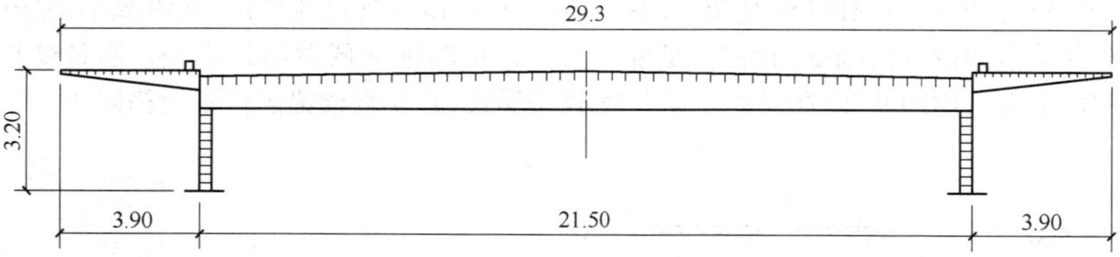

图 9.30 德国 Kine 桥工字形钢主梁(单位:m)

(2)钢箱梁

钢箱梁截面形式较多,如单箱单室、单箱多室、双箱单室等,如将前述的工字形双主梁的布置方式中的工字形钢梁换成钢箱梁,可形成分离式双箱室结构。在现代斜拉桥中,钢主梁更多地采用整体构造的流线型扁平钢箱梁,如图 9.31 所示。钢箱梁抗弯、扭刚度大,一般两侧带有风嘴,抗风性能好。

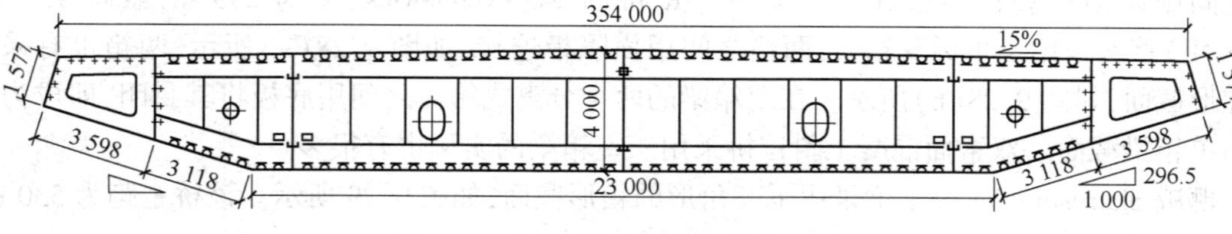

图 9.31 扁平钢箱梁截面(单位:mm)

(3)钢桁梁

早期的斜拉桥中钢桁梁采用较少,目前我国已有多座建成或在建的斜拉桥采用桁架式钢梁,特别适用双层桥面或公铁两用桥。钢桁梁主梁为了适应重载和宽桥面需要,有时设计成三主桁形式。

合福铁路铜陵长江大桥主桥为(90+240+630+240+90) m 五跨连续钢桁梁斜拉桥,上层为六车道高速公路,下层搭载四线铁路(图 9. 32)。钢桁梁采用 N 字形桁架,三片主桁布置,桁宽 2×17. 1 m,节间长度 15 m,高 15. 5 m。斜拉索锚箱置于上弦节点内,焊接于主桁节点。

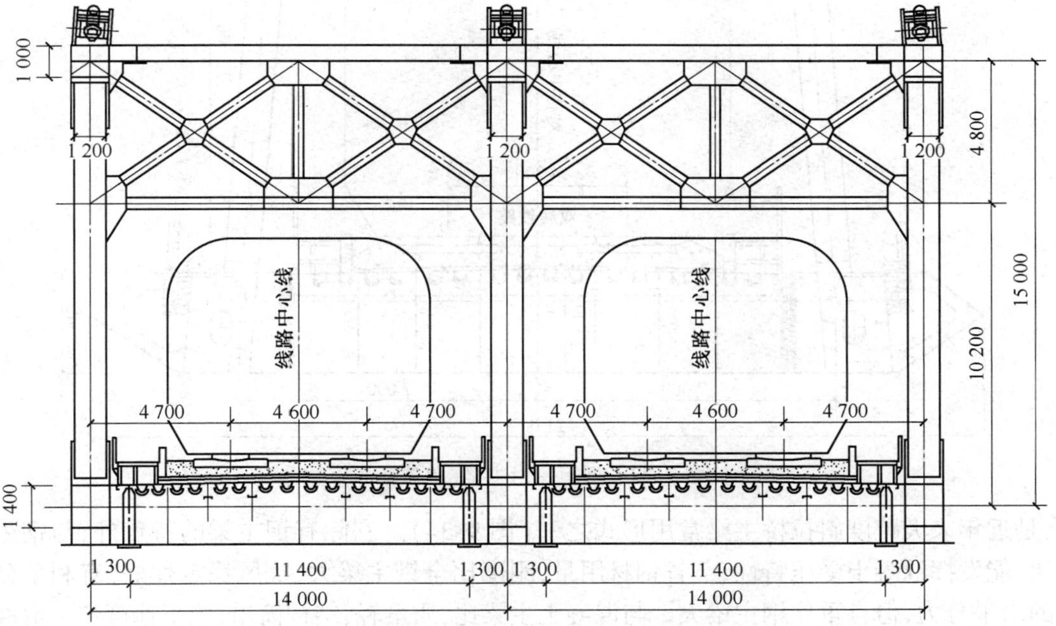

图 9. 32　钢桁架梁截面(单位:mm)

(4)钢箱—桁组合主梁

增大尺度的钢桁梁下弦杆与铁路正交异性钢桥面板系统形成分离边箱的边主梁结构,华伦式桁架置于其上组成钢板—桁主梁。大跨度铁路桥所需的竖向刚度由钢桁架提供,横向刚度由分离边箱与桥面板组成的主梁结构提供(图 9. 33)。

钢箱—钢桁组合结构具备两阶段成桥的条件,钢箱部分先行成桥承担大跨度桥梁主要荷载(恒载),钢桁梁仅承受二期恒载与活载。新型钢箱—钢桁组合结构中钢箱梁部分(桥面板结构)受力特征与一般钢箱梁结构一致,钢桁构件受力仅为同等规模钢桁梁斜拉桥的 1/4～1/3。

箱—桁组合结构正交异性桥面板的优点有:结构自重轻、建筑高度低、极限承载力大、跨越能力大、使用寿命长、易于加工制造、运输和安装,而且在进行桥梁修复工作时不会影响交通。结构连续,可采用无断缝路面,大跨桥梁采用正交异性钢桥面板越来越广泛。另外,由于钢桥面板代替了钢筋混凝土桥面板,钢桥面板和主桁共同受力,使桥梁轻型化得以实现。桥面板不仅是直接承重结构,而且作为主梁的一部分截面参与工作,能够发挥桥面、主桁和平联等多方面的综合作用。使桥梁的抗弯刚度、抗扭刚度及动力性能都得到改善。

3. 钢混结合梁

结合梁是指钢主梁的上翼缘与其上的混凝土桥面板之间用剪力键结合共同受力的梁体结

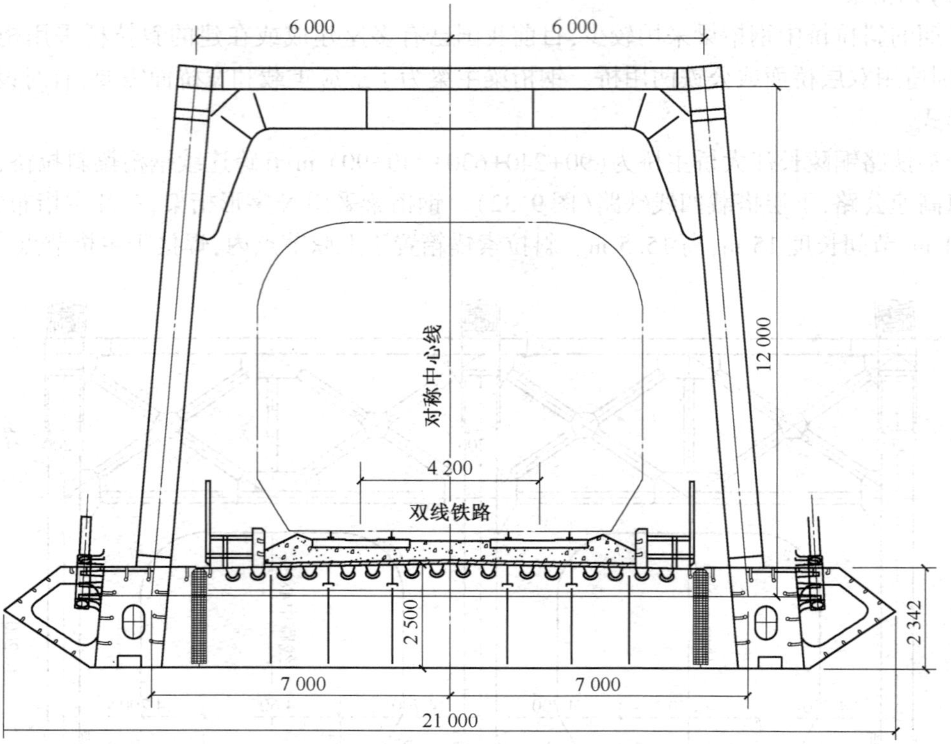

图 9.33　钢箱—桁主梁(单位:mm)

构,是近年来大跨度斜拉桥主梁常用形式之一(图 9.34)。它除有钢主梁的特点外,与钢主梁相比,能发挥混凝土受压特性、节省钢材用量,刚度比全钢主梁大,抗风稳定性好,有利于分担索的水平分力,但自重比钢主梁大。与混凝土主梁比,质量轻,结构简单,施工速度快。混凝土桥面板作为主梁的组成部分,由于主梁可能出现负弯矩,在设计时需要特别注意防止混凝土桥面板受拉开裂。混凝土板厚度不应小于 250 mm,强度等级不小于 C40,预制板需存放 4~9 个月才宜使用。

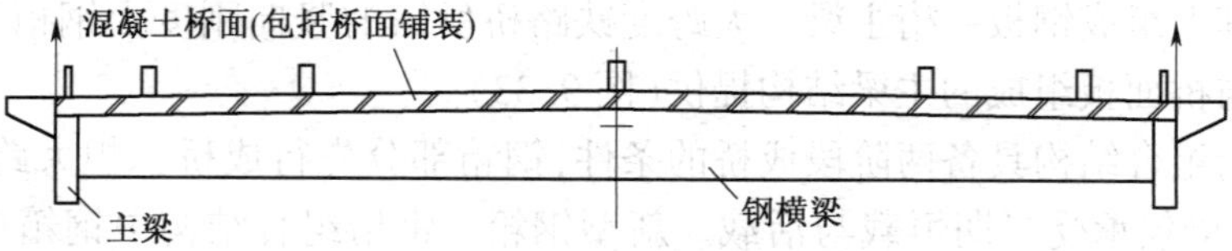

图 9.34　安那西斯桥组合梁截面

4. 混合梁

混合梁是指斜拉桥主跨或部分主跨采用钢梁(或钢—混凝土结合梁)而边跨或部分边跨采用混凝土梁。钢梁与混凝土梁的连接点一般设在索塔附近,也可以设在边、中跨中部某一部位。

这种结构的特点是:加大了边跨主梁的自重,有利于减小中跨内力及变形;能减小或避免边跨端支点负反力。它特别适用于边跨与中跨比值较小的情况,有利于塔顶处中、边跨水平分力的平衡。

混凝土梁与钢梁的连接点一般选择在索塔附近,原因是该处梁的弯矩较小,梁的轴力最大。对混凝土梁与钢梁连接的细节构造而言,传递轴力的构造要比传递弯矩的构造容易处理得多。

混凝土梁与钢梁连接方式一般有三种方式:钢板方式、填充混凝土前板方式、混凝土填充后板方式,如图9.35所示。

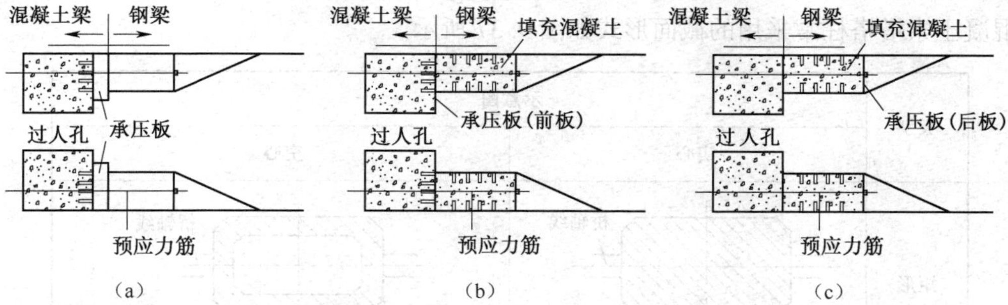

图9.35　混合梁连接方式

法国的诺曼底大桥是一座三跨混合梁斜拉桥,其主跨达到859 m,大桥钢混结合部位选择在主跨距索塔119 m处。日本的多多罗大桥主跨跨径达890 m,也是采用混合梁的斜拉桥,主梁钢混接头选择在边跨的尾部,两端PC梁的长度分别为105.5 m和92.5 m,受力与线形均较合理。

我国第一座混合梁斜拉桥是汕头海湾二桥。上海徐浦大桥、武汉白沙洲大桥等公路斜拉桥和部分铁路斜拉桥采用了混合梁主梁。

9.3.2　索塔

索塔通过斜拉索与主梁相连,塔柱承受塔自重、斜拉索、主梁及桥面系的恒载与活载,同时也承受温度、支座沉降、混凝土收缩徐变等因素引起的次内力,此外,作用在主梁上的风力、地震力也通过索塔传递给墩台及基础。索塔可以是钢结构、混凝土结构或混合结构。由于索塔是以受压为主的压弯构件,混凝土材料能发挥其承压的优点,且养护费用少,大部分斜拉桥采用混凝土索塔。

(1)索塔构件组成

组成索塔的主要构件是塔柱,另外还有塔柱之间的横梁或其他联结构件(图9.36)。

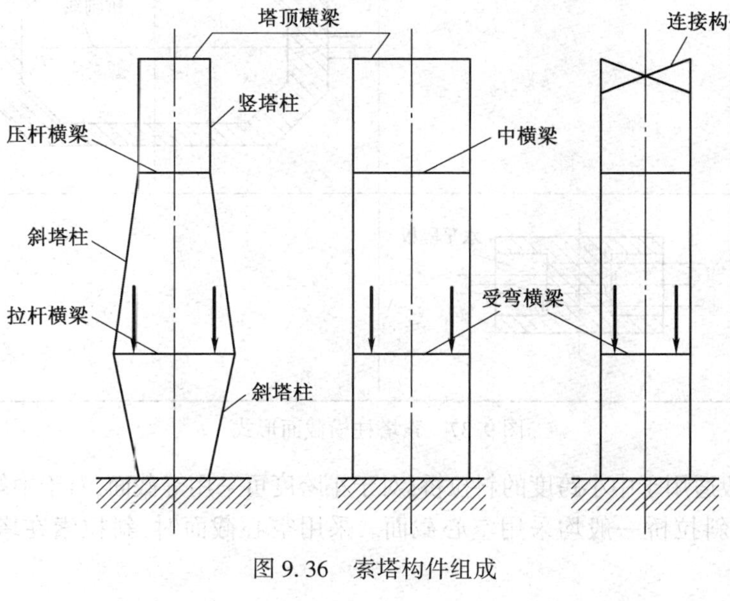

图9.36　索塔构件组成

塔柱之间的横梁一般可分为承重横梁和非承重横梁。前者为设置主梁支座的受弯横梁,以及塔柱转折处的压杆横梁或拉杆横梁;后者为塔顶横梁和塔柱无转折的中间横梁。

(2)混凝土塔

混凝土索塔塔柱常采用的截面形式如图 9.37 所示。

<table>
<tr><th rowspan="2">类别</th><th colspan="2">示意图</th></tr>
<tr><th>实心</th><th>空心</th></tr>
<tr><td>矩形</td><td>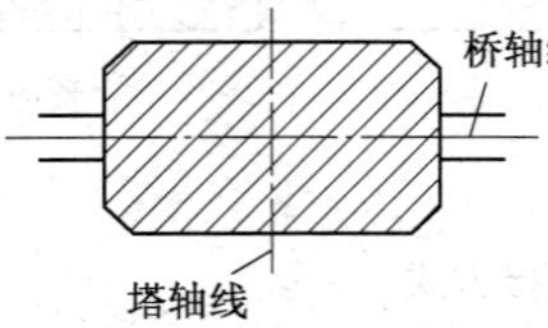</td><td>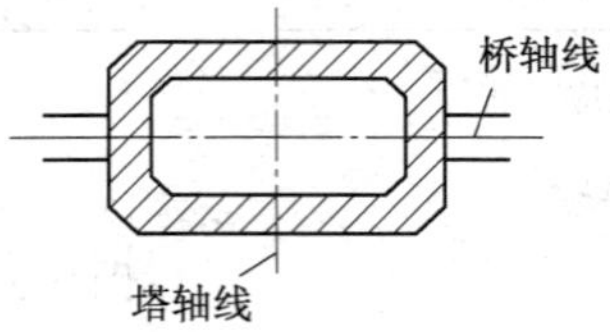</td></tr>
<tr><td>五角形</td><td>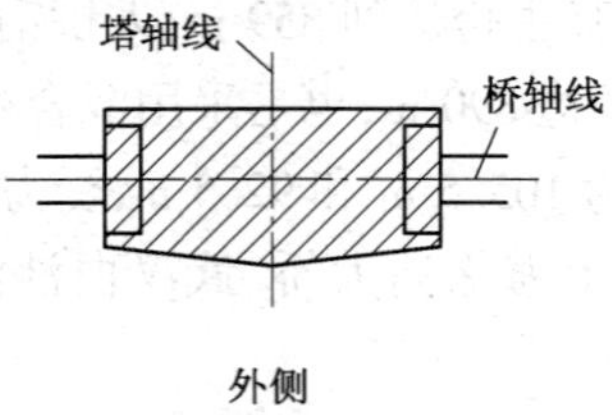</td><td>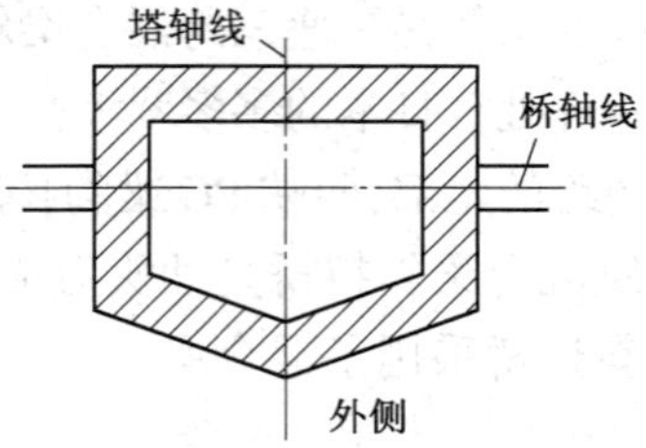</td></tr>
<tr><td>六角形</td><td>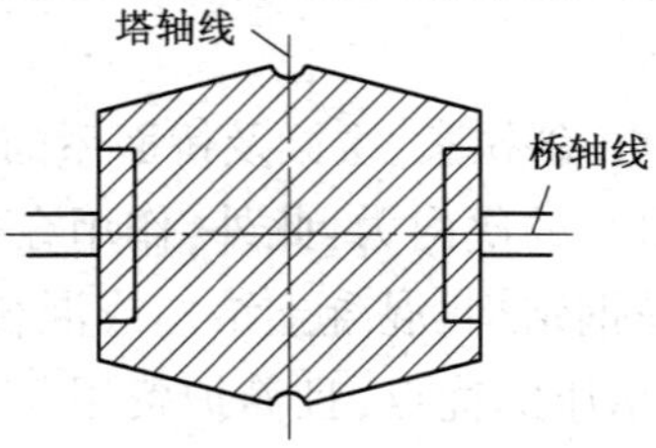</td><td>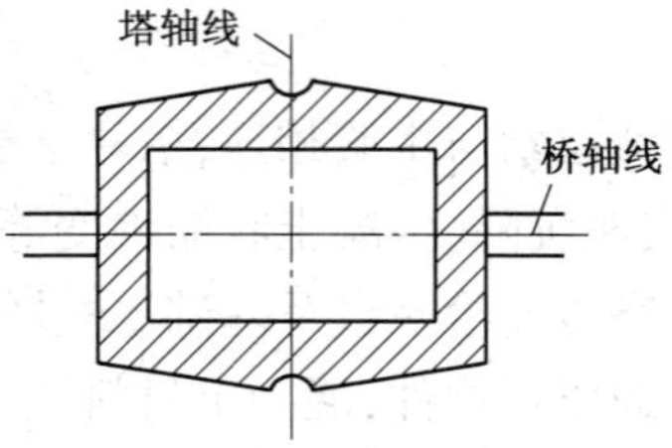</td></tr>
<tr><td>八角形</td><td></td><td>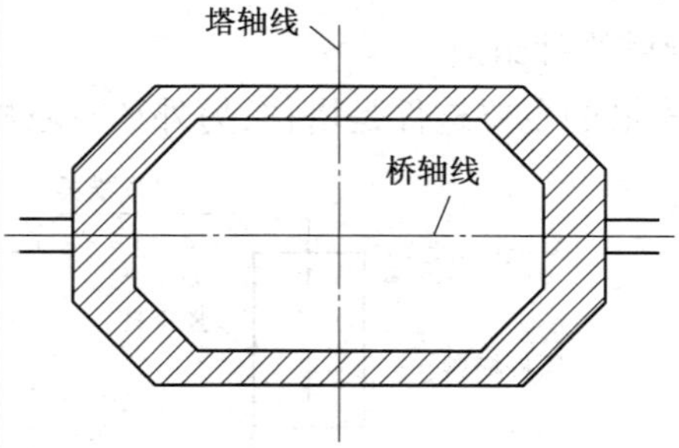</td></tr>
<tr><td>H形</td><td>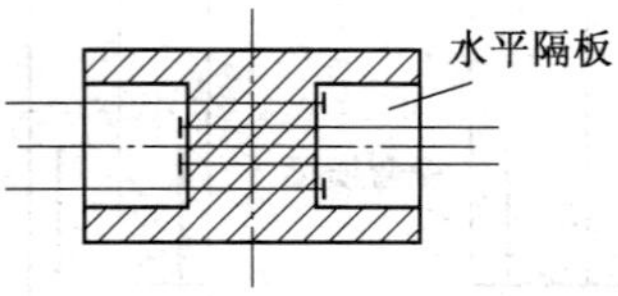</td><td></td></tr>
</table>

图 9.37　索塔柱横截面形式

实心索塔一般适用于中小跨度的斜拉桥,对于小跨度可采用等截面,对于中等跨度可采用变截面,而较大跨径斜拉桥一般均采用空心截面。采用空心截面时,斜拉索在塔柱箱室内壁上锚固。

索塔的四角宜做成倒角或圆角,以利减小风阻力并改善索塔外观。多边形截面的索塔均比矩形截面的风阻力要小。八角形截面有利于配置封闭式环向预应力筋,但构造稍复杂。H形截面在立面上可以不使锚头外露,对美观有所改善,且方便挂索施工。各种空心截面包括H形截面,一般均需在每一层斜拉索锚头处增设水平隔板,其作用有二:第一,有利于将索力传递到塔柱全截面上;第二,在施工阶段和养护或换索时可将它作为工作平台。

(3)钢塔

近年来,除了日本因钢材生产较多且考虑地震因素多采用钢塔之外,世界各国大部分的斜拉桥多用混凝土塔。这是因为对同等外部尺寸截面的塔,混凝土塔的塔身刚度较钢塔的要大;同时混凝土塔造价较低;混凝土塔可以更方便地塑造出与全桥景观协调的外形;另外,混凝土塔几乎不需要保养维修。

(4)钢、混凝土混合型塔

索塔部分区段为钢结构,其余部分采用混凝土结构,如南京三桥,因防撞需要,下塔柱为混凝土,中、上塔柱为全钢型。也有的是下塔身为混凝土,上塔柱有索区锚箱采用全钢型,如兰州黄河一桥,杭州钱塘江大桥,江苏苏通长江大桥等。

9.3.3 斜拉索

斜拉索连接主梁与索塔,将主梁上恒、活载传递给索塔,以受拉为主,是斜拉桥的重要组成部分,需要满足以下要求:组成斜拉索的材料弹性模量和强度要高;斜拉索具有很高的承载能力及安全系数;疲劳强度要高,抗疲劳性能好;安装、锚固可靠、施工简单;横截面要紧密,避免松散;防腐性能好;外观涂装色彩可多变,便于建筑美学设计。

1. 斜拉索的构造

在近代大跨度斜拉桥中,单根斜拉索的构造基本上采用平行钢丝索配合冷铸墩头锚及平行钢绞线配合夹片锚两类。

(1)平行钢丝索和冷铸锚

平行钢丝索的截面组成和冷铸锚如图9.38所示。

平行钢丝索和冷铸锚的斜拉索,整体在工厂制造。平行钢丝索由直径为5~7 mm的高强热镀锌钢丝(抗拉标准强度不低于1 670 MPa)组成,一般排列成六角形,表层由玻璃丝布包扎定型后用热挤高密度聚氯乙烯(HDPE,简称PE)塑造成正圆形截面。这种斜拉索具有厚镀锌层(锌层300 g/m)和厚PE层(厚度6 mm以上)的双重防腐保护。

钢丝束成型后穿入冷铸锚中,钢丝尾镦头后锚固在冷铸锚的后锚板上,再在锚体内分段常温浇灌环氧树脂加铁丸和环氧树脂加岩粉(辉绿岩)等混合填料,使锚体与钢丝束之间的刚度匀顺变化,避免在索和锚的交界处刚度突变。

最后,将冷铸锚头放入加热炉中加热养生,加热温度约150 ℃。由于是在常温下浇铸填料,不同于传统的锌基合金填料的浇铸温度,故相对而言称为“冷铸锚”。冷铸锚的锚固力,由锚筒的圆锥体内腔和筒内填料的横向挤压力承受。在正常情况下镦头不受力,只是作为安全储备。

平行钢丝索和冷铸锚,以其性能可靠(承载能力、疲劳强度和防腐措施)从20世纪70年代在欧洲和日本始用起至今已被广泛使用。但由于其要求与钢丝束索整体制造、整体运输和整体安装,在某些特殊环境下受到限制。

由于运输需要,钢索必须盘绕在圆筒上。为避免索的钢丝产生过大的弯曲应力和外包PE

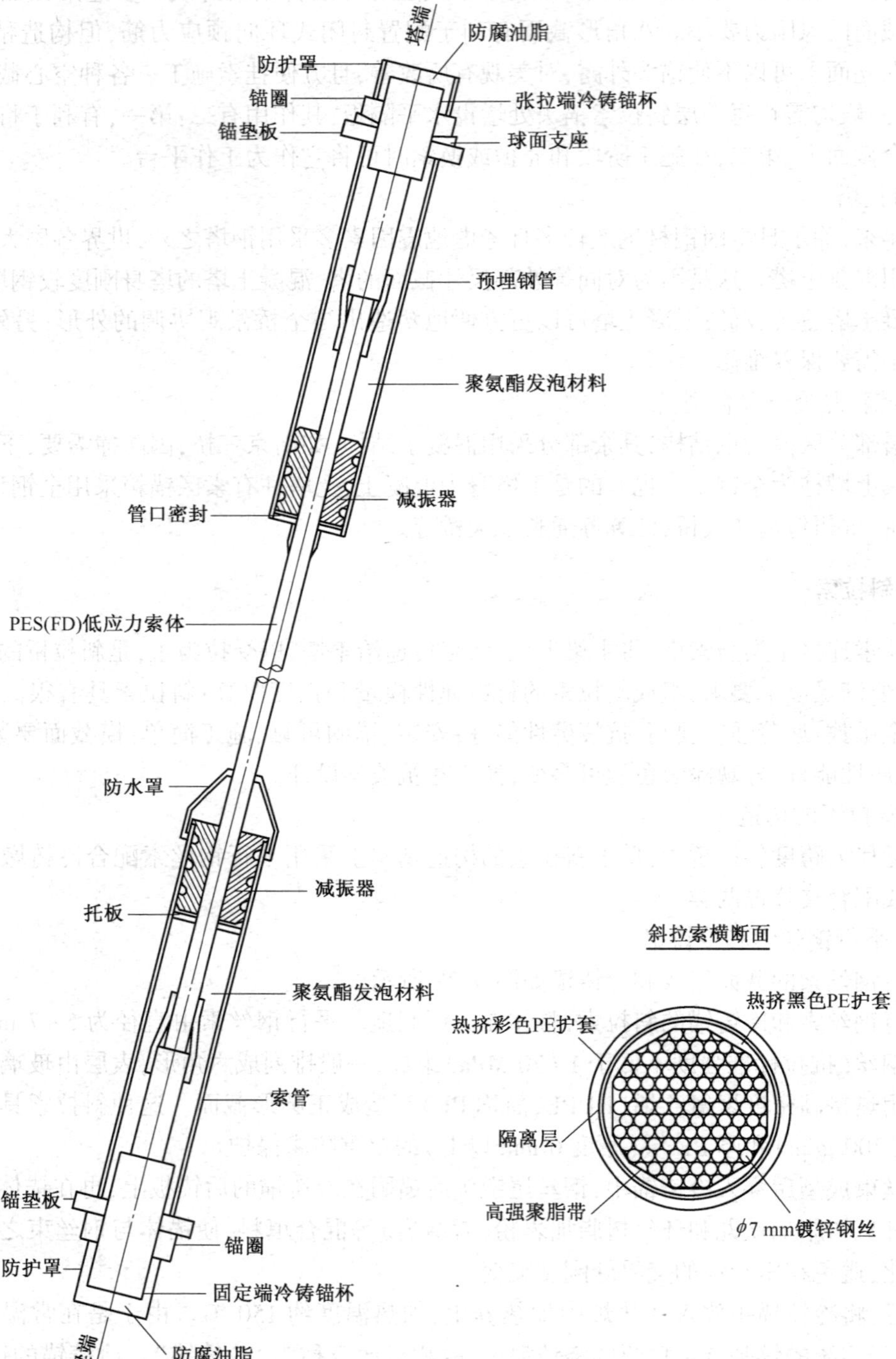

图 9.38　平行钢丝斜拉索

套被撕裂,一般规定圆筒直径不小于索径的 20~25 倍。因此,在跨度大因而索也长的斜拉桥中,将给陆路运输(火车或汽车)造成一定困难,而在桥位处无水运条件(例如山区或内陆水库)时则较难解决。

(2)平行钢绞线索和夹片锚

平行钢绞线索截面组成和夹片锚如图 9.39 所示。将平行钢丝索中的钢丝换成等强度的钢绞线即成为平行钢绞线索。

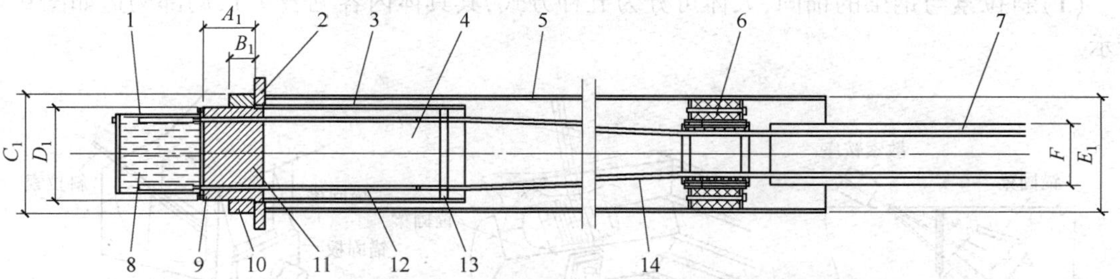

1—防护帽；2—锚垫板；3—过渡管；4—定位浆体；5—导管；6—定位器；7—套索管；8—防腐润滑脂；9—夹片；10—调整螺母；11—锚板；12—穿线管；13—密封装置；14—无黏结钢绞线

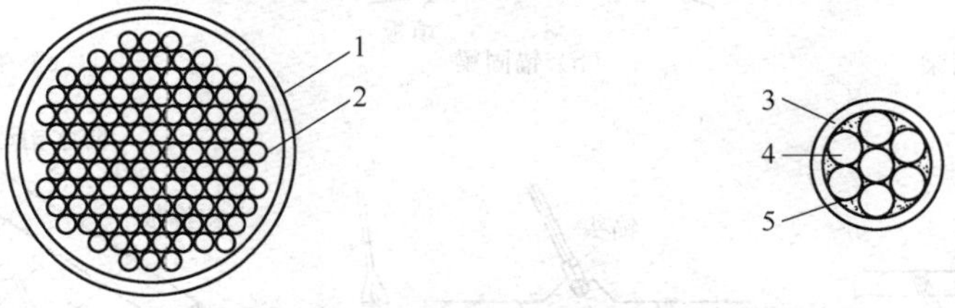

1—套索管；2—单根无黏结钢绞线；3—单根无黏结钢绞线PE护套；4—钢绞线；5—防腐润滑脂

图 9.39　平行钢绞线斜拉索

有别于早期的将多根钢绞线扭绞而成的螺旋形钢绞线斜拉索，钢绞线在斜拉索中平行排列，故称为平行钢绞线索。

此种 $\phi15$ mm 钢绞线为后张法体内预应力无黏结钢绞线（抗拉标准强度 $\sigma_b = 1\ 860$ MPa），是将镀锌钢绞线表面涂油（或蜡）后外套两层 PE 管而成。钢绞线成盘运至现场，在现场截取需要长度后，除去两端部分长度的套管，逐根安装、张拉，两端裸线由夹片锚固定。采用夹片锚的原因，是在现场难以将 $\phi15$ mm 的钢绞线镦头（镦头体积太大）和保证其质量。

平行钢绞线斜拉索张拉的方法通常有两种，一种是斜拉索采用整体张拉的施工方法，另一种则是采用逐根张拉成索的施工方法。斜拉索的整体张拉需要大吨位和大行程的千斤顶，张拉施工的速度较慢。而斜拉索逐根张拉的施工方法具有设备轻便、安装速度较快等优点，因此在最近兴建的斜拉桥中被广泛采用。

采用逐根张拉方法，当后续钢绞线张拉时，在千斤顶的施力作用下会引起结构的变形，这些变形将使得已张拉的各钢绞线上的应力减小，各钢绞线内力不均匀，因此，如何精确控制斜拉索内每根钢绞线张拉力，使得完成张拉时索内各钢绞线拉力相同是施工控制的关键。控制方法常采用“等值张拉法”。此法是在一群钢绞线中选定一“参照线”，在张拉过程中对该“参照线”拉力进行同步精密标定，每张拉一根钢绞线，即按照此“参照线”的标定值确定该线的张拉值。待全部钢绞线张拉完毕后，各根钢绞线的拉力与“参照线”的相同，然后再用大吨位小行程的张拉千斤顶将整索钢绞线同步张拉至预定索力。另外一种方法是提前理论计算好张拉单根钢绞线对其他钢绞线内力的影响，张拉时进行内力补偿，最后一根钢绞线张拉完毕时，使得整根索内钢绞线内力恰好相等，实际张拉时由于各种误差，也较难控制。两种方法都需要张拉时对钢绞线内力进行精密量测并及时调整拉力。

2. 斜拉索的锚固

斜拉索的锚固系统是斜拉桥设计中的关键构造，是斜拉桥设计中最重要的环节之一。该部分要保证连接的可靠性,承担集中应力并将其分散传递到全截面,防止索端锈蚀,还要便于斜拉索的养护和更换,在斜拉索张拉端,还需满足张拉设备所需的基本空间。

主梁因有钢梁和混凝土梁之分,故其锚固方式也有所不同。

(1)斜拉索与钢梁的锚固,大体可分为五种方式,其具体内容见表 9.1,局部构造如图 9.40 所示。

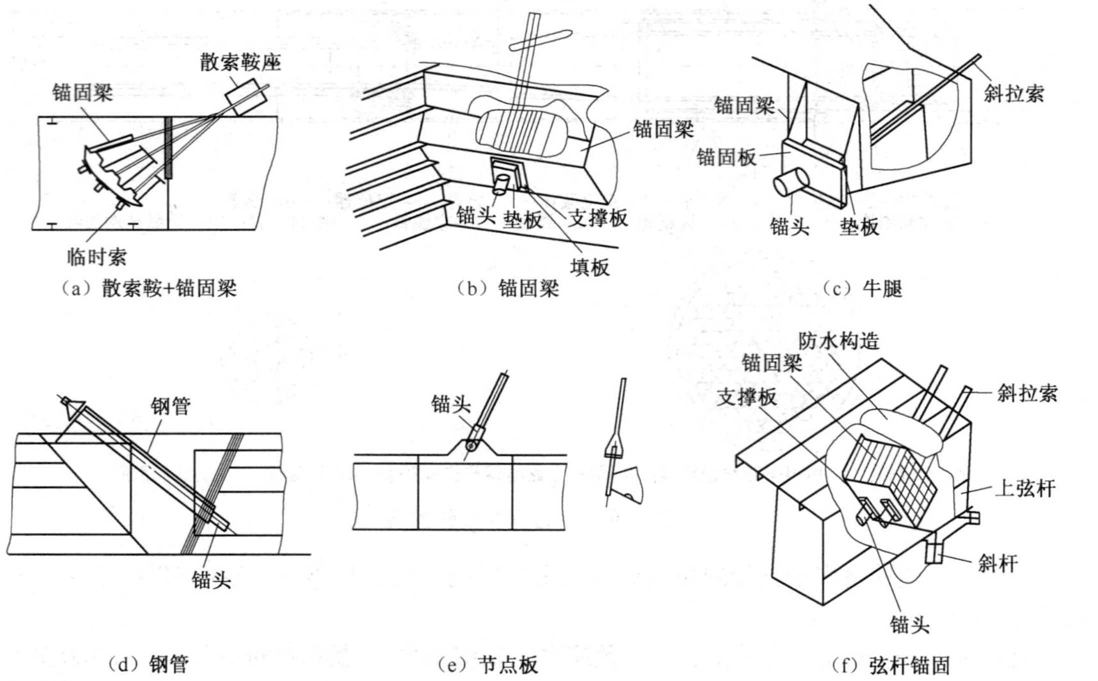

图 9.40　斜拉索与钢梁的锚固

表 9.1　斜拉索与钢梁的锚固形式

斜拉索种类		锚固形式	构造要点	力的传递
大截面积斜拉索	多股组成	散索鞍座+锚固梁	斜拉索在散索鞍座上分股,每股用一锚头及一锚块锚固在锚固梁上	索力以剪力的方式由锚固梁传向主梁腹板,设有纵横向板用以分布索力
小截面积斜拉索	单股或少股斜拉索	锚固梁或锚固块	锚固梁用焊接或高强螺栓与主梁连结,斜拉索固定在锚固梁上	索力以剪力的方式由锚固梁传向主梁的腹板
		支架或牛腿	这种锚固形式是为双索面的斜拉索而设计的。主梁每侧伸出一个牛腿,斜拉索锚固在牛腿	索力由个臂牛腿传至主梁。在主梁内需做内部补强
	单股斜拉索	钢管	在主梁或纵梁的腹板上安装一根钢管,斜拉索锚固于钢管	索力直接由钢管传给主梁的腹板
		节点板	主梁或纵梁的腹板向上伸出一块节点板,斜拉索锚固在节点板上,用铰或钢管作联结	索力直接由节点板传给主梁的腹板

(2)斜拉索与混凝土梁的锚固,常见形式的局部构造如图 9.41 所示。

①顶板锚固[图 9.41(a)],适用于箱内采用加劲斜杆的单索面桥。锚固块以箱梁顶板为

基础,向上下两个方向延伸加厚而成。斜拉索锚头设于顶板之下的箱室内。斜拉索的水平分力通过锚固块传递给顶板后再分布到梁体的全截面,垂直分力则由加劲斜杆平衡。因此加劲斜杆内必须设置轴向预应力筋,一直延伸到锚固块的顶面,并在斜拉索截面的上方作横向交叉。

②箱内锚固[图9.41(b)],适用于采用两个分离单箱的双索面桥,同样也适用于采用带有中间箱室的单索面桥。锚固块位于顶板之下的两个腹板之间,并与顶板及腹板固结在一起。斜拉索的水平分力通过锚固块以轴压的方式传给顶板后再分布到梁体全截面,垂直分力则通过锚固块左右腹板传递。因此腹板内必须设置竖向预应力筋来加强。

③斜隔板锚固[图9.41(c)],它的适用范围与箱内锚固相同。为了美观起见,锚头也可以不露在梁底之下,而是埋藏在箱底之下(预留槽)或在斜隔板挖孔锚固。斜拉索的水平分力可通过斜隔板四周的顶板、腹板及底板等一起以轴压形式传递给梁体,垂直分力也由斜隔板两侧的腹板以剪力形式来传递。因此腹板内也要布置竖向预应力筋来补强。补强的范围至少应能覆盖斜隔板的水平投影长度。如果索力较大时,斜隔板也可以加强为斜隔梁(实体的或空心的),并从箱室内以伸缩臂牛腿形式延伸到箱体的两个外侧,斜拉索锚固在牛腿梁上。

④梁体两侧设锚固[图9.41(d)],由于位置的关系它只适用于双索面桥。锚固块一般在风嘴形实体块之下或较厚的斜向边腹板之下,这是混凝土双索面斜拉桥的一种非常普遍的锚固形式。这种形式的斜拉索水平分力可通过风嘴形实体块或厚边腹(肋)板来传递,垂直分力则需要在斜腹板内设置一定数量的竖向预应力筋来适应。

⑤梁底锚固[图9.41(e)],它适用于梁截面较小的双主梁或板式梁。锚固块设在梁底的原因是要避免削弱原来截面积已经很小的边主梁截面和不干扰梁(板)截面内的布筋。

斜拉索锚固构造分锚固于主梁内与主梁外,锚固于梁体内,锚头不外露,比较美观。斜拉索锚固于梁体外,锚固构造处理简单,对梁体受力有利。

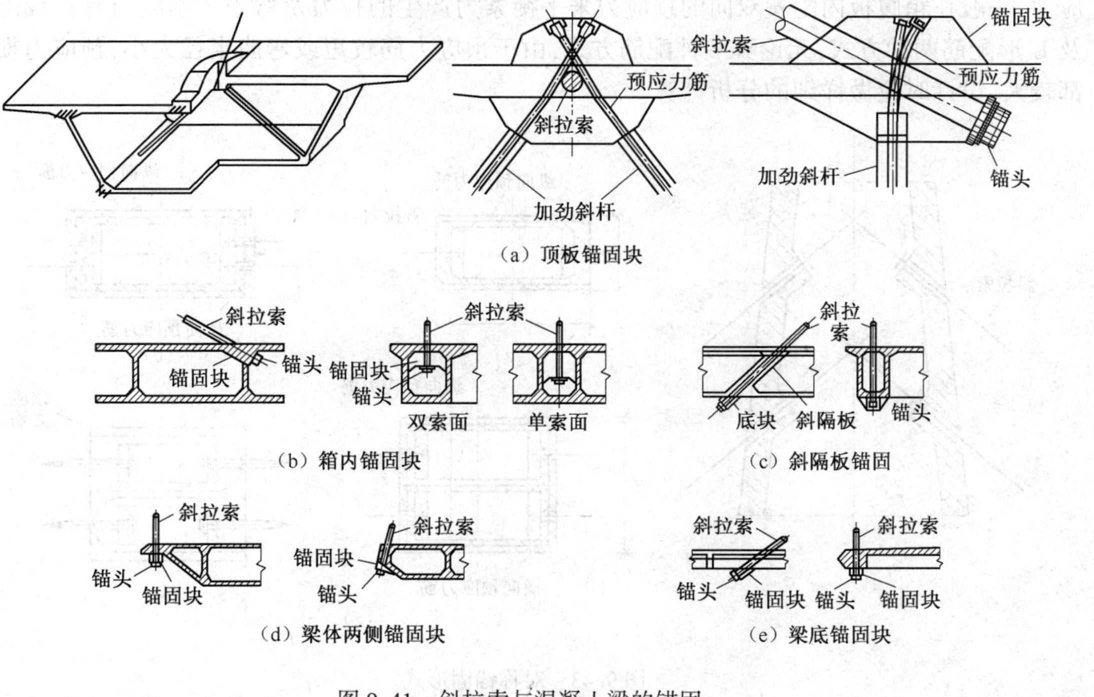

图9.41　斜拉索与混凝土梁的锚固

(3)斜拉索在索塔上的锚固

斜拉索与索塔的锚固构造形式主要有四类:

①交叉锚固

在实体塔上交错锚固(图 9.42)用于矩形、工字形截面索塔,对工字形截面索塔,斜拉索锚固于塔截面腹板上。为了保证塔柱不产生扭转,斜拉索的合力应通过塔柱中心,每个索面实际由两个并列的索面组成,塔柱两侧的斜拉索交叉锚固于截面两侧的锯齿块上。两个并列索面增加了索及锚头的用量,增大了塔截面尺寸,因此,也有用一个索面的,这时索对塔产生扭矩,在计算及构造上要采取对应措施。这种锚固形式已较少采用。

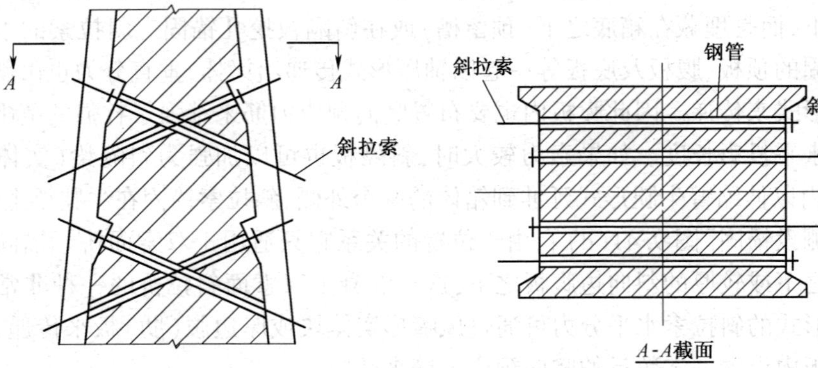

图 9.42　交叉锚固形式

②侧壁锚固

侧壁锚固式(图 9.43)用于塔柱为箱形截面,斜拉索对称锚固于箱形截面横桥向的两侧壁板上。箱形截面的腹板受到斜拉索水平分力,会产生很大的拉应力、剪应力与弯矩,为克服拉应力,一般在箱腹板内配置双向的预应力来平衡索力产生的拉力及弯矩。预应力有直线配筋及 U 形配筋两种方式,无论哪一种配筋方式,由于预应力筋较短或弯曲半径太小,预应力损失都较大,设计时应做详细的分析计算。

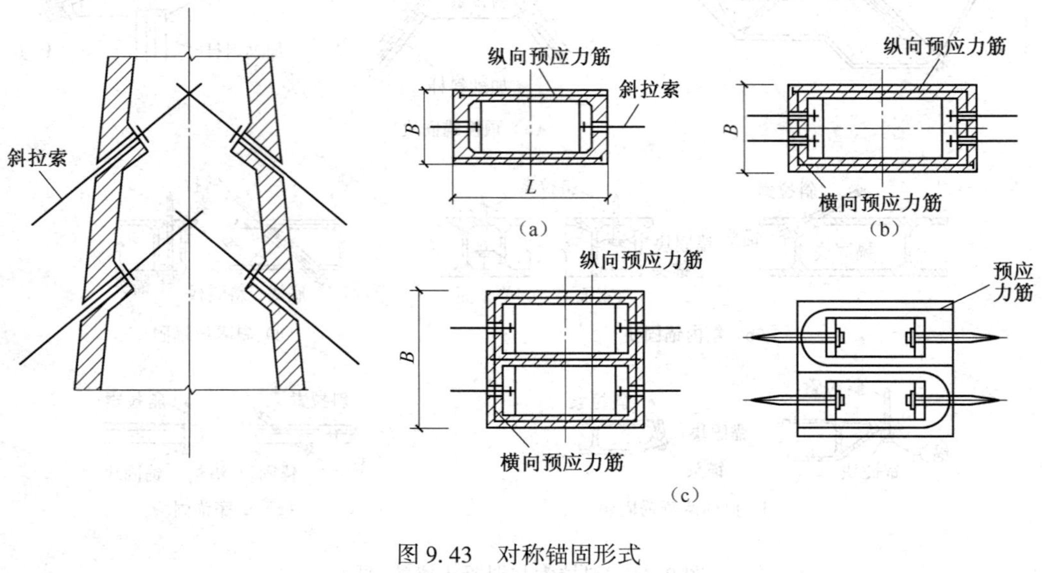

图 9.43　对称锚固形式

③鞍座形式

鞍座构造类似于悬索桥上主缆鞍座构造(图9.44),鞍座固定于塔顶,斜拉索在鞍座上连续通过。由于斜拉索的竖向分力对鞍座产生很大压力,使得鞍座及索相对鞍座在顺桥向不易移动。早期的斜拉桥,稀索布置,索力很大,曾采用这种锚固形式,放射性布置的斜拉索汇集于塔顶,也常采用鞍座形式。

针对矮塔斜拉桥中采用的预应力钢绞线形式的斜拉索,近年来,有不少采用在塔内预埋弧形钢导管,斜拉索直接穿过导管,塔两侧有紧固螺栓,防止索在塔内滑动,索梁端直接锚固于主梁上。该锚固形式类似于鞍座,构造简单,施工方便。

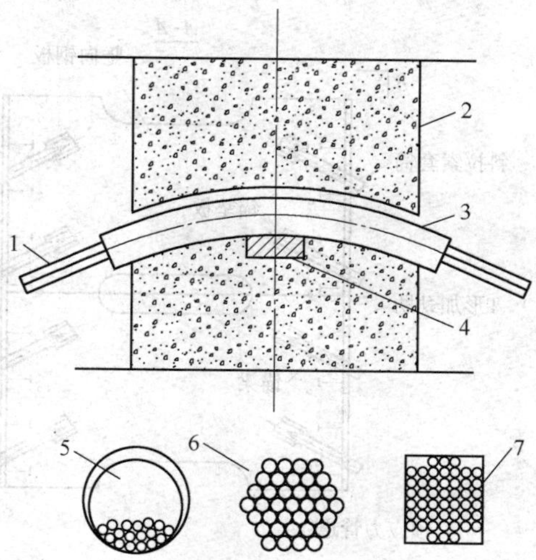

图9.44 鞍座形式

1—无黏结钢绞线;2—塔柱;3—鞍座;4—剪力键;5—整束内外套管式鞍座截面;6—单管组合分丝式鞍座截面;7—箱型分丝式鞍座截面

④钢横梁锚固及钢锚箱锚固

钢锚固梁(图9.45)形式是将钢锚固梁搁置在混凝土空心塔柱壁内侧的牛腿上,斜拉索通过埋设在塔壁中的钢管后锚固在钢锚固梁两端的锚块上。塔柱两侧索力的水平分力相等的部分由钢梁的轴向受拉及两端的偏心弯矩来平衡,两侧索力水平分力不等的部分由塔承担。垂直分力则由钢锚固梁通过牛腿凸块传给塔柱。采用这种锚固形式,塔壁承受的水平力大为减少,锚固构造受力明确,不会产生受拉裂缝,使得索塔锚固安全可靠。

此外,还有钢锚箱形式(图9.46),原理与钢锚固梁相同,是将锚固梁做成封闭的钢箱,整个钢锚箱是由各层的钢锚箱进行上下焊接而成,然后将锚箱用焊钉与混凝土塔身连接,另外还要用环形预应力筋将锚箱夹在混凝土的塔柱内,以增加对斜拉索水平荷载的抵抗力,在混凝土斜拉桥中采用较少,适用于特大跨斜拉桥,成本较高。

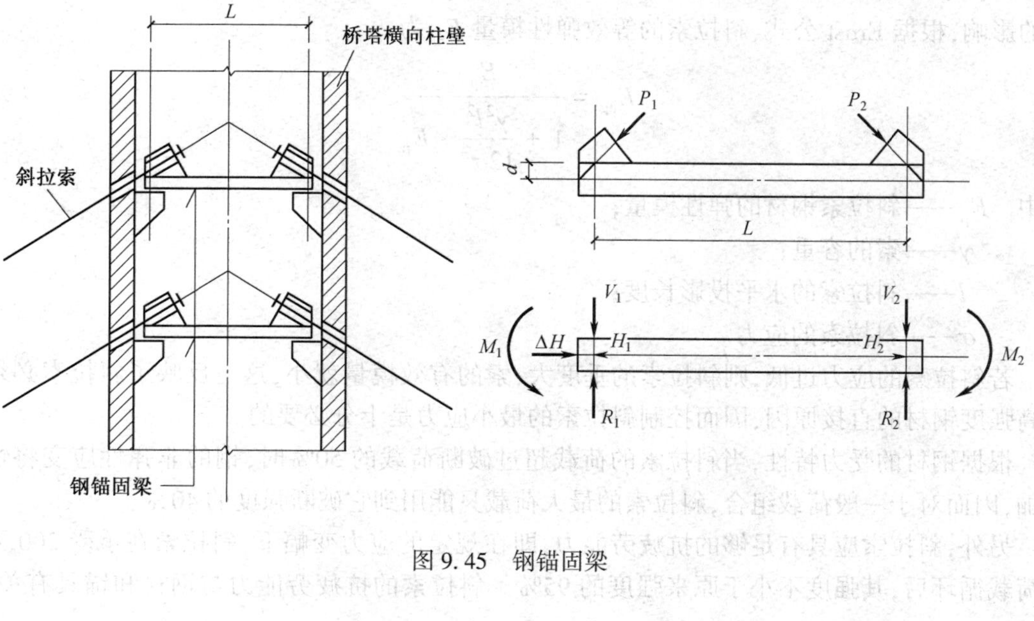

图9.45 钢锚固梁

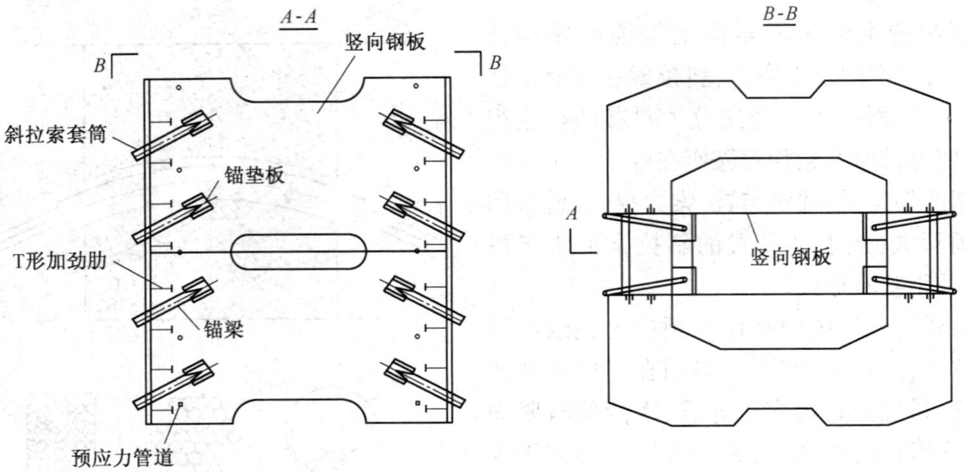

图 9.46 钢锚箱示意图

3. 斜拉索的防腐

斜拉索防腐是斜拉桥设计的重要内容之一。早期修建的斜拉桥斜拉索的防护方法不成熟,常由于腐蚀导致过早换索。

对平行钢丝索和冷铸锚,镀锌钢丝采用高密度 PE 套进行防护,裸索埋于冷铸锚的环氧树脂混合料中,钢丝受到镀锌层和高性能 PE 套的双重保护。

对于平行钢绞线索和夹片锚,镀锌钢丝涂以油(或蜡)层后,用双层 PE 套防护并将整索置于 PE 套内,套内灌以水泥砂浆或其他有机防腐剂,裸索埋于钢套的防腐油脂中,钢绞线受到镀锌层、油层、PE 层和 PE 套管的 4 层保护。

由于斜拉桥发展的历史还不长,目前的斜拉索防腐措施尚未经历足够的时间考验,仍需进一步观察及研究。

4. 斜拉索的应力

斜拉索的应力控制需要考虑三个因素,即有效弹性模量、破断强度和疲劳。考虑斜拉索垂度的影响,根据 Ernst 公式,斜拉索的等效弹性模量 E_{eg} 为

$$E_{eg} = \frac{E_p}{1 + \frac{\gamma^2 l^2}{12\sigma^3} \cdot E_p} \tag{9.2}$$

式中 E_p——斜拉索钢材的弹性模量;

γ——索的容重;

l——斜拉索的水平投影长度;

σ——斜拉索的应力。

若斜拉索的应力过低,则斜拉索的垂度大,索的有效模量就小,这也反映了斜拉索必须采用高强度钢材的直接原因,因而控制斜拉索的最小应力是十分必要的。

根据钢材的受力特性,当斜拉索的荷载超过破断荷载的 50% 时,钢的非弹性应变将快速增加,因而对于一般荷载组合,斜拉索的最大荷载只能用到它破断强度的 40%。

另外,斜拉索应具有足够的抗疲劳能力,即在规定的应力变幅下,斜拉索在承受 200 万次的荷载循环后,其强度不小于原来强度的 95%。斜拉索的抗疲劳能力与钢材和锚具有关,目

前生产的成品斜拉索应力变幅为220~250 MPa。

5. 拉索的减振

斜拉索的风致振动现象在各种跨径和类型的斜拉桥上普遍存在,斜拉索的振动易导致疲劳和外包破损。目前对斜拉桥的斜拉索采取的减振措施主要有以下几种:

(1)气动控制法

该法是将斜拉索原来的光滑表面做成带有螺旋凸纹、条形凸纹、V形凹纹或圆形凹点的非光滑表面,通过提高斜拉索表面的粗糙度,使气流经过斜拉索时在表面边界层形成湍流,从而防止涡激共振的产生;斜拉索表面的凹凸纹还能阻碍下雨时斜拉索上、下缘迎风面水线的形成,从而防止风雨振的发生。但其对塔、梁在外界激励下导致索两端的支座激振(又称参数振动)无减振作用,且由于表面粗糙度的增加,会增大斜拉索对风的阻力。

(2)阻尼减振法

阻尼减振法的作用机理是通过安装阻尼装置提高斜拉索的阻尼比从而抑制斜拉索的振动。它对涡激共振、尾流驰振、风雨振以及由支座激励引起的斜拉索共振和参数振动都能起到较好的抑制作用。根据与斜拉索的相互关系,阻尼装置又可分为安放在套筒内的内置式阻尼器(图9.38)和附着于斜拉索之上的外置式阻尼器(图9.47)。

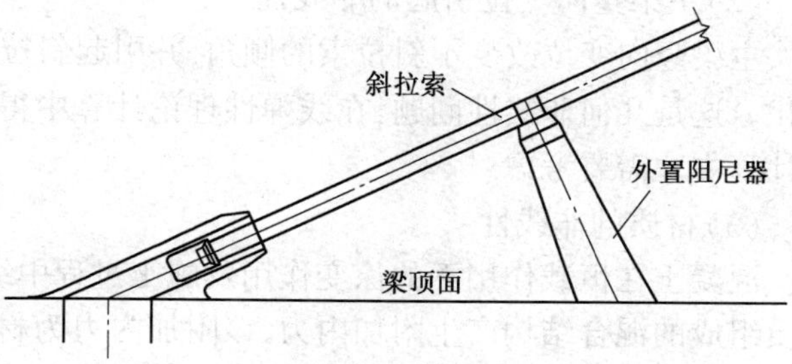

图9.47　外置式阻尼器

(3)改变斜拉索动力特性法

采用联结器(索夹)或辅助索将若干根索相互联结起来,辅助索可以采用直径比主索小得多的索。其作用机理是:通过联结,将长索转换成为相对较短的短索,使斜拉索的振动基频提高,从而抑制索的振动。这对防止低频振动十分有效,同时也能降低风雨振以及单根索振动发生的概率,但对通常以高阶形式出现的涡激振动抑制作用不明显。另外,辅助索易疲劳断裂,对桥梁景观有一定影响。

9.4　斜拉桥计算

斜拉桥是高次超静定、带柔索的大跨空间结构,因此斜拉桥的计算比其他桥型的计算复杂、计算内容及计算量大得多,目前采用平面或空间杆件有限元法进行控制计算。计算时,除一般桥梁的计算内容外,还必须考虑斜拉桥的一些特征和内容:

①非线性影响:斜拉桥的非线性行为体现在斜拉索的几何非线性;混凝土收缩、徐变的材料非线性;塔的压弯变形等方面。

②合理成桥状态的确定及施工过程的准确模拟。

③梁、索、塔固结及锚固区域的局部应力计算。

④动力特性、抗震、抗风、疲劳分析等专项计算,如果为涉及铁路的斜拉桥,还应进行车桥共振及脱轨系数等相关计算。

其中,锚固区域的局部应力、动力特性、抗风、抗震计算不在本章介绍。

9.4.1　斜拉桥计算中的非线性

中小跨度桥梁计算时均基于线弹性结构的假定,因此,结构计算可以采用内力叠加原理,但是这一假定在大跨度斜拉桥计算中不一定能满足。斜拉桥计算中的非线性体现在几何非线性及材料非线性两个大的方面。前者是指由于结构几何形变而导致结构的效应与荷载之间呈非线性关系,后者是指由于材料的原因如应力—应变关系、混凝土收缩徐变等而导致的结构的效应与荷载之间呈非线性关系。大跨度斜拉桥计算中应计入非线性的影响。

(1)压弯构件变形非线性

斜拉桥的索塔与主梁都是压弯杆件,一方面,在压弯状态下,轴向力会引起附加弯矩亦称 $P\text{-}\Delta$ 效应;另外一方面,弯曲变形会引起杆件轴向变形,从而引起轴向刚度的折减,呈现几何非线性特性。对于一般跨度的斜拉桥,梁、塔具有一定的刚度,这种非线性影响不显著。

(2)主梁竖向变位引起的非线性

主梁竖向变位改变了斜拉索的倾角,并引起斜拉索在主梁锚固点的偏心变化,导致梁内力变化。这是几何非线性问题,在线弹性理论计算中得不到反映。该项内容仅在超大跨度斜拉桥计算中才需要考虑。

(3)材质的非线性

混凝土在恒载作用下的徐变作用及施工过程中结构体系的不断变化使得斜拉桥这一不同材质组成的混合结构产生附加内力,该附加内力为材料非线性问题。混凝土从浇筑完成开始的凝结过程一直伴随着体积的缩小,称为混凝土的收缩,混凝土的收缩与受力状态无关,只与混凝土的组成材料及环境温度、湿度有关。混凝土的收缩会引起结构的变形,在超静定结构中自然会产生二次内力。

混凝土收缩、徐变的计算须进行详细的施工过程模拟及时间段的划分,采用逐步积分(累加)的方法进行计算,具体基本理论及计算方法见第5章的介绍。需要注意的是,该部分计算在理论上是不可逆的,因此,在后面章节运用倒拆法进行斜拉索初始张拉力计算时,得不到准确闭合的安装索力,需要迭代求解。

混凝土斜拉桥收缩徐变计算的准确程度取决于收缩徐变系数的取值。

(4)斜拉索变形的几何非线性

斜拉索在自重作用下有一定的垂度,呈悬链线形。当拉力增加时,斜拉索垂度减小。斜拉索的伸长由弹性变形及由于垂度减小引起的非弹性变形两部分组成。计算中可采用修正弹性模量的方法计入非线性的影响。斜拉索垂度的影响用图9.48所示的一根斜拉索来分析。

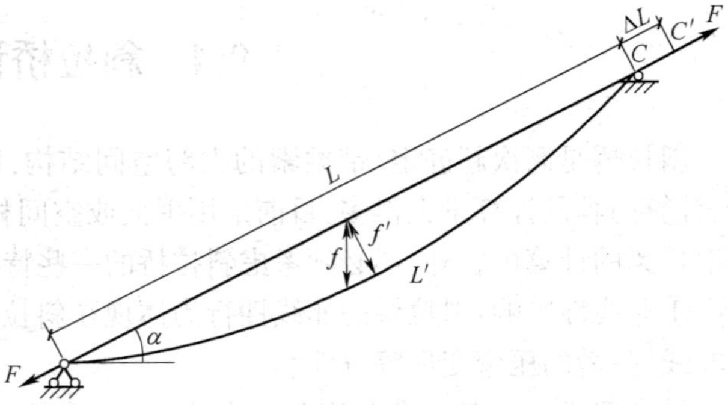

图9.48　斜拉索垂度分析

设斜拉索一端铰接,另一端为滚动支承。索具有悬链线形,斜拉索长度设为 L',两个支点间的距离为 L。当有力 F 作用时,斜拉索 C 端将向外移动,垂度减小。当 f(或 f')$=0$ 时,C 端移动到 C'。由于斜拉索垂度减小引起的最大伸长量为

$$\Delta L = L' - L$$

当力由 F 增加到 $F+\Delta F$ 时，则 ΔL 的变动量为 $\Delta(\Delta L)$，由于垂度变化表现的应变为

$$\varepsilon_f = \Delta(\Delta L)/L$$

于是对应于垂度变化的弹性模量是

$$E_f = \sigma/\varepsilon_f$$

修正弹性模量 E_i 定义为弹性模量 E_p 和垂度模量 E_f 有关的值：$E_i = \dfrac{\sigma}{\varepsilon_f+\varepsilon_p}$，又由于 $\varepsilon_f = \sigma/E_f$ 和 $\varepsilon_p = \sigma/E_p$，得

$$E_i = \frac{E_f E_p}{E_f + E_p} \tag{9.3}$$

为了计算 E_i 值，应先算出 ΔL。在计算曲线长时可以用抛物线代替悬链线，因为这两种曲线的差别与索的垂度比和拉力有关。经过理论分析得知，由于索的垂跨比甚小，两种线形对拉力计算影响极小。

一个抛物线形斜拉索，当有均布荷载 ω 作用时（图 9.49），其水平拉力为

$$H = \frac{M_\omega}{f_m}$$

式中，M_ω 为相应简支梁弯矩，f_m 为自弦线到斜拉索的纵坐标值。

当荷载 ω_1 作用时，有

$$M_\omega = \omega_1 L^2/8$$

又由于 $\omega_1 = \omega\cos\alpha$ 和 $L = l/\cos\alpha$

于是

$$M_\omega = \omega l^2/(8\cos\alpha) \text{ 或}$$

$$Hf_m = \omega l^2/(8\cos\alpha)$$

设 $H/\omega = a$

则得

$$f_m = l^2/(8a\cos\alpha)$$

又略去高次项后的斜拉索长度为

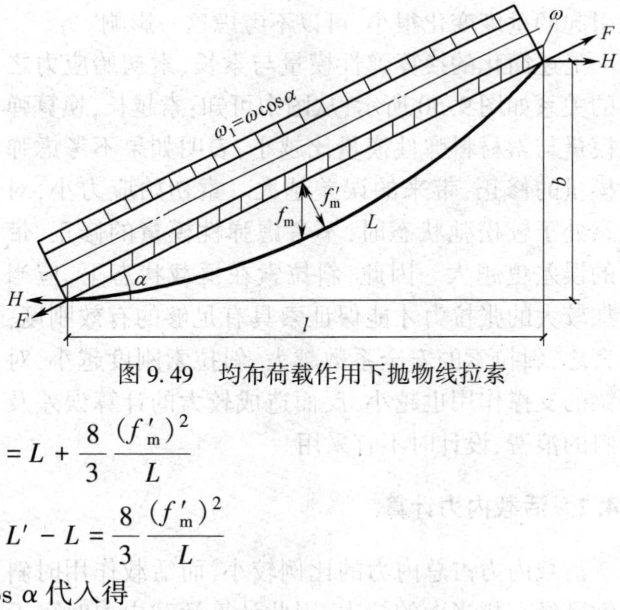

图 9.49 均布荷载作用下抛物线拉索

$$L' = L + \frac{8}{3}\frac{(f'_m)^2}{L}$$

$$\Delta L = L' - L = \frac{8}{3}\frac{(f'_m)^2}{L}$$

将 $f'_m = f_m\cos\alpha = l^2/8a$ 和 $L = l/\cos\alpha$ 代入得

$$\Delta L = \frac{l^3\cos\alpha}{24a^2}$$

由于 $l = L\cos\alpha$，$a = H/\omega$，$H = F\cos\alpha$，$a = F\cos\alpha/\omega$，得

$$\Delta L = \frac{\omega^2 L^3\cos^2\alpha}{12F^2} = CF^{-2}$$

$$\frac{\mathrm{d}\Delta L}{\mathrm{d}f} = -2CF^{-3} = -\frac{\omega^2 L^3\cos^2\alpha}{12F^3}$$

从弹性模量关系得

$$E_f = \frac{\mathrm{d}\sigma}{\mathrm{d}\varepsilon_f} = \frac{L}{A}\frac{\mathrm{d}F}{\mathrm{d}\Delta L}$$

或

$$E_{\mathrm{f}}=\frac{12LF^3}{A\omega^2L^3\cos^2\alpha}=\frac{12F^3}{A\omega^2l^2}$$

用 $\omega/A=\gamma$，则

$$E_{\mathrm{f}}=\frac{12F^3}{A^3\gamma^2l^2}=\frac{12\sigma^3}{(\gamma l)^2} \tag{9.4}$$

将式(9.4)代入式(9.3)得

$$E_{\mathrm{i}}=\frac{1}{1+[(\gamma l)^2/12\sigma^3]E_{\mathrm{p}}}E_{\mathrm{p}} \tag{9.5}$$

式中　E_{p}——钢索在弹性变形时的弹性模量；

γ——斜拉索的容重；

l——斜拉索的水平投影长度；

σ——斜拉索的应力，成桥状态时一般取恒载作用下的斜拉索应力。

在施工阶段，由于索的拉力不足，垂度较大，应该计入垂度对弹性模量的影响。但根据计算，如果在初张拉时使修正弹性模量不小于 90% 的弹性模量 E_{p} 值，则在施工阶段弹性模量的变化，对内力及挠度计算的影响是很小的。全部恒载作用后，由于斜拉索有足够大的拉力，活载引起的垂度变化很小，可以不考虑这一影响。

上述简化的换算弹性模量与索长、索初始应力之间的关系如图 9.50 所示，从图中可知：索越长，换算弹性模量与索材料弹性模量比越小，表明如果不考虑弹性模量的修正，带来的误差越大。索初始应力小，对应索处于较松弛状态时，不考虑弹性模量的修正，带来的误差也越大。因此，斜拉索在恒载状态下，应当施加较大的张拉力才能保证索具有足够的有效刚度，换言之，斜拉索的安全系数越大，斜拉索刚度越小，对主梁的支撑作用也越小，反而造成较大的计算误差及材料的浪费，设计时不宜采用。

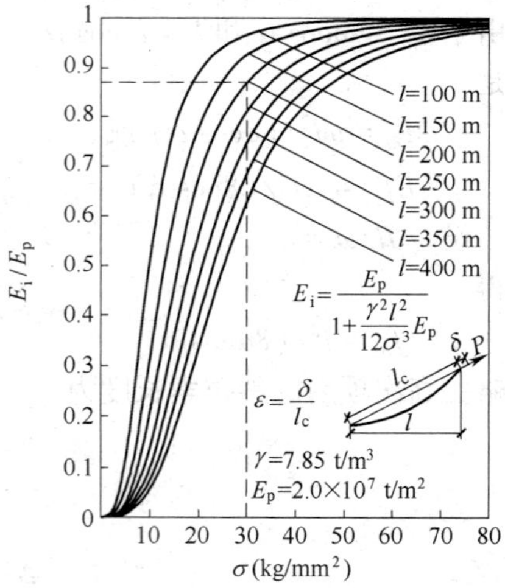

图 9.50　索初应力、索长度及换算弹性模量关系曲线

9.4.2　活载内力计算

活载内力占总内力的比例较小，而活载作用时斜拉索已经有相当大的拉力，因此计算活载内力时可不再考虑斜拉索的非线性影响。对于目前的桥梁计算分析软件，均可以计算并绘制各种内力、变位的影响线，自动在影响线上加载，得到各单元活载内力与变位值。以上这些计算是基于线性结构的假定，对于特大跨度的斜拉桥，非线性影响将明显增大，线性叠加原理将不再适用，影响线加载法也不能使用，最不利内力需要通过非线性有限元程序计算。实际计算中，往往仍使用影响线进行加载，得到最不利荷载位置后，将最不利活载布置于非线性计算模型上，加以适当前后摄动来进行非线性计算，以达到快速、减小计算量的目的。

斜拉桥活载挠度计算时，应计算出最大、最小挠度值，因为大跨度斜拉桥，特别是高速铁路或公铁两用桥，可能由挠度及最大最小挠度差控制设计。

9.4.3 恒载内力计算

斜拉桥一般都是大跨径桥梁,虽然较其他桥型(除悬索桥外)的梁高小,但恒载内力占总内力的比重仍然很大。这对斜拉桥的设计比较有利,可以减少疲劳的影响,容易满足活载挠度的限制。

恒载分一期恒载与二期恒载,一期恒载指施工阶段发生的恒载,二期恒载是在形成整体结构后发生的恒载,如桥面铺装层、人行道板、栏杆等。

斜拉桥的一期恒载内力不仅与各组成构件安装顺序有关,还取决于斜拉索的张拉力及在恒载下的斜拉索松弛度,如果是混凝土斜拉桥,还要计入混凝土的收缩、徐变等的影响。

合理成桥状态通常是指成桥时(混凝土斜拉桥是指混凝土收缩徐变基本完成后)主梁和塔的线形符合设计状态,而且各计算截面弯矩较小,斜拉索受力相对均匀,各斜拉索应力水平大致相同,且斜拉索规格种类较少。合理的成桥状态不仅仅要考虑恒载的作用,而且要同时计入混凝土梁中的预应力、活载、温度、基础变位等作用,是一个统筹兼顾的综合受力状态,所谓合理状态的目标可以是使主梁及主塔弯矩均匀、弯矩峰值较小,也可以是使得全桥造价最低等等。

斜拉索中索力的可调性使得斜拉桥的设计十分灵活,在塔、索、梁截面及尺寸确定后,如何确定和调整各斜拉索中的索力,使得结构造价经济、受力合理是斜拉桥设计中的关键及难点。确定恒载下索力的方法众多,各有特点,本节介绍以下几种方法。

(1)刚性支承连续梁法

刚性支承连续梁法是指结构在各施工阶段完成后,在一、二期恒载作用下,主梁内力与以斜拉索锚固点为主梁刚性支点的连续梁内力接近,这是最简单的确定索力的方法。这种方法使混凝土徐变产生的二次内力较小。

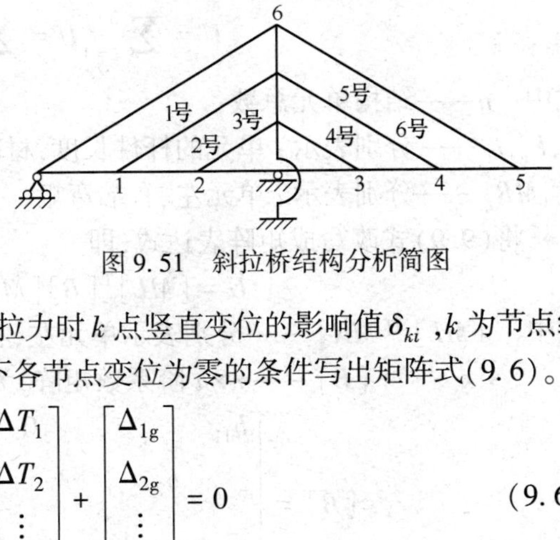

图 9.51 斜拉桥结构分析简图

以图 9.51 所示斜拉桥为例。根据此图式,算出成桥状态下恒载 g 引起斜拉索连接点 1、2、3、4、5 的竖向变位 Δ_{1g}、Δ_{2g}、Δ_{3g}、Δ_{4g}、Δ_{5g} 和索塔顶端 6 点的水平变位 Δ_{6g},以及各索索力 T_{1g}、T_{2g}、T_{3g}、T_{4g}、T_{5g}、T_{6g}。然后算出对斜拉索施调单位拉力时 k 点竖直变位的影响值 δ_{ki} ,k 为节点编号,i 为斜拉索编号。以恒载与施调索力共同作用下各节点变位为零的条件写出矩阵式(9.6)。

$$\begin{bmatrix} \delta_{11} & \delta_{12} & \cdots & \delta_{16} \\ \delta_{21} & \delta_{22} & \cdots & \delta_{26} \\ \cdots & \cdots & \cdots & \cdots \\ \delta_{61} & \cdots & \cdots & \delta_{66} \end{bmatrix} \begin{bmatrix} \Delta T_1 \\ \Delta T_2 \\ \vdots \\ \Delta T_6 \end{bmatrix} + \begin{bmatrix} \Delta_{1g} \\ \Delta_{2g} \\ \vdots \\ \Delta_{6g} \end{bmatrix} = 0 \tag{9.6}$$

由式(9.6)解出施调索力 ΔT_i。满足变位为零的恒载索力 T_i 为

$$T_i = T_{ig} + \Delta T_i \quad (i = 1,2\cdots 6) \tag{9.7}$$

δ_{ki} 的计算如图 9.52 所示,设当有一对单位力作用于 i 索时,i 索内产生内力为 F,i 索的变化力为 $1-F$,于是只需将图 9.52 计算图式所求得的变位除以 $1-F$,即得 δ_{ki} 。

在建立变形协调方程时,要注意:

①方程数与斜拉索数一致,才能得唯一解。

②如果斜拉索在主梁上的锚固点处在桥墩上(图 9.51 中的 1 号索),或处在桥墩附近,应

该令该索在塔顶处的水平变位为零。

③该法比较适用于边跨与主跨索间距相等的情况,如遇靠近端墩处索间距变小情况,宜将这些索节点变位为零的条件从主梁处改移到塔顶处。

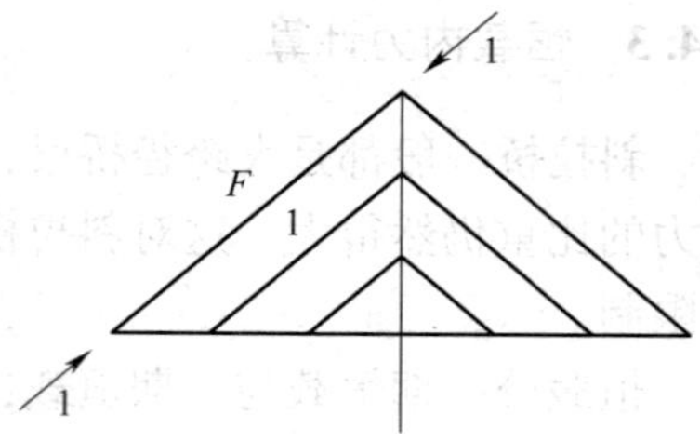

图 9.52　δ_{ki} 计算图式

刚性连续梁法力学概念明确,计算简单,是斜拉桥设计初期采用的一种简单方法。该方法要求在索梁交点的竖向位移为零,得出的个别索力往往偏大,索力不够均匀,主梁弯矩峰值也较大,并不是一种理想的索力调整方法。

刚性连续梁法的概念,在不同情况下应用时,就成为指定状态法。如将式(9.6)中的右端项改为允许的节点位移而非零位移,则称为指定位移法。特点是,可以对某些节点的位移适当放松要求,不一定要达到零位移,以满足索力及主梁的受力要求。稍加扩展,该方法可以演变为指定内力状态法。

式(9.6)中的左端项中方阵是以单位力分别张拉各索时,对各点位移的影响矩阵,因此该方法也是影响矩阵法的基础。

(2)弯曲能量最小法和弯矩平方和最小法

弯曲能量最小法是用结构的弯曲余能作为目标函数,令其对索力的偏导为零。

结构的弯曲余能可写成

$$U = \int_s \frac{M^2(s)}{EI(s)} \mathrm{d}s \tag{9.8}$$

对于离散的杆系结构可简写成

$$U = \sum_{i=1}^{n} U = \sum \frac{L_i}{4E_iI_i}(ML_i^2 + MR_i^2) \tag{9.9}$$

式中　n——结构单元总数;

L_i, E_i, I_i——分别表示 i 单元的杆件长度,材料弹性模量和截面惯性矩;

ML_i, MR_i——分别表示 i 单元左、右端弯矩。

将(9.9)式改写成矩阵表达式,即

$$U = [ML]^{\mathrm{T}}[B][ML] + [MR]^{\mathrm{T}}[B][MR] \tag{9.10}$$

式中　$[ML],[MR]$——分别表示单元左、右端弯矩向量,为 $n\times1$ 阶列阵;

$[B]$——$n\times n$ 阶系数矩阵,为对角阵。

$$[B] = \begin{bmatrix} b_{11} & & & 0 \\ & b_{22} & & \\ & & \ddots & \\ 0 & & & b_{nn} \end{bmatrix} \qquad b_{ii} = \frac{L_i}{4E_iI_i}(i = 1,2,\cdots,n)$$

$[ML]$、$[MR]$ 改用下式表达

$$\begin{aligned} [ML] &= [ML_0] + [AL][\Delta T] \\ [MR] &= [MR_0] + [AR][\Delta T] \end{aligned} \tag{9.11}$$

式中　$[ML_0],[MR_0]$——成桥状态下,初始索力时单元左、右端弯矩向量,该项弯矩包含初始索力及恒载引起弯矩,也可计入活载及预应力引起弯矩;

$[\Delta T]$——施调的索力向量,设 m 为斜拉索数,则该向量为 $m\times1$ 阶列;

$[AL],[AR]$——单元左、右端弯矩影响矩阵,为 $n\times m$ 阶,其值为

$$[AL]=\begin{bmatrix} aL_{11} & aL_{12} & \cdots & aL_{1m} \\ aL_{21} & aL_{22} & & \vdots \\ \vdots & & \ddots & \vdots \\ aL_{n1} & \cdots & \cdots & aL_{nm} \end{bmatrix} \tag{9.12}$$

$$[AR]=\begin{bmatrix} aR_{11} & aR_{12} & \cdots & aR_{1m} \\ aR_{21} & aR_{22} & & \vdots \\ \vdots & & \ddots & \vdots \\ aR_{n1} & \cdots & \cdots & aR_{nm} \end{bmatrix} \tag{9.13}$$

式中 aL_{ij}, aR_{ij}——分别为第 j 号索单元变化单位力,引起 i 单元左、右端的弯矩变化,其计算方法同本节的 δ_{ki} 的计算。

将式(9.11)代入式(9.10),整理后得:

$$U=C_0+[ML_0]^{\mathrm{T}}[B][AL][\Delta T]+[\Delta T]^{\mathrm{T}}[AL]^{\mathrm{T}}[B][ML_0]+[\Delta T]^{\mathrm{T}}[AL]^{\mathrm{T}}[B][AL][\Delta T]+ [MR_0]^{\mathrm{T}}[B][AR][\Delta T]+[\Delta T]^{\mathrm{T}}[AR]^{\mathrm{T}}[B][MR_0]+[\Delta T]^{\mathrm{T}}[AR]^{\mathrm{T}}[B][AR][\Delta T] \tag{9.14}$$

式中 C_0——与$[\Delta T]$无关的常数项。

要使索力调整到结构弯曲能量最小,则

$$\frac{\partial U}{\partial \Delta T_i}=0 \quad (i=1,2,3\cdots n) \tag{9.15}$$

将式(9.14)代入式(9.15),整理后写成矩阵形式

$$([AL]^{\mathrm{T}}[B][AL]+[AR]^{\mathrm{T}}[B][AR])[\Delta T]=-[AR]^{\mathrm{T}}[B][MR_0]-[AL]^{\mathrm{T}}[B][ML_0] \tag{9.16}$$

式(9.16)为 m 阶线性方程组,可以解得$[\Delta T]$。

索力 $[T]$ 为

$$[T]=[T_0]+[C][\Delta T] \tag{9.17}$$

式中 $[T_0]$——初始索力向量,可随意给定,一般设为索下梁段的重力。

$[C]$——斜拉索变化单位力对索力的影响矩阵,其值为

$$[C]=\begin{bmatrix} 1 & c_{12} & \cdots & c_{1m} \\ c_{21} & 1 & \cdots & \vdots \\ \vdots & & \ddots & \vdots \\ c_{m1} & \cdots & \cdots & 1 \end{bmatrix} \tag{9.18}$$

其中,c_{ij}——第 j 号斜拉索变化单位力对 i 号斜拉索的影响力,其计算方法同本节的 δ_{ki} 计算。

式(9.10)中的 $[B]$ 矩阵可看成单元柔度对单位弯矩的加权矩阵。刚度大的截面意味着应多分担些弯矩。当 $[B]$ 为单位矩阵时,式(9.9)就变成弯矩平方和最小法。

从以上内容可以看出,弯曲能量最小法或弯矩平方和最小法为“成桥合理状态”提出了一个数学表达式,并可用求极值的方法求解,方便了索力调整。

显然,弯矩平方和作为目标函数,没有考虑到构件柔度对弯曲能量吸收的加权,一般来说,不如用弯曲能量为目标函数的结果合理。

(3)优化方法

上述两种方法的特点是只照顾到结构弯矩分布的合理性,不能顾及斜拉索受力及梁塔位移。对边跨结构及索间距比较特殊的斜拉桥,往往需要既照顾到结构弯矩,又使索力分布比较

均匀。如果建立以式(9.14)为目标函数,加上控制索力的约束条件,可以兼顾到二者。其一般表达式为求$[\Delta T]$,实现 $\min U$,满足

$$\left.\begin{array}{l}[T_0]+[C][\Delta T]\leqslant[T_1]\\ [T_0]+[C][\Delta T]\geqslant[T_2]\end{array}\right\}\tag{9.19}$$

式中　　U——见(9.14)表达式;

$[T_0]$,$[C]$,$[\Delta T]$——见式(9.17)、式(9.18)和式(9.11)中说明;

$[T_1]$,$[T_2]$——为斜拉索力的上、下限值。

这是一个有约束极值问题,用数学规划法可以解出满足索力约束条件下的弯曲能量最小时的施调索力,再按式(9.17),解得$[T]$。

本方法中的约束条件,还可根据要求,增加弯矩、应力、塔顶位移等项约束条件。该方法是比较全面的索力调整方法,得出的索力基本能满足设计的要求。优化方法可以适用于任意形式的斜拉桥,因此得到广泛应用。

为确定最优成桥索力方案,设计计算时,往往是借助于桥梁分析有限元软件的计算功能,结合设计者的设计经验,对各种索力方案进行不断调整,最后得出设计者认为满意的结果,因此,斜拉桥索力调整仍是设计中繁冗、耗时的工作。

9.4.4　温度和徐变次内力计算

斜拉桥既是高次超静定结构,又属于柔性结构,温度作用会引起结构的次内力及较大的变形,当索塔、主梁为混凝土材料时,混凝土的收缩、徐变也会引起结构变形,进而产生二次内力。

(1)温度作用

①均匀温差作用

均匀温差的计算是以合龙温度为基准温度,考虑桥梁当地最高气温与最低气温与基准温度的差值进行全桥体系升温及降温计算。在我国绝大部分地区,设计时一般取合龙温度为20 ℃,整体升降温+20 ℃计算。

②梯度温差作用

在日照作用下,斜拉桥主梁的上下缘、索塔的左右侧(顺桥向)及斜拉索的温度变化是不同的,一般情况下,索塔左右侧日照温差均取±5 ℃,温度梯度按线性分布,斜拉索与混凝土主梁、索塔间的温差取±(10~15) ℃,与钢梁的温差取±10 ℃。主梁上下侧温差按第 3 章内容计算。

值得注意的是,由于桥梁的纵向与太阳照射方向的夹角关系,当梁体表面升温时,索塔左右侧未必会升温,是左侧还是右侧升温又与日出日落有关,因此,斜拉桥日照温差计算时,应该对可能出现的工况进行组合并分别计算,不对称的斜拉桥设计时应特别注意。

此外,在斜拉桥施工控制计算中,日照温差值应根据当地情况确定。

对变形控制严格的高铁斜拉桥或大跨斜拉桥,尚应考虑斜拉索本身与结构体系的温差,无资料时,建议取±10 ℃。

(2)收缩、徐变计算

混凝土的收缩、徐变会引起结构的变形,当发生体系转换时,还会引起结构的次内力。混凝土斜拉桥在采用悬臂法施工时,频繁发生的体系转换将使得徐变计算更加复杂,应严格按照施工顺序及工艺进行计算。计算方法与其他超静定结构的徐变计算相同。

在高速铁路预应力混凝土斜拉桥设计中,尤其是采用无砟轨道的斜拉桥,为了满足工后收

缩徐变引起的变形,保证桥梁行车平顺、安全及较少的养护费用,在成桥索力调整时必须将工后徐变变形作为索力调整模型的约束条件进行计算。

9.4.5 斜拉索初始张拉力确定

斜拉桥是高次超静定结构,施工中要经过大量的体系转换才达到最后的成桥状态。施工阶段张拉索力是指斜拉索安装时对索的张拉力。张拉索力是施工张拉的依据,也是结构计算的主要内容,成桥状态下的内力、变位,包括混凝土徐变等计算均在张拉索力的基础上进行。施工的最终目的是使得成桥后的全桥实际内力状态逼近到设计理想的受力状态,因此,施工阶段张拉索力是从成桥状态推得的。此外,施工阶段的张拉力还应保证施工期间塔、梁及索的安全。确定施工阶段张拉索力常用的方法有如下几种。

(1)倒拆法

倒拆法是将成桥理想状态作为计算的初始状态,按照与实际施工步骤相反的顺序,对结构进行逐步倒拆计算,分析每次拆除一个施工阶段对剩余结构的影响,直至第一施工阶段,从而获得各施工阶段斜拉索的张拉力。

对于大跨度混凝土斜拉桥,混凝土的收缩、徐变对主梁内力、变位有很大影响。倒拆法原则上无法进行徐变反向计算,这是因为徐变计算在时间上只能是顺序的,而倒拆法在时间上则是逆序的。一般应用迭代法来解决这个问题。即第一轮倒拆时不计混凝土收缩、徐变,然后以倒拆结果进行正装计算,逐阶段计算混凝土收缩、徐变影响,再进行倒拆计算时,按阶段叠加入正装计算时相应阶段混凝土收缩、徐变影响,如此反复迭代,直至计算结果收敛。

(2)正装法

正装法采用与斜拉桥施工相同的顺序,依次计算各阶段施工时结构的施工内力和位移。

按正算法,有多种设计原则确定斜拉索张拉力。这里以刚性支承连续梁法计算为例,介绍正算法。

此刚性支承连续梁与上面介绍的成桥状态下刚性支承连续梁法的主要区别是:后者确定的恒载索力为恒载设计索力,前者在计算中随施工阶段随时计入混凝土收缩、徐变影响后,按索在梁吊点处的位移为零来确定张拉索力。

正算的刚性支承连续梁法要求在施工过程中及成桥后多次张拉斜拉索,使斜拉桥主梁在恒载状态下,计入混凝土收缩、徐变的内力大体与刚性支承连续梁内力相近。施工阶段按刚性支承连续梁法的计算原则一般为:主梁悬臂端的挠度保持为零;已浇筑完成的主梁计入混凝土收缩、徐变后具有刚性支承连续梁的内力。如果在施工某阶段梁、塔出现不理想的内力,则将索力做一次调整,始终控制梁、塔的内力和变形。

无论是倒拆法还是正装法,都是迭代计算的一部分,实际计算时,都是正装与倒拆交替进行,分析按照施工过程得到的成桥状态与理想的成桥状态的差距,从而对施工张拉索力进行微调,这是目前使用较多的方法。

(3)无应力状态法

斜拉桥索力确定的无应力状态法基本原理为:

①斜拉索索力和结构的位移会随着外荷载变化、结构体系改变和斜拉索索力的张拉调整而发生改变;而斜拉索的无应力长度只有在自身张拉时,斜拉索锚固位置通过拔出或放回索长(锚固螺母移动)才会改变;外荷载、结构体系改变和其他斜拉索张拉调整均不影响其无应力长度。

②当结构体系、外荷载不变时,斜拉索的无应力长度变化必然唯一地对应一个桥梁的内力状态。

③只要最终结果斜拉索单元的无应力长度确定,则最后结构的内力和位移状态与结构的形成过程无关。

④不同安装过程形成的结构,只要最终的外荷载、结构体系和斜拉索的无应力长度相同,则最后结构的内力状态及位移状态是一致的。

据此,基于设计的成桥目标状态,结合迭代算法和"二拉到位"张拉工艺,就可求解出斜拉索初始张拉力和调整张拉力。有兴趣者可参阅秦顺全院士编著的《桥梁施工控制——无应力状态法理论与应用》。

9.5 斜拉桥施工

斜拉桥的施工包括基础、墩台、索塔、主梁及斜拉索施工,根据国内外的工程实践,斜拉桥的基础、墩台与索塔的施工与其他桥型基本相同,但上部结构的施工有特殊性。一般跨径的斜拉桥上部结构采用悬臂浇筑或悬臂拼装施工方法;对于中小跨径的斜拉桥,也可以根据桥址处的环境条件及自身特点,采用支架法、顶推法或转体法等施工方法。

9.5.1 索塔施工

(1)索塔施工方法

钢塔施工一般采用工厂节段制造、施工现场拼装的方法施工。

混凝土索塔均采用分段就地浇筑方法施工,塔柱混凝土输送采用混凝土输送泵或吊斗,塔柱施工的不同点主要是模板和脚手架平台的做法,主要有以下方法:

①满布支架现浇法:从地面或墩顶位置立满布支架及模板,适用于高度较小和形状比较复杂的桥塔施工,不需要特殊施工机械设备。

②爬升或滑升模板浇筑法:将工作平台与模板组及自动升降系统拼成整体的装置,利用已浇筑混凝土节段中预埋的型钢来逐步提升模板与平台的结构。该方法机械化程度高,施工工期短,适用于大型桥塔的施工。

③整体模板逐段提升法:将模板与平台做成容易组装和解体的大型标准构件,利用吊机或特殊起吊设备来提升模板进行施工。考虑高空作业的安全问题,该方法适用于较矮索塔。

此外,还有翻模施工方法,由于成本高、高空作业安全度低、施工接缝难以处理等原因应用较少。

(2)劲性骨架

为了配合塔柱施工,混凝土塔柱的塔壁内往往需设置劲性骨架,劲性骨架起施工位形控制、钢筋定位、模板固定、增大索塔整体刚度的作用。

劲性骨架在工厂分节段加工,在现场分段超前拼接,精确定位。劲性骨架安装定位后,可供测量放样、立模、钢筋绑扎及斜拉索钢套管定位使用,也可承受部分施工荷载。劲性骨架在倾斜塔柱中,其功能作用更大,它的设计往往结合构件受力需要设置。当倾斜塔柱为内倾或外倾布置时应考虑在两塔肢之间每隔一定的高度设置受压横杆(塔柱内倾)或受拉横杆(塔柱外倾)以减小斜塔柱的受力和变形,具体的布置间距应根据塔柱构造经过计算确定。

(3)斜塔柱施工

混凝土索塔中的A形、倒Y形和钻石形等索塔的下塔柱和中塔柱均有一定的倾斜,目前一般采用爬模或滑模法施工。在具有较大倾斜角的索塔施工过程中,索塔柱处于悬臂状态,在自重和施工荷载作用下,塔柱底部会承受较大的弯矩,从而在塔柱截面内产生较大的拉应力而引起混凝土开裂,同时,不平衡弯矩也使得塔身产生横向位移,影响塔身线形精度。因此,施工时必须采取相应措施加以控制。通常情况,对外倾的下塔柱采取对拉预应力钢绞线方法,而对向内倾斜的上塔柱采用加水平横撑的方法进行控制,必要时,还需要施加一定的对顶力。

(4)混凝土泵送

索塔混凝土一般用混凝土泵进行垂直输送。由于塔柱高度大,泵送时要求混凝土具有很好的流动性及合理的坍落度以防止堵管。泵送分"一泵到顶"和"分级泵送"等方法,需根据索塔高度、设备性能合理选择。

9.5.2 主梁施工

1. 悬臂浇筑法

斜拉桥主梁的悬臂浇筑均采用挂篮施工,其施工程序与一般预应力混凝土连续梁施工基本相同。但由于斜拉桥结构较复杂、超静定次数高、斜拉索位置及各部位尺寸要求精确、施工过程中斜拉索张拉及体系转换频繁等,斜拉桥主梁的悬浇工艺又有其自身的特点。这些特点主要体现在挂篮形式及斜拉索的安装与张拉等。

(1)悬臂浇筑的一般施工程序

索塔施工完成后,斜拉桥主梁悬臂浇筑工艺与连续梁的类似,其特点是:

① 0 号及 1 号梁段一般在支架或托架上施工,必要时,需要锚固到塔柱下横梁。

②主梁节段施工中,除张拉梁端的纵横向相应预应力筋外,需安装、张拉相应的斜拉索,斜拉索的施工与所采用的挂篮有关。

③目前大多采用前支点挂篮,在挂篮前移到位后,通过接长杆接长永久斜拉索,张拉锚固于挂篮前端(图 9.53),作为挂篮的前支点,挂篮后支点锚固到已浇筑梁段上;若节段混凝土自重较大,在混凝土浇筑到一半时需第二次张拉斜拉索,两次张拉的目的是保证整个张拉及浇筑过程中梁体各部位结构安全并防止混凝土开裂。

④全桥合龙后,需要重新调整索的拉力,使得成桥后各索力与成桥设计索力相同,全桥内力达到设计状态。

(2)悬臂浇筑主梁分段

斜拉桥悬臂浇筑时,节段长度划分及挂篮最大自重是由设计图预先确定的,施工时根据最大的梁段重及截面尺寸设计挂篮,并由设计确认是否需要调整索初始张拉力。0 号段无索区主梁一般需在支架或托架上施工。支架或托架拼装好后,先进行预压,以消除非弹性变形,然后安装模板及钢筋,浇筑混凝土,待其强度达到要求后,施加预应力。各阶段施工顺序也由设计图确定。

(3)塔梁临时固结措施

在飘浮和半飘浮体系的斜拉桥主梁悬臂施工过程中,索塔两侧的梁体因自重、斜拉索张拉力及施工荷载不对称等因素将产生一定的倾覆力矩,为确保结构在施工阶段的稳定,必须将塔梁临时固结,并按设计合龙程序中的规定,按步骤予以解除。

塔梁临时固结措施,一般采用在索塔下横梁上设置四个混凝土临时支座,支座内放置大直径螺纹钢筋,钢筋的下端预埋在下横梁中,上端锚固在主梁 0 号块的横隔梁内,钢筋的直径、数量和埋置深度均由计算确定。为便于拆除,可在支座内设置硫磺砂浆夹层。此法结构简单,安全可靠,但拆除较困难。

为方便临时固结的拆除,也可采用钢结构临时支座。此类支座均用型钢组成,并用轧丝锚锚固于 0 号块位置,其优点是拆除时采用氧割和解除预应力的方法,简便、省时。

在不等跨结构的斜拉桥施工中,为满足施工工况的要求,如经计算需要,除设置临时支座外,还可在塔的两侧设置临时支承墩,以共同承担施工反力。

对于飘浮和半飘浮体系结构,在解除临时支座实现体系转换时,应严格按合龙程序操作,以避免主梁发生过大的水平位移。

(4)前支点挂篮

前支点挂篮(图 9.53)是将挂篮后端锚固在已浇梁段底板上,并将待浇段的斜拉索挂在挂篮纵梁前端,以形成前支点,它充分利用了斜拉索的作用,挂篮除在前移过程中处于悬臂状态外,在斜拉索张拉及混凝土浇筑过程中均处于简支状态,由斜拉索和已浇梁段来共同承担待浇梁段的混凝土荷载,大大减小了挂篮所需承受的荷载,减轻了挂篮自重,此外,在浇筑过程中,可以根据浇筑混凝土的自重,多次张拉斜拉索以平衡浇筑混凝土的重力,改善主梁受力。经过不断实践与改进,前支点挂篮已趋全面、完善,在混凝土斜拉桥施工中被普遍采用。

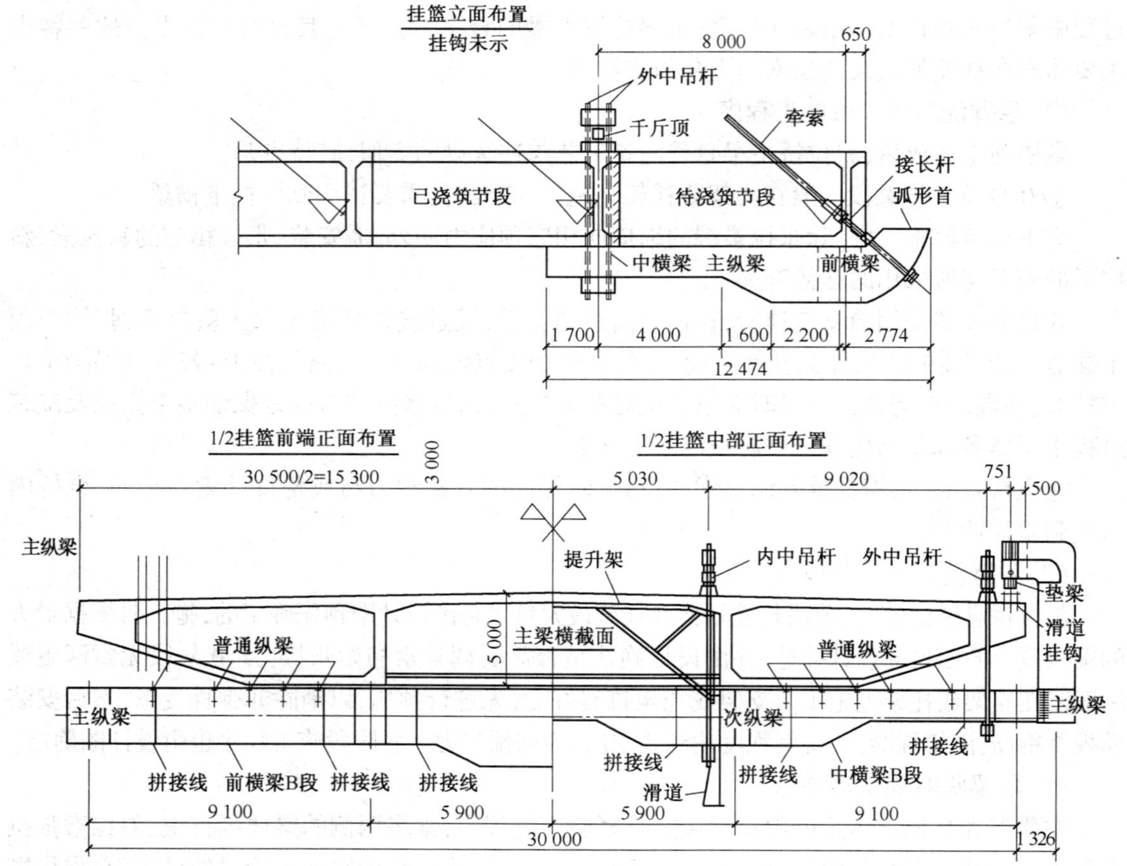

图 9.53　前支点挂篮示意图(单位:mm)

2. 悬臂拼装法

悬臂拼装法采用预制梁段、悬臂拼装进行斜拉桥主梁施工(图 9.54)。拼装方法根据吊装设备不同可分为悬臂吊机、缆索吊机、大型浮吊、挂篮吊机及各种自制吊机拼装法。

悬臂拼装法一般先在塔柱区段现浇(拼)一段起始梁段以放置起吊设备,然后用起吊设备从塔柱两侧依次对称安装预制梁段,使悬臂不断伸长直至合龙。悬臂施工一般从塔柱两侧对称进行,称为双悬臂施工。当桥梁边跨在陆地上、主跨在水面上时,可以在支架上施工边跨,而中跨采用悬臂施工,这种方法称为单悬臂施工。

图 9.54 悬臂拼装实例

悬臂拼装法既可以适用于钢主梁,也可用于混凝土主梁斜拉桥,但是,用于混凝土斜拉桥时,需要大吨位的起重设备,在水面上施工时需要大吨位的浮吊。

3. 其他施工方法

(1)支架法

采用支架法施工时,主梁全部在支架上浇筑完成后安装斜拉索,索力调整到位后主梁自动脱架。支架法只能用于跨径小、桥下净空低、搭设支架方便且不影响桥下交通的情况。此外,混凝土斜拉桥主梁的 0 号、1 号梁段以及设计图要求采用先行浇筑的梁段,一般需采用支架法现浇施工,其施工工序与梁式桥相同。

(2)顶推法

顶推法一般多用在钢斜拉桥主梁的施工。斜拉桥主梁采用顶推法施工,若跨径较大时,需设置临时墩。为节省费用及施工快捷,一般是在跨中设置钢管桩临时墩,使斜拉桥主梁在顶推施工过程中的跨径基本达到一致,能使主梁最大正负弯矩控制在设计允许值范围内。

主梁顶推采用多点连续顶推工艺,在每个主墩上安装一台自动连续水平千斤顶,用钢绞线作拉杆,在梁底板插入牛腿或钢块拉锚器,牵引主梁的底板,完成顶推。

斜拉桥主梁顶推到位后,在永久墩上进行落梁,即用竖向千斤顶顶起梁体,拆除顶推滑道,安装永久支座,千斤顶回油落梁,然后张挂斜拉索,最后进行桥面系施工。

顶推法适用于塔梁固结、墩梁分离体系的斜拉桥。对飘浮或半飘浮体系的斜拉桥,需在主梁顶推到位后再挂索张拉。

(3)转体法

当桥梁跨越城市繁忙路段、铁路或高速公路,且不具备挂篮悬臂浇筑、支架现浇及顶推施工方法的外部条件时,转体施工方法是一个较好的选择,尤其在跨越铁路站场、高速铁路等对安全性特别重视的场合,转体施工方法具有更大的优势。

斜拉桥上部转体施工主要采用平转法。由于斜拉桥的上部结构特点,平面转体施工时,其边跨可作为主跨的平衡重,因此只要在边跨加少量压载,使转动体系的重心在转轴中心即可保证转体时结构的纵向稳定与转体的平顺性。对双塔三跨斜拉桥,分为两塔部分分别在岸边浇筑或预制拼装,然后转体就位,临时锁定,浇筑或安装合龙段及体系转换,梁体施工与合龙方法同一般的斜拉桥。

斜拉桥平转施工的转动中心设在主塔中心,比较适合于塔墩梁固结体系,也可先临时固结在转体完成后解除固结,形成飘浮体系或连续梁体系,其平转施工的转动中心一般在墩底承台顶底之间。当转体自重较大时,也可将转动铰设于墩顶,以减小转动自重。

转体施工采用的球铰与其他桥型一致,参见第 5 章和第 8 章相关章节。

与采用其他施工方法的斜拉桥相比,受转动自重限制,转体施工斜拉桥跨度较小,转动球铰的造价较高,不可重复利用,因此,转体斜拉桥的经济指标要高于其他斜拉桥。

斜拉桥平转法施工始于 1976 奥地利的多瑙河运河桥,跨度为(55.7+119+55.7)m,转体重 40 000 kN,目前,国内有不少混凝土斜拉桥采用转体法施工,最大转体重达到 200 000 余 kN。

9.5.3　斜拉索施工

斜拉索的施工包括:斜拉索制作、运输、放索、安装、张拉锚固及索力测试与调整等内容。目前使用的斜拉索全是成品索,已有一套较完整的技术规范(程)进行了详细规定,本节仅对斜拉索安装和张拉进行简介。

1. 斜拉索的安装

斜拉索的安装就是将成品斜拉索架设到索塔锚固点和主梁锚固点之间的位置上。成品索必须整索安装。较短的成品索直接利用吊机将斜拉索起吊,借助卷扬机由钢丝绳或钢绞线将斜拉索两端分别牵引入主梁和塔柱上的预留索孔,并初步固定在索孔端面的锚板上完成挂索。长索的垂度大无法直接用卷扬机将锚头牵引到锚板后方,在锚头接近锚板时用钢连接杆将锚头连接到千斤顶,由千斤顶将锚头拉到锚板后方。对于超长斜拉索,垂度特别大,连接杆已无法将锚头连接到千斤顶,必须先架设临时索,然后沿临时索将斜拉索牵引到位。常见的挂索方法如图 9.55 所示。

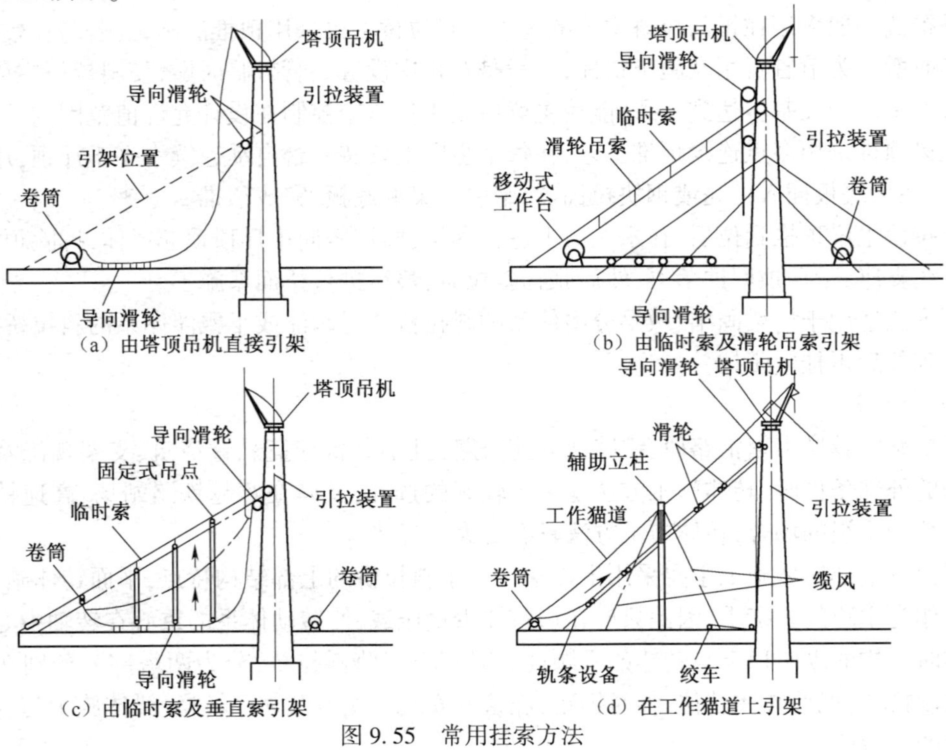

图 9.55　常用挂索方法

2. 斜拉索张拉与索力量测

(1)斜拉索张拉

斜拉索的张拉一般可分为拉丝式锚具张拉(钢绞线夹片群锚)和拉锚式锚具张拉(平行钢

丝束)两种。其中拉锚式锚具张拉因施工操作方便及现场工作量较少等优点被更多地采用。根据设计要求及现场实际情况,有采用塔部一端张拉的,有采用梁部一端张拉的,也有采用塔、梁部两端张拉的,其中以塔部一端张拉使用最为广泛。

对于配装拉丝式夹片群锚锚具的钢绞线斜拉索,挂索时先要在斜拉索上方设置一根粗大钢缆作为辅助索,斜拉索的聚乙烯套管先悬挂在辅助索上,然后逐根穿入钢绞线,用单根张拉的小型千斤顶调好每根钢绞线的初应力,最后用群锚斜千斤顶整体张拉。新型的夹片群锚斜拉索第一阶段张拉使用拉丝方式,调索阶段使用拉锚方式。

拉锚式斜拉索张拉均为整体张拉。根据目前的技术水平,国内外斜拉索锚具、千斤顶、斜拉索的设计吨位已达到“千吨”级水平,大吨位斜拉索整体张拉工艺已十分成熟。无论是一端张是两端张拉,一般情况下都需在斜拉索端接上张拉连接杆,之后使用大吨位穿心式千斤顶张拉。

(2)索力测量

斜拉索的索力准确与否,是斜拉索设计施工成败的关键之一,必须有可靠的方法准确量测索力。目前常用的索力量测方法有压力表测定法、压力传感器测定法、频率法三种。

压力表测定法是利用千斤顶的液压与张拉力之间的直接关系,在张拉过程中通过读取油压,而后换算成索力的测定方法。压力传感器测定法是通过串联在千斤顶后端的一个压力传感器,张拉时直接从传感器的仪表上读取索力。频率法是利用索的振动频率与索力之间的关系,通过测定频率,间接测量索力的方法。

此外,还有磁通量测定法等新的索力检测方法应用于索力测量。

9.5.4 施工监控简介

1. 施工监控目标

理论上,根据设计图规定的施工步骤及施工阶段的张拉索力进行施工,即可达到成桥后的最理想状态。但是,斜拉桥从设计到施工直到成桥是个系统工程,该系统涉及材料、施工荷载、环境等多方面的因素。设计时采用的计算控制参数,如材料弹性模量、容重、挂篮质量、阶段施工周期、施工临时荷载和温度等,均是理论数据,设计文件中规定的施工步骤也是指导性的。施工过程中的状态与设计预期之间肯定会出现一些偏差,这种偏差可能是来自材料(如弹性模型、容重、徐变特性等)、量测(高程测量、千斤顶的张拉力)、荷载(梁段自重、二期恒载),也有可能来自环境变化(温度、风雨现象)等。要消除所有的偏差是不可能的。因此,斜拉桥施工过程应进行施工监控,跟踪每个施工阶段,及时量测、分析误差、调整施工方案,使得成桥后逼近设计理想状态。

施工控制的目标是通过量测及控制措施,减小各种施工过程中的偏差,采用预测与分析手段进行误差分析,提出施工中实施的重要控制数据,如主梁立模高程、张拉控制索力等,保证施工中的结构安全并使得成桥后结构恒载内力及结构线形符合设计要求。

2. 施工监控内容

施工监控工作包括监测和控制两部分,监测是通过测量和测试手段获得桥梁在施工中的状态,控制是根据监测的结果与计算结果的比较,分析桥梁施工状态存在的误差、确定实时的调整方案,确保成桥时达到合理成桥状态。

(1)施工监测

施工监测是施工控制的重要组成部分。通过测量所获得的斜拉桥在施工各阶段结构内力变形的第一手资料是施工控制的主要依据,同时它也是监测施工、改进设计、确保结构在施工过程中安全的重要手段。施工测试的内容包括以下几个方面。

①参数收集:收集材料弹性模量、混凝土强度、构件的自重、施工临时荷载、偶然荷载等。这些数据是施工过程计算及施工控制的基础参数。

②变形测试:主要观测主梁挠度、主梁轴线偏差和塔柱水平位移的变化情况,通常使用精密水准仪、全站仪、倾角仪等测量仪器。

③索力与应力测试:主要测定斜拉索索力、支座反力和主梁、塔柱的应力在施工过程中的变化情况,一般使用千斤顶油压表、荷载传感器或激振仪、随机振动法等测定斜拉索的索力,主梁塔柱应力的测试则使用各种应变仪(应变片)或测力计等。

④温度测试:主要测定主梁、塔柱和斜拉索的温度(温度场)以及主梁挠度、塔柱位移等随气温和时间而变化的规律。

(2)施工控制系统

监测和控制系统对于保证施工的安全、达到设计状态非常重要。一个典型的施工控制系统由四个子系统组成:测量子系统、误差和灵敏度分析子系统、控制预测子系统和控制计算子系统。某预应力混凝土斜拉桥施工控制系统实例如图 9.56 所示。

①测量子系统:测量项目主要包括梁的标高和挠度,斜拉索的索力,桥塔的水平位移,梁和桥塔的截面应力,混凝土的弹性模量和质量密度,混凝土收缩徐变、温度和温度梯度等。

②误差和灵敏度分析子系统:在这个子系统中,首先需要确定并消除温度的影响,然后分析包括混凝土弹性模量、自重、梁段或桥塔刚度等结构参数的敏感性,最后,通过分析,找出误差产生的原因,并采取相应的调整措施。

③控制、预测子系统:将测量值与设计预期值进行比较,如果误差小于规定值,则进入下一阶段。否则,有必要找出原因,然后通过适当的措施消除或减少这些误差。斜拉索索力调整的大小可以用优化方法来确定。系统控制及预测方法一般采用:卡尔曼滤波法、自适应控制方法、灰色预测控制方法、神经网络法等。无论哪一种预测模型,都需要一定的训练样本,训练样本越多,预测精度越高,因此,这些预测模型更适合施工阶段多的大跨斜拉桥监控。

④控制计算子系统:既然已施工完成部分的结构参数偏离了设计值,那么设计目标也必须随着结构状态的变化而实时调整。后续的施工遵循新的设计值才能使得结构的最终状态达到最优,控制计算是施工控制的核心。

3. 施工控制实施

由于梁、塔的内力与索力密切相关,对于施工中出现的桥梁线形偏差,在以上控制系统的基础上,调整梁的标高和索力。

(1)通过调整节段模板标高或接缝转角(对悬臂拼装)来减小或消除该误差。这种方法简单易行,避免多次张拉斜拉索,但只能在主梁标高偏差较小时采用,否则将明显使线形不顺。通过这种方法,只改变了梁的几何位置而不会改变结构的内力状态。

(2)通过索力的调整来控制主梁的线形,采用这种方法能使线形达到理想要求。但调索时要控制索力调整幅度及对梁、塔的内力影响。在这种情况下,结构的几何位置和内力都会发生较大改变。调整斜拉索索力不是最佳方案,因为这样做不仅费时而且费力,而且频繁的索力调整将使结构内力状态紊乱,也会引起更多的误差。

实际控制时,一般是两者结合使用,最佳状态是:在每个施工阶段,适当的调整截面高程,而只张拉新安装的斜拉索,在全桥合龙前,对尽可能少的斜拉索进行一次调整,成桥后达到设计理想状态。

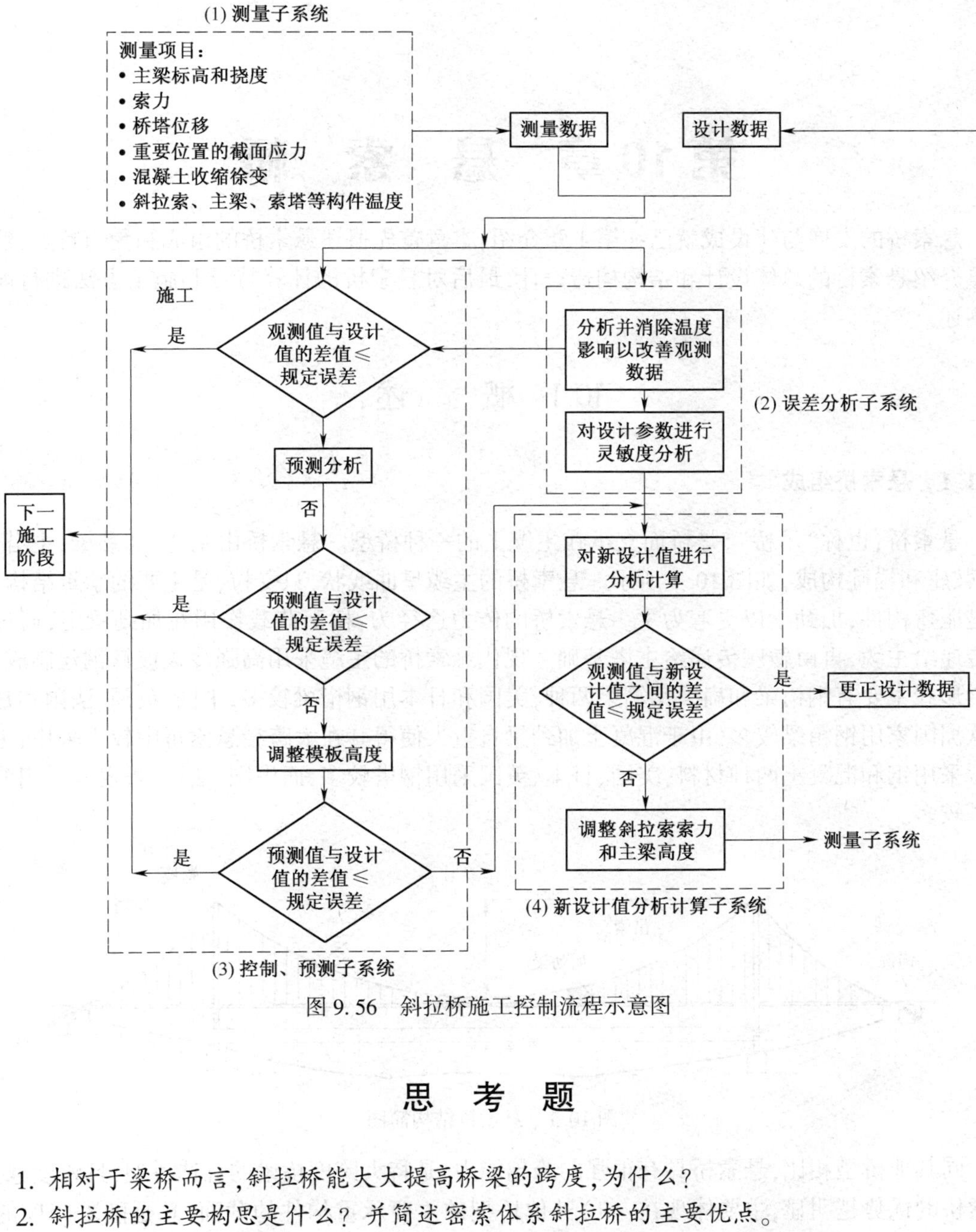

图 9.56　斜拉桥施工控制流程示意图

思　考　题

1. 相对于梁桥而言,斜拉桥能大大提高桥梁的跨度,为什么?
2. 斜拉桥的主要构思是什么? 并简述密索体系斜拉桥的主要优点。
3. 按塔、索、梁相互结合的方式,斜拉桥可分为哪几种类型? 简述其优缺点。
4. 简要介绍提高斜拉桥刚度的主要措施。
5. 简述斜拉索的结构类型与特点。
6. 矮塔斜拉桥的构思是什么?
7. 斜拉桥主梁有哪几种结构与截面形式? 各有何特点?
8. 单索面与双索面相比,受力上有何特点?
9. 斜拉桥的索塔有哪些结构形式?
10. 斜拉桥的斜拉索在塔上的锚固方式有哪些? 你认为那种比较好? 为什么?
11. 斜拉桥的非线性主要表现在哪些方面? 常规计算中,斜拉索非线性是如何处理的?

第10章 悬 索 桥

悬索桥的发展与建设成就已在第1章介绍，本章首先概述悬索桥的组成和受力特点，然后重点介绍悬索桥的总体设计和结构构造设计，最后对悬索桥的计算特点和施工方法进行简要的阐述。

10.1 概 述

10.1.1 悬索桥组成

悬索桥，也称“吊桥”，是桥面支承在主缆上的一种桥型。悬索桥由主缆、加劲梁、主塔、吊索、鞍座和锚碇构成，如图10.1所示。悬索桥的主缆呈曲线状，只受拉，是主要的承重结构；主塔是压弯构件，加劲梁以受弯为主。悬索桥的传力途径为：桥面荷载作用在加劲梁上，通过吊索传递给主缆，再由鞍座传递给主塔基础。现代悬索桥的主缆采用高强冷拔镀锌钢丝制成；加劲梁形式主要有钢桁梁和扁平钢箱梁两种，美国和日本用钢桁梁较多，中国、英国、法国和丹麦等欧洲国家用钢箱梁较多，由于混凝土加劲梁自重大使得其在大跨径悬索桥中较少采用；主塔通常采用钢和混凝土两种材料，美国、日本、英国采用钢塔较多，而中国、法国、丹麦等采用混凝土塔较多。

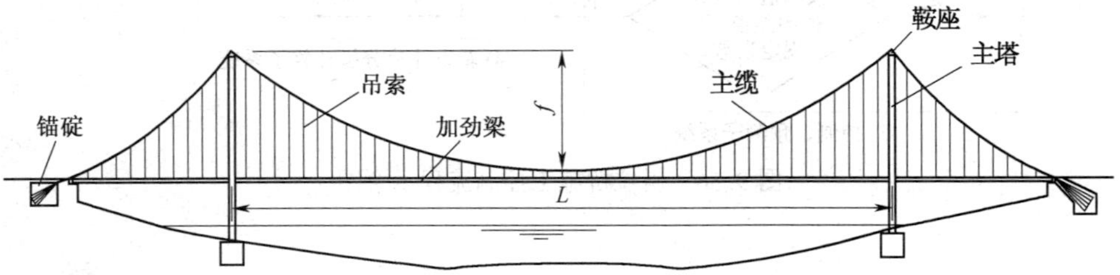

图10.1 悬索桥结构简图

同其他桥型相比，悬索桥具有很强的跨越能力，是特大跨度桥梁的首选桥型，且跨度越大，悬索桥的优势越明显，主要体现在：(1)其他桥型的主要承重构件的截面，总是随着跨度的增加而增大，致使材料用量增加，结构自重随之增加，当到达一定跨度后，结构自重和跨度之间就产生难以调和的内部矛盾。但悬索桥不存在此类问题，悬索桥的加劲梁并不是主要承重构件，其截面并不需要随着跨度而增加，担当主要承重构件的主缆、锚碇和主塔在扩充其截面积或承载能力方面所遇到的困难则较小。(2)悬索桥的主缆是典型的受拉构件，截面受力均匀，能充分发挥材料强度，且不存在受压构件需要考虑的稳定性问题，非常有利跨越能力的提升。(3)悬索桥的施工总是先将主缆架设好，再架设加劲梁，这样一来，主缆就成为一个现成的悬吊式支架施工平台。(4)由于悬索桥的跨越能力大，常可因地制宜地选择一跨跨越江河或海峡主航道的布置方案，这样可以避免修建深水桥墩基础，且能很好地满足通航要求。

此外,悬索桥由于常采用较大跨度,使得结构造型特别柔细,外形美观,因此,大跨度悬索桥一旦建成往往成为城市或所在地的标志性建筑景观。悬索桥也存在一些自身的缺点:由于悬索的高柔性,刚度较小,当活载作用时,悬索的几何形状会发生改变,引起桥跨结构产生较大的挠曲变形;在风荷载、车辆冲击等动荷载作用下容易产生较大振动。

10.1.2　悬索桥受力特点

悬索桥的主缆全截面受拉,不承受弯矩,与以受弯为主的同等跨径简支梁相比,能更有效地发挥截面材料的承载能力;在竖向荷载作用下,主缆的竖向反力与简支梁相同,但不同的是,简支梁不产生水平反力,而主缆会产生巨大的水平拉力,所以,简支梁只要求有竖向支承,而悬索桥的主缆除需要竖向支承外,两端还必须有强大的水平向支承(即锚碇)以抵抗巨大的水平拉力。

悬索桥主缆与拱桥主拱的受力既有相似之处,也有不同之处。两者在竖向荷载作用下,都产生较大的水平反力,只不过主拱产生的是水平推力,而主缆产生的是水平拉力,且两者的水平反力大小与矢跨比都成反比。在内力方面,主缆只承受轴向拉力,而主拱主要承受轴向压力,一般还有弯矩和剪力。主缆和主拱在均布荷载作用下的线形均为二次抛物线方程,主缆受拉、主拱受压;主缆抛物线开口朝上、主拱抛物线开口朝下。此外,两者都存在着几何非线性问题,主拱主要是稳定问题(P-Δ 效应),而主缆主要是几何大变形问题。主拱的刚度要比主缆大许多,对于主拱而言,足够的刚度主要保证其不发生失稳破坏,对于主缆而言,足够的刚度主要是为了保证其变形不要过大和有足够的动力稳定性。

悬索桥与斜拉桥相比,两者都属于缆索承重结构,主缆和斜拉索都承受拉力,两者都属于高柔性强非线性结构,结构的变形均较大,几何非线性明显。两者的不同之处主要体现在:悬索桥主要靠主缆承受荷载,加劲梁仅仅起到局部承受和传递荷载的作用,加劲梁中不受轴向力(采用地锚体系时),由加劲梁自重引起的恒载内力较小,而斜拉桥则由斜拉索与主梁共同承受荷载,主梁中一般存在较大的轴向力,为压弯构件,恒载内力将占很大的比重;悬索桥只有通过调整矢跨比才能改变主缆的恒载内力状态和刚度,而斜拉桥则可通过调整索力改变主梁的恒载内力状态。

10.2　悬索桥总体设计

10.2.1　结构体系

悬索桥的类型可以从悬吊跨数、加劲梁支承方式、吊索形式、主缆锚固方式等方面来划分,其结构体系通常是这几个方面的组合。

(1)按悬吊跨数分

悬索桥可以分为单跨、两跨、三跨及多跨悬索桥,如图 10.2 所示。其中,单跨、两跨、三跨悬索桥的主塔数目为两个,而多跨悬索桥的主塔数目为三个或更多。单跨和三跨悬索桥是目前最为常用的形式。我国的江阴长江大桥、湘西吉首矮寨大桥以及土耳其的博斯普鲁斯一桥、二桥均采用单跨结构形式;我国的南京长江四桥和日本的明石海峡大桥采用三跨结构形式;我国的西堠门大桥则是采用两跨结构形式。

单跨悬索桥常用于高山峡谷地区,两岸地势较高,采用桥墩支承边跨更为经济;或者充分

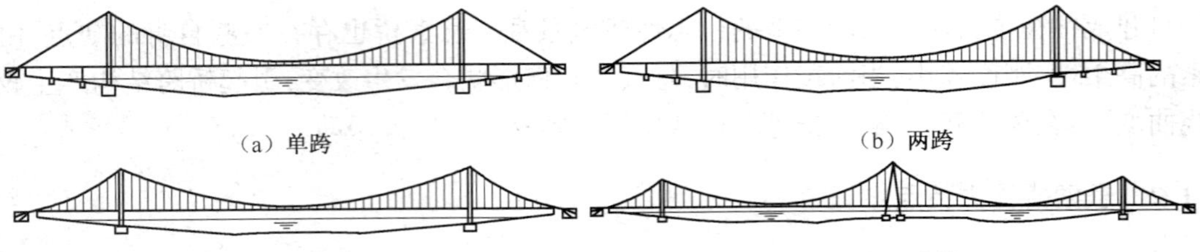

(a) 单跨　　(b) 两跨　　(c) 三跨　　(d) 多跨

图 10.2　悬索桥的悬吊跨数布置形式

利用悬索桥的跨越能力,一跨跨越以减少水中基础施工的情况。在结构受力方面,单跨悬索桥由于边跨主缆的垂度较小,主缆长度相对较短,对中跨荷载变形控制较为有利。三跨悬索桥是目前国际工程实例中应用最多的桥型,这不仅是因为其结构受力特性较为合理,同时其流畅对称的建筑造型也更能迎合人们的审美观点。

多跨悬索桥由于结构柔性大、固有振动频率较低,难以满足特大跨度悬索桥的受力及刚度需要,因而也就不具备很好的实用优势,世界上工程实例不多。我国的江苏泰州长江大桥采用了这种桥型,为了满足全桥刚度要求和克服两侧较大的不平衡水平拉力,中央主塔纵向采用 A 形布置且塔顶主缆须采用特殊的锚固措施。在建桥条件需要采用连续大跨布置时,可以考虑采用双悬索桥方案,即两个三跨悬索桥联袂布置,中间共用一座锚碇,美国的旧金山—奥克兰海湾大桥和日本本州—四国联络线中的南北备赞大桥就采用这种桥型,如图 10.3 所示。

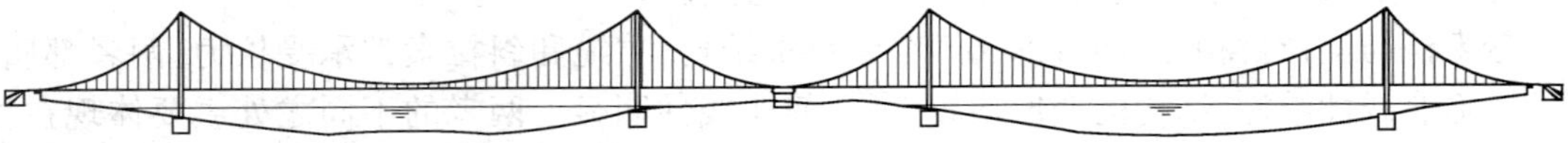

图 10.3　联袂布置的双悬索桥

(2)按加劲梁支承方式分

悬索桥的加劲梁支承方式主要有两种:两铰和连续,如图 10.4 所示。两铰支承方式的优点是:加劲梁构造简单;制造和架设时的误差对加劲梁无影响。连续支承方式的优点是:梁端转角小,在主塔处不产生折角,有利车辆行驶;可以减少加劲梁的挠度。两铰支承方式比较广泛应用于公路桥梁中,但对于公铁两用桥梁而言,为了保证列车的运行平顺性,可采用连续支承方式,例如我国的香港青马大桥、日本的南备赞濑户大桥等。

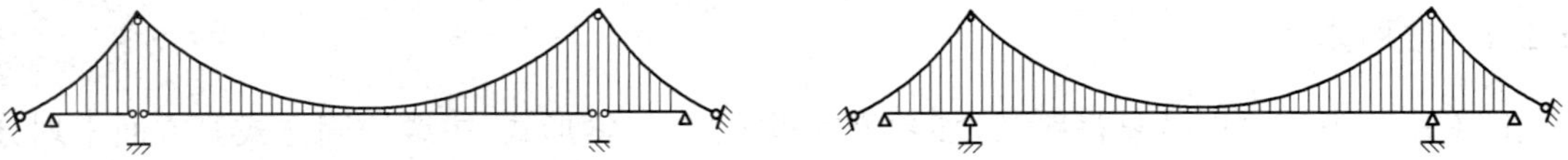

(a) 两铰　　(b) 连续

图 10.4　悬索桥的加劲梁支承方式

(3)按吊索形式分

悬索桥吊索的布置形式有两种:竖直吊索和斜吊索,如图 10.5 所示。与竖直吊索相比,斜吊索有以下特点:和主缆、加劲梁一起形成桁架作用,能提高桥梁的纵向刚度;可提高结构的阻尼,结构振动衰减性能好;在主跨跨中附近,活载产生的吊索应力变化幅度大,容易引起疲劳问题;吊索容易松弛。绝大多数悬索桥的吊索是竖直布置的,仅有极少数悬索桥采用了斜吊索形式,例如英国的塞文桥。此外,在设计超大跨度的悬索桥时,为了提高悬索桥结构的刚度以满足抗风要求,可考虑采用竖直吊索和斜拉索的混合式悬索桥方案,如图 10.6 所示。

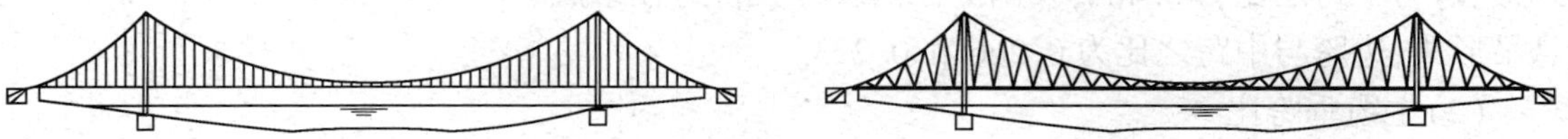

(a) 竖直吊索　　(b) 斜吊索

图 10.5　悬索桥的吊索方式

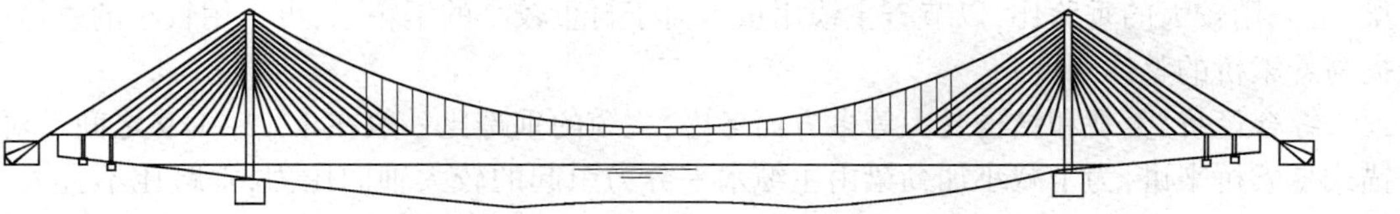

图 10.6　斜拉—悬吊混合式悬索桥

(4)按主缆锚固方式分

分为地锚式悬索桥和自锚式悬索桥,如图 10.7 所示。通常所讲的悬索桥大都是指地锚式悬索桥,其主缆产生的巨大水平拉力由外部锚碇来承受,从而实现全桥的受力平衡。而自锚式悬索桥的主缆直接锚固在边跨两端的加劲梁上,主缆的水平拉力与加劲梁的轴向压力相抵消,形成自平衡体系,不需要另设外部锚碇,可为地质条件差、不便建造锚碇的地方修建悬索桥提供了一种很好的解决途径。

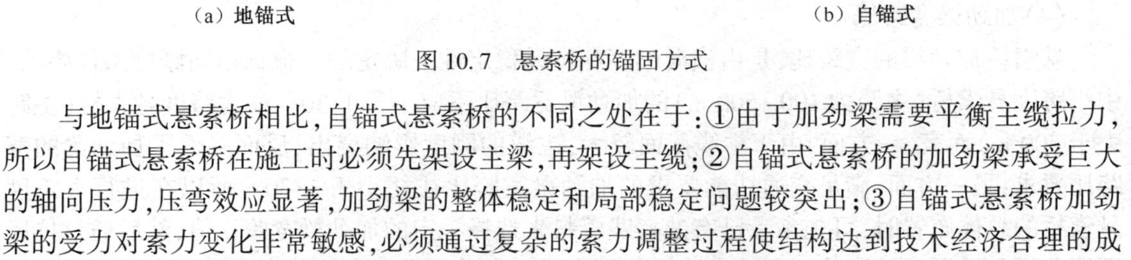

(a) 地锚式　　(b) 自锚式

图 10.7　悬索桥的锚固方式

与地锚式悬索桥相比,自锚式悬索桥的不同之处在于:①由于加劲梁需要平衡主缆拉力,所以自锚式悬索桥在施工时必须先架设主梁,再架设主缆;②自锚式悬索桥的加劲梁承受巨大的轴向压力,压弯效应显著,加劲梁的整体稳定和局部稳定问题较突出;③自锚式悬索桥加劲梁的受力对索力变化非常敏感,必须通过复杂的索力调整过程使结构达到技术经济合理的成桥状态;④当跨径达到一定值时,自锚式悬索桥的加劲梁为避免失稳而扩大的截面尺寸无法满足结构自重产生的内力状态,从而限制了该桥型的跨越能力,国内外已建成的自锚式悬索桥的跨径均在 400 m 以内。

10.2.2　总体布置

悬索桥总体布置的主要内容有:跨径设置、主缆垂跨比、加劲梁选型和梁高、主塔高度、吊索间距等。

(1)跨径设置

悬索桥的跨径设置包括两个方面:主跨跨径和边跨与中跨之比。由于悬索桥的跨越能力大,一般情况下其主跨跨径设置不由通航净空所控制,而是根据地形和地质条件来确定;然后在此基础上,确定边跨与中跨之比。通常,三跨悬索桥的边跨与中跨比值在 0.25~0.5 之间。

当边跨与中跨之比小于 0.3 且边跨跨径又较小时,边跨可以不设吊索,这时的悬索桥结构形式就变为单跨悬索桥。日本的明石海峡大桥跨径组成为(960+1 990+960)m,采用三跨悬吊形式,边跨与中跨之比为 0.482;我国的江阴长江大桥跨径组成为(369+1 385+309)m,采用单跨悬吊形式,边跨与中跨之比为 0.266 和 0.223。

(2)主缆垂跨比

主缆的垂度 f 与对应跨度 L 之比称为悬索桥的垂跨比 f/L。垂跨比的大小影响悬索桥的内力与刚度。垂跨比越小,主缆的恒载拉力越大,结构刚度越大,可减小加劲梁的弯矩与变形,提高悬索桥的竖向刚度,有利于降低塔高,但主缆的用量会增加。因此,对结构自重大的钢桁梁,可采用较大的垂跨比,以节省主缆用量。对于自重较小的钢箱梁,可采用较小的垂跨比,以提高悬索桥的整体刚度。

综合经济、美观和结构受力等多方面考虑,主缆的垂跨比一般在 1/12~1/9 之间。对于自锚式悬索桥来讲,为了减小加劲梁由主缆水平分力引起的较大轴向压力,垂跨比不宜太小,常用 1/8~1/5。我国西堠门大桥和日本明石海峡大桥的主缆垂跨比均为 1/10,而我国长沙三汊矶湘江大桥自锚式悬索桥的主缆垂跨比则采用 1/5。

(3)加劲梁形式与高跨比

加劲梁的形式主要有桁式和箱形两种,总体布置时首先要考虑的是采用桁式加劲梁还是箱形加劲梁。桁式加劲梁的桁高比箱形加劲梁的梁高要大好几倍,对布置双层桥面的适应性较佳,抗风稳定性优于箱形加劲梁,而箱形加劲梁材料省、自重轻。

悬索桥的加劲梁梁高,主要根据刚度条件和材料用量最少来确定,桁式加劲梁的梁高一般为 8~14 m,箱形加劲梁的梁高一般为 2.5~4.5 m。一般来说,悬索桥的梁高与跨度之间没有很强的相关关系,随着跨径的增大,加劲梁的高跨比越来越小,但通常,大跨度悬索桥加劲梁的高跨比取值为:桁式 1/180~1/70,箱形 1/500~1/300。日本明石海峡大桥加劲梁的桁高为 14 m,高跨比为 1/142;我国西堠门大桥钢箱加劲梁高为 3.5 m,高跨比为 1/471。

(4)加劲梁宽跨比

悬索桥加劲梁的宽跨比,是由横向刚度和抗风稳定性来决定的。根据横向刚度条件要求,中小跨度悬索桥(主跨为 100~500 m)的加劲梁宽跨比不应小于 1/30。就大跨度悬索桥(主跨大于 500 m)而言,一方面,由于主缆截面较大,主缆的刚度影响突出,反而降低了加劲梁的宽跨比要求;另一方面,满足交通功能要求的加劲梁宽跨比往往小于 1/30。所以在进行大跨度悬索桥的总体布置时,可先参考已有的实践资料来选择一定的加劲梁宽跨比值,然后通过抗风理论分析和风洞试验来验证所选宽跨比是否合适。目前世界上大部分大跨度悬索桥的加劲梁宽跨比值在 1/60~1/40 之间。例如美国金门大桥和日本明石海峡大桥的宽跨比为 1/46.7 和 1/56.1,我国西堠门大桥的宽跨比为 1/45.8。

(5)主塔高度

主塔的高度由主缆主跨垂度和主缆与加劲梁之间的净距(即跨中吊索最小高度)决定。主缆与加劲梁间最小净距,要满足能安装缠丝机要求,一般不小于 1 m。主塔的截面决定于塔柱稳定及纵、横向强度要求。

(6)吊索间距

吊索间距主要从经济及施工等因素考虑。对于加劲箱梁,吊索间距影响桥面系纵、横梁受力及预制箱梁的起吊自重;对于桁架梁,吊索间距影响弦杆、腹板长度、斜腹杆斜度、桁架受风面积及桥面系纵横向受力。为了做到经济设计,可拟定几个吊索间距,作经济比较。一般而言，跨径在 80～200 m 范围内的悬索桥，吊索间距可取为 5～8 m；跨径增大，吊索间距也应增大，有时吊索间距可达 20 m 左右，如葡萄牙的 4 月 25 日大桥，吊索间距达 23.02 m。

10.2.3　主缆和吊索截面积估算

(1) 主缆截面积估算

悬索桥的主缆在恒载作用下，具有较大的初拉力，使主缆保持一定的几何形状，且恒载在主缆拉力中占主要比例，1 000 m 以上的悬索桥主缆恒载拉力占全部拉力的 80% 以上。主缆恒载拉力及比例增大，从而减少活载引起的竖向变形。恒载引起的水平分力 H 可近似按式(10.1)计算。

$$H = \frac{gL^2}{8f} \tag{10.1}$$

式中，g 为恒载集度；L 为悬索桥的主跨跨径；f 为主缆垂度。

因此，主缆拉力为

$$T = \frac{H}{\cos\varphi} \tag{10.2}$$

式中，φ 为主缆切线的倾斜角，在塔顶最大，此时主缆拉力最大。

考虑到活载在主缆拉力中所占比例较小，因此在进行主缆面积估算的时候，可近似将活载换算成恒载集度的形式，再代入式(10.1)和式(10.2)，从而得到主缆的最大拉力 T。换算后的主缆承受的总荷载集度可按式(10.3)计算：

$$w = g + q_1 + q_2(1+\mu) \tag{10.3}$$

式中　w——荷载总集度；

q_1——人群荷载集度；

q_2——汽车荷载集度，汽车荷载可按 4 kN/m^2 估算，对于多车道，按规范进行折减，因此 $q_2 = 4\cdot\eta\cdot B$，B 为行车道宽，η 为汽车车道折减系数；

μ——冲击系数。

从而，主缆截面积的估算值 A 为

$$A = \frac{T}{[\sigma_a]} \tag{10.4}$$

式中　$[\sigma_a]$——主缆的容许拉应力。

(2) 吊索截面积估算

吊索传递的荷载包括：吊索自重、加劲梁、桥面、人行道、栏杆等恒载及活荷载。每排吊索传递索间距内恒载及人群荷载。对于汽车荷载，不考虑加劲梁的荷载分配效应，可按4 kN/m^2 估算。则每个吊索传递的荷载力 N 为

$$N = [g + q_1 + q_2(1+\mu)]\cdot a/n \tag{10.5}$$

式中　μ——对吊索的冲击系数，计算时加载长度取 a 值；

a——吊索间距；

n——每排吊索的根数。

在吊索拉力计算时，要计入：吊索索夹所引起的吊索拉力增加；由架设误差引起的吊索附加拉力；吊索弯曲的二次应力等。因此，吊索截面积的估算值 A 为

$$A = \frac{N'}{[\sigma_a]} \tag{10.6}$$

式中　N'——计入了索夹、架设误差、弯曲二次应力影响的吊索拉力;

$[\sigma_a]$——吊索的容许拉应力。

这里要特别说明的是,吊索的容许拉应力中的强度安全系数值要高于主缆,这主要是因为吊索的活载应力所占比例较主缆的高,应力幅较大,以避免吊索发生疲劳破坏。

10.3　悬索桥构造

本节介绍悬索桥主要组成构件的构造,包括主缆、加劲梁、主塔、吊索、鞍座和锚碇。

10.3.1　主缆

主缆是悬索桥的主要承重构件,除承受自重和吊索重外,又通过吊索承受加劲梁、桥面系恒载及活载。悬索桥一般采用 2 根主缆,平行布置,桥面每侧 1 根,极少数悬索桥的主缆采用 4 根或 1 根布置,如美国的乔治华盛顿桥在全桥采用 4 根平行主缆,日本的北港桥(主跨 300 m 的自锚式悬索桥)只设置了单根主缆。

大多数悬索桥主缆由平行高强钢丝束股合成,主缆分束股是为了便于架设和锚固。每根束股由几十根,乃至几百根平行钢丝组成。平行钢丝束股的架设方法有空中纺线法(AS 法)与预制钢丝束股法(PWS 法)两种。空中纺线法是早期唯一的平行钢丝束股的施工方法,它是将单根钢丝架到桥上后才合成束股。预制平行钢丝束股(PWS)法,则是在工厂预制,运到工地架设,具体实施过程见 10.5.1 节。

对比 AS 法,PWS 法具有明显优势:架设质量好,能保证钢丝的平行,架设工期短,比较经济。但是架设方法的抉择很大程度上取决于施工单位对施工方法掌握的熟练程度、已有经验和设备等。例如,日本惯用 PWS 法;在欧、美,设计往往并列提供两种方法图纸,由施工单位选择。PWS 法每束股由于自重因素使其钢丝根数受限制,而 AS 法则基本不受限制,每束股钢丝数可设计成 400~500 根。我国现代悬索桥虽起步较晚,但预制、架设束股已有设备和经验,已修建的悬索桥大都选择 PWS 法。

主缆外形多按六角形配置,一般有平顶型和尖顶型两种(图 10.8),以采用尖顶形居多。图 10.8(c)是 PWS 法每束股钢丝的排列。

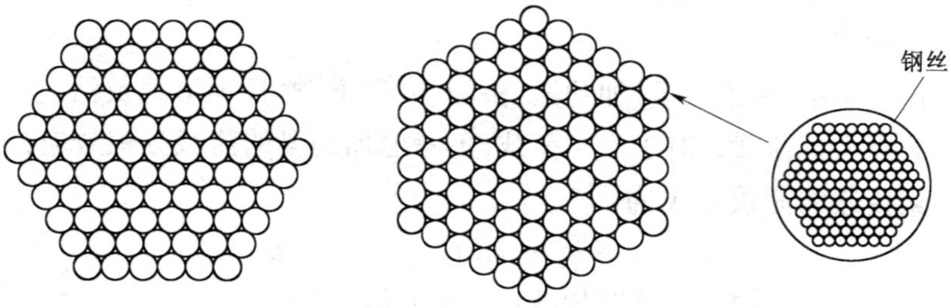

(a) 平顶型　　(b) 尖顶型　　(c) 钢丝束股断面

图 10.8　主缆断面

目前悬索桥的主缆通常都采用镀锌钢丝。为了进一步增强防锈蚀能力,在主缆索四周涂以锌粉膏等防锈剂,再用软退火的镀锌钢丝缠绕,然后在上面再涂防腐层,以形成双重防锈蚀措施,如图 10.9 所示。也有用合成树脂的塑料包缠主缆,但实例不多。为了完全防水,主缆箍紧处产生的间隙要填充密实材料。在锚锭区主缆分散开来,锚固到锚块,无法用镀锌钢丝缠绕,常采用在锚锭箱内吹风除湿措施,保持箱内空气干燥。

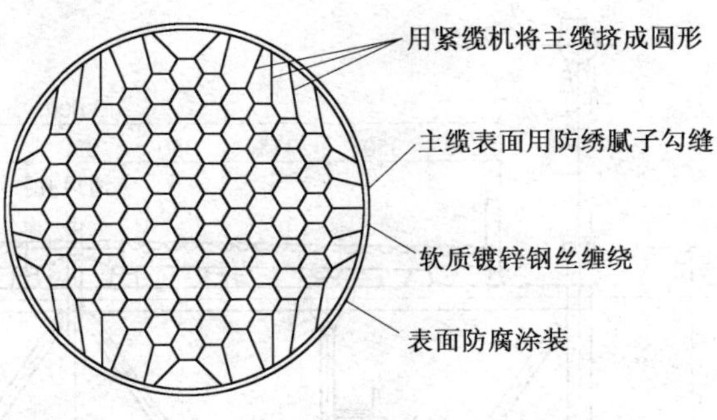

图 10.9 主缆成形及防腐处理

10.3.2 加劲梁

加劲梁的主要功能是提供桥面系和防止桥面发生过大的挠曲和扭曲变形。现今悬索桥加劲梁主要有两种形式:钢桁梁和扁平钢箱梁。扁平钢箱加劲梁的优点是:梁高小,自重轻,用钢量省,结构抗风性能好。典型的扁平钢箱梁的截面如图 10.10 所示,其由带加劲肋的钢板焊接而成,在箱内还设有横隔板或由杆件组成的横撑,桥面通常采用正交异性钢桥面板。我国西堠门大桥的加劲梁采用分离式双箱断面钢箱梁,两箱间通过箱形横梁和 I 形梁连接,目的是满足该桥的抗风需要。

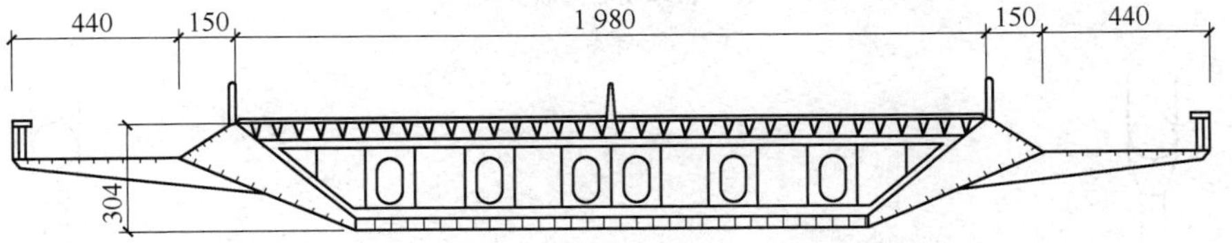

(a) 英国塞文桥

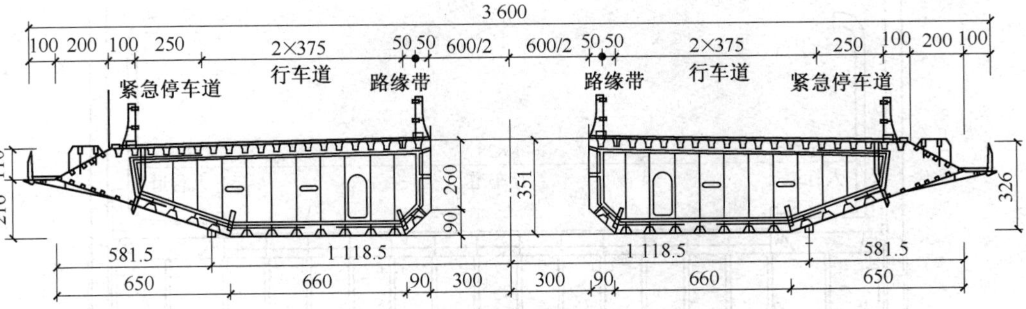

(b) 西堠门大桥

图 10.10 扁平钢箱梁标准断面(单位:cm)

钢桁架式加劲梁在双层桥面的适应性方面远较钢箱梁优越,因此适合交通量较大的或公铁两用的悬索桥。桁式加劲梁的立面布置多采用有竖杆的简单三角形形式,其横向布置应根据是否设双层桥面而定,桥面常采用钢筋混凝土板或正交异性钢桥面板。图 10.11 为日本明石海峡大桥和美国金门大桥的加劲梁断面图。其中,金门大桥在 1937 年建成时,其加劲梁未设下平纵联,没有横联,整个加劲梁的抗扭及横向水平抗弯刚度较差,1940 年美国发生塔克马老桥的风毁事故之后,为了增加抗风安全度,1954 年在该桥的下弦杆之间补加了下层平面联结系。

少数悬索桥也采用混凝土箱梁,例如我国汕头海湾大桥的加劲梁采用 C60 预应力混凝土箱梁,断面形状如图 10.12 所示。混凝土箱梁抗风性能好、自重大、结构刚度大、一般无须养

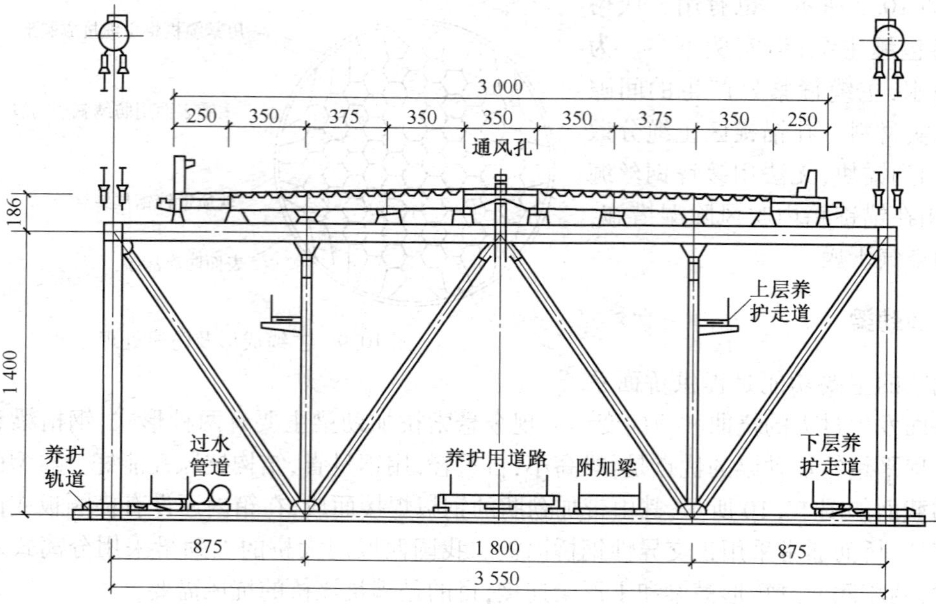

(a) 日本明石海峡大桥

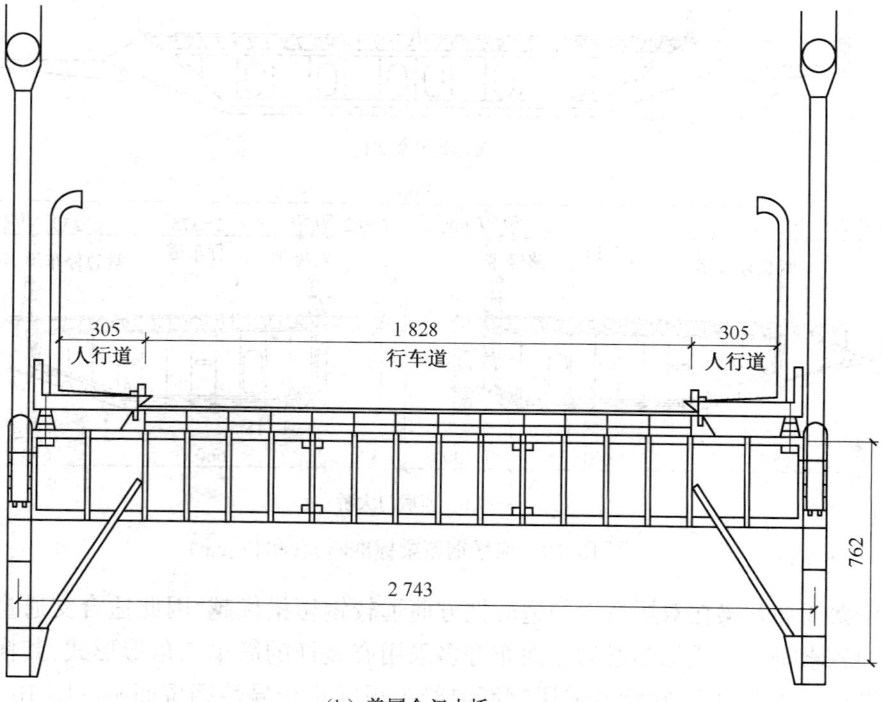

(b) 美国金门大桥

图 10.11　加劲梁断面图(单位:cm)

护,但由于混凝土梁自重大,只宜在跨度不大(≤500 m)的悬索桥中应用。

自锚式悬索桥加劲梁由于受到主缆传过来的巨大轴向力,因此相对地锚式悬索桥来讲,加劲梁截面要强大得多。自锚式悬索桥加劲梁材料既可以采用钢材、混凝土,也可采用钢—混组合材料。图 10.13 所示为佛山平胜大桥主跨钢箱加劲梁、边跨混凝土加劲梁的断面布置。

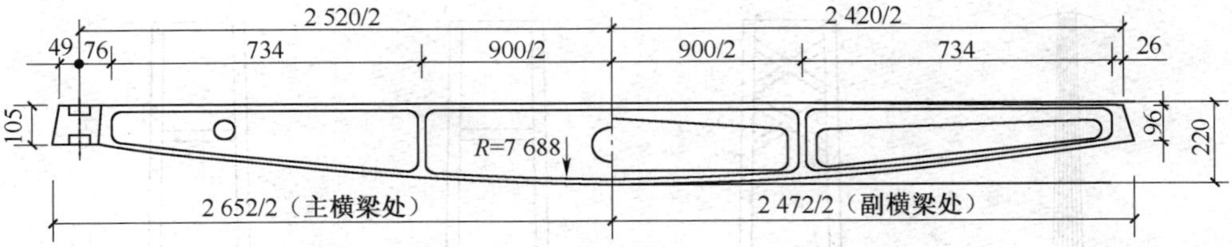

图 10.12　汕头海湾大桥混凝土箱梁(单位:cm)

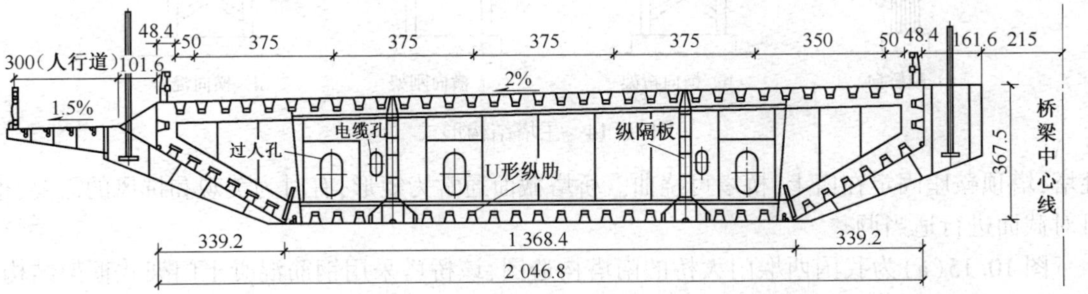

（a）主跨钢箱梁

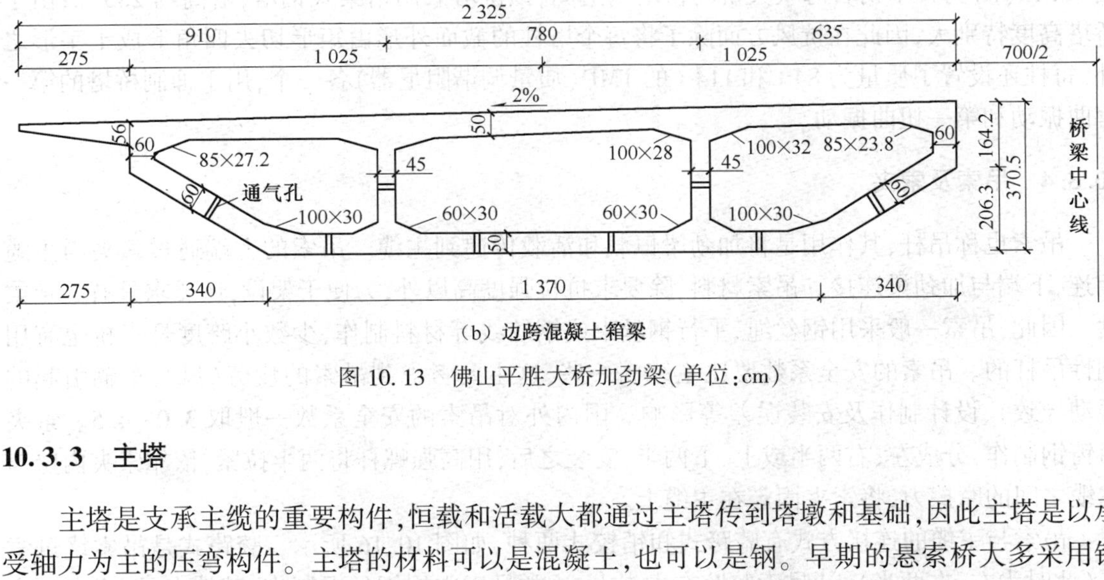

（b）边跨混凝土箱梁

图 10.13　佛山平胜大桥加劲梁(单位:cm)

10.3.3　主塔

主塔是支承主缆的重要构件,恒载和活载大都通过主塔传到塔墩和基础,因此主塔是以承受轴力为主的压弯构件。主塔的材料可以是混凝土,也可以是钢。早期的悬索桥大多采用钢塔,后来,因为混凝土强度提高、施工方法改进、价格低等特点,许多悬索桥已改用混凝土塔。我国的悬索桥多采用混凝土塔。主塔形式分顺桥方向与横桥方向,顺桥方向为柱型等宽或从塔顶向塔底以一定坡度扩大,如图 10.14(a)所示;横桥方向为底部固定的平面桁架或刚架或混合式,如图 10.14(b)~(d)所示,混凝土塔宜采用平面刚架。

主塔按结构受力分为刚性、柔性和摆式三种。悬索桥建成后,由于活载作用及温度变化,并且位于塔顶的鞍座与主缆之间不允许出现相对滑移,使得鞍座或桥塔会沿着桥轴线方向发生纵向位移。若采用刚性塔,则需要在主鞍座下设辊轴,使鞍座能够沿纵向移动;若采用柔性塔,鞍座就固定于塔顶,由塔的变形来适应鞍座的纵向位移,这种方式构造简单,维修保养容易;在悬索桥发展的早期,有些小跨度悬索桥中曾采用过摆柱式塔,这种塔在塔底设铰,大大减小了塔所受的弯矩,但施工困难,结构复杂,现已不再使用。大跨度悬索桥的主塔通常采用柔

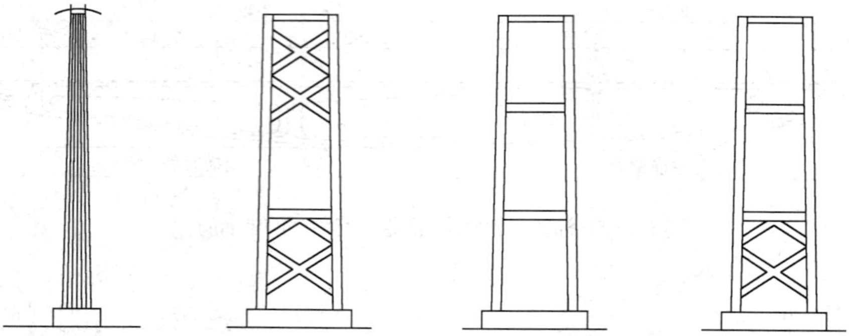

(a) 顺桥向　(b) 横向桁架　(c) 横向刚架　(d) 横向混合

图 10.14　主塔结构形式

性塔,塔顶鞍座固定在塔上,桥塔可挠曲。桥塔截面通常为矩形,有时为美观和抗风的需要,也可对截面进行适当调整。

图 10.15(a)为我国西堠门大桥的南塔构造图,该桥塔采用钢筋混凝土门架式框架结构,塔高 211.286 m,为改善桥塔的抗涡振性能,塔柱断面的角点部位设置 0.7 m×0.7 m 的凹槽。图 10.15(b)为日本明石海峡大桥的桥塔构造图,该桥塔采用桁架式钢塔,塔高约 283 m;由于桥塔高度特别大,因此在抗风方面除了将每个塔柱的截面外形由矩形切去四角形成十字形之外,每柱还设置了质量为 84 t 和 114 t 的 TMD(质量调谐阻尼器)各一个,用于抑制桥塔的第一弯曲振动和第一扭曲振动。

10.3.4　吊索及索夹

吊索也称吊杆,其作用是将加劲梁恒载和活载传递到主缆。吊索的上端通过索夹与主缆相连,下端与加劲梁连接。吊索材料,除要求抗拉强度高以外,为便于架设,还要求具有一定柔性。因此,吊索一般采用钢丝绳、平行钢丝束或钢绞线等材料制作,少数小跨度悬索桥也有用刚性吊杆的。吊索的安全系数要比主缆高一些,这主要考虑到吊索的疲劳(风与车辆引起的振动导致)、设计制作及安装误差等影响。国内外对吊索的安全系数一般取 3.0~4.5。索夹由铸钢制作,分成左、右两半或上、下两半,安装之后,用高强螺杆将两半拉紧,依靠索夹内壁与主缆之间的摩擦力,将索夹固定在主缆上。

吊索与主缆的连接方式有骑跨式和销铰式两种,如图 10.16 所示。骑跨式是吊索绕过索夹(此时为左、右两半),让吊索骑跨在索夹上,这类吊索常用钢丝绳制作,其特点是:索夹应力不直接受吊索拉力的影响,结构简单,由于主缆倾斜角变化,套箍沟槽要随之变化,铸造形式多,吊索弯曲引起弯曲应力。美国和日本悬索桥多用骑跨式连接。销铰式是采用销钉连接,在索夹(此时为上、下两半)下一半的下垂板(又称吊耳)上设置销钉孔眼,吊索上端设开口套筒,两者通过销钉相连,这类吊索可采用钢丝绳或平行钢丝束,其特点是:吊索不会出现弯曲,受主缆倾斜角变化影响小,且易于更换。目前销铰式连接方式用得较多。

吊索与加劲梁的连接方式有耳板销铰式和锚箱承压式两种,如图 10.16 所示。耳板销铰式是吊索通过锚头与焊接于加劲梁上的耳板采用销栓相连,这类连接形式构造简单、施工方便、防水性能好,但存在应力集中问题。锚箱承压式是将吊索锚固于锚箱的承压锚板上,并设置套筒对锚箱内的吊索进行保护;这类连接形式传力明确、受力较均匀,但构造复杂、制造安装维修不便,且防水耐久性差,目前较少采用。

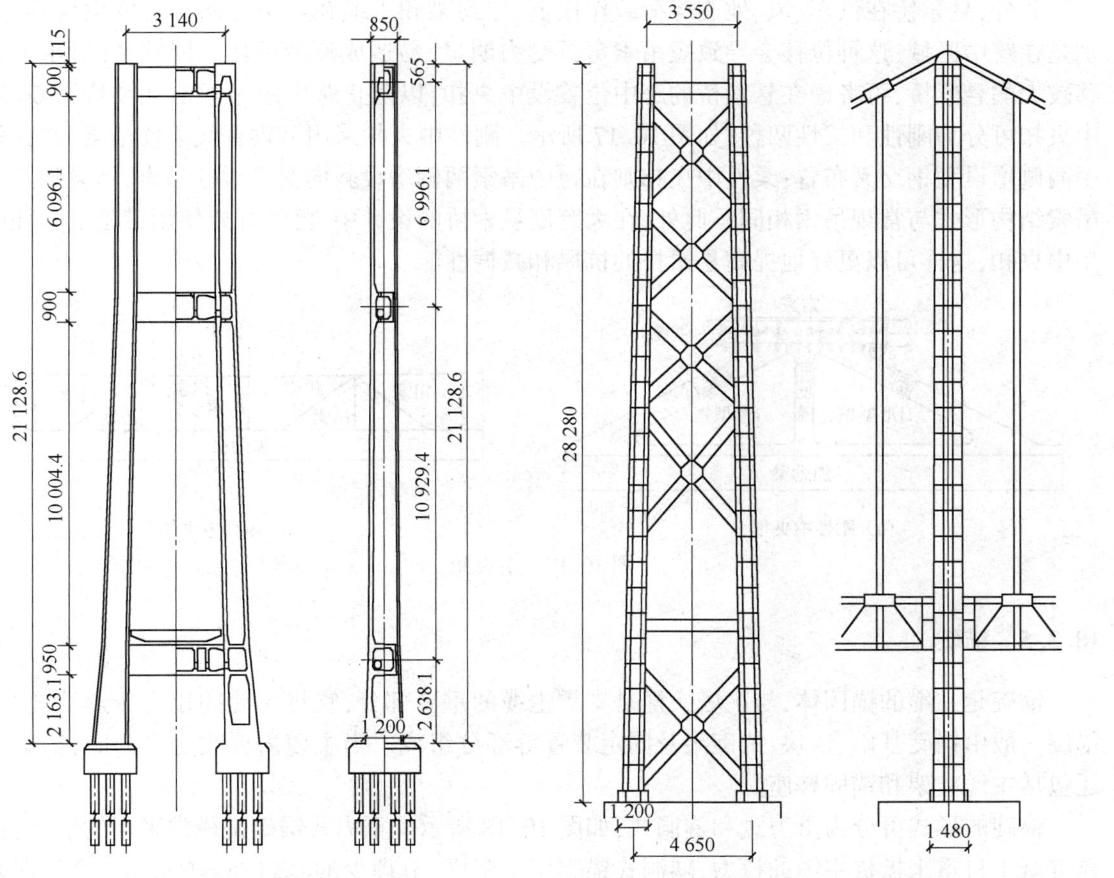

（a）西堠门大桥混凝土南塔　　（b）明石海峡大桥钢主塔

图 10.15　桥塔构造图(单位:cm)

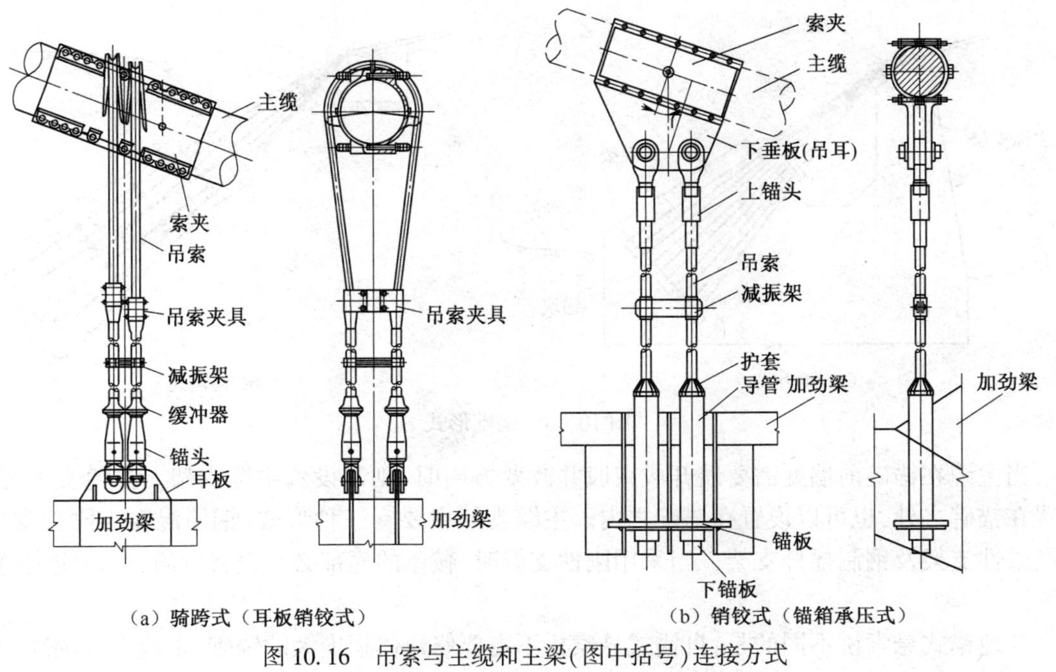

（a）骑跨式（耳板销铰式）　　（b）销铰式（锚箱承压式）

图 10.16　吊索与主缆和主梁(图中括号)连接方式

此外,悬索桥在汽车、风、地震等荷载作用下,加劲梁和主缆在水平方向都将发生位移,特别是在跨中区域,这种位移会导致短吊索弯折受力明显,易造成疲劳破坏。因此,针对水平位移较大的悬索桥,可考虑在悬索桥的跨中位置设中央扣,以防止跨中短吊索的此类疲劳破坏。中央扣可分为刚性和柔性两种,如图 10.17 所示。刚性中央扣采用型钢替代柔性吊索,并在跨中两侧增设型钢交叉布置;柔性中央扣则在跨中吊索两侧增设斜向交叉柔性吊索,增设的柔性吊索结构形式与常规吊索相同。此外,在大跨度悬索桥的设计中,已经开始使用带阻尼的耗能型中央扣,这样可以更好地提高悬索桥的抗风和减振性能。

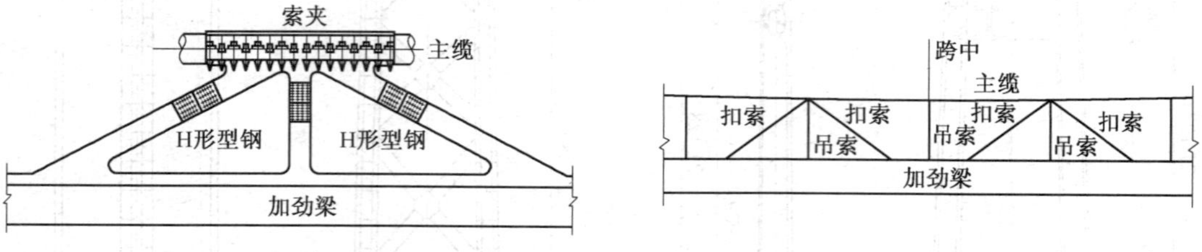

(a) 刚性中央扣　　(b) 柔性中央扣

图 10.17　中央扣

10.3.5　锚碇

锚碇是主缆的锚固体,与主塔一样是支承主缆的重要部分,它将主缆的拉力传递给地基。锚碇一般由锚碇基础、锚块、锚碇架及固定装置等部分组成。当主缆需要改变方向时,锚碇中还包括主缆支架和锚固鞍座。

锚碇的形式可分为重力式和隧洞式,如图 10.18 所示。重力式锚碇是最常采用的形式,依靠混凝土自重来抵抗主缆的拉力;隧洞式锚碇用于坚固、节理少的基岩外露的情况,是先把岩石凿出一个隧洞,然后在其内埋入锚碇架,填充混凝土抵抗主缆拉力。我国的西堠门大桥、日本明石海峡大桥、美国金门大桥均采用重力式锚碇,我国的湘西矮寨大桥采用了隧洞式锚碇。

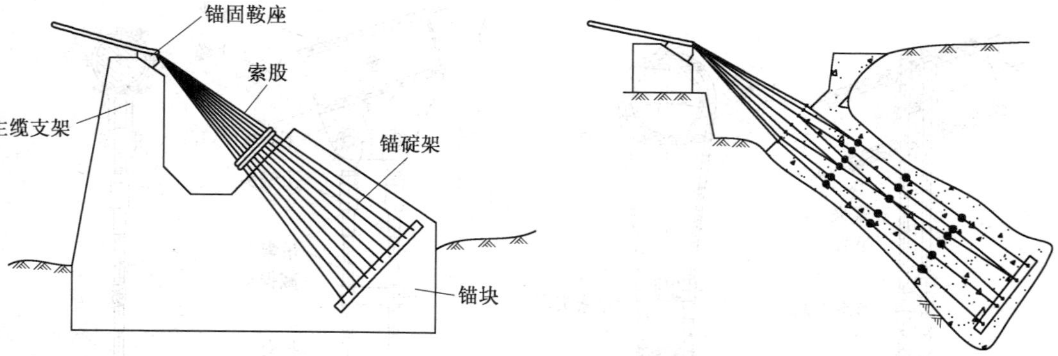

(a) 重力式　　(b) 隧洞式

图 10.18　锚碇形式

当主缆在锚碇前墙处需要展开成束股并改变方向时,则需设置主缆支架。主缆支架可以设置在锚碇之外,也可以设置在锚碇之内。主缆支架主要有三种形式:钢筋混凝土刚性支架、钢制柔性支架及钢制摇杆支架。当采用刚性支架时,鞍座的底部必须设置辊筒,以适应主缆的伸缩。

与地锚式悬索桥不同的是,自锚式悬索桥不需要修建体积庞大的锚碇,主缆直接锚固于加劲梁上。锚固形式主要有三种:混凝土结构锚固方式、钢结构锚固方式和环形锚固方式。混凝土结构锚固方式为大多数混凝土自锚式悬索桥所采用,锚固原理与地锚式悬索桥的重力式锚碇相似,如图 10. 19 所示,其中锚固形式Ⅰ为常规锚固方式(佛山平胜大桥采用),而锚固形式Ⅱ利用桥墩作为锚块。钢结构锚固方式是主缆进入钢结构锚固体后,通过散索鞍散开分别锚固在锚固面上,我国的长沙三汊矶湘江大桥和日本的此花大桥均采用这种锚固方式,如图 10. 20所示。环形锚固方式是主缆绕在梁端的锚固跨上,连接为环形,我国抚顺万新大桥和美国新奥克兰海湾大桥均采用这种锚固方式。

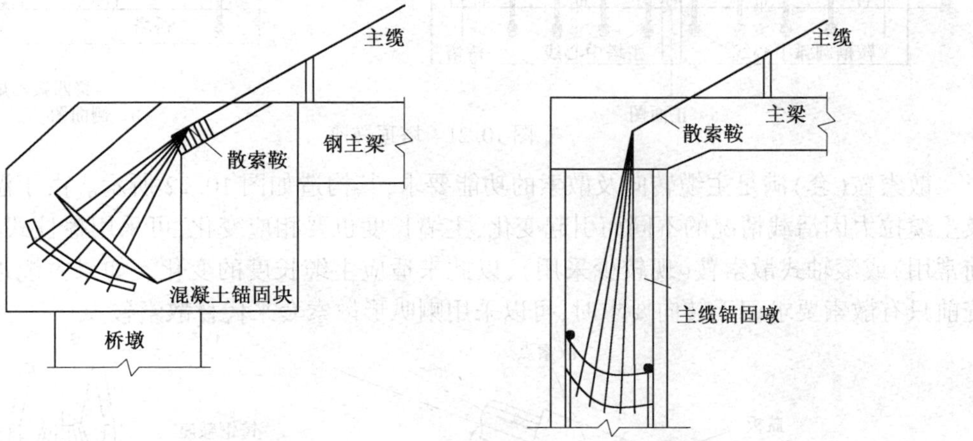

(a) 锚固形式Ⅰ (b) 锚固形式Ⅱ

图 10. 19 自锚式悬索桥混凝土结构锚固方式

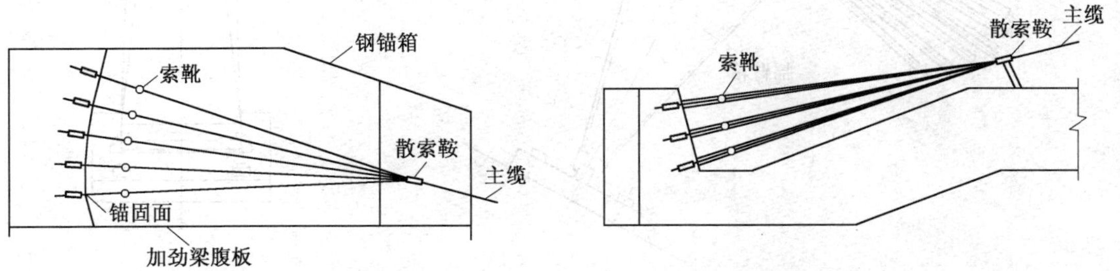

(a) 平面 (b) 立面

图 10. 20 自锚式悬索桥钢结构锚固方式

10. 3. 6 鞍座

鞍座按其使用功能可分为塔顶主鞍座和散索鞍(套)。塔顶主鞍座的作用是将主缆传来的巨大竖向力均匀分布到塔顶截面,而散索鞍(套)的主要功能是改变主缆方向,并把主缆的钢丝束股在水平及竖直方向分散开来,然后把这些钢丝束股引入各自的锚固位置。

悬索桥的塔顶鞍座早期多为大型铸钢构件,鞍座的尺寸巨大,需要特殊设备进行加工。近期悬索桥的鞍座改用铸焊结合结构,比较轻型,鞍座底部与塔顶箱体吻合,且两者内部格状、加劲肋板位置也尽可能一致,以使鞍座上竖向力直接传给塔柱。塔顶鞍座主要由鞍槽、腹板、底板及横向加劲肋板等部分组成,如图 10. 21 所示。为了减小主缆的弯曲应力和主缆与鞍座的接触压力,塔顶鞍槽的纵向半径一般不应小于主缆直径的 8~12 倍。

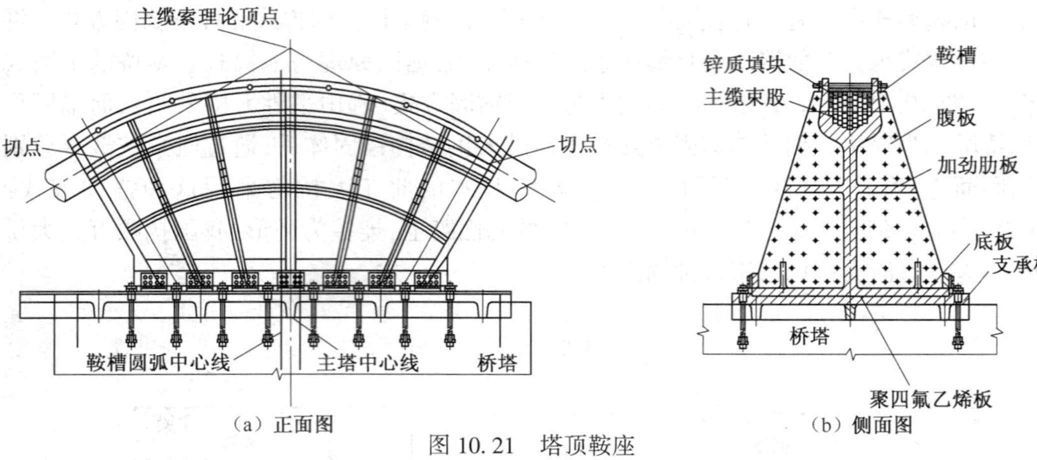

图 10.21　塔顶鞍座

散索鞍(套)满足主缆转向及散索的功能要求,其构造如图 10.22 所示。由于温度变化以及主缆拉力因活载情况的不同而引起变化,主缆长度也要相应变化,可采用摇柱式散索鞍(目前常用)或滚轴式散索鞍(现较少采用),以此来适应主缆长度的变化。如果主缆进入锚固系统前只有散索要求而无转向要求时,可以采用喇叭形散索套来代替散索鞍。

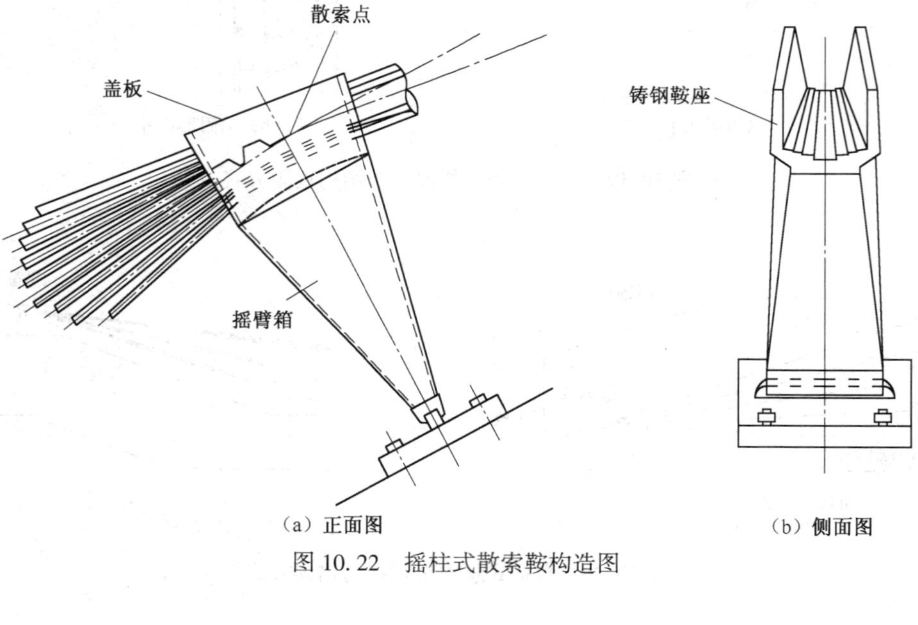

图 10.22　摇柱式散索鞍构造图

10.4　悬索桥计算特点

10.4.1　悬索桥的几何非线性概念及体现

悬索桥是高柔性结构,计算时必须考虑结构在承受荷载后的变形对内力分布的影响,即几何非线性的影响。悬索桥的几何非线性主要体现在以下三个方面:

(1)荷载作用下的结构大位移,这是作为柔性结构的最主要的几何非线性影响因素。悬索桥在受外荷载作用时,主缆及加劲梁发生下挠,吊索将伸长,主塔会压缩,吊索将发生倾斜,节点有水平位移等,这些都会对悬索桥的内力及变形产生较大影响。因此在进行分析时,力的平衡方程应根据变形后结构的几何位置来建立,力与变形的关系是非线性的。

(2) 主缆初始内力的影响，即重力刚度的影响。在主缆安装后及加劲梁架设过程中，受主缆自重和加劲梁重力作用，主缆会产生很大的水平拉力，形成较大的拉力刚度(或重力刚度)，具有较大的初应力。当后续荷载(包括活载)作用时，主缆形状发生改变，由初应力产生的拉力刚度对后续状态的变形存在着抗力，反映了主缆的几何非线性性质。

(3) 主缆自重垂度的影响。在用有限元法分析时，主缆单元常采用直杆单元模拟，而实际在自重作用下主缆具有一定的垂度。主缆在受力后发生的变形是由弹性变形和垂度引起的非线性变形两部分组成，其变形值将比直杆单元模拟值大。

10.4.2 计算理论简介

大跨度悬索桥加劲梁吊装时，某一节段吊装到位后暂时与相邻节段临时连接，节段间可看成铰接，待所有节段吊装到位、线形调整完后再将全部加劲梁连成整体，形成刚接，所以加劲梁质量完全由主缆承担，加劲梁只承担自身质量产生的弯矩。因此，悬索桥恒载状态的计算只需将主缆、加劲梁、吊索等自重(接近均布荷载)加在主缆上进行分析即可。这部分的计算可参见本章 10.4.3 的主缆线形分析。

因此，悬索桥的计算难点主要是活载及其他使用荷载作用下的内力分析，此时必须考虑主缆与加劲梁的共同受力。考虑到悬索桥在承受活载前，主缆已具有足够的重力刚度，因此关于悬索桥的活载作用计算，可以有三种求解思路：①不考虑结构体系变形对内力的影响，可按普通结构力学方法计算，此为“弹性理论”；②考虑结构体系变形对内力的影响，即考虑几何非线性的影响，此为“挠度理论”；③计算机得到广泛应用后，几何非线性问题可以借助有限元方法综合考虑体系变形对内力的影响和节点大位移的影响，从而得到精确的数值解，此为“有限位移理论”。因此，悬索桥的计算理论大致经过了这三个阶段：弹性理论、挠度理论和有限位移理论。

(1) 弹性理论

弹性理论是悬索桥最早的计算理论。19 世纪末至 20 世纪初的早期悬索桥计算均采用弹性理论来进行。当时以世界上跨度最大的布鲁克林桥为代表的许多美国悬索桥都是用这个理论进行设计的。

弹性理论认为，主缆承受自重及全部桥面恒载，它的几何形状是二次抛物线，这一线形不因后来作用于桥面上的活载而发生任何变化。根据这一理论，在计算加劲梁由于活载所产生的弯矩 M 时，其计算模型(一次超静定结构)与活载作用之前(即恒载状态)是相同的，如图 10.23所示。按平衡条件，可得

$$M = M_0 - H_p y \tag{10.7}$$

式中 M_0——相应简支梁的活载弯矩；

H_p——活载引起的主缆水平分力；

y——主缆承受活载前的纵坐标值。

弹性理论能满足早期跨度较小(≤200 m)且加劲梁刚度相对较大的悬索桥的计算要求，但是它有两个非常显著的缺陷：一是没有考虑到恒载对悬索桥刚度的有益影响；二是没有考虑非线性大位移影响。尽管按弹性理论做设计可以偏于安全，但却严重浪费了材料，这是因为作为悬索桥主要承重构件的主缆是受拉构件，当考虑了上述因素后，其内力和位移值都将显著减小，这种情况在跨度愈大、加劲梁愈柔、活恒载比值愈小等条件下表现愈显著。因此，弹性理论不能用于大跨度悬索桥的内力分析。

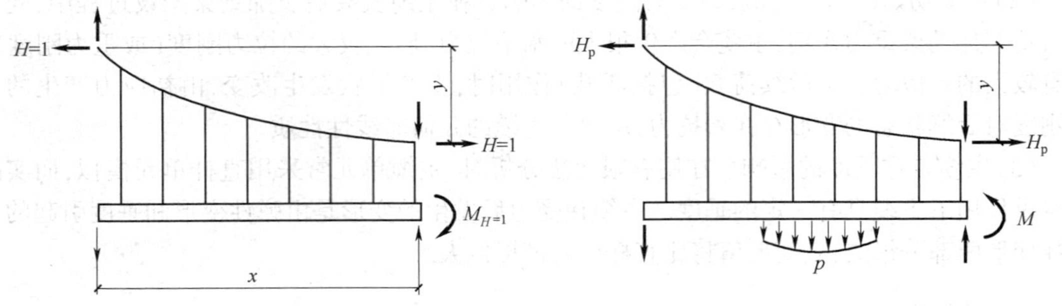

图 10.23　悬索桥的弹性理论

(2)挠度理论

随着悬索桥跨径的不断增大,加劲梁的刚度相对来说不断降低,对于主缆这种柔性悬挂构件,认为它的几何形状及长度都不因活载而变化的假定,已不再适用。1888 年,悬索桥的挠度理论被提出,但直到 20 世纪初才在美国的纽约曼哈顿桥首次采用,该桥于 1909 年建成。此后,一直到 20 世纪 80 年代前后的悬索桥几乎都采用挠度理论进行设计。

挠度理论认为,主缆在恒载作用下取得平衡时的几何形状将因活载的作用而发生改变,并且主缆因活载作用而增加的主缆拉力所引起的伸长量也应当在计算中加以考虑。现用图 10.24来说明挠度理论和弹性理论的不同之处。图中虚线表示主缆在恒载时的平衡位置、实线表示主缆在恒载和活载共同作用时的平衡位置,可以看出在活载作用下主缆的几何形状发生了变化。用 v 表示主缆因活载作用而产生的挠度;用 M 表示加劲梁所承受的活载弯矩,M 可以取简支梁活载弯矩 M_0 为基础、用主缆拉力来修正。主缆拉力 H 的纵坐标位置在活载作用后是 $y+v$;而拉力 $H=H_q+H_p$,其中 H_q 是恒载作用下产生的主缆拉力,H_P 是活载作用下产生的主缆拉力。主缆拉力这时产生的抵抗弯矩为$(H_q+H_p)(y+v)$。但是,其中的 H_qy 是主缆在恒载平衡中已经使用过的,与加劲梁内的活载弯矩 M 无关。因此

$$M = M_0 - H_q v - H_p(y + v) \tag{10.8}$$

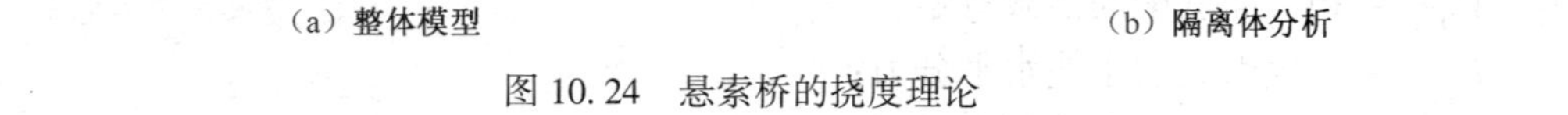

图 10.24　悬索桥的挠度理论

将式(10.8)与式(10.7)对比,两式的差异就在于$-(H_q+H_p)v$ 这一项。虽然 v 值并不会大,但是 H_q 往往很大,故必须把$-(H_q+H_p)v$ 这一项列入计算中。而考虑$-(H_q+H_p)v$ 的效应,就是挠度理论的主要特征。

挠度理论考虑了恒活载产生的主缆拉力的二阶非线性影响,主缆的平衡方程是建立在变形后位置上的,是一个四阶非线性微分方程。对此非线性微分方程,很难得出其解析解,故在挠度理论的实际应用中,通常是在采用近似假设的前提下进行求解的。当恒活载比值较大时,

忽略活载产生主缆拉力 H_p 的影响,由此可提出线性挠度理论。后来国内外还有不少学者提出了等代梁法、近代膜理论和重力刚度法等。以上诸多方法都对当时悬索桥的设计计算做出了杰出贡献,但是它们都有一定的假设前提,故均具有一定的适应范围。而且以上各种方法,计算过程相当烦琐,计算结果存在误差,且均不适合于计算机运算。

(3)有限位移理论

当现代悬索桥的跨径进一步增大时,其加劲梁的刚度不断相对减小,当加劲梁的高跨比小于1/300时,采用挠度理论引起的误差不容忽略,为此有限位移理论开始应用于现代悬索桥的结构分析中,使悬索桥的分析计算更加精确。

有限位移理论把悬索桥结构分析方法统一到一般非线性有限元中,将悬索桥离散为杆系结构,按非线性杆系有限元进行求解。该理论无须挠度理论那些假设,且可以处理任意的结构形式、边界条件以及初始条件,所以它是悬索桥已有分析方法中最精确的,也是目前大跨度悬索桥分析计算中普遍采用的方法。

综上所述,对于悬索桥计算理论经历的三个阶段,可以从其结构平衡方程 $[K]\{u\}=\{P\}$ 中,用对刚度矩阵的修正内容来表示各种计算理论的实质:

①弹性理论 $[K]=[K_e]$

②线性挠度理论 $[K]=[K_e]+[K_g(\{N_g\})]$

③有限位移理论 $[K]=[K_e]+[K_g(\{N\})]+[K_d(\{\delta\})]$

其中,$[K_e]$、$[K_g]$、$[K_d]$ 分别为弹性刚度矩阵、几何刚度矩阵、大位移刚度矩阵;$\{N_g\}$、$\{N\}$、$\{\delta\}$ 分别为恒载轴力列向量、恒活载轴力列向量、节点位移列向量。

10.4.3 主缆线形分析

主缆是悬索桥的主要承重构件,所以主缆线型的准确计算显得尤为重要。在架设主缆时,主缆处于空缆状态,仅受到自重作用,其形状为“悬链线”。当加劲梁和吊索安装完后,即成桥状态,此时的主缆受到沿索长的主缆自重和沿桥长的加劲梁自重共同作用,主缆线形既非悬链线,也非抛物线,但因沿桥长分布的加劲梁质量占主要部分,所以加劲梁主缆可近似认为受到均布荷载的作用,此时主缆线型为“近似抛物线”。

(1)空缆状态下的主缆悬链线线形

如图10.25所示为主缆一索段,作用在索上的外力仅有自重 q。索两端的张力用 T_i 和 T_j 表示,H_i、V_i 和 H_j、V_j 分别为索段两端的水平分量和竖向分量,s 为索的弧长,l 为索的水平投影长度。由于索段无水平外力作用,故

$$H_i=H_j=H=\text{常量} \tag{10.9}$$

根据竖向静力平衡条件,可得

$$dV=V_j-V_i=-q\,ds \tag{10.10}$$

式(10.10)两边除以 dx,可得

$$\frac{dV}{dx}=-q\frac{ds}{dx} \tag{10.11}$$

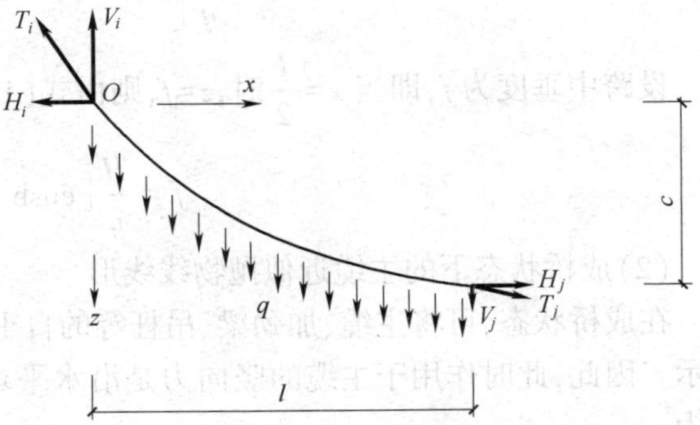

图10.25 悬链线索段

设索任一点的切线和水平线之间的夹角用 θ 表示,因此有

$$\frac{V}{H}=\tan\theta=\frac{\mathrm{d}z}{\mathrm{d}x} \tag{10.12}$$

式(10.12)两边对 x 求导,可得

$$\frac{\mathrm{d}V}{\mathrm{d}x}=H\frac{\mathrm{d}^2z}{\mathrm{d}x^2} \tag{10.13}$$

将式(10.13)代入式(10.11),得到

$$H\frac{\mathrm{d}^2z}{\mathrm{d}x^2}+q\frac{\mathrm{d}s}{\mathrm{d}x}=0 \tag{10.14}$$

索的弧长可表示为

$$\mathrm{d}s^2=\mathrm{d}x^2+\mathrm{d}z^2 \tag{10.15}$$

从而可得到

$$\frac{\mathrm{d}s}{\mathrm{d}x}=\sqrt{1+\left(\frac{\mathrm{d}z}{\mathrm{d}x}\right)^2} \tag{10.16}$$

将式(10.16)代入式(10.14),可得

$$H\frac{\mathrm{d}^2z}{\mathrm{d}x^2}+q\sqrt{1+\left(\frac{\mathrm{d}z}{\mathrm{d}x}\right)^2}=0 \tag{10.17}$$

式(10.17)为索的悬链线微分方程,可求得满足图10.25所示边界条件的解为

$$z=\frac{H}{q}\left[\cosh\alpha-\cosh\left(\frac{2\beta x}{l}-\alpha\right)\right] \tag{10.18}$$

式中:

$$\begin{cases}\alpha=\sinh^{-1}\left[\dfrac{\beta c/l}{\sinh\beta}\right]+\beta\\ \beta=\dfrac{ql}{2H}\end{cases} \tag{10.19}$$

当两支座等高时,$c=0$,则

$$\alpha=\beta=\frac{ql}{2H} \tag{10.20}$$

此时的悬链线方程为

$$z=\frac{H}{q}\left[\cosh\alpha-\cosh\left(\frac{qx}{H}-\alpha\right)\right] \tag{10.21}$$

设跨中垂度为 f,即当 $x=\dfrac{l}{2}$ 时,$z=f$,则由式(10.21)可得出 f 与 H 之间的关系

$$f=\frac{H}{q}[\cosh\alpha-1] \tag{10.22}$$

(2)成桥状态下的主缆近似抛物线线形

在成桥状态,可将主缆、加劲梁、吊杆等的自重近似看成均布荷载作用于主缆,如图10.26所示。因此,此时作用于主缆的竖向力是沿水平均布的 $q_x\mathrm{d}x$,而不是 $q\mathrm{d}s$,所以式(10.14)就变为

$$\frac{\mathrm{d}^2z}{\mathrm{d}x^2}=-\frac{q_x}{H} \tag{10.23}$$

式(10.23)即为索的抛物线微分方程,可求得满足图10.26所示边界条件的解为

$$z = \frac{q_x}{2H}x(x-l) + \frac{c}{l}x \quad (10.24)$$

设跨中垂度为f,即当$x=l/2$时,$z=f+c/2$,则由式(10.24)可得出

$$H = \frac{q_x l^2}{8f} \quad (10.25)$$

将其代入式(10.24),得到主缆的抛物线方程为

$$z = \frac{4fx(x-l)}{l^2} + \frac{c}{l}x \quad (10.26)$$

该抛物线线形完全由主缆设计参数l、f和c唯一确定。

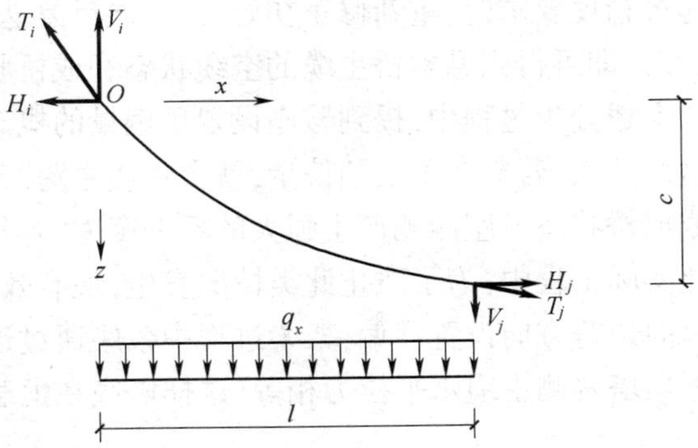

图10.26 抛物线索段

10.4.4 主缆找形分析

悬索桥的主缆是其主要受力构件,一旦主缆的线形确定,主缆的内力和变形即可得到,进而可容易分析得到其他构件的受力状态,因此,悬索桥计算分析的关键是主缆找形。主缆找形主要指的是寻找悬索桥主缆架设之初的空缆状态(悬链线线形)和架设完成的成桥状态(近似抛物线线形)。

悬索桥的主缆从架设之初的空缆状态到架设完成的成桥状态,中间需经历吊索和加劲梁的安装,施工中会产生很大的变形,主缆的拉力也会增大很多,因此这个分析过程必须考虑几何非线性的影响。此外,成桥状态的线形应满足设计要求,但由于悬索桥主缆在成桥状态既非悬链线也非抛物线,因此其成桥线形实际上都只有两个端点和跨中点的空间位置是已知的,主缆成桥线形上的其余点(例如索夹位置)的准确位置是未知的。因此,悬索桥不能像斜拉桥那样通过倒拆分析来获得其初始状态(即空缆状态),但可以根据设计成桥状态时给定的结构几何控制参数,如主缆垂度、主缆跨中点位置、桥面设计线形、吊索(索夹)沿跨度方向位置、鞍座中心位置等,先假设一个施工理想初态,通过考虑几何非线性的前进分析算法反复迭代,并与成桥状态设计控制参数进行比较,从而获得悬索桥的空缆状态和成桥状态,具体做法如下。

为了更好地阐述上述迭代算法,下面先引入几个概念:

初始态:即施工理想初态,也即空缆状态,主缆架设完毕时塔缆结构的几何形状(此时主缆呈悬链线,鞍座预设偏量)。

荷载态:在初始态上,作用一期恒载(吊索和加劲梁)和二期恒载(桥面铺装等)后得到的结构几何形状及内力。

目标态:设计要求成桥状态时结构的几何形状[包括主缆垂度、主缆跨中点位置、桥面设计线形、吊索(索夹)沿跨度方向位置、鞍座中心位置等]。

在以上三种状态中,只有目标态是已知的,但目标态的主缆线形仍是未知的。第一次试算时,取目标态作为初始态,同时假设成桥状态时主缆线形为悬链线,此时鞍座的偏位量为0,但在此后的迭代中鞍座需根据其产生的位移量来设置预偏量。在初始态上,施加一期恒载,即进行加劲梁和吊杆等的拼装。梁段吊装过程中加劲梁各段之间处于顶板(或上弦)临时铰接状态,当加劲梁和吊杆拼装完后,得到全部一期恒载作用下结构的几何形状及内力。在此基础上进行加劲梁的刚接,施加二期恒载,即进行桥面铺装等。至此,便可得到全部荷载作用下结构

的几何形状及内力,即荷载态。将荷载态的结构几何形状的有关控制参数与目标态相比,若误差超过精度要求时,重新修正初始态,多次反复迭代直到误差满足精度要求时,输出初始态和目标态,即可得到悬索桥主缆的空缆状态和成桥状态,实现悬索桥的主缆找形分析。

上述分析过程中,提到鞍座设置预偏量的概念,这是因为在架梁施工过程中,主跨荷载远比边跨的大,若鞍座不设预偏量,就会致使主跨产生的主缆水平拉力大于边跨主缆水平拉力,造成成桥状态鞍座两侧产生强大的不平衡力,容易导致鞍座内索股滑丝,索塔承受过大弯矩。因此实际工程中,为了防止此类情况发生,最有效的办法是鞍座设置预偏量,即通过主塔上的鞍座向边跨方向设置预偏,架梁过程中鞍座通过逐渐顶推回复到主塔中心位置,可使得成桥状态下索塔两侧主缆水平拉力相等,这样塔底在恒载下就不产生弯矩。

10.5　悬索桥施工

悬索桥的基本施工步骤是先修建基础、锚碇、主塔,然后借助主塔架设施工便道(称为猫道),利用猫道来架设主缆,随后安装吊索,拼装加劲梁。其中,主缆和加劲梁的架设是悬索桥施工的重点。

10.5.1　主缆架设

悬索桥的主缆一般由平行钢丝束股组成,其架设方法有空中纺线法(简称 AS 法)与预制钢丝束股法(简称 PWS 法)两种。

(1)空中纺线法

空中纺线法(AS 法)是美国人 J. A. 罗伯林在 1844 年提出的。其工作原理如下:沿着主缆设计位置,从一侧锚碇到另一侧锚碇,布置一根无端牵引绳(即长绳圈),将送丝轮扣牢在牵引绳某处。从卷筒抽出一钢丝头,套过送丝轮,并暂时固定在某靴跟(可编号为 A)处。用动力机驱动牵引绳,送丝轮就带着钢丝套圈送至对岸,取下套圈,将其套在对应的靴跟(可编号为 A′)上。随着牵引绳的驱动,送丝轮就被带回这岸。再将钢丝绕过编号为 A 的靴跟后,就可继续抽送钢丝,形成下一个套圈并套在送丝轮上。如此反复进行,当套在两岸对应靴跟(A、A′)上的丝数达到一根丝股的设计数目时,将钢丝剪断,用钢丝连接器将其两端头连起来。这样,一根丝股的空中编制就完成了。图 10.27 是美国韦拉扎诺桥的送丝工艺示意。

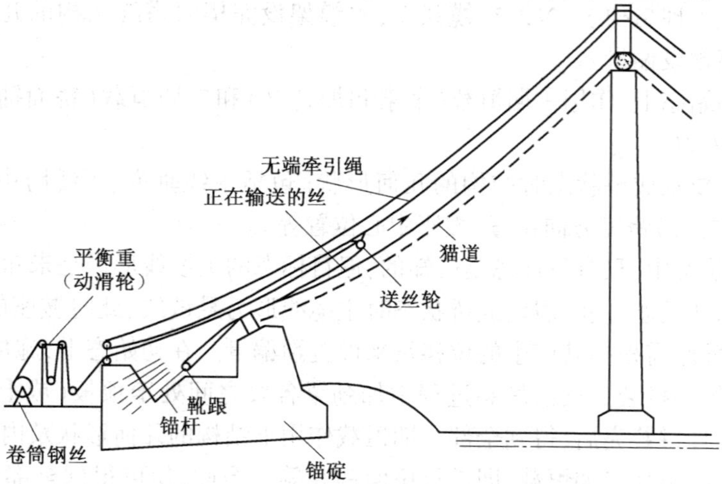

图 10.27　空中纺线法(AS 法)示意

为实现空中送丝,必须设置猫道和送丝设备。所谓猫道,就是指位于主缆下方(大约是1 m多),沿着主缆设置,让进行主缆作业(包括送丝、调丝、调股、紧缆、缠缆、装索夹、装吊索等工序)的工人有立足之处的支架平台。猫道一般宽度3 m左右,用悬吊在塔和塔、塔和锚之间的几根平行承重绳加上铺面层组成。由于猫道宽度不大,为防止被风吹翻,同时也是为左、右两猫道能互相交通,一般要在两猫道之间设"横道",在主跨范围内,横道可设3道或5道,在边跨范围,可设1道或2道。由于猫道自重小,一般还应在其下方设抗风索确保其抗风稳定性。

为使主缆各钢丝受力均匀,必须对钢丝长度和丝股长度分别进行调整,这就称为调丝和调股。调丝的目的是使同一丝股内的各丝长度相等,而调股是为了使每根丝股的计算长度符合设计要求。

为使主缆有妥善的防护,还应及时进行紧缆和缠缆等工序。紧缆指在主缆各丝股全部就位之后,立即用紧缆机将主缆截面挤压成圆形。紧缆机可沿主缆移动,相继压紧主缆之后,为避免丝股松散,要立即用钢丝或扁钢进行捆扎。随后,就可以安装索夹和吊索。主缆会因其拉应力的增加而使横截面收缩,为了将主缆缠紧,应当在恒载的大部分已作用于主缆之后,再进行缠缆。缠缆就是指用缠丝机将软钢丝紧紧缠在主缆之外。缠丝之前,应清洗主缆表面,并涂防锈材料(如锌粉膏等)。缠丝之后,最后进行油漆。

(2)预制钢丝束股法

预制钢丝束股法(PWS法)不同于空中纺线法(AS法)的施工工艺主要体现在:平行丝股的制造和预制丝束的架设。

图10.28为预制平行丝股制作工艺示意。钢丝从丝盘中放出,通过导向网格,在成型机上向右移动,每隔一定距离用捆扎机捆扎一道,然后卷在卷筒上。最后,要给丝股两端装上锚头。成型后的丝股是正六边形,如图10.8(c)所示。

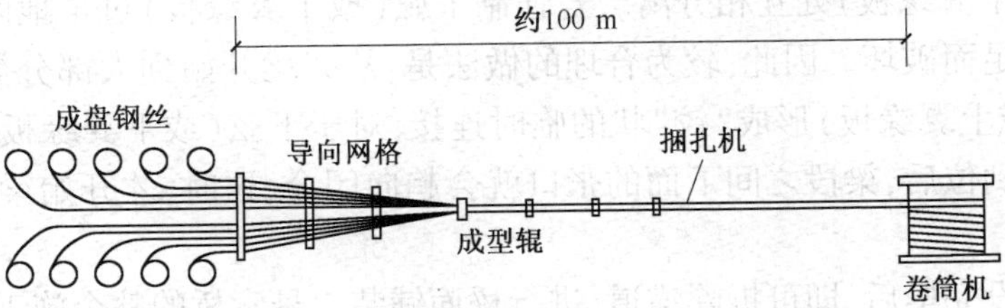

图10.28 预制平行丝股制作工艺示意

预制平行丝股架设成主缆时,也需要事先架设猫道、无端牵引绳(或称拽拉索)和丝股输放机。但在猫道之上,要设置若干导向滚轮,以支承丝股。用动力机驱动牵引绳,将丝股拽拉到位,丝股两端分别连接于锚杆。图10.29为丝股架设示意。

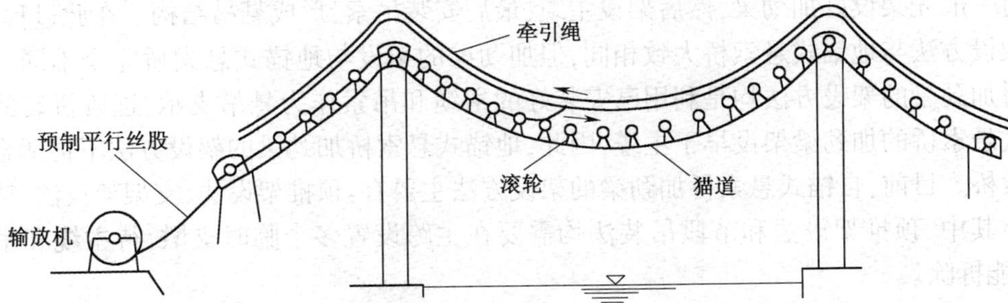

图10.29 预制平行丝股架设示意

10.5.2 加劲梁架设

在完成主缆架设并调整好主缆线型后,就可安装索夹和吊索,开始加劲梁的架设工作了。加劲梁的常用架设方法有:

(1)悬臂架设法。当加劲梁是桁架式时,常采用的方法是类似于桁式梁桥的悬臂安装法,即利用能沿着桁架上弦行走的吊机作为架梁机具,所不同的是,架设好的梁段立即与对应的吊索相连,把梁段自重传给主缆,这样,先架设的梁段并不承受后架设梁段的自重。该方法主要适合于桁式加劲梁的架设。

(2)梁段提升法。先将加劲梁预制成梁段,浮运到桥下,利用可行驶于主缆的起重台车,借助滑轮组及钢丝绳,将梁段提升到位。该方法仅适合于具有浮运条件的跨江河海湾的钢箱或钢桁加劲梁的架设。

(3)缆索吊装法。先将加劲梁段在两岸预制好,再利用可在主缆上行走的缆索吊机将加劲梁段吊起,通过吊机在主缆上的运输,将加劲梁段吊运至安装位置进行拼装。该方法主要适合于山区峡谷不具备浮运条件的钢箱加劲梁的架设。

(4)轨索滑移法。该方法利用悬索桥自身的永久结构主缆和吊索作为承重及传力构件,在吊索下端安装水平钢丝绳作为运梁车走行轨道(称为轨索),由主缆、吊索与轨索组成空间索网体系,梁段通过运梁小车悬挂于轨索,以坐高空缆车的方式沿轨索从两岸运至安装位置,再起吊就位,完成梁段安装。该方法已成功应用于我国矮寨大桥钢桁加劲梁的架设。

悬索桥加劲梁的架设推进方式主要有两种:一种是由跨中节段向两侧主塔方向推进;另一种是由主塔附近节段向跨中方向推进。无论加劲梁的架设采用何种推进方式,此时加劲梁之间须作临时铰接。在梁段架设过程中,悬吊的主缆是非常柔性的,它的几何形状会随着梁段的逐渐增加而不断改变。当只有少数梁段架设到位时,这些梁段在上弦(或上翼缘板)处互相挤压,而在下弦(或下翼缘板)处互相分离。若强制下弦(或下翼缘板)过早地闭合,结构或连接有可能因强度不足而破坏。因此,较为合理的做法是:从架梁开始到大部分梁段到位,只是让各梁段的上弦(或上翼缘板)形成“铰”状的临时连接,对于下弦(或下翼缘板)则让其张开;待到绝大部分梁段到位后,梁段之间下面的张口就会趋向闭合,这时,才开始梁段之间的永久性连接。

当加劲梁架设完毕后,即可拆除猫道,进行桥面铺装。悬索桥的整个施工过程可归纳如图10.30所示。

10.5.3 自锚式悬索桥架设方法

自锚式悬索桥的主缆锚固在加劲梁上,加劲梁承受巨大的与主缆水平拉力相平衡的压力,施工时一般先架设好加劲梁,然后架设主缆,最后安装吊索,形成悬吊结构。在此过程中,其主缆的架设方法与地锚式悬索桥大致相同,但加劲梁的架设与地锚式悬索桥完全不同。地锚式悬索桥加劲梁的架设方法均是利用已安装好的主缆和吊索作为悬吊支承,逐段拼装的。由于自锚式悬索桥的加劲梁架设早于主缆,因此,地锚式悬索桥加劲梁的架设方法不再适合于自锚式悬索桥。目前,自锚式悬索桥加劲梁的架设方法主要有:顶推架设法、支架架设法、节段吊装法等。其中,顶推架设法和节段吊装法均需要在主跨设置多个临时支墩,待主缆和吊索安装后,才能拆除。

自锚式悬索桥的吊索安装是在加劲梁和主缆架设完后进行。通过吊索安装,加劲梁的自

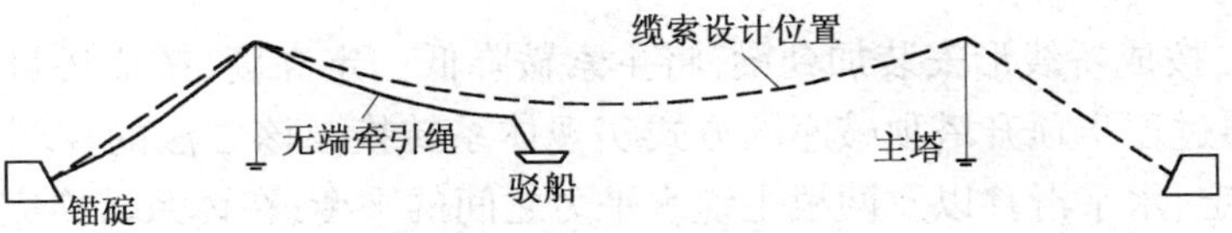

(a) 建造主塔及锚碇，设置无端牵引绳

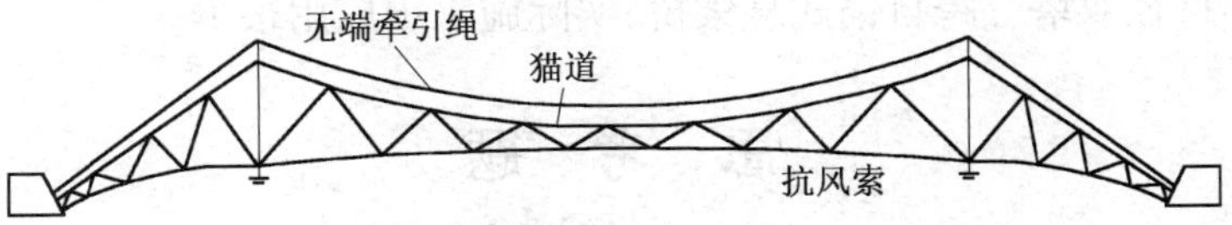

(b) 设置猫道及抗风索

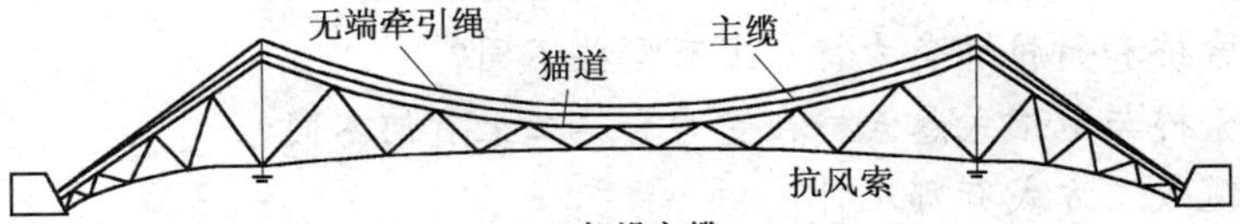

(c) 架设主缆

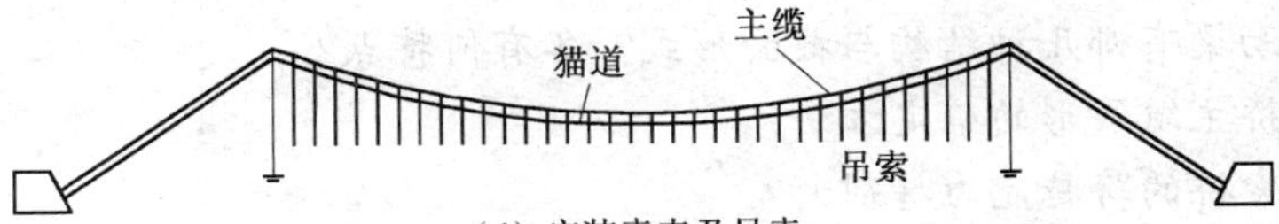

(d) 安装索夹及吊索

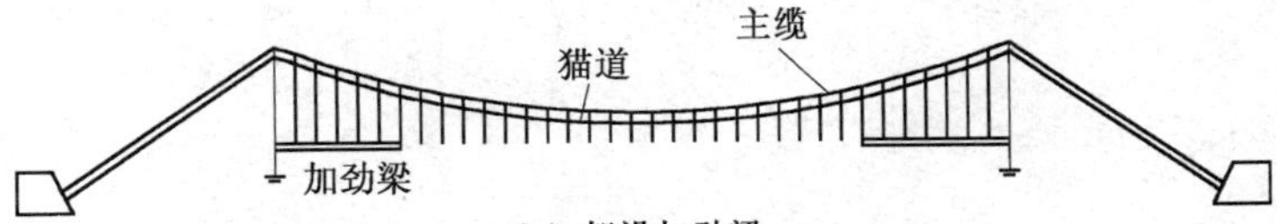

(e) 架设加劲梁

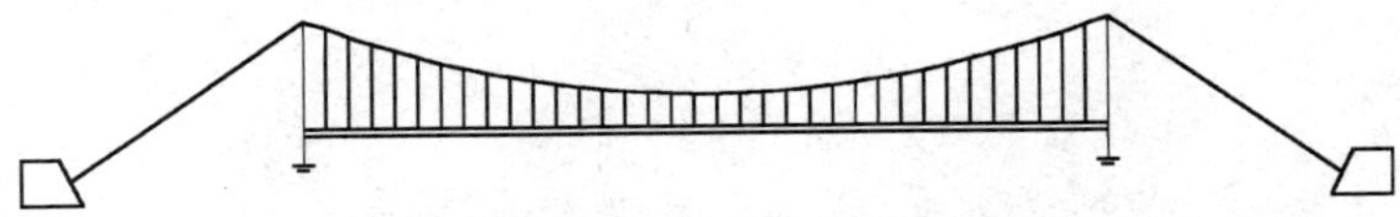
(f) 加劲梁刚接，拆除猫道，桥面铺装

图 10.30 悬索桥施工步骤示意

重传递给主缆,主缆会产生较大的变形和水平拉力,同时也使得加劲梁的受力状况发生变化。在此过程中,自锚式悬索桥经历了由初始状态(多跨连续加劲梁)通过主缆安装、吊索张拉到达最终成桥状态的体系转化。加劲梁的自重由临时支撑承受通过吊索转换到主缆承受,加劲梁由安装线形变化到成桥线形并逐步承受主缆水平分力,主缆由空缆线形变化到成桥线形。

目前,自锚式悬索桥吊索安装的主要方法有:

(1)张拉吊索法。以多跨连续加劲梁为其初始状态,通过张拉吊索,使其达到体系转换的目的。该方法的关键是确定吊索的张拉顺序和张拉力的大小,计算时还应考虑加劲梁的弹性变形、混凝土的收缩徐变、鞍座的顶推等因素。该方法施工操作相对简单,施工速度快,施工质量容易控制,适合于任何结构形式的自锚式悬索桥。

(2)落梁法。将加劲梁的成桥线形抬升一定高度后作为加劲梁的安装线形,按成桥目标状态位置安装好主缆和吊索,通过逐步松顶、卸架的方式,实现体系转换。该方法的关键是合理确定松顶、卸架顺序,在体系转换完成后一般还需对吊索力进行调整。该方法需在每个吊点布置临时支撑和千斤顶,施工速度快,施工操作和施工控制难度较大,适合于双塔三跨自锚式悬索桥。

(3)顶升法。按成桥线形安装加劲梁,将主索鞍降低一定高度,按成桥目标状态位置安装好主缆和吊索,通过逐步顶升塔顶鞍座的方式实现体系转换。该方法的控制重点是塔顶鞍座顶升过程中的稳定、水平滑移以及两根主缆水平力之间的平衡,在体系转换完成后一般还需对吊索力进行调整。该方法施工需要大吨位千斤顶,且要求严格同步作业,施工操作复杂,控制难度大,适合于小跨径双塔三跨自锚式悬索桥,实际施工中应用很少。

思　考　题

1. 悬索桥由哪些主要构件组成?其传力路径是怎样的?
2. 试比较悬索桥和斜拉桥受力特点上有哪些不同?
3. 自锚式悬索桥与地锚式悬索桥在受力和施工上有何不同?
4. 悬索桥主缆成型方式有哪几种?
5. 悬索桥加劲梁常用的架设方法有哪些?各有何特点?
6. 悬索桥加劲梁有哪几种结构与截面形式?各有何特点?
7. 简述悬索桥主缆线形的确定方法。
8. 为什么悬索桥的跨越能力特别大?

第 11 章 桥梁支座

11.1 概　　述

11.1.1 支座作用

支座是桥跨结构的支承部分。它的作用是将桥跨结构的支承反力传递给墩台,并保证桥跨结构在荷载(包括温度)作用下能满足设计所要求的变形(位移和转角)。因此,要求桥梁支座必须具有足够的承载能力,对设计要求的变形(位移和转角)的约束应尽可能地小,同时应便于安装、养护和维修,并在必要时可更换。

桥梁支座是工厂制造的定型产品,桥梁设计人员一般只进行支座选型和必要的检算,有关支座结构设计与计算,本书不具体介绍。

11.1.2 支座分类

支座按其容许变形性能分为:

(1)固定支座。它能承担桥跨结构支承点处顺桥向、横桥向的水平力和竖向反力,并约束相应的线变位。

(2)单向活动支座。它在承担竖向反力的同时,能约束顺桥向或横桥向水平位移中的一个方向的线位移。

(3)多向活动支座。容许支座在顺桥向、横桥向两个方向发生线位移,仅承担竖向反力。

按支座用材料分为:

(1)钢支座(平板支座、弧形支座、摇轴支座和辊轴支座)。支座的传力通过钢的接触面,变位主要通过钢和钢的滚动及滑动实现。

(2)普通板式橡胶支座。支座的传力通过橡胶板来实现。通过橡胶板的剪切变形适应水平位移,转角通过橡胶的压缩变形来实现。

(3)滑板橡胶支座(聚四氟乙烯支座)。以聚四氟乙烯板和不锈钢板作为支座的相对滑动面,其滑动摩擦系数远小于钢对钢的滑动摩擦系数,转角通过橡胶的压缩变形来实现。

(4)钢与橡胶的组合支座。盆式支座、球形支座。

(5)混凝土支座(混凝土铰支座)。

(6)铅支座。传力部分由硬铅构成。

按支座的结构形式可分为弹性垫层简易支座、弧形支座、摇轴支座、辊轴支座、板式橡胶支座、盆式支座、四氟乙烯橡胶支座和球形支座等。

11.1.3 支座布置

固定支座与活动支座的布置,应根据以下原则确定:(1)对桥跨结构而言,最好使得梁的下弦在制动力的作用下受压,使能抵消一部分竖向荷载作用在下弦产生的拉力。(2)对桥墩而言,最好让制动力的方向指向桥墩中心,使墩顶圬工在制动力作用下受压而不受拉。(3)对桥台而言,最好让制动力的方向指向堤岸,使墩台顶部圬工受压,并能平衡一部分台后土压力。

根据上述原则,铁路桥规规定,固定支座按下列要求布置:(1)铁路桥梁通常必须在每联梁体上设置一个固定支座。(2)当桥梁位于坡道上,固定支座一般应设在梁体较低一端。(3)当桥梁位于平坡上,固定支座宜设在主要行车方向的前端。(4)在车站附近,设在靠近车站一端。上述条件相互抵触时,应先满足坡道要求。除特殊设计外,不得将顺线路方向相邻两孔的固定支座安设在同一桥墩上。

桥梁支座的布置方式,主要根据桥梁的结构形式及桥梁的跨度、宽度等确定。

简支梁桥一端设固定支座,另一端设活动支座。为了适应温度变化、混凝土收缩等变形,设置固定支座端,一般设置一个固定支座,其余为横向活动支座,对于公路、城市的多梁式桥或宽度较大的桥,横向需设置多个支座时,为使横向变形均匀,固定支座设置在桥梁中部;设置活动支座端,与固定支座对应位置处,设纵向活动支座,其余设双向活动支座,如图11.1所示。

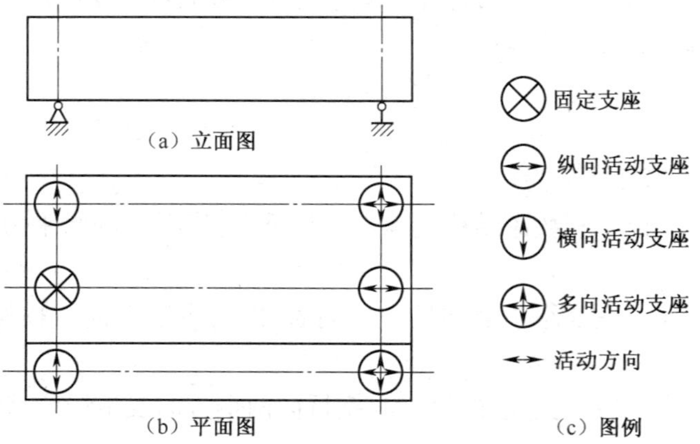

图 11.1　简支梁桥支座布置

当桥梁的宽度小、横向变形很小,固定支座的制造公差就能适应桥梁横向变形要求或固定支座能承受因温度、收缩变形引起的横向力时,也可采用不设横向活动支座和多向活动支座的布置方式。

对于不能区分单向、多向活动的橡胶支座可不遵循上述原则。

连续梁桥一般每联从力学概念上只设一个固定支座,其他支座均为活动支座,如图11.2(a)所示。首先确定固定支座设置的墩位:为避免梁的活动端伸缩缝过大,固定支座宜置于每联长度的中间支点上。但若该处墩身较高,则应考虑避开,或采取特殊措施,以免墩身尺寸过大。各墩上的支座布置与简支梁的类似,其支座布置通常如图11.2(b)所示。

曲线连续梁桥的支座布置会直接影响到梁的内力分布,同时,支座的布置应使其能充分适应曲梁的纵、横向自由转动和移动的可能性。在第6章中已经介绍。

支座设计与选型应根据竖向、水平反力大小和位移量、转角变形等因素确定。其形式可按表11.1选用。

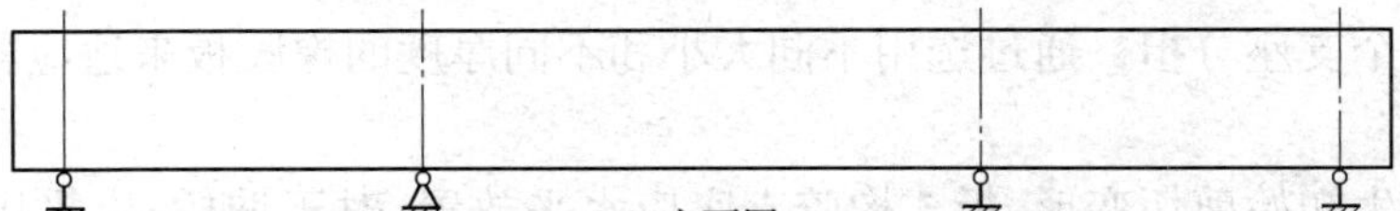

（a）立面图

（b）平面图

图 11.2　连续梁桥支座布置

表 11.1　支座选型表

跨度(m)	≤6	8	10~16	20~32	≥32
钢(铸钢)支座		平板支座	弧形支座	辊轴(摇轴)支座	
橡胶支座	板式橡胶			板式橡胶支座	—
钢—橡胶组合支座	—			—	盆式、球形支座
其他	弹性垫层	—			

目前,我国的混凝土桥主要采用板式橡胶支座和盆式支座,钢桥主要采用钢支座。球形支座近年来使用越来越多。一般的桥梁工程师并不涉及支座本身的设计,支座由制造厂商提供,桥梁工程师依据工程需要结合支座反力、水平及转角位移大小进行选型。其中弹性垫层简易支座现在新桥设计中已不再使用。

11.2　板式橡胶支座

板式橡胶支座具有构造简单、加工方便、造价低、结构高度小、安装方便和使用性能良好等一系列优点。此外,它能方便地适应任意方向的变形,特别适应于宽桥、曲线桥和斜交桥。橡胶的弹性还能削减上、下部结构所受的动力作用,对于抗震有利。目前,板式橡胶支座已经得到越来越广泛的使用,是公路、城市道路 30 m 以下中、小跨径混凝土梁桥最常用的支座形式。

板式橡胶支座按结构形式可分为普通板式橡胶支座和滑板橡胶支座。普通板式橡胶支座和滑板橡胶支座都包括矩形和圆形两种平面形状,它们除外形不同外,其余特征相同。板式橡胶支座按适用温度可分为常温型和耐寒型两种类型,常温型橡胶支座适用温度为-25~60 ℃,采用氯丁橡胶生产;耐寒型橡胶支座适用温度为-40~60 ℃,采用天然橡胶生产。

11.2.1　普通板式橡胶支座构造

普通板式橡胶支座由两层以上加劲钢板和橡胶组成,且钢板全部包在橡胶体内,如图 11.3(b)所示。板式橡胶支座放置在梁部与支承垫石之间,构造非常简单,其变位机理是:利用橡胶的不均匀压缩实现转角变位,利用橡胶的剪切变形实现水平位移,如图 11.3(c)所示。由于橡胶与钢或混凝土之间有足够大的摩阻力(摩擦系数 0.25~0.40),橡胶板与梁底和墩台顶之间一般无须固定连接。因此,普通板式橡胶支座一般无固定支座和活动支座之分,所有纵向水平力和纵向位移由各个支座分担。通过选用不同大小和不同厚度的橡胶板来适应各个支座的承载力和变形要求。

为了避免产生初始剪切变形,板式橡胶支座应水平放置,对于坡桥,应采用构造措施对梁底进行调平,如梁底调楔形平块、预埋钢板等;安装时,应使梁底面和墩台顶面清洁平整,必要时,可在墩顶面敷设一层水泥砂浆,以确保橡胶支座受力均匀,如图 11.3(a)所示。

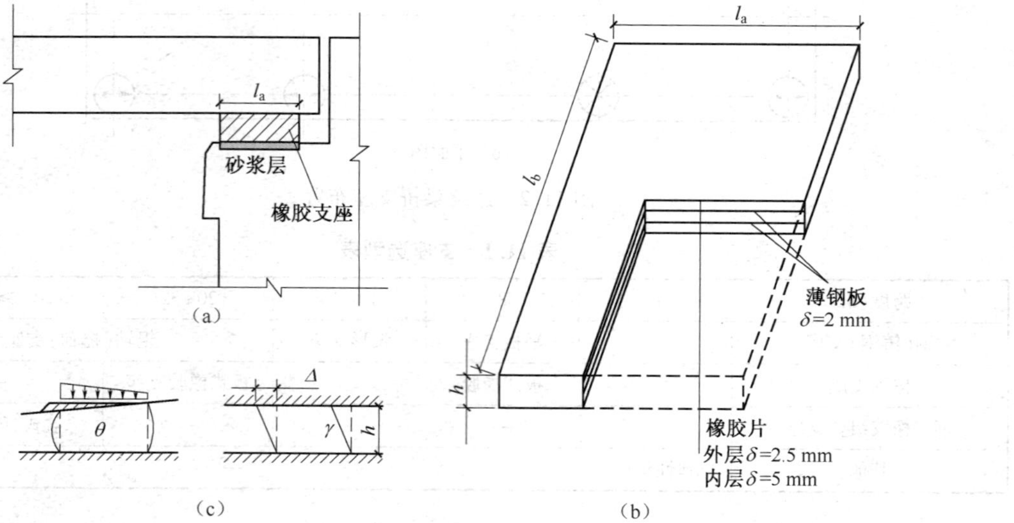

图 11.3　板式橡胶支座

普通板式橡胶支座按其内部构造分为无加劲层的纯橡胶支座和加劲支座两种,前者只由一层单纯的橡胶构成,因其容许应力小(约为 3 MPa)、承载能力小,只适用于小跨度桥。加劲支座由若干层橡胶片(厚度为 5 mm、8 mm、11 mm)和加劲钢板(厚度为 2 mm、3 mm、4 mm)组合而成,加劲层能起到阻止橡胶板受压侧向膨胀的作用,可显著提高橡胶支座的抗压刚度(抗压容许应力可提高到 8~10 MPa),而加劲层对橡胶板的转动变形和剪切变形几乎没有影响。加劲板式橡胶支座的承载能力可达 5 000 kN,目前已广泛应用于中、小跨度的公路桥。对跨度不大于 20 m 的铁路桥,也可采用板式橡胶支座,但必须设置横向限位装置,避免因梁体横向位移较大而导致支座剪切破坏。

板式橡胶支座的基本设计参数(抗压弹性模量 E_e、剪变模量 G_e、压应力限值 σ_c、容许剪切角的正切值$[\tan\alpha]$)和技术要求等,应符合《铁路桥梁板式橡胶支座》(TB/T 1893)和《公路桥梁板式橡胶支座》(JT/T 4)的要求。根据试验分析,抗压弹性模量、压应力限值和容许剪切角的值,均与支座的形状系数有关。

对矩形板式橡胶支座,其形状系数 S(用于描述支座的形状特征,取值范围 5~12)为

$$S = \frac{l_{0a} \times l_{0b}}{2t_{es}(l_{0a} + l_{0b})} \tag{11.1}$$

式中　l_{0a}——矩形加劲钢板短边长度;

l_{0b}——矩形加劲钢板长边长度;

t_{es}——支座中间单层橡胶片厚度。

11.2.2　滑板橡胶支座

普通板式橡胶支座仅依靠橡胶的剪切变形来适应伸缩位移的需要，使用上是受限的，譬如桥长太长，则两端的伸缩量很大，单靠橡胶的剪切变形很难满足变形要求，必须采取其他措施或改用滑板橡胶支座等其他类型支座。

滑板橡胶支座由板式橡胶支座、滑板（通过热硫化与板式橡胶支座粘接）、不锈钢板、上支座钢板等组成，其构造示意图如图 11.4所示。其在普通板式橡胶支座的表面热硫化粘接一层滑板（聚四氟乙烯板或改性聚四氟乙烯板），滑板与粘贴在梁底预埋钢板下的不锈钢板之间形成摩擦系数很小的滑动面，靠滑动来满足大纵向变位。滑板橡胶支座常作为桥梁的活动支座。

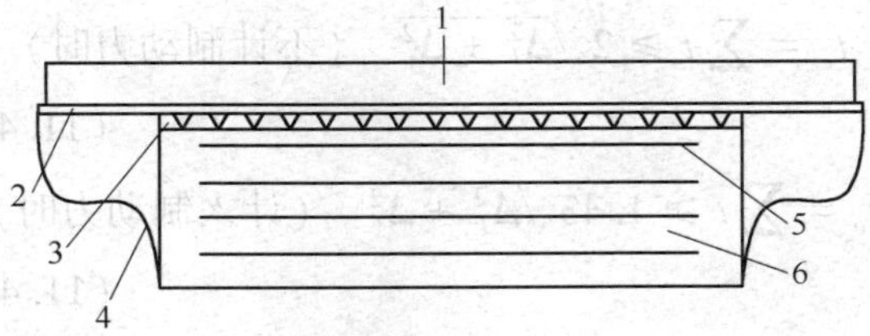

图 11.4　滑板橡胶支座
1—上支座钢板；2—不锈钢板；
3—滑板（聚四氟乙烯板或改性聚四氟乙烯板）；
4—防尘罩；5—加劲钢板；6—橡胶

11.2.3　板式橡胶支座设计与计算

板式橡胶支座设计计算的主要内容是依据结构反力和变位进行支座选型，然后进行必要的验算，即验算支座的承载和变形能力是否满足功能要求并有适当的安全储备。

现行铁路桥规和公路桥规对板式橡胶支座的计算规定有所不同，应根据桥梁的使用情况采用相应的规范进行设计。对于公路矩形板式橡胶支座，其设计计算的主要内容如下：

(1) 支座的有效承压面积 A_e

支座面积的确定要全面考虑橡胶板本身的抗压强度、梁部和墩台顶混凝土的局部承压强度三方面因素后确定。一般情况下，由橡胶支座控制设计，要求橡胶支座的平均压应力 σ 不超过其使用阶段平均压应力限值 σ_c，即

$$\sigma = \frac{R_{ck}}{A_e} \leqslant \sigma_c \tag{11.2}$$

式中　R_{ck}——支座反力设计值，按竖向荷载（汽车荷载应计入冲击系数）标准值进行组合计算；

A_e——支座有效承压面积（承压加劲钢板面积）；

σ_c——支座使用阶段平均压应力限值，$\sigma_c = 10$ MPa；当支座形状系数小于 7 时，$\sigma_c = 8$ MPa。

按橡胶支座内加劲钢板与支座边缘的最小距离不小于 5 mm，就可基本确定支座短边长度 l_a、长边长度 l_b 及毛面积 A_g。为便于转动，支座的短边应置于顺桥方向。

(2) 支座厚度 h

板式橡胶支座的重要特征是：梁的纵向位移全部要通过橡胶的剪切变形来实现，如图 11.5 所示。因此，从满足剪切变形考虑，支座橡胶层总厚度 t_e 与支座纵向位移 Δ_l 之间应符合式(11.3)的条件，即

$$t_e = \sum t \geqslant 2\Delta_l\text{（不计制动力时）} \tag{11.3a}$$

$$t_e = \sum t \geqslant 1.43\Delta_l\text{（计入制动力时）} \tag{11.3b}$$

式中 t_e——支座橡胶层总厚度;

Δ_l——各种作用引起的支座剪切变形。

当板式橡胶支座在横桥向平行于墩台帽或盖梁顶横坡设置时,支座橡胶层总厚度 t_e 应符合式(11.4)的条件,即

$$t_e = \sum t \geqslant 2\sqrt{\Delta_l^2 + \Delta_t^2} \quad \text{(不计制动力时)} \tag{11.4a}$$

$$t_e = \sum t \geqslant 1.43\sqrt{\Delta_l^2 + \Delta_t^2} \quad \text{(计入制动力时)} \tag{11.4b}$$

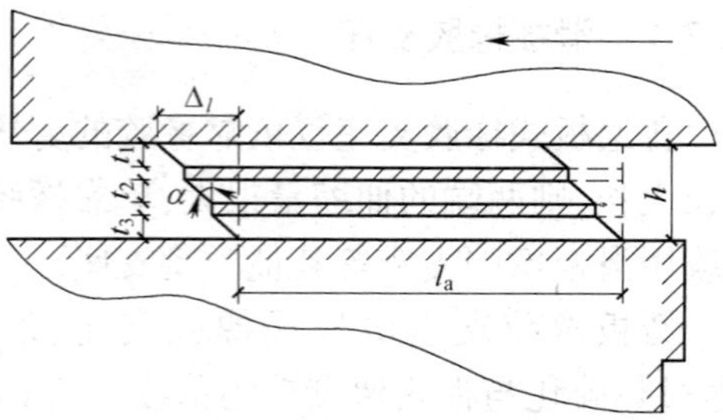

图 11.5 支座厚度的计算示意图

式中 Δ_t——支座在横桥向平行于不大于 2% 的墩台帽或盖梁顶横坡上设置时,由支座反力设计值平行于横坡方向分力产生的剪切变形。

此外,从保证受压稳定考虑,支座橡胶层的总厚度 t_e 须满足 $l_a/10 \leqslant t_e \leqslant l_a/5$。

确定 t_e 后,再加上加劲薄钢板的总厚度,即为橡胶支座厚度 h。

(3)竖向平均压缩变形

主梁受荷挠曲,梁截面将出现转动,支座竖向平均压缩变形 $\delta_{c,m}$ 应满足式(11.5)的要求,以确保支座与梁底可靠接触,不至脱空而导致过大的局部承压问题。

$$\theta \cdot \frac{l_a}{2} \leqslant \delta_{c,m} \leqslant 0.07t_e \tag{11.5}$$

式中 $\delta_{c,m}$——支座竖向平均压缩变形;

θ——由上部结构挠曲在支座顶面引起的倾角,以及支座直接设置于不大于 1% 纵坡的梁底面下,在支座顶面引起的纵坡倾角(rad)。

$\delta_{c,m}$ 按式(11.6)计算:

$$\delta_{c,m} = \frac{R_{ck}t_e}{A_eE_e} + \frac{R_{ck}t_e}{A_eE_b} \tag{11.6}$$

式中 E_e——支座抗压弹性模量(MPa),$E_e = 5.4G_eS^2$;

G_e——支座抗剪弹性模量,取 1.0 MPa;

S——支座形状系数;

E_b——橡胶弹性体体积模量,取 2 000 MPa;

l_a——矩形支座短边尺寸。

(4)加劲钢板厚度

板式橡胶支座加劲钢板厚度 t_s 应符合式(11.7)的要求,且其最小厚度不应小于 2 mm。

$$t_s \geqslant \frac{K_pR_{ck}(t_{es,u} + t_{es,l})}{A_e\sigma_s} \tag{11.7}$$

式中 t_s——支座加劲钢板厚度;

K_p——应力校正系数,取 1.3;

$t_{es,u}, t_{es,l}$——一块加劲钢板上、下橡胶层厚度;

σ_s——加劲钢板轴向拉应力限值,可取钢材屈服强度的 0.65 倍。

加劲钢板与支座边缘的最小距离不应小于 5 mm,上、下保护层厚度不应小于 2.5 mm。

(5)抗滑稳定性

橡胶支座一般直接搁置在墩台与梁底之间，当它受到水平力 H 后，应保证支座不致滑动，即应满足式(11.8)的规定

$$\mu R_{\mathrm{Gk}} \geqslant 1.4 G_{\mathrm{e}} A_{\mathrm{g}} \frac{\Delta_l}{t_{\mathrm{e}}}(\text{不计制动力时}) \tag{11.8a}$$

$$\mu R_{\mathrm{ck}} \geqslant 1.4 G_{\mathrm{e}} A_{\mathrm{g}} \frac{\Delta_l}{t_{\mathrm{e}}} + F_{\mathrm{bk}}(\text{计入制动力时}) \tag{11.8b}$$

式中　R_{Gk}——由结构自重引起的支座反力；

R_{ck}——由结构自重标准值和 1/2 汽车荷载标准值(计入冲击系数)引起的支座反力；

μ——支座与接触面的摩擦系数，与混凝土接触时，$\mu=0.3$；与钢板接触时，$\mu=0.2$；

G_{e}——支座抗剪弹性模量，一般取值为 1.0 MPa；

Δ_l——各种作用(不包括汽车制动力)引起的支座剪切变形；

F_{bk}——由汽车荷载引起的制动力标准值；

A_{g}——支座平面毛面积。

此外，对于聚四氟乙烯板式橡胶支座，其摩擦力应符合式(11.9)的规定：

$$\mu_{\mathrm{f}} R_{\mathrm{Gk}} \geqslant G_{\mathrm{e}} A_{\mathrm{g}} \tan\alpha(\text{不计制动力时}) \tag{11.9a}$$

$$\mu_{\mathrm{f}} R_{\mathrm{ck}} \geqslant G_{\mathrm{e}} A_{\mathrm{g}} \tan\alpha(\text{计入制动力时}) \tag{11.9b}$$

式中　μ_{f}——聚四氟乙烯与不锈钢板的摩擦系数；

$\tan\alpha$——橡胶支座剪切角正切值限值，当不计制动力时，取 0.5；当计入制动力时，取 0.7；

R_{ck}——由结构自重标准值和汽车荷载标准值(计入冲击系数)引起的支座反力。

11.3　盆 式 支 座

盆式支座是国外 20 世纪 50 年代开发的一种桥梁支座，国内 20 世纪 70 年代末才开发应用，它是目前桥梁中特别是大跨度桥梁中最主要的桥梁支座形式。

盆式支座是在普通板式橡胶支座的基础上，将钢部件与橡胶部件组合而成的一种混合型支座。其变形原理综合了普通板式橡胶支座和滑板橡胶支座的优点，即用设置在钢盆中的橡胶板承压和转动，用高性能滑板(改性聚四氟乙烯滑板或改性超高分子量聚乙烯滑板)和不锈钢冷轧钢板之间的平面滑动来适应桥梁的纵向位移要求，同时克服了普通板式橡胶支座处于无侧向受压状态时承载力不高的缺点，盆式支座的橡胶板安放在钢盆中，受压时处于三向受压状态，其承载力大大地提高，且变位量大。

11.3.1　盆式支座构造

图 11.6 为盆式支座的构造示意图。它由顶板(上支座板)、不锈钢冷轧钢板、高性能滑板、高性能滑板密封圈、中间钢板、橡胶板、黄铜密封圈、钢盆(下支座板)、橡胶密封圈和锚固螺栓等组成。各主要部分的功能如下：

(1)橡胶板。橡胶板用来传递支座反力。由于橡胶板被密封在钢制凹盆(下支座板)中，受力时处于三向受力状态，因而承载能力大为提高，一般情况下，只要钢盆不破坏，橡胶就不会丧失承载能力。普通板式橡胶支座的橡胶变形受到支座内钢板的约束，其破坏应力为 70～100 MPa，而盆式支座的橡胶变形受支座钢盆的外约束，其破坏应力可达 150～225 MPa，因而

盆式支座更适用于大吨位的桥梁支座。同时,处于三向应力状态下钢盆中的橡胶有类似液体的功能,转动灵活,能满足梁部转动的需要。橡胶板的硬度一般为 HS50~HS60。橡胶板厚为直径的 1/15~1/10。

(2)高性能滑板和不锈钢冷轧钢板。高性能滑板采用改性聚四氟乙烯滑板或改性超高分子量聚乙烯滑板,因其与不锈钢冷轧钢板之间的摩擦系数小,所以通过高性能滑板和不锈钢冷轧钢板的相对滑动,可以满足桥梁的纵向位移需要。高性能滑板的厚度不应小于 7 mm,其中嵌放中间钢板凹槽内深度不应小于板厚的一半,凸出中间钢板高度不应小于 3 mm,以便与不锈钢冷轧钢板滑动。不锈钢冷轧钢板的厚度为 2 ~3 mm。

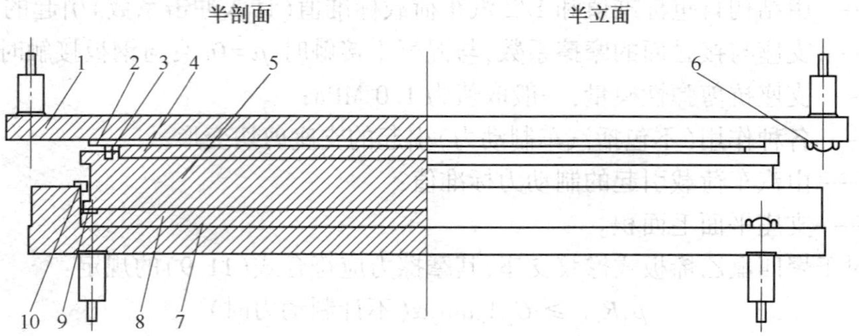

图 11.6　盆式支座构造示意图(双向活动支座)

1—顶板(上支座板);2—不锈钢冷轧钢板;3—高性能滑板密封圈; 4—高性能滑板;5—中间钢板;
6—锚固螺栓;7—钢盆(下支座板); 8—橡胶板;9—黄铜密封圈;10—橡胶密封圈

(3)中间钢板。中间钢板位于橡胶板与高性能滑板之间,其底面凸起嵌入下支座钢盆中,直径较钢盆内径小 1 mm,以保证支座的灵活转动。中间钢板上部设有凹槽,以便镶嵌高性能滑板。

(4)黄铜密封圈。在橡胶板上设有 2~3 层由开口圆环组成的黄铜密封圈,每层厚度 1.5~2.0 mm。它的外径与钢盆内径相等,镶嵌在橡胶板内,顶面与橡胶板平齐。其作用是防止橡胶板受压后周边从中间衬板与钢盆中间 1 mm 的缝隙中挤出,导致橡胶板沿周边剪坏,降低承载力。

(5)橡胶密封圈。密封圈橡胶使承压橡胶板基本上处于密封状态,提高橡胶板的耐大气老化能力。密封圈橡胶的硬度一般为 HS50,稍低于橡胶板。

盆式支座按其使用性能分为固定支座、双向活动支座、纵向或横向活动支座三种,如图 11.7所示。

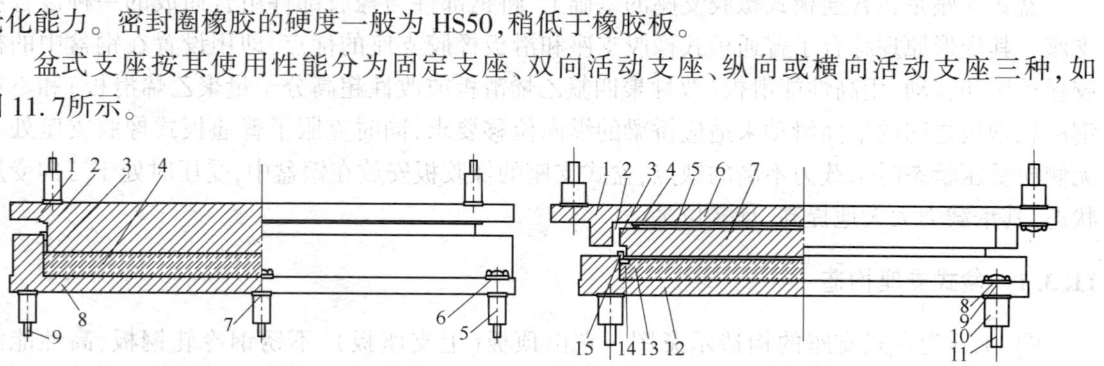

(a) 固定支座

1—顶板(上支座板);2—防尘圈;3—黄铜密封圈;
4—橡胶板;5—套筒;6—锚固螺栓;7—垫圈;
8—钢盆(下支座板);9—螺杆

(b) 纵向或横向活动支座

1—顶板(上支座板);2—侧向不锈钢冷轧钢条;3—导向滑条;
4—高性能滑板密封圈;5—不锈钢冷轧钢板;6—高性能滑板;
7—中间钢板;8—锚固螺栓;9—垫圈;10—套筒;11—螺杆;12—钢盆(下支座板);13—橡胶板;14—黄铜密封圈; 15—橡胶密封圈

图 11.7　盆式支座的固定支座、纵向或横向活动支座

固定支座由顶板(上支座板)、橡胶板、黄铜密封圈、钢盆(下支座板)、橡胶密封圈和锚固螺栓等组成。它承受桥梁结构的竖向、横向和纵向反力,容许转角变位。

双向活动支座由顶板(上支座板)、不锈钢冷轧钢板、高性能滑板、高性能滑板密封圈、中间钢板、橡胶板、黄铜密封圈、钢盆(下支座板)、橡胶密封圈和锚固螺栓等组成。它承受竖向反力,并能适应桥梁的转角和纵、横向位移的需要。

纵向(或横向)活动支座的构造基本上与多向活动支座构造相同,只是在支座的顶板挡块上还包括侧向不锈钢冷轧钢条,对应的中间钢板两侧设有导向滑条,以限制支座的横向(或纵向)位移。

此外,为了满足桥梁抗震的需要,近年来还研发了减震型盆式支座,包括减震型固定支座和减震型纵向或横向活动支座两种,如图 11.8 所示。减震型盆式支座是在一般盆式支座上设置一个摩擦系数较大(一般为 0.2)的滑动面,并设置高阻尼橡胶减震圈。正常使用时,支座不滑动,起固定或限制纵(或横)向位移的作用,能承受 $0.2P$ 的水平力(P 为支座垂直反力)。地震时,当水平地震力大于 $0.2P$ 时,设置在支座上的滑动面相对滑移,产生隔震效果,随后,高阻尼橡胶减震圈发挥阻尼效果。通过这两项措施,支座起到减震耗能的作用。

减震型盆式固定支座由顶板、高阻尼橡胶圈、上摩擦板、下摩擦板、下衬板、橡胶板、黄铜密封圈和钢盆等组成。

减震型盆式纵向或横向活动支座由顶板、高阻尼橡胶圈、上摩擦板、下摩擦板、不锈钢冷轧钢条、高性能滑板、高性能滑板密封圈、中间钢板、橡胶板、黄铜密封圈、钢盆、下衬板、导向滑条和侧向不锈钢冷轧钢条等组成。

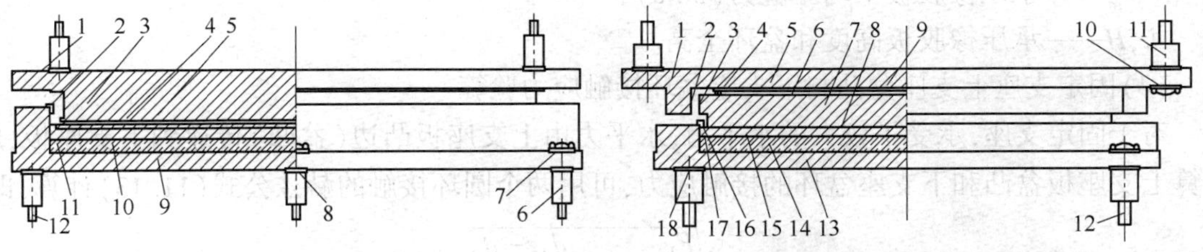

(a) 减震型固定支座
1—顶板(上支座板);2—高阻尼橡胶圈;3—上摩擦板;4—下摩擦板;5—下衬板;6—套筒;7—锚固螺栓;8—垫圈;9—钢盆(下支座板);10—橡胶板;11—黄铜密封圈;12—螺杆

(b) 减震型纵向或横向活动支座
1—顶板(上支座板);2—侧向不锈钢冷轧钢条;3—导向滑条;4—高性能滑板密封圈;5—不锈钢冷轧钢板;6—高性能滑板;7—中间钢板;8—上摩擦板;9—下摩擦板;10—锚固螺栓;11—套筒;12—螺杆;13—钢盆(下支座板);14—橡胶板;15—下衬板;16—高阻尼橡胶圈;17—黄铜密封圈;18—垫圈

图 11.8　盆式支座的减震型固定支座、纵向或横向活动支座

11.3.2　盆式支座设计与计算

盆式支座的计算与构造形式有关。盆式支座同样是依据上部结构的最大支点反力和变位量,对比支座产品的性能进行支座选型。现行公路桥规对盆式支座的计算没有详细规定,本书根据铁路桥规规定,给出盆式支座使用中需要计算的内容。

(1)橡胶承压板的面积 A

橡胶承压板的面积 A 由橡胶承压板的平均压应力 σ_m 不超过橡胶承压板的容许压应力 $[\sigma]$ 来确定,即

$$\sigma_m = \frac{N}{A} \leqslant [\sigma] \tag{11.10}$$

式中 N——支座竖向反力(MN);

A——橡胶承压板的承压面积(m^2);

$[\sigma]$——橡胶承压板的容许压应力限值,$[\sigma]=30$ MPa。

(2)橡胶承压板的厚度 t

支座橡胶承压板的厚度 t 应符合式(11.11)的要求,即

$$t \geqslant 3.33 \times \alpha \times D \quad 且 \quad t \geqslant D/15 \tag{11.11}$$

式中 α——支座设计转角;

D——橡胶承压板的直径。

(3)验算钢盆盆环最大环向应力

钢盆盆环的最大环向拉应力 σ_θ 应符合式(11.12)的要求,即

$$\sigma_\theta = \frac{\frac{R^2}{r^2}+1}{\frac{R^2}{r^2}-1} \cdot \sigma_m \cdot \frac{h}{H} \leqslant [\sigma_\theta] \tag{11.12}$$

式中 σ_θ——最大环向拉应力(MPa);

$[\sigma_\theta]$——盆环容许拉应力(MPa),对于铸钢 ZG270~500 和 Q235 钢,取 150 MPa;

R,r——盆环的外径和内径(m);

σ_m——承压橡胶板平均压应力(MPa);

h,H——承压橡胶板高度和盆环全高。

(4)固定支座上支座盆凸与下支座盆环接触应力验算

对于固定支座,承受了较大的水平力,水平力由上支座板凸边(盆凸)传递到下支座板,应计算上支座板盆凸和下支座盆环的接触应力,可用两个圆环接触的赫兹公式(11.13)计算,即

$$\sigma_j = 0.59\sqrt{\frac{F_h}{h} \cdot E_s \cdot \frac{d_1 - d_2}{d_1 \cdot d_2}} \leqslant [\sigma_j] \tag{11.13}$$

式中 σ_j——盆环接触应力(MPa);

F_h——固定支座的设计水平荷载(MN);

h——上支座盆凸厚度(m);

E_s——钢的弹性模量(MPa);

d_1——下支座盆环内径(mm);

d_2——上支座盆凸外径(mm);

$[\sigma_j]$——接触应力容许值(MPa),对于铸钢 ZG270~500 和 Q235 钢,取 150 MPa。

此外,还应确定盆塞凸缘厚度、检算支座处梁底面和支承垫石的局部承压强度。

11.4 钢 支 座

铸钢支座的特点是承载能力和刚度均较大,但存在构造尺寸大、易生锈和养护维修费用高的缺点。常用的几种类型有平板支座、弧形支座、摇轴支座和辊轴支座,如图 11.9 所示。

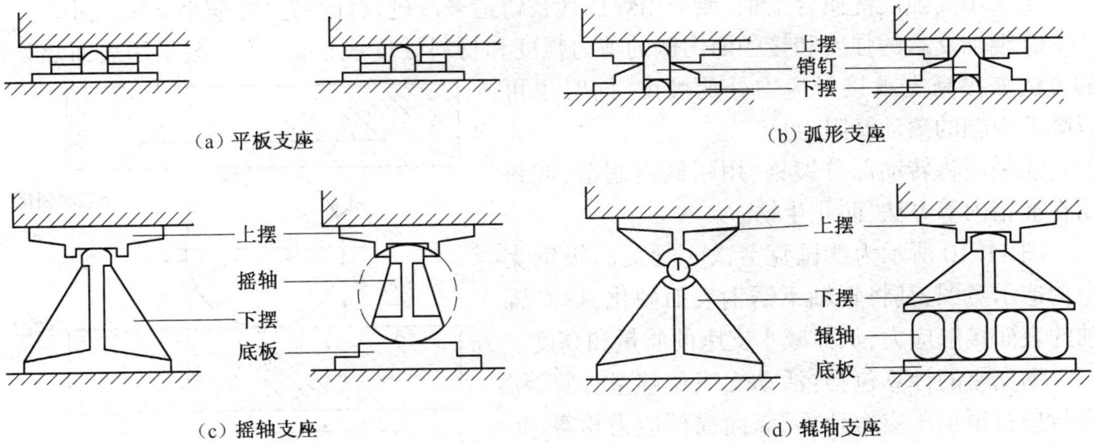

图 11.9　钢支座类型示意图

(1) 平板支座

平板支座由上、下两块平面钢板组成,如图 11.9(a)所示。固定支座的上下板间用钢销固定,活动支座只将上平板销孔改为长圆形。这种支座是桥梁支座最早的一种支座形式,构造简单、加工容易,但位移量有限,所以只适用于 $L\leqslant 8$ m 的钢筋混凝土桥。目前平板支座大部分已被普通板式橡胶支座所代替。

(2) 弧形支座

弧形支座是将平板支座的上、下两块钢板的平面接触改为弧面接触,如图 11.9(b)所示,其他完全同平板支座。这样梁端能自由转动,但伸缩时仍要克服较大的摩阻力,所以只适用 8 m$<L<$20 m 的钢筋混凝土桥,目前,不少桥梁的弧形支座已被板式橡胶支座所代替。

(3) 摇轴支座

铁路桥梁 20 m$\leqslant L\leqslant$48 m 时,可采用铸钢摇轴支座。摇轴支座有固定支座和活动支座之分,如图 11.9(c)所示。活动支座由底板、摇轴和直接与梁底相连的顶板组成。摇轴的顶面和底面均做成圆曲面形,能自由转动,并由摇轴顶面、底面的位移差来适应梁体纵向位移的需要;固定支座由顶板和摇轴两部分构成,而摇轴的底面改为水平面,直接和墩台相连,因而只能转动,不能纵向位移。

(4) 辊轴支座

辊轴支座是大跨度混凝土桥和钢桥常用的支座形式。辊轴支座通常由若干个小直径辊轴并列、组联在一起,如图 11.9(d)所示,通过辊轴的转动来适应梁体位移的需要,在下摆的顶部加设弧形支座,以保证梁端能自由转动。辊轴的数量视支座反力大小而定,根据线接触应力的大小,确定单个辊轴所需要的直径。为了节省钢材并减小支座尺寸,可将辊轴两侧削去,但必须注意被削辊轴仍能调节所要求的位移量而不致倾覆。为了保证辊轴之间的相对位置,通常在辊轴两端中心处设置连杆,使各辊轴平行转动。

普通钢支座存在如下缺点:①材料强度低、尺寸大、耗钢量多、价格贵。尤其是大跨度重型桥梁,支座的设计、布置、制造和安装都比较困难。②材料硬度低,辊轴摩擦系数大,摩阻力对上下结构均不利。③采用围板保护,支座的活动部分容易生锈及积垢,导致转动不灵。④较难适应宽桥、斜交桥和曲线桥等的多向活动和多向转动的要求。

为了克服以上缺点,出现了新型钢支座,新型钢支座主要在以下几个方面改进:

①采用高强度优质合金钢,或采用焊接代替铸造来改进设计制造,并缩小支座尺寸。

②辊轴支承的强度和接触面内侧的剪力强度和材料硬度成正比,故一般采用表面热处理的方法来提高支承接触应力处的硬度,同时也可以降低辊轴的滚动摩阻力。

③采用将转动部分镀铬、用耐候钢制造、或封闭在油箱内等办法,防止生锈。

图 11.10 所示为德国克劳次 · 阿莫高级钢支座构造示意图,其将辊轴不锈钢表面硬化,提高辊轴的表面接触应力,从而减小支座的质量和高度。

钢支座的计算包括:活动支座位移量计算、梁底与垫石顶承压应力计算、弧面局部应力检算、辊轴尺寸及相互间距、座身强度检算和锚栓检算等。桥梁结构设计中一般只计算前两项。

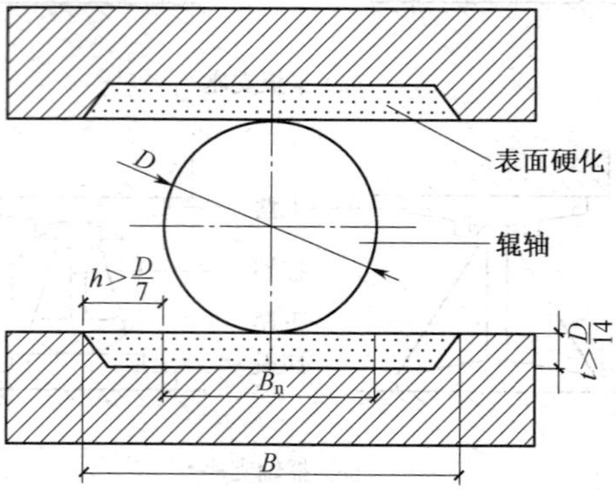

图 11.10　德国克劳次 · 阿莫高级钢支座构造示意图

11.5　球型支座

球型支座是在盆式支座的基础上发展起来的一种新型桥梁支座,特别适用于曲线桥、宽桥和斜桥等,目前已广泛应用在公路、铁路和城市道路桥梁上。

11.5.1　球型支座构造

图 11.11 为球型支座的构造示意图。其由下支座凹板、球面钢衬板、上支座板和聚四氟乙烯板(平面和球面各一块)及橡胶密封圈和防尘罩等部件组成。各主要部分的功能如下:

(1)球面钢衬板。球面钢衬板是球型支座的核心。其平面部分开有镶嵌四氟板的凹槽,用以固定平面聚四氟乙烯板。其球面部分需保证球面半径及球面度符合设计要求,通常球面度为球面四氟板直径的 0.3‰。球面表面镀以工作性铬层,其厚度为 80~100 μm。球面的加工精度直接影响支座的转动性能。支座的转动位移通过球面钢衬板与球面聚四氟乙烯板之间的滑动来实现。球面钢衬板通常采用 Q235 钢板制成。

(2)平面和球面聚四氟乙烯板。平面和球面聚四氟乙烯板是支座的主要滑动部件。平面聚四氟乙烯板与上支座板的不锈钢板之间的滑动满足支座的水平位移需要,其工作原理与盆式支座相同。

(3)下支座凹板。下支座凹板由钢板或铸件制成,主要起固定球面聚四氟乙烯板的作用,并将支座反力分散传递到桥墩、桥台上。

(4)上支座板。上支座板用普通钢板或铸钢制成,上支座板与聚四氟乙烯板接触面处,焊接一块精轧不锈钢板,并要求不锈钢板表面平面度不大于聚四氟乙烯板直径的 0.3‰,以保证支座的摩擦系数不超过 0.03。

球型支座按其使用性能也可分为固定支座、多向活动支座和单向活动支座三种形式。通过在上支座板上设置导向槽或导向环可约束支座的单向或多向位移,可以制成球形支座的单向活动支座及固定支座。

球型支座与盆式支座的主要区别在于:盆式支座通过钢盆中橡胶的转动来满足梁体转角的需要,由于橡胶的转动反力矩与橡胶直径、厚度和硬度有关,在支座转动时,随着支座转角的

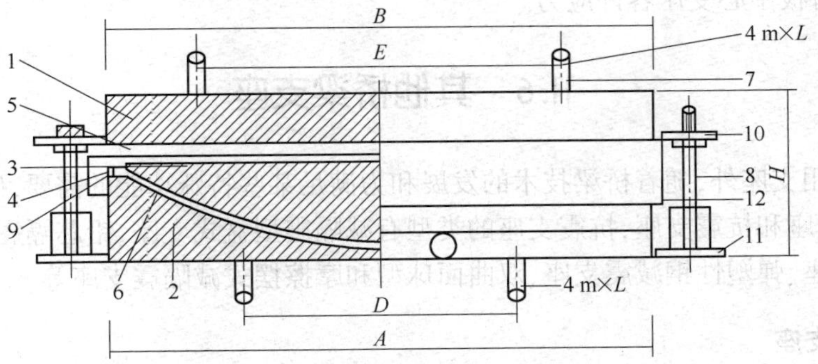

图 11.11　球型支座的构造示意图

1—上支座板；2—下支座板；3—球面钢衬板；4—钢挡圈；5—平面聚四氟乙烯板；
6—球面聚四氟乙烯板；7—锚固螺栓；8—连接螺栓；9—橡胶防尘条；
10—上支座连接板；11—下支座连接板；12—防尘围板

变化，支座的转动反力矩相应发生变化，而且支座橡胶厚度有一定限制，一般为橡胶直径的1/15~1/10，因此盆式支座的设计转角一般为 0.012 rad；球型支座则通过球面钢衬板与球面聚四氟乙烯板之间的滑动来满足支座转角的需要，只要克服了球面钢衬板与球面聚四氟乙烯板之间摩擦，支座即可发生转动，转动力矩只与支座的球面半径及球面聚四氟乙烯板的滑动摩擦系数有关，与转角的大小无关，因此球型支座可适用于大转角的支座，其设计转角可达 0.05 rad以上。

此外，球型支座通过球面传力，作用到支承混凝土上的反力较均匀；其各个方向的转动性能一致，适用于曲线桥和宽桥；球型支座不再利用橡胶板承压，不存在橡胶老化和变脆等对支座转动性能的影响，特别适用于低温寒冷地区。

11.5.2　球形支座设计与计算

球型支座的主要部件应符合相应的计算规定。

(1)球型支座应受力均匀，并满足式(11.14)的要求：

$$\frac{R}{d} \geqslant 1.0 \tag{11.14}$$

式中　R——球面半径(m)；

d——滑板的直径(m)，一般 $R/d=1.5\sim2.8$。

(2)球型支座的受压转动力矩 M 应满足式(11.15)的要求：

$$M \leqslant N \cdot \mu \cdot R \tag{11.15}$$

式中　N——竖向荷载的计算值(kN)；

μ——球面滑动材料的摩擦系数；

R——球面半径(m)。

(3)球型支座的平均压应力 σ_1 应满足式(11.16)的要求：

$$\sigma_1 = \frac{N}{A} \leqslant [\sigma_z] \tag{11.16}$$

式中　N——竖向荷载的计算值(kN)；

A——滑动面投影面积(mm^2)；

$[\sigma_z]$——滑板中心受压容许应力。

11.6　其他桥梁支座

除前述常用支座外,随着桥梁技术的发展和为满足某些特殊功能的需要,研制了一些新型支座,如拉压支座和抗震支座,抗震支座的类型有减隔震型盆式支座、铅芯隔震橡胶支座、高阻尼隔震橡胶支座、弹塑性钢减震支座、双曲面球型和摩擦摆式减隔震支座等。

11.6.1　拉压支座

有些桥梁因结构布置等原因,支点出现“负反力”,因此要求支座不仅能承受压力,还要承受拉力,这类支座称为拉压支座。板式橡胶支座、盆式支座和球型支座都可以做成拉压支座。

图 11.12 所示为板式橡胶支座的拉压支座。在板式橡胶支座的中心埋设一根拉力螺栓或预应力钢筋,将梁底和支座垫石相连,由拉力螺栓或预应力钢筋承受拉力。

11.6.2　抗震支座

(1)铅芯隔震橡胶支座

铅芯隔震橡胶支座是在一般板式橡胶支座的基础上,在支座中心放入铅芯,以改善橡胶支座阻尼性能的一种抗震支座。铅芯隔震橡胶支座承受结构物的重量和水平力,使铅芯产生滞后阻尼的塑性变形,并通过橡胶提供水平恢复力。图 11.13 所示为铅芯隔震橡胶支座的构造示意图。

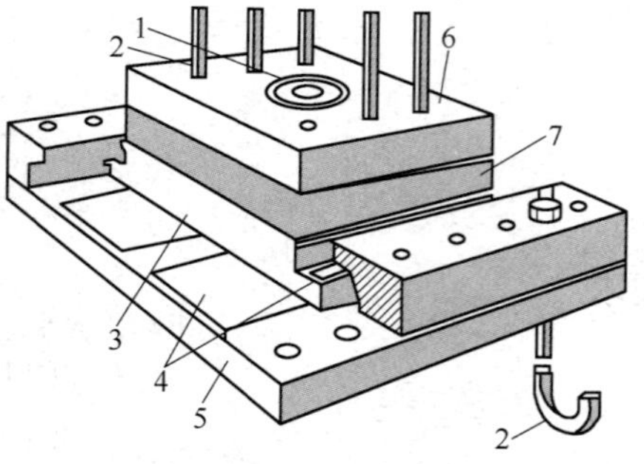

图 11.12　板式橡胶拉压支座的构造示意图
1—拉力螺栓;2—锚固螺栓;3—滑板;4—不锈钢板;
5—下支座板;6—上支座板;7—加劲板式橡胶支座

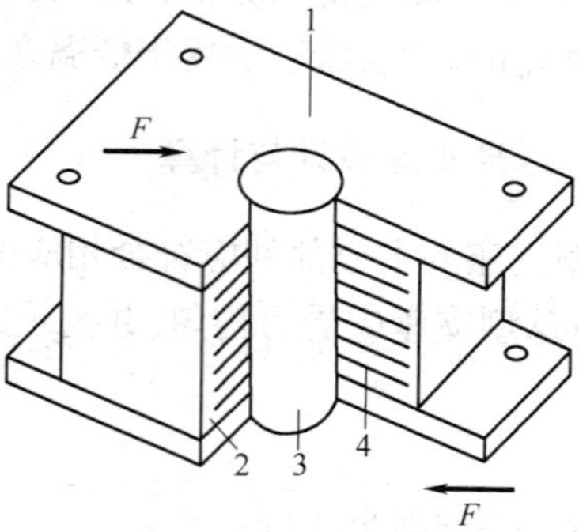

图 11.13　铅芯隔震橡胶支座的构造示意图
1—竖向力;2 —橡胶;3—铅芯;4—钢板

铅芯隔震橡胶支座已广泛应用于一些多地震国家(如新西兰、日本和美国等)的桥梁,其具有以下特点:①竖向刚度大,承载性能好,能稳定地支承桥梁上部结构的荷载;②水平刚度适中,能满足地震产生的大位移需要;③通过调整铅芯的面积,可以改变铅芯隔震橡胶支座的阻尼比,能有效地吸收地震能量。在铁路桥上采用铅芯隔震橡胶支座时,必须采取可靠的限位措施,以确保正常行车时的运行安全。

(2)高阻尼隔震橡胶支座

试验研究表明,铅芯隔震橡胶支座的橡胶在低温条件下存在硬化现象,在温度和交通荷载(低周疲劳)作业下支座中的铅芯会发生疲劳剪切破坏,使支座的阻尼性能大幅下降。同时,铅芯隔震橡胶支座在生产和使用过程中，铅会对环境造成污染。近年来日本、美国和欧洲等国研发了采用高阻尼隔震橡胶制造的高阻尼隔震橡胶支座，它是在天然橡胶中加入各种配合剂，用来提高橡胶的阻尼性能(增加滞后损失，降低其储存模量)，然后利用这种具有阻尼效果的橡胶制成的与普通橡胶支座结构近似的一种钢板和橡胶通过热硫化构成的叠层产品。用于减震、隔震的支座，其阻尼比可达到 0.15。

高阻尼隔震橡胶支座由上下连接钢板、高阻尼橡胶板和加劲钢板组成，其结构形式和普通板式橡胶支座相同。上下连接钢板用于和梁体及墩台连接。

高阻尼隔震橡胶支座作为隔震支座，具备承载能力、恢复力和阻尼(吸收能量)三位一体的功能；滞回特性(荷载—变形曲线)饱满，对大、中、小地震都能发挥隔震效果；自身具有隔震功能，无须再配置其他装置，维修管理成本低；大地震后无残余变形，特性变化小，无须更换；对温度的依赖性小，蠕变特性和耐老化性能都比较好。

(3)摩擦摆式减隔震支座

摩擦摆式减隔震支座的本质是摩擦阻尼支座，其依靠两个曲面的摩擦来实现支座的正常功能。图 11.14 所示为摩擦摆式减隔震支座的构造示意图。

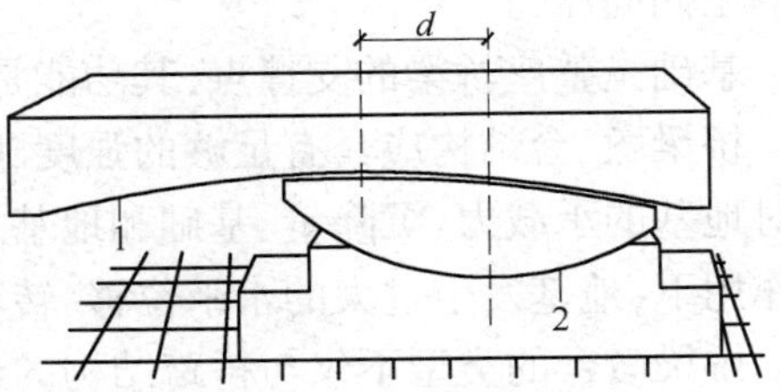

图 11.14　摩擦摆式减隔震支座构造示意图

1—第一滑动面；2—第二滑动面

摩擦摆式减隔震支座的作用原理是：桥面支承在可滑动的球形曲面上，当桥面与桥墩发生相对位移时，它就像钟摆一样运动。因此，任何一个水平运动都会产生一个重力的竖向提升，如忽略摩擦力，该体系的运动方程近似于一个质量相等的钟摆运动，钟摆长度为球面的曲率半径。通过改变支座球面的曲率半径，可以改变支座的摆动周期，达到预期的隔震周期。通过支座水平运动时的竖向提升，将动能转化为势能，消耗地震能量。地震后支座在重力作用下，具有一定的复位能力。

思　考　题

1. 桥梁支座的作用是什么？
2. 简述目前常用支座的类型及使用条件。
3. 普通板式橡胶支座的变形机理是什么？
4. 简述简支梁支座布置的原则。
5. 已知某 3 跨宽桥面单箱多室连续梁，连续梁每个支点位置布置 2 个盆式支座，支座类型为固定、单向活动与多向活动支座，固定支座设置在中间墩上，请绘制全梁支座类型布置示意图，并标明支座类型图例代号。

第 12 章　桥梁墩台

桥墩、桥台和基础统称为桥梁的下部结构,它们的主要作用是支承上部结构并将上部结构传来的作用及本身自重传递到地基。桥梁上下部结构的相互关系见图 1.1。

桥墩指多跨桥梁的中间支承结构,承受上部结构的竖向压力和水平力外,还受风力及可能发生的流水压力、冰压力、船只和桥下漂流物的撞击力、地震力的作用。

桥台是连接两岸线路或道路的桥路衔接结构,它除了支撑上部结构外,还起着挡土护岸的作用。桥台承受支座传来的竖向力和水平力的同时,还要承受台后填土及填土上附加作用引起的土侧向压力。

基础是整座桥梁的支撑点,其功能是将基础以上部分承担的荷载传递到地基。

桥梁墩、台结构应具有足够的强度、刚度和稳定性,以确保整个桥跨的正常工作。此外,桥梁对地基的承载力、沉降量、基础和地基之间的摩擦力等都必须提出较高的要求,以防止在荷载作用下,地基发生过大的水平位移、转动和沉降,特别是超静定结构桥梁。

桥梁墩台的类型不仅与桥跨结构的形式有关,而且与桥址处水文、地质、基础类型有关,在城市、景区等地区,还要满足景观设计要求,因此,桥梁墩、台的形式繁多、特点各异。本章仅从最基本和最常见的墩台形式及基本计算特点入手,介绍梁式桥墩台的基本构造、设计原则及一般的计算方法。

12.1　桥墩类型及适用条件

桥墩形式的采用,取决于桥上线路或道路、桥下水流速度、墩位处水深、水流方向与桥梁中轴线的夹角、通航及桥下漂流物情况、基底土壤的承载能力、梁部结构及施工方法等。常用桥墩一般分为重力式实体桥墩、空心桥墩、柱式桥墩、轻型桥墩和拼装式桥墩。

12.1.1　重力式实体桥墩

重力式实体桥墩主要依靠自身重力来平衡外力保证桥墩的稳定,适用于地基良好或桥下有通航、流冰等漂流物的大、中、小桥梁。重力式桥墩一般用混凝土或片石混凝土砌筑,截面尺寸及体积较大,圬工量大,自重和阻水面积也较大,外形粗壮,因此,当墩高大于 30 m 时,一般不采用重力式桥墩,考虑到桥梁景观要求,也很少应用于城市桥梁。

重力式实体桥墩按截面形状又分为矩形桥墩、圆形桥墩、圆端形桥墩。

(1)矩形桥墩

矩形桥墩(图 12.1)截面为矩形,具有圬工较省、模板简单、施工简便的优点,但对水流的阻力特别大并促使水流紊乱而招致桥墩周围发生较大的局部冲刷,所以矩形桥墩一般适用于无水、静水或靠近岸边水流流速小处。山区单线铁路或道路的跨谷桥及其他旱桥常采用矩形桥墩。

图 12.1 中为典型的单线铁路矩形桥墩结构示意图,为了减小墩身圬工量,常将墩身设置

一定的坡度,墩底尺寸较大、墩颈处略小,又考虑到上部结构的受力、施工及构造要求,上部设计成扩大的托盘及顶帽,顶帽上设排水坡及支承垫石。对电气化铁路,还需设置接触网支柱基础。

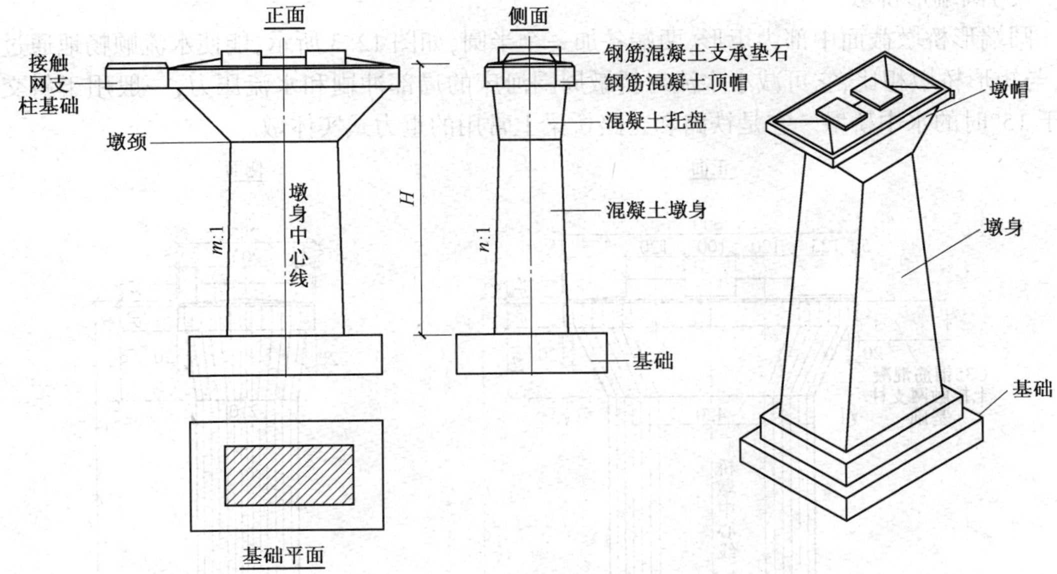

图 12.1 矩形桥墩

(2)圆形桥墩

圆形桥墩(图 12.2)与矩形桥墩类似,只是墩身截面为圆形,托盘及顶帽为圆端形,使用时,不受水流与桥梁轴线斜交角度的限制。当水流流向不稳定或水流与桥梁法线斜交角度大

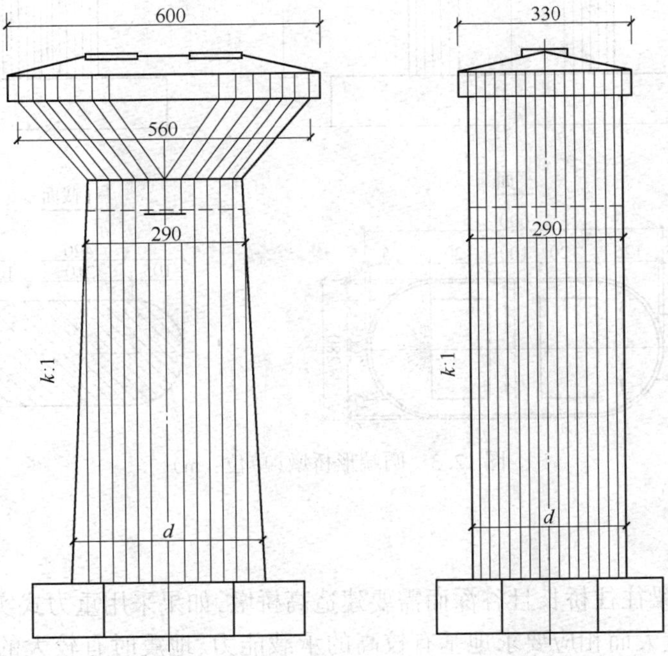

图 12.2 圆形桥墩(单位:cm)

于 15°时应采用圆形桥墩。由于圆形桥墩各个方向的尺寸相同,不能根据桥墩纵、横向受力及使用要求不同的特点采用不同的尺寸,增大了桥墩的阻水面积,因此对于斜交角小于 15°时及横向宽度较大的公路桥桥墩不宜采用。

(3)圆端形桥墩

圆端形桥墩截面中部为矩形,两端各加一个半圆,如图 12.3 所示,能使水流顺畅地通过桥孔,与矩形桥墩相比,它可减小水流对桥墩周围河床的局部冲刷和水流压力,一般用于斜交角小于 15°时的水中桥墩。它是铁路和公路桥梁上常用的重力式实体墩。

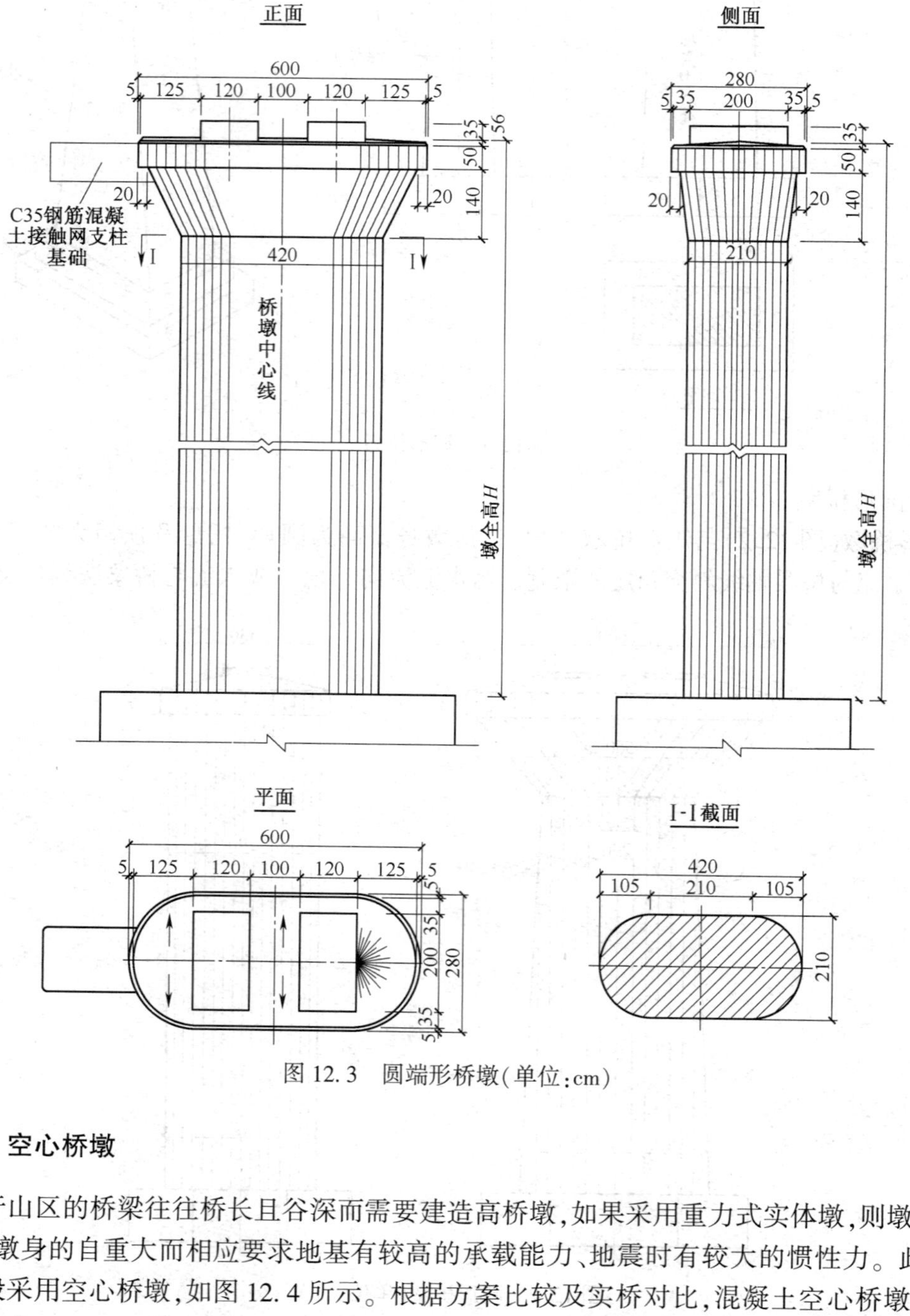

图 12.3　圆端形桥墩(单位:cm)

12.1.2　空心桥墩

位于山区的桥梁往往桥长且谷深而需要建造高桥墩,如果采用重力式实体墩,则墩身圬工量惊人、墩身的自重大而相应要求地基有较高的承载能力、地震时有较大的惯性力。此时,设计中一般采用空心桥墩,如图 12.4 所示。根据方案比较及实桥对比,混凝土空心桥墩比实体桥墩可节省 20%～30% 的圬工,钢筋混凝土空心桥墩可节省圬工 50% 左右。

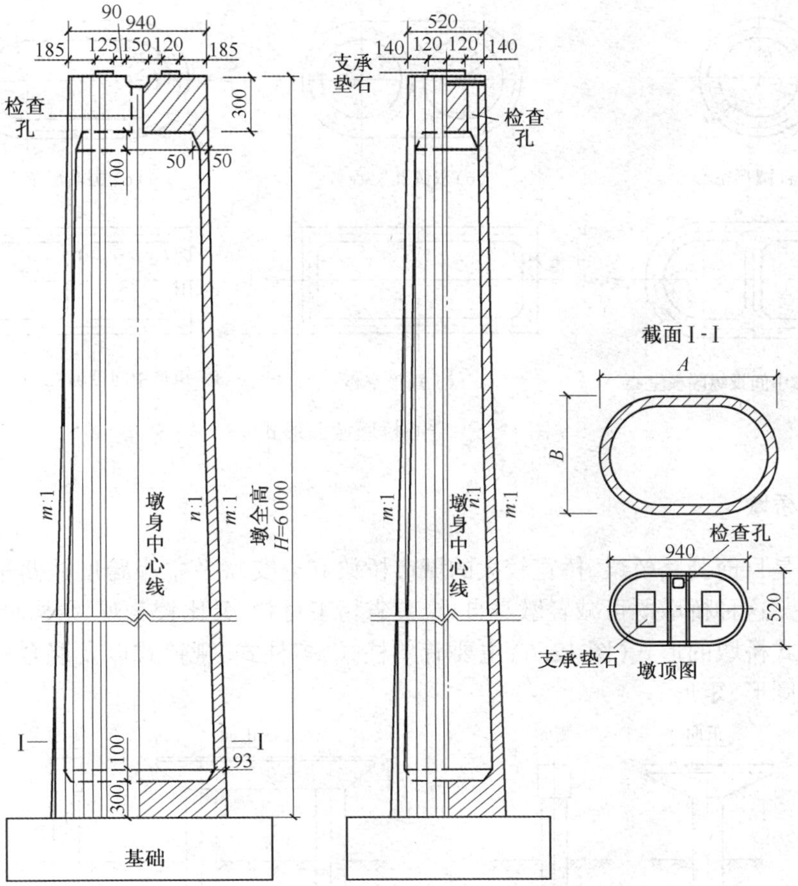

图 12.4　空心桥墩(单位:cm)

空心桥墩的截面形式一般有下列几种:圆形空心、双圆孔空心、圆端形空心、圆端形中间设纵隔板空心、矩形空心、矩形中间设隔板(双矩形)空心(图 12.5)。墩身的立面形式一般有直坡式、台阶式、斜坡式。

空心墩墩壁较薄,在有船、筏和漂流物或受冰压力的河流上,一般不宜采用,以防撞击和磨损墩壁而招致破坏。但根据河流的具体情况,采取下部实体墩身等措施,通过技术经济比较后,仍可采用空心墩。

设计高墩时,应根据墩高、墩截面尺寸、梁的跨度以及施工条件等,选择适当的空心墩的类型。

圆形空心截面受力性能最好,一般情况下可不设横隔板,施工最为方便,设计高墩时可优先考虑采用这种截面形式。当构造需要桥墩的横向尺寸很宽,或横向水平力较大时,如梁宽度大,双线铁路、公路、弯道桥或架梁需要墩顶较宽等情况时,可考虑采用圆端形或矩形带纵隔板的空心墩。当墩身不很高,平面两向宽度比值不太大时,可采用不带纵隔板的形式。另外,方形与圆形相比,方形温度应力较大。使用滑动钢模板施工时,圆端形比矩形方便。

关于桥墩的立面形式,台阶式空心墩构造复杂,施工十分不便,截面突变处应力集中,现已不采用这种形式。直坡式空心墩只用于墩身不高或某些特殊需要的桥上。而斜坡式空心墩普遍适用于各种条件下的桥墩,受力合理,施工方便。墩身坡率应较陡(40∶1 以上),便于滑动钢模施工。

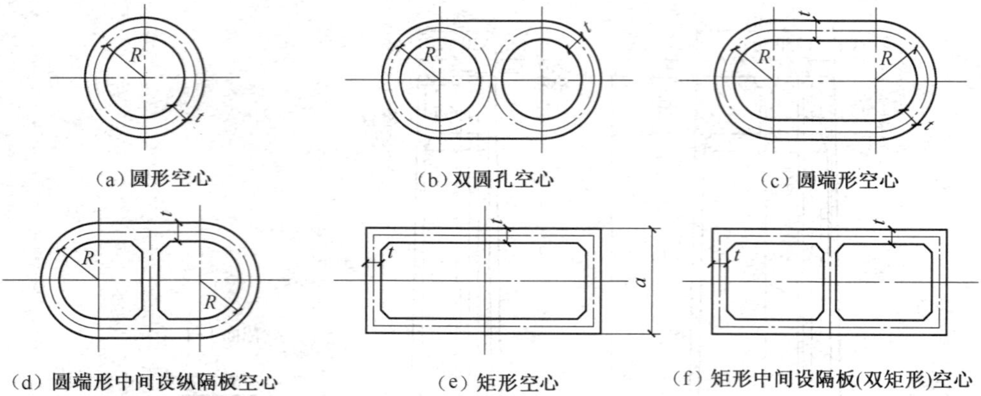

图 12.5　空心桥墩截面形式

12.1.3　柱式桥墩

柱式桥墩是目前公路桥梁、桥宽较大的城市桥梁和立交桥及中小跨度铁路旱桥中广泛采用的桥墩形式。这种桥墩既可减轻墩身自重、节省圬工材料,又比较美观、结构轻巧,桥下通视情况良好。柱式桥墩的形式(图 12.6)主要有单柱式、多柱式、哑铃式以及混合柱式四种。柱身截面大多为圆形、矩形。

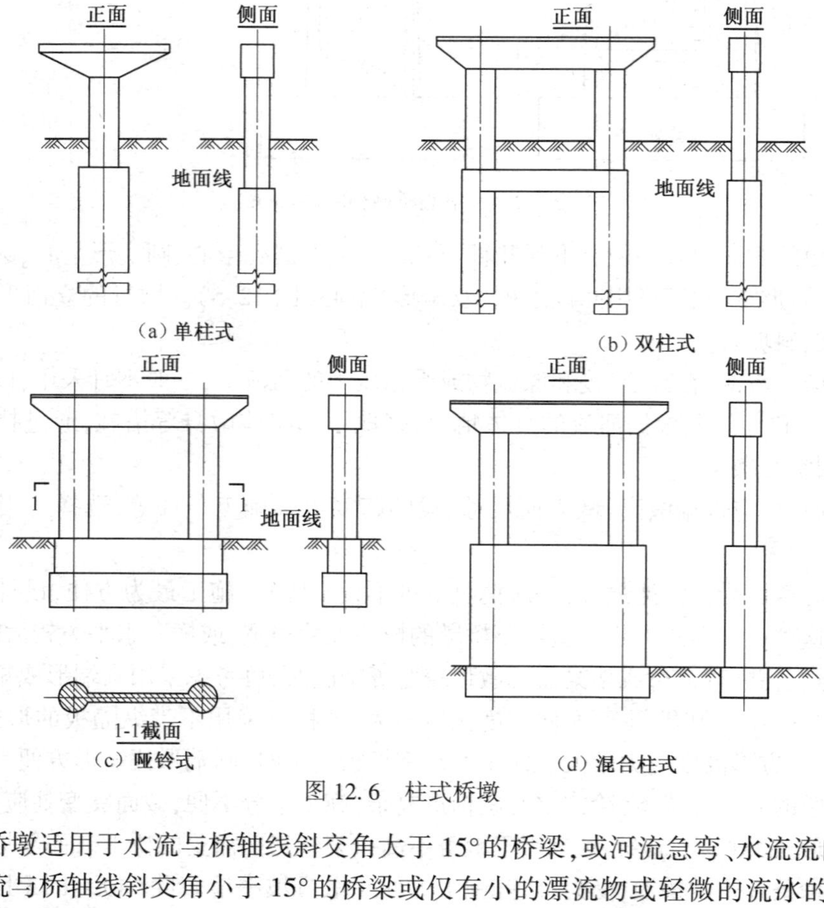

图 12.6　柱式桥墩

单柱式桥墩适用于水流与桥轴线斜交角大于 15°的桥梁,或河流急弯、水流流向不固定的桥梁。在水流与桥轴线斜交角小于 15°的桥梁或仅有小的漂流物或轻微的流冰的河流中,可采用双柱式或多柱式桥墩。在有较多的漂流物或较严重的流冰河流上,当漂流物卡在两柱中间可能使桥梁发生危险,可在双柱间加做40~60 cm厚的隔墙,成为哑铃式桥墩。当墩身较高时,也可把高水位以下的墩身部分做成实体,以上部分做成双柱的混合式桥墩,这样,既减少了水上部分的圬工体积,也保证了抵抗漂流物的能力。

12.1.4 轻型桥墩

为了提高桥墩的美观性,在城市桥梁中常采用形状各异的轻型桥墩。轻型桥墩(图12.7)截面形式大多为薄壁矩形或薄壁圆端形实体截面,适用于小跨度、低墩的公路桥梁及城市连续梁。轻型桥墩不像重力式桥墩那样要满足独立的稳定性要求,因而可减少圬工材料,获得较好的经济效益。

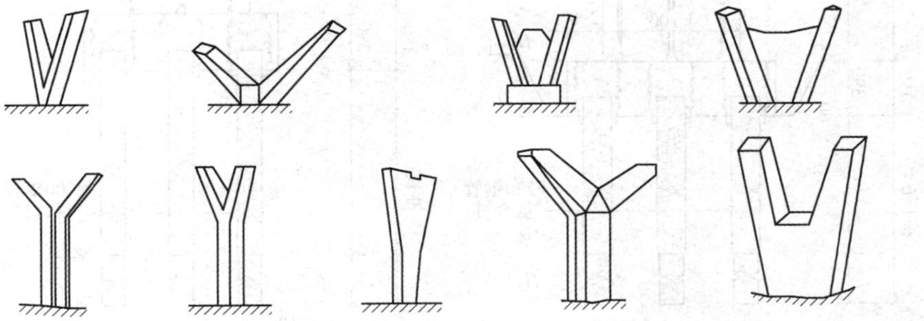

图12.7 轻型桥墩

轻型桥墩的形式有多种,如V形、X形、Y形、倒梯形等形式,一般由钢筋混凝土或预应力混凝土建成,可以适应具有特殊要求的城市及旅游风景区。但该类轻型桥墩结构构造比较复杂,施工比较麻烦,造价也高。

在地质不良地段、路基稳定不能保证时及铁路桥梁中不宜采用轻型桥墩。

12.1.5 拼装式桥墩

大部分的桥墩施工方法为现浇施工。拼装式桥墩,又称装配式桥墩,它是指将前述各种桥墩的施工方法从现浇施工改为全部或部分预制拼装的桥墩。采用拼装式桥墩可提高施工质量、缩短施工周期、减轻劳动强度,使桥梁建设向结构轻型化、制造工厂化及施工机械化发展。

拼装式桥墩适用于交通较为方便、同类桥墩数量多的长大干线中的中小跨度桥梁,使用该类桥墩时应采用轻巧的结构形式和简单可靠的装配方法,并应注意提高构件的强度和精度以保证整个结构的正常使用。

港珠澳大桥浅水区非通航孔桥采用浅埋式预制墩台结构,墩高19.143~42.97 m,承台尺寸为15.6 m×11.4 m×4.5 m(横桥向×顺桥向×承台高度),承台采用C45海工混凝土。承台顶埋入海床面,高程+8 m以下墩身与承台一起预制,预制承台及其底节墩身最高18.5 m,最重为2 370 t。墩身采用矩形空心结构,为C50海工混凝土,高墩区墩底截面尺寸为11 m×4.0 m(横桥向×顺桥向),低墩区墩底截面尺寸为11 m×3.5 m(横桥向×顺桥向),顺桥向壁厚0.8 m,横桥向壁厚1.2 m;该桥桥梁下部结构示意如图12.8所示。该桥墩台采用整体预制施工,其中低墩区分2节预制,高墩区分3节预制,湿接缝拼接。

拼装桥墩也常采用预应力筋进行桥墩拼接,如图12.9所示。

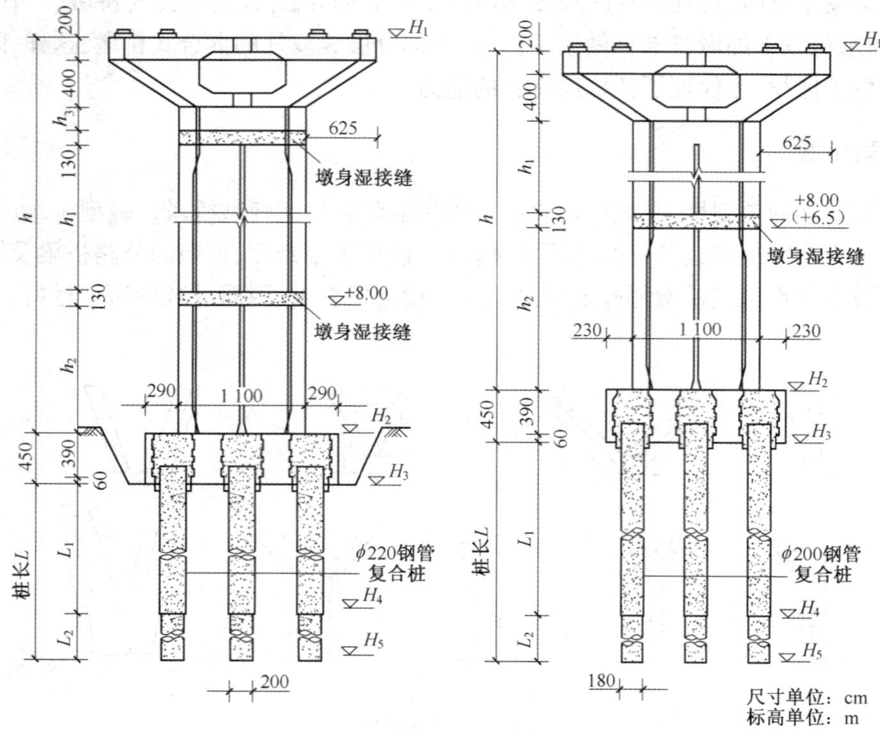

图 12.8　港珠澳大桥预制墩台结构

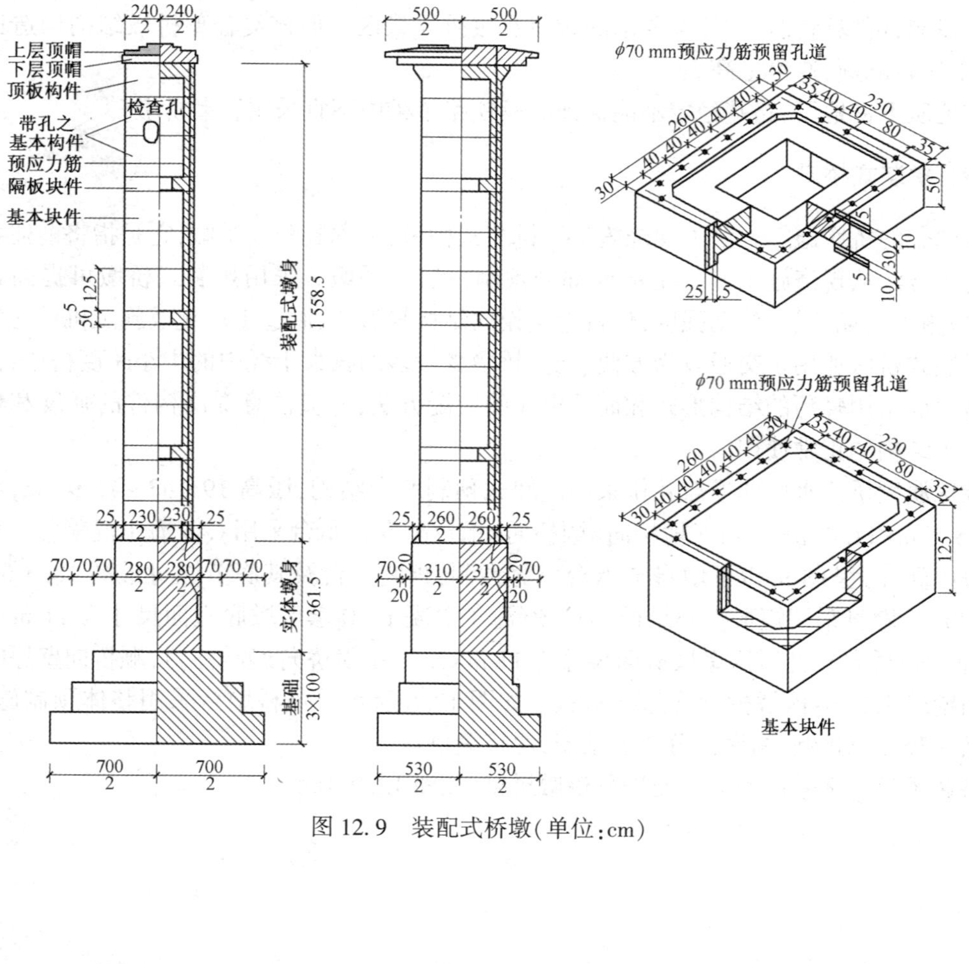

图 12.9　装配式桥墩(单位:cm)

12.2　桥墩构造与尺寸拟定

12.2.1　重力式实体桥墩

重力式实体桥墩一般由顶帽、托盘和墩身几部分构成,见图12.1。

1. 顶帽尺寸的拟定

顶帽(墩帽)是桥墩顶的传力部分,它通过支座承托着上部结构,并将墩两侧桥跨上的荷载传到墩身上,再由墩身传递给地基。因此,顶帽的强度要高,一般都采用C30以上钢筋混凝土制作。顶帽尺寸大小除满足摆放支座的要求外,还应考虑施工架梁、更换支座等临时设施的要求。顶帽尺寸的大小还直接影响到墩身截面尺寸的大小及材料的选用,因此,拟定合理的墩帽尺寸是桥墩设计的重要内容之一。

(1)铁路桥墩

墩台顶帽一般为矩形或圆端形,上设支承垫石。

顶帽直接支承桥跨结构承受较大的支座反力,为了把支座反力均匀地传给墩身,其厚度不应小于40 cm,混凝土等级不应低于C30,一般均应配置钢筋。

桥墩台上放置支座部分因受力集中应设配置钢筋网的支承垫石。为防雨水侵蚀,顶帽表面应设不小于3%的排水坡(无支座的顶帽可不设),支承垫石顶面应高出排水坡的上棱,顶帽一般还应设有挑出墩身10~20 cm的飞檐(图12.10)。

顶帽支座布置如图12.10所示。当相邻两跨度相等时,两相邻支座间的顺桥方向中心距为

$$f = 2e + e_0 \geqslant a \tag{12.1}$$

式中　a——梁支座底板的纵向尺寸;

e——梁伸过支座中心线的长度;

e_0——为相邻两梁应留的缝隙,铁路简支梁其数值为:对于跨度$L \leqslant 16$ m,采用6 cm;$L \geqslant 20$ m时,采用10 cm,曲线上及坡道上的桥梁,应考虑曲线和坡度布置对空隙的影响,大跨度梁还应考虑预拱度和因荷载引起梁的伸缩的影响。

支座底板的纵向尺寸a和横向尺寸W应根据顶帽钢筋混凝土局部承压计算确定,桥跨结构标准设计中一般都已列出支座底板尺寸。

为提高局部承压能力,并考虑施工误差及预留锚栓孔的要求,支承垫石边缘至支座底板边缘应保持一定的距离 ,其值b为15~20 cm。

支承垫石边缘至顶帽边缘的距离c,为满足架梁时或养护时安放移梁及顶梁设备的需要,应符合下列规定:

①顺桥方向(纵向),对于T梁,c不应小于40 cm;对于箱梁,c不应小于20 cm。

②横桥方向(横向),当顶帽为圆弧形时,支承垫石角至顶帽最近边缘的最小距离与顺桥方向相同。当顶帽为矩形时,支承垫石角至顶帽边缘的最小距离为50 cm。

这样,等跨度直线桥顶帽纵向尺寸为

$$A = f + a + 2b + 2c \tag{12.2}$$

同样可拟定顶帽横向尺寸B,如图12.10所示。

曲线上桥梁墩帽平面尺寸比直线桥大。这是因为曲线桥的梁仍为直线,但为了适应曲线的线路,各孔梁按折线布置,则相邻两孔梁间的缝隙是内窄外宽,且内侧梁缝要求与直线桥相

同。梁的端部和桥墩横向中心线不平行,梁端支座斜放在支承垫石上,垫石平面形状可做成梯形,但为简化施工,将垫石按直线布置并适当加宽加长而仍为矩形,如图 12.11 所示。

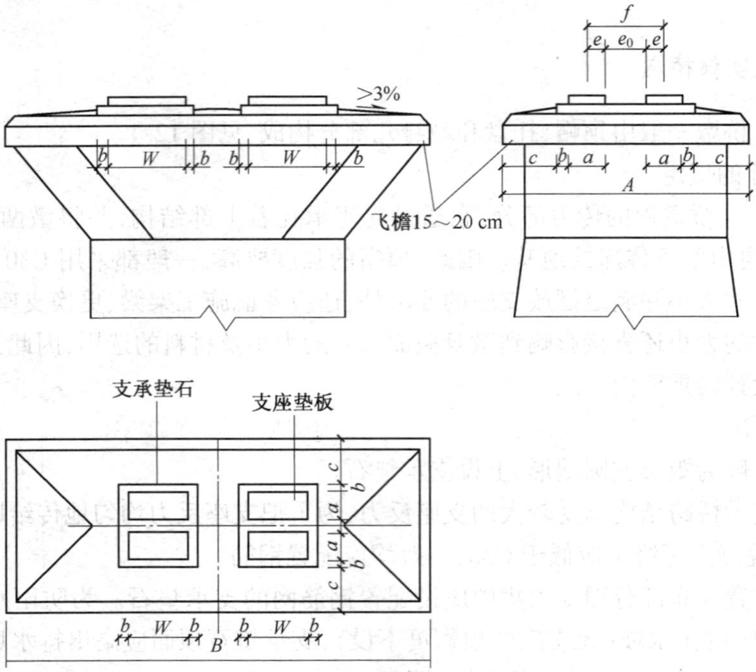

图 12.10　铁路桥墩顶帽尺寸

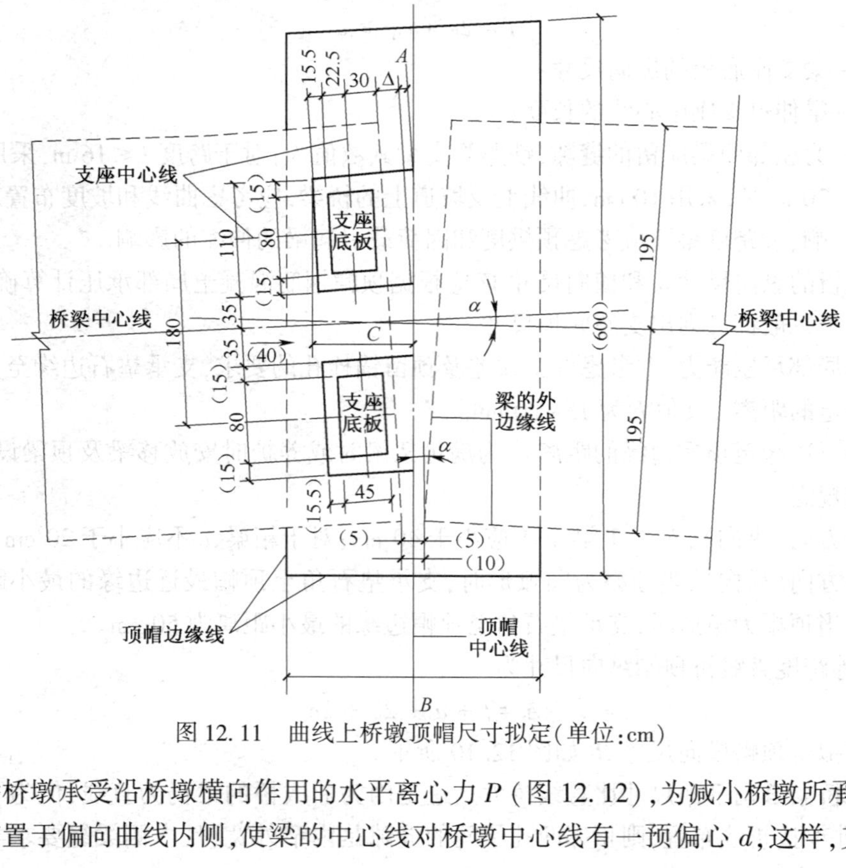

图 12.11　曲线上桥墩顶帽尺寸拟定(单位:cm)

曲线桥桥墩承受沿桥墩横向作用的水平离心力 P (图 12.12),为减小桥墩所承受的弯矩,可将支座布置于偏向曲线内侧,使梁的中心线对桥墩中心线有一预偏心 d,这样,支座反力 R

产生向曲线内侧的偏心弯矩 R_d，以抵消一部分由离心力所产生的弯矩。

当桥墩所支承的两相邻桥跨结构跨度不等时，为适应两相邻跨不同的建筑高度，可采用如图 12.13 所示的布置，或将支承垫石作成不等高的[图 12.13(a)]，或将顶帽布置在不同的高程上[图 12.13(b)]，为使两个不相等跨度支座反力的合力尽可能接近桥墩轴线，以减小垂直力的偏心，宜将大跨的支座布置得较近于墩轴。

顶帽宽度除满足以上要求外，还应符合墩身顶宽的要求、安装上部结构的需要以及抗震设施的安装。

(2)公路桥墩

公路桥墩顶帽尺寸的拟定原理与铁路桥墩相同，仅在具体尺寸大小的规定方面有所区别。

公路桥规规定，墩帽的厚度，对于大跨径桥梁不得小于 40 cm，对于中、小跨度的桥梁不得小于 30 cm。其顶面常做成 10% 的排水坡。顶帽的四周挑出墩身 5～10 cm 的飞檐(图 12.14)，并在其上做成沟槽形滴水。

顶帽顺桥向的宽度为

$$b \geqslant f + a + 2c_1 + 2c_2 \qquad (12.3)$$

同时，根据公路桥规对墩身顺桥向最小宽度的规定：小跨径桥梁 b 不得小于 100 cm，中等跨径桥梁 b 不宜小于 100～120 cm。

对于公路多片主梁或箱形梁的桥墩，横桥向最小宽 B = 桥跨结构外侧主梁的中心距 + 支座垫板横向宽度 + $2c_1$ + 支座垫板边至墩台边缘最小距离的两倍($2c_2$)，c_1 同铁路桥规定，c_2 规定见表 12.1。

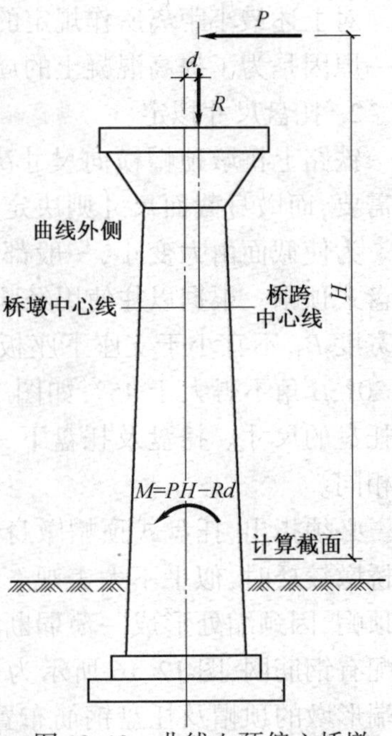

图 12.12 曲线上预偏心桥墩

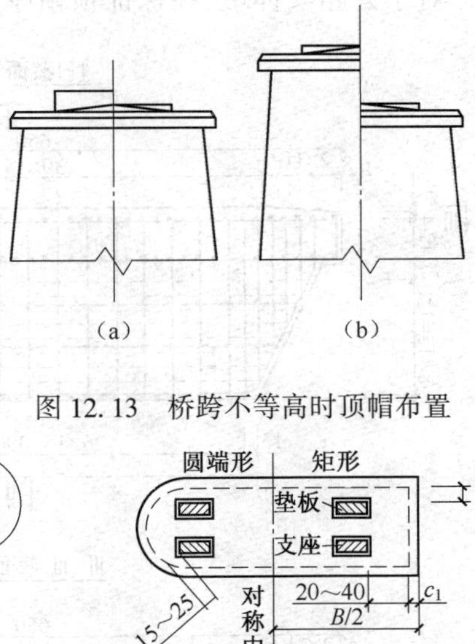

图 12.13 桥跨不等高时顶帽布置

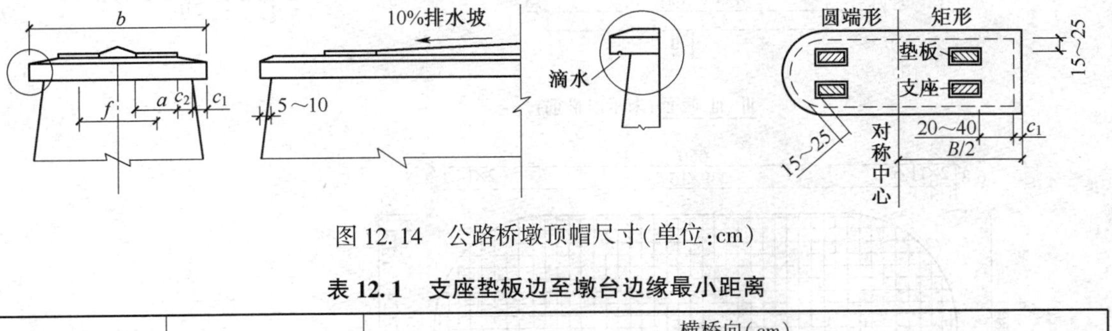

图 12.14 公路桥墩顶帽尺寸(单位：cm)

表 12.1 支座垫板边至墩台边缘最小距离

跨径	顺桥向(cm)	横桥向(cm)	
		圆弧形端头(自支座边角量起)	矩形端头
大桥	25	25	40
中桥	20	20	30
小桥	15	15	20

注：(1)采用钢筋混凝土悬臂式墩帽时，上述最小距离为支座至墩帽边缘的距离；

(2)跨径 100 m 以上的桥梁，应按实际情况另定。

对上述最小距离所作规定的目的是避免支座过分靠近墩身侧面边缘而导致的应力集中;另一原因是为了提高混凝土的局部抗压强度以及考虑施工误差和预留锚栓孔的要求。

2. 托盘尺寸拟定

铁路上桥墩顶帽横向尺寸决定于施工架梁及维修养护的需要,而墩身截面尺寸则决定于受力的大小,前者大于后者。为使截面由大变小,一般都在顶帽下设置托盘过渡,称托盘式顶帽。根据以往使用经验及室内试验资料,缩颈处横向宽度 B_1 不宜小于支座下座板外缘的间距 b_1,α 角不得大于 30°,β 角不得大于 45°,如图 12.15 所示。按上述原则拟定托盘的尺寸。托盘及托盘下一小段墩身混凝土等级与顶帽相同。

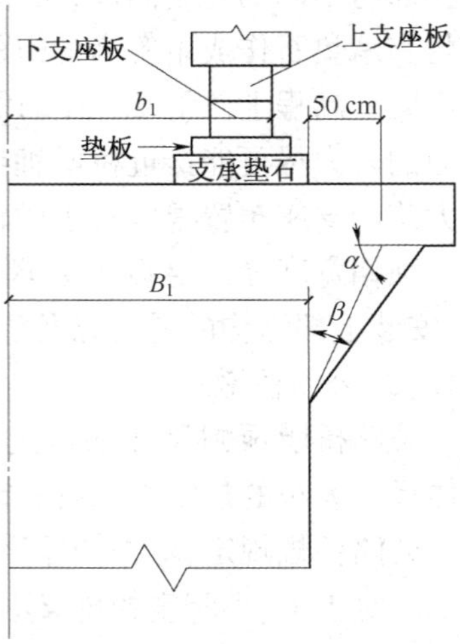

图 12.15　桥墩托盘尺寸

必须指出,托盘式顶帽墩身的圬工量虽然增加不多,但当桥墩较矮时,似乎不太美观。在地震区,一般不采用托盘式顶帽,因颈缩处形成一薄弱断面,对抗震性能不利。托盘内配有钢筋网,图 12.16 所示为 32 m 梁普通钢筋混凝土梁圆端形墩的顶帽及托盘钢筋布置。钢筋采用 HRB400,直径为 ϕ12 mm。

对于公路实体墩,在保证顶帽厚度的情况下一般不设托盘。

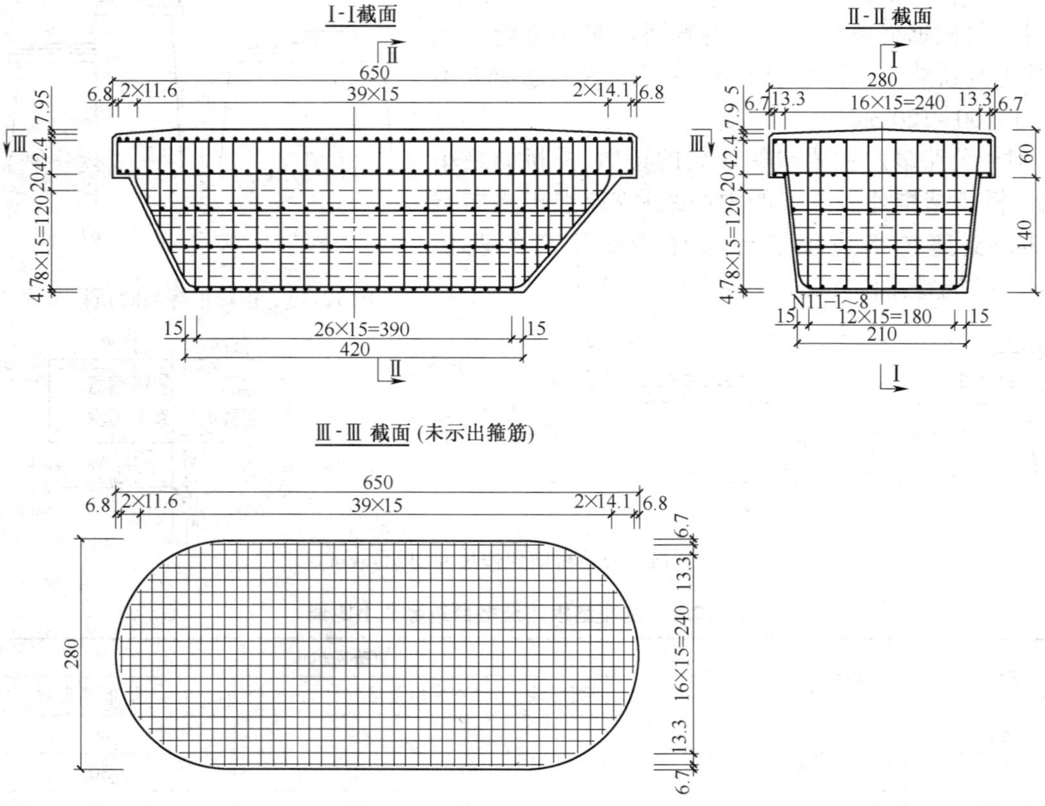

图 12.16　顶帽及托盘钢筋布置图(单位:cm)

3. 墩身尺寸拟定

墩身的两个方向一般均做成斜坡，在满足规范要求的截面偏心距、墩顶位移或强度条件下，具体数值通过试算确定，一般为 30∶1~60∶1。高度不大的桥墩可做成直坡。墩高很大的桥墩也可分节段做成台阶状的。建筑材料一般采用 C30 混凝土，墩身表面设置护面钢筋网以防止混凝土收缩及温度作用引起表面开裂，在墩身强度计算时不考虑护面钢筋的受力作用，因此，圬工重力式桥墩受力检算时可视为素混凝土结构。

对道路等级较低的桥墩，也可用 M10 水泥砂浆砌片石或块石砌筑。

公路规范规定：重力式桥墩墩身的顶宽（顺桥向），对于小跨径桥不宜小于 80 cm，对于中等跨径桥不宜小于 100 cm。铁路桥墩按受力进行设计。

12.2.2　空心桥墩

空心桥墩按建筑材料可分为两类：混凝土空心墩和钢筋混凝土空心墩。混凝土空心墩宜设置护面钢筋，钢筋混凝土空心墩受力性能比混凝土空心墩要好，一般高墩应选择钢筋混凝土材料建造。

空心墩由顶帽、实体过渡段、空心墩身组成（图 12.17），顶帽设计原则同重力式桥墩。

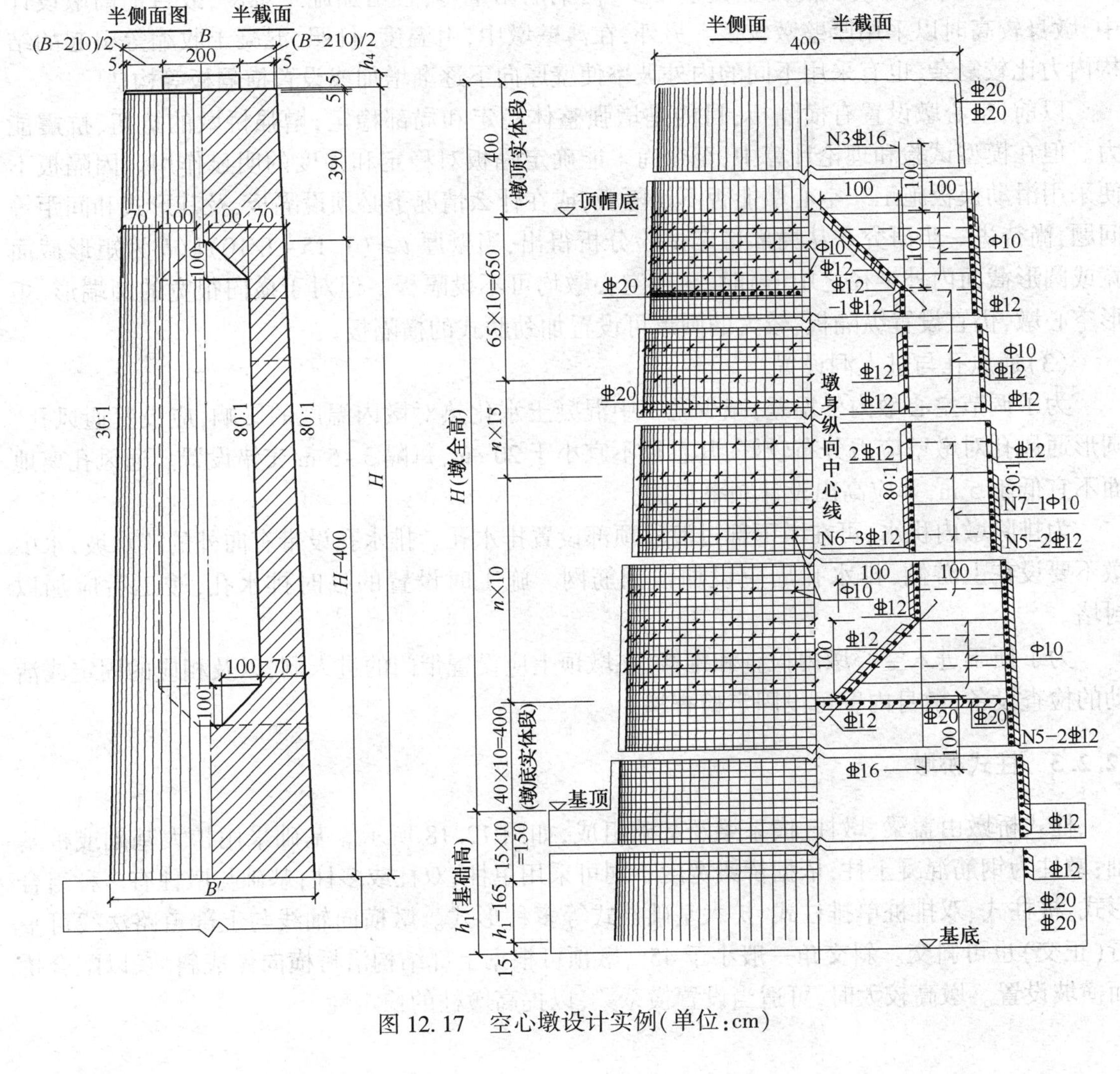

图 12.17　空心墩设计实例（单位：cm）

空心墩的实体过渡段有两部分,一是空心墩顶帽以下,二是墩身与基础连接处。顶帽以下设置过渡段,是为了使支座反力较均匀地传至墩壁,并减少活载对墩壁冲击力,墩身与基础连接处设置实体过渡段是使上部传递来的力能扩散传到基底,使基底应力分布较均匀。

(1)实体过渡段的设置

空心墩上下实体段与墩壁连接处,应力分布比较复杂,要准确计算比较困难。实测试验资料表明:当顶板厚度为 1.0 m 时,在顶帽下 $D/2$(D 为墩身直径)处应力才均匀分布于壁上。固端干扰力矩使墩壁应力增大 40%~76%。当顶帽下实体段为 3.0 m(包括顶帽厚)时,顶帽实体段与空心墩壁连接处仍有应力集中现象,但影响已较小,一般不控制设计。

实体段的合理厚度尚难具体规定,按已有的经验,墩顶实体段一般采用 3~5 m(包括顶帽厚度),可按墩高、梁跨、壁厚与内孔比率等因素决定,实体段与墩壁连接处须设置倒角。在倒角范围内加强或增设水平环向钢筋和竖向钢筋。

(2)空心墩的壁厚与隔板

按照铁路桥规规定,空心墩的最小壁厚,对于钢筋混凝土墩不宜小于 0.3 m,对于混凝土墩不宜小于 0.5 m,混凝土空心墩宜设置护面钢筋。实际设计高墩时,墩壁厚度应通过计算决定。墩身较高时墩壁不宜太薄,因此时桥墩多受墩顶位移控制,用薄壁墩时须加大墩身总宽。厚壁与薄壁比较,薄壁墩混凝土数量较少,但钢筋用量多,且增加施工难度,故目前高墩设计中,墩身较高时以采用厚壁墩较多。另外,在薄壁墩中,由温度、日照、混凝土收缩等引起的结构内力比较复杂,也有采用不同的内外坡率使壁厚向下逐渐增加或设置横隔板等构造。

以前,空心墩设置有横隔板,目的是增强整体稳定和局部稳定,增强桥墩的抗扭、抗震能力。但在模型试验和理论计算中,至今尚未能确定隔板对稳定和强度的明显作用。因隔板不便采用滑动模板施工。空心墩能否不设隔板,或在什么情况下必须设隔板,及其形式和间距等问题,尚待进一步研究。从局部稳定试验分析得出,当壁厚 $t \geqslant (1/15 \sim 1/10)b$($b$ 为矩形截面宽或圆形截面内外半径之中值)时,一般空心墩均可不设隔板。但对于横向很宽的圆端形、矩形空心墩,仍宜设置纵隔板,较大的圆形可设置加劲肋式的横隔板。

(3)通风孔与进人洞设置

为了调节空心墩内外温差,减少施工中混凝土水化热对墩内温度的影响,应设置通风孔。圆形通风孔对墩壁应力分布较好,其直径不宜小于 20 cm,每隔 3~5 m 交错设置。通风孔离地面不宜低于 5 m,并应高出设计频率水位。

为排除墩内积水,可在墩下部过渡段顶部设置排水孔。排水孔设带有向外的流水坡,水中墩不要设在上游侧,排水孔周应设加强钢筋网。施工时设置的临时排水孔,竣工后应加以封堵。

为了便于进入空心墩内检查和维修,在墩顶上应设置带门的进人洞,以及相应的固定或活动的检查设备,墩身内壁可设固定检查梯。

12.2.3　柱式桥墩

柱式桥墩由盖梁、墩柱、横系梁及基础组成,如图 12.18 所示。基础采用扩大基础或桩基础;墩柱为钢筋混凝土柱,依据桥梁宽度不同可采用单柱、双柱或多柱;基础与墩柱有多种组合形式:桩柱式、双排桩单排柱式、扩大基础柱式等多种形式。墩横向轴线与上部道路法线可平行(正交)也可斜交。斜交角一般小于 45°,墩顶可根据上部结构沿桥横向做成斜坡,以配合桥面横坡设置。墩高较大时,可适当设置横系梁,以提高墩柱的稳定性。

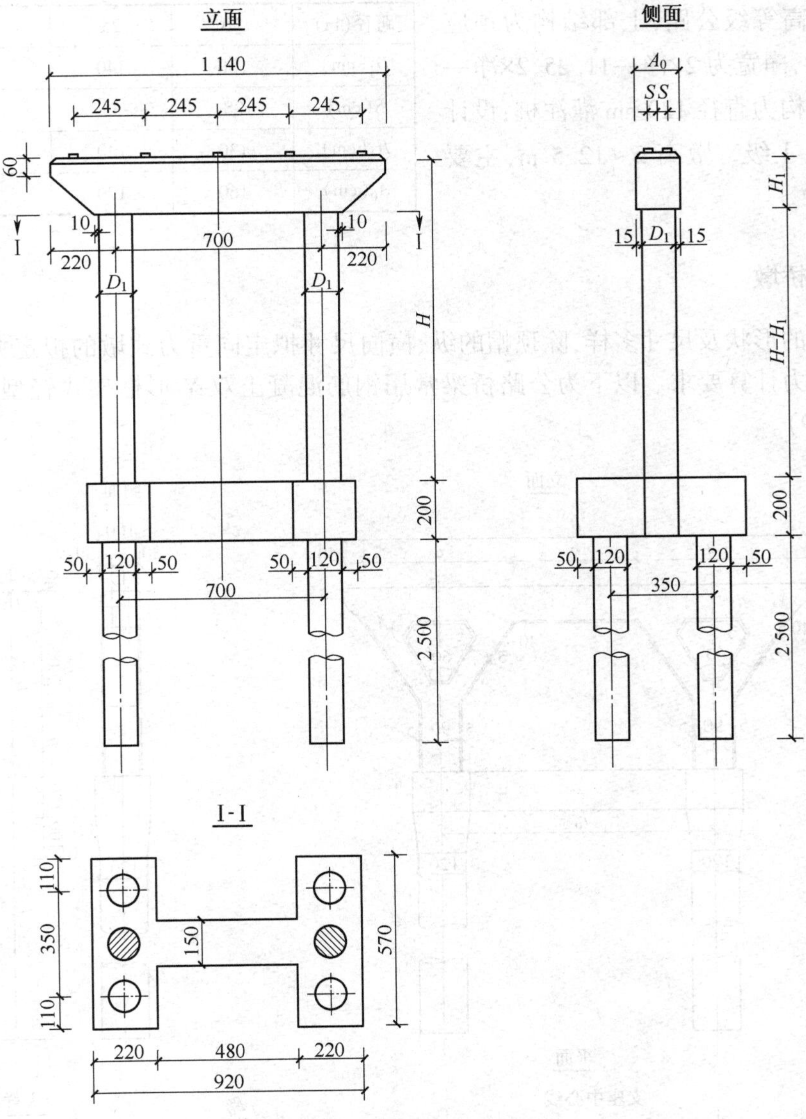

图 12.18　柱式墩设计实例(单位:cm)

盖梁的截面形状为矩形或 T 形,在城市桥梁中常采用倒 T 形使得架梁后盖梁不外漏,墩身线条简洁,增加美观。盖梁的宽度依上部结构的形式、支座间距和尺寸等而定,公路桥墩的盖梁的高度一般取宽度的 0.8~1.2 倍。悬臂厚度不小于 30 cm。当铁路桥墩的墩高大于 7 m 时,在两柱间距基础顶 3~5 m 处设一横系梁以保证柱的稳定,横系梁高度可取柱直径的 0.8~1.0 倍,宽度可取为柱直径的 0.8~1.0 倍。铁路桥墩的盖梁(墩帽)一般为 6 m 宽、1.3 m 高(包括托盘),柱的直径或宽度取 1.5 m,中心距为 2.1 m。公路桥依据计算确定横系梁的布置,市内立交桥桥墩一般可不设横系梁。柱采用钢筋混凝土材料,具体尺寸由计算确定,直径一般取 1.2~1.8 m。

高速铁路不应使用柱式等轻型桥墩。

图 12.18 为公路桥梁双排桩单排双柱式墩设计实例。

双排桩单排双柱式墩(图 12.18)适用于 7 度地震区的高等级公路,上部结构为预应力混凝土 T 梁,净宽为 2×净—11.25,2×净—10.75;下部结构为直径 120 cm 灌注桩;设计活载为公路—Ⅰ级。墩高 5～12.5 m,主要尺寸见表 12.2。

表 12.2　双排桩单排双柱式墩尺寸

跨径(m)	20	25	30
D_1(cm)	130	140	150
S(cm)	28	35	42
H_1(cm)	130	140	150
A_0(cm)	160	170	180

12.2.4　轻型桥墩

轻型桥墩的形状及尺寸多样,除顶帽的纵、横向尺寸拟定同重力式墩的拟定方法外,其余尺寸应满足受力计算要求。以下为公路桥梁常用钢筋混凝土双 Y 形框架式轻型桥墩的设计实例(图 12.19)。

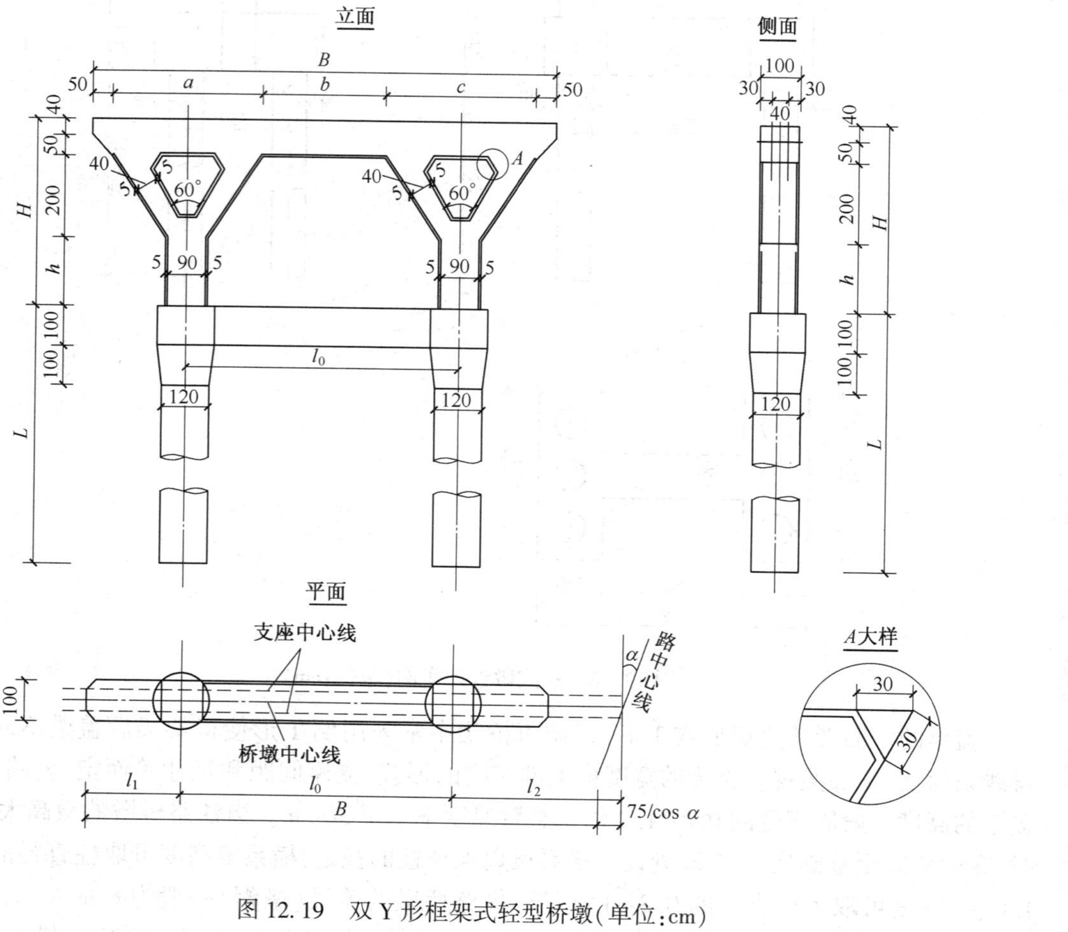

图 12.19　双 Y 形框架式轻型桥墩(单位:cm)

该双 Y 形框架式轻型桥墩适用于 8 度地震区的高等级公路,上部结构为预应力混凝土空心板,净宽为 2×净—12;下部结构为直径 120 cm 灌注桩;设计活载为公路—Ⅰ级。墩高 5～8 m。主要尺寸见表 12.3。

表 12.3　双 Y 形框架式轻型桥墩尺寸表(cm)

斜交角		0°	5°	10°	15°	20°
H=500 cm	B	1 300	1 306	1 321	1 347	1 383
	a	339	339	339	339	338
	c	508	514	529	555	592
	b	353	353	353	353	353
	h	210	210	210	210	210
	l_0	854	860	875	901	937.5
	l_1	219.5	219.5	219.5	219.5	219.5
	l_2	301.5	301.8	302.7	304.1	306.3

1. 当 H=600 cm、700 cm、800 cm 时,h 为 310 cm、410 cm、510 cm,其余尺寸与上列数据相同;
2. 桩底至墩底的距离 L 由实际地质情况确定。

柱式桥墩和轻型桥墩中一种特殊的类型为图 12.20 所示的柔性墩。

桥墩设计经验表明,重力式墩设计是受截面合力偏心及墩顶位移控制,而偏心及墩顶位移值,主要决定于桥墩所受纵向水平力(制动力或铁路牵引力)及墩身刚度。简支梁一孔梁上的纵向水平力由一个墩承受,其值较大,桥墩截面尺寸必然较大。为此,构造了一类特殊的"柔性墩",把几孔简支梁及其墩台用适当的措施连接起来,纵向形成多跨的门式结构,以共同承受桥上传来的水平力。其中,有的墩设计为重力式实体刚性墩,而其余的墩身截面尺寸较小,则作用在桥上的纵向水平力将按各墩的抗推刚度分配,大部分水平力由较刚的重力式墩台承受,比较柔细的墩将承受较小的水平力,从而使柔性墩的截面尺寸及圬工量减小,达到降低全桥造价的目的。

目前,柔性墩广泛应用于公路小跨度先简支后连续梁桥。由于铁路桥梁对墩的抗推刚度要求非常严格,因此新建桥梁不采用柔性墩台。柔性墩的一般布置如图 12.20 所示。

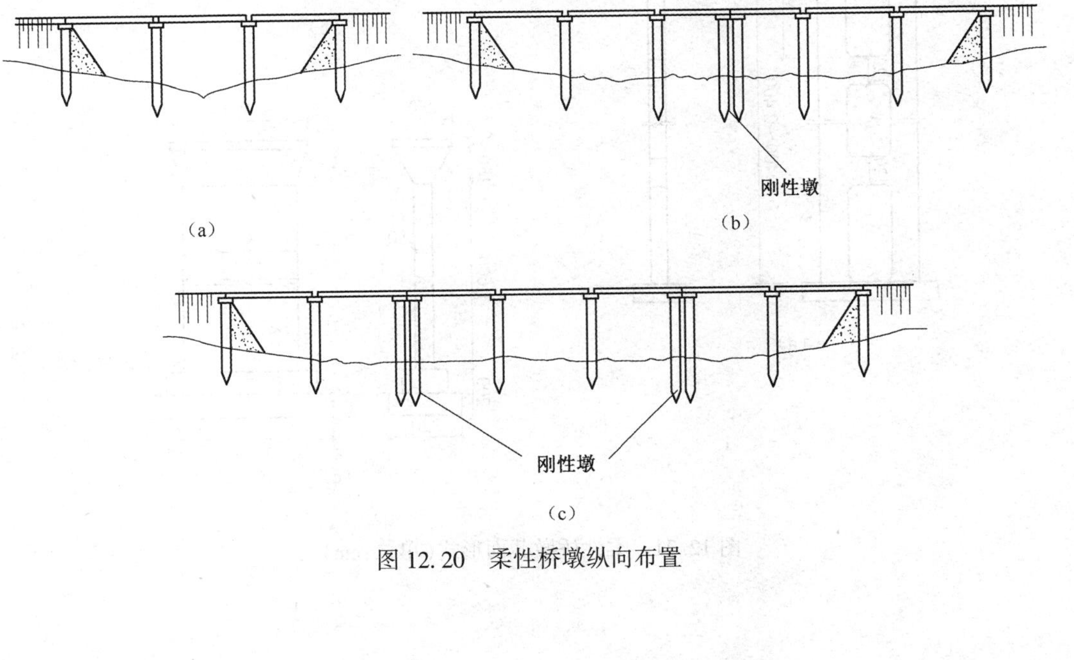

图 12.20　柔性桥墩纵向布置

柔性墩的墩身类型一般有下列形式:

(1)刚架式

刚架式柔性墩横桥向为一刚架。刚架柔性墩常由两根立柱、数根横撑和顶帽组成,如图12.21(a)所示。用于曲线桥时,立柱可改用斜柱以增加墩身横向刚度。墩身一般采用C30~C35钢筋混凝土建造。

(2)排架式

排架式柔性墩的特点是墩身直接由基桩延伸至顶帽,地面以下不设承台,仅在上端通过顶帽把基桩联接,如图12.21(b)所示。适用于公路基桩栈桥。

(3)板壁式

该类型墩身为一实体钢筋混凝土矩形薄壁,如图12.21(c)所示。构造简单,横向刚度大,便于滑动模板施工,使用较为广泛。

(4)上柔下刚式柔性墩

当墩高大于20 m时,墩身已经具有足够的柔度,达到了减小水平力的效果,此时,若柔性墩过高,柔度过大,对施工、架梁都可能存在一些问题。所以,当墩身很高时,可采用上柔下刚式的桥墩截面形式,刚性部分承受柔性部分传来的力,截面较大,结构与实体墩相同。另外,在水位较低而水流湍急的河流上,或在有漂流的河流上,宜采用上柔下刚式桥墩。

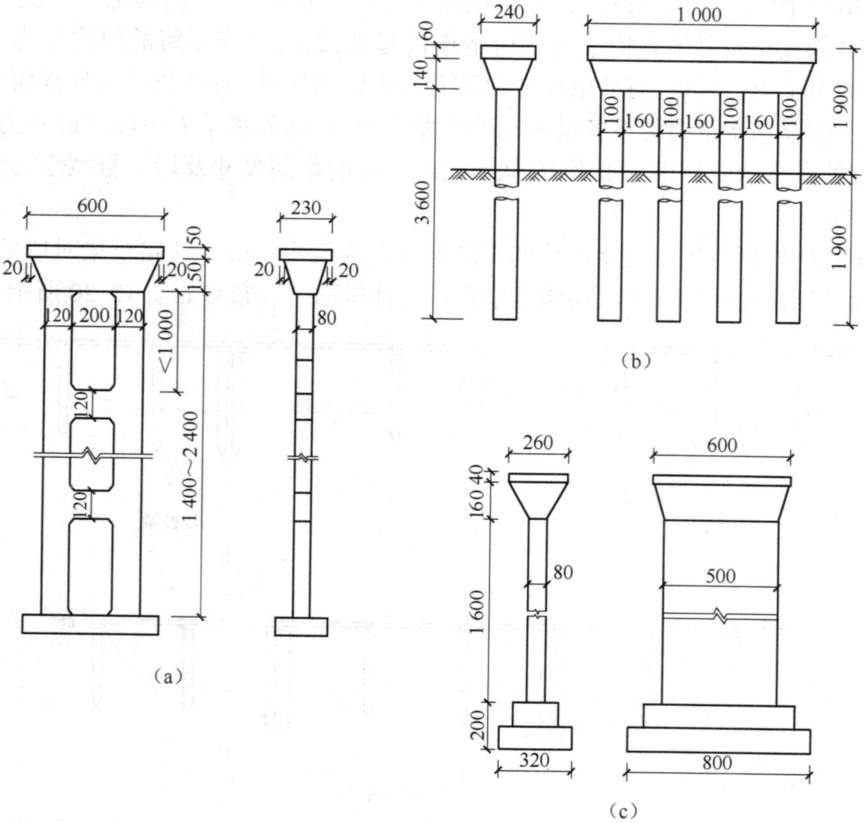

图12.21　柔性桥墩截面形式(单位:cm)

12.2.5　拼装式桥墩

拼装式桥墩的混凝土强度等级一般不宜低于C25,对于不宜更换的重要受力构件或处于易受撞击、磨损、腐蚀环境中的构件,混凝土强度等级不宜低于C30。

常采用的拼装式桥墩按装配构件的形状有块件拼装式桥墩及杆件拼装式桥墩。杆件拼装式桥墩又可分为板凳式、排架式及双柱式(图12.22)。在构造上拼装式桥墩由帽梁、墩柱和基础组成。

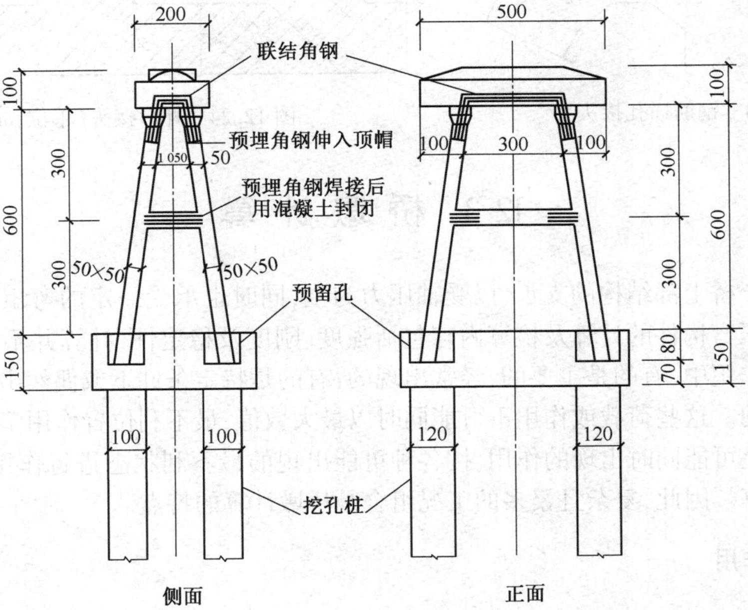

图12.22　拼装式桥墩设计实例(单位:cm)

帽梁为一厚板,支承在弹性墩柱上并与墩柱杆件拼装后形成固结。墩柱一般采用钢筋混凝土方形或圆形的预制杆件,其截面尺寸应根据墩高和受力状态确定,墩柱之间设置纵、横向水平杆件以增强墩身的整体刚度。拼装式桥墩的基础采用就地灌注施工,其截面尺寸应满足基底强度、偏心及混凝土的刚性角等要求,并预留与墩柱连接的接头。

拼装式杆件的接头是桥墩中的薄弱环节,接头设计的合理与否直接关系到桥墩结构的受力状况、结构的稳定与安全,同时还关系到施工工序、工艺及施工时的质量保证等。所以接头形式的确定应根据结构受力特性和施工条件,力求构造简单,受力明确。接头形式有钢筋插孔接头、杯形接头、钢板焊接接头、销接接头、预应力钢筋接头、高强螺栓接头及钢筋套环接头等许多形式。

在帽梁与墩柱间的连接一般采用钢筋插孔接头(图12.23),插孔钢筋一般用螺纹钢筋,插孔形状为倒圆台形,下孔直径不小于80 mm。装配前,在帽梁与墩柱间铺垫2 cm厚的半干硬性微膨胀水泥砂浆。这种接头一般能起到铰接的作用。

在墩柱与基础间的连接一般采用杯形接头(图12.24),基础预留杯形孔,预制墩柱装配时插入杯孔并浇筑混凝土以保证两者连接为整体。

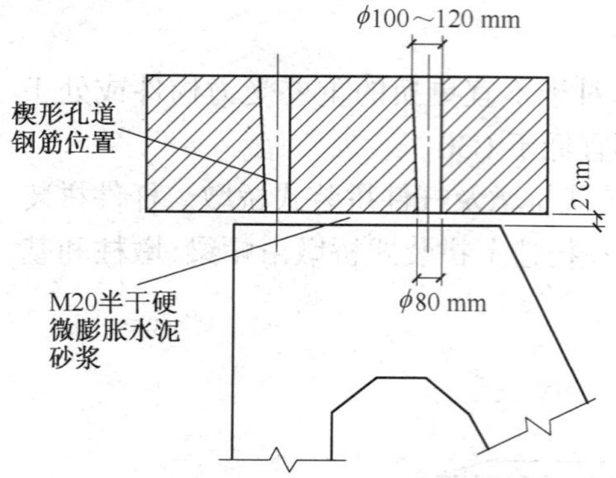

图 12.23　钢筋插孔接头

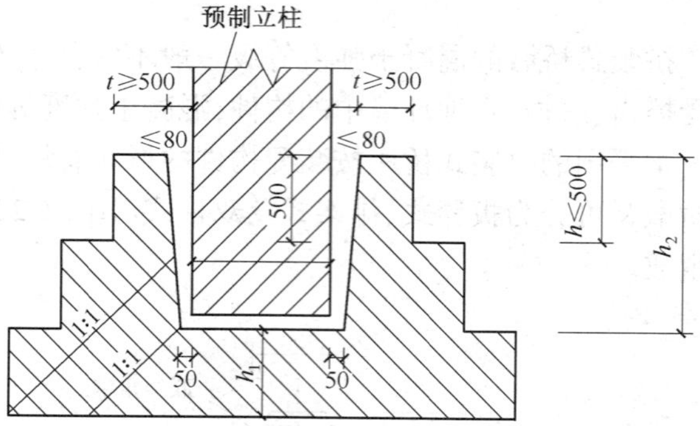

图 12.24　杯形接头(单位:mm)

12.3　桥墩计算

桥墩作为全桥上部结构的支承,以受轴压力为主,同时也承受一定的弯矩及剪力,是典型的压弯构件。压弯构件的计算及检算内容包括强度、刚度及稳定性,计算并不复杂,但桥墩受到各种外力的作用中,有的是主要的、经常出现的;有的是特定条件下或偶然出现的,或是从属其他作用出现的。这些荷载或作用不可能同时以最大数值、最不利位置作用于桥墩上,桥墩计算必须将墩台上可能同时出现的作用,按各种可能出现的最不利状态进行作用效应组合逐项进行计算和验算。因此,复杂且繁多的工况组合是桥墩计算的特点。

12.3.1　计算作用

(1)永久作用

①结构重力:经由支座传来的恒载压力(包括梁、线路设备、道砟或铺装层及人行道自重);桥墩自重(包括顶帽重、墩身重、基础襟边上的土重);上部结构的混凝土收缩及徐变的影响。

②预应力:例如公路预应力空心桥墩所施加的预应力。

③基础变位影响力:对于奠基在非岩石地基上的超静定结构,应当考虑由于地基沉降引起的支座长期变位的影响。

④水浮力:水中桥墩位于碎石类土、砂类土、黏砂土等透水地基时,基底作用水浮力。当检算桥墩稳定时,应考虑设计频率水位的水浮力,而计算基底强度或基底偏心时应考虑常水位的水浮力,此时应计及襟边上的土柱浮重。当不能确定是否存在水浮力时,应按最不利情况考虑。

⑤土压力:当桥墩修建在山坡或埋置式桥台的锥体护坡范围内时,桥墩侧面受到土的水平推力。

(2)基本可变作用

①作用在上部结构的列车或汽车荷载,对于钢筋混凝土柱式墩台应计入冲击力,对于重力式墩台则不计入冲击力。

②人群荷载。

③离心力,曲线桥上的活载行驶时,将产生指向曲线外侧的离心力。

（3）其他可变作用

作用在上部结构的列车或汽车产生的制动力或列车产生的牵引力、风力、流水压力、冰压力、温度力及支座摩擦力。

（4）偶然作用

①对于无缝线路条件的铁路桥梁，有长轨条与桥梁的相互作用产生的伸缩力、挠曲力、断轨力、温度力以及车辆横向摇摆力等。

②船舶或漂流物撞击力。

（5）地震作用

12.3.2　实体桥墩计算

为了使桥墩在各种组合荷载作用下，均能满足截面偏心、强度、刚度、抗裂性和稳定性等方面的要求，应分别对桥墩及基础进行下列各项目的检算：

对于桥墩墩身，检算项目为各截面上的合力偏心距；各截面上的强度；墩身整体稳定；墩顶的弹性水平位移，对非岩石地基，要考虑地基弹性变形的影响。

对于基础，检算项目为扩大基础的基底合力偏心距；基底强度或桩基础的承载能力；桥墩沿基底的倾覆和滑动稳定性；基底以下软弱土层的强度；基础的沉降量。

（1）截面上的合力偏心距检算

在各种荷载组合下，素混凝土实体墩台身截面上法向合力偏心距 e 不应大于表 12.4 的限值，截面上合力偏心距如图 12.25 所示。

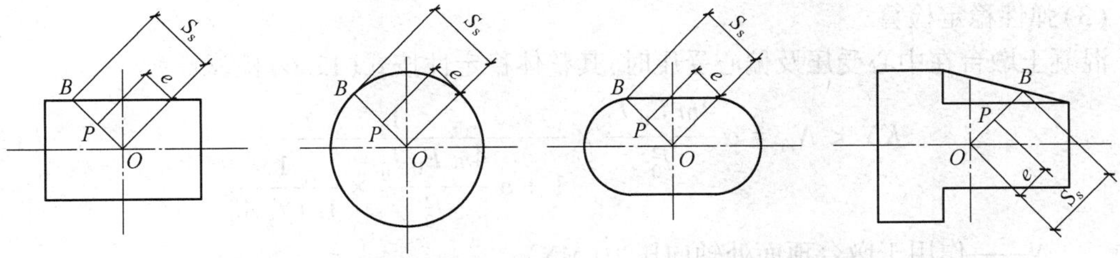

O—截面中心；P—合力作用点；B—OP 连线与截面外包轮廓线的交点

图 12.25　截面上合力偏心距

表 12.4　素混凝土实体墩台身截面上偏心距限值

荷载组合	截面形状	偏心距限值
主力	—	$0.5S_S$
主力+附加力	圆形截面	$0.5S_S$
	其他形状截面	$0.6S_S$
主力+特殊荷载（地震力除外）	—	$0.7S_S$

注：S_S为沿截面重心与合力作用点连线方向至截面外包轮廓线交点的距离。

（2）墩顶弹性水平位移检算

桥墩在外力作用下，会产生弹性变形。为保证线路平顺和行车顺畅、安全，必须限制墩顶水平位移。

墩顶弹性水平位移由两部分组成（图 12.26），一部分是由于桥墩挠曲变形引起的位移 Δ_1，另一部分是地基土变形引起的位移 Δ_2，总位移应为两者叠加，即

$$\Delta = \Delta_1 + \Delta_2 \tag{12.4}$$

式中　Δ_1——桥墩挠曲变形引起的墩顶位移；

Δ_2——地基土不均匀弹性压缩引起的位移。

计算 Δ_1 时，视桥墩墩顶为自由、墩底为固结的悬臂梁，如图 12.26 所示。位移计算公式为：

$$\Delta_1 = \int_0^h \frac{M(Z)\overline{M}(Z)}{EI_Z} \mathrm{d}Z \tag{12.5}$$

式中　$M(Z)$——外力作用下任意截面的弯矩；

$\overline{M}(Z)$——墩顶作用单位水平力时，任意截面的弯矩。

如墩身为变截面，直接积分比较复杂，可用数值积分法，将桥墩分段总和求解。

地基土不均匀弹性压缩使基底产生角变位 θ（对于桩基为承台转动及水平位移），因而使墩顶产生弹性水平位移为 $\Delta_2 = \theta H + \delta$，式中的 δ 为桩基承台顶的水平位移，H 为墩高。

铁路、公路桥规规定，墩顶水平位移应满足下列要求：顺桥方向 $\Delta \leqslant 5\sqrt{L}$（mm），式中，$L$ 为桥梁跨度（m）。当 $L<25$ m（铁路为 24 m）时，按 25 m 计算。当墩两侧桥跨为不等跨度时，L 采用较小跨度的数值。

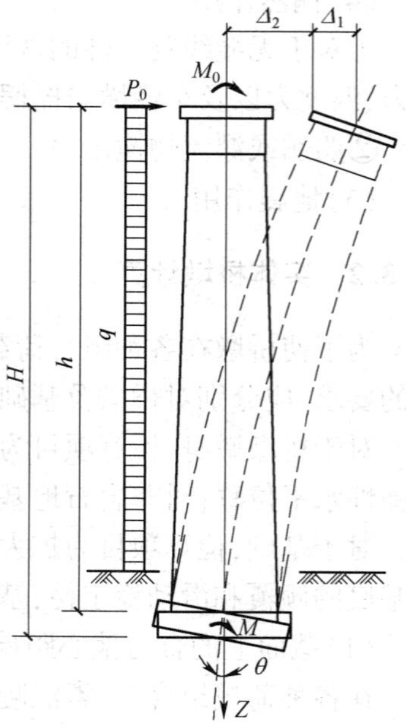

图 12.26　墩顶水平位移计算

(3) 弹性稳定检算

混凝土墩台在中心受压及偏心受压时，其整体稳定性按式(12.6)检算：

$$KN < N_{\mathrm{cr}} = \alpha \frac{4m E_0 I_{\mathrm{d}}}{l_0^2} \times \frac{1}{1 + \alpha \dfrac{4m E_0 I_{\mathrm{d}}}{l_0^2} \times \dfrac{1}{1.1 f_{\mathrm{c}} A_0}} \tag{12.6}$$

式中　N——作用于墩台顶面处轴向压力（MN）；

K——安全系数，对于素混凝土墩台，主力时 K 取 2.0，主力+附加力时取 1.6；对于片石砌体，主力时 K 取 3.0，主力+附加力时取 2.5；对于混凝土块砌体，主力时 K 取 2.5，主力+附加力时取 2.0；

N_{cr}——墩台顺截面回转半径较小方向的纵向弯曲（屈曲）临界荷载（MN）；

E_0——墩台身受压弹性模量；

I_{d}——墩台底截面绕垂直弯曲方向重心轴的全截面惯性矩（m^4）；

A_0——墩台身平均截面积（m^2）；

l_0——整个墩台的计算长度（m）；

α——刚度修正系数；$\alpha \approx \dfrac{0.1}{0.2 + \dfrac{e_0}{h}} + 0.16$，其中 e_0 为顺弯曲方向轴向压力 N 对墩台平均截面重心的偏心距；h 为弯曲平面内的截面高度（m）；

m——变截面影响系数，可根据 I_0/I_{d} 查规范表格取值，当 $I_0/I_{\mathrm{d}}=1$ 时，$m=\pi^2/4$，当 $I_0/I_{\mathrm{d}}=0.1$ 时，$m=0.1$；I_0 为墩台顶截面绕垂直弯曲方向重心轴的惯性矩（m^4）；

f_c——混凝土抗压极限强度(MPa)。

(4)铁路桥墩线刚度检算

位于无缝线路固定区的混凝土简支梁,墩台顶纵向水平线刚度应由梁—轨共同作用分析确定。当不做梁—轨共同作用分析时,墩台顶纵向水平线刚度不宜小于表12.5的规定。对城际铁路及重载铁路,可参阅相关规范规定。水平线刚度计算见本节墩顶弹性位移计算方法。

墩台横向水平刚度应满足行车条件下列车安全性和旅客乘车舒适度要求,并应对最不利荷载作用下墩台顶横向弹性水平位移进行计算。在列车竖向静活载、横向摇摆力、离心力、风力和温度的作用下,墩顶横向水平位移引起的桥面处梁端水平折角如图12.27所示,并应符合下列规定:

表12.5　客货共线、高速铁路墩台顶纵向水平线刚度限值

桥墩/桥台	跨度(m)	最小水平线刚度(kN/cm)	
		双线	单线
桥墩	≤12	100	60
	16	160	100
	20	190	120
	24	270	170
	32	350	220
	40	550	340
	48	720	450
桥台		3 000	1 500

注:高架车站到发线有效长度范围内双线桥梁墩台的最小水平线刚度的限值按表内单线桥梁墩台的最小水平线刚度的限值的2.0倍取值。

①设计速度200 km/h及以上铁路梁端水平折角不应大于1.0‰ rad。

②设计速度160 km/h及以下铁路,跨度小于40 m的梁端水平折角不应大于1.5‰rad,跨度大于等于40 m的梁端水平折角不应大于1.0‰ rad。

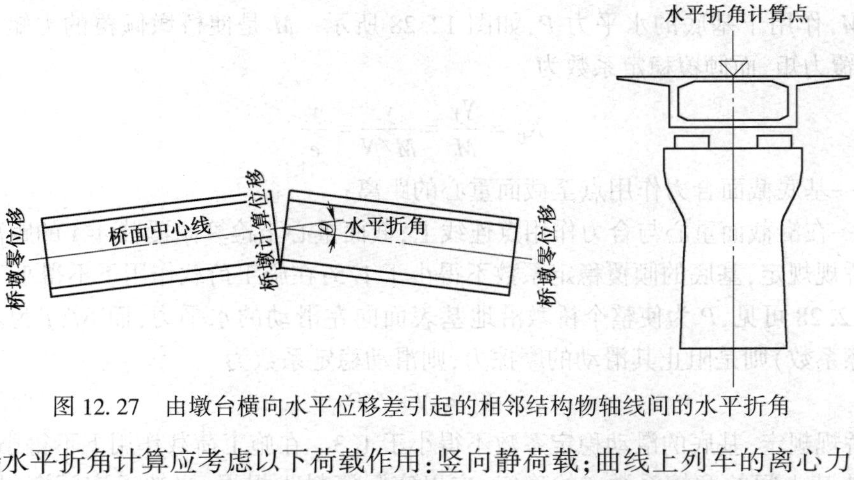

图12.27　由墩台横向水平位移差引起的相邻结构物轴线间的水平折角

③梁端水平折角计算应考虑以下荷载作用:竖向静荷载;曲线上列车的离心力;列车的横向摇摆力;列车、梁及墩身风荷载或0.4倍的风荷载与0.5倍的桥墩温差组合作用,取较大者;

水中墩的水流压力作用;地基基础弹性变形引起的墩顶水平位移。

(5)墩台基础的沉降检算

墩台基础的沉降应按恒载计算,铁路桥梁其工后沉降量不应超过表 12.6 和表 12.7 规定的限值。超静定结构相邻墩台沉降量之差除应满足下列各表的规定外,尚应根据沉降差对结构产生的附加应力的影响确定。墩台基础沉降计算值不含区域沉降。

表 12.6　有砟轨道静定结构墩台基础工后沉降限值(mm)

设计速度	沉降类型	限　值
250 km/h 及以上	墩台均匀沉降	30
	相邻墩台沉降差	15
200 km/h	墩台均匀沉降	50
	相邻墩台沉降差	20
160 km/h 及以下	墩台均匀沉降	80
	相邻墩台沉降差	40

表 12.7　无砟轨道静定结构墩台基础工后沉降限值(mm)

设计速度	沉降类型	限　值
250 km/h 及以上	墩台均匀沉降	20
	相邻墩台沉降差	5
200 km/h 及以下	墩台均匀沉降	20
	相邻墩台沉降差	10

(6)截面材料强度检算

截面强度计算时采用规范规定的计算公式,内容参见《混凝土结构设计原理》有关知识,值得注意的是:对于圬工桥墩,当截面内出现拉应力时,受拉混凝土或砌体应退出工作,进行应力重分布计算。

(7)桥墩倾覆和滑动稳定检算

桥墩在外力作用下,在基底处最后合成三个力,作用于基底重心处的竖直力 N,对基底重心的力矩 M,作用于基底的水平力 P,如图 12.28 所示。M 是使桥墩倾覆的力矩,N_y 为绕轴 A-A的抗倾覆力矩,而倾覆稳定系数为

$$K_0 = \frac{Ny}{M} = \frac{y}{M/N} = \frac{y}{e} \tag{12.7}$$

式中　e——基底截面合力作用点至截面重心的距离;

y——在沿截面重心与合力作用点连线上,截面重心至检算倾覆轴 A-A 的距离。

铁路桥规规定,基底的倾覆稳定系数不得小于 1.5;在施工荷载作用下不得小于 1.2。

由图 12.28 可见,P 为使整个桥墩沿地基表面向左滑动的水平力,而 Nf(f 为基底与地基土间的摩擦系数)则是阻止其滑动的摩擦力,则滑动稳定系数为

$$K_c = N \cdot f/P \tag{12.8}$$

铁路桥规规定,基底的滑动稳定系数不得小于 1.3。在施工荷载作用下不得小于 1.2。基础底面与地基土间的摩擦系数 f 的确定,应以实际资料为根据,当缺乏实际资料时,可参考表 12.8选用。

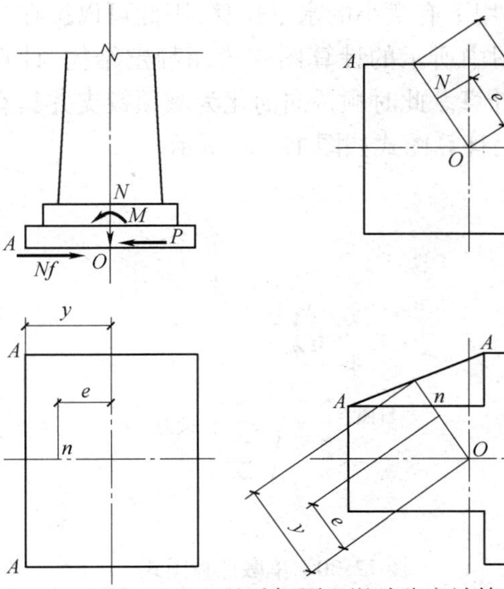

图 12.28　基础倾覆和滑动稳定计算

表 12.8　基底摩擦系数

地基土分类	摩擦系数
软塑黏土	0.25
硬塑黏土	0.3
砂黏土、黏砂土、半干硬的黏土	0.3~0.4
砂类土	0.4
碎石类土	0.5
软质岩	0.4~0.6
硬质岩	0.6~0.7

(8)支座传力有关规定

传到墩台上的纵向水平力与桥梁结构和支座类型有关,公路、铁路桥梁设计规范中给出了明确的计算方法,如铁路简支梁计算应符合下列规定。

①简支梁传到墩台上的纵向水平力取值:当采用固定支座时,应为全孔的 100%;当采用滑动支座时,应为全孔的 50%;当采用滚动支座时,应为全孔的 25%。

②桥墩上同时安设固定支座及活动支座时,应按上述数值相加,但对于不等跨梁,此相加值不应大于其中较大跨的固定支座的纵向水平力;对于等跨梁,不应大于其中一跨的固定支座的纵向水平力。

连续梁等其他结构支座传力按实际情况分配。公路桥梁按规范执行。

(9)基础检算

基础应进行地基强度、沉降、位移及倾覆和滑动稳定性计算等项目,计算方法参见《基础工程》,在此不再赘述。

12.3.3　柔性墩计算

柔性墩的内力分别按纵向和横向计算。横向计算与一般桥墩相同,纵向计算则首先要根据梁与各墩台的联接、联长、各墩的刚度、基础类型、墩底约束情况等因素确定计算图式,然后计算各墩所承受的外力并检算。因此,从整个桥梁体系来分析确定各墩的受力是柔性墩计算的特点。

1. 柔性墩桥的计算图式

柔性墩桥是由台、柔性墩(有时含刚性墩)和梁组成一联多孔或多联多孔的连续铰接(对简支梁桥)或连续刚接(对连续或连续刚架桥)的超静定框架。本节主要针对连续铰接结构进行分析,对连续刚构或由于活动支座摩阻力较大,梁相对支座不可能发生滑移的多跨连续梁,计算原理是相同的。

在不同墩台上的多孔简支梁,由于温度墩(或活动支座)隔断了各联之间水平力的传递,将全桥简支梁分为相互独立的几联,计算时可取一联进行分析[图 12.29(a)]。

当支座为橡胶支座时,由于这种支座在水平力作用下有微小的水平位移,因此可以按在节点处设水平弹簧支承的框架计算[图 12. 29(b)]。图中所示的计算图式为超静定结构,计算比较复杂,为设计计算简便,可将柔性墩简化为单墩计算。此时顺桥向简化为墩顶铰支并具有一定水平位移 Δ,而下端为刚性固结的偏心受压杆件,计算图式如图 12. 30 所示。

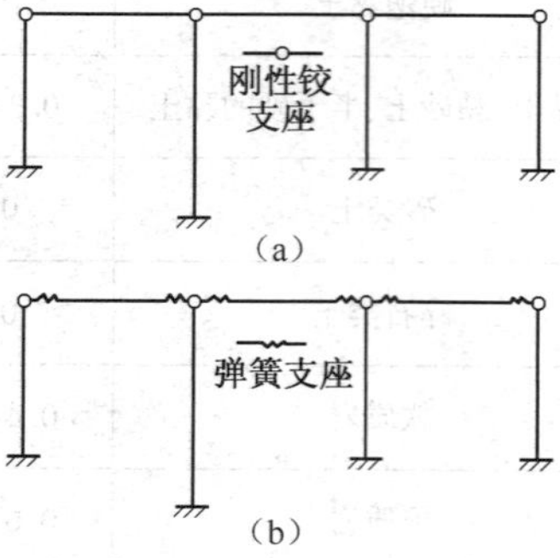

图 12. 29　柔性墩桥结构计算图式

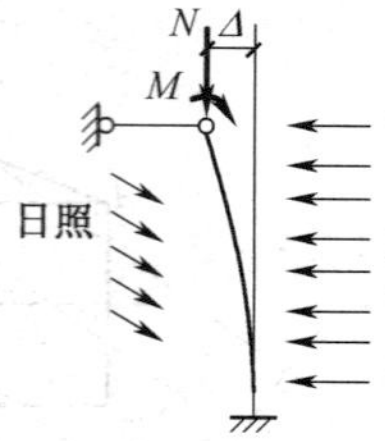

图 12. 30　单墩计算图式

柔性墩桥顺桥向计算时应考虑以下因素:①制动力或牵引力;②梁受竖直荷载时下缘的伸长;③温度变化时梁的伸长;④水平力作用下固定支座缝隙变化;⑤梁体混凝土收缩和徐变;⑥架梁时残留的墩顶位移;⑦支座竖向反力及偏心力矩;⑧墩身风力;⑨墩身日照产生的温度力。其中,前六项以墩顶水平位移形式 Δ 作用于桥墩,其位移值的计算是柔性墩单墩检算前必须确定的。

2. 顺桥向墩顶水平位移计算

在柔性墩计算中,墩顶水平位移是作为桥墩承受的外部作用考虑的,需在墩身检算前确定。

(1)制动力或牵引力引起的墩顶位移

柔性墩桥上一联中,如不计梁在水平力作用下的纵向变形,则一联内的各墩水平位移相同,显然,各墩所承担的水平力取决于各自的抗推刚度,刚度大的墩承受的水平力大,刚度小的墩承受的水平力小。因此制动力或牵引力引起的墩顶位移可近似按式(12. 9)计算:

$$\Delta_1 = \frac{P}{\sum K_i} \tag{12.9}$$

式中　Δ_1 ——制动力或牵引力作用下,一联内各墩、台顶纵向水平位移(cm);

P——结构联内制动力或牵引力总和(kN);

K_i——一联内刚性墩、台的抗推刚度(kN/cm),为使墩顶产生单位位移时所需在墩顶施加水平力的大小。

(2)梁受竖直荷载时下缘的伸长引起的墩顶位移

架梁后梁上的竖直荷载将引起梁的挠曲,梁下缘伸长,而使各墩产生水平位移。一般情况下,在一联内各跨的跨度相同,可通过判断得出位移零点位置见式(12. 12),则各墩位移为

$$\Delta_2 = \lambda \sum d_l + \lambda \sum d_d \tag{12.10}$$

式中　Δ_2 ——竖直荷载作用时,梁下缘伸长产生的墩顶水平位移(cm);

$\sum d_l$ ——从计算墩到联内零点之间各孔简支梁在活载作用下,梁下缘伸长产生的墩顶水平位移(cm);

$\sum d_d$——从计算墩到联内零点之间各孔简支梁在恒载(不包括梁自重)作用时,梁下缘伸长产生的墩顶水平位移(cm);

λ——折减系数,对铁路 24 m、32 m 跨度梁为 0.8,对 16 m 跨度梁为 0.7,该项为考虑梁上的钢轨等线路设备对梁体转动的约束作用及支座转动时的摩擦阻力。

计算梁下缘伸长值 d 时,可先计算简支梁受均布荷载时梁端转角 θ,再根据梁中性轴至下缘的高度 y_c,即可计算出其伸长量(图 12.31 计算图式):

$$d = 2\theta y_c = 2 \cdot \frac{ql^3}{24EI} y_c = \frac{ql^3}{12EI} y_c \qquad (12.11)$$

式中,E、I 为梁的弹性模量及截面惯性矩,l 为梁的计算跨度;

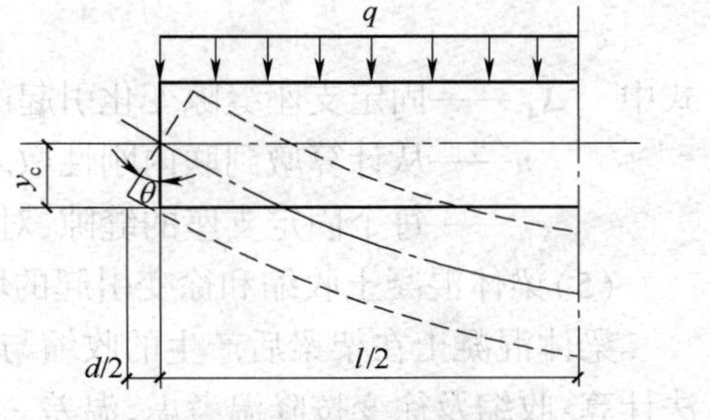

图 12.31　简支梁下缘伸长

计算 d_l 及 d_d 时,只要计算出梁上的均布荷载,或将活载换算成均布荷载代入上式即可。

公路桥梁计算时,也可不考虑该项位移。

(3)温度变化时梁的伸缩引起的墩顶位移

在架梁后,梁体因外界温度变化而伸缩使柔性墩产生水平位移,在求墩的位移时,需要先求出温度变化时位移为零的位置,可按式(12.12)计算(图 12.32):

$$x_0 = \frac{\sum_0^n iK_i}{\sum_0^n K_i} L \qquad (12.12)$$

式中　x_0——为 O-O 线至 0 号墩的距离;

i——墩的序号,$i = 0,1,2\cdots n$(n 为总墩数减 1);

L——桥梁跨径(假设各跨径相同)。

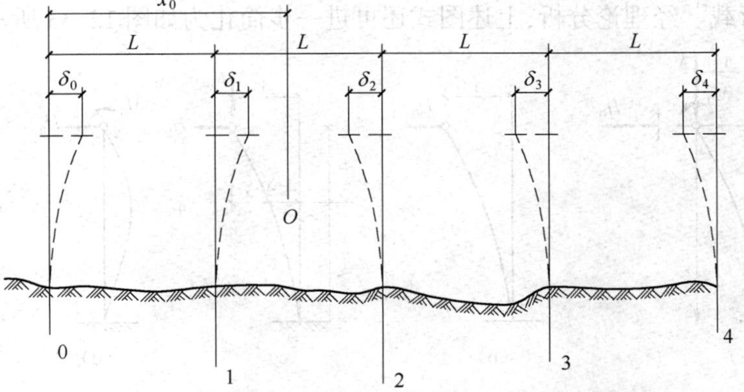

图 12.32　温度变化时柔性墩的墩顶位移

如果用 $x_1, x_2 \cdots x_i$ 表示自 O-O 线至 1,2…i 号墩的距离,则得各墩顶部由温度引起的水平位移 Δ_3(即为图 12.32 中的 $\delta_0, \delta_1, \cdots, \delta_i$)为

$$\Delta_3 = \alpha t x_i \qquad (12.13)$$

式中　Δ_3——温度变化时梁的伸长或缩短引起的墩顶位移;

α——梁体混凝土线膨胀系数；

t——架梁时温度与计算最高(低)温度的差值。

(4)固定支座缝隙变化引起的墩顶位移

在柔性墩桥一联内，要把纵向水平力传递到墩台上，支座与梁的连接缝隙必须压紧才能实现，而压紧的过程中墩顶产生的位移可由式(12.14)计算：

$$\Delta_4 = ne_{\mathrm{f}} \tag{12.14}$$

式中　Δ_4——固定支座缝隙变化引起的墩顶位移；

n——从计算墩到联内刚性墩之间固定支座的个数；

e_{f}——每个固定支座的缝隙，对盆式支座采用 0.03 cm，对铸钢支座采用 0.08 cm。

(5)梁体混凝土收缩和徐变引起的墩顶位移

梁体混凝土在架梁后产生的收缩与徐变变形使得梁长缩短，引起墩顶位移，一般按下述方法计算：收缩及徐变按降温考虑，温差一般取 15 ℃，架桥机架梁时，可取 5~10 ℃。

(6)架梁时残留的墩顶位移引起的墩顶位移

施工过程中，由于架梁时墩顶在施工荷载作用下已发生了部分水平位移，由于柔性墩桥为超静定结构，架梁后，部分位移不能自由恢复而使墩身产生内力，该部分位移按式(12.15)计算：

$$\Delta_6 = 0.3\ \mathrm{cm} \tag{12.15}$$

柔性墩受活载偏心力矩及顺桥向风力时，虽然可能产生墩顶水平位移，但结构联(包括刚性墩、台)的整体刚度很大，上述位移量是很微小的，计算时忽略不计。

以上六项墩顶位移计算出后，可结合实际情况及检算内容进行取舍并组合以确定墩顶可能发生的总水平位移量 Δ。此后，即可按结构力学方法求得在水平位移作用下墩身各截面的内力。

3. 内力计算

综上所述，在忽略不计柔性墩因受活载偏心力矩及顺桥向风力引起的纵向水平位移微量后，单个柔性墩的内力计算图式为：墩顶铰支，墩底固结，受水平位移、墩顶弯矩、轴力及垂直杆件方向的分布荷载。经理论分析，上述图式还可进一步简化为如图 12.33 所示的图式。

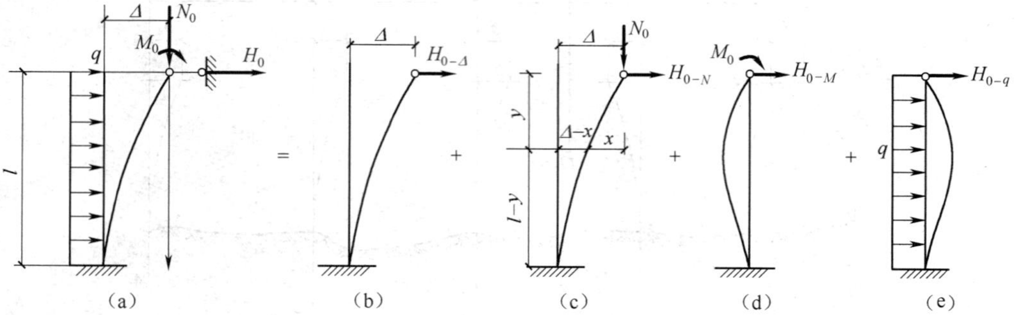

图 12.33　柔性墩内力近似计算图式

(1)墩顶水平位移的内力计算[图 12.33(b)]

使墩顶产生水平位移 Δ 的水平力 P 按结构力学方法可求得

$$P_1 = \frac{3EI}{l^3}\Delta \tag{12.16}$$

墩身距墩顶距离为 y 的任一截面的弯矩为：

$$M_{y1}=-\frac{3EI}{l^3}y\Delta \tag{12.17}$$

(2)墩顶偏心弯矩的计算

设墩顶偏心弯矩为 M_0,桥墩的计算图式如图 12.33(d)所示,其墩顶水平反力 P 及墩底弯矩 M 为

$$P_2=\frac{3M_0}{2l} \tag{12.18}$$

$$M_{y2}=M_0-\frac{3M_0}{2l}y \tag{12.19}$$

(3)顺桥向风力的计算(可忽略)

设风力强度为 q,桥墩的计算图式如图 12.33(e)所示,则每单位墩宽的墩顶水平反力 P 及墩弯矩 M 为

$$P_3=\frac{3}{8}ql \tag{12.20}$$

$$M_{y3}=\frac{3}{8}qly-\frac{1}{2}qy^2 \tag{12.21}$$

(4)墩顶轴力计算

墩顶轴力 N 直接作用于全墩,为墩身计算的主要力素。因计算图式中,墩顶有侧向约束且具有一定的水平位移,故轴力 N 在垂直作用之外,还会产生相应的侧向水平力,使墩身产生弯矩,计算图式如图 12.33(c)所示。

设墩顶产生水平位移 Δ 后的墩身挠度曲线为

$$x=\frac{1}{2l^3}(2l^3-3l^2y+y^3)\Delta \tag{12.22}$$

在图 12.33(c)所示结构中,以墩顶水平反力为赘余力,则在基本体系悬臂梁上,在墩顶单位水平力作用下发生的墩顶水平位移为

$$\delta_{11}=\int_0^l\frac{y^2\mathrm{d}y}{EI}$$

由 N 作用下发生的墩顶水平位移为

$$\delta_{1N}=\int_0^l\frac{N(\Delta-x)y}{EI}\mathrm{d}y \tag{12.23}$$

以 x 值代入即以式(12.22)代入式(12.23)并积分,得出 δ_{1N}的值。

因此,考虑 Δ 的存在,N 使墩顶产生水平力 P 为

$$P_4=\frac{\delta_{1N}}{\delta_{11}}=\frac{6N\Delta}{5l} \tag{12.24}$$

墩身弯矩:

$$M_{y4}=Py+N(\Delta-x) \tag{12.25}$$

图 12.34 中示出墩身弯矩,从图中可看出,在墩身下部控制截面处,发生的弯矩为负号,即与主要因素 Δ 产生的弯矩方向相反,而且当 N 越大时,相反方向的弯矩也越大,至于零点以上的正弯矩,因其位置在墩身上段非控制部位,且其数值很小(最大为 $0.09N\cdot\Delta$)。因此柔性墩顺桥向计算中,可不计挠度对偏心距影响的增大系数,即不计算本节所述的由 $N\cdot\Delta$ 产生的反

向弯矩。

4. 温差计算

柔性墩的周边均暴露在大气中,且墩身截面尺寸较小。当气温变化时,墩身各部分温差很小,由此引起的温度应力也很小,可以略去不计。但当日照时,一侧向阳,另侧背阳,此时在墩身混凝土,两侧温差引起的温度应力较大,应予计算。

实测资料表明,具有一定厚度的结构,其不利的温度场曲线为凹形,即温度最低点在墩壁中部附近,但柔性墩在日照时,背阳侧壁表面的温度均比向阳侧低得多,故将温度最低点移至背阳侧表面,使温度呈指数曲线变化,将使计算简化,且偏于安全。

墩身日照时,墩壁内的温差按式(12.26)计算:

$$T_x = T_0 e^{-\beta x} \tag{12.26}$$

式中　T_x——计算点 x 处的温差(℃);

T_0——顺桥向柔性墩向阳面与背阳面之温差(℃);对于标准设计用 16 ℃,对于特殊设计按规范中相应规定取值;

β——系数,采用 $7(m^{-1})$;

x——计算点至向阳侧墩表面之距离(m)。

柔性墩的日照温度应力有两种。即温度的非线性变形与结构平截面变形不协调而产生的内约束应力,以及墩身弯曲变形受墩顶、底支承约束而产生的外约束应力。现分述如下:

(1)日照内约束应力

柔性墩墩壁是一个非稳定的温度场,温度分布随时间和位置而变化。实测说明,除接近墩顶和墩底部分外,温度沿墩身高度基本不变。另外,墩身横向宽度远比纵向厚度大,故假定温度沿壁厚方向呈非线性变化,而沿墩宽方向不变。因此,温度应力的计算,可简化为平面应力问题。

内约束应力计算图式如图 12.35 所示。

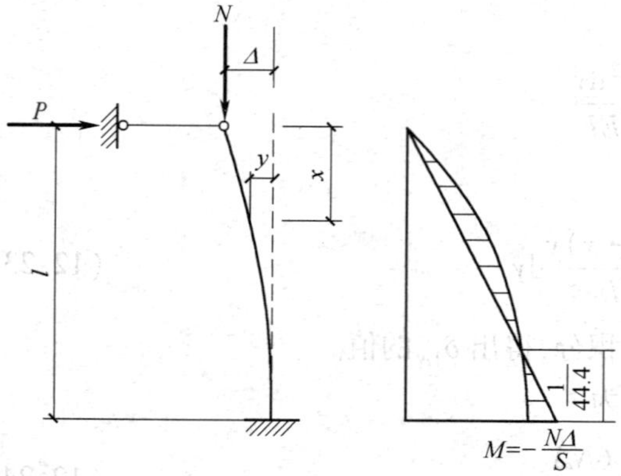

图 12.34　柔性墩墩身弯矩

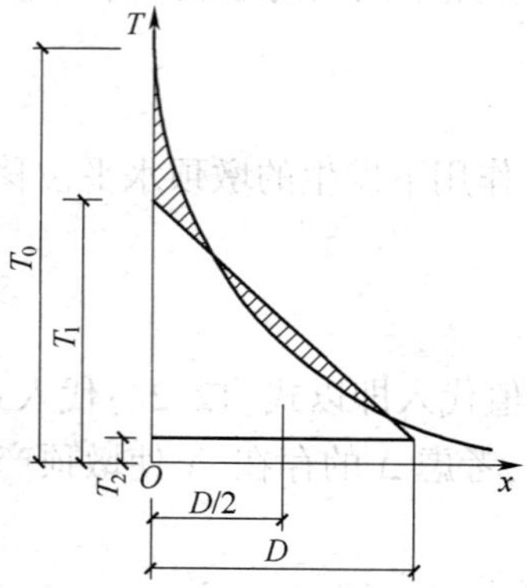

图 12.35　沿壁厚温差分布

若墩身纵向纤维互不约束,则任一纤维按指数曲线而变形,其应变为 ε,则

$$\varepsilon = \alpha T_x = \alpha T_0 e^{-\beta x} \tag{12.27}$$

式中,α 为混凝土的线膨胀系数,其他符号的意义同前。

此时,纤维中并不产生应力。但实际上各纤维是相互约束的,且墩身变形时,横截面基本保持平面,这样就产生了自约束应力。

在平截面变形的状态下，有

$$T'_x = T_1 - (T_1 - T_n)\frac{x}{D}$$

$$\varepsilon' = \alpha T'_x \tag{12.28}$$

式中 D——墩壁的厚度；

T_1——向阳侧表面，当截面为平面变形时的相当温度(℃)；

T_n——背阳侧表面，当截面为平面变形时的相当温度(℃)；

ε'——当截面为平面变形时由温差引起的应变。

设纤维按指数曲线变形和按平截面变形的应变差为 $\Delta\varepsilon$，则

$$\Delta\varepsilon = \varepsilon - \varepsilon' = \alpha\left[T_0 e^{-\beta x} - T_1 + (T_1 - T_n)\frac{x}{D}\right] \tag{12.29}$$

其应力 $\sigma_{t1} = E\Delta\varepsilon$，此处 E 为混凝土的弹性模量(MPa)。

根据力的平衡条件，墩身任一截面的温度应力总和应为零。

$$\int_0^D E\Delta\varepsilon \mathrm{d}x = 0 \tag{12.30}$$

截面上应力对截面中心的弯矩的总和为零，则

$$\int_0^D E\Delta\varepsilon\left(\frac{D}{2} - x\right)\mathrm{d}x = 0 \tag{12.31}$$

联立求解得

$$T_1 = \frac{2}{\alpha D}\left[\frac{3}{\beta D}(e^{-\beta D} - 1) + (e^{-\beta D} + 2)\right]T_0 \tag{12.32}$$

$$T_n = \frac{-2}{\alpha D}\left[\frac{3}{\beta D}(e^{-\beta D} - 1) + (2e^{-\beta D} + 1)\right]T_0 \tag{12.33}$$

以 T_1、T_n 的值代入式(12.29)，即为柔性墩的日照内约束应变。

(2)日照外约束应力

若墩顶无约束，日照将使墩身弯曲而产生墩顶水平位移 Δ_t，但柔性墩的墩顶由于受到梁的约束而不能移动，这样就产生了附加力，使得墩身截面产生了外约束应力。假定墩顶为自由时，计算出墩顶日照位移 Δ_t。根据"等效力法"，实际墩顶受约束不能自由变形，相当于给墩顶一个水平力使墩顶能产生与 Δ_t 大小相等方向相反的位移，使墩顶恢复至原位。由该水平力即可计算出各截面的内力。

由图 12.35 可知，沿墩壁厚方向的温度梯度 B 为

$$B = \frac{T_1 - T_n}{D} \tag{12.34}$$

将式(12.32)和式(12.33)代入并化简得

$$B = \frac{bT_0}{\alpha D^2}\left[\left(\frac{2}{\beta D} + 1\right)(e^{-\alpha D} - 1) + 2\right] \tag{12.35}$$

设沿墩身高度方向为 y 轴，则对于墩高微段 $\mathrm{d}y$ 的转角应为 $\alpha B\mathrm{d}y$，墩顶位移 Δ_s 为

$$\Delta_s = \int_0^H \alpha B y \mathrm{d}y \tag{12.36}$$

式中 H——柔性墩的高度。

Δ_s 是假设墩顶自由时的日照位移,实际上墩顶为铰支,墩身受到外约束,此时墩顶有水平反力 P。

$$P = \frac{3EI}{H^3}\Delta_s \tag{12.37}$$

墩身截面弯矩:

$$M = Py = \frac{3EI}{H^3}\Delta_s y \tag{12.38}$$

求得截面内力后,不难计算截面的应力。

(3)日照应力的组合

顺桥向日照对墩身的影响可只计墩顶铰支的外约束作用,温度变形与平截面变形不协调产生的内约束应力一般可不予计算。这是因为内约束应力只存在于未开裂的截面内,一般是在墩身上部,这部分墩身承受的弯矩较小,因而截面受力的偏心也较小,既使加上日照内约束应力也不控制设计。在墩身下部,截面处于大偏心受压状态,控制截面处的拉力区混凝土不参与工作,受压区范围较小,内约束应力大部分混凝土开裂已释放,故可不予计算。

12.3.4　柱式桥墩计算

柱式桥墩的计算包括盖梁和柱身的计算。

盖梁一般采用钢筋混凝土材料。在构造上,桩柱的钢筋伸入到盖梁内并与盖梁的钢筋绑扎成整体,因此盖梁与桩柱形成刚架结构。对于双柱墩、台,当盖梁的刚度与桩柱的刚度比较大(>5)时,为简化计算可以忽略节点不均衡弯矩的分配及传递,按简支梁或双悬臂梁计算及配筋。多柱式墩的盖梁按多跨连续梁计算。当盖梁计算跨径与盖梁高之比,对简支梁小于 2,对连续梁小于 2.5 时,应按深梁计算。当盖梁的刚度与桩柱的刚度比小于 5 时,或桥墩承受较大的横向力时,盖梁与桩柱应作为横向刚架作整体分析。

(1)恒载

恒载包括上部结构恒载支点反力和盖梁自重。

(2)活载

活载组合时,活载布置要使得各种组合为最不利情况,求出支点最大反力作为盖梁的活载。荷载的横向分布计算,当活载对称布置时,按杠杆法计算,当活载非对称布置时,按刚性横梁法(或偏心压力法、刚接板法或 G-M 法)计算。在盖梁内力计算时,可考虑桩柱支承宽度对弯矩峰值的削减。

(3)施工荷载

盖梁在施工过程中,荷载的不对称性很大,各截面将产生较大的弯矩,因此要根据当时的架梁施工方案对各截面的受弯、受剪进行验算。构件吊装时,构件重力应乘以动力系数 1.2 或 0.85,并视构件具体情况作适当增减。

(4)荷载组合及其内力计算

按钢筋混凝土构件进行。

(5)配筋计算及抗裂性计算

盖梁的配筋计算方法与钢筋混凝土梁配筋计算相同。当作为深梁计算时,计算方法可参考规范计算公式。

12.3.5　空心墩计算

1. 截面应力计算

(1)一般截面应力计算

在墩身中段截面,按偏心受压构件计算。当受轴力及双向弯矩作用时,往往会出现大偏心受压状态,当截面形式不为矩形或圆形时,不能按两个单向受力的计算结果进行简单叠加,而应该考虑轴力与双弯矩的耦合进行计算。

(2)固端干扰力计算

空心墩身与顶帽、基础连接处,相当于固端的边界条件,对墩壁有约束作用,因而产生局部的纵向应力和环向应力,即固端干扰应力,该应力的数值较大,计算时不能忽视,是空心墩的计算特点之一。固端干扰力一般采用空间有限元方法的块体或壳体单元均可计算得出,但通常采用简化方法,即先将墩作为悬臂梁计算得出平面应力,再乘以应力增大系数加以修正,从而求出应力。具体计算公式可参考有关计算手册。

2. 温度应力计算

在桥梁结构中,温度变化能产生相当大的温度应力,某种情况下,可与恒、活载产生的应力属同一量级。空心墩由于墩内通风条件差,而混凝土本身导热性能又低,在气温发生变化或日照作用时,墩壁内外将产生较大温差而导致温度应力的产生。温差分布沿墩壁厚度是非线性的,而截面变形服从平截面假定,于是截面温度变形受到约束而产生内约束温度应力。圆形空心墩的截面直径远大于其壁厚,故可近似地认为沿壁厚方向(径向)的应力为零,只有竖向和水平方向(切向)的应力。为简化计算,竖向应力和水平方向(切向)应力采用同一瞬时温度梯度,分别按单向应力状态求解。

温度应力一般包括气温温差、太阳辐射温差和寒潮温差进行计算。温度应力一般是日照正温差时,外壁受压,内壁受拉;当寒潮降温为负温差时,外壁受拉,内壁受压。

(1)实测温度场及基本假定

①日照温差的平面分布可概化为图12.36,其中太阳辐射温差沿周边为圆心角余弦函数变化,气温温差四周对称均匀分布。

周边任意方向上的温差可表示为式(12.39):

$$A_{\varphi} = A_{\mathrm{j}}\cos\varphi + A_{\mathrm{t}} \tag{12.39}$$

向阳面 φ 由 $0\sim\dfrac{\pi}{2}$,当 $\varphi=0$、$\cos\varphi=1$ 时,向阳面正晒时刻温差最大。背阳面 $A_{\varphi}=A_{\mathrm{t}}$,即背阳面无太阳辐射影响,仅有气温温差。

式中　A_{φ}——空心墩 φ 角方位处太阳辐射和气温温差之和;

A_{j}——太阳辐射产生之内外壁表面最大温差;

A_{t}——内外壁表面气温温差。

②在气温和寒潮降温作用下,温差沿壁厚方向按指数函数分布取值,如图12.37所示。

太阳辐射温差:

$$A_x = A\cdot e^{-\beta x}\cos\varphi \tag{12.40}$$

气温及寒潮降温温差:

$$A_x = A\cdot e^{-\beta x} \tag{12.41}$$

式中　A_x——距墩壁外表面 x 处由于太阳辐射、日照气温及寒潮降温作用所产生的温差;

A——气温或寒潮降温产生的内外壁表面的温差(寒潮时取负值)(℃);

β——系数,表征温度梯度;

x——以墩壁外表面为原点的圆环径向流动坐标。

各种温差沿壁厚的变化规律如图 12.37 所示。

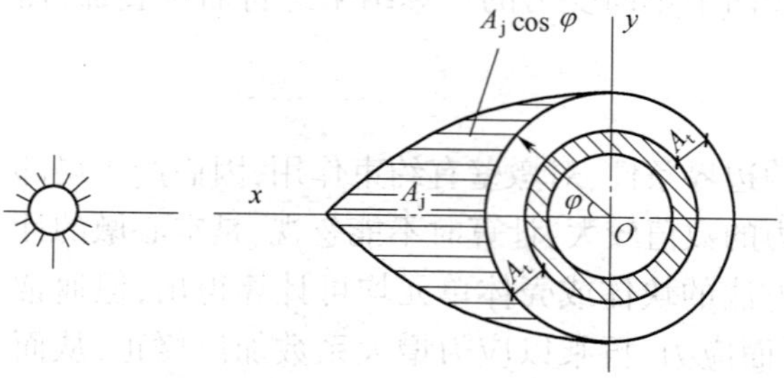

图 12.36　日照温差平面分布图

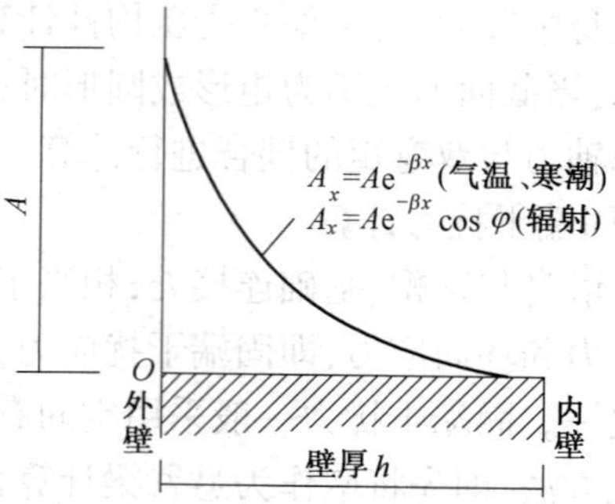

图 12.37　温差沿壁厚的变化

③沿墩身高度方向温度变化甚小,近似为常数。

④在温度变化的影响下,墩壁混凝土仍然服从材料力学的基本假定,即平截面变形,应力与应变成正比。同时满足静力平衡条件。

温度应力的计算时,其内约束应力采用以静力平衡为基础的"等效力法"原理。即在非线性温度梯度作用下,假定结构的自由变形完全被约束,从而产生约束应力,然后解除假想的约束,释放约束力,使结构恢复为原来的状态,根据静力平衡原理,相当一个大小相等而方向相反之力来平衡,使截面变形服从平截面的假定,而桥墩则因温度变化而产生实际的变形。上述两个力所产生的应力叠加即为所求截面之内约束应力,如图 12.38 所示。对于外约束应力,按结构力学原理求解。

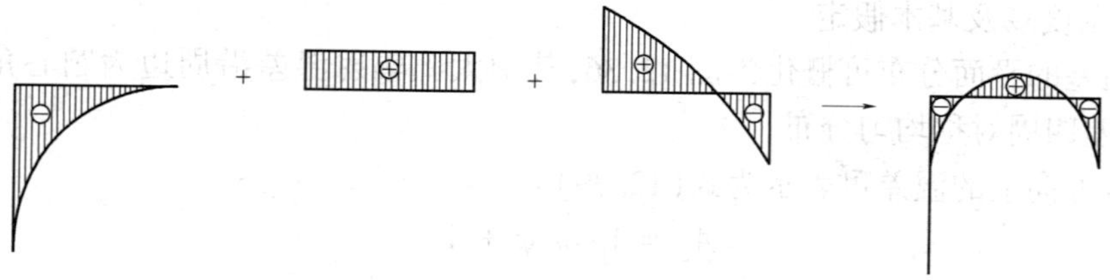

(a)全约束应力　(b)释放后拉应力　(c)释放后由力矩产生的应力　(d)叠加后的约束应力

图 12.38　温度应力叠加图

为简化计算,太阳辐射作用和气温作用分别计算,然后应力叠加。

温度应力的计算公式较为复杂,一般为半理论半经验公式,具体计算时,可参照有关计算手册进行。

(2)温差取值

温度应力计算公式中,各种温差 A 值选用,一般应根据建筑物所在地多年实测资料分析确定,在缺乏实测资料的情况下,建议中南、华东地区空心墩设计壁厚为 0.5~0.7 m 时,计算日照温差 A_t 用 10 ℃、气温与最大辐射温差之和 $A_\varphi=(A_t+A_j)$ 用 25 ℃、计算降温温差取 −10 ℃。

3. 墩顶弹性水平位移计算

空心墩顶弹性水平位移包括荷载作用下的弹性水平位移、日照温差作用下的弹性水平位移及基础和基底土壤的弹性变形。

荷载作用下的弹性水平位移由桥上活载制动力、作用于墩身的风荷载或离心力引起,计算时按下端固结的悬臂梁计算。

$$\Delta = \int_0^H \frac{M_p \cdot \overline{M}}{EI} dH \tag{12.42}$$

式中 M_p——各种荷载对计算截面的弯矩;

$\overline{M}$——墩顶单位水平力对各计算截面的弯矩;

H——墩高;

E——墩身弹性模量;

I——墩身截面惯性矩;

Δ——墩顶弹性水平位移。

日照温差作用下的弹性水平位移及基础和基底土壤的弹性变形计算可参阅有关规范进行。

4. 局部稳定性计算

空心墩的局部稳定与墩壁厚及横隔板的设置有关,研究表明:

对于圆形空心桥墩,失稳时的临界应力计算公式为

$$\sigma_{cr} = 0.36Et/R \tag{12.43}$$

对于矩形空心墩为

$$\sigma_{cr} = 3.61E\left(\frac{t}{b}\right)^2 \tag{12.44}$$

式中 σ_{cr}——弹塑性阶段局部失稳临界应力;

E——混凝土弹性模量;

R, b——圆形空心墩中面半径和矩形墩宽;

t——壁厚。

12.3.6 抗震计算

1. 抗震计算的检算内容

为了保障铁路与公路运输的畅通和人民财产的安全,铁路与公路抗震规范(细则)均要求,对某些地区重要的桥梁墩台进行抗震强度与稳定性检算。

铁路抗震规范规定,应对设防烈度为6~9度地区的桥梁工程进行抗震设计;公路桥梁抗震设计细则规定,抗震设防烈度为6度及以上地区的公路桥梁必须进行抗震设计:各类桥梁必须进行多遇地震E1作用下的抗震设计,除6度地区以外,A、B、C类桥梁还必须进行罕遇地震E2作用下的抗震设计。9度以上地区抗震需进行专题研究。

公路桥梁抗震设计细则规定:A类桥梁是指单跨跨径超过150 m的特大桥(不含引桥及引道),B类桥梁是指高速公路和一级公路上的除A类外的桥梁及二级公路上的大桥、特大桥等,C类桥梁是指除A、B、D类以外的公路桥梁,D类桥梁是指位于三、四级公路上的中小桥梁。

桥梁的地震破坏大多沿顺、横桥向发生,检算时分别用顺桥向或横桥向一个方向的水平地震作用进行抗震检算,使两个方向各自都具有适当的强度和稳定性。

检算时的荷载因考虑到地震发生的作用时间短且数值大,地震力只与恒载中的结构自重、土压力、静水压力及浮力,活载中的活载重力、离心力及活载产生的土压力进行组合。

2. 地震力的计算

梁式桥墩的地震力计算图式如图 12.39 所示。

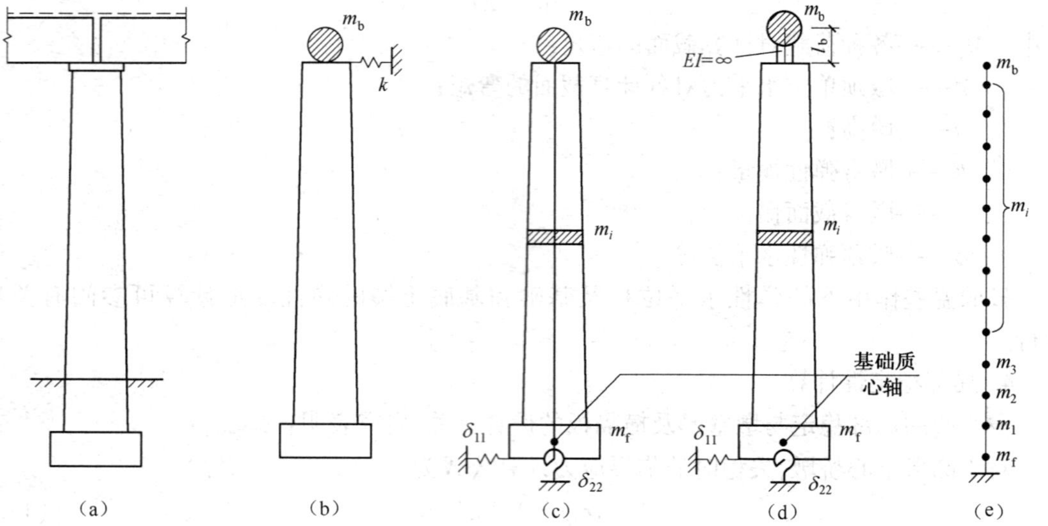

图 12.39　梁式桥墩的地震力计算图式

(1)梁式桥墩的两侧通过支座支承着各种类型的桥跨结构,以及桥上轨道等线上结构,因此桥墩与上部结构形成了一定的空间连接体系。在计算图式中应于墩顶处设一线弹簧系数为 k 的顺桥向弹簧支承以体现这种作用[图 12.39(b)]。

(2)考虑墩上桥跨结构质量的地震作用时,可将桥跨结构的集中质量 m_b 直接置于支座中心处,然后计算整个结构的顺桥向自振特性。但计算横桥向的地震作用时,因梁是通过左右两个支座刚性递传至桥墩的,计算时应将桥跨结构质量和活载质量均置于各自的质心处,用刚臂与墩顶相连来计算结构的地震作用[图 12.39(d)]。

(3)墩身应按分布质量系统求振动特性,但为了简化计算并保证计算的精度,可将墩身沿墩高方向分成若干小段,把原来连续分布的质量分段集中在各小段的质心处,如图 12.39(e)所示,形成多质点弹性体系。

(4)地震时由于地基的变形,在地基与桥墩之间形成一种相互作用,对于非岩石地基上的明挖基础、桩基础和沉井基础,这种相互作用可采用设于基础底面上的柔度系数为 δ_{11} 和 δ_{22} 的两根弹簧连杆来反应[图 12.39(c)、(d)]。它们分别代表地基与基础间的水平位移和转动特性。计算地震作用时则假定基础本身为刚性。对于岩石地基,则墩底与地基为固结连接。

(5)按上述图式计算出单墩的频率和振型后,可按下式计算出作用于墩身各质点的水平地震力和地震位移。

$$F_{ihp} = C_i \cdot \alpha \cdot \beta_1 \cdot \gamma_1 \cdot x_{1i} \cdot m_i \tag{12.45}$$

式中　F_{ihp}——作用于梁桥桥墩质点 i 上的水平地震荷载(kN);

C_i——重要性修正系数;按表 12.9 采用;

α——水平地震基本加速度,按表 12.10 采用;

β_1——桥墩顺桥向或横桥向的基本振型的动力放大系数;

γ_1——桥墩顺桥向或横桥向的基本振型参与系数;

x_{1i}——桥墩基本振型在第 i 段重心处的相对水平位移;

m_i——桥墩墩身各段的质量(t)。

表 12.9　重要性修正系数 C_i

工程类别	多遇地震	设计地震	罕遇地震
A 类	—	—	—
B 类	1.5	1.0	1.0
C 类	1.1	1.0	1.0
D 类	1.0	1.0	1.0

表 12.10　水平地震基本加速度 α

设防烈度	6 度	7 度		8 度		9 度
设计地震 A_g	0.05g	0.1g	0.15g	0.2g	0.3g	0.4g
多遇地震	0.02g	0.04g	0.05g	0.07g	0.1g	0.14g
罕遇地震	0.11g	0.21g	0.32g	0.38g	0.57g	0.64g

12.4　桥台类型及适用条件

作为桥梁的重要组成部分,桥台起着支承桥跨结构和衔接桥跨与路基的作用,它不仅要承受桥跨传来的荷载及自重,还要承受台背填土土压力及填土上车辆荷载产生的附加土压力。因此,桥台本身应具有足够的强度、刚度和稳定性,对桥台地基的承载力、沉降量、地基与基础之间的摩阻力等都有一定的要求,以避免在荷载作用下桥台发生过大的水平位移、转动或沉降而影响桥跨的正常使用,这也是桥台设计中的主要内容。随着设计、施工技术的进步,世界各国的桥梁建设都在迅猛发展,这不仅体现在桥跨结构的造型新颖上,同时也反映在下部结构向轻型合理的方向发展。尤其在公路桥梁及城市桥梁中桥台形式更是日新月异,出现了许多轻型、美观、结构合理的形式。但本节仍然从最基本概念和最常用的梁桥桥台形式着手,介绍常用桥台的基本构造、设计原则及其一般的计算方法。对于特殊类型的桥台,如拱桥桥台可参阅本书有关章节。

桥台由台顶(包括道砟槽及顶帽)、台身及基础三部分组成(图 12.40)。为了加强桥台与路堤的衔接,桥台尾部应伸入路堤一定的深度,其前端填土应按一定的坡度做成锥体,并铺砌护坡。顶帽设有支承垫石支承桥跨结构,其上设有排水坡。铁路桥梁的桥台顶设道砟槽用来承托道砟、枕木、钢轨等线路设备,顶面设有排水坡。

常用的中、小跨度梁桥桥台类型有重力式桥台和轻型桥台两种,其中重力式桥台为就地建造的整体式重型结构,主要靠自重来平衡台后的土压力,桥台本身大多由砌石、片石混凝土或混凝土等圬工材料建造,台帽则一般为钢筋混凝土建造。重力式桥台依据桥台的形状及台背填土情况分类,常用的有 U 形桥台、T 形桥台、埋式桥台、耳墙式桥台、挖台及一字形重力式桥台。轻型桥台铁路桥梁应用很少,多在公路桥梁中采用,一般体积较小、外观轻巧、自重轻、圬工体积少,它主要借助桥台各部分的整体刚度和材料强度承受外力,从而节省圬工,降低对地基承载力的要求并扩大了应用范围。轻型桥台的形式多样,分类也无统一的标准,为便于讲述,本书按轻型桥台的构造特点大致进行分类。常见的轻型桥台有:八字形和一字形桥台、薄壁轻型桥台、框架式桥台、桩柱式桥台、锚定板桥台等。轻型桥台一般为钢筋混凝土结构。

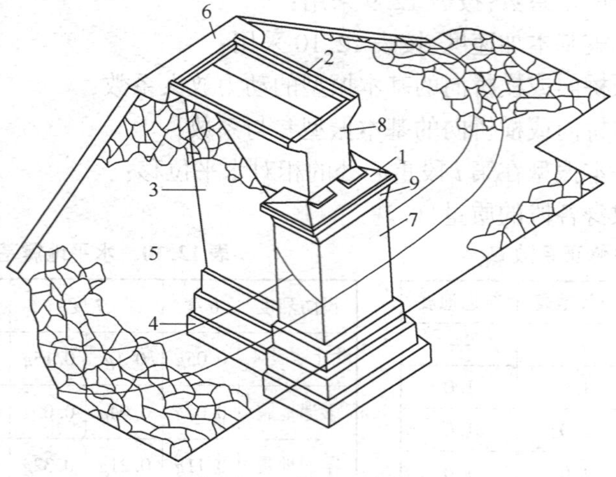

图 12.40　桥台一般构造

1—台帽;2—道砟槽;3—后墙;4—基础;5—锥体;6—路堤;7—前墙;8—胸墙;9—托盘

12.4.1　重力式桥台

(1)U 形桥台

U 形桥台(图 12.41)由支承桥跨的前墙与连接路基的两翼墙所组成,中空部分填土,以节省圬工。桥台两侧翼墙的受力与挡土墙相同,自上而下由窄变宽,当桥窄、台高时,采用 U 形桥台就不经济。因此,对铁路梁桥,适用于填土高度较小($H \leqslant 4$ m)、地基容许承载能力较低的桥梁。而应用于公路的 U 形桥台适用于填土高 $H \leqslant 10$ m 的桥梁。U 形桥台的缺点是台后 U 形中空部分容易积水,冰冻后膨胀,致使墙身产生裂缝,影响桥台使用寿命,故在严寒地区使用时,须选用良好的渗水性填料并须做好防排水设施。

(2)T 形桥台

T 形桥台(图 12.42)是一般大、中铁路桥常用的一种桥台形式,桥台后端部分之台身较窄,而前墙较宽,截面形式为 T 形。为了改善受力状态,台身后墙作成仰斜式,基础也一般作成前宽后窄的 T 形。T 台比一般实体桥台节省圬工,但由于后墙较窄,道砟槽为钢筋混凝土悬臂,钢筋用量较多,台身长度随着填土高度而增加,所以当填土较高时,圬工量较大。

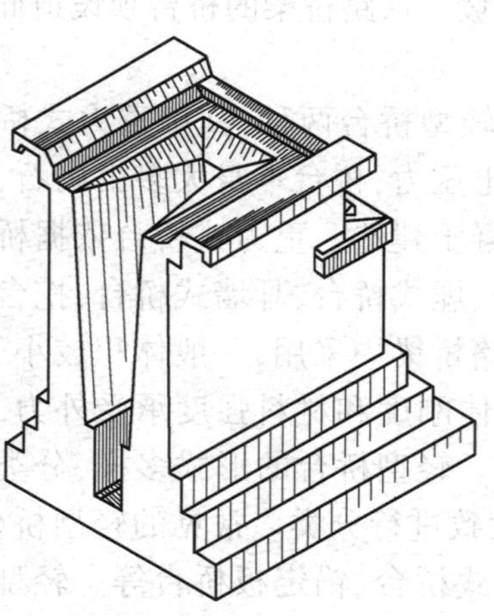

图 12.41　U 形桥台

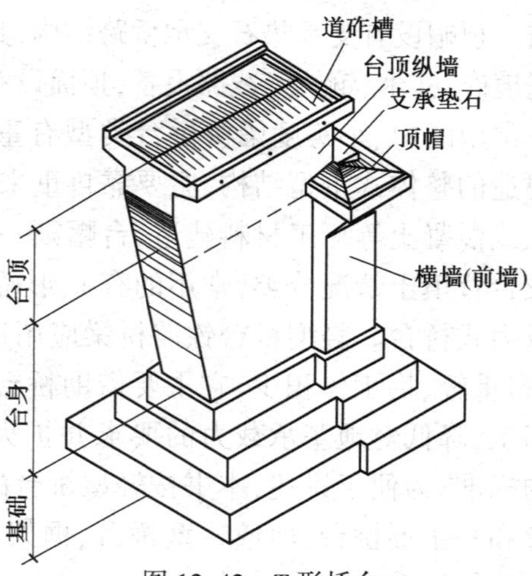

图 12.42　T 形桥台

T形桥台一般应用于填土高4~12 m的铁路桥梁，或用于较小承载力的地基。为适应各种设计情况，编制了单线6~32 m跨度梁桥，填土高4~12 m的标准图。

(3)耳墙式桥台

耳墙式桥台(图12.43)也是铁路梁桥中最常用的桥台形式，公路桥梁中也常采用。与T台相比，耳墙式桥台采用两片耳墙与路堤相连接，代替台尾的实体圬工从而缩短了台长、节省圬工，但耳墙为了避免根部开裂，需配较多的钢筋。

耳墙式桥台适用于填土高为4~12 m梁桥。耳墙式桥台由于台身尺寸小，特别适用于深基础或铁路复线、宽桥面的公路桥梁。当填土很高时，锥体坡角伸出台前部分需加固坡角或设挡土墙。

(4)埋式桥台

埋式桥台(图12.44)埋入锥体填土中。为了减小土压力造成向前的力矩，台身做成后仰形式。埋式桥台可大大节省桥台圬工，但由于将桥台埋入锥体填土中，使锥体伸入桥孔减小了桥下过水面积，从而增加了桥的全长，且锥体坡角易受水流冲刷需进行铺砌及坡角防护。埋式桥台台身高而基础较短，基底应力大。这种桥台用于桥头为浅滩、溜坡受冲刷较小、填土高≥12 m的铁路及公路桥梁上，且要求地基有较高的承载能力。

应用于公路桥梁的埋台，有时还将台身挖空成拱形，以进一步节省圬工。

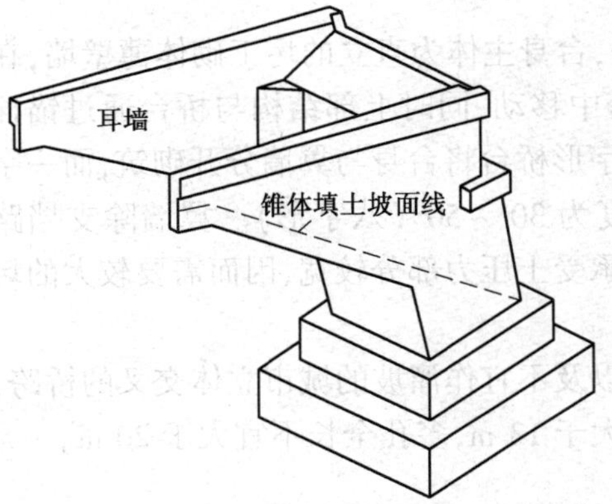

图12.43 耳墙式桥台

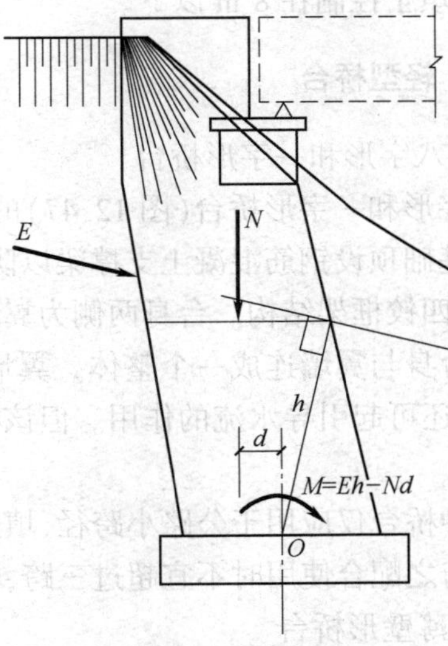

图12.44 埋式桥台

(5)挖台

山区铁路，常是坡陡谷深，桥隧相连。有些桥台位于陡峻的山坡上，嵌入山体之中，有时台尾紧接隧道甚至有侵入洞门之内的情况。为此，实践中在挖方内常采用提高基础，缩短台顶的顶帽式桥台即挖台(图12.45)。由于这种桥台结构形式简单、施工方便、符合自然的实际情况，便于设计和施工。

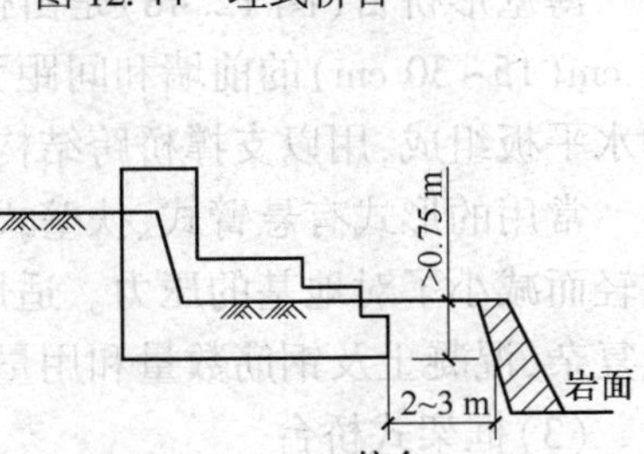

图12.45 挖台

挖方内桥台应设置于稳定的山体中。除地质承载力要求较高外，尚须根据台位处山体地质具体情况，决定其埋置深度。基础除必须置于稳定的岩层上外,一般以不使基础襟边(或基顶)外露,且基底埋于基本岩层内不少于 0.75~1.0 m 为宜,当基底埋置于坚硬的岩层时可以适当提高,但嵌入坚硬岩层的深度不少于 0.5 m。基础边缘距岩层外露面边缘的最小距离,(除去覆盖风化和不稳定的岩层)一般不小于 2~3 m。

桥台基坑开挖不宜过大,当基坑周围不浸水时,最好不设模板使基础混凝土灌注封底,台身尤其是台后以不设模板直接与岩层接触灌注为好。台身周围若有过大的超挖应以浆砌片石回填。

(6)一字形桥台

目前,在客运专线桥梁设计中,广泛采用了一种新的桥台形式:一字形桥台(图 12.46)。它是在耳墙式桥台的基础上,依据现行的规范,优选出的一种介于耳台与 T 台之间的新台型。为了缩短不必要的台长、节省圬工,避免锥体过多进入桥孔,一字形桥台以混凝土砌块代替耳墙部分与路基相连;为提高桥台整体线刚度,适当增加台身长度;为便于台后施工,保证台后填料振捣密实,台身后坡采用直墙式;为满足客运专线大吨位梁体自重及架桥机运、架梁引起桥台前端受力不利情况,台身前墙采用斜坡式并适当加大前墙伸入桥孔的长度以利于结构受力。一字形桥台身截面采用矩形截面,从平面看,台身纵向尺寸较横向小的很多,形状似一字形。桥台无论从结构受力方面,还是从施工方面,都较原耳墙式桥台、T 形桥台有着显著的优越性,适宜在中等高度的桥上广泛使用,在深基础或双线桥上使用时,经济效益更好。目前标准设计中,台后填土控制在 8 m 以下。

12.4.2　轻型桥台

(1)八字形和一字形桥台

八字形和一字形桥台(图 12.47)的构造特点是,台身主体为直立的圬工砌体薄壁墙,在两桥台间基础顶设钢筋混凝土支撑梁以防止桥台向跨中移动,同时上部结构与桥台通过锚栓连接,构成四铰框架结构。台身两侧为翼墙。一般八字形桥台将台身与翼墙分开砌筑,而一字形桥台的台身与翼墙连成一个整体。翼墙张开的角度为 30°~50°(八字形)。翼墙除支挡路堤填土外,还可起引导水流的作用。但该桥台的翼墙承受土压力部分较宽,因而需要较大的圬工体积。

这种桥台仅应用于公路小跨径、填土低的桥梁以及不宜作溜坡的城市立体交叉的桥跨,桥跨孔数与之配合使用时不宜超过三跨,单孔跨径不大于 13 m,多孔全长不宜大于 20 m。

(2)薄壁形桥台

薄壁形桥台(图 12.48)是由扶壁式挡土墙和两侧的薄壁侧墙构成。挡土墙由厚度不小于 15 cm(15~30 cm)的前墙和间距为 2.5~3.5 m 的扶壁组成。台顶由竖直小墙和支于扶壁上的水平板组成,用以支撑桥跨结构,两侧薄壁可以与前墙垂直,有时也做成与前墙斜交。

常用的形式有悬臂式、扶壁式及箱式等,这种桥台不仅可节省 40%~50% 自重,还因自重减轻而减小了对地基的压力。适用于填土低、地基承载力低的小跨径公路桥梁,但其构造和施工复杂,混凝土及钢筋数量和用量较高。

(3)框架式桥台

框架式桥台(图 12.49)是台身由钢筋混凝土柱、薄墙或刚架组成的轻型桥台。其构造形式常用的有双柱式、四柱式、墙式(肋式)、构架式及半重力式等。基础大多采用桩基础,在基础为岩石、台后填土稳定及台高较低时也用扩大基础。框架式桥台台身轻巧,圬工少,但用钢量较多。一般多用于地基承载力较低、台身高大于 4 m,跨径大于 10 m 的公路桥梁。

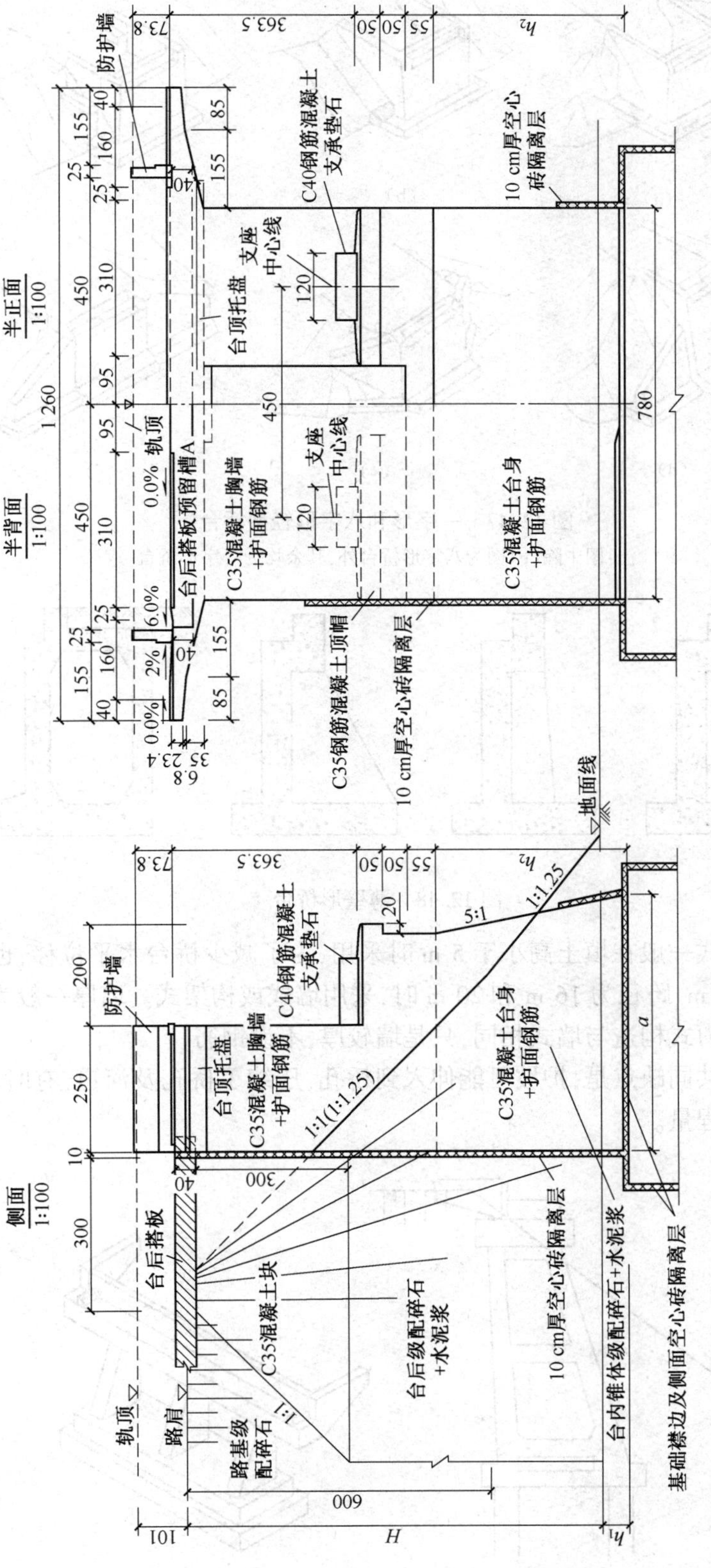

图 12.46　一字形重力式桥台(单位:cm)

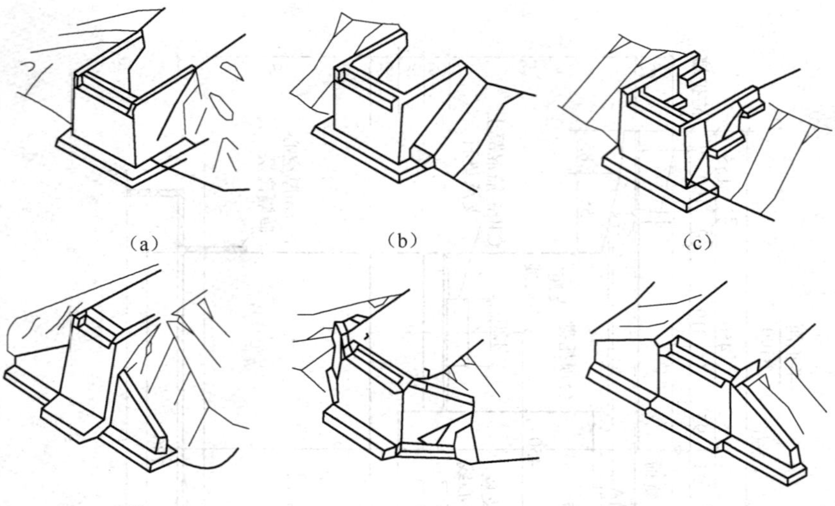

图 12.47　一字形和八字形轻型桥台

注:图中除(e)图为八字形桥台外,其余均为一字形桥台

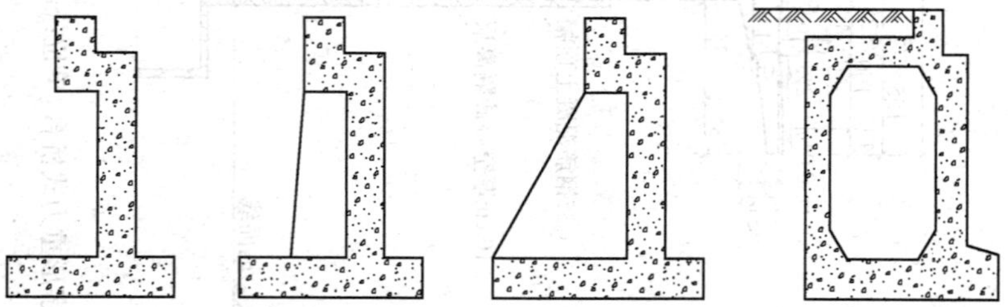

图 12.48　薄壁形桥台

双柱式或多柱式一般在填土高小于 5 m 时采用,为了减少桥台水平位移,也常先填土,后钻孔,填土高大于 5 m、跨径为 16 m 和 20 m 时,采用墙式或构架式。墙厚一般为 0.4~0.8 m,设少量钢筋。半重力式构造与墙式相同,只是墙较厚,不设钢筋。

框架式桥台的共同缺点是,护坡可能伸入到桥孔,压缩了桥孔及河道,有时需增加桥长或浆砌片石护坡的工程量。

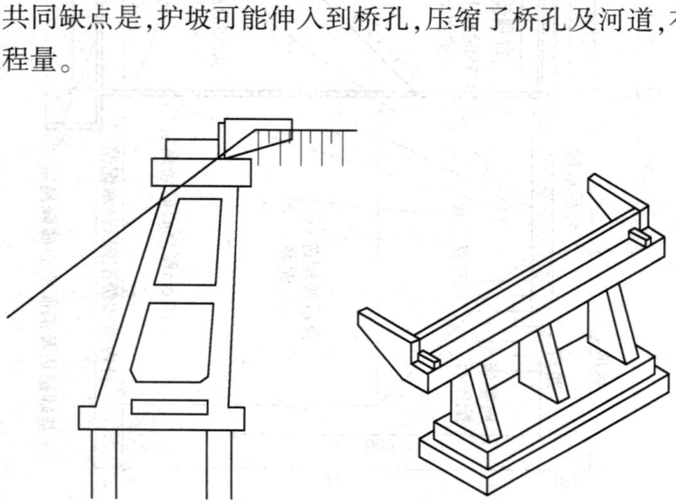

图 12.49　框架式桥台

(4)桩柱式桥台

当桥台位置处的填土高度小,桥梁跨径不大,框架式桥台的框架可取消,形成桩柱式桥台,如图 12.50 所示。它是城市和公路桥梁常见的桥台结构形式。

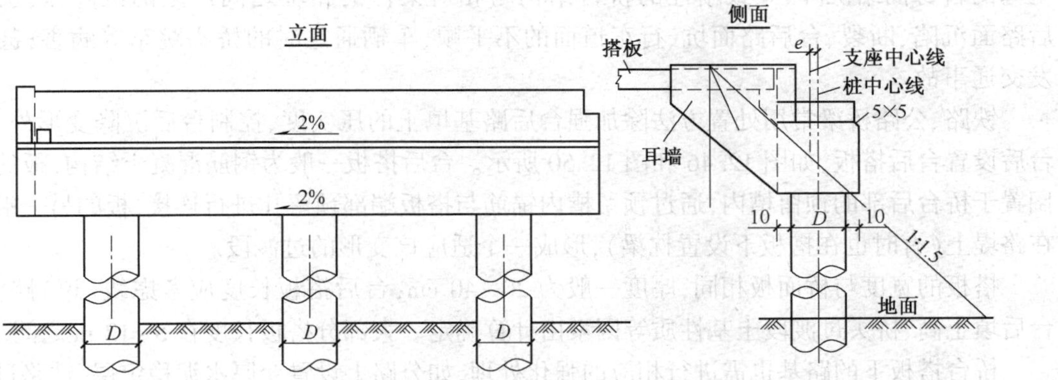

图 12.50　桩柱式桥台(单位:cm)

(5)锚定板桥台

锚定板桥台(图 12.51)是从锚定板挡墙发展起来的轻型桥台,它的特点是全部或大部分台后土压力通过拉杆传给埋在台后填土中的锚定板,其挡土部分是由墙面、拉杆、锚定板组成。目前,国内常采用的锚定板桥台有分离式[图 12.51(b)]和结合式[图 12.51(c)]两种类型。

分离式锚定板桥台分为两个独立部分,一个是支承桥跨结构的台身,另一个是支挡台后填土的锚定板挡墙,两者之间预留 10~12 cm 的空隙。台身仅承受梁跨传来的竖向力及水平力,锚定板挡墙则承受墙背后的土压力,两者受力互相独立、互不干扰,各部分受力及分工明确。这种桥台需两套基础,构件较多,构造复杂,施工安装操作稍嫌不便。

结合式锚定板桥台是将台身与锚定板挡墙联合成一个整体,台身兼作立柱和挡土结构,主要承受梁跨传来的竖向力,而全部水平力均由锚定板的抗拔力来平衡。这种桥台构造简单、施工方便、工程量较省,但受力不太明确,若台顶的位移量计算不准,会影响施工和正常运营,设计时不易掌握。

锚定板的工作原理是,台后填土产生的土压力作用于挡土板上,再通过立柱及拉杆将该力传递给锚定板,而锚定板则依靠位于板前具有一定抗剪能力的土体所产生的抗拔力来平衡拉杆拉力,使整个结构处于稳定状态。

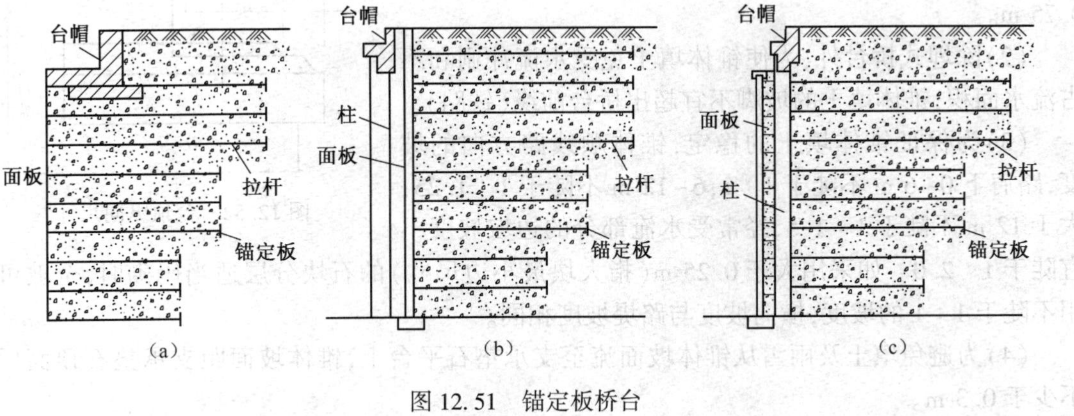

图 12.51　锚定板桥台

12.4.3　台后搭板

桥台衔接路基与桥梁,台后结构是路、桥的过渡段。台后路基人工填土的变形或天然土基的自身固结沉降、导致刚性的桥台结构与相对柔性的路堤之间产生的沉降差,引起台后路面沉陷、断裂、台后路面坑、行车道面的不平顺、车辆通过时的桥头跳车等病害,甚至诱发交通事故。

铁路、公路桥梁常用处置方法除加强台后路基填土的压实度、控制台后沉降变形外,在桥台后设置台后搭板,如图 12.46 和图 12.50 所示。台后搭板一般为钢筋混凝土结构,板的一端搁置于桥台后部的预留槽内,通过预留槽内锚筋与搭板端部预留孔进行连接,板的另一端搁置在路堤上(有时也在搭板下设置枕梁),形成一个适应该变形的过渡段。

搭板的宽度与桥面板相同,厚度一般为 20~40 cm,台后搭板长度应考虑线(道)路等级、台后填土高、桥头过渡段土基性质等因素由计算确定。大部分搭板长度在 5~12 m 之间。

桥台搭板下的路基也需进行相应的强化处理,如公路上设置变厚水泥稳定层、铁路过渡段路基全换成集配碎石加水泥等。

12.5　桥台构造与尺寸拟定

桥台设计的方法步骤与桥墩基本相同,主要包括收集资料、选择类型、拟定尺寸以及力学检算等。

12.5.1　重力式桥台

桥台顶帽及托盘主要尺寸拟定原则和各项规定与桥墩相同,不同的是台帽顶面只设单排支座,而在另一侧设挡住路堤填土的背墙。台顶纵向尺寸(图 12.52)为

$$A \geqslant \frac{a}{2} + e + e_0 + b + c \tag{12.46}$$

式中,a、e、e_0、b 及 c 各值均与桥墩部分所述相同。

各式桥台的台身长度由下列各项要求决定(图 12.53):

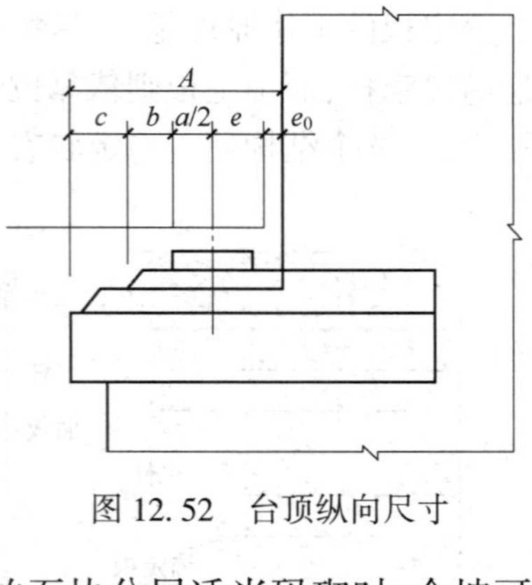

图 12.52　台顶纵向尺寸

(1)为了加强桥台与路堤的连接,使线路道砟不致由锥体填方顶部下滑,桥台尾上部应伸入路堤内至少 0.75 m。

(2)除埋式桥台外,为使锥体填土免受水流冲刷和不占流水面积,锥体填土的坡脚不宜超出桥台前缘(铁路)。

(3)为保证锥体填土的稳定,锥体顺线路方向的坡度,路肩下 0~6 m 不陡于 1∶1;6~12 m 不陡于 1∶1.25;大于 12 m 不陡于 1∶1.5,经常受水淹部分的边坡坡度不宜陡于 1∶2.0。如采用大于 0.25 m(指大块最小边尺寸)的石块分层适当码砌时,全坡可采用不陡于 1∶1 的坡度,横向坡度与路堤坡度相同。

(4)为避免填土及雨雪从锥体坡面流至支承垫石平台上,锥体坡面距支承垫石顶面后缘不少于 0.3 m。

(5)埋式桥台锥体坡脚可伸出桥台前缘,但锥体坡面与桥台前缘相交处应高出设计频率水位 0.25 m,以免受水流冲刷或浸入而引起锥体护坡坍塌。

公路 U 形桥台,桥台前墙的任一水平截面的宽度,不宜小于该截面至墙顶高度的 0.4 倍。背坡一般采用 5∶1~8∶1,前坡为 10∶1 或直立。侧墙顶宽一般为 60~100 cm。任一水平截面的宽度,片石砌体不小于该截面至墙顶高度的 0.4 倍;块石、料石砌体和混凝土则不小于该截面至墙顶高度的 0.35 倍。如果桥台内填料为透水性良好的砂质土或砂砾,则上述两项可分别减为 0.35 倍和 0.3 倍。前墙及侧墙的顶宽对于片石砌体不宜小于 50 cm;对于块石、料石砌体和混凝土则不宜小于 40 cm(图 12.54)。

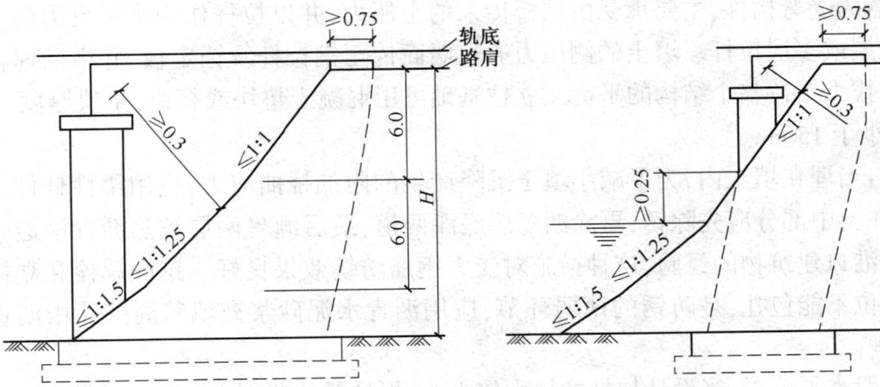

图 12.53　确定台长的条件(单位:m)

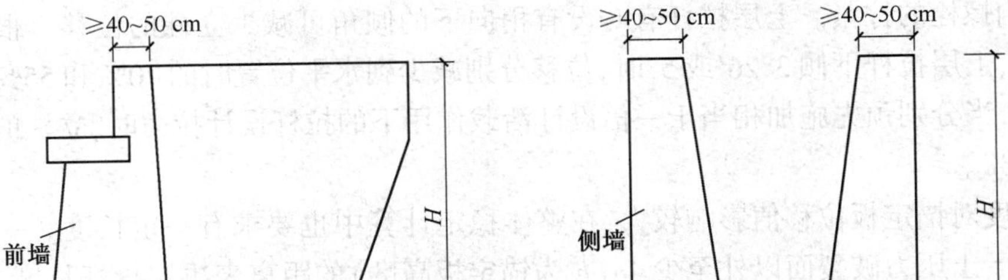

图 12.54　公路 U 形桥台台身尺寸

12.5.2　轻型桥台

轻型桥台的顶帽及托盘主要尺寸拟定原则和各项规定与重力式桥台基本相同,而台身的构造则由于具体类型的复杂而无统一的规定。

(1)八字形和一字形桥台

八字形和一字形桥台的基础一般采用 C15 混凝土,当基础长度大于 12 m 时需配置钢筋。支撑梁的截面尺寸为 20 cm×30 cm,用 C20 钢筋混凝土浇筑,搁置在基础上,垂直于桥台并应对称于桥中心线布置。中距一般为 2~3 m,支撑梁也可用混凝土或块石砌筑,以节约钢筋,但截面尺寸不小于 40 cm×40 cm。

台身均为圬工体,当梁的跨径不超过 6 m,台高不超过 4 m 时,可用 MU50 块石 M15 砂浆砌体;当跨径大于 6 m,台高大于 4 m 时,需用 C15 混凝土浇筑。台帽为 C20 钢筋混凝土。台帽内的预埋栓钉应与上部结构互相锚固。为了保证支撑梁牢固地埋入土中,一般埋置深度为 1.5 m,在有冲刷的河流上,还应用片石铺砌河床。如果基础能嵌入风化岩层 15~25 cm 时,也可不设下部支撑梁。台身前墙与翼墙之间一般设沉降缝分离。这类桥台不设路堤锥坡,前墙承受土压力及支座传来的荷载,两侧翼墙只承受土压力。翼墙顶面与路堤边坡平齐,其高度与底宽是变动的。

(2)锚定板桥台

锚定板结构由锚定板、立柱、拉杆和挡土板组成,设计时一般采用以下原则:

①立柱:为受弯构件,主要承受由挡板传来的土压力,并以拉杆作为水平反力的支点。立柱可采用双层或多层拉杆。填土的侧压力通过墙面传至钢拉杆及锚定板,并借助埋在填土中的锚定板抗拔力维持整个结构的平衡。立柱基础可用混凝土垫块或杯座,垫块厚度一般为 50 cm,襟边不小于 15 cm。

②拉杆:当埋在填土内,为了减小填土沉降产生的附加挠曲应力,应用柔性杆件。采用钢拉杆时,埋在土中部分应先除锈,再涂沥青船底漆两道,最后缠裹两层被热沥青浸透的玻璃纤维布。根据港口建筑物的经验,这种措施对受力钢筋防锈效果良好。拉杆螺栓和立柱及锚定板联接的部位不能包扎,是防锈的薄弱环节,应用沥青水泥砂浆充填其周围并用沥青麻筋塞缝、慎重处理。

拉杆一般水平设置,当设计拉杆的拉力较大,一根拉杆的截面不够时,可设置两根拉杆,两根拉杆可放在同一水平面上,也可以上下排列在同一垂线上。双层拉杆之间应留有一定的空隙,以免影响螺栓的拧紧。上层拉杆有时设有稍向下的倾角可减少立柱的位移。根据模型试验资料可知,上层拉杆下倾 3°26′或 5°时,位移分别减少到水平位置时的 70% 和 55%。如对拉杆预加拉力,当分别预先施加相当于一倍设计活载作用下的拉杆设计拉力时,立柱的位移可减少 20%~30%。

拉杆长度对锚定板位移值影响较大,在整体稳定计算中也要求有一定长度。一般设计中以锚定板位于土压力破裂面以外至少 $4h$(h 为锚定板高度)的距离来决定拉杆长度,主墙每层拉杆长度不小于 $10h$,翼墙每层拉杆长度不小于 $6\sim8h$(图 12.51)。

③锚定板:根据模型试验资料,锚定板以正方形为最经济,能发挥最大抗拔力效果。为了提高抗拔力,锚定板要求有一定埋置深度,不同的埋置深度形成土体不同的剪切破坏,当 $H/h\leqslant5$ 时为浅埋[图 12.55(a)],$H/h>5$ 时为深埋[图 12.55(b)]。

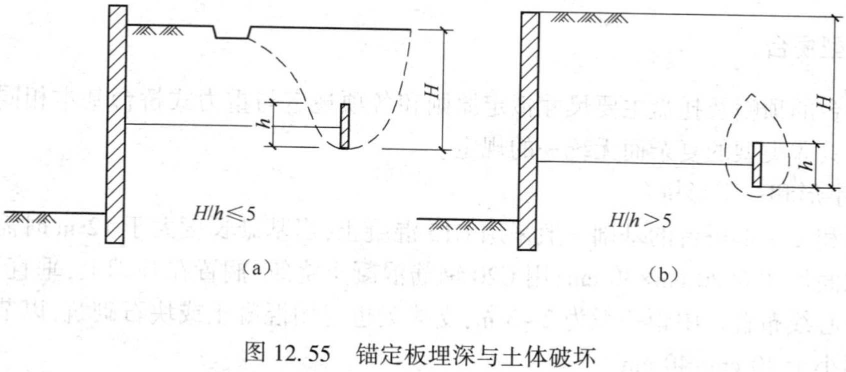

图 12.55 锚定板埋深与土体破坏

H—填料面至锚定板板底的高度;h—锚定板板高

12.6　桥台计算特点

根据设计经验，U 形桥台及 T 形桥台按锥体坡度构造要求和填土高度确定的桥台结构尺寸，其台身截面强度和合力偏心一般均能满足要求，当采用标准图设计时可不进行检算。但埋式桥台或耳墙式桥台的台身尺寸相对较小，必须经过计算确定。

桥台的计算中所考虑的作用(荷载)与桥墩的计算基本相同，桥台的计算特点是：要考虑台后填土及填土上车辆荷载引起的土侧压力，但不需计算纵横向风力、流水压力、冰压力、船只或漂流物的撞击力等荷载。桥台的检算内容(强度、偏心和稳定性)也与桥墩的检算内容基本相同，但只做顺桥向的检算。

12.6.1　作用及其组合

作用于桥台的作用，以铁路 T 形桥台为例，如图 12.56 所示。

(1)垂直恒载：①桥跨结构恒载反力；②台顶及台身自重；③基础自重；④覆土自重。

(2)列车活载：⑤桥跨结构活载反力；⑥桥跨上列车制动力(或牵引力)；⑦台顶垂直活载；⑧台顶活载水平力(或牵引力)。

(3)填土土压力：⑨台背后垂直土压力；⑩台背倾斜土压力；⑪基础上的土压力；⑫前墙及基础加宽部分的土压力；⑬台前静止土压力。

(4)活载侧压力：⑭台后路堤填土上垂直活载的土侧压力。

(5)台后填土对桥台基底前后边缘竖向压力⑮。

通过桥跨结构传来的反力计算方法已在有关章节中介绍过，不再重复。下面主要介绍桥台本身承受荷载的计算方法。

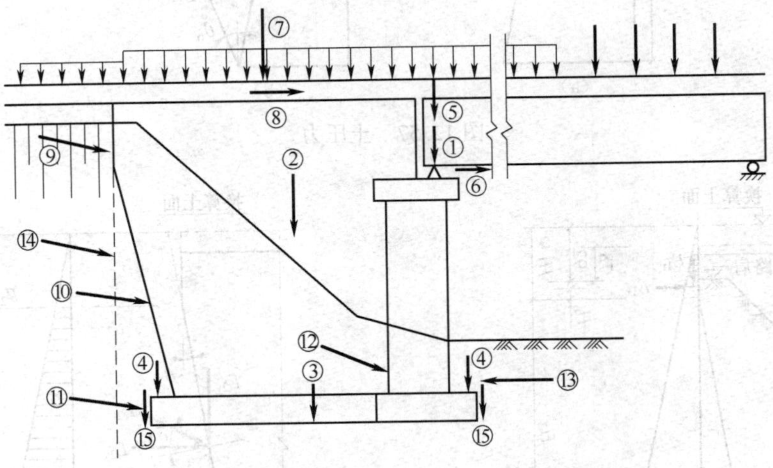

图 12.56　T 台荷载

1. 填土土压力计算

(1)库伦主动土压力公式

当土层特性无变化时，作用于桥台背后的主动土压力分布如图 12.57 所示，其值按式(12.47)计算：

$$E=\frac{1}{2}\gamma H^2 B\lambda \tag{12.47}$$

式中　γ——填土容重；

H——计算面的竖直高度；

B——桥台的计算宽度；

λ——主动土压力系数,其值为

$$\lambda=\frac{\cos^2(\varphi-\theta)}{\cos^2\theta\cos(\theta+\delta)\left[1+\sqrt{\dfrac{\sin(\varphi+\delta)\sin(\varphi-\alpha)}{\cos(\theta+\delta)\cos(\theta-\alpha)}}\right]^2} \tag{12.48}$$

式中　φ——填土内摩擦角,一般渗水土壤 φ 取 33°,填石取 40°；

δ——墩台背与填料之间的外摩擦角,取 $\delta=\varphi/2$；

θ——墩台背与竖直面夹角,俯墙(图 12.57)取正值,反之取负值；

α——填土表面与水平面的倾角。

作用于墙背竖直投影面上单位面积上的主动土压力强度,呈静水压力分布,其方向与墙背法线方向成 δ 夹角,如图 12.57 所示。土压力强度的水平分量为 $\gamma H\lambda\cos(\theta+\delta)$,竖直分量为 $\gamma H\lambda\sin(\theta+\delta)$,土压力(合力)及其作用点可根据其强度分布图计算(图 12.58 和图 12.59)。

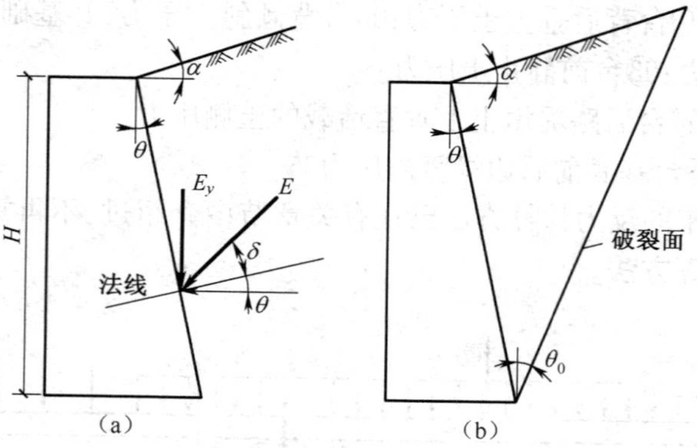

图 12.57　土压力

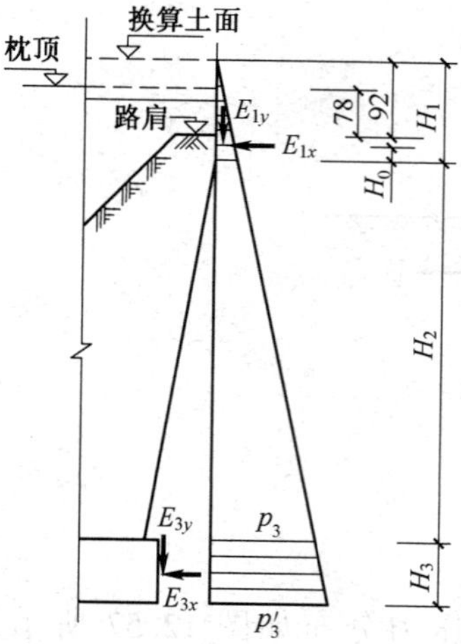

图 12.58　台背竖直部分土压力

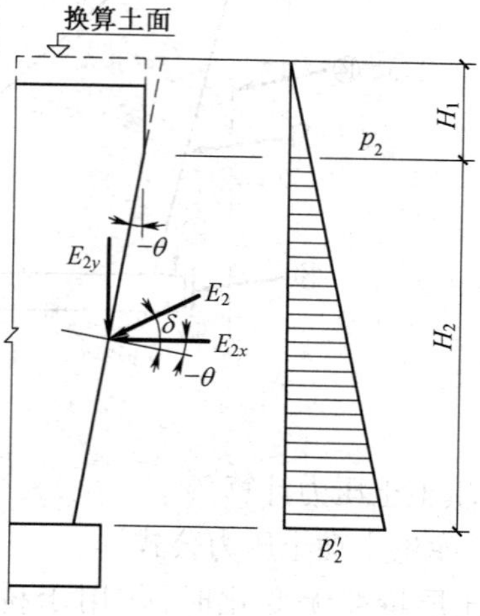

图 12.59　台背倾斜部分土压力

(2)桥台填土土压力计算

桥台台背形状常为折线形,台后填土顶尚有一定厚度的道砟,道砟容重与填土不同,路堤填土本身也可能包括性质不同的土层,因此台背土压力计算比前述情况要复杂。

①台背竖直部分上的土压力(图12.58)

台顶上部为竖直台背,基础背面也是竖直的,亦即 $\theta=0$。道砟顶面是水平的,即 $\alpha=0$,将 θ、α 代入主动土压力系数式(12.48)中,得

$$\lambda=\frac{\cos^2\varphi}{\cos\delta\left[1+\sqrt{\dfrac{\sin(\varphi+\delta)\sin\varphi}{\cos\delta}}\right]^2}$$

轨底至路肩面为一定厚度的碎石道砟,容重为20 kN/m³。计算桥台背竖直土压力时,可将道砟换算成与填土容重(17 kN/m³)相同的土层,再按库仑土压力公式计算。换算土层高度根据力学等效原则确定。

②台背倾斜部分上的土压力(图12.59)

台背倾斜部分相当于折线墙背的后墙。在桥台压力的计算中多采用延长墙背法,即将倾斜的台背向上延伸与换算土面相交。在它的土压力计算公式中,土面坡角 $\alpha=0$,墙背倾角为 $-\theta$,代入主动土压力系数式(12.48)中,得

$$\lambda=\frac{\cos^2(\varphi+\theta)}{\cos^2\theta\cos(-\theta+\delta)\left[1+\sqrt{\dfrac{\sin(\varphi+\delta)\sin\varphi}{\cos(-\theta+\delta)\cos\theta}}\right]^2}$$

H_2 范围内土压力计算方法与计算基础土压力相同。仅需注意 E_{2y} 作用点在土压力强度竖直分量分布图重心处。

③前墙加宽部分及基础的土压力

如图12.60所示,前墙加宽部分背面填土的破裂面 bc 一般与路基顶面相交,滑动土体近似四边形,土压力应按图12.60所示破裂面计算。

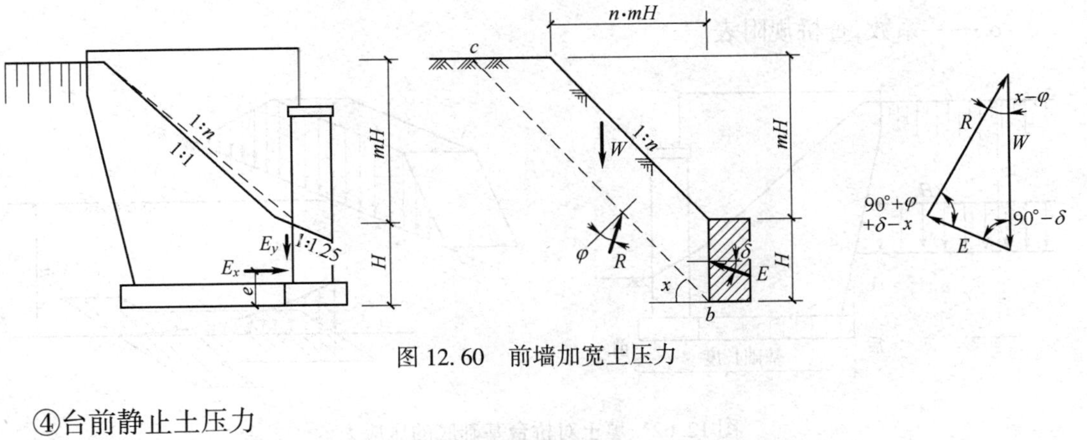

图12.60　前墙加宽土压力

④台前静止土压力

计算滑动稳定时,台前不受冲刷部分土的侧压力可按静止土压力计算。

$$E=\frac{1}{2}\varepsilon\gamma H^2B\lambda \tag{12.49}$$

式中　ε——静止土压力系数,采用0.25~0.5,计算滑动稳定时可用0.5;

　　　H——不受冲刷部分的回填土深度。

2. 台后活载侧压力

设填土坡面为斜面,在倾斜表面水平投影每单位长度作用着强度为 q 的均布活载,由于 q 的作用,引起作用在台背的土压力强度分布如图 12.61 所示。土压力强度的水平及竖直分量为

$$e_x = \gamma h_0 \lambda \cos(\theta+\delta) \qquad e_y = \gamma h_0 \lambda \sin(\theta+\delta)$$

式中,$h_0 = \dfrac{q\cos\theta\cos\alpha}{\gamma\cos(\theta-\alpha)}$,对于桥台 $\alpha = 0$。其余符号意义同前。其中,q 为台后轨底以上活载竖向压力强度,计算时横向分布宽度按 2.5 m 计,纵向分布宽度:当采用集中轴重时为轴距,当采用每延米荷载时为 1.0 m。

台背上作用的土压力水平分力为

$$E_x = e_x HB_0 = q\gamma\cos(\theta+\delta)HB_0$$

其着力点至计算截面的距离 $C=H/2$。

台背上作用的土压力竖直分力为

$$E_y = e_y HB_0 = q\gamma\sin(\theta+\delta)HB_0$$

其着力点为 $H/2$ 与斜面相交处。式中 B_0 为台后活载计算宽度,可取 2.5 m,当桥台计算宽度 $B < 2.5$ m 时,则按 $B_0 = B$ 计算;H 为计算截面至轨底的高度。

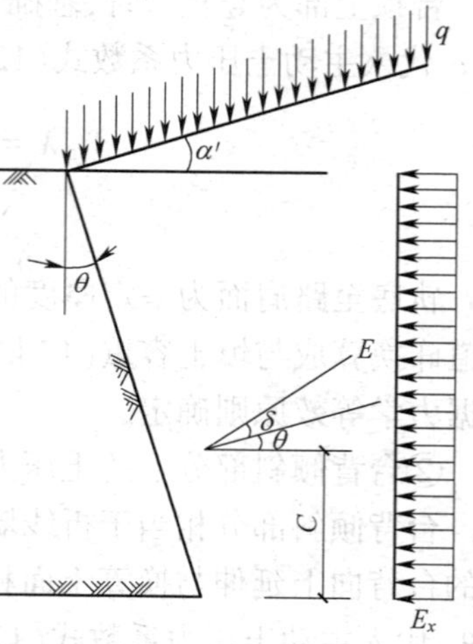

图 12.61　活载土压力

3. 台后路堤及锥形填土对桥台基底的附加竖向压力(图 12.62)。

台后路堤及锥形填土重量对桥台基底产生压应力,在基底中线前后缘应力值按式(12.50)计算:

$$\sigma = \alpha\gamma H \tag{12.50}$$

式中　σ——附加竖向压应力;

γ——路基填土的容重;

H——路基填土高度;

α——系数,查桥规附表。

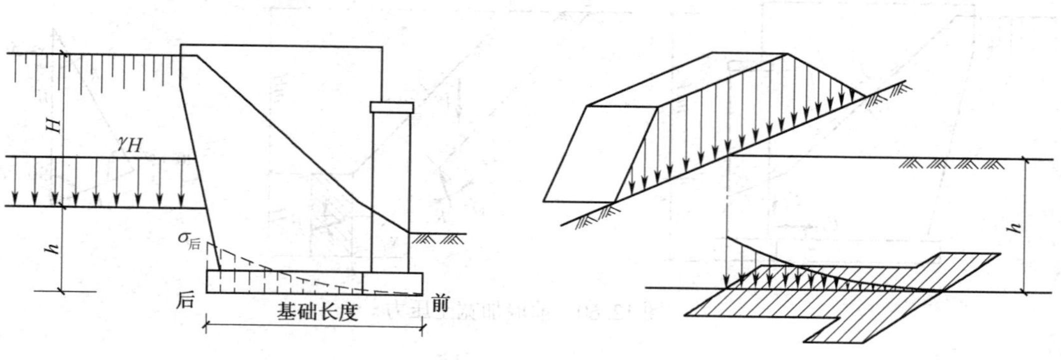

图 12.62　填土对桥台基础底的压应力

4. 台顶活载的制动力或牵引力

按台顶竖向静活载的 10% 计算,其作用点在轨底处。

5. 荷载组合

桥台计算时,应根据各种可能出现的情况进行荷载的最不利组合,车辆荷载可按以下几种

情况布置(表 12.11):

(1)车辆荷载仅布置在台后填土的破坏棱体上;

(2)车辆荷载仅布置台顶上或桥跨结构及台顶上;

(3)车辆荷载布置在桥跨结构上、台顶上及台后填土的破坏棱体上。

铁路桥台的列车荷载还需考虑列车的行驶方向。桥台检算时,须根据桥台检算内容、桥台形式,并分析比较具体情况来决定以上活载与恒载的组合。

12.6.2　桥台计算内容

桥台结构尺寸和内力计算完成后,依据桥台的结构类型或按圬工结构或按钢筋混凝土结构开展桥台计算和检算。

对于圬工结构,应检算台身截面的强度、合力偏心、基底承载力、台顶弹性水平位移、基底倾覆稳定性和抗滑稳定性等。计算方法同桥墩计算方法,不再赘述。

对于钢筋混凝土结构,还应检算各构件的强度和抗裂性。

计算过程从略,使用中可参照相关设计计算手册进行。

表 12.11　桥台活载布置图式

<table>
<tr><th>控制端</th><th>编　号</th><th>活载布置图式</th><th>说　明</th></tr>
<tr><td>前端</td><td>Ⅰ</td><td>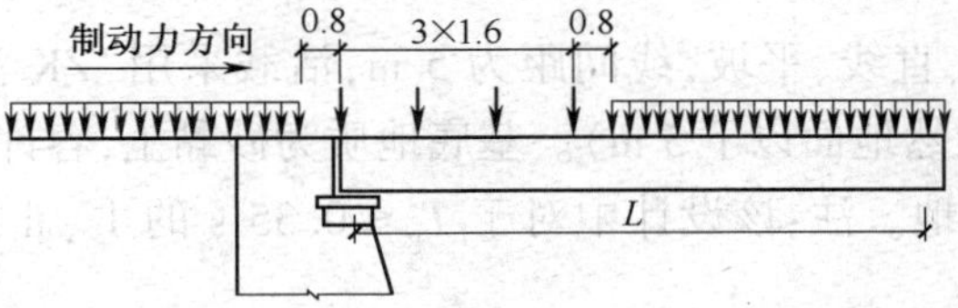
</td><td>控制台身及基础应力、偏心</td></tr>
<tr><td>前端</td><td>Ⅱ</td><td>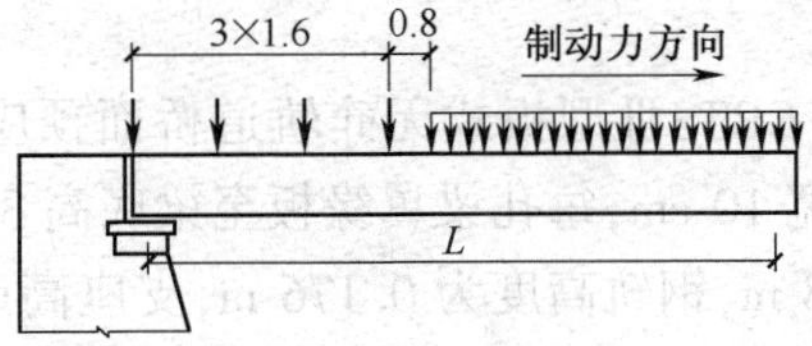
</td><td>控制台身及基础偏心</td></tr>
<tr><td>前端</td><td>Ⅲ</td><td>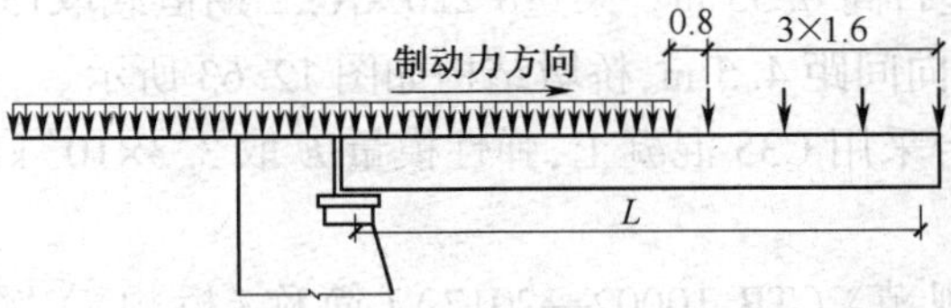
</td><td>控制台身及基础偏心</td></tr>
<tr><td>后端</td><td>Ⅳ</td><td>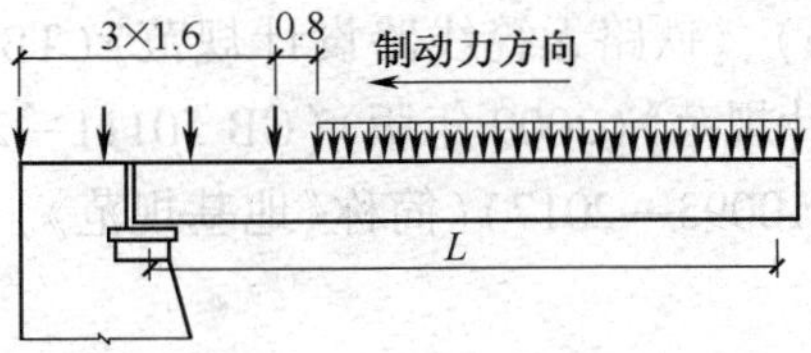
</td><td>控制台身及基础应力、偏心</td></tr>
<tr><td>前端</td><td>Ⅴ</td><td>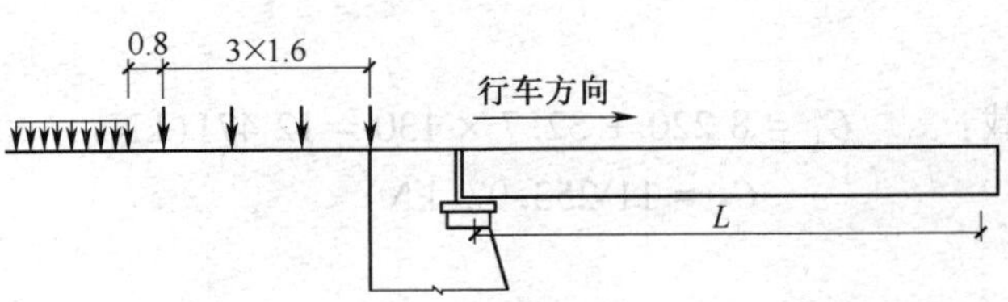
</td><td>控制台身偏心及基础滑走</td></tr>
</table>

续上表

控制端	编　号	活载布置图式	说　明
前端	Ⅵ 主力无车	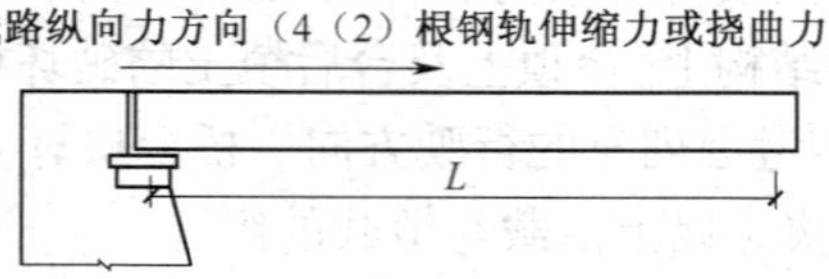	控制台身及基础偏心
前端	Ⅶ 主力 +特殊力	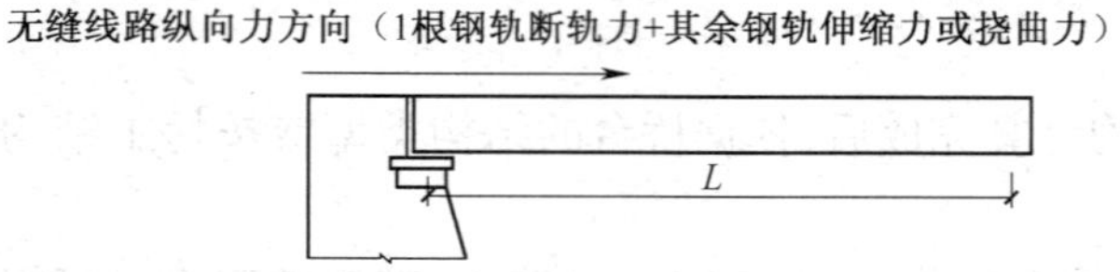	控制台身及基础偏心

12.7　铁路桥墩计算示例

12.7.1　基本资料

(1)线路及地质情况

线路为双线高速铁路、直线、平坡,线间距为 5 m,活载采用“ZK 活载”。桥墩基底埋深 5 m(不受水流冲刷,位于天然地面以下 5 m)。基底地质为砂黏土,容许承载力$[\sigma]$=350 kPa。桥墩位于 8 度震区,Ⅱ类场地。注:该设计中对于 $T_g \leqslant 0.35$ s 的Ⅰ、Ⅱ类场地,按明挖基础计算,忽略地基变形的影响。

(2)设计参数及依据

上部结构采用 2×32 m 等跨 CRTSⅢ型板式无砟轨道桥面预应力混凝土梁。单跨梁全长 32.6 m,计算跨度 31.5 m,梁缝宽 10 cm,每孔梁翼缘板至梁底高 3.052 m,顶板中心线至梁底高 3.035 m,轨顶至梁顶高 0.738 m,钢轨高度为 0.176 m,支座高度 0.18 m,支座铰中心至支承垫石顶面 0.09 m,支承垫石高 0.35 m。梁重8 220 kN,二期恒载取130 kN/m,墩高 24 m,墩身采用变截面形式,支座横向间距 4.5 m,桥墩结构如图 12.63 所示。

材料:顶帽,托盘及墩台采用 C35 混凝土,弹性模量 E 取 3.3×10^7 kPa。

(3)设计依据

《铁路桥涵设计基本规范》(TB 10002—2017)(简称《桥规》)、《高速铁路设计规范》(TB 10621—2014)(简称《高规》)、《铁路无缝线路设计规范》(TB 10015—2012)(简称《无缝线路规范》)、《铁路工程抗震设计规范》(2009 年版)(GB 50111—2006)(简称《震规》)、《铁路桥涵地基和基础设计规范》(TB 10093—2017)(简称《地基规范》)。

12.7.2　荷载计算

1. 恒载

梁体自重+二期恒载:　　$G_1 = 8\,220 + 32.7 \times 130 = 12\,471$(kN)

桥墩自重:　　$G_2 = 11\,253.97$(kN)

2. 活载

设计活载采用“ZK 活载”,考虑如下几种加载工况:

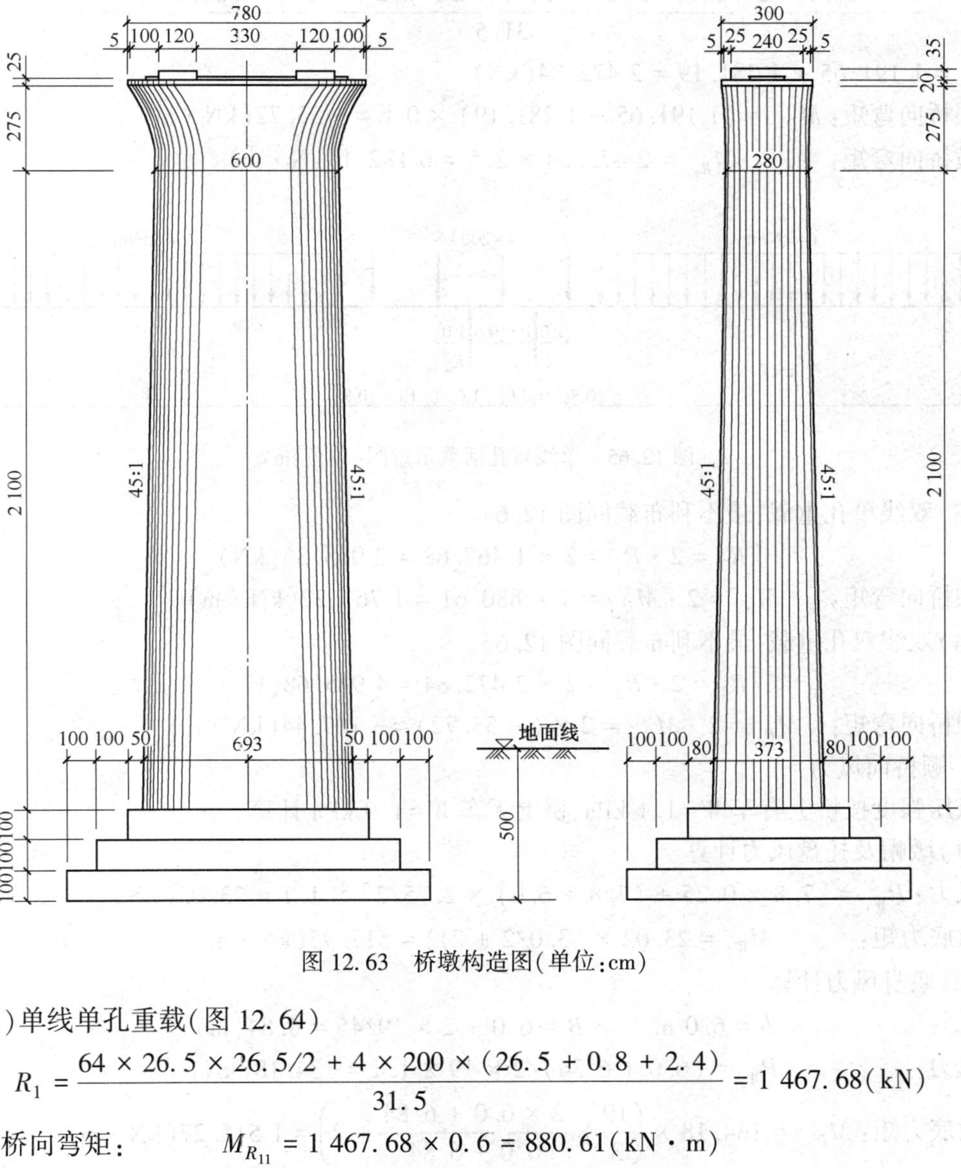

图 12.63　桥墩构造图(单位:cm)

(1)单线单孔重载(图 12.64)

$$R_1=\frac{64\times 26.5\times 26.5/2+4\times 200\times(26.5+0.8+2.4)}{31.5}=1\ 467.68(\text{kN})$$

顺桥向弯矩：　　$M_{R_{11}}=1\ 467.68\times 0.6=880.61(\text{kN}\cdot\text{m})$

横桥向弯矩：　　$M_{R_{12}}=1\ 467.68\times 2.5=3\ 669.2(\text{kN}\cdot\text{m})$

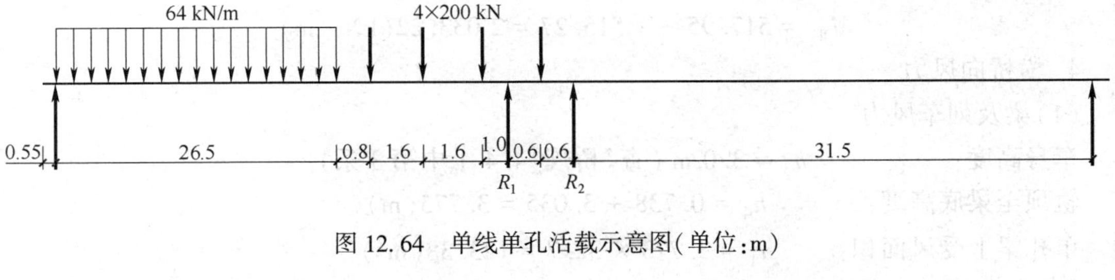

图 12.64　单线单孔活载示意图(单位:m)

(2)单线双孔重载(图 12.65)

$$R_2=R_2'+R_2''=\frac{64\times 29.7\times 29.7/2+200\times(29.7+0.8)+100\times(29.7+2.4)}{31.5}+$$

$$\frac{64\times28.1\times28.1/2+200\times(28.1\times2+3.2)+100\times(28.1+4.0)}{31.5}$$

$=1\ 191.65+1\ 281.19=2\ 472.84(\text{kN})$

顺桥向弯矩：$M_{R_{21}}=(1\ 191.65-1\ 281.19)\times0.6=-53.72(\text{kN}\cdot\text{m})$

横桥向弯矩：　$M_{R_{22}}=2\ 472.84\times2.5=6\ 182.1(\text{kN}\cdot\text{m})$

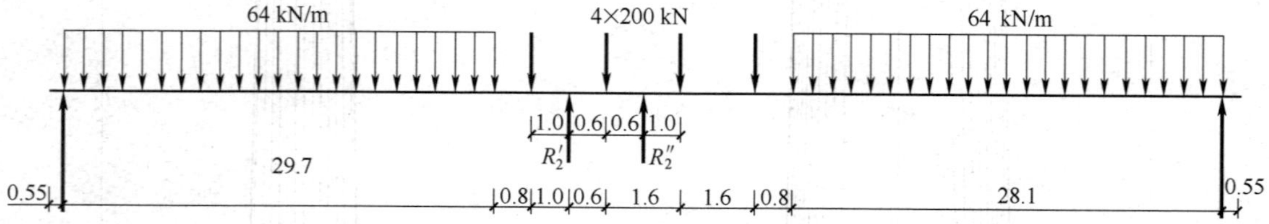

图 12.65　单线双孔活载示意图(单位:m)

(3)双线单孔重载:最不利布载同图 12.64。

$$R_3=2\cdot R_1=2\times1\ 467.68=2\ 935.36(\text{kN})$$

顺桥向弯矩：　$M_{R_3}=2\cdot M_{R_{11}}=2\times880.61=1\ 761.22(\text{kN}\cdot\text{m})$

(4)双线双孔重载:最不利布载同图 12.65。

$$R_4=2\cdot R_2=2\times2\ 472.84=4\ 945.68(\text{kN})$$

顺桥向弯矩：　$M_{R_4}=2\cdot M_{R_{21}}=2\times(-53.72)=-107.44(\text{kN}\cdot\text{m})$

3. 顺桥向风力

风压强度按桥上有车 $W=1.1$ kPa,桥上无车 $W=1.9$ kPa 计算。

(1)墩帽及托盘风力计算

风力：$P_{W_1}=[7.8\times0.25+(7.8+6.0)\times2.75/2]\times1.1=23.02(\text{kN})$

墩底力矩：　$M_{W_1}=23.02\times(3.0/2+21)=517.95(\text{kN}\cdot\text{m})$

(2)墩身风力计算

$$b=6.0\ \text{m}\qquad B=6.0+2\times19/45=6.84(\text{m})$$

风力：　$P_{W_z}=(6.0+6.84)/2\times19\times1.1=134.18(\text{kN})$

墩底力矩：$M_{P_{W_z}}=134.18\times\left(\dfrac{19}{3}\times\dfrac{2\times6.0+6.84}{6.0+6.84}+2\right)=1\ 515.27(\text{kN}\cdot\text{m})$

综上,顺桥向风力对墩底的合力以及力矩为：

$$P_{W_z}=23.02+134.18=157.20(\text{kN})$$

$$M_{W_z}=517.95+1\ 515.27=2\ 033.22(\text{kN}\cdot\text{m})$$

4. 横桥向风力

(1)梁及列车风力

车身高度：　$h_3=3.0$ m (查《桥规》4.4.1 中第 3 条)

轨顶至梁底高度：　$h_4=0.738+3.035=3.773(\text{m})$

单孔梁上受风面积：　$a_1=3.773\times32.7=123.38(\text{m}^2)$

单孔车身受风面积：　$a_2=3.0\times32.7=98.10(\text{m}^2)$

①桥上无车

$$F_{h1}=1.9\times123.38=234.42(\text{kN})$$

力臂：　$h_5 = 3.773/2 + 0.18 + 0.35 = 2.4165(m)$

墩顶力矩：　$M_{h11} = 234.42 \times 2.4165 = 566.48(kN \cdot m)$

墩底力矩：　$M_{h12} = 234.42 \times 26.4165 = 6192.61(kN \cdot m)$

②桥上有车单孔重载

$$F_{h2} = 1.1 \times (123.38 + 98.10/2) = 135.72 + 53.96 = 189.68(kN)$$

轨顶至墩顶高度：$h_1 = 0.738 + 3.035 + 0.18 + 0.35 = 4.303(m)$

列车横桥向受风荷载作用点位置详见《桥规》第4.4.1中第3条规定。

力臂：　$h_6 = 2.0 + 4.303 = 6.303(m)$

墩顶力矩：$M_{h21} = 135.72 \times 2.4165 + 53.96 \times 6.303 = 668.08(kN \cdot m)$

墩底力矩：$M_{h22} = 135.72 \times 26.4165 + 53.96 \times (6.303 + 24) = 5220.45(kN \cdot m)$

③桥上有车双孔重载

$$F_{h3} = 1.1 \times (123.38 + 98.10) = 135.72 + 107.91 = 243.63(kN)$$

墩顶力矩：$M_{h31} = 135.72 \times 2.4165 + 107.91 \times 6.303 = 1008.12(kN \cdot m)$

墩底力矩：$M_{h32} = 135.72 \times 26.4165 + 107.91 \times (6.303 + 24) = 6855.24(kN \cdot m)$

(2)墩帽及托盘风力计算

①桥上无车

$$P_{W_2} = [3.0 \times 0.25 + (3.0 + 2.8) \times 2.75/2] \times 1.9 = 16.58(kN)$$

墩底力矩：　$M_{W_2} = 16.58 \times (3.0/2 + 21) = 373.05(kN \cdot m)$

②桥上有车

$$P_{W_3} = [3.0 \times 0.25 + (3.0 + 2.8) \times 2.75/2] \times 1.1 = 9.6(kN)$$

墩底力矩：$M_{W_3} = 9.60 \times (3.0/2 + 21) = 216.00(kN \cdot m)$

(3)墩身风力计算

$$b = 2.8\ m \qquad B = 2.8 + 2 \times 19/45 = 3.64(m)\text{(只计算地面以上)}$$

①桥上无车

风力：$P_{W_{h1}} = (2.8 + 3.64)/2 \times 19 \times 1.9 = 116.24(kN)$

墩底力矩：$M_{P_{W_{h1}}} = 116.24 \times \left(\frac{19}{3} \times \frac{2 \times 2.8 + 3.64}{2.8 + 3.64} + 2\right) = 1288.75(kN \cdot m)$

②桥上有车

风力：$P_{W_{h2}} = (2.8 + 3.64)/2 \times 19 \times 1.1 = 67.30(kN)$

墩底力矩：$M_{P_{W_{h2}}} = 67.30 \times \left(\frac{19}{3} \times \frac{2 \times 2.8 + 3.64}{2.8 + 3.64} + 2\right) = 746.15(kN \cdot m)$

综上所述，横桥向墩顶底受力得到：

①桥上无车

横向力：　$F_{W_{h1}} = 234.42 + 16.58 + 116.24 = 367.24(kN)$

墩顶力矩：　$M_{W_{h11}} = 566.48\ kN \cdot m$

墩底力矩：$M_{W_{h12}} = 6192.61 + 373.05 + 1288.75 = 7854.41(kN \cdot m)$

②桥上有车单孔重载

横向力：　$F_{W_{h2}} = 189.68 + 9.6 + 67.3 = 266.58(kN)$

墩顶力矩：　$M_{W_{h21}} = 688.08\ kN \cdot m$

墩底力矩：　$M_{W_{h2}} = 5220.4 + 216.0 + 746.15 = 6182.55(kN \cdot m)$

③桥上有车双孔重载

横向力：$F_{W_{h3}} = 243.63 + 9.6 + 67.3 = 320.53(\text{kN})$

墩顶力矩：$M_{W_{h31}} = 1\ 008.12\ \text{kN}\cdot\text{m}$

墩底力矩：$M_{W_{h3}} = 6\ 855.24 + 216.0 + 746.15 = 7\ 817.39(\text{kN}\cdot\text{m})$

5. 制动力(牵引力与制动力大小相等,方向相反,且采用一线制动力)

(1)单孔重载

制动力作用于支座铰中心：$P_1 = (64 \times 26.5 + 800) \times 0.1 = 249.60(\text{kN})$

支座铰中心至墩顶高度：$h_2 = 0.09 + 0.35 = 0.44(\text{m})$

墩顶力矩：$M_{P_{11}} = 249.6 \times 0.44 = 109.82(\text{kN}\cdot\text{m})$

墩底力矩：$M_{P_{12}} = 249.6 \times (0.44 + 24) = 6\ 100.22(\text{kN}\cdot\text{m})$

(2)双孔重载

$$P_1' = \frac{1}{2} \times (64 \times 29.7 + 300) \times 0.1 + (64 \times 28.1 + 500) \times 0.1 = 339.88(\text{kN}) > 249.60\ \text{kN}$$

根据《桥规》第 5.4.8 条,简支梁传到墩台上的纵向水平力数值对固定支座为全孔的100%,滑动支座为全孔的 50%,且对于等跨梁,不应大于其中一跨的固定支座的纵向水平力,故仍采用单孔重载下的制动力。

6. 横向摇摆力

列车横向摇摆力为活载主力,按《高规》第 7.2.9 条,取 $R_5 = 100$ kN ,作为一个集中荷载取最不利位置,以水平方向垂直线路中线作用于钢轨顶面,且只计任一线上的横向摇摆力。

墩顶力矩：$M_{R_{51}} = 100 \times 4.303 = 430.30(\text{kN}\cdot\text{m})$

墩底力矩：$M_{R_{52}} = 100 \times (4.303 + 24) = 2\ 830.30(\text{kN}\cdot\text{m})$

7. 伸缩力

无缝线路作用在桥梁的伸缩力按照《无缝线路规范》附录中表 F.0.6-2 取值,作用位置为支座铰中心。

$$P_S = 60 \times 4 = 240(\text{kN})$$

墩顶力矩：$M_{P_{S1}} = 240 \times 0.44 = 105.6(\text{kN}\cdot\text{m})$

墩底力矩：$M_{P_{S2}} = 240 \times (0.44 + 24) = 5\ 865.6(\text{kN}\cdot\text{m})$

8. 挠曲力

无缝线路作用在桥梁的挠曲力按照《无缝线路规范》附录中表 F.0.6-6 取值,作用位置为支座铰中心。

$$P_n = 25 \times 4 = 100(\text{kN})$$

墩顶力矩：$M_{P_{n1}} = 100 \times 0.44 = 44(\text{kN}\cdot\text{m})$

墩底力矩：$M_{P_{n2}} = 100 \times (0.44 + 24) = 2\ 444(\text{kN}\cdot\text{m})$

9. 断轨力

按照《无缝线路规范》第 5.2.3 条进行计算,作用在桥墩上的断轨力公式如下：

$$T_3 = r \cdot L$$

式中 T_3——断轨力(kN)；

r——线路纵向阻力[kN/(m·轨)],取为 15 kN/(m·轨)；

L——一跨梁梁长(m)。

断轨力为特殊荷载,均只计一根钢轨断轨力：$T_3 = 15 \times 32.7 = 490.5(\text{kN})$

墩顶力矩：　$M_{P_{31}} = 490.5 \times 0.44 = 215.82(\text{kN} \cdot \text{m})$

墩底力矩：　$M_{P_{32}} = 490.5 \times (0.44 + 24) = 11\,987.82(\text{kN} \cdot \text{m})$

10. 地震力

桥墩位于 8 度震区，Ⅱ类场地，该地区的地震动参数区划的特征周期分区为一区，该桥墩设计图纸对于地震动反应谱特征周期 $T_g \leqslant 0.35$ s 的Ⅰ、Ⅱ类场地，当采用扩大基础时，计算地震力时忽略地基变形的影响。地质条件为砂黏土，地基系数的比例系数：$m_0 = 20\,000$ kPa/m^2。

(1)墩顶荷载计算

一孔 32.6 m 的预应力混凝土梁及桥面质量为 1 272.55 t，经计算双孔满载时的 50% 活荷载质量为 2 472.84/9.8×0.5＝126.17(t)。

对于桥墩顶部具有直线段的顶帽，将它们的中间部分看作是以 45∶1 边坡向上延伸的墩身，除此以外的外围部分处理为作用于墩顶的附加质量 Δm。顶帽体积为 49.91 m^3，且其底截面纵向宽度为 2.8 m，横向宽度为 6.0 m，如此处理后，墩顶顺桥向长度 c_1 为 2.667 m，横桥向矩形部分长度 b_1 为 3.2 m，则

$$\Delta V = 49.91 - \frac{1}{3} \times 3 \times \pi \times \left[\left(\frac{2.8}{2}\right)^2 + \left(\frac{2.667}{2}\right)^2 + \frac{2.8}{2} \times \frac{2.667}{2}\right] - \left[\frac{1}{2} \times 3 \times (2.8 \times 3.2 + 2.667 \times 3.2) - \frac{1}{6} \times 3 \times (3.2 - 3.2) \times (2.8 - 2.667)\right]$$
$$= 6.063(\text{m}^3)$$

$$\Delta m = 6.063 \times 25 \div 9.8 = 15.47(\text{t})$$

(2)未架梁时的桥墩自振特性计算

按照《震规》第 7.2.6 条规定，由于该基础埋深为 5 m，属于置于非岩石地基上的浅基础，则按照该规范 E.1.1，该桥墩可以简化为图 12.66 所示模型计算。

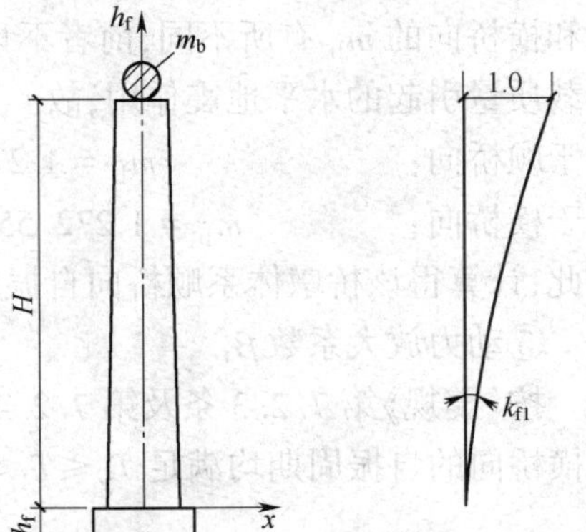

图 12.66　桥墩简化模型示意图

①计算基底柔度系数 δ_{22}

按照《震规》第 7.2.5 条规定，地基转动柔度系数代表：当基底或承台底作用单位弯矩时，基础地面产生的转角[rad/(kN·m)]，因此，当不考虑地基影响时，δ_{22}应取为 0。

②计算基础质心处第一振型的角变位 k_{f1}

按《震规》附录 E.1.2 计算基础质心处第一振型的角变位 k_{f1} 为

$$k_{f1} = \frac{EI_0 \delta_{22} \pi^2}{4H^2}$$

式中，I_0 为墩底截面惯性矩，横桥向为 75.34 m^4，顺桥向为 23.34 m^4；H 为桥墩高度。忽略地基变形影响则 k_{f1} 横桥向与顺桥向为 0。

③计算墩身广义质量 m_p^* 和广义刚度 k_p^*

按《震规》附录 E.1.1，对于该圆端形墩，c_1 和 b_2、c_2 分别为如图 12.67 所示的相应的墩顶和墩底的截面参数。则 $c_1 = 2.667$ m，$c_2 = 3.73$ m，$b_2 = 3.2$ m，$C = c_2 - c_1 = 1.063$ m。

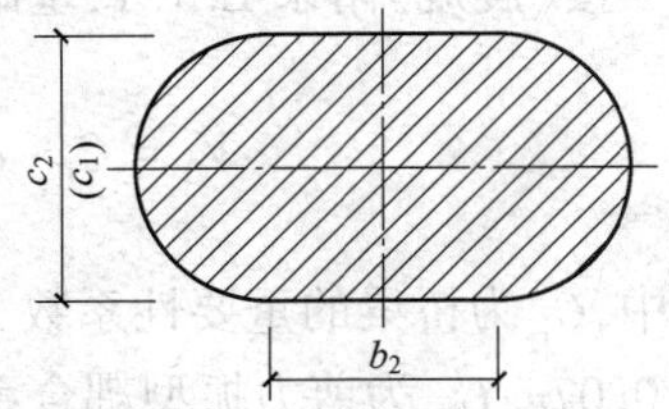

图 12.67　截面参数示意图

按《震规》附录表 E. 1. 2-2,墩形截面参数经计算得:$\alpha_1 = 2.55$,$\alpha_2 = 22.86$,$\alpha_3 = 4.82$,$\alpha_4 = 0.89$。

按《震规》附录 E. 1. 2 计算墩身广义质量 m_p^*:

$$m_p^* = \alpha_1 \cdot H[k_{f1}^2(h_f^2\Delta_1 + h_f \cdot H \cdot \Delta_2 + H^2 \cdot \Delta_3) + 2k_{f1}(h_f \cdot \Delta_4 + H \cdot \Delta_5) + \Delta_6]$$

式中,h_f 为承台厚度,为 3 m;$\Delta_1 \sim \Delta_5$ 经计算,得:$\Delta_1 = 18.34$,$\Delta_2 = 16.89$,$\Delta_3 = 5.39$,$\Delta_4 = 5.9$,$\Delta_5 = 4.26$,$\Delta_6 = 3.54$。故墩身广义质量 m_p^* 顺桥向与横桥向均为 216.59 t。

按《震规》附录表 D. 2. 1 计算桥墩墩身广义刚度。顺桥向广义刚度为

$$K_p^* = K_{pc}^* + K_{prl}^*$$

横桥向广义刚度为

$$K_p^* = \frac{E}{H^3}[0.254b_2^3c_2 - 0.075b_2^3C + b_2^2(0.598c_2^2 - 0.356c_2C + 0.078C^2) + b_2(0.507c_2^3 - 0.452c_2^2C + 0.199c_2C^2 - 0.035C^3)] + K_{pc}^*$$

式中,K_{pc}^* 和 K_{prl}^* 分别为圆形墩和矩形墩墩身纵向广义刚度。

故墩身广义刚度横桥向为444 257.26 kN/m,顺桥向广义刚度为 127 662.98 kN/m。

④自振周期 T_1

由于不考虑地基作用,则《震规》附录 D. 2. 1 中有关桥墩基本周期计算公式可简化为

$$T_1 = 2\pi \cdot \left(\frac{m_p^* + m_b}{K_p^*}\right)^{0.5}$$

根据《震规》第 7. 1. 4 条及第 7. 2. 5 条,m_b 为桥墩顶处换算质点的质量,此处应注意顺桥向和横桥向的 m_b 有所不同,前者不计活荷载质量引起的水平地震作用,而后者需计入 50% 活荷载质量引起的水平地震作用,故

对于顺桥向:　　$m_b = 1\,272.55 + 15.47 = 1\,228.02$(t)

对于横桥向:　　$m_b = 1\,272.55 + 126.17 + 15.47 = 1\,414.19$(t)

因此,计算得该桥墩体系顺桥向自振周期为 0.68 s,横桥向自振周期为 0.38 s。

⑤动力放大系数 β_1

按《震规》第 7. 2. 3 条及第 7. 2. 4 条,可查得地震动反应谱特征周期 $T_g = 0.35$ s,故顺桥向与横桥向的自振周期均满足 $T_g \leqslant T_1 \leqslant 5T_g$,则

$$\beta_1 = 2.25\left(\frac{T_g}{T_1}\right)$$

求得顺桥向动力放大系数为 1.154;横桥向动力放大系数为 2.072。

(3)计算地震作用下基础顶面剪力 V_0

按《震规》附录 E. 1. 1,基础顶面剪力 V_0 按下式计算

$$V_0 = C_i \cdot \alpha \cdot C_q \cdot \beta_1 \cdot \gamma_1 \cdot \left[m_b + \frac{A_1}{k_{f1}(H + h_f) + 1}\right]$$

式中,C_i 为桥梁的重要性系数,取为 1.1;α 为水平地震基本加速度,根据《震规》表 7. 2. 4-1,取为 $0.07g$;C_q 为剪力振型耦合系数,按《震规》附录表 E. 1. 2-1 计算,得 1.152;γ_1 为第一阶振型参与系数,按《震规》附录 E. 1. 2 中第三条所述,计算得顺桥向参与系数为 1.096,横桥向参与

系数为 1.088；A_1 按照《震规》附录 E.1.2 中第四条所述，计算得顺桥向与横桥向均为 361.351 t。

顺桥向基础顶面剪力 $V_0 = 1\ 814.036$ kN，横桥向 $V_0 = 3\ 475.349$ kN。

(4)计算地震作用下基础顶面弯矩 M_0

按《震规》附录 E.1.1，基础顶面剪力 M_0 按下式计算：

$$M_0 = C_i \cdot \alpha \cdot \beta_1 \cdot \gamma_1 \cdot \left[m_b \cdot H + \frac{A_2}{k_{f1}(H + h_f) + 1} \right]$$

式中，A_2 按《震规》附录 E.1.2 中第四条所述，计算得顺桥向与横桥向为 6 258.876 t。其余参数均如前所述。

顺桥向地震作用下基础顶面弯矩 $M_1 = 35\ 498.51$ kN · m，横桥向地震作用下基础顶面弯矩 $M_2 = 68\ 322.18$ kN · m。

12.7.3　各工况荷载汇总

将各工况下墩顶及墩底的受力情况进行汇总并组合，得到表 12.12~表 12.15。

表 12.12　墩顶截面各工况下受力统计表

分类	荷载工况	编号	力 N(kN)	顺桥向弯矩 M(kN · m)	横桥向弯矩 M(kN · m)
主力	恒载	(1)	12 471	0	0
	单线单孔活载	(2)	1 467.68	880.61	3 669.2
	双线单孔活载	(3)	2 935.36	1 761.22	0
	单线双孔活载	(4)	2 472.84	−53.72	6 182.1
	双线双孔活载	(5)	4 945.68	−107.44	0
	横向摇摆力	(6)	100	0	430.3
附加力	制动力	(7)	249.6	109.82	0
	纵向风力	(8)	0	0	0
	无车横向风力	(9)	367.24	0	566.48
	单孔横向风力	(10)	266.58	0	668.08
	双孔横向风力	(11)	320.53	0	1 008.12
	伸缩力	(12)	240	105.6	0
	挠曲力	(13)	100	44	0
特殊力	断轨力	(14)	490.5	215.82	0
	纵向地震力	(15)	0	0	0
	横向地震力	(16)	0	0	0

表 12.13　墩底截面各工况下受力统计表

分类	荷载工况	编号	力 N(kN)	顺桥向弯矩 M(kN·m)	横桥向弯矩 M(kN·m)
主力	恒载	(1)	23 724.97	0	0
	单线单孔活载	(2)	1 467.68	880.61	3 669.2
	双线单孔活载	(3)	2 935.36	1 761.22	0
	单线双孔活载	(4)	2 472.84	-53.72	6 182.1
	双线双孔活载	(5)	4 945.68	-107.44	0
	横向摇摆力	(6)	100	0	2 830.3
附加力	制动力	(7)	249.6	6 100.22	0
	纵向风力	(8)	157.2	2 033.22	0
	无车横向风力	(9)	367.24	0	7 854.41
	单孔横向风力	(10)	266.58	0	6 182.55
	双孔横向风力	(11)	320.53	0	7 817.39
	伸缩力	(12)	240	5 865.6	0
	挠曲力	(13)	100	2 444	0
特殊力	断轨力	(14)	490.5	11 987.82	0
	纵向地震力	(15)	0	35 498.51	0
	横向地震力	(16)	0	0	68 322.18

表 12.14　各荷载组合下墩顶截面荷载汇总

序号	项目/工况	竖向力 N(kN)	顺桥向弯矩 M(kN·m)	横桥向弯矩 M(kN·m)
1	单线双孔重载主力	14 943.84	-53.72	6 612.4
2	单线双孔重载主力+纵向附加力	14 943.84	269.14	6 182.1
3	单线双孔重载主力+横向附加力	14 943.84	53.72	7 620.52
4	单线双孔重载主力+特殊力	14 943.84	375.14	6 612.4
5	单线单孔重载主力+纵向附加力	13 938.68	1 096.03	4 099.5
6	单线单孔重载主力+特殊力	13 938.68	1 202.03	4 099.5
7	双线双孔重载主力	17 416.68	107.44	430.3
8	双线双孔重载主力+纵向附加力	17 416.68	217.26	430.3
9	双线双孔重载主力+横向附加力	17 416.68	107.44	1 438.42
10	双线单孔重载主力+纵向附加力	15 406.36	1 871.04	430.3
11	无车主力+特殊力	12 471	427.02	0
12	无车主力+纵向地震力	12 471	0	0
13	单线双孔重载主力+横向地震力	13 938.68	880.61	4 099.5
14	单线单孔重载主力+纵向地震力	13 938.68	880.61	4 099.5

表 12.15 各荷载组合下墩底截面荷载汇总

序号	项目/工况	竖向力 N(kN)	顺桥向弯矩 M(kN·m)	横桥向弯矩 M(kN·m)
1	单线双孔重载主力	26 197.81	-53.72	9 012.4
2	单线双孔重载主力+纵向附加力	26 197.81	14 052.76	6 182.1
3	单线双孔重载主力+横向附加力	26 197.81	53.72	16 829.79
4	单线双孔重载主力+特殊力	26 197.81	17 907.14	9 012.4
5	单线单孔重载主力+纵向附加力	25 192.65	14 879.65	6 499.5
6	单线单孔重载主力+特殊力	25 192.65	18 734.03	6 499.5
7	双线双孔重载主力	28 670.65	107.44	2 830.3
8	双线双孔重载主力+纵向附加力	28 670.65	8 240.88	2 830.3
9	双线双孔重载主力+横向附加力	28 670.65	107.44	10 647.69
10	双线单孔重载主力+纵向附加力	26 660.33	9 894.66	2 830.3
11	无车主力+特殊力	23 724.97	23 719.02	0
12	无车主力+纵向地震力	23 724.97	35 498.51	0
13	单线双孔重载主力+横向地震力	25 192.65	880.61	74 821.68
14	单线单孔重载主力+纵向地震力	25 192.65	36 379.12	6 499.5

12.7.4 双线双孔重载主力+横向附加力工况检算

(1)截面检算内力

双线双孔重载主力+横向附加力工况见表 12.16,对墩底截面进行检算。

表 12.16 双线双孔重载主力+横向附加力工况下受力统计表

位置	垂直力 N(kN)	纵桥向力 N(kN)	横桥向力 N(kN)	顺桥向弯矩 M_x(kN·m)	横桥向弯矩 M_y(kN·m)
墩顶	17 416.68	0	420.53	107.44	1 438.42
墩底	28 670.65	0	420.53	107.44	10 647.69

墩底截面尺寸如图 12.67 所示,截面各特性值见表 12.17。

表 12.17 墩顶底截面特性计算表

H	面积 A(m^2)	I_x(m^4)	I_y(m^4)	W_x(m^3)	W_y(m^3)
0	15.117 5	8.871 1	38.134 0	6.336 5	12.711 4
24	22.863 2	23.340 5	75.338 1	12.515 0	21.742 6

(2)截面偏心检算

截面纵向偏心: $$e_x = \frac{M_x}{N} = \frac{107.44}{28\ 670.65} = 0.003\ 7$$

截面横向偏心: $$e_y = \frac{M_y}{N} = \frac{10\ 647.69}{28\ 670.65} = 0.371$$

可得,偏心点至截面中心点连线与其 x 轴负方向夹角为 0.57°,故截面容许偏心取为:

$$[e] = 0.6s_s = 0.6 \times (3.73 + 3.2)/2 = 2.079$$

截面偏心： $e = \sqrt{e_x^2 + e_y^2} = 0.371 < [e]$,满足要求。

(3)稳定性检算

①顺桥向稳定性验算

$$E_0 = 3.3 \times 10^7 \text{ kPa}, I_{0x}/I_{dx} = \frac{8.871\ 1}{23.340\ 5} = 0.38$$

查表得变截面影响系数 $m = 1.838$。

$$l_0 = 48 \text{ m}, R_a = 23\ 500 \text{ kPa}, A_0 = 18.820\ 5 \text{ m}^2$$

$$\frac{e_0}{h} = \frac{M_x/N}{3.73} = 0.001\ 654$$

刚度修正系数 $$\alpha \approx \frac{0.1}{0.2 + \frac{e_0}{h}} + 0.16 = 0.655\ 9$$

$$N_{cry} = \alpha \frac{4mE_0 I_{dx}}{l_0^2} \times \frac{1}{1 + \alpha \frac{4mE_0 I_{dx}}{l_0^2} \times \frac{1}{1.1 R_a A_0}} = 373\ 728.96(\text{kN})$$

主力时的安全系数 $K = 2.0$。

$$KN_y = 2.0 \times 17\ 416.68 = 34\ 833.36(\text{kN}) < N_{cry}$$

②横桥向稳定性验算

$$I_{0y}/I_{dy} = \frac{38.134\ 0}{75.338\ 1} = 0.51\text{，查得 } m = 2.007$$

$$\frac{e_0}{h} = \frac{M_y/N}{3.73 + 3.2} = 0.013\ 9$$

刚度修正系数： $$\alpha \approx \frac{0.1}{0.2 + \frac{e_0}{h}} + 0.16 = 0.627\ 5$$

$$N_{crx} = \alpha \frac{4mE_0 I_{dy}}{l_0^2} \times \frac{1}{1 + \alpha \frac{4mE_0 I_{dy}}{l_0^2} \times \frac{1}{1.1 R_a A_0}} = 446\ 549.89(\text{kN})$$

主力+附加力时的安全系数 $K = 1.6$,则

$$KN_x = 1.6 \times 17\ 416.68 = 27\ 866.69(\text{kN}) < N_{crx}$$

故稳定性满足要求。

(4)强度检算

$$B_y = \frac{1.1 R_a A_0 - N_{cry}}{1.1 R_a A_0 - KN} = 0.249\ 7, \qquad B_x = \frac{1.1 R_a A_0 - N_{crx}}{1.1 R_a A_0 - KN} = 0.087\ 1$$

弯矩增大系数： $$\eta_y = 1 + \frac{\left(\frac{1}{1 - \frac{KN}{N_{cry}} B_y} - 1\right) u'}{l_0/2} = 1.019\ 0$$

$$\eta_x = 1 + \frac{\left(\dfrac{1}{1 - \dfrac{KN}{N_{crx}} B_x} - 1\right) u'}{l_0/2} = 1.005\ 5$$

则
$$\eta_y M_x = 107.44 \times 1.019\ 0 = 109.481(\text{kN}\cdot\text{m})$$
$$\eta_x M_y = 10\ 647.7 \times 1.005\ 5 = 10\ 706.26(\text{kN}\cdot\text{m})$$

对于非圆形或矩形截面的墩身，在受轴力及双向弯矩作用下，计算应力及强度时，不能简单采用应力叠加计算公式，尤其是截面上出现拉应力时，受拉混凝土退出工作，此时应采用偏心距 $e_x = \dfrac{M_y \eta_x}{N}$ 和 $e_y = \dfrac{M_x \eta_y}{N}$ 确定竖向力 N 的作用点，根据截面应力呈三角形分布且此压应力的合力于 N 的大小相等、方向相反、作用于同一直线上的条件，重新确定检算截面上受压面积和最大压应力，其最大压应力应不大于墩台的容许压应力。计算时，手工迭代计算比较烦琐，本文采用编制程序进行计算。

在该荷载作用下，经计算得到该桥墩截面上混凝土最大压应力为 $\sigma_{max}=1\ 830.35$ kPa，最小应力为 $\sigma_{min}=679.30$ kPa，因为 $\sigma_{max}<[\sigma]=11.8$ MPa，且 $\sigma_{min}>0$，即截面未出现拉应力，故该截面强度满足要求。

(5)墩台顶弹性水平位移检算

根据《桥规》第 5.4.4 条，简支梁桥墩台顶面顺桥向的弹性水平位移应满足：

$$\Delta \leqslant 5\sqrt{L}(\text{mm})$$

式中，L 为桥梁跨度。在此工况下，墩顶位移为 $0.918\ \text{mm} < 5 \times \sqrt{32.7} = 28.6(\text{mm})$，满足要求。

根据《桥规》第 5.4.3 条，位于无缝线路固定区的混凝土简支梁桥，墩台顶纵向水平线刚度应由梁—轨共同作用分析确定。查《桥规》中表 5.4.3-1 得，32 m 双线简支梁桥墩最小水平线刚度为 350 kN/cm，本算例桥墩顺桥向线刚度为 1 121 kN/cm，满足要求。

(6)桥墩基础检算

基础自重：$N_1 = 25 \times (5.33 \times 7.93 + 7.33 \times 9.93 + 9.33 \times 11.93) = 5\ 659.02(\text{kN})$

覆土自重：

$N_2=[1\times(2\times9.33\times11.93-7.33\times9.93-5.33\times7.93)+(9.33\times11.93-22.863\ 2)\times2]\times18$
$=5\ 120.05(\text{kN})$

基底检算：

$$N = 28\ 670.65 + 5\ 659.02 + 5\ 120.05 = 39\ 449.72(\text{kN})$$

$$M_x = 107.44\ \text{kN}\cdot\text{m},\quad M_y = 10\ 647.69 + 3 \times 420.53 = 11\ 909.28(\text{kN}\cdot\text{m})$$

在双线双孔重载主力+横向附加力工况下，根据《地基规范》表 5.2.2 得，合力偏心距 $e < 1.0\rho$。

$$e_0 = \frac{M_x}{N} = \frac{107.44}{39\ 449.72} = 0.002\ 7(\text{m})$$

$$W_x = \frac{1}{6} \times 11.93 \times 9.33^2 = 173.08(\text{m}^3)$$

$$W_y = \frac{1}{6} \times 9.33 \times 11.93^2 = 221.32(\text{m}^3)$$

$$\sigma_{min}=\frac{N}{A}-\frac{M_x}{W_x}-\frac{M_y}{W_y}=\frac{39\ 449.72}{9.33\times 11.93}-\frac{107.44}{173.08}-\frac{11\ 909.28}{221.32}=299.99(\text{kPa})>0$$

$$\rho=\frac{e_0}{1-\frac{\sigma_{min}}{N/A}}=\frac{0.0027}{1-\frac{299.99}{354.42}}=0.2(\text{m})>e_0\quad(满足要求)$$

$$\sigma_{max}=\frac{N}{A}+\frac{M_x}{W_x}+\frac{M_y}{W_y}=\frac{39\ 449.72}{9.33\times 11.93}+\frac{107.44}{173.08}+\frac{11\ 909.28}{221.32}=408.85(\text{kPa})$$

根据《地基规范》第 4. 2. 1 规定,在主力+附加力工况下,地基容许承载力[σ]可以提高 20%,则 $\sigma_{max}<1.2[\sigma]=420$ kPa,故满足要求。

抗倾覆计算: $K_0=\frac{39\ 449.72\times 9.33/2}{11\ 909.28}=15.45>1.5$　　(满足要求)

抗滑移计算:顺桥向无水平力,故不需检算。

横桥向　　$K_0=\frac{39\ 449.72\times 0.3}{420.53}=28.14>1.3$　(满足要求)

其中,0. 3 为基础底面与土的摩擦系数。

限于篇幅,其他工况检算从略。

思　考　题

1. 简述桥墩和桥台的作用。
2. 简述桥墩和桥台的类型及其特点。
3. 重力式桥墩有哪几种类型?其使用条件是什么?
4. 重力式桥台有哪几种类型?其使用条件是什么?
5. 实体桥墩墩身的主要检算项目有哪些?各自的目的是什么?
6. 铁路简支梁桥墩帽宽度比桥宽还大,为什么?
7. 公路桥多柱式桥墩的盖梁和系梁各有何作用?是否一定需要?为什么?
8. 公路简支梁桥墩计算是否需要考虑活载的横向分布问题?常采用什么方法计算其横向分布?
9. 空心薄壁高墩有哪些特殊的力学问题?
10. 桥梁的台后搭板有何作用?

第 13 章　涵洞及其他过水建筑物

涵洞是横穿路堤的建筑物。在铁路、公路的过水建筑物中,涵洞使用得最多。涵洞的作用与小桥基本相同,区别是涵洞一般埋在路堤下,其结构轴线横穿路堤,涵顶一般有填土,因此涵洞处的路堤是连续的,而小桥则使路堤断开。与小桥相比,涵洞具有构造简单、施工简便、维修工作量小、行车平顺等许多优点。

按建筑材料,涵洞分为石涵、混凝土涵、钢筋混凝土涵、钢波纹管涵等。按构造形式,涵洞分为圆涵、盖板涵、拱涵、箱涵等。按涵顶填土高度,涵洞分为明涵、暗涵。涵顶填土高度小于 0.5 m 时称作明涵,涵顶填土高度大于或等于 0.5 m 时称作暗涵。按水力性质,涵洞分为无压力式、半压力式、压力式三种。无压力式即水流在涵洞全长范围内保持自由水面,水面与涵洞顶面不接触。半压力式涵洞进口浸水,洞内全部或部分为自由水面,出口不浸水。压力式涵洞进口出口均被水淹没,在涵洞全长范围内形成全断面泄水,因此在同一断面情况下压力式涵洞泄洪流量比无压力式大。

涵洞的孔径,应根据设计洪水流量、河沟断面形态、地质和进出水口沟床加固形式等条件,经水力验算确定。无论是公路还是铁路,目前大量采用标准设计涵洞。以孔径大小为序,其标准孔径在 1.5 m 以前以 0.25 m 为级差,即 1.00 m、1.25 m、1.50 m;以后用 0.5 m 为级差,即 2.00 m、2.50 m、3.00 m、3.50 m、4.00 m、4.50 m、5.00 m、5.50 m、6.00 m。排洪涵洞的孔径不宜小于 1.25 m。

13.1　涵洞组成与构造

13.1.1　涵洞组成

顺着水流的方向,涵洞主要由进口节、涵身、出口节组成,如图 13.1 所示。

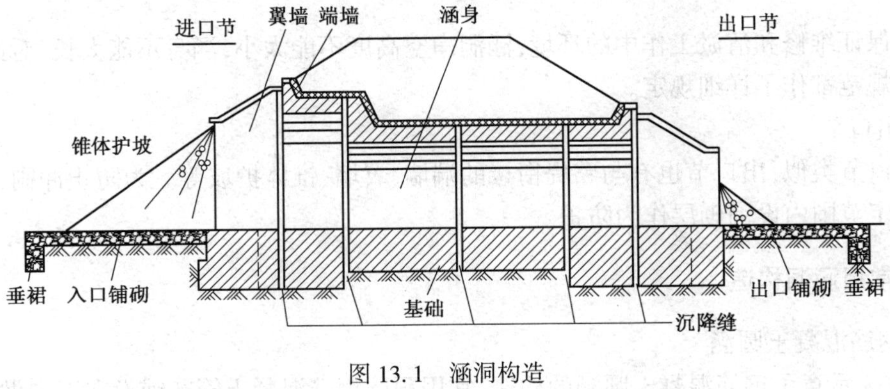

图 13.1　涵洞构造

(1)进口节

进口节主要由端墙、翼墙、锥体护坡等组成。它们使涵洞与路堤很好地衔接,保证涵洞处路堤的边坡稳定。锥体护坡还引导水流平稳进入涵洞。为充分利用过水空间,拱涵和箱涵常将入孔节的净空提高。考虑到入口节受水流的冲刷作用,常在进口前方一定范围内用片石或大卵石铺砌沟床,入口节的基础埋置得较深。必要时,还作消能池以减小洪水对涵洞的冲击。

(2)涵身节

涵身由若干节组成。因为涵洞建成后,靠线路中线处的涵节除受涵上填充物和涵节自重等恒载作用外,还要承受列车或汽车活载的作用,这些涵节的下沉量比远离线路中线的涵节的下沉量大,如果不采取相应措施,涵洞就会出现裂缝,涵底沿水流方向也会出现凹曲线,引起积水。因此,非岩石地基上的涵洞,要设预留拱度,且每隔 2~5 m 要设置沉降缝。在沉降缝处用既防水又能变形的材料填充。在沉降缝处涵洞外围覆盖防水层,最后在整个涵身处敷设一层塑性黏土,以防止涵内流水渗入到路堤和基底,避免病害。

为排洪,涵洞底面要设置一定的纵向坡度,置于非岩地基上涵洞,其涵底还应在纵坡线的基础上叠加一凸曲线,称这一措施为预留上拱度,上拱度按图 13.2 所示设置,上拱度最大值 Δ_z 见表 13.1。待全部沉降完成后,涵底能达到排洪所需要的纵坡或微呈上拱,但入口流水槽面的高程不应低于中心管节流水槽面的高程。

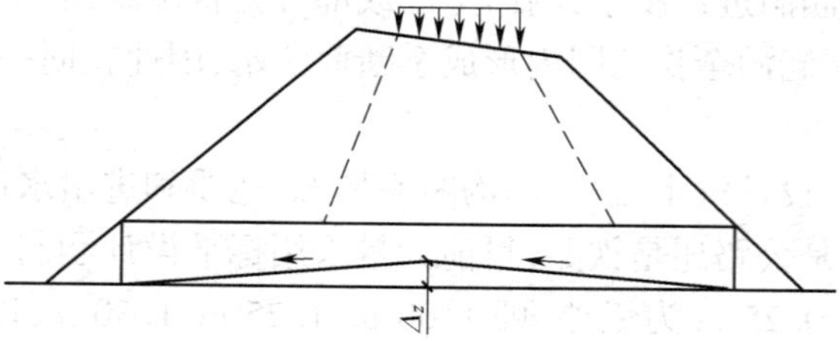

图 13.2　涵洞承受荷载及预留上拱度

表 13.1　涵洞上拱度

基底土名称	上拱度
碎石土、砾砂、粗砂、中砂、细砂	$H/80$
半干硬状态的、硬塑状态的黏性土及老黄土	$H/50$

注:(1)H 为线路中线处自涵洞流水槽面至轨底的高度。

(2)基底土属软塑状态的黏性土或新黄土时,上拱度可适当加大。

(3)基底土为岩石、坡度较陡的涵洞,可不设上拱度。

为了保证维修和清淤工作中的环境,涵洞净空高度不能太小,涵身不能太长,对此,公路规范和铁路规范都作了详细规定。

(3)出口节

与进口节类似,出口节也有与路堤衔接的端墙、翼墙、锥体护坡等。为防止冲刷,在出口节下游的一定范围内设铺砌层作为防护。

13.1.2　常用涵洞构造

(1)钢筋混凝土圆涵

图 13.3 示意了钢筋混凝土圆涵的构造,常用预制钢筋混凝土管节铺设在事先做好的基础上构成圆涵。管节长度一般为 1 m,小孔径管可根据运输能力长于 1 m。管节壁厚按洞顶填土高 1~5 m、5~10 m、10~15 m 三个等级设计,壁厚为 10~24 cm。为便于清淤及维修,保证涵内

有适当的工作条件,涵洞孔径大小及涵长都需要适当限制。如果在管节设计中没考虑列车冲击作用,必须使轨底到涵顶高度不小于 1 m。

需要特别注意的是,国家颁布了钢筋混凝土排水管技术标准,依据承载力水平分Ⅰ、Ⅱ和Ⅲ三个等级类型,采用排水管替代涵管时,应对适用条件和受力性能进行复核,不能满足技术要求时,是不可替代的。

(2)钢筋混凝土盖板箱涵

图 13.4 为孔径 1.5 m 的钢筋混凝土盖板箱涵实例图。这种涵洞的涵节由基础、边墙和盖板组成。基础和墙身用石砌或混凝土等圬工材料就地砌筑,盖板为钢筋混凝土预制件。如果涵顶填土高度小于 1 m 厚时,应考虑冲击作用,涵洞顶面宜满铺防水层,确保在盖板混凝土开裂后钢筋不生锈。

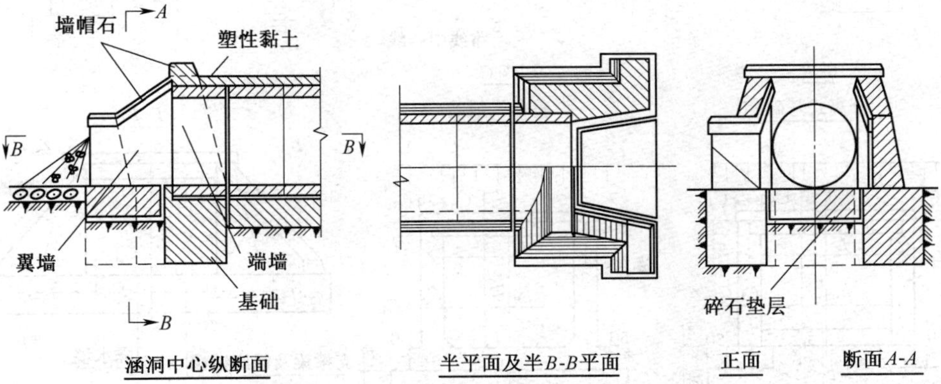

图 13.3　钢筋混凝土圆涵

小孔径箱涵一般都采用整体基础,基础厚度按基础圬工刚性角扩展至涵中心来确定。孔径等于或大于 2.0 m 的箱涵,根据地基的承载力,可采用整体式基础或分离式基础。承载能力较差的地基采用整体基础,必要时甚至做成钢筋混凝土联合基础,如图 13.4C-C 截面所示。承载能力较高的地基,可以做成分离式基础,以减少工程数量,如图 13.4B-B 截面所示。

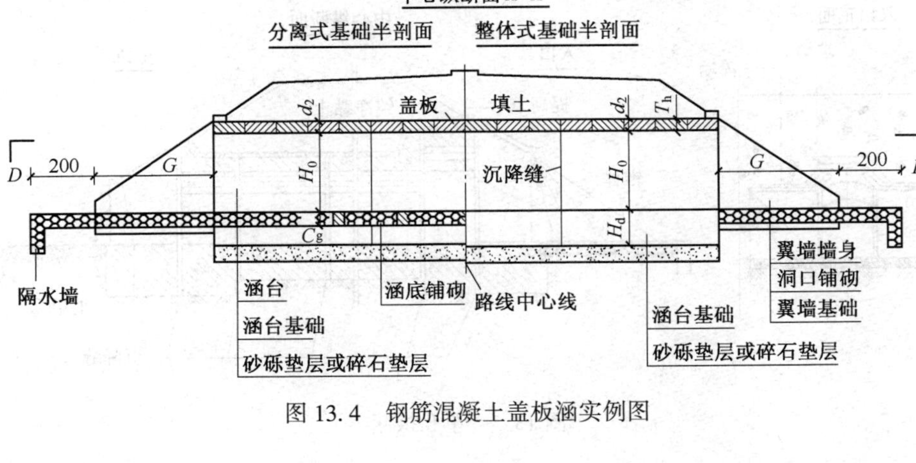

图 13.4　钢筋混凝土盖板涵实例图

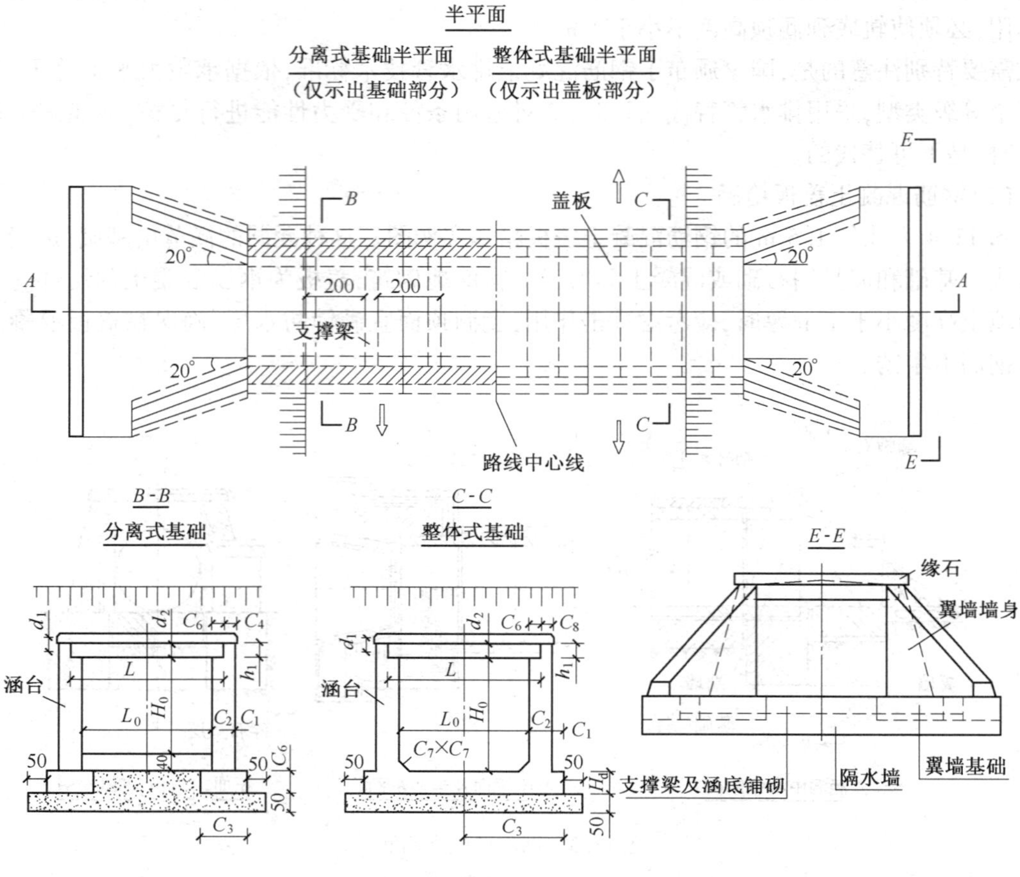

图 13.4 钢筋混凝土盖板涵实例图(续)

(3)石及混凝土拱涵

图 13.5 为一入口有抬高节单孔拱涵。这种涵洞的基础,边墙和拱圈可用石砌或混凝土灌注而成。拱圈用圆弧形。根据涵洞构造、地质条件及地基处理情况,基础可设计为整体式或非整体式。

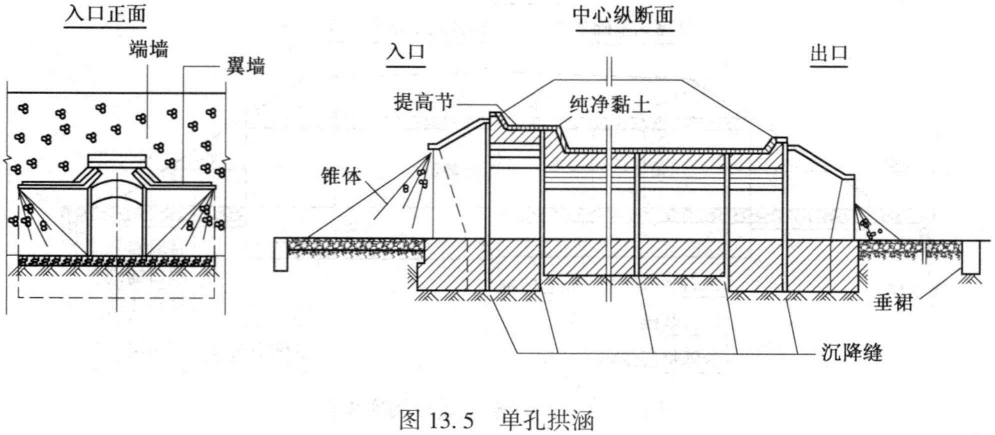

图 13.5 单孔拱涵

13.2　涵洞设计与计算

13.2.1　涵洞布置

涵洞的布置包括立面布置、平面布置和涵长计算。这是一项十分重要的工作，在使用标准设计图时，其主要工作在于涵洞布置。

1. 涵洞的立面布置

在立面布置中（图 13.6），最重要的是涵底纵坡 i，根据涵洞的作用，对 i 有相应要求。

（1）排洪涵的作用是尽可能快的排泄洪水，如果涵底纵坡 i 设置得过缓，排洪能力较差，涵内容易淤积泥沙。如果 i 设置得过陡，涵内水流过急，容易引起非岩石地基的冲刷，因此要求

$$i_k \leqslant i_0 < i_{max} \tag{13.1}$$

式中　i_k——水力临界坡度；

i_0——涵洞的设计纵坡；

i_{max}——容许最大纵坡，控制涵内水流流速小于 5~6 m/s。

标准设计图都给定了 i_k 和 i_{max} 这两项指标。

（2）灌溉涵的流量较小，孔径往往由构造控制，其设计纵坡可以小于临界坡度 i_k。

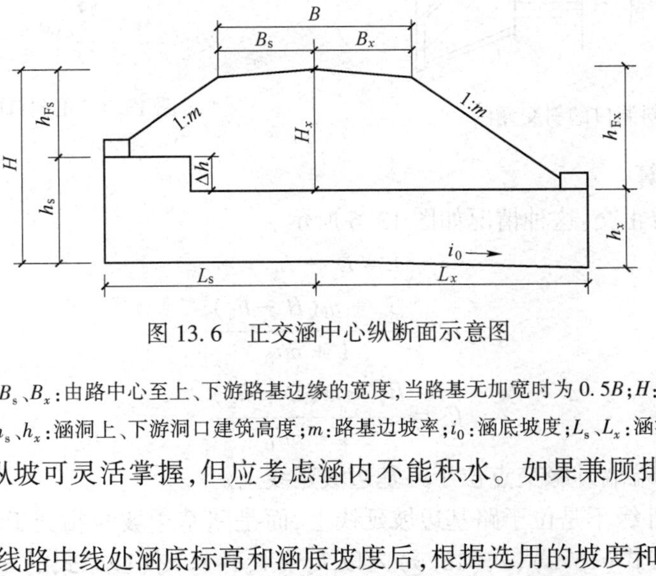

图 13.6　正交涵中心纵断面示意图

图中，B：路基宽度；B_s、B_x：由路中心至上、下游路基边缘的宽度，当路基无加宽时为 0.5B；H：路基填土总高度，即由涵底中心至路基边缘高度；h_s、h_x：涵洞上、下游洞口建筑高度；m：路基边坡率；i_0：涵底坡度；L_s、L_x：涵洞上下游长度。

（3）交通涵的纵坡可灵活掌握，但应考虑涵内不能积水。如果兼顾排洪，则按式（13.1）确定。

在初步选定了线路中线处涵底标高和涵底坡度后，根据选用的坡度和涵洞上游段与下游段应有的长度，推算出涵洞进出口处的涵底标高，而后考虑预留上拱度 Δ_z（图 13.2）确定线路中线处的涵底标高，并据此可得到涵洞上游段坡底 i_1 和下游段坡底 i_2，预期涵洞沉降完成后，整个涵洞成为一个坡度，达到原用设计坡度 i。

在确定了涵洞进出口位置后，根据沟床地质情况和涵洞长度以及选用的涵洞类型，先布置好进口节和出口节，然后确定涵身分段，布置沉降缝。这样就完成了涵洞的立面布置设计。

2. 涵洞平面布置

涵洞在平面上的布置，根据外业勘测选定的涵位，在力求配合沟床天然水流并泄洪顺畅的前提下，尽可能布置成正交涵。正交涵涵洞长度最短，施工也较方便。需要布置成斜交涵洞

时，斜交角度（涵洞中线与线路中线的垂线之间的夹角）以小于45°为宜。斜交涵洞进口布置仍以有利于引导水流顺畅宣泄和保护路堤边坡稳定为原则。图13.7和图13.8为斜交涵洞进出口平面布置图。其中图13.7表示涵洞端墙与线路中线平行，不与涵洞正交。这样，涵洞洞口中有一侧成锐角，另一侧成钝角，不便于采用定型设计，但工程量较省。当斜交角 φ 较大时，成锐角的一侧角度更小，使施工趋于麻烦，受力状况也趋于复杂。因此这种布置方式只宜用于斜交角较小的情况。图13.8所示斜交涵保持端墙与涵洞正交，可使用标准设计图，但需要增加涵长，使端墙的一端刚好能满足保持路堤边坡稳定的要求，而另一端为保护端墙顶面在同一水平上，需要将路堤填筑一个如图13.8中所示的楔形平台，因此将加大工程量。当涵洞斜交角较大时，为利用标准设计图纸，宜用图13.8所示布置方式。

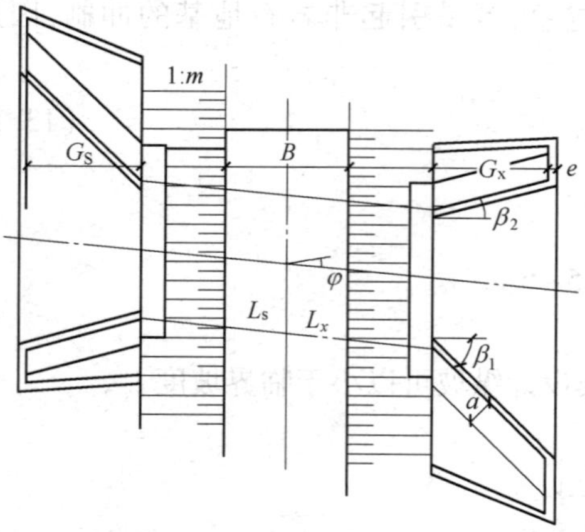

图13.7　斜洞口的斜交涵图

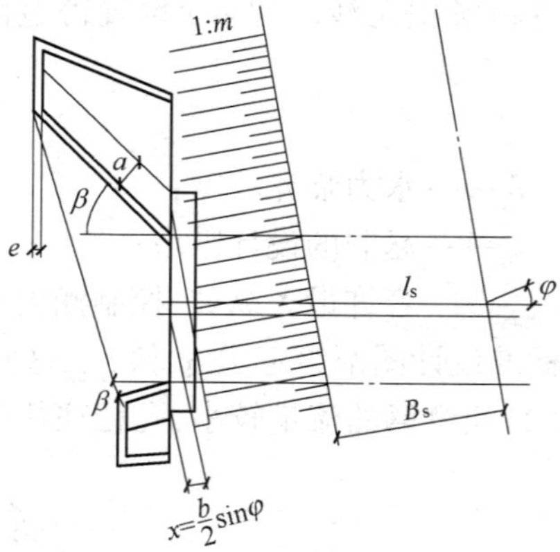

图13.8　正洞口的斜交涵

3. 涵洞长度计算

（1）涵洞与路线正交：这种情况如图13.6所示。

涵洞总长

$$L = L_s + L_x$$

$$L_s = \frac{B_s + m(H - h_s)}{1 + mi_0} \tag{13.2}$$

$$L_x = \frac{B_x + m(H - h_x)}{1 - mi_0} \tag{13.3}$$

式中，假定帽石底与端墙外缘交点位于路基边坡延线上。

当帽石底端墙外缘不是位于路基边坡延线上，而是路基边坡线相交于帽石顶面的内侧点（常规方法）时，则在式（13.2）、式（13.3）内以 $h_s + t$、$h_x + t$ 代替原式的 h_s、h_x，并计入 a 值，则得

$$L_s = \frac{B_s + m(H - h_s - t) + a}{1 + mi_0} \tag{13.4}$$

$$L_x = \frac{B_x + m(H - h_x - t) + a}{1 - mi_0} \tag{13.5}$$

式中，a 和 t 分别为帽石宽度和厚度。

（2）涵洞与路线斜交：这种斜涵斜洞口设计如图13.7所示。

图中 φ 为涵洞中心线与线路中心线垂线间的夹角，即涵洞斜度。

$$L_s = \frac{B_s + m(H - h_s)}{\cos\varphi + mi_0} \tag{13.6}$$

$$L_x = \frac{B_x + m(H - h_x)}{\cos\varphi - mi_0} \tag{13.7}$$

(3)涵洞与路线斜交:斜涵设置正洞口(与洞墙垂直)的情况。

在涵洞斜交,洞口正做时,一般采用图 13.8 的形式。

$$L_s = \frac{B_s + m(H - h_s) - 0.5b\sin\varphi}{\cos\varphi + mi_0} \tag{13.8}$$

$$L_x = \frac{B_x + m(H - h_x) - 0.5b\sin\varphi}{\cos\varphi - mi_0} \tag{13.9}$$

在下列情况中,可调整上述涵长计算式中的参数来计算涵长。

第一种情况,当路基边坡有两种时,如图 13.9 所示。

于是可得,$B'_s = B_s + m_1H_0$,$B'_x = B_x + m_1H_0$,$H'_s = H - H_0$,将上述计算涵长的公式中将 B_s、B_x、H 改成 B'_s、B'_x、H' 即可求得这种情况的涵长。

第二种情况,当路基有超高加宽(涵洞设在平曲线内)。

若 i_0 与 i_1 方向一致,如图 13.10 所示。可得,$B_s = 0.5B$,$B_x = 0.5B + W$,$H_s = H + Bi_1$,$H_x = H - Wi_1$。

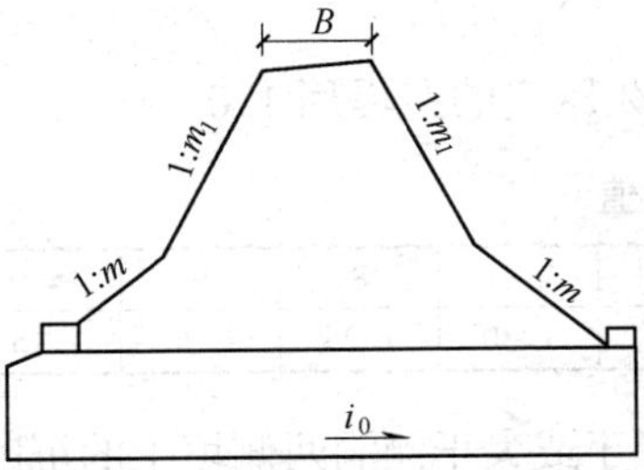

图 13.9　有两种边坡的涵洞

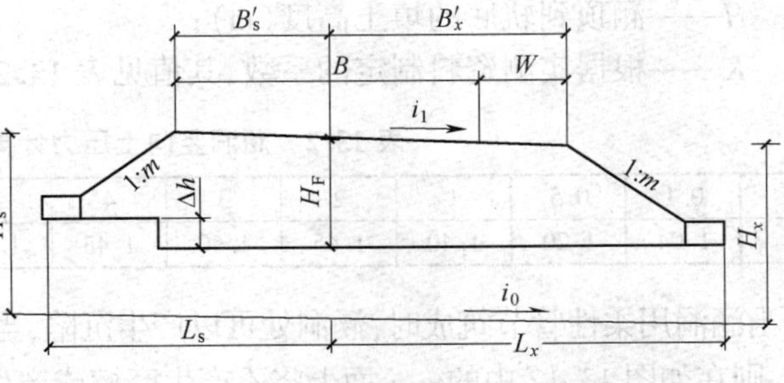

图 13.10　路基加宽的涵洞(i_0 与 i_1 方向一致)

当路基有超高加宽,而用前述各式计算涵长时,其 H 值分别以 H_s 或 H_x 代之。

若 i_0 与 i_1 方向相反,如图 13.11 所示。由图知,$B_s = 0.5B + W$,$B_x = 0.5B$,$H_s = H - Wi_1$,$H_x = H + Bi_1$,W 为路基加宽值。

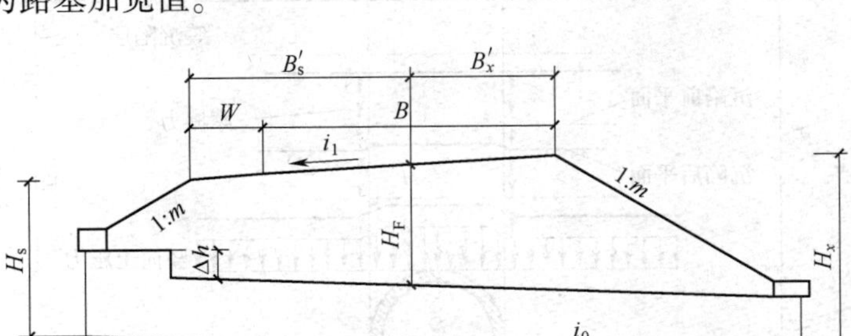

图 13.11　路基加宽的涵洞(i_0 与 i_1 方向相反)

无论条件怎样变化,如既有路基边坡的变化,又有加宽超高的影响时,也可采用调整计算参数的办法,应用前述基本公式进行计算。只是在调整各计算参数时,予以综合即可。

13.2.2　涵洞设计荷载

设计涵洞的荷载包括结构自重、由于涵洞顶面和侧面的路堤填方引起竖向土压力和水平土压力以及由于活载引起的竖向压力和水平压力。当涵顶以上的填土高(包括砟床厚度)小于1.0 m时,还要考虑冲击影响。

1. 竖向土压力

关于竖向土压力需要考虑如下几种情况。

(1)新建线路先建好涵洞,而后填筑涵位处路堤,俗称“上埋”。新填路堤必定产生沉陷。在图13.12中高度H_1范围内,涵洞无变形,因而没有沉陷。涵洞上方两侧填土有沉陷,使涵顶水平面以上一定高度H_e范围内,在图13.12中所示*a-a*和*b-b*面上有相对位移,从而产生如图示中的摩擦力,这样就将加大路堤填土对涵洞的竖向压力。由于摩擦力使涵顶以上填土产生附加沉陷,到一定高度H_e以后,涵顶以上填土的沉陷又将与邻近填土的沉陷趋于一致,在高度H_e以上直到路堤顶面的高度H_c范围内将成为等沉陷层。根据几处涵洞实测资料,并比较各国有关的实测资料,涵顶以上竖向土压力强度大于涵顶以上的土柱重γH(此处γ是填土容重,H为填土高度),其程度与涵顶到轨底的填土高度H及涵洞外形宽度D的比值有关,当H/D等于3时达到最大值。因此,桥规规定,路堤填方作用于涵洞的竖向土压力按下式计算

$$P = K\gamma H \tag{13.10}$$

式中　γ——路堤填土的容重(kN/m^3);

H——涵顶到轨底的填土高度(m);

K——根据实测资料制定的系数,其值见表13.2,对于经久压实的路堤用1.0。

表13.2　涵洞竖向土压力计算用系数K值

H/D	0.1	0.5	1	2	3	4	5	6	7	8	9	≥10
K	1.04	1.20	1.40	1.45	1.50	1.45	1.40	1.35	1.30	1.25	1.20	1.15

当涵洞用柔性管节筑成时,涵洞处可以产生沉陷,当沉陷量等于或大于涵洞两侧填土的沉陷量时,则在如图13.12中的*a-a*面上将不产生摩擦或产生与图示方向相反的摩擦力,从而竖向土压力将等于或小于涵顶以上填土的土柱重γH。通常为简化计算,偏于安全地取p等于γH。

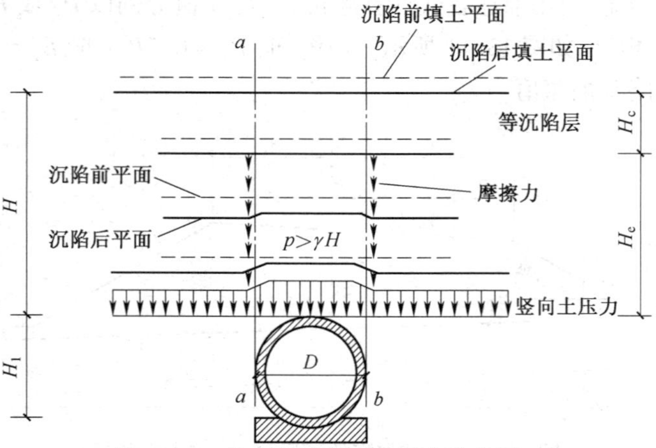

图13.12　上埋涵洞竖向土压力分布图

对于不产生变形的所谓刚性涵洞,为了控制或减小其竖向土压力,施工时涵洞两侧填土的密实度在一定范围内要求高一些,而涵顶上方的填土密实度则要求低一些。

(2)在老路堤中挖槽增建涵洞时,涵洞建成后回填槽口,俗称“坑埋”。槽口两侧老路堤不再有沉陷,而槽口中的新填土有沉陷,在新旧填方接触面,将对新填方形成向上的摩阻力,从而减小涵顶上的竖向土压力。通常为简化计算,也取竖向土压力为土柱重 γH 来计算。

(3)在老路堤中用顶进法增建涵洞时,涵顶上方的老路堤填土有明显的拱效应,竖向土压力将明显减小。考虑拱效应的可能破坏,为安全计,通常也仍取为竖向土压力 p 等于土柱重 γH 进行计算。

2. 水平土压力

关于水平土压力,根据上述的一些实测资料,桥规规定按式(13.11)计算:

$$e = \xi \gamma H_1 \quad (\text{kPa}) \tag{13.11}$$

式中　γ——填料容重(kN/m^3);

H_1——填方高度,由轨底到计算截面处(m);

ξ——系数,填土采用 0.25 或 0.35,视设计的控制情况采用,经久压实的路堤采用 0.25。

涵洞施工中,容易保证两侧水平土压力相同,故涵洞设计中不考虑单侧承受土压力。正因为如此,涵洞附近的路堤填土,除注意满足密实度要求之外,还应保证在涵洞两侧同时分层对称填筑夯实,避免涵洞承受单侧水平土压力。

3. 活载引起的水平压力

活载引起的水平压力 e,按式(13.12)计算:

$$e = \xi q_h \quad (\text{kPa}) \tag{13.12}$$

式中　q_h——活载竖向土压力强度,对于列车活载,假设活载在轨底平面上的横向分布宽度为 2.6 m,其在路基内与竖直线成一角度(正切为 0.5)向外扩散。

$$q_h = \frac{q}{2.6 + h} \tag{13.13}$$

式中　ξ——系数,与公式(13.11)所用者相同;

q——特种活载分布集度(kN/m),见第 3 章;

h——轨底以下的深度(m)。

当涵洞经常承受水压力状态时,还应考虑静水压力。一般无压涵洞不考虑水压力。

13.2.3　涵洞结构计算

圆涵承受的荷载如图 13.13(a)所示,图中 q_1、q_2 分别表示恒载与活载的竖向压力和水平压力强度(kPa)。图示荷载 q_φ 为由 q_1 和 q_2 形成的圆形管节承受的径向压力,把 q_φ 分解为如图中虚线所示的 q_2 和虚线与实线间的部分 $(q_1 - q_2)2\varphi/\pi$。很明显,q_2 为均匀径向压力,对管壁各截面只产生环压力,不产生弯矩。如果不计轴向力和剪力的影响,取 1 m 长的管节进行计算,可得管壁各截面的弯矩,如图 13.13(b)所示,其值为 $M = 0.137(q_1 - q_2)r^2(\text{kN}\cdot\text{m})$。

桥规规定,每米管节径向各截面弯矩值偏于安全的取为

$$M = 0.15(q_1 - q_2)r^2 \quad (\text{kN}\cdot\text{m}) \tag{13.14}$$

式中　r——圆形管节的平均半径(m)。

盖板箱涵的边墙上端支承着盖板,盖板能阻止边墙由于水平侧压力作用在其上端产生的水平位移。盖板系用水泥砂浆垫层支承于边墙上,可以认为是简支梁形式,因此盖板箱涵可取结构计算图式如图 13.14 所示。图示盖板应为压弯构件。由于轴向压力的影响和受弯影响相

比较,可以忽略不计,故盖板可按简支梁计算。

拱涵拱圈按无铰拱计算。双孔拱涵中墩设计中,考虑两孔拱圈可同时施工砌筑,计算中不计算单侧拱圈荷载的情况。

其他形式涵洞的设计计算,可根据其实际构造情况拟定结构计算图式。

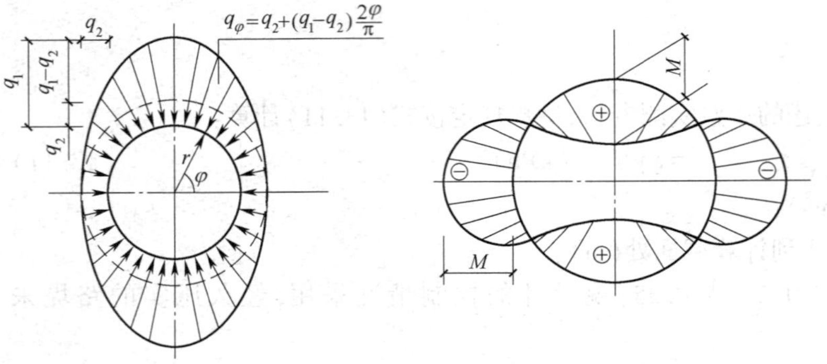

(a) 圆涵管节荷载图　　(b) 圆涵管节弯矩示意图

图 13.13　圆涵管节结构计算

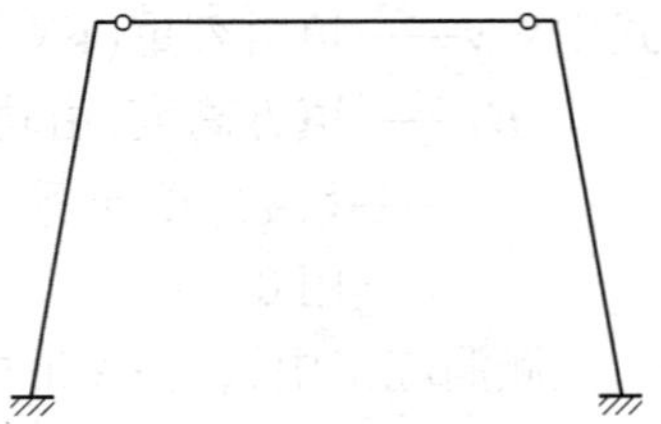

图 13.14　盖板涵结构计算图式

涵洞设计中,圆涵管壁各截面均按最大正负弯矩配筋,铺设管节时,可以不分上下左右,任意设置。其他形式的涵洞,对活载引起的竖向压力和水平压力,应从计算截面出现最不利的受力情况出发,考虑全跨或半跨加活载,或者涵顶不加活载,另外考虑单侧或两侧承受水平压力进行组合。

13.3　陡坡涵洞及其他过水建筑物

13.3.1　涵洞进出口处理及陡坡涵洞布置

由于涵洞容许有较高流速,对位于非岩沟床的涵洞,或者涵位处无明显的沟床的涵洞,为了保护路堤边坡坡脚和沟床不被水流冲刷,形成病害,通常要在涵洞进口上方和出口下方一定范围内,用干砌片石或浆砌片石铺砌,以便防护。在平面上,对于有天然沟床的涵洞,铺砌可在保持泄洪顺畅的原则下顺沟床进行;对于无明显沟床,涵洞上下游均基本为平地的情况,铺砌可顺涵洞八字翼墙,以 15°~20°的扩散角向下游扩散。在铺砌的末端做垂裙,以防止出现铺砌末端常易形成的冲刷坑损坏铺砌。

公路、铁路通过山坡地段时,常跨越纵坡陡峻的水沟。当涵洞纵向坡度需要比容许最大坡度 i_{max} 更大时,应按陡坡涵布置。陡坡涵洞因坡度陡、流速高,可能携带大量的泥沙甚至石块,可以具有相当的破坏能力。为了保证安全宣泄洪水,除应恰当确定孔径和坡度而外,还须注意在上下游设置引导水流、消能、防冲等设施。

陡坡涵洞的孔径除根据地形条件和水力计算考虑外,通常情况下,宜采用较一般涵洞稍许大一些的孔径。如有漂流物,还须考虑适当加大孔径,或者在引水槽入口处设拦阻漂流物的结构设施。陡坡涵洞纵坡,当水沟纵坡在 20% 以内时,可顺自然坡设置。坡度更陡时,或在上游沟槽处适当开挖,设置引水措施,以减小涵洞坡度;或将涵洞布置成台阶式,或者两者并用。图 13.15为陡坡涵洞台阶式布置示意图。

陡坡涵采用圆涵时,基础可做成台阶式。涵身管节斜置,但须检算路堤对滑动的稳定性。涵身管节亦可布置成台阶式,但台阶错台高度不得大于管壁厚度。

陡坡涵采用拱涵或箱涵时,多采用台阶式布置,拱涵、箱涵布置成台阶式时,应考虑养护人员应有的工作条件和出入便利,图 13.15 中标注的涵内高度尺寸,就是从这种情况考虑确定的。

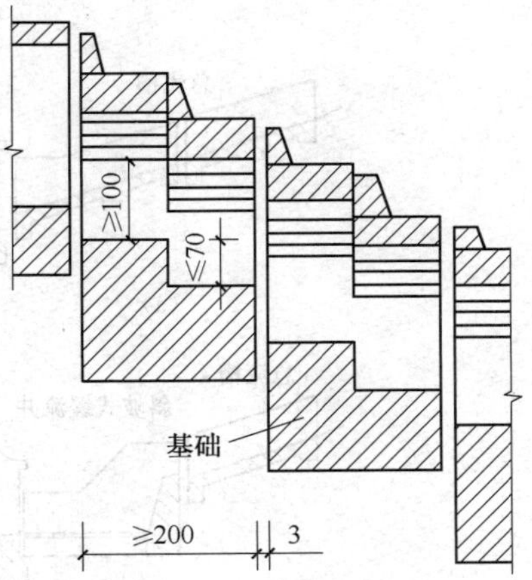

图 13.15　陡坡涵洞台阶式布置(单位:cm)

陡坡涵进出口布置应根据上下游地形条件与水流方向等综合考虑确定,图 13.16 为几种涵洞进出口处理布置示意图。图 13.16(a)、(c)、(e)表示进口处理,图 13.16(b)、(d)、(f)表示出口处理。

图 13.16(a)为矩形截面或梯形截面急流槽,水流从急流槽直接流入涵内,只宜用于涵位处沟床较顺直且纵坡较小的情况。

图 13.16(b)为涵洞出口设急流槽加缓流井示意图,或者只设急流槽。加设缓流井可使水流消能降低流速后再进入天然沟床。

图 13.16(c)为矩形截面或梯形截面急流槽加斜坡式缓流井,水流从急流槽流入缓流井消能后再进入涵内,使进入涵内的水流流速降低。

图 13.16(d)为出流槽成台阶布置,出流槽除在平面上逐渐扩大以减小单宽流量和流速外,还在每个跌水墙上设消力槛,使整个下游出流槽按台阶被消力槛分隔成几个消能池。适用于纵坡陡,流量较大的涵洞。

图 13.16(e)为加跌坎式加糙急流槽。跌坎式加糙急流槽有显著的消能作用,使涵前入口流速大大降低,适用于沟床纵坡较陡的情况。当顺沟床自然坡设置时,开挖土石方数量少。

图 13.16(f)为跌坎式出流槽,可适应自然坡度。

图中所示各种出入口处布置可供参考。急流槽、缓流井的尺寸应通过水力计算确定。

13.3.2　倒虹吸管与渡槽

新建铁路有时轨底标高低于原有灌溉渠道底面,路堑将灌溉渠道切断。在这种情况下,当渠道底面到轨底的高差小于公路或铁路的净空限界时,可采用如图 13.17 所示倒虹吸管。

倒虹吸管顾名思义,水流是从线路的一侧流经埋置于路堑中的⌣形倒虹吸管,到达线路的另一侧与原有渠道衔接。倒虹吸管中的水流系有压水流,要求管路密不透水,以免影响路基的稳定性。从图 13.17 中可以看到,入口侧设有沉淀池,使水流夹带的泥沙沉淀于池内。沉淀池前方设拦污栅和挡砂板,前者阻止水中漂流物等进入倒虹吸管,后者为防止不通水时风沙杂物进入管内。倒虹吸管埋入路堑一定深度。在线路两侧边沟处设镇墩,倾斜管节基础做成台阶形式,都是为保证倾斜管节不致下滑。还在一侧路堑边沟处设清淤井(图中未示出),通水时清淤井密封,不通水时可从清淤井内清理出淤积在水平管段内的泥沙。为保证倒虹吸管天长日久密不透水,施工质量要求很严,但仍未必能够完全长期满足此项要求,也容易淤塞,因此养护维修较困难,宜尽量避免使用。

当渠道底面到轨底的高差能满足净空限界净高要求时,则可用渡槽跨越线路。渡槽即过水桥。

渡槽设计中主要尺寸的拟订,应满足国家标准对建筑接近限界的要求,并保证渡槽通过设

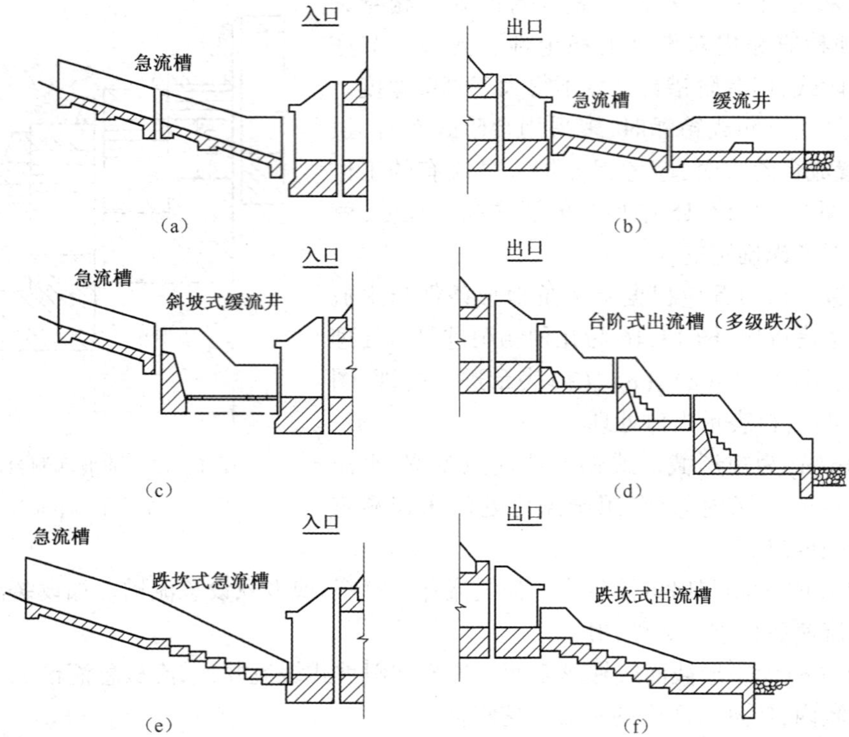

图 13.16　涵洞进出口处理布置

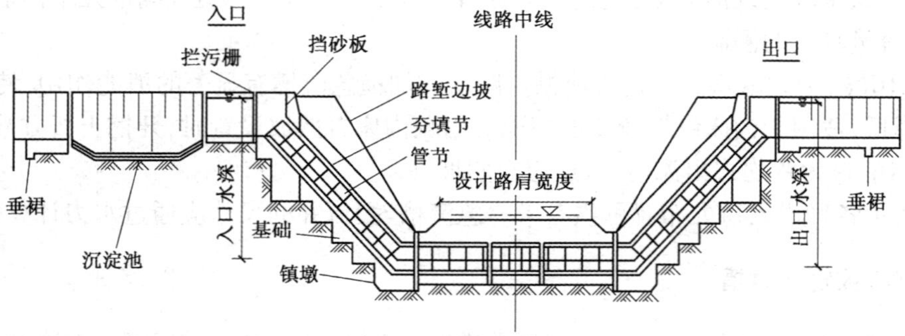

图 13.17　倒虹吸管

计流量应有的坡度。渡槽的结构设计可按水工结构设计原理进行,当采用钢筋混凝土结构时,其抗裂指标严于交通桥梁。

思　考　题

1. 常用的涵洞类型有哪些？其使用场合是什么？
2. 涵洞为什么要设沉降缝与上拱度？
3. 涵洞计算中需要考虑冲击系数,何时需要考虑？
4. 何为“坑埋”？其计算特点是什么？
5. 涵洞的平面布置方式有哪些？
6. 涵长的计算方法是什么？

第 14 章　桥梁结构建模与分析

桥梁结构分析最经典的方式是解析法，然而能用解析法求出精确解的只是少数简单的结构。复杂桥梁结构都是高次超静定结构，理论上可以采用结构力学中的力法或位移法来求解，但计算方法效率低。通常桥梁工程设计是一个不断修改、优化和分析的循环过程，采用手工计算需要耗费大量的时间和人力，且难以满足工程设计需要。计算机技术在桥梁设计中应用，使得桥梁结构数值分析成为桥梁结构分析的主要方法和途径，掌握桥梁结构数值分析的建模过程、并得到合理的分析结果已成为从事桥梁工程科研和生产活动的一项基本技能。

基于有限元等数值分析方法，用于桥梁结构分析软件大体上可分为如下 3 大类：

(1) 力学通用软件，如 ANSYS、ABAQUS、Algor、MSC 等，这些软件一般用于大型桥梁结构计算。

(2) 桥梁专用软件，如桥梁博士、Midas、PRBP、GQJS 等，因其是针对桥梁专业的，软件操作更为简单方便，适应性更强，功能上覆盖性较广。

(3) 特殊功能软件，针对一些特殊专题，研发者需自编软件。

桥梁结构设计分析中，一般采用桥梁专用软件进行，本章基于杆系有限元理论，介绍桥梁结构建模与方法。

14.1　杆系有限元简介

14.1.1　概述

杆系结构的有限元法，又称结构矩阵分析方法，是以结构力学中的位移法为基础，并与矩阵理论相结合形成的一种以计算机作为数值求解工具的方法。

在工程结构中，由杆件组成的结构称为杆系结构，杆系结构应是一个几何不变体系。求解杆系结构的目的是获得杆件内力、支座反力、节点位移等，有了这些结果，就可以进行构件与连接设计、校核结构刚度、强度和设计合理性等。结构矩阵分析方法中，把只承受拉压轴力的杆件称为杆单元，把既能承受轴力，又能承受弯矩和剪力的杆件称为梁单元。在计算图式中，杆单元和梁单元均简化为一条直线，统称为一维单元。因此，杆系结构的矩阵分析方法的基本要点有以下 3 个方面：

(1) 单元分析。将结构离散为若干个杆件单元，确定在单元坐标系中单元杆端力与杆端位移之间的关系，从而获得单元坐标系中的单元刚度矩阵。此外，还要将单元坐标系中的单元刚度矩阵换算为总体坐标系中的单元刚度矩阵，为结构整体分析做准备。

(2) 整体分析。在单元分析的基础上形成结构刚度矩阵，进而组成结构平衡方程，求解结构平衡方程，得到节点位移。由总体坐标系中的单元刚度矩阵直接形成结构刚度矩阵是矩阵位移法的核心内容。

(3) 计算单元坐标系中的单元杆端力。将所求的节点位移代入单元平衡方程，即可求出单元杆端力、结构内力和支反力。

以此为基础,分析软件的功能可向前或向后发展延伸。所谓向前延伸,包括图形处理技术、网络生成技术、截面特性计算;向后延伸包括结构复核计算、图表生成、图像处理、优化设计等。目前的通用软件中均体现了这些内容。

14.1.2　总体坐标系和单元坐标系

为了描述分析模型中的几何信息(节点坐标、单元方向、单元连接信息、单元材料和截面特性)、约束信息、荷载条件等,需要定义必要的坐标系。

总体坐标系又称结构坐标系,如图 14.1 中的 $Oxyz$ 坐标系。总体坐标系是一个笛卡尔坐标系,即直角坐标系,满足右手法则。在一个分析模型中,只能有一个总体坐标系,以总体坐标系来描述桥梁结构,如图 14.1 中 1~4 号节点坐标、约束方向、变形方向等。

单元坐标系又称局部坐标系,建立在每个离散单元之上,便于对各单元用统一方法进行分析。单元坐标系规定如下:从单元的始端 i 开始,沿着杆件单元的轴线至末端 j 的方向为该单元 $\bar{x}$ 轴的正方向,由 $\bar{x}$ 轴的正方向逆时针转 90°为 $\bar{y}$ 轴的正方向,$\bar{y}$ 轴和 $\bar{z}$ 轴与杆件横截面的两个主轴重合,即 $\bar{x}$-$\bar{y}$ 及 $\bar{x}$-$\bar{z}$ 平面是杆件的两个弯曲主平面,并假定杆件截面上的剪力中心和截面形心重合,这样杆件受扭与受弯互不影响。

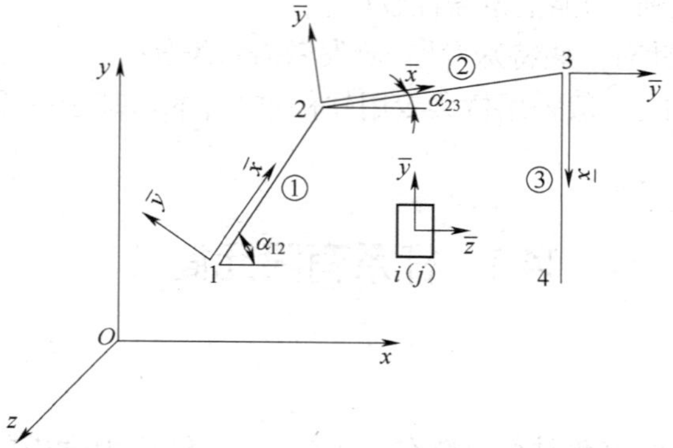

图 14.1　总体坐标系和单元坐标系

14.1.3　平面梁单元的单元刚度矩阵

平面杆系中的任意一个离散单元 e 有 2 个节点,每个节点有 3 个自由度(位移),每一自由度有一杆端力与之对应,如图 14.2 所示,i 端和 j 端各有 3 个杆端力分量,即轴向力 N、剪力 Q 和弯矩 M。对应于杆端力分量,每个节点有轴向位移 u、横向位移 v 和一个转角位移 φ(u、v、φ 统称为杆端位移)。

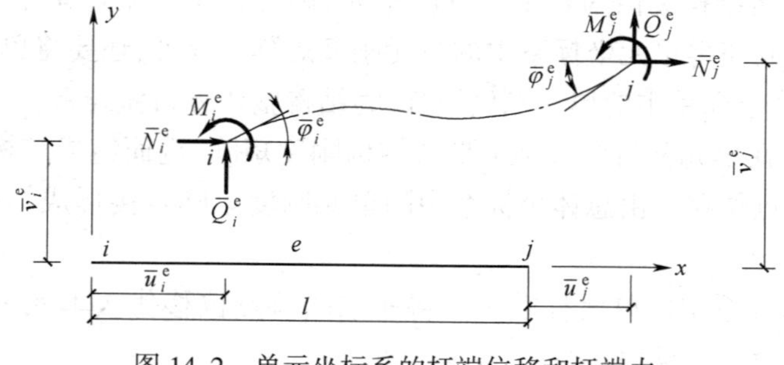

图 14.2　单元坐标系的杆端位移和杆端力

杆端位移和杆端力的正负号规定如下：

轴向位移 $\bar{u}_i^e$（或 $\bar{u}_j^e$）与 $\bar{x}$ 轴正向一致者为正；横向位移 $\bar{v}_i^e$（或 $\bar{v}_j^e$）与 $\bar{y}$ 轴正向一致者为正；转角 $\bar{\varphi}_j^e$（或 $\bar{\varphi}_j^e$）以绕杆件逆时针转为正。单元两端的 6 个位移分量，在单元分析时，严格按先始端 i、后末端 j 的固定顺序排列，这个统一顺序的编码是在一个单元内部的编码，故称其为局部编码。将上述 6 个杆端位移分量写成矩阵形式，即

$$\{\bar{\delta}^e\} = [\bar{u}_i^e \quad \bar{v}_i^e \quad \bar{\varphi}_i^e \quad \bar{u}_j^e \quad \bar{v}_j^e \quad \bar{\varphi}_j^e]^T \tag{14.1}$$

式中，$\{\bar{\delta}^e\}$ 为单元坐标系中的杆端位移列阵（或称杆端位移列向量）。

杆端力分量应和杆端位移分量一一对应。在单元分析时，杆端力分量的排列顺序、正负号规定和杆端位移分量一致。把杆端力分量写成矩阵形式，则有

$$\{\bar{F}^e\} = [\bar{N}_i^e \quad \bar{Q}_i^e \quad \bar{M}_i^e \quad \bar{N}_j^e \quad \bar{Q}_j^e \quad \bar{M}_j^e]^T \tag{14.2}$$

式中，$\{\bar{F}^e\}$ 为单元坐标系中的杆端力列矩阵（或称杆端力列向量）。

杆端力列矩阵与杆端位移分量之间的关系表示为单元平衡方程，即

$$\{\bar{F}^e\} = [\bar{k}^e]\{\bar{\delta}^e\} \tag{14.3}$$

式中，$[\bar{k}^e]$ 为单元刚度矩阵。

根据结构力学位移法，可以推导出单元坐标系中等截面梁单元的单元刚度矩阵，即

$$[\bar{k}^e] = \begin{bmatrix} \frac{EA}{l} & 0 & 0 & -\frac{EA}{l} & 0 & 0 \\ 0 & \frac{12EI}{l^3} & \frac{6EI}{l^2} & 0 & -\frac{12EI}{l^3} & \frac{6EI}{l^2} \\ 0 & \frac{6EI}{l^2} & \frac{4EI}{l} & 0 & -\frac{6EI}{l^2} & \frac{2EI}{l} \\ -\frac{EA}{l} & 0 & 0 & \frac{EA}{l} & 0 & 0 \\ 0 & -\frac{12EI}{l^3} & -\frac{6EI}{l^2} & 0 & \frac{12EI}{l^3} & -\frac{6EI}{l^2} \\ 0 & \frac{6EI}{l^2} & \frac{2EI}{l} & 0 & -\frac{6EI}{l^2} & \frac{4EI}{l} \end{bmatrix} \tag{14.4}$$

有限元软件中，材料参数 E 等作为参数输入，截面特性 A、I 通过软件截面特性功能模块程序自动计算，也可作为参数输入，单元长度 l 通过单元信息输入或程序自动计算。

14.1.4　总体坐标系中的单元刚度矩阵

在开展结构整体分析之前，必须将不同单元坐标系中的杆端力和杆端位移换算到统一的坐标系（即总体坐标系），通过坐标转换，将各单元坐标系下的单元刚度矩阵和荷载列阵转换到总体坐标系下的单元刚度矩阵和荷载列阵。

局部坐标系 $\bar{x}$ 轴与总体坐标系 x 之间的夹角用 α 表示，以从 $\bar{x}$ 轴方向顺时针转到 x 轴方向为正，如图 14.3 所示。

如图 14.3(a)所示，将 i 端单元坐标系中的位移分量用总体坐标系中的位移分量表示，其投影关系为

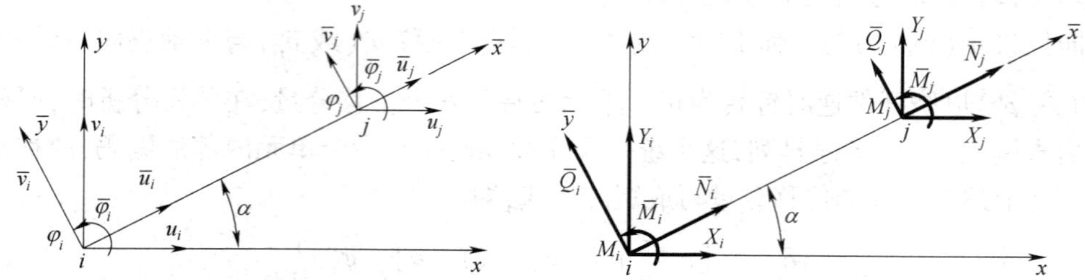

(a) 位移分量　　　　(b) 弯矩和力分量

图 14.3　总体坐标系与局部坐标系转换示意

$$\begin{cases}\bar{u}_i^e = u_i^e\cos\alpha + v_i^e\sin\alpha \\ \bar{v}_i^e = u_i^e\sin\alpha + v_i^e\cos\alpha \\ \bar{\varphi}_i^e = \varphi_i^e\end{cases} \tag{14.5}$$

i 端、j 端位移分量表示为矩阵有

$$\begin{Bmatrix}\bar{u}_i^e \\ \bar{v}_i^e \\ \bar{\theta}_i^e \\ \bar{u}_j^e \\ \bar{v}_j^e \\ \bar{\theta}_j^e\end{Bmatrix} = \begin{bmatrix}\cos\alpha & \sin\alpha & 0 & 0 & 0 & 0 \\ -\sin\alpha & \cos\alpha & 0 & 0 & 0 & 0 \\ 0 & 0 & 1 & 0 & 0 & 0 \\ 0 & 0 & 0 & \cos\alpha & \sin\alpha & 0 \\ 0 & 0 & 0 & -\sin\alpha & \cos\alpha & 0 \\ 0 & 0 & 0 & 0 & 0 & 1\end{bmatrix}\begin{Bmatrix}u_i^e \\ v_i^e \\ \theta_i^e \\ u_j^e \\ v_j^e \\ \theta_j^e\end{Bmatrix} \tag{14.6}$$

式(14.6)简写为

$$\{\bar{\delta}^e\} = [T]\{\delta^e\} \tag{14.7}$$

同理,如图 14.3(b)所示局部坐标系中的杆端力,同样可用总体坐标系的杆端力表示为

$$\{\bar{F}^e\} = [T]\{F^e\} \tag{14.8}$$

将式(14.7)和式(14.8)代入单元坐标系中的单元平衡方程式(14.3)中,得

$$\{F^e\} = [T]^T[\bar{k}^e][T]\{\delta^e\} \tag{14.9}$$

令

$$[k^e] = [T]^T[\bar{k}^e][T] \tag{14.10}$$

式中,k^e是总体坐标系中的单元刚度矩阵,式(14.10)即为单元刚度矩阵由局部坐标系向总体坐标系的转换公式。

由于在总体刚度矩阵组装时,是对结构的每个节点分别建立平衡方程,因此,常把式(14.10)按单元的始末端节点 i、j 进行分块,写成如下形式

$$\begin{Bmatrix}F_i^e \\ F_j^e\end{Bmatrix} = \begin{bmatrix}[k_{ii}^e] & [k_{ij}^e] \\ [k_{ji}^e] & [k_{jj}^e]\end{bmatrix}\begin{Bmatrix}\delta_i^e \\ \delta_j^e\end{Bmatrix} \tag{14.11}$$

即单元刚度矩阵 $[k_e]$ 为

$$[k^e] = \begin{bmatrix}[k_{ii}^e] & [k_{ij}^e] \\ [k_{ji}^e] & [k_{ji}^e]\end{bmatrix}\begin{matrix}i \\ j\end{matrix} \quad (\text{列: } i \quad j) \tag{14.12}$$

14.1.5　总体刚度矩阵集成

总体刚度矩阵形成的过程是将离散结构复原的过程，结构复原后应满足节点力平衡和节点位移协调这两个条件。

通过虚位移原理或最小势能原理，可以推导出集成总体刚度矩阵后的平衡方程为

$$\{\boldsymbol{K}\}\{\boldsymbol{\Delta}\} = \{\boldsymbol{F}\} \tag{14.13}$$

式中，$[\boldsymbol{K}]$为结构的总体刚度矩阵；$\{\boldsymbol{\Delta}\}$为结构的节点位移列向量；$\{\boldsymbol{F}\}$为结构的综合节点荷载列向量。

采用“对号入座”的方法把单元刚度矩阵叠加，以形成结构的总体刚度矩阵。软件中是通过节点编号和单元自由度约定次序构成编码，基于编码计算完成“对号入座”。

方程(14.13)没有解答，原因是$[\boldsymbol{K}]$矩阵为奇异刚度矩阵，从物理意义上理解，结构中包含着不受限制的刚体位移，因而只有引入边界约束后，式(14.13)才能有解。

对于边界条件的处理，一般采用以下 3 种处理方法：

(1)对角元素充大数。就是把节点位移分量为零的所对应行主对角元素置一个大数，例如 $k(i,i)=10^{30}$，这时其余的副系数 $k(i,j)$元素值相对就较小，这样就使位移 δ_i 趋于零。但大数参加运算，降低了计算精度，甚至会出现方程组变成病态而得不到正确解。

(2)充 0 置 1。在总体刚度矩阵中，与节点位移分量为零所对应的主对角元素置 1，将该主元素所在的行和列中的所有副元素全部充 0，同时综合节点荷载列阵中与零节点位移分量所对应的元素也充 0，等于是划去了位移为零的方程，得到边界行上位移 $\delta_i=0$ 的结果。这种方法编程简单，计算可靠，应用广泛。

(3)去行去列法。适用于边界条件为零的约束条件，即在用矩阵表示的方程组中，划去对应于已知为零的支座位移分量的行和列，以消除刚度位移。

以平面刚架示例(图 14.4)来说明，其思路同样适用于其他类型的单元。结构、荷载和单元、节点划分如图 14.4(a)所示，单元与节点编码见表 14.1，整体坐标系如图 14.4(b)所示，图 14.4 中还标识了各单元的局部坐标系。

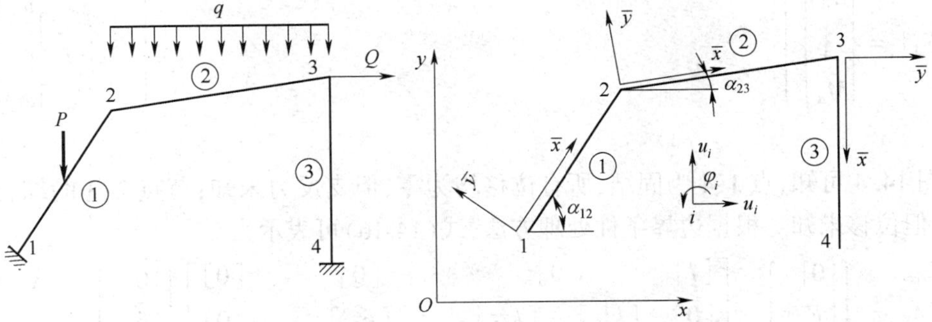

(a) 单元节点　　(b) 单元编号

图 14.4　平面刚架示例

表 14.1　各单元始末端的节点编号

单元	始末端节点号	
	i	j
①	1	2
②	2	3
③	3	4

根据式(14.12),将3个单元刚度矩阵各用4个子块表示为

$$[k^1]=\begin{bmatrix}[k_{11}^1] & [k_{12}^1]\\ [k_{21}^1] & [k_{22}^1]\end{bmatrix}\begin{matrix}1\\2\end{matrix}\quad [k^2]=\begin{bmatrix}[k_{22}^2] & [k_{23}^2]\\ [k_{32}^2] & [k_{33}^2]\end{bmatrix}\begin{matrix}2\\3\end{matrix}\quad [k^3]=\begin{bmatrix}[k_{33}^3] & [k_{34}^3]\\ [k_{43}^3] & [k_{44}^3]\end{bmatrix}\begin{matrix}3\\4\end{matrix}$$

(列号依次为:1 2;2 3;3 4)

(14.14)

采用"对号入座"法,其总体刚度矩阵为

$$[K]=\begin{bmatrix}[K_{11}] & [K_{12}] & [K_{13}] & [K_{14}]\\ [K_{21}] & [K_{22}] & [K_{23}] & [K_{24}]\\ [K_{31}] & [K_{32}] & [K_{33}] & [K_{34}]\\ [K_{41}] & [K_{42}] & [K_{43}] & [K_{44}]\end{bmatrix}=\begin{bmatrix}[k_{11}^1] & [k_{12}^1] & [0] & [0]\\ [k_{21}^1] & [k_{22}^1]+[k_{22}^2] & [k_{23}^2] & [0]\\ [0] & [k_{32}^2] & [k_{33}^2]+[k_{33}^3] & [k_{34}^3]\\ [0] & [0] & [k_{43}^3] & [k_{44}^3]\end{bmatrix}$$

(14.15)

则集成总体刚度矩阵后的总体平衡方程为

$$\begin{Bmatrix}\{F_1\}=\begin{Bmatrix}X_1\\Y_1\\M_1\end{Bmatrix}\\ \{F_2\}=\begin{Bmatrix}X_2\\Y_2\\M_2\end{Bmatrix}\\ \{F_3\}=\begin{Bmatrix}X_3\\Y_3\\M_3\end{Bmatrix}\\ \{F_4\}=\begin{Bmatrix}X_4\\Y_4\\M_4\end{Bmatrix}\end{Bmatrix}=\begin{bmatrix}[k_{11}^1] & [k_{12}^1] & [0] & [0]\\ [k_{21}^1] & [k_{22}^1]+[k_{22}^2] & [k_{23}^2] & [0]\\ [0] & [k_{32}^2] & [k_{33}^2]+[k_{33}^3] & [k_{34}^3]\\ [0] & [0] & [k_{43}^3] & [k_{44}^3]\end{bmatrix}\begin{Bmatrix}\{\delta_1\}=\begin{Bmatrix}u_1\\v_1\\\varphi_1\end{Bmatrix}\\ \{\delta_2\}=\begin{Bmatrix}u_2\\v_2\\\varphi_2\end{Bmatrix}\\ \{\delta_3\}=\begin{Bmatrix}u_3\\v_3\\\varphi_3\end{Bmatrix}\\ \{\delta_4\}=\begin{Bmatrix}u_4\\v_4\\\varphi_4\end{Bmatrix}\end{Bmatrix}$$

(14.16)

由图14.4可知,点1、4为固结,所有位移均为零,但支反力未知;节点2、3的综合节点荷载已知,但位移未知。根据边界条件处理方法,式(14-16)可表示为

$$\begin{Bmatrix}\{0\}\\ \{F_2\}\\ \{F_3\}\\ \{0\}\end{Bmatrix}=\begin{bmatrix}[I] & [0] & [0] & [0]\\ [0] & [k_{22}^1]+[k_{22}^2] & [k_{23}^2] & [0]\\ [0] & [k_{32}^2] & [k_{33}^2]+[k_{33}^3] & [0]\\ [0] & [0] & [0] & [I]\end{bmatrix}\begin{Bmatrix}\{0\}\\ \{\delta_2\}\\ \{\delta_3\}\\ \{0\}\end{Bmatrix}\qquad(14.17)$$

式(14.17)中的$[I]$为单位矩阵,"$[0]$"为0矩阵,"$\{0\}$"为0向量,可以通过矩阵运算求出未知位移。

14.1.6 荷载列阵

方程(14.13)中等式右边的荷载列阵F是一个综合节点荷载列阵。如果结构上施加的不

是节点荷载，就不能直接用于结构矩阵分析，在实际结构中往往会遇到非节点荷载（如节间分布荷载和集中力）的情况，如图 14.4 中的刚架，除了作用有节点荷载 Q 外，还作用有杆间集中力 P 和均布荷载 q 等非节点荷载，需要在形成综合节点荷载列阵之前将节间荷载转换为等效节点荷载。在结构矩阵分析中，等效节点荷载可以根据虚功相等的原则来进行计算，也可以采用位移法中等效变换方法来计算。

等效节点荷载的计算分为两步：

第一步，将承受非节点荷载的单元两端固结，形成两端固定梁，计算局部坐标系中的单元约束反力，即固端力；

第二步，在节点上施加等效节点力和等效节点力偶，其大小等于固端力和固端力矩，但方向与固端力和固端力矩相反，以释放第一步中施加的约束，将等效节点荷载与实际节点荷载相加，即为综合节点荷载。

表 14.2 给出了常见荷载的固端力计算公式。

表 14.2　等截面梁单元固端力计算公式

荷载	荷载图式	固端力计算公式
1	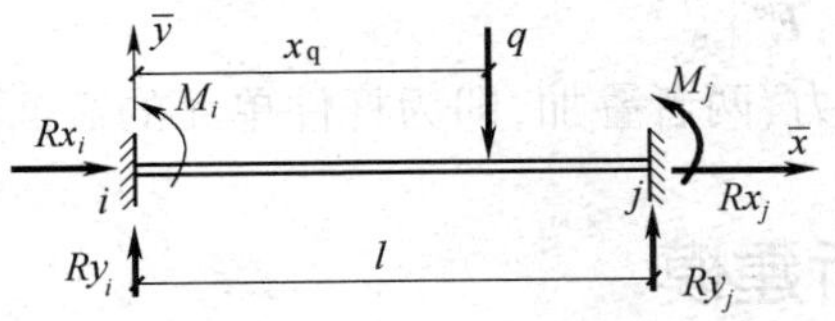	$Rx_i = Rx_j = 0$ $Ry_i = q\cdot(1-2x_q/l)\cdot(1-x_q/l)^2, Ry_j = q - Ry_i$ $M_i = q\cdot x_q\cdot(1-x_q/l)^2, M_j = -q\cdot x_q^2\cdot(l-x_q)/l^2$
2	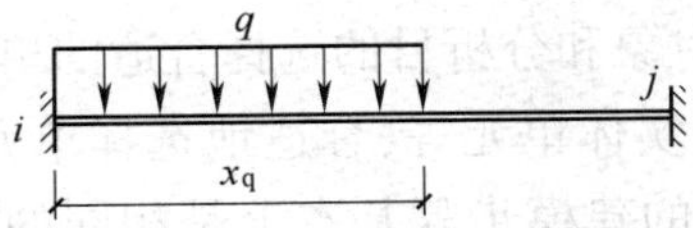	$Rx_i = Rx_j = 0$ $Ry_i = q\cdot x_q(1-x_q^2/l + x_q^3/2l^3), Ry_j = q\cdot x_q - Ry_i$ $M_i = q\cdot x_q^2\cdot(6-8x_q/l + x_q^3/l^2)/12$ $M_j = q\cdot x_q^3\cdot(4l-3x_q)/12l^2$
3	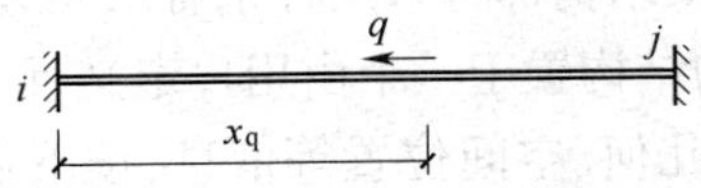	$Ry_i = Ry_j = 0, M_i = M_j = 0$ $Rx_i = q(1-x_q/l), Rx_j = q - Rx_i$
4	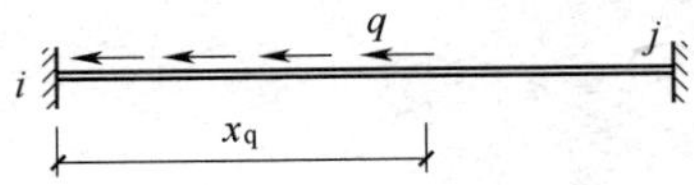	$Ry_i = Ry_j = 0, M_i = M_j = 0$ $Rx_i = q\cdot x_q(1-x_q/2l), Rx_j = q\cdot x_q - Rx_i$
5	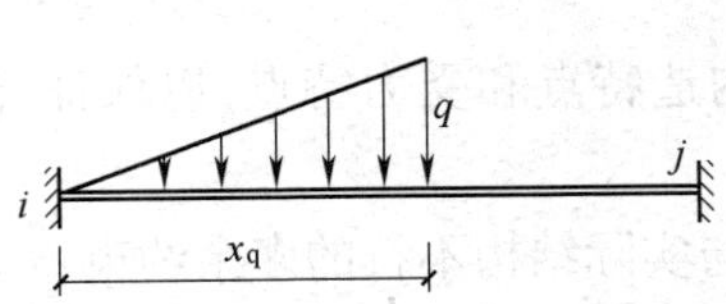	$Rx_i = Rx_j = 0$ $Ry_i = q\cdot x_q(2-3x_q^2/l^2 + 1.6x_q^3/l^3)/4$ $Ry_j = q\cdot x_q/2 - R_{yi}$ $M_i = q\cdot x_q^2\cdot(2-3x_q/l + 1.2x_q^2/l^2)/6$ $M_j = q\cdot x_q^3\cdot(1-0.8x_q/l)/4l$
6	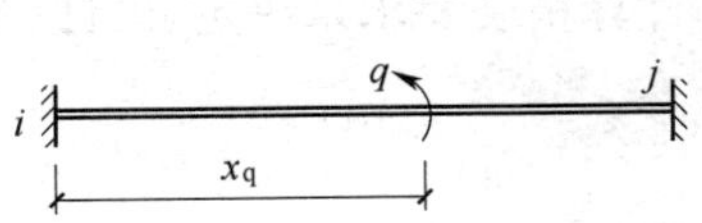	$Rx_i = Rx_j = 0$ $Ry_i = 6q\cdot x_q(l-x_q)/l^3, Ry_i = -Ry_i$ $Ry_j = q\cdot x_q/2 - Ry_i$ $M_i = q\cdot(1-x_q/l)(3x_q/l-1)$ $M_j = q\cdot x_q/l\cdot(2-3x_q/l)$

续上表

荷载	荷载图式	固端力计算公式
7	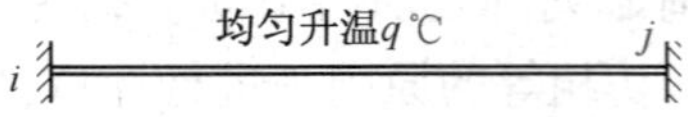	$Ry_i = Ry_j = 0, M_i = M_j = 0$ $Rx_i = q \cdot (\rho EA), Rx_j = -Rx_i$,$\rho$—线膨胀系数
8	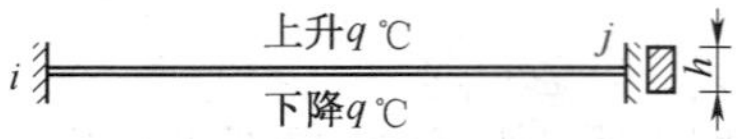	$Rx_i = Rx_j = 0, Ry_i = Ry_i = 0$ $Rx_i = \dfrac{2q \cdot \rho EI}{h}, M_j = -M_i$
9	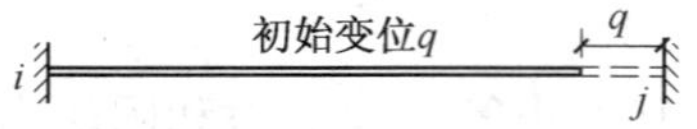	$Ry_i = Ry_j = 0, M_i = M_j = 0$ $Rx_i = -q \cdot x_q, Rx_j = -Rx_i$

对于预应力、收缩徐变、温度作用等,其荷载列阵的形成见第 5 章。

14.1.7　平衡方程求解与杆件单元内力计算

在建立平衡方程式(14.13)后,可采用直接法、高斯消去法、三角化分解、子空间迭代法等方法求解,从而得到总体坐标系下的节点位移$\{\delta\}$,经过坐标变换得到局部坐标中的单元杆端位移列阵$\{\bar{\delta}^e\}$,然后根据单元刚度矩阵计算出杆端力$\{\bar{F}^e\}$。

对有非节点荷载的单元,还应计算由此产生的内力,两者叠加,即为杆件单元的截面内力。

14.2　桥梁分析建模

进行桥梁数值分析时,一个重要的问题是依据结构对象和分析目的选择合适的单元,单元的种类有很多,如前面介绍的梁杆系单元以及板壳单元、实体单元等,合适地选择单元还需通过《有限元》等后续课程的学习方能实现,不过各类单元的建模步骤基本上是相同的,本节仍以上节介绍用杆系有限元为主介绍。实践中,大部分桥梁结构都可采用杆系有限元进行分析。

在结构设计完成后,形成了结构的实物模型,将实物结构置于一个由用户定义且满足计算软件约定条件的总体坐标系内,以此坐标系描述结构的几何、空间位置等信息,按下述内容和步骤完成桥梁模型的建立。

14.2.1　结构离散

桥梁结构模型离散化必须遵循以下基本原则:

(1)计算模型和单元选择应尽量符合实际结构的构造特点和受力特点,以保证计算分析结果的真实性;

(2)保证结构为几何不变体系,同时也要避免施加与实际结构不符的多余约束;

(3)在合理模拟的前提下,尽量减少节点数量;

(4)本构关系应反映材料的性质。

单元的划分,应根据结构构造特点、实际问题需要和计算精度要求来决定,因此,单元划分时应在以下位置设置节点:

(1)各关键控制截面处;

(2)构件的交接点、转折点;

(3)截面突变处;

(4)不同材料结合处；

(5)所有支承点；

(6)对于等截面直杆组成的桥梁结构，除梁、柱等构件的交结处必须设置节点外，杆件中间节点的多少对计算精度无影响，一般根据验算截面的布置以及求影响线时单位力作用点的要求，来确定所需的中间节点；

(7)对于变截面杆或曲杆，如拱肋，尽量细分，使折线模型尽可能接近实际曲线结构的受力状态；

(8)施工缝处。

14.2.2　桥梁构件单元类型的选择

模拟桥梁构件的单元往往不止一种，表 14.3 列出了桥梁结构建模常用的单元类型和可模拟的桥梁构件。

表 14.3　桥梁结构建模常用的单元类型和构件模拟

单元类型	单元内力	一个节点的自由度数	模　拟
梁单元	弯矩、剪力、轴力和扭矩	(1)空间梁单元：3 个线位移和 3 个转动位移； (2)平面梁单元：2 个线位移和 1 个转动位移	(1)主梁、桥墩、索塔、桩基和横向联系梁、刚性联系梁； (2)若释放梁单元两端的转动自由度，可模拟桁架构件
杆单元	拉力和压力	(1)空间杆单元：3 个线位移； (2)平面杆单元：2 个线位移	(1)桁架； (2)指定拉/压属性时，可模拟斜拉索、吊杆、系杆等； (3)预应力筋
索单元	拉力	3 个线位移(空间)、2 个线位移(平面)	主缆、斜拉索、吊杆、系杆等
板壳单元	弯矩、剪力、轴力和扭矩	3 个线位移和 2 个转动位移	箱梁、T 梁翼缘板
实体单元		3 个线位移	深梁、承台、基础、0 号块
连接单元	弯矩、剪力、轴力和扭矩	3 个线位移和 3 个转动位移	支座、地基土弹簧

14.2.3　定义截面特性和材料特性

大型有限元程序和桥梁专用软件中，为方便定义截面特性，预设了常用截面的参数化输入，使用者只需输入几何参数即可完成截面定义。如遇到特殊截面，可使用软件中的截面自定义功能，或者运用 CAD 的截面特性查询获取截面特性。

通常情况下，梁单元空间位置的节点建立在质心处，也可以将梁单元节点建立在横截面的其他位置，如截面左上角，截面中—上处、甚至截面的任意位置。由于单元坐标轴是根据节点单元建立的，因此一旦确定单元节点在横截面的位置，单元坐标轴也随之确定，施加在单元上的荷载(包括自重)因单元坐标轴选择不同而产生不同的计算结果，对此应引起注意。

桥梁结构中采用的建筑材料主要是圬工、混凝土和钢材，因此材料的弹性模量、密度、泊松比等可直接采用相应规范的建议值。在分析混凝土收缩、徐变效应时，如缺乏实测资料，可参照现行规范进行计算。在计算结构承载能力时,涉及材料的非线性行为,需要给出材料的本构关系。

14.2.4　施工阶段与计算阶段划分

前面的章节已经介绍,大部分桥梁是通过系列施工阶段和体系转换才能成桥的,且大部分施工方法将引起施工成桥内力与一次性成桥内力的不协调,因此,桥梁的建模与分析,需要依据施工的过程构造施工全过程的力学模型,使分析模型能够真实反映施工过程、体系转换以及桥梁结构的最终内力,确保结构全过程受力安全。

为了后文的阐述方便,给出几个定义:

"施工阶段":桥梁施工至某一个时刻的状况,在施工过程中它具有时间上的唯一性,如某悬臂施工阶段、桥面铺装阶段等,施工阶段的描述可粗可细,如某悬臂施工阶段还可细分为挂篮移动、混凝土浇筑、预应力张拉等。具体由设计阶段和需要确定,一般初步设计阶段,施工阶段划分得粗,而施工图设计阶段则划分得更细一些。

"计算阶段":一般情况下是"施工阶段"的具体描述,它是从施工阶段中人为选定的某些典型施工阶段,正装施工阶段的计算阶段时间轴上具有一一对应性,阶段选取上需按施工阶段的时序合理选择,施工过程中的关键工序阶段都应该设置为计算阶段,如结构节段的安装、体系转换等,相反,若忽略其过程和时间差等不会对结构有较大影响的施工阶段可以不划分为计算阶段或进行合并处理。需要注意,类似于斜拉桥中的倒拆法,则完全是人为假设的计算阶段。

"计算工况":一般指结构一定的情况下,描述作用于其上的荷载不同情况。如自重、二恒、汽车、沉降及其组合都可以称为工况。每一个计算阶段都可以施加不同的计算工况与组合。

一座桥梁的典型施工阶段在设计过程中就明确了,而计算阶段是为了解某个施工阶段(某个施工时刻)的力学状态而人为划分的阶段。一般来说施工阶段越多,计算阶段也会多,如简支梁桥无论采用预制安装还是支架现浇,一般只需要 1~2 个计算工况;而混凝土连续刚构桥等复杂体系桥梁,往往需要几十个计算阶段才能完成整个施工阶段的分析。

表 14.4 为某连续梁桥上部结构的计算阶段和施工阶段,其合龙顺序为先边跨合龙后中跨合龙,见图 14.11。

表 14.4　连续梁上部结构施工阶段和计算阶段

计算阶段号	施工阶段与施工内容	阶段时间(d)	累计时间(d)
1	0 号块施工:安装中墩永久支座和临时支撑,混凝土浇筑(单元号:25~34,78~69)	14	14
2	0 号块施工:张拉预应力(束号:8F0,8T0)	1	15
3	1 号块施工:安装挂篮;拆除临时支墩的支承	30	45
4	1 号块施工:浇筑混凝土(单元号:24,35,68,79)	8	53
5	1 号块施工:预应力筋张拉(束号:8F1,8T1)	1	54
6	2 号块施工:移动挂篮:固结临时支墩(混凝土)与 0 号块	1	55

续上表

计算阶段号	施工阶段与施工内容	阶段时间(d)	累计时间(d)
7	2 号块施工:浇筑混凝土(单元号:23,36,67,80)	8	63
8	2 号块施工:预应力筋张拉(束号:8F2,8T2)	1	64
9	3 号块施工:移动挂篮	1	65
10	3 号块施工:浇筑混凝土(单元号:22,37,66,81)	8	73
11	3 号块施工:预应力筋张拉(束号:8F3,4T3)	1	74
12	4 号块施工:移动挂篮	1	75
…	…	…	…
45	15 号块施工:移动挂篮	1	185
46	15 号块施工:浇筑混凝土(单元号:10,49,54,93)	8	193
47	15 号块施工:预应力筋张拉(束号:4T15)	1	194
48	16 号块施工:移动挂篮	1	195
49	16 号块施工:浇筑混凝土(单元号:9,50,53,94),同时搭支架施工 17 号块(单元号:单元号:1~7,96~102)	8	203
50	16 号块施工:预应力筋张拉(束号:4T16)	1	204
51	移动边跨挂篮作为吊架	2	206
52	张拉预应力钢筋(束号:2T18,2D1)	1	207
53	合龙边跨:浇筑混凝土(单元号:8,95),解除支架水平约束	15	222
54	张拉预应力钢筋(束号:D1~D6,K1~K2,T18~T20)	2	224
55	拆边跨支架,拆边墩临时支撑,拆除边跨挂篮	2	226
56	拆除中跨的一个挂篮,另一个挂篮前移作为吊架	1	227
57	张拉预应力钢筋(束号:2T17,2B1)	2	229
58	拆除中墩临时约束	1	230
59	合龙中跨(浇筑混凝土)(单元号:51,52)	15	245
60	张拉预应力钢筋(束号:B1~B9,H1~H4,T17,H′)	2	247
61	拆除中跨挂篮	2	249
62	桥面铺装	60	309
63	后期徐变		350
64	后期徐变		450
65	后期徐变		750
66	后期徐变		1 150~1 500
67	运营阶段(恒载+多工况荷载)		

14.2.5 支座与约束处理

(1)约束

结构平衡方程必须引入外部边界条件,方可求解。外部边界条件有力边界和位移边界,通常的桥梁分析中主要为位移边界条件,又称约束,如工程力学的固结、固定或活动支座等。

固结约束意味着被固结的自由度没有位移,对于梁,即没有转角和线位移。

固定约束,对于梁结构而言,对应约束节点的竖向位移和水平位移为 0,转动自由,弯矩为

0(力边界)。

活动支座,对于梁结构而言,约束节点的竖向位移为0,而水平位移和转角是自由的。

实现以上位移约束的工程措施主要依靠基础结构、桥梁支座等。如刚构桥结构分析中为简化起见,不考虑基础结构,则刚构墩底按固结约束处理,而基础变位的影响通过强迫位移的方式计入。支座视其刚度不同,可将其作用归结为弹性约束或刚性约束,或称弹性支撑与刚性支撑。

(2)支座刚度处理

桥梁工程中常用的支座类型有钢支座、板式橡胶支座、盆式支座等。相较于钢支座,板式橡胶支座、盆式支座在结构自重和外荷载作用下会发生较大的压缩变形和转角变形。对简支体系的桥梁,常忽略支座的变形,视支座为刚性支撑,但对于超静定结构,可考虑其影响。

当考虑支座的弹性变形时,约束条件由刚性支撑调整为弹性约束支撑,可用弹簧单元模拟。弹簧单元有线性和非线性之分。其中线性弹簧单元多用在反映桥梁下部的桩和地基的刚度。弹簧单元的刚度系数按发生单位线位移或单位角位移时所施加力和力矩的大小来输入。工程中常用的板式橡胶支座,弹簧单元的刚度系数换算如下:

①竖向刚度 R_{ck},按式(14.18)计算:

$$R_{ck}=\frac{A_e}{t_e}\cdot\frac{E_e\cdot E_b}{E_e+E_b} \tag{14.18}$$

式中,t_e 为支座橡胶层总厚度;A_e 为橡胶支座的有效承压面积,即支座承压加劲钢板面积;E_e 为橡胶支座抗压弹性模量;E_b 为橡胶体积弹性模量。

②水平刚度 T,按式(14.19)计算:

$$T=\frac{G_e\cdot A_g}{t_e} \tag{14.19}$$

式中,G_e 为支座剪切变形模量;A_g 为橡胶支座的毛面积。

14.2.6　构件连接处理

(1)节点的性质与构件连接

杆系有限元模型和桥梁实体结构中均会出现"刚性节点"与"铰节点",刚性节点能传递弯矩和剪力,且能维持各构件之间的夹角不变,即节点位置刚性变形;铰节点只能传递剪力而不能传递弯矩,其转角变形自由,常用于描述铰结构。

不同的节点类型,有限元模型中需要选取不同的单元进行描述,或对节点进行自由度释放处理。

《结构力学》中的铰接桁架结构,它适用于桁架节点为销接的桁架结构,此时,应采用杆单元描述;而桥梁工程的桁架为节点板或整体节点连接,所连接的构件之间是能传递弯矩的,因此,桥梁工程中桁架往往采用梁单元描述。

(2)刚性连接的模型处理

桥梁结构中,常出现一个刚性节点连接多个构件的情况,有限元模型中,对此类连接构造的处理将直接影响模型的正确性和计算精度,常用的连接处理方法有"刚臂"连接和主从节点连接。下面以连续刚构桥墩梁固结节点及其连接为例,介绍采用梁单元描述的处理方法。

连续刚构桥墩梁固结节点连接主梁和桥墩结构,如图14.5(a)所示,此节点连接两个梁部单元和一个桥墩单元,而桥墩实体结构的截面是从梁底处的墩顶位置算起的。

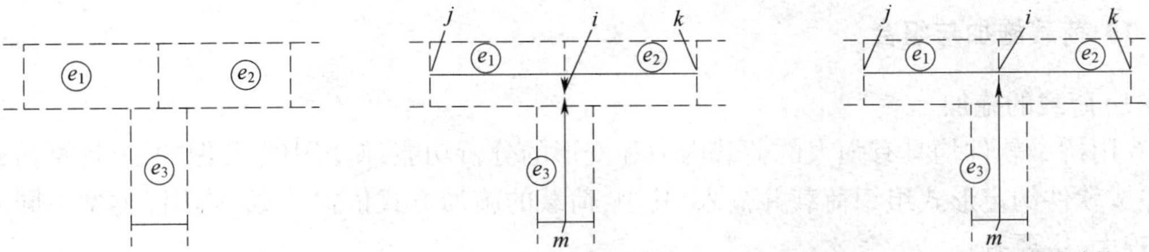

（a）墩梁固结节点连接单元　　（b）多单元刚臂连接　　（c）墩单元刚臂连接

图 14.5　刚性连接的刚臂模型

①“刚臂”连接

一般情况下,梁单元的两个端部节点位于端部截面的重心处,如图 14.6 中 $i'j'$,为解决构件连接问题,梁单元模型中一般建立了带刚臂的梁单元,如图 14.6 所示,“刚臂”系指从端部截面重心位置到计算节点之间的一个刚度为无穷大构件,如图 14.6 中 ii' 和 jj',其基础知识见结构力学和有限元。

桥梁建模时,程序可自动计算节点 i 的位置及其刚臂信息,取 i 节点坐标为其连接的各单元端截面重心坐标的平均值,节点 i 到各单元端截面重心之间用刚臂描述,如图 14.5(b)所示。

也可人为地进行刚臂描述,如取梁部截面重心为 i 计算节点,再建立桥墩单元的刚臂,为计算节点 i 到墩顶截面重心之间用刚臂描述,如图 14.5(c)所示。

②主从节点连接

利用软件所提供的主从节点功能,能方便实现刚性连接。所谓主从节点,先定义主节点和从节点,再建立从节点与主节点之间服从刚体变形或某指定的弹性变形关系,一个主节点可以连接多个从节点,而一个从节点仅能配设一个主节点。

对应上述模型,先按实际结构划分单元,如图 14.7 中的 n、m 节点定义墩顶单元,再定义 i 节点主节点、桥墩节点 n 为从节点,并约定好主从关系为刚性连接(刚体变形)即可。对比可见,采用主从节点连接方式的节点数比刚臂连接的要多,但使用上更灵活。

也可定义主从节点之间为弹性连接关系,此时,需要定义其弹性变形关系。

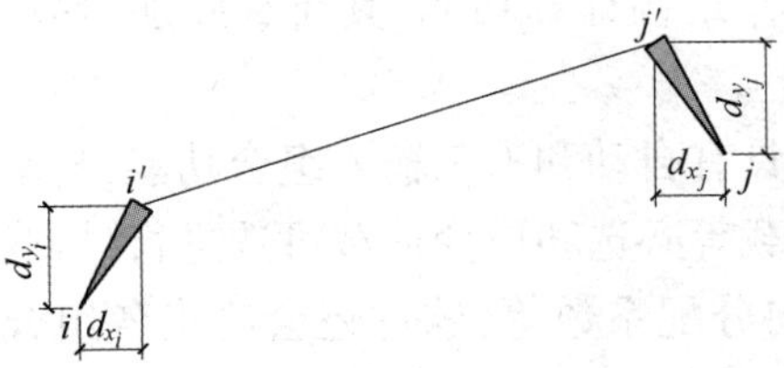

图 14.6　带刚臂的梁单元

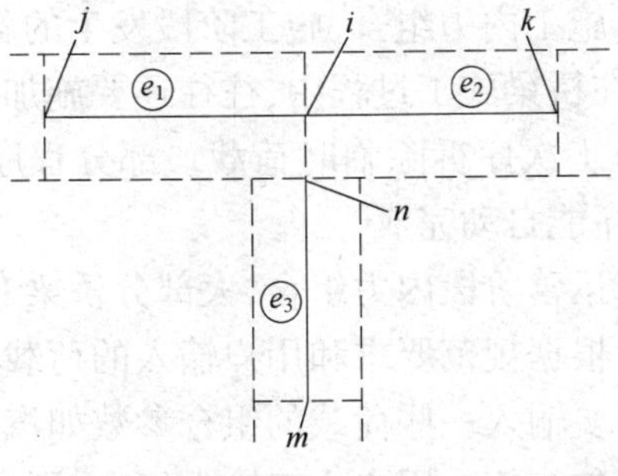

图 14.7　刚性连接的主从节点模型

(3)不同类型单元连接处理

桥梁模型中经常同时有不同类型的单元,如梁、杆、板壳、实体单元等,同一个节点将会连接不同类型单元,如将节点自由度为 6 个的空间梁单元连接到节点自由度只有 3 个的实体单元上,如此,导致自由度不协调的连接模式及相应的计算精度问题,需要慎重处理,处理方法可参见有关专著。

14.2.7　荷载施加与组合

(1)荷载的施加

专用桥梁软件均具有强大的荷载内力和变形的分析功能,使用中需要做的是:计算荷载大小,并按软件约定形式组织荷载并输入,其中,荷载的施加方式依据荷载(作用)类型不同而差异性较大,主要有:

①以力方式施加,主要类型包括重力、集中力、均布荷载,荷载项包括结构自重、二恒、施工临时荷载、风力、土压力等。使用软件计算时,一般通过软件约定的方式输入参数,如容重或力的大小、作用位置、方向等。

在给定重力加速度和密度后,程序自动计算出桥梁结构构件自重,一般无需额外施加。但需注意如下几个特殊问题:

桥梁横隔板:一般以集中力的方式计入。

桥梁自重的修改:由于混凝土桥梁结构钢筋、齿块等的影响、钢结构中加劲构件、节点板等构造用钢的影响,按横截面计算其结构自重往往小于结构实际自重,此时,可通过自定义密度进行修正以反映实际结构的质量,可按式(14.20)得到材料密度修正系数 γ,即

$$\gamma=\frac{\text{结构的总重力}}{\text{有限元模型的竖向反力之和}} \tag{14.20}$$

桥面系自重一般以均布荷载方式施加在桥面系所对应的单元上。

②以位移方式施加,如支点变位影响,按软件约定的方式输入变位节点、方向及弹性参数。

③混凝土收缩徐变、预应力效应、温度作用等,其计算原理见第5章,软件按力学分析原理具备该分析模块,用户需输入与此相关的计算参数。

④活载:通过影响线及其最不利加载计算,用户输入需要计算的内容以及移动荷载类型等相关信息,专用桥梁软件完成活载计算,且一般还提供了自定义移动活载的功能。

⑤冲击力:视软件功能和活载类型而定,有的需要人工输入冲击系数,有的能自动计入。

(2)荷载的组合

①组合的原则、类型和方法见第3章。

②施工内力组合,施工阶段发生的各项荷载,软件一般均按叠加原理逐阶段自动进行叠加计算,在桥梁施工过程中,往往还要施加临时荷载,如挂篮、配重、施工荷载等,计算过程中需注意按施工次序拆除临时荷载。部分程序具有移动挂篮结构计算功能,其荷载施加、移动和拆除,程序能自动完成。

③运营阶段内力组合,大部分桥梁专用程序同时具有自动和人工输入组合功能,自动组合一般是根据规范要求和用户输入的荷载项,并依据恒载等必选和可变荷载可选进行排列组合,其中需要输入一些荷载的组合参数如汽车活载的横向分配系数等,软件还会给出各组合的最不利值包络值。用户人工输入组合,则按用户输入的组合项和组合系数进行组合。

14.2.8　常用桥型建模方法

在完成以上准备工作后,就可选用直接建模法,实体建模法和计算机辅助系统来创建有限元模型。

(1)简支梁桥

采用平面模型分析T梁内力和变形时,只需建立一片梁的有限元模型,其空间效应可通

过横向分布系数来体现;采用空间模型分析 T 梁内力和变形时,此时应建立包含梁肋和横隔板于一体的模型,通常把梁肋和翼缘板建为梁单元,把横隔板单独建为梁单元,且可通过虚拟梁单元考虑翼缘板间的连接。

装配式简支板桥同样可以建为平面模型和空间模型。平面模型的方法与 T 梁相同,其空间效应可通过横向分布系数来体现;当采用空间梁单元模型时,为模拟板梁间的铰缝,需要用一端固接一端铰接的刚性横梁来实现。

(2)连续梁桥和连续刚构桥

连续梁桥和连续刚构桥的有限元模型没有大的区别,都是采用梁单元来模拟。连续刚构桥的主梁与桥墩固结,两者之间需要用刚臂或刚性连接来模拟;而连续梁施工模型过程中需要模型临时固结,一般用临时约束处理。支架上现浇边跨直线段也采用离散约束模拟支架。

在计算预应力混凝土桥梁时,需要输入钢束束数、钢束几何形状、每束钢束数量、张拉控制应力、摩阻系数、混凝土加载龄期等。在桥梁专用软件中都提供了较为便捷的钢束输入法,并能计算出各钢束的有效预应力和各项预应力损失值。

(3)拱桥

石拱桥以及普通上、中和下承式拱桥中主拱圈单独承受来自拱桥的全部自重和活载,拱上建筑仅起传递荷载的作用,因此其计算简图可以为单独的主拱或带拱上立柱的两种模型。

对于空腹式拱桥和组合体系拱桥,由于拱上建筑与主拱圈之间存在联合作用,因此计算中需要将拱上建筑一并建入模型。

采用有限元法计算拱桥时,主拱圈可以采用直梁单元模拟,也可以采用曲梁单元模拟;吊杆、系杆用杆单元和索单元模拟;拱上立柱、桥面板采用梁单元模拟;拱上填料则以梯度荷载方式施加在主拱圈和腹拱圈上。

(4)斜拉桥和悬索桥

斜拉桥和悬索桥既可建成平面模型,也可建成空间模型,目前大多采用空间模型。斜拉桥和悬索桥的索塔采用空间梁单元;悬索桥的主缆采用索单元或杆单元来模拟;悬索桥的吊杆和斜拉桥的斜拉索同样可以采用杆单元或索单元模拟;加劲梁采用横向刚度极大的鱼骨刺模型,忽略加劲梁横向变形;斜拉桥的斜拉索受到自重作用,会产生垂度效应而影响结构刚度,通常采用修正斜拉索弹性模量的方法来考虑,即按 Ernst 公式进行修正。

如第 10 章所述,悬索桥存在找形等特殊问题,其力学计算复杂一些,需要用到一些特殊功能模块。

14.2.9　结果正确性检验方法

桥梁数值分析方法的应用大幅度提高了计算效率,也使得过去依靠手工计算无法实现的桥梁变成了现实,如密索体系斜拉桥、组合体系桥等,同时,桥梁工程师有更多精力关注结构设计。但是,大部分软件使用者并不了解软件的内核,软件成了“黑匣子”,评价软件分析结果的正确性成为分析计算中的难点和关键问题,特别是对于初学者。以下内容对于初学者至关重要。

了解有限单元法、结构分析及其软件编制方法,对正确组织输入、判断结果的正确性是很有裨益的。

反复思考模型是否符合设计意图和施工工艺要求。如连续梁临时固结拆除与后期预应力张拉工艺关系,由于程序内部处理的原因,以上两个工艺次序互换的计算结果是截然不同的。正确的做法是,后期预应力张拉前应该拆除临时固结。

确保结构为“几何不可变体系”是求解的前提。

基于通用软件功能所覆盖的范围内分析结构,计算中出现的错误,往往是由于用户的使用、操作以及用户对软件使用规则、使用限制条件等方面的理解方面出现了问题,而并非软件本身的原因。因此,出现了错误,应该从自建模型中查找原因。

采用合适的方法检验、评判计算结果正确性是必须的,常用的方法有:

(1)材料用量总重与竖向反力对比

精确的力学模型,材料用量总重与有限元计算获取的总的竖向反力应该是吻合的,若其差值超过5%,则需对模型和材料参数等进行检查、修正。必要时,可细分为一恒和二恒分别检查,对于构造用钢量较大的钢结构,用户还应人为修正容重,以反映构造用钢自重及其影响。

(2)对称性检查

对称荷载作用于对称结构,计算所获得的结构效应必须是对称的,若计算结果不对称,则结构模型是有问题的。

(3)边界条件吻合性

如固结、固定、自由等位移边界是否得到了实现,内力分布是否符合力边界条件等。不符合时,结构的边界约束有问题。

(4)弯矩分配规律校核

利用材料力学、结构力学弯矩分布的基本概念进行评判,如均布荷载下,连续梁两支点之间跨中弯矩与两支点弯矩平均值之差值应该为 $ql^2/8$,而支点弯矩大小,可依靠结构静力手册结果进行初步判断。桥梁结构中二期恒载一般为均布荷载,可以通过二恒弯矩的分布规律进行初步的判断。

预应力次弯矩、徐变次弯矩在梁支点之间应该是线性变化的。

(5)变形量值评判

正常情况下,合理设计的结构,其活载挠跨比一般均会处于容许值范围内,否则,应检查:设计结构是否合理、计算模型是否正确描述了设计结构。

(6)解析结果对比

前人研究总结了比较成熟的解析方法,必要时,可通过解析法与数值计算结果进行对比。

(7)动力特性分析

对结构振型进行规律性判别,如弯、扭振型出现的先后次序是否符合力学概念。

(8)工程案例对比

依据已建工程的文献资料,对比反力、最大弯矩、位移、基频等信息。

(9)软件对比分析

基于不同软件、不同人操作等措施,对计算结果进行对比,这一点也是大型、复杂结构分析中常用的方法。

经验表明,对于初学者,算出结果与算出正确结果之间,还存在较大的距离。需要初学者在不断的实践中提升计算能力和水平。

14.3 计算实例

基于桥梁专业软件,可以实现桥梁结构的模型建立、内力计算、配筋设计和结构验算的全过程分析,本节简要介绍一工程计算实例。

14.3.1　工程概述

某预应力混凝土连续刚构桥,上部结构跨径布置为(70+130+70) m,采用预应力混凝土变截面悬浇箱梁,如图 14.8 所示。箱梁为左右分幅单箱单室断面,如图 14.9 所示,箱梁中支点根部梁高 760 cm,跨中及边跨现浇段梁高 300 cm,梁高采用 1.8 次抛物线变化;箱梁顶板宽1 200 cm、厚 30 cm,顶板悬臂长 275 cm、厚 20~65 cm,底板宽 650 cm、厚 30~80 cm;箱梁腹板厚度由跨中合龙段至支点分别为 50 cm、60 cm、70 cm;箱梁 0 号块设 2 道横隔板与主墩墩身相对接,横隔板厚 80 cm,边跨支点设一道 180 cm 厚(含 20 cm 厚封锚端)端横隔板,如图 14.10 所示。

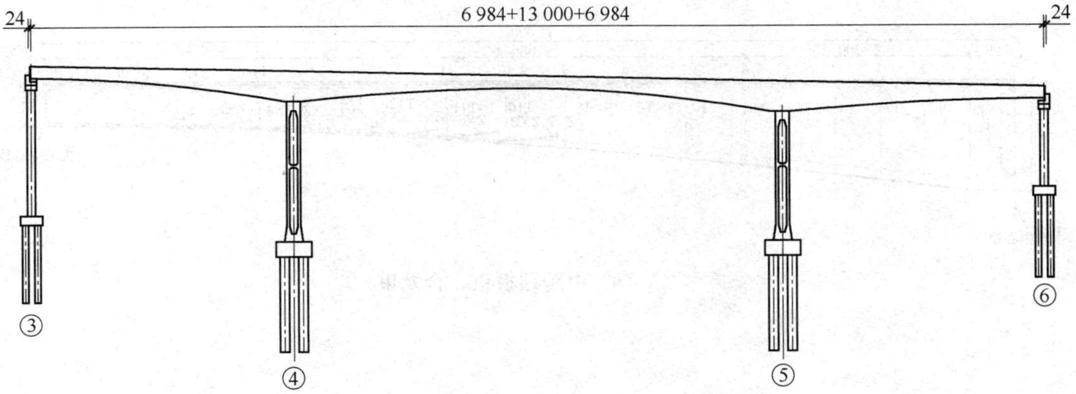

图 14.8　桥梁立面图(单位:cm)

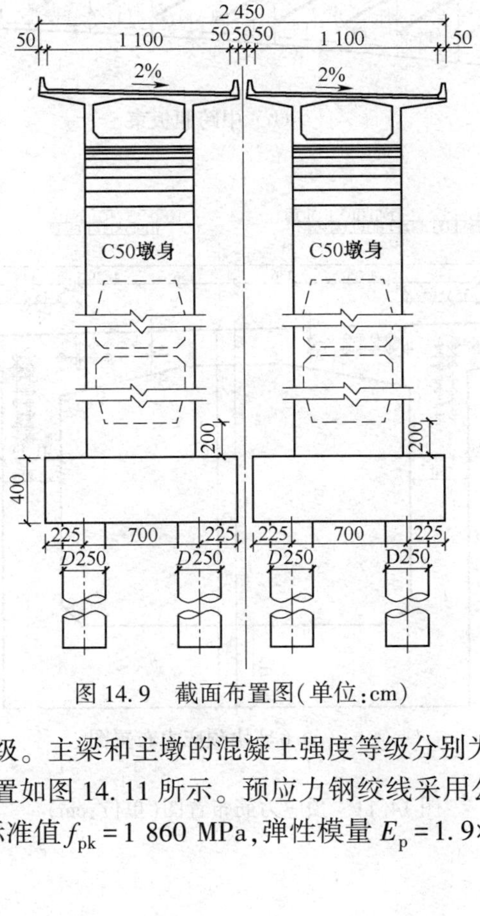

图 14.9　截面布置图(单位:cm)

荷载等级为公路—Ⅰ级。主梁和主墩的混凝土强度等级分别为 C55 和 C50。

上部结构预应力筋布置如图 14.11 所示。预应力钢绞线采用公称直径 $\phi^{S}15.2$ 低松弛预应力钢绞线,其抗拉强度标准值 $f_{pk}=1\ 860$ MPa,弹性模量 $E_p=1.9\times10^5$ MPa。

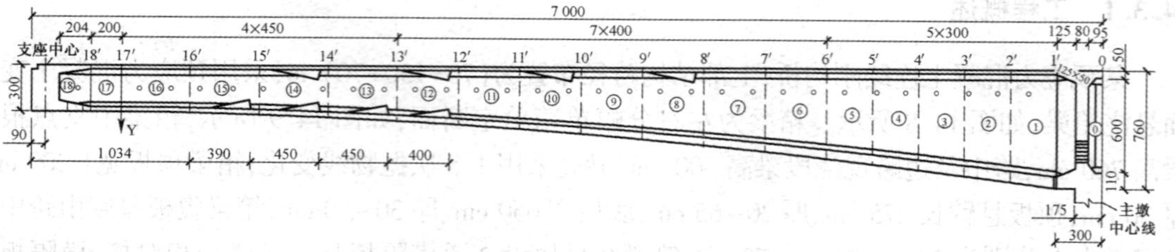

图 14.10　桥梁剖面图(cm)

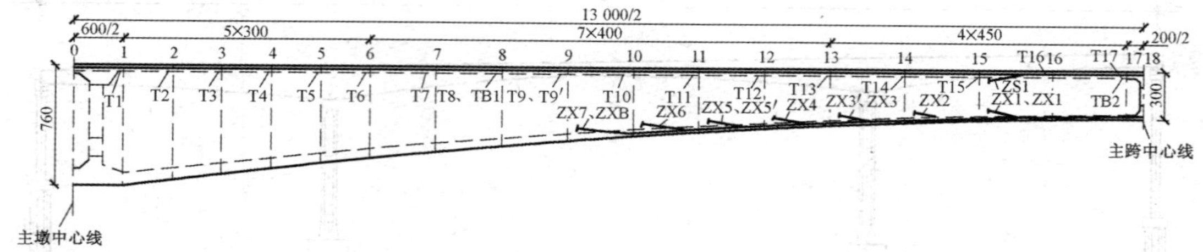

（a）中跨顶板束、合龙束

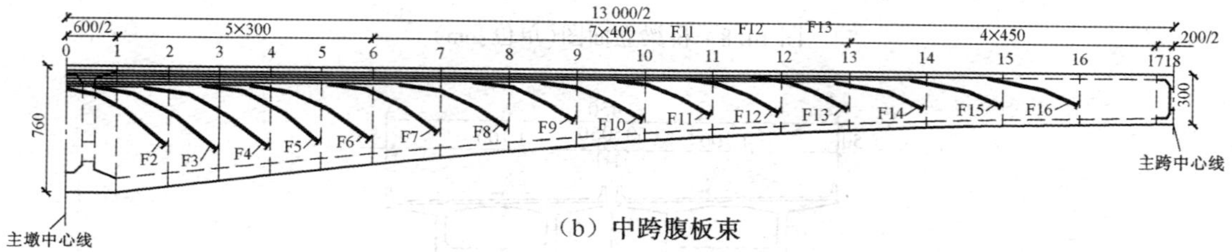

（b）中跨腹板束

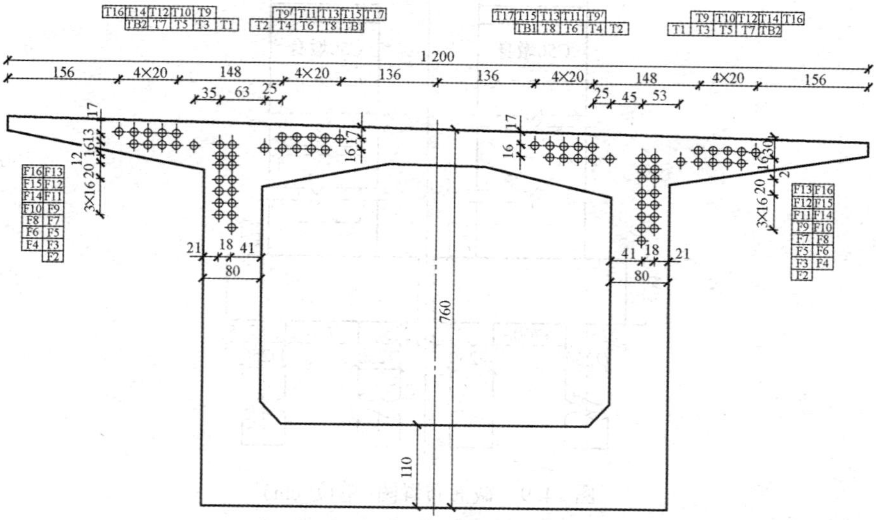

（c）0号块预应力布置图

图 14.11　预应力筋布置图(单位:cm)

14.3.2　有限元模型

该桥采用有限元软件计算,其计算模型如图 14.12 所示。

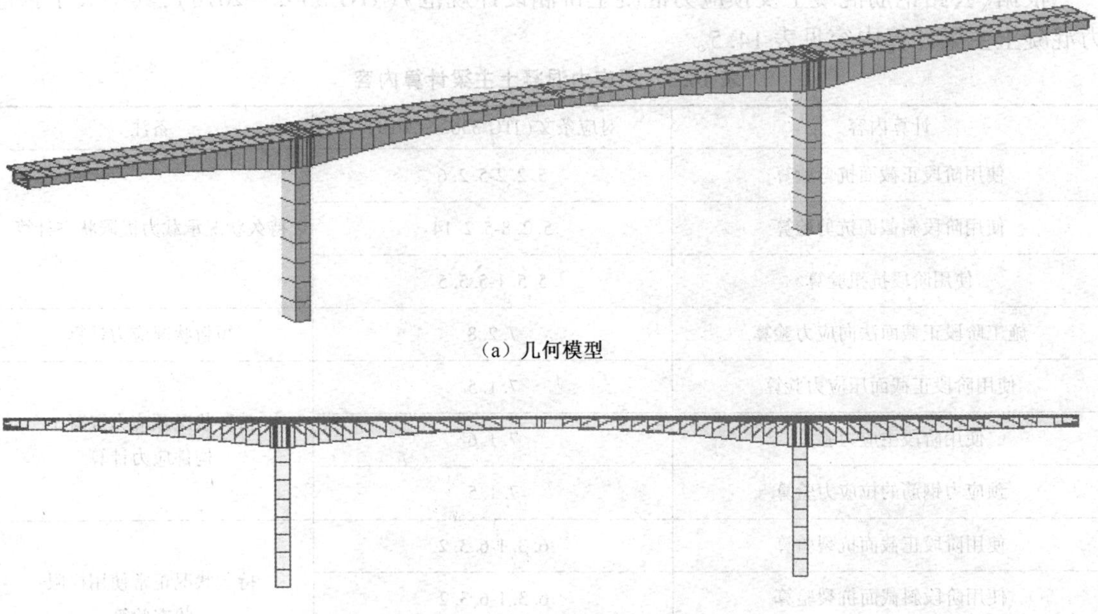

(a) 几何模型

(b) 预应力筋

图 14.12　有限元模型

14.3.3　作用及组合

(1) 永久作用(恒载)

结构自重:容重取用 26 kN/m^3。

混凝土收缩、徐变:考虑 3 年达到收缩徐变终极值。

桥面系自重:每道护栏 9 kN/m,铺装重量按 10 cm 厚计算,容重 24 kN/m^3。

基础变位:主墩按 1 cm 计不均匀沉降。

预应力:按设计图纸和《公路钢筋混凝土及预应力混凝土桥涵设计规范》(JTG 3362—2018)中的规定进行计算。

(2) 可变作用(活载)

汽车荷载:主桥按 3 车道折减取值,主梁偏载放大系数取 1.15。

汽车冲击力:按结构基频计算。

汽车制动力:按《公路桥涵设计通用规范》(JTG D60)的有关规定取值。

(3) 其他可变作用

均匀温度作用:结构体系温度变化按整体升降温±25 ℃考虑。

梯度温度作用:主梁结构梯度温度按《公路桥涵设计通用规范》(JTG D60)取值,截面正温差 T_1 = 14 ℃、T_2 = 5.5 ℃,截面反温差为正温差乘以-0.5。

(4) 作用组合

承载能力极限状态:见式(3.34)或式(3.35)。

正常使用极限状态:见式(3.37)和式(3.38)。

作用标准值组合:组合时作用取标准值,汽车荷载应考虑冲击作用,该组合用于预应力混凝土受弯构件在进行持久状况设计时计算使用阶段截面应力;

根据《公路钢筋混凝土及预应力混凝土桥涵设计规范》(JTG 3362—2018),其中关于预应力混凝土主梁计算内容见表14.5。

表14.5　预应力混凝土主梁计算内容

计算内容	对应条文(JTG 3362—2018)	备注
使用阶段正截面抗弯验算	5.2.2-5.2.6	持久状况承载力极限状态计算
使用阶段斜截面抗剪验算	5.2.8-5.2.14	
使用阶段抗扭验算	5.5.1-5.5.5	
施工阶段正截面法向应力验算	7.2.8	短暂状况应力计算
使用阶段正截面压应力验算	7.1.5	持久状况预应力混凝土构件应力计算
使用阶段主应力验算	7.1.6	
预应力钢筋的拉应力验算	7.1.5	
使用阶段正截面抗裂验算	6.3.1-6.3.2	持久状况正常使用极限状态验算
使用阶段斜截面抗裂验算	6.3.1-6.3.2	
使用阶段裂缝宽度验算	6.4.3	

钢筋混凝土和预应力混凝土受弯构件除按频遇组合计算挠度外,由汽车荷载(不计冲击力)和人群荷载频遇组合在梁式桥主梁产生的最大挠度不应超过计算跨径的1/600,主梁悬臂端产生的最大挠度不应超过悬臂长度的1/300。

14.3.4　计算结果

利用有限元软件后处理模式,可以查看主梁的内力、应力、变形等结构效应,并按规范对构件进行承载力极限状态计算和正常使用极限状态验算。

该桥部分计算结果如图14.13所示。

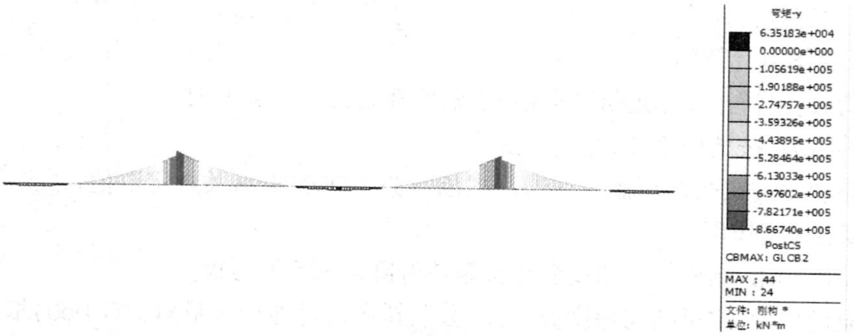

(a) 承载能力极限状态下基本组合弯矩图(不含预应力作用)

图　14.13

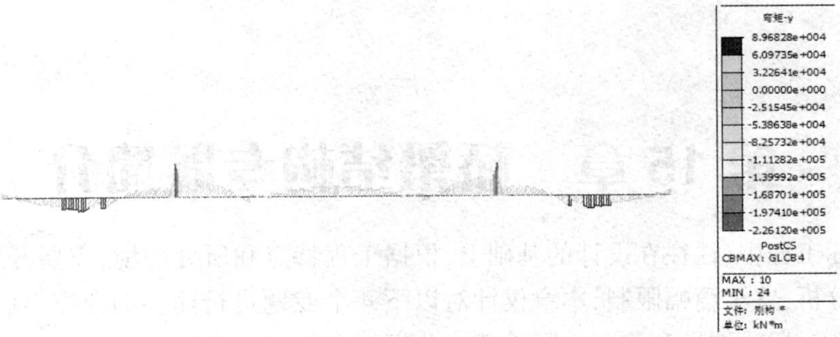

（b）承载能力极限状态下基本组合弯矩图（含预应力作用）

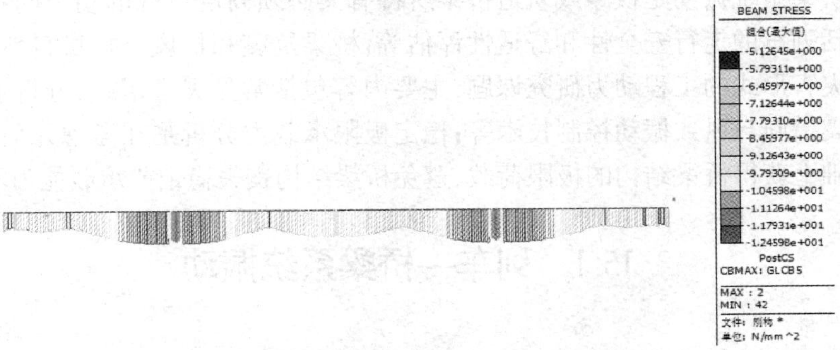

（c）持久状况标准值组合下梁正应力包络图

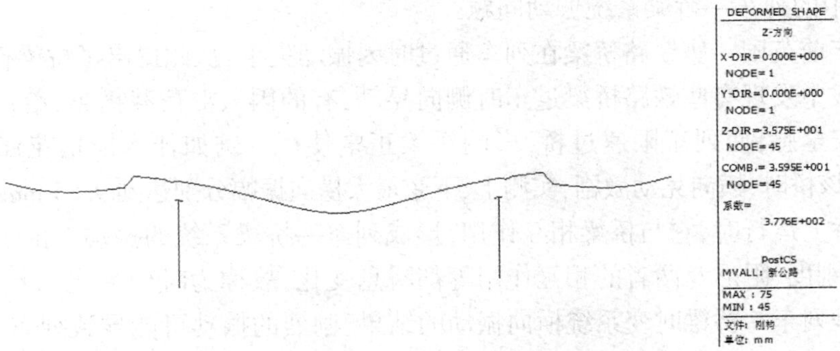

（d）汽车荷载频遇作用下梁挠度图

图 14.13　连续刚构桥部分计算结果

思　考　题

1. 简述桥梁结构的有限元法分析步骤。
2. 以悬臂施工的 3 跨连续梁为例，绘图说明有限元单元离散时的注意事项。
3. 桥梁分析中需考虑施工阶段，有限元中是如何实现的？
4. 有限元中桥梁支座如何有效模拟？
5. 何为主从约束？
6. 对有限元计算的结果，你将用哪些方法对结构的正确性进行评价？

第 15 章　桥梁结构专题简介

桥梁实际工程中，往往在设计的基础上，根据工程特点和所处环境，需要开展某个或多个方面的专题分析，鉴于篇幅限制，本章仅针对以下 4 个专题进行简要的介绍：列车—桥梁系统振动、桥梁抗震、桥梁抗风和稳定极限承载力分析。

列车—桥梁系统振动是铁路或轨道桥梁所特有又必须高度重视的动力问题之一，其主要分析内容包括列车的走行安全性和舒适性评估等；桥梁抗震和抗风是抵御自然界中地震和风两种常见的灾害形式的工程动力研究课题，主要内容包括常见灾害形式、分析理论与方法、常用的抗震减震措施与风致振动控制技术等；稳定极限承载力分析是在考虑几何非线性和材料非线性的基础上获得桥梁结构的极限荷载，避免桥梁结构丧失稳定或承载能力不足问题。

15.1　列车—桥梁系统振动

15.1.1　概述

1. 工程中的列车—桥梁系统振动问题

一百多年前英国一座铁路桥梁在列车通过时因振动失事，从此提出了桥梁行车振动问题。此后长期实践中发现有些铁路桥梁过车时侧向晃动，有的因人群荷载摇晃，给司机、旅客和桥上行人以不安全感，使列车限速过桥，影响桥梁正常使用。例如佳木斯松花江桥，当列车以 58 km/h通过该桥时，横向晃动激剧，实测上、下弦最大横向振幅分别达到 9. 85 mm 和 7. 6 mm。

列车在桥上运行时，它与桥梁相互作用，形成列车—桥梁系统的振动。由于列车运行，此系统的质量、刚度、阻尼及两者的相互作用等都瞬息变化，故称为时变系统。上述列车过桥引起的晃动就是列车—桥梁时变系统横向振动的结果，剧烈的振动可能导致列车发生脱轨或倾覆事故。列车—桥梁系统的振动问题引起了众多桥梁专家的关注和研究，对桥梁特别是大跨度桥梁的设计产生了重大影响。为保证桥上列车运行的安全性和舒适性，需要进行车—轨—桥耦合动力学仿真计算与分析研究，相关指标必须满足列车运行的安全性与舒适性要求。

2. 列车—桥梁系统振动的主要影响因素

从车辆动力学的角度看，铁路机车或车辆是由车厢、转向架、轮对以及弹簧悬挂装置所组成。列车在桥梁上运行时，会对桥梁结构产生动力冲击，使桥梁产生振动，而桥梁结构的振动又反过来对桥上运行车辆的安全性和平稳性产生很大的影响。这样，机车车辆的振动和桥梁结构的振动互相作用、互相影响，形成一个复杂的振动系统，因此成为人们极为关注的问题。目前着重研究列车过桥的竖向与横向振动，而对列车启动与制动引起的纵向振动研究较少。引起车桥系统振动的主要影响因素有：

（1）列车以一定速度过桥时由移动重力加载所形成的周期性竖向作用力，与车辆的编组、轴重及其排列以及行车速度有关。

（2）由于车轮踏面的锥度以及轮缘与钢轨内侧的间隙，导致车辆运行时产生蛇行运动，成为列车乃至车桥系统横向振动的激励源。

(3)轨道不平顺(包括几何及弹性不平顺)使车辆对结构产生附加的动力作用,也是车桥系统振动重要的自激激励源之一。

(4)车桥动力相互作用,即桥梁(包括上部结构和墩台)及桥上轨道结构振动对运行列车的动力影响。

(5)曲线上列车离心力所形成的移动横向力引起的系统横向和扭转振动。

(6)地震的作用:地震激励所诱发的车桥系统的横向振动、地震动的空间变异性对大跨度桥梁的影响。

(7)风的作用:平均风荷载可以引起桥梁整体横向和竖向变形,导致轨道弯曲半径过小,影响行车安全;脉动横风可引起桥梁的抖振;风荷载直接作用于运动着的车体本身,带有横向平均风压的移动车辆对桥梁产生动力作用。

15.1.2　列车—桥梁系统振动分析理论简介

1. 车—轨—桥耦合系统振动研究主要内容、研究热点和研究目标

在车—桥动力相互作用问题研究的长期发展中,列车模型经历了从简单到复杂的演变过程,由移动集中力模型演变为整车模型;桥梁模型则由弹性等直梁模型演变为精细化有限元模型;研究范围从桥梁的竖向动力作用扩展到空间的车桥动力作用;研究内容进一步拓展,形成了比较完整的列车—桥梁动力作用体系。在20世纪80年代后期,这一作用体系逐步向车—轨—桥动力相互作用体系发展和完善。当前车—轨—桥耦合系统振动研究主要内容、研究热点和研究目标见表15.1。

表15.1　车—轨—桥耦合系统振动研究主要内容、研究热点和研究目标

研究内容		研究热点	研究目标
基础研究	列车过桥安全性与舒适性研究	重点研究脱轨系数、轮重减载率、轮轨横向力、车体振动加速度、车体平稳性等车辆动力指标	确定列车过桥速度阈值,确保列车过桥安全性与舒适性
	列车作用下桥梁结构动力响应分析	重点研究梁跨结构的动挠度、动位移、振动加速度、动力冲击系数、梁端折角、墩台的横向位移等桥梁动力指标	掌握桥梁结构动力特性,进行桥梁的动力评估,指导新桥设计
应用研究	环境激励作用下列车—轨道—桥梁动力相互作用研究	主要分析地震、风荷载和公路汽车活载等外部环境激励共同作用下列车、轨道和桥梁的综合动力响应,进行桥上行车安全评估和桥梁抗震设计	掌握外界激励对桥上列车运行安全性的影响,确定安全车速阈值
	铁路桥梁结构的振动控制及减振设计	分析研究各种控制方式在桥梁结构减振中的作用与效果,进行控制方式的设计与控制参数的优化	提出桥梁结构振动控制方式,优化控制技术参数
	既有铁路桥梁加固设计及其安全评估	主要研究列车提速或重载对既有桥梁的动力影响以及桥梁的动力加固技术	评估既有铁路桥梁的加固效果,优化加固方案
	特大型复杂结构桥梁动力设计	研究复杂结构桥梁的动力特性及其对列车过桥性能的影响,优化桥梁结构设计参数	为特大型桥梁工程设计方案的确定提供决策依据

2. 列车—桥梁/列车—轨道—桥梁系统振动分析模型及求解方法

当仅需关注桥梁动力特性及列车的走行性时,只需建立列车—桥梁耦合系统空间力学模

型,若在此基础上还需关注轨道结构的动力响应时,就必须建立列车—轨道—桥梁耦合系统空间力学模型,如图 15. 1 所示,车—轨—桥耦合系统有限元模型示意图如图 15. 2 所示。桥梁按照空间梁、板、壳或实体单元进行模拟,钢轨按照空间梁单元进行模拟;轨道子系统按照三层离散弹簧—阻尼器连接;将轨枕和道砟均按独立的刚度进行考虑;列车按多刚体单元进行模拟,并作如下假设:

(1)车体、转向架和轮对均假定为刚体,不考虑其各自弹性变形。

(2)不考虑车辆间的纵向动力作用,假定列车沿线路做匀速运动。

(3)车体、转向架和轮对在各自平衡位置附近做小幅振荡。

(4)弹簧悬挂系统均在线性范围内,不考虑非线性影响,阻尼器为黏性阻尼。

(5)车辆各部件对各自质心左右、前后对称,不考虑车辆偏心的影响。

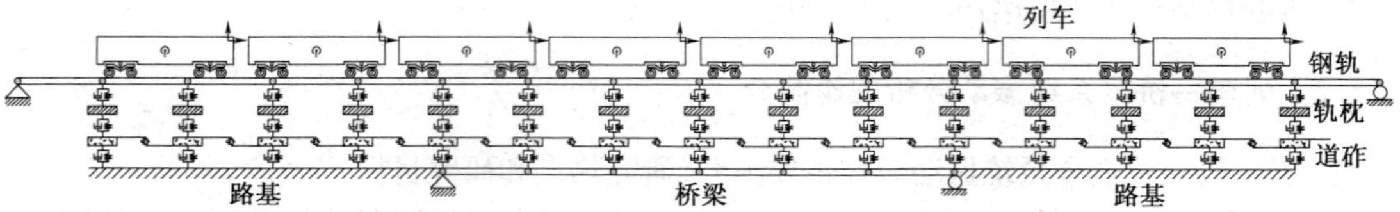

图 15. 1 列车—桥梁/列车—轨道—桥梁系统振动空间力学模型

在图 15. 2 中,M_c 和 $J_{ic}(i=\theta,\psi,\varphi)$ 分别表示车体的质量和侧滚、摇头、点头惯性矩;M_{O_n} 和 $J_{iO_n}(i=\theta,\psi,\varphi)$ 为转向架的质量和侧滚、摇头、点头惯性矩;M_{W_m} 和 $J_{iW_m}(i=\theta,\psi,\varphi)$ 为轮对的质量和侧滚、摇头、点头惯性矩。车体与转向架之间的二系悬挂系统由弹簧刚度参数 $k_2^i(i=l,h,v)$ 和阻尼参数 $c_2^i(i=l,h,v)$ 表示;转向架和轮对之间的一系悬挂系统由弹簧刚度参数 $k_1^i(i=l,h,v)$ 和阻尼参数 $c_1^i(i=l,h,v)$ 表示;其中,l、h 和 v 分别表示横向、纵向和竖向,分别对应于 x、y 和 z 坐标轴。h_1、h_2、h_3 和 h_4 表示车体、转向架、轮对质心、钢轨质心之间的垂直距离。d 和 S 表示两个轮对质心距离的一半和两个转向架质心距离的一半。b_1 和 b_2 分别为一系和二系悬挂系统的垂直弹簧阻尼器的横向距离之半,b_3 和 b_4 分别为一系和二系悬挂系统的横向弹簧阻尼器的横向距离之半。B_r 是轴距的横向跨度。e_y 和 e_z 表示轮轨中心相对桥梁中心在 y 和 z 轴上的偏位。下标 n 和 m 分别表示每辆车的转向架数和轮对数。

列车车辆简化为弹簧、阻尼和质量相连的多刚体体系,采取二系悬挂系统连接各自刚体。以四轴列车为例,每节列车由 1 个车体、2 个转向架(前、后转向架)和 4 个轮对(第一、二、三、四轮对)组成,每个刚体考虑横移、沉浮、侧滚、点头和摇头自由度,每辆车可考虑 35 个自由度,见表 15. 2,各自由度正方向定义如图 15. 3 所示。若假定列车匀速运动,则每个轮对的点头自由度不独立;若假定轮轨密贴,每个轮对的竖向自由度和侧滚自由度不独立,这样对于一般情况而言,每辆四轴车的自由度个数为 23 个。

表 15. 2 每节车辆自由度变量定义

自由度	横移	沉浮	侧滚	点头	摇头
车体	Y_c	Z_c	θ_c	φ_c	ψ_c
前转向架	Y_{O_1}	Z_{O_1}	θ_{O_1}	ψ_{O_1}	ψ_{O_1}
后转向架	Y_{O_2}	Z_{O_2}	θ_{O_2}	φ_{O_2}	ψ_{O_2}
第一轮对	Y_{W_1}	Z_{W_1}	θ_{W_1}	φ_{W_1}	ψ_{W_1}

续上表

自由度	横移	沉浮	侧滚	点头	摇头
第二轮对	Y_{W_2}	Z_{W_2}	θ_{W_2}	φ_{W_2}	ψ_{W_2}
第三轮对	Y_{W_3}	Z_{W_3}	θ_{W_3}	φ_{W_3}	ψ_{W_3}
第四轮对	Y_{W_4}	Z_{W_4}	θ_{W_4}	φ_{W_4}	ψ_{W_4}

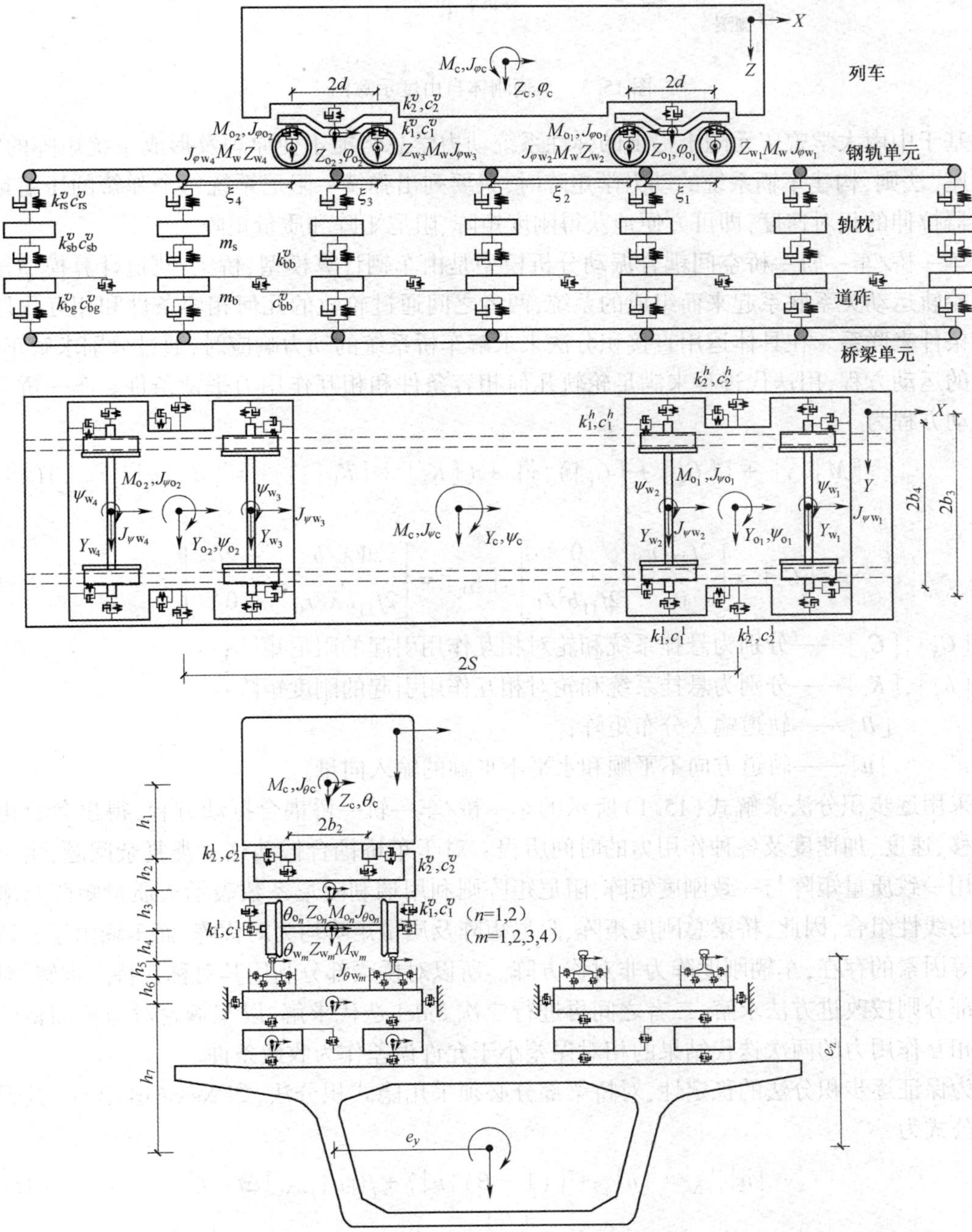

图 15.2　列车—桥梁/列车—轨道—桥梁系统振动空间有限元单元模型

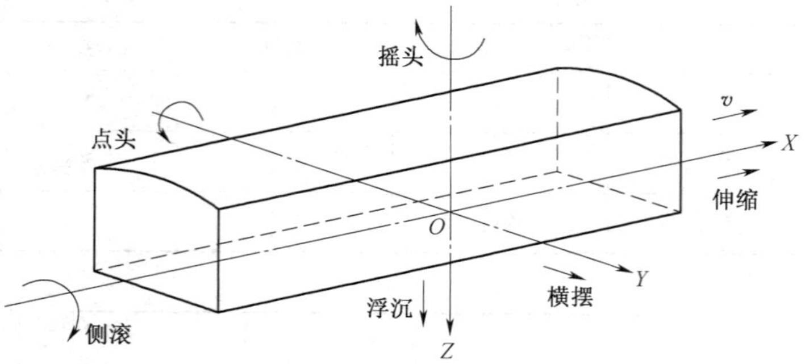

图 15.3　车辆刚体自由度示意图

基于中南大学曾庆元院士提出的弹性系统动力学总势能不变原理及形成系统矩阵的“对号入座”法则，构建车辆系统的动力学矩阵时，只要列出弹簧—阻尼系统每个弹簧的压缩量和阻尼器拉伸的相对速度，即可方便地获得刚度矩阵、阻尼矩阵和质量矩阵。

车—桥/车—轨—桥空间耦合振动分析模型是由车辆计算模型、桥梁/轨道计算模型按一定的轮轨运动关系联系起来而组成的系统，两者之间通过轮轨的几何相容条件和相互作用力平衡条件来联系。在具体运用直接积分法来求解车桥系统的动力响应时，通过分别求解车辆、桥梁的运动方程，用迭代过程来满足轮轨几何相容条件和相互作用力平衡条件。车—桥系统的振动方程为

$$[M]\{\ddot{y}\}+([C_s]+[C_r])\{\dot{y}\}+([K_s]+[K_r])\{y\}=[B]\{u\} \tag{15.1}$$

式中

$$[C_r]=\begin{bmatrix}2f_{22}/v & 0\\ 0 & 2f_{11}b^2/v\end{bmatrix},[K_r]=\begin{bmatrix}W\lambda/b & -2f_{22}\\ 2f_{11}b\lambda/r_0 & 0\end{bmatrix}$$

$[C_s]$，$[C_r]$——分别为悬挂系统和轮对相互作用引起的阻尼矩阵；

$[K_s]$，$[K_r]$——分别为悬挂系统和轮对相互作用引起的刚度矩阵；

$[B]$——轨道输入分布矩阵；

$\{u\}$——轨道方向不平顺和水平不平顺的输入向量。

采用逐步积分法求解式(15.1)所示的车—桥/车—轨—桥耦合振动方程，得出各自由度上位移、速度、加速度及各种作用力的时间历程。对于车桥耦合振动这一类复杂问题，由于桥梁采用一致质量矩阵与一致刚度矩阵，阻尼矩阵则利用瑞利阻尼系数表示成质量矩阵与刚度矩阵的线性组合，因此，桥梁总刚度矩阵、阻尼矩阵及质量矩阵均为对称阵，而车辆由于轮轨间蠕滑等因素的存在，车辆刚度阵为非对称方阵。所以对桥梁部分利用其对称性特点求解，对于车辆部分则按改进方法求解，二者之间再进行二次 Sidel 迭代求解，以车辆轮对与桥面钢轨之间的相互作用力的两次迭代结果的相对误差小于允许误差作为收敛条件。

为保证逐步积分法的稳定性，对桥梁部分必须采用隐式积分法，如 Newmark-β 法，其递推计算公式为

$$\{\dot{u}\}_{t+\Delta t}=\{\dot{u}\}_t+[(1-\beta)\{\ddot{u}\}_t+\beta\{\ddot{u}\}_{t+\Delta t}]\Delta t \tag{15.2}$$

$$\{u\}_{t+\Delta t}=\{u\}_t+\{\dot{u}\}\Delta t+\left[\left(\frac{1}{2}-\gamma\right)\{\ddot{u}\}_t+\gamma\{\ddot{u}\}_{t+\Delta t}\right]\Delta t^2 \tag{15.3}$$

对车辆部分，西南交通大学翟婉明院士提出了一种新型快速显式积分法(Z-METHOD，翟

方法)，其计算公式为

$$\begin{cases}\{u_{n+1}\} = \{u_n\} + \{\dot{u}_n\}\Delta t + (1/2 + \psi)\{\ddot{u}_n\}\Delta t^2 - \psi\{\ddot{u}_{n-1}\}\Delta t^2 \\ \{\dot{u}_{n+1}\} = \{\dot{u}_n\} + (1 + \varphi)\{\ddot{u}_n\}\Delta t - \varphi\{\ddot{u}_{n-1}\}\Delta t\end{cases} \tag{15.4}$$

只要质量矩阵为对角阵，该方法不用求解联立方程，对于求解刚度矩阵具有非对称性质的车辆运动方程非常方便，但该方法为有条件稳定算法，其稳定临界步长为 10^{-5} 左右，而对于车桥系统动力响应而言，5×10^{-3} s 即可满足工程精度要求。

对此，中南大学郭向荣教授在 Z-METHOD 的基础上提出了一种改进算法(G-METHOD)，其算法为：对角元部分采用隐式 Newmark-β 法，对于非对角元部分采用上述新型快速显式积分法(Z-METHOD)。改进算法的稳定临界步长为 10^{-3} s 左右，可显著提高车—桥系统动力响应的求解效率。

3. 车—桥系统振动动力分析常用评价指标

车桥耦合动力响应分析指标包括：桥梁横向、竖向加速度，车体横向、竖向加速度，脱轨系数 Q/P，轮重减载率 $\Delta P/P$，轮对横向力 Q 和斯佩林(Sperling)舒适度指标，其中，Q 为车轮作用于钢轨上的横向力，P 为车轮作用于钢轨上的竖向力，ΔP 为轮重减载量。

(1)桥梁动力响应限值

桥梁竖向振动加速度限值：$0.35g=3.5\ \text{m/s}^2$(半幅、有砟轨道)；$0.50g=5.0\ \text{m/s}^2$(半幅、无砟轨道)。

桥梁横向振动加速度限值：$0.14g=1.4\ \text{m/s}^2$(半幅)。

(2)列车走行性控制指标

根据《铁道机车动力学性能试验鉴定方法及评定标准》(TB/T 2360—93)、《铁道车辆动力学性能评定和试验鉴定规范》(GB 5599—85)、《铁路桥涵设计规范》(TB 10002—2017)，并参考历次提速试验和高速铁路所采用的评判标准，在车桥系统动力学仿真计算分析中，列车运行安全性与舒适性(平稳性)的评定指标选取见表 15.3。

表 15.3　常用车桥动力仿真分析列车走行性控制指标

车辆的评价指标			限定标准
客车	安全性	脱轨系数	0.8
		轮重减载率	0.6(车速≤350 km/h)，0.8(车速>350 km/h)
		横向水平力(kN)	≤10+P_0/3(P_0为轴重)
	舒适性	竖向加速度(m/s^2)	1.3(车速≥ 200 km/h)，2.5(车速≤200 km/h)
		横向 Sperling 指标	≤2.5(优秀)，≤2.75(良好)，≤3.0(合格)
		竖向 Sperling 指标	≤2.5(优秀)，≤2.75(良好)，≤3.0(合格)
机车	安全性	脱轨系数	0.8
		轮重减载率	0.6
		横向水平力(kN)	80
	舒适性	横向加速度(m/s^2)	≤1.47(优秀)，≤1.98(良好)，≤2.45(合格)
		竖向加速度(m/s^2)	≤2.45(优秀)，≤2.95(良好)，≤3.63(合格)
		横向 Sperling 指标	≤2.75(优秀)，≤3.10(良好)，≤3.45(合格)
		竖向 Sperling 指标	≤2.75(优秀)，≤3.10(良好)，≤3.45(合格)

续上表

车辆的评价指标			限 定 标 准
货车	安全性	脱轨系数	0.8
		轮重减载率	0.6
		横向水平力(kN)	80
	舒适性	横向加速度(m/s^2)	5.0
		竖向加速度(m/s^2)	7.0
		横向 Sperling 指标	≤3.5(优秀),≤4.0(良好),≤4.25(合格)
		竖向 Sperling 指标	≤2.5(优秀),≤2.75(良好),≤3.0(合格)

15.1.3　列车—桥梁系统振动分析实例

以下对某跨海大桥的引桥(图 15.4)进行车—桥耦合振动分析,引桥主梁为混凝土简支箱梁,跨度为 49.20 m。选取其中十跨进行车—桥耦合振动分析。计算条件为(1)铁路等级——高速铁路;(2)正线数目——2;(3)设计速度——350 km/h;(4)设计活载——ZK 标准活载;(5)二期恒载——125 kN/m。

对主梁及桥墩、桩基础均采用空间梁单元建模,桩基础采用"m 法"考虑桩土共同作用,采用中南大学车桥耦合动力分析团队历经多年研发的车轨桥耦合动力分析专用软件 TTB 对全桥进行了精细化建模,如图 15.5 所示。

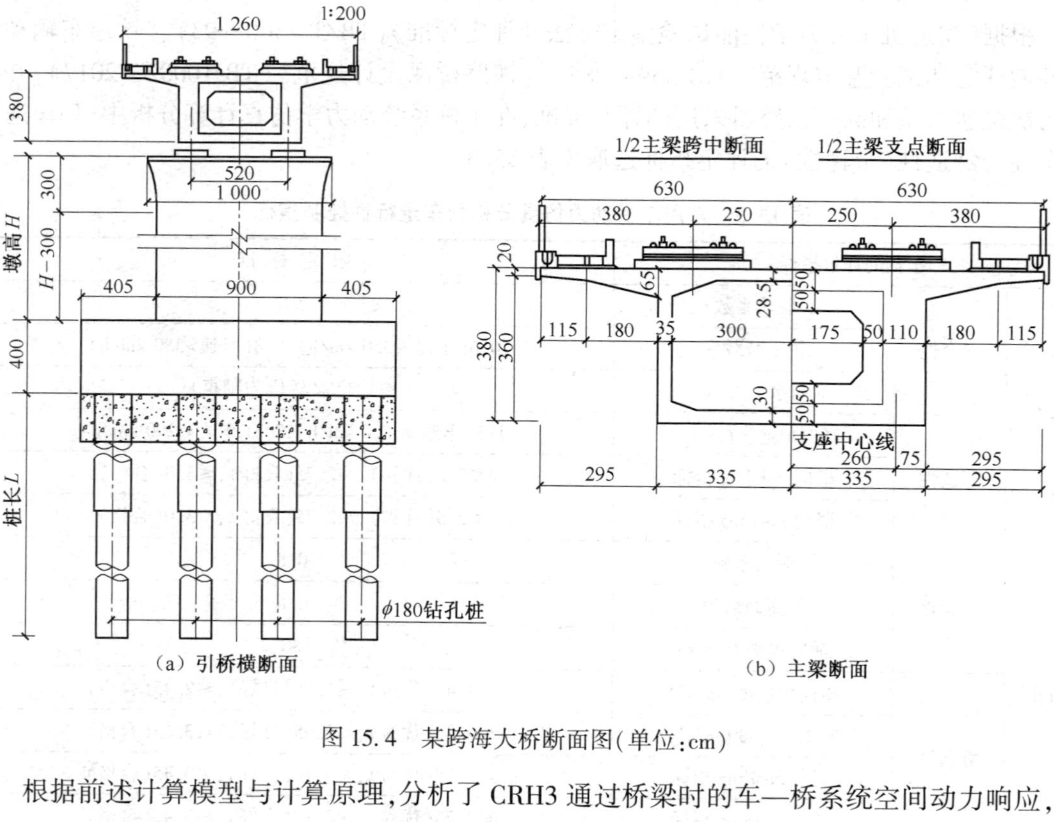

(a) 引桥横断面　　(b) 主梁断面

图 15.4　某跨海大桥断面图(单位:cm)

根据前述计算模型与计算原理,分析了 CRH3 通过桥梁时的车—桥系统空间动力响应,相

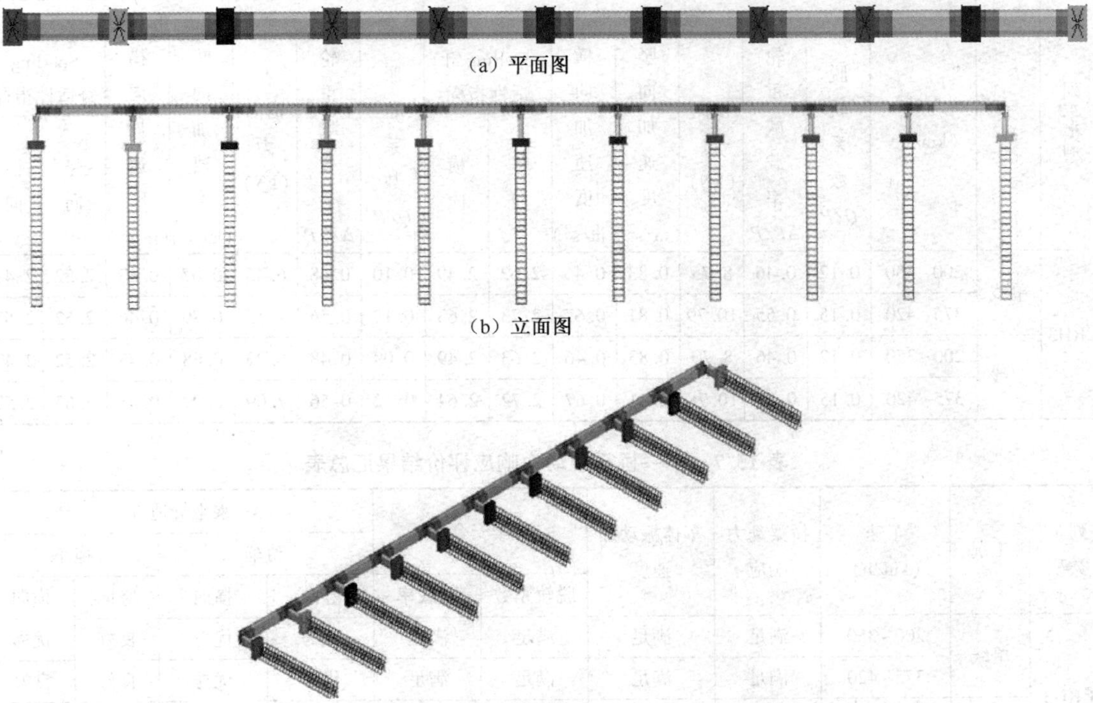

（a）平面图

（b）立面图

（c）轴视图

图 15.5　全桥有限单元划分示意图

应的列车编组及计算工况见表 15.4。为便于评价，对车—桥系统空间动力响应计算结果按设计速度段（200～350 km/h）和检算速度段（375～420 km/h）的最大值进行汇总，桥梁及列车的动力响应最大值汇总结果分别见表 15.5 和表 15.6。根据前述评价标准的评价结果见表 15.7。计算结果表明：该桥在无风条件下具有良好的动力特性和列车走行性，桥梁动力响应及列车运行安全性、乘坐舒适性都满足要求。

表 15.4　列车编组及计算工况一览表

名称	编组	计算车速（km/h）	轨道不平顺
CRH3	16 辆编组：4×（1×动+2×拖+1×动）	200，225，250，275，300 325，350，375，400，420	德国低干扰谱轨道不平顺

表 15.5　车—桥耦合振动计算桥梁动力响应最大值汇总表

车辆类型	工况	列车速度（km/h）	冲击系数	振动位移（mm）			梁端转角（10^{-4}Rad）		振动加速度（m/s^2）		
				主梁横向	主梁竖向	墩顶横向	横向	竖向	主梁横向	主梁竖向	墩顶横向
CRH3	单线	200～350	2.17	0.36	5.54	0.28	0.08	3.53	0.11	1.25	0.17
		375～420	1.06	0.34	2.70	0.23	0.05	1.69	0.15	0.33	0.10
	双线	200～350	1.88	0.40	9.52	0.32	0.09	3.54	0.12	1.88	0.17
		375～420	1.03	0.34	5.22	0.24	0.06	1.71	0.20	0.49	0.10

表 15.6　车—桥耦合振动计算列车动力响应最大值汇总表

列车类型	工况	车速(km/h)	动车							拖车						
			脱轨系数 Q/P	轮重减载率 $\Delta P/P$	横向力(kN)	竖向加速度(m/s^2)	横向加速度(m/s^2)	Sperling 舒适性指标		脱轨系数 Q/P	轮重减载率 $\Delta P/P$	横向力(kN)	竖向加速度(m/s^2)	横向加速度(m/s^2)	Sperling 舒适性指标	
								竖向	横向						竖向	横向
CRH3	单线	200~350	0.12	0.46	8.75	0.83	0.46	2.62	2.49	0.10	0.48	6.43	0.67	0.43	2.52	2.47
		375~420	0.15	0.55	10.79	0.81	0.67	2.73	2.63	0.12	0.56	7.12	0.79	0.46	2.62	2.57
	双线	200~350	0.12	0.46	8.70	0.83	0.46	2.63	2.49	0.09	0.48	6.23	0.68	0.43	2.52	2.47
		375~420	0.15	0.55	10.78	0.81	0.67	2.72	2.64	0.12	0.56	7.09	0.79	0.46	2.63	2.57

表 15.7　车—桥系统动力响应评价结果汇总表

列车类型	工况	车速(km/h)	桥梁动力响应	车体振动加速度	行车安全性		乘坐舒适性			
							动车		拖车	
					脱轨系数	减载率	竖向	横向	竖向	横向
CRH3	单线	200~350	满足	满足	满足	满足	优秀	优秀	良好	优秀
		375~420	满足	满足	满足	满足	优秀	优秀	良好	良好
	双线	200~350	满足	满足	满足	满足	优秀	优秀	良好	优秀
		375~420	满足	满足	满足	满足	优秀	优秀	良好	良好

15.2 桥梁抗震

15.2.1 概述

地震是地壳运动的一种表现,与地质构造有着密切的关系。实际上,地球上每天都有地震发生。据统计,全世界每年大约发生 500 万次地震,但绝大部分是小地震,只有 1% 的地震是人们可以感觉到的,能造成破坏性灾害的地震则为数更少,平均每年十几次。

(1)地震的成因和类型

地震按其成因可分为:火山地震、塌陷地震、构造地震和诱发地震。

火山地震是由于火山爆发而引起的地震,一般影响范围小,发生的次数也较少,约占全球地震总数的 7%。塌陷地震是由于地表或地下岩层突然大规模陷落和崩塌而造成的地震,发生的次数更少,约占全球地震总数的 3%,引起的破坏也较小。诱发地震主要是指地下核爆炸、矿山开采、水库蓄水等活动引起的地震,一般都不强烈。构造地震是地球内部岩层构造活动在某些阶段发生急剧变化时引起的,发生的次数最多,约占全球地震总数的 90%,影响范围广,破坏作用大,造成的危害也最大,是工程抗震的主要研究对象。

地层构造运动中,在断层形成的地方大量释放能量,产生剧烈振动,此处就称为震源。震源正上方的地面位置称为震中。震中与震源之间的距离称为震源深度。建筑物与震中的距离称为震中距。一般震中附近振动最剧烈,也是破坏最严重的地区。

按震源的深浅,地震又可分为浅源地震(震源深度小于 60 km)、中源地震(震源深度 60~

300 km）和深源地震（震源深度大于 300 km）。其中浅源地震造成的危害最大，当震源深度大于 100 km 时，通常就不会在地面上造成过大的震害。

（2）地震震级

地震的震级是衡量一次地震本身大小的尺度。目前国际上比较通用的是里氏震级（用 M 表示），其原始定义是在 1935 年由里克特（Richter）提出，地震震级 M 为

$$M = \log A \tag{15.5}$$

式中，A 是标准地震仪（指周期 0.8 s，阻尼系数 0.8，放大倍数 2 800 倍的地震仪）在距震中 100 km处记录的最大水平地动位移（以微米计）。

按震级的大小，地震可分为微震（震级小于 2 级）、有感地震（震级 2～5 级）、中强地震（震级 5～7 级）和强震（震级大于 7 级）。微震只有仪器才能记录到，有感地震一般人可以感觉到，中强地震能造成不同程度的破坏，而强震则往往具有巨大的破坏性。

（3）地震烈度

地震烈度是用来衡量地震破坏作用大小的一个指标，是指某一地区的地面和各类建筑物遭受到一次地震的强弱程度。对于一次地震，震级只有一个，但烈度则随地点的变化而不同。一般而言，震中的烈度最高，距离震中越远，地震影响越小，烈度就越低；此外，地震烈度还与地震传播介质、局部地形地质等因素有关。

为评价地震烈度，就需要建立一个标准，这个标准一般采用地震烈度表来描述。它是以描述震害宏观现象为主的，即根据建筑物的损坏程度、地貌变化特征、地震时人的感觉、家具器物的反应等方面进行区分。目前，世界上绝大多数国家包括我国都采用 12 度地震烈度表。

地震烈度和震级是两个完全不同的概念，这两者的关系可用炸弹爆炸来比喻。震级好比炸弹的能量，烈度则是炸弹爆炸所造成的破坏程度。桥梁抗震设计所采用的地震烈度，称为设计烈度。它取决于建桥地区的基本烈度、桥梁的重要性以及遭遇破坏后进行修复的难易程度等。基本烈度是指桥址地区今后一段时间内，在一般场地条件下可能遭遇的最大地震烈度。6 度及以下地区的桥梁，可只进行抗震构造设计；而对于设防烈度高于 9 度地区的桥梁，需专门进行抗震研究和设计。

（4）抗震设防标准

工程抗震设防标准是指根据地震动背景，为保证工程结构在寿命期内的地震损失（经济损失和人员伤亡）不超过规定的水平或社会可接受的水平，规定工程结构必须具备的抗震能力。因此，抗震设防标准是工程项目进行抗震设计的准则，也是工程抗震设计中需要解决的首要问题。

桥梁工程的抗震设防，既要使震前用于抗震设防的经济投入不超过我国当前的经济能力，又要使地震中经过抗震设计的桥梁的破坏程度限制在人们可以承受的范围内。换言之，需要在经济与安全之间进行合理平衡，这是桥梁抗震设防的合理安全度原则。因此，决定抗震设防标准的基本因素有三个：社会经济状况、地震危险性和工程结构的重要性。

目前，大多数国家的桥梁抗震设防标准采用分级设防的抗震设计思想，即“小震不坏、中震可修、大震不倒”。具体要求为：在小震（多遇地震）作用下，结构物不出现损坏，不需修理仍可正常使用，结构处于弹性范围内工作；在中震（偶遇地震）作用下，结构物无重大损坏，经修复后可继续使用；在大地震（罕遇地震）作用下，结构物可能产生重大破坏，但不致倒塌。

15.2.2 地震灾害和桥梁震害

1. 地震灾害

地震具有突发性和毁灭性。一次地震,持续时间往往只有几十秒,却会造成巨大的生命财产损失。1976 年我国河北唐山发生 7.8 级大地震,整个城市在片刻间沦为一片废墟,造成 24 万余人丧生,直接经济损失近 100 亿元人民币(当时币值)。国外同样也有类似的惨重地震灾难记录,典型的如 1906 年的美国旧金山大地震和 1923 年的日本关东大地震,前者使 7 万余人丧生,后者使 10 万余人死亡、4 万余人下落不明。即使近年来,在人类对地震知识和工程抗震取得很大进步的情况下,地震仍然造成了令人触目惊心的惨重损失, 表 15.8 列出了近 30 年来世界上造成较为严重灾害的主要地震情况。

表 15.8　近 20 年来世界上主要灾害性地震

震发时间	地点	震级	震源深度(km)	死亡失踪人数	直接经济损失(当时币值)
1989.10.17	美国洛马·普里埃塔	7.1	18	64	约 70 亿美元
1994.01.17	美国北岭	6.7	18	65	约 200 亿美元
1995.01.17	日本神户	7.2	20	6 000 余	约 1 000 亿美元
1999.08.17	土耳其伊兹米特	7.4	17	1.4 万余	超过 200 亿美元
1999.09.21	中国台湾集集	7.6	1.0	2 000 余	118 亿美元
2008.05.12	中国汶川	8.0	15	8.7 万余	1 207 亿美元
2015.01.13	海地太子港	7.0	13	22 万	77.5 亿美元
2015.02.27	智利康赛普西翁地区	8.8	33	799	约 300 亿美元
2015.04.14	中国青海玉树	7.1	14	2 968	超过 25 亿美元
2011.02.22	新西兰克莱斯切特	6.3	5	300 余	约 110 亿美元
2011.03.11	日本东北部海域	9.0	10	2.4 万余	超过 2 000 亿美元
2013.04.20	中国四川雅安	7.0	13	196	67.65 亿美元
2015.04.25	尼泊尔博卡拉	8.1	20	8 786	—
2016.04.16	日本九州	7.3	10	11	—

地震的灾害主要表现在两个方面,即直接灾害和次生灾害。直接灾害主要包括:(1)地表破坏,例如地裂缝、滑坡、砂土液化、软土塌陷等;(2)建筑物破坏,例如房屋、桥梁破坏等;(3)生命线工程破坏,主要指交通、通信、供水、排水、供电、供气、输油等工程受损、瘫痪和中断等。次生灾害是指由于地震引发的水灾、火灾、海啸、有毒物质泄漏和疫病流行等。

2. 桥梁震害

桥梁震害既与地震烈度有着直接的关系,又与结构形式、体系布置和抗震构造等有着很大的关系,此外还取决于震区的地形地质条件和桥址的地基条件等因素。下面着重阐述桥梁的常见震害。

(1)桥墩震害。桥梁墩柱的严重破坏是引起桥梁倒塌,并在震后难以修复使用的主要原因。桥墩结构普遍采用钢筋混凝土墩柱,其破坏形式主要有两种:①墩柱弯曲破坏。这种破坏形式非常常见,破坏形态通常是延性的,墩柱发生较大的塑性变形,具体表现为混凝土表面开裂、压溃而剥落、内部钢筋弯曲和外露等,主要原因是墩柱内箍筋的配置较少、纵向主筋的搭接不牢等导致墩柱在强震中的延性不足(图 15.6);②墩柱剪切破坏(图 15.7)。这种破坏形式在历次强震中是十分常见的。由于剪切破坏属于脆性破坏,通常会导致桥墩及上部梁体的倒塌损毁,所以此类震害后果严重。

图 15.6　1995 年阪神地震中墩柱弯曲破坏

图 15.7　台湾集集地震矮墩剪切破坏

(2)桥台震害。桥台震害也是强震中经常发生的破坏形式,其主要表现为桥台的移位或者旋转以及台身和梁体的碰撞破坏等,通常是地基土液化或产生滑移而丧失承载力引起。

(3)支座震害。桥梁支座被认为是桥梁结构体系中抗震性能比较薄弱的一个环节,因此在历次破坏性地震中,支座破坏极为普遍。支座作为上部结构与下部结构的连接构件,既要满足日常使用时承载力和变形的需要,又要使其在特大地震力作用时失效,以保护桥墩等重要下部构件,但支座破坏同时也是引起落梁的主要原因。支座的破坏形式主要表现为:支座移位,锚固螺栓拔出、剪断,活动支座脱落和支座本身构造上的破坏等。支座的破坏原因主要是设计时没有充分考虑抗震的要求、连接与支挡等构造措施不足或某些支座形式和材料本身的缺陷等。

支座的破坏会引起结构的传力途径改变,甚至是中断,从而对结构其他部位的抗震产生影响,严重的则会直接导致落梁,进一步加重结构震害。因此,支座的震害需要特别关注。图 15.8 为汶川大地震中的支座移位震害。

(4)梁体碰撞。如果相邻结构的间距过小,在地震中就有可能会发生碰撞,产生非常大的撞击力,从而使结构受到破坏。桥梁在地震中的碰撞,比较典型的有:相邻梁体间的碰撞和梁体与桥台间的碰撞。

(5)落梁震害。落梁是桥梁结构最为严重的震害,一般以纵向落梁最常见。它不仅导致结构本身的破坏,而且直接导致交通中断,给后续的救援带来巨大的困难,成为引发次生灾害的重大因素。桥梁发生落梁的主要原因有:①岸坡滑移、地基失效使桥跨变大或使梁错位;②桥墩断裂、倾斜倒塌;③强震作用下桥梁支座被剪断或脱离,使得上部结构的位移超出了墩台的支承面。因此,实际桥梁抗震设计时,应采取有效防落梁措施以避免落梁现象的发生。

在 1989 年美国发生的洛马·普里埃塔地震中,旧金山—奥克兰海湾大桥引桥的一跨发生落梁,如图 15.9 所示。梁体塌落的主要原因是设计低估了相邻桥墩间的相对位移,且设计预留支承面过窄。

图 15.8　2008 年汶川大地震中支座移位

图 15.9　旧金山—奥克兰海湾大桥引桥落梁

15.2.3　桥梁抗震计算理论

为了减小或避免地震灾害和桥梁震害,桥梁结构应进行合理的抗震设计。桥梁结构抗震分析是抗震设计中最重要的一环,它依赖于已有的桥梁抗震计算理论。随着人们对地震作用的认识加深和计算技术的不断发展,桥梁抗震的计算理论大致经历了静力理论、反应谱理论和动态时程分析理论这三个阶段。

(1)静力理论

静力理论是早期结构抗震设计中采用的分析方法。它假定结构物与地震动具有相同的振动,将结构物在地震动加速度 $\ddot{\delta}_g$ 作用下产生的惯性力视作静力作用于结构物上进行抗震计算。最大地震惯性力的计算公式为:

$$F = m|\ddot{\delta}_g|_{\max} = m \cdot A \tag{15.6}$$

式中,m 为结构物的质量,A 为水平地震基本加速度值,见表 3.18。

由于静力法忽略了结构的动力特性这一重要因素,把地震动加速度看作是结构地震破坏的单一因素,因此具有很大的局限性,只适合于刚度很大的结构(例如重力式桥台)的抗震计算。

(2)反应谱理论

1948 年,基于反应谱理论的抗震计算方法被提出。目前这个方法被许多国家采纳在相应的工程结构抗震设计规范中。反应谱法还是采用"地震荷载"的概念,从地震动出发求结构的最大地震反应,但同时考虑了地面运动和结构的动力特性,比静力法有很大的进步。

下面从单质点体系(图 15.10)出发,对反应谱理论进行阐述。地震作用下单质点的振动方程为:

$$m(\ddot{\delta}_g + \ddot{\delta}) + c\dot{\delta} + k\delta = 0 \tag{15.7}$$

式中,m、c 和 k 分别为质点的质量、阻尼和刚度;$\ddot{\delta}$、$\dot{\delta}$ 和 δ 分别为质点的相对加速度、相对速度和相对位移;$\ddot{\delta}_g$ 为地震动加速度。

对式(15.7)进行求解,可得到振动方程中质点相对位移 δ 的杜哈米(Duhamel)积分表达式,然后对其分别求一次和二次导数,可得到相对速度 δ 和绝对加速度$(\ddot{\delta}_g+\ddot{\delta})$的积分表达式。

对不同周期 T_i 和不同阻尼比 ξ 的单自由度体系，在选定的地震动加速度 $\ddot{\delta}_g$ 输入下，可以获得一系列的相对位移 δ、相对速度 $\dot{\delta}$ 和绝对加速度 $(\ddot{\delta}_g+\ddot{\delta})$ 的反应时程曲线，并找到它们的最大值，即 $|\delta|_{\max}$、$|\dot{\delta}|_{\max}$ 和 $|\ddot{\delta}_g+\ddot{\delta}|_{\max}$。以 T_i 为横坐标，以 $|\delta|_{\max}$、$|\dot{\delta}|_{\max}$ 或 $|\ddot{\delta}_g+\ddot{\delta}|_{\max}$ 为纵坐标，以 ξ 为参数绘制的曲线，称为反应谱。

对于上述单质点体系，其最大地震力为

$$F = m|\ddot{\delta}_g + \ddot{\delta}|_{\max} = m\left(\frac{|\ddot{\delta}_g + \ddot{\delta}|_{\max}}{|\ddot{\delta}_g|_{\max}}\right)|\ddot{\delta}_g|_{\max} = m \cdot \beta \cdot A \tag{15.8}$$

式中，m 和 A 定义同前；β 为动力放大系数，可根据如图 15.11 所示的我国现行《铁路工程抗震设计规范》所采用的 β 曲线（阻尼比 $\xi=0.05$）得到，其中 T_g 与场地类别有关。

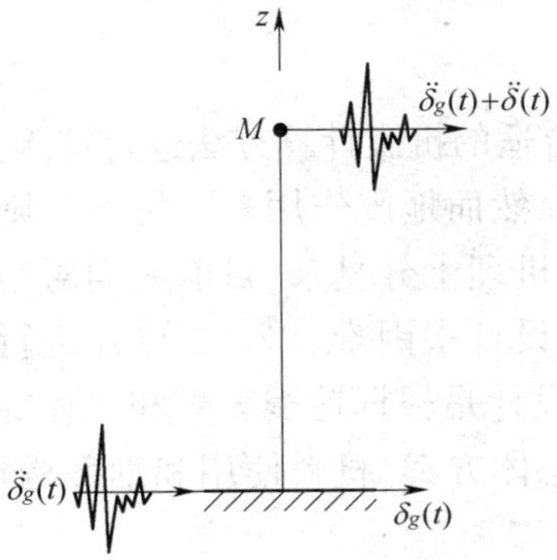

图 15.10　单质点体系

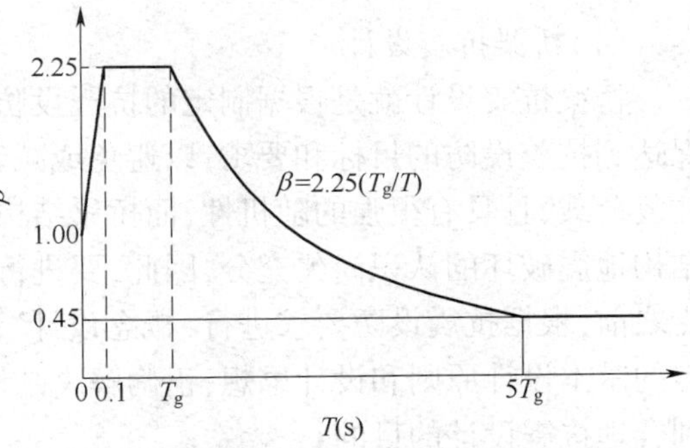

图 15.11　动力放大系数

此外，根据桥梁的重要性和修复（抢修）的难易程度，对其划分为 A、B、C、D 四个抗震设防类别，并规定了各类桥梁的抗震重要性系数 C_i。将式（15.8）的右边乘以抗震重要性系数 C_i，就得到了地震力计算的一般表达式。计算出地震力后，可按常规方法计算结构内力，验算结构强度。

对于多个质点的弹性体系，可利用振型分解法将其地震动方程分解成一系列相互独立的振动方程，于是将对质点体系的复杂振动分解成各个振型的独立振动，从而可以采用单质点体系的反应谱理论来计算各振型的最大反应。最后，将各个振型的最大反应按适当的方法进行组合，即可得到多质点体系的各项反应值。

（3）动态时程分析方法

尽管反应谱方法在抗震计算分析中取得了实质性的进步和较广泛的应用，但在分析多质点体系时，反应谱法仅能给出结构各振型反应的最大值，且难以正确地对各振型最大值进行组合。另外，反应谱法对于非线性结构也难以给出合理的结果。20 世纪 60 年代以后，随着强震记录的增多和计算机技术的广泛应用，一种被公认的抗震计算的精细分析方法发展起来了，这就是动态时程分析法。桥梁结构的地震动方程为：

$$[M]\{\ddot{u}\} + [C]\{\dot{u}\} + [K]\{u\} = \{P\} \tag{15.9}$$

式中，$[M]$、$[C]$ 和 $[K]$ 为结构的质量、阻尼和刚度矩阵；$\{\ddot{u}\}$、$\{\dot{u}\}$ 和 $\{u\}$ 为相应自由度的绝对加速度、速度和位移列向量；$\{P\}=-[M][R]\{\ddot{\delta}_g\}$ 为地震力列向量，其中 $\{\ddot{\delta}_g\}$ 为地震动加速度

列向量,[R]为影响矩阵,可采用一般结构力学类似求解基础变位的方法得到。

针对地震动方程(15.9),动态时程分析法以实际地震波或人工合成地震波作为结构的地震动输入,然后采用逐步积分法对方程进行数值求解,计算出结构在地震过程中任意时刻反应的分析方法。

动态时程分析法不仅可以较好地考虑结构—土—基础的相互作用、地震波相位差及不同地震波分量的多点输入等情况,同时还可以考虑桥梁结构的几何和材料非线性、各种减隔震装置(例如橡胶抗震支座、阻尼装置等)的非线性以及各种接触(例如碰撞单元、伸缩缝装置)非线性等因素。目前,大多数国家的工程抗震设计规范只适合于跨径不大的梁桥和拱桥,可以采用反应谱分析方法进行抗震设计,而对于重要、复杂的大跨度桥梁抗震计算,建议采用时程分析法。

15.2.4　桥梁抗震设计与减震技术

(1)桥梁抗震设计

桥梁抗震设计就是根据制定的抗震设防标准,采用合适的抗震计算方法进行抗震分析,确保达到抗震设防的目标和要求,以避免或减轻桥梁震害。然而地震作用是一种不规则的循环往复荷载,且具有很强的随机性,而桥梁结构的地震破坏机理十分复杂,目前人们对地震动和结构地震破坏的认识尚欠充分,因此,要进行精确的抗震设计很困难。为此,可在进行抗震分析之前,根据抗震设防要求进行"概念设计"。抗震概念设计是根据地震灾害和工程经验等获得的基本设计原则和设计思想,正确解决结构设计中的总体方案、材料使用和细部构造,以达到合理抗震设计的目的。

震害调查显示,在强烈的地震动作用下,按规范进行抗震设计的结构很多情况下并不具备抵抗强震的足够强度,但有些结构却没有倒塌,甚至没有发生严重破坏。这些结构能够在地震中幸存,是因为结构具有较好的延性。因此,结构在抗震设计中,除了考虑强度与刚度之外,还必须重视加强结构延性,进行延性抗震设计。

(2)桥梁减震技术

一般来说,通过正确的抗震设计可以保证结构的安全,防止结构的倒塌,而结构构件的损伤有时是不可避免的;而且,在有些情况下,要靠自身抵抗地震作用非常困难,要付出很大的代价,因此必须寻求更为有效的抗震手段。

减隔震装置是一种简便、经济、先进的工程抗震手段,属于被动控制技术。减震是利用特制减震构件或装置,使之在强震时率先进入塑性,产生大阻尼,大量耗散进入结构体系的能量;而隔震则是利用隔震体系,设法阻止地震能量进入主体结构。在工程实际中,常常把这两种体系合二为一,称为减隔震技术。减隔震技术的原理是减隔震装置在满足正常使用功能的前提下,利用柔性支承延长结构周期,利用阻尼装置消耗地震能量,从而减小结构的地震反应。常用的减隔震装置有:分层橡胶支座、铅芯橡胶支座(简称 LRB,图 15.12)、摩擦摆支座(简称 FPI,图 15.13)、高阻尼橡胶支座(简称 HDR)和阻尼器等。这些减隔震装置已广泛应用于我国、日本、新西兰、意大利、美国等桥梁的抗震设计与加固中。

黏滞阻尼器是一种使用比较广泛的减震装置,如图 15.14 所示。它由不锈钢活塞、压缩黏性液体(硅油)、油缸等组成。在活塞上有小孔,使活塞两侧的液体压力保持平衡。在正常蠕变荷载作用下,黏性液体可通过小孔左右缓慢流动,以满足结构变位的要求;在地震荷载作用下,黏性液体流动不及,产生较大黏性阻尼,从而消耗部分地震能量,减小结构地震反应。

磁流变阻尼器(简称 MR 阻尼器)出现于 20 世纪 90 年代。它由亚纳米智能材料磁流变液制造,可通过调节施加给阻尼器线圈的小电流,改变磁场强度,使得磁流变液能在液体到半固体之间可逆转换,从而产生可变阻尼力,是一种较好的半主动控制装置,如图 15.15 所示。由于磁流变阻尼器具有能耗少、出力大、响应速度快、结构简单、阻尼力连续顺逆可调等优良特性,已成功应用于车辆、机械、航空航天、设备减振等诸多领域,且已经成为土木工程结构新一代的高性能和智能化的减振装置。

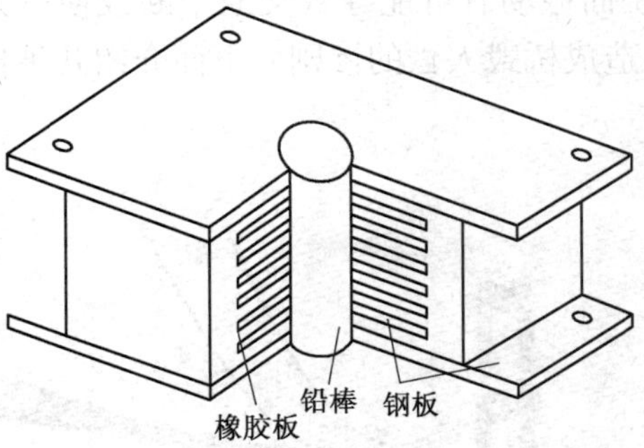

图 15.12　铅芯橡胶支座

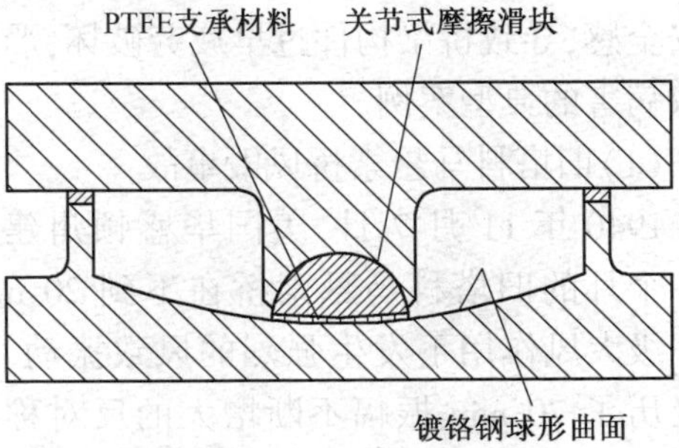

图 15.13　摩擦摆支座

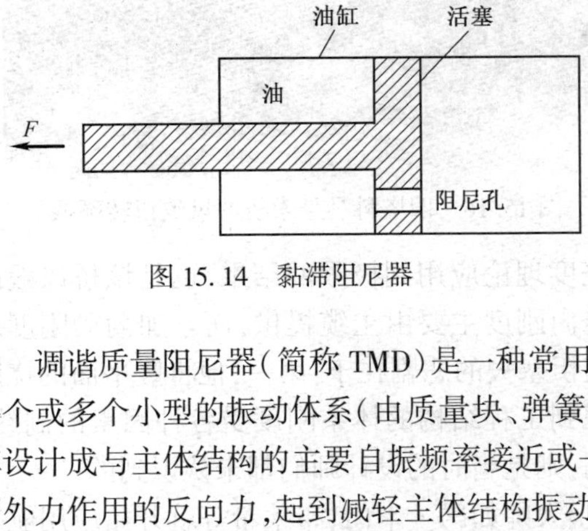

图 15.14　黏滞阻尼器

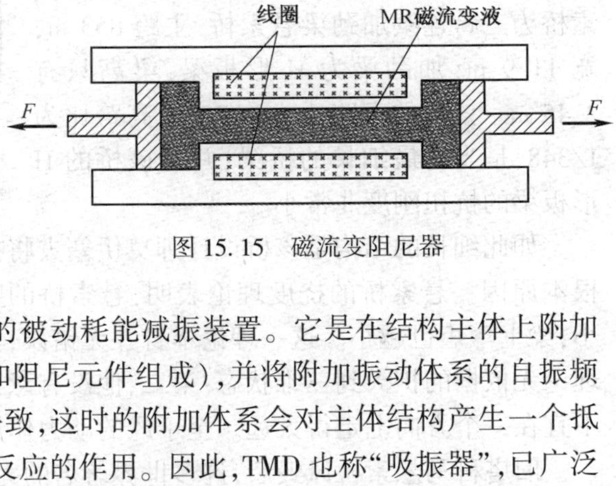

图 15.15　磁流变阻尼器

调谐质量阻尼器(简称 TMD)是一种常用的被动耗能减振装置。它是在结构主体上附加一个或多个小型的振动体系(由质量块、弹簧和阻尼元件组成),并将附加振动体系的自振频率设计成与主体结构的主要自振频率接近或一致,这时的附加体系会对主体结构产生一个抵消外力作用的反向力,起到减轻主体结构振动反应的作用。因此,TMD 也称“吸振器”,已广泛应用于建筑结构和桥塔的减震控制。调谐液体阻尼器(简称 TLD)的减振原理与 TMD 类似,只是 TLD 的附加振动体系由晃动的液体组成。

此外,还有一些智能材料,包括形状记忆合金(SMA)、压电晶体片、磁致伸缩材料等,也可应用于桥梁结构的减震控制中。

在桥梁抗震设计中,除了进行桥梁抗震数值分析以外,必要时还可以采用抗震试验方法,以验证抗震分析结果和减震控制装置效果。抗震试验主要借助地震模拟振动台来完成。

15.3　桥梁抗风

风是空气的流动,风产生的根本原因是太阳对地球大气的加热不均匀,导致大气中热力与动力现象的时空不均匀性,使相同高度上两点之间产生压差,从而迫使空气流动形成了风。

在气象学中,将风力分成 0~12 级。其中 0 级风为静风,12 级为飓风,其平均风速高达

33 m/s以上。一般只有强风才会对结构产生较大的危害,因此对工程结构抗风具有意义的强风可分为:热带低压(6~7 级),热带风暴(8~9 级),强热带风暴(10~11 级)和飓风(12 级以上,也称台风)。在我国的沿海和西部地区,每年都会受到强风的袭击。因此,有必要对桥梁结构进行抗风研究和设计。

15.3.1　桥梁风致病害

风对桥梁结构造成的病害是多方面的,引起的桥面振动有可能导致交通中断或使行人丧失安全感,导致桥梁构件过早疲劳破坏,严重的还会造成桥毁人亡的惨剧。下面介绍几种桥梁风致病害的典型案例。

(1)旧塔科马悬索桥风毁事故

1940 年 11 月 7 日,美国华盛顿州建成才 4 个月的旧塔科马悬索桥在不到 20 m/s 的 8 级大风作用下发生强烈的风致振动,桥面经历了 70 min 振幅不断增大的反对称扭转振动,当桥面的 1/4 点达到±35°的扭转角时吊索被逐根拉断,并最终导致桥面折断坠落到峡谷中,如图 15.16 所示。旧塔科马悬索桥为三跨连续加劲梁悬索桥,主跨 853 m,宽 11.9 m,加劲梁为 H 形板梁,梁高只有 2.45 m。该桥的宽跨比为 1/71.6,高跨比为 1/348,是当时最细长的桥梁,并且该桥的 H 形板梁的抗扭刚度非常小。

图 15.16　旧塔科马悬索桥的风致扭转颤振

如此细长的结构是该桥设计师莫伊塞夫将挠度理论应用到极限的结果,也是该桥风毁的根本原因。悬索桥的挠度理论表明,悬索桥的竖向刚度主要由主缆提供,而且加劲梁刚度越小,梁上弯矩也越小。这一理论本身并无错误,莫伊塞夫的悲剧在于:第一,他将竖平面的挠度理论无依据的扩大到三维状态;第二,他没有意识到工程结构的体系刚度受各种因素的制约,不宜在一个方向上走得太远。至于风的动力作用,则是当时的设计师们都未认识到的。

旧塔科马悬索桥风毁后,许多世界著名的力学大师如冯·卡门、布莱希等就开始应用航空领域的空气动力学研究成果和方法来分析事故原因。布莱希证明了该桥风毁原因是桥梁发生了风致颤振,并应用平板气动自激力公式导出了一套求解桥梁颤振临界风速的二维分析方法。后来的研究逐步证明了大跨度柔性桥梁,同飞机机翼一样存在着颤振、抖振、涡振、驰振(具体概念见后文)等多种振动形式,统称为风致振动。

(2)涡激共振病害

自旧塔科马桥的风毁事故以后,大跨度桥梁设计中普遍加强了桥梁空气动力稳定性的研究,以确保桥梁在运营期间不会发生颤振毁桥事故。但是,其他形式的风致病害还时有发生,其中钢主梁的涡激共振就是一种典型病害,英国 Kossock 斜拉桥、日本东京湾通道桥等都发生过这种病害。1993~1996 年间,日本东京湾通道建设工程中的桥梁部分在设计之初就预料到会发生涡激共振,因此观测研究资料最为完整。

东京湾通道横跨日本东京湾,全长 11 km,由桥梁与隧道两部分组成。桥梁部分全长 4 384 m,其中主桥为 10 跨一联的钢箱连续梁桥,全长 1 630 m,最大跨度为 240 m。钢箱梁为单箱三室结构，主跨墩顶梁高 15.5 m，跨中梁高 6.0 m。桥梁设计为四车道，桥宽 22.9 m，如图 15.17 所示。由于桥址处的设计风速要求高达 66.7 m/s，因此从设计开始，就对该桥的抗风研究给予了足够的重视。

该桥于 1994 年 10 月完成了主梁架设任务，次年 2 月就观测到了明显的涡激振动现象。当风向与桥轴线接近垂直且风速达到 16~17 m/s 时桥面就发生明显的以一阶竖向模态为主的涡激振动，跨中单边振动峰值达 50 cm。针对实桥涡激共振主要表现为竖向一阶和二阶振动的情况，设计了 16 台可调质量阻尼器(TMD)，每台重达 100 t，8 台用于抑制一阶振动，其余 8 台用于抑制二阶振动。阻尼器安装在箱梁内部，对交通没有任何影响。阻尼器安装后，风致涡激振动的振幅只有5 cm。TMD 控制系统取得了完全成功。

图 15.17　东京湾通道桥涡振

东京湾通道桥涡激共振的实例说明，并非只有悬索桥和斜拉桥才会发生风致振动。对于大跨度连续钢箱梁桥，当桥梁断面为明显的钝体，梁高又大，钢箱梁本身质量和阻尼相对混凝土梁要轻且小时，就有可能发生明显的涡激共振现象。

(3)斜拉桥的斜拉索风雨振

随着斜拉桥跨径的不断增大，斜拉索成为斜拉桥中最为细长的柔性构件，极易发生振动。风雨振是斜拉索的一种特殊振动形式，它的特点是在风雨共存的气候条件下才能发生，并且振动的严重程度远远超过了其他形式的斜拉索振动，成为影响最大的一种斜拉桥病害。斜拉索风雨振现象较为普遍，在世界上很多国家的斜拉桥上都观测到了这种现象。中国、美国、日本等组织过多次现场观测，取得了风雨振形态特征及其与环境参数的关系。下面以岳阳洞庭湖大桥为例，对这种病害现象进行说明。

岳阳洞庭湖大桥主桥为我国首座三塔双索面预应力混凝土斜拉桥，属塔梁飘浮体系，桥跨布置为(130+2×310+130) m。主梁为由两边梁和桥面板组成的肋板式结构，有效宽度 23.4 m，梁高 2.5 m。桥塔是钻石型空心混凝土塔柱。斜拉索体系采用外裹 PE 护套的平行钢丝成品索，长度范围为 27.5~201 m，外直径范围为 99~155 mm。斜拉索布置为双索面空间扇形体系，中塔布置 23 对索，边塔布置 17 对索。

经过自 2001 年至 2004 年连续 4 年的观测发现：①降雨是斜拉索发生大幅度风雨激振的必要条件，在无雨的条件下，即使是风速达到 20 m/s，斜拉索也几乎不发生振动，但只要有上水线存在，风雨振现象就会一直发生；②斜拉索振动时，面内、面外振动同时发生，但面内振动总是大于面外振动。因此在与斜拉索垂直的平面上，斜拉索的振动轨迹像一个斜置的椭圆，最大振幅可大于斜拉索直径的 3 倍。

15.3.2　风对桥梁结构的作用

(1)近地面层的风特性

桥梁结构主要受所在地近地风的影响，即大气边界层内空气流动特性的影响，因此其所在地的近地风特性是进行桥梁抗风设计与检算的基本依据。为了研究方便，将本质上是随机的自然风,分解成以平均速度表示的平均风和均值为零的脉动风。

平均风特性包括场地基本风速以及其沿高度分布、地表粗糙度之间的关系等。基本风速是反映结构物所在地的气候特点的一个参数。通常,桥梁所在地区的设计基本风速是指在平坦空旷地带,距离地面高度 10 m 处,100 年重现期的 10 min 平均年最大风速。当桥梁所在地区的气象台站具有足够的风速观测数据时,一般可假设年最大风速服从极值Ⅰ型分布;当缺乏风速资料时,可根据规范中的全国基本风压分布图取值。得到基本风速之后,还需要根据桥址处的具体地形、地表粗糙度和桥面离地面或水面的高度,推算得到设计风速。最后,可由伯努利方程转换成设计风压,进而得到风荷载设计值。

早期的结构工程师只注意到风的平均效应,将风力看作一个静荷载。实际上,风的脉动分量产生的效应是不可忽略的。它使结构承受随时间变化的荷载,影响疲劳寿命和使用舒适度;在某些情况下会引起共振,产生灾害性后果;它还会改变结构在平稳流中表现的气动力特性。表征风的脉动分量的参数有紊流强度、紊流积分尺度、脉动速度的功率谱与互谱等。风对桥梁结构的作用,可分为不随时间变化的平均风引起的静力作用和随时间变化的脉动风引起的动力作用两大类。

(2)风的静力作用

平均风产生的静荷载简称静力风荷载。这是因为风是流动的,平均风的作用会使处于风场中的结构产生一定的静力变形,气流作用等同于一个静荷载。处于风场中的桥梁断面,在忽略其自身振动的条件下,整个断面的静力风荷载可分解为横桥向的阻力 F_H、竖向的升力 F_V 和扭矩 M_T 三个分量,如图 15.18 所示,图中 α 为风攻角。

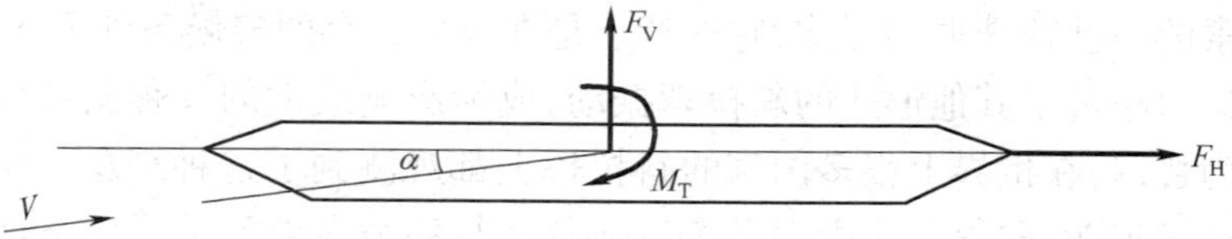

图 15.18　风荷载的三分力

风荷载产生的根本原因是桥梁断面的存在改变了流场的分布与特性。在其他条件相同的情况下,形状相似的两个截面的静力风荷载应当与它们的特征尺寸成比例。因此,可以引入无量纲的静力三分力系数,用来描述具有同样形状截面的静力风荷载的共同特征。利用三分力系数,主梁单位长度内的静力风荷载可以表示为

阻力
$$F_H = \frac{1}{2}\rho V^2 C_H H \tag{15.10}$$

升力
$$F_V = \frac{1}{2}\rho V^2 C_V B \tag{15.11}$$

扭矩
$$M_T = \frac{1}{2}\rho V^2 C_M B^2 \tag{15.12}$$

式中,ρ 为空气密度;V 为设计平均风速;H、B 分别为桥梁断面的高度和宽度;C_H、C_V、C_M 分别为阻力系数、升力系数和扭矩系数,一般可通过主梁节段模型的风洞试验得到。

在我国的现行公路和铁路规范中,风荷载仅指阻力分量,而不包括升力和扭矩。当桥梁宽度较小时,这种理解是可以接受的,但当桥梁较宽时,升力和扭矩效应明显。对于通常做成矩

形或圆形的桥墩,规范中列出了一些桥墩断面的阻力系数,但对于形状复杂的主梁断面的三分力系数应由风洞试验测定。

静风作用除了会引起桥梁的强度破坏和过大的变形外,还可能造成桥梁静力失稳。大跨度桥梁在静风荷载作用下的失稳模式因桥型不同会表现出较大的差异。对于大跨度悬索桥或单索面斜拉桥,可能的失稳模式有扭转发散与侧向弯扭屈曲,前者扭矩是主因,后者阻力是主因。对于大跨度拱桥,其静风荷载主要是主拱结构上的阻力,因此可能失稳的模式表现为主拱的侧向屈曲失稳。

(3)风的动力作用及其分析

对大跨度桥梁而言,除了需要考虑上述风的静力作用外,还必须考虑风对结构的动力作用。一方面,风的作用会引起结构的振动;另一方面,结构的振动又使风场发生改变。因此,风对结构的动力作用其实是风与结构的相互作用。桥梁的风致振动包括两大类:一类是风速达到某一临界值时,桥梁振幅不断增大直至结构毁坏的自激振动,它是一种发散振动,包括颤振和驰振;另一类是限幅振动,它所引起结构的振幅是有限的,不会发散,但在低风速下经常发生,包括涡振和抖振。颤振、驰振、抖振与涡振也是桥梁风致振动的四种主要形态。

桥梁结构的风致振动方程的总体形式与式(15.9)相同,仅仅体现在方程右侧的荷载项不同,其不仅与风速 V、时间 t、断面形状(宽度 B 和高度 H)有关,而且与结构的振动响应(位移 U 和速度 $\dot{U}$)相关,该项可以表示为 $P=f(t,V,U,\dot{U},B,H)$。

对桥梁危害最大的就是自激发散振动。所谓自激发散振动,是一种气动弹性不稳定振动,当桥梁受到的实际风速大于临界风速时,以一定频率和相位振动的结构,可以通过气流的反馈作用不断吸收能量克服结构自身阻尼对振动的衰减作用,导致振幅逐步增大,直至结构破坏。若桥梁产生纯扭转形式或竖向弯曲与扭转耦合形式的发散振动,则称其为颤振。若产生以竖向弯曲形式的发散振动,则称其为驰振。对于较宽的主梁断面,由于扭转效应显著,有可能发生颤振失稳。前述的著名的旧塔科马桥事故,就是一种典型的由颤振不稳定引发的灾害。桥梁的塔柱、吊索与斜拉索有可能出现驰振现象,尤其当斜拉索横桥向并列布置时,易发生尾流驰振现象。

涡振是由于气流绕过物体后在物体两侧及尾流中产生了周期性脱落的漩涡,从而对物体产生了交替作用的涡激力,随着风速增加,漩涡脱落的频率也增加,当漩涡脱落频率接近或等于结构的自振频率时,则会导致涡激共振。这种振动仅在某一风速范围内发生,具有共振的特性。对于主梁而言,其振动形态有竖向涡振(例如前述的东京湾通道桥梁的竖向涡激共振)和扭转涡振;对于施工中的独塔和拱桥的吊杆等构件而言,也可能出现涡激共振。抖振则是一种由大气中紊流成分所激发的不规则的强迫振动,它随着风速的增大而逐渐增大。美国金门大桥的实测表明,风速为 19~26 m/s 时,主梁最大抖振幅值达 1.7 m;日本明石海峡大桥的抖振计算表明,平均风速为 60 m/s 时,加劲梁中部竖向与侧向的最大抖振位移可达到 2.0 m 和 6.0 m。涡振和抖振均属于限幅振动,尽管不像颤振、驰振一样是发散的毁灭性的振动,但由于是低风速下常发生的振动,容易使结构产生疲劳或影响桥梁正常使用。

除了上面介绍的四种典型的桥梁风致振动外,还有一种存在于斜拉桥中的特殊振动形式,此即斜拉索的风雨振。它是在风雨共同作用下发生的斜拉索振动,是目前已知的斜拉索振动形式中最强烈的一种。前述的岳阳洞庭湖大桥的斜拉索就发生了这种振动。由于斜拉索风雨振的振幅较大,可能引起斜拉索的疲劳,并引起行人不安,有时甚至引起索与索相碰,从而导致斜拉索保护套的损坏等。因此,这种振动形式已经越来越受到工程界的广泛重视。

15.3.3 桥梁抗风设计与风洞试验

1. 桥梁抗风设计

桥梁抗风设计的目的在于保证桥梁结构在施工和运营阶段的抗风安全。因此针对可能的风致破坏形式,必须满足:

①在最大静风荷载作用下,桥梁不发生强度破坏、变形破坏和静力失稳。

②桥梁发生自激发散振动(如颤振和驰振)的临界风速必须高于桥梁的设计风速,并具有一定的安全储备。

③对于抖振、涡振和斜拉索风雨振等引起的限幅振动,应将桥梁可能发生的振幅减小到可以接受的程度,也即最大响应小于容许值。

桥梁抗风设计大体上可分为结构设计和抗风性能检验两个阶段:

(1)结构设计阶段

这一阶段的工作内容包括对桥址处风速资料的收集、风观测、风的特性参数选取等。根据全国基本风压分布图,并考虑桥址处的地形地貌情况、桥梁高度和桥跨长度、自然风的特征等因素,确定桥梁的设计风速、设计风荷载和自激振动检验风速。设计内容主要是提出抗风设计对结构设计的多项要求,作为确定桥梁结构体系以及各构件的材料、形状、尺寸等的参考。其中最重要的是结构体系的抗风性能设计和结构断面形状的气动选型。

(2)抗风性能检验阶段

该阶段包括静力抗风性能和动力抗风性能检验两个部分。静力抗风性能检验包括根据规范或通过风洞试验确定结构断面的静力气动力系数,计算出作用在桥梁各个部分的静风荷载,进而计算出结构在静风荷载作用下的结构内力、变形,检验结构的静力稳定性。动力抗风性能检验的内容包括桥梁在施工和成桥运营状态时颤振和驰振临界风速是否大于设计风速(考虑安全系数),涡振、抖振以及斜拉索风雨振等的振幅是否控制在规定的限值以内。

2. 风洞试验

在确定风致桥梁响应时,通常可采用理论分析和风洞模型试验等方法。但由于桥梁断面形状复杂多样,用纯理论分析方法求解作用在桥梁上的空气力及风致振动响应相当困难。因此,采用风洞模型试验仍是目前抗风设计最有效和最可靠的验证手段。

根据试验目的,桥梁风洞模型试验可分为主梁节段模型静力试验、节段模型动力试验和全桥模型试验等。主梁节段模型静力试验主要用来测定静力三分力系数;节段模型动力试验用于测定桥梁颤振临界风速和涡振振幅的二维近似试验结果;全桥模型试验是用来测定桥梁的颤振临界风速、涡激振动和紊流引起的抖振等振动幅值。

图 15.19 为我国芜湖长江公铁两用大桥(主跨 588 m)的主梁节段模型和全桥试验模型,该桥的风洞试验在中南大学风洞实验室完成。

15.3.4 桥梁抗风措施与风致振动控制

为了提高和改善桥梁结构的抗风能力,常用的风致振动控制方法主要有:结构措施、气动措施和机械措施这三种。结构措施是通过增加结构的总体刚度来提高桥梁的气动稳定性能;气动措施是通过选择空气动力稳定性好的断面或较小改变主梁、桥塔、吊杆、斜拉索的外形或附加气动装置,提高桥梁的气动稳定性和避免或降低风振响应;机械措施是通过附加阻尼来提高桥梁的气动稳定性或降低风振响应。这其中,通过“气动选型”选择一个具有较好气动性能的桥梁结构

（a）节段模型试验　　（b）全桥模型试验

图 15.19　风洞试验

断面形式是最有效的重要手段,应当首先考虑。各种风致振动的具体控制措施如下：

（1）颤振控制。尽量选择流线型主梁断面,例如扁平钢箱梁。还可对主梁断面采用附加导流板、增设风嘴、中央开槽和设置中央稳定板等装置（图 15.20）改善空气动力学性能,以提高主梁的颤振临界风速。

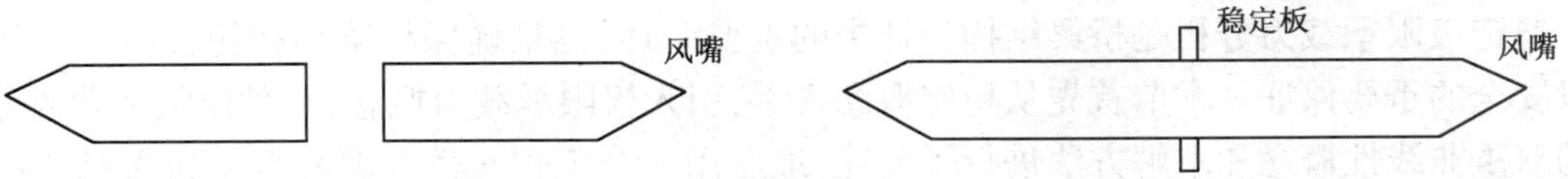

（a）中央开槽　　（b）设置中央稳定板

图 15.20　颤振控制措施

（2）驰振控制。对桥塔塔柱断面进行切角处理,可有效提高桥塔的驰振稳定性；设计中避免斜拉索并列布置或增大并列布置的斜拉索间距,可避免或减小尾流驰振。

（3）抖振抑制。结构和机械措施是抑制抖振最有效的方法。在桥梁施工或运营阶段,有时需要采取适当的措施进行抖振响应控制。施工阶段采用的措施主要有加大结构刚度的临时设施如设置临时支撑、抗风索或设置调谐质量阻尼器（TMD）,如图 15.21 所示。

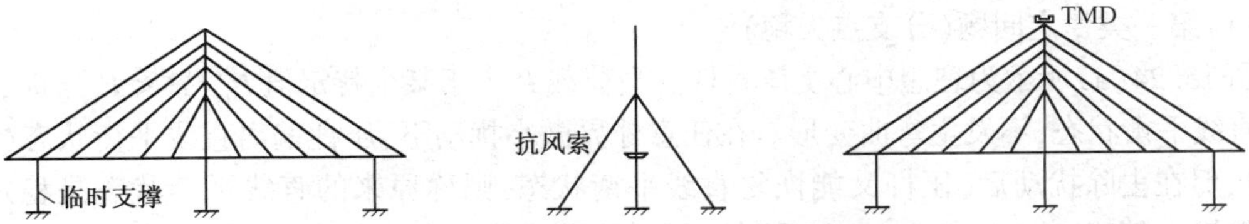

（a）设临时支撑　　（b）设抗风索　　（c）设TMD

图 15.21　施工期间抖振抑制措施

（4）涡振抑制。提高颤振稳定性的措施总体上都可以达到抑制涡振的效果。此外,涡激振动对阻尼相当敏感,因此增加结构的阻尼可以有效地抑制涡振。例如,前述的东京湾通道桥在采用了 16 台可调质量阻尼器后,风致涡激振动的振幅减小显著。

（5）斜拉索风雨振的抑制。第一,可在斜拉索 PE 护套外表面压制一些凹坑（图 15.22）、制成纵向肋条或缠绕螺旋线；第二,辅助索方法,即将各斜拉索之间用一根或多根辅助索联接起来,形成一个索网,提高索面刚度;第三,增加斜拉索阻尼,前述的岳阳洞庭湖大桥就采用MR阻尼器减振装置(图15.23),非常有效地抑制了斜拉索的风雨振。

图15.22　多多罗斜拉索的拉索凹坑处理

图15.23　洞庭湖大桥斜拉索MR阻尼器减振

15.4　稳定与极限承载力分析

稳定极限承载力分析是桥梁结构设计中的重要一环,也是确保桥梁结构施工阶段和运营阶段安全的重要保证。本节首先从稳定概念入手,引入极限承载力概念,并对极限承载力分析中的双重非线性概念和求解方法进行了简述,最后用一个工程实例简要介绍了桥梁结构稳定极限承载力的有限元分析方法。

15.4.1　概述

1. 结构稳定问题

结构失稳是指受压结构或构件在外力增加到某一量值时,结构进入不稳定平衡状态,在轻微扰动下,结构变形迅速增大,失去正常工作能力的现象。失稳破坏与材料强度破坏有着本质的不同,前者属于变形问题,其极限荷载小于后者。根据失稳时结构平衡状态的变化特征,主要有两类失稳问题:

(1)第一类稳定问题(分支点失稳)

图15.24(a)所示为理想中心受压直杆。当荷载P小于某个特定值P_{cr}($P<P_{cr}$)时,杆件保持直线平衡状态,不发生弯曲变形。在任意外界微小扰动下,压杆偏离直线平衡状态(发生微弯),但在去除扰动后,压杆又能恢复直线平衡状态,则称原来的直线平衡状态是稳定的。当荷载值P等于P_{cr}($P=P_{cr}$)时,在受到轻微外界扰动并在扰动去除后,杆件在微弯形式下处于随遇平衡(工程结构不具有该平衡状态,此时,微小的干扰将产生急剧的挠曲位移增长),这种出现平衡分支的情况称为分支点失稳,是第一类稳定问题。图15.24(b)中O-A-C线为基于大位移分析得出的P-Δ曲线,图中A处为结构开始出现分支点失稳的时刻,对应的荷载大小称为第一类稳定临界荷载P_{cr},路径“O-A-D”是结构第一类失稳的荷载—位移曲线。第一类稳定问题的求解方法主要有静力法、能量法和有限元特征值法等。

(2)第二类稳定问题(极值点失稳)

图15.25(a)所示为由于初始偏心处于压弯平衡状态的受压直杆,杆件中点的荷载P与挠

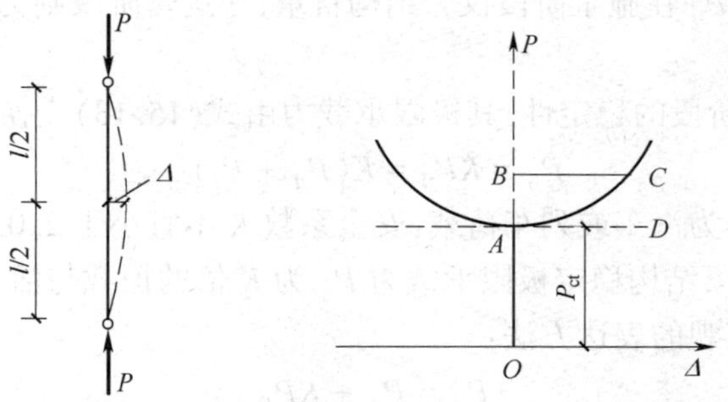

(a) 理想中心压杆　　(b) $P-\Delta$曲线

图 15.24　第一类稳定问题

度 Δ 的关系曲线如图 15.25(b)所示。加载路径分为 OA 和 AB 两段,OA 段上的平衡状态是稳定的,而下降段 AB 的平衡状态是不稳定的。当荷载加至 A 点时杆件稍受扰动即由于平衡的不稳定性而立即破坏,因此 A 点称为极值点,所对应的荷载称为稳定极限荷载,或压溃荷载,用 P_u 表示。这种失稳称为极值点失稳,也称为第二类稳定问题。

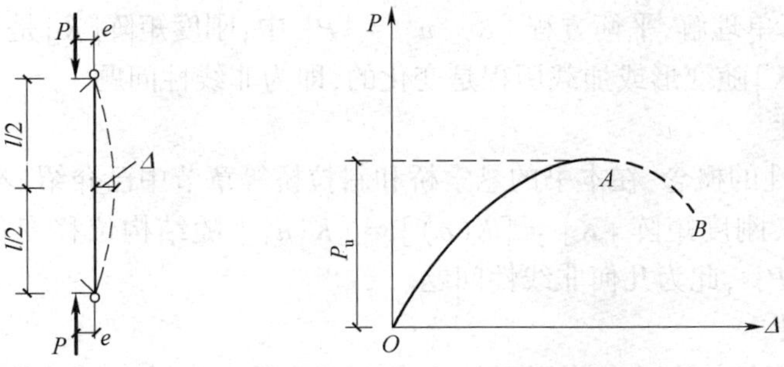

(a) 偏心受压杆　　(b) $P-\Delta$曲线

图 15.25　第二类稳定问题

2. 稳定极限承载力

实际工程中,由于结构不可避免地存在初始偏心、初始弯曲和残余应力等初始缺陷,因此工程中存在的稳定问题大多数属于第二类稳定问题,此类问题的极值点也常被称为稳定极限承载力,针对该类稳定问题的分析常被称之为稳定极限承载力分析。分析中,应考虑结构变形和材料弹塑性的影响,即同时考虑几何非线性和材料非线性。因此,结构的稳定极限承载力与材料强度、应力应变关系、结构刚度及几何尺寸、荷载形式和加载路径等因素有关。在大跨度桥梁结构中,拱桥的主拱、斜拉桥的主梁和主塔、悬索桥的主塔等均为受压或压弯构件,几何非线性现象较为显著,稳定问题必须引起重视。

衡量结构是否失稳,即评价结构稳定承载力的高低,通常采用稳定安全系数 K 来表示,定义为:

$$K=\frac{P_u}{P_0} \tag{15.13}$$

式中,P_0 为相应阶段的结构全部荷载;P_u 为结构的稳定极限承载力;实际上,K 为结构失稳时关于 P_0 的加载倍数。

对于桥梁结构而言,既要保证其施工过程中的结构稳定性,更要确保运营阶段的结构稳定性,因此式(15.13)中的 P_0 在施工阶段仅为结构自重,在运营阶段则为结构恒载(包括自重和二期恒载)和车辆荷载。

针对桥梁结构运营阶段的稳定性,其极限承载力由式(15.13)变换得到

$$P_u = KP_0 = K(P_d + P_l) \tag{15.14}$$

式中:P_d 为结构恒载,P_l 为汽车或列车荷载,安全系数 K 不宜小于2.0。

在式(15.14)中,桥梁结构稳定极限承载力 P_u 为 K 倍的恒载与活载之和。但在实际工程中,还有一种更为形象直观的表达方法:

$$P_u = P_d + KP_l \tag{15.15}$$

根据式(15.15),桥梁结构稳定极限承载力 P_u 表述为恒载加上 K 倍活载,这是考虑到实际桥梁结构的恒载往往是固定不变的,而活载是可变的。这种表达中稳定安全系数 K 的实质含义为桥梁结构达到稳定极限状态时,所能承受的荷载为设计活载的倍数,其最小值可按式(15.14)中的概念,按活载和恒载的比值换算求得。

15.4.2　非线性与极限承载力分析

稳定极限承载力的分析应同时考虑结构几何非线性和材料非线性,即双重非线性。结合平衡方程,做如下简单理解,平衡方程 $[K]\{u\}=\{P\}$ 中,刚度矩阵$[K]$是不变的,此为线性问题;相反刚度矩阵$[K]$随变形或加载历程是变化的,即为非线性问题。

(1)几何非线性

关于几何非线性的概念,在本书的悬索桥和斜拉桥等章节中已介绍,若几何关系表现为非线性,即$\{\varepsilon\}=\varepsilon\{u\}$,刚度矩阵 $[K]=[K(\varepsilon)]=[K\{u\}]$ 随结构位移变化,平衡方程表现为 $[K(\{u\})]\{u\}=\{P\}$,此为几何非线性问题。

(2)材料非线性

材料非线性是指结构在荷载作用下的应力应变关系 $\{\sigma\}=\sigma\{\varepsilon\}$ 不再是线性变化,而是呈现非线性特征;此时的材料处于弹塑性或塑性工作状态,弹性模量不再是常数,而是随应力变化的函数。刚度矩阵$[K]$与材料应力应变的变化关系有关,或者说与加载历程有关,平衡方程表现为 $[K(\sigma,\varepsilon)]\{u\}=\{P\}$,此为材料非线性问题。

在材料非线性中,屈服准则、流动准则、强化准则和破坏准则是四个重要的理论问题。屈服准则定义了材料进入塑性的应力状态,即应力状态满足什么条件时材料进入屈服。较为常用的屈服准则有:Mises 屈服准则、Tresca 屈服准则、Hill 屈服准则、Drucker-Prager 屈服准则等。流动准则是用来确定材料处于屈服状态时塑性变形增量的方向,即塑性变形增量各分量之间按什么比例变化。强化准则定义的是材料进入塑性变形后的后继屈服面的变化,即在随后的加载或卸载时,材料何时再次进入屈服状态。强度准则可归纳为三种类型:各向同性强化准则、随动强化准则和混合强化准则。破坏准则描述材料破坏的条件。

(3)双重非线性

刚度矩阵$[K]$不仅与结构位移相关,还与材料应力应变关系有关,此为几何和材料双重非线性问题,平衡方程表现为 $[K(\{u\},(\sigma,\varepsilon))]\{u\}=\{P\}$。

非线性分析中,若仅考虑几何非线性问题,它属于变形问题和稳定分析,包括小变形分析和大变形分析。当结构的几何非线性特性不显著,也可以不考虑几何非线性而只考虑材料非线性进行结构承载力的分析,此时,归结为强度分析问题。同时考虑双重非线性影响的极限承载力问题,其应用范畴比稳定极限承载力分析广,当结构中有受压构件时,它就是稳定极限承

载力(稳定的第二类极值问题)。

除几何和材料非线性问题外,工程中还有一类特殊的非线性,即接触状态非线性问题,它描述两个或多个物体的接触状态非线性问题,简称接触分析,它需采用特殊的分析方法。

15.4.3 非线性方程求解

考虑结构几何和材料双重非线性的有限元平衡方程通式为

$$[K(\{u\},(\sigma,\varepsilon))]\{u\}=\{P\} \tag{15.16}$$

式中,$\{u\}$为节点位移,$\{P\}$为荷载列向量,$[K]$为刚度矩阵。

对于非线性平衡方程式(15.16),常用的数值求解方法主要有:

(1)Newton-Raphson 迭代法(或切线刚度迭代法)

该方法的迭代过程示意如图 15.26 所示。图中 B 点为结构在荷载 P 作用下的真实平衡状态。迭代过程从初始状态 O 开始,这时结构的刚度即为 O 点的切线 OA_1 方向,第一步计算得到 A_1,由 A_1 状态的位移反算得到结构内力 B_1,荷载 P 与内力 B_1 没有达到平衡,需要继续迭代;这时用 A_1 状态的位移重新计算结构切线刚度,即为 B_1 点的切线 B_1A_2 方向,并用不平衡内力 A_1B_1 进行加载,经过第二步计算得到 A_2,同样由 A_2 状态的位移反算得到结构内力 B_2,若不平衡内力 A_2B_2 仍相差较大,则继续迭代,直至不平衡内力满足精度要求为此。经过多次迭代后,结构在荷载 P 作用下的最终状态会接近真实状态 B,非线性平衡方程得到有效求解。

Newton-Raphson 法的每次迭代计算,都要重新形成切线刚度矩阵,因而对于多自由度的工程结构,具有一定的计算工作量,但由于是沿切线方向逼近精确解,故收敛较快。

还有一种修正的 Newton-Raphson 迭代法,也称常刚度迭代法,迭代过程如图 15.27 所示。该法的优点是每次迭代时切线刚度矩阵始终不变,可省去每次重新形成切线刚度矩阵时的计算工作量。很明显,修正的 Newton-Raphson 迭代法计算过程简便,但收敛较慢,迭代次数增加,其结果可能导致计算总量增加。

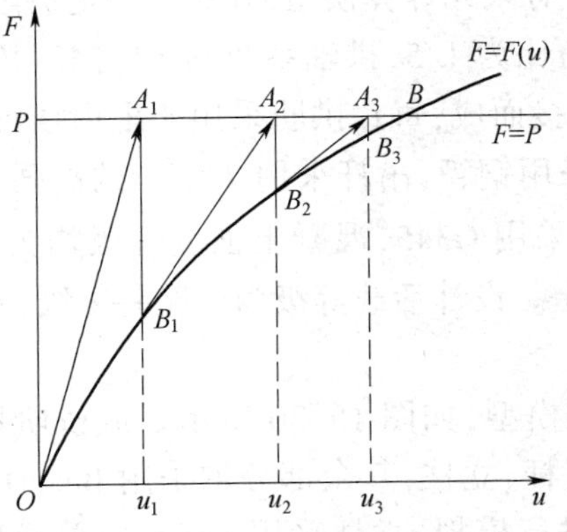

图 15.26　Newton-Raphson 迭代法

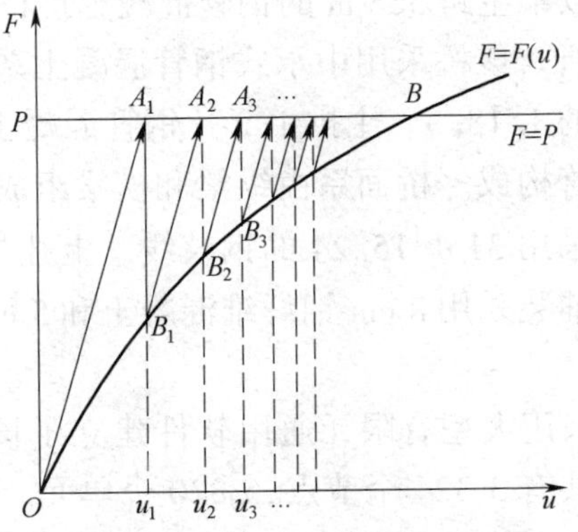

图 15.27　修正的 Newton-Raphson 迭代法

(2)荷载增量法

对于某些非线性方程,利用 Newton-Raphson 迭代法可能并不收敛,此时可用荷载增量法进行求解。将整个荷载分成若干份,逐次施加于结构上,在每一个荷载增量作用过程中将结构作为线性结构处理,最后将由每段荷载增量引起的位移累加起来,即可得到结构的总体位移。荷载增量法迭代过程如图 15.28 所示。

荷载增量法得出的解会有漂移现象,且漂移程度无法估计。如果增量取得过大,则漂移现象程度就大,误差也大;如果增量取得过小,一方面会增加计算量,另一方面,由于计算本身的舍入误差,会对结果影响较大。所以,增量的大小要取得适当,通常要取不同大小的增量进行比较,从而确定最佳的增量步。

(3)混合法

对于某些结构,应用 Newton-Raphson 迭代法不一定收敛,而单独使用荷载增量法又存在精度问题。为了解决这个问题,自然想到将 Newton-Raphson 迭代法和荷载增量法结合起来使用,这便引入了混合法的概念。混合法的基本思路是:将荷载分成若干增量,采用逐次加载法(增量法),但在每一级增量的计算中又采用 Newton-Raphson 迭代法。该法的迭代过程如图 15.29所示。

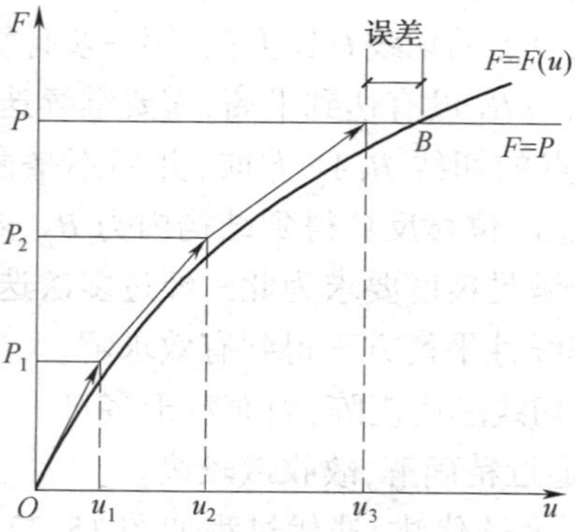

图 15.28　荷载增量法

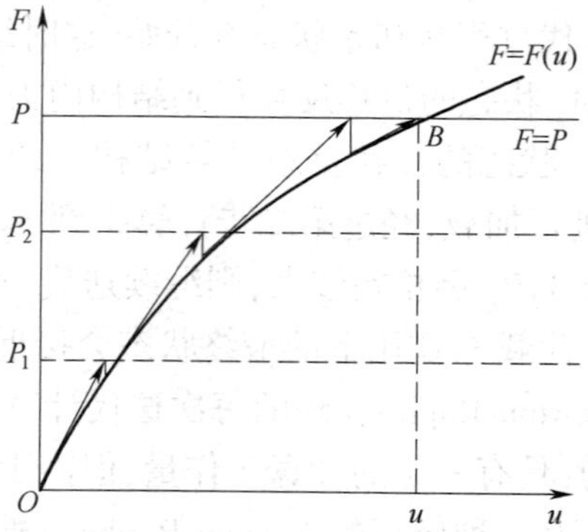

图 15.29　混合法

15.4.4　极限承载力有限元数值分析

以某主跨 368 m 的钢管混凝土拱桥为例,建立了有限元计算模型,开展了稳定极限承载力分析。该桥采用中承式钢管混凝土系杆结构,矢跨比为 1/5,拱轴系数 $m=1.543$,桥宽为跨度的 1/18.5。主拱由 2 片钢管混凝土拱肋横撑连接而成,每片拱肋采用 4 根内填混凝土的钢管构成。桥面系由纵梁和横梁组成,边跨立柱采用钢管,吊杆采用 $73\phi^{S}7$ 的高强钢丝,系杆采用 $31\ \Phi^{J}15.24$ 的钢绞线。上述构件中,钢管采用 Q345,混凝土强度等级均为 C50。桥面铺装采用 8 cm 钢纤维混凝土和 5 cm 沥青混凝土。设计活载等级为公路—Ⅰ级,双向 4 车道。

采用大型有限元通用软件建立了该桥的有限元模型,如图 15.30 所示。成桥阶段时,全桥共有 3 324 个节点,5 820 个单元。除去系杆、吊杆、立柱,其余部分均采用 Beam188 单元模拟;吊索和系杆仅受拉,故采用 Link10 杆单元进行模拟;立柱采用 Link8 杆单元模拟。拱肋的钢管和混凝土使用分离式单元进行模拟。由于采用了鱼肋式的纵横梁搭接共节点方式建模,故仅需把桥面系的重量等效到每根纵梁上。构件的材料非线性通过输入的应力应变曲线实现。

运用该模型,对该桥成桥运营状态进行了极限承载力分析。该桥的极限承载力采用形象直观的活载倍数表示,考虑最不利工况为汽车活载满布于中跨桥面,设计活载等级为公路—Ⅰ级,其中均布荷载 10.5 kN/m,集中力荷载为 360 kN,按最不利组合作用于跨中,双向四车道,

图 15.30　空间有限元模型

同时考虑横向和纵向车道数折减。参照相关规范在模型一阶模态的基础上设置 10 cm 的初始几何偏差，再按 20 倍活载逐级添加，划分 200 个荷载子步。

该桥达到极限承载力时的屈服部位发生在拱顶，应力及变形如图 15.31 所示。实桥的竖向位移较大，无较明显的面外位移。进入时间历程处理器，查看得到钢管的拱顶荷载—位移曲线，如图 15.32 所示。该桥在运营阶段的极限承载力为设计活载的 7.0 倍。

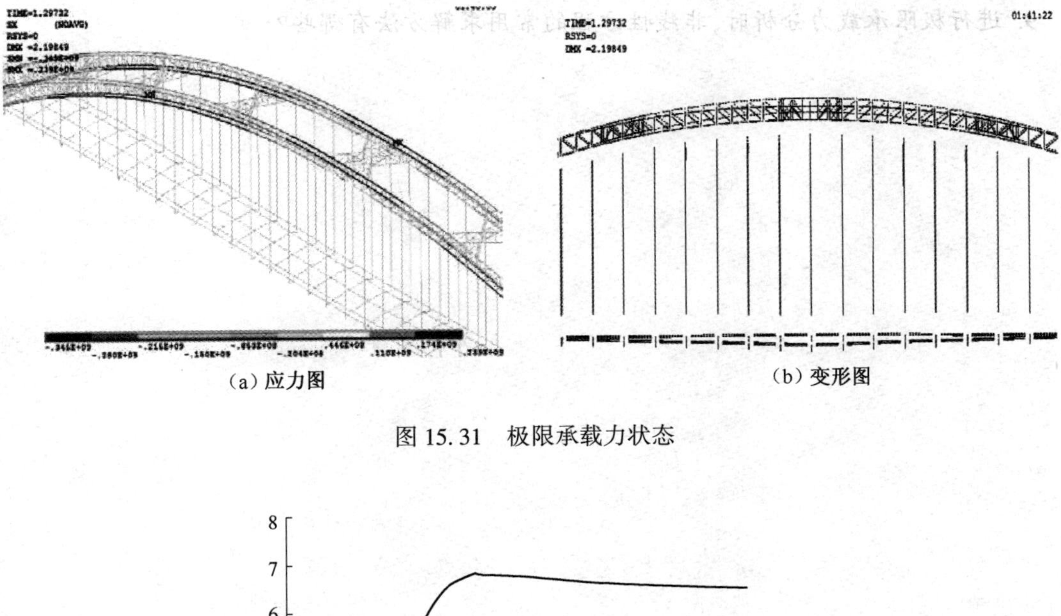

(a) 应力图　　(b) 变形图

图 15.31　极限承载力状态

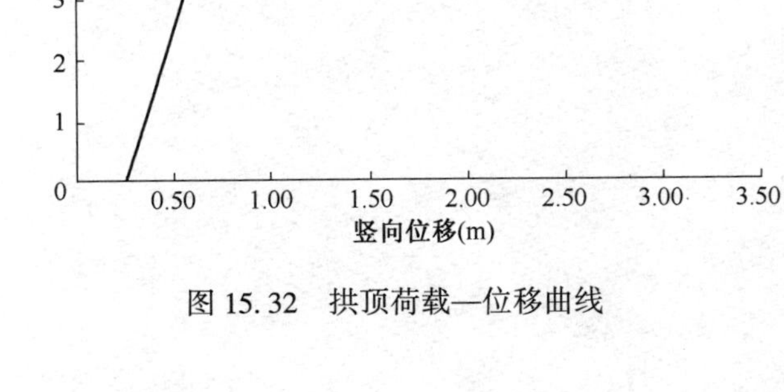

图 15.32　拱顶荷载—位移曲线

思　考　题

1. 名词解释:舒适度、震级、烈度、反应谱、颤振、驰振、抖振、涡振、斜拉索风雨振、双重非线性。

2. 相对于公路桥梁而言,为何铁路桥梁更重视车桥振动问题?评价铁路车桥振动的指标有哪些?

3. 引起列车—桥梁系统振动的因素有哪些?在列车—桥梁系统振动计算模型中如何考虑这些因素?

4. 常用的抗震分析方法有哪些?

5. 桥梁减震控制技术措施有哪些?

6. 桥梁抗风设计的主要内容有哪些?风洞试验的目的是什么?

7. 桥梁常用的抗风措施有哪些?

8. 结构稳定问题分为哪几类?工程问题一般属于哪一类?

9. 进行极限承载力分析时,非线性方程的常用求解方法有哪些?

参考文献

[1] 裘伯永,盛兴旺,乔建东,等. 桥梁工程[M]. 北京:中国铁道出版社,2001.
[2] 王承礼,徐铭枢. 铁路桥梁[M]. 北京:中国铁道出版社,1990.
[3] 范立础. 桥梁工程[M].3 版.北京:人民交通出版社,2017.
[4] 姚玲森. 桥梁工程[M]. 2 版.北京:人民交通出版社,2010.
[5] 邵旭东. 桥梁工程[M]. 5 版.北京:人民交通出版社股份有限公司,2019.
[6] 王丽荣. 桥梁工程[M]. 北京:科学出版社,2014.
[7] 李亚东. 桥梁工程概论 [M]. 3 版.成都:西南交通大学出版社,2014.
[8] 万明坤,项海帆,秦顺全,等. 桥梁漫笔[M]. 北京:中国铁道出版社,2015.
[9] 范立础. 预应力混凝土连续梁桥[M]. 北京:人民交通出版社,1988.
[10] 唐寰澄. 中国科学技术史:桥梁卷[M]. 北京:科学出版社,2000.
[11] 中国铁路桥梁史编辑委员会. 中国铁路桥梁史[M]. 北京:中国铁道出版社,1987.
[12] 项海帆,潘洪萱,张圣城,等. 中国桥梁史纲[M]. 上海:同济大学出版社,2013.
[13] 项海帆. 桥梁概念设计[M]. 北京:人民交通出版社,2011.
[14] 项海帆. 中国桥梁(2003—2013)[M]. 北京:人民交通出版社,2013.
[15] 郑健. 中国高速铁路桥梁[M]. 北京:高等教育出版社,2008.
[16] 王序森,唐寰澄. 桥梁工程[M]. 北京:中国铁道出版社,1995.
[17] 钱冬生,陈仁福. 大跨悬索桥的设计与施工[M]. 成都:西南交通大学出版社,2015.
[18] 胡建华. 现代自锚式悬索桥理论与应用[M]. 北京:人民交通出版社,2008.
[19] 陈政清,杨孟刚. 梁杆索结构几何非线性有限元:理论、数值实现与应用[M]. 北京:人民交通出版社,2013.
[20] 陈宝春,陈友杰. 桥梁工程[M]. 3 版.北京:人民交通出版社股份有限公司,2017.
[21] 强士中. 桥梁工程(下册)[M]. 2 版.北京:高等教育出版社,2011.
[22] 周孟波,刘自明,王邦楣. 悬索桥手册[M]. 北京:人民交通出版社,2003.
[23] 曾庆元,郭向荣. 列车桥梁时变系统振动分析理论与应用[M]. 北京:中国铁道出版社,1999.
[24] 曾庆元,向俊,周智辉,等. 列车脱轨分析理论与应用[M]. 长沙:中南大学出版社,2006.
[25] 夏禾. 车辆与结构动力相互作用[M]. 北京:科学出版社,2002.
[26] 叶爱君,管仲国. 桥梁抗震[M]. 3 版. 北京:人民交通出版社股份有限公司,2017.
[27] 陈政清. 桥梁风工程[M]. 北京:人民交通出版社,2005.
[28] 项海帆. 现代桥梁抗风理论与实践[M]. 北京:人民交通出版社,2005.
[29] 王勖成,邵敏. 有限单元法基本原理和数值方法[M]. 2 版.北京:清华大学出版社,1997.
[30] 周水兴,王小松,田维锋,等. 桥梁结构电算:有限元分析方法及其在 MIDAS/Civil 中的应用[M]. 北京:人民交通出版社,2013.
[31] 庄军生. 桥梁支座[M]. 4 版.北京:中国铁道出版社,2015.
[32] 庄军生. 桥梁减震、隔震支座和装置[M]. 北京:中国铁道出版社,2012.
[33] 顾懋清,石绍甫. 公路桥涵设计手册:拱桥(上、下册)[M]. 北京:人民交通出版社,1997.
[34] 秦顺全. 桥梁施工控制:无应力状态法理论与实践[M]. 北京:人民交通出版社,2007.
[35] 交通运输部. 公路桥涵设计通用规范:JTG D60—2015[S]. 北京:人民交通出版社股份有限公司,2015.
[36] 交通运输部. 公路钢筋混凝土及预应力混凝土桥涵设计规范:JTG 3362—2018[S]. 北京:人民交通出版社股份有限公司,2018.
[37] 建设部. 铁路工程抗震设计规范:GB 50111—2006[S]. 北京:中国计划出版社,2009.
[38] 交通运输部. 公路桥梁抗震设计细则:JTG/T B02-01—2008[S]. 北京:人民交通出版社,2008.

[39] 交通运输部. 公路桥梁抗风设计规范:JTG/T 3360-01—2018[S]. 北京:人民交通出版社股份有限公司,2019.

[40] 中国铁路总公司. 铁路桥涵设计规范(极限状态法):Q/CR 9300—2018 [S]. 北京:中国铁道出版社有限公司,2019.

[41] 国家铁路局. 铁路桥涵设计规范:TB 10002—2017[S]. 北京:中国铁道出版社,2017.

[42] 国家铁路局. 铁路桥梁钢结构设计规范:TB 10091—2017[S]. 北京:中国铁道出版社,2017.

[43] 国家铁路局. 铁路桥涵混凝土结构设计规范:TB 10092—2017[S]. 北京:中国铁道出版社,2017.

[44] 国家铁路局. 高速铁路设计规范:TB 10621—2014[S]. 北京:中国铁道出版社,2014.

[45] 国家铁路局. 城际铁路设计规范:TB 10623—2014[S]. 北京:中国铁道出版社,2015.

[46] 住房和城乡建设部. 城市轨道交通桥梁设计规范:GB/T 51234—2017[S]. 北京:中国建筑工业出版社,2017.

[47] 住房和城乡建设部. 中低速磁浮交通设计规范:CJJ/T 262—2017[S]. 北京:中国建筑工业出版社,2017.

[48] 住房和城乡建设部. 城市桥梁设计规范:CJJ 11—2011[S]. 北京:中国建筑工业出版社,2011.

[49] 住房和城乡建设部. 内河通航标准:GB 50139—2014[S]. 北京:中国计划出版社,2014.

[50] 住房和城乡建设部. 波形钢腹板组合梁桥技术标准:CJJ/T 272—2017[S]. 北京:中国建筑工业出版社,2017.

[51] [美]美国各州公路和运输工作者协会(AASHTO)制订. 美国公路桥梁设计规范:荷载与抗力系数设计法(SI 单位)[S]. 辛济平,等译. 劳远昌,校. 北京:人民交通出版社,1998.

[52] 交通运输部. 公路桥梁板式橡胶支座:JT/T 4—2019[S]. 北京:人民交通出版社股份有限公司,2019.

[53] 交通运输部. 公路桥梁盆式支座:JT/T 391—2019[S]. 北京:人民交通出版社股份有限公司,2019.

[54] 国家质量监督检验检疫总局. 桥梁球型支座:GB/T 17955—2009[S]. 北京:中国标准出版社,2009.

[55] 交通运输部.公路桥梁球型支座规格系列:JT/T 854—2013[S]. 北京:人民交通出版社,2013.

[56] 铁道部. 铁路桥梁板式橡胶支座:TB/T 1893—2006[S]. 北京:中国铁道出版社,2006.

[57] 铁道部. 铁路桥梁盆式支座:TB/T 2331—2013[S]. 北京:中国铁道出版社,2013.

[58] 铁道部. 铁路桥梁球型支座:TB/T 3320—2013[S]. 北京:中国铁道出版社,2013.

[59] 交通运输部 . 公路桥梁铅芯隔震橡胶支座:JT/T 822—2011[S]. 北京:人民交通出版社,2011.

[60] 交通运输部. 公路桥梁弹塑性钢减震支座:JT/T 843—2012[S]. 北京:人民交通出版社,2012.

[61] 交通运输部. 桥梁超高阻尼隔震橡胶支座:JT/T 928—2014[S]. 北京:人民交通出版社股份有限公司,2014.

[62] 交通运输部. 桥梁双曲面球型减隔震支座:JT/T 927—2014[S]. 北京:人民交通出版社股份有限公司,2014.

[63] 交通运输部. 公路桥梁摩擦摆式减隔震支座:JT/T 852—2013[S]. 北京:人民交通出版社,2013.

附录　主要专业名词汉英对照

CRTS(中国铁路无砟轨道系统)	China railway ballastless track system
T 形刚构桥	T-shaped rigid frame bridge
矮塔斜拉桥,部分斜拉桥	extrodosed cable-stayed birdge
安全等级	safety level
安全护栏	guardrail
安全性	safety
鞍座	saddle
板梁	slab beam, plate girder
板桥	slab bridge
板式橡胶支座	laminated rubber bearings
边跨	side span
便桥	detour bridge
标准跨径	standard span
标准值	characteristic value
波纹管	corrugated pipe
颤振	flutter
超高性能混凝土(UHPC)	ultra-high performance concrete
车道	lane
车道宽度	lane width
车轮荷载	wheel load
车桥振动	train-bridge vibration
沉降	settlement
沉井	open caisson
承台	footing slab
承载能力极限状态	ultimate capacity state
承重构件	bearing member
承重结构	load-bearing structure
驰振	galloping
冲击力	impact force
冲刷	scouring
初步设计	preliminary design
次内力	secondary internal force, sub-internal force
当代桥梁	contemporary bridge
道砟桥面	ballasted deck
底板	bottom plate
地道桥	underpass bridge
地锚式	external anchored
地震	earthquake
地震力	earthquake force
地震作用	seismic action
吊杆	suspender
吊索	hanger
顶板	top deck
顶进法	jack-in method, jacking method
顶推法	thrusting method, incremental launching method
顶推梁	thrusting beam
抖振	buffeting
渡槽(水道桥)	aqueduct
断面	section
墩帽	coping, cap of pier
反应谱	response spectrum
防撞栏	crash barrier
风荷载	wind load
浮吊	floating crane
浮桥,舟桥	floating bridge, pontoon bridge
附属结构	accessory
腹板	web, web slab
腹拱	spandrel arch
刚构桥	rigid frame bridge
钢管混凝土	concrete-filled tube
钢绞线	steel strand
钢结构	steel structure
钢筋	reinforcing bar
钢筋混凝土桥	reinforced concrete bridge
钢桥	steel bridge
高架桥	viaduct bridge
梗肋	haunch
工程	engineering
工后沉降	settlement after construction
公路桥	highway bridge
公铁两用桥	rail-cum-road bridge
拱顶	crown
拱涵	arch culvert

拱脚	arch springing
拱肋	arch rib
拱桥	arch bridge
拱圈	arch ring
拱上侧墙	spandrel side-wall
拱上结构	spandrel structure
拱轴	arch axis
拱座	arch seat
古代桥梁	ancient bridge
固定支座	fixed bearing
挂篮	formwork traveler, hanging basket
管线桥	pipeline bridge
管柱基础	tubular column foundation
涵洞	culvert
合龙	closure
荷载	load
荷载横向分布	live load lateral distribution
荷载组合	load combination
恒载	dead load
桁架	truss
横隔板	diaphragm, transverse diaphragm
横梁	transverse beam
横向分布系数	coefficient of transverse distribution
横向刚度	lateral stiffness
后张	post-tensioned
混凝土结构	concrete structure
混凝土桥	concrete bridge
活动支座	movable bearing
活载	live load
基础	foundation
极限承载力	ultimate bearing capacity
极限状态	limit state
计算跨径	computed span
技术规范	specification, standard
技术设计	technical design
加劲梁	stiffening girder
架桥机	erecting crane
剪力键	shear key
简支梁	simply-supported beam
建筑高度	construction depth
浇筑	casting
结构体系转换	structure system transform
结合梁桥	composite bridge
经济性	economy
净空	clearance
就地浇筑	cast-in-place
局部冲刷	local scour
军用桥	military bridge
开启桥,活动桥	movable bridge
抗扭刚度	torsional stiffness
抗震设防烈度	seismic fortification intensity
抗震设计	earthquake-resistant design
可变作用	variable action
可行性研究	feasibility study
可靠度	degree of reliability
空腹拱	open spandrel
空心墩	hollow pier
空中纺线法	air spinning
跨谷桥	gorge-crossing bridge
跨海桥	sea-crossing bridge
跨河桥	river-crossing bridge
跨径	span
跨线桥	overpass bridge
框架	frame
扩大基础	spread foundation
栏杆	parapet, hand railing
缆,索	cable
肋	rib
肋拱	rib arch
肋宽	width of rib
离心力	centrifugal force
立交桥	grade separation bridge
立面	elevation
立面图	elevation view
立柱	column
沥青铺装	bituminous concrete paving
连续刚构桥	continuous rigid frame bridge
连续梁	continuous beam
梁高	depth of beam
梁拱组合体系桥	beam-arch combination system bridge
梁桥	beam bridge, girder bridge
烈度	intensity
裂缝	crack
路缘石	curb
漫水桥	overflow bridge
锚碇	anchorage
帽梁	capping beam

美观性	aesthetic
门式刚架	portal rigid frame
明桥面	open deck
模板	formwork
木桥	timber bridge
耐久性	durability
偶然作用	accidental action
盆式支座	pot bearing
疲劳极限状态	fatigue limit state
平面	plane
平转法	horzongtally rotating method
剖面,纵断面	profile
企口缝	rabbet
起拱线	springing line
气动力	aerodynamic force
千斤顶	jack,lifting jack
牵引力	tractive force
桥墩	pier
桥涵水文	hydrology of bridge and culvert
桥梁	bridge
桥梁工程	bridge engineering
桥面	deck
桥面防水	deck waterproof
桥面横坡	lateral slope of deck
桥面铺装	deck surfacing,wearing surface
桥面系	bridge deck
桥式	bridge type
桥式布置	bridge layout
桥台	abutment
桥头搭板	transition slab at bridge-head
桥头引线	bridge approach
桥位,桥址	bridge site
桥下净空	clearance under bridge
桥长	length of bridge
球铰支座	spherical hinge bearing
球形支座	spherical bearing
人行道	sidewalk
人行桥	pedestrian bridge,footbridge
韧性	resilience
容许应力法	allowable stress design
上部结构	superstructure
上承式桥	deck bridge
设计洪水频率	designed flood frequency
设计基准期	design reference period
设计使用年限	design working life
设计值	design value
伸缩缝	expansion joint
伸缩缝装置	expansion joint installation
失效概率	probability of failure
施工设计	construction design
石桥	stone bridge
时程分析法	time-history analytical method
实腹拱	solid spandrel
矢高	rise
矢跨比	rise-span ratio
适用性	serviceability
收缩	shrinkage
收缩裂缝	shrinkage crack
双曲拱	double-curvature arch
双柱墩	double post pier
水灰比	water-cement ratio
水位	water level
四氟板式橡胶支座	polytetrafluoroethylene plate-type rubber bearing
索鞍	cable saddle
索道	cableway
索夹	clamp
塔	pylon,tower
特大桥	super-span bridge
天桥	overbridge,flying bridge
铁路桥	railway bridge
通航净空	navigation clearance
通航孔	navigable opening
通航水位	navigable water level
土木工程	civil engineering
土压力	soil pressure
拖拉法	launching method
脱轨	derailment
弯钩	hook
弯桥(曲线桥)	curved bridge
温度	temperature
稳定	stability
涡振	vortex vibration
圬工桥	masonry bridge
无砟桥面	ballastless deck
系杆拱桥	tied arch bridge
下部结构	substructure
下承式桥	through bridge

纤维增强复合材料(FRP)	fibre reinforced polymer
现代桥梁	modern bridge
现浇	cast-in-place
箱	box
箱涵	box culvert
箱形梁桥	box girder bridge
橡胶支座	rubber bearing
斜交	skew intersection
斜拉拱桥	cable-stayed ach bridge
斜拉桥	cable-stayed bridge
斜桥	skew bridge
斜腿刚架桥	slant-legged rigid frame bridge
徐变	creep
悬臂浇筑	cast-in-cantilever
悬臂梁	cantilever beam
悬臂拼装	cantilever erection
悬索桥	suspension bridge
养护	curing
一般冲刷	general scour
移动模架	movable shuffering form
翼板	flange plate
引桥	approach bridge
永久作用	permanent action
预拱度	camber
预应力钢筋	prestressing tendon /bar
预应力混凝土桥	prestressed concrete bridge
预应力连续刚构	prestressed continuous rigid frame bridge
预应力损失	prestressing loss
预制	precast
预制钢丝束股法	prefabricated parallel wire strands
圆涵	circular culvert
运河桥	canal bridge, water bridge
栈桥	trestle bridge
折减系数	reduction factor
震级	magnitude
正常使用极限状态	serviceability limit state
正桥	bridge proper
支点	supporting point
支架	falsework
支座	bearing
直桥	straight bridge
制动力	braking force
中承式桥	half-through bridge
中跨	mid-span, center span
重力式	gravity type
主跨	main span
主缆	main cable
柱式桥墩	columnar pier
转体	overall rotation
桩	pile
桩基础	pile foundation
锥体护坡	abutment slope protection
自锚式	self-anchored
纵坡	grade
阻尼器	damper
组合体系	combined system
组合体系桥梁	combination system bridge
作用	action
作用的标准值	characteristic value of an action
作用的代表值	representative value of an action
作用的频遇值	frequent value of an action
作用的准永久值	quasi-permanent value of an action
作用效应	effect of an action
作用组合	combination of actions